HORÆ
B.M.
VIRGINIS
CODEX M.S.
IN
MEMBRANIS

ars vivendi ARS MORIENDI

Die Kunst zu leben Die Kunst zu sterben

ars vivendi

ARS MORIENDI

Die Handschriftensammlung Renate König

Erzbischöfliches Diözesanmuseum Köln

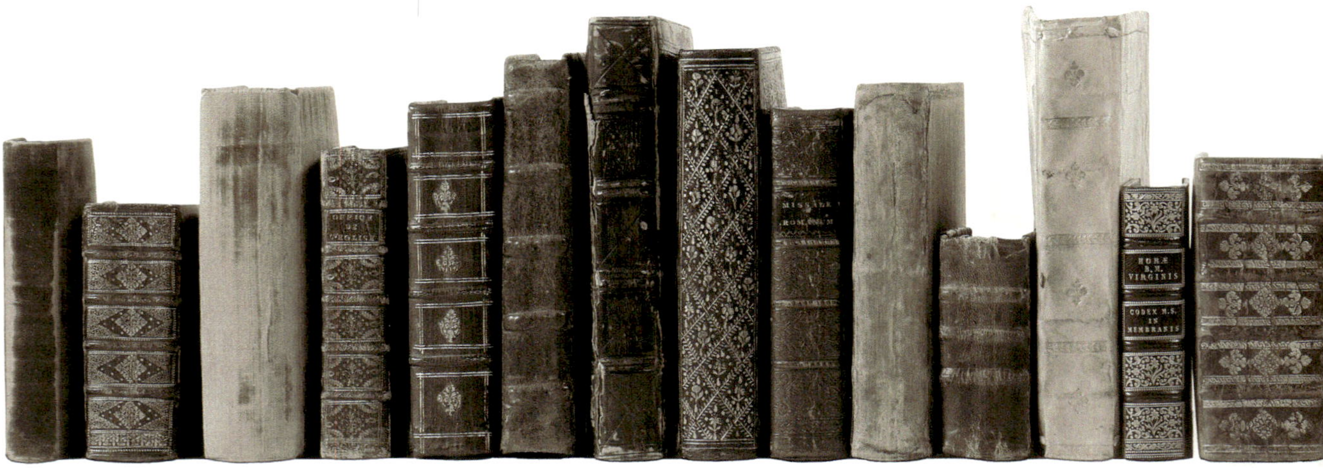

34 der schönsten Andachtsbücher
des Mittelalters aus der wohl bedeutendsten
Sammlung in deutschem Privatbesitz

Herausgegeben und bearbeitet von
Joachim M. Plotzek, Katharina Winnekes,
Stefan Kraus und Ulrike Surmann

Mit einer Einführung von Joachim M. Plotzek
und Beiträgen von Gabriele Bartz,
Bodo Brinkmann, Anton von Euw,
Eberhard König, James H. Marrow,
Joachim M. Plotzek und Ulrike Surmann

Übersetzungen und Transkriptionen
von Alexander Arweiler, Gabriele Bartz,
Eberhard König, Joachim M. Plotzek,
Ulrike Surmann und Katharina Winnekes

Hirmer Verlag München

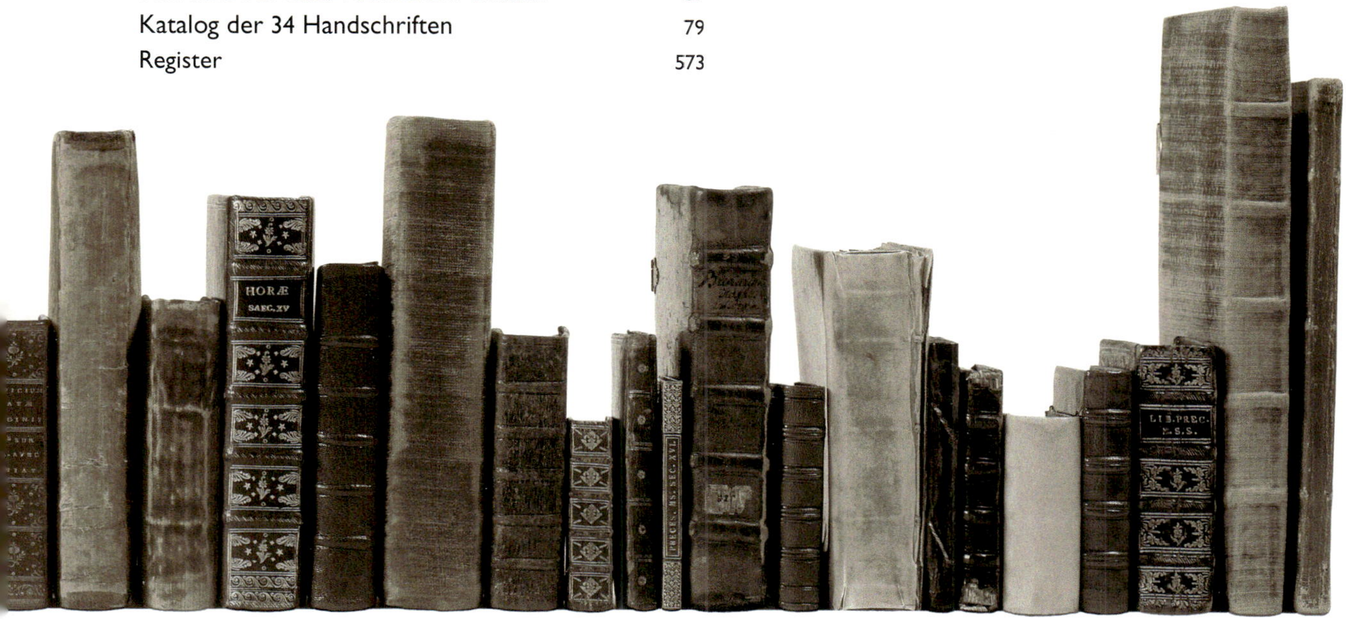

Vorwort und Dank

Sind wir alle Lebenskünstler oder möchten es doch gerne sein? Sind es vielleicht nur wenige auffallende Ausnahmen, die auf uns den Eindruck machen, zumindest um die Kunst eines glücklichen Lebens zu wissen, wozu auch gehören könnte, sich für den Todesfall abzusichern und das Sterben hinauszuzögern? Die »Kunst zu leben« und die »Kunst zu sterben« weckt in uns heute – wenn wir uns denn darüber Gedanken machen wollen – sicher ganz unterschiedliche Vorstellungen. Wünsche, die das Leben erfüllen sollte, und Erwartungen gegenüber einem Tod, der das Sterben möglichst human geschehen lässt, mögen da im Vordergrund stehen und Bemühungen, sich entsprechend einzurichten, zur Folge haben.

Dem Menschen im Spätmittelalter waren die »ars vivendi« und die »ars moriendi« ein zentrales Anliegen, das mit einem intensiven Blick auf die fest im Glauben verankerte Erlösung im Jenseits verfolgt wurde; das Sterben ist so die notwendige Erfüllung des Daseins und zugleich die Voraussetzung für das danach sich öffnende neue Leben.

Zur Einübung in diese »Künste« diente, neben anderen Möglichkeiten, eine Vielzahl von religiösen und erbaulichen Schriften, die in Stunden- und Gebetbüchern zur Verfügung standen. Sie enthielten neben den Psalmen und den standardisierten Texten der Stundengebete häufig eine Reihe von individuell gewählten Orationen, Kalendereintragungen und vor allem ein umfangreiches Bild- und Dekorationsprogramm, in denen Wünsche der Auftraggeber oder des angestrebten Kundenkreises noch heute lebendig sind.

Der inhaltliche Reichtum, die künstlerische Vielfalt im Erfinden von Bild- und Schmuckmotiven sowie die malerische Qualität, die Kunstfertigkeit der Kalligraphen und deren untrügliches Gefühl für die ausgewogene Gestaltung der Textseiten sind Beweggründe und Entscheidungskriterien für Renate König gewesen, während des letzten Vierteljahrhunderts die im Folgenden vorgestellten Manuskripte aus dem 13. bis 16. Jahrhundert zu sammeln und sie nun schon seit mehreren Jahren dem Diözesanmuseum zu Forschungszwecken zur Verfügung zu stellen. Ihre Begeisterung für die mittelalterliche Andachtsliteratur und die damit verbundene Bildwelt hat ihrer Sammlung inzwischen schönste Belege der Buchkunst aus den kulturellen Zentren in Frankreich, Spanien und Italien, Österreich und Deutschland, England, Holland und den Südlichen Niederlanden beschert. Diesen Schatz nun zum ersten Mal, umfassend bearbeitet und in Bildern dokumentiert, präsentieren zu können, erfüllt uns mit großer Freude und tiefem Dank.

Solch kostbare Handschriften verbergen ihren Reichtum hinter schützenden Einbänden. Erst im Lesen, Nachdenken und Betrachten taucht man in ihr Inneres ein, in dem die flehenden, drängenden, verzweifelten oder jubelnden Worte mit den »heiligen« Bildern und den grotesken, häufig sehr profanen Drôlerien eine komplexe Einheit bilden. Mit der vorliegenden Publikation möchten wir den daran Interessierten mit zahlreichen Übersetzungen, ausführlichen Erläuterungen und ganzen Bildpanoramen Gelegenheit geben, sich in die hier vorgestellte Welt der um ihr Seelenheil besorgten Menschen auf der Suche nach der »Kunst des richtigen Lebens und des guten Sterbens« zu vertiefen.

Viele haben uns, die wir alle am Diözesanmuseum mit dem Projekt verbunden waren, geholfen: die Autorinnen und Autoren, die Übersetzer und Übersetzerinnen, das Verlagslektorat sowie die Photo- und Lithographen; im Impressum genannt, gilt ihnen allen unser ganz besonderer Dank. Darüber hinaus erhielten wir wichtige Informationen und großzügige Hilfe, für die wir herzlich danken, von: Jordi Ainaud und Assumpta Escudero de Ainaud, Anne Margreet As-Vijvers, Beate Braun-Niehr, Regina Cermann, Mercedes Figueras, Andreas Fingernagel, Jörn Günther, Christoph Hutter, Ulrich Merkl, Martina Mohr, Joachim Oepen, Reiner Speck, Martin Steinmann, Hans-Walter Stork und Heribert Tenschert. Die bewährte Zusammenarbeit mit Foto Mut, der Neuen Schwitter AG und dem Hirmer Verlag mit der umsichtigen Betreuung des Projektes durch Albert Hirmer führte zur erreichten Qualität des Buches. Das stimulierende Interesse und begleitende Engagement von Renate König, vor allem aber ihre Begeisterung für die Sache und ihre menschliche Zuneigung haben alles ermöglicht.

Joachim M. Plotzek, Katharina Winnekes,
Stefan Kraus, Ulrike Surmann

Vorbemerkung zu einem Einzelblatt

Vorbemerkung zu einem Einzelblatt

Das nachfolgend abgebildete Blatt stammt aus einem im mittelniederländischen Dialekt geschriebenen Gebetbuch, das im späten 15. Jahrhundert am Niederrhein hergestellt wurde. Die im späten 19. Jahrhundert auseinandergenommene Handschrift wurde für ein Mitglied der herzoglichen Familie von Kleve angefertigt. Ihr Wappen (Wappenschild gespalten: von Kleve und Mark) erscheint in der Initiale, die den Bericht über Erschaffung und Sündenfall der Menschheit, das Marienleben sowie die Kindheits- und Leidensgeschichte Christi auf den ersten 25 Blättern der jetzt in Berkeley aufbewahrten Originalhandschrift einleitet (University of California, Bancroft Library, Ms. 82; unveröffentlicht); dieser Text, der leider unvollständig ist, bestand offensichtlich aus 150 kurzen, den Wochentagen als Gebet zugeordneten Anrufungen Gottes, Christi oder Mariens, auf die jeweils ein Ave Maria folgte. Ein weiteres Fragment (90 Blätter), das Mariengebete enthält, wurde 1963 in London verkauft (Sotheby's 1963, Nr. 145; Verbleib unbekannt). Andere Fragmente enthalten wie unser Blatt Gebete zu den Heiligen: drei Blätter in Toronto (University of Toronto, Malcove Collection, M. 82.447-449; Campbell, Nr. 405; Leesti, Nr. 30), zwei in Frankfurt (Historisches Museum, C. 11954 und 11945; unveröffentlicht), eines in Nürnberg (Germanisches Nationalmuseum, Inv. Nr. Mm 404, Kapsel 1606; Ausst. Kat. Nürnberg 2000, Nr. 149) und ein kürzlich in London verkauftes Blatt (Sotheby's 2001, Nr. 19; jetzt amerikanische Privatsammlung). Die reichhaltige Ausstattung der Handschrift – eine ganzseitige Miniatur, zahlreiche historisierte Initialen und eine verschwenderische Fülle von Randornamentik und Randillustrationen mit sakralen und profanen Themen – ist dem Schmuck der zwischen 1460 und 1490 in Arnheim von den sogenannten Meistern der Margriet Uutenham (Budde / Krischel) gefertigten Handschriften verwandt. Gemeinsamkeiten finden sich im Blattwerk und in den Blumen, die ungewöhnlich großformatig, reich vergoldet und von leuchtender Farbigkeit sind. Die Figuren werden durch klare und einfache Umrisslinien definiert und erscheinen etwas steif. Ihr Stil ist eher zeichnerisch als malerisch, und einige Züge (z. B. buschiges und ein wenig ungepflegtes, bei einigen Figuren vom Kopf abstehendes Haar, oder stark vereinfachte Profile mit scharfen Gesichtszügen) rufen insbesondere Stiche vom Meister der Marter der Zehntausend in Erinnerung (Lehrs III, S. 349ff.; Hutter). Für die Ausschmückung des Buches, aus dem dieses Blatt stammt, ist die Art und Weise bemerkenswert, in der Blattwerk und figurale Formen die Ränder der Zierseiten beleben. Auf einigen Blättern werden erzählerische Bezüge zwischen den Figuren in den historisierten Initialen und jenen in den Randbereichen inszeniert; auf anderen Blättern breiten sich Figuren und Geschehnisse auf den seitlichen und unteren Rändern als mitlaufender, gemalter Kommentar zum Inhalt des Textes aus. Unser Blatt konfrontiert die traditionelle Darstellung eines stehenden hl. Johannes in der historisierten Initiale mit einer lebendigen Darstellung auf dem Rand, in der die Freuden der Jugend (junge Männer erklettern auf der Jagd nach Vögeln einen Baum) einem memento mori gegenübergestellt werden.

(James H. Marrow)

Pergament Ca. 146 x 104 mm; Schriftspiegel 89 x 60 mm; einspaltig; 19 Zeilen; keine Liniierung. **Ausstattung** Mittelniederländischer Text in dunkelbrauner Bastarda, rubriziert; rot schattierte Versalien; sechszeilige historisierte Initiale; Randschmuck: Temperamalerei mit Blattgold. **Vorbesitzer** Aus einer Handschrift für ein weibliches Mitglied der herzoglichen Familie von Kleve (Herzöge von Kleve und Grafen von Mark); W. Lyon Wood. **Inhalt** Ende eines Gebetes zu Johannes d. Täufer (Marrow). *[...] heit Sterket myn ongesonde O lanteerne [...] rechverdighen werden toe gevoeget Amen. Gebet zu Johannes dem Evangelisten. O (Heilige uituercaren Johannes [...] der salicheit getelt ende vercaren moge werden).* **Literatur** Sotheby's, London, 10. 12. 1969, Nr. 25. – Sotheby's, London, 18. 6. 1991, Nr. 36. – Spiegel der Seligkeit. Privates Bild und Frömmigkeit im Spätmittelalter, Ausst. Kat. Germanisches Nationalmuseum, Nürnberg 2000, S. 324 (Sotheby's, London, 18. 6. 1991, Nr. 36). **Ergänzende Literatur** Sotheby's, London, 10. 7. 1963, Nr. 145. – S. D. Campbell (Hg.), The Malcove Collection. A Catalogue of the Objects in the Lillian Malcove Collection of the University of Toronto, Toronto 1985, Nr. 405. – E. Leesti, Les manuscrits liturgiques du Moyen Âge / Liturgical Manuscripts of the Middle Ages, Montreal, Museum of Fine Arts, 1987, Nr. 30. – Sotheby's, London, 19. 6. 2001, Nr. 19. – R. Budde / R. Krischel (Hgg.), Das Stundenbuch der Sophia van Bylant, Köln 2001. – M. Lehrs, Geschichte und kritischer Katalog des deutschen, niederländischen und französischen Kupferstichs im XV. Jahrhundert, III, Wien 1915. – H. Hutter, Ergänzungen zur Passionsfolge des Meisters der Marter der Zehntausend. Handwerk oder Fließband im Mittelalter?, in: Mitteilungen der Gesellschaft für vergleichende Kunstforschung in Wien 31, 1979, S. 1ff. – J. H. Marrow, John the Baptist, Lantern for the Lord. New Attributes for the Baptist from the Northern Netherlands, in: Oud Holland 83, 1968, S. 3ff.

Einführung

Vom Tod und der jungen Frau. Von der Akelei. Vom Verhältnis der Menschen zu Gott und den Heiligen. Vom Leben als Sterben, das sich im Tod erst erfüllt. Vom Blick in den Spiegel. Von der Astronomie und Astrologie. Von den Glücks- und Unglückstagen. Vom Säen und Ernten im Jahreslauf. Vom täglichen Lesen der Andachtsbücher. Vom Beten und Meditieren der Bilder. Von Affen, die nach Fischen angeln, und von Hasen, die zur Jagd gehen. Von unziemlichen Gesten. Von der Gegenwart des Vergangenen und von der Gegenwart Gottes, der Engel und Heiligen. Von der compassio am Leiden Christi und von der imitatio im Betrachter. Von der Bitte um Fürsprache in allen Dingen des Lebens. Von der Dornenheide und der Seelenbrücke. Vom „Seelgerät". Vom Sündennachlass. Also: Von der Kunst des richtigen Lebens.

Ganz sanft, fast fragend, berührt der Tod die junge Frau. Er ist von rückwärts in den umzäunten Garten eingetreten, um sie der Gesellschaft ihrer Begleiter zu entführen. Tollkühn sind die jungen Männer bis in den Wipfel des hohen Baumes geklettert, um große, bunte Vögel zu fangen – ein Bild überschäumender, jugendlicher Lebensfreude –, und merken nichts von der Gefahr, die ihrer Gefährtin am Fuße des Stammes widerfährt. Im ersten Erschrecken rafft die modisch gekleidete Frau ihren Mantel, legt schützend ihren linken Arm vor den Körper und bildet doch schon zusammen mit dem personifizierten Tod ein unzertrennliches Paar, das sich – fast tänzerisch – fortbewegen wird in eine Richtung, die der unerwartete Gast vorgibt: ein wahllos austauschbar scheinendes und doch ganz individuell bestimmtes Paar als Glied in der Kette von Beispielen, für die die Entstehungszeit der Miniatur, das Ende des 15. Jahrhunderts, den beliebten »Danse Macabre des Femmes« gefunden hat, einen Totentanz spezieller Art, der in 36 Bildern die Begegnung von Frauen – jungen und alten, armen und reichen, Vermählten und Witwen, Dienerinnen und Herrinnen – mit dem Tod schildert, der sie alle ausnahmslos nach einem kurzen, poetisch angelegten Gespräch mitten aus ihrem täglichen Tun und Treiben herausreißt. Das großformatige, um 1490–1500 in Paris entstandene Ms. fr. 995 der Bibliothèque Nationale de France überliefert hierfür ein eindrucksvolles Beispiel, das darüber hinaus mit »La Danse des morts«, »Le Dit des trois morts et des trois vifs« und »La Reine morte«, also mit dem weit verbreiteten, nach Berufsständen gegliederten Totentanz, der Parabel von der Begegnung der Drei Lebenden und Drei Toten und der kurzen

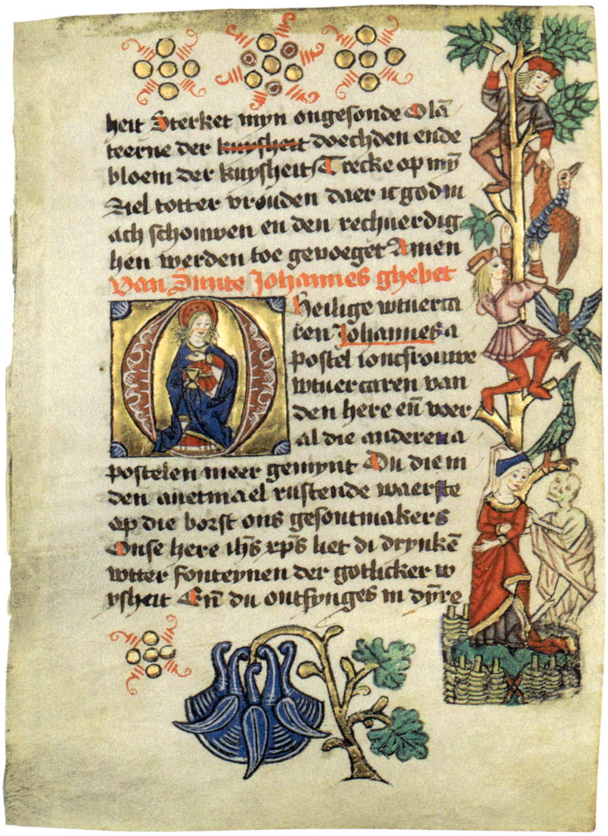

Einzelblatt aus einem Gebetbuch in Mittelniederländisch. Gebet zum Evangelisten Johannes, Niederrhein (Kleve oder Arnheim?), um 1480–1490 (Sammlung Renate König)

Geschichte von der toten Königin, ein umfassendes Bildmetitationsbuch über den Tod darstellt.

Neben der beschriebenen marginalen Szenerie finden sich weitere, für die holländische Buchmalerei der Entstehungsregion ganz typische Schmuckmotive auf den Rändern unseres Einzelblattes, das den Überlegungen zu der hier vorgestellten Sammlung von mittelalterlichen Andachtsbüchern wie ein Signet vorangestellt sein soll. Neben den strahlenden stern- oder blütenähnlichen Motiven von kreuz- und kreisförmig angeordneten Goldpunkten mit roten Rankenfäden dominiert eine aus goldenem Stiel erblühende dunkelblaue Akelei. Als Marienblume neben der Rose, Lilie, dem Veilchen und anderen Blumen im Mittelalter beliebt, bringt sie Albertus Magnus (um 1200–1280) in seinem bis weit in das populäre Wissen und tief in die Volksfrömmigkeit des späten Mittelalters eindringenden Werk über die Pflanzenkunde (De vegetabilibus 2, 135) als Übersetzung aus dem mittellateinischen aquilegia bzw. aquileia mit dem Adler (aquila) in Verbindung. Andererseits trifft man in der Bildkunst dieser Zeit des öfteren auf die Akeleiblüte als Symbol für den Hl. Geist, wie sie beispielsweise auf dem Portinari-Altar des Hugo van der Goes um 1473–1475 ganz dominant bei der Anbetung des Kindes eingebracht ist. Diese Symbolzuweisung kennt auch der Volksmund; er umschreibt damit die Beobachtung, dass das Honigblatt der Akeleiblüte einer Taube ähnelt; die süddeutsche Bezeichnung lautet: »Fünf Vögerln zsamm«. Bei entsprechender Fokussierung des Blicks auf die fünfblättrige Akeleiblüte unseres Einzelblatts ist das vexierbildartige Motiv als Gruppe von fünf Tauben unschwer zu erkennen. So zieht sich das Vogelmotiv auf verschiedenen Sinnebenen durch den Randschmuck, der mehr als den marginalen Part übernommen hat, den Gebetstext zu begleiten.

Dieser wendet sich im mittelniederländischen Dialekt, also in der Muttersprache des Auftraggebers, an den Apostel Johannes, der in der Initiale dargestellt ist und sein Attribut trägt, den Kelch mit dem giftigen Trank, dessen tödlicher Wirkung er durch das mit der Linken geschlagene Kreuzzeichen entgeht. Als Lieblingsjünger Jesu, der an der Brust Christi geruht habe, wird er angerufen, um göttliche Gnade für die Beterin zu erwirken. Die Frau bringt sich mit den Worten »Ic arme derne« ins Gebet ein und spricht weiter von sich als einem »armen Würmchen«, das sich der Fürsprache des hl. Apostels anheim gibt. Das Einzelblatt ist Fragment einer ehemals umfangreichen Gebetshandschrift, die vor über einhundert Jahren aufgrund eines profanierten Verständnisses im Umgang mit solchen Andachtsbüchern auseinandergerissen wurde. Aus den Splittern der Zerstörung bringt detektivisches Such- und Kombinationsglück manches wieder zusammen und ergänzt unser spärliches Wissen über die Beterin. Auf einem zugehörigen Einzelblatt im Germanischen Nationalmuseum in Nürnberg wendet sie sich an den hl. Augustinus mit der Bitte um die Kraft, »dat ic nac dynre heiliger regulen [...] moet leven« und »myn professye volcomelicken moet halden« in »heiliger gehoersamheit« und »geestelicher dysciplynne«, so dass man in ihr ein Mitglied eines Ordens mit Augustinus-Regel vermuten darf. Zudem belegt das Wappen der Herzöge von Kleve und Grafen von Mark auf einem anderen zugehörigen Blatt in Berkeley (Kalifornien), dass sie ein Mitglied dieser herzoglichen Familie gewesen ist. Die Konturen eines bestimmten Menschen lassen sich ahnen und umschreiben.

So umreißt das Einzelblatt vieles von dem, was Thema dieses Buches und der vorgestellten Objekte ist: Von adeliger Herkunft und als Mitglied eines Augustinerinnenkonvents versteht sich die Frau am Ende des 15. Jahrhunderts in einem sehr persönlich formulierten, sich aber auch ganz typischer Redewendungen bedienenden Gebet als ein auf die Gnade Gottes und die Fürsprache der angerufenen Heiligen angewiesener und ausgerichteter Mensch, dem zugleich Vergänglichkeit jugendlichen Glücks und die Plötzlichkeit des Todes im begleitenden Bild vor Augen gehalten wird. Eine einzige Seite nur im Bild- und Gedankenkosmos eines mittelalterlichen Gebetbuchs, das wie eine Brücke das Diesseits mit dem Jenseits verbinden und im Meditieren der Benutzerin vielfältigen Trost, sogar Gewissheit für die eigene Hoffnung und Erwartung schenken konnte. Im Betrachten des einzelnen Baumes im umschlossenen Garten, der Glück und Freuden verheißt, mögen der Eigentümerin des Buches im assoziativen Bedeutungsumschlag Gedanken über den Lebensbaum im Paradies gekommen sein, in das mit dem Sündenfall die Erkenntnis der Endlichkeit, der Tod des Menschen, wie hier im wörtlichen Bildsinne, eingetreten ist. Es ist bezeichnend für die spätmittelalterliche Kunst, dass sie eine anthropomorphe Bildmetapher für den Tod gefunden hat, der wie eine aus eigener Initiative heraus handelnde Person dem Menschen begegnet. Der Tod ist vom Leben her gedacht und konkretisiert sich von einem allgültigen Phänomen zu einem in die Vorstellbarkeit geholten Subjekt. Dieser Vorgang setzt bereits in der 2. Hälfte des 13. Jahrhunderts ein und findet in der Folgezeit eine Fülle von Bildvarianten, die in den personifizierten Auftritten des Todes in den geistlichen Spielen des späten Mittelalters über das barocke Welttheater bis zum »Jedermann« und darüber hinaus in noch heute gebräuchlichen Symbolzeichen für Lebensgefahr immer neue Bestätigung und verbindliche Gültigkeit erhalten haben.

In solchem Denken liegt eine Paradoxie. Denn wir Lebende können über das dem Leben Entgegengesetzte, über das ganz Andere, schlechterdings keine Aussage machen, mit Ausnahme von Beobachtungen zum körperlichen Zerfall nach Eintritt des Todes, können also den Tod als etwas Unverfügbares nur mit Bildern des Lebens uns deutend aneignen – ein Bewältigungsvorgang, der mit unterschiedlichen Versatzstücken allen Kulturen eigen ist. Solche Bilder des handelnden, also lebenden Todes bedienen sich deshalb einer aus der Erfahrung gewonnenen Metapher, in der Tod und Leben zu einer neuen Einheit gefunden haben. Zwei menschliche Zustände, die sich eigentlich ausschließen, werden als Bildmöglichkeit miteinander verbunden: Der verwesende menschliche Körper erhält ein neues, eigenes Leben; das daraus entstehende Geschöpf, Tod genannt, antizipiert den erwarteten Zustand der Lebenden in ihrem eigenen äußeren Bild und erhält etwas Furchterregendes darin, dass es ihnen diesen Zustand in einer persönlichen Begegnung vor Augen führt. Diese Begegnung mit dem handelnden Tod folgt nicht der Plötzlichkeit des Geschehens, des Eintritts des Todes, sondern erhält im Erzählen von Geschichten – die

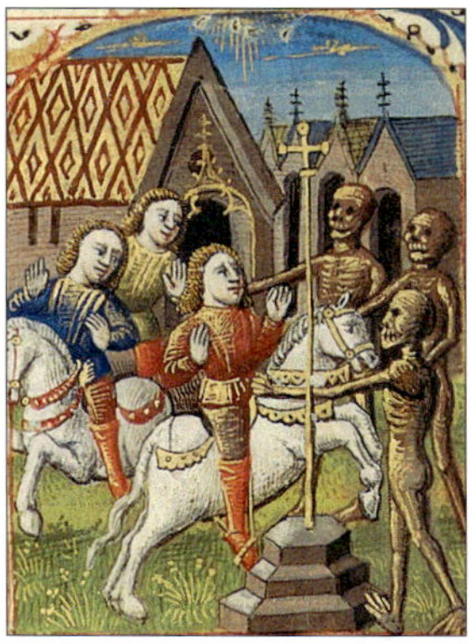

Begegnung der Drei Lebenden mit den Drei Toten (vgl. Kat. Nr. II, 259r) ist nur eine davon – spürbare Dauer. Damit entsteht so etwas wie ein Handlungsraum zwischen Leben und Tod als eine Möglichkeit, sich noch eine Zeit lang im Dazwischen aufhalten zu können, bevor die Endgültigkeit des Todes eingetreten ist; ein Zwischenreich, das die Abruptheit des Wechsels innerhalb eines gegensätzlichen Entweder-Oder wie in einer eigenwertig ausgedehnten Übergangszone mindert – als tue sich ein beinahe trostvolles Land auf, begrenzt von einer Verlängerung des Lebens und dem Hinauszögern des definitiven Todes.

Solche gleichsam in ein verlängertes Leben hineingezogene Bilder des Todes sind ohnmächtige Versuche, die Wissensgrenze der im Sterben unerfahrenen Menschen auszudehnen. Sie sind aus der Furcht vor dem Unbekannten und Unverfügbaren entstanden und finden sich wie eindringliche und beunruhigende Signale eines memento mori in vielen der ausgeschmückten mittelalterlichen Andachtsbücher entweder in Verbindung mit Texten, die der Toten gedenken, den eigenen Tod meditieren, der Hinfälligkeit des Menschen mit Bußgebeten begegnen oder auch losgelöst von solchen Vorgaben als eigenständige bildhafte Randbemerkungen, wie auf unserem Einzelblatt oder in den Bordürenranken versteckt (Kat. Nr. 32), wo sie der abschweifende Blick des Betenden entdeckt. Zugleich aber sind diese Bildvorstellungen vom menschlichen Ende gerade aufgrund ihrer Eigenwertigkeit umso bedrängendere Mahnungen an die Lebenden, diese mit stets gleichem Ausgang, aber zu einem unbestimmten Zeitpunkt eintretende Begegnung geradezu ein Leben lang bewusst zu halten, das Leben also als eine einzige, eben lebenslange Begegnung mit dem Tod zu verstehen und das ganz und gar Fremde in das täglich Vertraute zu verwandeln. In solcher Vorstellung wird der Tod als das ganz Andere in die täglichen Belange – auch hier antizipatorisch – vorab hineingeholt, um diese lebensgestaltend zu bestimmen. Das Leben wird dann vom Tod her gedacht und erhält vom Verständnis über ihn seine grundlegende Struktur. Es wird zu einem Leben auf den Tod hin, ein lebenslanges Sterben, das sich im Tod erst erfüllt. Hier greift das christliche Bewusstsein des Transitorischen, des Glaubens an und des Übergangs in ein Jenseits, auf das hin das Leben ausgerichtet und als Vorbereitung darauf entsprechend eingerichtet werden kann, mit dessen Ende der Tod Erlösung bedeutet.

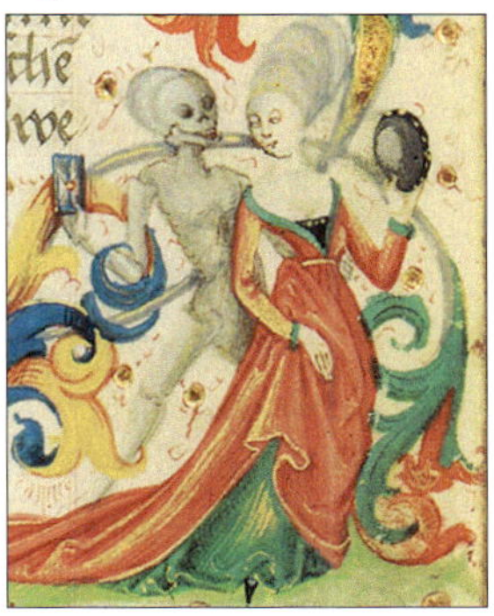

Umso mehr kommt es auf den Übergang an, auf das Gelingen dieses Hinübergehens aus der irdischen Welt in eine überirdische, auf einen guten, beglückenden Tod, für den eine im 15. Jahrhundert zu einer enormen Fülle angeschwollene Literatur der »ars bene moriendi«, der »Kunst des guten Sterbens«, als Ergänzung zur sakramentalen Versorgung des Sterbenden durch die Kirche mit vielfältiger Hilfeleistung zur Verfügung stand. Mit der Ausrichtung des Lebens auf den Tod hin bestimmt die ausdrücklich für das Lebensende hilfreiche »Kunst des Sterbens« rückwirkend das lebenslange Bemühen um ein geglücktes Leben mit den ebenso vielfältigen »Artes bene vivendi«, den Anregungen und Hilfestellungen für ein gutes Leben. Ein guter Tod resultiert aus einem guten Leben, ein geglücktes Leben ist beruhigende Vorgabe für einen glücklichen Tod. Die erlernte Kunst der richtigen Lebensführung ist eine Vorsorge und Einübung in das Gelingen des guten Sterbens. Aber, wann ist ein Leben geglückt, wann haben wir Hoffnung, dass der Tod ein guter ist? Die Wege dorthin, die dem spätmittelalterlichen Menschen mit ganz unterschiedlichen Andachtsbüchern und Sammlungen religiöser Texte an die Hand gegeben wurden, sind ungemein vielfältig und reichen von der Bereithaltung pragmatisch-nützlicher Lebenserfahrungen über zahlreiche Gebete zu besonderen Anlässen, kurze Textauszüge aus der Bibel, Predigtsammlungen und eine Fülle geistlicher Literatur bis hin zu den Schriften der Mystiker, in denen menschenmögliche Grenzen der Gottesnähe ausgelotet werden und ein dorthin ausgerichteter Lebenssinn vorgezeichnet ist, der beispielsweise mit den Worten Meister Eckarts »daz der mensche ledic werde sîn selbes und aller dinge« vorbildhaft wird.

Die hier vorgestellte Sammlung mittelalterlicher Andachtsbücher belegt mit einigen der am weitesten verbreiteten Buchtypen sowie mit mehreren ausgefallenen Texten auf ganz unterschiedliche Weise zum einen den Wunsch, Gott und die angerufenen Heiligen zu loben und ihnen zu danken, und zum anderen das Verlangen, Trost, Hoffnung, Fürsprache und Hilfe aus Not und Gefahr zu erhalten, auch Einsicht zur Buße, Kraft zur Reue, Vertrauen und Liebe für den Betenden zu

II 259r (Detail)
Begegnung der Drei Lebenden mit den Drei Toten

32 65r (Detail)
Der Tod begegnet einer jungen Frau.

erwirken. Mit dem Brevier (Kat. Nr. 14) wurde den Klerikern und Ordensgeistlichen ermöglicht, das ehemals in Gemeinschaft, auch mit den Laien, verrichtete Chorgebet, die göttliche Lobpreisung im offizium divinum, als tägliche Verpflichtung in stiller privater Andacht zu beten. Das in Abhängigkeit davon entstandene Stundenbuch bot dem Laien die Möglichkeit, nach liturgischen Vorgaben bzw. nach ehemals monastisch vorgegebener Einteilung der Stundengebete das individuelle Gebetsverlangen zu erfüllen. Es enthält das Marienoffizium sowie weitere Votivoffizien, das Totenoffizium, die Bußpsalmen mit Heiligenlitanei sowie Anrufungen der Heiligen in ausführlicheren Gebeten (Suffragien), oftmals auch bekannte Marien- und Christusgebete, Lesungen aus den Evangelien, Votivmessen für die einzelnen Wochentage und schließlich einen vorgesetzten Kalender. Aufgrund seiner Beliebtheit und dementsprechenden Verbreitung bis zum ausgehenden Mittelalter und darüber hinaus bilden die auch in den Landessprachen mit Bezeichnungen wie Livres d'Heures oder Getijdenboeks überkommenen Horarien den weitaus umfangreichsten Teil der Sammlung und spiegeln damit eine durchaus zutreffende Proportionalität innerhalb der Gattungen der Andachtsliteratur jener Zeit. Zu den ältesten Andachtsbüchern gehören die Psalterien (Kat. Nrn. 1, 7, 12), in denen die 150 Psalmen meist in der von der liturgischen Ordnung des Chorgebets her begründeten Achtteilung künstlerisch hervorgehoben sind; betont werden die Psalmen der frühmorgendlichen Matutin aller Tage sowie derjenige der Vesper des Sonntagnachmittags. Entsprechend ihrer vielschichtigen Thematik fand der Leser in ihnen Zuversicht und Trost, er fand Worte der Freude und des Gotteslobes sowie solche der Einkehr und Besinnung, der Buße und Reue, er fand Worte, die von tiefster Niedergeschlagenheit sprechen und auch wieder vom unendlichen Glück und der Seligkeit des Erhörten, von der Schwachheit und Mutlosigkeit, aber auch von der Hoffnung und Kraft, die dem Vertrauenden geschenkt wird – ein Füllhorn der Hilfe und des Zuspruchs, auf das der Beter in allen Lebenslagen zurückgreifen konnte. Zudem finden sich Teile des Psalters wie die Sieben Bußpsalmen, die Fünfzehn Gradualpsalmen oder auch die unter der Bezeichnung Psalter des Hieronymus überkommene Sammlung von kurzen Psalmversen, dann auch der Marienpsalter mit auf die Gottesmutter hin ausgelegten Psalmenzitaten in den Stundenbüchern; ganz abgesehen von der überreichen, seit frühchristlicher Zeit geübten Psalterexegese und den Psalmenpredigten sowie der gerade im hohen und späten Mittelalter beliebten Psalmenliteratur in Form von Nachdichtungen, die ausschließlich der außerliturgischen Andacht dienten. Hierzu gehören beispielsweise die 1409 vollendeten »Sept psaumes de pénitence« der Christine de Pisan, für deren Ausstattung mit einer Titelminiatur in gleich drei Exemplaren sie im selben Jahr den mit dem Notnamen Egerton-Meister benannten Pariser Miniaturisten beauftragte; eines dieser Exemplare hat sich im Ms. 10987 der Bibliothèque Royale in Brüssel erhalten. Dazu gehören auch die wenig bekannten Bußpsalmen Francesco Petrarcas (1304–1374), die er in Zeiten des »Babylonischen Exils« der Kirche (1305–1378), als die Kurie und der Papst im Machtbereich des französischen Königs in Avignon residierten (seit 1309), und der über ganz Europa hinwegstürmenden Pestepidemie sowie in einer Zeit der persönlichen Lebenskrise kurz vor der Mitte des 14. Jahrhunderts verfasste. Eine kleine kostbare Handschrift mit diesem Text (Kat. Nr. 24) bietet uns die Gelegenheit, die lateinisch gedichteten Bußmeditationen zum ersten Mal in deutscher Übersetzung vorzulegen. In Anbindung an die zuvor entwickelten Überlegungen verkörpert Petrarca eine andersartige, nämlich neuzeitliche Facette innerhalb der spätmittelalterlichen Vorstellung eines vom Tod her bestimmten Lebensverständnisses, insofern er den Sinn seines Lebens in der Existenz des zurückgezogen lebenden Gelehrten findet. Dieses ist zwar bewusst eingebettet in das christliche Weltbild, zugleich aber auch erweitert bzw. konkretisiert in der Gestalt eines sich in der Sprache als Medium des Menschseins darstellenden und sich selbst darin verstehenden Individuums, dessen »Kunst des Lebens« im Ausnutzen der ihm zur Verfügung stehenden Zeit durch die Verwirklichung dieses frühhumanistischen Gelehrtenideals besteht.

Die hier vorgestellten Gebetbücher (Kat. Nrn. 26, 31, 32) enthalten zum Teil weit verbreitete und in ähnlicher Zusammenstellung bekannte Textsammlungen, zum anderen Teil aber überliefern sie ganz seltene bzw. singuläre, möglicherweise unter Einwirkung der Auftraggeber aufgenommene Gebete, die mit bestimmten Anlässen verbunden und somit individueller auf unterschiedliche Lebenssituationen ausgerichtet sind. Darin ergänzen sie die stärker reglementierten Texte der Psalterien und vor allem der Stundenbücher, die durch ihre teilweise liturgische Herkunft inhaltlich allgemeiner ausgerichtetet sind. Doch belegen viele Stundenbücher, wie etwa das deutschsprachige in Paris entstandene (Kat. Nr. 11) oder auch das am Ende des 15. Jahrhunderts in Cremona geschriebene (Kat. Nr. 15), mit einer Fülle von angefügten Orationen und katechetischen Texten, dass auch dieser Andachtsbuchtyp den Wünschen der Käufer und Benutzer erweiternd angepasst wurde. Die beiden holländischen Gebetbücher (Kat. Nrn. 28, 29) stellen das Leiden Christi als Erlösungswerk Gottes in Text und Bild in den Mittelpunkt und sind damit in der Reichhaltigkeit ihrer Miniaturenzyklen höchst bemerkenswerte Beispiele innerhalb der umfangreichen Literatur der »Meditationes vitae Christi« bzw. der spätmittelalterlichen Passionsfrömmigkeit. Im unterschiedlichen Bezugsverhältnis von Text und Bild – das eine bringt einen geschlossenen Bildzyklus vor dem eigentlichen Traktat, das andere stellt Miniatur und jeweilige Erklärung einander auf Doppelseiten gegenüber – erfüllen beide die Absicht einer meditativen Vergegenwärtigung des Heilsgeschehens im Wirken und Leiden Christi und folgen darin den Anliegen der Devotio moderna. Für die beabsichtigte Programmatik bezeichnend, beginnt der Miniaturenzyklus zur Vita Christi vor dem aus dem lateinischen in eine volkssprachliche Fassung gebrachten Text (Kat. Nr. 29) mit einem Gnadenstuhl: Gottvater hält in Gegenwart der Taube des Hl. Geistes den Schmerzensmann als imago pietatis in Erfüllung des göttlichen Ratschlusses der Erlösung in seinen Armen. Wie ein das Ende vorwegnehmendes Heilszeichen vor dem Einsetzen der nachfolgenden ausführlichen Bildgeschichte wird dem das kleine Buch öffnenden Betrachter dieses Bild als erstes präsentiert. In jedem Kapitel des anschließenden Textes fordert eine kurze Anweisung dazu auf, mit Trauer, Tränen, Reue und Inbrunst das Nachfolgende ganz in sein Bewusstsein aufzunehmen – »Ende dan sulstu dencken ende in den gheest sien« –, um auf diese Weise eine höchstmögliche persönliche Anteilnahme zu erreichen, die zur Nachfolge Christi führt.

Zu den beliebten typologischen Werken des Hochmittelalters gehört neben der »Biblia pauperum« das möglicherweise in seiner kürzeren Erstfassung auf sie Bezug nehmende »Speculum humanae salvationis«. Der unbekannte Autor dieses »Spiegels des menschlichen Heils« schöpft vorzugsweise aus der Bibel, der »Historia scholastica« des Petrus Comestor (um 1100–1187) und der »Legenda aurea« des Jacobus de Voragine (um 1226–1298). Nach einem Proömium, also einer Zusammenfassung des Inhalts, und einem Vorwort mit Schilderung des Sündenfalls und Engelsturzes schildert er in den 42 Kapiteln den Heilsplan Gottes vorrangig anhand des Marienlebens sowie des Lebens und der Passion Christi bis hin zum Weltgericht. Die entsprechenden Bilddarstellungen werden um jeweils drei vorbildliche bzw. ähnliche Geschehnisse auf typologische Weise erweitert. Unser in französischer Übersetzung vorliegendes Beispiel (Kat. Nr. 33) gehört zu jener erweiterten Fassung, in der dem Hauptteil drei anschließende, jeweils mit acht Miniaturen bebilderte Kapitel mit mystischen Traktaten über die Sieben Leidenssituationen Christi, die sog. Sieben Schmerzen und Sieben Freuden Mariens folgen. Mit ihren insgesamt 192 halbseitigen Miniaturen und dem entsprechend umfangreichen Text löst der Autor sein im Vorwort ausgesprochenes Anliegen auf eindrucksvolle Weise ein: Das Werk möge dem Lobe Gottes und der Unterweisung möglichst vieler ungelehrter Gläubiger dienen, im Bild vor allem den Laien Bereicherung und Erkenntnis schenken, im Text eine Wissenserweiterung der lesekundigen Gebildeten erreichen.

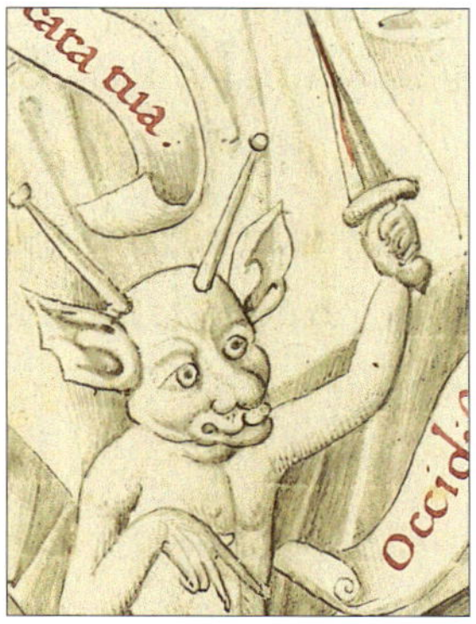

34 8v (Detail aus der »Ars moriendi«)

Die Sammlung wird abgeschlossen von einem durch Buchgröße, Kalligraphie und den fast monumentalen Charakter der Illustrationen beeindruckenden, handschriftlichen Exemplar einer »Ars moriendi«, die vorrangig in gedruckten Ausgaben des 15. und frühen 16. Jahrhunderts überliefert ist (Kat. Nr. 34). Ursprünglich als Sterbehilfe für Geistliche entstanden, erfreute sich dieses Werk innerhalb der so umfangreichen spätmittelalterlichen Sterbeliteratur einer besonderen Beliebtheit – bald wohl auch bei den Laien, wie der Auftraggeber unseres Manuskripts nahelegt. Der enge und präzise Text–Bild-Bezug stellte die Lesenden und Schauenden in der letztmöglichen Vorbereitungszeit auf das Sterben durch kurze Unterrichtung vor die entscheidenden Gewissensfragen. Weder Ornamentik noch die Schönheit farbiger Malerei lassen den Blick und die Gedanken abschweifen, vielmehr hält die graphische bzw. zeichnerische Reduktion das Wesentliche prägnant und eindringlich vor Augen und verdeutlicht damit das letzte Anliegen des Sterbenden und der bei ihm Weilenden: den Wunsch nach einem guten Tod.

Insofern hat die »Ars moriendi« die Tendenz, die Rechtfertigung des eigenen Lebens durch die Befragung des Sterbenden als einer letztmöglichen Gewissenserforschung auf das Lebensende des Einzelnen zu verschieben. Andererseits aber liegt es in der Absicht aller Autoren von Sterbebüchern des Mittelalters, zugleich das Bewusstsein dafür zu schärfen, die Vorbereitung auf den Tod nicht auf die Sterbestunde zu verkürzen, die zudem oftmals gänzlich unbekannt bleibt. Vielmehr soll sie ins Leben hineingezogen werden, um so die zur Verfügung gestellte, für jeden individuell bemessene Zeit auf Erden in sinnvoller Gestaltung als eine Bewährung auf den Tod hin zu nutzen. Für diese »Ars vivendi« geben sie Anleitungen und Hilfestellungen, Ermahnungen und vielerlei Erklärungen mit dem Ziel einer lebenslangen Sorge um das ewige Heil. Dieses für die eigene Seele zu erlangen, bestimmt den christlichen Lebenssinn des gläubigen Menschen, der im Tod seine Erfüllung findet. Wie viele andere Texte betonen eben diese Absicht auch die beliebten »Anselmischen Fragen«, die, von Anselm von Canterbury (1033–1109) als Ermahnungen an einen Sterbenden gerichtet, mit den Worten enden: »Merke dir, der du eingehen willst ins ewige Leben, denke an jedem Tag deines Lebens an Folgendes, so wirst du Gott nie kränken: zunächst an die Kürze des Lebens, dann an die Unsicherheit des Lebens, drittens an die Ungewissheit der Todesstunde, viertens an die Belohnung der Gerechten und fünftens an die Bestrafung der Gottlosen.« Der Sterbende soll sein ganzes Vertrauen auf den erlösenden Tod Christi setzen, über den der Erzbischof von Canterbury in seinem Hauptwerk »Cur Deus homo« ausgeführt hat, »aus welcher Notwendigkeit [...] Gott [...] die Niedrigkeit [...] der menschlichen Natur zu ihrer Wiederherstellung angenommen hat« (I, c. I). Denn »nichts ist in der Schöpfungsordnung unerträglicher, als wenn das Geschöpfliche dem Schöpfer die schuldige Ehre verweigert, nicht erstattet, was es raubt« (I, c. 13). Nur der Gott-Mensch Jesus Christus konnte die Wiedergutmachung, die eigentlich der Mensch leisten soll, aber als Sünder nicht vermag, Gott gegenüber einlösen, so dass folglich der Mensch nur durch den stellvertretenden Opfertod Christi erlöst werden kann; deshalb auch die Aufforderung: »Umgib dich ganz mit diesem Tod.«

In ein solches Heilsversprechen sind die zahlreichen Bildmahnungen eines memento mori in den spätmittelalterlichen Andachtsbüchern und Meditationstexten eingebettet. In einem um 1480 entstandenen holländischen Stundenbuch Ms. C. 161 der Zentralbibliothek in Zürich (208v) liest man auf der Miniatur zum Totenoffizium mit einem jungen Mann, der eine Maske in Form eines Totenkopfes vor der Brust hält: »Vergesst nicht, dass auch der, der in Gesundheit lebt, den Tod in seinem Busen trägt«, und auf der gegenüberliegenden Seite: »Gegen den Tod gibt es keinen Schild. Darum lebe so, wie du sterben willst.« Das erinnert an Thomas von Kempen (um 1379/80–1471), der im 21. Kapitel seiner viel gelesenen »Imitatio Christi« den auch heute noch zeitgemäßen Rat zur Besinnung mit den Worten formuliert: »[...] dächtest du öfters an den Tod, als an ein langes Leben, so besteht kein Zweifel, du würdest eifriger dich zu bessern suchen.« Das ernstnehmende Wissen vom Tod als dem intimen Partner des Lebens, verbunden mit dem Erlösungsgedanken, überliefert die berühmte, oft Notker von St. Gallen (840–912) zugesprochene, doch wohl erst aus dem 11. Jahrhundert stammende Sequenz »Media vita / In morte sumus: / Quem quaerimus adiutorem / Nisi te, Domine, / Qui pro peccatis nostris / Juste irasceris?« (Mitten im Leben sind wir schon im Tode. Von wem sollen wir Hilfe erbitten, wenn nicht von Dir, Herr, der Du mit Recht über unsere Sünden gezürnt hast?). Die Beschäftigung mit dem Tod gleicht dem Blick in einen Spiegel, der das Selbstbildnis der eigenen Sterblichkeit reflektiert.

Innerhalb der Sterbeliteratur beinhaltet deshalb ein solches Bedenken des Endes immer auch eine Darlegung der Kunst des richtigen Lebens, der »Ars vivendi«. In solchem Verständnis entstanden ganze Kompilationen, wie sie beispielhaft etwa im Ms. lat. 14245 der Bibliothèque Nationale de France in Paris mehreren lateinischen, biblischen und patristischen Texten aus dem 12./13. Jahrhundert zu Anfang des 15. Jahrhunderts in der französischen Landessprache angehängt worden sind. Es handelt sich zum einen um das 1404 von Jacques Legrand geschriebene »Livre des bonnes moeurs«, das »Buch der guten Sitten«, mit Anleitungen, wie der Mensch die Todsünden meiden könne und sich in seinem jeweiligen Beruf verhalten solle; zum anderen um mehrere Werke von Jean Gerson (1363–1429), dem bedeutenden Kanzler der Pariser Universität und Provisor des großen Spitals Hôtel-Dieu in der Nähe von Notre-Dame, die eine kirchliche Anleitung für Sterbende darstellen: »La médicine de l'âme ou la science de bien mourir« (Medizin für die Seele oder Das Wissen vom guten Sterben) als Vorbereitung des Sterbenden auf den Empfang der Kommunion (Sterbesakrament), »L'A. B. C. des simples gens« (Abecedarium für einfache Menschen) als erster Katechismus in französischer Sprache, der die wichtigsten Gebete in Erinnerung rufen soll, und »L'Examen de conscience« (Gewissenserforschung), die aus drei Befragungen des Gewissens, vor allem im Hinblick auf die Todsünden, bestehen, um den Sterbenden auf die Beichte vorzubereiten. Den Texten sind drei Bilder vorgeschaltet (191v): Papst Gregor d. Große im Gebet vor dem Schmerzensmann mit beigefügtem Ablass, der personifizierte Tod ersticht einen Mönch und ein im Sterben liegender Mönch, der von seinen Mitbrüdern umsorgt wird in Gegenwart des hl. Ritters Viktor als Abteipatron und des hl. Augustinus, nach dessen Regel die Augustiner der Abtei Saint-Victor in Paris lebten. Der Band ist also offenbar als ein Handbuch zur »Kunst des guten Lebens und des guten Sterbens« für die Kranken in dieser Abtei entstanden und überliefert damit ein frühes Beispiel der »Arts de bien vivre et de bien mourir«, die im Laufe des 15. Jahrhunderts so beliebt wurden und in Verbindung mit graphischen Illustrationen weit verbreitet waren – bis hin zu den bei Antoine Vérard in Paris vielfach aufgelegten Ausgaben.

Wenn auch nicht so dezidiert auf den Tod ausgerichtet wie die »Ars moriendi«, dienten doch alle anderen Andachtsbücher, die hier vorgestellt werden, mit dem darin enthaltenen Lob Gottes und der Heiligen, den zahlreichen Bitten und dem vielfältigen Gedankengut dem einen Ziel: das eigene Leben zu bestehen, Gefahren von ihm abzuwenden und sich in frommer Lebensweise zugleich auf einen gnädigen Tod vorzubereiten. Dazu dienten ganz unterschiedliche Texte und Bilder, von denen einige im Folgenden hervorgehoben werden sollen.

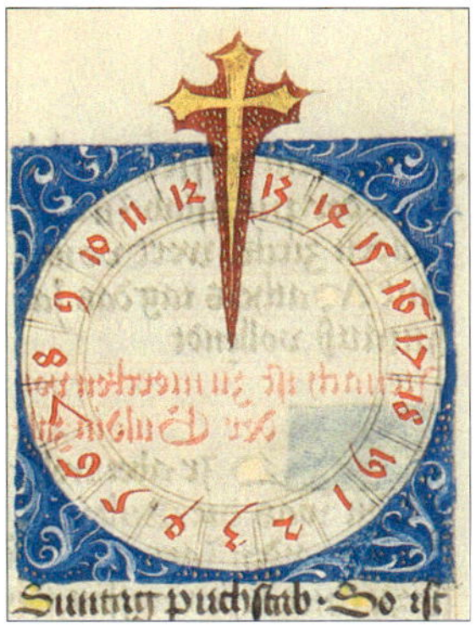

11 259r (Detail) Diagramm zur Berechnung der Goldenen Zahl

Die Brevier- und Psalterhandschriften sowie die Stundenbücher und oftmals auch die Gebetbücher beginnen mit einem Kalender; er sichert dem Benutzer die Kenntnis der verbindlichen Termine, an denen die Hoch- und Heiligenfeste des Kirchenjahres liturgisch begangen werden; sie sind von regionalen Eigenheiten oder ordensspezifischen Vorgaben bestimmt. Die entweder lateinisch oder in der jeweiligen Landessprache benannten Feste werden ihrem Rang entsprechend in normaler braunschwarzer oder aber in farbiger, auch goldener Tinte ausgeführt und signalisieren so bereits im schnellen Überblick die jahreszeitlichen Höhepunkte. Der für ein Konventmitglied des Benediktinerklosters St. Eligius in Noyon geschriebene Psalter (Kat. Nr. 1) überliefert den monastischen Brauch, insgesamt sieben Abstufungen in der Hierarchie der Feste, vom Hauptfest bis zum bloßen Gedenkfest, vorzunehmen: *principale*, *duplex*, *in capis*, *in albis*, *XII lectiones*, *IX lectiones*, *commemoratio*. Den Festeintragungen vorgesetzt sind unterschiedlich viele Kolumnen mit Zahlen und Buchstaben für kalendarisch-komputistische Berechnungen, das heißt Angaben über die Koordination des Sonnenjahrs mit dem Mondjahr mittels der claves terminorum und der jeweils am 1. September wechselnden Epakten für die Berechnung des Osterfestes, mit der Festlegung des jährlich wechselnden Sonntagsbuchstabens sowie der Monatsdaten mit den Tagesbezeichnungen nach Kalenden, Nonen und Iden des römisch-julianischen Kalenders (vgl. Kat. Nr. 30). Darüber hinaus finden sich zahlreiche astronomische Daten, so die Anfänge der Jahreszeiten (Solistitial- und Äquinoktialpunkte) und der Eintritt der Sonne in die den Monaten zugeordneten Tierkreiszeichen. Am Ende der Monatseintragungen erklären ausführliche Anweisungen den Gebrauch all dieser Angaben und fügen bisweilen, wie etwa im deutschsprachigen Stundenbuch aus Paris (Kat. Nr. 11), farbige Diagramme in Form von Buchstaben- und Zahlenuhren wie eine Gebrauchsanweisung hinzu.

Oft erscheinen zu Beginn eines jeden Monats Kalenderverse mit astronomischen und astrologischen Informationen. Die im Clarence-Stundenbuch (Kat. Nr. 16) überlieferte Sammlung gehört zu den im ganzen Mittelalter beliebtesten Versreihen, die in der Wortwahl variieren können, jedoch immer denselben Inhalt tradieren, wie die Monatsverse im französischen Psalter-Stundenbuch (Kat. Nr. 12) oder im Noyon-Psalter (Kat. Nr. 1) zeigen. Dieser Noyon-Psalter ist hierin der ausführlichste und notiert für den Januar die folgenden Angaben: *Prima dies nona nocet hora VIIa [septima] Va [quinta] n(ocet)* (Der erste Tag bringt Schaden zur neunten, der siebte Tag [vom Monatsende gezählt] bringt Schaden zur fünften Stunde); *Principium iani sancit tropicus capricornus* (Den Anfang des Januar setzt im Süden [des Himmelsglobus] der Steinbock fest); *Luna ianuarii media nocte accenditur* (Im Januar erscheint der Mond um Mitternacht); *Mensis ianuarius habet dies XXXI lunam XXX* (Der Monat Januar hat 31 Sonnen- und 30 Mondtage). Am Schluss wird unterhalb der Festeintragungen mitgeteilt, auf wie viele Stunden des lichten Tages und der Nacht sich der volle Tag aufteilt: *Nox habet horas XVI et dies VIII* (Die Nacht hat 16 und der Tag 8 Stunden). Dabei werden die Tag- und Nachtstunden annäherungsweise angegeben und verschieben sich je Monat in zweistündigen Schritten (im Februar hat die Nacht vierzehn und der Tag zehn Stunden usw.). Die große Bedeutung der im ersten Vers mitgeteilten schädlichen Tage im Monat erkennt man auch daran, dass sie, wiederum mit Angabe der genauen Stunde, an den Tagen selbst hinter den Festbezeichnungen im Noyon-Psalter eingetragen sind. Dort heißt es zum 1. Januar: *hora IXa [nona]. Dies egyptiacus* und zum 25. Januar *hora Va [quinta] Dies*. Dabei handelt es sich um sogenannte Unglückstage, die bereits von den Römern als »schwarze Tage« oder »dies egyptiaci« benannt wurden, wohl in der Annahme, dass sie, wie vieles aus der Mathematik und dem Zahlenglauben, von den Ägyptern stammen. Die weit verbreitete Beachtung der Unglückstage, von denen jeweils zwei in jedem Monat nach astronomisch-astrologischen Berechnungen und Deutungen, bereichert auch durch abergläubisches Wissen, festgelegt waren, wird in vielen Kalendarien mit einem »D« (mit einem Querstrich) für Dies = Unglückstag dokumentiert, so auch in hervorgehobener Rubrizierung im Lothringischen Stundenbuch (Kat. Nr. 2) oder auch, auf Januar und Dezember beschränkt, im katalanischen Gebetsbuch (Kat. Nr. 13). Selbst eine Prunkhandschrift wie die Très Belles Heures de Notre-Dame des Duc de Berry (Paris, Bibliothèque National de France, Ms. nouv. acq. lat. 3093) enthielt die Angaben sowohl in dem ursprünglich zugehörigen Kalender in Paris, als auch in dem Teil, der 1904 mit dem Brand der Biblioteca Nationale in Turin verlorenging.

Den Unglückstagen standen Glückstage gegenüber, die bereits den Römern als »dies fasti« für die Durchführung öffentlicher und privater Geschäfte geeignet erschienen. Aus dem Glauben an günstige und ungünstige Tage resultierte die »Tagewählerei«, womit Luther in der Bibelübersetzung (Dtn 18, 10) die bewusste Wahl von vermeintlich guten oder bösen Tagen für die Durchführung anstehender Unternehmungen bezeichnete. Dazu gehörte der Aufbruch zu einer Reise ebenso wie der Kauf oder Bezug eines Hauses, das Ausbringen der Saat oder der Entschluss zur Ehe. Besondere Bedeutung aber hatten sie für die eigene Gesundheit im Hinblick auf eine ärztliche Behandlung mit Einläufen und Aderlässen bis hin zum Schneiden der Haare. (Noch heute – oder heute wieder – decken Friseure die Wünsche ihrer Kunden mit Öffnungszeiten in Vollmondnächten ab). Obwohl bereits von Augustinus und Ambrosius als heidnisches Überbleibsel geschmäht und im 13. Jahrhundert etwa von Berthold von Regensburg in seinen Predigten vehement als abergläubischer Zauber abgelehnt, verselbstständigten sich gerade seit dieser Zeit Verzeichnisse der Glücks- und Unglückstage auch außerhalb des Kalenders und fanden in Arznei- und Planetenbüchern sowie später als Jahrmarktsdrucke weite Verbreitung. Seit dem ausgehenden Mittelalter liefern sie eine wichtige Grundlage für die Bauernkalender, mit deren Rat im Zusammenfließen von

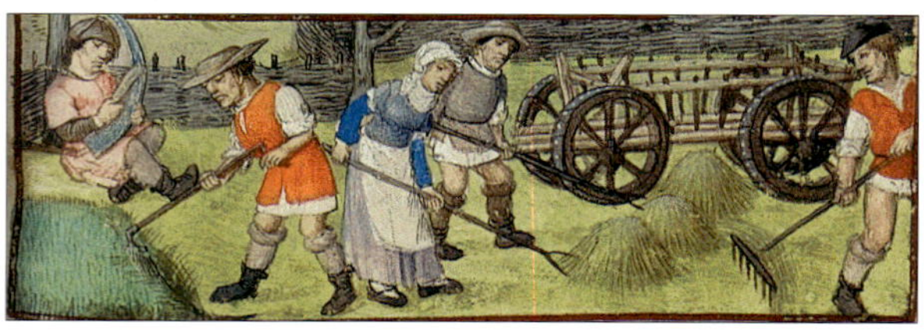

23 7r (Detail)
Heuernte auf der Juni-Seite des Kalendars

Natur- und Sternenglauben, von religiösem Glauben und Zahlenmystik das von den Jahreszeiten abhängige tägliche Tun im Einklang mit höheren Einflüssen gegen Unbill, Krankheit und Unglück abgesichert sein sollte. Diesen so verständlichen Wunsch illustrieren letztlich auch die Kalenderbilder mit der Wiedergabe der für die Monate typischen Beschäftigungen der Landbevölkerung (z. B. Kat. Nr. 23). Im Ablauf der Tätigkeiten wie Holz fällen, Bäume beschneiden, Pflügen, Saat ausbringen – nur der Mai ist ein Monat des Müßiggangs, der Ausflüge und des fröhlichen Feierns – Heu- und Getreideernte, Weinernte und Keltern, Schweinemast, Schlachten und Brot backen dokumentiert sich eine heile Welt, in der alles Tun erfolgreich eingebunden ist in den immer wiederkehrenden Lauf der Gestirne oder richtiger in den scheinbaren Lauf der Sonne durch den Zodiakalkreis, dessen jeweils gültiges Sternbild die Darstellungen der Monatstätigkeiten begleitet. So sind die Kalendarien in den Andachtsbüchern vielfältige Hilfsmittel für ein Leben, das Sicherheit sucht in seiner Einbindung in den Festkreis der Kirche einerseits und in Bemühungen andererseits, durch tradierte Beobachtungen, Erfahrungen, astrologische Deutungen und im Aberglauben wurzelndes Wissen die Furcht vor der unsicheren Zukunft zu bannen.

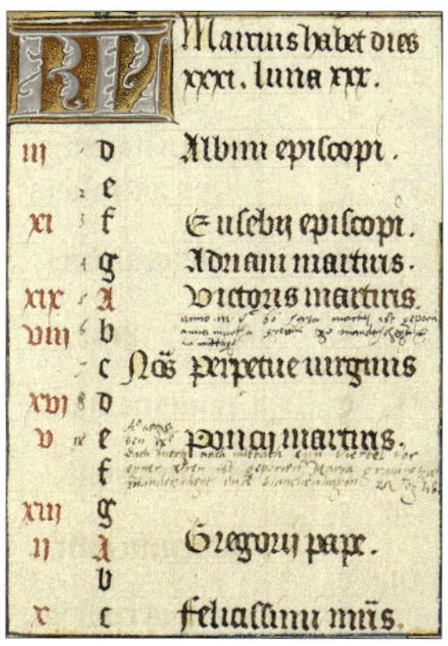

25 3r (Detail)
Kalendar mit Eintragungen der Besitzer

In diesem kalendarischen Zeilengewebe eines im jährlichen Ablauf bewährten, aber zweifellos vom Schicksal immer wieder angefochtenen Wissensgerüstes finden sich bisweilen persönliche Eintragungen der ersten Eigentümer wie auch späterer Besitzer (z. B. Kat. Nrn. 16, 25). Sie betreffen vorrangig die Geburt der Kinder und den Tod von Familienmitgliedern und fügen somit wesentliche Stationen des jeweils eigenen Schicksals in dieses Zeitgebäude der sich wiederholenden Jahre ein. Solche Vermerke rufen Erinnerungen und jährliche Gedenken auf, für das im Innern der Bücher vielerlei Texte und Bilder bereitgehalten werden. Sie belegen, dass mit diesen familiären, bisweilen weltgeschichtlichen Notaten von annalistischer Kürze solche Andachtsbücher nach ihrem Erwerb noch einmal, nun sehr persönlich vom jeweiligen Eigner in Besitz genommen werden. Darüber hinaus finden sich vorzugsweise auf freien Blättern am Anfang und am Ende der Bücher Eintragungen mit dem genannten Inhalt, wie beispielsweise im Manderscheid-

Stundenbuch (Kat. Nr. 25), oder Mitteilungen von späteren Besitzern. So überliefert ein namenloser Schreiber in dem französischen Stundenbuch (Kat. Nr. 6), dass am 20. Juni 1495 der ehrenwerte Herr von La Vaudelle, François de la Vairie, verstorben und in der Kirche des Franziskanerkonvents in La Flèche unweit von Le Mans begraben worden sei. Vielleicht ist der Schreiber ein Mitglied der Familie des Verstorbenen, zumindest wird er der neue Besitzer dieses Andachtsbuches geworden sein, dessen für Le Mans eingerichtete Liturgie die regionalen Zusammenhänge von Bestimmungsort und Eigentümer nachvollziehen lässt. Oberhalb des Eintrages erkennt man auf derselben Seite den Abdruck eines Pilgerzeichens, das einst auf dem gegenüberliegenden Blatt angebracht war. Ein Vorsatzblatt im Manderscheid-Stundenbuch ist gänzlich durchstochen und erinnert damit an eine ehedem dort aufgenähte umfangreiche Kollektion von Wallfahrtszeichen. Sie ging verloren, weil neuzeitliches Sammlervergnügen sie in die Isolation von Spezialsammlungen überführte, oder aber weil sie längst demjenigen, der sie einst von weither mit nach Hause brachte, als Grabbeigaben für seinen Pilgerweg im Jenseits mitgegeben worden waren. Bisweilen entdeckt man gemalte Wallfahrtsmedaillen und Pilgerzeichen in den Bordüren vorrangig flämischer und deutscher Andachtsbücher etwa seit dem letzten Viertel des 15. Jahrhunderts, deren Bildpräsenz nicht nur zur gegenständlichen Betrachtung geeignet war, sondern zugleich auch die Heilswirkung der abgebildeten Devotionalien assoziierte. Das Bild zum Mariengebet »Obsecro te« in dem gegen 1430 entstandenen Stundenbuch der Marguerite d'Orléans, Folio 25r im Ms. lat. 1156 B der Bibliothèque Nationale de France in Paris, geht noch darüber hinaus: Es zeigt die Eigentümerin, hinterfangen von einem mit ihrem Wappen geschmückten Vorhang, mit einem geöffneten Andachtsbuch vor der Gottesmutter mit dem Jesusknaben; nicht nur die Margeriten als »sprechende« Blumen in der Initiale deuten auf ihren Namen, vielmehr verweist der in der Bordüre wiedergegebene lange Pilgerzug auf ihre Wallfahrt nach Santiago de Compostela. Das mit dem Andachtsbild angesprochene Ereignis, das zugleich die dargestellte Person identifiziert, wird zum permanent sichtbaren Beleg der geübten Frömmigkeit – wie ein wertvolles Unterpfand im Gespräch mit der Gottesmutter.

Namensinitialen, Devisen, Embleme und Wappen (vgl. Kat. Nrn. 16, 28) können weitere identifizierende Erkennungszeichen sein. Sie werden in pietätvollem Gedenken erhalten oder radiert (Kat. Nr. 5) und mit neuen Besitzvermerken ausgetauscht. Abgesehen vom

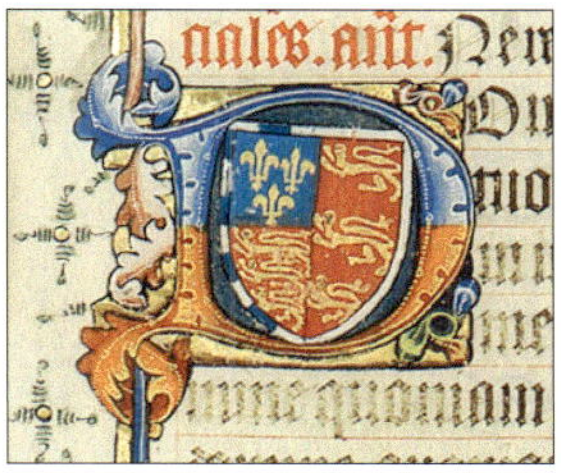

prinzipiellen Bedarf an Stundenbüchern, Psalterien und Gebetbüchern bei den Lesekundigen wurden diese Bücher wohl häufig als Hochzeitsgeschenke in Auftrag gegeben, wie es für das luxuriöse Horarium Add. Ms. 18850 der British Library in London anzunehmen ist, das wohl anlässlich der Heirat des Herzogs von Bedford, John of Lancaster, mit der Tochter des Johann Ohnefurcht, Anna von Burgund, am 13. Mai 1423 hergestellt wurde. Das Stundenbuch der Herzogin von Clarence (Kat. Nr. 16) entstand nach dem Tod ihrer beiden Ehemänner, derer sie mit der Anbringung ihrer Wappen zum Totenoffizium und zur Seelenandacht als Verstorbene gedenkt; sie ließ es vermutlich erst anfertigen, nachdem sie 1428 in das Kloster Saint-Saviour in London eingetreten war, woran eine Nebenszene in der Miniatur mit dem Tempelgang Mariens (65v) erinnert – vergleichbar mit der Bilderinnerung an die Pilgerreise nach Santiago im Andachtsbuch der Marguerite d'Orléans. Damit wird ein persönliches Ereignis aus dem Leben der Herzogin in ein gleichsam typologisches Verhältnis zum biblischen Geschehen gesetzt und mit Bezug auf das mariologische Vorbild in die Heilsgeschichte integriert. Apokryphe Quellen überliefern, Maria habe mit drei Jahren bis zu ihrem zwölften Lebensjahr als Tempeljungfrau abgeschirmt gegen die Versuchungen und Gefahren der Welt den Psalter und die Schriften des Alten Testaments gelesen. Als der Engel Gabriel ihr Gottes Botschaft überbrachte, habe sie gerade die Stelle Jesaja 7, 14 »Siehe, die Jungfrau wird empfangen und einen Sohn gebären und seinen Namen ›Immanuel‹ nennen« gelesen. Die meisten der in die Andachtsbücher eingefügten Verkündigungsminiaturen zeigen daher Maria, die durch den hinzutretenden Engel beim Lesen unterbrochen wird. Im aufgeschlagenen Buch erscheinen bisweilen Psalmverse oder, wie in den Très Belles Heures des Duc de Berry, die Worte der Jesaja-Prophezeiung. So stellt Maria auch in diesem frommen Tun ein Vorbild dar für die ebenfalls im Gebet wiedergegebenen Eigentümer(innen) der Handschriften.

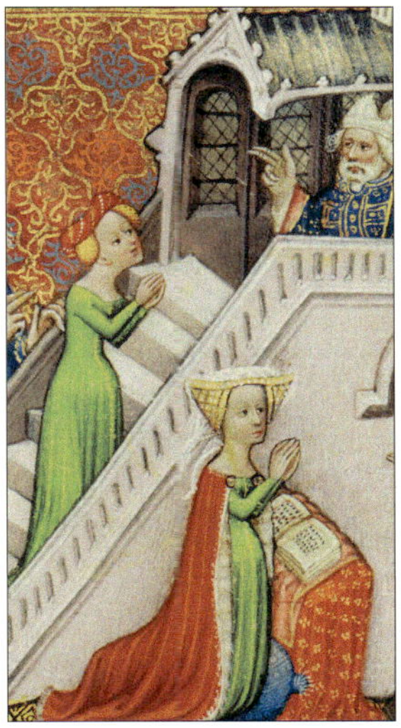

16 57r (Detail)
Initiale mit Wappen des John Beaufort, Earl of Somerset, und der Margaret, Duchess of Clarence

16 65v (Detail)
Tempelgang Mariens und kniende Eigentümerin der Handschrift

Um diese Bildvorgabe einzulösen, musste man des Lesens kundig sein. Dafür fand man wiederum im Marienleben eine Bildmetapher: die Darstellung der Mutter Anna, die ihre Tochter Maria im Lesen unterweist (z. B. Kat. Nr. 11). Geradezu programmatisch steht eine solche Miniatur am Beginn des Clarence-Stundenbuchs (Kat. Nr. 16) und signalisiert zum einen die Voraussetzung zu seiner Benutzung und zum anderen das biblische Vorbild. Mit dem Psalter und später dem Stundenbuch wurde im Mittelalter das Lesen gelernt. Doch gab es auch vereinfachte Zusammenstellungen von Gebeten in Form elementarer Lesebücher, Fibeln genannt. In England hießen sie, wie auch die Stundenbücher selbst, »Primers« und bezeichnen damit ihre Benutzung als erstes Buch im Leben eines Kindes. Die Fibel der Claude de France, der älteren Tochter Ludwigs XII. von Frankreich und der Anne de Bretagne, Ms. 159 des Fitzwilliam Museums in Cambridge, überliefert ein schönes Beispiel; sie enthält ein Alphabet, das Vaterunser und Ave Maria, das Glaubensbekenntnis, Tischgebete sowie biblische Geschichten und andere grundlegende religiöse Texte. Zwei ganzseitige Miniaturen stehen am Anfang und Ende des vierzehnseitigen Bändchens. Die erste zeigt die kleine Prinzessin kniend im Gebet vor ihrem Patron, dem hl. Bischof Claudius von Besançon; hinter ihr steht die Mutter Anna und legt behütend die Arme um ihre Tochter Maria und die junge Claude; deren gefaltete Hände ruhen auf einem geschlossenen Buch, das auf dem Betpult liegt. Die zweite Miniatur zeigt die thronende Mutter Anna, die ihre Tochter im Lesen unterweist; die Geste Mariens bezieht die kleine Claude mit ein, die vor ihnen kniet; von ihrem Schutzpatron anempfohlen betet sie diesmal aus einem offen vor ihr liegenden Gebetbuch: So wie Maria hat auch sie selbst das Lesen erlernt. Zur Entstehungszeit der Fibel mag die im Oktober 1499 geborene Prinzessin gerade sechs Jahre alt gewesen sein. Später, als Gemahlin Franz' I. und Königin von Frankreich betete sie, die nicht einmal 25 Jahre alt geworden ist, in kostbar ausgestatteten, kleinformatigen Stunden- und Gebetbüchern, die der berühmte, aus Bourges stammende Geoffrey Tory in römischer Rotunda für sie geschrieben hatte.

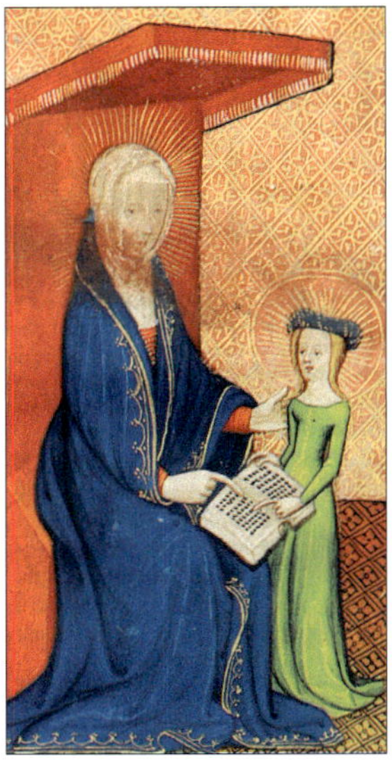

16 7v (Detail)
Anna unterweist ihre Tochter Maria im Lesen

Das erste Buch, in dem Kaiser Maximilian (1459–1519) als kleiner Junge hat blättern dürfen, war wohl das Gebetbuch seiner Mutter Eleonore von Portugal, das sich als Kodex 1942 in der Österreichischen Nationalbibliothek in Wien erhalten hat. Die Handschrift enthält elf ganzseitige Bilder, und auf jedem Bild sind er selbst und seine Mutter im Gebet unter der Dreifaltigkeit, dem endzeitlichen Richter und anderen heiligen Personen dargestellt. Der anonyme Maler, benannt nach den Illustrationen in den Lehrbüchern des habsburgischen Prinzen, mag den Jungen etwa im Alter von vier Jahren wiedergegeben haben, als dieser vermutlich noch nicht lesen konnte, aber in dem kleinen Bilderbuch blätternd, in sicherer Begleitung seiner Mutter die Hauptfiguren seiner religiösen Welt kennenlernte. Später benutzte er ein flämisches um 1486 entstandenes Andachtsbuch, das sich als »Älteres Gebetbuch« Maximilians in Wien (Österreichische Nationalbibliothek, Cod. 1907) befindet. Es trägt sehr persönliche Züge, insofern als sich singuläre, wohl für ihn verfasste Gebete darin befinden, darunter fünf Orationen mit der Bitte eines Herrschers um gerechten Gebrauch seiner Macht sowie zwei Psalmen, die vor der Schlacht zu beten sind. Zudem ist der Gedanke an den Tod häufig in den Gebeten angesprochen und mit einer Miniatur eines vor einer Kirche im Freien liegenden Toten (47v) vor Augen gehalten. Das eindringliche Bild zeigt den Leichnam nackt auf einer Matte oder einem Leichentuch liegend, dem ursprünglich mit Asche bedeckten Büßertuch, wie es schon Jahrhunderte zuvor im Sakramentar des Warmundus von Ivrea überliefert ist. Benutzungsspuren belegen den intensiven Gebrauch dieses kostbaren Andachtsbuches, das für den Eigentümer ganz offensichtlich mehr war als ein Luxusobjekt höfischer Repräsentation. Das zeigt sich auch in jener Miniatur, die Maximilian mit den Insignien des deutschen Königs in Anbetung des hl. Sebastian wiedergibt (61v). Sie entstand möglicherweise kurz nach der Krönung in Aachen im Jahre 1486, als er 27 Jahre alt war. Als für ihn schmerzliche Erinnerung an seine Frau Maria von Burgund findet sich zu seinen Füßen ihr weißes Windspiel, während in den Lüften ein Falke sichtbar ist, der einen Reiher schlägt – auch das eine versteckte, dem Wissenden vertraute Anspielung auf die jung verstorbene Maria, die, als sie ihrem Falken nachschaute, vom Pferd stürzte und an den Folgen am 27. März 1482 starb.

Dieses Ereignis bekommt eine wohl nicht vorwegnehmende, sondern erinnernde Bedeutung im Hinblick auf die berühmte Miniatur im zuvor entstandenen Stundenbuch der Maria von Burgund und Maximilians,

Hs. 78 B 12 des Kupferstichkabinetts der Staatlichen Museen in Berlin, mit der Begegnung der Drei Lebenden und Drei Toten. Wenn auch nicht der Unfall gezeigt ist, so sind doch in der unerschrocken dahinreitenden jungen Frau Maria zu sehen, im golden gekleideten zweiten Reiter eventuell Maximilian als in einen allgemeinen Bildtopos integrierte historische Personen und Eigentümer dieses kleinen bibliophilen Juwels, in dem die Wappen beider sowie des öfteren die Initialen ihrer Vornamen »MM«, aber auch das Motto Maximilians »Halt Maß« (327v) erscheinen. Das Kreuz auf dieser Miniatur als Fixpunkt der Begegnung ist von großer Wichtigkeit; es bindet das Geschehen an den Ort, an dem die literarische Tradition das allegorische Bild ansiedelt: den Friedhof. Die entsprechende Darstellung im deutschen Stundenbuch aus Paris (Kat. Nr. 11) macht dies deutlich, wenn dort die Begegnung der drei Reiter mit drei Gerippen, die gerade aus den Gräbern entstiegen zu sein scheinen, wie zu einem kreisenden Tanz um das hoch aufgerichtete goldene Kreuz gerät, ohne dass – wie oft in diesen Szenen – eines der Skelette den tödlichen Wurfpfeil schleudert. Die Begegnung ist eine Ermahnung an geweihtem Ort und hinterlässt die erschrockenen Lebenden mit deutlicher Warnung. Nachgetragene eigenhändige Vermerke Maximilians sowie zweier seiner engsten Gefolgsleute in Flandern, Engelbert von Nassau und Ludwig von Gruthuse, legen nahe, dass der spätere Kaiser das aus seinem und Marias Besitz stammende Stundenbuch in Berlin ihrer Tochter Margarete schenkte. Es wurde offenbar der Dreijährigen mit auf den Weg gegeben, als sie zur Erziehung an den französischen Hof gebracht wurde und aus diesem Grund – ein gutes Jahr nach dem Tod ihrer Mutter – am 24. April 1483 in Hesdin der Tochter Ludwigs XI. von Frankreich, Anne de Beaujeu, übergeben wurde. Im Monat darauf fand die Hochzeit Margaretes mit dem dreizehnjährigen Dauphin Karl statt; acht Jahre später trennte sich dieser von ihr, um am 16. Dezember 1491 Anna von Bretagne zu heiraten, obwohl sie, die Erbin der Bretagne, bereits zwei Jahre zuvor als elfjähriges Mädchen mit Kaiser Maximilian I. durch Prokuration, also in kirchenrechtlich vollgültiger Ehe, verheiratet war. Aus ihrer nach dem Tod Karls VIII. 1498 geschlossenen Ehe mit Ludwig XII. von Frankreich ging im Jahr darauf Claude hervor, auch sie später Königin von Frankreich, von der oben schon die Rede war.

Weitere Geschichten ließen sich erzählen. Sie handelten von vielen großen und prachtvollen Andachtsbüchern, wie dem über einen halben Meter hohen Gebetbuch Kaiser Friedrichs III., des Vaters von Maximilian I., Cod. 1767 der Österreichischen Nationalbibliothek in Wien, das gänzlich ohne Gebrauchsspuren als repräsentative Prunkhandschrift eines spätmittelalterlichen Herrschers diente. In seinem Emblem- und Bildschmuck wird nachdrücklich der herrschaftspolitische Rechtsanspruch Friedrichs auf die Kaiserkrönung belegt, die, in einem bereits 1445 mit Papst Eugen IV. geschlossenen Vertrag zugesagt, erst 1452 in Rom tatsächlich erfolgte: Auf Folio 10r z. B. erscheint das den Vorgang legitimierende »A E I O U«, das als »Austriae Est Imperare Orbi Universo« (dem Haus Österreich steht es zu, die Kaiserwürde innezuhaben) aufzulösen ist. Die nicht ganz so monumentalen Grandes Heures des Herzogs von Berry, Ms. lat. 919 der Bibliothèque Nationale de France in Paris, dokumentierer hingegen einen anderen, nämlich vorrangig ästhetischen Anspruch; ihre vollendete Kalligraphie und verschwenderische Ausstattung, gesteigert in den Très Riches Heures im Musèe Condè in Chantilly oder den Pariser Très Belles Heures de Notre-Dame des so unersättlich prunkliebenden Herzogs, lässt freilich die zum Teil haarsträubenden Fehler in den lateinischen Texten übersehen. Jean de Berry (1340–1416) war zweifellos einer der leidenschaftlichsten Kunstliebhaber des späten Mittelalters und einer der unermüdlichsten Sammler aller Dinge, die ihm gefielen. Bezogen auf seine Bibliothek, die nicht einmal so bedeutend war, wie die von seinem Bruder Karl V. im Louvre angelegte, sind neben den vielen Romanhandschriften, Chroniken und Werken zur Erd- und Himmelskunde in unserem Zusammenhang die religiösen Bücher von Interesse; außer vierzehn Bibeln besaß er zeitweilig sechzehn Psalterien, siebzehn Breviere und bis zu achtzehn Stundenbücher. Seine Sammlung von Andachtsbüchern wuchs, indem er sie selbst bei den bekanntesten Künstlern, in deren Gesellschaft er sich so gerne aufhielt, in Auftrag gab, sie als Neujahrspräsente oder zu anderen Gelegenheiten geschenkt erhielt oder sie mit ähnlich bibliophilen Potentaten tauschte. Doch er verschenkte sie auch, wie z. B. die Très Belles Heures Ms. 11060–61 der Bibliothèque Royale in Brüssel an seinen Bruder Philipp den Kühnen, und wenn es ihn reute, kaufte oder erbat er sie bisweilen zurück. Sein Schatzbewahrer Robinet d'Estampes, dessen Ehefrau sowie sein Ratgeber Martin Gouge, Bischof von Clermont, erhielten solche Luxushandschriften von ihm zum Teil noch wenige Tage vor seinem Tod am 15. Juni 1416.

Die Geschichten handelten aber auch von unsäglich kleinen Andachtsbüchern wie dem landläufig als kleinstes Exemplar ausgewiesenen Stundenbuch der Maria Stuart im Besitz des herzoglichen Hauses Württemberg, dessen Entstehung wiederum auf das Haus Valois und die beiden Königinnen Anne und ihre Tochter Claude de Bretagne zurückverweist. Jedoch hat sich ein noch wesentlich kleineres Pariser Stundenbuch aus der zweiten Hälfte des 14. Jahrhunderts mit der Signatur Erm.lat. 17 in der Russischen Nationalbibliothek in Sankt Petersburg erhalten, das man ebenfalls ursprünglich in französischem Königsbesitz vermutet hat und das 1860 von Kaiser Alexander II. für die Bibliothek der Eremitage erworben wurde. Das 201 Blätter umfassende Büchlein misst nur drei mal zwei Zentimeter und bringt im Schriftspiegel von vierzehn mal sechs Millimeter acht Zeilen für den Text unter, der ebenso wie die etwa einen Zentimeter hohen Miniaturen gut les- bzw. erkennbar ist. Ein Andachtsbuch etwa in dieser Größe wird man sich vorstellen müssen, wenn man sich den Tod Johanns von Bayern, des dritten Sohnes von Herzog Albrecht aus der Straubinger Linie der Wittelsbacher vor Augen führt. Dieser hatte zunächst verschiedene kirchliche Ämter als Kanoniker in Cambrai und Dompropst in Köln inne, bevor er als Graf von Holland, Seeland und des Hennegau mit Hilfe Philipps des Guten von Burgund die Nachfolge des 1417 verstorbenen Wilhelm IV. von Bayern gegen dessen Tochter Jakobäa erfolgreich antrat. Der anhaltende Zwist zwischen beiden endete für den Onkel Jakobäas in Folge einer Vergiftung 1424 in Den Haag tödlich, und man verdächtigte die Nichte, am Anschlag beteiligt gewesen zu sein. Nicht Speise noch Trank waren vergiftet, vielmehr war, wie ein Zeitgenosse festhielt, »das Gift auf die Heilige Schrift meines Herrn« geschmiert, »die etwa so groß war wie eine Nuss«. Dies kann nur das Gebetbuch Johanns gewesen sein, das er im täglichen Gebrauch hatte. Er selbst wie auch seine Rivalin Jakobäa liebten Handschriften – das 1904 teilweise verbrannte Turin-Mailänder Stundenbuch mit Miniaturen Jan van Eycks, der 1422–1424 am Hof in Den Haag tätig war, als Teil der oben erwähnten Très Belles Heures de Notre-Dame des Jean de Berry ist mit ihren Namen verbunden –, so dass es schon an tragische Ironie grenzt, wenn ein kleines Andachtsbuch als Mordwaffe in diesen bibliophilen Kreisen benutzt worden ist. So schrieb der hinterhältige Missbrauch eines winzigen Buches europäische Geschichte. Denn mit dem plötzlichen Tod Johanns endete bald auch die Herrschaft Bayerns in Holland aufgrund einer wenige Monate zuvor mit dem Herzog von Burgund getroffenen Vereinbarung, nach der bei erbenlosem Tod des einen die Anwartschaft für Holland, Seeland und das Hennegau auf den anderen, nun also auf Philipp den Guten, übergehen sollte. Dies geschah 1433 nach mehreren Kriegsjahren und gegen die Intervention des englischen Herzogs Humphrey von Gloucester, eines ebenfalls bedeutenden bibliophilen Sammlers.

Andererseits konnten kostbare Andachtsbücher auch versöhnende Wirkung ausüben, wie man es sich im Falle des mit Gold- und Silbertinte auf schwarz gefärbtem Pergament geschriebenen Gebetbuchs vorstellen darf, das die Brügger Freibürger im Jahre 1466 dem Grafen von Charolais, dem späteren Herzog Karl dem Kühnen von Burgund, schenkten. Oftmals waren diese Handschriften in wertvolle Einbände gebunden, in einen Chemisette (Hemd) genannten Überzug eingenäht, der aus feinem Ziegenleder oder auch aus Seidenstoff bestand, mit Schließen aus Gold oder vergoldetem Silber, mit Email, Perlen und Steinen besetzt, ähnlich wie auch die »pipes« (Pfeifen) genannten Stäbchen, an denen die Lesezeichen befestigt waren. Weniger aufwendig wurden die oft meterlangen Pergamentrollen mit Stundenbuch- oder Gebetstexten in Kapseln geschützt, die herzförmigen Andachtsbücher ähnlich in Kästchen gelegt. Die nur in geringer Zahl erhaltenen, aber vielfach in zeitgenössischen Darstellungen wiedergegebenen Beutelbücher waren zum Tragen und in der Handhabung besonders praktisch und immer gut geschützt. Beliebt waren auch, gerade in den flämischen Produktionszentren, die mit Plattenstempeln verzierten dunkelbraunen Kalbledereinbände, von denen sich mit dem holländischen Passionsgebetbuch (Kat. Nr. 28) ein schönes Exemplar erhalten hat, das sich, durch eine Metallschließe gesichert, aufgrund des schmalen Taschenbuchformates gut mittragen ließ.

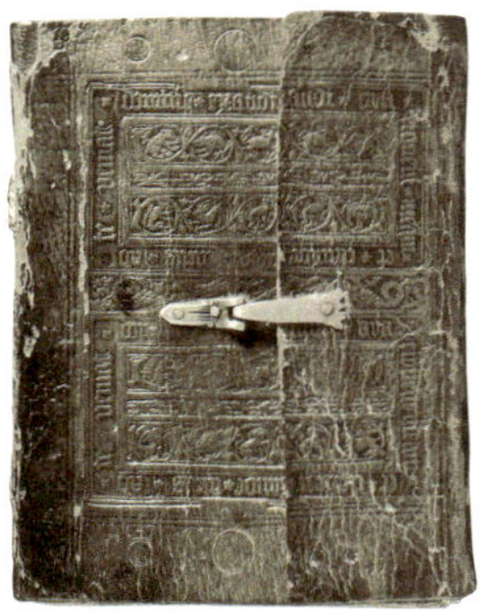

28 Orignaleinband des Holländischen Passionsgebetbuches, um 1500

Zur Frömmigkeitsausübung des mittelalterlichen Menschen gehörte neben dem Besuch der Messe das tägliche Lesen in seinen Andachtsbüchern. In vielen Stunden- und Gebetbüchern ist deshalb auch als Spiegel dieser Gepflogenheit eine Miniatur mit der Darstellung des Eigentümers im Gebet eingefügt. Unterschiedliche Benutzungsspuren überliefern individuelle Vorlieben und Gewohnheiten innerhalb der persönlichen Gebetspraxis. Sie können auch zu deutlichen, einer frommen Absicht entsprungenen Eingriffen in die Illustrationen der heilsgeschichtlichen Szenen führen, wenn z. B. die Gesichter der Schergen, die Christus in den Passionsszenen peinigen, unkenntlich gemacht sind. Verwischungsspuren beobachtet man aber auch bei besonders verehrungswürdigen Bildmotiven wie der vera icon oder dem Herz Jesu, die nicht nur in der Meditation betrachtet, sondern auch berührt wurden. Dies gründet in der Vorstellung, dass mit dem verehrenden Küssen dieser als Reliquien aufgefassten Gegenstände in den Darstellungen der Betende der mit ihnen verbundenen Heilswirkung zuteil würde. Von Jean le Meingre, Marschall von Boucicaut, dessen großformatiges und von einem nach ihm benannten Pariser Miniaturisten um 1410 reich bebildertes Stundenbuch heute als Ms. 2 im Musée Jacquemart-André in Paris aufbewahrt wird, ist überliefert, dass er ein sehr frommer Mann gewesen sei, der die täglichen Gebetsstunden eingehalten und »zum Gedenken an die Passion unseres Herrn« am Freitag nur schwarze Kleider getragen habe. Vom Herzog Jean de Berry weiß man, dass er täglich mindestens eine Messe am Morgen mitfeierte und dass er mehrere Kapläne angestellt hatte, denen gegenüber er immer wieder seiner Freude darüber Ausdruck verlieh, wenn die Messen länger dauerten oder sorgfältiger und feierlicher zelebriert wurden. Schließlich sei hier auch an Isabella von Bayern (Isabeau de Bavière) erinnert, die aus dem Wittelsbachischen Herzoghaus von Bayern-Ingolstadt stammende Gemahlin Karls VI. von Frankreich. Infolge der seit 1392 ausgebrochenen Geisteskrankheit ihres Gemahls war sie durch Ordonanz von 1403 zur Regentin »in Abwesenheit des Königs« erklärt worden, schloss sich in der Folgezeit jeweils dem mächtigsten ihrer Schwäger an und geriet nach der auf Geheiß ihres Schwagers Johann Ohnefurcht erfolgten Ermordung ihres anderen Schwagers Herzog Ludwig von Orléans 1407 in die damit beginnenden Auseinandersetzungen zwischen den Burgundern und Armagnaken. Die Geschichte überliefert sie als leichtsinnige, ja unmoralische Königin, unter deren zwölf Kindern dem Thronfolger Karl VII. die Legende anhaftet, ein Bastard gewesen zu sein. Die andere zugehörige Seite belegen die Rechnungsbücher des Hofes mit Eintragungen, nach denen die Königin eine ganze Reihe von Stundenbüchern gekauft oder in Auftrag gegeben hat, die sie offenbar mit Vorliebe in der Nacht las. Denn die Belege weisen eigens zu diesem Zweck gekaufte Kerzen, Leuchter und Elfenbeinlampen aus, wenn es darin heißt »petite paellete d'yvoire pour attacher la chandelle quant la Royne dist ses heures« (Paris, Archives Nationales, Ms. KK 41, 55v).

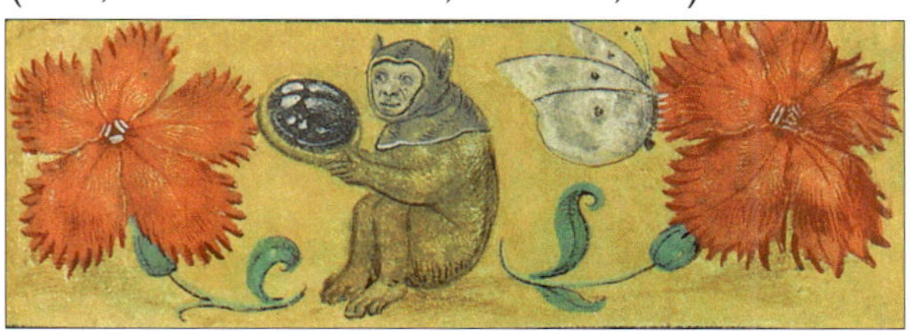

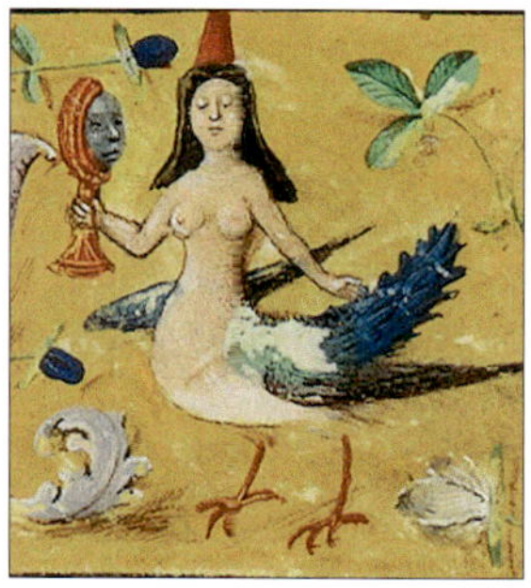

Profanes und Religiöses liegen nahe beieinander, durchdringen und ergänzen sich. Bereits ein Durchblättern der Andachtsbücher belegt das Miteinander frommer Texte mit heilsgeschichtlichen Bildthemen der Miniaturen und auf der anderen Seite einer Fabelwelt phantastischer Wesen, die vorrangig die Randzonen der Pergamentseiten bevölkern und das geschriebene Wort begleiten. Mit dem frühen lothringischen Stundenbuch (Kat. Nr. 2) und dem südniederländisch-katalanischen Gebetbuch (Kat. Nr. 13) wird die generelle Beobachtung einer auf das 13./14. Jahrhundert konzentrierten Blütezeit des Drôlerienschmucks innerhalb der mittelalterlichen Handschriftenausstattung bestätigt. Doch tauchen sie immer wieder auch in den späteren Manuskripten auf, wie die schönen Beispiele in den flämischen Handschriften, etwa im Manderscheid-Stundenbuch (Kat. Nr. 25), belegen. Da gibt es Affen, die nach Fischen angeln, oder solche, die eine ärztliche Urinprobe vornehmen, und Hasen, die als Jäger auf Falkenjagd gehen oder aber liturgische Handlungen vornehmen, wenn sie ein Kreuz tragen und Weihwasser mit einem Aspergil verteilen; bisweilen werden sie selbst gejagt, etwa von einem ins Horn stoßenden Vogel, der auf einem Hund reitet; da lauscht ein Löwe einem von einer Kapuze verdeckten Tier; andererseits züchtigt ein Lehrer einen Schüler, dessen Oberkörper eindeutig ein Hund ist, und vieles mehr. Mischwesen, zusammengesetzt aus pflanzlichen Formen, menschlichen und tierischen Körperteilen, aus verschiedenen Welten resultierend, als ob sie die Gesetze und die Kenntnis der geordneten und heilsgeschichtlich eindeutig ausgerichteten Welt auf groteske Weise mehrdeutig aufbrechen. Auffallend sind die Häufigkeit eines Mischwesens, das sich aus unterschiedlichen tierischen und pflanzlichen Unterkörpern zu einem nackten menschlichen Oberkörper mit Bischofsmitra entwickelt, und ein anderes, das stets, wie auch immer im übrigen zusammengesetzt, einen nackten menschlichen Hintern zur Schau stellt. Letztere, auch »Blecker« genannt, gehören wie die »Zanner«, die mit ihren Händen den Mund aufreißen und ihre Zähne zeigen, zu jenen Gebärdenakteuren, die mit unziemlichen Entblößungen die Schamgrenze übertreten und sich mit dieser drastischen Körpersprache in einer wortlosen Kommunikation Gehör verschaffen. Zahlreiche Untersuchungen der letzten Jahre haben Zusammenhänge dieser im

25 18v (Detail)
Fabelwesen aus der Bordüre zur Miniatur der Kreuzigung Christi

26 3r (Detail)
Affe mit Spiegel aus der Bordüre zur Miniatur der hl. Dorothea

Handschriftenschmuck marginalen Drôlerienwelt, die natürlich auch in der Bauplastik, der Wandmalerei und in anderen Bereichen anzutreffen ist, mit ähnlich komisch-grotesken Strukturen in mittelalterlichen geistlichen Spielen, in Predigten und Festabläufen aufgedeckt und Zusammenhänge belegt. Vor allem haben Sammlungen pädagogisch drastischer Exempla religiöser und profaner Art die Predigten bereichert und beispielsweise bei der Predigt am Ostersonntag das sog. Osterlachen (risus paschalis) ausgelöst, wenn in burlesken Anspielungen auf Ereignisse etwa bei den Pfarrmitgliedern in Verbindung mit der österlichen Geschichte eine erhellend komische Pointe zustandekam. So wie diese am Rande der Predigten eingestreuten Erzählungen die erlahmende Aufmerksamkeit der Zuhörer wieder wecken konnte, so führt der abschweifende Blick über die grotesk-komischen Randdekorationen in den Handschriften zu erneuter Konzentration auf den Text. Die Kombinationsvielfalt der Mischwesen mit ihren darin gesteigerten Aussagemöglichkeiten findet in einem aus dem späten 13. Jahrhundert überlieferten Beispiel einer Exemplumsammlung eine gleichnishafte Deutung. Der darin nackt, nur mit bedeckten Armen auftretende Spielmann verneint die

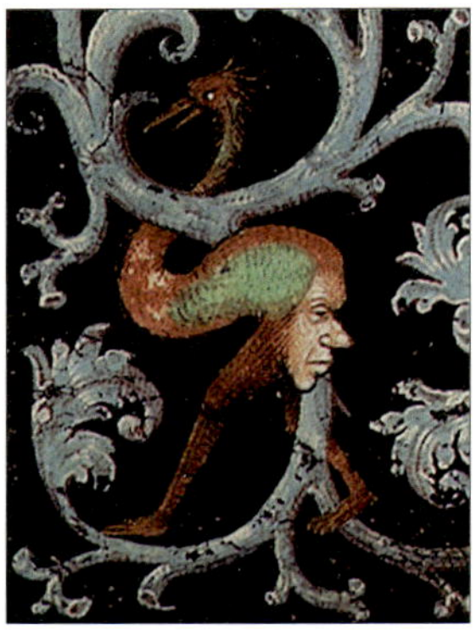

25 156v (Detail) Fabelwesen aus der Bordüre zur Miniatur zum Totenoffizium

Fragen, ob ihm nicht kalt sei, auch nicht im Gesicht, und antwortet: »Mein ganzer Körper ist Gesicht.« Die Fähigkeit, bildhaft mit dem Körper zu sprechen, ihn als Maske und Ausdrucksträger für eine Verständigung jenseits der »litterati« zu nutzen, öffnet Wege, die Welt noch einmal außerhalb ihrer nach logischer Vernunft gesetzten Ordnung – in »lachender Bewältigung« – zu bedenken. Die Spielmanns- und Schauspielkunst im Spätmittelalter fand Beachtung in allen Kreisen – man denke nur an die aufwendig arrangierten Feste und Maskeraden am französischen Hof zur Zeit Karls VI. und Isabellas von Bayern –, so dass auch die von Meinhard von Bamberg erzählte Geschichte, sein Bischof Gunther habe an kriegerischen Spielen mit behelmten Hasen teilgenommen, nicht verwundert. Auch in unseren Handschriften finden sich zahlreiche Langohren, die mit Pfeil und Bogen gegen manches Monster kämpfen oder mit Falken ihre Artgenossen jagen. Auch diese reiche von Gauklern, Stelzengängern, Narren und Wildleuten bevölkerte Randzone innerhalb der gesellschaftlichen Hierarchien gehört zum mittelalterlichen Leben und zur Bildwelt der Andachtsbücher.

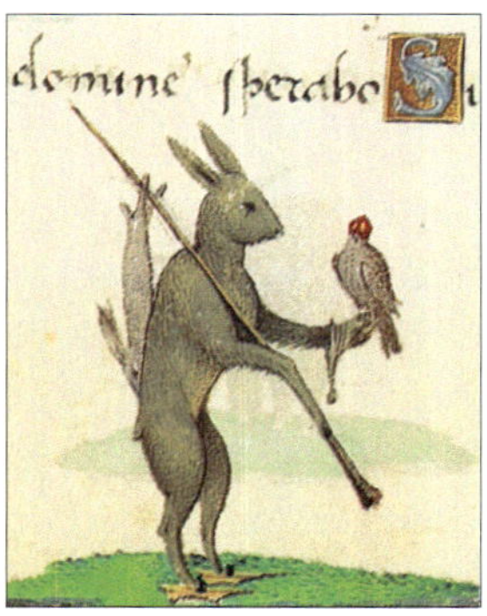

24 16r (Detail) Hase als Jäger

Bisweilen finden sich ihre Eigentümer im Rand- oder Initialschmuck dieser Art dargestellt, weit häufiger aber in repräsentativeren Miniaturen, wo sie charakteristischerweise stets im Gebet erscheinen. Dies geschieht an einem Ort, der den jeweiligen gesellschaftlichen Anspruch mit den tatsächlichen täglichen Gewohnheiten durchmischt und darin Bildtopoi entwirft, die vorrangig zum einen private Beträume oder Nischen innerhalb des eigenen Wohnbereichs wiedergeben und zum anderen durch Vorhänge oder Gitter abgetrennte Binnenräume innerhalb von größeren Sakralräumen meinen. So kniet in seinem Gebetbuch Cod. 1897 der Österreichischen Nationalbibliothek in Wien (24v) Jakob IV. von Schottland mit seinem Namenspatron in Anbetung des Salvators innerhalb eines Kirchenraums, durch ein Gitter und einen Baldachin vor den übrigen Besuchern geschützt, und dokumentiert damit seine in der Absonderung stattfindende Gebetsübung, in der sich stets auch die anderen Potentaten in entsprechend aufwendig wiedergegebenem Ambiente haben darstellen lassen. Das berühmte im Stundenbuch der Maria von Burgund, Cod. 1857 der Österreichischen Nationalbibliothek (14v), überkommene Bildnis einer sitzenden, in ihrem Andachtsbuch lesenden Dame mit Schoßhündchen und abgelegtem Geschmeide gibt im Blick durch das geöffnete Fenster aus ihrem privaten Oratorium ein bühnenhaftes Geschehen mit der von Hofdamen verehrten Muttergottes in einem hohen gotischen Kirchenraum frei und assoziiert damit einen frei verfügbaren bildkünstlerischen Umgang mit architektonisch real gegebenen Möglichkeiten. Auf Burg Karlstein bei Prag, die Karl IV. 1348–1357 errichten ließ, diente ihm eine kleine, der hl. Katharina geweihte Kapelle als Privatoratorium, das der Kaiser häufig allein zum Gebet aufsuchte. Zahlreich sind die Privatkapellen und Beträume in den Bürgerhäusern des Spätmittelalters überkommen oder belegt, die in Form von angebauten

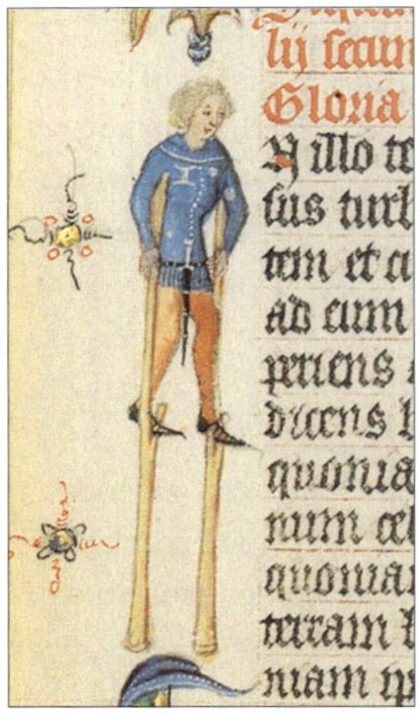

13 75v (Detail) Stelzenläufer

Apsiden, Erkerkapellen oder auch neben den Studierzimmern der Gelehrten gelegenen separaten Beträumen bekannt sind (vgl. Kat. Nr. 24). Manche Palast- und Hausarchitektur, wie diejenige auf der Miniatur des büßenden Königs David im französischen Psalter-Stundenbuch (Kat. Nr. 12), mag Erkerräume mit dieser Funktion wiedergeben. Überhaupt überliefern Miniaturen mit dem büßenden König David, wie zum Beispiel im deutschen Stundenbuch aus Paris (Kat. Nr. 11), sowohl mit dem Betenden selbst, als auch im Ambiente der Innenräumlichkeit prototypische Situationen, die für den Gebetbucheigentümer sowohl hinsichtlich seiner eigenen häuslichen Situation, als auch im Hinblick auf den mit König David verbundenen Psalmtext vorbildhafte Wirkung besitzt.

Noch entscheidender spiegelt die Ikonographie der Verkündigung an Maria, die zur künstlerischen Grundausstattung jedes Stundenbuchs gehört, das Selbstverständnis der Bucheigentümerinnen im Bild. Der Engel trifft die im Lebenswandel vorbildhafte Jungfrau während des Betens an, womit Gelegenheit gegeben ist, den Topos der häuslichen Andacht mit immer wiederkehrenden Konstanten der wichtigsten Versatzstücke in vielfachen Variationen darzustellen. Neben einigen wechselnden Einrichtungsgegenständen – im flämischen Stundenbuch (Kat. Nr. 21, 47r) hängt ganz anachronistisch eine sonst selten wiedergegebene, dem bürgerlichen Ambiente vom Ende des 15. Jahrhunderts entnommene Wanduhr im Hause Mariens – ist es vor allem die Kennzeichnung des Raumes als Schlafgemach, in dem die Verkündigung geschieht, und die dem meist baldachinbekrönten Bett benachbart aufgestellte Betbank mit dem darauf liegenden aufgeschlagenen Andachtsbuch, die auf den Bildern mit den sich darstellenden Eigentümern übernommen werden (z. B. Kat. Nr. 22).

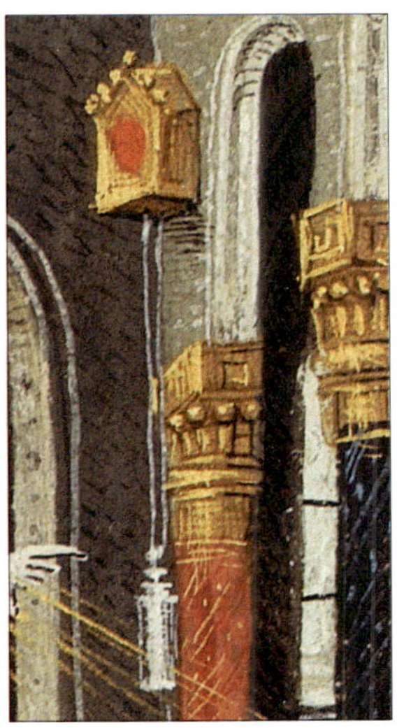

21 47r (Detail) Wanduhr im Raum der Verkündigung an Maria

Die Kombination dieser beiden Möbel gewährleistet die Suggestion, mit dem Gebet am Morgen nach dem Aufstehen und am Abend vor dem Schlafengehen Tag und Nacht in den Schutz Gottes und der Heiligen einbezogen zu haben. Dies ist das gängige Bild in zahllosen Stunden- und Gebetbüchern. Davon abweichende Ausnahmen sind in besonderen historischen Vorgaben, individuellen Wünschen, bisweilen auch atelierspezifischen Bildtraditionen festzumachen, wenn beispielsweise auf einer Miniatur im verbrannten Teil des Turin-Mailänder Stundenbuchs der König von Frankreich vor der Kulisse der aufgestellten Streitmacht in seinem Zelt mit aufgeschlagenem Gebetbuch darum bittet, Gott möge sich im Krieg auf seine Seite schlagen und ihm zum Sieg verhelfen; oder wenn auf einer zweiten Miniatur im gerade genannten Wiener Stundenbuch der Maria von Burgund (43v) der Ausblick aus dem Oratorium in eine offene Landschaft das Passionsgeschehen auf Golgatha als gegenwärtig gewordenes Ereignis für jene Dame vorstellt, die eben noch vor ihrem Weggehen bei der Lektüre ihres auf der Seite mit der Kreuzigungsminiatur aufgeschlagenen Buches über dieses Heilsgeschehen meditiert hat; ihre Identität ist in den kostbaren Gegenständen eines fürstlichen Zeitvertreibs auf der Fensterbank für den Betrachter angedeutet. Das hier zur Deckung gebrachte Zeitgefüge von historisch zurückliegendem Anlass und seinem späteren Gedenken, das die jeweilige Gegenwart durch die Konzentration auf das Geschehen ganz ausfüllt, ist Ergebnis und Anliegen des mittelalterlichen Andachtsbildes in Verbindung mit den zugehörigen Gebetstexten.

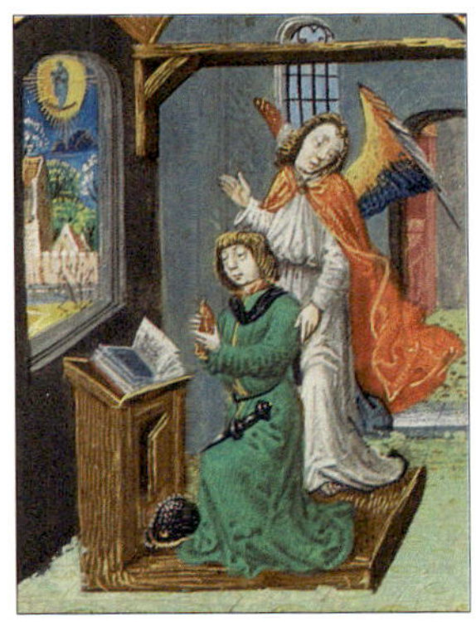

21 183v (Detail) Marienvision des Betenden

Wenn die Vergangenheit in der Meditation zur Gegenwart wird, wenn das weit Zurückliegende, das weit Entfernte anwesend wird, ereignet sich Nähe als ein Erlebnis jenseits der kausalen Orts- und Zeitbezüge. Diese Nähe, die zum geradezu intimen Umgang eines Betenden mit dem eigentlich nicht Verfügbaren als einem Ereignis der Andacht führt, ist eine wesentliche, in den Bildern der Andachtsbücher immer wieder bewusst und darin präsent gemachte Erfahrungsqualität für den Betrachter. Der Dresdener Gebetbuchmeister malt den Eigentümer der von ihm gestalteten Handschrift (Kat. Nr. 21, 183v) in seinem Gemach, während dieser das Gebet zu seinem Schutzengel aus dem auf der Betbank liegenden offenen Buch spricht, das der Miniatur im realen hier vorgestellten Andachtsbuch folgt. Der Betende auf dem Bild hat wohl gar nicht bemerkt, dass der angerufene *angelus bonus* schon hinter ihm leibhaftig imaginiert ist, dass sein Gebet also erhört worden ist und der Schutzengel bereits tätig wird, indem er den Buchbesitzer berührt, ihn seine Nähe spüren lässt und ihn auf eine Erscheinung am Himmel hinzuweisen sucht.

Im Blick durch das Fenster ereignet sich die Gegenwart Mariens auf der Mondsichel als Vision über seinem vertrauten Heimatort. Mit dem Blick in die Natur, in die Welt, offenabrt sich das Heilige; es ist darin verwoben und zugleich die Wirklichkeit des Gebetes. Die Bitten erfüllen sich mit der Erscheinung des Erhofften im antizipierenden und darin Trost spendenden Andachtsbild. Voraussetzung dafür ist die Gleichsetzung verschiedener Realitätsebenen im Bild, aufgrund der das Gegenwärtigwerden von Motiven, Themen und Geschichten der frommen Andacht im alltäglichen Umraum möglich wird. Eine Durchdringung, die Johann Huizingas Ausführungen im »Herbst des Mittelalters« in Erinnerung rufen: »Das ganze Leben war so von Religion durchtränkt, dass der Abstand zwischen dem Irdischen und dem Heiligen jeden Augenblick verwischt zu werden drohte. Wird einerseits jede Verrichtung des gewöhnlichen Lebens in heiligen Augenblicken in die Sphäre der Weihe emporgehoben, so bleibt andererseits das Heilige durch seine unlösbare Vermischung mit dem täglichen Leben ständig mit der Sphäre des Alltäglichen verbunden.«

Für dieses Transitorische, das Hinübergehen aus der alltäglichen Realität in den Raum der Gebetswirklichkeit, wie auch für das Verweilen in dieser erwünschten anderen Gegenwärtigkeit, haben die Künstler vielerlei Darstellungsmittel gefunden. Ein wesentliches Gestaltungselement ist die Rahmenüberschneidung. Der

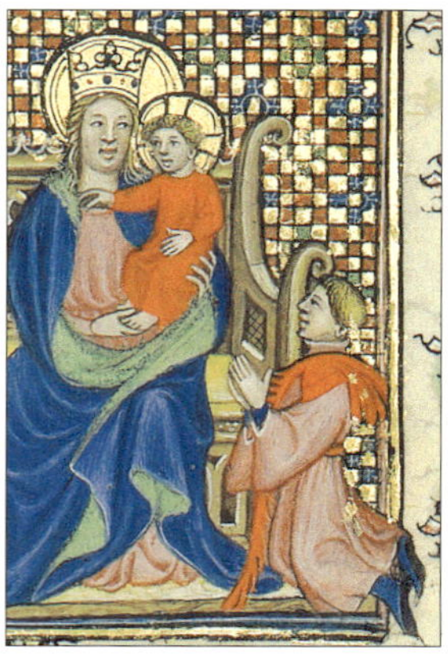

4 114r (Detail)
Betender vor der Gottesmutter mit Kind zu Beginn der Marienmesse

Eigentümer des Pariser Stundenbuchs (Kat. Nr. 4, 114r) kniet auf bzw. vor dem Bildrahmen, verlässt sozusagen gerade die ihn umgebende Alltagswelt und begibt sich – während des Gebets – in den Andachtsraum, dringt ein in die Wirklichkeit des religiösen Raums und nimmt teil am Zugleich der geistigen Realität im Bild. Die Auftraggeberin des französischen Stundenbuchs (Kat. Nr. 10) ist auf dem terrassenähnlichen Gelände eines Innenhofes ihres Hauses im Gebet niedergesunken und erblickt die dort präsent gewordene Gottesmutter, auf deren Schoß sich der Jesusknabe zur Beterin hinwendet und mit dieser »reagierenden« Geste die Erhörung ihres Gebetes unmittelbar bestätigt. Die Szene lebt im Gebet; mit dem Aussprechen des nachfolgenden Textes – hier sind es die Fünfzehn Freuden Mariens – erfüllt sich das darin enthaltene Verlangen in der Nähe und Intensität eines unmittelbar stattfindenden Dialogs. In vielen ganz ähnlich komponierten Verehrungsbildern sind das Ziel der Anbetung – hier die Gottesmutter mit dem Jesusknaben – wie auch der porträtierte Handschrifteneigentümer ohne störende Überschneidung oder tiefenräumliche Verkürzungen so aufeinander bezogen

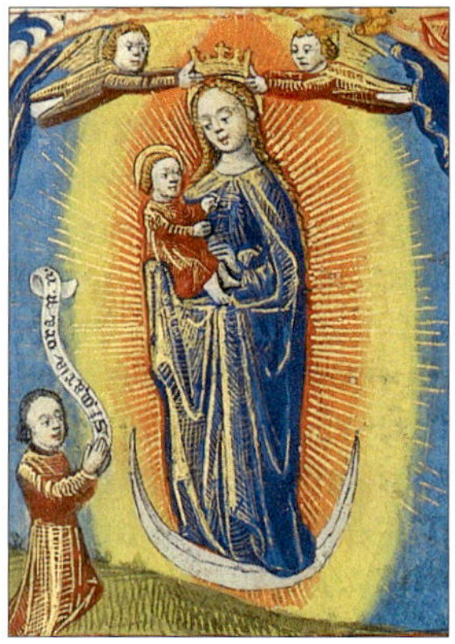

11 105r (Detail)
Mondsichelmadonna mit Betendem zu Beginn der Marienmesse

dargestellt, dass sich der Betrachter im Überblicken der Szene in diese dort stattfindende Begegnung einfühlen konnte. Dominantes Ziel aber bleibt das im Bewusstmachen sichtbar werdende Gottes- oder Heiligenbild, das meist frontal oder in nur leichter Drehung ins Profil gerückt erscheint, um so als Andachtsbild im Andachtsbild wahrgenommen zu werden. Solche Verehrungsbilder mit dargestellten Eigentümern sind vorbildhafte, stets neu motivierende, aber auch das eigene Tun bestätigende Spiegelbilder des Betrachters. Bisweilen steigert sich die Nähe und Größe des Erflehten in eine überwältigende Bilddimension, wie etwa im deutschen Stundenbuch aus Paris (Kat. Nr. 11, 101r), wo der Beter jenseits der bewohnten Welt wie am Rande der Erde eine Vision von geradezu kosmischem Ausmaß erlebt. Ohne ein novellistisches Versatzstück oder ein orientierendes Zeichen irdischer Topographie versinkt er gleichsam im Strahlenbild Mariens, ist er, ohne von irgendeiner Ablenkung beeinträchtigt zu sein, ganz von Konzentration erfüllt, ist in die Andacht des Gebetes eingetreten.

In dieser Andacht wird alles möglich und zu gegenwärtigem Geschehen. So erscheint Christus als Auferstandener Margarete von York, der Herzogin von Burgund und Schwester des englischen Königs, im Add. Ms. 7970 der British Library in London (1v), um die Eigentümerin dieser Handschrift für ihre Frömmigkeit zu loben, ihr weitere Anregungen für ihre Andacht zu geben und sie vor Stolz zu bewahren, der oft der Begleiter hochstehender Persönlichkeiten sei. Margarete von York kniet während des Dialoges, der in der Figurenanordnung dem »Noli me tangere« folgt, auf einem Teppich in ihrem Schlafgemach und erlebt den Inhalt des diesem Titelbild nachfolgenden Textes unmittelbar im lebendigen Gespräch. Es handelt sich dabei um den auf ihre Bitte hin von Nicolas Finet verfassten »Dialogue de la duchesse de Bourgogne à Jésus Christ«, der zugleich ihre Andachtsinteressen reflektiert. Ihre Bibliothek an Devotionsliteratur war beachtlich; der schöne Führer zu den sieben Pilgerkirchen Roms mit den flämischen Miniaturen ihrer Patrone, Ms. 639 in New Haven, Yale University, Beinecke Rare Book and Manuscript Library, gehört dazu; ebenso die von David Aubert geschriebene Sammlung moralischer und religiöser Texte im Ms. Douce 365 der Bodleian Library in Oxford, das die Herzogin in einem innerhalb einer Kirche abgetrennten Raum im offenen Andachtsbuch lesend wiedergibt, während ihre Hofdamen außerhalb dieses in den Sakralraum vielleicht mobil eingebrachten Oratoriums ihrer Andacht nachgehen (115r). Solche durch kostbare Vorhänge abgetrennten Beträume finden sich allenthalben in den für fürstliche Auftraggeber hergestellten Manuskripten, wie etwa in den Belles Heures des Jean de Berry in den Cloisters zu New York oder im erwähnten Stundenbuch des Marschalls von Boucicaut. Zur Andachtsliteratur der burgundischen Herzogin gehörte auch die unter dem Titel »Benois seront les misericordieux« gesammelten erbaulichen Schriften, heute Ms. 9296 der Bibliothèque Royale in Brüssel, auf dessen Titelbild Margarete von York in sieben Szenen die Werke der Barmherzigkeit selbst ausführt. Damit belegt ein Bilddokument innerhalb eines allgemeingültig vorgegebenen christlichen Tugendkatalogs ihr individuelles Tun als Voraussetzung und Erfüllung der Kunst des guten Lebens. Schließlich besaß sie eine 1474 wiederum von David Aubert geschriebene französische Übersetzung der »Visio Tnugdali« mit einem beeindruckenden Miniaturenzyklus von Simon Marmion, die sich heute als Ms. 30 im J. Paul Getty Museum in Los Angeles befindet. Diese in verschiedene Landessprachen übersetzte Läuterungsreise der Seele des irischen Ritters Tondal (Tnugdal) in Begleitung seines Schutzengels, der ihn von seinem falschen Lebenswandel abzuhalten sucht, wurde wahrscheinlich 1149 von dem Regensburger Mönch Marcus geschrieben und einer Frau »G« dediziert, die als Gisela, Äbtissin des Benediktinerklosters St. Paul in Regensburg, identifiziert wurde. Innerhalb der visionären Literatur des hohen Mittelalters war der Text sehr beliebt, gab er doch in bildreicher Sprache eine Vorstellung von Hölle, Purgatorium und Paradies als eindringliche Hilfe für eine gute Lebensführung auf Erden.

Mit dem meditierenden Betrachten solcher Illustrationen, welche die großen Altäre und Andachtsbilder in den Kirchen gleichsam im kleinen Format als persönlichen Besitz in die eigene häusliche Verfügbarkeit holten, ereignet sich die jederzeit mögliche und unmittelbare Teilhabe an den auf ihnen vorgestellten Heilsereignissen als eigentliches Ziel des privaten und individuellen Gebetsverlangens. Eine Miniatur wie die Kreuztragung Christi im Clarence-Stundenbuch (Kat. Nr. 16, 41v) vermittelt dieses Anliegen auf ungewöhnliche Weise. Nicht Simon von Cyrene hilft Christus beim Tragen der schweren Last, sondern seine Mutter Maria, die den Kreuzstamm mit verhüllten Händen berührt. Damit erweitert sich das biblische Geschehen zu einem Bild beispielhafter Frömmigkeit: Das helfende Tragen wird zur teilnehmenden und zugleich verehrenden Geste, das historische Kreuz zur kostbaren Reliquie, die Einbindung Mariens in die Passion Christi zu ihrer compassio am Leiden ihres Sohnes, in die sich die Betrachterin, die Herzogin von Clarence, identifizierend einbringen konnte. Eine solche Bildsprache besitzt eine suggestive Kraft der Vergegenwärtigung mit dem Ziel, eine imitatio im Betrachter auszulösen, damit dieser im Mit-Leiden der Passion des Salvator Christus die eigene Erlösung erlangt. Die Darstellung

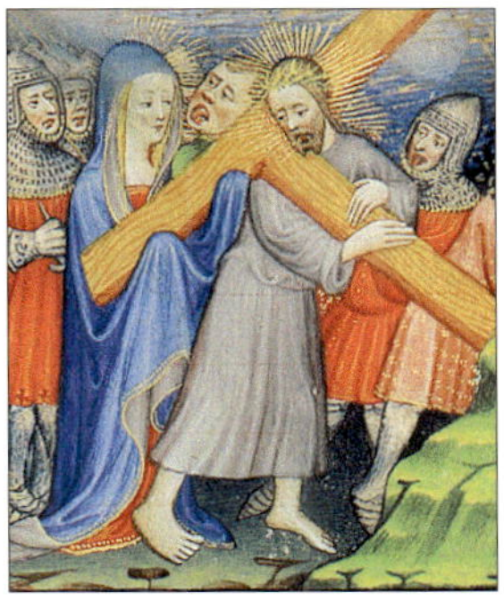

16 41v (Detail)
Kreuztragung.
Miniatur zur Sext
des Marienoffiziums

im Londoner Stundenbuch beinhaltet zugleich auch die von Christus selbst gegebene Aufforderung zur Nachfolge, wie sie im Markus-Evangelium (8,34) überliefert ist: »Wer mein Jünger sein will, der verleugne sich selbst, nehme sein Kreuz auf sich und folge mir nach.« Das daraus entwickelte Bildthema der kreuztragenden Minne findet sich häufiger in Handschriften und Einblattdrucken des 15. Jahrhunderts, begleitet von einem Dialogtext zwischen der als Nonne personifizierten Minne und dem sich zu ihr zurückwendenden Christus. Auch dieses Motiv der Kommunikation enthält die englische Miniatur, so dass sich die im Vorbild Maria erlebende Herzogin Margaret unmittelbar angesprochen fühlen konnte. Diese imitatio ist eine wesentliche Qualität der »ars vivendi« im spätmittelalterlichen Lebensverständnis. Zahlreiche Texte stellen sie in den Mittelpunkt ihrer Anleitungen für ein Gelingen des Lebens, wie es ausdrücklich in der »Nachfolge Christi« des Thomas von Kempen (um 1379/1380–1471) formuliert ist oder in der »Vita Christi« des Ludolf von Sachsen (um 1300–1378) gefordert wird, der im Prolog (II c. 58) dazu anhält: »Das Vergangene betrachte er, als geschehe es in der Gegenwart. Er werde Zeuge, Gehilfe und Begleiter der heiligen Personen an den heiligen Orten des Geschehens, schaue auf Christus, wie er sich gibt in seinem Tun und seiner sittlichen Haltung. Dem so Meditierenden wird Christus gegenwärtig, wie er von ihm gegenwärtig gedacht wird.« Stets ist es diese die Deckung suchende Nähe zum Vorbild, die dem Betrachtenden die in der »Vita Christi« ausgewiesenen Hauptmotive der Liebe, Armut, des Gehorsams und der Vollkommenheit als die das eigene Leben bestimmenden Motivationen finden lässt. Zu diesem Zeitpunkt entstanden die vielszenigen Passionsgebetbücher, wie sie die beiden kleinformatig intimen, holländischen Exemplare überliefern (Kat. Nrn. 28, 29).

Eines der beliebtesten mittelalterlichen Andachtsbilder resultierte aus einer anderen Nebenszene der Kreuztragung, nämlich der Begegnung Christi mit Veronika. Die entsprechende Miniatur im Sigmaringer Gebetbuch (Kat. Nr. 26, 49v) hält jenen Augenblick fest, in dem Christus der jungen Frau das Schweißtuch mit seinem auf wunderbare Weise sichtbar bleibenden Gesichtsabdruck zurückgibt und sich dabei zu ihr umwendet. Das historische Ereignis wird auch hier überlagert von einem devotionalen Anspruch des Bildmotivs an den Betrachter: Der gleichsam angehaltene Augenblick der Übergabe des Schweißtuches ermöglicht eine ostentative Präsentation dieses verehrungswürdigen Bildtuchs. Beide halten es so, dass es frontal sichtbar ist und zwei identische Porträts Christi nebeneinanderstehen. Der Nachweis der Authentizität des wahren Antlitzes Christi auf dem Tuch ist damit gewährleistet. Aus der Wiedergabe des historischen Geschehens am Golgathaweg wird das Bildmotiv der hl. Veronika, die die vera icon in Händen hält, herausgelöst, so wie es etwa im deutschen Stunden- und Gebetbuch aus Paris (Kat. Nr. 11, 1v) überliefert ist. Die Authentik vermittelt sich nun ausschließlich über die Heilige als Augenzeugin und Gewährsperson des Passionsgeschehens. Sie selbst wendet sich hier auf der Miniatur, wie in Erinnerung an den erlebten Schmerz, in Trauer zur Seite, um den Blick des Betrachters von sich selbst fort und ganz auf das ihm frontal vorgezeigte Sudarium zu lenken. Das Tuch wirft an den Rändern auf natürliche Weise Falten, die sich jedoch, nun unrealistisch, zur Mitte hin so weit glätten, dass das Gesicht Christi ohne jede Einschränkung nicht wie auf das Tuch gemalt, sondern – in einer eigenen Realität – wie vor ihm schwebend erscheint und damit eine besondere, fast wunderbare Gegenwärtigkeit erhält. Nur das Gesicht Christi schaut den über das Bild Meditierenden an, von ihm geht der den Betrachter fixierende Blick aus, der die Augen des frommen Schauenden sucht, um einen Austausch inniger Gefühle, eine Teilhabe an sich und seinem Erlösungswerk zu ermöglichen: ein »sakramentaler Blick«, wie man dies einmal genannt hat. Demgegenüber schaut Veronika zur Seite, in trauervolle Gedanken versunken, wie in eine innere Vision eingetaucht, in das Erinnerungsbild an Christus, das sie dem Betrachter auf dem Tuch vorzeigt. So ist die hl. Veronika für ihn das Vorbild in der Meditation über die Nachfolge Christi. Eine weitere Stufe der Enthistorisierung belegt eine Miniatur im Stundenbuch Ms. GKS 1612 der Kongelige Bibliotek in Kopenhagen (1v), auf der Karl der Kühne und Isabella von Bourbon vor einer weiten Landschaft unter einer riesigen, wie aus dem Himmel entrollten vera icon im Gebet knien. Solche Miniaturen stehen oft wie Titelbilder am Anfang der Stundenbücher, wo sie den Gruß des Hl. Antlitzes im nachfolgenden Gebet *Salve sancta facies* (Kat. Nrn. 11, 25, vgl. auch 30) illustrieren. Im Manderscheid-Stundenbuch (Kat. Nr. 25) wird das Eingangsbild der vera icon freilich ausgetauscht mit dem Brustbild des salvator mundi, das mit ähnlichen Mitteln zur Meditation anregt.

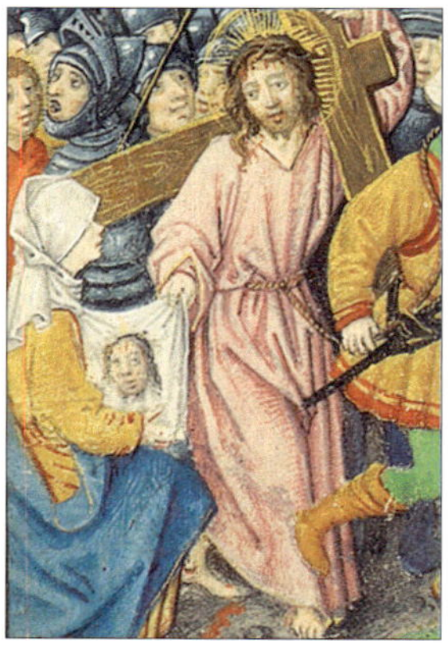

26 49v (Detail) Kreuztragung zu Beginn der Meditationen zur Passion Christi

Die daraus resultierende emotionale Kraft der Bilder, aufgefangen im intensiven meditierenden Sehen des Betrachters, erfährt eine weitere Steigerung, wenn die dargestellten Verehrten selbst zu handeln beginnen, Antwort geben auf die im Gebet geäußerten Bitten und Wünsche. Das im frühen 15. Jahrhundert aufkommende Bildthema der Gregorsmesse überliefert ein besonders beliebtes Beispiel hierfür. Das Gegenwärtigwerden Christi in Gestalt des Schmerzensmannes während der Papstmesse in S. Croce in Gerusalemme in Rom liefert den authentischen Beweis für die von einigen Anwesenden bezweifelte tatsächliche Wandlung von Brot und Wein. Auf der Miniatur im Sigmaringer Gebetbuch (Kat. Nr. 26) ereignet sich die Vision hinter zurückgezogenen Vorhängen, als würde etwas Verborgenes für einen Augenblick enthüllt; auf der entsprechenden Miniatur im holländischen Gebetbuch (Kat. Nr. 29) fließt das Blut aus den Wunden des in der Vision gegenwärtigen Christus in den Messkelch auf dem Altar und verbindet damit unmittelbar die geistige Erscheinung mit der örtlichen Realität als Beweis des sakramentalen Geschehens; im anderen holländischen Passionsgebetbuch (Kat. Nr. 28) nimmt der Eigentümer der Handschrift selbst im Bild an der Messe Gregors des Großen teil und erlebt die Erscheinung mit, während er auf der Betbank mit aufgeschlagenem Gebetbuch kniet und das in seinem realen

Kodex nachfolgende Gebet *Adoro te in cruce pendente* spricht. Die Grenzen zwischen realem und imaginiertem Raum werden auf mehrfache Weise überschritten: Der Betende trägt seinen Lebensraum in den Bildraum hinein; dieser wirkt zurück und wird in Überwindung aller unterschiedlichen Zeit- und Realitätsebenen zur Wirklichkeit im Betrachter.

Der Wunsch des Betenden, ein nur ihm geltendes persönliches Zeichen von Christus, Maria oder den angerufenen Heiligen zu erhalten, durch das er eine Bestätigung für die Richtigkeit seines Lebenswandels erfahren könnte, wird zudem mit vorbildhaften Ereignissen im Leben der Heiligen genährt, die gleichsam als Bildbeweise in den Andachtsbüchern zu finden sind. Dazu gehört etwa die Stigmatisierung des Franz von Assisi (1181–1226), die schon von seinem Biographen Thomas von Celano als Auszeichnung des Heiligen und als körperlicher Beleg für die gelungene Leidensnachfolge Christi beschrieben wurde (vgl. Kat. Nrn. 11, 31). Die Dreigefährtenlegende des hl. Franziskus berichtet: »Als die Erscheinung verschwand, blieb in seiner Seele eine wunderbare Glut der Liebe zurück. Noch wunderbarer aber war es, dass die Wundmale unseres Herrn Jesus Christus in seinem Fleisch eingeprägt erschienen.« Hierzu gehören auch jene Bilder des hl. Bernhard von Clairvaux, auf denen sich sein Gebetswunsch an Maria »Monstra te esse matrem« (Zeige, dass du eine Mutter bist) erfüllt, indem ihn ein Milchstrahl aus der Brust der Gottesmutter trifft. Aus der Vita des hl. Bernhard herausgelöst, wiederholt sich dieses Wunder bei einem unter der thronenden Gottesmutter knienden Beter in den Très Belles Heures de Notre-Dame des Herzogs von Berry (120r) im Missaleteil des Museo Civico in Turin. In der »Planctatio« beugt sich Christus vom Kreuz, um den hl. Bernhard zu umarmen, ein von der Kreuzabnahme inspiriertes Motiv, das auf die Brautmystik in Kommentaren u. a. des hl. Bernhard zum Hohenlied zurückgeht und auf das eucharistische Sakrament und dessen Empfang Bezug nimmt. Im Brevier Königin Isabellas von Kastilien, Add. Ms. 18851 der British Library in London, spricht auf einer Miniatur (348r) Christus vom Kreuz herab zum hl. Thomas von Aquin, der unterhalb dieses in einer Kirche hängenden Kruzifixes ins Gebet versunken ist. Das Erlebnis eines sprechenden Bildes, einer Vision, war auch der sehnsüchtige Wunsch eines Pilgers am Wallfahrtsort. In Gebet und Meditation war die Erwartung eingeschlossen, dass eine Heiligenstatue vielleicht Zeichen gab, weinte, nickte, den Beter umarmte, dass Reliquien zu bluten begannen; immer wieder wurde die Hoffnung ausgedrückt, dass Maria mit dem Jesusknaben sich dem Frommen zuwenden und auf wunderbare Weise handeln möge. Viele Illustrationen in den Andachtsbüchern spiegeln solche Hoffnungen in einer Erwartungshaltung, die mit den Bildimaginationen von bereits eingetretenen Ereignissen erfüllt werden. In diesem Mechanismus der bildgewordenen Einbildung spielen Patrone, Schutzengel und Heilige eine wichtige Rolle als geleitende Fürsprecher und Anwälte in eigener Sache. So konnte sich der im Mariengebet *Obsecro te* des Cremoneser Stundenbuches (Kat. Nr. 15, 115r) nennende *Deyphebus* während des Betens im Anblick der zugehörigen Miniatur in seinem Glauben sicher sein: Mit Blick auf Christus weist Maria auf ihre entblößte Brust als intime Gebärde ihrer Mutterschaft, mit der sie eindringliche Fürsprache bei ihrem Sohn für den Betenden hält.

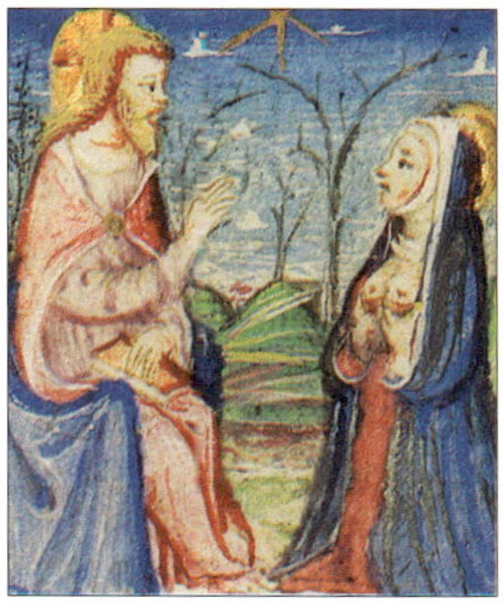

15 115r (Detail)
Die Muttergottes zeigt dem thronenden Christus ihre entblößte Brust.

Inhaltlich lassen sich die Gebete vorrangig in zwei Themenbereiche differenzieren: Sie wenden sich lobpreisend und bittend an Christus und die Heiligen, erflehen ihren Schutz und Segen für die lebenden und verstorbenen Angehörigen des Betenden und für ihn selbst; aus allen spricht ein starkes Bewusstsein von der Sündhaftigkeit und Erlösungsbedürftigkeit des Menschen. Die Sorge um das tägliche Bestehen des eigenen Lebens spiegelt sich in der Vielzahl der Gebetsanlässe wider, die in so manchem Andachtsbuch wie eine Fundgrube der Wünsche und Bedürfnisse zusammengestellt sind. Im Cremoneser Stundenbuch (Kat. Nr. 15) finden sich Meditationen über die Vergänglichkeit des Menschen, Gebete für einen Verstorbenen, für den Freund, der in Gefangenschaft weilt, für Vater und Mutter, für die Kranken, aber auch die Feinde, Gebete in Zeiten eines Krieges und für die Segnung von Angriffs- und Verteidigungswaffen, Gebete gegen die Versuchung des Fleisches, ein Gebet für den Frieden und ein anderes mit der Bitte um die eigene Geduld, Gebete für die Fruchtbarkeit der Erde, für Regen, heiteres Wetter, gegen Unwetter und zum Vertreiben von Gewitterwolken, Gebete für den Reisenden und die Seefahrenden, Gebete beim Verlassen des Hauses, beim Betreten einer Kirche, beim Durchqueren eines Friedhofs und vor dem Schlafengehen, dann aber auch die Bitte des Betenden, sein Vaterland, die Lombardei, vor der Pestepidemie zu bewahren. Im Pariser Durrieu-Stundenbuch (186r) findet sich ein Gebet gegen böse Gedanken; es erinnert an die inbrünstige Bitte im berühmten Stundenbuch des René d'Anjou, Egerton Ms. 1070 der British Library in London. Sie ist zwischen den nächtlichen bzw. frühmorgendlichen Gebetsstunden des Marienoffiziums, Matutin und Laudes, eingefügt und fleht Gott an, ihn, der 22jährig von seiner Frau getrennt und in einem Turm gefangen war, vor Angriffen und Bildern von Dämonen während der Nacht zu bewahren. Das Sigmaringer Gebetbuch (Kat. Nr. 26) hat besonders starke Benutzungsspuren beim Gebet zum eigenen Apostel (15r), dem ein weiteres zum eigenen Schutzengel folgt; andere Texte bitten für die Todsünder, die guten Menschen, die gläubigen Seelen, für die Feinde, die guten Freunde, ob verstorben oder lebend, für die Christenheit, für sich selbst und die eigenen Sünden. Das Nürnberger Gebetbuch (Kat. Nr. 32) enthält Orationen für die Gelegenheit, *wenn du eilend bist in Geschäften und keine Zeit hast* oder *wenn du einen Streit beginnen willst*, dann aber Gebete, die man nach dem Aufstehen während des Anziehens von Hose, Hemd, Hut u.a. sprechen soll, sowie Gebete, die geeignet sind, während der Messe zum Kyrie, Gloria, zur Collecta, Lesung, Wandlung sowie vor, während und nach Empfang der Kommunion gesprochen zu werden. In den Petites Heures des Jean de Berry, Ms. lat. 18014 der Bibliothèque Nationale de France in Paris, sind ähnlich viele Gebete aufgeführt, die an bestimmten Stellen der Messe gesprochen werden können, begleitet jeweils von Darstellungen des

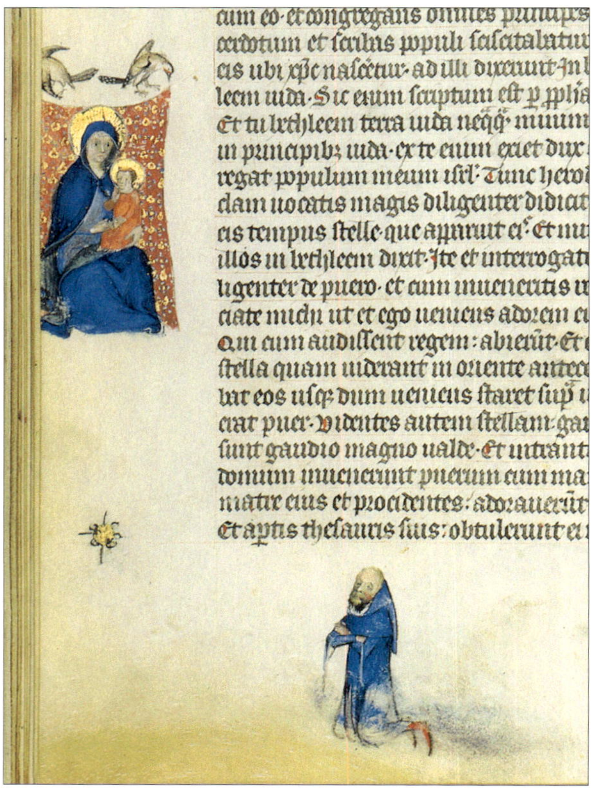

13 24v (Detail)
Der betende Eigentümer der Handschrift kniet vor der Muttergottes mit Kind.

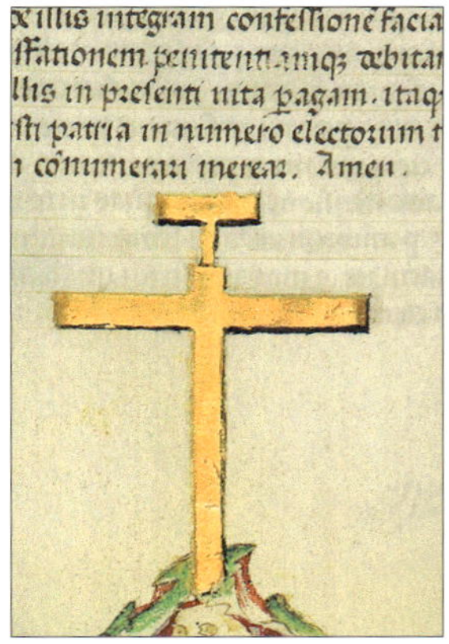

15 109v (Detail)
Goldkreuz auf einem Felsen

Herzogs in verschiedenen Phasen des Messritus. Auf einer dieser Miniaturen (173v) küsst er im Knien die von einem Diakon gehaltene Patene zum »Agnus Dei«, eine seltene Darstellung, die im Brügger Stundenbuch (Kat. Nr. 22) als Detail bei der Wiedergabe einer Totenmesse eingefügt ist; bei der Votivmesse zur Jungfrau Maria im Rothschild-Stundenbuch, Ser. n. 2844 der Österreichischen Nationalbibliothek in Wien (75v), reicht der Diakon dem zelebrierenden Priester am Altar nicht die Patene, sondern die Paxtafel zum Friedenskuss.

Das frühe Pariser Stundenbuch (Kat. Nr. 3) gibt auf den Folios 205v–206r Anweisungen zu Orationen, die nach dem Betreten einer Kirche vor einem Kruzifix und einem Marienbild gesprochen werden sollen, so wie auch die Christusgebete im Cremoneser Stundenbuch (Kat. Nr. 15) täglich unter dem Kreuz zu sprechen sind. Dort hat der Miniator als Hilfestellung neben den Text ein großes Goldkreuz gemalt (109v) und damit dem Beter den Weg in die Kirche erspart. Ähnlich findet sich auf einem Blattrand (24v) im niederländisch-katalanischen Gebetbuch (Kat. Nr. 13) der Eigentümer selbst betend unter einem Marienbild kniend, wie ein Spiegelbild seines täglichen Tuns in Erfüllung der vorgegebenen Anweisungen. Auf besondere Weise erfüllt sich die Notwendigkeit des Bildes im Gebetbuch Cod. 1800 der Österreichischen Nationalbibliothek, in dem für Philipp den Guten eine sehr individuelle Sammlung lateinischer und französischer Texte zusammengestellt wurde. Die Handschrift besitzt am oberen Einband einen Diptychonaufsatz mit zwei Miniaturen der am burgundischen Hof besonders verehrten Trinität mit einem dominant platzierten Gekreuzigten und einer Marienkrönung, die sichtbar werden, sobald die Handschrift aufgeschlagen wird. Aufgrund der besonderen Einrichtung konnte Philipp der Gute sein Gebetbuch zugleich in der Funktion eines Tragaltärchens an jeden beliebigen Ort mitnehmen und für die Andacht aufstellen. Auf der ersten der drei Illustrationen im Innern, die jeweils den Burgunderherzog im Gebet darstellen, kniet dieser zusammen mit seinem Sohn Karl, Graf von Charolais, dem späteren Karl dem Kühnen, am Altar, auf dem wiederum ein Diptychon mit dem Gekreuzigten und der Muttgerottes erscheint. Eine zweite Miniatur dokumentiert die Atmosphäre der Privatandacht in einem typischen Ambiente. Die von Jean de Tavernier 1457 ausgeführte Darstellung im Ms. 9022 der Bibliothèque Royale in Brüssel (9r) zeigt den Herzog in einem baldachinartig mit Vorhängen umschlossenen Raum kniend, dessen eine Seite geöffnet ist und den Blick auf den Altar mit dem zelebrierenden Priester freigibt; am Vorhang neben ihm hängt ein Diptychon mit der Madonna und einem knienden Auftraggeber, wohl ihm selbst, darüber die Worte »Pater noster«. Solche der Privatandacht dienenden Diptychen bzw. transportable Flügelretabel sind zahlreich belegt und haben sich bisweilen noch erhalten. Die kleine Tafel Jan van Eycks mit der Madonna in einer Kirche im Besitz der Gemäldegalerie SMPK in Berlin dürfte ein solcher Diptychonflügel gewesen sein, dessen verlorener zugehöriger Teil, nach den erhaltenen späteren Kopien zu schließen, den Auftraggeber gezeigt haben wird. Auf seinem im 19. Jahrhundert geraubten Rahmen las man den Anfang eines Gebetes, das laut bekannter Anweisung vor einem Marienbild zu sprechen war. Zahlreiche Gemälde, so auch das Berliner Marienbild, zeigen im Kircheninnern, meist an einem Pfeiler angebracht, kleine Gebetstäfelchen mit der Darstellung Mariens, der vera icon oder des Salvators und einem darunter folgenden Gebetstext, der dem jeweiligen Bildthema zugeordnet ist. Die damit dokumentierte Situation machte es also den Kirchgängern möglich, auch ohne Benutzung ihres Gebetbuchs die entsprechenden Andachtsübungen zu verrichten. Häufig findet sich die Wiedergabe solcher Bettäfelchen auch auf den Miniaturen der Stunden- und Gebetbücher, vorrangig bei der für die Handschriftenbenutzer vorbildhaften Zimmerausstattung Mariens in den Verkündigungsszenen. Darüber hinaus spiegeln die in Bildern präsenten Studierstuben der Theologen, Kirchenväter und Evangelisten mit gerahmten Gebeten, mit Miniaturen und gedruckten Bildchen, mit Kruzifixen und Tafelbilddiptychen auf sehr unhistorische Weise den zeitgenössischen Gebrauch all dieser religiösen Bild- und Textträger im privaten Bereich und beweisen damit absichtsvoll zugleich den frommen Lebenswandel der in diesem Ambiente Lebenden.

Dies alles diente der Vorsorge für ein gutes Ende und die erstrebte nachfolgende Erlösung der eigenen Seele. Doch konnte noch mehr getan werden, vor allem im Hinblick auf die Zeit zwischen Tod und Auferstehung bzw. Jüngstem Gericht. Die Lehre vom Fegefeuer als einer Stätte, an der sich die Seelen zeitlich begrenzt im reinigenden Feuer von begangenen Sünden befreien konnten, entwickelte sich grundlegend am Ende des 12. Jahrhunderts im Milieu der Pariser Scholastiker. Im theologischen Verständnis setzte diese Zwischenstation die Bußfertigkeit und Reue des Menschen voraus, mit der er die Barmherzigkeit und Milde Gottes erwirken konnte; nur die Märtyrer und Heiligen gelangten sogleich ins Paradies, während diejenigen, die begangene Todsünden nicht gebeichtet hatten, der Hölle verfallen waren. Im Bild des Purgatoriums verbindet sich das Aussehen der armen Seelen – anthropomorph wie der personifizierte Tod am Anfang dieser Überlegungen – mit dem des schutzlosen, nackten Menschen; auch den gerade eingetretenen Tod umschrieb man nach alter Tradition mit der dem Mund in Gestalt eines nackten Kindes entweichenden Seele. Engel nehmen sie in Empfang (Kat. Nr. 12) oder kämpfen um sie gegen den Teufel, allein die Seele Mariens – so zeigen es die alten Koimesisdarstellungen – nimmt Christus selbst in Empfang. Der Seele wurden körperliche Eigenschaften zugesprochen, ihr Übergang ins Jenseits als Wanderung durch eine Dornenheide oder über eine Seelenbrücke vorgestellt, wie sie in den erwähnten Miniaturen Simon Marmions in der Tondal-Handschrift oder auch auf seiner um 1480 gemalten Miniatur (153r) im Stundenbuch Nr. 1221 der Salting Collection im Victoria und Albert Museum in London anzutreffen ist.

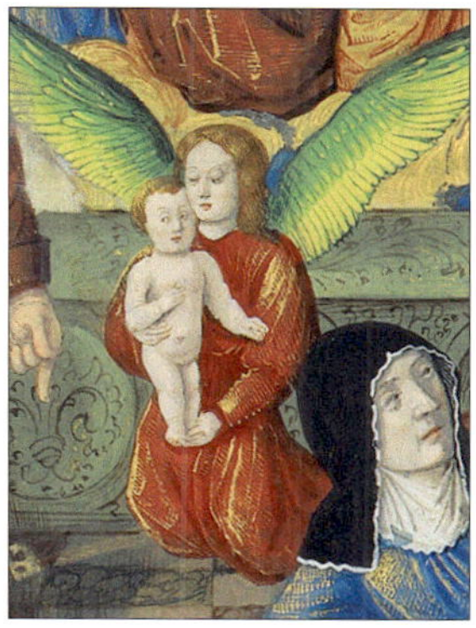

12 157r (Detail)
Die Seele des Toten wird von einem Engel zum Himmel getragen.

In dieser Vorstellung verkürzte ein entsprechender Lebenswandel die Leiden im Fegefeuer bzw. die Angst vor der dort zu erwartenden Pein bestimmte die zu Lebzeiten mögliche Jenseitsvorsorge. Sie bestand darin, sich durch gute Werke (Werke der Barmherzigkeit), Opfer, Wallfahrten, Fürbitten, die Stiftung einer »ewigen Messe« für das eigene Heil sowie durch Gebete einen Schatz im Himmel anzulegen, den man »Seelgerät« nannte. Er führte zu einem »Vorrat« für die eigene Seele, konnte aber auch den Seelen Verstorbener zugute kommen, wenn ihrer in Seelenmessen und Gebeten gedacht wurde. Eine solche »Rechnungsführung über das Jenseits« wird des öfteren auf den Stundenbuchminiaturen zum Totenoffizium wiedergegeben, wenn sich die Wirkung der gefeierten Totenmesse, in der stets die Lebenden ein Gebet für die Verstorbenen sprechen, bisweilen begleitet von einer Almosenspende an Bettler, umgehend darin zeigt, dass Seelen aus dem meist neben dem Altar dargestellten Fegefeuer von Engeln erlöst werden.

Eine spezielle Form des »Seelgeräts« stellte der Ablass dar, der gerade im 15. Jahrhundert, zur Entstehungszeit der meisten, der hier vorgestellten Andachtsbücher, eine große Rolle spielte und in ihnen auch zahlreich, vor allem in Verbindung mit Gebeten, belegt ist. Er bezeichnet den Nachlass der zeitlichen Strafe für bereits vergebene Sünden, den die kirchliche Autorität aufgrund der Lehre vom Heilsschatz der Kirche unter der Bedingung gewährte, dass bestimmte fromme Leistungen, wie oben erwähnt, erbracht wurden. Die offiziell infolge des Jubiläumsablasses von 1350 eingesetzte Lehre vom Heilsschatz der Kirche gründet in der Vorstellung, dass der Mensch nur in dem Maße an der Genugtuung Christi teilhaben kann, in dem er sich durch Mitleiden dem Leiden Christi angleicht, wie es Heinrich Seuse (1295–1366) in seinem »Buch der Ewigen Weisheit« definierte. Die mit der imitatio Christi im meditierenden Gebet und der Ausübung guter Werke der Nächstenliebe, in Stiftungen und Geldopfern an Arme und Bedürftige erworbenen Ablässe ebneten nach erfolgter Beichte und echter Reue über alle begangenen Sünden den Weg, um die läuternde Strafe im Fegefeuer zu verkürzen oder zu vermeiden. Aufgrund des theologischen Lehrsatzes, dass sich Sünde und Sühne entsprechen müssen, entwickelte sich ein Äquivalenzdenken, nach dem eine fromme Leistung mit einem genau bezifferbaren Nachlass der Strafe vergolten werden konnte. Entsprechend differenziert übermitteln die Gebetsrubriken in den Andachtsbüchern die von verschiedenen Päpsten und Bischöfen bestimmten Ablässe im Umfang von einigen Tagen bis hin zu vielen tausend Jahren. Ein jeder sündige Mensch kannte seine Taten und konnte sie abwägen am Barometer der Indulgenz, um sie zumindest in ein Gleichgewicht mit dem erhofften Nachlass zu bringen, das ihn vor allzu langer Pein im Fegefeuer bewahren würde.

Einer der am häufigsten aufgeführten Ablässe findet sich geradezu signalhaft wie ein Blickfang außerhalb des Schriftspiegels auf einem Blattrand im Cremoneser Stundenbuch (Kat. Nr. 15, 87r) angekündigt. Er gewährt 14000 Jahre Nachlass »jedem beichtenden und reuigen Sünder, der täglich vor dem Bild des Schmerzensmannes drei Vaterunser und drei Ave Maria betet«, und geht auf Papst Gregor den Großen zurück, der der Legende nach eine Mosaikikone des Schmerzensmannes mit diesem großen Ablassversprechen versehen hatte. Der Gläubige brauchte nicht zu dem originalen Gnadenbild von Santa Croce in Rom zu reisen, sondern konnte es mit der gleichen Ablasserwartung im Anblick eines entsprechenden Bildes – nämlich der Gregorsmesse – in seinem Andachtsbuch bzw. vor einem Holzschnitt mit diesem Motiv zu Hause sprechen. Im holländischen Passionsgebetbuch (Kat. Nr. 28, 39r) liest man das Versprechen: »Wer diese nachfolgenden Gebete in der Nähe (unter dem Bild) der Leidenswerkzeuge Christi mit Andacht spricht, erhält 58 Tausend Jahre und 25 Tage Ablass, der von verschiedenen Päpsten bestätigt ist.« Auf der Seite zuvor befindet sich ein Bild der Gregorsmesse mit dem im Gebet

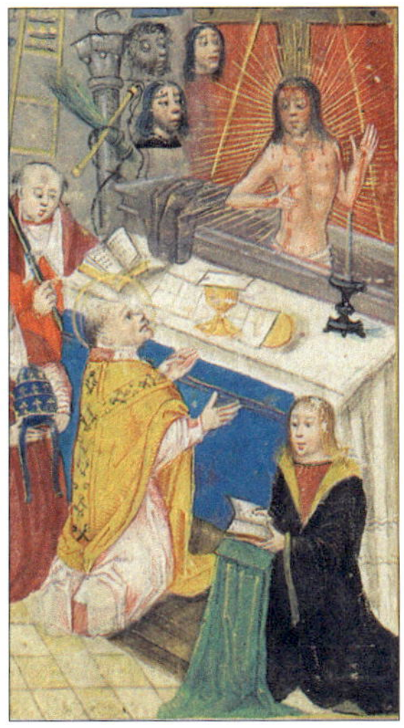

28 38v (Detail) Gregorsmesse mit im Gebet knienden Eigentümer der Handschrift

knienden Eigentümer des Buches. Im Sigmaringer Gebetbuch (Kat. Nr. 26, 76v) verspricht ein von Papst Klemens gewährter Ablass bei dreimaligem täglichen Sprechen kurzer Christusgebete 18000 Karen (Fasten) Sündennachlass, »als ob er sie geholt hat zu rome in dem munster uf sinen fussen«, womit dem Beter eine Pilgerreise erspart blieb. Und auch bei den zahlreichen Ablassgewährungen gibt es das Gebetspensum erleichternde Angebote, wie man es beispielsweise im Nürnberger Gebetbuch (Kat. Nr. 32, 171r) findet: »So du eilend bist in Geschäften und du [...] nicht beten kannst, so bete [...] und du hast nicht minder Gnade und Ablass, als hättest du das lange Gebet gesprochen.«

Einen von Papst Johannes XXIII. bestätigten Ablass ungewöhnlichen Umfangs überliefert das deutsche Stundenbuch aus Paris (Kat. Nr. 11, 290r) zu einem Gebet, das, nachdem man bereut und gebeichtet hat, zu allen gläubigen Seelen auf einem Friedhof gesprochen werden soll, um so viele Tage im Fegefeuer erlassen zu bekommen, wie Tote auf dem Friedhof ruhen. Fast in jedem Stunden- und Gebetbuch wird der Wunden Christi, ihrer Größe und Anzahl gedacht, häufig verbunden mit Ablassgewährungen. Die spätmittelalterliche Passionsfrömmigkeit verbindet sich darin mit dem Äquivalenzdenken der Entsühnung der Menschen durch das Leiden Christi, so dass das exakte Wissen über die Zahl der ihm durch die Geißelung und Kreuzigung zugefügten Wunden, die Anzahl seiner Blutstropfen, seiner mühsamen Schritte bei der Passion und vieles andere entsprechende Wichtigkeit erhielt. Zeitgenössische Schriften geben darüber hinaus genaue Auskunft und belegen eine in Zahlen und Messdaten ausufernde Frömmigkeitslogik, mit der das Ausmaß des Heils in die Systematik einer Jenseitsvorsorge ein-

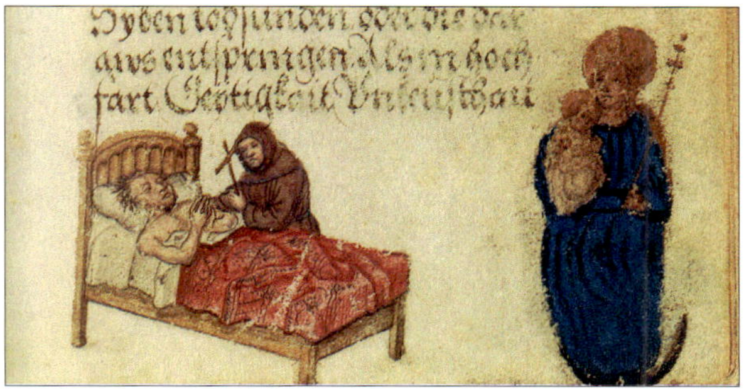

31 14r (Detail)
Dem Sterbenden erscheint die Muttergottes auf der Mondsichel.

gepasst wurde. Ein Ablassgebet im holländischen Gebetbuch (Kat. Nr. 29, 66r) erinnert daran, wenn es 6666 Tage Sündennachlass gewährt, »soviel Wunden unser Herr empfing.« Der geschundene und blutüberströmte Körper Christi auf den Miniaturen dieses der Passion großen Raum gebenden Buches bestätigt auch optisch das Ausmaß des Leidens, das in diesen Bildern meditiert werden sollte.

Bei all dieser Vorsorge für das Jenseits bedurfte es schließlich noch einer möglichst verlässlichen Absicherung gegen einen unvorbereiteten Tod. Das tägliche Sprechen besonderer Gebete, wie den Sieben Versen des hl. Bernhard, sollte vor einem Tod in Sünde, ungebeichtet und ungereut, bewahren und vor Anfechtungen durch den Teufel oder einen bösen Menschen schützen, wie es eine Rubrik im südniederländischen Stundenbuch (Kat. Nr. 17, 98r) verspricht. Vor allem aber möge das eintreten, was in einem der bekanntesten und eindringlichsten der Mariengebete, dem *Obsecro te*, das zum Textrepertoire jedes Stundenbuches gehörte, erbeten wird: »Und in den letzten Tagen meines Lebens zeige mir dein Antlitz und lass mich Tag und Stunde meines Hinscheidens und meines Todes wissen.« Dieses erlösende und unendlich beruhigende Bild Mariens erscheint dem Sterbenden, wie ein visionäres Unterpfand berechtigter Hoffnung, auf einer Randminiatur im bayerisch-österreichischen Gebetbuch (Kat. Nr. 31, 14r) und gewährt ihm, wie die lange, das Gebet auf Beda Venerabilis zurückführende Ankündigung auf der Seite zuvor ausführt, noch dreißig Tage bis zum Eintritt seines Todes als ausreichende Frist, sein Leben gut versorgt zu beenden und in einen guten Tod hinübergleiten zu lassen.

Dies ist auf der großen Miniatur zum Totenoffizium im französischen Psalter-Stundenbuch (Kat. Nr. 12, 157r) geschehen – ein Wunschbild des gut versorgten Sterbens im Beisein der Angehörigen und Freunde, das lebenslanges Bemühen um eine »ars vivendi« aufgehen lässt im Bild der in den Armen des Engels geretteten Seele. Ein Trost für die Lebenden, für jeden Betrachter, der in der vorweggenommenen Wiedergabe dieses erhofften und erwünschten Endes sich selbst im Toten wiederfinden konnte. Die Hölle tief unter sich, der geöffnete Himmel wie eine letzte Vision auf Erden, aber doch schon ein erstes Bild im neuen Leben über sich vor Augen, konzentriert sich in diesem Augenblick das Entscheidende seiner Existenz in einem hingebungsvollen Bereitsein. Im Zurückführen der Bildtradition des auf der Totendecke hingelagerten Mannes erinnert man sich an die so eindringliche Miniatur (159r) im Rohan-Stundenbuch vom Anfang des 15. Jahrhunderts, Ms. lat. 9471 der Bibliothèque Nationale de France in Paris. Im Tod ausgeliefert ist der Verstorbene dort aufgerufen zum Dialog mit Gott, der wie ein unendlich gütiger Richter in suggestiver Nähe die Bildseite zum Totenoffizium bestimmt. Es ist Christus, der endzeitliche Richter, der Zwiesprache hält mit Gottes Geschöpf, das sich mit den Worten bereit hält: »In deine Hände, o Herr, empfehle ich meinen Geist; du wirst mich erlösen, Herr, Gott der Wahrheit.«, und die Antwort in seiner französischen Landessprache erhält: »Für deine Sünden wirst du Buße tun, am Tag des Jüngsten Gerichts wirst du bei mir sein.« Das Gespräch wiederholt bzw. variiert die letzten Worte Christi am Kreuz, an seinen göttlichen Vater (Ps 31 [30], 6 bzw. Lk 23, 46) und an den guten Schächer gerichtet (Lk 23, 43), und legitimiert sich damit im denkbar besten Vorbild.

In den »Anselmischen Fragen«, von denen oben schon die Rede war, wird der Sterbende ähnlich in den Schutz des Todes Christi gestellt. Er möge seinem

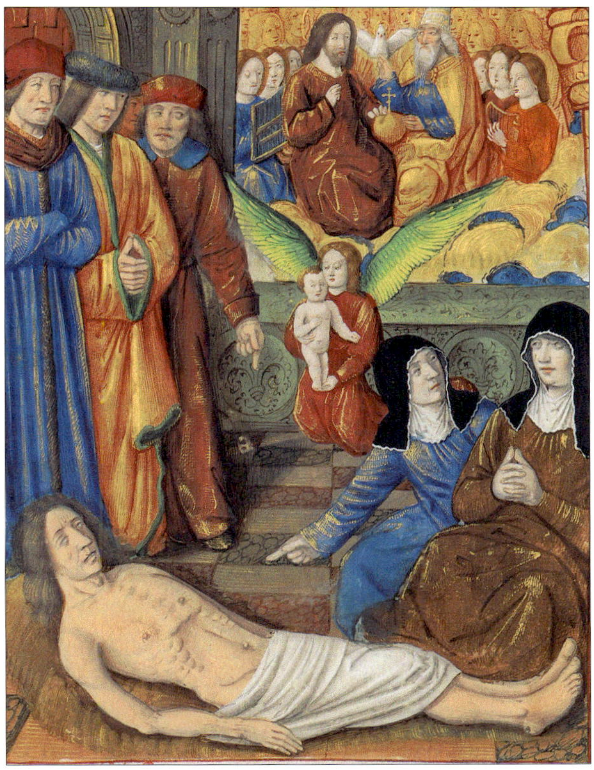

12 157r (Detail)
Miniatur zu Beginn des Totenoffiziums

Richter antworten: »Herr, den Tod unseres Herrn Jesus Christus werfe ich zwischen mich und deinen Richtspruch – anders streite ich nicht mit dir!« und möge zum Schluss den Psalmvers dreimal sprechen: »In deine Hände, Herr, empfehle ich meinen Geist.« Der Glaube an die helfende Kraft der Psalmen war groß. In den »Artes bene moriendi« wird stets dazu angeregt oder sogar zur Pflicht gemacht, bestimmte Psalmen bei dem Sterbenden zu beten. Vom hl. Augustinus weiß man, dass er die Sieben Bußpsalmen auf die Wand seiner Sterbekammer schreiben ließ, ein Brauch, der im Mittelalter nachgeahmt wurde; von Karl dem Großen überliefert sein Biograph Einhard, er habe, bevor er sein Leben aushauchte, mit geschlossenen Augen und leiser Stimme eben diesen Psalmvers 31 (30), 6 gesungen. Mit ihm ist die Bereitschaft, das Leben loszulassen, als letzter Akt der »ars bene vivendi« erreicht, der nur noch übergeht in das Erbarmen Gottes. »Erbarme dich, Herr, mein Gott, über alle Seelen«, heißt es im Sigmaringer Gebetbuch (Kat. Nr. 26, 74r) im Anschluss an eine Miniatur mit dem Erzengel Michael als Seelenwäger vor dem Jüngsten Gericht in Anwesenheit der fürbittenden Heiligen. Ein eschatologisches Wunschbild mit einer Hoffnungsszenerie, in der das Jenseitsschicksal durch Fürsprache letztmöglich beeinflusst werden kann. So verwundert nicht, dass Andachtsbücher, die mit solchen Bildern und Texten wie ein Brennspiegel die Heilserwartung in sich sammeln, den

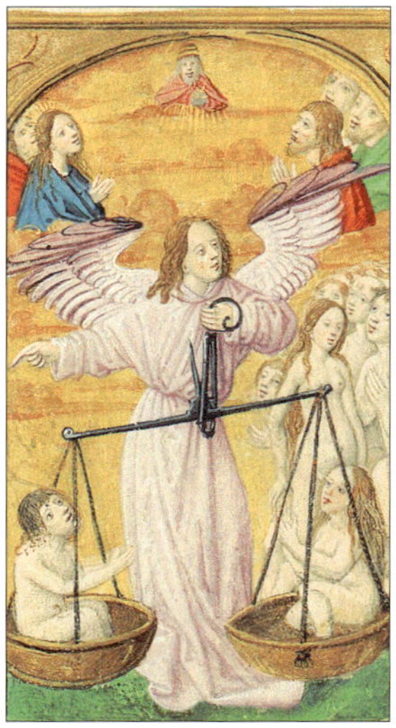

26 73v (Detail)
Erzengel Michael als Seelenwäger

Toten mit auf den Weg gegeben wurden als bewährtes Unterpfand ihres zurückliegenden irdischen Lebens und als Begleiter und Seelenführer in ein ersehntes, unbekanntes Land. Im Anblick des Todes bleiben immer die Lebenden zurück; so wird das für das Sterben Bestimmte den Lebenden ein teures Gut; die »Ars moriendi«, die »Kunst des guten Sterbens«, die so gar nicht eine Sterbehilfe in der Bewältigung des Ablebens ist – oder nur am Rande –, sondern immer eine Vorbereitung auf das erwartete neue Leben, wird zur bestimmenden Vorgabe, zur treibenden Kraft im Erlernen der »Kunst des richtigen Lebens«. Dies wünscht der berühmte Kalligraph Giovanni Marco Cinico seinem am aragonesischen Königshof in Neapel wirkenden Auftraggeber Pasquale Diaz Garlon in der Widmung der um 1480 von ihm geschriebenen, mit ganzseitigen Grisailleminiaturen kostbar bebilderten »Ars moriendi« (Kat. Nr. 34) mit den Worten: »Zur Zeit, wo du gesund bist, musst du es lesen [...]. Lies es mit Glück – *Lege con felicita.*«

(Joachim M. Plotzek)

Literatur F. Falk, Die Sterbebüchlein von der ältesten Zeit des Buchdrucks bis zum Jahre 1520, Köln 1890 (Neudr. Amsterdam 1969[2]). – H. Grotefend, Zeitrechnung des deutschen Mittelalters und der Neuzeit, 2 Bde., Hannover 1891–1898 (Neudr. Aalen 1984). – L. Delisle, Les Grandes Heures de la Reine Anne de Bretagne et l'atelier de Jean Bourdichon, Paris 1913. – R. Steele, Dies Aegyptiaci, in: Proceedings of the Royal Society of Medicine 12, 1919, S. 108ff. – J. Huizinga, Herbst des Mittelalters. Studien über Lebens- und Geistesformen des 14. und 15. Jahrhunderts in Frankreich und in den Niederlanden, München 1924, Stuttgart 1987[12] (hg. von K. Köster). – Handwörterbuch des deutschen Aberglaubens, 10 Bde., Berlin / Leipzig 1927–1942. – V. Leroquais, Les Livres d'heures manuscrits de la Bibliothèque Nationale, 3 Bde., Paris 1927 und Supplement, 2 Bde., Mâcon 1943. – M. Meertens, De godsvrucht in de Nederlanden naar handschriften van gebedenboeken des XVe eeuw, o. O. 1930–1934. – E. Mâle, L'art religieux de la fin du moyen âge en France, Paris 1931. – A. Wilmart, Auteurs spirituels et textes dévots du Moyen Age latin. Études et documents pour servir à l'histoire du sentiment religieux, Bd. I, Paris 1932 (Neudr. Paris 1971). – N. van Wijk, Het getijdenboek van Geert Grote naar het Haagse handschrift 133 E 21 uitgegeven, Leiden 1940. – Sr. M. C. O'Connor, The Art of Dying Well. The Development of the Ars moriendi, New York 1942 (Neudr. 1966). – J. Stadlhuber, Das Laienstundengebet vom Leiden Christi in seinem mittelalterlichen Fortleben, in: Zeitschrift für katholische Theologie 72, 1950, S. 282ff. – F. X. Haimerl, Mittelalterliche Frömmigkeit im Spiegel der Gebetbuchliteratur Süddeutschlands (Münchener Theologische Studien I, Hist. Abt. 4), München 1952. – R. Berliner, Arma Christi, in: Münchner Jahrbuch der bildenden Kunst 3. F. 6, 1955, S. 35ff. – A. Tenenti, Il senso della morte e l'amore della vita nel Rinascimento (Francia e Italia), Turin 1957 (1989[3]). – R. Rudolf, Ars moriendi. Von der Kunst des heilsamen Lebens und Sterbens (Forschungen zur Volkskunde, 39), Köln / Graz 1957. – L. Kretzenbacher, Die Seelenwaage. Zur religiösen Idee von Jenseitsgericht auf der Schicksalswaage in Hochreligion, Bildkunst und Volksglaube (Buchreihe des Landesmuseums für Kärnten, 4), Klagenfurt 1958. – G. Achten / H. Knaus, Deutsche und niederländische Gebetbuchhandschriften der Hessischen Landes- und Hochschulbibliothek Darmstadt, Wiesbaden 1959. – T. Schnitzler, Art. Gebetbuch, in: Lexikon für Theologie und Kirche, Bd. 4, Freiburg 1960, Sp. 551ff. – W. Rotzler, Die Begednung der drei Lebenden und drei Toten, Winterthur 1961. – S. Ringbom, Icon to narrative. The rise of the dramatic close-up in fifteenth century devotional painting (Acta Academiae Aboensis, Ser. A, Humaniora 31, Nr. 2), Åbo 1965 (Neudr. Doornspijk 1984). – L. M. C. Randall, Images in the Margins of Gothic Manuscripts, Berkeley / Los Angels 1966. – E. Fleischhack, Fegefeuer, Tübingen 1969. – G. Achten / L. Eizenhöfer / H. Knaus, Die lateinischen Gebetbuchhandschriften der Hessischen Landes- und Hochschulbibliothek Darmstadt (Die Handschriften der Hessischen Landes- und Hochschulbibliothek, 3), Wiesbaden 1972. – M. Meiss / M. Thomas, Les Heures de Rohan, Paris 1973. – C. Marcora, I libri d'ore della Biblioteca Ambrosiana, Mailand 1973. – F. Unterkircher, Die Gebetbücher Kaiser Maximilians I., in: Philobiblon 18, 1974, S. 241ff. – L. M. J. Delaissé, The importance of Books of Hours for the history of the medieval book, in: Gatherings in honour of D. E. Miner, Baltimore 1974, S. 203ff. – K. Stüber, Commendatio animae. Sterben im Mittelalter (Geist und Werk der Zeiten, 48), Berlin / Frankfurt a. M. 1976. – P. Vaillant, La mort au moyen-âge, Straßburg 1977. – G. G. Meersseman, Ordo fraternitatis. Confraternite e pietà dei laici nel medioevo, Bd. 3 (Italia Sacra, 25), Rom 1977, S. 1144ff. – R. Suckale, Arma Christi. Überlegungen zur Zeichenhaftigkeit mittelalterlicher Andachtsbilder, in: Städel-Jahrbuch N. F. 6, 1977, S. 177ff. – G. A. Benrath, Art. Ablass, in: Theologische Realenzyklopädie, Bd. I, Berlin / New York 1977, S. 347ff. – P. Ariès, L'homme devant la mort, Paris 1977 (Geschichte des Todes, München 1987). – J. Harthan, Stundenbücher und ihre Eigentümer, Freiburg i. Br. 1977 (Freiburg / Basel / Wien 1982[2], 1989[3]). – S. Dufrenne, Tableaux synoptique de 15 psautiers médiévaux à illustrations intégrales issues du texte, Paris 1978. – H. Wolf, Französische Stundenbücher des 15. Jahrhunderts, Berlin 1979. – A. Domínguez Rodríguez, Libros de horas del siglo XV en la Biblioteca Nacional (Publicaciones de la Fundacion Universitaria Española. Bellas Artes, 3), Madrid 1979. – J. H. Marrow, Passion Iconography in Northern European Art of the Late Middle Ages and the Early Renaissance. A Study of the Transformation of Sacred Metaphor into Descriptive Narrative (Ars Neerlandica, I), Kortrijk 1979. – A. von Euw / J. M. Plotzek, Die Handschriften der Sammlung Ludwig, 4 Bde., Köln 1979–1985. – G. Achten, Das christliche Gebetbuch im Mittelalter. Andachts- und Stundenbücher in Handschrift und Frühdruck, Ausst. Kat. Staatsbibliothek SMPK (Ausstellungskataloge 13), Berlin 1980 (verbessert und ergänzt 1987[2]). – H. Belting, Das Bild und sein Publikum im Mittelalter. Form und Funktion früher Bildtafeln der Passion, Berlin 1981. – H. Appuhn, Heilsspiegel. Die Bilder des mittelalterlichen Erbauungsbuches Speculum humanae salvationis, Dortmund 1981. – C. de Hamel, Reflexions on the Trade in Books of Hours at Ghent and Bruges, in: J. B. Trapp (Hg.), Manuscripts in the fifty years after the invention of printing, London 1983, S. 29ff. – F. O. Büttner, Imitatio Pietatis. Motive der christlichen Ikonographie als Modelle zur Verähnlichung, Berlin 1983. – H. Braet / W. Verbeke (Hgg.), Death in the Middle Ages (Mediaevalia Lovaniensia, Ser. I, Studia 9), Löwen 1983. – G. K. Fiero, Death ritual in fifteenth-century manuscript illumination, in: Journal of Medieval History 10/4, 1984, S. 271ff. – J. W. McKinnon, The fifteen temple steps and the gradual psalms, in: Imago musicae I, 1984, S. 29ff. – J. H. M. Taylor (Hg.), Dies illa: Death in the Middle Ages, Manchester 1984. – G. Achten, Art. Gebetbücher II (Mittelalter), in: Theologische Realenzyklopädie, Bd. 12, Berlin / New York 1984, S. 105ff. – K. Schmid / J. Wollasch (Hgg.), Memoria. Der geschichtliche Zeugniswert des liturgischen Gedenkens im Mittelalter (Münstersche Mittelalter-Schriften, 48), München 1984. – S. Metken, Die letzte Reise – Sterben, Tod und Trauersitten in Oberbayern, Ausst. Kat. Stadtmuseum, München 1984. – G. Schmidt, »Belehrender« und »befreiender« Humor. Ein Versuch über die Funktion des Komischen in der bildenden Kunst des Mittelalters, in: Festschrift H. Kindermann, Wien / Köln 1984, S. 9ff. – F. O. Büttner, Ikonographisches Eigengut der Randzier in spätmittelalterlichen Handschriften, in: Scriptorium 39, 1985, S. 197ff. – M. Dosdat / A. R. Girard, Livres d'heures de Basse-Normandie. Manuscrits enluminés et livres à gravures XIVe–XVIe siècles, Ausst. Kat. Bibliothèque Municipale de Caen, 1985. – J. Backhouse, Books of Hours, London 1985. – F. Unterkircher, Das Stundenbuch des Mittelalters, Graz 1985. – K. J. Klinkhammer, Marienpsalter und Rosenkranz, in: Die deutsche Literatur des Mittelalters. Verfasserlexikon[2], Bd. 6, Berlin 1985, Sp. 42ff. – H. Kühnel (Hg.), Alltag im Spätmittelalter, Darmstadt 1986[2]. – G. Mavarelli (Hg.), I libri d'ore della Biblioteca Riccardiana a Firenze, Ausst. Kat., Bd. I: I libri d'ore francesi e fiamminghi, Rom 1986. – C. de Hamel, A History of Illuminated Manuscripts, Boston 1986, S. 159ff. – G. Bartz / E. König, Die Illustration des

Totenoffiziums in Stundenbüchern, in: H. Becker / B. Einig / P.-O. Ullrich (Hgg.), Im Angesicht des Todes, Bd. 1 (Pietas Liturgica, 3), St. Ottilien 1987, S. 487ff. – C. Zaleski, Otherworld Journeys: Account of Near-Death Experience in Medieval and Modern Times, New York / Oxford 1987. – F. O. Büttner, Komposite Programme der Stundenbuchikonographie in den südlichen Niederlanden bis gegen 1480, in: E. Cockx-Indestege / F. Hendrickx (Hgg.), Miscellanea Neerlandica. Opstellen voor Dr. Jan Deschamps ter gelegenheid van zijn zeventigste verjaardag, Löwen 1987, S. 311ff. – J. M. Plotzek, Andachtsbücher des Mittelalters aus Privatbesitz, Ausst. Kat. Schnütgen-Museum, Köln 1987. – B. Neumann, Geistliches Schauspiel im Zeugnis der Zeit. Zur Aufführung mittelalterlicher religiöser Dramen im deutschen Sprachgebiet, Bd. 1–2 (Münchner Texte und Untersuchungen, 84–85), München / Zürich 1987. – E. Irblich, Herrschaftsauffassung und persönliche Andacht Kaiser Friedrichs III., Maximilians I. und Karls V. im Spiegel ihrer Gebetbücher, in: Codices manuscripti 14/1, 1988, S. 11ff. – G. Morello, Die schönsten Stundenbücher aus der Biblioteca Apostolica Vaticana, Stuttgart / Zürich 1988. – R. S. Wieck, Time Sanctified. The Book of Hours in Medieval Art and Life, New York / Baltimore 1988. – J. Leclercq u. a., Art. Geistliche Dichtung, in: Lexikon des Mittelalters, Bd. 4, München / Zürich 1988, Sp. 1180ff. – H. Decker-Hauff u. a., Das Stundenbuch der Maria Stuart. Handschrift aus dem Besitz des herzoglichen Hauses Württemberg, Kommentarbd. zum Faksimile, Darmstadt 1988. – M. Mollat, Geschichte der Armut. Elend und Barmherzigkeit in Europa, München / Zürich 1988. – J. le Goff / R. Rémond (Hgg.), Histoire de la France religieuse, 4 Bde., Paris 1988–1992. – H. Wagner (Hg.), Ars moriendi. Erwägungen zu einer Kunst des Sterbens (Quaestiones disputatae, 118), Freiburg i. Br. 1989. – H. H. Jansen (Hg.), Der Tod in Dichtung, Philosophie und Kunst, Darmstadt 1989. – P. Neher, Ars moriendi – Sterbebeistand durch Laien. Eine historisch-pastoraltheologische Analyse, Diss. St. Ottilien 1989. – T. Kren / R. S. Wieck, The Visions of Tondal from the library of Margaret of York, The J. Paul Getty Museum, Malibu 1990. – K. Schreiner, Marienverehrung, Lesekultur, Schriftlichkeit. Bildungs- und frömmigkeitsgeschichtliche Studien zur Auslegung und Darstellung von Mariae Verkündigung, in: Frühmittelalterliche Studien 24, 1990, S. 314ff. – H. Belting, Bild und Kult. Eine Geschichte des Bildes vor dem Zeitalter der Kunst, München 1990, bes. S. 457ff. – P. Camporesi, The Fear of Hell. Images of Damnation and Salvation in Early Modern Europe, Cambridge 1990. – B. Scribner, Bilder und Bildersturm im Spätmittelalter und in der frühen Neuzeit (Wolfenbütteler Forschungen, 46), Wiesbaden 1990. – P. Dinzelbacher / D. R. Bauer (Hgg.), Volksreligion im hohen und späten Mittelalter (Quellen und Forschungen aus dem Gebiet der Geschichte, N. F. 13), Paderborn 1990. – J. le Goff, Geburt des Fegefeuers. Vom Wandel des Weltbildes im Mittelalter, München 1990. – N. Ohler, Sterben und Tod im Mittelalter, München / Zürich 1990. – E. König, Les Heures de Marguerite d'Orléans, Paris 1991. – E. Zolotova, Enluminures françaises du XVe siècle dans les collections de Moscou. Livres d'heures, St. Petersburg 1991. – M. M. Manion / B. J. Muir (Hgg.), Medieval Texts and Images. Studies of Manuscripts from the Middle Ages, Chur / Melbourne 1991. – N. Elias, Über die Einsamkeit des Sterbenden, Frankfurt a. M. 1991[7]. – G. Hasenohr, La littérature religieuse, in: R. Jauss / E. Köhler (Hgg.), Grundriß der romanischen Literaturen des Mittelalters, Bd. 8, Heidelberg 1992, S. 266ff. – T. Kren (Hg.), Margaret of York, Simon Marmion, and the Visions of Tondal. Papers Delivered at a Symposium Organized by the Department of Manuscripts of the J. Paul Getty Museum in collaboration with the Huntington Library and Art Collections 1990, The J. Paul Getty Museum, Malibu 1992. – M. Evans, The Sforza Hours, London 1992. – H.-P. Geh / G. Römer (Hgg.), Mittelalterliche Andachtsbücher. Psalterien, Stundenbücher, Gebetbücher. Zeugnisse europäischer Frömmigkeit, Ausst. Kat. Württembergische Landesbibliothek, Karlsruhe 1992. – E. König, Die Très Belles Heures de Notre-Dame des Herzogs von Berry. Handschrift Nouv. acq. lat. 3093, Bibliothèque Nationale, Paris, Kommentarbd. zum Faksimile, Luzern 1992. – Ders., Die Très Belles Heures von Jean de France Duc de Berry. Ein Meisterwerk an der Schwelle zur Neuzeit, München 1998. – E. Duffy, The Stripping of the Altars. Traditional Religion in England c. 1400–c. 1580, New Haven 1992. – K. Schreiner (Hg.), Laienfrömmigkeit im späten Mittelalter. Formen, Funktionen, politisch-soziale Zusammenhänge (Schriften des Historischen Kollegs, Kolloquien 20), München 1992. – A. Borst u. a. (Hgg.), Tod im Mittelalter (Konstanzer Bibliothek, 20), Konstanz 1993. – M. Dickmann Orth / T. Crépin-Leblond, Livres d'heures royaux. La peinture des manuscrits à la cour de France au temps de Henri II., Ausst. Kat. Musée National de la Renaissance Château d'Écouen-Val d'Oise, Paris 1993. – K. Ottosen, Responsories and Versicles of the Latin Office of the Dead, Aarhus 1993. – F. O. Büttner, Andachtsbuch und Andachtsbild. Flämische Beispiele einer nicht-narrativen Ikonographie in Psalter, Stundenbuch und Gebetbuch, in: A. Raman / E. Manning (Hgg.), Miscellanea

Martin Wittek. Album de codicologie et de paléographie offert à Martin Wittek, Löwen / Paris 1993, S. 27ff. – W. Haug / B. Wachinger (Hgg.), Die Passion Christi in Literatur und Kunst des Spätmittelalters, Tübingen 1993. – A. C. Sellner, Immerwährender Heiligenkalender (Die andere Bibliothek, hg. von H. M. Enzensberger), Frankfurt a. M. 1993. – H. Vorgrimmler, Geschichte der Hölle, München 1993. – F. Avril / N. Reynaud, Les manuscrits à peintures en France 1440–1520, Ausst. Kat. Bibliothèque Nationale, Paris 1993. – H. van Os, The Art of Devotion in the Late Middle Ages in Europe 1300–1500, Ausst. Kat. Rijksmuseum Amsterdam, London 1994. – P. Jezler, Himmel, Hölle, Fegefeuer. Das Jenseits im Mittelalter, Ausst. Kat. Schweizerisches Landesmuseum, Zürich 1994. – K. Kröll / H. Steger (Hgg.), Mein ganzer Körper ist Gesicht. Groteske Darstellungen in der europäischen Kunst und Literatur des Mittelalters (Rombach Wissenschaft, Reihe Litterae 26), Freiburg i. Br. 1994. – A. T. Harrison (Hg.) / S. L. Hindman, The Dance macabre of woman. Ms. fr. 995 of the Bibliothèque Nationale, Kent (Ohio) / London 1994. – A. Angenendt u. a. (Hgg.), Gezählte Frömmigkeit (Frühmittelalterliche Studien, 29), Münster 1995. – L. A. Blacksberg, Death and the contract of salvation: The Rohan Master's illumination for the office of the dead, in: M. Smeyers / B. Cardon (Hgg.), Flanders in a European perspective. Manuscript illumination around 1400 in Flanders and abroad. Proceedings of the International Colloquium Leuven 1993, Löwen 1995, S. 487ff. – C. Geissmar-Brandi / E. Louis (Hgg.), Glaube, Hoffnung, Liebe, Tod, Ausst. Kat., Wien 1995. – J. Raiff (Hg.) / B. McGinn / J. Meyendorff, Geschichte der christlichen Spiritualität, Bd. 2: Hochmittelalter und Reformation, Würzburg 1995. – H. Wenzel, Hören und Sehen. Schrift und Bild. Kultur und Gedächtnis im Mittelalter, München 1995. – C. Daxelmüller (Hg.), Tod und Gesellschaft – Tod im Wandel, Ausst. Kat. Diözesanmuseum Obermünster, Regensburg 1996. – P. Binski, Medieval Death. Ritual and Representation, British Museum Press, London 1996. – C. Schneider, Ars moriendi. Gutenberg-Museum Mainz, Kulturstiftung der Länder (Patrimonia, 108), Mainz 1996. – G. Signori, Bildung, Schmuck oder Meditation. Bücher, Seidenhüllen und Frauenhände in der flämischen Tafelmalerei des 15. Jahrhunderts, in: Mundus in imagine. Bildersprache und Lebenswelten im Mittelalter. Festschrift Klaus Schreiner, München 1996, S. 125ff. – J Laager (Hg. / Einl. / Übers.), Ars moriendi. Die Kunst, gut zu leben und gut zu sterben. Texte von Cicero bis Luther, Zürich 1996. – K. Schade, Andachtsbild. Die Geschichte eines kunsthistorischen Begriffs, Weimar 1996. – M. Mischke, Der Umgang mit dem Tod. Vom Wandel in der abendländischen Geschichte (Historische Anthropologie, 25), Berlin 1996. – R. S. Wieck, Painted Prayers. The Book of Hours in Medieval and Renaissance Art, New York 1997. – A. Bräm, Das Andachtsbuch der Marie de Gavre. Paris, Bibliothèque Nationale, Ms. nouv. acq. fr. 16251, Wiesbaden 1997. – A. Stones, Le Livre d'images de Madame Marie. Reproduction intégrale du Ms. nouv. acq. fr. 16251 de la Bibliothèque nationale de France, Paris 1997. – E. König, Das Berliner Stundenbuch der Maria von Burgund und Kaiser Maximilians. Handschrift 78 B 12 im Kupferstichkabinett der Staatlichen Museen zu Berlin Preußischer Kulturbesitz, Lachen a. Zürichsee / Zürich 1998. – Ders. / G. Bartz, Das Stundenbuch. Perlen der Buchkunst. Die Gattung in Handschriften der Vaticana, Stuttgart / Zürich 1998. – T. van Bueren / W. C. M. Wüstefeld, Leven na de dood. Gedenken in de late Middeleeuwen, Ausst. Kat. Rijksmuseum Catharijneconvent, Utrecht 1999. – Spiegel der Seligkeit. Privates Bild und Frömmigkeit im Spätmittelalter, Ausst. Kat. Germanisches Nationalmuseum, Nürnberg 2000. – A.-D. von den Brincken, Historische Chronologie des Abendlandes. Kalenderreformen und Jahrtausendrechnungen. Eine Einführung, Stuttgart / Berlin / Köln 2000.

Stundenbuch nach römischem Brauch

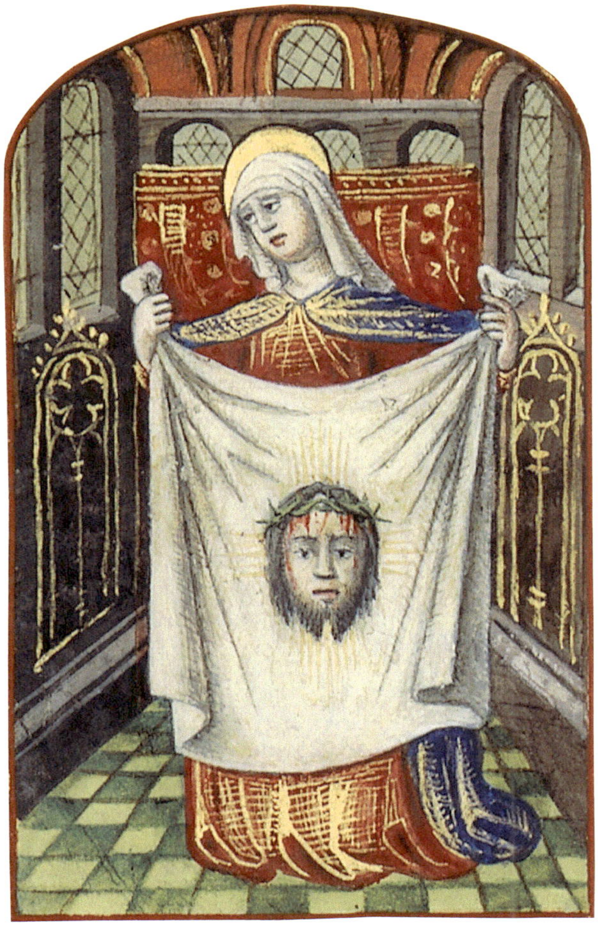

II Iv Eingangsminiatur: Die hl. Veronika mit der »vera icon«

Gruß an das Antlitz Christi

Sei gegrüßt, du heiliges Antlitz unsers Erlösers, in dem da scheinet das Antlitz des göttlichen Scheins, eingedrückt in ein weißes Tuch, weiß wie der Schnee, das gegeben ward der Veronika als ein Zeichen der Liebe. Sei gegrüßt, du Zierde der Welt, du Spiegel der Heiligen, den die Geister der Gerechten begehren anzusehen. Reinige uns von aller Befleckung durch die Sünden und füge uns zu der Gesellschaft der Seligen. Sei gegrüßt, du unser Herr, in diesem harten, kränklichen und vergänglichen Leben, das da sicher vergeht; führe uns in das Vaterland, o du heiliges Bildnis, in dem wir das Antlitz Christi sehen mit einem reinen Gemüt. Herr, sei uns eine sichere Hilfe, eine süße Zuflucht und ein Trost, damit uns nicht schade die Beschwerung des Feindes. Weil wir den ewigen Frieden erstreben, sprechen wir alle: Amen. Vers Der Schein deines Antlitzes ist als Zeichen über uns gesetzt, Herr. Antwort Gib Freude in mein Herz. Lasset uns beten. Gebet O Gott, der du uns, deinen Dienern, die vom Lichte deines Angesichtes gezeichnet sind, auf Bitten der Veronika dein Bild hinterlassen hast, das ihrem Schweißtuch aufgedrückt wurde, durch dein Leiden und dein Kreuz gib, so bitten wir, dass wir jetzt auf Erden dich so im Spiegel und Gleichnis verehren und anbeten, dass wir einst von Angesicht zu Angesicht dich in aller Sicherheit als Richter auf uns zukommen sehen können. Durch denselben Christus, unseren Herrn, Amen.

Stundenbuch nach römischem Brauch *Gruß an das Antlitz Christi*

Vollständiger Text (mit Ausnahme der Heiligensuffragien) nach Vorlage der Kat. Nrn. II, 18, 25. Zusammenstellung unter Verwendung folgender Quellen: H. Bone, Cantate! Katholisches Gesangbuch [...], Mainz 1847; J. Dillersberger (Hg.), Deutsches Stundenbuch, Salzburg/Leipzig 1940; A. Schott, Vesperbuch, Freiburg i. Br. 1913[4]; Ders., Das Messbuch der Heiligen Kirche, Freiburg/Basel/Wien 1966; F. Unterkircher, Das Stundenbuch des Mittelalters, Graz 1985; Einheitsübersetzung der Heiligen Schrift, Stuttgart 1980

Stundenbuch nach römischem Brauch
Kreuzoffizium

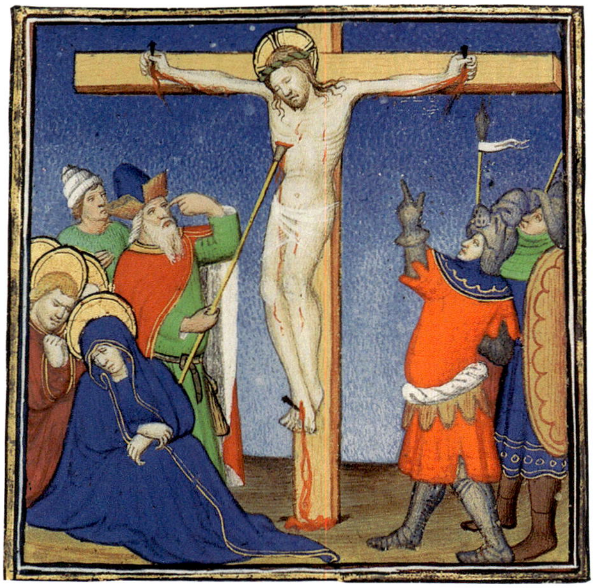

8 57v Miniatur zur Non des Marienoffiziums, hier zu Beginn des Kreuzoffiziums

Hier beginnen die Stundengebete zum Hl. Kreuz

Herr, öffne meine Lippen und mein Mund soll dein Lob verkünden! Gott, komm herbei, um mich zu retten! Herr, eile mir zur Hilfe! Ehre sei dem Vater und dem Sohn und dem Heiligen Geist, wie es war im Anfang so auch jetzt und alle Zeit und in Ewigkeit. Amen. Hymnus Des Vaters Weisheit, unser Herr Jesus Christ, / Gott und Mensch, ward gefangen zur Mettenzeit, in dieser Frist. / Da kam Judas gegangen und küsst Gott auf seinen Mund in Freundes Weise mit falscher Meinung / Verlassen ward Christus zu der Stunde von seinen Freunden. Vers Wir beten dich an, o Christus, und preisen dich, denn durch dein heiliges Kreuz hast du die Welt erlöst. Lasset uns beten. Gebet Herr Jesus Christus, Sohn des lebendigen Gottes, lass dein Leiden, dein Kreuz und deinen Tod zwischen deinem Gericht und meiner Seele stehen, jetzt und in der Stunde meines Todes. Schenke gnädig den Lebenden Barmherzigkeit und Gnade, den Toten Ruhe und Verzeihung, deiner heiligen Kirche Frieden und Eintracht und uns armen Sündern Leben und ewige Freude. Gott, der du lebst und herrschst von Ewigkeit zu Ewigkeit. Amen. [Vers und Gebet werden zu jeder Gebetsstunde wiederholt.] Prim Gott, komm herbei, um mich zu retten! Herr, eile mir zur Hilfe! Ehre sei dem Vater und dem Sohn und dem Heiligen Geist, wie es war im Anfang so auch jetzt und alle Zeit und in Ewigkeit. Amen. [Diese einleitenden Verse werden bis einschließlich der Vesper zu jeder Gebetsstunde wiederholt.] Hymnus Zur Zeit der Prim wurde Gott geführt vor den Richter Pilatus. / Mit falschem Zeugnis ward der Zarte wegen all seiner Schuld verraten, als ein Bösewicht/geschlagen auf seinen Nacken. / Sein Antlitz, wie die Weissagung spricht, ward von den Juden schmählich bespieen. Terz. Hymnus Zur Zeit der Terz ward Jesus gekleidet in schönen Purpur mit Spott/und auf sein Haupt ward gelegt von Dornen eine scharfe Krone. / Die Juden alle schrien: Kreuzige ihn. Er soll schmählich verderben. / Er trug das Kreuz bis an die Stätte, an der er aus freiem Willen wollte sterben. Sext. Hymnus Zur Zeit der Sext genagelt ward Jesus Christus an das Kreuz mit spöttischem Schalle. / An dem Kreuz dürstet es ihn hart vor Not. Essig gemischt mit Galle/ward ihm zu trinken gegeben mit spöttischen Sitten. / Bei den Schächern das ewige Leben hing schmählich dort inmitten. Non. Hymnus Zur Zeit der Non schrie Jesus aus [tiefem] Grunde laut: Heli! Heli! Mein Gott, mein Gott, wie hast du mich verlassen jämmerlich. / Die Seele befahl er zu der Stund dem Vater demütiglich. / Danach sein Herz durchstochen ward mit einer scharfen Lanz'. / Von seinem Tod erbebte hart das Erdreich. Die Sonne verlor ihren lichten Glanz. Vesper. Hymnus Zur Vesperzeit von dem Kreuz genommen ward Jesus Christus, der Zarte, der unseren Tod hat überwunden mit seinem Tod. / Sehr hart er lag, starb einen elenden Tod / als wenn er ein Dürftiger wäre. / Ach Mensch, bedenk deines Schöpfers Tod und seiner lieben Mutter Beschwerung. Komplet Wende dich uns zu, Gott, unser Heil, und kehre deinen Zorn von uns ab! Gott, komm herbei, um mich zu retten! Herr, eile mir zur Hilfe! Ehre sei dem Vater und dem Sohn und dem Heiligen Geist, wie es war im Anfang so auch jetzt und alle Zeit und in Ewigkeit. Amen. Hymnus Als der Komplet Stunde schlug, trug man ihn zum Grabe. / Christi edlen Menschenleib, Hoffnung künftgen Lebens. / Salben würzen ihm das Grab, so erfüllt die Schrift sich. / Immerdar soll dieser Tod mir am Herzen liegen. [nach dem Gebet:] Empfehlung an Gott Dieses kanonische Stundengebet in tiefempfundener Andacht / dir, o Christus, weihe ich's in frommer Überlegung: / Du, der Leiden trug für mich, Todesangst in Qualen, / hilf, am Leid mir teilzunehmen, teilzunehmen auch am Lohne. Amen.

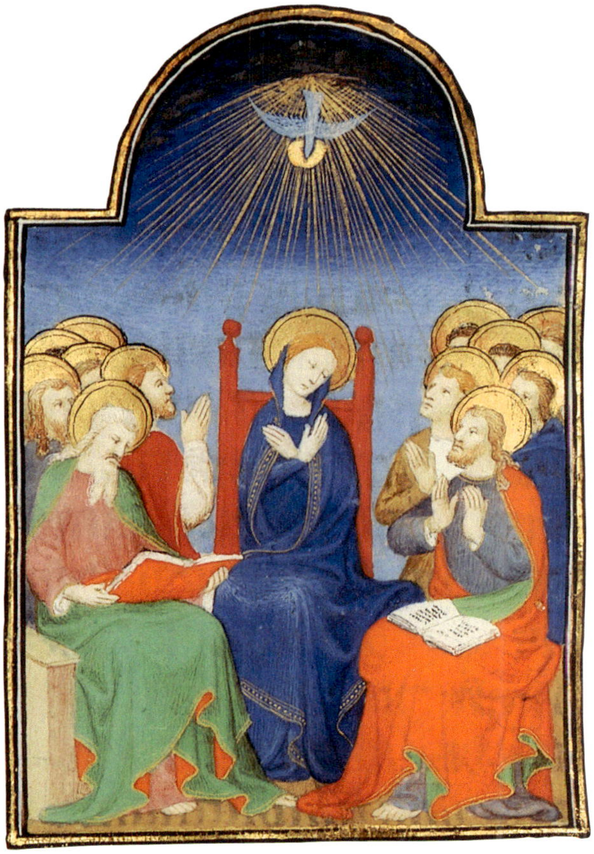

Hier beginnen die Stundengebete zum Hl. Geist

Herr, öffne meine Lippen und mein Mund soll dein Lob verkünden! Gott, komm herbei, um mich zu retten! Herr, eile mir zur Hilfe! Ehre sei dem Vater und dem Sohn und dem Heiligen Geist, wie es war im Anfang so auch jetzt und alle Zeit und in Ewigkeit. Amen. Hymnus Als Geschenk gewähre uns Heiligen Geistes Gnade, / die die Jungfrau der Jungfrauen einst hat überschattet, / als ein heiliger Engel sie demutsvoll begrüßte, / die als Jungfrau Mutter ward, Fleisch verlieh dem Gotteswort. Antiphon Komm, Heiliger Geist, erfülle die Herzen deiner Gläubigen und entzünde in ihnen das Feuer deiner Liebe! Vers Sende aus deinen Geist und alles wird neu geschaffen und du wirst das Angesicht der Erde erneuern. Lasset uns beten. Gebet Allmächtiger, ewiger Gott, schenk uns jene Gnade des Heiligen Geistes, die du deinen Jüngern am heiligen Pfingsttage übermittelt hast. Durch denselben Christus, unseren Herrn. Amen. [Antiphon, Vers und Gebet werden zu jeder Gebetsstunde wiederholt.] Prim Gott, komm herbei, um mich zu retten! Herr, eile mir zur Hilfe! Ehre sei dem Vater und dem Sohn und dem Heiligen Geist, wie es war im Anfang so auch jetzt und alle Zeit und in Ewigkeit. Amen. [Diese einleitenden Verse werden bis einschließlich der Vesper zu jeder Gebetsstunde wiederholt.] Hymnus Maria hat als Jungfrau uns Christus einst geboren. / Doch am Kreuze starb er dann, wurde auch begraben, / zeigte seinen Jüngern sich, als er auferstanden. / In den Himmel fuhr er auf, dass sie's alle sahen. Terz. Hymnus Seinen Heiligen Geist hat Gott zu den Jüngern abgeordnet, / hat am heiligen Pfingstfest sie fest in ihm begründet. / Feuerzungen schickte er, um sie zu entflammen, / wollte nicht als Weisen sie in der Welt verlassen. Sext. Hymnus An jenem Tag empfingen sie siebenförmige Gnade. / In ihrer Kraft vermochten sie zu sprechen alle Sprachen. / In alle Länder dieser Welt lenkten sie die Schritte, / verkündeten den Völkern all das Wohl des Christenglaubens. Non. Hymnus Als Geist, als Tröster, wurde er von Christus uns verheißen, / des Herrn und Gottes Liebesgruß und Quelle allen Lebens, / als Salbe für den müden Geist, als heiße Feuerflamme, / der Gnade siebenförmige Flut, die höchste Gottesgabe. Vesper. Hymnus: Der Rechten Gottes Finger du! Du Kraft des höchsten Geistes! / Verteidige und rette uns vor Übeln, die uns drohen! / Dass nie uns Schaden bringen kann der böse Geist der Hölle. / So hüt uns! Nähr uns! Halt uns warm im Schutze deiner Flügel. Komplet Wende dich uns zu, Gott, unser Heil, und kehre deinen Zorn von uns ab. Gott, komm herbei, um mich zu retten! Herr, eile mir zur Hilfe! Ehre sei dem Vater und dem Sohn und dem Heiligen Geist, wie es war im Anfang so auch jetzt und alle Zeit und in Ewigkeit. Amen. Hymnus: Der Heilige Geist, der Tröster Gott, er komme, uns zu helfen! / Unsre Schritte leite er, er schenke uns Erleuchtung, / dass, wenn kommen wird der Herr, alle Welt zu richten, / uns zur rechten Seite hin er gnädig möge rufen. [nach dem Gebet:] Empfehlung an Gott In tiefer Andacht habe ich diese Stundenbitten / dir zu Ehren, Heiliger Geist, dargebracht mit frommem Herzen. / Such uns heim, wir bitten dich, schenk uns deinen Atem. / Lass und ewig wohnen dann hoch im Himmel. Amen.

Stundenbuch nach römischem Brauch
Hl. Geistoffizium

5 109v Miniatur zu Beginn des Hl. Geistoffiziums: Herabkunft des Hl. Geistes (Pfingsten)

Stundenbuch nach römischem Brauch
Marienmesse

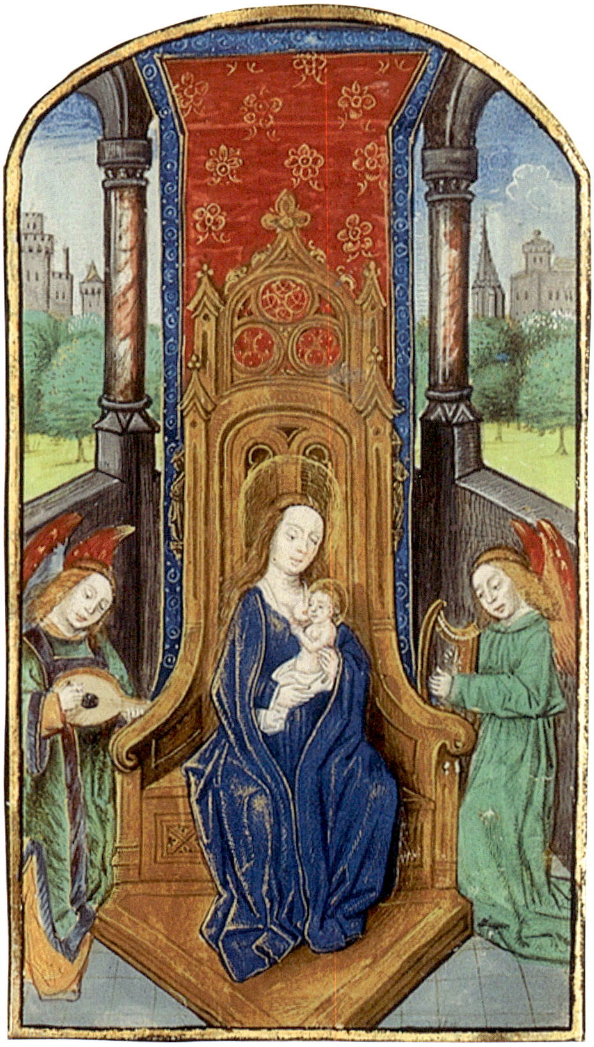

25 3lv Miniatur zu Beginn der Marienmesse: Thronende Muttergottes mit Kind, flankiert von zwei musizierenden Engeln

Hier beginnt die Messe zu Ehren der Jungfrau Maria

Und ich werde hintreten zum Altar Gottes, zu Gott, der meine Jugend erfreut. Würdige dich, Herr, uns vor aller Sünde an diesem Tage zu bewahren. Lasst uns dem Herrn bekennen, der gut ist, weil sein Erbarmen in Ewigkeit währt. Schuldbekenntnis Ich bekenne Gott im Himmel, der seligen Jungfrau Maria, allen Heiligen Gottes und euch, Vater, dass ich unglücklicher Sünder überaus gesündigt habe gegen das Gesetz meines Gottes in Gedanke und Wort, in Fühlen und Sehen, in Reden und Tat durch meine Schuld, durch meine Schuld, durch meine große Schuld. Darum, Vater, bitte ich die selige und glorreiche Jungfrau Maria, alle heiligen Männer und Frauen Gottes und euch, für mich Sünder zu beten. Freisprechung Es erbarme sich unser der allmächtige Gott und verzeihe alle eure Sünden, und Jesus Christus führe uns und euch ohne Makel in Freuden zum ewigen Leben. Amen. Unsere Hilfe sei im Namen des Herrn, der Himmel und Erde geschaffen hat. Der Name des Herrn sei gebenedeit von nun an bis in Ewigkeit. Eingangsgebet Sei gegrüßt, du heilige Mutter! Den König hast du geboren, der herrscht über Himmel und Erde in Ewigkeit. Vers Alle mögen deine Hilfe verspüren, die dein Andenken feiern. Ehre sei dem Vater und dem Sohn und dem Heiligen Geist, wie es war im Anfang so auch jetzt und alle Zeit und in Ewigkeit. Amen. Sei gegrüßt, du heilige Mutter! Den König hast du geboren, der herrscht über Himmel und Erde in Ewigkeit. Kyrie eleison! Kyrie eleison! Kyrie eleison! Christe eleison! Christe eleison! Christe eleison! Kyrie eleison! Kyrie eleison! Kyrie eleison! Lob Gottes Ehre sei Gott in der Höhe und auf Erden Friede den Menschen, die guten Willens sind. Wir loben dich, wir preisen dich, wir beten dich an, wir verherrlichen dich, wir sagen dir Dank ob deiner großen Herrlichkeit. Herr und Gott, König des Himmels, Gott, allmächtiger Vater. Herr Jesus Christus, eingeborener Sohn. Herr und Gott, Lamm Gottes, Sohn des Vaters, der du die Sünden der Welt hinwegnimmst, erbarme dich unser, der du die Sünden der Welt hinwegnimmst, nimm unser

Flehen gnädig auf, du sitzest zur Rechten des Vaters, erbarme dich unser. Denn du allein bist der Heilige, du allein der Herr, du allein der Höchste, Jesus Christus, mit dem Heiligen Geist in der Herrlichkeit Gottes des Vaters. Amen. Lasset uns beten. Gebet Gewähre, wir bitten dich, o Herr, dass wir, deine Diener, uns ständig der Gesundheit des Geistes und Leibes erfreuen, und dass wir durch die glorreiche Fürbitte der seligen, immerwährenden Jungfrau Maria von diesem traurigen Dasein erlöst und zum Genuss der ewigen Freude geleitet werden. Durch Christus, unsern Herrn. Amen. Lesung aus dem Buch der Weisheit [Sir 24, 9–12] Vor der Zeit, am Anfang, hat er mich erschaffen, und bis in Ewigkeit vergehe ich nicht. Ich tat vor ihm Dienst im heiligen Zelt und wurde dann auf dem Zion eingesetzt. In der Stadt, die er ebenso liebt wie mich, fand ich Ruhe, Jerusalem wurde mein Machtbereich. Ich fasste Wurzel bei einem ruhmreichen Volk, im Eigentum des Herrn, in seinem Erbbesitz, im Kreise aller Heiligen war meine Wohnstatt. Dank sei Gott. Stufengesang Gebeneideit und verehrungswürdig bist du, Jungfrau Maria, die du ohne Verletzung der Keuschheit zur Mutter des Erlösers wurdest. Vers Jungfrau und Gottesgebärerin, der, den der ganze Erdkreis nicht fassen kann, hat sich einschließen lassen in deinen Leib und ist Mensch geworden. Alleluja. Vers Du hast geboren und bliebst doch reine Jungfrau. Gottesgebärerin, bitte für uns! Alleluja. Evangelium nach Lukas [Lk 11, 27–28] In jener Zeit, als Jesus zum Volke sprach, rief eine Frau aus der Menge ihm zu: Selig die Frau, deren Leib dich getragen und deren Brust dich genährt hat. Er aber erwiderte: Selig sind vielmehr die, die das Wort Gottes hören und es befolgen. Dank sei Gott. Glaubensbekenntnis Ich glaube an den einen Gott, den allmächtigen Vater, Schöpfer des Himmels und der Erde, aller sichtbaren und unsichtbaren Dinge, und an den einen Herrn Jesus Christus, Gottes eingeborenen Sohn. Er ist aus dem Vater geboren vor aller Zeit. Gott von Gott, Licht vom Lichte, wahrer Gott von wahrem Gott. Gezeugt, nicht geschaffen, eines Wesens mit dem Vater; durch ihn ist alles geschaffen. Für uns Menschen und um unseres Heiles willen ist er vom Himmel herabgestiegen. Er hat Fleisch angenommen durch den Heiligen Geist aus Maria, der Jungfrau, und ist Mensch geworden. Gekreuzigt wurde er sogar für uns. Unter Pontius Pilatus hat er den Tod erlitten und ist begraben worden. Er ist auferstanden am dritten Tage, gemäß der Schrift; er ist aufgefahren in den Himmel und sitzet zur Rechten des Vaters. Er wird wiederkommen in Herrlichkeit, Gericht zu halten über Lebende und Tote und seines Reiches wird kein Ende sein. Ich glaube an den Heiligen Geist, den Herrn und Lebensspender, der vom Vater und vom Sohne ausgeht. Er wird mit dem Vater und dem Sohne zugleich angebetet und verherrlicht. Er hat gesprochen durch die Propheten. Ich glaube an die eine, heilige, katholische und apostolische Kirche. Ich bekenne die eine Taufe zur Vergebung der Sünden. Ich erwarte die Auferstehung der Toten. Und das Leben der zukünftigen Welt. Amen. Opfergesang Denn glücklich bist du, heilige Jungfrau Maria, höchst würdig jeglichen Lobes. Denn aus dir ist geboren die Sonne der Gerechtigkeit, Christus, unser Gott. Sanctus Heilig, heilig, heilig, bist du, Herr, Gott der Heerscharen. Himmel und Erde sind erfüllt von deiner Herrlichkeit. Hosanna in der Höhe. Hochgelobt sei, der da kommt im Namen des Herrn. Hosanna in der Höhe. Agnus Dei Lamm Gottes, das hinwegnimmt die Sünden der Welt, erbarme dich unser! Lamm Gottes, das hinwegnimmt die Sünden der Welt, erbarme dich unser! Lamm Gottes, das hinwegnimmt die Sünden der Welt, gib uns deinen Frieden! Gebet zur Kommunion Selig der Leib der Jungfrau Maria, der den Sohn des ewigen Vaters getragen hat. Lasset uns beten. Schlussgebet Wir bitten dich, o Herr, gieß deine Gnade ein in unseren Geist, damit wir, die durch die Botschaft des Engels die Menschwerdung Christi, deines Sohnes, erfahren haben, durch sein Leiden und sein Kreuz zur Herrlichkeit der Auferstehung geführt werden. Durch denselben Christus, unseren Herrn. Amen. Herr, erhöre mein Gebet und lass mein Rufen zu dir kommen! Lobet den Herrn! Dank sei Gott.

Stundenbuch nach römischem Brauch
Evangelienlesungen

21 16r Miniatur zu Beginn des Johannes-Evangeliums: Johannes auf Patmos

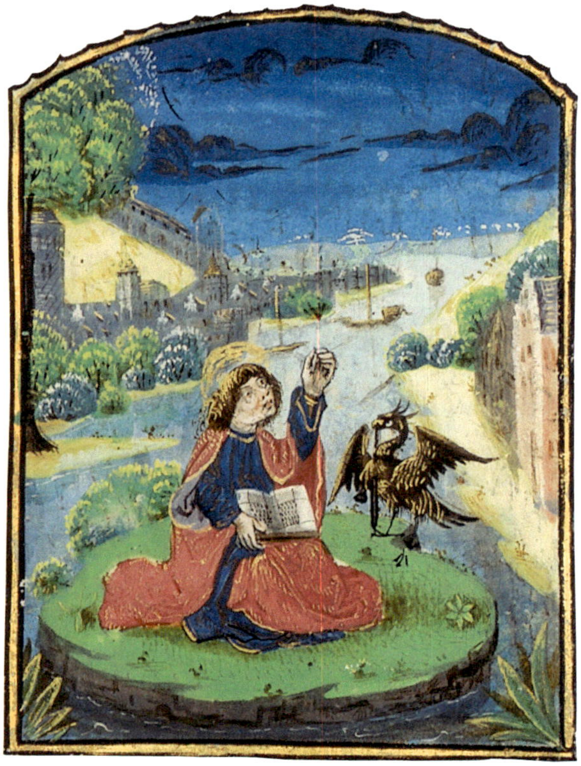

Evangelium nach Johannes [1, 1–14]

Im Anfang war das Wort, und das Wort war bei Gott, und das Wort war Gott. Im Anfang war es bei Gott. Alles ist durch das Wort geworden, und ohne das Wort wurde nichts, was geworden ist. In ihm war das Leben, und das Leben war das Licht der Menschen. Und das Licht leuchtet in der Finsternis, und die Finsternis hat es nicht erfasst. Es trat ein Mensch auf, der von Gott gesandt war; sein Name war Johannes. Er kam als Zeuge, um Zeugnis abzulegen für das Licht, damit alle durch ihn zum Glauben kommen. Er war nicht selbst das Licht, er sollte nur Zeugnis ablegen für das Licht. Das wahre Licht, das jeden Menschen erleuchtet, kam in die Welt. Er war in der Welt, und die Welt ist durch ihn geworden, aber die Welt erkannte ihn nicht. Er kam in sein Eigentum, aber die Seinen nahmen ihn nicht auf. Allen aber, die ihn aufnahmen, gab er Macht, Kinder Gottes zu werden, allen, die an seinen Namen glauben, die nicht aus dem Blut, nicht aus dem Willen des Fleisches, nicht aus dem Willen des Mannes, sondern aus Gott geboren sind. Und das Wort ist Fleisch geworden und hat unter uns gewohnt, und wir haben seine Herrlichkeit gesehen, die Herrlichkeit des einzigen Sohnes vom Vater, voll Gnade und Wahrheit. Dank sei Gott.

Evangelium nach Lukas [1, 26–38]

Im sechsten Monat wurde der Engel Gabriel von Gott in eine Stadt in Galiläa namens Nazaret zu einer Jungfrau gesandt. Sie war mit einem Mann namens Josef verlobt, der aus dem Haus David stammte. Der Name der Jungfrau war Maria. Der Engel trat bei ihr ein und sagte: Sei gegrüßt, du Begnadete, der Herr ist mit dir. Sie erschrak über die Anrede und überlegte, was dieser Gruß zu bedeuten habe. Da sagte der Engel zu ihr: Fürchte dich nicht, Maria; denn du hast bei Gott Gnade gefunden. Du wirst ein Kind empfangen, einen Sohn wirst du gebären: dem sollst du den Namen Jesus geben. Er wird groß sein und Sohn des Höchsten genannt werden. Gott, der Herr, wird ihm den Thron seines Vaters David geben. Er wird über das Haus Jakob in Ewigkeit herrschen, und seine Herrschaft wird kein Ende haben. Maria sagte zu dem Engel: Wie soll das geschehen, da ich keinen Mann erkenne? Der Engel antwortete ihr: Der Heilige Geist wird über dich kommen, und die Kraft des Höchsten wird dich überschatten. Deshalb wird auch das Kind heilig und Sohn Gottes genannt werden. Auch Elisabet, deine Verwandte, hat noch in ihrem Alter einen Sohn empfangen; obwohl sie als unfruchtbar galt, ist sie jetzt schon im sechsten Monat. Denn für Gott ist nichts unmöglich. Da sagte Maria: Ich bin die Magd des Herrn; mir geschehe, wie du es gesagt hast. Danach verließ sie der Engel. Dank sei Gott.

Evangelium nach Matthäus [2, 1–12]

Als Jesus zur Zeit des Königs Herodes in Betlehem in Judäa geboren worden war, kamen Sterndeuter aus dem Osten nach Jerusalem und fragten: Wo ist der neugeborene König der Juden? Wir haben seinen Stern aufgehen sehen und sind gekommen, um ihm zu huldigen. Als König Herodes das hörte, erschrak er und mit ihm ganz Jerusalem. Er ließ alle Hohenpriester und Schriftgelehrten des Volkes zusammenkommen und erkundigte sich bei ihnen, wo der Messias geboren werden solle. Sie antworteten ihm: In Betlehem in Judäa; denn so steht es bei dem Propheten: Du, Betlehem im Gebiet von Juda, bist keineswegs die unbedeutendste unter den führenden Städten von Juda; denn aus dir wird ein Fürst hervorgehen, der Hirt meines Volkes Israel. Danach rief Herodes die Sterndeuter heimlich zu sich und ließ sich von ihnen genau sagen, wann der Stern erschienen war. Dann schickte er sie nach Betlehem und sagte: Geht und forscht sorgfältig nach, wo das Kind ist; und wenn ihr es gefunden habt, berichtet mir, damit auch ich hingehe und ihm huldige. Nach diesen Worten des Königs machten sie sich auf den Weg. Und der Stern, den sie hatten aufgehen sehen, zog vor ihnen her bis zu dem Ort, wo das Kind war; dort blieb er stehen. Als sie den Stern sahen, wurden sie von sehr großer Freude erfüllt. Sie gingen in das Haus und sahen das Kind und Maria, seine Mutter; da fielen sie nieder und huldigten ihm. Dann holten sie ihre Schätze hervor und brachten ihm Gold, Weihrauch und Myrrhe als Gaben dar. Weil ihnen aber im Traum geboten wurde, nicht zu Herodes zurückzukehren, zogen sie auf einem anderen Weg heim in ihr Land. Dank sei Gott.

Evangelium nach Markus [16, 14–20]

In jener Zeit erschien Jesus den Elf, als sie bei Tisch waren; er tadelte ihren Unglauben und ihre Verstocktheit, weil sie denen nicht glaubten, die ihn nach seiner Auferstehung gesehen hatten. Dann sagte er zu ihnen: Geht hinaus in die ganze Welt, und verkündet das Evangelium allen Geschöpfen! Wer glaubt und sich taufen lässt, wird gerettet; wer aber nicht glaubt, wird verdammt werden. Und durch die, die zum Glauben gekommen sind, werden folgende Zeichen geschehen: In meinem Namen werden sie Dämonen austreiben; sie werden in neuen Sprachen reden; wenn sie Schlangen anfassen oder tödliches Gift trinken, wird es ihnen nicht schaden; und die Kranken, denen sie die Hände auflegen, werden gesund werden. Nachdem Jesus, der Herr, dies zu ihnen gesagt hatte, wurde er in den Himmel aufgenommen und setzte sich zur Rechten Gottes. Sie aber zogen aus und predigten überall. Der Herr stand ihnen bei und bekräftigte die Verkündigung durch die Zeichen, die er geschehen ließ. Dank sei Gott.

Passion Christi nach Johannes [19, 1–3, 17–18, 28–30, 34–35] und Matthäus [27, 29–30, 51–52, 54]

Stundenbuch nach römischem Brauch
Evangelienlesungen / Passion nach Johannes

In jener Zeit ergriff Pilatus Jesum und ließ ihn geißeln. Die Soldaten flochten einen Kranz aus Dornen; den setzten sie ihm auf und legten ihm einen purpurroten Mantel um. Sie stellten sich vor ihn hin und sagten: Heil dir, König der Juden! Und sie schlugen ihm ins Gesicht und spuckten ihn an. Sie nahmen ihm den Stock [den sie ihm zuvor in die Hand gegeben hatten] wieder weg und schlugen ihm damit auf den Kopf. Danach übernahmen die Soldaten Jesus. Er trug sein Kreuz und ging hinaus zur sogenannten Schädelhöhe, die Golgatha genannt wird. Dort kreuzigten sie ihn und mit ihm zwei andere, auf jeder Seite einen, in der Mitte Jesus. Danach, als Jesus wusste, dass nun alles vollbracht war, sagte er, damit sich die Schrift erfüllte: Mich dürstet. Ein Gefäß mit Essig stand da. Sie steckten einen Schwamm mit Essig auf einen Ysopzweig und hielten ihn an seinen Mund. Als Jesus von dem Essig genommen hatte, sprach er: Es ist vollbracht! Und er neigte das Haupt und gab seinen Geist auf. Da riss der Vorhang im Tempel von oben bis unten entzwei. Die Erde bebte, und die Felsen spalteten sich. Die Gräber öffneten sich, und die Leiber vieler Heiliger, die entschlafen waren, wurden auferweckt. Als das der Hauptmann sah, sagte er: Wahrhaftig, das war Gottes Sohn. Schließlich stieß einer der Soldaten mit der Lanze in seine Seite, und sogleich floss Blut und Wasser heraus. Und der, der es gesehen hat, hat es bezeugt, und sein Zeugnis ist wahr. Gebet: O Gott, der du deine Hände und Füße und deinen ganzen Körper für uns Sünder dem Zeichen des Kreuzes ausgesetzt hast, der du es auf dich genommen hast, dass die Juden in Verachtung deines heiligsten Körpers die Dornenkrone auf dein Haupt setzten, der du fünf Wunden erlitten und für uns Sünder am Marterholz des Kreuzes gestorben bist, der du uns durch dein heiliges Blut erlöst hast, wir bitten dich, Herr, gib uns heute und jeden Tag die Wohltat der Reue und Enthaltsamkeit, der Geduld, Demut und Keuschheit, verleih uns wache Empfindung, Verständnis des wahren Glaubens und wahres Wissen bis zum Ende durch dich, Jesus Christus, den Erlöser der Welt und den König der Ehren, der du mit Gott, dem Vater, und dem Heiligen Geist lebst und herrschst, Gott, von Ewigkeit zu Ewigkeit. Amen.

Stundenbuch nach römischem Brauch
Marienoffizium

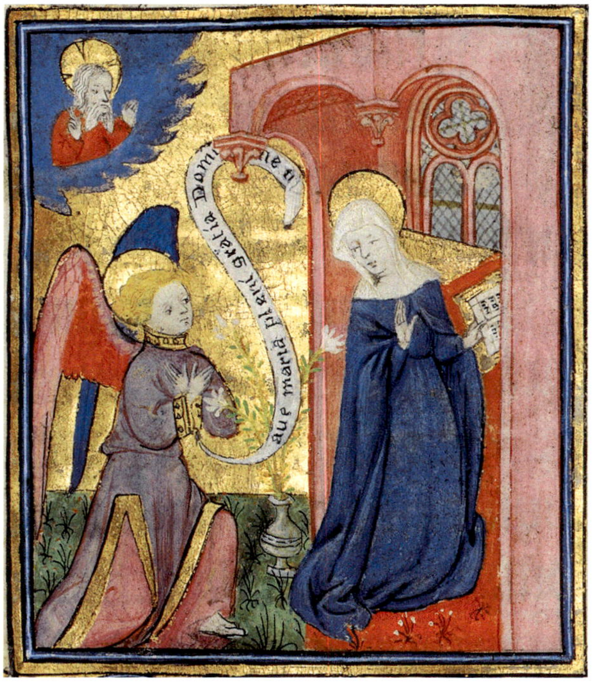

3 29r Miniatur zur Matutin des Marienoffiziums: Verkündigung der Geburt Christi, *Ave Maria, plena gratia dominus* [tecum] (Gegrüßet seist du Maria, voll der Gnade, der Herr ist [mit dir].)

Hier beginnen die Stundengebete zur seligen Jungfrau Maria nach dem römischen Brauch

Herr, öffne meine Lippen und mein Mund soll dein Lob verkünden! Gott, komm herbei, um mich zu retten! Herr, eile mir zur Hilfe! Ehre sei dem Vater und dem Sohn und dem Heiligen Geist, wie es war im Anfang so auch jetzt und alle Zeit und in Ewigkeit. Amen. Alleluja. Invitatorium Gegrüßet seist du, Maria, voll der Gnade, der Herr ist mit dir. Psalm [95] Kommt, lasst uns jubeln vor dem Herrn und zujauchzen dem Fels unsres Heiles! Lasst uns mit Lob seinem Angesicht nahen, vor ihm jauchzen mit Liedern! Gegrüßet seist du Maria, voll der Gnade, der Herr ist mit dir. Denn der Herr ist ein großer Gott, ein großer König über allen Göttern. In seiner Hand sind die Tiefen der Erde, sein sind die Gipfel der Berge. Der Herr ist mit dir. Sein ist das Meer, das er gemacht hat, das trockene Land, das seine Hände gebildet. Kommt, lasst uns niederfallen, uns vor ihm verneigen, lasst uns niederknien vor dem Herrn, unserm Schöpfer! Denn er ist unser Gott, wir sind das Volk seiner Weide, die Herde, von seiner Hand geführt. Gegrüßet seist du, Maria. Ach, würdet ihr doch heute auf seine Stimme hören! Verhärtet euer Herz nicht wie in Meríba, wie in der Wüste am Tag von Massa! Dort haben eure Väter mich versucht, sie haben mich auf die Probe gestellt und hatten doch mein Tun gesehen. Der Herr ist mit dir. Vierzig Jahre war mir dies Geschlecht zuwider, und ich sagte: Sie sind ein Volk, dessen Herz in die Irre geht; denn meine Wege kennen sie nicht. Darum habe ich in meinem Zorn geschworen: Sie sollen nicht kommen in das Land meiner Ruhe. Ehre sei dem Vater und dem Sohn und dem Heiligen Geist, wie es war im Anfang so auch jetzt und alle Zeit und in Ewigkeit. Amen. Gegrüßet seist du, Maria, voll der Gnade, der Herr ist mit dir. Hymnus Den die Erde und das Meer und der Himmel / anbeten und künden, / der die Dreifaltigkeit richtet [lenkt], / den trägt Mariae Bauch. // Dem der Mond, die Sonne und alle Dinge / dienen zu allen Zeiten, / den trägt Mariae Leib / begossen mit der himmlischen Gnade. // Selige Mutter der Gabe, / in deines Leibes Arche / ist beschlossen / der dich mit einer Hand umfängt. // Du bist gesegnet von dem himmlischen Boten, / schwanger von dem Heiligen Geist, / Erkannt ist der in dem Geschlecht, / den alle Welt begehrt hat. // Ehre sei dir, Herr, / du bist geboren von der Magd, / mit dem Vater und mit dem Heiligen Geist / immer und ewiglich. Amen. Die folgenden drei Psalmen werden am Sonntag, Montag und Donnerstag gesprochen. Antiphon: Gebenedeit bist du. Psalm [8] Herr, unser Herrscher, wie gewaltig ist dein Name auf der ganzen Erde; über den Himmel breitest du deine Hoheit aus. Aus dem Mund der Kinder und Säuglinge schaffst du dir Lob, deinen Gegnern zum Trotz; deine Feinde und Widersacher müssen verstummen. Seh' ich den Himmel, das Werk deiner Finger, Mond und Sterne, die du befestigt: Was ist der Mensch, dass du an ihn denkst, des Menschen Kind, dass du dich seiner annimmst? Du hast ihn nur wenig geringer gemacht als die Engel, hast ihn mit Herrlichkeit und Ehre gekrönt. Du hast ihn als Herrscher eingesetzt über das Werk deiner Hände, hast ihm alles zu Füßen gelegt: All die Schafe, Ziegen und Rinder und auch die wilden Tiere, die Vögel des Himmels und die Fische im Meer, alles, was auf den Pfaden der Meere dahinzieht. Herr, unser Herrscher, wie gewaltig ist dein Name auf der ganzen Erde! Ehre sei dem Vater und dem Sohn und dem Heiligen Geist, wie es war im Anfang so auch jetzt und alle Zeit und in Ewigkeit. Amen. Antiphon Gebenedeit bist du unter den Frauen, und gebenedeit ist die Frucht deines Leibes. Antiphon Wie Myrrhe. Psalm [19] Die Himmel rühmen die Herrlichkeit Gottes, vom Werk seiner Hände kündet das Firmament. Ein Tag sagt es dem andern, eine Nacht tut es der andern kund, ohne Worte und ohne Reden, unhörbar bleibt ihre Stimme. Doch ihre Botschaft geht in die ganze Welt hinaus, ihre Kunde bis zu den Enden der Erde. Dort hat er der Sonne ein Zelt gebaut. Sie tritt aus ihrem Gemach hervor wie ein Bräutigam; sie frohlockt wie ein Held und läuft ihre Bahn. Am einen Ende des Himmels geht sie auf und läuft bis ans andere Ende; nichts kann sich vor ihrer Glut verbergen. Die Weisung des Herrn ist vollkommen, sie erquickt den Menschen. Das Gesetz des Herrn ist verlässlich, den Unwissenden macht es weise. Die Befehle des Herrn sind richtig, sie erfreuen das Herz; das Gebot des Herrn ist lauter, es erleuchtet die Augen. Die Furcht des Herrn ist rein, sie besteht für immer. Die Urteile des Herrn sind wahr, gerecht sind sie alle. Sie sind kostbarer als Gold, als Feingold in Menge. Sie sind süßer als Honig, als Honig aus Waben. Auch dein Knecht lässt sich von ihnen warnen; wer sie beachtet, hat reichen Lohn. Wer bemerkt seine eigenen Fehler? Sprich mich frei von Schuld, die mir nicht bewusst ist! Behüte deinen Knecht auch vor vermessenen Menschen; sie sollen nicht über mich herrschen. Dann bin ich ohne Makel und rein von schwerer Schuld. Die Worte meines Mundes mögen dir gefallen; was ich im Herzen erwäge, stehe dir vor Augen, Herr, mein Fels und mein Erlöser. Ehre sei dem Vater und dem Sohn und dem Heiligen Geist, wie es war im Anfang so auch jetzt und alle Zeit und in Ewigkeit. Amen. Antiphon Wie von erlesener Myrrhe kommt süßer Duft von dir, du heilige Gottesgebärerin! Antiphon Vor dem Lager. Psalm [24] Dem Herrn gehört die Erde und was sie erfüllt, der Erdkreis und seine Bewohner. Denn er hat ihn auf Meere gegründet, ihn über Strömen befestigt. Wer darf hinaufziehn zum Berg des Herrn, wer darf stehn an seiner heiligen Stätte? Der reine Hände hat und ein lauteres Herz, der nicht betrügt und keinen Meineid schwört. Er wird Segen empfangen vom Herrn und Heil von Gott, seinem Helfer. Das sind die Menschen, die nach ihm fragen, die dein Antlitz suchen, Gott Jakobs. Ihr Tore, hebt euch nach oben, hebt euch, ihr uralten Pforten; denn es kommt der König der Herrlichkeit. Wer ist der König der Herrlichkeit? Der Herr, stark und gewaltig, der Herr, mächtig im Kampf. Ihr Tore, hebt euch nach oben, hebt euch, ihr uralten Pforten; denn es kommt der König der Herrlichkeit. Wer ist der König der Herrlichkeit? Der Herr der Heerscharen, er ist der König der Herrlichkeit. Ehre sei dem Vater und dem Sohn und dem Heiligen Geist, wie es war im Anfang so auch jetzt und alle Zeit und in Ewigkeit. Amen. Antiphon Vor dieser Jungfrau Lager stimmt an süßen Wechselgesang. Vers Anmut ist auf deinen Lippen ausgegossen, denn Gott segnet dich für und für. Vater unser im Himmel, geheiligt werde dein Name; dein Reich komme; dein Wille geschehe, wie im Himmel, so auf Erden. Unser tägliches Brot gib uns heute, und vergib uns unsere Schuld, wie auch wir vergeben unseren Schuldigern; und führe uns nicht in Versuchung, sondern erlöse uns von dem Bösen. Amen. Freisprechung Durch die Gebete und Verdienste der seligen Jungfrau Maria und aller Heiligen möge uns der Herr in das Himmelreich führen. Amen. Vers Maria mit dem Kinde lieb, uns allen deinen Segen gib. Amen. Erste Lesung [Sir 24, 7–8, 12] Bei allen suchte ich einen Ort der Ruhe und ich will in des Herren Erbteil verweilen. Da gab der Schöpfer des Alls mir Befehl; er, der mich schuf, wusste für mein Zelt eine Ruhestätte. Er sprach: In Jakob sollst du wohnen, in Israel sollst du deinen Erbbesitz haben und unter meinen Auserwählten Wurzeln fassen. Du, o Herr, erbarme dich unser. Dank sei Gott. Antwort O du heilige und unbefleckte Jungfräulichkeit, ich weiß nicht, welches Loblied ich dir singen soll. Denn du hast den in deinem Schoß getragen, den alle Himmel nicht fassen. Vers Du bist gebenedeit unter den Frauen und gebenedeit ist die Frucht deines Leibes. Denn du hast den in deinem Schoß getragen, den alle Himmel nicht fassen. Zweite Lesung [Sir 24, 10–12] Und so wurde ich dann auf dem Zion eingesetzt. In der Stadt, die er ebenso liebt wie mich, fand ich Ruhe. Jerusalem wurde mein Machtbereich. Ich fasste Wurzel bei einem ruhmreichen Volk, im Eigentum des Herrn, in seinem Erbbesitz, und im Kreise der Heiligen war mein Aufenthalt. Du, o Herr, erbarme dich unser. Dank sei Gott. Antwort Selig bist du, Jungfrau Maria, die du den Herrn und Schöpfer der Welt getragen hast, den geboren hast, der dich geschaffen hat, und für immer Jungfrau bleibst. Vers Gegrüßet seist du Maria, voll der Gnade. Der Herr ist mit dir. Du hast den geboren, der dich geschaffen hat, und bleibst für immer Jungfrau. Vers Auf die Fürbitte der Jungfrau und Mutter verleihe uns der Herr Heil und Frieden. Amen. Dritte Lesung [Sir 24, 13–15] Wie eine Zeder auf dem Libanon wuchs ich empor, wie ein wilder Ölbaum auf dem Berg Zion. Wie eine Palme in En-Gedi wuchs ich empor, wie Oleandersträucher in Jericho, wie ein prächtiger Ölbaum in der Ebene, wie eine Platane am Wasser wuchs ich empor. Wie Zimt und duftendes Gewürzrohr, strömte ich Wohlgeruch aus, gab einen Duft wie auserlesene Myrrhe. Du, o Herr, erbarme dich unser. Dank sei Gott. Antwort Denn glücklich

Stundenbuch nach römischem Brauch
Marienoffizium

Stundenbuch nach römischem Brauch *Marienoffizium*

3 56r Miniatur zu den Laudes: Heimsuchung

bist du, heilige Jungfrau Maria, des höchsten Lobes würdig. Denn aus dir kam die Sonne der Gerechtigkeit, Christus, unser Herr. Vers Bitte für das Volk, beschütze den Klerus, trete ein für das andächtige weibliche Geschlecht! Alle mögen deine Hilfe erfahren, die dein Andenken feiern. Denn aus dir kam die Sonne der Gerechtigkeit, Christus, unser Herr. Ehre sei dem Vater und dem Sohn und dem Heiligen Geist, wie es war im Anfang so auch jetzt und alle Zeit und in Ewigkeit, denn aus dir kam die Sonne der Gerechtigkeit, Christus, unser Herr. Gesang der heiligen Ambrosius und Augustinus [Te deum] Dich, Gott, loben wir, dich, Herr, preisen wir, dir, dem ewigen Vater, huldigt das Erdenrund. Dir rufen die Engel alle, dir Himmel und Mächte insgesamt, die Cherubim dir und die Seraphim mit niemals endender Stimme zu: Heilig, heilig, heilig der Herr, der Gott der Heerscharen. Voll sind Himmel und Erde von deiner hohen Herrlichkeit. Dich preist der glorreiche Chor der Apostel, dich der Propheten lobwürdige Zahl, dich der Märtyrer weißgewandetes Heer. Dich preist über das Erdenrund die heilige Kirche: dich, den Vater von unermeßbarer Majestät; deinen verehrungswürdigen, wahren und einzigen Sohn; den Heiligen auch, den Fürsprecher Geist. Du König der Herrlichkeit, Christus! Du bist des Vaters allewiger Sohn. Du hast der Jungfrau Schoß nicht verschmäht; bist Mensch geworden, den Menschen zu befreien. Du hast bezwungen des Todes Stachel und denen, die glauben, die Reiche der Himmel aufgetan. Du sitzest zur Rechten Gottes in deines Vaters Herrlichkeit. Als Richter, so glauben wir, kehrst du einst wieder. Dich bitten wir denn, komme deinen Dienern zu Hilfe, die du erlöst mit kostbarem Blut. In der ewigen Herrlichkeit zähle uns deinen Heiligen zu. Rette dein Volk, o Herr, und segne dein Erbe. Und führe sie und erhebe sie bis in die Ewigkeit. An jedem Tag benedeien wir dich und loben in Ewigkeit deinen Namen; ja, in der ewigen Ewigkeit. In Huld wolltest du, Herr, an diesem Tag uns ohne Schuld bewahren. Erbarme dich unser, o Herr, erbarme dich unser! Lass dein Erbarmen, Herr, über uns geschehen, wie wir gehofft auf dich. Auf dich, Herr, habe ich meine Hoffnungen gesetzt: lass mich in Ewigkeit nicht zuschanden werden. Vers Bitte für uns, o heilige Gottesgebärerin, auf dass wir würdig werden der Verheißungen Christi. Laudes Gott, komm herbei, um mich zu retten! Herr, eile mir zu Hilfe! Ehre sei dem Vater und dem Sohn und dem Heiligen Geist, wie es war im Anfang so auch jetzt und

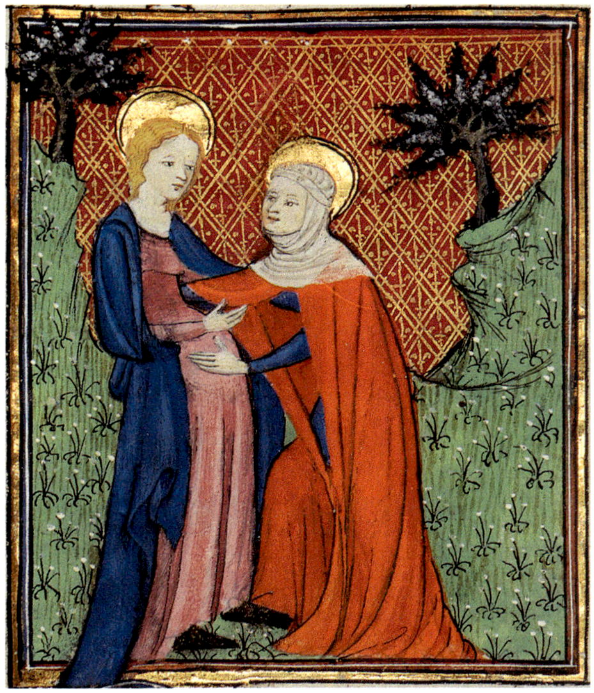

alle Zeit und in Ewigkeit. Amen. Antiphon Aufgenommen. Psalm [93] Der Herr ist König, bekleidet mit Hoheit; der Herr hat sich bekleidet und mit Macht umgürtet. Der Erdkreis ist fest gegründet, nie wird er wanken. Dein Thron steht fest von Anbeginn, du bist seit Ewigkeit. Fluten erheben sich, Herr, Fluten erheben ihr Brausen, Fluten erheben ihr Tosen. Gewaltiger als das Tosen vieler Wasser, gewaltiger als die Brandung des Meeres ist der Herr in der Höhe. Deine Gesetze sind fest und verlässlich; Herr, deinem Haus gebührt Heiligkeit für alle Zeiten. Ehre sei dem Vater und dem Sohn und dem Heiligen Geist, wie es war im Anfang so auch jetzt und alle Zeit und in Ewigkeit. Amen. Antiphon Aufgenommen wurde Maria in den Himmel, die Engel freuen sich und preisen lobend den Herrn. Antiphon Maria. Psalm [100] Jauchzt vor dem Herrn, alle Länder der Erde! Dient dem Herrn mit Freude! Kommt vor sein Antlitz mit Jubel! Erkennt: Der Herr allein ist Gott. Er hat uns geschaffen, wir sind sein Eigentum, sein Volk und die Herde seiner Weide. Tretet mit Dank durch seine Tore ein! Kommt mit Lobgesang in die Vorhöfe seines Tempels! Dankt ihm, preist seinen Namen! Denn der Herr ist gütig, ewig währt seine Huld, von Geschlecht zu Geschlecht seine Treue. Ehre sei dem Vater und dem Sohn und dem Heiligen Geist, wie es war im Anfang so auch jetzt und alle Zeit und in Ewigkeit. Amen. Antiphon Die Jungfrau Maria wurde aufgenommen in das Brautgemach des Äthers, in dem der König der Könige auf seinem Sternenthrone sitzt. Antiphon Dem Dufte. Psalm [63] Gott, du mein Gott, dich suche ich, meine Seele dürstet nach dir. Nach dir schmachtet mein Leib wie dürres, lechzendes Land ohne Wasser. Darum halte ich Ausschau nach dir im Heiligtum, um deine Macht und Herrlichkeit zu sehen. Denn deine Huld ist besser als das Leben; darum preisen dich meine Lippen. Ich will dich rühmen mein Leben lang, in deinem Namen die Hände erheben. Wie an Fett und Mark wird satt meine Seele, mit jubelnden Lippen soll mein Mund dich preisen. Ich denke an dich auf nächtlichem Lager und sinne über dich nach, wenn ich wache. Ja, du wurdest meine Hilfe; jubeln kann ich im Schatten deiner Flügel. Meine Seele hängt an dir, deine rechte Hand hält mich fest. Viele trachten mir ohne Grund nach dem Leben, aber sie müssen hinabfahren in die Tiefen der Erde. Man gibt sie der Gewalt des Schwertes preis, sie werden eine Beute der Schakale. Der König aber freue sich an Gott. Wer bei ihm schwört, darf sich rühmen. Doch allen Lügnern wird der Mund verschlossen. Psalm [67] Gott sei uns gnädig und segne uns. Er lasse über uns sein Angesicht leuchten, damit auf Erden sein Weg erkannt wird und unter allen Völkern sein Heil. Die Völker sollen dir danken, o Gott, danken sollen dir die Völker alle. Die Nationen sollen sich freuen und jubeln. Denn du richtest den Erdkreis gerecht. Du richtest die Völker nach Recht und regierst die Nationen auf Erden. Die Völker sollen dir danken, o Gott, danken sollen dir die Völker alle. Das Land gab seinen Ertrag. Es segne uns Gott, unser Gott. Es segne uns Gott. Alle Enden der Erde sollen ihn fürchten und ehren. Ehre sei dem Vater und dem Sohn und dem Heiligen Geist, wie es war im Anfang so auch jetzt und alle Zeit und in Ewigkeit. Amen. Antiphon Dem Wohlgeruche deiner Salben folgen wir, darum haben dich die Mädchen alle lieb. Antiphon Gesegnet. Gesang der drei Jünglinge im Feuerofen [Dan 3, 57–88] Preist den Herrn, all ihr Werke des Herrn; lobt und rühmt ihn in Ewigkeit! Preist den Herrn, ihr Himmel; lobt und rühmt ihn in Ewigkeit! Preist den Herrn, ihr Engel des Herrn; lobt und rühmt ihn in Ewigkeit! Preist den Herrn, all ihr Wasser über dem Himmel; lobt und rühmt ihn in Ewigkeit! Preist den Herrn, all ihr Mächte des Herrn; lobt und rühmt ihn in Ewigkeit! Preist den Herrn, Sonne und Mond; lobt und rühmt ihn in Ewigkeit! Preist den Herrn, ihr Sterne am Himmel; lobt und rühmt ihn in Ewigkeit! Preist den Herrn, aller Regen und Tau; lobt und rühmt ihn in Ewigkeit! Preist den Herrn, all ihr Winde; lobt und rühmt ihn in Ewigkeit! Preist den Herrn, Feuer und Glut; lobt und rühmt ihn in Ewigkeit! Preist den Herrn, Frost und Hitze; lobt und rühmt ihn in Ewigkeit! Preist den Herrn, Tau und Schnee; lobt und rühmt ihn in Ewigkeit! Preist den Herrn, Eis und Kälte; lobt und rühmt ihn in Ewigkeit! Preist den Herrn, Rauhreif und Schnee; lobt und rühmt ihn in Ewigkeit! Preist den Herrn, ihr Nächte und Tage; lobt und rühmt ihn in Ewigkeit! Preist den Herrn, Licht und Dunkel; lobt und rühmt ihn in Ewigkeit! Preist den Herrn, ihr Blitze und Wolken; lobt und rühmt ihn in Ewigkeit! Die Erde preise den Herrn; sie lobe und rühme ihn in Ewigkeit. Preist den Herrn, ihr Berge und Hügel; lobt und rühmt ihn in Ewigkeit! Preist den Herrn, all ihr Gewächse auf Erden; lobt und rühmt ihn in Ewigkeit! Preist den Herrn, ihr Quellen; lobt und rühmt ihn in Ewigkeit! Preist den Herrn, ihr Meere und Flüsse; lobt und rühmt ihn in Ewigkeit! Preist den Herrn, ihr Tiere des Meeres und alles, was sich regt im Wasser; lobt und rühmt ihn in Ewigkeit! Preist den Herrn, all ihr Vögel am Himmel; lobt und rühmt ihn in Ewigkeit! Preist den Herrn, all ihr Tiere, wilde und zahme; lobt und rühmt ihn in Ewigkeit! Preist den Herrn, ihr Menschen; lobt und rühmt ihn in Ewigkeit! Preist den Herrn, ihr Israeliten; lobt und rühmt ihn in Ewigkeit! Preist den Herrn, ihr seine Priester; lobt und rühmt ihn in Ewigkeit! Preist den Herrn, ihr seine Knechte; lobt und rühmt ihn in Ewigkeit! Preist den Herrn, ihr Geister und Seelen der Gerechten; lobt und rühmt ihn in Ewigkeit! Preist den Herrn, ihr Demütigen und Frommen; lobt und rühmt ihn in Ewigkeit! Preist den Herrn, Hananja, Asarja und Mischaël; lobt und rühmt ihn in Ewigkeit! Lasset uns loben den Vater und den Sohn mit dem Heiligen Geist, lasset uns ihn preisen und über alles erheben in Ewigkeit! Gepriesen bist du, Herr, am Firmament des Himmels, des Lobes und der Herrlichkeit voll, in alle Ewigkeit erheben wir dich über alles. Antiphon Gesegnet bist du, Tochter, vom Herrn, denn durch dich haben wir Anteil bekommen an der Frucht des Lebens. Antiphon Schön bist du. Psalm [148] Lobt den Herrn vom Himmel her, lobt ihn in den Höhen: Lobt ihn, all seine Engel, lobt ihn, all seine Scharen; lobt ihn, Sonne und Mond, lobt ihn, all ihr leuchtenden Sterne; lobt ihn, alle Himmel und ihr Wasser über dem Himmel! Loben sollen sie den Namen des Herrn; denn er gebot, und sie waren erschaffen. Er stellte sie hin für immer und ewig, er

Stundenbuch nach römischem Brauch
Marienoffizium

Stundenbuch nach römischem Brauch
Marienoffizium

gab ihnen ein Gesetz, das sie nicht übertreten. Lobt den Herrn, ihr auf der Erde, ihr Seeungeheuer und all ihr Tiefen, Feuer und Hagel, Schnee und Nebel, du Sturmwind, der sein Wort vollzieht, ihr Berge und all ihr Hügel, ihr Fruchtbäume und alle Zedern, ihr wilden Tiere und alles Vieh, Kriechtiere und gefiederte Vögel, ihr Könige der Erde und alle Völker, ihr Fürsten und alle Richter auf Erden, ihr jungen Männer und auch ihr Mädchen, ihr Alten mit den Jungen! Loben sollen sie den Namen des Herrn; denn sein Name allein ist erhaben, seine Hoheit strahlt über Erde und Himmel. Seinem Volk verleiht er Macht, das ist ein Ruhm für all seine Frommen, für Israels Kinder, das Volk, das ihm nahen darf. Psalm [149] Singt dem Herrn ein neues Lied! Sein Lob erschalle in der Gemeinde der Heiligen. Israel soll sich über seinen Schöpfer freuen, die Kinder Zions über ihren König jauchzen. Seinen Namen sollen sie loben beim Reigentanz, ihm spielen auf Pauken und Harfen. Der Herr hat an seinem Volk Gefallen, die Gebeugten krönt er mit Sieg. In festlichem Glanz sollen die Frommen frohlocken, auf ihren Lagern jauchzen: Loblieder auf Gott in ihrem Mund, ein zweischneidiges Schwert in der Hand, um die Vergeltung zu vollziehn an den Völkern, an den Nationen das Strafgericht, um ihre Könige mit Fesseln zu binden, ihre Fürsten mit eisernen Ketten, um Gericht über sie zu halten, so wie geschrieben steht. Herrlich ist das für all seine Frommen. Psalm [150] Lobt Gott in seinem Heiligtum, lobt ihn in seiner mächtigen Feste! Lobt ihn für seine großen Taten, lobt ihn in seiner gewaltigen Größe! Lobt ihn mit dem Schall der Hörner, lobt ihn mit Harfe und Zither! Lobt ihn mit Pauken und Tanz, lobt ihn mit Flöten und Saitenspiel! Lobt ihn mit hellen Zimbeln, lobt ihn mit klingenden Zimbeln! Alles, was atmet, lobe den Herrn! Ehre sei dem Vater und dem Sohn und dem Heiligen Geist, wie es war im Anfang so auch jetzt und alle Zeit und in Ewigkeit. Amen. Antiphon Schön bist du und anmutig, du Tochter Jerusalems, doch schrecklich wie eine geordnete Schlachtfront. Kapitel Die Töchter Zions sahen sie und priesen sie überglücklich, die Königinnen sangen ihr Lob. Dank sei Gott. Hymnus O herrliche Frau, / hochgelobt über allem Gestirn, / der dich geschaffen hat / saugt an deiner Brust. // Was uns die leidige Eva nahm, / das bringst du uns wieder mit deinem göttlichen Wucher [Spross]. / Du bist die Himmelstür, / durch die deine Diener demütig eintreten. // Du bist die Tür des höchsten Königs / und die scheinende Pforte des Himmels. / Alle Welt freut sich: / Das Leben ist uns durch die Magd gegeben. // Ehre sei dir, Herr, / du bist geboren von der Magd, / mit dem Vater und mit dem Heiligen Geist / immer und ewiglich. Amen. Vers Du bist gebenedeit unter den Frauen und gebenedeit ist die Frucht deines Leibes. Antiphon: Selige Gottesgebärerin. Gesang des Zacharias [Lk 1, 68–79] Gepriesen sei der Herr, der Gott Israels! Denn er hat sein Volk besucht und ihm Erlösung geschaffen; hat uns einen mächtigen Retter gesandt aus dem Haus seines Knechtes David. So hat er durch seine heiligen Propheten verheißen schon seit uralten Zeiten: Er werde uns vor unseren Feinden retten und vor allen, die uns mit ihrem Hass verfolgen; er werde sich unserer Väter erbarmen und sich an seinen heiligen Bund erinnern, an den Eid, den er unserem Vater Abraham geschworen hat: er werde uns aus der Gewalt unserer Feinde befreien, damit wir ihm furchtlos dienen und heilig und gerecht vor ihm leben all unsre Tage. Du aber, Kind, wirst ein Prophet des Höchsten sein, denn du wirst dem Herrn vorangehen und ihm den Weg bereiten. Du wirst seinem Volk die Einsicht schenken, dass es gerettet wird durch die Vergebung der Sünden; denn unser Gott ist reich an Erbarmen, darum kommt zu uns das strahlende Licht aus der Höhe. Es wird allen leuchten, die in Finsternis sitzen und im Dunkel des Todes; es wird unsere Schritte auf den Weg des Friedens lenken. Ehre sei dem Vater und dem Sohn und dem Heiligen Geist, wie es war im Anfang so auch jetzt und alle Zeit und in Ewigkeit. Amen. Antiphon Selige Gottesgebärerin Maria, immer Jungfrau, Tempel des Herrn, Heiligtum des Heiligen Geistes, du allein hast beispiellos dem Herrn Jesus Christus gefallen, bitte für das Volk, sei Mittlerin für den Klerus, tritt ein für das fromme weibliche Geschlecht! Kyrie eleison! Christe eleison! Kyrie eleison! Herr erhöre mein Gebet und lass mein Rufen zu dir kommen. Lasset uns beten. Gebet Gott, der du wolltest, dass auf die Botschaft deines Engels hin dein Wort aus dem Leib der seligen Jungfrau Maria Fleisch annehme, gewähre uns, die zu dir flehen, dass wir, die fest daran glauben, dass Maria Gott geboren hat, die Hilfe ihrer Fürbitte bei dir erfahren. Durch denselben Christus, unseren Herrn. Amen. Antiphon zu allen Heiligen Ihr Heiligen Gottes alle, lasst euch herbei, für unser aller Heil zu bitten! Vers Freut euch im Herrn und frohlockt, ihr Gerechten, und rühmt euch, ihr alle, die geraden Herzens sind! Lasset uns beten. Gebet Beschütze, o Herr, dein Volk, das auf

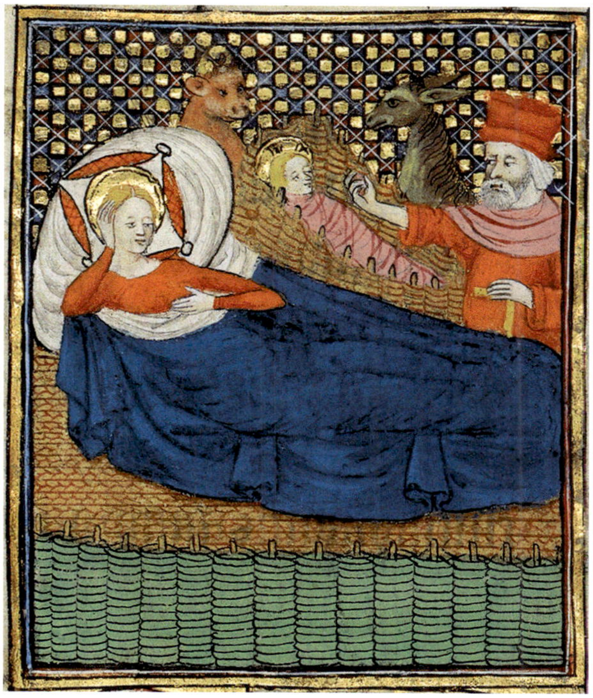

den Schutz deiner Apostel Petrus und Paulus und aller anderen Apostel vertraut, und erhalte es durch deinen immerwährenden Beistand. Gebet Alle deine Heiligen, so bitten wir, o Herr, mögen uns allerorten helfen, auf dass wir ihren Schutz verspüren, sooft wir uns an ihre Verdienste erinnern. Gebet Gewähre uns deinen Frieden in diesen unseren Zeiten und halte fern von deiner Kirche jeden Frevel. Unser und aller deiner Diener Wege, Taten und Absichten leite unter dem guten Stern deines Heiles, unseren Wohltätern schenk ewigen Lohn und allen verstorbenen Gläubigen die ewige Ruhe. Durch unseren Herrn, Jesus Christus, deinen Sohn, der mit dir lebt und herrscht in der Einheit des Heiligen Geistes, Gott von Ewigkeit zu Ewigkeit. Amen. Herr erhöre mein Gebet und lass mein Rufen zu dir kommen. Lobet den Herrn. Dank sei Gott. [Die letzten beiden Gebete werden zu jeder Gebetsstunde wiederholt.] Prim Gott, komm herbei, um mich zu retten! Herr, eile mir zu Hilfe! Ehre sei dem Vater und dem Sohn und dem Heiligen Geist, wie es war im Anfang so auch jetzt und alle Zeit und in Ewigkeit. Amen. [Diese einleitenden Verse werden bis einschließlich der Vesper zu jeder Gebetsstunde wiederholt.] Hymnus Wir gedenken des Heils, / dass du von der jungfräulichen Magd / unseren Leichnam [Leib] / an dich hast genommen. // Maria, Mutter der Gnaden, / Mutter der Barmherzigkeit, / behüt uns vor dem Feind / empfiehl uns an den Tod // Ehre sei dir, Herr, / du bist geboren von der Magd, / mit dem Vater und mit dem Heiligen Geist / immer und ewiglich. Amen. [Der Hymnus wird zu jeder Gebetsstunde außer in der Vesper wiederholt.] Antiphon Aufgenommen. Psalm [54] Hilf mir, Gott, durch deinen Namen, verschaff mir Recht mit deiner Kraft! Gott, höre mein Flehen, vernimm die Worte meines Mundes! Denn es erheben sich gegen mich stolze Menschen, freche Leute trachten mir nach dem Leben; sie haben Gott nicht vor Augen. Doch Gott ist mein Helfer, der Herr beschützt mein Leben. Auf meine Gegner falle das Unheil zurück. Weil du treu bist, vernichte sie! Freudig bringe ich dir dann mein Opfer dar und lobe deinen Namen, Herr; denn du bist gütig. Der Herr hat mich herausgerissen aus all meiner Not, und mein Auge kann auf meine Feinde herabsehn. Ehre sei dem Vater und dem Sohn und dem Heiligen Geist, wie es war im Anfang so auch jetzt und alle Zeit und in Ewigkeit. Amen. Psalm [85] Einst hast du, Herr, dein Land begnadet und Jakobs Unglück gewendet, hast deinem Volk die Schuld vergeben, all seine Sünden zugedeckt, hast zurückgezogen deinen ganzen Grimm und deinen glühenden Zorn gedämpft. Gott, unser Retter, richte uns wieder auf, lass von deinem Unmut gegen uns ab! Willst du uns ewig zürnen, soll dein Zorn dauern von Geschlecht zu Geschlecht? Willst du uns nicht wieder beleben, so dass dein Volk sich an dir freuen kann? Erweise uns, Herr, deine Huld, und gewähre uns dein Heil! Ich will hören, was Gott redet: Frieden verkündet der Herr seinem Volk und seinen Frommen, den Menschen mit redlichem Herzen. Sein Heil ist denen nahe, die ihn fürchten. Seine Herrlichkeit wohne in unserm Land. Es begegnen einander Huld und Treue; Gerechtigkeit und Friede küssen sich. Treue sprosst aus der Erde hervor; Gerechtigkeit blickt vom Himmel hernieder. Auch spendet der Herr dann Segen, und unser Land gibt seinen Ertrag. Gerechtigkeit geht vor ihm her, und Heil folgt der Spur seiner Schritte. Ehre sei dem Vater und dem Sohn und dem Heiligen Geist, wie es war im Anfang so auch jetzt und alle Zeit und in Ewigkeit. Amen. Psalm [117] Lobet den Herrn, alle Völker, preist ihn, alle Nationen! Denn mächtig waltet über uns seine Huld, die Treue des Herrn währt in Ewigkeit. Ehre sei dem Vater und dem Sohn und dem Heiligen Geist, wie es war im Anfang so auch jetzt und alle Zeit und in Ewigkeit. Amen. Antiphon Aufgenommen wurde Maria in den Himmel, die Engel freuen sich und lobend preisen sie den Herrn. Kapitel Wer ist diese, die einherschreitet wie die Morgenröte, schön wie der Mond, auserwählt wie

3 68r Miniatur zur Prim: Geburt Christi

Stundenbuch nach römischem Brauch
Marienoffizium

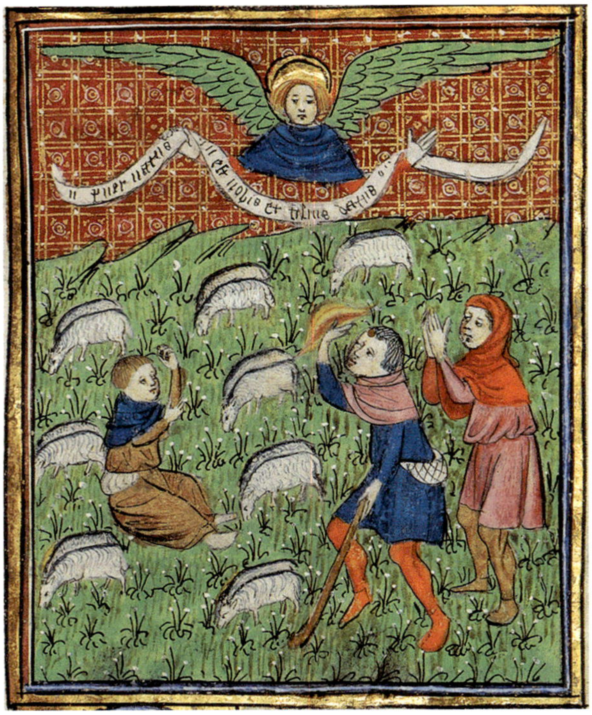

3 74r Miniatur zur Terz: Verkündigung an die Hirten

die Sonne, schrecklich wie eine geordnete Schlachtreihe? Dank sei Gott. Vers Würdige mich, dass ich dich loben darf, du heilige Jungfrau! Gib mir Kraft gegen deine Feinde! Kyrie eleison! Christe eleison! Kyrie eleison. Herr, höre mein Gebet und lass mein Rufen zu dir kommen! Gebet Gott, der du dich gewürdigt hast, zu deiner Wohnung das jungfräuliche Gemach der Jungfrau auszuwählen, verleihe uns, wir bitten dich, dass wir unter ihrem Schutz und Schirm freudig ihr Gedächtnis feiern können. Gott, der du lebst und herrschst von Ewigkeit zu Ewigkeit. Amen. Antiphon zu allen Heiligen Ihr Heiligen Gottes alle, lasst euch herbei, für unser aller Heil zu bitten! Vers Freut euch im Herrn und frohlockt, ihr Gerechten, und rühmt euch, ihr alle, die geraden Herzens sind! Lasset uns beten. Gebet Erhöre uns, Gott unseres Heils, dass du uns beschützest auf die Fürbitten deiner Apostel Petrus und Paulus und der anderen Apostel hin, deren Lehren treu zu folgen du uns gewährt hast. [zwei Gebete wie bei den Laudes]. Terz. [einleitende Verse und Hymnus wie bei der Prim]. Antiphon Maria. Psalm [120] Ich rief zum Herrn in meiner Not, und er hat mich erhört. Herr, rette mein Leben vor Lügnern, rette es vor falschen Zungen! Was soll er dir tun, was alles dir antun, du falsche Zunge? Scharfe Pfeile von Kriegerhand und glühende Ginsterkohlen dazu. Weh mir, dass ich als Fremder in Meschech bin und bei den Zelten von Kedar wohnen muss! Ich muss schon allzu lange wohnen bei Leuten, die den Frieden hassen. Ich verhalte mich friedlich; doch ich brauche nur zu reden, dann suchen sie Hader und Streit. Ehre sei dem Vater und dem Sohn und dem Heiligen Geist, wie es war im Anfang so auch jetzt und alle Zeit und in Ewigkeit. Amen. Psalm [121] Ich hebe meine Augen auf zu den Bergen: Woher kommt mir Hilfe? Meine Hilfe kommt vom Herrn, der Himmel und Erde gemacht hat. Er lässt deinen Fuß nicht wanken; er, der dich behütet, schläft nicht. Nein, der Hüter Israels schläft und schlummert nicht. Der Herr ist dein Hüter, der Herr gibt dir Schatten; er steht dir zur Seite. Bei Tag wird dir die Sonne nicht schaden noch der Mond in der Nacht. Der Herr behüte dich vor allem Bösen, er behüte dein Leben. Der Herr behüte dich, wenn du fortgehst und wiederkommst, von nun an bis in Ewigkeit. Ehre sei dem Vater und dem Sohn und dem Heiligen Geist, wie es war im Anfang so auch jetzt und alle Zeit und in Ewigkeit. Amen. Psalm [122] Ich freute mich, als man mir sagte: „Zum Haus des Herrn wollen wir pilgern." Schon stehen wir in deinen Toren, Jerusalem: Jerusalem, du starke Stadt, dicht gebaut und fest gefügt. Dorthin ziehen die Stämme hinauf, die Stämme des Herrn, wie es Israel geboten ist, den Namen des Herrn zu preisen. Denn dort stehen Throne bereit für das Gericht, die Throne des Hauses David. Erbittet für Jerusalem Frieden! Wer dich liebt, sei in dir geborgen. Friede wohne in deinen Mauern, in deinen Häusern Geborgenheit. Wegen meiner Brüder und Freunde will ich sagen: In dir sei Friede. Wegen des Hauses des Herrn, unseres Gottes, will ich dir Glück erflehen. Ehre sei dem Vater und dem Sohn und dem Heiligen Geist, wie es war im Anfang so auch jetzt und alle Zeit und in Ewigkeit. Amen. Antiphon Die Jungfrau Maria wurde erhoben zum ätherischen Gemach, in dem der König der Könige auf seinem Sternenthrone sitzt. Kapitel Und so wurde ich dann auf dem Zion eingesetzt. In der Stadt, die er ebenso liebt wie mich, fand ich Ruhe. Jerusalem wurde mein Machtbereich. Dank sei Gott. Vers Anmut ist ausgegossen auf deinen Lippen, darum hat dich der Herr gesegnet in Ewigkeit. Kyrie eleison! Christe eleison! Kyrie eleison! Herr, erhöre mein Gebet und lass mein Rufen zu dir kommen! Gebet Gott, der du dem Menschengeschlecht durch die fruchtbare Jungfräulichkeit den Lohn ewigen Heiles gewährt hast, gib, so bitten wir, dass wir die Fürbitte der Jungfrau spüren, durch die wir es verdient haben, den Schöpfer des Lebens bei uns aufzunehmen, Christus, un-

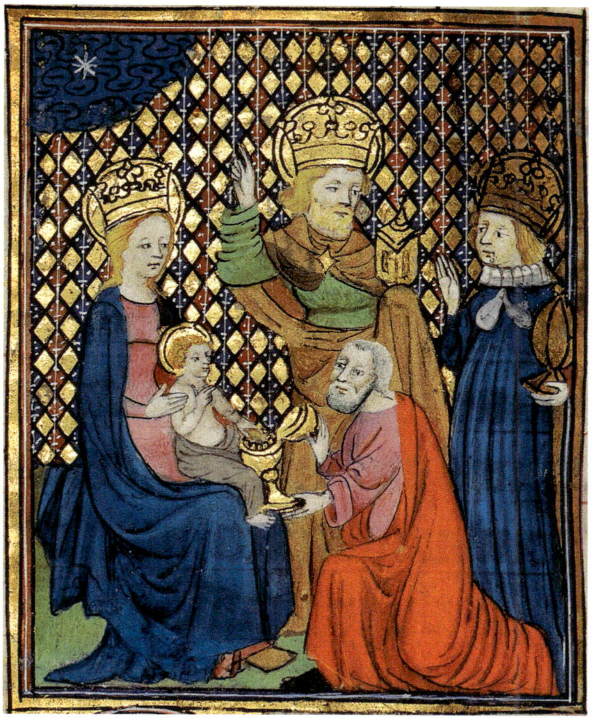

seren Herren. Amen. Antiphon zu allen Heiligen Ihr Heiligen Gottes alle, lasst euch herbei, für unser aller Heil zu bitten! Vers Freut euch im Herrn und frohlockt, ihr Gerechten, und rühmt euch, ihr alle, die geraden Herzens sind! Lasset uns beten. Gebet Beschütze, o Herr, dein Volk, das auf den Schutz deiner Apostel Petrus und Paulus und aller anderen Apostel vertraut, und erhalte es durch deinen immerwährenden Beistand. [zwei Gebete wie bei den Laudes]. Sext. [einleitende Verse und Hymnus wie bei der Prim]. Antiphon Dem Wohlgeruch. Psalm [123] Ich erhebe meine Augen zu dir, der du hoch im Himmel thronst. Wie die Augen der Knechte auf die Hand ihres Herrn, wie die Augen der Magd auf die Hand ihrer Herrin, so schauen unsre Augen auf den Herrn, unsern Gott, bis er uns gnädig ist. Sei uns gnädig, Herr, sei uns gnädig! Denn übersatt sind wir vom Hohn der Spötter, übersatt ist unsre Seele von ihrem Spott, von der Verachtung der Stolzen. Ehre sei dem Vater und dem Sohn und dem Heiligen Geist, wie es war im Anfang so auch jetzt und alle Zeit und in Ewigkeit. Amen. Psalm [124] Hätte sich nicht der Herr für uns eingesetzt – so soll Israel sagen –, hätte sich nicht der Herr für uns eingesetzt, als sich gegen uns Menschen erhoben, dann hätten sie uns lebendig verschlungen, als gegen uns ihr Zorn entbrannt war. Dann hätten die Wasser uns weggespült, hätte sich über uns ein Wildbach ergossen. Dann hätten sich über uns die Wasser ergossen, die wilden und wogenden Wasser. Gelobt sei der Herr, der uns nicht ihren Zähnen als Beute überließ. Unsre Seele ist wie ein Vogel dem Netz des Jägers entkommen; das Netz ist zerrissen, und wir sind frei. Unsre Hilfe steht im Namen des Herrn, der Himmel und Erde gemacht hat. Ehre sei dem Vater und dem Sohn und dem Heiligen Geist, wie es war im Anfang so auch jetzt und alle Zeit und in Ewigkeit. Amen. Psalm [125] Wer auf den Herrn vertraut, steht fest wie der Zionsberg, der niemals wankt, der ewig bleibt. Wie Berge Jerusalem rings umgeben, so ist der Herr um sein Volk, von nun an auf ewig. Das Zepter des Frevlers soll nicht auf dem Erbland der Gerechten lasten, damit die Hand der Gerechten nicht nach Unrecht greift. Herr, tu Gutes den Guten, den Menschen mit redlichem Herzen! Doch wer auf krumme Wege abbiegt, den jage, Herr, samt den Frevlern davon! Frieden über Israel! Ehre sei dem Vater und dem Sohn und dem Heiligen Geist, wie es war im Anfang so auch jetzt und alle Zeit und in Ewigkeit. Amen. Antiphon Dem Dufte deiner Salben folgen wir, darum haben dich die Mädchen so lieb. Kapitel Ich fasste Wurzel bei einem ruhmreichen Volk, im Eigentum des Herrn, in seinem Erbbesitz, und im Kreise der Heiligen war mein Aufenthalt. Dank sei Gott. Vers Du bist gebenedeit unter den Frauen und gebenedeit ist die Frucht deines Leibes. Kyrie eleison! Christe eleison! Kyrie eleison! Herr erhöre mein Gebet und lass mein Rufen zu dir kommen. Lasset uns beten. Gebet Gewähre, barmherziger Gott, Hilfe unserer Gebrechlichkeit, damit wir, die wir das Andenken der heiligen Gottesgebärerin und Jungfrau Maria feiern, durch den Beistand ihrer Fürbitte uns von unseren Missetaten wieder erheben. Durch denselben Christus, unseren Herrn. Amen. Antiphon zu allen Heiligen Ihr Heiligen Gottes alle, lasst euch herbei, für unser aller Heil zu bitten! Vers Freut euch im Herrn und frohlockt, ihr Gerechten, und rühmt euch, ihr alle, die geraden Herzens sind! Lasset uns beten. Gebet Erhöre uns, Gott unseres Heils, dass du uns beschützest auf die Fürbitten deiner Apostel Petrus und Paulus und der anderen Apostel hin, deren Lehren treu zu folgen du uns gewährt hast. [zwei Gebete wie bei den Laudes]. Non. [einleitende Verse und Hymnus wie bei der Prim]. Antiphon Schön. Psalm [126] Als der Herr das Los der Gefangenschaft Zions wendete, da waren wir alle wie Träumende. Da war unser Mund voll Lachen und unsere Zunge voll Jubel. Da sagte man unter den andern Völkern: „Der Herr hat an ihnen Großes getan.“ Ja, Großes hat der Herr an

Stundenbuch nach römischem Brauch
Marienoffizium

3 78v Miniatur zur Sext: Die Heiligen Drei Könige beten das Kind an.

Stundenbuch nach römischem Brauch
Marienoffizium

3 83r Miniatur zur Non: Darbringung Christi im Tempel

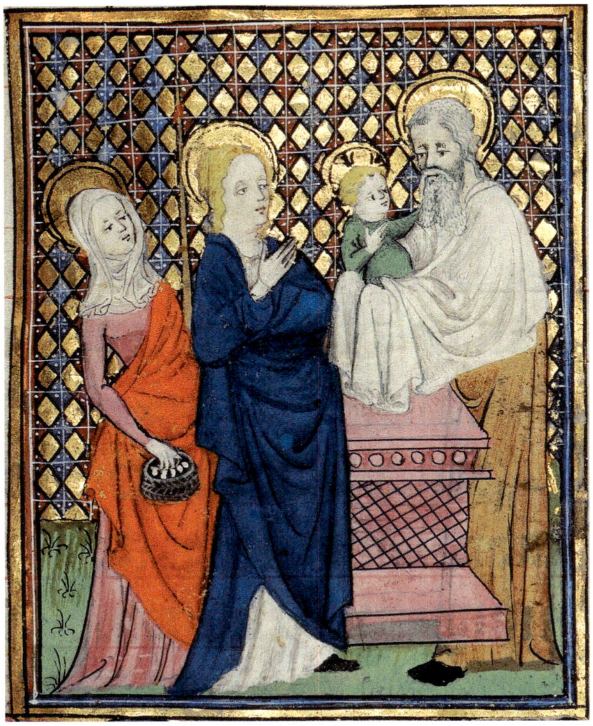

uns getan. Da waren wir fröhlich. Wende doch, Herr, unser Geschick, wie du versiegte Bäche wieder füllst im Südland. Die mit Tränen säen, werden mit Jubel ernten. Sie gehen hin unter Tränen und tragen den Samen zur Aussaat. Sie kommen wieder mit Jubel und bringen ihre Garben ein. Ehre sei dem Vater und dem Sohn und dem Heiligen Geist, wie es war im Anfang so auch jetzt und alle Zeit und in Ewigkeit. Amen. Psalm [127] Wenn nicht der Herr das Haus baut, müht sich jeder umsonst, der daran baut. Wenn nicht der Herr die Stadt bewacht, wacht der Wächter umsonst. Es ist umsonst, dass ihr früh aufsteht und euch spät erst niedersetzt, um das Brot der Mühsal zu essen; denn der Herr gibt es den Seinen im Schlaf. Kinder sind eine Gabe des Herrn, die Frucht des Leibes ist sein Geschenk. Wie Pfeile in der Hand des Kriegers, so sind Söhne aus den Jahren der Jugend. Wohl dem Mann, der mit ihnen den Köcher gefüllt hat! Beim Rechtsstreit mit ihren Feinden am Tore scheitern sie nicht. Ehre sei dem Vater und dem Sohn und dem Heiligen Geist, wie es war im Anfang so auch jetzt und alle Zeit und in Ewigkeit. Amen. Psalm [128] Wohl dem Mann, der den Herrn fürchtet und ehrt und der auf seinen Wegen geht! Was deine Hände erwarben, kannst du genießen; wohl dir, es wird dir gut ergehn. Wie ein fruchtbarer Weinstock ist deine Frau drinnen in deinem Haus. Wie junge Ölbäume sind deine Kinder rings um deinen Tisch. So wird der Mann gesegnet, der den Herrn fürchtet und ehrt. Es segne dich der Herr vom Zion her. Du sollst dein Leben lang das Glück Jerusalems schauen und die Kinder deiner Kinder seh'n. Frieden über Israel! Ehre sei dem Vater und dem Sohn und dem Heiligen Geist, wie es war im Anfang so auch jetzt und alle Zeit und in Ewigkeit. Amen. Antiphon Schön bist du und anmutsvoll, Tochter Jerusalems, schrecklich wie eine geordnete Schlachtreihe. Kapitel Wie Zimt und duftendes Gewürzrohr strömte ich Wohlgeruch aus, gab einen Duft wie auserlesene Myrrhe. Dank sei Gott. Vers Nach der Geburt bist du unversehrte Jungfrau geblieben! Leg Fürbitte ein für uns, o Gottesgebärerin. Kyrie eleison! Christe eleison! Kyrie eleison! Herr, erhöre mein Gebet und lass mein Rufen zu dir kommen! Lasset uns beten. Gebet Verzeihe, Herr, wir bitten dich, deiner Diener Sünden, damit wir, die wir dir nicht gefallen können in unseren Taten, durch die Fürbitten der Gebärerin deines Sohnes, unseres Herren, gerettet werden. Gott, der mit dir lebt und herrscht in der Einheit des Heiligen Geistes von Ewigkeit zu Ewigkeit. Amen. Antiphon zu allen Heiligen Ihr Heiligen Gottes alle, lasst euch herbei, für unser aller Heil zu bitten! Vers Freut euch im Herrn und frohlockt, ihr Gerechten, und rühmt euch, ihr alle, die geraden Herzens sind! Lasset uns beten. Gebet Gewähre, wir bitten dich, allmächtiger Gott, dass wir durch keinerlei Verwirrung erschüttert werden, der du uns auf dem Felsengrund des apostolischen Glaubens fest gegründet hast. [zwei Gebete wie bei den Laudes]. Vesper [einleitende Verse wie bei der Prim, kein Hymnus.] Antiphon Als der König. Psalm [110] So spricht der Herr zu meinem Herrn: Setze dich mir zur Rechten, und ich lege dir deine Feinde als Schemel unter die Füße. Vom Zion strecke der Herr das Zepter deiner Macht aus: „Herrsche inmitten deiner Feinde!" Dein ist die Herrschaft am Tage deiner Macht, im Glanze deiner Heiligen. Ich habe dich gezeugt noch vor dem Morgenstern, wie den Tau in der Frühe. Der Herr hat geschworen, und nie wird's ihn reuen: „Du bist Priester auf ewig nach der Ordnung Melchisedeks." Der Herr steht dir zur Seite; er zerschmettert Könige am Tage seines Zornes. Er hält Gericht unter den Völkern, er häuft die Toten, die Häupter zerschmettert er weithin auf Erden. Er trinkt aus dem Bach am Weg; so kann er [von neuem] das Haupt erheben. Ehre sei dem Vater und dem Sohn und dem Heiligen Geist, wie es war im Anfang so auch jetzt und alle Zeit und in Ewigkeit. Amen. Antiphon Als der König ruhte auf seinem Lager, da gab meine Narde süßen Wohl-

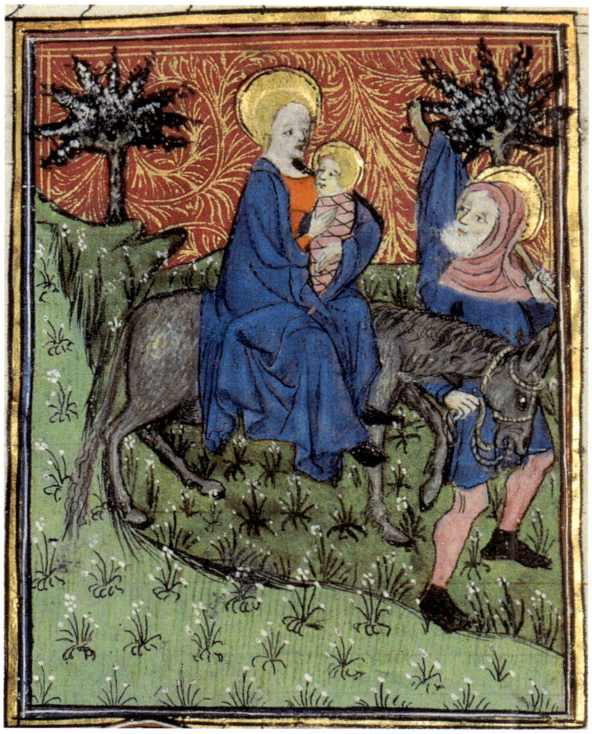

geruch. Antiphon Seine Linke. Psalm [113] Lobet, ihr Knechte des Herrn, lobt den Namen des Herrn! Der Name des Herrn sei gepriesen von nun an bis in Ewigkeit. Vom Aufgang der Sonne bis zum Untergang sei der Name des Herrn gelobt. Der Herr ist erhaben über alle Völker, seine Herrlichkeit überragt die Himmel. Wer gleicht dem Herrn, unserm Gott, im Himmel und auf Erden, ihm, der in der Höhe thront, der hinabschaut in die Tiefe, der den Schwachen aus dem Staub emporhebt und den Armen erhöht, der im Schmutz liegt? Er gibt ihm einen Sitz bei den Edlen, bei den Edlen seines Volkes. Die Frau, die kinderlos war, lässt er im Hause wohnen; sie wird Mutter und freut sich an ihren Kindern. Ehre sei dem Vater und dem Sohn und dem Heiligen Geist, wie es war im Anfang so auch jetzt und alle Zeit und in Ewigkeit. Amen. Antiphon Seine Linke ist unter meinem Haupte und seine Rechte umfängt mich. Antiphon Schwarz bin ich, aber wohlgestaltet. Psalm [122] Ich freute mich, als man mir sagte: „Zum Haus des Herrn wollen wir pilgern." Schon stehen wir in deinen Toren, Jerusalem: Jerusalem, du starke Stadt, dicht gebaut und fest gefügt. Dorthin ziehen die Stämme hinauf, die Stämme des Herrn, wie es Israel geboten ist, den Namen des Herrn zu preisen. Denn dort stehen Throne bereit für das Gericht, die Throne des Hauses David. Erbittet für Jerusalem Frieden! Wer dich liebt, sei in dir geborgen. Friede wohne in deinen Mauern, in deinen Häusern Geborgenheit. Wegen meiner Brüder und Freunde will ich sagen: In dir sei Friede. Wegen des Hauses des Herrn, unseres Gottes, will ich dir Glück erflehen. Ehre sei dem Vater und dem Sohn und dem Heiligen Geist, wie es war im Anfang so auch jetzt und alle Zeit und in Ewigkeit. Amen. Antiphon Schwarz bin ich, aber wohlgestaltet, du Tochter Jerusalems. Darum gewann mich der Herr lieb und führte mich hinein in sein Gemach. Antiphon Schon ist der Winter. Psalm [127] Wenn nicht der Herr das Haus baut, müht sich jeder umsonst, der daran baut. Wenn nicht der Herr die Stadt bewacht, wacht der Wächter umsonst. Es ist umsonst, dass ihr früh aufsteht und euch spät erst niedersetzt, um das Brot der Mühsal zu essen; denn der Herr gibt es den Seinen im Schlaf. Kinder sind eine Gabe des Herrn, die Frucht des Leibes ist sein Geschenk. Wie Pfeile in der Hand des Kriegers, so sind Söhne aus den Jahren der Jugend. Wohl dem Mann, der mit ihnen den Köcher gefüllt hat! Beim Rechtsstreit mit ihren Feinden am Tore scheitern sie nicht. Ehre sei dem Vater und dem Sohn und dem Heiligen Geist, wie es war im Anfang so auch jetzt und alle Zeit und in Ewigkeit. Amen. Antiphon Schon ist der Winter vorbei, die Regengüsse sind fort und haben aufgehört. Erhebe dich Geliebte und komme! Antiphon Anmutig. Psalm [147] Jerusalem, preise den Herrn, lobsinge, Zion, deinem Gott! Denn er hat die Riegel deiner Tore festgemacht, die Kinder in deiner Mitte gesegnet; er verschafft deinen Grenzen Frieden, und sättigt dich mit bestem Weizen. Er sendet sein Wort zur Erde, rasch eilt sein Befehl dahin. Er spendet Schnee wie Wolle, streut den Reif aus wie Asche. Eis wirft er herab in Brocken, vor seiner Kälte erstarren die Wasser. Er sendet sein Wort aus, und sie schmelzen, er lässt den Wind wehen, dann rieseln die Wasser. Er verkündet Jakob sein Wort, Israel seine Gesetze und Rechte. An keinem andern Volk hat er so gehandelt, keinem sonst seine Rechte verkündet. Ehre sei dem Vater und dem Sohn und dem Heiligen Geist, wie es war im Anfang so auch jetzt und alle Zeit und in Ewigkeit. Amen. Antiphon Anmutig bist du geworden und süß in deiner Wonne, heilige Gottesgebärerin. Kapitel Von Urzeit her, von Anbeginn schuf er mich, in Ewigkeit hör ich nicht auf. Im heiligen Zelte tat ich Dienst vor ihm. Dank sei Gott! Hymnus Meerstern, ich dich grüße, / Gottesmutter süße, / allzeit Jungfrau reine, / Himmelspfort alleine. // „Ave" klang die Kunde / aus des Engels Munde, / uns den Frieden spende, / Evas Namen wende. // Lös das Band der Sünden, /

Stundenbuch nach römischem Brauch
Marienoffizium

3 87v Miniatur zur Vesper: Flucht der Heiligen Familie nach Ägypten

Stundenbuch nach römischem Brauch
Marienoffizium

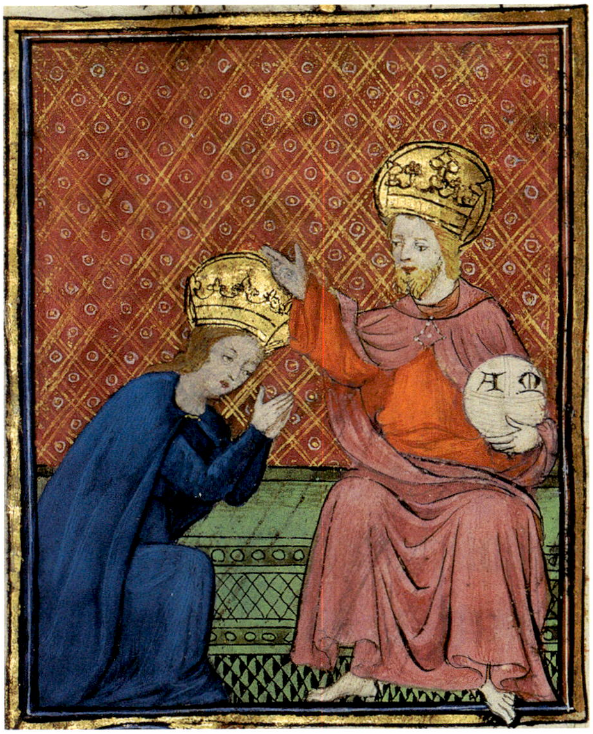

3 94v Miniatur zur Komplet: Krönung Mariens

spende Licht den Blinden, / allem Bösen wehre, / alles Gut' begehre. // Dich als Mutter zeige, / dass durch dich sich neige / unserm Flehn auf Erden / der dein Sohn wollt werden. // Jungfrau auserkoren, / ohne Sünd' geboren, / uns von Schuld befreie, / Hilfe uns verleihe. // Gib ein reines Leben, / mach den Weg uns eben, / dass in Himmelshöhen / froh wir Jesus sehen. // Lob sei Gott, dem Vater, / höchste Würde Christus, / mit dem Heilgen Geiste / dreifach einige Ehre. Amen. Vers Anmut ist ausgegossen auf deine Lippen. Darum segnete dich Gott in Ewigkeit. Antiphon Selig die Mutter. Gesang Marias [Magnificat; Lk 1, 46–55] Meine Seele preist die Größe des Herrn, und mein Geist jubelt über Gott, meinen Retter. Denn auf die Niedrigkeit seiner Magd hat er geschaut. Siehe, von nun an preisen mich selig alle Geschlechter. Denn der Mächtige hat Großes an mir getan, und sein Name ist heilig. Er erbarmt sich von Geschlecht zu Geschlecht über alle, die ihn fürchten. Er vollbringt mit seinem Arm machtvolle Taten: Er zerstreut, die im Herzen voll Hochmut sind; er stürzt die Mächtigen vom Thron und erhöht die Niedrigen. Die Hungernden beschenkt er mit seinen Gaben und lässt die Reichen leer ausgehen. Er nimmt sich seines Knechtes Israel an und denkt an sein Erbarmen, das er unsern Vätern verheißen hat, Abraham und seinen Nachkommen auf ewig. Ehre sei dem Vater und dem Sohn und dem Heiligen Geist, wie es war im Anfang so auch jetzt und alle Zeit und in Ewigkeit. Amen. Antiphon Selig die Mutter und unvermählte Jungfrau, die glorreiche Königin aller Welt, sei unsere Fürsprecherin beim Herrn! Kyrie eleison! Christe eleison! Kyrie eleison. Herr erhöre mein Gebet und lass mein Rufen zu dir kommen. Gebet Verleihe, wir bitten dich Herr und Gott, dass wir, deine Diener, uns immerfort an geistiger und körperlicher Gesundheit erfreuen können, und durch die glorreiche Fürbitte der seligen Maria, der immerwährenden Jungfrau, befreie uns von allem gegenwärtigen Kummer und lass uns die ewige Freude genießen. Durch Christus, unseren Herrn. Amen. Antiphon zu allen Heiligen Ihr Heiligen Gottes alle, lasst euch herbei, für unser aller Heil zu bitten! Vers Freut euch im Herrn und frohlockt, ihr Gerechten, und rühmt euch, ihr alle, die geraden Herzens sind! Gebet Beschütze, o Herr, dein Volk, das auf den Schutz deiner Apostel Petrus und Paulus und aller anderen Apostel vertraut, und erhalte es durch deinen immerwährenden Beistand. [zwei Gebete wie bei den Laudes]. Komplet Gott, unser Heil, richte uns wieder auf und wende ab von uns deinen Zorn! Gott, komm herbei, um mich zu retten! Herr, eile mir zu Hilfe! Ehre sei dem Vater und dem Sohn und dem Heiligen Geist, wie es war im Anfang so auch jetzt und alle Zeit und in Ewigkeit. Amen. [kein Hymnus]. Psalm [129] Sie haben mich oft bedrängt von Jugend auf, – so soll Israel sagen –, sie haben mich oft bedrängt von Jugend auf, doch sie konnten mich nicht bezwingen. Die Pflüger haben auf meinem Rücken gepflügt, ihre langen Furchen gezogen. Doch der Herr ist gerecht, er hat die Stricke der Frevler zerhauen. Beschämt sollen alle weichen, alle, die Zion hassen. Sie sollen wie das Gras auf den Dächern sein, das verdorrt, noch bevor man es ausreißt. Kein Schnitter kann seine Hand damit füllen, kein Garbenbinder den Arm. Keiner, der vorübergeht, wird sagen: „Der Segen des Herrn sei mit euch." – Wir aber segnen euch im Namen des Herrn. Ehre sei dem Vater und dem Sohn und dem Heiligen Geist, wie es war im Anfang so auch jetzt und alle Zeit und in Ewigkeit. Amen. Psalm [130] Aus der Tiefe rufe ich, Herr, zu dir: Herr, höre meine Stimme! Wende dein Ohr mir zu, achte auf mein lautes Flehen! Würdest du, Herr, unsere Sünden beachten, Herr, wer könnte bestehen? Doch bei dir ist Vergebung, damit man in Ehrfurcht dir dient. Ich hoffe auf den Herrn, es hofft meine Seele, ich warte voll Vertrauen auf sein Wort. Meine Seele wartet auf den Herrn mehr als die Wächter auf den Morgen. Mehr als die Wächter auf den Morgen soll Israel harren auf den Herrn. Denn beim Herrn ist die Huld, bei ihm ist Erlösung in Fülle. Ja, er wird Israel erlösen von all seinen Sünden. Ehre sei dem Vater und dem Sohn und dem Heiligen Geist, wie es war im Anfang so auch jetzt und alle Zeit und in Ewigkeit. Amen. Psalm [131] Herr, mein Herz ist nicht stolz, nicht hochmütig blicken meine Augen. Ich gehe nicht um mit Dingen, die mir zu wunderbar und zu hoch sind. Ich ließ meine Seele ruhig werden und still; wie ein kleines Kind bei der Mutter ist meine Seele still in mir. Israel, harre auf den Herrn von nun an bis in Ewigkeit! Ehre sei dem Vater und dem Sohn und dem Heiligen Geist, wie es war im Anfang so auch jetzt und alle Zeit und in Ewigkeit. Amen. Hymnus [wie zur Prim]. Kapitel Ich bin die Mutter der schönen Liebe, der Gottesfurcht und Herrlichkeit und jeder frommen Hoffnung. Dank sei Gott. Vers Bitte für uns, du heilige Gottesgebärerin, auf dass wir würdig werden der Verheißungen Christi! Antiphon Unter deinem Schutz. Gesang Simeons [Nunc dimittis: Lk 2, 29–32] Nun lässt du, Herr, deinen Knecht, wie du gesagt hast, in Frieden scheiden. Denn meine Augen haben das Heil gesehen, das du vor allen Völkern bereitet hast, ein Licht, das die Heiden erleuchtet, und Herrlichkeit für dein Volk Israel. Ehre sei dem Vater und dem Sohn und dem Heiligen Geist, wie es war im Anfang so auch jetzt und alle Zeit und in Ewigkeit. Amen. Antiphon Unter deinen Schutz flüchten wir uns, heilige Gottesgebärerin, verschmäh nicht unsere Bitten in unseren Nöten, sondern befreie uns immerdar aus allen Gefahren, du gebenedeite Jungfrau! Kyrie eleison! Christe eleison! Kyrie eleison. Herr erhöre mein Gebet und lass mein Rufen zu dir kommen. Gebet Die Fürbitte der seligen und glorreichen Jungfrau Maria, so bitten wir dich Herr, möge uns behüten und zum ewigen Leben führen. Amen. Antiphon zu allen Heiligen Ihr Heiligen Gottes alle, lasst euch herbei, für unser aller Heil zu bitten! Vers Freut euch im Herrn und frohlockt, ihr Gerechten, und rühmt euch, ihr alle, die geraden Herzens sind! Lasset uns beten. Gebet Erhöre uns, Gott unseres Heils, dass du uns beschützest auf die Fürbitten deiner Apostel Petrus und Paulus und der anderen Apostel hin, deren Lehren treu zu folgen du uns gewährt hast. [zwei Gebete wie bei den Laudes] Gruß an Maria [Salve Regina] Gegrüßet seist du, o Königin, Mutter der Barmherzigkeit, du unser Leben, unsere Süßigkeit, unsere Hoffnung, sei gegrüßt. Zu dir rufen wir, verwiesene Kinder Evas, zu dir seufzen wir, weinend und klagend in diesem Tale der Tränen. Wohlan, unsere Fürsprecherin, wende deine barmherzigen Augen zu uns, und nach diesem Elend zeige uns die Frucht deines Leibes. O milde, o gütige, o liebliche Maria. Vers Würdige mich, dich zu loben, geheiligte Jungfrau. Gib mir Kraft gegen deine Feinde. Lasset uns beten. Gebet Allmächtiger ewiger Gott, der du Körper und Geist der seligen und glorreichen Jungfrau und Mutter Maria für würdig befunden hast, zur Wohnung deines Sohnes zu werden, der du sie mit Heiligem Geist übergossen und so wunderbar bereitet hast, gib, dass wir uns der Erinnerung daran erfreuen und dass wir durch ihre fromme Vermittlung von allem gegenwärtigen Bösen und vom ewigen Tode erlöst werden. Durch denselben Christus, unseren Herrn. Amen. Die oben angeführten Psalmen mit Antiphonen, d. h. „Herr, unser Herrscher“, „Die Himmel rühmen die Herrlichkeit Gottes“, „Dem Herrn gehört die Erde“, werden sonntags, montags und donnerstags, die folgenden Psalmen dienstags und freitags gesprochen. Antiphon Mit deiner Hoheit. Psalm [45] Mein Herz fließt über von froher Kunde, ich weihe mein Lied dem König. Meine Zunge gleicht dem Griffel des flinken Schreibers. Du bist der Schönste von allen Menschen, Anmut ist ausgegossen über deine Lippen; darum hat Gott dich für immer gesegnet. Gürte, du Held, dein Schwert um die Hüfte, kleide dich in Hoheit und Herrlichkeit! Zieh aus mit Glück, kämpfe für Wahrheit und Recht! Furchtgebietende Taten soll dein rechter Arm dich lehren. Deine Pfeile sind scharf, dir unterliegen die Völker, die Feinde des Königs verlieren den Mut. Dein Thron, du Göttlicher, steht für immer und ewig; das Zepter deiner Herrschaft ist ein gerechtes Zepter. Du liebst das Recht und hasst das Unrecht, darum hat Gott, dein Gott, dich gesalbt mit dem Öl der Freude wie keinen deiner Gefährten. Von Myrrhe, Aloe und Kassia duften all deine Gewänder, aus Elfenbeinhallen erfreut dich Saitenspiel. Königstöchter gehen dir entgegen, die Braut steht dir zur Rechten im Schmuck von Ofirgold. Höre, Tochter, sieh her und neige dein Ohr, vergiss dein Volk und dein Vaterhaus! Der König verlangt nach deiner Schönheit; er ist ja dein Herr, verneig dich vor ihm! Die Töchter von Tyrus kommen mit Gaben, deine Gunst begehren die Edlen des Volkes. Die Königstochter ist herrlich geschmückt, ihr Gewand ist durchwirkt mit Gold und Perlen. Man geleitet sie in buntgestickten Kleidern zum König, Jungfrauen sind ihr Gefolge, ihre

Freundinnen führt man zu dir. Man geleitet sie mit Freude und Jubel, sie ziehen ein in den Palast des Königs. An die Stelle deiner Väter treten einst deine Söhne; du bestellst sie zu Fürsten im ganzen Land. Ich will deinen Namen rühmen von Geschlecht zu Geschlecht; darum werden die Völker dich preisen immer und ewig. Ehre sei dem Vater und dem Sohn und dem Heiligen Geist, wie es war im Anfang so auch jetzt und alle Zeit und in Ewigkeit. Amen. Antiphon Mit deiner Hoheit und Herrlichkeit zieh aus mit Glück und herrsche. Antiphon Helfen wird ihr. Psalm [46] Gott ist uns Zuflucht und Stärke, ein bewährter Helfer in allen Nöten. Darum fürchten wir uns nicht, wenn die Erde auch wankt, wenn Berge stürzen in die Tiefe des Meeres, wenn seine Wasserwogen tosen und schäumen und vor seinem Ungestüm die Berge erzittern. Die Wasser eines Stromes erquicken die Gottesstadt, des Höchsten heilige Wohnung. Gott ist in ihrer Mitte, darum wird sie niemals wanken; Gott hilft ihr, wenn der Morgen anbricht. Völker toben, Reiche wanken, es dröhnt sein Donner, da zerschmilzt die Erde. Der Herr der Heerscharen ist mit uns, der Gott Jakobs ist unsre Burg. Kommt und schaut die Taten des Herrn, der Furchtbares vollbringt auf der Erde. Er setzt den Kriegen ein Ende bis an die Grenzen der Erde; er zerbricht die Bogen, zerschlägt die Lanzen, im Feuer verbrennt er die Schilde. „Lasst ab und erkennt, dass ich Gott bin, erhaben über die Völker, erhaben auf Erden." Der Herr der Heerscharen ist mit uns, der Gott Jakobs ist unsre Burg. Ehre sei dem Vater und dem Sohn und dem Heiligen Geist, wie es war im Anfang so auch jetzt und alle Zeit und in Ewigkeit. Amen. Antiphon Helfen wird ihr Gott mit seinem Angesicht, Gott ist mitten in ihr und sie wird nicht wanken. Antiphon So singt. Psalm [87] Der Herr liebt (Zion), seine Gründung auf heiligen Bergen; mehr als all seine Stätten in Jakob liebt er die Tore Zions. Herrliches sagt man von dir, du Stadt unseres Gottes. Leute aus Ägypten und Babel zähle ich zu denen, die mich kennen; auch von Leuten aus dem Philisterland, aus Tyrus und Kusch sagt man: Er ist dort geboren. Doch von Zion wird man sagen: Jeder ist dort geboren. Er, der Höchste, hat Zion gegründet. Der Herr schreibt, wenn er die Völker verzeichnet: Er ist dort geboren. So singt und tanzt, wer immer in dir wohnt. Ehre sei dem Vater und dem Sohn und dem Heiligen Geist, wie es war im Anfang so auch jetzt und alle Zeit und in Ewigkeit. Amen. Antiphon So singt und tanzt, wer immer in dir wohnt, heilige Gottesgebärerin. Vers Heilige Gottesgebärerin und Jungfrau Maria, steh für uns ein beim Herrn Jesus Christus! Die folgenden Psalmen werden mittwochs und samstags gesprochen. Antiphon Freu dich. Psalm [96] Singet dem Herrn ein neues Lied, singt dem Herrn, alle Länder der Erde! Singt dem Herrn und preist seinen Namen, verkündet sein Heil von Tag zu Tag! Erzählt bei den Völkern von seiner Herrlichkeit, bei allen Nationen von seinen Wundern! Denn groß ist der Herr und hoch zu preisen, mehr zu fürchten als alle Götter. Alle Götter der Heiden sind nichtig, der Herr aber hat den Himmel geschaffen. Hoheit und Pracht sind vor seinem Angesicht, Macht und Glanz in seinem Heiligtum. Bringt dar dem Herrn, ihr Stämme der Völker, bringt dar dem Herrn Lob und Ehre! Bringt dar dem Herrn die Ehre seines Namens, spendet Opfergaben, und tretet ein in sein Heiligtum! In heiligem Schmuck werft euch nieder vor dem Herrn, erbebt vor ihm, alle Länder der Erde! Verkündet bei den Völkern: Der Herr ist König. Den Erdkreis hat er gegründet, so dass er nicht wankt. Er richtet die Nationen so, wie es recht ist. Der Himmel freue sich, die Erde frohlocke, es brause das Meer und alles, was es erfüllt. Es jauchze die Flur und was auf ihr wächst. Jubeln sollen alle Bäume des Waldes vor dem Herrn, wenn er kommt, wenn er kommt, um die Erde zu richten. Er richtet den Erdkreis gerecht und die Nationen nach seiner Treue. Ehre sei dem Vater und dem Sohn und dem Heiligen Geist, wie es war im Anfang so auch jetzt und alle Zeit und in Ewigkeit. Amen. Antiphon Freu dich, Jungfrau, allen Irrtum auf der ganzen Welt hast du besiegt. Antiphon Würdige mich. Psalm [97] Der Herr ist König. Die Erde frohlocke. Freuen sollen sich die vielen Inseln. Rings um ihn her sind Wolken und Dunkel, Gerechtigkeit und Recht sind die Stützen seines Throns. Verzehrendes Feuer läuft vor ihm her und frisst seine Gegner ringsum. Seine Blitze erhellen den Erdkreis; die Erde sieht es und bebt. Berge schmelzen wie Wachs vor dem Herrn, vor dem Antlitz des Herrschers aller Welt. Seine Gerechtigkeit verkünden die Himmel, seine Herrlichkeit schauen alle Völker. Alle, die Bildern dienen, werden zuschanden, alle, die sich der Götzen rühmen. Vor ihm werfen sich alle Götter nieder. Zion hört es und freut sich, Judas Töchter jubeln, Herr, über deine Gerichte. Denn du, Herr, bist der Höchste über der ganzen Erde, hoch erhaben über alle Götter. Ihr, die ihr den Herrn liebt, hasst das Böse! Er behütet das Leben seiner Frommen, er entreißt sie der Hand der Frevler. Ein Licht erstrahlt den Gerechten und Freude den Menschen mit redlichem Herzen. Ihr Gerechten, freut euch am Herrn, und lobt seinen heiligen Namen! Ehre sei dem Vater und dem Sohn und dem Heiligen Geist, wie es war im Anfang so auch jetzt und alle Zeit und in Ewigkeit. Amen. Antiphon Würdige mich, dass ich dich loben darf, du heilige Jungfrau! Gib mir Kraft gegen deine Feinde. Antiphon Nach der Geburt. Psalm [98] Singet dem Herrn ein neues Lied; denn er hat wunderbare Taten vollbracht. Er hat mit seiner Rechten geholfen und mit seinem heiligen Arm. Der Herr hat sein Heil bekannt gemacht und sein gerechtes Wirken enthüllt vor den Augen der Völker. Er dachte an seine Huld und an seine Treue zum Hause Israel. Alle Enden der Erde sahen das Heil unsres Gottes. Jauchzt vor dem Herrn, alle Länder der Erde, freut euch, jubelt und singt! Spielt dem Herrn auf der Harfe, auf der Harfe zu lautem Gesang! Zum Schall der Trompeten und Hörner jauchzt vor dem Herrn, dem König! Es brause das Meer und alles, was es erfüllt, der Erdkreis und seine Bewohner. In die Hände klatschen sollen die Ströme, die Berge sollen jubeln im Chor vor dem Herrn, wenn er kommt, um die Erde zu richten. Er richtet den Erdkreis gerecht, die Nationen so, wie es recht ist. Ehre sei dem Vater und dem Sohn und dem Heiligen Geist, wie es war im Anfang so auch jetzt und alle Zeit und in Ewigkeit. Amen. Antiphon Nach der Geburt, o Jungfrau, bliebst du unversehrt. O Gottesgebärerin, sei unsere Mittlerin! Anstatt „Nach der Geburt" wird im Advent diese Antiphon gesprochen Der Engel des Herrn überbrachte Maria die Nachricht und sie empfing durch den Heiligen Geist. Vers Gott stand ihr bei nach seinem Willen. In ihrer Mitte wurde er nicht erzürnt. Vater unser im Himmel, geheiligt werde dein Name; dein Reich komme; dein Wille geschehe, wie im Himmel, so auf Erden. Unser tägliches Brot gib uns heute, und vergib uns unsere Schuld, wie auch wir vergeben unseren Schuldigern; und führe uns nicht in Versuchung, sondern erlöse uns von dem Bösen. Amen.

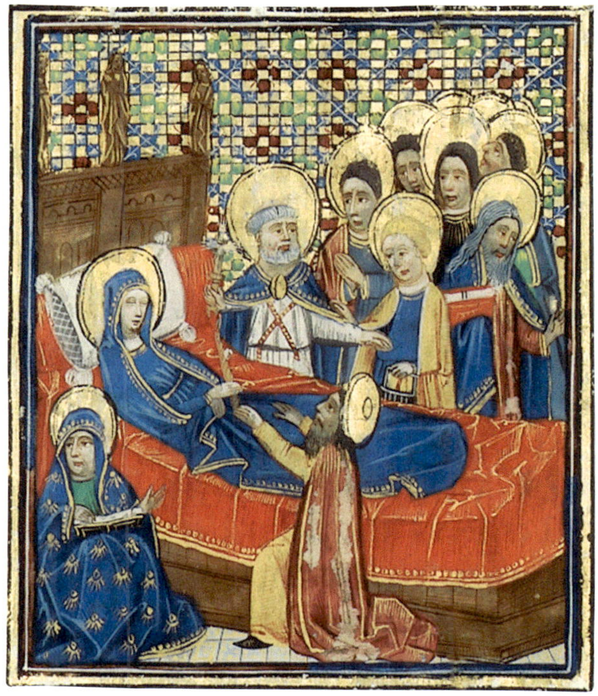

Stundenbuch nach römischem Brauch
Marienoffizium im Advent

18 118r Miniatur zu Beginn des Marienoffiziums im Advent: Tod Mariens

Hier beginnt das Stundengebet zur seligen Jungfrau Maria, das im ganzen Advent gesprochen wird. Vesper

Gott, komm herbei, um mich zu retten! Herr, eile mir zu Hilfe! Ehre sei dem Vater und dem Sohn und dem Heiligen Geist, wie es war im Anfang so auch jetzt und alle Zeit und in Ewigkeit. Amen. [Psalmen, Hymnus und Canticum wie beim großen Marienoffizium]. Antiphon Gesandt wurde. Psalm [110]. Antiphon Gesandt wurde der Engel Gabriel zur Jungfrau Maria, die mit Josef verlobt war. Antiphon Gegrüßet seist du Maria. Psalm [113]. Antiphon Gegrüßet seist du Maria, voll der Gnade, der Herr ist mit dir. Du bist gebenedeit unter den Frauen. Alleluja. Antiphon Fürchte dich nicht. Psalm [122]. Antiphon Fürchte dich nicht, Maria, du hast Gnade gefunden vor dem Herrn. Siehe, du wirst einen Sohn empfangen und gebären. Alleluja. Antiphon Geben wird ihm. Psalm [127]. Antiphon Geben wird ihm Gott, der Herr, den Thron seines Vaters David und er wird im Hause Jakobs herrschen in Ewigkeit. Antiphon Siehe, ich bin die Magd. Psalm [147]. Antiphon Siehe, ich bin die Magd des Herrn. Mir geschehe nach deinem Worte. Kapitel Ein Spross wird aus der Wurzel Jesse hervorgehen, eine Blume aus einer Wurzel emporblühen, und über ihm wird der Geist des Herrn ruhen. Dank sei Gott. Hymnus. Vers Anmut ist ausgegossen auf deine Lippen. Darum segnete dich Gott in Ewigkeit. Antiphon Heiliger Geist. Magnificat [Lk 1, 46–55]. Antiphon Heiliger Geist wird

Stundenbuch nach römischem Brauch
Marienoffizium im Advent

über dich herabsteigen, o Maria. Fürchte dich nicht, denn du wirst den Sohn Gottes in deinem Leibe tragen. Alleluja. Kyrie eleison! Christe eleison! Kyrie eleison! Herr erhöre mein Gebet und lass mein Rufen zu dir kommen. Lasset uns beten. Gebet Gott, der du wolltest, dass auf die Botschaft deines Engels hin dein Wort aus dem Leib der seligen Jungfrau Maria Fleisch annehme, gewähre uns, die zu dir flehen, dass wir, die fest daran glauben, dass Maria Gott geboren hat, die Hilfe ihrer Fürbitte bei dir erfahren. Durch denselben Christus, unseren Herrn. Amen. Antiphon zu allen Heiligen Siehe, der Herr wird kommen und alle seine Heiligen mit ihm und an jenem Tag wird ein helles Licht leuchten. Alleluja. Vers Siehe, der Herr wird erscheinen über einer weißen Wolke und mit ihm unzählige Heilige. Lasset uns beten. Gebet Wir bitten dich, o Herr, suche unsere Gewissen heim und reinige sie, damit unser Herr Jesus Christus, dein Sohn, wenn er mit allen Heiligen kommt, in uns eine wohlbereitete Wohnstätte finde. Der lebt und herrscht von Ewigkeit zu Ewigkeit. Amen. Diese beiden Gebete mit dem Gedächtnisgebet [Mitfeier eines anderen Festes] werden zu allen Gebetsstunden während des Adventes gesprochen. Komplet [Antiphonen, Psalmen, Hymnus und Canticum wie beim großen Marienoffizium]. Kapitel Siehe, eine Jungfrau wird empfangen und einen Sohn gebären, Emanuel ist sein Name. Butter und Honig wird er genießen, wenn er das Böse verschmähen, das Gute zu erwählen lernt. Dank sei Gott. Vers Der Engel des Herrn brachte Maria die Botschaft und sie empfing vom Heiligen Geiste. Antiphon Heiliger Geist [wie zum Magnificat der Vesper]. Nunc dimittis [Lk 2, 29–32]. Gebete und Gedächtnisgebete wie zur Vesper. Matutin [Invitatorium], Antiphonen, Psalmen, [Hymnus, Canticum] und Verse wie im anderen Offizium mit Freisprechungen und Benediktionen. Erste Lesung [Lk 1, 26–28] Der Engel Gabriel wurde von Gott in eine Stadt in Galiläa namens Nazaret zu einer Jungfrau gesandt. Sie war mit einem Mann namens Josef verlobt, der aus dem Haus David stammte. Der Name der Jungfrau war Maria. Der Engel trat bei ihr ein und sagte: Sei gegrüßt, du Begnadete, der Herr ist mit dir. Du bist gebenedeit unter den Frauen. Du, Herr, erbarm dich unser. Dank sei Gott. Antwort Der Engel Gabriel wurde zur Jungfrau gesandt, die verlobt war mit Josef, und der Engel sprach sein Botenwort. Da erschrak die Jungfrau vor dem Lichte. Fürchte dich nicht, Maria; denn du hast bei Gott Gnade gefunden. Du wirst ein Kind empfangen, einen Sohn wirst du gebären. Er wird groß sein und Sohn des Höchsten genannt werden. Vers Gott, der Herr, wird ihm den Thron seines Vaters David geben. Er wird über das Haus Jakob in Ewigkeit herrschen. Siehe, du wirst empfangen. Zweite Lesung [Lk 1, 29–33] Sie erschrak über die Anrede und überlegte, was dieser Gruß zu bedeuten habe. Da sagte der Engel zu ihr: Fürchte dich nicht, Maria; denn du hast bei Gott Gnade gefunden. Du wirst ein Kind empfangen, einen Sohn wirst du gebären: dem sollst du den Namen Jesus geben. Er wird groß sein und Sohn des Höchsten genannt werden. Gott, der Herr, wird ihm den Thron seines Vaters David geben. Er wird über das Haus Jakob in Ewigkeit herrschen, und seine Herrschaft wird kein Ende haben. Du, Herr, erbarm dich unser. Dank sei Gott. Antwort Gegrüßet seist du, Maria, voll der Gnade. Der Herr ist mit dir. Der Heilige Geist wird über dich kommen, und die Kraft des Höchsten wird dich überschatten. Deshalb wird auch das Kind heilig und Sohn Gottes genannt werden. Vers Wie soll das geschehen, da ich keinen Mann erkenne? Der Engel antwortete ihr Der Heilige Geist wird über dich kommen, und die Kraft des Höchsten wird dich überschatten. Deshalb wird auch das Kind heilig und Sohn Gottes genannt werden. Dritte Lesung [Lk 1, 34–38] Maria sagte zu dem Engel: Wie soll das geschehen, da ich keinen Mann erkenne? Der Engel antwortete ihr: Der Heilige Geist wird über dich kommen, und die Kraft des Höchsten wird dich überschatten. Deshalb wird auch das Kind heilig und Sohn Gottes genannt werden. Auch Elisabet, deine Verwandte, hat noch in ihrem Alter einen Sohn empfangen; obwohl sie als unfruchtbar galt, ist sie jetzt schon im sechsten Monat. Denn für Gott ist nichts unmöglich. Da sagte Maria: Ich bin die Magd des Herrn; mir geschehe, wie du es gesagt hast. Du, Herr, erbarm dich unser. Dank sei Gott. Antwort Nimm an das Wort, du Jungfrau Maria, das dir vom Herrn durch den Engel überbracht wurde! Du wirst empfangen und gebären den Gott und den Menschen, damit man dich selig preisen kann unter allen Frauen. Vers Du wirst zwar einen Sohn gebären, doch keinen Schaden leiden an deiner Jungfräulichkeit. Du wirst schwanger werden und doch auf immer eine unberührte Mutter bleiben, damit man dich selig preisen kann unter allen Frauen. Ehre sei dem Vater und dem Sohn und dem Heiligen Geist, wie es war im Anfang so auch jetzt und alle Zeit und in Ewigkeit. Amen. Laudes

[Psalmen, Hymnus und Cantica wie beim großen Marienoffizium. Antiphonen, Kapitel, Verse und Gebete wie bei der Vesper des Adventsoffiziums.] Die Hymnen, Verse und Psalmen aller Gebetsstunden werden bis zur Weihnachtvigil [wie vor dem Advent] gesprochen. Prim. Antiphon Der Engel Gabriel wurde gesandt zur Jungfrau Maria, die mit Joseph verlobt war. Kapitel Siehe, eine Jungfrau wird empfangen und einen Sohn gebären, Emanuel ist sein Name. Butter und Honig wird er genießen, wenn er das Böse verschmähen, das Gute zu erwählen lernt. Dank sei Gott. Terz. Antiphon Gegrüßet seist du Maria, voll der Gnade. Der Herr ist mit dir. Du bist gebenedeit unter den Frauen. Kapitel Ein Spross wird aus der Wurzel Jesse hervorgehen, eine Blume aus einer Wurzel emporblühen, und über ihm wird der Geist des Herrn ruhen. Dank sei Gott. Sext. Antiphon Fürchte dich nicht, Maria, du hast Gnade gefunden vor dem Herrn. Siehe, du wirst einen Sohn empfangen und gebären. Kapitel Geben wird ihm Gott, der Herr, den Thron seines Vaters David, und er wird im Hause Jakobs herrschen in Ewigkeit. Dank sei Gott. Non. Antiphon Siehe, ich bin die Magd des Herrn. Mir geschehe nach deinem Worte. Kapitel Siehe, eine Jungfrau wird empfangen und einen Sohn gebären, Emanuel ist sein Name. Butter und Honig wird er genießen, wenn er das Böse verschmähen, das Gute zu erwählen lernt. Dank sei Gott. Vers Der Engel des Herrn überbrachte Maria die Nachricht und sie empfing durch den Heiligen Geist. Gebete und Gedächtnisgebete wie oben. Achte darauf, dass von der Weihnachtsoktav bis zum Fest Mariae Lichtmess das Offizium gebetet wird wie [vom Fest Mariae Lichtmess bis Ostern und] von der Pfingstoktav bis zum Advent mit der Ausnahme, dass zu allen Gebetsstunden das erste Gebet so lautet Gott, der du dem Menschengeschlecht durch die fruchtbare Jungfräulichkeit den Lohn ewigen Heiles gewährt hast, gib, so bitten wir, dass wir die Fürbitte der Jungfrau spüren, durch die wir es verdient haben, den Schöpfer des Lebens bei uns aufzunehmen, Christus, unseren Herren. Amen. Ebenso werden zu Vesper, Laudes und allen Gebetsstunden nachfolgende Antiphonen gesprochen O wunderbare Himmelsgabe! Der Schöpfer des Menschengeschlechtes nahm menschlichen Leib an, ließ sich dazu herab, von einer Jungfrau geboren zu werden. Er ging aus ihr als Mensch hervor ohne menschlichen Vater und gab uns dafür seine Gottheit. Psalm [93] [Dieser, wie auch die übrigen Psalmen und Cantica, wie zu den Laudes des großen Marienoffiziums] Als du in unaussprechlicher Weise aus der Jungfrau geboren wurdest, da haben sich die Schriften erfüllt: wie Tau auf das Fell bist du herabgestiegen, um dem Menschengeschlecht Rettung zu bringen. Wir preisen dich, unser Gott! Psalm [100] Im verbrannten Dornbusch, den Moses sah, erkennen wir deine lobwürdige Jungfräulichkeit, o Gottesgebärerin. Sei du unsere Mittlerin! Psalm [63 / 67] Ein Spross wuchs auf aus der Wurzel Jesse, ein Stern ging auf aus Jakob. Die Jungfrau gebar den Erlöser. Wir preisen dich, unser Gott! Canticum [Dan 3, 56–88] Sieh, Maria gebar uns den Erlöser, dem Johannes, als er ihn sah, zurief: Siehe das Lamm Gottes, siehe, wie es hinwegnimmt die Sünden der Welt! Alleluja. Psalm [148–150] Ein wunderbares Geheimnis wird uns heute vorgestellt. Die Naturen werden erneuert: Gott wurde Mensch und blieb doch, was er immer war, nahm an, was er nicht war, ohne eine Vermischung oder eine Zerteilung erleiden zu müssen. Canticum [Lk 1, 68–79]. Zum Magnificat und Nunc dimittis folgende Antiphon O großes Geheimnis göttlicher Erbschaft: Zum Tempel des Herrn wurde der Leib der Jungfrau, die nichts wusste vom Mann. Der aus diesem Leibe Fleisch annahm, wurde nicht befleckt, und alle Völker werden kommen und singen: Ehre sei dir, o Herr. Von der Osteroktav bis Christi Himmelfahrt halte das Marienoffizium wie vor dem Advent mit der Ausnahme, dass zum Magnificat, Nunc dimittis und zum Gesang des Zacharias [Lk 1, 68–79] folgende Antiphon gesprochen wird Freu dich, du Himmelskönigin. Alleluja. Der, den du würdig warst, zu tragen, alleluja, ist auferstanden, wie gesagt. Alleluja. Bitt Gott für uns. Alleluja. Alleluja.

Stundenbuch nach römischem Brauch
Marienoffizium im Advent

Stundenbuch nach römischem Brauch
Mariengebet

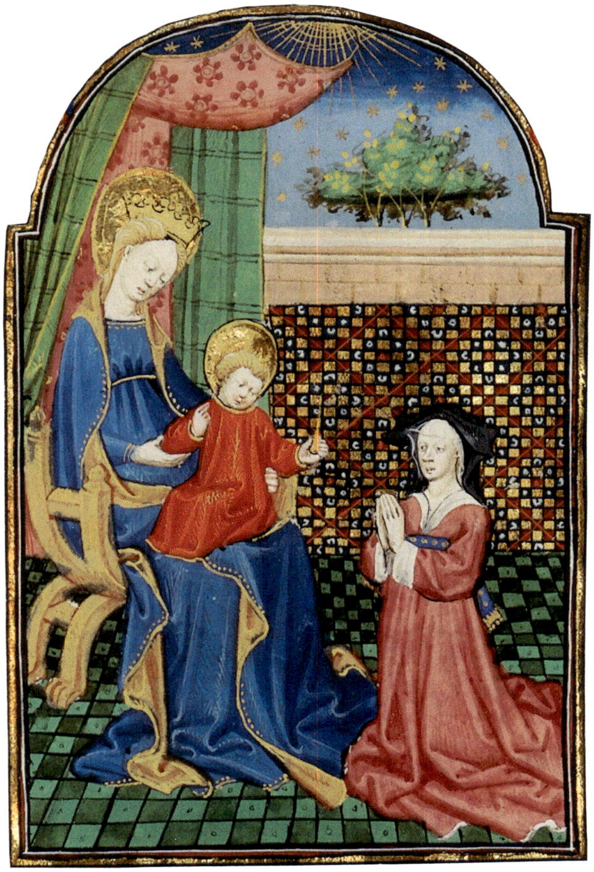

10 161r Miniatur zu Beginn der Fünfzehn Freuden Mariens, hier zu Beginn der Mariengebete: Eine Stifterin betet vor der thronenden Maria mit Kind.

Inniges Gebet an Maria

Ich beschwöre dich, Herrin, heilige Maria, Mutter Gottes, voll aller Güte, Tochter des höchsten Königs, glorreiche Mutter, Mutter der Waisen, Trost der Verzweifelten, Weg für die Irrenden, Heil und Hoffnung aller, die auf dich hoffen, Jungfrau vor der Geburt, Jungfrau in der Geburt, Jungfrau nach der Geburt, Quelle des Mitleids, Quelle des Heils und der Gnade, Quelle der Gottinnigkeit und Freude, Quelle des Trostes und der Verzeihung: bei jener heiligen und unaussprechlichen Freude, in der dein Geist aufjubelte in jener Stunde, als dir durch den Erzengel Gabriel Gottes Sohn angekündigt wurde und du ihn empfangen hast; und durch jenes göttliche Geheimnis, das in jener Stunde der Heilige Geist in dir bewirkt hat, und durch jene heilige, unaussprechliche Gnade, Güte, Barmherzigkeit, Liebe und Demut, die deinen Sohn bewogen haben, herabzusteigen und menschliches Fleisch anzunehmen in deinem hochverehrten Leibe; bei jener zarten Rücksicht, die er zeigte, als er dich dem Apostel und Evangelisten Johannes anvertraute, und als er dich erhöhte über alle Chöre der Engel; und bei jener heiligen und unaussprechlichen Demut, in der du dem Erzengel Gabriel die Antwort gabst: Siehe ich bin eine Magd des Herrn, mir geschehe nach deinem Worte; und bei den glorreichen fünfzehn Freuden, die du an deinem Sohn erleben durftest, unserem Herrn Jesus Christus; und bei jenem heiligen, allerschmerzlichsten Mitleiden und dem bittersten Schmerz im Herzen, den du empfunden hast, als du deinen Sohn, unseren Herrn Jesus Christus, vor dem Kreuz entblößt und am Kreuze erhöht sehen musstest, wie er hilflos am Kreuze hing, voll von Wunden, wie du hören musstest, dass er in seinem Durste um einen Trunk Galle bat, wie du Zeugin seines Todes wurdest; und bei den fünf Wunden deines Sohnes, bei seinem schmerzhaften Krampf wegen der unmäßigen Qual seiner Wunden; und beim Schmerze, den du littest, als du zusehen musstest, wie er gemartert wurde; und beim Fließen seines Blutes und bei allen seinen Leiden und bei all deinem Herzensleid und dem Quell deiner Tränen: durch all das beschwöre ich dich, dass du mit allen Heiligen und Auserwählten Gottes mir zu Hilfe eilest und mir Ratgeberin seiest in all meinem

Bitten und Beten und all meinen Nöten und Ängsten und in allen Dingen, die ich tun soll, über die ich reden oder nachdenken soll, in allen Tagen und Nächten, Stunden und Augenblicken meines Lebens. Und mir, deinem Diener (deiner Dienerin), erbitte von deinem geliebten Sohn mein volles Heil, mit aller Barmherzigkeit und Tröstung, allem guten Rat, aller Hilfe, allem Segen und aller Heiligung, aller Sicherheit und allem Frieden und Wohlstand, aller Freude und Heiterkeit, dazu noch Überfluss an Gütern für Seele und Leib, und auch die Gnade des Heiligen Geistes; er soll mein ganzes Tun ordnen, meine Seele behüten, meinen Leib leiten, den Geist aufrichten, meine Sitten zähmen, mich zu rechtem Handeln führen, mich das Rechte wünschen und ersehnen lassen, mir heilige Gedanken eingeben, das Böse in meiner Vergangenheit verzeihen, in der Gegenwart bessern, in der Zukunft verhüten. Er verleihe mir ein Leben in Anstand und Ehre, Sieg über alle Anfeindungen dieser Welt und über alle meine Feinde gegen Seele und Leib. Und er verleihe mir Glauben, Hoffnung, Liebe, Keuschheit, Demut und Geduld. Die fünf Sinne meines Leibes möge er leiten und beschützen. Er lasse mich die sieben Werke der Barmherzigkeit vollbringen, die zwölf Glaubensartikel und die zehn Gebote des Gesetzes festhalten und glauben. Und vor den sieben Hauptsünden möge er mich schützen und befreien bis zum Ende meines Lebens. Und in den letzten Tagen meines Lebens zeige mir dein Antlitz und lass mich Tag und Stunde meines Hinscheidens und meines Todes wissen. Und nimm an dieses flehentliche Bittgebet und erhöre es und verleihe mir ewiges Leben! Höre und erhöre mich, süßeste Jungfrau Maria, Mutter Gottes und der Barmherzigkeit. Amen. Ein anderes Gebet zur Jungfrau Maria O unberührte, in Ewigkeit gesegnete, einzigartige und unvergleichliche Jungfrau und Gottesgebärerin Maria, Gottes wohlgefälligster Tempel, Heiligtum des Heiligen Geistes, Pforte des Himmelreiches, durch die nach Gott der ganze Erdkreis eintreten soll! Neige, o Mutter der Barmherzigkeit, in Güte deine Ohren meinen unwürdigen Bitten! Sei mir armseligem Sünder (armseligen Sünderin) Helferin bei allem! O seligster Johannes, vertrauter Freund Christi, der du von demselben Jesus Christus, unserem Herrn, als Jungfrau auserwählt und mehr geliebt warst als alle anderen, in die Geheimnisse des Himmels eingeweiht weit über alle anderen, zu seinem Apostel und hoch berühmten Evangelisten berufen! Auch dich rufe ich an mit Maria, der Mutter des Erlösers, dass du dich herablassen mögest, gemeinsam mit ihr mir Hilfe zu leisten. O ihr beiden Himmelsknospen Maria und Johannes! O ihr beiden Lichter, von Gott und vor Gott entzündet, verscheucht mit euren Strahlen das Gewölk meiner Frevel! Denn ihr seid jene zwei, in denen Gott Vater durch seinen Sohn sich eine wohlgefällige Wohnung bereitet hat, und in denen der Sohn Gottes selbst als Lohn für die unbefleckte Jungfräulichkeit das Privilegium seiner Liebe bekräftigt hat, indem er zu der einen sprach: Weib, siehe deinen Sohn! Und dann zu dem anderen: Siehe, deine Mutter! In dieser Süßigkeit heiligster Liebe also, in der ihr beiden damals durch den Mund des Herrn als Mutter und Sohn miteinander verbunden wurdet, befehle ich armseliger Sünder (armselige Sünderin) heute mein Herz und meine Seele, dass ihr euch herablasset zu allen Stunden und Augenblicken, für mich innerlich und äußerlich starke Hüter und gütige Fürsprecher bei Gott zu sein. Denn fest und ohne Zweifel glaube und bekenne ich, dass euer Wollen Gottes Wollen ist und euer Nichtwollen Gottes Nichtwollen, und dass ihr daher, was immer ihr von ihm erbittet, unverweilt erlangt. Durch diese so machtvolle Kraft eurer Würde also, so bitte ich, fordert für mich elenden Sünder (elende Sünderin) Heil für Leib und Seele. Wirket, so bitte ich, wirket mit euren heiligen Bitten, dass der Heilige Geist mein Herz heimsuchen und darin wohnen möge, der beste Spender aller Gnaden, der mich von allem Schmutz der Sünden reinigen und mit heiligen Tugenden ausstatten und ausschmücken soll und in der Liebe zu Gott und dem Nächsten mich feststehen und ausharren lasse. Und der mich nach diesem Lebenslauf zur Freude seiner Auserwählten führen möge, er, der allergütigste Tröster. Der mit dem Vater und dem Sohn in gleicher Ewigkeit und in gleichem Wesen mit ihnen und in ihnen lebt und herrscht, allmächtiger Gott in alle Ewigkeit. Amen.

Stundenbuch nach römischem Brauch
Mariengebet

Stundenbuch nach römischem Brauch
Bußpsalmen

5 85r Miniatur zu Beginn der Bußpsalmen: Der büßende König David

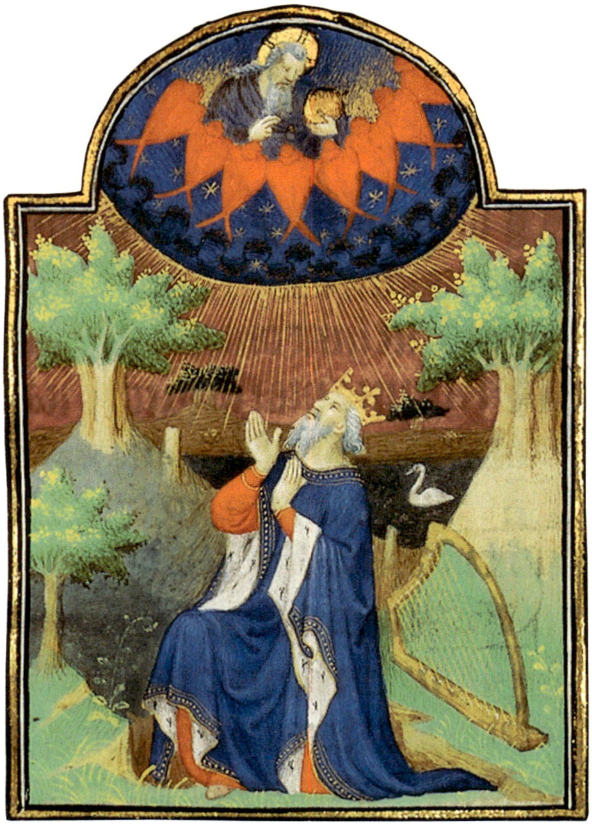

Hier beginnen die sieben Bußpsalmen. Psalm [6]

Herr, strafe mich nicht in deinem Zorn, und züchtige mich nicht in deinem Grimm! Sei mir gnädig, Herr, ich sieche dahin; heile mich, Herr, denn meine Glieder zerfallen! Meine Seele ist tief verstört. Du aber, Herr, wie lange säumst du noch? Herr, wende dich mir zu und errette mich, in deiner Huld bring mir Hilfe! Denn bei den Toten denkt niemand mehr an dich. Wer wird dich in der Unterwelt noch preisen? Ich bin erschöpft vom Seufzen, jede Nacht benetzen Ströme von Tränen mein Bett, ich überschwemme mein Lager mit Tränen. Mein Auge ist getrübt vor Kummer, ich bin gealtert wegen all meiner Gegner. Weicht zurück von mir, all ihr Frevler; denn der Herr hat mein lautes Weinen gehört. Gehört hat der Herr mein Flehen, der Herr nimmt mein Beten an. In Schmach und Verstörung geraten all meine Feinde, sie müssen weichen und gehen plötzlich zugrunde. Ehre sei dem Vater und dem Sohn und dem Heiligen Geist, wie es war im Anfang so auch jetzt und alle Zeit und in Ewigkeit. Amen. Psalm [32] Wohl dem, dessen Frevel vergeben und dessen Sünde bedeckt ist. Wohl dem Menschen, dem der Herr die Schuld nicht zur Last legt und dessen Herz keine Falschheit kennt. Solang' ich es verschwieg, waren meine Glieder matt, den ganzen Tag musste ich stöhnen. Denn deine Hand lag schwer auf mir bei Tag und bei Nacht; meine Lebenskraft war verdorrt wie durch die Glut des Sommers. Da bekannte ich dir meine Sünde und verbarg nicht länger meine Schuld vor dir. Ich sagte: Ich will dem Herrn meine Frevel bekennen. Und du hast mir die Schuld vergeben. Darum soll jeder Fromme in der Not zu dir beten; fluten hohe Wasser heran, ihn werden sie nicht erreichen. Du bist mein Schutz, bewahrst mich vor Not; du rettest mich und hüllst mich in Jubel. „Ich unterweise dich und zeige dir den Weg, den du gehen sollst. Ich will dir raten; über dir wacht mein Auge." Werdet nicht wie Ross und Maultier, die ohne Verstand sind. Mit Zaum und Zügel muss man ihr Ungestüm bändigen, sonst folgen sie dir nicht. Der Frevler leidet viele Schmerzen, doch wer dem Herrn vertraut, den wird er mit seiner Huld umgeben. Freut euch am Herrn und jauchzt, ihr Gerechten, jubelt alle, ihr Menschen mit redlichem Herzen! Ehre sei dem Vater und dem Sohn und dem Heiligen Geist, wie es war im Anfang so auch jetzt und alle Zeit und in Ewigkeit. Amen. Psalm [38] Herr, strafe mich nicht in deinem Zorn, und züchtige mich nicht in deinem Grimm! Denn deine Pfeile haben mich getroffen, deine Hand lastet schwer auf mir. Nichts blieb gesund an meinem Leib, weil du mir grollst, weil ich gesündigt, blieb an meinen Gliedern nichts heil. Denn meine Sünden schlagen mir über dem Kopf zusammen, sie erdrücken mich wie eine schwere Last. Mir schwären, mir eitern die Wunden wegen meiner Torheit. Ich bin gekrümmt und tief gebeugt, den ganzen Tag geh' ich traurig einher. Denn meine Lenden sind voller Brand, nichts blieb gesund an meinem Leib. Kraftlos bin ich und ganz zerschlagen, ich schreie in der Qual meines Herzens. All mein Sehnen, Herr, liegt offen vor dir, mein Seufzen ist dir nicht verborgen. Mein Herz pocht heftig, mich hat die Kraft verlassen, geschwunden ist mir das Licht der Augen. Freunde und Gefährten bleiben mir fern in meinem Unglück, und meine Nächsten meiden mich. Die mir nach dem Leben trachten, legen mir Schlingen; die mein Unheil suchen, planen Verderben, den ganzen Tag haben sie Arglist im Sinn. Ich bin wie ein Tauber, der nicht hört, wie ein Stummer, der den Mund nicht auftut. Ich bin wie einer, der nicht mehr hören kann, aus dessen Mund keine Entgegnung kommt. Doch auf dich, Herr, harre ich; du wirst mich erhören, Herr, mein Gott. Denn ich sage: Über mich sollen die sich nicht freuen, die gegen mich prahlen, wenn meine Füße straucheln. Ich bin dem Fallen nahe, mein Leid steht mir immer vor Augen. Ja, ich bekenne meine Schuld, ich bin wegen meiner Sünde in Angst. Die mich ohne Grund befehden, sind stark; viele hassen mich wegen nichts. Sie vergelten mir Gutes mit Bösem, sie sind mir feind; denn ich trachte nach dem Guten. Herr, verlass mich nicht, bleib mir nicht fern, mein Gott! Eile mir zu Hilfe, Herr, du mein Heil! Ehre sei dem Vater und dem Sohn und dem Heiligen Geist, wie es war im Anfang so auch jetzt und alle Zeit und in Ewigkeit. Amen. Psalm [51] Gott, sei mir gnädig nach deiner Huld, tilge meine Frevel nach deinem reichen Erbarmen! Wasch meine Schuld von mir ab, und mach mich rein von meiner Sünde! Denn ich erkenne meine bösen Taten, meine Sünde steht mir immer vor Augen. Gegen dich allein habe ich gesündigt, ich habe getan, was dir missfällt. So behältst du recht mit deinem Urteil, rein stehst du da als Richter. Denn ich bin in Schuld geboren; in Sünde hat mich meine Mutter empfangen. Lauterer Sinn im Verborgenen gefällt dir, im Geheimen lehrst du mich Weisheit. Entsündige mich mit Ysop, dann werde ich rein; wasche mich, dann werde ich weißer als Schnee. Sättige mich mit Entzücken und Freude! Jubeln sollen die Glieder, die du zerschlagen hast. Verbirg dein Gesicht vor meinen Sünden, tilge all meine Frevel! Erschaffe mir, Gott, ein reines Herz, und gib mir einen neuen, beständigen Geist! Verwirf mich nicht von deinem Angesicht, und nimm deinen heiligen Geist nicht von mir! Mach mich wieder froh mit deinem Heil; mit einem willigen Geist rüste mich aus! Dann lehre ich Abtrünnige deine Wege, und die Sünder kehren um zu dir. Befrei mich von Blutschuld, Herr, du Gott meines Heiles, dann wird meine Zunge jubeln über deine Gerechtigkeit. Herr, öffne mir die Lippen, und mein Mund wird deinen Ruhm verkünden. Schlachtopfer willst du nicht, ich würde sie dir geben; an Brandopfern hast du kein Gefallen. Das Opfer, das Gott gefällt, ist ein zerknirschter Geist, ein zerbrochenes und zerschlagenes Herz wirst du, Gott, nicht verschmähen. In deiner Huld tu Gutes an Zion; bau die Mauern Jerusalems wieder auf! Dann hast du Freude an rechten Opfern, an Brandopfern und Ganzopfern, dann opfert man Stiere auf deinem Altar. Ehre sei dem Vater und dem Sohn und dem Heiligen Geist, wie es war im Anfang so auch jetzt und alle Zeit und in Ewigkeit. Amen. Psalm [102] Herr, höre mein Gebet! Mein Rufen dringe zu dir. Verbirg dein Antlitz nicht vor mir! Wenn ich in Not bin, wende dein Ohr mir zu! Wenn ich dich anrufe, erhöre mich bald! Meine Tage sind wie Rauch geschwunden, meine Glieder wie von Feuer verbrannt. Versengt wie Gras und verdorrt ist mein Herz, so dass ich vergessen habe, mein Brot zu essen. Vor lauter Stöhnen und Schreien bin ich nur noch Haut und Knochen. Ich bin wie eine Dohle in der Wüste, wie eine Eule in öden Ruinen. Ich liege wach, und ich klage wie ein einsamer Vogel auf dem Dach. Den ganzen Tag schmähen mich die Feinde; die mich verhöhnen, nennen meinen Namen beim Fluchen. Staub muss ich essen wie Brot, mit Tränen mische ich meinen Trank; denn auf mir lasten dein Zorn und dein Grimm. Du hast mich hochgerissen und zu Boden geschleudert. Meine Tage schwinden dahin wie Schatten, ich verdorre wie Gras. Du aber, Herr, du thronst für immer und ewig, dein Name dauert von Geschlecht zu Geschlecht. Du wirst dich erheben, dich über Zion erbarmen; denn es ist Zeit, ihm gnädig zu sein, die Stunde ist da. An Zions Steinen hängt das Herz deiner Knechte, um seine Trümmer tragen sie Leid. Dann fürchten die Völker den Namen des Herrn und alle Könige der Erde deine Herrlichkeit. Denn der Herr baut Zion wieder auf und erscheint in all seiner Herrlichkeit. Er wendet sich dem Gebet der Verlassenen zu, ihre Bitten verschmäht er nicht. Dies sei aufgeschrieben für das kommende Geschlecht, damit das Volk, das noch erschaffen wird, den Herrn lobpreise. Denn der Herr schaut herab aus heiliger Höhe, vom Himmel blickt er auf die Erde nieder; er will auf das Seufzen der Gefangenen hören und alle befreien, die dem Tod geweiht sind, damit sie den Namen des Herrn auf dem Zion verkünden und sein Lob in Jerusalem, wenn sich dort Königreiche und Völker versammeln, um den Herrn zu verehren. Er hat meine Kraft auf dem Weg gebrochen, er hat meine Tage verkürzt. Darum sage ich: Raff mich nicht weg in der Mitte des Lebens, mein Gott, dessen Jahre Geschlecht um Geschlecht überdauern! Vor Zeiten hast du der Erde Grund gelegt, die Himmel sind das Werk deiner Hände. Sie werden vergehen, du aber bleibst; sie alle zerfallen wie ein Gewand; du wechselst sie wie ein Kleid, und sie schwinden dahin. Du aber bleibst, der du bist, und deine Jahre enden nie. Die Kinder deiner Knechte werden (in Sicherheit) wohnen, ihre Nachkommen vor deinem Antlitz bestehen. Ehre sei dem Vater und dem Sohn und dem Heiligen Geist, wie es war im Anfang so auch jetzt und alle Zeit und in Ewigkeit. Amen. Psalm [130] Aus der Tiefe rufe ich, Herr, zu dir: Herr, höre meine Stimme! Wende dein Ohr mir zu, achte auf mein lautes Flehen! Würdest du, Herr, unsere Sünden beachten, Herr, wer könnte bestehen? Doch bei dir ist Vergebung, damit man in Ehrfurcht dir dient. Ich hoffe auf den Herrn, es hofft meine Seele, ich warte voll Vertrauen auf sein Wort. Meine Seele wartet auf den Herrn mehr als die Wächter auf den Morgen. Mehr als die Wächter auf den Morgen soll Israel harren auf den Herrn. Denn beim Herrn ist die Huld, bei ihm ist Erlösung in Fülle. Ja, er wird Israel erlösen von all seinen Sünden. Ehre sei dem Vater und dem Sohn und dem Heiligen Geist, wie es war im Anfang so auch jetzt und alle Zeit und in Ewigkeit. Amen. Psalm [143] Herr, höre mein Gebet, vernimm mein Flehen; in deiner Treue erhöre mich, in deiner Gerechtigkeit! Geh mit deinem Knecht nicht ins Gericht; denn keiner, der lebt, ist gerecht vor dir. Der Feind verfolgt mich, tritt mein Leben zu Boden, er lässt mich in der Finsternis wohnen wie längst Verstorbene. Mein Geist verzagt in mir, mir erstarrt das Herz in der Brust. Ich denke an die vergangenen Tage, sinne nach über all deine Taten, erwäge das Werk deiner Hände. Ich breite die Hände aus (und bete) zu dir; meine Seele dürstet nach dir wie lechzendes Land. Herr, erhöre mich bald, denn mein Geist wird müde; verbirg dein Antlitz nicht vor mir, damit ich nicht werde wie Menschen, die längst begraben sind. Lass mich deine Huld erfahren am frühen Morgen; denn ich vertraue auf dich. Zeig mir den Weg, den ich gehen soll; denn ich erhebe meine Seele zu dir. Herr, entreiß mich den Feinden! Zu dir nehme ich meine Zuflucht. Lehre mich, deinen Willen zu tun; denn du bist mein Gott. Dein guter Geist leite mich auf ebenem Pfad. Um deines Namens willen, Herr, erhalt mich am Leben, führe mich heraus aus der Not in deiner Gerechtigkeit! Vertilge in deiner Huld meine Feinde, lass all meine Gegner untergehn! Denn ich bin dein Knecht. Ehre sei dem Vater und dem Sohn und dem Heiligen Geist, wie es war im Anfang so auch jetzt und alle Zeit und in Ewigkeit. Amen. Antiphon Gedenke, Herr, nicht meiner Missetaten noch der meiner Vorfahren, und nimm nicht Rache wegen meiner Sünden! Litanei Kyrie eleison! Christe eleison! Kyrie eleison! Christus höre uns! Gott Vater im Himmel, erbarme dich unser! Gott Sohn, Erlöser der Welt, erbarme dich unser! Gott Heiliger Geist, erbarme dich unser! Heilige Dreifaltigkeit, einiger Gott, erbarme dich unser! Heilige Maria, bitte für uns! Heilige Gottesgebärerin, bitte für uns! Heilige Jungfrau der Jungfrauen, bitte für uns! Heiliger Michael, bitte für uns! Heiliger Gabriel, bitte für uns! Heiliger Raphael, bitte für uns! Alle heiligen Engel und Erzengel, bittet für uns! Alle heiligen Ordnungen der seligen Geister, bittet für uns! Heiliger Johannes der Täufer, bitte für uns! Alle Heiligen und Propheten, bittet für uns! Heiliger Petrus, bitte für uns! Heiliger Paulus, bitte für uns! Heiliger Andreas, bitte für uns! Heiliger Jacobus, bitte für uns! Heiliger Philippus, bitte für uns! Heiliger Bartholomäus, bitte für uns! Heiliger Matthäus, bitte für uns! Heiliger Simon, bitte für uns! Heiliger Judas, bitte für uns! Heiliger Matthias, bitte für uns! Heiliger Barnabas, bitte für uns! Heiliger Johannes, bitte für uns! Heiliger Thomas, bitte für uns! Heiliger Lukas, bitte für uns! Heiliger Markus, bitte für uns! Alle heiligen Apostel und Evangelisten, bittet für uns! Alle Jünger des Herrn, bittet für uns! Alle heiligen unschuldigen Kinder, bittet für uns! Heiliger Stephan, bitte für uns! Heiliger Linus, bitte für uns! Heiliger Cletus, bitte für uns! Heiliger Clemens, bitte für uns! Heiliger Cornelius, bitte für uns! Heiliger Cyprian, bitte für uns! Heiliger Laurentius, bitte für uns! Heiliger Vinzenz, bitte für uns! Heiliger Georg, bitte für uns! Heiliger Christophorus, bitte für uns! Heiliger Fabian, bitte für uns! Heiliger Sebastian, bitte für uns! Heiliger Cosmas, bitte für uns! Heiliger Damian, bitte für uns! Heiliger Gervasius, bitte für uns! Heiliger Prothasius, bitte für uns! Heiliger Victor mit seinen Gefährten, bittet für uns! Heiliger Nicasius mit seinen Gefährten, bittet für uns! Heiliger Quintinus mit seinen Gefährten, bittet für uns! Heiliger Eustachius mit seinen Gefährten, bittet für uns! Heiliger Mauritius mit seinen Gefährten, bittet für uns! Heiliger Dionysius mit seinen Gefährten, bittet für uns! Heiliger Donatus, bitte für uns! Heiliger Erasmus, bitte für uns! Heiliger Blasius, bitte für uns! Alle heiligen Martyrer, bittet für uns! Heiliger Sylvester, bitte für uns! Heiliger Leo, bitte für uns! Heiliger Gregor, bitte für uns! Heiliger Ambrosius, bitte für uns! Heiliger Hieronymus, bitte für uns! Heiliger Augustinus, bitte für uns! Heiliger Antonius, bitte für uns! Heiliger Nikolaus, bitte für uns! Heiliger Martin, bitte für uns! Heiliger Livinus, bitte für uns! Alle heiligen Kirchenlehrer, bittet für uns! Heiliger Leonhard, bitte für uns! Heiliger Bernhard, bitte für uns! Heiliger Franziskus, bitte für uns! Heiliger Ludwig, bitte für uns! Heiliger Eligius, bitte für uns! Heiliger Ägidius, bitte für uns! Heiliger Bavo, bitte für uns! Heiliger Remigius, bitte für uns! Heiliger Dominikus, bitte für uns! Heiliger Audomiarus, bitte für uns! Heiliger Bertinus, bitte für uns! Heiliger Amandus, bitte für uns! Alle heiligen Bekenner, bittet für uns! Alle heiligen Mönche und Eremiten, bittet für uns! Heilige Maria Magdalena, bitte für uns! Heilige Maria Ägyptiaca, bitte für uns! Heilige Anna, bitte für uns! Heilige Felicitas, bitte für uns! Heilige Perpetua, bitte für uns! Heilige Agathe, bitte für uns! Heilige Agnes, bitte für uns! Heilige Clara, bitte für uns! Heilige Margaretha, bitte für uns! Heilige Katharina, bitte für uns! Heilige Barbara, bitte für uns! Heilige Elisabeth, bitte für uns! Heilige Ursula, bitte für uns! Heilige Martha, bitte für uns! Alle heiligen Jungfrauen, Witwen und Enthaltsamen, bittet für uns! Alle heiligen Männer und Frauen, bittet für uns! Sei uns gnädig, verschone uns, o Herr! Sei uns gnädig, erhöre uns, o Herr! Von allem Übel, erlöse uns, o Herr! Von aller Sünde, erlöse uns, o Herr! Von deinem Zorn, erlöse uns, o Herr! Von deinem Grimm, erlöse uns, o Herr! Von jähem und ewigem Tod, erlöse uns, o Herr! Von den Nachstellungen des Teufels, erlöse uns, o Herr! Von Zorn, Hass und allem bösen Willen, erlöse uns, o Herr! Vom Geiste der Unlauterkeit, erlöse uns, o Herr! Von der Sucht nach eitler Ehre, erlöse uns, o Herr! Von Blitz und Ungewitter, erlöse uns, o Herr! Von dem ewigen Tod, erlöse uns, o Herr! Durch das Geheimnis deiner heiligen Menschwerdung, erlöse uns, o Herr! Durch deine Ankunft, erlöse uns, o Herr! Durch deine Geburt, erlöse uns, o Herr! Durch deine Taufe, erlöse uns, o Herr! Durch dein heiliges Fasten, erlöse uns, o Herr! Durch dein Kreuz und dein Leiden, erlöse uns, o Herr! Durch deinen Tod und dein Begräbnis, erlöse uns, o Herr! Durch deine heilige Auferstehung, erlöse uns, o Herr! Durch deine wunderbare Himmelfahrt, erlöse uns, o Herr! Durch die Ankunft des heiligen Geistes, des Trösters, erlöse uns, o Herr! Am Tag des Gerichtes, erlöse uns, o Herr! Wir arme Sünder, wir bitten dich, erhöre uns! Dass du uns verschonest, wir bitten dich, erhöre uns! Dass du uns verzeihest, wir bitten dich, erhöre uns! Dass du uns zu wahrer Buße führen wollest, wir bitten dich, erhöre uns! Dass du deine heilige Kirche regieren und erhalten wollest, wir bitten dich, erhöre uns! Dass du die apostolischen Oberhirten und alle Stände der Kirche in der heiligen Religion erhalten wollest, wir bitten dich, erhöre uns! Dass du die Feinde der heiligen Kirche demütigen wollest, wir bitten dich, erhöre uns! Dass du den christlichen Königen und Fürsten Frieden und wahre Eintracht schenken wollest, wir bitten dich, erhöre uns! Dass du dem ganzen christlichen Volke Frieden und Einigkeit verleihen wollest, wir bitten dich, erhöre uns! Dass du uns in deinem heiligen Dienste stärken wollest, wir bitten dich, erhöre uns! Dass du unsere Herzen zu himmlischen Begierden erhebest, wir bitten dich, erhöre uns! Dass du all unsere Wohltäter mit den ewigen Gütern belohnest, wir bitten dich, erhöre uns! Dass du unsere und unserer Eltern Seelen vor der ewigen Verdammnis erretten wollest, wir bitten dich, erhöre uns! Dass du die Früchte der Erde geben und erhalten wollest, wir bitten dich, erhöre uns! Dass du allen verstorbenen Christgläubigen ewige Ruhe verleihen wollest, wir bitten dich, erhöre uns! Dass du uns erhören wollest, wir bitten dich, erhöre uns! Sohn Gottes, wir bitten dich, erhöre uns! Lamm Gottes, das hinwegnimmt die Sünden der Welt, verschone uns, o Herr! Lamm Gottes, das hinwegnimmt die Sünden der Welt, erhöre uns, o Herr! Lamm Gottes, das hinwegnimmt die Sünden der Welt, erbarme dich unser! Christus erhöre uns! Kyrie eleison! Christe eleison! Kyrie eleison! Vater unser im Himmel, geheiligt werde dein Name; dein Reich komme; dein Wille geschehe, wie im Himmel so auf Erden. Unser tägliches Brot gib uns heute und vergib uns unsere Schuld, wie auch wir vergeben unseren Schuldigern; und führe uns nicht in Versuchung, sondern erlöse uns von dem Bösen. Amen. Psalm [70] Gott, komm herbei, um mich zu retten, Herr, eil' mir zu Hilfe! In Schmach und Schande sollen alle fallen, die mir nach dem Leben trachten. Zurückweichen sollen sie und vor Scham erröten, die sich über mein Unglück freuen. Beschämt sollen sich alle abwenden, die lachen und höhnen und sagen: „Dir geschieht recht." Alle, die dich suchen, frohlocken; sie mögen sich freuen in dir. Die dein Heil lieben, sollen immer sagen: „Groß ist Gott, der Herr." Ich aber bin arm und gebeugt. Eile, o Gott, mir zu Hilfe! Meine Hilfe und mein Retter bist du, Herr, säume doch nicht! Ehre sei dem Vater und dem Sohn und dem Heiligen Geist, wie es war im Anfang so auch jetzt und alle Zeit und in Ewigkeit. Amen. Gebet Rette alle deine Diener und Dienerinnen, o Gott, die auf dich vertrauen! Sei uns, Herr, ein Turm der Tapferkeit gegen das Antlitz des Feindes! Nichts soll der Feind gegen uns vermögen und der Sohn der Sünde soll sich nicht erdreisten, uns zu schaden! Herr, behandle uns nicht nach unseren Sünden und vergilt uns nicht nach unseren Missetaten! Lasset uns beten für unseren Diener. Der Herr

Stundenbuch nach römischem Brauch
Litanei

Stundenbuch nach römischem Brauch
Litanei

erhalte ihn und erfülle ihn mit Leben und mache ihn glücklich auf Erden und übergebe ihn nicht dem Atem seiner Feinde! Friede soll werden in deiner Kraft und Überfluss in deinen Burgen! Lasset uns beten für unsere Wohltäter. Würdige dich, Herr, allen, die uns um deines heiligen Namens Willen Gutes getan haben, das ewige Leben zu verleihen! Amen. Lasset uns beten für die verstorbenen Gläubigen. Herr, gib ihnen die ewige Ruhe und das ewige Licht leuchte ihnen! Lass sie ruhen in Frieden! Amen. Für unsere abwesenden Brüder: Rette deine Diener und Dienerinnen, o Gott, die auf dich vertrauen! Schicke ihnen, Herr, Hilfe aus deinem Heiligtum und von Zion aus beschütze sie! Herr, erhöre mein Gebet und lass mein Rufen zu dir kommen! Lasset uns beten. Gebet O Gott, dir ist es eigen, allezeit Erbarmen und Schonung zu üben; so nimm unser flehentliches Gebet auf und lass deine erbarmende Liebe uns und alle deine Diener, welche die Fessel der Sünden umstrickt hält, huldvoll freisprechen. Gebet Wir bitten dich, o Herr: erhöre unser demütiges Flehen und strafe nicht die Sünden, die wir bekennen, sondern gewähre uns nach Deiner Güte Verzeihung und Frieden. Gebet Herr, offenbare in deiner Güte an uns deine unaussprechliche Barmherzigkeit; nimm von uns alle Sünden und errette uns zugleich von den Strafen, die wir dafür verdienen. Gebet Gott, du wirst durch die Sünde beleidigt und durch die Buße versöhnt: sieh gnädig auf das Gebet deines flehenden Volkes und wende ab die Geißeln deines Zornes, die wir für unsre Sünden verdienen. Gebet Allmächtiger ewiger Gott, erbarme dich deines Dieners, unsres obersten Hirten N, und lenke ihn nach deiner Milde auf den Weg des ewigen Heiles; lass ihn mit deiner Gnade erstreben, was dir wohlgefällig ist, und mit ganzer Kraft es vollbringen. Gebet O Gott, durch dich kommen die heiligen Wünsche, die richtigen Entschlüsse und die guten Taten zustande; so gib deinen Dienern jenen Frieden, den die Welt nicht geben kann, damit unsere Herzen deinen Geboten treu ergeben und die Zeiten, von Feindesnot befreit, unter deinem Schutze ruhig seien. Gebet Herr, durchglühe uns Nieren und Herz mit dem Feuer des Heiligen Geistes, auf dass wir keuschen Leibes dir dienen und mit reinem Herzen dir gefallen. Gebet Gott, Schöpfer und Erlöser aller Gläubigen, schenke den Seelen deiner Diener und Dienerinnen Nachlass aller Sünden, damit sie die stets ersehnte Verzeihung durch fromme Fürbitten erlangen. Gebet Wir bitten dich, o Herr: Komm unserem Tun mit deinen Eingebungen zuvor und begleite es mit deiner Hilfe, auf dass all unser Beten und Handeln stets von dir begonnen, und wie begonnen, so auch durch dich vollendet werde. Gebet Allmächtiger ewiger Gott, Herr der Lebenden und Toten, du erbarmst dich aller, von denen du weißt, dass sie durch Glauben und Werke dein sein werden; wir bitten dich demütig für jene, für die wir beten wollen, ob sie nun dies zeitliche Leben noch im Fleische zurückhält oder ob sie des Leibes wie eines Kleides entledigt, bereits das künftige Leben aufnahm; sie alle mögen auf die Fürbitte all deiner Heiligen durch deine väterliche Milde Verzeihung aller ihrer Sünden erlangen: durch unseren Herrn Jesus Christus, deinen Sohn, der mit dir lebt und herrscht in der Einheit des Heiligen Geistes, Gott von Ewigkeit zu Ewigkeit. Amen.

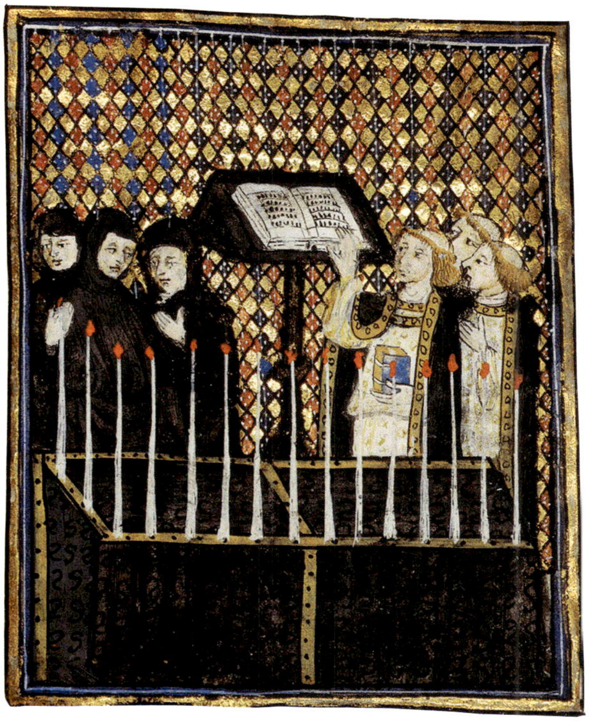

Hier beginnt die Totenvigil. Antiphon

Gefallen will ich. Psalm [116] Ich liebe den Herrn; denn er hat mein lautes Flehen gehört und sein Ohr mir zugeneigt an dem Tag, als ich zu ihm rief. Mich umfingen die Fesseln des Todes, mich befielen die Ängste der Unterwelt, mich trafen Bedrängnis und Kummer. Da rief ich den Namen des Herrn an: „Ach Herr, rette mein Leben!" Der Herr ist gnädig und gerecht, unser Gott ist barmherzig. Der Herr behütet die schlichten Herzen; ich war in Not, und er brachte mir Hilfe. Komm wieder zur Ruhe, mein Herz! Denn der Herr hat dir Gutes getan. Ja, du hast mein Leben dem Tod entrissen, meine Tränen (getrocknet), meinen Fuß (bewahrt vor) dem Gleiten. So will ich meinem Herrn gefallen im Land der Lebenden. Herr, gib ihnen die ewige Ruhe und das ewige Licht leuchte ihnen! Antiphon Gefallen will ich meinem Herrn im Lande der Lebendigen. Antiphon Weh mir. Psalm [120] Ich rief zum Herrn in meiner Not, und er hat mich erhört. Herr, rette mein Leben vor Lügnern, rette es vor falschen Zungen! Was soll er dir tun, was alles dir antun, du falsche Zunge? Scharfe Pfeile von Kriegerhand und glühende Ginsterkohlen dazu. Weh mir, dass ich als Fremder noch länger weilen und bei den Zelten von Kedar wohnen muss! Ich muss schon allzu lange wohnen bei Leuten, die den Frieden hassen. Ich verhalte mich friedlich; doch ich brauche nur zu reden, dann suchen sie Hader und Streit. Herr, gib ihnen die ewige Ruhe und das ewige Licht leuchte ihnen! Antiphon Weh mir, dass ich als Fremder noch länger weilen muss. Antiphon Der Herr. Psalm [121] Ich hebe meine Augen auf zu den Bergen: Woher kommt mir Hilfe? Meine Hilfe kommt vom Herrn, der Himmel und Erde gemacht hat. Er lässt deinen Fuß nicht wanken; er, der dich behütet, schläft nicht. Nein, der Hüter Israels schläft und schlummert nicht. Der Herr ist dein Hüter, der Herr gibt dir Schatten; er steht dir zur Seite. Bei Tag wird dir die Sonne nicht schaden noch der Mond in der Nacht. Der Herr behüte dich vor allem Bösen, er behüte dein Leben. Der Herr behüte dich, wenn du fortgehst und wiederkommst, von nun an bis in Ewigkeit. Herr, gib ihnen die ewige Ruhe und das ewige Licht leuchte ihnen! Antiphon Der Herr behüte dich vor allem Bösen, er behüte dein Leben! Antiphon Wenn du der Sünden. Psalm [130] Aus der Tiefe rufe ich, Herr, zu dir: Herr, höre meine Stimme! Wende dein Ohr mir zu, achte auf mein lautes Flehen! Wenn du der Sünden achten würdest, Herr, wer, Herr, könnte bestehen? Doch bei dir ist Vergebung, damit man in Ehrfurcht dir dient. Ich hoffe auf den Herrn, es hofft meine Seele, ich warte voll Vertrauen auf sein Wort. Meine Seele wartet auf den Herrn mehr als die Wächter auf den Morgen. Mehr als die Wächter auf den Morgen soll Israel harren auf den Herrn. Denn beim Herrn ist die Huld, bei ihm ist Erlösung in Fülle. Ja, er wird Israel erlösen von all seinen Sünden. Herr, gib ihnen die ewige Ruhe und das ewige Licht leuchte ihnen! Antiphon Wenn du der Sünden achten würdest, Herr, wer, Herr, könnte bestehen? Antiphon Die Werke. Psalm [138] Preisen will ich dich, o Herr, von ganzem Herzen, denn du hast die Worte meines Mundes gehört. Ich will dir vor den Engeln singen und spielen; ich will mich niederwerfen zu deinem heiligen Tempel hin und deinem Namen danken für deine Huld und Treue. Denn über all deinen Ruhm hinaus hast du deinen heiligen Namen verherrlicht. Du hast mich erhört an dem Tag, als ich rief; du gabst meiner Seele große Kraft. Dich sollen preisen, Herr, alle Könige der Welt, wenn sie die Worte deines Mundes vernehmen. Sie sollen singen von den Wegen des Herrn; denn groß ist die Herrlichkeit des Herrn. Ja, der Herr ist erhaben; doch er schaut auf die Niedrigen, und die Stolzen erkennt er von fern. Gehe ich auch mitten durch große Not: du erhältst mich am Leben. Du streckst die Hand aus gegen meine wütenden Feinde, und deine

Stundenbuch nach römischem Brauch
Totenoffizium

3 159r Miniatur zu Beginn des Totenoffiziums: Totenmesse

Rechte hilft mir. Der Herr nimmt sich meiner an. Herr, deine Huld währt ewig. Die Werke deiner Hände verschmähe nicht! Herr, gib ihnen die ewige Ruhe und das ewige Licht leuchte ihnen! Antiphon Die Werke deiner Hände, Herr, verschmähe nicht! Vers Eine Stimme vom Himmel hörte ich, die zu mir sagte: Schreibe: Selig die Toten, die im Herrn sterben. Antiphon Alles. Gesang Marias [Magnificat: Lk 1, 46–55] Meine Seele preist die Größe des Herrn, und mein Geist jubelt über Gott, meinen Retter. Denn auf die Niedrigkeit seiner Magd hat er geschaut. Siehe, von nun an preisen mich selig alle Geschlechter. Denn der Mächtige hat Großes an mir getan, und sein Name ist heilig. Er erbarmt sich von Geschlecht zu Geschlecht über alle, die ihn fürchten. Er vollbringt mit seinem Arm machtvolle Taten: Er zerstreut, die im Herzen voll Hochmut sind; er stürzt die Mächtigen vom Thron und erhöht die Niedrigen. Die Hungernden beschenkt er mit seinen Gaben und lässt die Reichen leer ausgehen. Er nimmt sich seines Knechtes Israel an und denkt an sein Erbarmen, das er unsern Vätern verheißen hat, Abraham und seinen Nachkommen auf ewig. Herr, gib ihnen die ewige Ruhe und das ewige Licht leuchte ihnen! Antiphon Alles, was der Vater mir gibt, kommt zu mir, und den, der zu mir kommt, werde ich nicht hinauswerfen. Kyrie eleison! Christe eleison! Kyrie eleison! Vater unser im Himmel, geheiligt werde dein Name; dein Reich komme; dein Wille geschehe, wie im Himmel, so auf Erden. Unser tägliches Brot gib uns heute, und vergib uns unsere Schuld, wie auch wir vergeben unseren Schuldigern; und führe uns nicht in Versuchung, sondern erlöse uns von dem Bösen. Amen. Psalm [146] Lobe den Herrn, meine Seele! Ich will den Herrn loben, solange ich lebe, meinem Gott singen und spielen, solange ich da bin. Verlasst euch nicht auf Fürsten, auf Menschen, bei denen es doch keine Hilfe gibt. Haucht der Mensch sein Leben aus und kehrt er zurück zur Erde, dann ist es aus mit all seinen Plänen. Wohl dem, dessen Halt der Gott Jakobs ist und der seine Hoffnung auf den Herrn, seinen Gott, setzt. Der Herr hat Himmel und Erde gemacht, das Meer und alle Geschöpfe; er hält ewig die Treue. Recht verschafft er den Unterdrückten, den Hungernden gibt er Brot; der Herr befreit die Gefangenen. Der Herr öffnet den Blinden die Augen, er richtet die Gebeugten auf. Der Herr beschützt die Fremden und verhilft den Waisen und Witwen zu ihrem Recht. Der Herr liebt die Gerechten, doch die Schritte der Frevler leitet er in die Irre. Der Herr ist König auf ewig, dein Gott, Zion, herrscht von Geschlecht zu Geschlecht. Herr, gib ihnen die ewige Ruhe und das ewige Licht leuchte ihnen! Antiphon Vor der Hölle Pforten rette, Herr, ihre Seelen! Lass sie ruhen in Frieden. Herr, erhöre mein Gebet und lass mein Rufen zu dir kommen! Lasset uns beten. Gebet O Gott, der du unter den priesterlichen Nachfolgern der Apostel deine Diener mit der bischöflichen oder priesterlichen Würde ausgezeichnet hast, verleihe, wir bitten, dass sie auch deren ewiger Gemeinschaft zugestellt werden. Gebet Neige, Herr, dein Ohr unseren Bitten, mit denen wir deine Barmherzigkeit hilfesuchend anflehen, du mögest die Seele deines Dieners N. die du geheißen hast, aus dieser Welt auszuwandern, in die Gefilde des Friedens und des Lichtes führen und sie teilhaben lassen an der Gemeinschaft deiner Heiligen. Gebet Wir bitten dich, Herr, erbarme dich in deiner Güte der Seele deiner Dienerin und verleihe ihr, die alle Makel der Sterblichkeit abgelegt hat, ihren Anteil am ewigen Heil. Gebet Gott, du Schöpfer und Erlöser aller Gläubigen, gewähre den Seelen deiner Diener und Dienerinnen Nachlass aller Sünden, auf dass sie die Verzeihung, um die sie stets in frommen Gebeten flehten, erlangen. Durch dich, Jesus Christus, Erlöser der Welt und König der Herrlichkeit, der du in vollkommener Dreifaltigkeit als Gott lebst und herrschst in alle Ewigkeit. Amen. Sie mögen ruhen in Frieden. Amen. Matutin. Invitatorium Den König, dem alles, was lebt, zu eigen ist, kommt, lasst uns anbeten! Psalm [95] Kommt, lasst uns jubeln vor dem Herrn und zujauchzen dem Gott unseres Heils! Lasst uns mit Reue seinem Angesicht nahen, vor ihm jauchzen mit Liedern! Den König, dem alles, was lebt, zu eigen ist, kommt, lasst uns anbeten! Denn der Herr ist ein großer Gott, ein großer König über allen Göttern. So wird der Herr auch nicht sein Volk zurückweisen, denn in seiner Hand sind die Tiefen der Erde, sein sind die Gipfel der Berge. Den König, dem alles, was lebt, zu eigen ist, kommt, lasst uns anbeten! Sein ist das Meer, das er gemacht hat, das trockene Land, das seine Hände gebildet. Kommt, lasst uns niederfallen, uns vor ihm verneigen, lasst uns niederknien vor dem Herrn, unserm Schöpfer! Denn er ist unser Gott, wir sind das Volk seiner Weide. Den König, dem alles, was lebt, zu eigen ist, kommt, lasst uns anbeten! Ach, würdet ihr doch heute auf seine Stimme hören! „Verhärtet euer Herz nicht wie in eurer Verbitterung am Tage der Versuchung in der Wüste. Dort haben eure Väter mich versucht, sie haben mich auf die Probe gestellt und hatten doch mein Tun gesehen." Den König, dem alles, was lebt, zu eigen ist, kommt, lasst uns anbeten! „Vierzig Jahre war mir dies Geschlecht zuwider, und ich sagte: Sie sind ein Volk, dessen Herz in die Irre geht; denn meine Wege kennen sie nicht. Darum habe ich in meinem Zorn geschworen: Sie sollen nicht kommen in das Land meiner Ruhe." Den König, dem alles, was lebt, zu eigen ist, kommt, lasst uns anbeten! Herr, gib ihnen die ewige Ruhe und das ewige Licht leuchte ihnen! Lasst uns anbeten! Den König, dem alles, was lebt, zu eigen ist, kommt, lasst uns anbeten! Erste Nokturn. Antiphon Leite. Psalm [5] Höre meine Worte, Herr, achte auf mein Seufzen! Vernimm mein lautes Schreien, mein König und mein Gott, denn ich flehe zu dir. Herr, am Morgen hörst du mein Rufen, am Morgen harre ich deiner, halte Ausschau nach dir. Denn du bist kein Gott, dem das Unrecht gefällt; der Frevler darf nicht bei dir weilen. Wer sich brüstet, besteht nicht vor deinen Augen; denn dein Hass trifft alle, die Böses tun. Du lässt die Lügner zugrunde gehn, Mörder und Betrüger sind dem Herrn ein Greuel. Ich aber darf dein Haus betreten dank deiner großen Güte, ich werfe mich nieder in Ehrfurcht vor deinem heiligen Tempel. Leite mich, Herr, in deiner Gerechtigkeit, meinen Feinden zum Trotz; ebne deinen Weg vor mir! Aus ihrem Mund kommt kein wahres Wort, ihr Inneres ist voll Verderben. Ihre Kehle ist ein offenes Grab, aalglatt ist ihre Zunge. Gott, lass sie dafür büßen; sie sollen fallen durch ihre eigenen Ränke. Verstoße sie wegen ihrer vielen Verbrechen; denn sie empören sich gegen dich. Doch alle sollen sich freuen, die auf dich vertrauen, und sollen immerfort jubeln. Beschütze alle, die deinen Namen lieben, damit sie dich rühmen. Denn du, Herr, segnest den Gerechten. Wie mit einem Schild deckst du ihn mit deiner Gnade. Herr, gib ihnen die ewige Ruhe und das ewige Licht leuchte ihnen! Antiphon Leite mich, Herr, mein Gott, in deiner Gerechtigkeit; ebne deinen Weg vor mir! Antiphon Wende dich. Psalm [6] Herr, strafe mich nicht in deinem Zorn, und züchtige mich nicht in deinem Grimm! Sei mir gnädig, Herr, ich sieche dahin; heile mich, Herr, denn meine Glieder zerfallen! Meine Seele ist tief verstört. Du aber, Herr, wie lange säumst du noch? Herr, wende dich mir zu und errette mich, in deiner Huld bring mir Hilfe! Denn bei den Toten denkt niemand mehr an dich. Wer wird dich in der Unterwelt noch preisen? Ich bin erschöpft vom Seufzen, jede Nacht benetzen Ströme von Tränen mein Bett, ich überschwemme mein Lager mit Tränen. Mein Auge ist getrübt vor Kummer, ich bin gealtert wegen all meiner Gegner. Weicht zurück von mir, all ihr Frevler; denn der Herr hat mein lautes Weinen gehört. Gehört hat der Herr mein Flehen, der Herr nimmt mein Beten an. In Schmach und Verstörung geraten all meine Feinde, sie müssen weichen und gehen plötzlich zugrunde. Herr, gib ihnen die ewige Ruhe und das ewige Licht leuchte ihnen! Antiphon Wende dich mir zu, o Herr, und errette mich! Denn bei den Toten denkt niemand mehr an dich. Antiphon Damit mir niemand. Psalm [7] Herr, mein Gott, ich flüchte mich zu dir; hilf mir vor allen Verfolgern und rette mich, damit mir niemand wie ein Löwe das Leben raubt, mich zerreißt, und keiner ist da, der mich rettet und mich heilt. Wenn ich das getan habe, Herr, mein Gott, wenn an meinen Händen Unrecht klebt, wenn ich meinem Freunde Böses tat, wenn ich den quälte, der mich grundlos bedrängt hat, dann soll mich der Feind verfolgen und ergreifen; er richte mein Leben zugrunde und trete meine Ehre mit Füßen. Herr, steh auf in deinem Zorn, erheb dich gegen meine wütenden Feinde! Wach auf, du mein Gott! Du hast zum Gericht gerufen. Der Herr richtet die Völker. Um dich stehe die Schar der Völker im Kreis; über ihnen throne du in der Höhe! Herr, weil ich gerecht bin, verschaff mir Recht, (und tu an mir Gutes,) weil ich schuldlos bin! Die Bosheit der Frevler finde ein Ende, doch gib dem Gerechten Bestand, gerechter Gott, der du auf Herz und Nieren prüfst. Ein Schild über mir ist Gott, er rettet die Menschen mit redlichem Herzen. Gott ist ein gerechter Richter, ein Gott, der täglich strafen kann. Wenn der Frevler sein Schwert wieder schärft, seinen Bogen spannt und zielt, dann rüstet er tödliche Waffen gegen sich selbst, bereitet sich glühende Pfeile. Er hat Böses im Sinn; er geht schwanger mit Unheil, und Tücke gebiert er. Er gräbt ein Loch, er schaufelt es aus, doch er stürzt in die Grube, die er selber gemacht hat. Seine Untat kommt auf sein eigenes Haupt, seine Gewalttat fällt auf seinen Scheitel zurück. Ich will dem Herrn danken, denn er ist gerecht; dem Namen des Herrn, des Höchsten, will ich singen und spielen. Herr, gib ihnen die ewige Ruhe und das ewige Licht leuchte ihnen! Antiphon Damit mir niemand wie ein Löwe das Leben raubt und

Stundenbuch nach römischem Brauch
Totenoffizium

Stundenbuch nach römischem Brauch
Totenoffizium

keiner ist da, der mich rettet und mich heilt. Vers Vor der Hölle Pforten rette, Herr, ihre Seelen! Vater unser im Himmel, geheiligt werde dein Name; dein Reich komme; dein Wille geschehe, wie im Himmel, so auf Erden. Unser tägliches Brot gib uns heute, und vergib uns unsere Schuld, wie auch wir vergeben unseren Schuldigern; und führe uns nicht in Versuchung, sondern erlöse uns von dem Bösen. Amen. Erste Lesung [Hiob 7, 16–21] Lass ab von mir; denn nur ein Hauch sind meine Tage. Was ist der Mensch, dass du groß ihn achtest und deinen Sinn auf ihn richtest, dass du ihn musterst jeden Morgen und jeden Augenblick ihn prüfst? Wie lange schon schaust du nicht weg von mir, lässt mich nicht los, so dass ich den Speichel schlucke? Hab' ich gefehlt? Was tat ich dir, du Menschenwächter? Warum stellst du mich vor dich als Zielscheibe hin? Bin ich dir denn zur Last geworden? Warum nimmst du mein Vergehen nicht weg, lässt du meine Schuld nicht nach? Dann könnte ich im Staub mich betten; suchtest du mich, wäre ich nicht mehr da. Antwort Ich glaube, dass mein Erlöser lebt und dass ich am Jüngsten Tag aus der Erde auferstehen werde und in meinem Fleische werde ich Gott, meinen Erlöser, schauen. Vers Den ich selbst sehen werde und kein anderer, und meine Augen werden ihn schauen und in meinem Fleische werde ich Gott, meinen Erlöser, schauen. Zweite Lesung [Hiob 10, 1–7] Zum Ekel ist mein Leben mir geworden, ich lasse meiner Klage freien Lauf, reden will ich in meiner Seele Bitternis. Ich sage zu Gott: Sprich mich nicht schuldig, lass mich wissen, warum du mich befehdest. Nützt es dir, dass du Gewalt verübst, dass du das Werk deiner Hände verwirfst, doch über dem Plan der Frevler aufstrahlst? Hast du die Augen eines Sterblichen, siehst du, wie Menschen sehen? Sind Menschentagen deine Tage gleich und deine Jahre wie des Mannes Tage, dass du Schuld an mir suchst, nach meiner Sünde fahndest, obwohl du weißt, dass ich nicht schuldig bin und keiner mich deiner Hand entreißt? Antwort Der du Lazarus aus der Verwesung in seinem Grab auferweckt hast, du, Herr, schenk ihnen Ruhe und den Ort der Vergebung. Vers Der du kommen wirst, zu richten die Lebenden und die Toten und alle Welt im Feuer, du, Herr, schenk ihnen Ruhe und den Ort der Vergebung. Dritte Lesung [Hiob 10, 8–12] Deine Hände haben mich gebildet, mich gemacht; dann hast du dich umgedreht und mich vernichtet. Denk daran, dass du wie Ton mich geschaffen hast. Zum Staub willst du mich zurückkehren lassen. Hast du mich nicht ausgegossen wie Milch, wie Käse mich gerinnen lassen? Mit Haut und Fleisch hast du mich umkleidet, mit Knochen und Sehnen mich durchflochten. Leben und Huld hast du mir verliehen, deine Obhut schützte meinen Geist. Antwort Herr, wenn du kommen wirst, die Welt zu richten, wo soll ich mich verbergen vor dem Angesichte deines Zorns? Denn allzu viel hab ich gesündigt in meinem Leben. Vers Mich schaudert vor allem, was ich verbrochen habe, und schamrot werde ich vor dir. Wenn du zum Gerichte kommst, sprich kein Verdammungsurteil über mich! Denn allzu viel hab ich gesündigt in meinem Leben. Zweite Nokturn. Antiphon Am Orte. Psalm [23] Der Herr ist mein Hirte, nichts wird mir fehlen. Am Orte grüner Auen, dort lässt er mich lagern und führt mich zum Ruheplatz am Wasser. Er stillt mein Verlangen; er leitet mich auf rechten Pfaden, treu seinem Namen. Muss ich auch wandern in finsterer Schlucht, ich fürchte kein Unheil; denn du bist bei mir, dein Stock und dein Stab geben mir Zuversicht. Du deckst mir den Tisch vor den Augen meiner Feinde. Du salbst mein Haupt mit Öl, du füllst mir reichlich den Becher. Lauter Güte und Huld werden mir folgen mein Leben lang, und im Haus des Herrn darf ich wohnen für lange Zeit. Herr, gib ihnen die ewige Ruhe und das ewige Licht leuchte ihnen! Antiphon Am Orte grüner Auen, dort lässt er mich lagern. Antiphon Die Vergehen. Psalm [25] Zu dir, Herr, erhebe ich meine Seele. Mein Gott, auf dich vertraue ich. Lass mich nicht scheitern, lass meine Feinde nicht triumphieren! Denn niemand, der auf dich hofft, wird zuschanden; zuschanden wird, wer dir schnöde die Treue bricht. Zeige mir, Herr, deine Wege, lehre mich deine Pfade! Führe mich in deiner Treue und lehre mich; denn du bist der Gott meines Heiles. Auf dich hoffe ich allezeit. Denk an dein Erbarmen, Herr, und an die Taten deiner Huld; denn sie bestehen seit Ewigkeit. Die Vergehen meiner Jugend und meine Missetaten schau nicht mehr an! In deiner Huld denk an mich, Herr, denn du bist gütig. Gut und gerecht ist der Herr, darum weist er die Irrenden auf den rechten Weg. Die Demütigen leitet er nach seinem Recht, die Gebeugten lehrt er seinen Weg. Alle Pfade des Herrn sind Huld und Treue denen, die seinen Bund und seine Gebote bewahren. Um deines Namens willen, Herr, verzeih mir; denn meine Schuld ist groß. Wer ist der Mann, der Gott fürchtet? Ihm zeigt er den Weg, den er wählen soll. Dann wird er wohnen im Glück, seine Kinder werden das Land besitzen. Die sind Vertraute des Herrn, die ihn fürchten; er weiht sie ein in seinen Bund. Meine Augen schauen stets auf den Herrn; denn er befreit meine Füße aus dem Netz. Wende dich mir zu und sei mir gnädig; denn ich bin einsam und gebeugt. Befrei mein Herz von der Angst, führe mich heraus aus der Bedrängnis! Sieh meine Not und Plage an, und vergib mir all meine Sünden! Sieh doch, wie zahlreich meine Feinde sind, mit welch tödlichem Hass sie mich hassen! Erhalte mein Leben und rette mich, lass mich nicht scheitern! Denn ich nehme zu dir meine Zuflucht. Unschuld und Redlichkeit mögen mich schützen, denn ich hoffe auf dich, o Herr. O Gott, erlöse Israel aus all seinen Nöten! Herr, gib ihnen die ewige Ruhe und das ewige Licht leuchte ihnen! Antiphon Die Vergehen meiner Jugend und meine Missetaten schau nicht mehr an, Herr! Antiphon Ich bin gewiss. Psalm [27] Der Herr ist mein Licht und mein Heil: Vor wem sollte ich mich fürchten? Der Herr ist die Kraft meines Lebens: Vor wem sollte mir bangen? Dringen Frevler auf mich ein, um mich zu verschlingen, meine Bedränger und Feinde, sie müssen straucheln und fallen. Mag ein Heer mich belagern: Mein Herz wird nicht verzagen. Mag Krieg gegen mich toben: Ich bleibe dennoch voll Zuversicht. Nur eines erbitte ich vom Herrn, danach verlangt mich: Im Haus des Herrn zu wohnen alle Tage meines Lebens, die Freundlichkeit des Herrn zu schauen und nachzusinnen in seinem Tempel. Denn er birgt mich in seinem Haus am Tag' des Unheils; er beschirmt mich im Schutz seines Zeltes, er hebt mich auf einen Felsen empor. Nun kann ich mein Haupt erheben über die Feinde, die mich umringen. Ich will Opfer darbringen in seinem Zelt, Opfer mit Jubel; dem Herrn will ich singen und spielen. Vernimm, o Herr, mein lautes Rufen; sei mir gnädig, und erhöre mich! Mein Herz denkt an dein Wort: „Sucht mein Angesicht!" Dein Angesicht, Herr, will ich suchen. Verbirg nicht dein Gesicht vor mir; weise deinen Knecht im Zorn nicht ab! Du wurdest meine Hilfe. Verstoß mich nicht, verlass mich nicht, du Gott meines Heiles! Wenn mich auch Vater und Mutter verlassen, der Herr nimmt mich auf. Zeige mir, Herr, deinen Weg, leite mich auf ebener Bahn trotz meiner Feinde! Gib mich nicht meinen gierigen Gegnern preis; denn falsche Zeugen stehen gegen mich auf und wüten. Ich aber bin gewiss, zu schauen die Güte des Herrn im Land der Lebenden. Hoffe auf den Herrn, und sei stark! Hab festen Mut, und hoffe auf den Herrn! Herr, gib ihnen die ewige Ruhe und das ewige Licht leuchte ihnen! Antiphon Ich bin gewiss, zu schauen die Güte des Herrn im Land der Lebenden. Vers Einreihen wird ihn der Herr zu den Fürsten, zu den Fürsten seines Volkes. Vater unser im Himmel, geheiligt werde dein Name; dein Reich komme; dein Wille geschehe, wie im Himmel, so auf Erden. Unser tägliches Brot gib uns heute, und vergib uns unsere Schuld, wie auch wir vergeben unseren Schuldigern; und führe uns nicht in Versuchung, sondern erlöse uns von dem Bösen. Amen. Vierte Lesung [Hiob 13, 22–28] Antworte mir! Wie viel habe ich an Sünden und Vergehen? Meine Schuld und mein Vergehen sag mir an! Warum verbirgst du dein Angesicht und siehst mich an als deinen Feind? Verwehtes Laub willst du noch scheuchen, dürre Spreu noch forttreiben? Denn Bitterkeit verschreibst du mir, teilst mir die Sünden meiner Jugend zu. In den Block legst du meine Füße, du überwachst auch alle meine Pfade und zeichnest einen Strich um meiner Füße Sohlen. Er selbst zerfällt wie Verfaultes, dem Kleide gleich, das die Motte fraß. Antwort Gedenke meiner, o Gott, denn nur ein Windhauch ist mein Leben und kein menschliches Auge wird mich noch sehen. Vers Aus der Tiefe rufe ich zu dir, o Herr. Herr, höre meine Stimme! Und kein menschliches Auge wird mich noch sehen. Fünfte Lesung [Hiob 14, 1–6] Der Mensch, vom Weib geboren, knapp an Tagen, unruhvoll, er geht wie die Blume auf und welkt, flieht wie ein Schatten und bleibt nicht bestehen. Doch über ihm hältst du dein Auge offen, und ihn bringst du ins Gericht mit dir. Kann denn ein Reiner von Unreinem kommen? Nicht ein einziger. Wenn seine Tage fest bestimmt sind und die Zahl seiner Monde bei dir, wenn du gesetzt hast seine Grenzen, so dass er sie nicht überschreitet, schau weg von ihm! Lass ab, damit er seines Tags sich freue wie ein Tagelöhner. Antwort Weh mir, o Herr, denn allzu viel hab ich gesündigt in meinem Leben. Was soll ich tun, ich Armer, wohin fliehen, wenn nicht zu dir? Erbarme dich meiner, o mein Gott, wenn du kommen wirst am Jüngsten Tage! Vers Meine Seele ist zutiefst betrübt, o Herr, komm mir zu Hilfe, wenn du kommen wirst am Jüngsten Tage. Sechste Lesung [Hiob 14, 13–16] Wer soll es mir gewähren, dass du mich in der Unterwelt versecktest, mich bergen wolltest, bis dein Zorn sich wendet, ein Ziel mir setztest und dann an mich dächtest! Wenn einer stirbt, lebt er dann wieder

Stundenbuch nach römischem Brauch
Totenoffizium

auf? Alle Tage meines Kriegsdienstes harrte ich, bis einer käme, um mich abzulösen. Du riefest, und ich gäbe Antwort, du sehntest dich nach deiner Hände Werk. Dann würdest du meine Schritte zählen, auf meinen Fehltritt nicht mehr achten. Antwort Gedenke nicht meiner Sünden, Herr, wenn du kommen wirst, die Welt im Feuer zu richten! Vers Leite, Herr, mein Gott, in deinem Blicke meinen Weg, wenn du kommen wirst, die Welt im Feuer zu richten! Dritte Nokturn. Antiphon Gewähre mir die Gunst. Psalm [40] Ich hoffte, ja ich hoffte auf den Herrn. Da neigte er sich mir zu und hörte mein Schreien. Er zog mich herauf aus der Grube des Grauens, aus Schlamm und Morast. Er stellte meine Füße auf den Fels, machte fest meine Schritte. Er legte mir ein neues Lied in den Mund, einen Lobgesang auf ihn, unsern Gott. Viele werden es sehen, sich in Ehrfurcht neigen und auf den Herrn vertrauen. Wohl dem Mann, der auf den Herrn sein Vertrauen setzt, sich nicht zu den Stolzen hält noch zu treulosen Lügnern. Zahlreich sind die Wunder, die du getan hast, und deine Pläne mit uns; Herr, mein Gott, nichts kommt dir gleich. Wollte ich von ihnen künden und reden, es wären mehr, als man zählen kann. An Schlacht- und Speiseopfern hast du kein Gefallen, Brand- und Sündopfer forderst du nicht. Doch das Gehör hast du mir eingepflanzt; darum sage ich: Ja, ich komme. In dieser Schriftrolle steht, was an mir geschehen ist. Deinen Willen zu tun, mein Gott, macht mir Freude, deine Weisung trag' ich im Herzen. Gerechtigkeit verkünde ich in großer Gemeinde, meine Lippen verschließe ich nicht; Herr, du weißt es. Deine Gerechtigkeit verberge ich nicht im Herzen, ich spreche von deiner Treue und Hilfe, ich schweige nicht über deine Huld und Wahrheit vor der großen Gemeinde. Du, Herr, verschließ mir nicht dein Erbarmen, deine Huld und Wahrheit mögen mich immer behüten! Denn Leiden ohne Zahl umfangen mich, meine Sünden holen mich ein, ich vermag nicht mehr aufzusehn. Zahlreicher sind sie als die Haare auf meinem Kopf, der Mut hat mich ganz verlassen. Gewähre mir die Gunst, Herr, und reiß mich heraus; Herr, eile mir zu Hilfe! In Schmach und Schande sollen alle fallen, die mir nach dem Leben trachten. Zurückweichen sollen sie und vor Scham erröten, die sich über mein Unglück freuen. Vor Schande sollen alle schaudern, die zu mir sagen: „Dir geschieht recht." Alle, die dich suchen, frohlocken; sie mögen sich freuen in dir. Die dein Heil lieben, sollen immer sagen: Groß ist Gott, der Herr. Ich bin arm und gebeugt; der Herr aber sorgt für mich. Meine Hilfe und mein Retter bist du. Mein Gott, säume doch nicht! Herr, gib ihnen die ewige Ruhe und das ewige Licht leuchte ihnen! Antiphon Gewähre mir die Gunst, Herr, und reiß mich heraus; Herr, eile mir zu Hilfe! Antiphon Heile mich, Herr, Psalm [41] Wohl dem, der sich des Schwachen und des Armen annimmt; zur Zeit des Unheils wird der Herr ihn retten. Ihn wird der Herr behüten und am Leben erhalten. Man preist ihn glücklich im Land. Gib ihn nicht seinen gierigen Feinden preis! Auf dem Krankenbett wird der Herr ihn stärken; seine Krankheit verwandelst du in Kraft. Ich sagte: Heile mich, Herr, sei mir gnädig; denn ich habe gegen dich gesündigt. Meine Feinde reden böse über mich: „Wann stirbt er endlich, und wann vergeht sein Name?" Besucht mich jemand, so kommen seine Worte aus falschem Herzen. Er häuft in sich Bosheit an, dann geht er hinaus und redet. Im Hass gegen mich sind sich alle einig; sie tuscheln über mich und sinnen auf Unheil: „Verderben hat sich über ihn ergossen; wer einmal daliegt, steht nicht mehr auf." Auch mein Freund, dem ich vertraute, der mein Brot aß, hat gegen mich geprahlt. Du aber, Herr, sei mir gnädig; richte mich auf, damit ich ihnen vergelten kann. Daran erkenne ich, dass du an mir Gefallen hast: wenn mein Feind nicht über mich triumphieren darf. Weil ich aufrichtig bin, hältst du mich fest und stellst mich vor dein Antlitz für immer. Gepriesen sei der Herr, der Gott Israels, von Ewigkeit zu Ewigkeit. Amen, ja amen. Herr, gib ihnen die ewige Ruhe und das ewige Licht leuchte ihnen! Antiphon Heile mich, Herr, sei mir gnädig; denn ich habe gegen dich gesündigt. Antiphon Es dürstet. Psalm [42] Wie der Hirsch lechzt nach frischem Wasser, so lechzt meine Seele, Gott, nach dir. Es dürstet meine Seele nach Gott, nach dem lebendigen Gott. Wann darf ich kommen und Gottes Antlitz schauen? Tränen waren mein Brot bei Tag und bei Nacht; denn man sagt zu mir den ganzen Tag: „Wo ist nun dein Gott?" Das Herz geht mir über, wenn ich daran denke: wie ich zum Haus Gottes zog in festlicher Schar, mit Jubel und Dank in feiernder Menge. Meine Seele, warum bist du betrübt und bist so unruhig in mir? Harre auf Gott; denn ich werde ihm noch danken, meinem Gott und Retter, auf den ich schaue. Betrübt ist meine Seele in mir, darum denke ich an dich im Jordanland, am Hermon, am Mizar-Berg. Flut ruft der Flut zu beim Tosen deiner Wasser, all deine

Stundenbuch nach römischem Brauch
Totenoffizium

Wellen und Wogen gehen über mich hin. Bei Tag schenke der Herr seine Huld; ich singe ihm nachts und flehe zum Gott meines Lebens. Ich sage zu Gott, meinem Fels: „Warum hast du mich vergessen? Warum muss ich trauernd umhergehen, von meinem Feind bedrängt?“ Wie ein Stechen in meinen Gliedern ist für mich der Hohn der Bedränger; denn sie rufen mir ständig zu: „Wo ist nun dein Gott?“ Meine Seele, warum bist du betrübt und bist so unruhig in mir? Harre auf Gott; denn ich werde ihm noch danken, meinem Gott und Retter, auf den ich schaue. Herr, gib ihnen die ewige Ruhe und das ewige Licht leuchte ihnen! Antiphon Es dürstet meine Seele nach Gott, nach dem lebendigen Gott. Wann darf ich kommen und Gottes Antlitz schauen? Vers Liefere nicht den wilden Tieren die Seelen derer aus, die dich bekennen und vergiss nicht auf immer die Seelen deiner Armen. Vater unser im Himmel, geheiligt werde dein Name; dein Reich komme; dein Wille geschehe, wie im Himmel, so auf Erden. Unser tägliches Brot gib uns heute, und vergib uns unsere Schuld, wie auch wir vergeben unseren Schuldigern; und führe uns nicht in Versuchung, sondern erlöse uns von dem Bösen. Amen. Siebte Lesung [Hiob 17, 1–3, 11–16] Mein Geist ist verwirrt, meine Tage sind ausgelöscht, nur Gräber bleiben mir. Wahrhaftig, nur Spott begleitet mich. In Bitterkeit verbringt mein Auge die Nacht. Hinterleg die Bürgschaft für mich bei dir! Wer würde sonst den Handschlag für mich leisten? Dahin sind meine Tage, zunichte meine Pläne, meine Herzenswünsche. Sie machen mir die Nacht zum Tag, das Licht nähert sich dem Dunkel. Ich habe keine Hoffnung. Die Unterwelt wird mein Haus, in der Finsternis breite ich mein Lager aus. Zur Grube rufe ich: Mein Vater bist du!, Meine Mutter, meine Schwester!, zum Wurm. Wo ist dann meine Hoffnung und wo mein Glück? Nur du, mein Gott, gibst mir noch Geduld. Antwort Alle Tage sündige ich und zeige keine Reue. Mich schreckt der Tod, denn in der Unterwelt gibt's keine Erlösung mehr. Erbarm dich meiner, Gott, und rette mich! Vers Gott, in deinem Namen rette mich und richte mich in deiner Kraft, denn in der Unterwelt gibt's keine Erlösung mehr. Achte Lesung [Hiob 19, 20–27] An Haut und Fleisch klebt mein Gebein, nur das Fleisch an meinen Zähnen blieb. Erbarmt, erbarmt euch meiner, ihr, meine Freunde! Denn Gottes Hand hat mich getroffen. Warum verfolgt ihr mich wie Gott, warum werdet ihr an meinem Fleisch nicht satt? Dass doch meine Worte geschrieben würden, in einer Inschrift eingegraben mit eisernem Griffel und mit Blei, für immer gehauen in den Fels. Doch ich, ich weiß: mein Erlöser lebt, als letzter erhebt er sich über dem Staub. Ohne meine Haut, die so zerfetzte, und ohne mein Fleisch werde ich Gott schauen. Ihn selber werde ich dann für mich schauen; meine Augen werden ihn sehen, nicht mehr fremd. Danach sehnt sich mein Herz in meiner Brust. Antwort Herr, richte mich nicht nach meinen Werken, denn nichts, was in deinen Augen würdig wäre, habe ich getan. Darum flehe ich deine Majestät an, dass du, Gott, meine Schuld tilgen mögest. Vers Wasche weiterhin von mir, o Herr, meine Ungerechtigkeit und reinige mich von meiner Missetat! Darum flehe ich deine Majestät an, dass du, Gott, meine Schuld tilgen mögest. Neunte Lesung [Hiob 10, 18–22] Warum ließest du mich aus dem Mutterschoß kommen, warum verschied ich nicht, ehe mich ein Auge sah? Wie nie gewesen wäre ich dann, vom Mutterleib zum Grab getragen. Sind wenig nicht die Tage meines Lebens? Lass ab von mir, damit ich ein wenig heiter blicken kann, bevor ich fortgehe ohne Wiederkehr ins Land des Dunkels und des Todesschattens, ins Land, so finster wie die Nacht, wo Todesschatten herrscht und keine Ordnung, und wenn es leuchtet, ist es wie tiefe Nacht. Antwort Befreie mich, Herr, vom ewigen Tode an jenem Tage des Zitterns, wenn Himmel und Erde wanken werden, wenn du kommst, die Welt im Feuer zu richten. Vers Beben überfällt mich und Furcht, sobald die Entscheidung kommt und der drohende Zorn, wenn Himmel und Erde wanken werden. Vers Jener Tag, Tag des Zornes, des Unglücks und des Elends, großer Tag von tiefer Bitterkeit! Wenn du kommst, die Welt im Feuer zu richten. Vers Herr, gib ihnen die ewige Ruhe und das ewige Licht leuchte ihnen. Befreie mich, Herr, vom ewigen Tod an jenem Tag des Bebens, wenn Himmel und Erde wanken werden, wenn du kommst, die Welt im Feuer zu richten. Laudes. Antiphon Jubeln sollen. Psalm [51] Gott, sei mir gnädig nach deiner Huld, tilge meine Frevel nach deinem reichen Erbarmen! Wasch meine Schuld von mir ab, und mach mich rein von meiner Sünde! Denn ich erkenne meine bösen Taten, meine Sünde steht mir immer vor Augen. Gegen dich allein habe ich gesündigt, ich habe getan, was dir missfällt. So behältst du recht mit deinem Urteil, rein stehst du da als Richter. Denn ich bin in Schuld geboren; in Sünde hat mich meine Mutter

Stundenbuch nach römischem Brauch
Totenoffizium

empfangen. Lauterer Sinn im Verborgenen gefällt dir, im Geheimen lehrst du mich Weisheit. Entsündige mich mit Ysop, dann werde ich rein; wasche mich, dann werde ich weißer als Schnee. Sättige mich mit Entzücken und Freude! Jubeln sollen die Glieder, die du zerschlagen hast. Verbirg dein Gesicht vor meinen Sünden, tilge all meine Frevel! Erschaffe mir, Gott, ein reines Herz, und gib mir einen neuen, beständigen Geist! Verwirf mich nicht von deinem Angesicht, und nimm deinen heiligen Geist nicht von mir! Mach mich wieder froh mit deinem Heil; mit einem willigen Geist rüste mich aus! Dann lehre ich Abtrünnige deine Wege, und die Sünder kehren um zu dir. Befrei mich von Blutschuld, Herr, du Gott meines Heiles, dann wird meine Zunge jubeln über deine Gerechtigkeit. Herr, öffne mir die Lippen, und mein Mund wird deinen Ruhm verkünden. Schlachtopfer willst du nicht, ich würde sie dir geben; an Brandopfern hast du kein Gefallen. Das Opfer, das Gott gefällt, ist ein zerknirschter Geist, ein zerbrochenes und zerschlagenes Herz wirst du, Gott, nicht verschmähen. In deiner Huld tu Gutes an Zion; bau die Mauern Jerusalems wieder auf! Dann hast du Freude an rechten Opfern, an Brandopfern und Ganzopfern, dann opfert man Stiere auf deinem Altar. Herr, gib ihnen die ewige Ruhe und das ewige Licht leuchte ihnen! Antiphon Jubeln sollen die Glieder, Herr, die du zerschlagen hast. Antiphon Du erhörst. Psalm [65] Dir gebührt Lobgesang, Gott, auf dem Zion, dir erfüllt man Gelübde. Du erhörst die Gebete. Alle Menschen kommen zu dir unter der Last ihrer Sünden. Unsere Schuld ist zu groß für uns, du wirst sie vergeben. Wohl denen, die du erwählst und in deine Nähe holst, die in den Vorhöfen deines Heiligtums wohnen. Wir wollen uns am Gut deines Hauses sättigen, am Gut deines Tempels. Du vollbringst erstaunliche Taten, erhörst uns in Treue, du Gott unsres Heiles, du Zuversicht aller Enden der Erde und der fernsten Gestade. Du gründest die Berge in deiner Kraft, du gürtest dich mit Stärke. Du stillst das Brausen der Meere, das Brausen ihrer Wogen, das Tosen der Völker. Alle, die an den Enden der Erde wohnen, erschauern vor deinen Zeichen; Ost und West erfüllst du mit Jubel. Du sorgst für das Land und tränkst es; du überschüttest es mit Reichtum. Der Bach Gottes ist reichlich gefüllt, du schaffst ihnen Korn; so ordnest du alles. Du tränkst die Furchen, ebnest die Schollen, machst sie weich durch Regen, segnest ihre Gewächse. Du krönst das Jahr mit deiner Güte, deinen Spuren folgt Überfluss. In der Steppe prangen die Auen, die Höhen umgürten sich mit Jubel. Die Weiden schmücken sich mit Herden, die Täler hüllen sich in Korn. Sie jauchzen und singen. Herr, gib ihnen die ewige Ruhe und das ewige Licht leuchte ihnen! Antiphon Du erhörst die Gebete, Herr. Alle Menschen kommen zu dir. Antiphon Mich hält fest. Psalm [63] Gott, du mein Gott, dich suche ich, meine Seele dürstet nach dir. Nach dir schmachtet mein Leib wie dürres, lechzendes Land ohne Wasser. Darum halte ich Ausschau nach dir im Heiligtum, um deine Macht und Herrlichkeit zu sehen. Denn deine Huld ist besser als das Leben; darum preisen dich meine Lippen. Ich will dich rühmen mein Leben lang, in deinem Namen die Hände erheben. Wie an Fett und Mark wird satt meine Seele, mit jubelnden Lippen soll mein Mund dich preisen. Ich denke an dich auf nächtlichem Lager und sinne über dich nach, wenn ich wache. Ja, du wurdest meine Hilfe; jubeln kann ich im Schatten deiner Flügel. Meine Seele hängt an dir, mich hält fest deine rechte Hand. Viele trachten mir ohne Grund nach dem Leben, aber sie müssen hinabfahren in die Tiefen der Erde. Man gibt sie der Gewalt des Schwertes preis, sie werden eine Beute der Schakale. Der König aber freue sich an Gott. Wer bei ihm schwört, darf sich rühmen. Doch allen Lügnern wird der Mund verschlossen. Psalm [67] Gott sei uns gnädig und segne uns. Er lasse über uns sein Angesicht leuchten, damit auf Erden sein Weg erkannt wird und unter allen Völkern sein Heil. Die Völker sollen dir danken, o Gott, danken sollen dir die Völker alle. Die Nationen sollen sich freuen und jubeln. Denn du richtest den Erdkreis gerecht. Du richtest die Völker nach Recht und regierst die Nationen auf Erden. Die Völker sollen dir danken, o Gott, danken sollen dir die Völker alle. Das Land gab seinen Ertrag. Es segne uns Gott, unser Gott. Es segne uns Gott. Alle Welt fürchte und ehre ihn. Herr, gib ihnen die ewige Ruhe und das ewige Licht leuchte ihnen! Antiphon Mich hält fest deine rechte Hand, Herr. Antiphon Vor der Pforte. Gesang des Königs Hiskija [Jes 38, 10–20] Ich sagte: In der Mitte meiner Tage muss ich hinab zu den Pforten der Unterwelt, man raubt mir den Rest meiner Jahre. Ich sagte: Ich darf den Herrn nicht mehr schauen im Land der Lebenden, keinen Menschen mehr sehen bei den Bewohnern der Erde. Meine Hütte bricht man über mir ab, man schafft sie weg wie das Zelt eines Hirten. Wie ein Weber hast du mein Leben zu Ende gewoben, du schneidest mich ab wie ein fertig gewobenes Tuch. Vom Anbruch des Tages bis in die Nacht gibst du mich völlig preis; bis zum Morgen schreie ich um Hilfe. Wie ein Löwe zermalmt er all meine Knochen. Ich zwitschere wie eine Schwalbe, ich gurre wie eine Taube. Meine Augen blicken ermattet nach oben: Ich bin in Not, Herr. Steh mir bei! Was kann ich ihm sagen, was soll ich reden, da er es selber getan hat? Es flieht mich der Schlaf; denn meine Seele ist verbittert. Herr, ich vertraue auf dich; du hast mich geprüft. Mach mich gesund, und lass mich wieder genesen! Du hast mich aus meiner bitteren Not gerettet, du hast mich vor dem tödlichen Abgrund bewahrt; denn all meine Sünden warfst du hinter deinen Rücken. Ja, in der Unterwelt dankt man dir nicht, die Toten loben dich nicht; wer ins Grab gesunken ist, kann nichts mehr von deiner Güte erhoffen. Nur die Lebenden danken dir, wie ich am heutigen Tag. Von deiner Treue erzählt der Vater den Kindern. Der Herr war bereit, mir zu helfen; wir wollen singen und spielen im Haus des Herrn, solange wir leben. Herr, gib ihnen die ewige Ruhe und das ewige Licht leuchte ihnen! Antiphon Vor der Pforte der Hölle rette, Herr, ihre Seelen! Antiphon Alles, was atmet. Psalm [148] Lobet den Herrn vom Himmel her, lobt ihn in den Höhen: Lobt ihn, all seine Engel, lobt ihn, all seine Scharen; lobt ihn, Sonne und Mond, lobt ihn, all ihr leuchtenden Sterne; lobt ihn, alle Himmel und ihr Wasser über dem Himmel! Loben sollen sie den Namen des Herrn; denn er gebot, und sie waren erschaffen. Er stellte sie hin für immer und ewig, er gab ihnen ein Gesetz, das sie nicht übertreten. Lobet den Herrn, ihr auf der Erde, ihr Seeungeheuer und all ihr Tiefen, Feuer und Hagel, Schnee und Nebel, du Sturmwind, der sein Wort vollzieht, ihr Berge und all ihr Hügel, ihr Fruchtbäume und alle Zedern, ihr wilden Tiere und alles Vieh, Kriechtiere und gefiederte Vögel, ihr Könige der Erde und alle Völker, ihr Fürsten und alle Richter auf Erden, ihr jungen Männer und auch ihr Mädchen, ihr Alten mit den Jungen! Loben sollen sie den Namen des Herrn; denn sein Name allein ist erhaben, seine Hoheit strahlt über Erde und Himmel. Seinem Volk verleiht er Macht, das ist ein Ruhm für all seine Frommen, für Israels Kinder, das Volk, das ihm nahen darf. Psalm [149] Singet dem Herrn ein neues Lied! Sein Lob erschalle in der Gemeinde der Frommen. Israel soll sich über seinen Schöpfer freuen, die Kinder Zions über ihren König jauchzen. Seinen Namen sollen sie loben beim Reigentanz, ihm spielen auf Pauken und Harfen. Der Herr hat an seinem Volk Gefallen, die Gebeugten krönt er mit Sieg. In festlichem Glanz sollen die Frommen frohlocken, auf ihren Lagern jauchzen: Loblieder auf Gott in ihrem Mund, ein zweischneidiges Schwert in der Hand, um die Vergeltung zu vollziehen an den Völkern, an den Nationen das Strafgericht, um ihre Könige mit Fesseln zu binden, ihre Fürsten mit eisernen Ketten, um Gericht über sie zu halten, so wie geschrieben steht. Herrlich ist das für all seine Frommen. Psalm [150] Lobet Gott in seinem Heiligtum, lobt ihn in seiner mächtigen Feste! Lobt ihn für seine großen Taten, lobt ihn in seiner gewaltigen Größe! Lobt ihn mit dem Schall der Hörner, lobt ihn mit Harfe und Zither! Lobt ihn mit Pauken und Tanz, lobt ihn mit Flöten und Saitenspiel! Lobt ihn mit hellen Zimbeln, lobt ihn mit klingenden Zimbeln! Alles, was atmet, lobe den Herrn! Herr, gib ihnen die ewige Ruhe und das ewige Licht leuchte ihnen! Antiphon Alles, was atmet, lobe den Herrn! Vers Eine Stimme vom Himmel hörte ich, die zu mir sagte: Schreibe: Selig die Toten, die im Herrn sterben. Antiphon Ich bin. Gesang des Zacharias [Lk 1, 68–79] Gepriesen sei der Herr, der Gott Israels! Denn er hat sein Volk besucht und ihm Erlösung geschaffen; hat uns einen mächtigen Retter gesandt aus dem Haus seines Knechtes David. So hat er durch seine heiligen Propheten verheißen schon seit uralten Zeiten: Er werde uns vor unseren Feinden retten und vor allen, die uns mit ihrem Hass verfolgen; er werde sich unserer Väter erbarmen und sich an seinen heiligen Bund erinnern, an den Eid, den er unserem Vater Abraham geschworen hat; er werde uns aus der Gewalt unserer Feinde befreien, damit wir ihm furchtlos dienen und heilig und gerecht vor ihm leben all unsre Tage. Du aber, Kind, wirst ein Prophet des Höchsten sein, denn du wirst dem Herrn vorangehen und ihm den Weg bereiten. Du wirst seinem Volk die Einsicht schenken, dass es gerettet wird durch die Vergebung der Sünden; denn unser Gott ist reich an Erbarmen, darum kommt zu uns das strahlende Licht aus der Höhe. Es wird allen leuchten, die in Finsternis sitzen und im Dunkel des Todes; es wird unsere Schritte auf den Weg des Friedens lenken. Herr, gib ihnen die ewige Ruhe und das ewige Licht leuchte ihnen! Antiphon Ich bin die Auferstehung und das Leben. Wer an mich glaubt, wird leben, auch wenn er schon gestorben ist, und jeder, der an mich glaubt,

Stundenbuch nach römischem Brauch
Totenoffizium

wird leben in Ewigkeit. Kyrie eleison! Christe eleison! Kyrie eleison! Vater unser im Himmel, geheiligt werde dein Name; dein Reich komme; dein Wille geschehe, wie im Himmel, so auf Erden. Unser tägliches Brot gib uns heute, und vergib uns unsere Schuld, wie auch wir vergeben unseren Schuldigern; und führe uns nicht in Versuchung, sondern erlöse uns von dem Bösen. Amen. Psalm [130] Aus der Tiefe rufe ich, Herr, zu dir: Herr, höre meine Stimme! Wende dein Ohr mir zu, achte auf mein lautes Flehen! Würdest du, Herr, unsere Sünden beachten, Herr, wer könnte bestehen? Doch bei dir ist Vergebung, damit man in Ehrfurcht dir dient. Ich hoffe auf den Herrn, es hofft meine Seele, ich warte voll Vertrauen auf sein Wort. Meine Seele wartet auf den Herrn mehr als die Wächter auf den Morgen. Mehr als die Wächter auf den Morgen soll Israel harren auf den Herrn. Denn beim Herrn ist die Huld, bei ihm ist Erlösung in Fülle. Ja, er wird Israel erlösen von all seinen Sünden. Herr, gib ihnen die ewige Ruhe und das ewige Licht leuchte ihnen! Vers Vor der Pforte der Hölle rette, Herr, ihre Seelen. Lasse sie ruhen in Frieden! Amen. Herr, höre mein Gebet und lass mein Rufen zu dir kommen! Lasset uns beten. Gebet Das Los seliger Auferstehung möge zuteil werden den Seelen aller verstorbenen Gläubigen. Lass ewiges Leben sie verdienen im Himmel. Durch dich, Jesus Christus, Erlöser der Welt, Gott, der lebt und herrscht von Ewigkeit zu Ewigkeit. Amen. Lass sie ruhen in Frieden! Amen.

(Zusammenstellung: Ulrike Surmann)

Katalog der 34 Handschriften

Noyon-Psalter
Lateinischer Psalter für ein
Mitglied der Benediktinerabtei
Saint-Eloi in Noyon
Noyon, um 1270

Im großen historischen Überblick trifft sicher zu, dass die Entwicklung vom Psalterium zum Stundenbuch verlief. Aus den 150 Psalmen der Vulgata, die man in ihrer Gesamtheit König David zuschrieb, obwohl nicht alle als dessen Werk in der Bibel bezeichnet sind, und den wenigen anderen hymnischen Texten der Bibel, den Cantica, setzten sich die frühesten Gebetbücher der Christenheit zusammen, vielleicht noch ergänzt durch Anrufungen und Gebete. Daraus entwickelte sich schon früh ein Buchtyp, der mit einem Kalender beginnt, dann in einem geschlossenen Block die Psalmen mit den Cantica bietet, die Heiligenlitanei anfügt und mit wenigen Gebeten endet.

Weil die 150 Psalmen nicht in einem Stück zu beten waren, kamen früh Gliederungen des Psalters auf, in denen man sie nach unterschiedlichen Regeln verschiedenen Tagen und Tageszeiten zuordnete. Auf sie geht zurück, dass selbst die Psalmenabschriften in Vollbibeln gern eine meist gleichbleibende Anzahl von sieben bis neun Psalmen durch besondere Dekoration hervorhoben. Psalmen bilden zudem den Hauptbestandteil der nach Stunden geordneten Offizien in Brevier und Stundenbuch. Für diese Verwendung stand man vor der Wahl, entweder die biblische Textfolge aufzubrechen und die jeweils benötigten Psalmen so abzuschreiben, wie sie zu den einzelnen Stunden nötig waren, oder einfach die Textfolge zu belassen und in einem Anhang immer nur durch Zitat der Anfangsworte der jeweils zu lesenden Psalmen diese in ein kurzgefasstes Offizium aufzunehmen. Wo man die Psalmenfolge intakt hielt, konnten bereits kurze Texte dafür sorgen, dass aus dem Psalterium ein Stundenbuch wurde, ein sogenanntes Psalter-Stundenbuch. Die Variationsbreite ist ungemein groß, weil die mit dem kanonischen biblischen Text verbundenen fremden Partien in erstaunlicher Variation verfügbar waren.

Für die Geschichte der Frömmigkeit sind Beispiele wie das vorliegende besonders aufschlussreich. Auf den ersten Blick würde man das Manuskript als ein Prachtpsalterium bezeichnen, wenn es eine vorgeschaltete Bildfolge, meist aus dem Leben Christi, ergänzt durch Heiligenbilder, besäße; doch fehlt von einem solchen Zyklus jede Spur. Den Beginn bildet das Kalendarium, das in seiner komplexen Struktur zeigt, dass dieses Buch eher für das Umfeld eines geistlichen Hauses als für Laien gedacht war. An der unterschiedlichen Stufung der Heiligentage wird dabei deutlich, dass der Kalender keineswegs auf das folgende Buch passt, wenn beispielsweise die Anzahl der Lesungen, die am jeweiligen Tage vorgesehen sind, bezeichnet

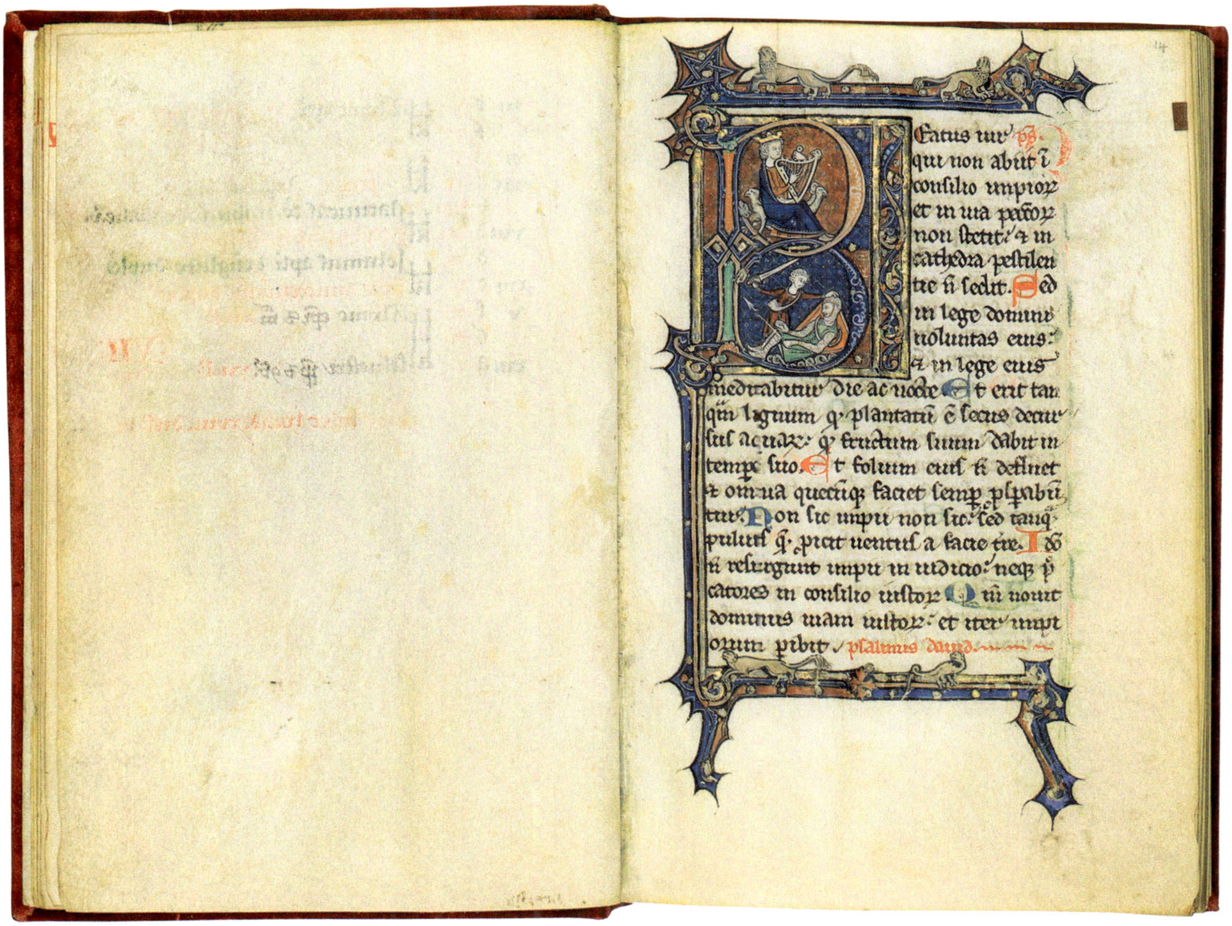

1 *Noyon-Psalter*
um 1270

13v–14r Initiale zu Psalm 1. David als königlicher Autor und Sänger der Psalmen sowie als Knabe, der eben im Begriff ist, dem besiegten Riesen Goliath das Haupt abzuschlagen.

wird, es aber die verlangten Lektionen gar nicht enthält. Entwicklungsgeschichtlich bereitet sich vor, dass die Benutzer eines Buches, die den täglich wechselnden Gottesdienst nicht tätig mitgestalten, in den Kalendarien auf die unterschiedliche Gewichtung des Heiligengedenkens hingewiesen werden. Die Anzahl der Lesungen deutet also nur noch den wechselnden Festgrad der einzelnen Tage an.

Das Psalterium enthält keine Einschübe, die bei der liturgischen Verwendung des Buches nötig wären, also weder Antiphonen noch Rubriken. An die Psalmen schließen sich die Cantica an, denen unter demselben Begriff das keineswegs biblische »Symbolum Athanasii« folgt. Der Text, auch als »Quicumque« bekannt und in zahlreichen Stundenbüchern zu finden, enthält vierzig Sätze mit einem trinitarischen Glaubensbekenntnis, das nicht vollständig mit dem des Konzils von Nicäa übereinstimmt. Der Autor ist strittig und eher in Frankreich, Italien oder Spanien ansässig gewesen; die neueren Zuschreibungen reichen von Hilarius von Poitiers über Paulinus von Aquileia bis zu Isidor von Sevilla.

Gebete schließen sich an, sog. Kollekten. Sir Sydney Cockerell hat darauf hingewiesen, dass diese Textgruppe sehr frühe Quellen hat; er zitiert einen Psalter des 12. Jahrhunderts aus Saint-Bertin in Saint-Omer (Cambridge, St. John's College, C 18). Diese Gebetsfolge ist für den Klostergebrauch konzipiert, beginnt man doch mit einem Gebet »pro congregatione«, um dann für Bischöfe und Äbte und für die Mitglieder der Ordensgemeinschaft zu beten.

Den Schluss unserer Handschrift bilden Stundengebete und eine Messe: ein Samstagsoffizium der Jungfrau Maria, das mit der Vesper einsetzt und mit der Non abschließt, sowie ein Adventsoffizium. Beide Marientexte stimmen nicht mit jenen Offizien überein, welche die Gebetsstunden von Matutin bis Komplet umfassen und aus ungezählten späten Stundenbüchern geläufig sind. Statt des später üblichen Totenoffiziums folgt darauf noch die Totenmesse, also das Requiem.

Die Verwurzelung in monastischen Traditionen, der Verzicht auf alles, was zum selbstständigen Laiengebet gehört, sowie die Eigenheiten in Kalendar und Litanei lassen annehmen, dass dieser Kodex wohl für ein Mitglied der Benediktinerabtei Saint-Eloi in Noyon geschaffen wurde. In der Handschrift verbindet sich die alte Überlieferung, die den gesamten Psalter König David zuschreibt, mit den Wünschen eines offenbar aus adeligem Hause stammenden Mönchs. König David als Harfner und der Hirtenknabe David als Sieger über Goliath bilden den Auftakt zu diesem

I *Noyon-Psalter*
um 1270

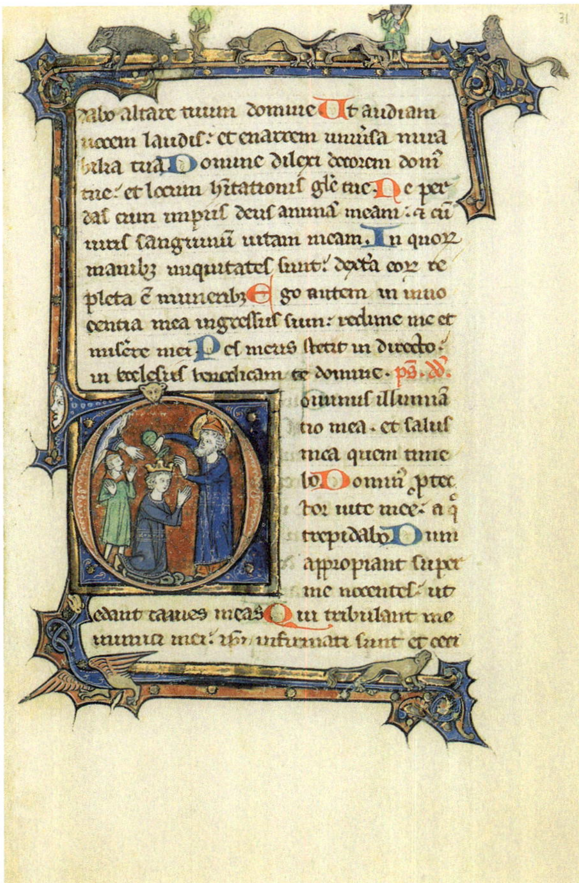

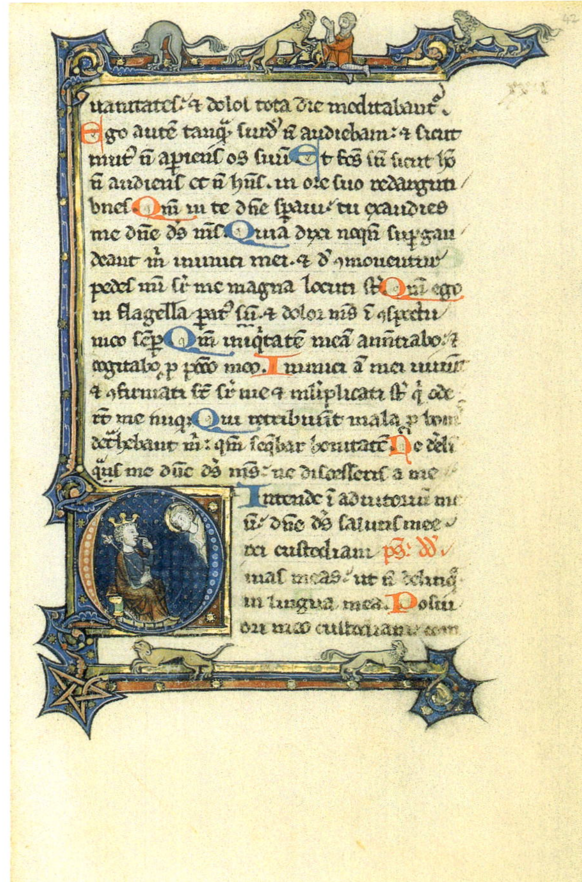

31r Initiale zu Psalm 26. Der mit Heiligenschein ausgezeichnete Samuel salbt den jugendlichen gekrönten David. Eberjagd auf dem oberen Zierstab

42r Initiale zu Psalm 38. Gott erscheint dem thronenden König David, der auf seinen angesichts der Frevel verstummten Mund zeigt. Auf dem oberen Zierstab kniet ein Ritter mit zum Gebet erhobenen Händen vor einem Löwen.

Buch (14r); aus der Geschichte Davids werden historische Motive wie die Krönung durch Samuel (31r) und allgemeine Motive wie sein Gebet zu Gott (42r), seine Reinigung im Wasser (64r) und sein Spiel am Carillon (78v) gezeigt, während andere Bilder den Texten entsprechend den Teufel mit dem Narren (52r), die Priester beim Chorgesang (94r) und die Trinität (106v) darstellen. Überall aber lebt, zurückhaltend und nobel, die Phantasiewelt der höfischen Gesellschaft: David ist der Löwe von Juda; deshalb tauchen überall Löwen in oft gemessener Haltung auf. Zu David wie zu dem Nutzer dieses Buchs, auch wenn letzterer das Ordensgewand des heiligen Benedikt trug, passen die Bilder von Ritterkämpfen, die von Mischwesen, halb Mensch und halb Tier, ausgeführt werden.

Ein strenges Rahmensystem verhindert, dass die Drôlerie überhand nimmt, alles Obszöne wird vermieden, so dass ein solches Buch, das am Ende der Hohen Gotik entstanden ist, noch einmal einen Blick in jene Zeit erlaubt, in der die großen französischen Kathedralen errichtet wurden. Nicht aus der Hauptstadt, sondern aus einer zweiten wichtigen Metropole des geistlichen Lebens und der gotischen Kunst stammt dieses Buch, das von Text und Gestalt her das Bewährte und Überkommene hoch hält. (Eberhard König)

Pergament 170 Blätter (je ein Vor- und Nachsatzblatt aus Pergament; alte Foliierung, die den Kalender auslässt, später getilgt); 165 x 110 mm; Lagen (mit Wortreklamanten): 1^{12+1}, $2–6^{10}$, 7^{10-1} (Blatt 64 heute als Blatt 73 eingebunden), 8^{10}, 9^{10+1} (Blatt 73 heute zwischen Blatt 83 und 84 eingebunden), $10–14^{10}$, 15^{6+1}, $16–17^{10}$; Schriftspiegel: 99 x 68 mm; einspaltig; 21 bzw. 24 (Kalendar) Zeilen; Liniierung in Schwarz. **Ausstattung** Lateinischer Text in schwarzer gotischer Buchschrift, rubriziert; Versalien rot gestrichelt; die Anfangsbuchstaben im Zeilenverlauf abwechselnd in Rot und Blau; zweizeilige Initialen in Rot und Blau auf Federwerk der Gegenfarbe, dazu ein Zierstab aus zweifarbigem Federwerk in voller Höhe des Textspiegels; die vom Schreiber des Textes in kleiner Kursive für den Schreiber der Anfangsbuchstaben und Initialen vorgeschriebenen Buchstaben vor allem in den Anfangsbuchstaben gut sichtbar; im Kalendar vierzeilige KL-Ligatur in Blau und Rot mit Federwerk der jeweiligen Gegenfarbe; die gewohnten Psalterteilungen mit acht großen, meist sechs- bis neun-, am Anfang zehnzeiligen Bildinitialen in Blau oder Purpurrot, gefüllt mit Bildmotiven vor blauem oder rotem Grund; ausstrahlend eine dreiteilige Zierleiste, die links, oben und unten um den Text greift; der Rahmen der Initialenfelder und eine Leiste

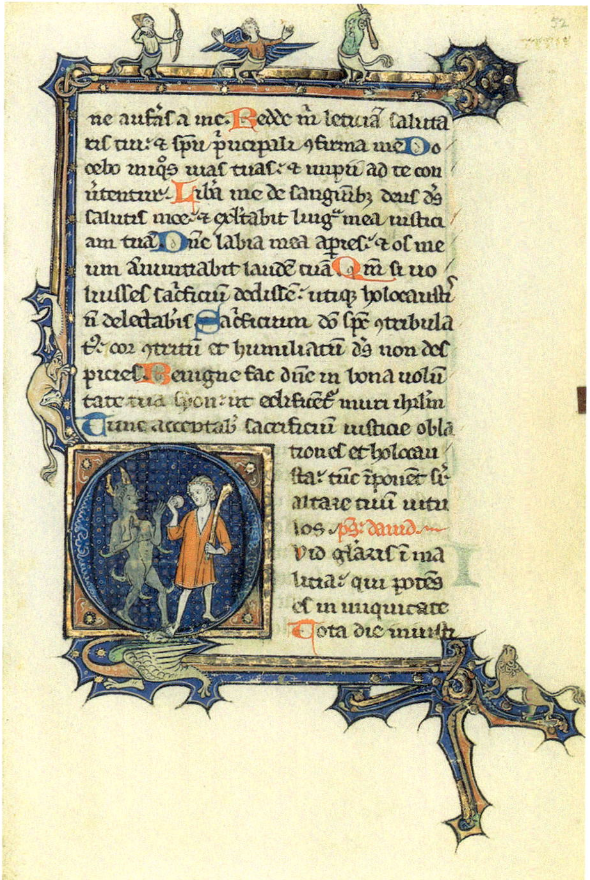

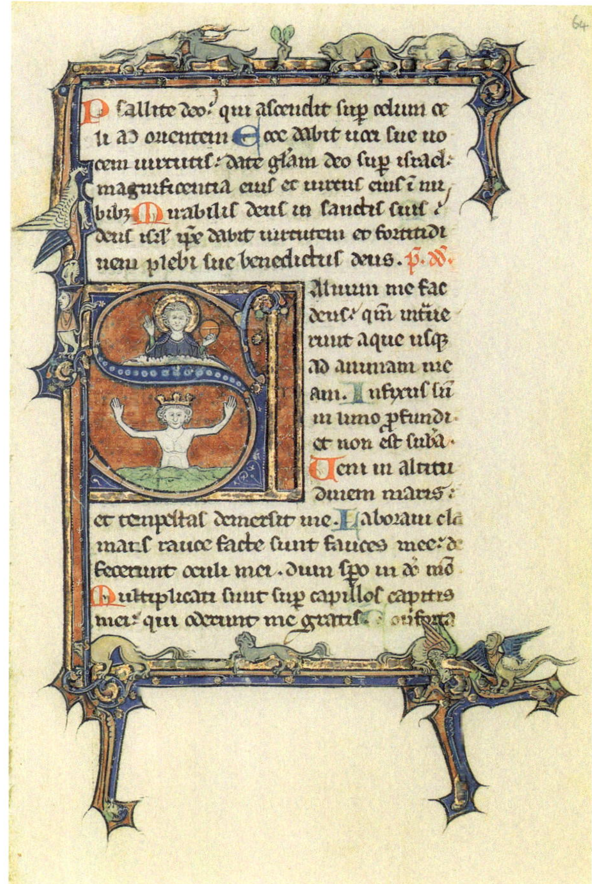

I *Noyon-Psalter*
um 1270

52r Initiale zu Psalm 51. Teufel im Disput mit einem Narren, der, wie der 52. Psalm ausführt, die Existenz Gottes leugnet. Auf dem oberen Zierstab stellen zwei mit Pfeil und Bogen bzw. mit Keule bewaffnete ein geflügeltes Mischwesen.

64r Initiale zu Psalm 68. Über dem mit erhobenen Händen im Wasser stehenden König David erscheint Gott über den Wolken gemäß den Worten des Psalms »Hilf mir, o Gott, denn die Wasser sind mir bis an den Hals gestiegen!« Tierkampfszenen und Mischwesen auf den Zierstäben

am Rand jeweils aus hochpoliertem Blattgold, noch ohne Dornblatt, mit kraftvoll ausgreifenden zackigen Formen, die entschieden durch schwarze Tintenlinien umrandet sind; darauf unten wie oben Tiermotive und Mischwesen, die auch am senkrechten Rand spielen können. **Einband** Roter Samt über den originalen Holzdeckeln; die mit Bildinitialen geschmückten Seiten durch Lederschildchen hervorgehoben; Goldschnitt; in einem von James Brockman, Oxford, signierten Buchkasten aus schwarzem Halbmaroquin; vier Scheinbünde mit der Aufschrift »LATIN PSALTER MS. NOYON C. 1270«. **Vorbesitzer** Vermutlich geschrieben für ein Mitglied der Benediktinerabtei Saint-Eloi in Noyon; 1905 bei Léon Gruel in Paris für Henry Yates Thompson (Exlibris im Vorderdeckel) erworben, dessen Ms. LXXXII; Nr. 291 in seiner Auktion bei Sotheby's am 17. 12. 1908; C. H. St John Hornby, Shelley House, Chelsea, Ms. 10; John Roland Abbey, J. A. 3170, 16. 9. 1946; British Rail Pension Fund; J. Paul Getty jr. **Inhalt** 1r Nachträge eines Nikolaus-Gebetes (in Bastarda) sowie französische Angaben zum Kalendar (in Kursive). 1v–13r Kalendar (vermutl. für die Benediktinerabtei St-Eloi in Noyon); in einer für monastischen Gebrauch üblichen Differenzierung nach insgesamt sieben verschiedenen Festgraden: *Principale*, *Duplex*, *In capis*, *In albis*, nach der Zahl der Lektionen (*xii l [ectiones]* bzw. *xiii l [ectiones]*) und *Commemoratio*; hervorgehoben: vor allem Bischof Eligius von Noyon am 14. 5. *Duplex*, 25. 6. *Principale*, 1. 12. *Principale*, 8. 12. Octav *In albis*; hl. Eunutius am 10. 9. *Duplex*, 10. 7. Translation *In capis*; zahlreiche weitere Einträge verweisen auf spezifische Kulte in Noyon bzw. auf Kapellen der Kathedrale von Noyon: 27. 11. *Translatio S. Acharii*, 11. 4. *Godeberte v. xii l.*, 16. 10. *Mummoleni xii l.*, 20. 6. *Dedicatio capelle S. Pauli apostoli*, 23. 6. *Dedicatio capelle S. Nicholai*, 3. 9. *Dedicatio capelle S. Marie*; im übrigen sind die wichtigsten Heiligen aus dem Burgundischen. 13v leer. 14r–134v Psalter. 14r Ps 1. *B (Eatus vir)*: harfespielender und gegen Goliath kämpfender David 31r Ps 26. *D (ominus illuminatio)*: gekrönter David vom nimbierten Samuel gesalbt. 42r Ps 38. *D (ixi custodiam)*: David und Erscheinung Gottes. 52r Ps 51. *Q (Uid gloriaris)*: Teufel im Gespräch mit Narren (eigentlich zum folgenden Psalm *Dixit insipiens*). 64r Ps 68. *S (Alvum me fac)*: Gotteserscheinung und im Wasser stehender David. 78v Ps 80. *E (Xultate)*: David, die Glocken eines Carillon spielend. 94r Ps 101. *D (omine exaudi)*: drei Priester, vor einem Lesepult singend. 106v Ps 109. *D (Ixit dominus)*: Trinität. 134v–143r Cantica. 143r Symbolum Athanasii. *Q (uicumque vult)*. 144v Litanei (Eligius als doppelte Anrufung am Beginn der Beken-

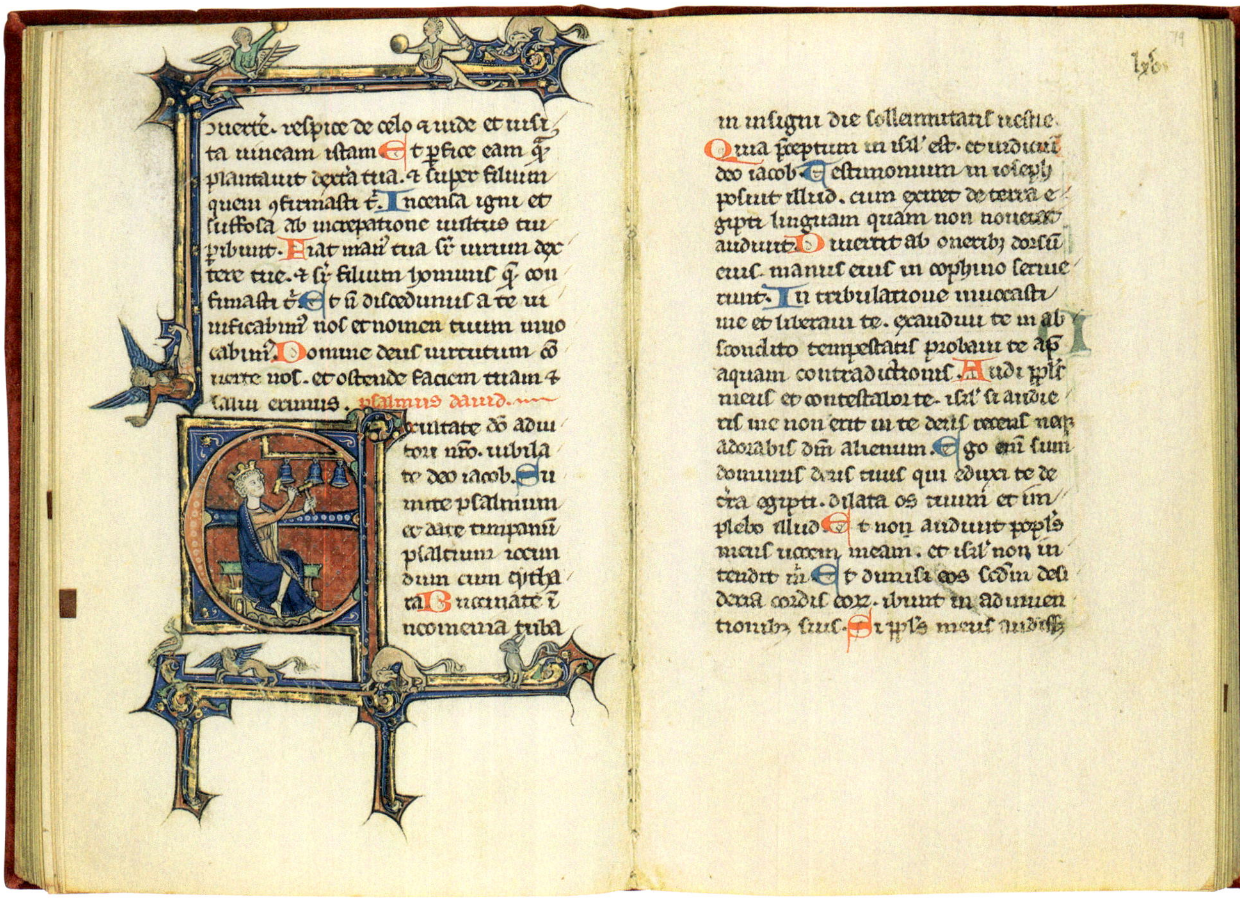

I *Noyon-Psalter* um 1270

78v–79r Initiale zu Psalm 80. David spielt die Glocken eines Carillon und stimmt damit den Lobgesang Gottes an, zu dem der Psalm auffordert. Kämpfende Mischwesen und Tiere auf den Zierstäben

ner; es folgen: Lupus, Eunutius, Silvester, Marcialis, Martin, Briccius, Ambrosius, Augustinus, Remigius, Nicolaus, Audoenus, Germanus, Medardus, Vedastus, Acharius, Remaclius, Amandus, Humbertus, Mummolenus, Gyselenus, Hieronymus, Benedictus, Maurus, Furseus, Egidius, Tillo). 149r–150v Kollekten wie in früheren monastischen Psalterien. 151r–157v Samstagsoffizium der Jungfrau Maria (unspezifisch). 158r–168v Adventsoffizium. 169r–170r Totenmesse. 170v gereimtes Mariengebet (im 15. Jh. nachgetragen). **Literatur** Sir S. Cockerell, in: A Descriptive Catalogue of Twenty Illuminated Manuscripts in the Collection of H. Yates Thompson, Third Series, Cambridge 1907, Nr. LXXXII, S. 50ff. – Leuchtendes Mittelalter II, Rotthalmünster 1990, Nr. 10.

143r (Text)

Athanasianisches Glaubensbekenntnis

Wer immer sein Heil erlangen will, muss vor allem festhalten am katholischen Glauben. Denn wenn jemand diesen Glauben nicht unverkürzt und unverletzt bewahrt, so wird er ohne Zweifel auf ewig verloren gehen. Der katholische Glaube aber besteht darin, dass wir einen Gott in der Dreifaltigkeit und in der Dreifaltigkeit die Einheit anbeten. Wir dürfen dabei weder die Personen vermengen noch die Substanz teilen. Denn eine andere ist die Person des Vaters, eine andere die Person des Sohnes, eine andere die Person des Heiligen Geistes. Aber gemeinsam ist Vater, Sohn und Heiligem Geist die Gottheit, gleich die Herrlichkeit, gleich ewig die Majestät. Wie der Vater, so der Sohn, so der Heilige Geist. Ungeschaffen der Vater, ungeschaffen der Sohn, ungeschaffen der Heilige Geist. Unermesslich der Vater, unermesslich der Sohn, unermesslich der Heilige Geist. Ewig der Vater, ewig der Sohn, ewig der heilige Geist. Und dennoch sind es nicht drei Ewige, sondern nur ein Ewiger. Wie es auch nicht drei Ungeschaffene gibt oder drei Unermessliche, sondern nur einen Ungeschaffenen und einen Unermesslichen. In gleicher Weise ist der Vater allmächtig, allmächtig der Sohn, allmächtig der Heilige Geist. Und dennoch sind es nicht drei Allmächtige, sondern nur ein Allmächtiger. So ist auch der Vater Gott, ist der Sohn Gott, Gott ist auch der Heilige Geist. Und doch gibt es nicht drei Götter, sondern es gibt nur einen Gott. So ist der Vater Herr, ist der Sohn Herr, ist der Heilige Geist Herr. Und dennoch gibt es nicht drei Herren, sondern nur einen Herrn. Denn wie die christliche Wahrheit uns lehrt, dass wir jede Person als Gott und als Herrn

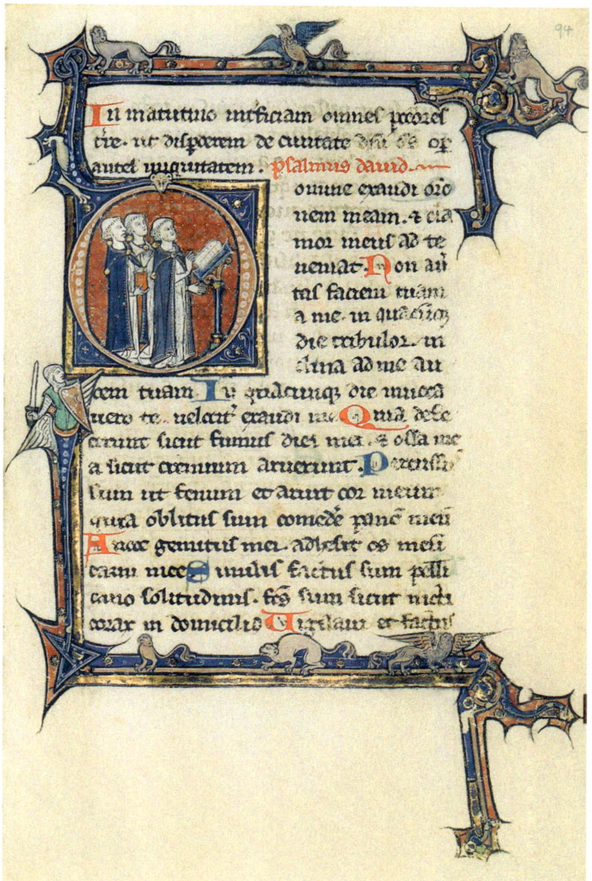

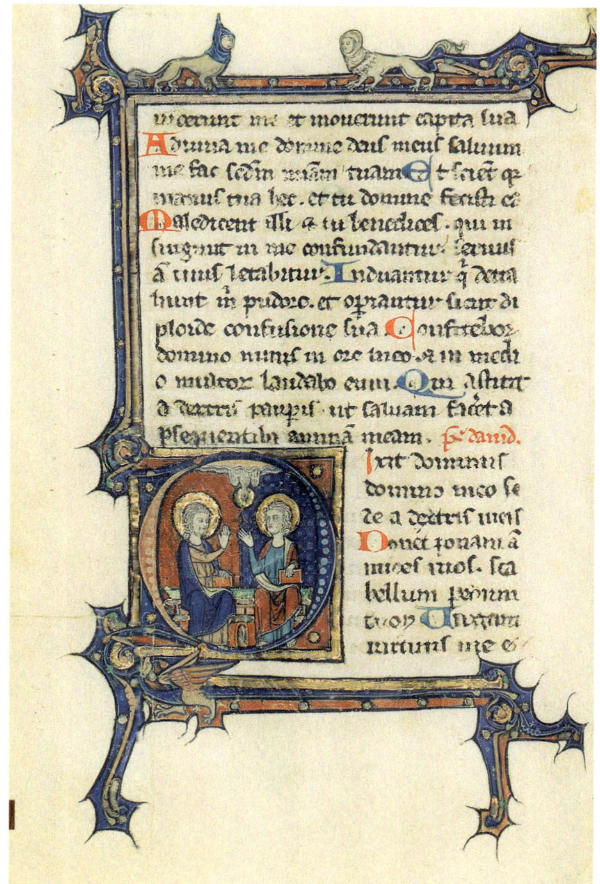

I *Noyon-Psalter* um 1270

94r Initiale zu Psalm 101. Drei Geistliche stehen singend vor einem Lesepult. Eigentlich gehören sie zu Psalm 97, in dem »dem Herrn ein neues Lied« gesungen wird. Tiere, Mischwesen und ein aus dem Ornament erwachsender gewappneter Ritter bevölkern die Zierstäbe.

106v Initiale zu Psalm 109. Die Trinität illustriert die Psalmworte: »So hat der Herr gesprochen zu meinem Herrn.« Mischwesen auf den Zierstäben

bekennen, so verbietet auch die katholische Religion, von drei Göttern oder drei Herren zu sprechen. Der Vater wurde von niemandem gemacht noch erschaffen noch gezeugt. Der Sohn wurde vom Vater weder gemacht noch geschaffen, sondern gezeugt. Der Heilige Geist wurde vom Vater und Sohn weder gemacht noch geschaffen noch gezeugt, sondern ging aus ihnen hervor. Es gibt daher nur einen Vater, nicht drei Väter, nur einen Sohn, nicht drei Söhne, nur einen Heiligen Geist, nicht drei Heilige Geister. Und in dieser Dreifaltigkeit gibt es nichts, was früher oder später, nichts was größer oder kleiner wäre, sondern alle drei Personen sind gleich ewig und einander völlig gleich. So müssen wir also, wie schon früher gesagt wurde, die Einheit in der Dreiheit und die Dreiheit in der Einheit anbeten. Wer also sein Heil erlangen will, muss in dieser Weise von der Dreifaltigkeit denken. Zum ewigen Heil ist es aber notwendig, auch an die Fleischwerdung unseres Herrn Jesus Christus zu glauben. Darin also besteht der rechte Glaube, dass wir glauben und bekennen, dass unser Herr Jesus Christus, der Sohn Gottes, Gott und Mensch ist. Gott ist er aus der Substanz des Vaters, vor aller Ewigkeit gezeugt; Mensch aus der Substanz der Mutter, in unserer Zeit geboren; vollkommener Gott und vollkommener Mensch, bestehend aus vernünftiger Seele und menschlichem Fleisch. Gleich dem Vater der Gottheit nach, kleiner als der Vater nach seiner Menschheit. Denn wenn er auch Gott ist, so gibt es doch nicht zwei, sondern nur einen Christus. Einer ist er aber nicht durch eine Verwandlung der Gottheit ins Fleisch, sondern die Aufnahme der Menschnatur in die Gottheit. Völlig einer nicht durch eine Vermischung der Substanzen, sondern durch die Einheit der Person. Denn wie aus der vernünftigen Seele und dem Fleisch ein Mensch wird, so bilden Gott und Mensch den einen Christus. Dieser hat für unser Heil gelitten, ist zur Hölle hinabgestiegen und am dritten Tag von den Toten wieder auferstanden. Er stieg hinauf in die Himmel, sitzt zur Rechten des allmächtigen Vaters und wird von dort kommen zu richten die Lebenden und die Toten. Und die Gutes getan haben, werden zum ewigen Leben eingehen, die aber Böses taten, ins ewige Feuer: Das ist der katholische Glaube. Wenn jemand nicht treu und fest das alles glaubt, kann er nicht gerettet werden.

(zitiert nach: Franz Unterkircher, Das Stundenbuch des Mittelalters, Graz 1985)

2

Lothringisches Stundenbuch
Lateinisches Stundenbuch für den Gebrauch in der Normandie oder Picardie und in Lothringen
begonnen in der Picardie oder Normandie, weitergeführt in Lothringen (Metz ?), 1. Viertel 14. Jh.

Man denkt, man kennt das Mittelalter, das man sich so vorstellt: Nach strengen Regeln bewegte sich das Leben zwischen der christlichen Kirche und der fürstlichen Obrigkeit, die in höfisch gemessener Art der Gottheit unterworfen und ihren Riten verpflichtet war. Moral, nicht Humor war in dieser Epoche großgeschrieben, die man sich unaufgeklärt und ohne rechte Freiheit, kurzum dunkel vorstellt. Selbst die Bildwelten wirken starr, weil die Überlieferung bis in Einzelheiten immer wiederholter Formeln kanonisch festgelegt war.

Doch eine faszinierende Kraft der Kunst liegt darin, vom Detail her sogar das Große in kritisches Licht zu tauchen; dabei leitet den Maler keineswegs immer sein Verstand. Die Arbeit selbst wird zur schöpferischen Kraft, als könne aus dem Tun allein schon Inspiration zur Veränderung entstehen. Wer deshalb nur neugierig und noch ganz und gar von Wissen unbelastet dieses kleinformatige, aber erstaunlich dicke Buch in die Hand nimmt, wird sein buntes Wunder erleben.

Man schlägt den Band auf und erblickt ein ganzseitiges Bild des Einzuges Christi in Jerusalem (1r); es eröffnet eine ganze Serie entsprechend großzügig bemessener Miniaturen. Die nächste Szene zeigt das Abendmahl (2r); doch erstaunlicherweise hat sich zur Gemeinschaft der Apostel Magdalena gesellt, um Christi Füße zu salben; ein bildnerischer Überschuss sorgt also dafür, dass die Salbung am Speisetische zu Bethanien eindringt in das noch viel bedeutendere »Gastmahl« Jesu, sein Letztes Abendmahl. Bei der Fußwaschung (3r), die hier bibelgerecht anschließt, erscheint Jesus bartlos, kaum von dem Jüngling zu unterscheiden, der auf dem nächsten Bild das Geld für den Verrat an Christus erhält (4r). Judas muss gemeint sein; dennoch hat ihm der Maler zunächst sogar einen Heiligenschein zugedacht, wie bei genauem Hinsehen zu erkennen ist. Bartlos bleibt Jesus auch auf dem Ölberg (5r), wo er über den eingemummelt schlafenden drei Jüngern betet. Der Erlöser ist hier am sichersten am Kreuznimbus auszumachen, möchte man meinen; doch auch Gott, der in dieser Miniatur statt des Engels mit dem Leidenskelch aus dem Himmel zu seinem Sohn spricht (was er sonst selten im Bilde tut), trägt dieses Zeichen der Passion, die nun erst beginnt. Goldgrund ziert einige der bisher gesehenen Bilder; sein Aufscheinen erstaunt aber bei der Gefangennahme (6r), die nun folgt. In grandioser Umkehr der Lichtverhältnisse wurde ausgerechnet die Lampe, die den Schergen die Nacht erhellen soll, mit Schwarz ausgemalt! Judas und Christus sind einander fast gleich,

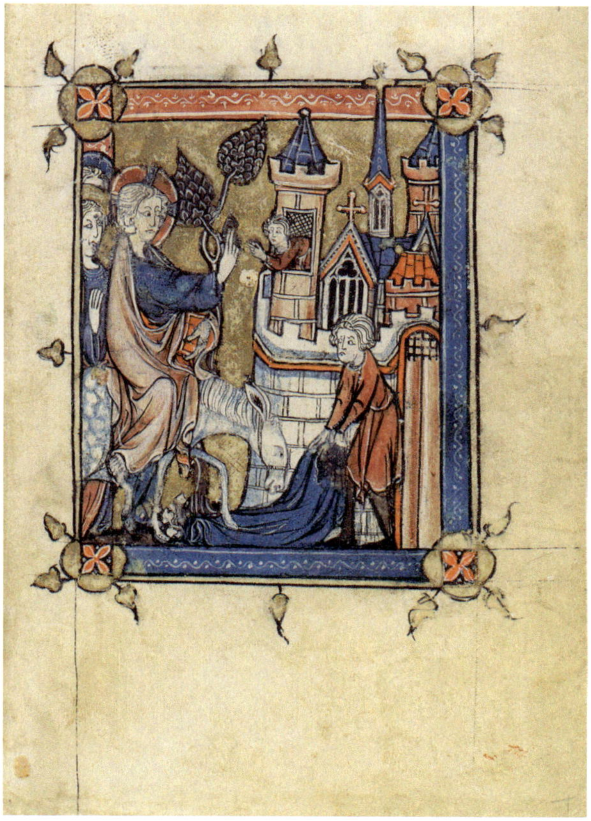

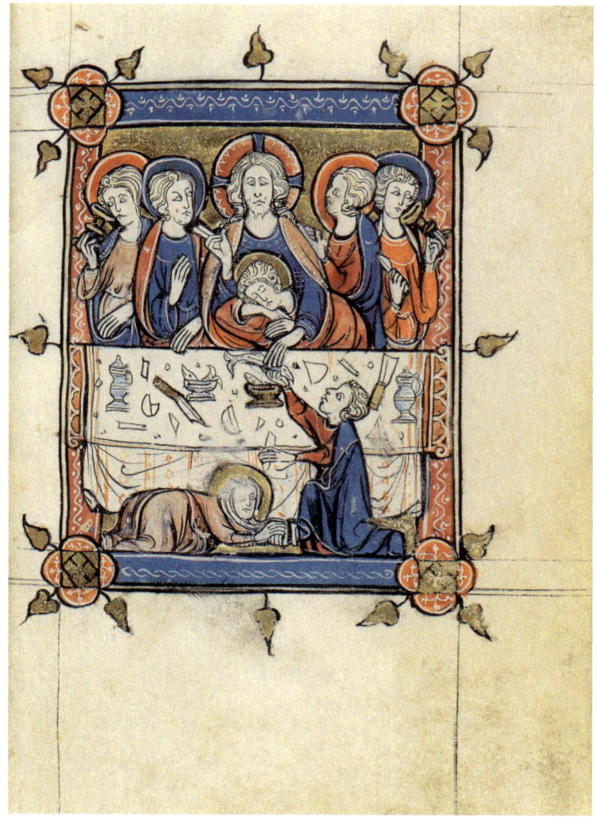

2 *Lothringisches Stundenbuch* I. Viertel 14. Jh.

Ir Einzug Christi in Jerusalem

2r Abendmahl mit Magdalena, die Christus die Füße salbt

bartlos jugendlich beide; unter dem ebenso untypischen Petrus erscheint winzig Malchus. Danach wirft Judas den Priestern die Silberlinge vor die Füße; hinter ihm taucht ein Gebäude auf, das wohl den Tempel meint (7r). Nachdenklich macht in der nächsten Miniatur die Beigabe architektonischer Motive; denn ein Bogen mit Mustergrund hinterfängt den thronenden Richter Pilatus, während sich Blattgold hinter Christus ebenso wie hinter dem Schergen ausbreitet, der mit seinem Stock auf den Gefangenen eindrischt (8r).

Ein kaum merklicher Wechsel verwandelt die Form bei der nächsten Miniatur. Stärker fällt der Bruch in der Erzählung auf; denn jetzt müsste die Schilderung der Passion erst richtig einsetzen, in vielen Einzelbildern, wie man erwarten würde, wenn bisher schon zwei Szenen Judas allein gewidmet waren. Doch schon ist das Leiden vorüber. Der Auferstandene ist gerade über den Häuptern der Apostel in den Himmel aufgefahren (9r). Blattgold glänzt auch hier, aber mit dichten Ranken besetzt. Wer von jeder Form das Symbolische erwartet, müsste meinen, der Grund verkörpere in seiner Zier die Schönheit des Himmels; doch so haben die Buchmaler nicht gedacht. Die gedrungenen kleinen Gestalten, die merklich graphische Machart, aber auch die Tatsache, dass nun Blattgold auch als Gewandfarbe eingesetzt werden kann, weist nur eine Richtung: Ein zweiter Künstler war hier am Werk. Dieser zweite Maler schuf auch die nächste Miniatur. Sie zeigt vor dunkelblauem Grund Gottes Hand in einem runden Nimbus, darunter zwei Henkersknechte mit Stangen über dem heiligen Lorenz, der wie auf einem glühenden Sarg daliegt (10r). Tränen des Mitleids, Küsse der Verehrung oder einfach der Wunsch, die Qualen des Gemarterten nicht mehr sehen zu wollen, – also kurzum das, was ich Spuren frommen Gebrauchs nenne – haben auf diesem Blatt dazu geführt, dass irgend jemand später Haupt und Leib des halbnackten Erzdiakons stark unkenntlich gemacht hat. Auf den Versoseiten von Pilatusverhör und Lorenzmarter verraten Spuren dem Kundigen, dass hier Miniaturen entfernt wurden. An Bildern bleibt dennoch kein Mangel. Man überblättert zwei leere Seiten und findet auf Folio 11v oben einen breiten gemalten Kasten, der wie ein kleiner Käfig aussieht. Daraus lugt ein Vogelkopf nach links hervor; ihn zu bekämpfen steigt ein Knabe auf, schützt sich mit einem Schild und holt mit einem Prügel weit aus; doch was ist das für ein Knabe, der aus einem Löwenleib herauswächst! Ein bärtiger Kopf und ein blauer Vogel zwängen sich in das Gefache. Nur mit Mühe liest man es als *KL*, somit als Angabe aus dem

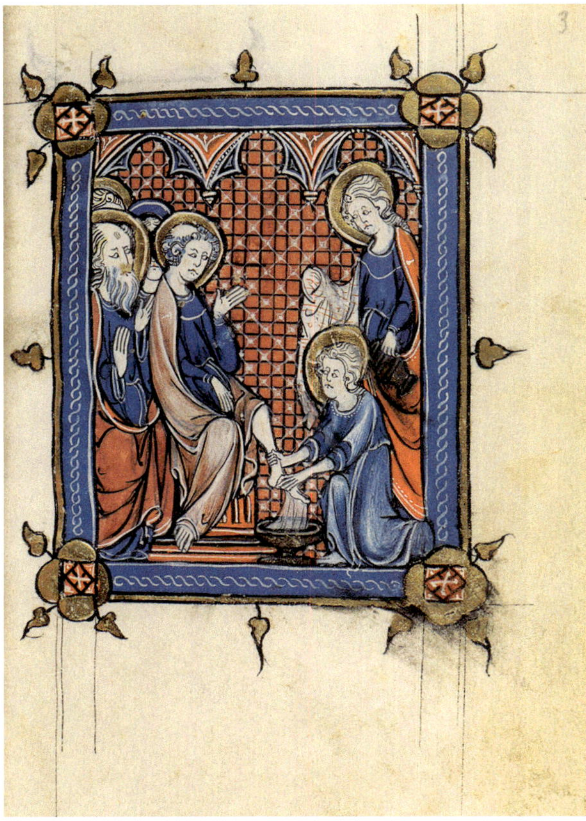

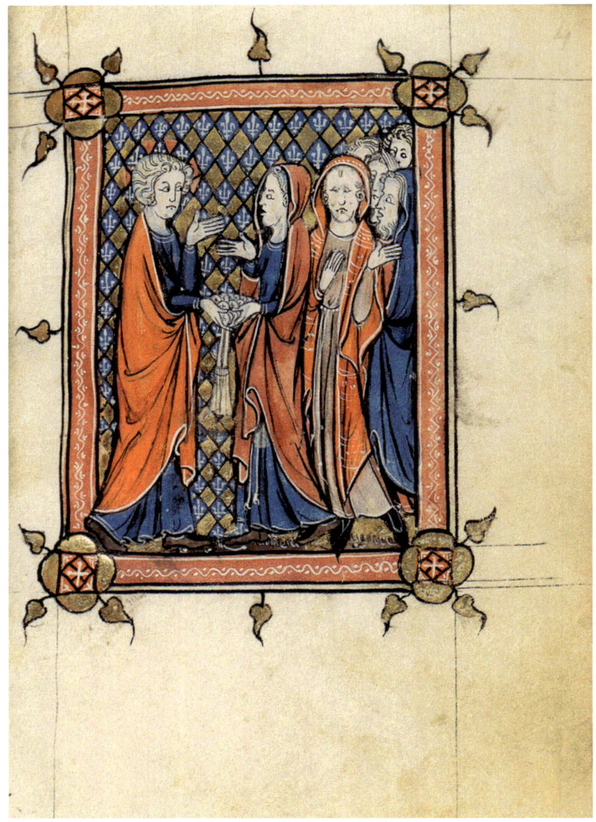

2 *Lothringisches Stundenbuch*
I. Viertel 14. Jh.

3r Christus wäscht seinen Jüngern die Füße.

4r Judas erhält die Silberlinge für seinen Verrat.

altrömischen Kalender, die den Monatsersten ankündigt. Unter den Eintragungen, die nun folgen, leitet der zweigesichtige Janus als vornehmer Herr am Speisetisch nicht nur den Januar, sondern das ganze Jahr ein; halbnackt antwortet auf der Gegenseite der Wassermann. Grotesken begleiten das nächste *KL* zum Frierenden am Kamin und dem Sternbild der Fische. Ein Bischof, wiederum aus einem Löwenkörper entspringend, reckt sich mit seiner Krümme im März zum *KL* auf, während unten Büsche beschnitten werden und der Widder zuschaut. Blumen hat ein Jüngling im April gepflückt, der dürrste denkbare Stier, fast zur Antilope geworden, schaut dabei zu. Auf einem Schimmel reitet mit Blütenzweig ein zweiter Jüngling, während ein nacktes Paar seine Blöße hinter einem goldenen Schild verbirgt; es sind die Zwillinge, deren Zyklus im Mai einsetzt. Sense, Sichel und Dreschflegel werden nun geschwungen in den Tierkreiszeichen von Krebs, Löwe und Jungfrau. Dann ist der September erreicht; jetzt erscheint ein Jüngling im Randstreifen, der einen Löwenkopf an den Locken gefasst hat und sich einem Hasen als Gegner zuwendet; derweil wird unten Wein gekeltert, während eine junge Frau die Waage hält. Im Oktober präsentiert der Affe wie ein Arzt ein Gefäß, während ein Sämann aussät und sich der Skorpion – für Buchmaler das schwierigste Tier aus dem Sternenkreis – auf eigenartige Weise krebsrot vor dunklem Grunde krümmt. Für seine Schweine schlägt ein Hirte Eicheln von Bäumen herab, vom Pfeil des Schützen auf der Gegenseite bedroht. Narrenkappe und Hahnenkörper lassen einen zweiten Arzt im Dezember vollends grotesk erscheinen; derweil wird ein Schwein geschlachtet, beäugt vom Steinbock, der sich als Halbwesen aus einem Ammonshorn entwickelt.

Völlig neu und erstaunlich nobel wird der Ton der Malereien bei erneutem Umblättern (23v). Dicht umgibt Strebewerk eine gotische Basilika, von der drei Joche recht genau gezeigt werden, mit dreiteiligen Kleeblattfenstern im Seitenschiff und breiten Lanzetten im Obergaden. Auch das ist der Tempel, ein ganz anderer als in der Passionsfolge und in seiner komplexen Struktur ein Beweis, dass es keineswegs am Miniaturformat lag, dass dort das Gebäude recht summarisch gegeben war. Niemand wird behaupten wollen, irgendjemand hätte beide Bauten gleichermaßen für denselben, den einen Tempel von Jerusalem halten können. Doch dort spielen beide Geschichten. Hier nun steigt ein Mädchen eine Treppe hinauf, kurioserweise zum Obergaden, von Mutter und Vater dorthin gebracht. Mariae Tempelgang ist gemeint, dazu das

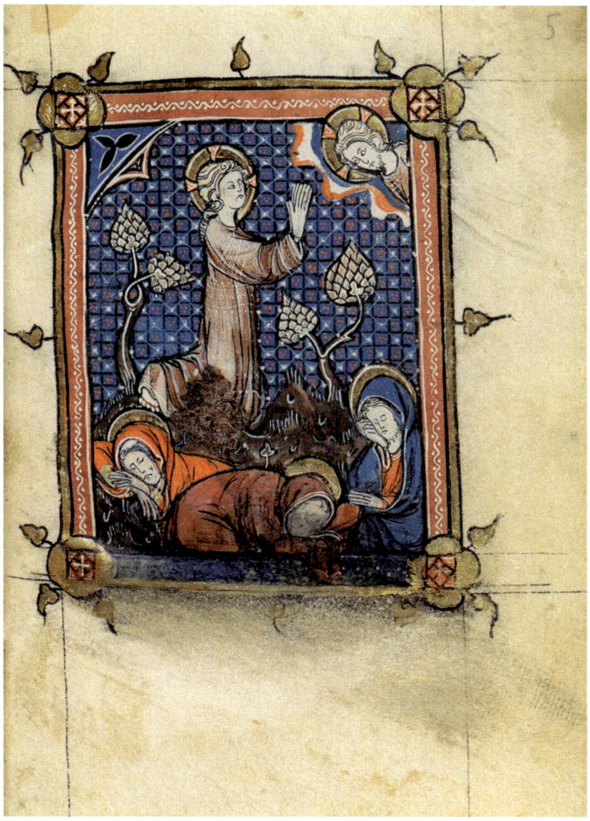

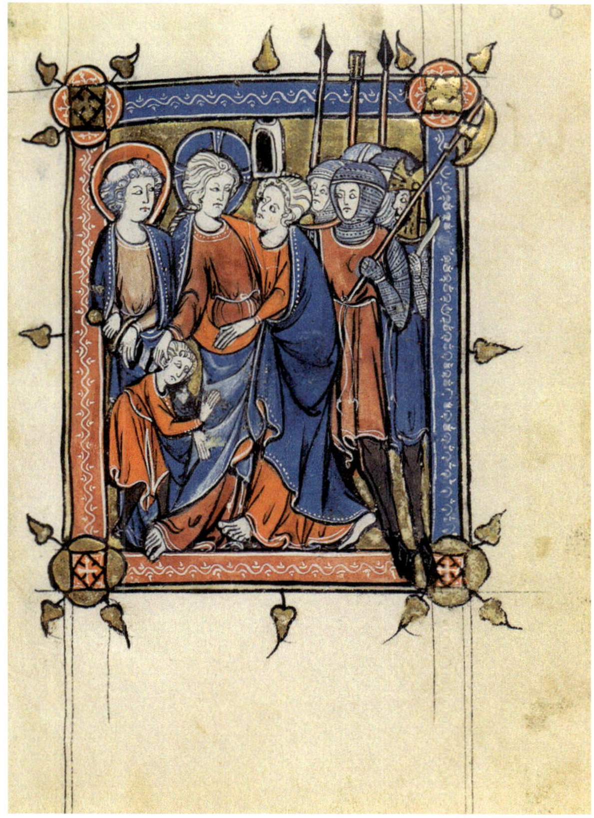

2 *Lothringisches Stundenbuch*
I. Viertel 14. Jh.

5r Gebet Christi am Ölberg

6r Gefangennahme Christi

Elternpaar Anna und Joachim, alle mit schön glänzenden Heiligenscheinen. Die Gestalten sind schlank, viel zierlicher als in den vorausgegangenen Miniaturen; grazil und hoch aufgeschossen wirken auch Maria und der Erzengel Gabriel in der Verkündigungsszene, die den mächtigen Zierbuchstaben gegenüber füllt (24r). Mit einem Mal ist nicht das rechteckige Bildfeld im Textspiegel oder im unteren Rand, sondern die Initiale der Ort für die Miniatur. Doch allein steht sie nicht; denn kleine Gestalten, Beter und Beterin wenden sich von den Mitten unten und außen zu der biblischen Szene. Damit begnügt sich der Gestalter dieser ersten prachtvollen Seite des fortlaufenden Textes noch keinesfalls. Hase und Hahn, eine Elster und ein zweiter Hase, der sogar verkleidet ist und Glöcklein schwingt, dienen dem Maler dazu, diese wichtige Buchseite geradezu triumphal zu zieren. Immerhin beginnt hier das Marienoffizium, also der Text, der dem ganzen Band den Namen gibt und ihn als Stundenbuch ausweist.

Auf der nächsten Doppelseite wird in der Initiale gebetet, während ein Priester in der Bordüre gegenüber ein Weihrauchgefäß erhebt. Doch wenn man meint, nun im ernsten Teil des Buchs angelangt zu sein, so wird man eines Besseren belehrt. Groteske Männer, einer davon in voller Rüstung, werden abgelöst von einem Wildschwein, auf das ein Jäger aus dem Gebüsch die Lanze richtet (27r). Tier und Menschen mischen sich zu grotesken Gestalten, wogegen ein Affe in goldenen Fußfesseln auf Folio 33r ein Glöckchen schwingt und ein bärtiger Kopffüßler auf der folgenden Versoseite Schwert und Schild ausstreckt, von einer Eule auf der Seite gegenüber komisch parodiert. Die Treffsicherheit der Naturbeobachtung verblüfft, wenn auf Folio 35r ein Falke mit Kappe über den Augen erscheint. Völlig grotesk wird es, wenn danach ein Kapuzenträger auf einem doppelköpfigen Hund sitzt und der Löwe den Lehren eines Tiers lauscht, das ebenfalls Kapuze trägt (35v/36r). Nach weiteren Grotesken beginnt auf Folio 40r die nächste Marienstunde, die Laudes, mit der Heimsuchung. Maria und Elisabeth stehen gleichsam im Nichts, doch über ihren Köpfen leuchtet jeweils ein einzigartiger Blattgoldschein, der vielleicht zunächst als Maßwerk einer Tür gedacht war, dann aber keine Pfosten erhielt und nun gleichsam auf den Häuptern der beiden Frauen ruht. Innig angebetet wird das Ereignis, nicht so sehr die Gestalten selbst, von einer Stifterin in goldenen Kleidern, deren schwarz-weißer Schoßhund vor ihr sitzt.

Nachdem man sich nun etwas eingesehen hat, wirken die Motive auf den folgenden Seiten vertraut. Sie

2 Lothringisches Stundenbuch
I. Viertel 14. Jh.

7r Judas wirft den Hohepriestern die Silberlinge vor die Füße.

8r Christus vor Pilatus

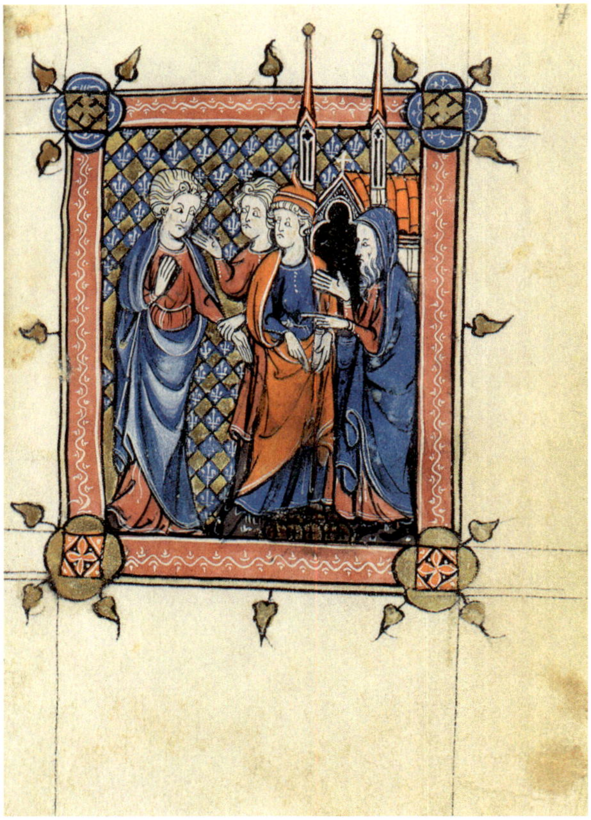

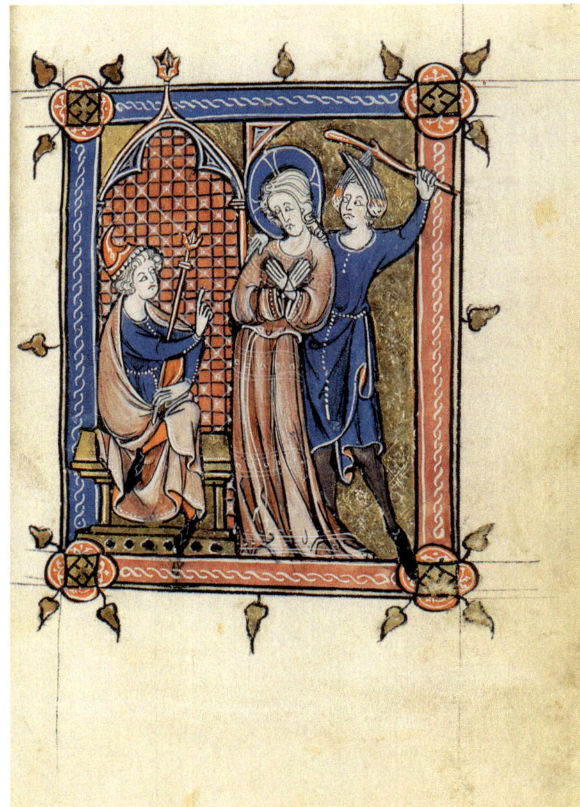

spielen mit Tier und Mensch, verraten aber immer wieder neuen Witz, eher der harmlosen Art, bis man auf Folio 49v auf eine erste Obszönität stößt. Da schießt ein blauer Hase, der einen spitzen Hut trägt, einen Pfeil in einen blanken menschlichen Hintern, denn ein hasenköpfiges Wesen hat seine Hose heruntergelassen, um zugleich zu zeigen, dass es unten ganz Mensch ist. Derweil treffen, viel gröber gemalt, auf der Gegenseite Greif und Löwe aufeinander. Nach weiteren Spielereien verdutzt auf Folio 51v ein Hund mit ähnlich heruntergelassener Hose den Schulmeister, der vor einem Halbnackten doziert, während ein zweiter Gelehrter erstaunt die Hände hochhält. Dem Schulscherz gegenüber verrenkt ein Storch gefährlich den Hals bei der Abwehr einer Ritterlanze und verspottet damit auch noch die höfische Welt. Auf dem nächsten Verso (52v) zielt ein Affe mit einer Vogelklapper auf die Szene gegenüber; da sitzen zwei Schuhmacher an zwei beinlosen Ladentischen unter ihrem Warenangebot und streiten sich. Vom ausgelassenen Spaß der Bettelmönche handelt die nächste Seite (53v). Ein Dominikaner hält eine Schwester seines Ordens, während sie sich breit auf den Rücken eines Franziskaners gesetzt hat, der auf allen Vieren plump zum Betrachter schaut; derweil wird ein zweiter Jünger des heiligen Franz von einer jungen Klarisse diesem fröhlichen Kreis zugeführt. Von fischenden Affen (54r) geht das bunte Treiben weiter, bis man zur Geburt Christi vorstößt (64v). Darunter liest eine Beterin mehr liegend als kniend, als bete sie ihr Hündchen an, das vor ihr liegt. Vis-a-vis hat ein Affe auf einem Drachenschwanz Platz genommen, um mit breitem Pinsel einen blauen Vorhang anzustreichen. Schöne Körperbeobachtung von Tier und Mensch folgt; da taucht ein nackter Bischof auf, um auf verfettetem Hasen die Lanze im Anschlag zu führen (67r); anmutig wirkt ein Tamburinspieler auf Folio 73r. Er gehört zum pastoralen Ambiente der Verkündigung an die Hirten, zu der in der Bordüre ein Hase gejagt wird. Gegenüber macht sich ein Ritter in voller Rüstung bereit, einer kecken Schnecke entgegen zu treten. Wenn auf Folio 77r eine Eule grotesk ihre Ohren ausbreitet, auf dem Verso ein Hund mit dem Schwanz Fische fangen will oder ein Mann einer verkrüppelten Närrin das verbundene Bein mit Wasser überschüttet, dann versteht man auch, warum Beterin und Hund eher komisch wirken in der Art, wie sie zur Anbetung der Weisen aus dem Morgenland in der großen Bildinitiale der Mariensext aufschauen (79r). Kopflos ist der Mann, der auf Folio 80r seine Kapuze vor sich hält; er verscheucht damit einen

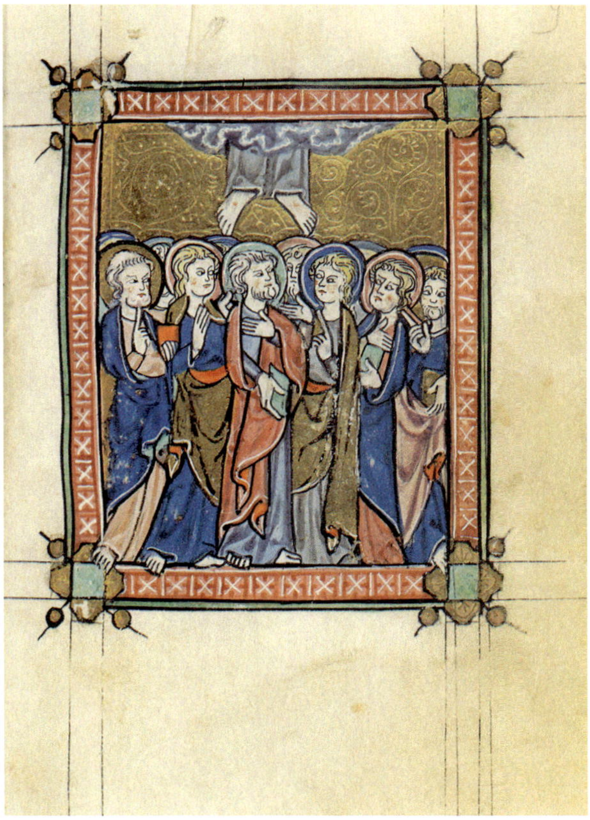

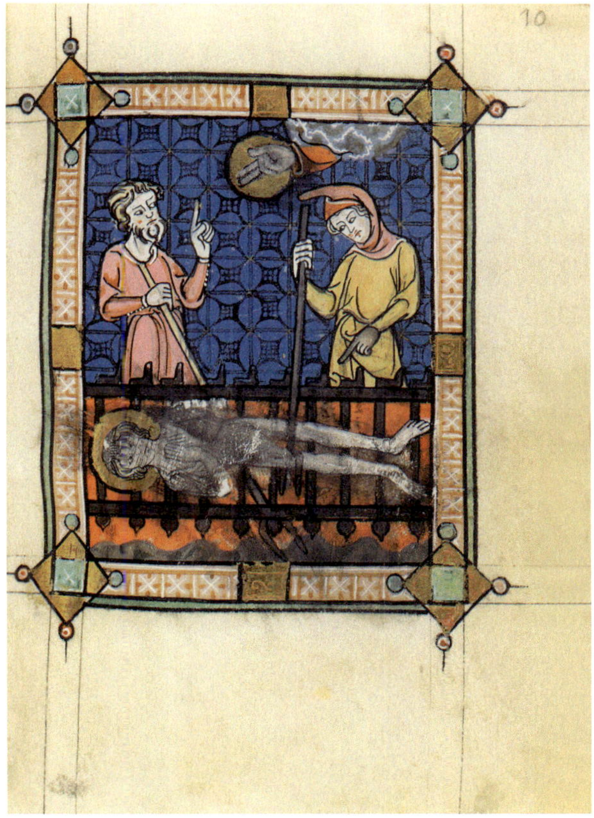

2 *Lothringisches Stundenbuch*
1. Viertel 14. Jh.

9r Himmelfahrt Christi

10r Laurentius wird auf dem glühenden Rost gemartert.

Hasen, und einen Vogel lässt er aufblicken. Auf Folio 81r wird der Reiz des Wechsels von schöner Beobachtung zu derber Groteske besonders deutlich, denn gut begriffen ist die Rückenfigur eines Jünglings, der einen Vogelkopf mit Gold füttert; kurios wirkt es, wie eine Schnecke von einem vierfüßigen Bischof ermahnt wird. Die Rollen werden zunehmend vertauscht. Ein Vogel, der einen Hund reitet, um einen Hasen zu verfolgen, stößt ins Horn (82v). Gegenüber scheint eine Elster dem schlafenden Bären in den Schlund zu schauen, nicht ohne Gefahr, wie es in Fabeln von anderen Tieren, wenn auch nicht von Elster und Bär berichtet wird.

Nicht in jeder Zeit mochten fromme Beter das, was hier zu sehen ist. Einen von ihnen ärgerte offenbar der entblößte Hintern, vor dem ein Bettler, der sein Kind geschultert hat, Almosen erfleht (83v); deshalb tilgte er das Motiv, so gut er konnte. Wie die Beterin ihr Buch hält, so fasst der Hund einen Hasen unter dem Bild der Darbringung (84v). Das Heilige und der Spaß treffen auch auf Folio 92r aufeinander; denn dort scheint eine Märtyrerin den Tambour für einen Gaukler zu schlagen, der gerade in den Ellenbogenstand gegangen ist. Groteske Kämpfe und Ränke erheitern auf den nächsten Seiten, bis auf Folio 102r ein Hase und ein Löwe mit ihren Köpfen so zusammenstoßen, dass dort doppelfarbig zwei Gesellen, blau und mauve gekleidet, Rücken an Rücken mit gezückten Keulen auftauchen. Solche Unmöglichkeiten gehörten offenbar, wie Gerhard Schmidt ermittelt hat, zu den Anfängen des Komischen in der europäischen Kultur (Schmidt 1984).

Dann plötzlich aber wird der ganze Ernst des Jüngsten Gerichts mit Höllenrachen und Feuer, dem Weltenrichter und den Seelen in Abrahams Schoß geschildert (103v/104r). Die verrücktesten Verdrehungen und Spiele, in denen auch Kapuzen eine Rolle spielen, sowie zahlreiche Doppelgestalten mit nur einem Kopf schließen sich an. Auf Folio 112r sieht es so aus, als wolle ein Affe einem zweiten ein Schriftstück aus dem Hintern ziehen. Je ein Kopf zwischen den Armen und einer zwischen den Beinen lassen auf Folio 121r einen Mann ungemein komisch wirken, der am Zeilenfüllstreifen wie an einem Reck turnt. Immer mehr Gerätschaften kommen ins Bild. Die Szenen werden komplexer, oft auch recht unübersichtlich und schwer verständlich. Dann findet die Phantasie zu Jagd und Hatz zurück. Immer wieder erkennt man Bischofsmützen auf den frechsten Tierleibern, und es würde Spaß machen, all die Andeutungen von Witz, Erotik, Kampf und Hinterhalt zu erkunden und zu schildern. Zwischendurch gewinnt auch das Fromme wieder

2 *Lothringisches Stundenbuch*
I. Viertel 14. Jh.

23v–24r Dem Marienoffizium ist der Tempelgang Mariens als Vollbild vorgeschaltet. Historisierte Initiale zur Matutin mit der Verkündigung an Maria; in der Bordüre zwei Vierpassformen mit Beterin und Beter; Drôlerien

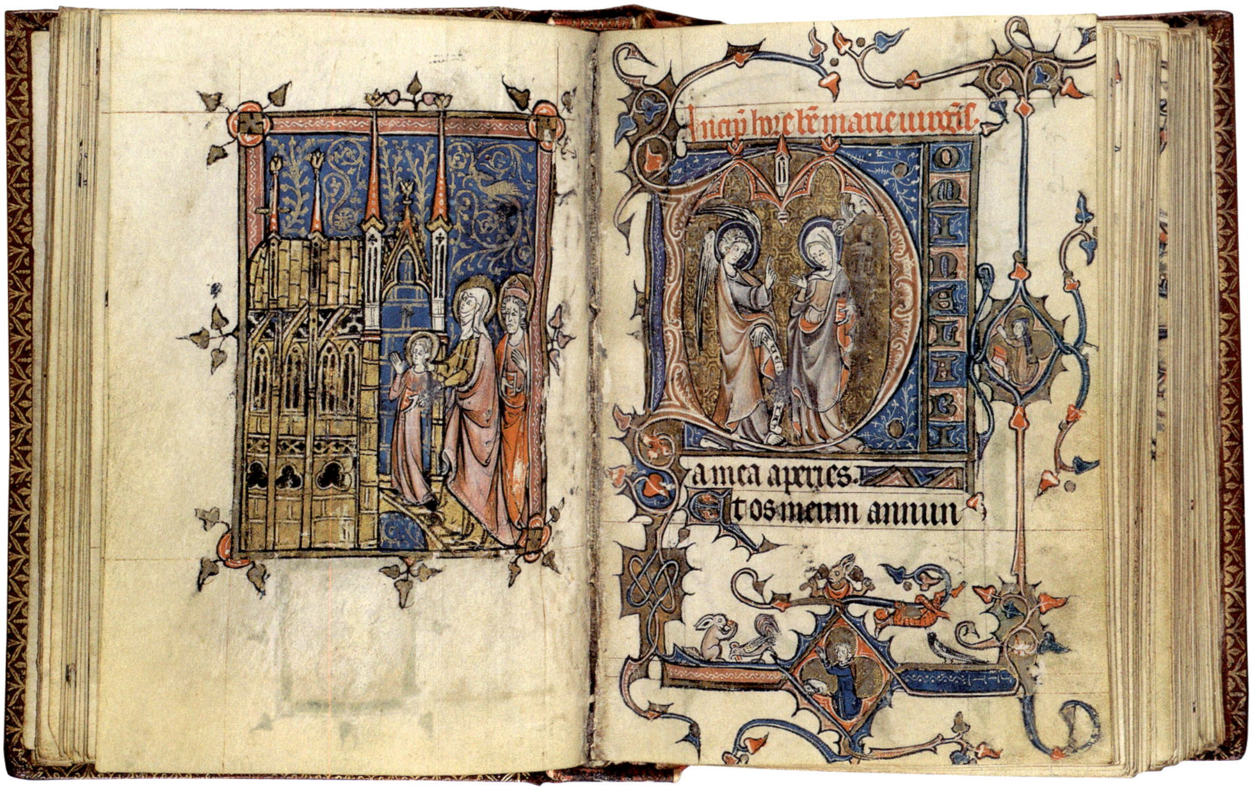

Gewicht, wenn beispielsweise aus der Initiale *I* zum *Inclina me domine* auf Folio 187v eine Art Turm wird. Zweigeschossig bietet er unten Platz für einen Beter, der in Andacht zum darüber thronenden Christus aufblickt, während unten ein Ziegenbock an einem Strauch zupft. Das wiederum ist entweder als Groteske gedacht oder vielleicht doch als ein pastorales Motiv zwischen Hirtenverkündigung und Isaaksopfer.

Die von einem zweiten Schreiber ausgeführte Textseite 189v wurde nur sparsam dekoriert und verzichtet, vielleicht aus einer anderen Moral heraus, auf Spaß und Ernst zugleich. Obwohl ab Folio 190r mit einem dritten Schreiber die Schrift und mit einem zweiten Maler die Illuminatorenhand wechseln, setzt sich die lebendige Folge aus Groteskem und Frommem fast im selben Geist wie vorher fort. Da wehrt eine Frau mit ihrer Spindel eine Schnecke ab; die Versoseite zeigt, wie ein Affe auf das Buch eines Bischofs kackt, der nicht einmal ein Halbwesen, sondern ein ganzer Mensch ist. Die Ausführung wird graphischer, die Farben etwas weniger subtil, aber im Folgenden wiederholen sich sogar Motive, die aus dem ersten Teil vertraut sind. Schon auf Folio 117v steckten zwei Vögel jämmerlich mit den Köpfen in einem Krug. Sie kehren dreimal wieder (194v, 207r und 217v). Stumpfer wirkt die Zirkusnummer unter Konstantin und Helena (198r); gröber sehen die Bischöfe allenthalben oder die grotesken Geistlichen auf Folio 205r aus. Spott auf die Bettelmönche gibt es auch hier, wenn auf Folio 215v ein Franziskaner für einen Hasen das Tamburin schlägt. Daneben bleibt es in dieser Partie ebenso bei betenden Gestalten; so erscheint auf den Folios 218v/219r eine Beterin, die von rechts unten ihr Gebet nach links schickt, wo es aus der kleinen Initiale zum großen Bild nach rechts oben weitergeleitet wird.

Mit der Phantasie gerät die Welt immer mehr aus den Fugen. Auf Folio 227r wird das bisher vertraute Schoßhündchen zu einem Löwen in einem schrillen Blau. Er blafft seine Herrin an, während sie zur Totenerweckung bei der Kreuzauffindung betet; vom übermütigen Scherz ist der Weg dabei nur kurz hinüber in eine sinnreiche Andeutung; denn zu den berühmten Typologien der Auferstehung gehört schließlich der Löwe, der mit seinem Gebrüll die toten Jungen zu neuem Leben erweckt. Ein Affe schwingt sich auf Folio 237v zum König auf. Schließlich erscheint ein Ritter mit französischer Fahne, freilich die Lilien in Weiß und nicht in Gold, der dazu eine zweite Fahne mit reinen Phantasiefarben trägt. Wie zum Abschluss dieses Bilderbogens aus frommen und frechen, tierischen und

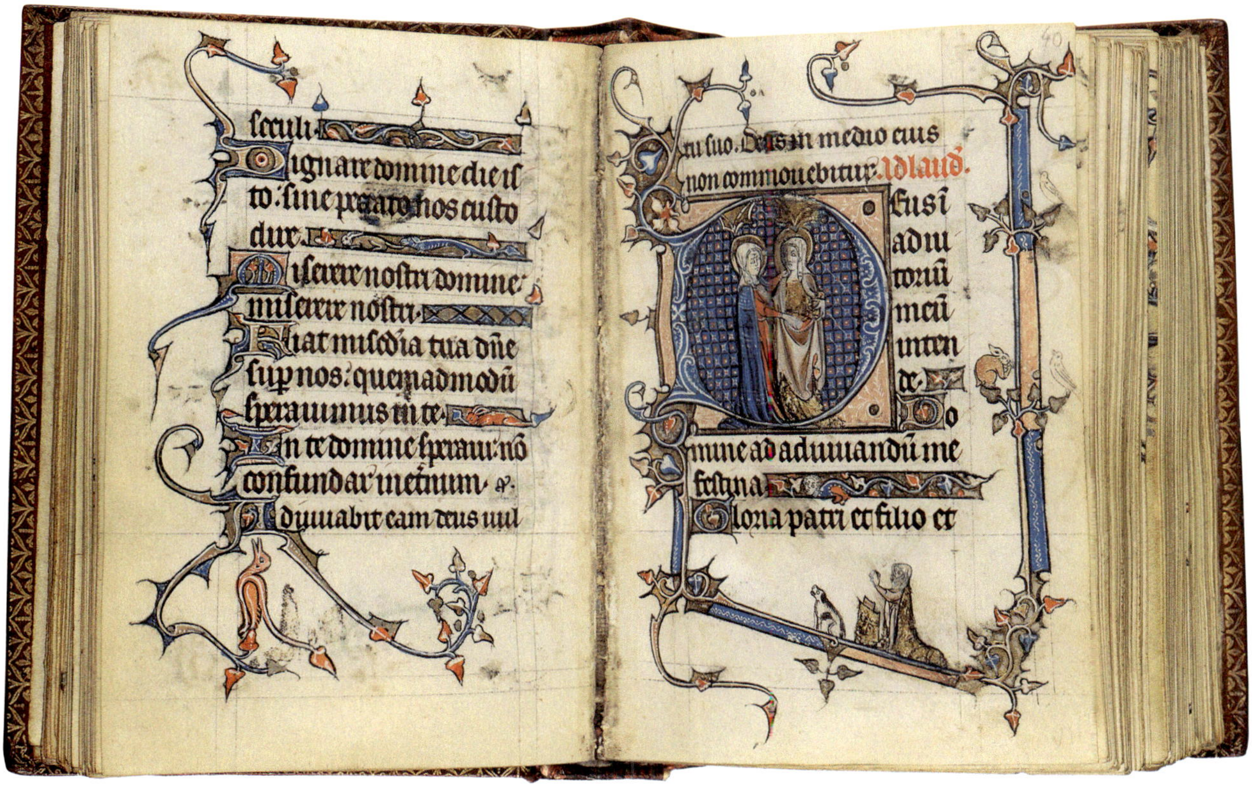

2 *Lothringisches Stundenbuch*
I. Viertel 14. Jh.

39v–40r Laudes des Marienoffiziums. Heimsuchung. Auf dem unteren Zierstab kniet eine Frau mit nach oben gewandtem Blick am Betpult, davor ein ebenfalls nach oben schauender Hund.

menschlichen, feindlichen und freundlichen Motiven sind die Ritterschaft zu Pferde und ein König als Falkner auf den Folios 245v/246r versammelt. Auf der nächsten Doppelseite kommt ein Bläser mit einer Kiepe, aus der ein Hund herausschaut, auf zwei Affen zu – und dann ist Schluss.

Was für ein Buch! Kulturgeschichtlich steht das Manuskript für ungezählte andere Handschriften aus derselben Zeit. Umberto Eco hat einem fiktiven Schöpfer solcher Werke in seinem Roman »Der Name der Rose« ein literarisches Denkmal gesetzt: Adelmus von Otranto nennt er ihn; aus der süditalienischen Stadt mit dem grotesken Tiermosaik ist er in das Kloster gekommen, um dort die neue Buchmalerei kennenzulernen. In ihr sollen antike und heidnische Elemente mit dem Frommen verschmelzen. Tatsächlich ist das eine Erklärung für die schillernd vielfältige Kunst der Drôlerie, die im 14. Jahrhundert ganz Europa erobern sollte. Doch auch für jene, die solche Bücher gut kennen und derartig globale Erklärungen zu Recht fürchten, hält unser kleines Stundenbuch eine Überraschung bereit, die sie von einer Grenze zur anderen führen mag. Die ersten, die das Buch fachkundig beschrieben haben, erkannten ausschließlich lothringische Grundzüge. Die eröffnen sich aber nur dem, der bei Folio 190r zu blättern beginnt; für eine Herkunft aus dem Osten Frankreichs spricht auch die spätere Provenienz aus Epernay in den Vogesen. Gestützt wird die Annahme, man habe es mit einem Buch aus Lothringen zu tun, durch lange Einträge in einem ostfranzösischen Dialekt gegen Schluss des Bandes. Doch von der Grenzregion mit ihrer alten Hauptstadt Metz ist vorn nichts zu erkennen: Zwischen Lisieux in der Normandie und Noyon in der Picardie dürfte das Marienoffizium angesiedelt sein; aus dem Bereich nördlich oder westlich von Paris stammt somit der eigentliche Buchblock (bis 185v).

Folglich hat eine unbekannte Dame das Bändchen aus einer Region, in der Romanus von Rouen und Firminus von Amiens verehrt wurden, ins Herzogtum Lothringen mitgenommen, um es dort noch einmal Schreibern und Malern anzuvertrauen. Sie ergänzten den Bildteil vorn und fügten hinten ein ungewöhnliches Passionsoffizium mit einem Bildzyklus der Kreuzeslegende zur Verehrung der Kaiserin Helena an. Da weder die Schreiber noch die Maler bisher erschlossen sind, bleibt die genaue Einordnung Aufgabe für spätere Forschung. Weder helfen Vergleichsbeispiele aus Metz, wie sie in der dortigen Ausstellung von 1989 gezeigt wurden, die spätere Arbeitskampagne völlig zu

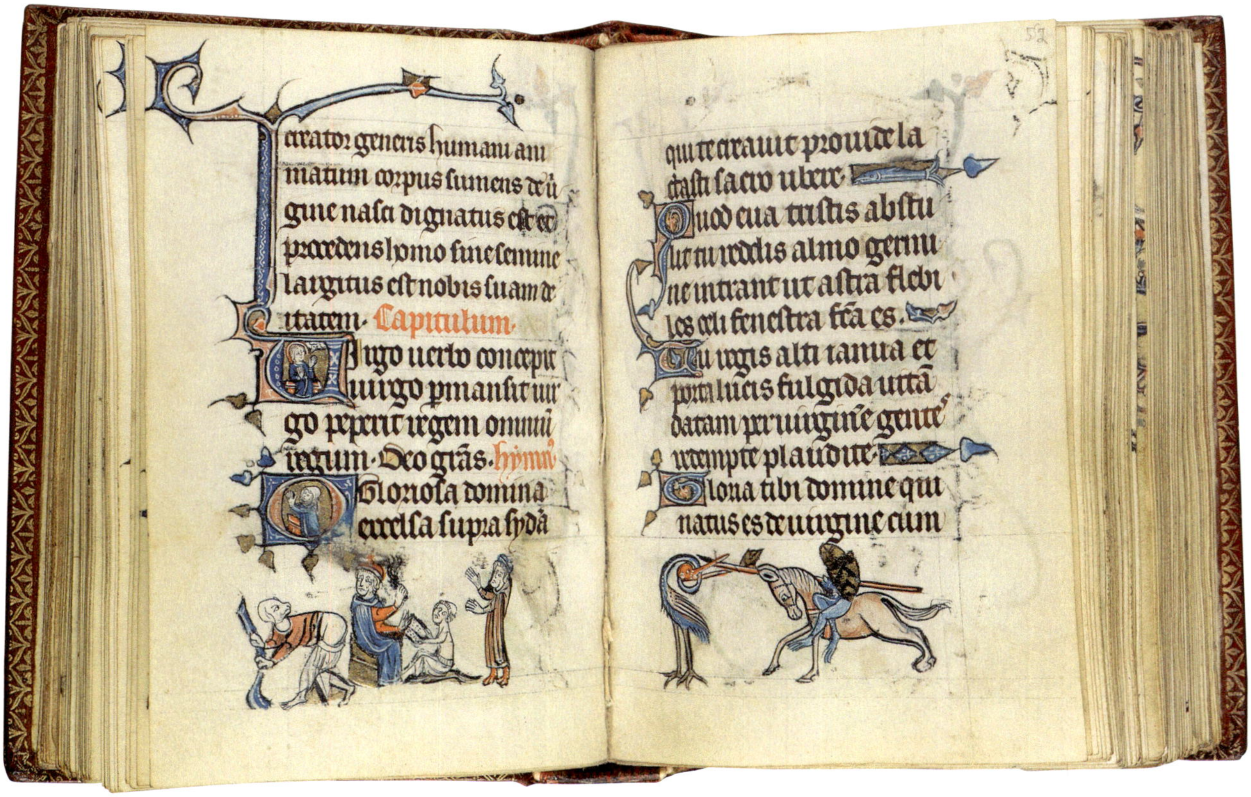

2 *Lothringisches Stundenbuch*
I. Viertel 14. Jh.

51v–52r Marienoffizium. Eine hundeköpfige Gestalt mit heruntergelassener Hose zieht die Aufmerksamkeit des Schulmeisters auf sich, der mit erhobener Geißel vor einem Schüler mit nacktem Oberkörper sitzt. Ein weiterer Gelehrter (mit Tierfüßen) beobachtet die Szene mit erhobenen Händen. Gegenüber verrenkt ein Storch den Hals, um den Lanzenstich eines Ritters abzufangen; allerdings gerät ihm dabei der eigene, gewundene Hals in den Schnabel.

erhellen, noch will das mit dem Material der Pariser Ausstellung von 1998 für die westlichen Ursprünge gelingen. Im ersten Viertel des 14. Jahrhunderts wird das Buch insgesamt entstanden sein. (Eberhard König)

Pergament 247 Blätter (je ein Vor- und Nachsatzblatt aus Pergament); 129 x 93 mm; Lagen (ab fol. 189 Wortreklamanten): 1^{8}, 2^{2}, 3^{8-1}, 4^{6}, $5–12^{8}$, 13^{8-2} 14^{6}, 15^{4}, $16–18^{8}$, 19^{8-1}, $20–25^{8}$, 26^{6}, 27^{2-1}, 28^{8-1}, 29^{8}, 30^{8-2}, 31^{8-1+2}, $32–33^{8}$, 34^{8-1}, 35^{6-1} (nach Lage 1 fehlt mindestens eine Lage, die heutige Lage 2 besteht aus aneinander geklebten Einzelblättern; ein Blatt fehlt vor fol. 11, ein Doppelblatt fehlt um fol. 90/91, je ein Einzelblatt fehlt vor 128, nach 189, vor 190, nach 206, vor 211, nach 236 und vor 243); Schriftspiegel: 71 x 51 mm; einspaltig; 12 und 17 (Kalendar), auf 189v 26 Zeilen; Liniierung in Schwarz, an den Seiten und unterhalb des erweiterten Schriftspiegels für die Bas-de-page-Illustrationen doppelt, ab 189v auch oben. **Ausstattung** Lateinischer, im Kalendar französischer und im Schlussteil ab 190 teilweise lothringischer Text in schwarzer, im Kalendar in schwarzer, roter und blauer Textura von drei Schreibern (erster Schreiber von 24–185v, zweiter Schreiber auf 189v, dritter Schreiber 190–247v), rubriziert; Versalien gelb laviert; ein-, zwei- und dreizeilige Initialen in Mauve oder Blau auf Feld in der Gegenfarbe, mit Blattgold gefüllt sowie mit weit ausstrahlenden Dornblattranken und -stäben; Zeilenfüllstreifen der gleichen Art; die Zierbuchstaben, die Zeilenfüller und die Ranken auf vielfältigste Weise belebt; textkonforme fromme Gestalten wie David, Evangelisten oder Beter, zuweilen mit Spruchbändern, bevorzugt in den Initialen; Drôlerien bis zum derb Komischen in den Randfeldern, mit vielen heraldischen Zeichen, deren Zuordnung strittig ist; 24 Kalenderseiten mit dreizeiligen Doppelinitialen und fünfzeiligen quadratischen Feldern mit Bildmedaillons unter dem Text; zehn sieben- bis neunzeilige Bildinitialen mit Zierleiste und Bas-de-page; zwölf textlose Vollbilder jeweils im Feld des Schriftspiegels, mit breiten Leisten und Eckverzierungen, in den Randstreifen nur einzelne ausstrahlende Blattgruppen. **Einband** Maroquin rouge mit dreifacher Streicheisenliniierung in Gold und Eckblüten auf den Deckeln; gebunden auf vier sichtbare Bünde, die fünf Felder mit großem rautenförmigem Blütenmotiv in der Mitte und dichten Ranken als Eckverzierung; Goldschnitt; Frankreich, spätes 17. Jh; der schlichte Schuber in rotem Leder von Léon Gruel (1841–1924), signiert in Kapitälchen »GRUEL«; Aufschrift am Rücken »PSAUTIER DU XIVe SIÈCLE«. **Vorbesitzer** In der lothringischen Rubrik auf 206v wird »la bone

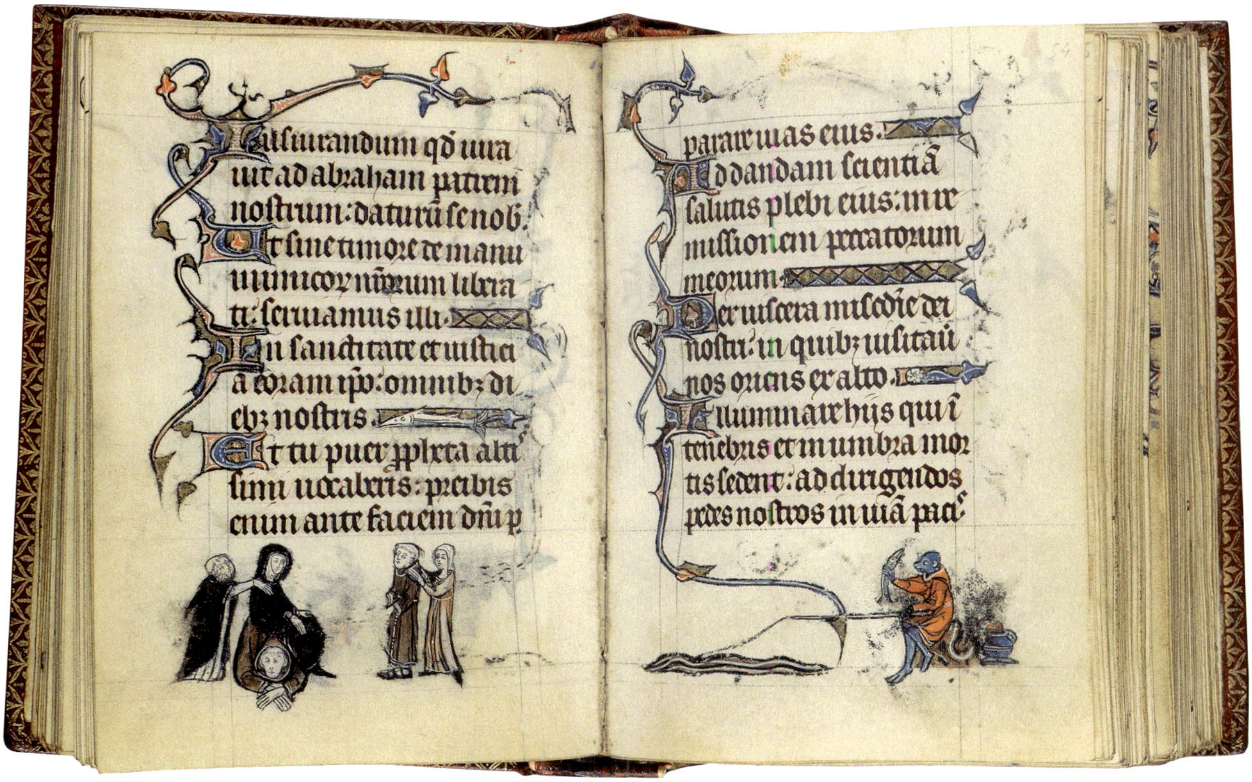

2 *Lothringisches Stundenbuch* I. Viertel 14. Jh.

53v–54r Marienoffizium. Ein Dominikaner hält eine Schwester seines Ordens, die breit auf dem Rücken eines auf allen Vieren knienden Franziskaners thront, während ein zweiter Franziskaner von einer Klarisse dem Kreis zugeführt wird. Gegenüber sitzt ein Affe und fischt.

damoiselle« genannt; in den Randleisten zahlreiche betende Damen in unterschiedlichen Kleidungen (24r, 40r, 64v, 84v, 219r, 225r, 227r), dazu zwei Mal ein männlicher Beter (24r, 104r); keine dieser Gestalten durch Wappen gekennzeichnet; die zwei Dutzend verschiedenen Wappen auf den Randleisten ungedeutet und möglicherweise sämtlich fiktiv; laut Eintrag des 17. Jhs. (186ff.) 1512 von Madame de Navilize einer Nicolle Caranda, Frau des Jean Maquart, geschenkt; 1595 an deren Sohn Charles Maquart; 1640 an dessen Witwe Agnes Barry; 1659 an Charles de la Forest, Sohn des Noel de la Forest und der Nicolle Maquart, Tochter des Charles Maquart, der zusammen mit seiner Frau Adrienne Beguin das Buch zum bleibenden Familienbesitz erklärt; auf dem Innendeckel vorn Kupferstichexlibris mit dem Motto »Cedant arma Togae« und dem Wappen des Jean Geoffroy, königlicher Rat in Epernay.
Inhalt 1r–10v Bildfolge aus der Passionsgeschichte. 1r Einzug in Jerusalem. 2r Abendmahl mit Magdalena, Christi Füße salbend. 3r Christus wäscht einem Jünger die Füße. 4r Judas erhält die Silberlinge. 5r Gebet am Ölberg. 6r Gefangennahme. 7r Judas gibt die Silberlinge zurück. 8r Christus vor Pilatus. 8v Abklatsch eines verlorenen Bildes. 9r Himmelfahrt. 10r Laurentius-Marter. 10v Abklatsch eines verlorenen Bildes. 11r leer. 11v–23r Kalendar in französischer Sprache, mit quadratischen Feldern, die in Medaillons jeweils eine Monatsarbeit und ein Tierkreiszeichen zeigen; mit dialektaler Färbung oder gewagter Orthographie, z. B. *nativitei, bertremeu, vegile, joings, joignes, le jour des armes* für âmes (Festtage: nach Lothringen weist am 18. 7. Arnulphus von Metz [sonst aber kaum Anspielungen auf Lothringen]; Paris spielt eine in Frankreich freilich nicht weiter erstaunliche Rolle; Normandie und Picardie kommen hinzu; die wichtigsten Nennungen hier in der originalen Orthographie: 17. 1. *Souplis*, 3. 2. *Blaive*, 28. 2. *Romain*, 6. 4. *Jangol*, 2. 5. *Aupin*, 22. 5. *Dysier*, 2. 6. *Marcel*, 19. 6. *Gervaise*, 1. 7. *Thiebaut*, 18. 7. *Ernoul*, 31. 7. *Germain*, 3. 8. *Estiene* [rot], 25. 9. *Fremin*, 1. 10. *Remei*, 2. 10. *Legier*, 23. 10. *Severin*, 27. 10. *Vaast*); Anfänge der Psalmen, Gebete, Lesungen usw. mit figurierten oder historisierten Initialen. 23v Tempelgang Mariens als Vollbild. 24r–102v Marienoffizium mit Suffragier am Ende der Laudes (mit nicht identifizierbarem Gebrauch: Matutin, Laudes, Vesper und Komplet stimmen weitgehend mit dem Ritus von Noyon, Prim bis Non mit dem von Lisieux überein; der Einschub der Suffragien zwischen Laudes und Prim des Marienoffiziums verweist auf die Normandie). 24r *D (OMINE)*: Verkündigung an Maria. 40r *D (Eus)*: Heimsuchung. 55r–64r Suffragien mit

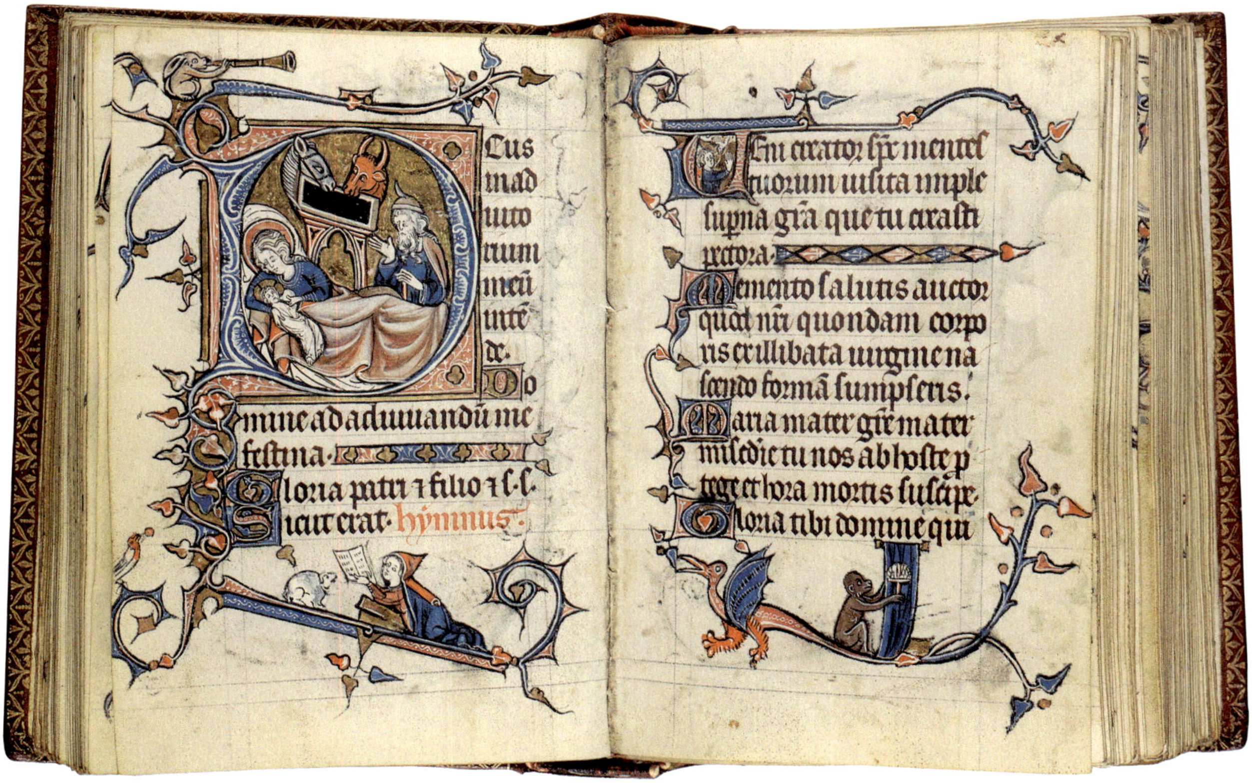

2 *Lothringisches Stundenbuch*
I. Viertel 14. Jh.

64v–65r Prim des Marienoffiziums. Christi Geburt. Auf dem Zierstab darunter liest mehr liegend als kniend eine Beterin, vis-a-vis zu einem weißen Hündchen, im aufgeschlagenen Text. Gegenüber hat ein Affe auf einem Drachenschwanz Platz genommen und bearbeitet einen blauen Vorhang.

Kleinbildern in Initialen. 55r Verkündigung. 55v Beter. 56r Pfingsten. 56v Gnadenstuhl. 57r Kreuzigung. 58r Engel. 58v Johannes der Täufer. 59r Johannes der Evangelist. 59v Peter und Paul. 60r Stephanus-Marter. 60v Lorenz-Marter. 61r Nikolaus. 61v Clemens-Marter. 62r Noli me tangere. 63r Beter für den Frieden. 63v Beterin vor brennendem Haus zu Allen Heiligen. 64v *D (Eus)*: Christi Geburt. 73r *D (Eus)*: Hirtenverkündigung. 79r *D (Eus)*: Anbetung der Könige. 84v *D (Eus)*: Darbringung; Anfang von Vesper und Komplet fehlt. 103r leer. 103v vier Szenen zum Jüngsten Gericht: Seelen in Abrahams Schoß mit Petrus am Himmelstor, Michael als Seelenwäger, Höllenrachen und Höllentopf. 103v–127v Bußpsalmen und Litanei (Heiligenauswahl weniger spezifisch, mit den Pariser Patronen Gervasius und Prothasius am Ende der Märtyrer und mit dem Hauptheiligen von Reims Remigius zu Beginn der Bekenner). 104r *D (Omine)*: Jüngstes Gericht. 121r *K (Yrie)*: Thronender Gottvater zur Litanei. 128r–185v Totenoffizium unbekannten Gebrauchs; Anfang fehlt. 186r–189r ursprünglich leer, 186r, 187r–188r mit Eintragungen des 16. Jhs. 189v zeitgenössischer Nachtrag: Kurzoffizium zum Antlitz Christi. *Signatum est super nos* [...]. 190r Passionsoffizium; Beginn der Matutin mit Miniatur (?) fehlt. 198r *D (Eus)*: Kaiser Konstantin und Helena. Nach 206 Anfang der Prim fehlt. Nach 211 Anfang der Terz fehlt. 219r *D (Eus)*: Helena beim Ausgraben des Wahren Kreuzes. 227r *D (Eus)*: Helena bei Totenerweckung durch das Kreuz. Nach 236 und 243 fehlen die Anfänge von Vesper und Komplet. 247v leer.

Literatur J. Günther, Overlooking the Ages. Illuminated Manuscripts and Printed Books, Hamburg 1999, Nr. 7.

Zitierte Literatur G. Schmidt, »Belehrender« und »befreiender« Humor. Ein Versuch über die Funktionen des Komischen in der bildenden Kunst des Mittelalters, in: Worüber lacht das Publikum im Theater? Spaß und Betroffenheit, einst und heute. Festschrift zum 90. Geburtstag von Heinz Kindermann (= Maske und Kothurn, 1984, 1–2), S. 9ff. – Metz enluminée. Autour de la Bible de Charles le Chauve. Trésors manuscrits des églises messines, Ausst. Kat. Metz 1989. – L'Art au temps des rois maudits. Philippe le Bel et ses fils. 1285–1328, Ausst. Kat. Paris 1998.

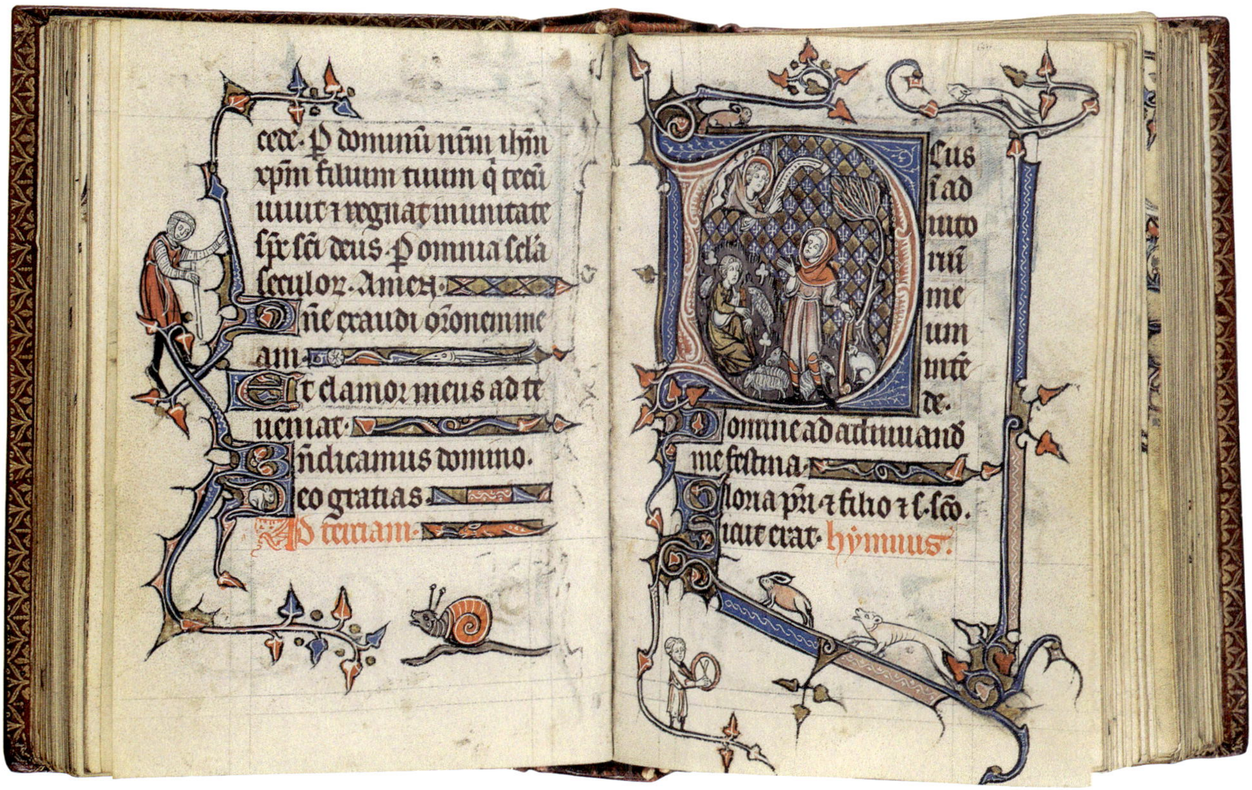

2 *Lothringisches Stundenbuch*
I. Viertel 14. Jh.

72v–73r Terz des Marienoffiziums. Der Randschmuck der Versoseite lässt einen Ritter in voller Rüstung gegen eine Schnecke antreten. Die Verkündigung an die Hirten in der Initiale zur Terz erweitert sich mit Hasen, Hunden und einem Tamburinspieler in den Rand hinein.

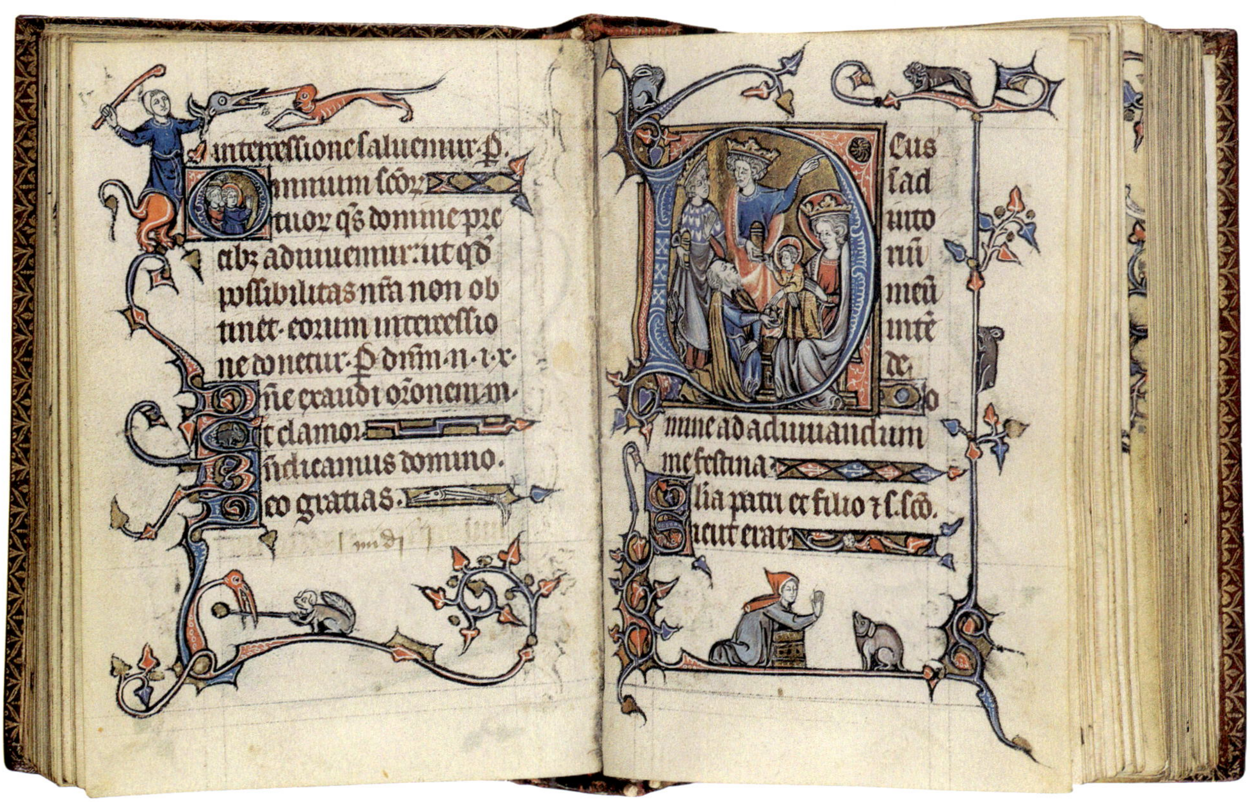

78v–79r Sext des Marienoffiziums. Anbetung der Hl. Drei Könige

2 *Lothringisches Stundenbuch*
I. Viertel 14. Jh.

84v–85r Non des Marienoffiziums. Darbringung im Tempel. Im Randschmuck unterhalb eine Szene mit grotesken Zügen: Wie die kniende Beterin ihr Buch hält, so fasst der Hund einen Hasen.

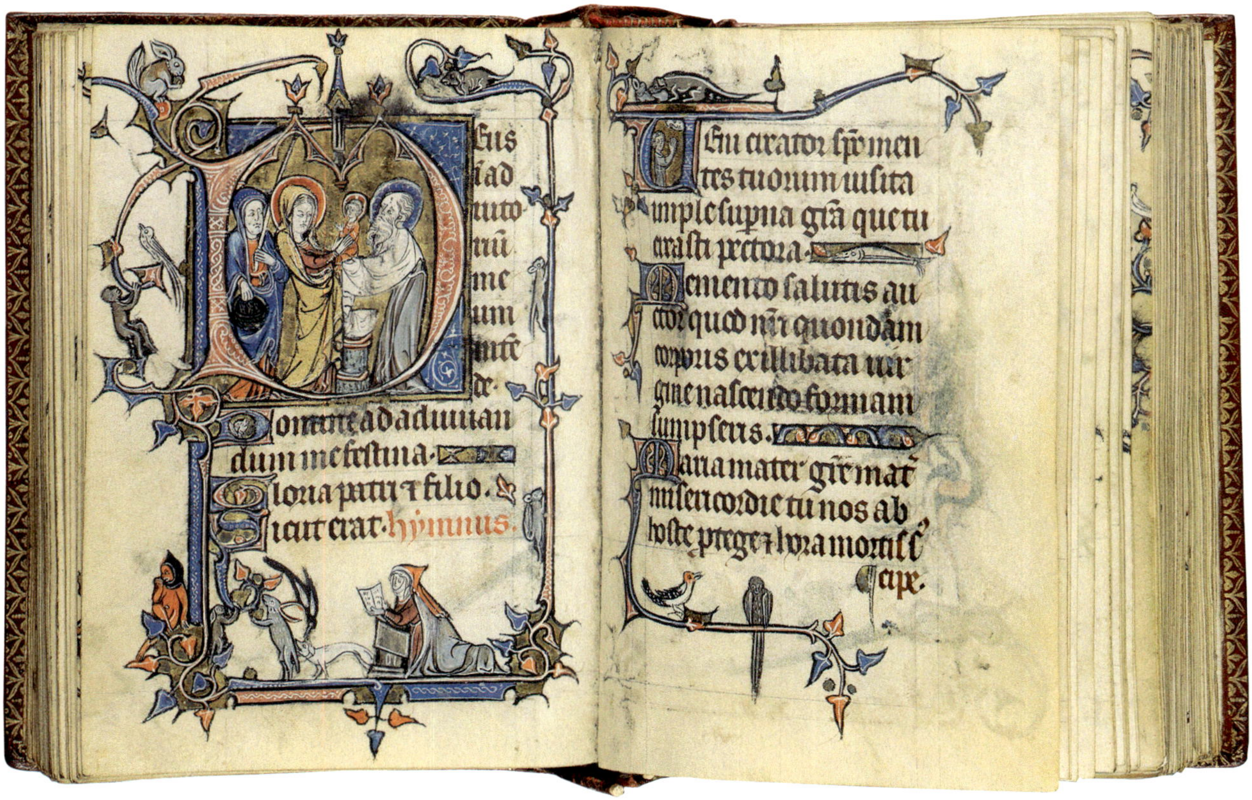

103v Vor den Bußpsalmen finden sich im mehrfach unterteilten Bildfeld vier Szenen zum Jüngsten Gericht: Die Seelen in Abrahams Schoß mit Petrus am Himmelstor, Michael als Seelenwäger, Verdammte im Höllenschlund und im Höllentopf.

104r Jüngstes Gericht in der Initiale zu Beginn der Bußpsalmen

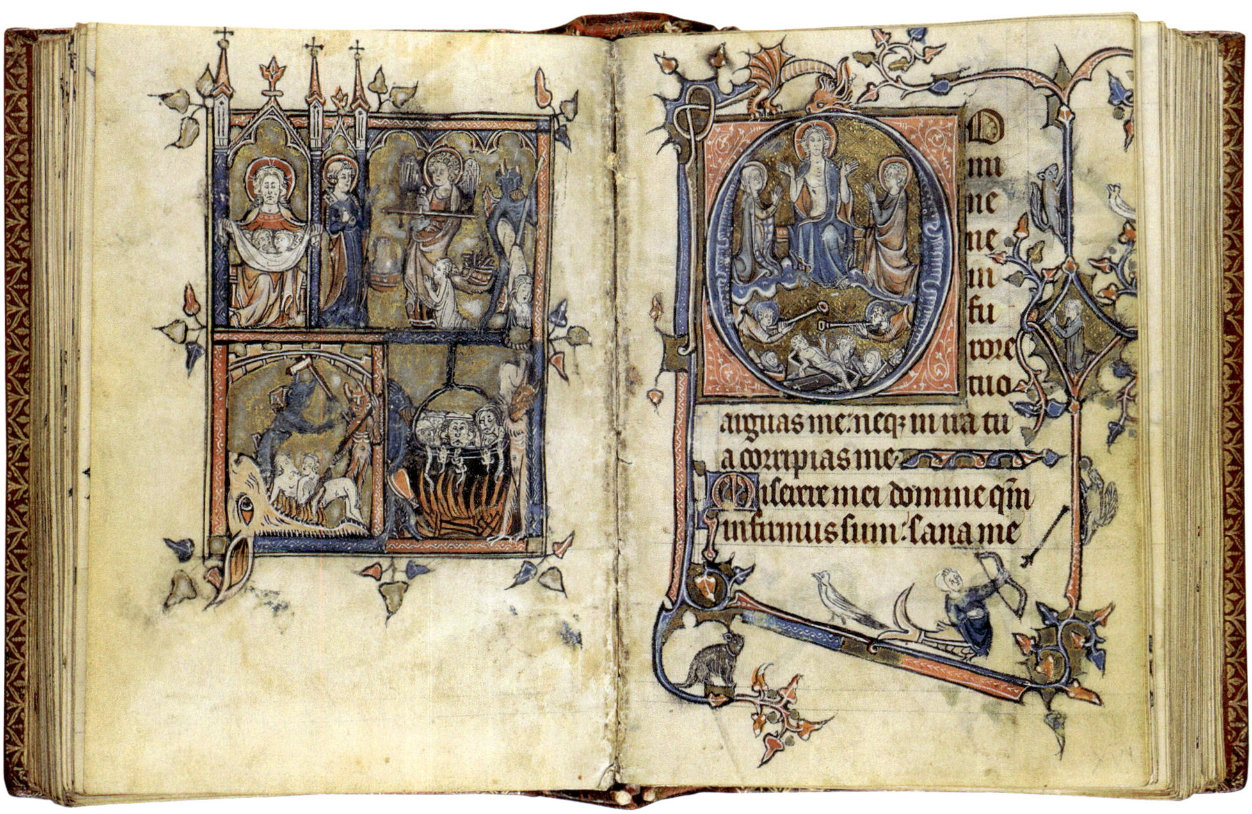

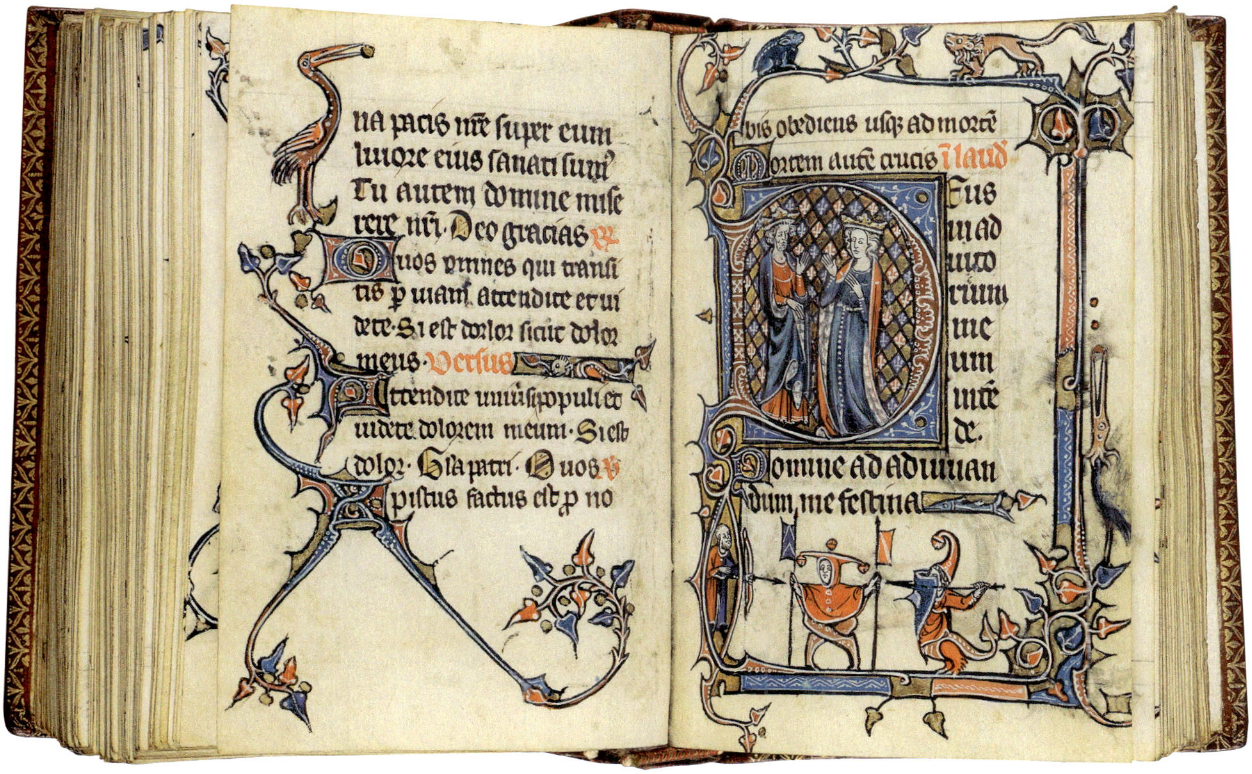

2 *Lothringisches Stundenbuch*
1. Viertel 14. Jh.

197v–198r Laudes des Passionsoffiziums. Kaiser Konstantin und Kaiserin Helena. Darunter ein Bogenschütze mit zwei Mischwesen – mit zwei Wimpeln bzw. mit Speer und Schild –, die durch Glöckchen an ihren Mützen als Narren ausgewiesen sind

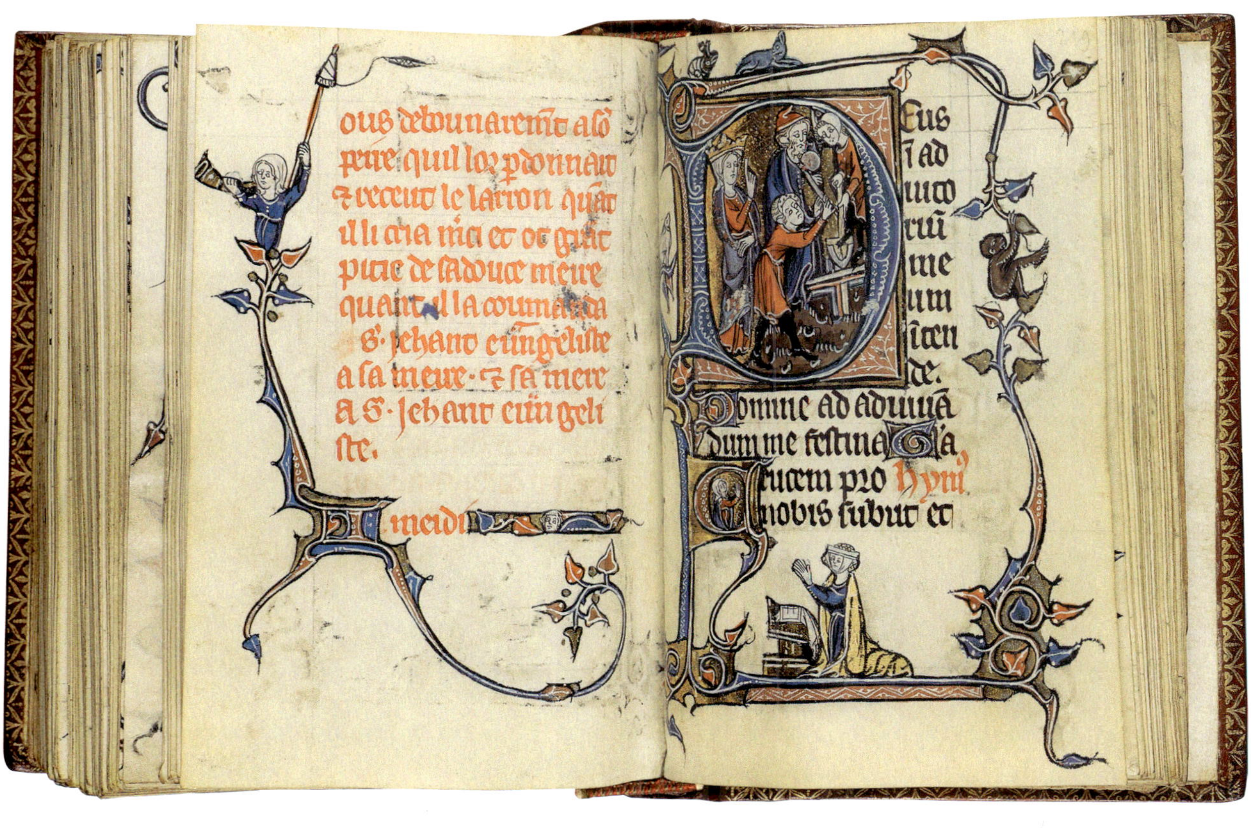

218v Die Rubrik zur Sext des Passionsoffiziums vermerkt, dass der Beter zur Mittagszeit des Todes Christi gedenken solle: dass er ans Kreuz geschlagen wurde, seine Hände und Füße mit Nägeln durchbohrt, dass er zu seinem Vater rief, dem guten Schächer verzieh und seine Mutter dem Evangelisten Johannes anbefahl und umgekehrt.

219r Sext des Passionsoffiziums. Kaiserin Helena bei der Ausgrabung des Wahren Kreuzes. In der zweizeiligen Initiale unterhalb und auf dem Zierstab jeweils eine Beterin.

3

Pariser Stundenbuch
Lateinisches Stundenbuch
nach dem Brauch von Paris
Paris, gegen 1400

Höhepunkte der Kunst verbindet die Kunstgeschichte gern mit dem Auftreten großer Mäzene. Bis 1380 lebte der französische König Karl V., den man wegen seiner erfolgreichen Politik im Kampf gegen die Engländer und wegen seiner großen Bücherliebe den Weisen nennt. 1416 starb sein Bruder Berry, dessen Lebensdaten sich die bedeutendste moderne Gesamtdarstellung, das dreibändige Werk von Millard Meiss über die französische Malerei in der Zeit des Jean de France, Herzog von Berry, zum Rahmen gesetzt hat (Meiss 1967–74). Doch zwischen Karls Tod und den Zeiten, da sich Berrys Mäzenatentum am lebendigsten entfaltete, klafft eine Lücke; denn das Jahrzehnt vor der Wende zum 15. Jahrhundert bleibt in unserem Geschichtsbild eigentümlich blass: Keine einzige bedeutende Handschrift aus dieser Dekade ist dokumentarisch gesichert.

Angesichts der Überlieferungslücke ist die Phantasie herausgefordert, das Aussehen der Buchmalerei kurz vor dem Jahr 1400 zu erschließen: Noch wird sich der naturbegeisterte Trend, der zu den Miniaturen der Brüder Limburg oder des Boucicaut-Kreises (Kat. Nrn. 5, 8) führte, nicht durchgesetzt haben. Diese Tendenz muss aber bereits zu ahnen gewesen sein. Ein Stundenbuch wie das hier vorliegende mag zeigen, wie man sich das vorzustellen hat. Noch ist die Schilderung von Innen- und Außenraum kaum als Aufgabe erkannt: Den Himmel vertreten Blattgold oder Karogründe, seltener auch textile Muster; die ersten Ranken aus Muschelgold auf einfarbigen Fonds tauchen auf, die in den Niederlanden noch bis zur Mitte des 15. Jahrhunderts beliebt bleiben sollten. Szenen, die der Geschichte oder dem Brauch entsprechend im Innenraum zu spielen hätten, werden entweder einfach vor gemustertem Grund geschildert oder mit Versatzstücken von Architektur ausgestattet.

Komplexität der Anlage und Kostbarkeit des verwendeten Materials sorgen dafür, dass jenes Bild entschieden hervorgehoben ist, das den Auftakt zum Marienoffizium gibt und deshalb immer so behandelt wird, als sei es eine Art Frontispiz für das ganze Stundenbuch: die Marienverkündigung zur Matutin (29r). Sie konfrontiert Außen und Innen, lässt den Erzengel Gabriel auf einer Wiese vor prächtig geglättetem Blattgold knien, während eine Kapellennische mit einem goldenen Altartisch und darüber einem silbernen Maßwerkfenster die künftige Muttergottes umfängt. Doch damit nicht genug – mit züngelnden Wolken dringt von links oben in tiefem Blau ein Himmelssegment ins Bild, das Gottvater in Halbfigur erscheinen lässt.

Landschaft besteht aus sich auftürmenden Schollen; sie ist durchweg mit Grün überzogen und im unendlichen Rapport mit kleinen Blumenpflanzen übersät, deren winzige weiße Blüten um einen dunklen Hauptstamm hübsche Muster ergeben, keineswegs gleichartig, wenn man Heimsuchung (56r) und Hirtenverkündigung (74r) beispielsweise mit der Flucht nach Ägypten (87v) vergleicht. Dass solche Formen eher aus den textilen Künsten als aus der Natur stammen, zeigt das Eingangsbild; denn nicht nur das Grün der Wiese unter Gabriel, sondern auch der rote Stoff unter der Verkündigungsmaria sind mit Blümchen im Rapport geschmückt. Auch die Verteilung der Schafe in eng beieinander stehenden Zweiergruppen bei den Hirten lässt an ein textiles Muster denken.

An wenigen Stellen spürt man, wie stark in diesen Miniaturen noch eine Tradition nachwirkt, die Bildern im Buch gar nicht zutraut, dass sie Blicke in fremde Räume zu gewähren vermögen. Da treten Gestalten wie Christus in der Marienkrönung (94v) noch über den Bildrand hinaus, oder es ragt wenigstens wie bei der Maria in der Heimsuchung das Manteltuch in die Initiale hinein (56r). Der Boden konstituiert in den Miniaturen noch keine Bühne, und deshalb wäre es verfehlt, darüber echte räumliche Gehäuse oder Landschaftstiefe zu erwarten.

Die Gestalten können in einem solchen Kontext keine Plastizität entwickeln. Dazu fügt es sich gut, dass ihre Gewänder kaum Fülle gewinnen und ihre Gesichter mit den in einfachen Tintenlinien gezeichneten Details bleiche Flächen ohne rechte Modellierung bilden. Buchmaler konnten viele Schichten übereinander legen; gerade in den Jahren um 1400 entdeckten sie die Wirkung praller Farbkörper, die aus der Dichte des Pigments und aus dem Übereinander von Lasuren entstanden. Davon ist hier wenig zu spüren: Weder in den Draperien noch den Hautpartien verdichten sich die Farben, was auch zur Folge hatte, dass schon ehrerbietiger frommer Gebrauch besonders in den Gesichtern Spuren hinterließ. Vielleicht hat eine Beterin beispielsweise die Muttergottes der Marienkrönung nur etwas zu inbrünstig geküsst, so dass deren Antlitz in Mitleidenschaft gezogen und in neueren Jahrhunderten einmal leicht überfasst wurde (94v).

Mit älterer Buchmalerei verbinden sich auch die Bildthemen oder deren Formulierung in einigen Miniaturen: Maria liegt bei der Geburt Christi in einem hübschen Bett mit zwei Kissen; das Jesuskind ist in die vom Evangelium genannte Krippe über ihr gebettet und von Ochs und Esel flankiert, wie das schon viele Generationen vorher üblich war (68r). Nicht aus dem Zusammenhang von Stundenbüchern, sondern eher aus der Tradition der Kanonbilder in Missalien stammt die Majestas Domini zu Beginn der Bußpsalmen (101r): Durch einen Doppelstab, wie er sonst als Bildrahmen dient, ist eine Raute für die Gotteserscheinung ausgespart. Sie umgeben die Attribute der vier Evangelisten in den Ecken, die Erdgestalten des Löwen und des Stiers auf grünem Boden, die Luftgestalten von Engel und Adler vor dem Mustergrund. Als greiser Gottvater erscheint die göttliche Majestät, mit weißer Sphaira zwischen den Gesetzestafeln des Alten Testaments zur Linken und dem christlichen Altarsakrament zur Rechten. Auf relativ frühe Entstehung weist schließlich auch das Bild zum Totenoffizium (159r); denn Pleurants, die bestellten Klageleute in ihren schwarzen Kapuzengewändern, wie geistlicher Chor haben sich hinter einer »Chapelle ardente« aufgestellt: Das ist ein mit schwarzem Tuch bedeckter, rundum mit hohen Kerzen besteckter Katafalk über dem in der Kirche aufgebahrten Toten. Mustergrund ersetzt auch hier jede Andeutung des Kircheninneren.

3 Pariser Stundenbuch gegen 1400

Im Übrigen entsprechen die ikonographischen Standards des Stundenbuchs dem, was sich nach 1400 gültig durchsetzen sollte; dazu passen die Könige (78v), deren mittlerer den jüngeren auf den Stern über Maria hinweist. Auch die zur Heiligen erhobene, also mit der Seherin Hanna identifizierte, jugendliche Magd, die Maria bei der Darbringung begleitet und das Taubenkörbchen trägt, ist schon lange üblich (83r). Einen Moment zwingender Formenphantasie verkörpert das Pfingstbild (127r); denn hier wird statt des gewohnten Karos ein vertikales Streifenmuster als Fond eingesetzt, das eindringlich klarmacht, aus welcher Richtung der Heilige Geist vom Himmel auf die Erde strömt.

In fast allen Bildmotiven zeigt dieses Stundenbuch erstaunliche Übereinstimmung mit einem wohl etwas später entstandenen Manuskript, das Heribert Tenschert in seinem Katalog Leuchtendes Mittelalter V als Nr. 71 vorstellte: Die Gesten der Heimsuchung stimmen ebenso überein wie die Disposition von Bett, Krippe und Joseph bei der Geburt; die Hirten verraten jedoch die frühere Zeitstellung, während Königsanbetung und Darbringung ebenso wie Flucht und Marienkrönung engstens mit dem nur wenig späteren Stück verwandt sind. Die Majestas dort zeigt den entscheidenden Schritt ins 15. Jahrhundert hinein, während das Totenbild erneut im Großen und Ganzen übereinstimmt. Eine stilistische Einordnung ergibt sich dadurch nicht, weil das Vergleichsstück bereits ganz von jenen Tendenzen geprägt wirkt, die zur späteren Kunst des Harvard-Hannibal-Meisters (Kat. Nr. 7) führen sollten.

3 Pariser Stundenbuch gegen 1400

Die Dekoration dieses Buchs ist konsequent auf eine nüchterne Strenge ausgerichtet, die dennoch zugleich einen ungeheuren Luxus ausdrückt. Diesen Aspekt nimmt man in diesem Fall besonders deutlich wahr, weil der Band mit breiten Rändern unbeschnitten erhalten blieb: Der Textspiegel ist erstaunlich klein; ihn umgeben die leer gelassenen großzügigen Randstreifen in ihrer klaren Konstruktion, die dem Goldenen Schnitt folgend vom Falz nach oben, außen und unten stetig zunehmen. Deshalb mag es zunächst sogar wirken, als sei das Buch auf den Textseiten gar nicht fertig geworden. Das trifft jedoch keinesfalls zu. Der Wechsel von den undekorierten Textseiten zu den wenigen Bildseiten mit ihrem breiten Randschmuck erklärt sich ganz anders: Aus dem Bedürfnis, einen Text durch Schmuck zu gliedern, hatte sich in Frankreich ein Brauch entwickelt, der nirgendwo sonst so streng befolgt wurde. Dekor war grundsätzlich an die Anfänge, die Initien, gebunden, hing somit von den Initialen ab. Erst von der Stufe an, die auch Miniaturen erforderte, denkt man hier wie in vielen anderen frühen Stundenbüchern an den Einsatz von Bordüren.

Die Textfelder unter den Miniaturen mit ihren vier Zeilen und der durchweg dreizeiligen Dornblattinitiale folgen konsequent einer gebräuchlichen Norm. Die Zierleisten sparen unter dem Text ein niedriges Feld, das Bas-de-page, aus, das jedoch nicht mehr mit höfischen Motiven der Jagd oder gar mit burlesken Drôlerien, sondern nur mit Dornblatt gefüllt ist. Der Randschmuck versteht sich als Fortführung der Zierleisten und kennt weder Pflanze noch Figur, sondern nur Spiralranken mit Wein- oder Efeublättern und kleinen Blüten.

Textlich interessant sind Aspekte, die zugleich den frühen Zeitansatz unterstützen mögen: Dieses Stundenbuch dient auch als Messbegleitung und gehört damit zu jenen Exemplaren, die den lange im Englischen gewohnten Begriff »Missal« für die ganze Handschriftengattung erklären. Noch ist der Zyklus von Gebeten sehr umfangreich, die während der Zeremonie laut der ausführlichen Rubriken in Lateinisch und Französisch rezitiert werden können. Später fallen solche Gebete in den meisten Handschriften weg. Auch in anderer Weise sollte sich der Buchtyp fortentwickeln; denn die unterschiedlichen Horen für die Wochentage, die hier vorkommen, kennt man in Pariser Manuskripten des 15. Jahrhunderts kaum noch; sie werden dafür eher in den Niederlanden heimisch.

In der noblen Einfachheit erweist sich sogleich der Rang eines solchen Buches innerhalb der hauptstädtischen Produktion: Keiner der Besitzer hat irgendeinen Einfluss auf Bebilderung und Dekoration genommen. Der Band könnte zunächst für den Markt, also für das Lager eines Buchhändlers, angefertigt worden sein; denn so eigenartig der Text auch ist, so enthält er doch nur am Ende, in der vom selben Schreiber angefügten Leonhard-Memorie (234v) persönliche Färbung. Das ließe sich damit erklären, dass man ohne speziellen Auftrag begann, wohl aber nach Abschluss des Buchblocks einen besonderen Wunsch berücksichtigte, der allerdings nicht mehr in die Heiligenfolge der Suffragien eingefügt werden konnte. Leonhard war Schutzpatron der Gefangenen, insbesondere der Kriegsgefangenen, von denen es in der möglichen Entstehungszeit unzählig viele gab, sei es aus den Kämpfen mit marodierenden Truppen, die gerne Lösegeld erpressten, oder auch nach der Schlacht von Nikopolis 1396, in der viele französische Teilnehmer des Kreuzzugs gegen Bajazit in Gefangenschaft kamen. An Leonhard hätte sich dann die in Frankreich verbliebene Gattin (trotz der männlichen Form der Mariengebete) oder der glücklich Zurückgekehrte selbst wenden können, wie man das im Fall des Marschalls Boucicaut für erwiesen hält (Meiss 1968, passim). (Eberhard König)

Pergament 236 Blätter (je ein Vor- und Nachsatzblatt aus Pergament sowie ein Papiervorsatz); 190 x 135 mm; Lagen (z. T. mit Wortreklamanten): 1–2^{6}, 3–15^{8}, 16^{4}, 17^{8-2} (äußeres Doppelblatt fehlt), 18–30^{8}, 31^{6}; Schriftspiegel: 95 x 57 mm; einspaltig; 14 bzw. 17 (Kalendar) Zeilen; Liniierung in Rot. **Ausstattung** Lateinischer Text sowie zahlreiche Gebete, Anweisungen und das Kalendar in Französisch in dunkelbrauner Textura, rubriziert; ein- bis vierzeilige Initialen in Blattgold auf Flächen in Blau und Mauve mit weissem Filigran; Zeilenfüller derselben Art, auf 182v/183r und ab 184v alle Blattgoldpartien von einem Goldschläger entfernt; sieben Textanfänge in Lage 3 und 4 (13r–28v) mit nach links ausstrahlender Ranke hervorgehoben; die dreizeiligen Initialen unter den Miniaturen in Farben auf Blattgold, die Binnenfelder mit Dornblattranken geschmückt; davon ausstrahlend breite Zierleisten, die einen niedrigen Streifen unter dem Text aussparen, auf Textspiegelhöhe enden und von ihren Ecken und Mitten das Rankenwerk ausstrahlen lassen; Zierleisten in der Regel aus breiten Streifen in Mauve oder Blau mit Eck- und Mittelstücken aus Blattgold; die meisten Ranken doppelläufig und farbig gefüllt; Dornblatt in Gold und Deckfarben; Eingangsseite zum Marienoffizium durch modernere Gestaltung hervorgehoben: Blattgoldleiste abwechselnd mit Rauten und Kreisen in kräftigen Farben besetzt; Spiralranken als einfache Tintenlinien, einmal auch als grüner Zweig gebildet; Blattwerk fast ohne Dornblattformen, sondern ausschließlich in Blattgold und mit zahlreichen stilisierten Blüten sowie naturnahen blauen Kornblumen; elf große Miniaturen über vier Zeilen Text. **Einband** Abgegriffener roter Samt über Pappe, mit modernen Pergamentvorsätzen; Goldschnitt; 18./19. Jh. **Vorbesitzer** Eintrag der Karmeliter von Avignon und deren Stempel (1r). **Inhalt** 1r–12v Kalendar (Paris) in französischer Sprache, jeder Tag besetzt (Hauptfeste: 3.1. hl. Genovefa, 19.5. hl. Yvo, 25.6. hl. Eligius, 25.7. hl. Christophorus, 25.8. hl. Ludwig [König Ludwig IX.], 1.9. hl. Lupus [von Sens], hl. Egidius, 1.10. hl. Remigius, 9.10. hl. Dionysius). Miniaturen auf Zierseiten; die Textanfänge darunter. 13r–20r Evangelienlesungen (Joh, Lk, Mt, Mk), als Suffragien erweitert. 20r–22r Passion nach Johannes. 22r *O (bsecro te)*; für einen Mann redigiert. 25v *O (intemerata)*; für einen Mann redigiert. 29r–100r Marienoffizium (Paris). 29r Verkündigung. 56r Heimsuchung. 68r Geburt Christi. 74r Hirtenverkündigung. 78v Anbetung der Könige. 83r Darbringung Christi im Tempel. 87v Flucht nach Ägypten. 94v Krönung Mariens. 100v leer. 101r–120r Bußpsalmen mit Litanei (Lambertus, Egidius, Remigius, Ivo, Opportuna, Avia, Genovefa). 101r Gottvater zwischen den Symbolen des Neuen und des Alten Testamentes. 120v leer. 121r–126v Horen des Hl. Kreuzes (am Anfang und Ende Textverlust; wahrscheinlich fehlende Miniatur). 127r–134v Horen des Hl. Geistes. 127r Pfingsten. 135r–151v Tagesoffizien zu allen Tagen der Woche: 135r *Die dominica ad matutinas sancte trinitatis*, 137r *Die lune ad matutinas mortuorum*, 139v *Die Martis ad matutinas de sancto spriritu*, 141v *Die Mercurii ad matutinas omnium sanctorum*, 144r *Die iovis ad matutinas sancti sacramenti*, 146r *Die veneris ad matutinas de cruce*, 148v *Die sabbati ad matutinas beate Marie virginis*. 151v–158v Heiligensuffragien: 151v Trinität, 152r hl. Michael, 152v hll. Peter und Paul; hl. Johannes der Täufer, 153r hl. Johannes der Evangelist, 153v hl. Jakobus, 154r hl. Lorenz, 154v hl. Nikolaus, 155r hl. Anton, 155v hl. Fiacrius; hl. Magdalena, 156r hl. Katharina, 156v hl. Margarete, 157r hl. Apollonia, 157v vom Frieden, 158r Alle Heiligen. 159r–197r Totenoffizium (Paris). 159r Totenamt. 197r–202r Fünfzehn Freuden Mariens. 202r–205r Gebete zu den Fünf Wunden Christi. 205v–222v Anweisungen und Gebete während der Messe. 223r–234v Gebete zu verschiedenen Anlässen. 234v–235v Suffragium zu Ehren des hl. Leonhard. 236r nachgetragenes Gedicht. 236v leer. **Literatur** Kat. Sotheby's, London, 26.7.1937, Nr. 152. – K. V. Sinclair, Descriptive Catalogue of Medieval and Renaissance Western Manuscripts in Australia, Sydney 1969, S. 388. – Kat. Sotheby's, London, 12.7.1971, Nr. 65. – Kat. L. Witten, Speculum Manuscriptorum. A Mirror of Manuscripts, Southport/Connecticut o. J. (1983), Nr. 15. – J. M. Plotzek, Andachtsbücher des Mittelalters aus Privatbesitz, Ausst. Kat. Schnütgen-Museum, Köln 1987, Nr. 15, S. 99ff. **Zitierte Literatur** M. Meiss, French Painting in the Time of Jean de Berry. The Late 14th Century and the Patronage of the Duke, London/New York 1967. – M. Meiss, French Painting in the Time of Jean de Berry. The Boucicaut Master, London/New York 1968. – M. Meiss, French Painting in the Time of Jean de Berry. The Limbourgs and Their Contemporaries, London/New York 1974. – E. König/H. Tenschert, Leuchtendes Mittelalter V, Kat. 30 Antiquariat Heribert Tenschert, Rotthalmünster 1993, Nr. 71.

3 *Pariser Stundenbuch*
gegen 1400

29r Verkündigung an Maria. Matutin des Marienoffiziums

56r Heimsuchung. Laudes des Marienoffiziums

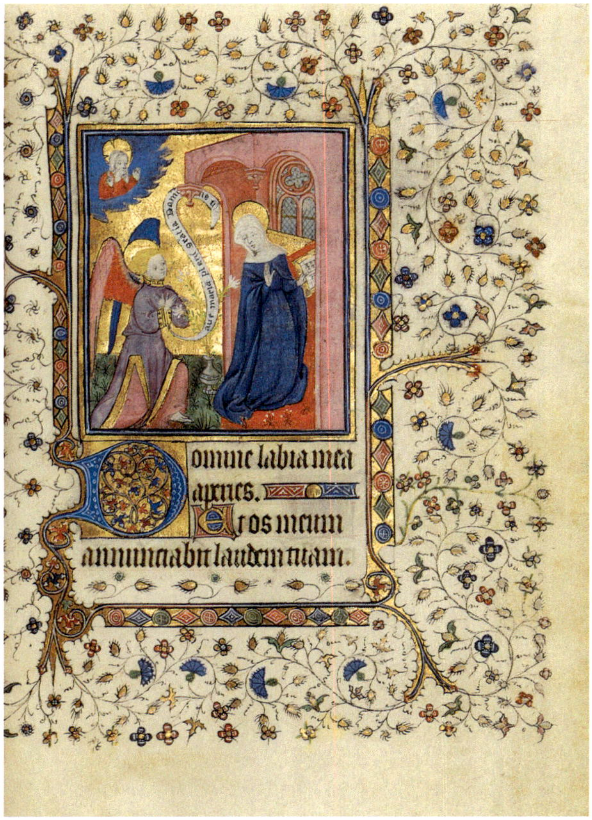

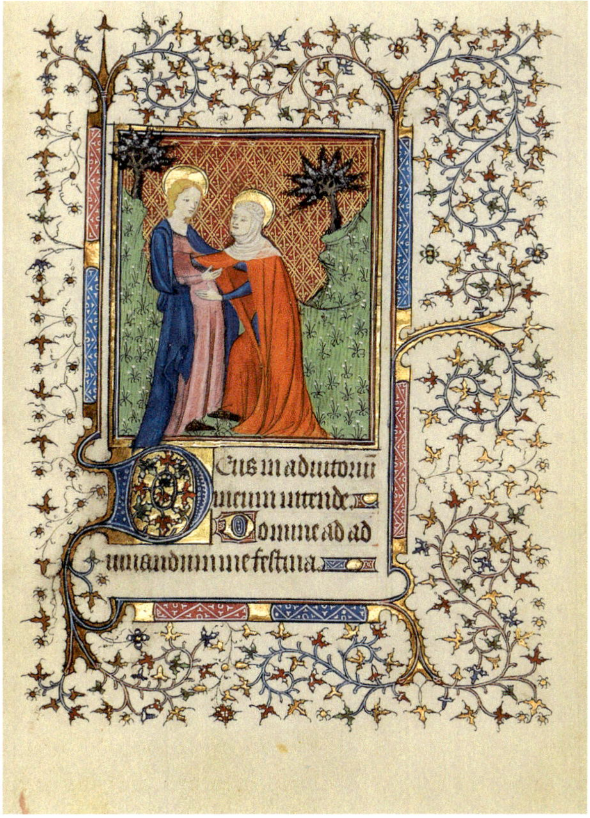

68r Geburt Christi. Prim des Marienoffiziums

74r Verkündigung an die Hirten. Terz des Marienoffiziums

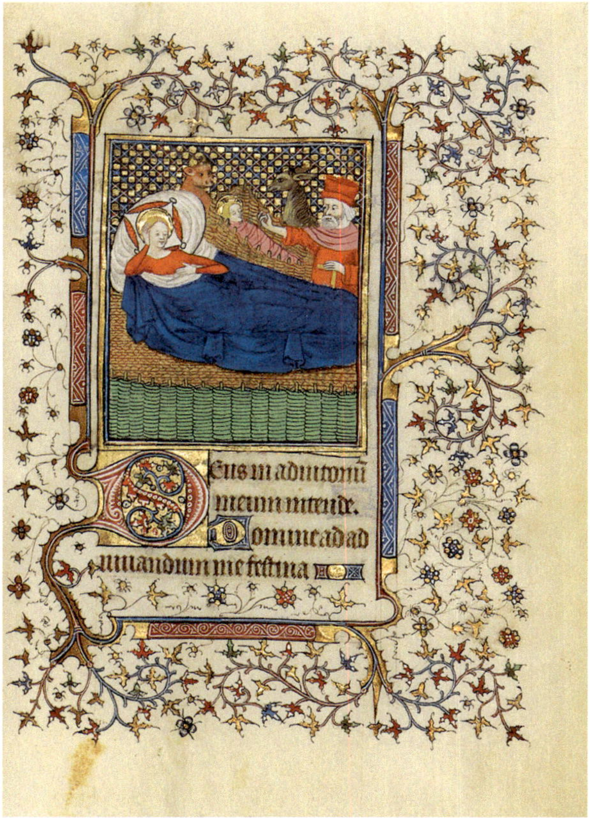

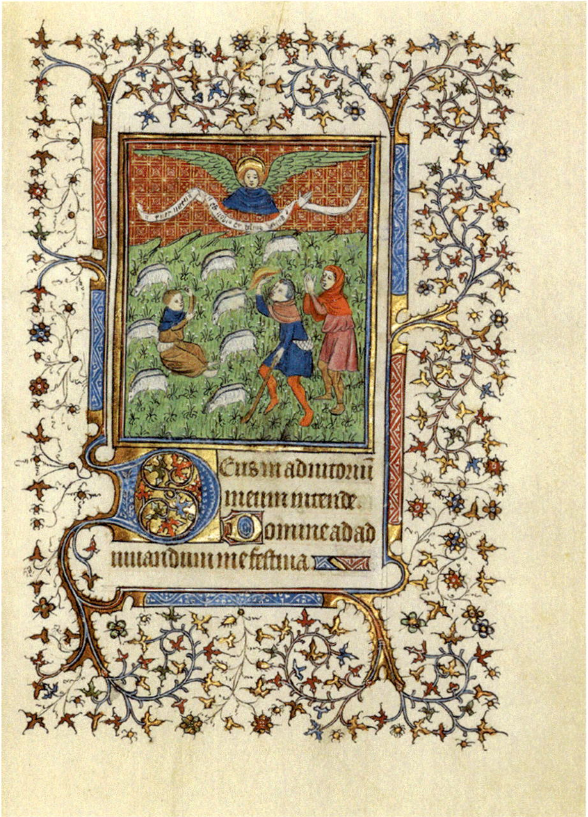

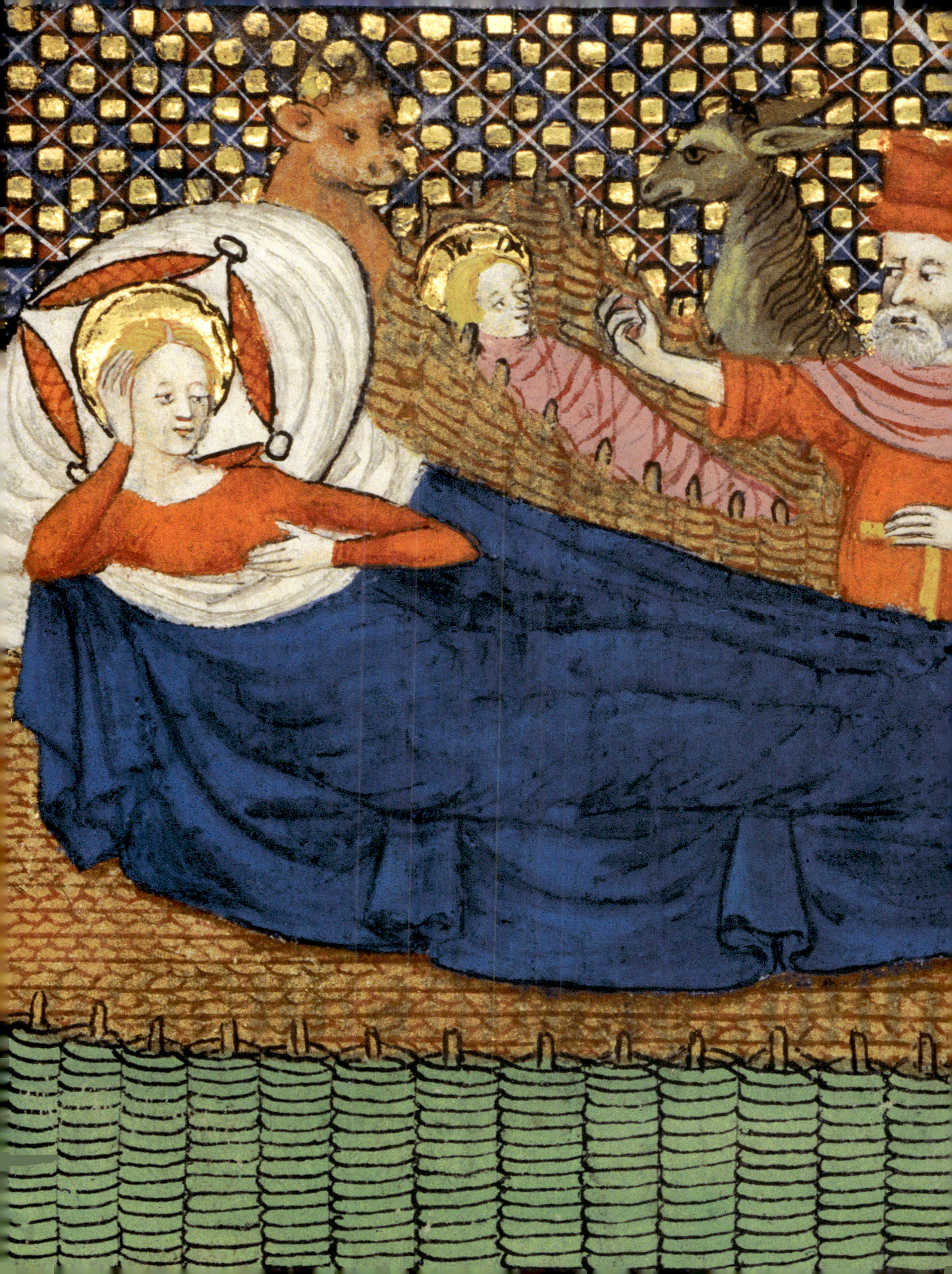

3 *Pariser Stundenbuch* gegen 1400

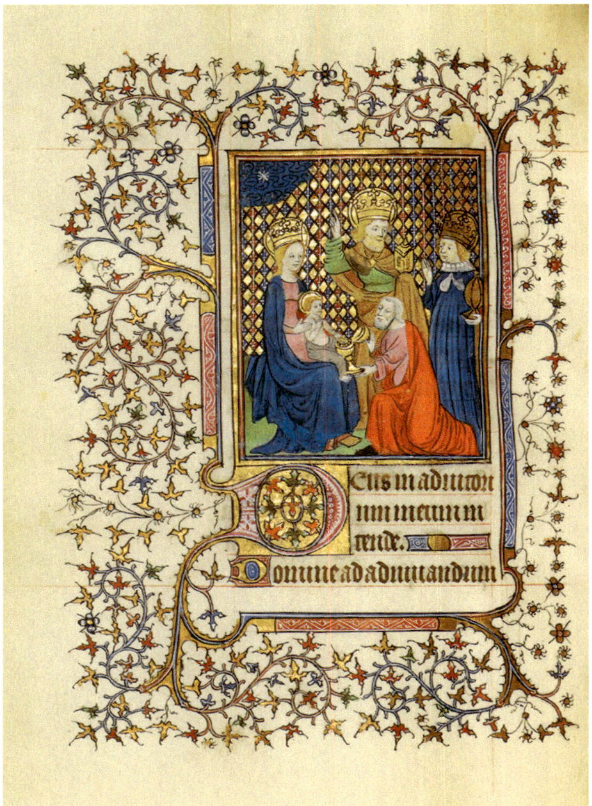

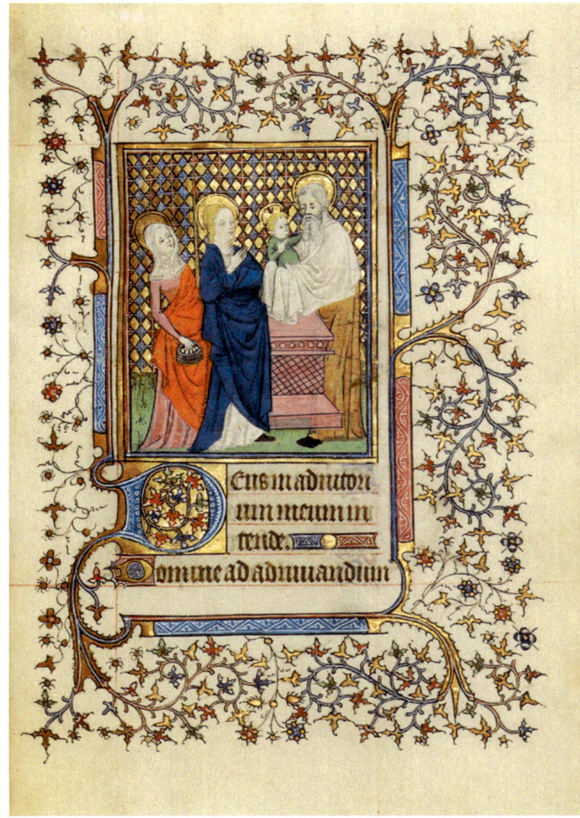

78v Anbetung der Könige. Sext des Marienoffiziums

83r Darbringung Jesu im Tempel. Non des Marienoffiziums

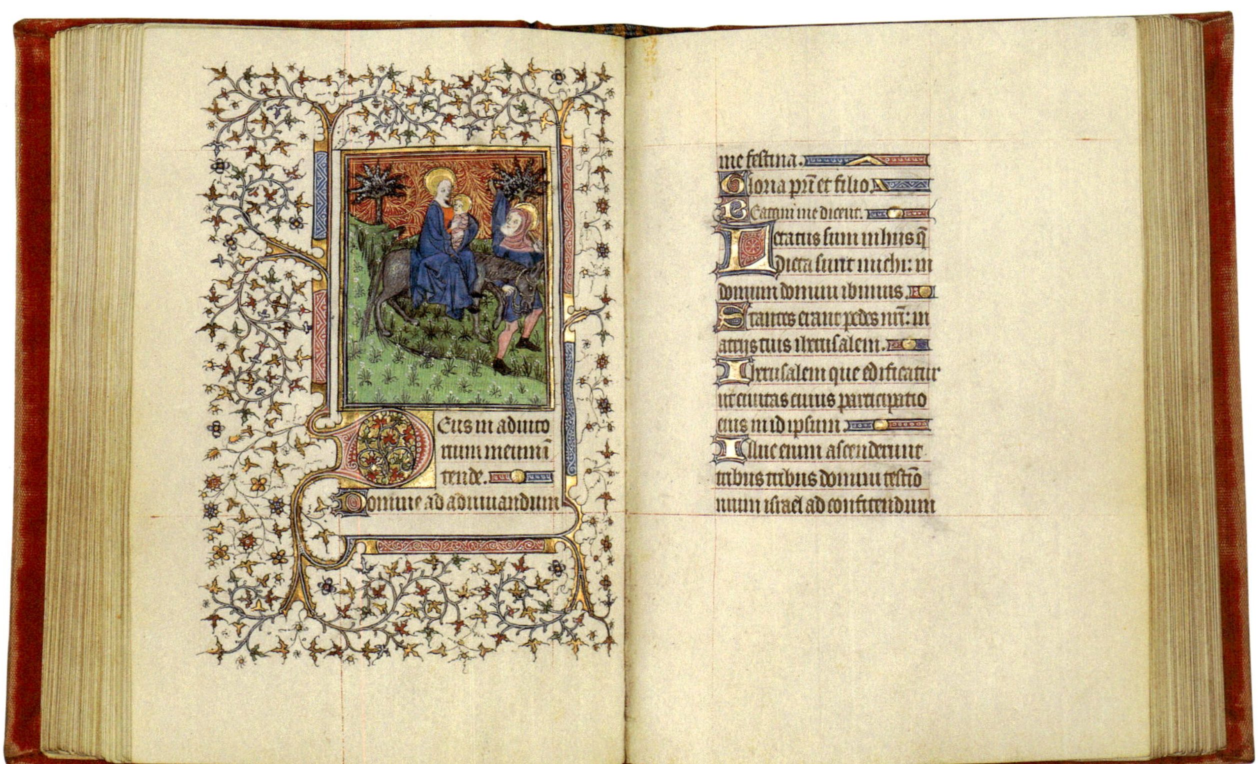

87v–88r Flucht nach Ägypten. Vesper des Marienoffiziums

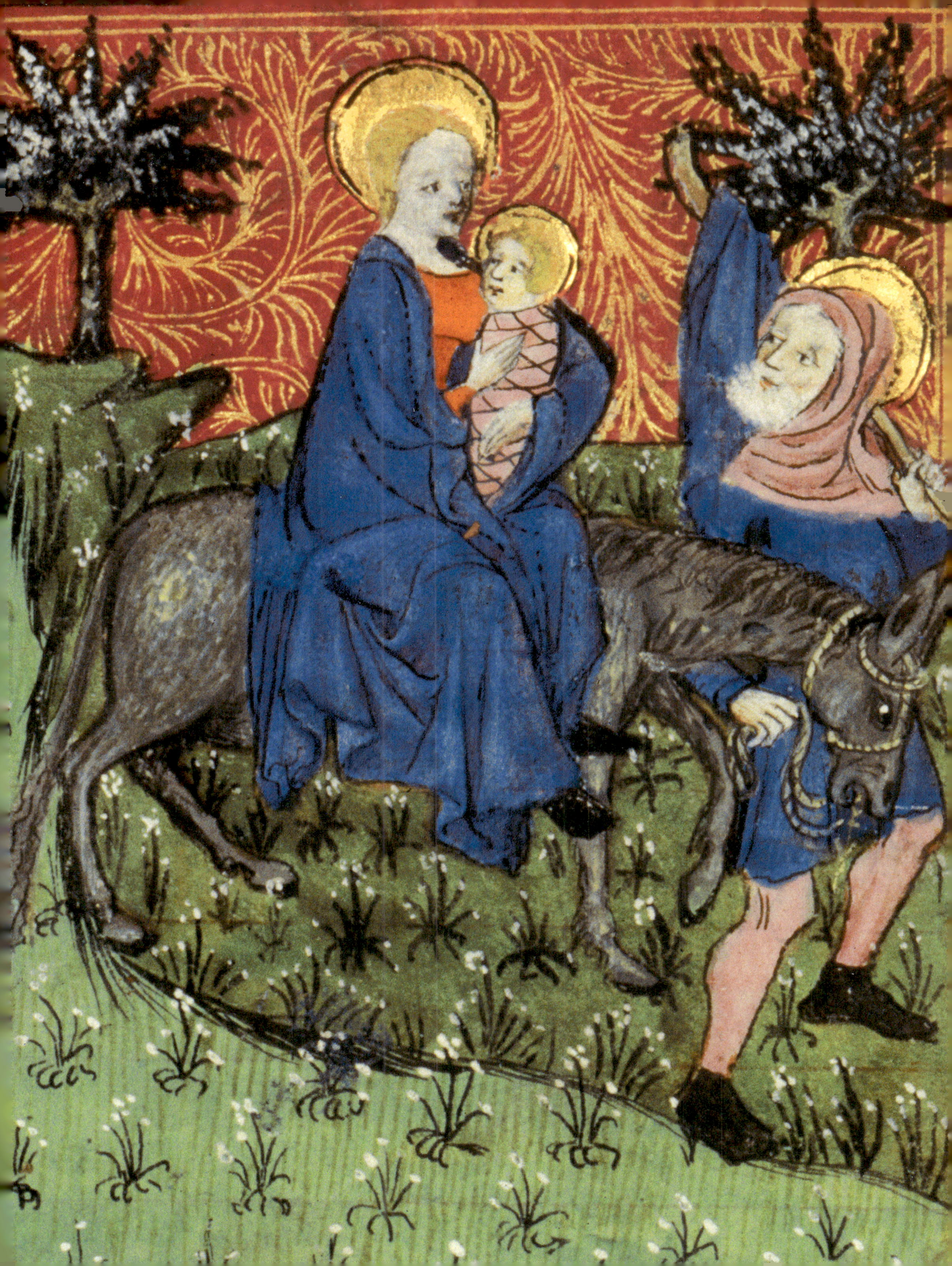

3 *Pariser Stundenbuch* gegen 1400

94v Krönung Mariens. Komplet des Marienoffiziums

101r Vor die Bußpsalmen ist die Darstellung des thronenden Gottes zwischen den Gesetzestafeln des Moses als Zeichen für den Alten Bund und einem Kelch mit Hostie für den Neuen Bund eingefügt. Ihn umgeben die vier Wesen als Hinweis auf die vier Evangelien.

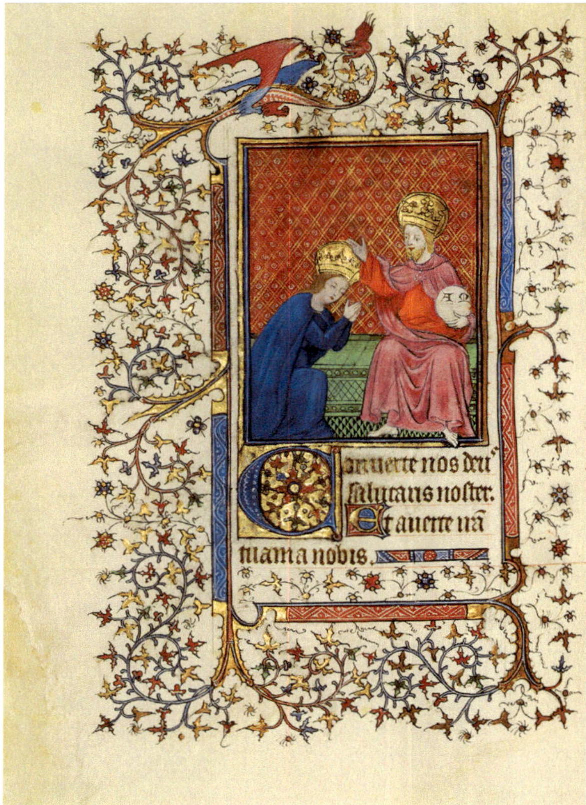

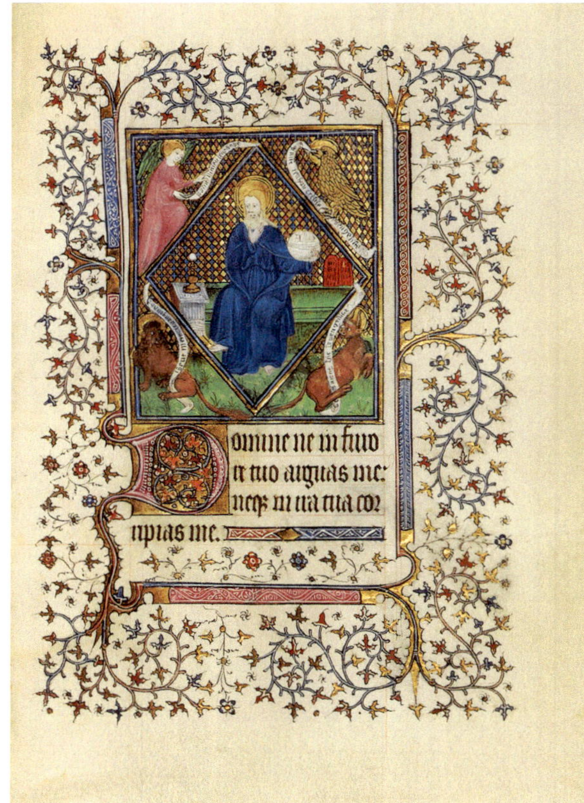

127r Pfingstdarstellung zu Beginn der Horen des Hl. Geistes

159r Totenamt zu Beginn des Totenoffiziums

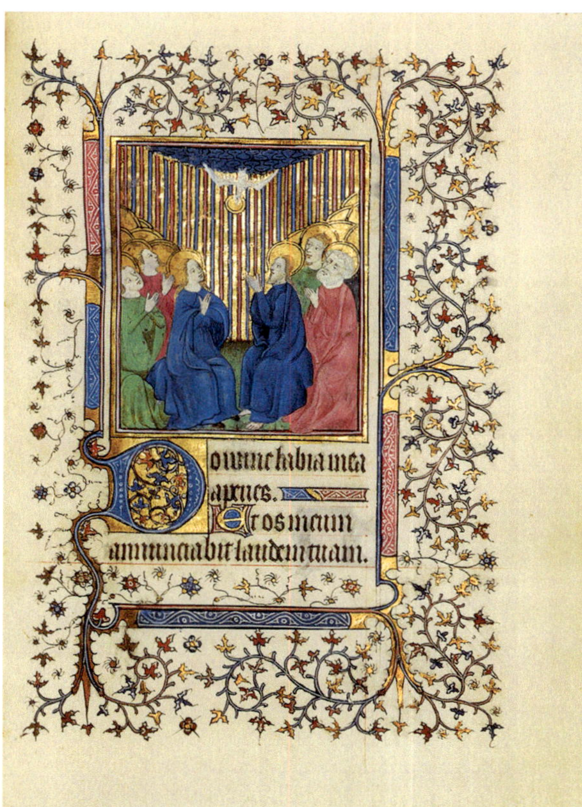

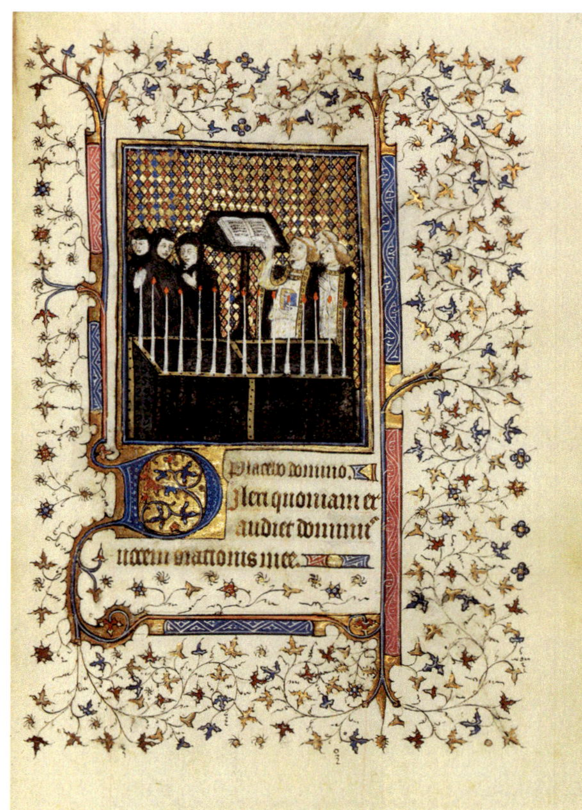

Das sind die Gebete, die man in der Kirche sprechen soll, und die Regeln für das Verhalten, wenn der Priester die Messe liest. Wenn man die Kirche betritt, soll man zuerst sagen „Introibo in domum tuam" (Ich werde in dein Haus eintreten). Anschließend bekreuzigen wir uns drei Mal mit dem geweihten Wasser zu Ehren der Trinität und sprechen diese vier Verse: „Asperges me domine" etc. (Besprenge mich mit Ysop, Herr), „Miserere mei Deus" (Gott, erbarme dich meiner), „Gloria patri" (Ehre sei dem Vater) und „Asperges me domine". Danach gehen wir vor den Crucifixus und sprechen fünf Mal das „Vater unser" zu Ehren der fünf Wunden, die Christus für uns erlitten hat, und bitten ihn demütig, dass er uns die Gnade gewähren möge, ihm zu dienen mit unseren fünf natürlichen Sinnen, die er uns geschenkt hat. Danach gehen wir vor das Bild Unserer Lieben Frau und gedenken der Sieben Freuden, die sie durch ihren lieben Sohn auf Erden erfuhr, und bitten sie, uns vor Todsünden zu bewahren. Nachdem der Priester sich angekleidet hat, antworten wir ihm gemäß dem, was die Liturgie zu Beginn der Messe vorgibt. Insbesondere sprechen wir „Misereatur" (Es erbarme sich) etc., „Confiteor" (Ich bekenne) und die anderen Gebete, auf die man nach dem »Confiteor« antworten muss [...]. Nachdem der Priester das „Kyrie eleison" (Herr, erbarme dich unser) gesprochen, sich dem Volk zugewendet und „Dominus vobiscum" (Der Herr sei mit euch) gesagt hat, verneigen wir uns gegen ihn. Und jedes Mal, wenn er „Oremus" (Lasset uns beten) sagt, beugen wir die Knie, bis er die Orationen beendet hat. Wir müssen unseren Herrn bitten, dass er das erfüllen wolle, was der Priester sagt, denn er bittet für das ganze Volk. Wenn der Priester das Evangelium lesen will und „Dominus vobiscum" sagt, erheben wir uns, nehmen unsere Hüte ab und sagen: „Spiritus sanctus sit in corde tuo" (Der Heilige Geist sei in deinem Herzen) [...] Nach dem Offertorium, wenn der Priester sich umwendet und sagt „Orate pro me fratres" (Bittet für mich, Brüder), dann verbeugt euch gegen ihn und sagt in seiner Meinung: „Spiritus sancti gratia illustrer cor tuum [...]" (Die Gnade des Hl. Geistes erleuchte dein Herz [...]). Zur Präfation haltet euch aufrecht und nach dem Sanctus sprecht: „Veni ad liberandum nos [...]" (Komm, uns zu befreien [...]). Anschließend kniet nieder, bis der Priester den Leib unseres Herrn in die Hände nimmt, und sprecht nach dem „Veni ad liberandum nos" mit großer Andacht folgendes Gebet: „Deus esto michi propitius peccatori [...]" (Herr, sei mir Sünder gnädig [...]). Wenn der Priester den Leib des Herrn erhebt, dann betet mit großer Andacht das folgende Gebet oder sprecht zuerst das „Te Deum laudamus" (Dich, oh Gott, loben wir) und fahrt dann mit dem Folgenden fort: „Ave salus mundi [...]" (Sei gegrüßt, Heil der Welt [...]). Und wenn das Blut unseres Herrn im Kelch erhoben wird, spricht man: „Ave sanguis Christi [...]" (Sei gegrüßt, Blut Christi [...]). Nachdem du den Leib unseres Herrn gesehen hast, verbeuge dich gegen den Priester und sprich diese zwei Psalmen „Miserere mei dominus" und „De profundis" (Aus der Tiefe) und zum Schluss „Kyrie eleison". [...] Wenn der Priester unseren Herrn empfängt, sprecht „Agimus tibi gratias" (Wir sagen dir Dank), und wenn er den Herrn hält, „Anima Christi sanctifica me corpus Christi salva me sanguis Christi inebria me aqua lateris Christi lava me [...]" (Seele Christi, heilige mich, Leib Christi, rette mich, Blut Christi, tränke mich, Wasser der Seite Christi, wasche mich [...]). Wenn der Priester das „Vater unser" spricht, dann betet gleichermaßen: „O dulcissime et benignissime Jhesu Christe [...]" (Oh süßester und gütigster Jesus Christus [...]). Wenn der Priester das „Agimus gratias" etc. spricht, dann sprecht auch ihr es, und danach betet andächtig folgendes Gebet: „In presencia corporis et sanguinis tui [...]" (In Gegenwart deines Leibes und Blutes [...]). Nachdem der Priester den Leib unseres Herrn empfangen hat, sprecht in seiner Meinung: „Suscipe nunc sacramentum [...]" (Empfange nun das Sakrament [...]). Und nachdem er das Blut unseres Herrn empfangen hat, sprecht: „Susceptio sanguinis [...]" (Der Empfang des Blutes [...]). Nachdem die Messe gelesen ist und der Priester seinen Dienst beendet hat, beugt die Knie vor dem Altar und sprecht folgendes Gebet: „Gratias tibi ago domine Jhesu Christe [...]" (Dank dir, Herr Jesus Christus [...]). Man soll zu Beginn der Messe kommen und bis zu deren Ende bleiben. Derjenige, der zur Kommunion kommt und bis zum Ende der Messe bleibt, hat größeren Teil an der Messe als derjenige, der zu Beginn kommt und vor der Kommunion geht. Beim Verlassen der Kirche nehmen wir wieder das Weihwasser wie schon beschrieben und beten das „De profundis". Und immer, wenn man den Leib des Herrn empfangen hat, spricht man mit Andacht das folgende Gebet: „Domine sancte pater [...]" (Herr, heiliger Vater [...]). (Übersetzung: Katharina Winnekes)

3 *Pariser Stundenbuch* gegen 1400

205v–222v (Text) Messordo für den Gläubigen

4

Pariser Stundenbuch
Lateinisches Stundenbuch
nach dem Brauch von Paris
Paris, um 1410–1420

Verglichen mit der großen Buchmalerei in Paris um 1410 wirkt dieser Kodex wie ein strenger Vorläufer aus einer Zeit, als an die aufregenden Entwicklungen hinsichtlich der Schilderungen von Mensch und Natur noch nicht zu denken war. Noch gibt es eine später aufgegebene Unterscheidung von zwei Dekorationsarten: Tropfenformen sind den Goldinitialen auf einfarbigen Flächen zugeordnet, während nur im Rankenschmuck der Bildseiten Dornblatt allein herrscht. Das eigenständige System, das dem Dornblatt in der Dekorationshierarchie untergeordnet ist, kündet von früher Zeitstellung innerhalb dieser Periode der französischen Buchmalerei, in der außer filigranen Dornblattspiralen mit kleinen Blüten und Blättern erste Naturbeobachtung in die Bordüren gerät und der Schmuck aus stilisierten Akanthusbättern gar eine veränderte Wirkung der Buchseite herbeiführt. Auf den ersten Blick scheint die Dekoration dieses Stundenbuchs von diesen umwerfenden Neuerungen fern, dominiert doch auch in den Miniaturen der ornamentale Mustergrund, der die Buchmaler jeder genaueren Schilderung von Ambiente im heiligen Geschehen enthebt. Einzig die Anbetung der Könige (72r) spielt vor zum Horizont hin aufgehelltem Himmel, an dem rot und ganz isoliert der Stern von Bethlehem prangt.

Doch die Miniatur, die den ersten Besitzer des Stundenbuchs im Gebet vor der Madonna zeigt (114r), verrät bei näherem Hinsehen die eigentliche Zeitstellung. Zwar sitzt Maria mit dem Kind auf einem breit ausladenden Thron, der in seiner letztlich verunglückten Perspektive an die Schöpfungen André Beauneveus im Psalter des Herzogs von Berry aus der Zeit um 1385 erinnert (Paris, Bibliothèque Nationale de France, fr. 13091; Meiss 1967), doch erhält man genaueren Aufschluss über die chronologische Ansiedlung der Handschrift durch Kleidung und Frisur des Frommen, der rechts vor dem Thron so raumgreifend kniet, dass seine beiden Füße über die Miniaturrahmung hinausragen. Der glatte braune Haarschopf des Beters ist über den Ohren rasiert; diese Frisurenmode ist erst gegen 1415/20 greifbar, z. B. in Johann Ohnefurchts »Decameron« (Città del Vaticano, Biblioteca Apostolica Vaticana, Pal. lat. 1989; König 1989). Sein rosafarbenes Obergewand mit den Ärmeln, die am Bund eng und auf Ellenbogenhöhe weit geschnitten sind, wie auch die orangefarbene Sendelbinde, die er über die Schulter gelegt hat, wird man ebenfalls erst in der Zeit nach 1415 antreffen. Die Kleidermode ist gut mit der zu vergleichen, die sich im vom Meister des Harvard-Hannibal illuminierten Psalter findet (Kat. Nr. 7).

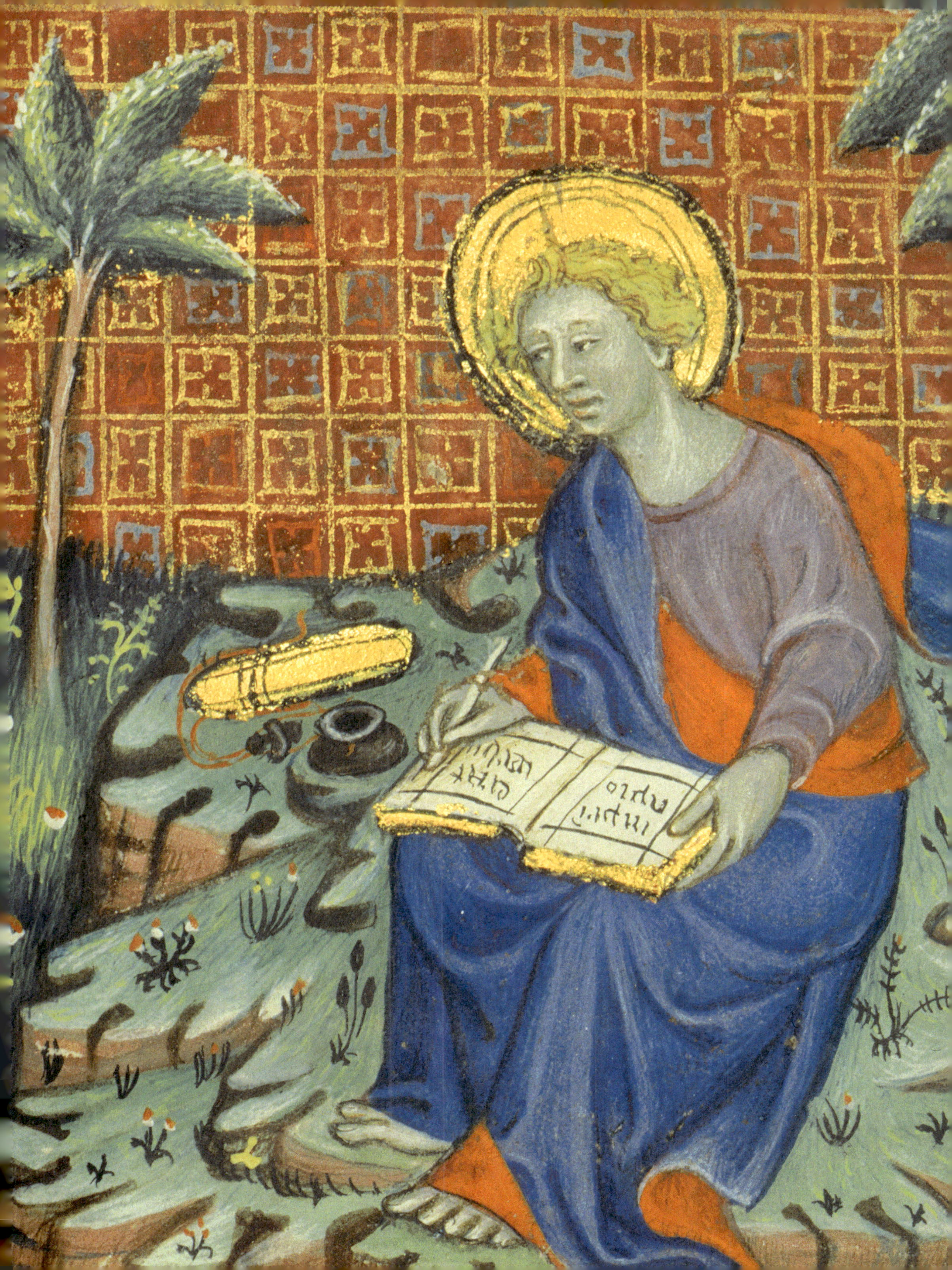

4 Pariser Stundenbuch um 1410–1420

Offensichtlich ist es also nicht die zeitliche Entfernung von revolutionären Ideen, sondern die Beständigkeit alter Form, die dieses Stundenbuch prägt. In einer Beschränkung auf das Wesentliche bevölkern lediglich die heiligen Personen die Szenerie, einzig in der Geburt Christi (69r) wird größerer Aufwand betrieben, wenn Maria in einem aufwendigen Holzbett mit hochgezogener Stirnwand und angedeutetem Baldachin von der Entbindung ausruht. Die beiden Hauptminiaturen eines Stundenbuchs, die Verkündigung zu Beginn des Marienoffiziums (25r) und der thronende Gott zu Beginn der Bußpsalmen (119r), sind als gleichsam stilprägende Instanzen wieder in Vierpässe eingesetzt, wie man sie nach der Wende zum 15. Jahrhundert kaum noch zu finden meint. Die Medaillonform um den thronenden Gott sprengt oben und außen den Rahmen, gleichzeitig entpuppt sie sich als nachträgliche Einfügung, denn die Basis des hölzernen Throns aus dem ersten Entwurf scheint noch unter dem grünen Mustergrund durch, der die Zwickel füllt.

Gab schon der modisch gekleidete Stifter vor der Madonna Anzeichen dafür, dass die asketische Strenge des Buchschmucks nichts mit der Zeitstellung zu tun hat, verrät der Randdekor eindeutig die chronologische Verankerung zumindest in der Zeit nach 1408, als in Pariser Handschriften der erste gesicherte Akanthusdekor auftauchte (Oxford, Bodleian Library, Ms. Douce 144; datiert durch eine Inschrift, die sich auf die große Überschwemmung im Jahr 1408 bezieht). Der Rankenschmuck zur Eröffnung der Horen des Hl. Geistes (108r) wie auch zur Marienmesse (114r) zeigt einzelne Akanthusblätter. Am stärksten kommt diese neue Form beim Johannesbild (13r) hervor. Nicht die Texthierarchie, sondern der Frontispizcharakter der ersten Bildseite sorgt für eine erstaunlich fortschrittliche Vielfalt. Auf einem Bodenstreifen hockt ein Affe mit Schild und Helm; eine blaue Schnecke taucht auf; bunte Blüten wuchern überall in freien Formen.

Gern würde man den Kodex nicht in der Metropole ansiedeln, handelt es sich doch um dort ungewöhnliche Malerei mit archaischem Gepräge. Statt Himmel dominieren unterschiedlich karierte Mustergründe, die textile Assoziationen wachrufen, dichte Engelsgestalten über der Geburt (65r) und Marienkrönung (95r), fedrige Goldranken über der Darbringung im Tempel (87r), Rauten mit Fleurs de lis beim Gottvater der Bußpsalmen (119r). Missverständnisse verraten einige Unsicherheit bei der Ausstattung eines doch festen Regeln unterliegenden Stundenbuchs. Innerhalb der Anordnung der Evangelien gerät die für Stundenbücher kanonische Erzählfolge durcheinander: Der Abschnitt aus Markus über die Letzten Dinge steht vor dem Matthäustext über den Besuch der Hl. Drei Könige. Eine weitere Irritation betrifft die Reihenfolge der Bilder im Kindheitszyklus. Gewöhnlich folgt nach der Geburt Christi zunächst die Verkündigung an die Hirten und nicht wie hier die Anbetung des Kindes durch die Hl. Drei Könige; selbst Flucht nach Ägypten und Darbringung Christi im Tempel sind vertauscht.

Bei näherem Nachprüfen erweist sich die im Versteigerungskatalog von Sotheby's postulierte Nähe zu den Petites Heures des Herzogs von Berry (Paris, Bibliothèque Nationale de France, lat. 18014; Avril) aus den 1380er Jahren als eher vage, zumal der Vergleich mit dem thronenden Christus zu den Bußpsalmen (dort 53r) nur im weiteren Sinne ikonographisch berechtigt ist. Doch ist das durch die ermittelte zeitliche Distanz auch nicht weiter verwunderlich; abgesehen davon ist die im Auktionskatalog vorgeschlagene stilistische Zugehörigkeit zu einem Stundenbuch in Baltimore, das von einem Nachfolger des Jacquemart de Hesdin illuminiert wurde (Baltimore, Walters Art Gallery, Walters 96; Wieck; Randall), nicht wirklich überzeugend.

Zwei Hände haben sich wohl die Illuminierung des Kodex geteilt. Das Johannesbild und die Miniaturen des Marienoffiziums, wo die Marienkrönung (95r) eine schwer zu beurteilende Sonderposition einnimmt, dürften einem ersten Maler zuzuschreiben sein, während eine zweite Hand die Kreuzigung (101r), den thronenden Gottvater (119r), das Bild zum Totenoffizium (140r) und das Stifterbild ausgeführt haben wird. Dabei wirkt auch die Verwendung von Terra verde in den Inkarnatpartien im Marienoffizium altertümlich. Sie erinnert an Sieneser Malerei des frühen Trecento. Die wichtigsten Beispiele dieser Technik finden sich in Pariser Buchmalereien beim Meister der Brüsseler Initialen ebenso wie in den Pariser Miniaturen des Paramentenmeisters (Paris, Bibliothèque Nationale de France, nouv.acq.lat. 3093). Das Brüsseler Stundenbuch des Herzogs von Berry (Brüssel, Bibliothèque Royale, ms. 11060–1), bisher als sichere Arbeit aus der Zeit vor 1402 angesehen, wird von Gerhard Schmidt in die Mitte des zweiten Jahrzehnts gesetzt (Schmidt); die gesamten Très Belles Heures des Herzogs von Berry sind nicht, wie oft gemeint, in den 1380er Jahren, sondern frühestens 1404 begonnen worden (König 1992). Dort finden sich im Marienoffizium auch die aus unendlichem Engelsrapport gebildeten Hintergründe. Der nach Jean sans Peur genannte Meister der Jahre um 1415 liebt ebenfalls die grünliche Grundfarbe des Fleischtons (Meiss 1970).

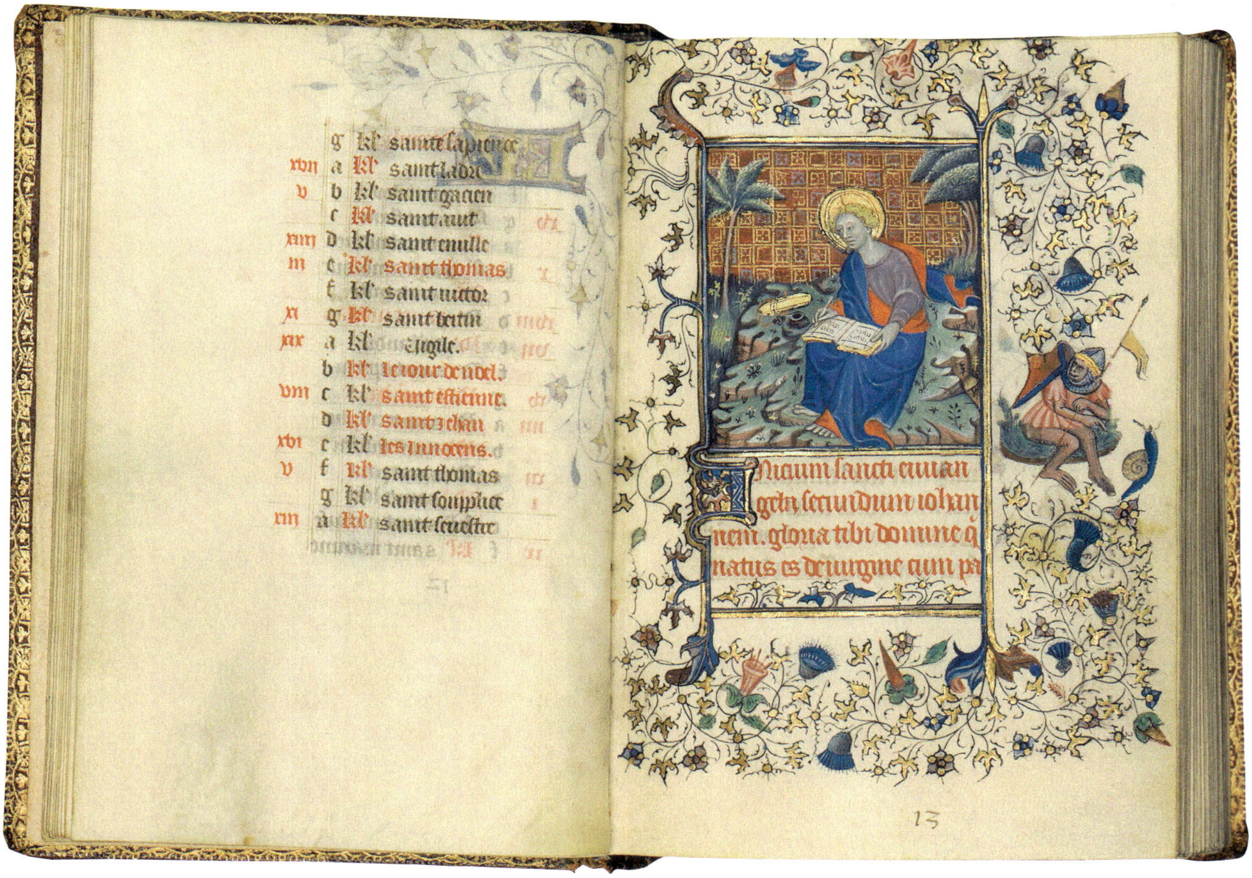

4 *Pariser Stundenbuch* um 1410–1420

12v–13r Ende des Kalendars mit den rot eingetragenen Feiertagen der Weihnachtszeit und Beginn der Evangelienlesungen. Johannes auf Patmos; in der Bordüre ein bewaffneter wilder Mann (?) in Rüstung und eine blaue Schnecke

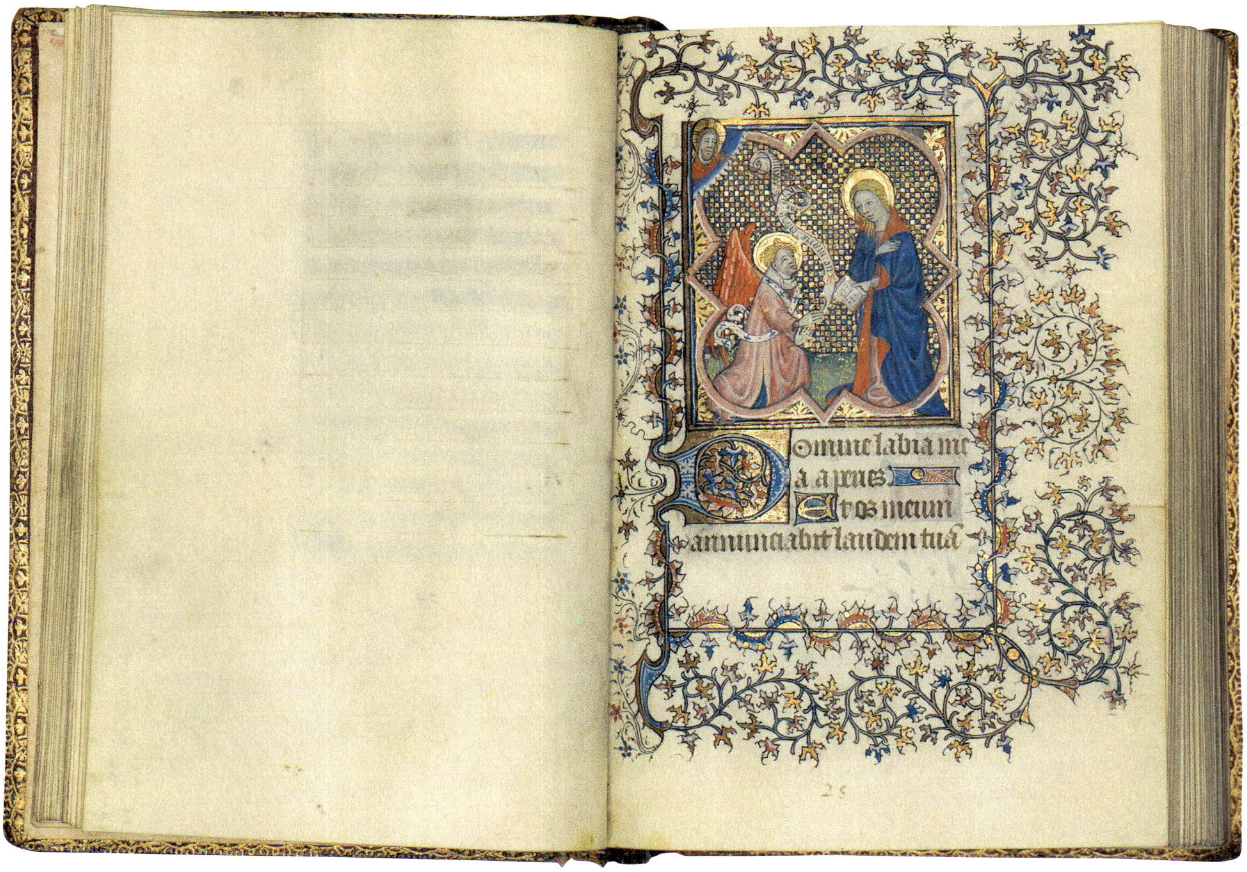

24v–25r Verkündigung an Maria. Matutin des Marienoffiziums

4 *Pariser Stundenbuch* um 1410–1420

Tatsächlich kann man mit den zitierten Beispielen die Buchmaler unseres Kodex in der Umgebung der Produktion für den Herzog von Berry verorten, ohne dass sie der Fertigkeit der für den großen Bibliophilen angestellten Buchmaler allzu nahe kämen. So bleibt vorerst die Freude an den leuchtenden Farben, die die namenlosen Illuminatoren eingesetzt haben, das Vergnügen an der Schmiegsamkeit der Gewandfalten und nicht zuletzt die Augenweide, welche die Blumenwiesen dem Betrachter verschaffen. (Gabriele Bartz)

Pergament 201 Blätter mit alter Blattzählung (ein Vorsatz- und zwei Nachsatzblätter aus Papier); 158 x 114 mm; Lagen (z. T. mit Wortreklamanten): I–2^6, 3^8, 4^4, 5–8^8, 9^6, 10–15^8, 16^{8-1} (Blatt 118 fehlt), 17^6, 18^8, 19^6, 20^8, 21^6, 22^8, 23^6, 24^8, 25^6, 26–27^8, 28^6; Schriftspiegel: 84 x 53 mm; einspaltig; 14 bzw. 17 (Kalendar) Zeilen; Liniierung in Braun. **Ausstattung** Lateinischer Text (Kalendar, Abschlussgebete und Rubriken in Französisch) in brauner Textura, rubriziert; Versalien rot gestrichelt; ein- bis dreizeilige Initialen in Blattgold auf Blau und Mauve, mit weißem Filigran; Zeilenendungen in der gleichen Art; aus zwei- und dreizeiligen Initialen nach links ausstrahlender Randschmuck meist in Textspiegelhöhe, an einfachen Tintenlinien Tropfenformen und Blüten in Deckfarbe oder Blattgold, fast ohne Dornblattformen; dreizeilige Initiale mit Buchstabenkörper in Deckfarben auf Blattgold mit ausstrahlendem Doppelstab und Ranken (197v); in der gleichen Art zwei- und dreizeilige Initialen mit Dornblattfüllung unter den Miniaturen, davon ausstrahlend zwei- bis vierseitige Rahmenleisten in unterschiedlicher Form: entweder als Doppelstäbe, als breite Dornblattleisten oder als Leisten mit Baluster- bzw. Knotenformen und Dornblatt; von den unterschiedlichen Zierleisten entweder farbige Spiralranken mit verschieden gefärbtem Dornblatt ausstrahlend oder dünne Tintenlinien, nicht immer mit den Leisten verbunden, mit goldenem Dornblatt bzw. grünen, naturalistisch konzipierten Blättern, z. T. mit Tieren und Figuren; vierzehn große Miniaturen in Deckfarben mit Gold. **Einband** Maroquineinband des späten 18. Jhs., die Deckel mit doppelten Streicheisenlinien in Gold und radial gestellten Eichelzweigen in den Ecken sowie Ornamentbordüre u. a. mit Rosetten auf dem Rand des Innenspiegels; fünf Bünde: ein Titelschild »OFFICE DE L'EGLISE«, die anderen fünf Felder mit zentraler Blüte, farnähnlichen Zweigen in den Zwickeln und von den Seiten eingreifenden Eicheln; Innendeckel und Vorsatz: Marmorpapier; Goldschnitt. **Vorbesitzer** Der Beter vor der Madonna (114r) ist nicht identifiziert; auf dem letzten Blatt in Bleistift die Initialen H. B., von einem Kreis umschlossen, daneben der Vermerk »August 74«; aus der Sammlung Phillips und des späten Neil F. Phillipps, Q. C. **Inhalt** 1r–12v Kalendar, französisch, voll besetzt (Festtage: u. a. 20. 1. *Saint Fabien*, 21. 1. *Sainte Agnes*, 22. 1. *Saint Vincent*, 27. 1. *Saint Julien*, 27. 3. *la resurreccion*, 23. 4. *Saint George*, 19. 6. *Saint Gervais*, 25. 6. *Saint Eloy*, 4. 6. *Saint Martin*, 22. 7. *la Magdalena*, 25. 8. *Saint Louis*, 1. 9. *Saint Giles*, 29. 9. *Saint Michiel*, 9. 10. *Saint Denis*, 23. 11. *Saint Clement*). 13r–19r Evangelienlesungen (Joh, Lk, Mk, Mt). 13r Johannes auf Patmos. 19v–23v *O (bsecro te)*; für einen männlichen Gläubigen eingerichtet. 24r/v leer. 25r–100v Marienoffizium (Paris); Textanfänge hier und auf den anderen Bildseiten unter den Miniaturen. 25r Verkündigung an Maria. 52r Heimsuchung. 65r Geburt Christi. 72r Anbetung der Könige. 77r Verkündigung an die Hirten. 82r Flucht nach Ägypten. 87r Darbringung Christi im Tempel. 95r Krönung Mariens. 101r–107v Kreuzoffizium. 101r Kreuzigung. 108r–113v Hl. Geistoffizium. 108r Pfingsten. 114r–117r Marienmesse. 114r Maria und Kind mit davor kniendem Beter. *S (Alve sancta parens)*. 118r/v fehlt; war wahrscheinlich leer. 119r–139v Bußpsalmen mit Litanei (Ivo, Aegidius, Ludwig). 119r thronender Gottvater. 140r–191v Totenoffizium (Paris). 140r Einsegnung des Sarges. 191v–197v Fünfzehn Freuden Mariens. *D (Oulce dame)*. 197v–201r Sieben Fragen an unseren Herrn Jesus Christus. *D (Oulx Dieu)*. 201v–202v leer. **Literatur** Sotheby's, London, 23. 6. 1998, Nr. 65 (dort noch mit der Datierung in das späte 14. Jh.). **Zitierte Literatur** M. Meiss, French Painting in the Time of Jean de Berry. The late fourteenth Century and the Patronage of the Duke, London 1967, Abb. 51ff. (Psalter des Herzogs von Berry). – E. König, Boccaccio. Decameron. Alle 100 Miniaturen der ersten Bilderhandschrift, Stuttgart / Zürich 1989.– J. Avril / L. Dunlop / B. Yapp, Les Petites Heures du Duc de Berry. Kommentar zu Ms. lat. 18014 der Bibliothèque Nationale, Paris, Luzern 1989. – R. Wieck, Time Sanctified, Ausst. Kat. Baltimore 1988 (in Europa erschienen unter dem Titel: The Book of Hours in Medieval Art and Life, London 1988). – L. M. C. Randall, Medieval and Renaissance Manuscripts in the Walters Art Gallery, Bd. I: France 875–1420, Baltimore / London 1989. – G. Schmidt, Der Schmuck der Handschrift, in: B. Bousmanne u.a., Heures des Bruxelles. Ms.11060-61, Luzern 1996. – E. König, Die Très Belles Heures de Notre-Dame des Herzogs von Berry. Kommentar zu Ms. nouv.acq.lat. 3093 der Bibliothèque Nationale, Paris, Luzern, 1992. – M. Meiss, The Master of the Breviary of Jean Sans Peur and the Limburgs. Lectures on Aspects of Art, London 1970.

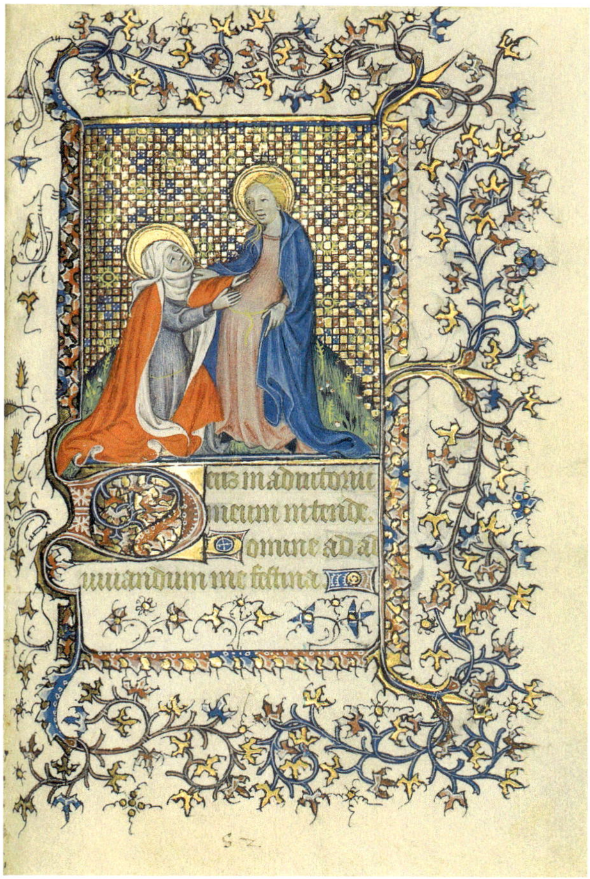

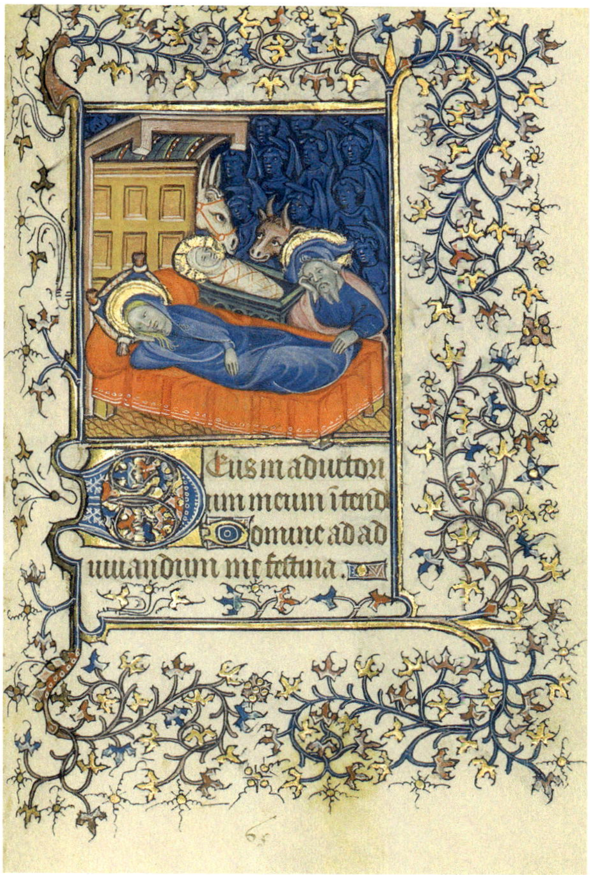

4 *Pariser Stundenbuch* um 1410–1420

52r Heimsuchung. Laudes des Marienoffiziums

65r Geburt Christi mit sinnendem Joseph, Ochs und Esel an der Krippe und einer den gesamten Hintergrund ausfüllenden Engelschar im Blau des Himmels. Prim des Marienoffiziums

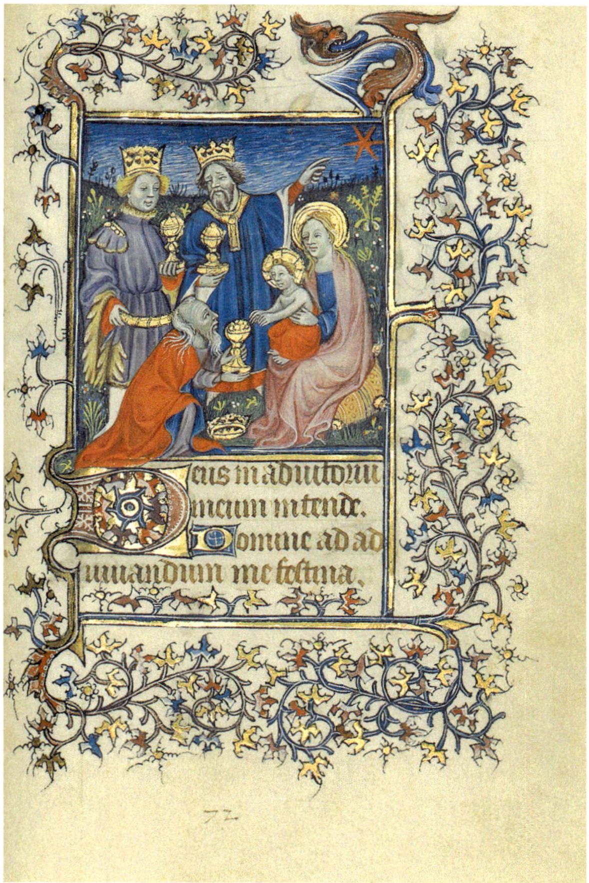

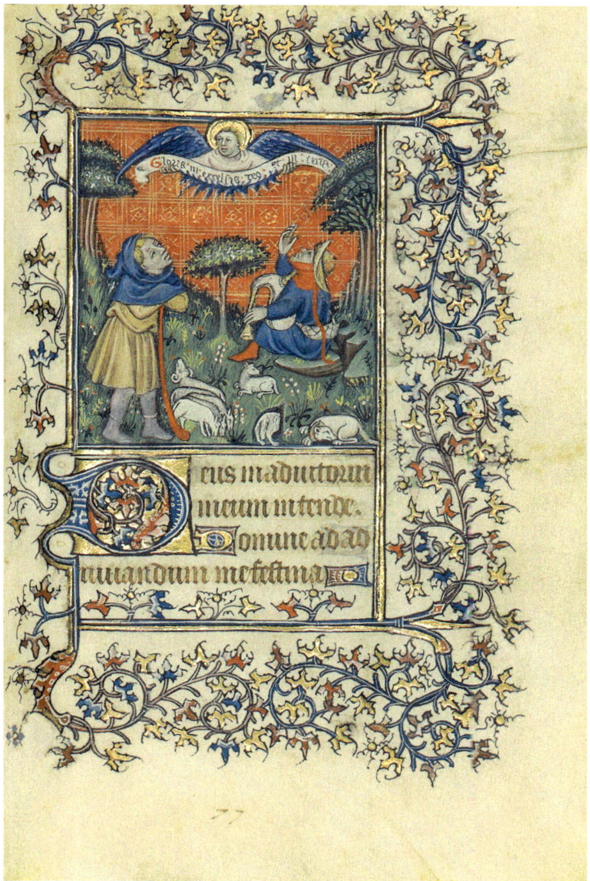

72r Anbetung der Könige. Terz des Marienoffiziums

77r Verkündigung an die Hirten. Sext des Marienoffiziums

4 *Pariser Stundenbuch* um 1410–1420

82r Flucht nach Ägypten. Non des Marienoffiziums

87r Darbringung Jesu im Tempel. Vesper des Marienoffiziums

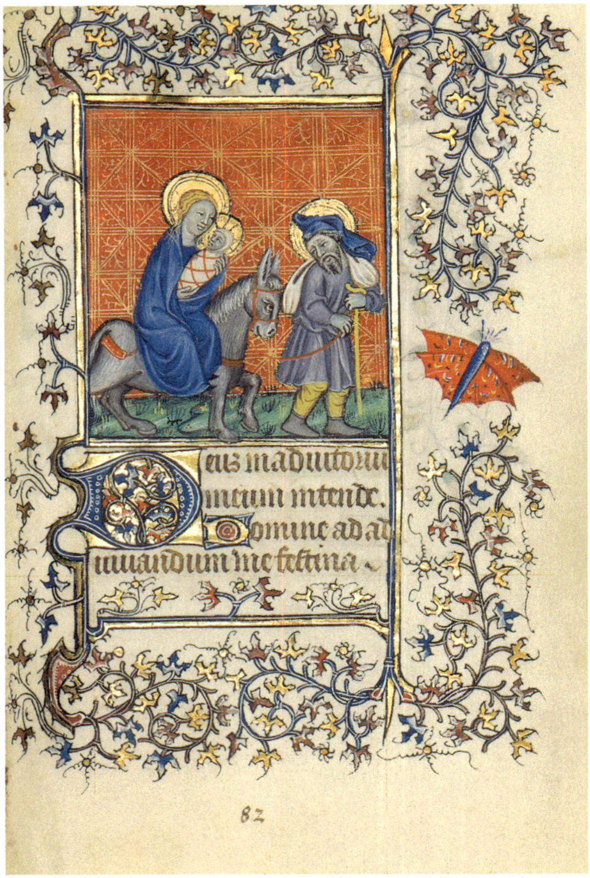

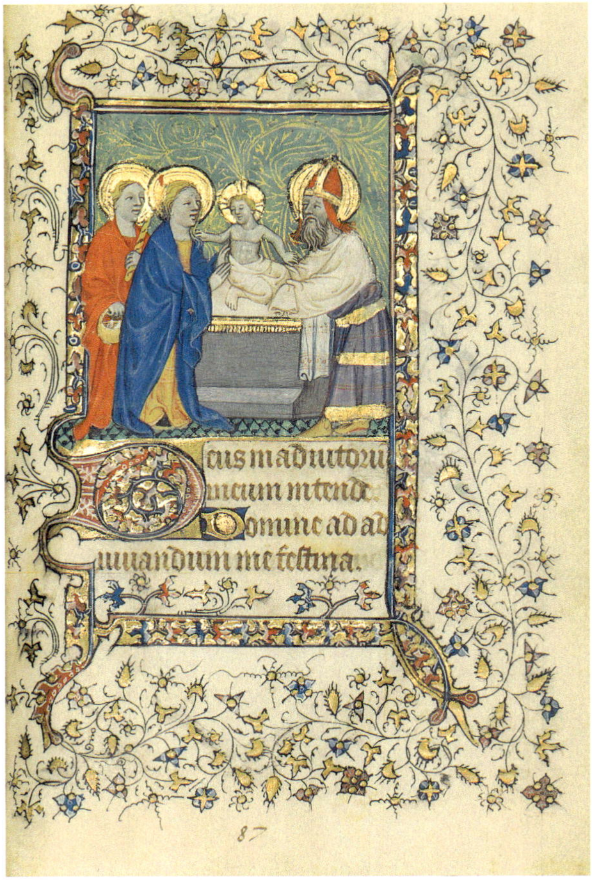

95r Krönung Mariens durch Gottvater, assistiert von einem Engel. Komplet des Marienoffiziums

101r Kreuzigung, Maria und Johannes. Beginn des Kreuzoffiziums

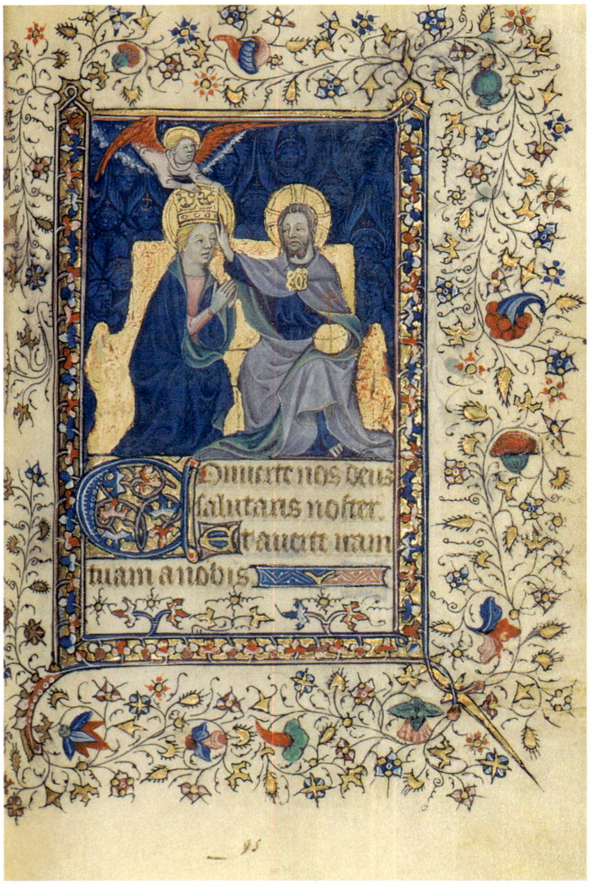

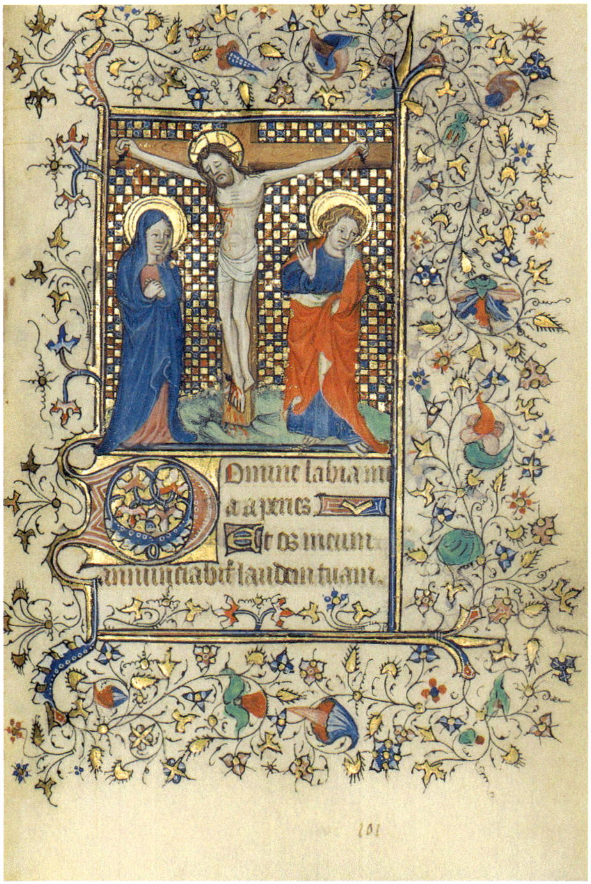

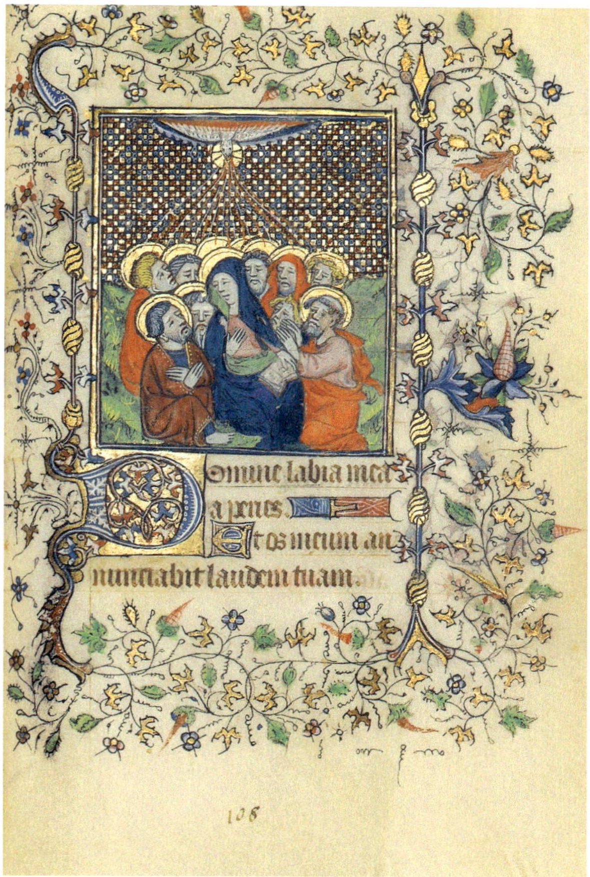

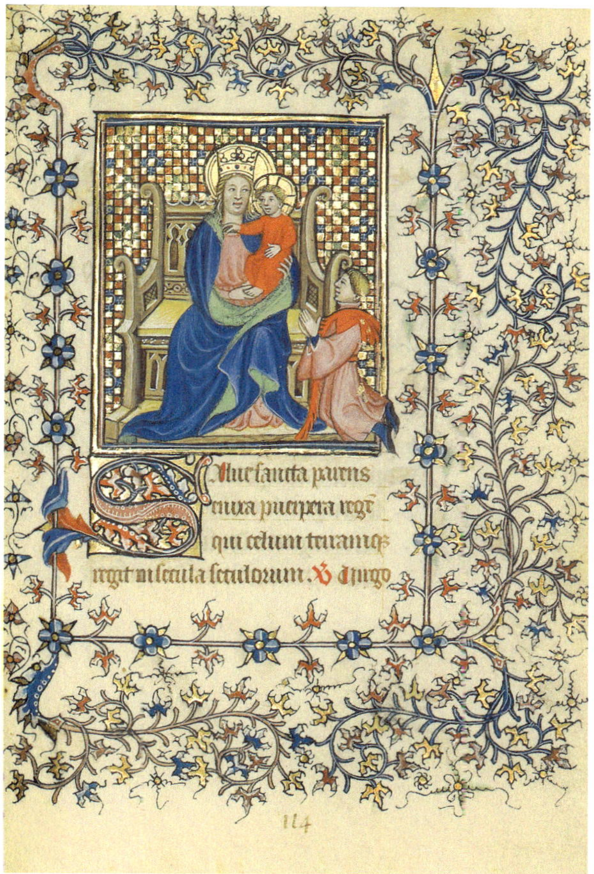

4 *Pariser Stundenbuch* um 1410–1420

108r Pfingsten. Beginn des Hl. Geistoffiziums

114r Beginn der Marienmesse. Der offenbar weltliche Beter – vielleicht der Auftraggeber des Stundenbuchs - vor der thronenden Gottesmutter mit Kind.

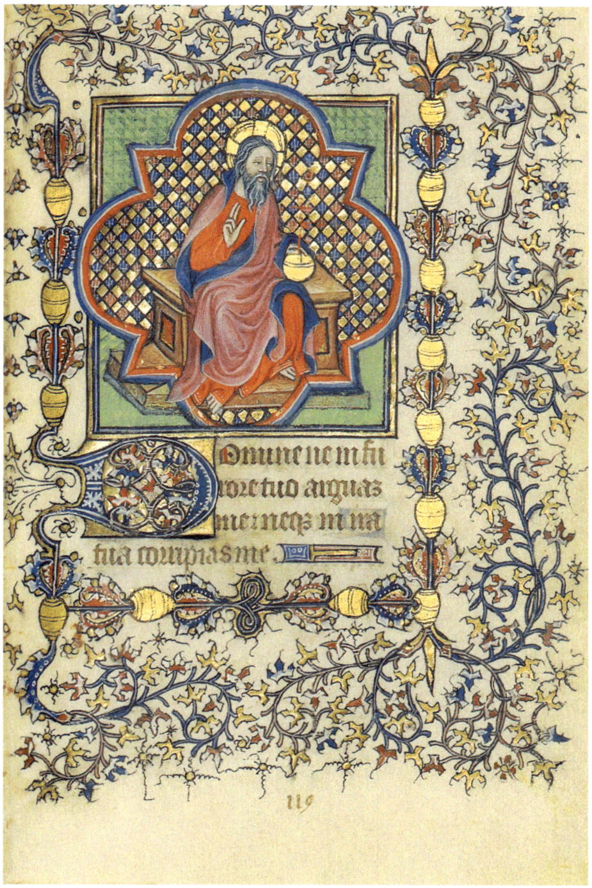

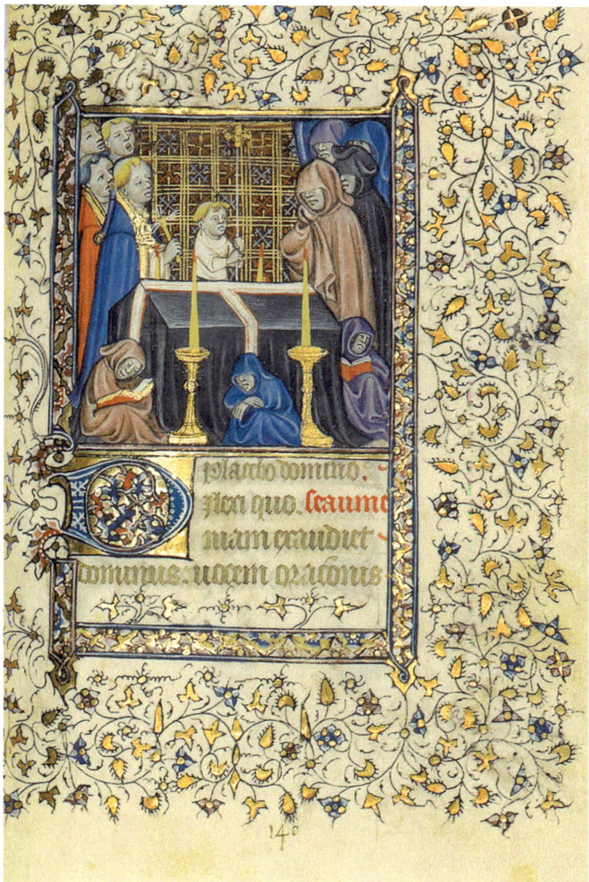

119r Thronender Gottvater. Beginn der Bußpsalmen

140r Einsegnung des Sarges. Beginn des Totenoffiziums

5

Durrieu-Stundenbuch
Lateinisches Stundenbuch
nach dem Brauch von
Rennes (?) und Nantes
Mazarine-Meister
Miniator aus dem Umkreis
des Bedford-Meisters
Miniator aus dem Umkreis
des Egerton-Meisters
Paris, um 1415–1420

Die Tatsache, dass einer der frühen und besten Kenner der französischen Buchmalerei, Comte Paul Durrieu (1855–1925), dieses Stundenbuch aus alttradiertem Besitz seiner Familie übernahm, ein Leben lang in seiner Sammlung kostbarer Manuskripte aufbewahrte und es wiederum in der Familie weitervererbte (de Laborde, S. 33), führte dazu, dass es schon frühzeitig in die Fachliteratur eingeführt wurde, indem sich sein Besitzer mehrfach mit ihm wissenschaftlich beschäftigte. Dabei verband Durrieu die Ausstattung dieses Manuskripts bereits mit der Buchmalerei des Boucicaut-Meisters, der in den beiden ersten Jahrzehnten des 15. Jahrhunderts mit großer Ausstrahlung wirkte und die französische Miniaturmalerei auch der nachfolgenden Jahrzehnte wesentlich beeinflusste.

Die Konzeption unserer Handschrift in Text und Ausstattung entspricht hauptstädtischer Tradition. Die Reihenfolge der wichtigen Textblöcke – Evangelienlesungen mit Passionsbericht, Gebete, Marienoffizium, Bußpsalmen mit Litanei, Kreuzoffizium, Hl. Geistoffizium, Totenoffizium, Gebete, Heiligensuffragien – folgt den in Paris üblichen Gewohnheiten, die man auch im Atelier des Boucicaut-Meisters beachtete. Die Hervorhebung der hll. Genovefa und Dionysius in Kalendar und Litanei entsprechen diesen Gepflogenheiten ebenso wie die Aufnahme weiterer, in ganz Frankreich verehrter Heiliger. Erwähnenswert ist, dass der hl. Ivo neben seiner Nennung als Hauptheiliger im Kalendar auch in der Litanei angerufen wird und mit eigenem Formular bei den Heiligensuffragien erscheint. Dieser in der Bretagne geborene »Advokat der Armen«, 1303 gestorben und 1347 kanonisiert, war als Offizial des Bischofs von Rennes und später in gleicher Stellung für den Bischof von Trégnier tätig und wird als Hauptheiliger von Trégnier in der Bretagne verehrt.

Schon sind wir mitten in der Textanalyse zur liturgischen Bestimmung des Stundenbuchs, das heißt einer Aufdeckung von Eigenheiten in der Auswahl bestimmter Texte und Heiligenanrufungen, durch die der erste Ort der Nutzung dieses Andachtsbuches herausgefunden werden kann. Solche Überlegungen gerade an diesem Beispiel anzustellen, könnte auch für den in diesen Dingen ungeübten Leser von Interesse sein.

Die liturgische Bestimmung der langen Offizien zu Ehren Mariens und der Toten hat bei der bisherigen Beschäftigung mit der Handschrift durch verschiedene Autoren unterschiedliche Ergebnisse gezeitigt. Durrieu bestimmte das Stundenbuch für den Gebrauch in Paris, wobei er sich vermutlich neben den erwähnten Argumenten der Textkonzeption und den aufgeführten

Heiligen auch auf den rubrizierten Titel zum Totenoffizium (116v) stützte, der in Übersetzung aus dem Lateinischen lautet: »Hier beginnen die Gebetsstunden für die Toten gemäß dem Brauch der Kirche von Paris.« Diese Bestimmung trifft jedoch nicht zu; der originale Titel zum Totenoffizium ist irreführend und offenbar ein Fehler des Schreibers oder ein unkorrigiertes Relikt einer neu getroffenen Textwahl. Auch für das Marienoffizium trifft eine Bestimmung nach dem Usus von Paris nicht zu. Jean Porcher hat im Katalog der Handschriftenausstellung von 1955 in der Bibliothèque Nationale de France die Bestimmung des Totenoffiziums für Paris übernommen, für das Marienoffizium jedoch den Brauch von Nantes angegeben. Millard Meiss hat die Handschrift offenbar nicht im Original studieren können und zitiert in seinem 1968 erschienen Corpuswerk zum Boucicaut-Meister die beiden zuvor genannten Meinungen. In einem englischen Typoskript zum Stundenbuch (John Plummer?) wird das Marienoffizium für das Bistum Dol in der Bretagne, heute zum Bistum Rennes gehörig, beansprucht, für das Totenoffizium auf die Rubrik und den Pariser Gebrauch hingewiesen, jedoch angemerkt, dass nach Auskunft von James Marrow der Text des Totenoffiziums vom Pariser Gebrauch abweiche und in einem zweiten Stundenbuch in der British Library, London (Kings Ms. 8), wiederzufinden sei.

Die eingehende Analyse des Textes und dessen Bestimmung mit Hilfe gedruckter Liturgien ergibt folgendes: Das Totenoffizium folgt dem Brauch von Nantes. Die Rubrik mit Angabe des Pariser Brauchs ist im Hinblick auf den nachfolgenden Text falsch. Vor allem bestehen aufgrund der Erkenntnisse von Knud Ottosen vom Institut für Kirchengeschichte der Universität Aarhus deshalb keine Zweifel, weil die für eine liturgische Bestimmung wichtigsten Textteile, die Responsorien, vorrangig in Nantes, bisweilen auch in den westfranzösischen Liturgien von Saint-Fuscien und Vendôme nachzuweisen sind, sie aber in der in unserem Stundenbuch gewählten Reihenfolge ausschließlich im Bistum von Nantes benutzt wurden. Vor allem die Wahl der Respons zur dritten Lesung der zweiten Nokturn kommt nur in Nantes vor; sie lautet: *Libera, domine, animas eorum ad vitam, de tenebris ad lucem, de ymo ad altum, de tristitia ad gaudium, de inferno ad paradisum* (Erlöse, o Herr, ihre Seelen zum Leben, aus der Dunkelheit zum Licht, aus der Tiefe zur Höhe, aus der Trauer zur Freude, aus der Hölle ins Paradies). Der Pariser Brauch hat zwar dieselben neun Lesungen, jedoch unterscheiden sich alle Versikel und Responsorien mit Ausnahme der achten und neunten der letzteren Gattung.

Betrachtet man nun die kodikologische Beschaffenheit des Durrieu-Stundenbuchs, so bemerkt man, dass im gleichmäßigen Fluss der aus Quaternionen bestehenden Lagen der das Totenoffizium ankündigende Titel noch auf Folio 116v, dem letzten Blatt der 14. Lage untergebracht ist, das Totenoffizium selbst aber mit der Miniatur und dem Textbeginn auf dem ersten Blatt der nächsten Lage einsetzt, so dass hier während der Herstellung der Handschrift ohne große Schwierigkeiten ein neu gewählter Text angefügt werden konnte, der freilich im selben Schriftduktus ausgeführt ist.

5 Durrieu-Stundenbuch
Paris, um 1415–1420

Die Bestimmung des Marienoffiziums ist schwieriger, denn bei diesem Text sind innerhalb eines Bistums vielfache Varianten möglich. Da die überregional gültigen Gewohnheiten von Rom und Paris nicht zutreffen, könnte man aufgrund der Identifizierung der Totenvigilien ebenfalls an Nantes denken, wie es Jean Porcher vorgeschlagen hat. Eine Überprüfung anhand der im Jahre 1502 gedruckten Liturgie von Nantes (Paris, Bibliothèque Nationale de France, Ms. lat. 1159) ergibt jedoch, dass dort die Capitula zu Prim, Terz, Sext, Non und Vesper abweichen und daher eine solche Zuweisung nicht zutrifft. Ähnliches gilt für einen Vergleich mit dem Usus des Bistums Trégnier, das man im Hinblick auf die dort bestehende Verehrung des hl. Ivo mit in die Überlegungen einbeziehen sollte. Die Unterschiede zum liturgischen Formular des Bistums Dol, vom Verfasser des Typoskripts (John Plummer?) vorgeschlagen, sind noch größer, denn im Vergleich mit dem 1519 gedruckten Breviarium dieser Diözese weichen neben den Capitula diverse andere Textteile, auch sogar Antiphonen, vom vorliegenden Stundenbuch ab. Es ist freilich nicht zu verkennen, dass die gewählte Liturgie auffallende Merkmale mit denjenigen bretonischer Bistümer wie Nantes und Dol gemeinsam hat. Ein anderes bretonisches Formular, nämlich das des Bistums Rennes, ist denn auch weitgehend mit unserem Stundenbuch identisch; allein die Capitula von Laudes und Sext variieren, wobei auch in den gedruckten Ausgaben das Capitulum zu den Laudes variieren kann.

So bleibt festzuhalten, dass der Empfänger des Stundenbuchs wohl in der Bretagne beheimatet war, und dass diesem Umstand das ausführende Atelier, denkt man es in Paris lokalisiert, in der Weise Rechnung trug, dass – möglicherweise auf individuellen Wunsch hin – Ivo als einer der großen Heiligen der Bretagne besonders hervorgehoben wurde und zum anderen die Offiziumstexte den Gewohnheiten der einander benachbarten Bistümer Rennes und Nantes folgen. Warum es zu dieser liturgischen Uneinheitlichkeit der Offiziumsformulare letztlich kam und sie auch vom Empfänger

5 *Durrieu-Stundenbuch*
Paris, um 1415–1420

geduldet wurde, ist schwer zu sagen. Mit großer Wahrscheinlichkeit kann aufgrund der noch im überkommenen Zustand belegten Unsicherheit bei der Konzeption des Stundenbuchs im Falle der nicht zutreffenden Rubrik zum Totenoffizium angenommen werden, dass es sich bei diesem Livre d'Heures nicht um ein auf Vorrat gearbeitetes Werk, sondern um eine Auftragsarbeit gehandelt haben wird, wobei die durch Rasur unkenntlich gewordenen Wappen auf den Folios 29r, 85r und 116r möglicherweise die Identität des Erstbesitzers überlieferten.

Schon Paul Durrieu verband die künstlerische Ausstattung der Handschrift mit dem in Paris tätigen Boucicaut-Meister, das heißt mit jenem innerhalb der beiden ersten Jahrzehnte des 15. Jahrhunderts nachweisbaren anonymen Miniaturisten, der wahrscheinlich um 1410–1412 – verschiedentlich wird die Entstehung einige Jahre früher oder auch später angesetzt – ein großformatiges Stundenbuch für Jean II. Maréchal de Boucicaut, genannt »Le Meingre«, überaus kostbar ausstattete, das als Ms. 2 im Musée Jacquemart-André zu Paris aufbewahrt wird (Meiss 1968, Abb. 1ff.). Die in seinen Arbeiten als niederländisch erkannten Stilmerkmale wie auch die auffallend reichhaltigen, bisweilen geradezu kompliziert konstruierten Architekturmotive führten Durrieu dazu, den Boucicaut-Meister mit dem aus Brügge stammenden Maler Jacques Coene zu identifizieren, von dem in Archivalien überliefert ist, dass er in den Jahren 1398 bis 1404 in Paris tätig war und, 1399 nach Mailand berufen, mit einer Entwurfszeichnung des Mailänder Doms beauftragt worden war. In allen ihn betreffenden Dokumenten wird er »peintre«, also Maler, genannt; so auch in einer Rechnung von 1404 für seine Arbeit an einer wohl nicht erhaltenen lateinisch-französischen Bibel, die er zusammen mit den »enlumineurs«, also den als Buchmaler bezeichneten Ymbert Stanier und Haincelin de Haguenau für Philipp den Kühnen von Burgund ausgestattet hatte. François Avril hat kürzlich auf bisher wenig beachtete, bereits aus den Jahren 1388/89 stammende Dokumente zu Jacques Coene wieder aufmerksam gemacht, nach denen eine Identifizierung des allein archivalisch belegbaren Brügger Malers mit dem erst zu Anfang des 15. Jahrhunderts in Buchmalereien erkennbaren anonymen Boucicaut-Meister auszuschließen ist.

Auf vielfältige Weise hat man sich um eine Zusammenstellung der Arbeiten im Stil des Boucicaut-Meisters sowie um deren Chronologie bemüht, die in dem Corpusband von Millard Meiss aus dem Jahre 1968 gipfelt, in dem die Komplexität der Pariser Buchmalerei dieser Zeit und dieser Stilströmung eindrucksvoll dargelegt wird. Die Fülle des dort vorgestellten Materials, klassifiziert in eigenhändige Arbeiten des namengebenden Miniaturisten sowie in solche von Werkstattgehilfen, von Nachfolgern oder in seinem Stil malenden Künstlern bedarf weiterer Überlegungen. Nachdem bereits Rosy Schilling anlässlich ihrer 1954 erschienenen Arbeit über das Stundenbuch des René d'Anjou, Egerton Ms. 1070 der British Library in London, eine im Boucicaut-Stil ausgeführte Handschriftengruppe um das Stundenbuch Ms. 469 der Bibliothèque Mazarine in Paris zusammengestellt hatte, löste kürzlich Gabriele Bartz in einem Lexikonartikel von 1996 und einer Buchpublikation von 1999 eben dieses prächtig ausgestattete Livre d'Heures aus dem Œuvre des Boucicaut-Meisters heraus, schrieb es einem eigenständigen, Mazarine-Meister benannten Miniaturisten zu und stellte auf überzeugende Weise für beide Buchmaler eigene Werkgruppen zusammen. François Avril folgte dieser Neuordnung mit eigenen Überlegungen in seinem Beitrag über das »Livre des Merveilles du Monde«, Ms. fr. 2810 der Bibliothèque Nationale de France (1996 und 1999). Dies führt insofern unmittelbar zu unserer Handschrift zurück, als die drei wesentlichen im »Buch der Wunder der Welt« unterscheidbaren Stilrichtungen auch hier anzutreffen sind.

Im Aufbau der sieben Bildseiten und ihrer Miniaturenformate lassen sich in unserem Stundenbuch prinzipiell zwei Gruppen unterscheiden. Die erste umfasst die drei Miniaturen mit der Engelpietà (20r) sowie die hll. Sebastian (180r) und Christophorus (181v) und zeigt Bildformate mit oben rundbogigen Abschlüssen, deren äußere Rahmenkontur zudem gewellt ist. Die zweite Gruppe mit den fünf übrigen Miniaturen besitzt ebenfalls eine einheitliche Bildform, deren fast quadratisches Feld von einer an den Seiten eingezogenen halbkreisförmigen Lünette bekrönt wird. Der Schrifttypus sowie der unter dem Text bis zur Schmuckleiste vorhandene Freiraum, aber auch die Bordürenornamentik auf den drei Blättern der ersten Gruppe setzen sich charakteristisch von den anderen Bildseiten ab.

Die fünf Miniaturen der zweiten Gruppe sind deutlich, aber auch wieder unterschiedlich von Eigentümlichkeiten des Boucicaut-Stils bestimmt. Während der Boucicaut-Meister selbst in seinen durch Goldglanz lichtdurchfluteten Landschaften oder in architektonisch kompliziert konstruierten Innenräumen auch den Figuren eine nachvollziehbare Körperlichkeit und Lebendigkeit, wie aus der beobachteten und erfahrenen Wirklichkeit geschöpft, verleiht, zeichnen sich die Miniaturen mit König David (85r), der Kreuzigung (103r) und mit Pfingsten (110v) gerade durch eine

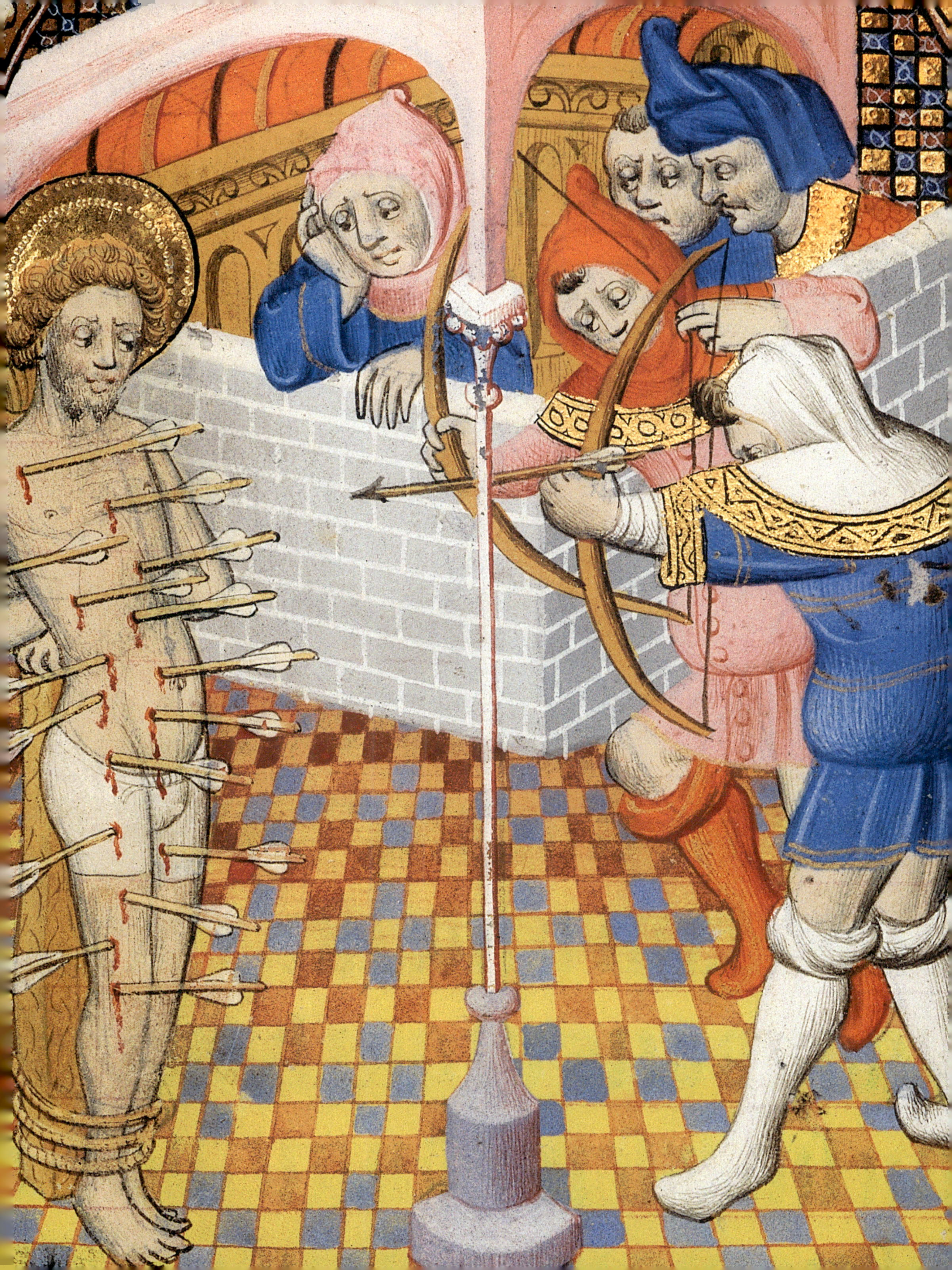

5 *Durrieu-Stundenbuch*
Paris, um 1415–1420

gesteigerte, gleichsam lyrische Schönlinigkeit der Gestalten aus, deren Gewandung von beinahe verspielter Eigenwertigkeit den Figuren alle Schwere und Masse nimmt und darin den Merkmalen des Schönen Stils dieser Jahrzehnte stärker entspricht. Diesen von der Kunst des Boucicaut-Meisters in Komposition und Malweise differierenden Stil hat Gabriele Bartz überzeugend mit dem Mazarine-Meister verbunden, der neben dem namengebenden Stundenbuch in Paris in weiteren Horarien wie dem Corsini-Stundenbuch in Florenz, Collezione Tommaso Corsini, den Heures de Joseph Bonaparte in Paris, Bibliothèque Nationale de France, Ms. lat. 10538, oder dem Saint-Maur-Stundenbuch, Ms. nouv. acq. lat. 3107 ebendort, den Höhepunkt seiner künstlerischen Entwicklung im zweiten Jahrzehnt des 15. Jahrhunderts erreicht (Meiss 1968, S. 86f., 127ff.). Dennoch ist immer wieder seine Abhängigkeit vom Boucicaut-Meister in der Übernahme einzelner Motive wie bei der tiefen Landschaft mit dem über ein Gewässer dahinziehenden Schwan auf unserem Bild mit dem büßenden David oder ganzer Figurenkompositionen wie bei dem Pfingstgeschehen zu belegen, welch letztere sich im Stundenbuch des Musée Jacquemart-André ebenso vergleichbar wiederfinden lässt wie – in einzelnen Details – im Stundenbuch der Jeanne Bessonelle, Ms. lat. 1161 der Bibliothèque Nationale de France in Paris, oder in dem durch Heribert Tenschert bekannt gewordenen Stundenbuch, das zum Ausgangspunkt der Überlegungen von Gabriele Bartz wurde. Boucicaut- und Mazarine-Meister werden aufgrund solcher Gemeinsamkeiten sicher – zumindest zeitweise – im gleichen Pariser Atelier gearbeitet haben, doch haben sie – wie auch ihre Gehilfen – offenbar so gut wie nie gemeinsam an einer Handschrift gewirkt. Deshalb dachte François Avril daran, dass dies mit der nach der Ermordung des Herzogs Louis d'Orléans auf Geheiß seines Onkels, des Burgunderherzogs Johann Ohnefurcht, innerhalb der französischen Aristokratie in zwei Lager geteilten Kundschaft der beiden zu tun gehabt und der erstere mehr für die politische Partei der Armagnacs, der andere jedoch für die Burgunder gearbeitet haben könnte.

Ikonographische und malerische Eigenheiten des Boucicaut-Stils zeigen sich deutlich auch in den beiden Miniaturen der Verkündigung (29r) und des Totenamtes (117r) unseres Stundenbuchs, für deren Ausführung bereits Millard Meiss einen Nachfolger des Bedford-Meisters, das heißt jenes Pariser Miniaturisten angenommen hat, der zusammen mit weiteren Buchmalern das nach dem Brauch von Paris eingerichtete Stundenbuch Add. Ms. 18850 der British Library in London ausstattete, das für den Herzog von Bedford, John of Lancaster, den Bruder Heinrichs V. und Regenten des englischen Königs in Frankreich bald nach dem Vertrag von Troyes 1420, möglicherweise anlässlich seiner Heirat mit Anna von Burgund im Jahre 1423, hergestellt worden ist (Spencer; Backhouse). Das im Boucicaut-Milieu unbekannte Arkadenmotiv, das auf unserer Verkündigungsminiatur die Szene so dominant hinterfängt, findet sich – in verkleinerter Form – im Bedford-Stundenbuch selbst wie auch im Wiener Stundenbuch Cod. 1855 der Österreichischen Nationalbibliothek (Meiss 1972, Abb. 20, 19), wo zudem vergleichbare Darstellungen des Verkündigungsengels anzutreffen sind. Auch auf der Miniatur mit dem Totenamt verändert unser Miniaturist gegenüber der ihm wohl bekannten Vorlage des Boucicaut-Kreises die Architektur, indem er das vor dem Altar platzierte Geschehen durch paarweise gerahmte rechteckige Wandfelder einfasst, die man als Innenseiten von Chorschranken ansprechen könnte und die hinter dem Altar zugleich die Funktion eines Retabels zu übernehmen scheinen. Die architektonische Verunklärung des Motivs löst sich auf im Vergleich mit den entsprechenden Darstellungen auf Folio 120r im Londoner Bedford-Stundenbuch (Backhouse, Abb. 24) und Folio 216v in dem aus demselben Atelier stammenden Stundenbuch im Gulbenkian-Museum in Lissabon (Meiss 1972, Abb. 43), wo die den Chor abschließenden Dorsalien des Gestühls auf ähnliche Weise gegliedert sind.

Neben diesen mit Gewohnheiten des Bedford-Meister-Kreises vertrauten Miniaturisten grenzt sich der dritte an unserem Stundenbuch beteiligte Künstler deutlicher aus der Einflusssphäre des Boucicaut-Stils aus. Wiederum war es Millard Meiss, der diesen Miniaturisten mit dem Stil jenes Künstlers verband, der aufgrund seiner Mitarbeit am Stundenbuch Egerton Ms. 1070 der British Library in London Egerton-Meister genannt wird. Die von Meiss (1974, S. 384ff.) und zuvor bereits von Rosy Schilling zusammengestellte Werkgruppe dieses Buchmalers zeigt, dass er fast immer gemeinsam mit Künstlern aus dem Boucicaut-Kreis gearbeitet hat, das heißt nach den Untersuchungen von Gabriele Bartz und François Avril genauer mit dem Mazarine-Meister und seinen Mitarbeitern. Unser Miniator der Engelpietà, die gleichsam als Titelbild der ganzen Handschrift fungiert, der Sebastiansmarter und des hl. Christophorus verstärkt Eigentümlichkeiten des Egerton-Meisters in der Dynamik der Figuren, auch in der Bewegtheit der Landschaft sowie in der hellen Farbpalette. Für ihn typisch sind die Physiognomien mit schweren Augenlidern, präzise gezeichneten Nasen

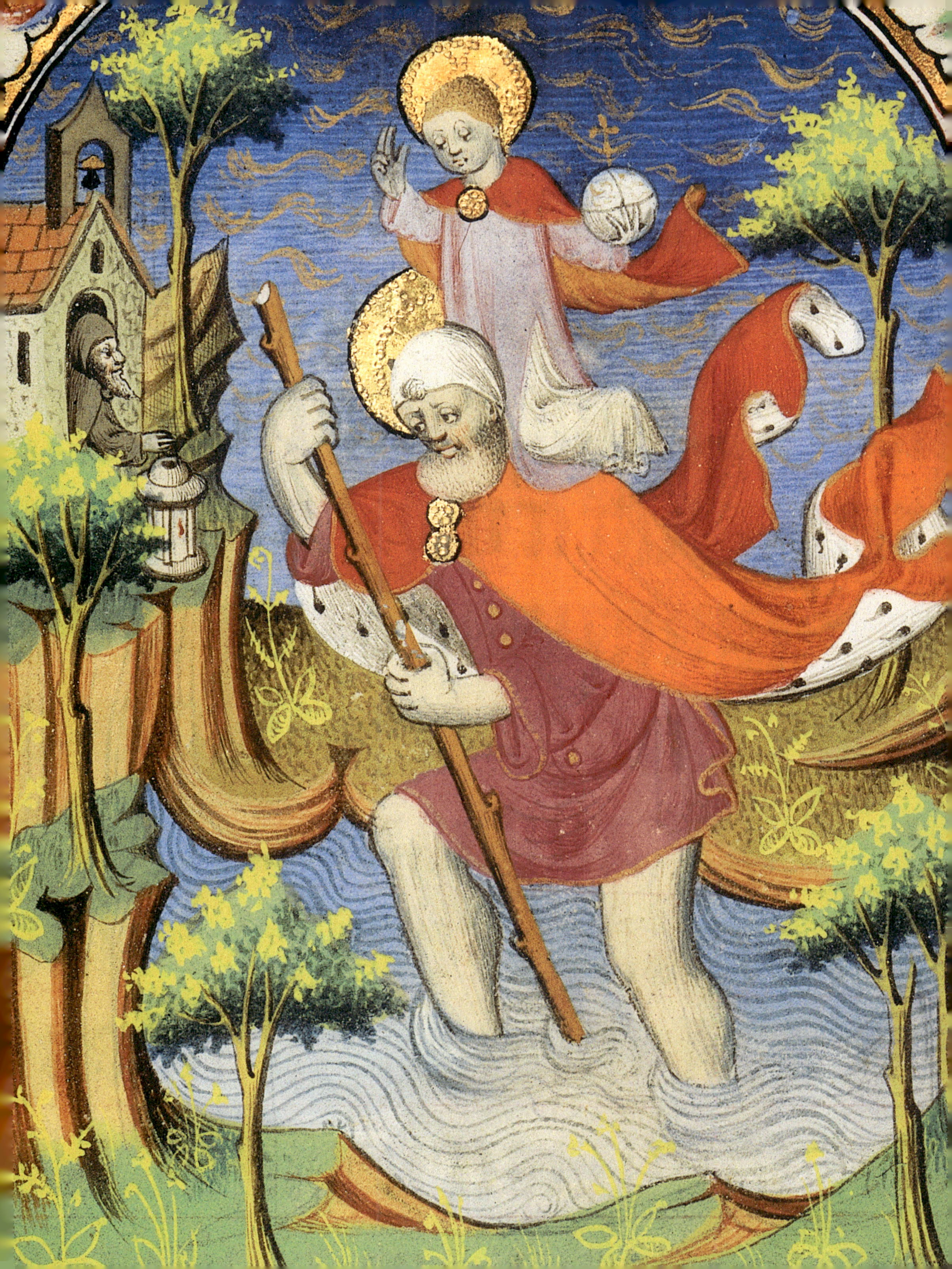

5 *Durrieu-Stundenbuch*
Paris, um 1415–1420

und Brauenbögen, ebenso die in grünbeige schattierten Inkarnate, die seinen Gesichtern ausdrucksstarke Präsenz verleihen. Hinzu kommt die kräftige Konturgebung und Faltenzeichnung, mit der die Figuren eine betonte Körperlichkeit und damit lebendige Gegenwärtigkeit gewinnen, wie sich dieser Künstler andererseits auch durch eine ausgefallene Farbpalette mit viel Orange, Grau, Gelbgrün und fast pinkfarbenem Rosa auszeichnet. Die in so vielen Handschriften nachweisbare Zusammenarbeit des mit dem Boucicaut-Repertoire vertrauten Mazarine-Meisters mit Vertretern aus dem Bedford- und Egerton-Kreis, die in unserer Handschrift eine weitere bestätigende Version erfährt, deutet auf eine Entstehung dieser Arbeiten in Paris hin, wo allein eine solche Fülle von Buchmalern innerhalb einer Werkstatt bzw. im wechselnden Austausch von Ateliermitarbeitern vorstellbar ist. Innerhalb dieses hauptstädtischen Milieus wird unser Stundenbuch in den Jahren um 1415–1420 für einen bretonischen Käufer angefertigt worden sein. (Joachim M. Plotzek)

Pergament 191 Blätter (je zwei Vor- und Nachsatzblätter in Pergament); 183–131 mm; Lagen (mit Wortreklamanten): I^{12}, $2–20^{8}$, 21^{4}, $22–23^{8}$, 24^{6+1}; Schriftspiegel: 93 x 63 mm; einspaltig; 15 bzw. 17 (Kalendar) Zeilen; Liniierung in Mauve. **Ausstattung** Lateinischer Text (Kalendar und einige Gebete in französisch) in dunkelbrauner Textura (183r–185v von anderer Hand, 185v–188v von dritter Hand mit hellerer Tinte), rubriziert; Kalendar mit Auszeichnung der Feste in blauer Tinte; gelb schattierte Anfangsbuchstaben; Zeilenendungen in Mauve und Blau, gefüllt mit weißer Ornamentik sowie mit Blattgold; einzeilige Initialen in Blattgold auf blau/mauvefarbenem Grund mit weißer Filigranfüllung; zweizeilige Initialen zu Beginn von Abschnitten alternierend in Blau und Mauve mit weißer Filigranfüllung auf Blattgold mit schwarzer Konturierung; von ihnen ausgehend schwarze Filigranranken mit verschiedenen Blattformen in Blattgold sowie orangefarbene, blaue, grüne und rote Blüten; auf den Binnenflächen der Initialen eine Füllung aus blauen oder mauvefarbenen, weiß gehöhten Ranken mit orangefarbenen, blauen und mauvefarbenen Blättern; zu Beginn der Gebetsstunden, Memorien und Orationen dreizeilige Initialen in derselben Farbigkeit auf Goldgrund mit dreiseitigem Bordürenschmuck aus schwarzen Filigranranken mit Gold und farbigen Blütenblättern sowie Erdbeeren; Miniaturseiten allseitig mit Bordürenrahmung versehen, mit reichem Akanthus in Blau, Silber (oxydiert), Gold, Grün, Orange, Mauve und Ocker, Erdbeerpflanzen mit Früchten, Blumen, Vasen mit Blüten bzw. als Ausgangspunkt für Akanthusranken, die teilweise in verschiedenen Formen zu Girlanden verbunden sind; dazwischen schwarze Filigranranken mit kleinen behaarten Goldblättern und farbigen Blüten; acht Miniaturen in Deckfarben mit Gold, gerahmt von schmalen Leisten in Gold und Blau, Weiß oder Mauve, teilweise mit einer zweiten, breiteren Schmuckleiste dreiseitig gerahmt (oben frei), die aus der unter der Miniatur befindlichen Initiale heraustritt; sie besteht aus farbigen Blattranken in Orange, Blau, Grün auf Blattgoldleiste, mit an den oberen Enden heraustretendem Akanthus. **Einband** Neubindung unter Verwendung eines braunen Kalbledereinbandes mit doppelter Liniierung in Goldprägung am Außenrand sowie Felderung mit Blumenkandelabern in Goldprägung zwischen den Bünden auf dem Buchrücken; roter Schnitt; Frankreich, 18. Jh. **Vorbesitzer** Auf dem Recto des 2. originalen Vorsatzblattes der Eintrag: »Deschamps 1642«; Comte Paul Durrieu, Paris (1855–1925); sein gedrucktes Exlibris »Comte Paul Durrieux. Membre de L'Institut. 74, Avenue Malakoff« im Vorderdeckel eingeklebt; Comte Jean Durrieu, Paris. **Inhalt** 1r–12v Kalendar (Paris), französisch, voll besetzt (u. a. 3. 1. *Sainte Genevieve* [blau], 15. 1. *Saint Mor* [blau], 1. 2. *Sainte Bride*, 1. 3. *Saint Aubin*, 16. 3. *Saint Edouart*, 3. 5. *Sainte Croys* [blau], 19. 5. *Saint Yves* [blau], 25. 6. *Saint Eloy* [blau], 4. 7. *Saint Martin* [blau], 25. 8. *Saint Loys* [blau], 1. 9. *Saint Leu. Saint Gille* [blau], 14. 9. *Sainte Croys* [blau], 1. 10. *Saint Remy*, 9. 10. *Saint Denis* [blau], 11. 11. *Saint Martin* [blau], 23. 11. *Saint Climent* [blau], 25. 11. *Sainte Katherine* [blau], 26. 11. *Sainte Genevieve*, 1. 12. *Saint Eloys* [blau], 21. 12. *Saint Thomas* [Apostel; blau], 29. 12. *Saint Thomas* [von Canterbury; blau]). 13r–17v Evangelienlesungen. 13r Johannes-Evangelium. 14r Lukas-Evangelium. 15r Matthäus-Evangelium. 16v Markus-Evangelium. 17v–18v Passionsbericht nach Johannes. 18v–19v Christusgebet. 18v *Deus qui manus tuas et pedes tuos et totum corporem tuum pro nobis peccatoribus in ligno crucis posuisti* ... (O Gott, der Du Deine Hände und Füße und Deinen ganzen Körper für uns Sünder an das Holz des Kreuzes [nach Deinem eigenen Willen] gelegt hast ...). 20r–28v Christus- und Mariengebete. 20r Zierseite mit Miniatur: Engelpietà. *A(Doramus)*; Beginn des Christusgebetes 20v *Domine Jhesu Christe fili Dei vivi qui voluisti pro redemptione mundi a iudeis reprobari* ... (O Herr Jesus Christus, Sohn des lebendigen Gottes, dein Wille war es, die Welt, die von den Juden schlecht gemacht worden war, zu erlösen ...). 21v *O(Bsecro te)*; für einen männlichen Gläubigen eingerichtet. 25r *O(Intemerata)*; für einen männlichen Gläubigen eingerichtet. 29r–84v Marienoffizium, wahrscheinlich nach dem Brauch von Rennes; zu den

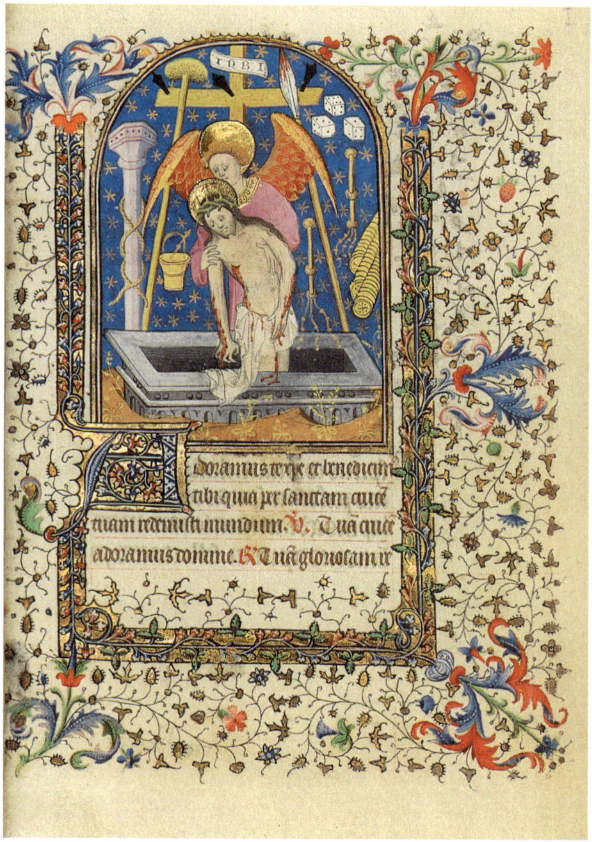

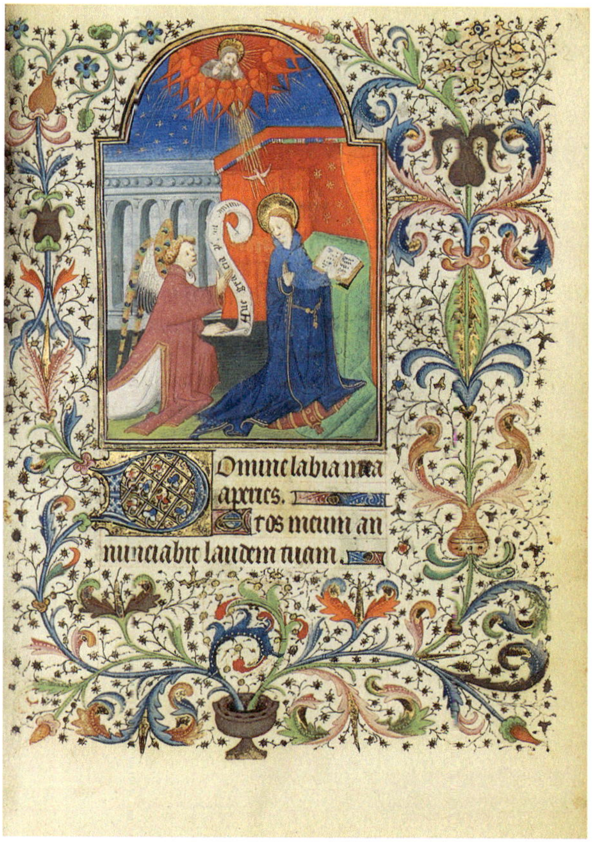

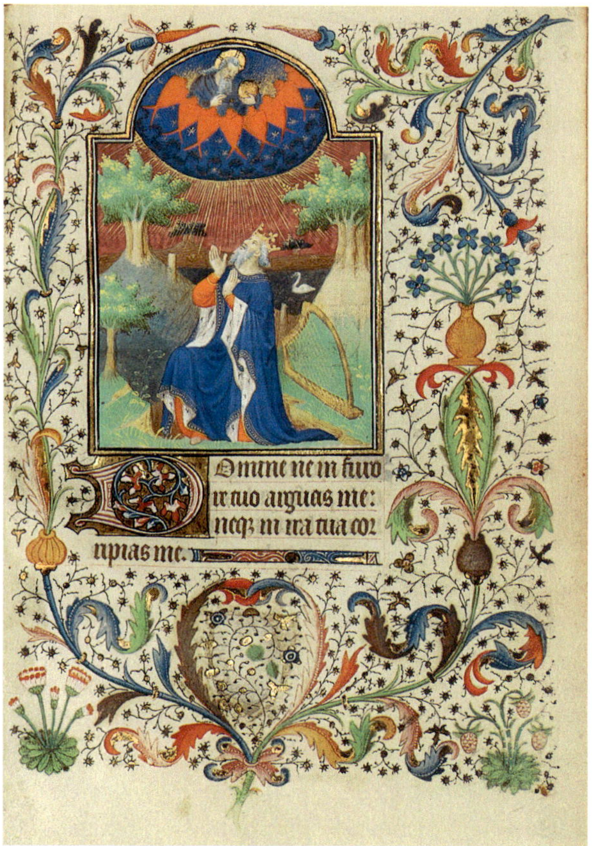

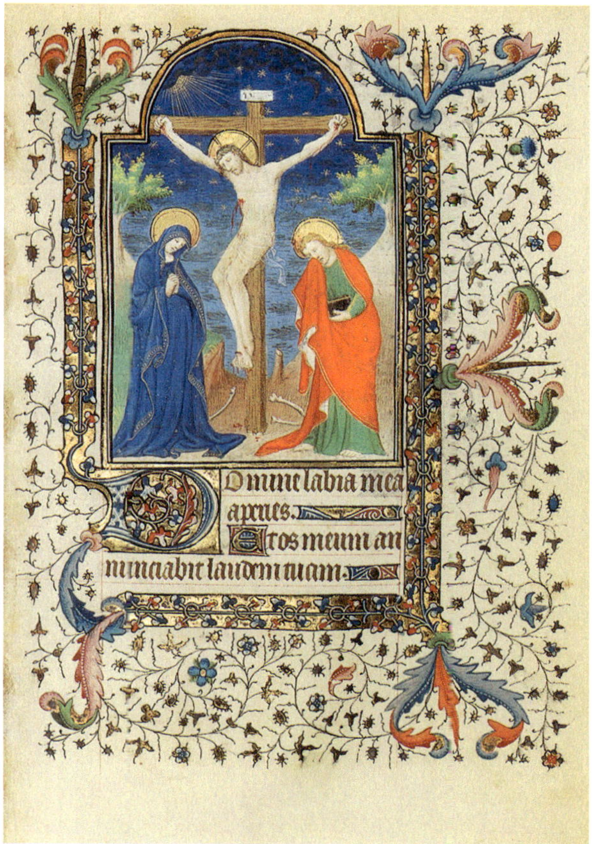

5 *Durrieu-Stundenbuch*
Paris, um 1415–1420

20r Engelpietà. Der in seinem Sarkophag aufgerichtete, noch blutende Christus als Schmerzensmann wird von einem Engel gehalten. Im Hintergrund erscheinen die Leidenswerkzeuge: Geißelsäule mit Strick, Rohr mit essiggetränktem Schwamm, ein Eimer, Kreuz und Nägel, Lanze, Geißel, Würfel, die dreißig Silberlinge des Verräters.

29r Die Zierseite mit der Verkündigung an Maria zur Matutin eröffnet das Marienoffizium.

85r Die Miniatur mit dem königlichen Harfenspieler und Büßer David leitet die Bußpsalmen ein.

103r Am Beginn des Kreuzoffiziums steht die Golgathaszene mit den trauernden Maria und Johannes unter dem Kreuz Christi.

5 *Durrieu-Stundenbuch*
Paris, um 1415–1420

einzelnen Gebetstunden große Initialen. 29r Zierseite mit Miniatur: Verkündigung an Maria. *D (Omine)*. 50r Laudes. 60r Prim. 65r Terz. 68v Sext. 71v Non. 75r Vesper. 80v Komplet. 85r–102v Sieben Bußpsalmen mit Litanei (Paris: *Sancte Christofore, Sancte Dyonisi cum sociis tuis, Sancte Yvo, Sancte Ludovice, Sancte Guillerme, Sancta Genovefa*) und Orationen. 85r Zierseite mit Miniatur: König David im Gebet. *D (Omine)*. 103r–110r Kreuzoffizium. 103r Zierseite mit Miniatur: Kreuzigung Christi. *D (Omine)*. 110v–116v Hl. Geistoffizium. 110v Zierseite mit Miniatur: Ausgießung des Hl. Geistes. *D (Omine)*. 117r–160r Totenoffizium nach dem Brauch von Nantes. 116v *Hic incipiunt hore mortuorum secundum usum ecclesie parisiensis(!)*. 117r Zierseite mit Miniatur: Totenamt in einer Kirche. *D (ilexi)*. 160v–165r Fünfzehn Freuden Mariens (franz.). 160v *D (Oulce)*. 165r–168r Sieben Bitten an unseren Herrn (franz.). *D (Ouls)*. 168v leer. 169r–175v Gebete zu verschiedenen Anlässen. 169r *Cy commencent pluseurs oroysons de notre seigneur. D (Omine Jhesu Christe Deus pater omnipotens qui consubstancialem)*. 169v *Aultre oroysons. D (Omine Jhesu Christe fili Dei vivi qui es verus)*. 170r *Oratio. D (Omine sancte paraclite Deus)*. 170v *Oroyson de la sainte trinite. A (uxiliatrix esto michi sancta trinitas)*. 172r *Oroyson. D (Omine Jhesu Christe qui hanc sacratissimam carnem)*. 173r Gebet vor der Hl. Kommunion. *O (bsecro te domine Jhesu Christe in honore summe)*. 173v Gebet beim Empfang der Hl. Kommunion. *A (ve rex fili David redemptor)*. 173v Christusgebet. *I (N presentia corporis et sanguinis)*. 174r Christusgebet. *D (Omine Jhesu Christe rex eterne glorie michi)*. 174v Gebet für eine gute Rettung. *D (Eus omnipotens qui es salus omnium)*. 175r *Oroyson a Dieu et a Notre Dame aux angles et a tous saints. S (alvator mundi Deus salva nos omnes sancta)*. 175v–176v Sieben Verse des hl. Bernhard. 175v *I (llumina oculos meos)*. 176v–184v Heiligensuffragien. 176v *Memoire de la trinite*. 177r *De notre dame*. 178r *De saint Michiel*. 178v *De saint Jehan baptiste*. 179r *De Pierre et de saint Pol*. 179v *De saint Iaques*. 180r Zierseite mit Miniatur: Martyrium des hl. Sebastian. *De saint Sebastian. O (Bsecro te)*. 181v Zierseite mit Miniatur: Christophorus trägt den Jesusknaben. *De saint Christofle. B (Eatus qui)*. 182r *De saint Estienne*. 182v *De saint Nicholas*. 183r *De saint Martin*. 183v De *saint Yves*. 184r *De la Magdalena*. 184v *De sainte Katherine*. 185r–187v Nachträge (wohl noch I. H. 15. Jh.). 185r Mariengebet. *S (aluto te beatissima virgo Maria)*. 186r Memorie zu Ehren des Apostels Bartholomäus. 186r Gebet gegen böse Gedanken. 186v Gebet zum Schutzengel. *S (ancte angele qui semper vides faciem patris qui michi peccatori es a domino ad custodiam deputatus…)* (Heiliger Engel, der immer das Angesicht des Vaters sieht und der du vom Herrn geschickt bist, mich Sünder zu beschützen, ich sage dir Dank…). 187v–191v Nachträge. 187v Gebet zum Erzengel Michael. *D (Ieu soyes moy propice et me pardonnes tous mes pechiez)*. 190r Memorie zu Ehren des hl. Claudius. *G (Aude sedes bisuntina)*. 191r/v leer. **Literatur** P. Durrieu, Jacques Coene, in: Les arts anciens de Flandre 2, 1916, S. 17. – Ders., Le maître des Heures du Maréchal de Boucicaut, in: Revue de l'art ancien et moderne 19, 1906, S. 401ff. (allgemein); ebda. 20, 1906, S. 24. – Ders., Les Heures du Maréchal de Boucicaut du Musée Jacquemart-André, in: Revue de l'art chrétien 63, 1913, S. 73ff., 145ff., 300ff. (allgemein); ebda. 64, 1914, S. 28. – Ders., Les Miniaturistes franco-flamandes des XIVe et XVe siècles, in: Conférence faite à Gand aux XXIIIe Congrès de la Fédération archéologique et historique de Belgique 1913, Gent 1914, Abb. gegenüber S. 12. – J. Porcher, Les Manuscrits à peintures en France du XIIIe au XVIe siècle, Paris 1955, Nr. 207, S. 99. – M. Meiss, French Painting in the Time of Jean de Berry. The Late XIV. Century and the Patronage of the Duke, London / New York 1967 (2. Aufl. 1969), Textbd. S. 358. – Ders., French Painting in the Time of Jean de Berry. The Boucicaut Master, London / New York 1968, S. 69, 134, Abb. 251f. – Ders., French Painting in the Time of Jean de Berry. The Limbourgs and their Contemporaries, New York 1974, Textbd. S. 388 (Paris, Coll. of Count Jean Durrieu). – Typoskript ohne Verfasser (J. Plummer?) und ohne Jahr (ca. 1988). – G. Bartz, Der Boucicaut-Meister. Ein unbekanntes Stundenbuch (Illuminationen I, Kat. 42 Antiquariat H. Tenschert), Rotthalmünster / Ramsen 1999, S. 88, 90, 93, 101f., 123, Abb. 27, 29, 31. **Zitierte Literatur** A. de Laborde, Notice sur la vie et les travaux de Monsieur le Comte Paul Durrieu, Membre de l'Académie (Académie des Inscriptions et Belles Lettres), Paris 1928. – K. Ottosen, The Responsories and Versicles of the Latin Office of the Dead, Aarhus University Press, Aarhus 1993, S. 118f. – F. Avril u. a., Marco Polo, Das Buch der Wunder, aus: »Le Livre des Merveilles du Mondes«, Ms. fr. 2810 der Bibliothèque Nationale de France, Paris, München 1999, S. 197ff., bes. S. 206ff. – R. Schilling, The Master of Egerton 1070, Hours of René d'Anjou, in: Scriptorium 7, 1954, S. 272ff. – G. Bartz, Boucicaut Master, in: The Dictionary of Art 20, London 1996, S. 632ff. – E. P. Spencer, The Master of the Duke of Bedford: The Bedford Hours, in: The Burlington Magazine 107, 1965, S. 495ff. – J. Backhouse, The Bedford Hours. The British Library, London 1990. – M. Meiss, The De Lévis Hours and the Bedford Workshop. Yale Lectures on Medieval Illumination, New Haven 1972.

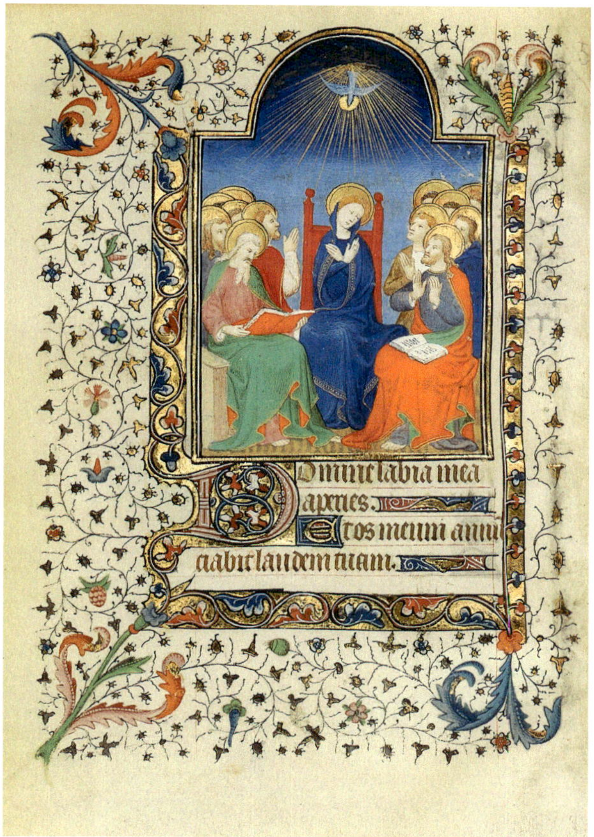

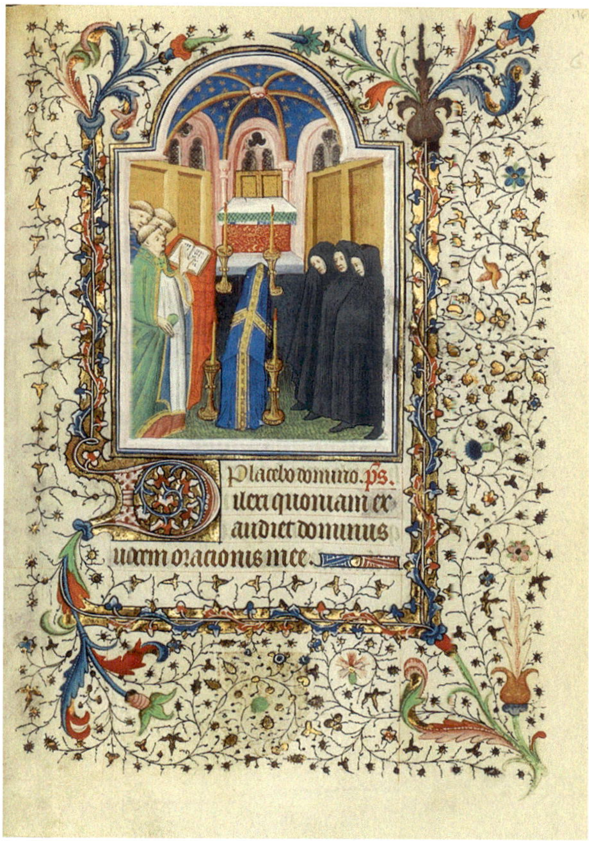

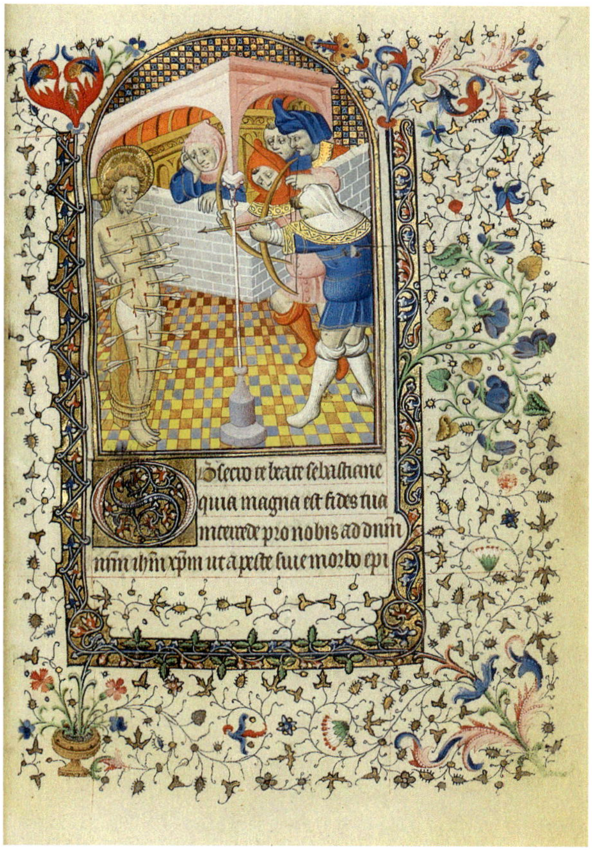

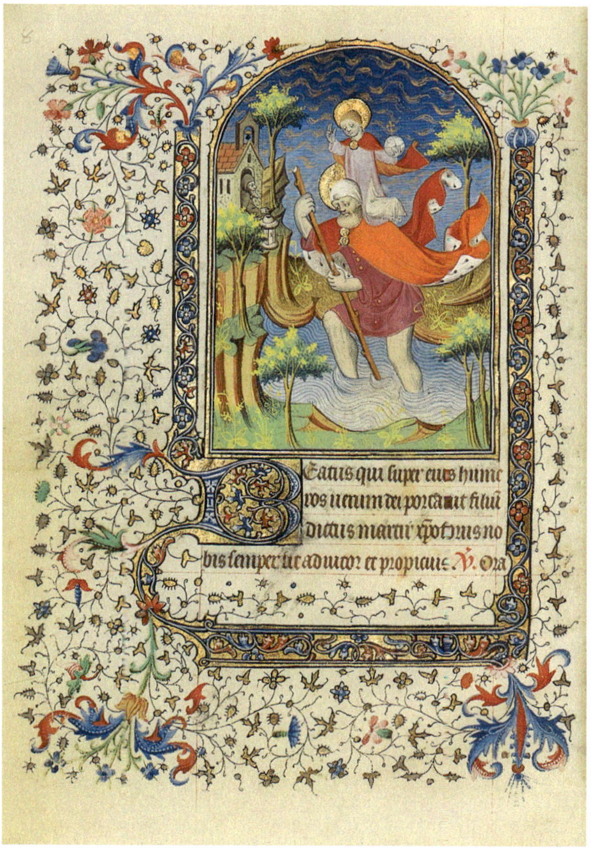

5 *Durrieu-Stundenbuch*
Paris, um 1415–1420

110v Pfingsten. Die Ausgießung des Hl.Geistes über Maria und die mit ihr versammelten Apostel. Beginn des Hl. Geistoffiziums.

117r »Hier beginnt das Totenoffizium nach dem Brauch von Paris« kündigt die Rubrik (116v) an. Tatsächlich folgt das Offizium dem Brauch von Nantes, wie üblich eingeleitet mit der Darstellung eines Totenamtes.

180r Sebastian war der Legende nach ein hochgeschätzter Offizier in der Garde Kaiser Diokletians. Da sein Glaube an Christus unzählige Götzenbilder zerspringen ließ, klagte man ihn der Untreue gegenüber seinem Kaiser an. Von Pfeilen durchsiebt, erschien der tot geglaubte Sebastian vor Diokletian, um ihn der Christenverfolgung zu zeihen. Daraufhin schlug man ihn mit Stecken zu Tode. Im Gebet wird er um Hilfe gegen die Pest angerufen.

181v Christophorus trägt den Weltenherrscher in Gestalt eines Kindes durch den Fluss. Im nachstehenden Gebet wird er um Hilfe angerufen.

6

La Vairie-Stundenbuch
Lateinisches Stundenbuch
nach dem Brauch von Le Mans
Westfrankreich (Rennes?),
um 1415–1420

Das Stundenbuch ist auf recht einheitliche Weise nach der in französischen Horarien nicht eben häufig anzutreffenden Liturgie von Le Mans eingerichtet, wo offenbar der Erstbesitzer lebte. Ein gegen Ende des 15. Jahrhunderts erfolgter Eintrag besagt, dass am 20. Juni 1495 der ehrenwerte und vornehme François de la Vairie, Herr von La Vaudelle, der selbst oder dessen Angehörige vermutlich das Andachtsbuch besaßen, verstorben und am Eingang zum Chor der Kirche des Franziskanerkonventes in La Flèche begraben worden sei. Da diese Ortschaft wenig südlich von Le Mans an der Loire liegt, wird der Verbleib des Andachtsbuches ganz in der Nähe des ehemaligen Bestimmungsortes während des ausgehenden Mittelalters bestätigt.

Das auf der Eingangsseite erhaltene, wohl etwa ein Jahrhundert später angebrachte Wachssiegel trägt das Wappen der Familie Bouthillier. Nach der am 28. August 1963 von Yves Bouthillier, dem Bürgermeister von Saint-Martin-de-Ré (Dép. Charente-Maritime), erteilten Auskunft war die Familie im Poitou beheimatet und brachte im frühen 17. Jahrhundert bekannte Persönlichkeiten wie Léon Bouthillier, Comte de Chavigny (1608–1652), oder seinen Vetter Claude hervor, die zu Richelieus Zeiten hohe Ämter bekleideten. Möglicherweise schon vom Erstbesitzer wurde ein Pilgermedaillon am Ende der Handschrift eingefügt, das verloren ist. Sein Abdruck ist für eine Bestimmung des Herkunftsortes zu schwach, zeigt jedoch, dass nicht nur in flämischen Gebetbüchern mit einem solchen Brauch zu rechnen ist.

Neben der Einrichtung der Offizien für Le Mans weisen auch die Aufnahme der Heiligen Julian, Ivo und Armagilus in der Litanei und vor allem die mit den Hauptfesten gefeierten Bischöfe dieser Stadt, Aldericus und Julian, sowie der 1303 gestorbene Ivo Haelori, der zuletzt in Tédrez und Couannec als Seelsorger wirkte, im Kalendar dorthin. Zudem liegt mit diesem Stundenbuch ein sehr frühes Beispiel für den Typus der gemischten Offizien insofern vor, als mit Ausnahme der Matutin allen Gebetsstunden des Marienoffiziums die entsprechenden des Kreuz- und Hl. Geistoffiziums angehängt sind – eine Textstruktur, die man häufiger seit dem 2. Viertel des 15. Jahrhunderts vorrangig in Horarien aus dem Norden und Westen Frankreichs antrifft. Eine weitere Besonderheit findet sich bei der Auswahl einiger Bildthemen des Marienoffiziums. Abgesehen davon, dass die Miniaturen zur Non (Kindermord) und Vesper (Darbringung) vom Künstler vertauscht wurden, wird die Vesper in französischen

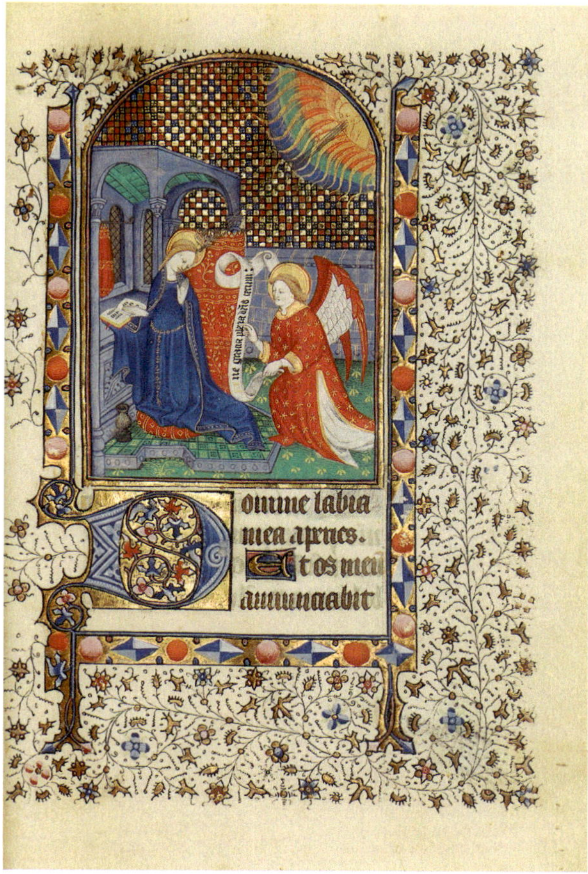

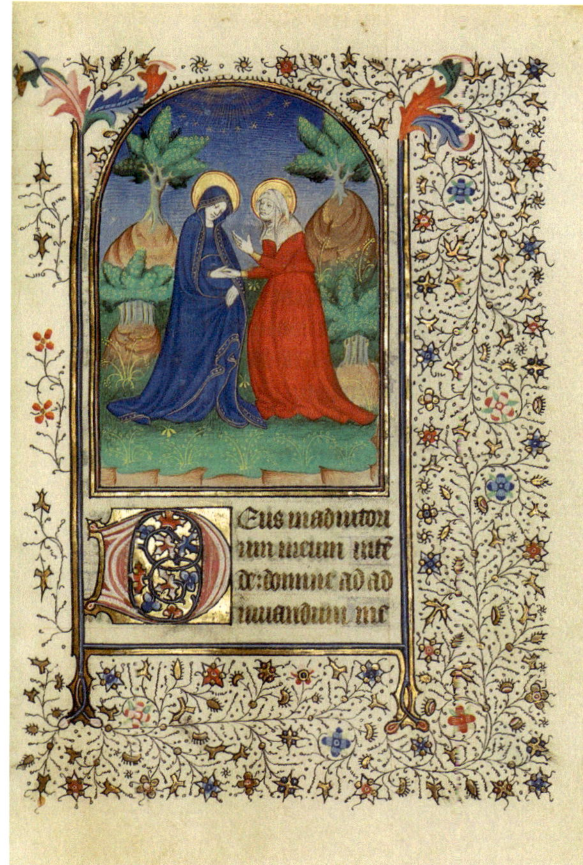

6 *La Vairie-Stundenbuch* Westfrankreich, um 1415–1420

13r Der von Gott gesandte Verkündigungsengel Gabriel kniet vor der Jungfrau nieder mit den Worten: »Gegrüßet seist Du, Maria, voll der Gnade, der Herr ist mit Dir.« Beginn des mit Kreuz- und Hl. Geistoffizium gemischten Marienoffiziums.

23r Laudes. Als die schwangere Maria ihre Verwandte Elisabeth besucht, hüpft deren ungeborenes Kind, Johannes der Täufer, vor Freude in ihrem Leib. Vom Hl.Geist erfüllt, sagt sie zu Maria: »Gesegnet bist du mehr als alle anderen Frauen, und gesegnet ist die Frucht deines Leibes.«

Stundenbüchern dieser Zeit nur äußerst selten mit dem Bethlehemitischen Kindermord, sondern gewöhnlich mit der Flucht nach Ägypten illustriert und die Komplet mit der Marienkrönung, jedoch kaum jemals mit dem Jüngsten Gericht wie hier. Es könnte sein, dass der mit den Wundmalen gezeichnete Herr aus einem Zyklus zum Passionsoffizium stammt, wo der glorreiche Christus zur Komplet dargestellt sein kann (Leroquais, S. LXVf.); vielleicht hat auch der Maler die Darstellung in Zusammenhang mit verschiedenen Gebeten gekannt, wie man es in Livres d'Heures Pariser Provenienz dieser und früherer Zeit vorfindet.

Auf eine Abhängigkeit von der Pariser Buchmalerei weist freilich auch der Stil der Ausstattung, vorrangig der Miniaturen hin. Entgegen der im Katalog der Maggs Brothers vertretenen Annahme von mehreren beteiligten Malern scheint der Miniaturenzyklus doch von einem einzigen Miniaturisten ausgeführt, dessen Farbpalette von kräftigem Rot, Blau und Grün bestimmt und mit aufgelichtetem Mauve, Grauweißtönen und punziertem Blattgold sowie matt schimmernder Goldfarbe erweitert wird. Darüber hinaus finden sich Merkwürdigkeiten in der Wahl der Motive wie dem mehrfach wiedergegebenen Hermelinmantel, der von den beiden älteren Königen der Anbetung, aber auch vom endzeitlichen Richter, von König David sowie von Joseph auf dem Geburtsbild getragen wird, dann auch im künstlerischen Verständnis von Architektur, wie es der kompliziert konstruierte Dachstuhl des Stalles von Bethlehem vor Augen führt, dessen vordere Pfosten zugleich als innere Bildrahmung dienen. Ungewöhnlich und wie ein von weit her kommendes Echo mittelalterlichen Raumverständnisses erscheint der durchgängig auf allen Miniaturen benutzte Topos der mit Blumen besetzten Wiese als Aktionsbühne für alle Szenen, ganz gleich, ob im Inneren des Tempels bei der Darbringung Jesu oder auf dem Weltgerichtsbild unterhalb der dreigeteilten Erde (orbis tripartitus), auf die der darüber thronende Herr seine Füße setzt und die zugleich wie ein großer Ball auf einer unendlich weiten Wiese ruht.

Zum präzisen Konzept der Bebilderung gehört, wenn zu Beginn der Haupttexte, also des Marien- und Totenoffiziums sowie der Bußpsalmen, aufwendigere Rahmungen, die sich von denjenigen auf den Miniaturseiten zu den übrigen Gebetsstunden absetzen, einen neuen Textblock signalisieren. Demgegenüber fällt freilich das variierende Bildformat der oben rundbogig bzw. mit einem mittleren Spitzbogen oder aber geradlinig abgeschlossenen Miniaturen auf, für deren Unter-

6 *La Vairie-Stundenbuch*
Westfrankreich, um 1415–1420

33r Prim. Das neugeborene Jesuskind liegt, von Ochs und Esel betrachtet, im Stall auf einem prächtigen Bett. Maria und der mit hermelingefüttertem Umhang bekleidete Joseph knien betend davor.

39r Terz. Ein Engel verkündet den Hirten vom Himmel herab die Geburt Christi und preist Gott mit den Worten: »Ehre sei Gott in der Höhe, und Friede auf Erden den Menschen seiner Gnade.«

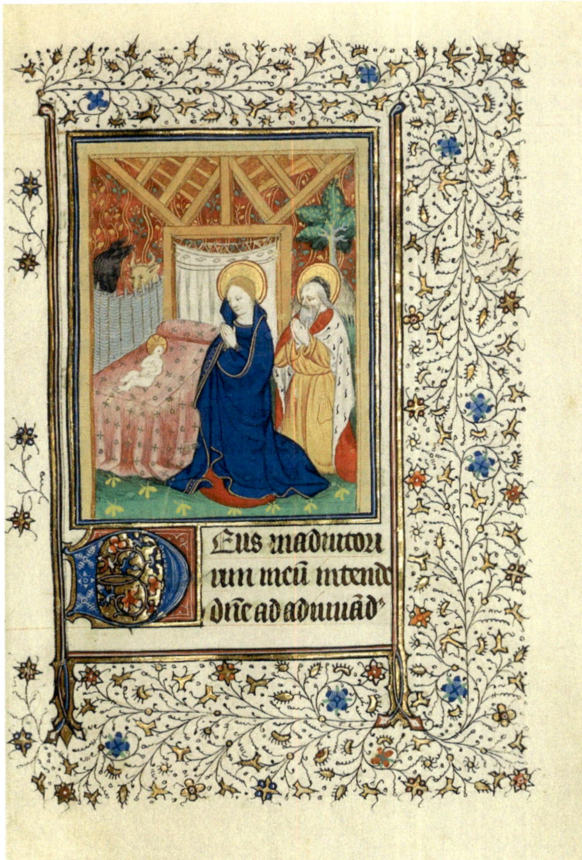

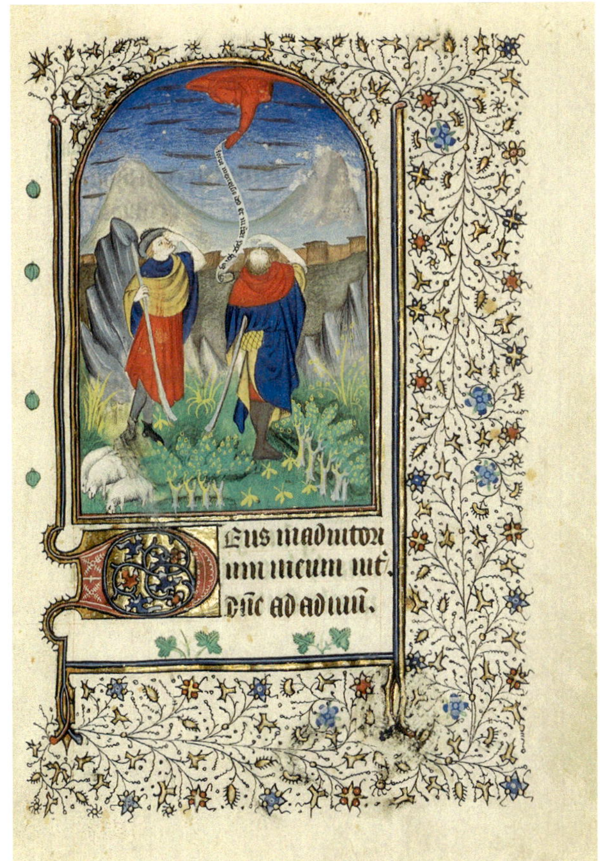

scheidung kein Grund ersichtlich ist, als habe der Miniaturist verschiedene Vorlagen bzw. seine Kenntnis unterschiedlicher Möglichkeiten unentschlossen oder nach dem Kriterium der Vielfältigkeit genutzt. Auf diese Variationen des Bildformats reagiert die jeweilige Rahmung in Verbindung mit den großen Textinitialen mit entsprechend konsequenter Differenzierung.

In einem nicht datierten Brief aus den sechziger Jahren identifizierte Otto Pächt den Miniaturisten mit jenem Künstler, der unter dem Namen Meister der Berry-Apokalypse bekannt ist, das heißt mit dem Maler, der noch vor dem Tod des Jean Duc de Berry im Jahre 1416 auf dessen Bestellung eine Apokalypsenhandschrift ausschmückte, die sich heute als M. 133 in der Pierpont Morgan Library, New York, befindet. Damit traf er das künstlerische Milieu, in dem unser Stundenbuch anzusiedeln ist, recht genau, finden sich doch eine ähnliche Landschaftsauffassung und auch Übereinstimmungen im Figurenkanon in Arbeiten dieses etwa 1408–1420 nachweisbaren Buchmalers. Jedoch sind Abweichungen nicht zu übersehen, und so liegt es näher, zwei unterschiedliche Meister anzunehmen, die aus teilweise denselben künstlerischen Quellen, nämlich vorrangig der Buchmalerei der Pariser Boucicaut-Werkstatt, schöpfen. Der Meister der Berry-Apokalypse arbeitet mit einer anderen Farbskala, er benutzt die Farben in stärker lavierender Technik und bedient sich häufig manieristisch anmutender Motive etwa bei den Gewandfalten; zudem findet sich innerhalb der Fülle der ihm inzwischen zugeschriebenen und von Millard Meiss noch einmal charakterisierten Manuskripte wie auch in den zahlreichen Werkstattarbeiten kein einziges Stundenbuch, sondern es sind ausnahmslos literarische und theologische Handschriften, was im Hinblick auf die Spezialisierung damaliger Ateliers als Indiz nicht zu unterschätzen ist.

Das künstlerische Vermächtnis des Boucicaut-Meisters (vgl. hierzu Kat. Nrn. 5 und 7) lässt sich bei unserem Miniaturisten sowohl in Details, wie beispielsweise bei der Charakterisierung der Laubbäume, der Belebung der Wiesen mit bestimmten Gräsern oder Blättern, in Stoffmustern und menschlichen Gesten, als auch in ganzen Szenen aufdecken, so etwa in den Verkündigungs-, Heimsuchungs- und Geburtsbildern, die Variationen zu den Konzeptionen des Pariser Künstlers im namengebenden, für den Marschall von Boucicaut zu Beginn des 15. Jahrhunderts hergestellten Stundenbuch Ms. 2 des Musée Jacquemart-André in Paris darstellen. In einigen seiner kleinerformatigen Livres d'Heures wie auch in solchen, die seit den neuesten

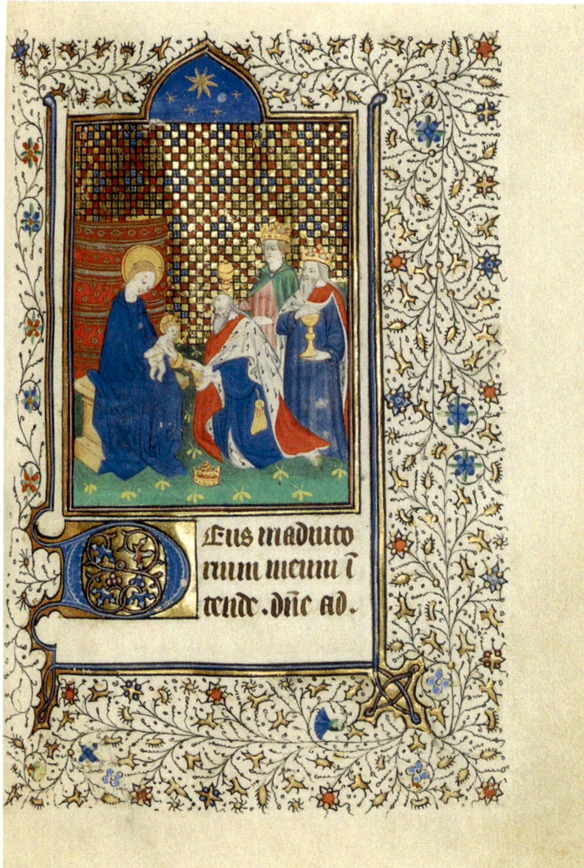

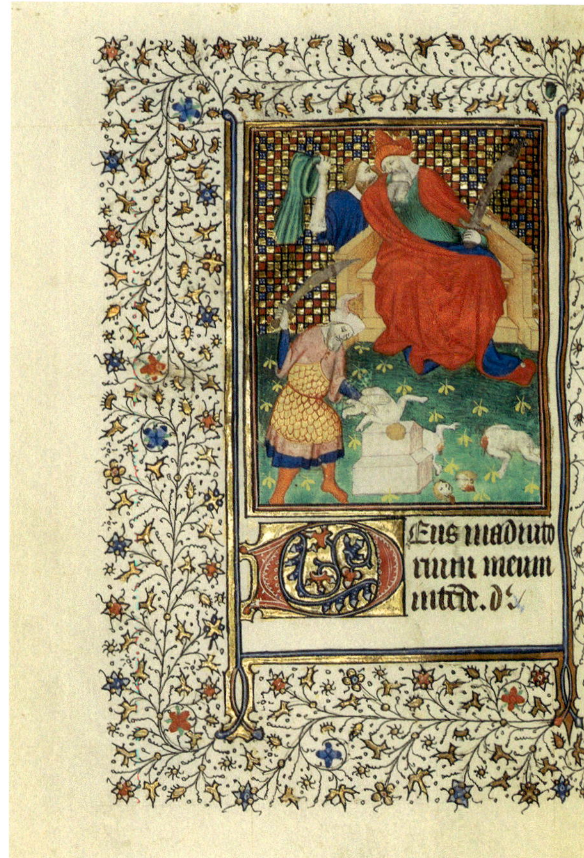

6 *La Vairie-Stundenbuch*
Westfrankreich, um 1415–1420

43r Sext. Die Hl. Drei Könige – jung, in mittleren Jahren und im Greisenalter – kommen mit Gold, Weihrauch und Myrrhe, um das Jesuskind zu verehren.

46v Non. König Herodes lässt aus Furcht vor dem neugeborenen König der Juden in Bethlehem und der ganzen Umgebung alle Knaben im Alter bis zu zwei Jahren töten.

Forschungen von François Avril und Gabriele Bartz seinem Œuvre entnommen und dem Mazarine-Meister zugewiesen worden sind, benannt nach dem Stundenbuch Ms. 469 der Bibliothèque Mazarine in Paris, sind ikonographische und kompositorische Übereinstimmungen mit unserem Horarium noch frappanter. Für die Verkündigung an Maria sind hier das Stundenbuch Canon Liturg. 75 der Bodleian Library in Oxford oder auch Ms. 238 der Walters Art Gallery in Baltimore sowie Ms. 22 des Getty Museums in Malibu (zuvor Zwemmer Collection, London) mit spiegelverkehrten, aber ähnlich arrangierten Kompositionen zu nennen (Meiss 1968, Abb. 227, 121, 120). Für das Geburtsbild, das mit der Verehrung des Kindes durch Maria und Joseph umschrieben ist, findet sich im Ms. acc. 4560 (7) der Library of Congress in Washington (Meiss 1968, Abb. 298) ein weitreichendes Vergleichsbeispiel oder auch in einem Stundenbuch im deutschen Kunsthandel (Tenschert), das von Eberhard König dem Boucicaut-Meister selbst zugeschrieben wurde und im Stundenbuch des Marschalls von Boucicaut in Paris (Meiss 1968, Abb. 31) wiederum in spiegelverkehrter Anordnung sein Vorbild hat.

Zum anderen aber ist die Verbindung unseres Stundenbuches mit der Kunst der Brüder Paul, Jan und Herman aus Limburg nicht zu übersehen, d. h. eine Kenntnis von Bildvorlagen, in denen letztlich wohl auch die zu beobachtenden niederländischen Elemente der Miniaturen wurzeln. Weitgehende Übereinstimmungen bestehen mit der Verkündigungsszene an die Hirten in den Belles Heures des Jean de Berry in den Cloisters zu New York, jener Prachthandschrift, die von den Brüdern Limburg für den Herzog ausgemalt wurde und 1408 oder im folgenden Jahr vollendet war, als Paul bereits in Bourges wohnte. Die Beliebtheit einer solchen Szene wird von den Wiederholungen etwa im Stundenbuch Richardson 42 der Harvard College Library in Cambridge / Mass. aus dem Pariser Atelier des Rohan-Meisters (Meiss 1974, Abb. 853), das um 1415 entstand, oder auch im wenig späteren Stundenbuch Ser. nov. 2614 der Österreichischen Nationalbibliothek belegt (Pächt / Thoss, Textbd. S. 139 ff., Tafelbd. Abb. 250).

Entsprechende Beziehungen ergeben sich bei der Miniatur des Kindermordes mit den Merkwürdigkeiten der über einem Steinblock getöteter Zweijährigen oder des sich mit einer wie zum Gruß hochgehaltenen Kopfbedeckung, einer Art Sendelbinde, König Herodes nähernden Mannes. Ein Vergleich mit den Belles Heures offenbart die Arbeitsweise unseres

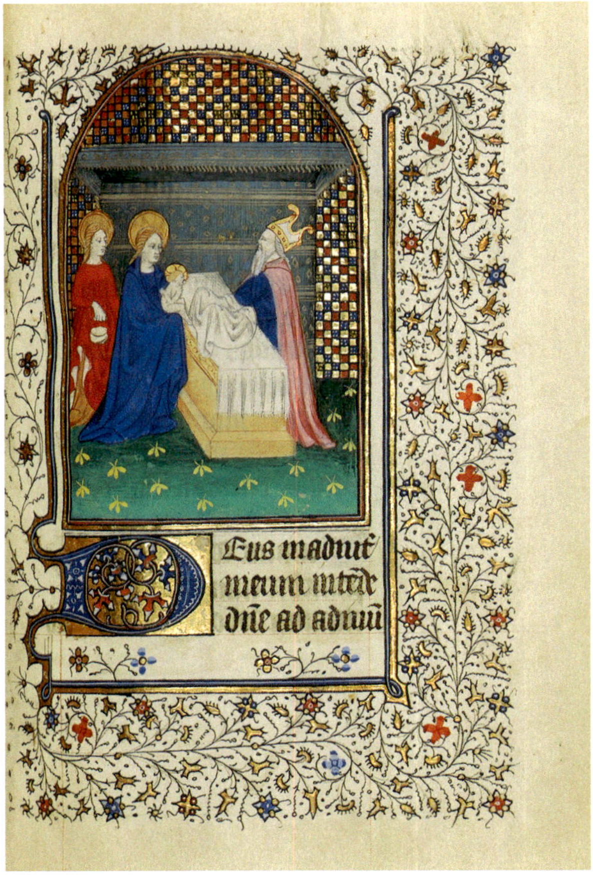

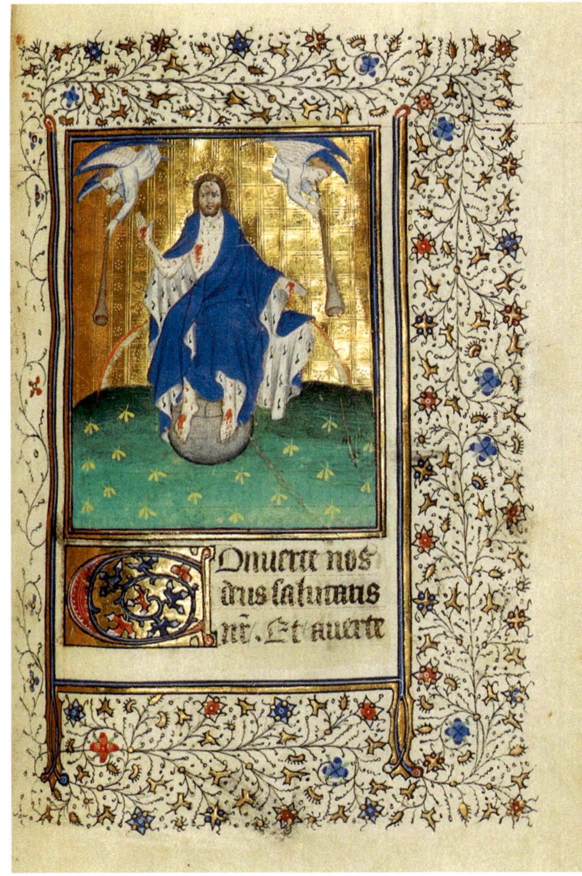

6 *La Vairie-Stundenbuch*
Westfrankreich, um 1415–1420

50r Vesper. Am Tag der vom mosaischen Gesetz vorgeschriebenen Reinigung bringen Maria und eine Begleiterin mit Opfergaben das Kind zur Weihe in den Tempel von Jerusalem.

56r Komplet. Zum Jüngsten Gericht erscheint Christus als Schmerzensmann, in einen kostbaren blauen, mit Hermelin gefütterten Mantel gekleidet, auf dem Regenbogen thronend, die Füße auf der dreigeteilten Erdkugel ruhend. Zwei Engel blasen die Posaune.

Miniaturisten in der Rezeption vorgegebener ikonographischer Schöpfungen, die mit der Übernahme zugleich einen neuen Inhalt bekommen. Denn im Werk der Brüder Limburg thront Kaiser Nero mit dem Schwert in der Hand und befiehlt das Martyrium von Petrus und Paulus, während der neben ihm stehende Mann eine grüne Kopfbedeckung hochhält, die hier eine tiefere Bedeutung besitzt, da es sich um jenes Kleidungsstück handelt, das Plautilla dem Apostel Paulus auf dem Weg zur Hinrichtung gab und durch das sie, als sie es nach seinem Martyrium zurückerhielt, von ihrer Blindheit geheilt wurde. Dieselbe Figurengruppe wurde noch einmal beim Martyrium des Johannes im Ms. 28 des Musée Condé in Chantilly, einer Arbeit des in Paris wirkenden sog. Virgil-Meisters, um 1415 aufgegriffen (Meiss 1974, Abb. 800), auch dort wie in unserer Handschrift ohne den sinnvollen Bezug zur illustrierten Legende, sondern wohl in der Absicht, einen grüßenden Boten darzustellen, der den Vollzug des Befehls meldet.

Von den aus Nijmegen stammenden Brüdern Limburg hat man angenommen, dass sie um 1400 erst einmal in einem Atelier mit maasländischen Künstlern in Paris gearbeitet haben, bevor sie in den Dienst des Herzogs von Berry traten. Der Einfluss ihres Werkes auf die Buchmalerei in Paris wie auch in Westfrankreich lässt sich bis in die Mitte des 15. Jahrhunderts belegen, wobei Eberhard König zu bedenken gibt, dass es nicht unbedingt die Belles Heures selbst, sondern der Vorlagenschatz für dieses berühmte Manuskript gewesen sein könnte, der zur Kenntnis und wiederholten Benutzung geführt hat. Die Miniatur des Kindermordes im La Vairie-Stundenbuch zeigt somit beispielhaft, wie man sich den Umgang mit Vorlagen durch die französischen Buchmaler dieser Jahrzehnte vorzustellen hat, wenn sie mit dem Auswählen einzelner Motive und deren versatzstückhafter Verwendung, durchaus auch verbunden mit ihnen dann neu zugestandenen Inhalten, eine Vielfalt an Bildvariationen erreichen und damit möglicherweise auch auf individuelle Wünsche der Käufer eingehen (König 1982, S. 111 ff.).

Ein stilistisch wie ikonographisch mit unserer Handschrift gut vergleichbares Stundenbuch, Ms. 22870 der Priaux Library in St. Peter Port auf der Isle of Guernsey, hat kürzlich Dorine Proske-Van Heerdt vorgestellt und die weitreichenden Übereinstimmungen vorrangig bei den Darstellungen der Marienverkündigung, Heimsuchung, Anbetung der Könige und Darbringung betont, jedoch ohne denselben Maler anzunehmen. Ähnlich verwandte Vergleichsmomente lassen sich für das

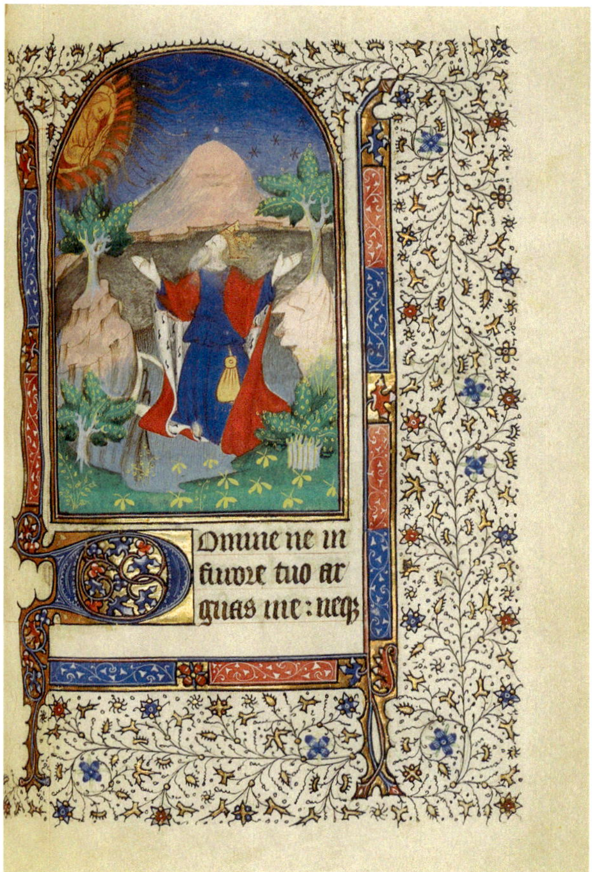

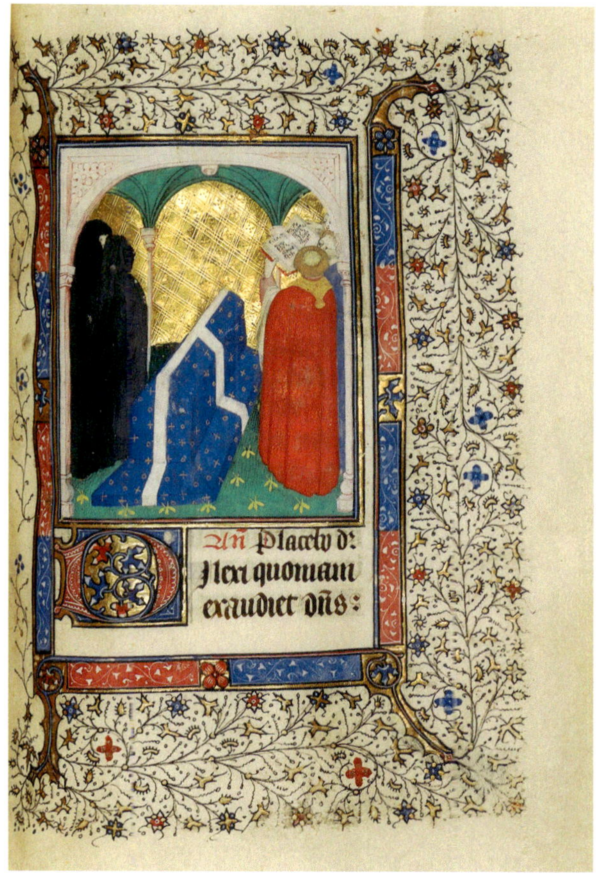

6 *La Vairie-Stundenbuch*
Westfrankreich, um 1415–1420

61r König David im Gebet zum Beginn der Bußpsalmen

77r Totenamt mit Priester und Trauernden zum Totenoffizium

Geburtsbild benennen: mit dem einsam auf dem großen Bett liegenden Jesuskind, von Maria und Joseph verehrt, wie es ebenso auf der bereits erwähnten Miniatur eines Stundenbuchs im deutschen Kunsthandel (König 1993, Abb. 178) wiederkehrt, dessen große Nähe zu den Werken des Boucicaut-Meisters zudem in der aufwendigen Dachstuhlkonstruktion des Stalles oder auch in der versatzstückhaften Verwendung der charakteristischen Baumgruppen zu belegen ist. Dieses Horarium ist sehr früh schon für den Gebrauch von Angers umgearbeitet worden, während dasjenige auf der Isle of Guernsey bereits ursprünglich nach den liturgischen Gepflogenheiten dieser Bischofsstadt eingerichtet war. Der von Paris her bekannte Miniaturenstil ist in den hier vorliegenden Varianten also vermehrt in Stundenbüchern nachweisbar, die für Käufer aus den südwestlich gelegenen Städten wie Le Mans und Angers angefertigt wurden.

Eberhard König hat unser Manuskript einer Gruppe von Horarien um das Stundenbuchfragment W. 221 der Walters Art Gallery in Baltimore zugeordnet und Übereinstimmungen im Schriftduktus, in der Bordürenornamentik und auch im Miniaturenstil gefunden (Randall). Die liturgische Einrichtung dieser Livres d'Heures ist vorrangig für Le Mans und Rennes bestimmt, wobei die Ortshinweise *Cenomacensis* bei den kalendarischen Einträgen der Bischöfe von Le Mans in unserem Stundenbuch als ein Indiz dafür gewertet werden, dass es nicht in dieser Stadt selbst, sondern vielleicht in Rennes hergestellt worden ist, wo die Schreiber, wie Eberhard König zu bedenken gibt, ausdrücklich auf die Verehrungsstätte der ihnen nicht so geläufigen Heiligen des Bestimmungsortes Le Mans hinweisen mussten. Andererseits fragt man sich nach der Schlüssigkeit eines solchen Kriteriums, bestand doch das Anliegen bei unserem Manuskript darin, die ortsspezifischen Merkmale von Le Mans für einen Käufer bzw. Auftraggeber aus dieser Stadt zu berücksichtigen, der mit den dort üblichen Eigenheiten vertraut war, somit auch die Namen der in Le Mans verehrten Heiligen kannte und man gerade ihn am wenigsten darauf hinweisen musste. Es sind die Blickwinkel von Entstehungs- und Bestimmungsort, die zu solchen unterschiedlichen Argumentationen führen und den vorgegebenen Sachverhalt aus der Sicht des vielleicht ortsunkundigen Schreibers oder des mit dem Ort vertrauten Käufers zu erklären suchen. Vielleicht ist somit eher eine Auszeichnung des liturgischen Lokalkolorits beabsichtigt, wie es gerade derartige Kalendereintragungen als Hinweise einer mit einem ganz bestimmten

6 *La Vairie-Stundenbuch* Westfrankreich, um 1415–1420

Ort verbundenen Heiligenverehrung mit lang zurückreichender Tradition vermitteln können.

Wie dem auch sei, sowohl die angeführten Eigentümlichkeiten der Textgestaltung, vor allem die gemischten Offizien sowie die Anbringung des *Obsecro te*-Gebetes als einzigem Mariengebet und die nachfolgende Evangelienlesung am Ende und nicht – wie bei Pariser Stundenbüchern üblich – am Anfang der Handschrift, als auch der von der Pariser Buchmalerei abhängige, doch nicht in ein bestimmtes Atelier der Hauptstadt integrierbare Stil der Ausstattung legen eine Entstehung des Manuskriptes im Westen Frankreichs nahe. Die beobachtete häufige Wiedergabe kostbarer, mit Hermelin gefütterter Mäntel sogar bei weniger bedeutenden Personen könnte darüber hinaus die Assoziation zum Wappenmotiv der Bretagne, dem Hermelin, wecken, so dass man wieder an Rennes als Ort einer florierenden Buchmalereiwerkstatt denken möchte, das seine Funktion als Hauptstadt des Herzogtums zwar mit Nantes teilen musste, wo aber zu jener Zeit der herzogliche Hof residierte und man in dessen Gefolge weitere Auftraggeber für kostspielige Manuskripte erwarten konnte. (Joachim M. Plotzek)

Pergament 113 Blätter; 206 x 138 mm; Lagen (Wortreklamanten): $I–2^{6}$, $3–14^{8}$, 15^{4+1}; Schriftspiegel: 99 x 64 mm; einspaltig; 15 bzw. 17 (Kalendar) Zeilen; Liniierung in Rot. **Ausstattung** Lateinischer Text in schwarzer Textura, rubriziert; rot schattierte Versalien; ein- und zweizeilige Initialen in Gold auf blauem und mauvefarbenem Grund mit weißem Filigran; in gleicher Farbigkeit die Zeilenendungen; in goldenem Feld drei- bis vierzeilige Initialen in Blau und Mauve mit ornamentaler Füllung der Buchstabenkörper in Weißhöhung und mit roten und blauen Weinblattranken im Binnenfeld; zehn Miniaturen in Deckfarbe mit Gold und punziertem Blattgold, von einer schmalen blaugoldenen oder mauvefarben-goldenen Leiste gerahmt sowie einer zweiten, die Textzeilen einschließenden dreiseitigen Rahmung in gleicher Farbigkeit, aus deren oberen und unteren Endungen Akanthus oder schwarzes Rankenfleuronnée austritt; mit den Miniaturseiten zu Beginn der Haupttexte (13r, 61r, 77r) stattdessen breite dreiseitige Goldzierleisten mit geometrischen Motiven bzw. weißen Ranken auf blauen und mauvefarbenen Balken; Randbordüren aus feinem, schwarzem Fleuronnée mit verschiedenen Blättern in Blattgold sowie Blüten in Blau, Grün, Rot und Mauve. **Einband** Dunkelbraunes Kalbleder über Holz; zwischen Streicheisenlinien eine Leiste mit vierblättrigen Blüten in quadratischen Feldern in Blindprägung als Außenrahmung; im Innenfeld senkrechte, von Streicheisenlinien getrennte Leisten mit verschiedenen Stempelmotiven (vegetabil, Fleurs de lis, bekröntes Herz) in Blindprägung; auf dem Vorderdeckel Reste der Enden zweier Verschlussbänder; die Vertiefungen für die Stifte zum Befestigen der um den Buchschnitt gelegten Bänder auf dem Rückdeckel noch zu sehen; Goldschnitt; Frankreich, 15. Jh.; wahrscheinlich Originaleinband, am Buchrücken restauriert. **Vorbesitzer** Eintrag mit der Nennung eines François de La Vairie vom Ende des 15. Jhs. (113r); Wachssiegel aus dem 16./17. Jh. mit überkröntem, quadriertem Wappen (drei Spindeln in Feld 1 und 4, ein Schlüssel in 2 und 3), das mit der Familie

Bouthillier zu verbinden ist, die – wie oben erwähnt – im Poitou beheimatet war (1r); Robert Horst, Esq.; Maggs Brothers, London. **Inhalt** 1r–12v Kalendar (Le Mans), sporadisch besetzt (u. a. 7. 1. *Aldrici epi. cenomanensis* [rot], 13. 1. *Hylarii*, 14. 1. *Felicis epi.*, 27. 1. *Juliani epi. cenomanensis* [rot], 1. 3. *Albini epi.*, 9. 5. *Nycholay epi.*, 19. 5. *Ivonis conf.* [rot], 14. 6. *Aniani epi.*, 1. 7. *Theobaldi epi.*, 4. 7. *Martini archiepi.*, 18. 7. *Clari epi.*, 16. 8. *Armagili epi.*, 25. 8. *Ludovici regis* [rot], 28. 8. *Augustini epi.* [rot], 9. 10. *Dyonisii conf. et mr.* [rot], 24. 10. *Maglorii epi.*, 6. 11. *Melani epi.*). 13r–60v Marienoffizium nach dem Brauch von Le Mans mit dem Kreuz- und Hl. Geistoffizium gemischt; Textanfänge jeweils unter der Miniatur. 13r Matutin. Verkündigung an Maria. 23r Laudes. Heimsuchung. 33r Prim. Geburt Christi. 39r Terz. Verkündigung an die Hirten. 43r Sext. Anbetung der Könige. 46v Non. Bethlehemitischer Kindermord. 50r Vesper. Darbringung Jesu im Tempel. 55v leer. 56r Komplet. Jüngstes Gericht. 61r–76v Bußpsalmen mit Litanei (Nordwesten Frankreichs: u. a. Martin, Julian, Ivo, Armagilus). 61r König David im Gebet. 77r–106r Totenoffizium nach dem Brauch von Le Mans. 77r Totenamt. 106r–109v *O (bsecro te)*; für einen männlichen Gläubigen eingerichtet. 109v–111r Evangelienlesung nach Johannes. *I (n principio)*. 111r–112r nachgetragenes Gebet. [O] (*bone Jhesu, o dulcissime Jhesu*). 112v–113v Nachträge in französischer Sprache, neben Gebeten der Eintrag 113r *Le XXe iour de Juin lan mil CCCCIIII^XX^ et XV deceda honnorable et noble homme franczoys delavairie en son vivant signeur delavaudelle lequel fut enterre en leglise ducouvent de saint franczois Alafleche alentree ducuer deladicte eglise.* 113r Abdruck einer Pilgermedaille, die auf fol. 112v aufgenäht war. **Literatur** Kat. Christie's, London, 13. 12. 1961, Nr. 192. – Kat. European Miniatures and Illumination. Bull. Nr. 1, Maggs Bros., London, Februar 1962, Nr. 10. – E. König, Französische Buchmalerei um 1450. Der Jouvenal-Maler, der Maler des Genfer Boccaccio und die Anfänge Jean Fouquets, Berlin 1982, S. 252 (unser Stundenbuch identifizierbar mit dem Eintrag »Ehemals Maggs [Cat. Febr. 1962], Stundenbuch«). – J. M. Plotzek, Andachtsbücher aus Privatbesitz, Ausst. Kat. Schnütgen-Museum, Köln 1987, Nr. 17. – E. König, Beschreibung der Handschrift, Typoskript 1988. – D. Proske-Van Heerdt, A French and a Flemish Book of Hours in Guernsey, in: Scriptorium 45, 1991, 2, S. 266ff., bes. S. 271ff. **Zitierte Literatur** V. Leroquais, Les Livres d'heures manuscrits de la Bibliothèque Nationale, Bd. 1, Paris 1927. – M. Meiss, French Painting in the Time of Jean de Berry. The Boucicaut Master, London 1968. – Ders., French Painting in the Time of Jean de Berry. The Limbourgs and their Contemporaries, New York 1974, S. 252f., 298f., 368ff.; Abb. 51, 780, 782ff., 790, 792, 808, 811 (über den Master of the Berry Apocalypse). – O. Pächt / D. Thoss, Die illuminierten Handschriften und Inkunabeln der Österreichischen Nationalbibliothek, Bd. 1, 1: Französische Schule I, Text- und Tafelbd., Wien 1974. – E. König, Psalter und Stundenbuch in Frankreich vom 13. bis zum 16. Jahrhundert (Leuchtendes Mittelalter V), Kat. 30 Antiquariat Heribert Tenschert, Rotthalmünster / Ramsen 1993, Nr. 12. – L. M. C. Randall, Medieval and Renaissance Manuscripts in the Walters Art Gallery, Bd. 2: France, 1420–1540, Baltimore / London 1992, Kat. Nr. 108, S. 35ff., Abb. 201, Taf. IX

7

Pariser Psalter
Lateinischer Psalter
Meister des Harvard-Hannibal
Paris, um 1415–1420

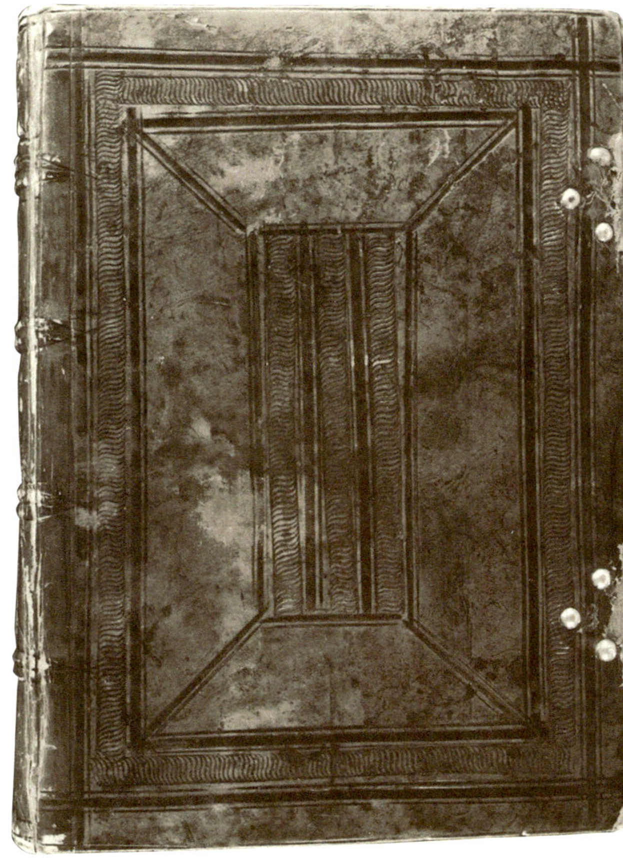

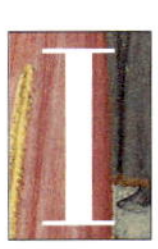

Im 15. Jahrhundert rangiert innerhalb der unterschiedlichen Typen von Andachtsbüchern mit weitem Abstand vor allen anderen Gebetssammlungen das Stundenbuch. Um so bemerkenswerter ist der vorliegende Psalter, dessen künstlerische Ausstattung in die französische Buchmalerei um 1420 eingebunden werden kann, die zu jener Zeit Psalterhandschriften nur noch selten hervorbrachte. Im Gegensatz zu dieser Situation auf dem Kontinent entstanden in England in fast ununterbrochener Tradition zahlreiche prachtvoll ausgestattete Psalterien noch im 14. und 15. Jahrhundert. Das Vorhandensein von französischen wie andererseits auch von englischen Elementen in unserer Handschrift hat seine Gründe vermutlich in der von Auseinandersetzungen bestimmten politischen Situation beider Länder, die zur Entstehungszeit des Manuskripts mit der für die Engländer siegreichen Schlacht von Azincourt 1415, der Besetzung großer Teile der Normandie ab 1417, dem »Paix finale« von Troyes im Jahre 1420 und dessen baldiger Aufhebung Höhepunkte des Hundertjährigen Krieges erlebten. Vor diesem historischen Hintergrund werden die Eigenheiten der Handschrift als Erwartungen eines zumindest zeitweilig auf französischem Boden lebenden englischen Auftraggebers vielleicht eher verständlich.

Die Litanei im Anschluss an die Cantica enthält innerhalb der Anrufung ortsspezifischer Heiliger vorrangig solche, die in England verehrt wurden. Die Könige Edward und Edmund, Abt Bothulph und die Äbtissin Tetta sowie die Bischöfe Cuthbert von Lindisfarne, Wulfstan von Worcester, Swithun von Winchester, Wilfrid von York, sodann Edmund, Dunstan und Thomas von Canterbury sind hier zu nennen, die freilich keine präzisere Bestimmung im Hinblick auf den Heimatort des Auftraggebers ermöglichen, vielmehr für das ganze Land typisch sind. Der aus dem 16. Jahrhundert überkommene englische Einband wie auch die generelle Eliminierung der Papstbezeichnungen im Kalendar als Folge der 1535 in Kraft getretenen Suprematsakte Heinrichs VIII., in deren Bestimmung der König das oberste Haupt der anglikanischen Staatskirche wurde, sprechen auch für einen späteren Verbleib des Psalters in englischem Privatbesitz – allein die Rubrik zur Oration *pro papa* am Ende der Handschrift blieb unberührt.

Irritierend ist die Nennung des hl. Gaucherius, des 1133 gestorbenen Gründers und ersten Priors von St. Jean d'Aureil in der Diözese Limoges, zum einen in der Litanei sowie zum anderen mit Hauptfesten im Kalendar zu seinem Todestag (9. April) und seinem

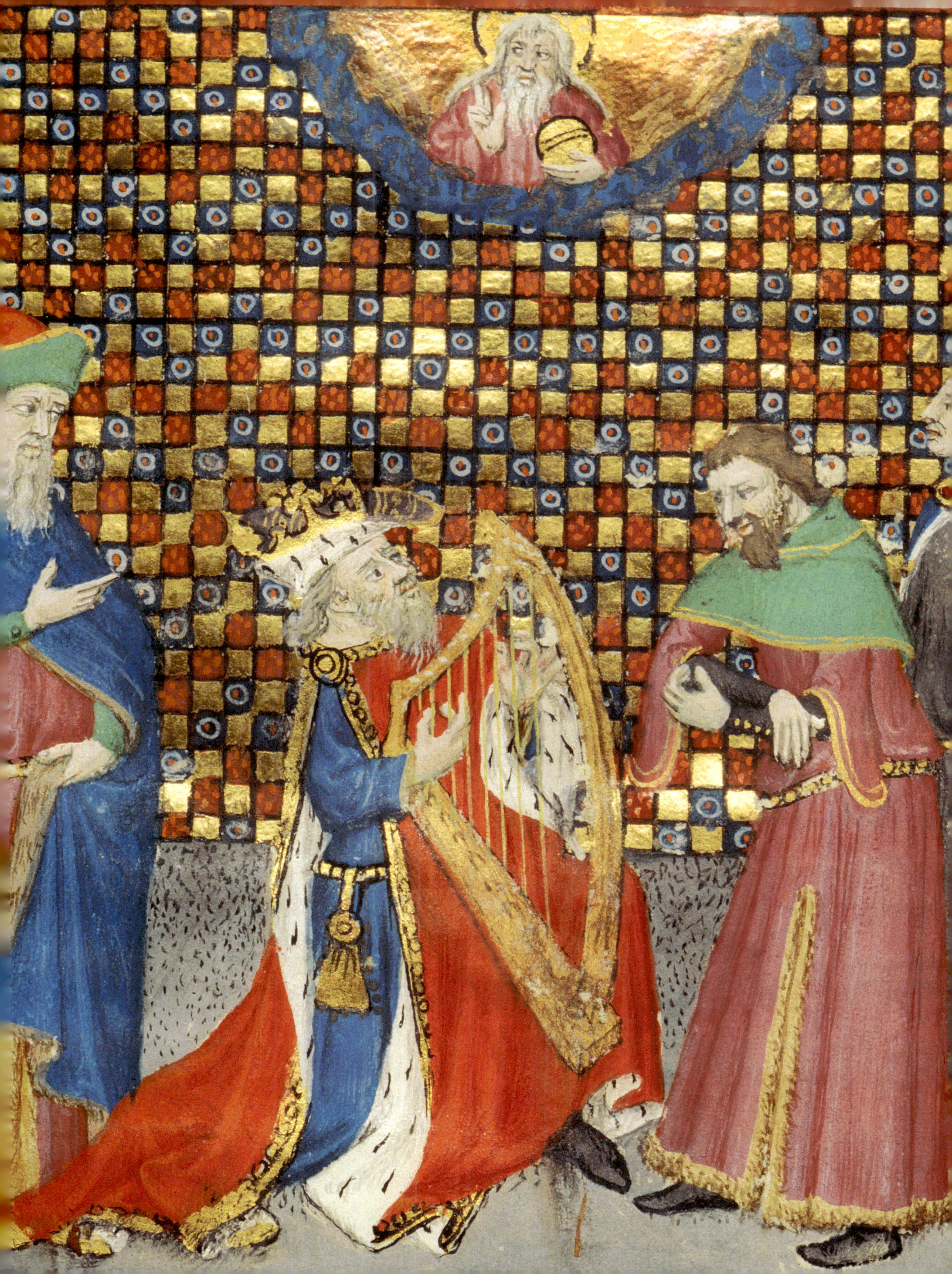

7 *Pariser Psalter* um 1415–1420

Translationsfest (18. September). Im übrigen aber dominieren zahlreiche mit Hauptfesten ausgezeichnete Heilige, die nicht nach Paris, sondern in den Nordwesten Frankreichs weisen, ohne dass ein bestimmtes Bistum eindeutig hervorgehoben wäre. Offensichtlich ist der voll besetzte, nicht in der französischen Landessprache, sondern lateinisch ausgeführte Kalender bewusst mit Heiligen dieser Region aufgefüllt worden. Abweichender Schriftduktus und hellere Tinte sondern den Kalender vom Rest der Handschrift ab und lassen Vermutungen über einen anderen Schreiber oder auch einen abweichenden Entstehungsort zu, wenngleich die verzierten *KL*-Ligaturen zu den Monatsanfängen in ihrer künstlerischen Ausführung nicht von den kleinen Initialen im Psaltertext zu unterscheiden sind.

Die Auszeichnung der Psalmen mit Miniaturen und Zierseiten folgt der liturgischen Ordnung ihrer Nutzung im Stundengebet, so dass neben den Matutinpsalmen zu jedem Tag der Woche der erste Psalm zur Vesper (Ps 109) mit der achten und letzten Miniatur geschmückt wurde. Anzumerken ist, dass der lange, aus 24 Strophen zu je acht Versen bestehende Psalm 118 entsprechend seiner dem römischen Chorgebet folgenden Aufteilung zu den kurzen Tagzeiten der Prim, Terz, Sext und Non ebenfalls künstlerische Auszeichnungen erhalten hat, die aber im Hinblick auf die stärker hervorgehobenen wichtigen Textblöcke deutlich abgestuft sind.

Die mit schmalen Leisten rechteckig gerahmten Miniaturen leuchten in einer reich differenzierten Farbigkeit, vom ausgiebig verwendeten Blattgold überstrahlt, das in den Karomusterungen der Bildgründe dominiert – nur auf Folio 65v wurde Goldtinte für die Ornamentierung des Purpurgrundes gewählt – und mit lüstrierenden Effekten den Raum des sich öffnenden Himmels für die Erscheinung Gottvaters definiert. Folgt die Bildikonographie dem tradierten Kanon französischer Psalterzyklen, so fällt doch immer wieder auf, dass den Protagonisten einzelne Personen oder Figurengruppen beigefügt sind, die vom Text bzw. dem dargestellten Thema her nicht notwendig sind. Mehrfach wird König David von Männern in kostbaren Roben begleitet, die auf ihn einreden, das Geschehen beobachten, seiner Musik lauschen und darauf entzückt reagieren oder sich im heftigen Disput engagieren; auch der eindrucksvollen Gestalt des Toren auf Folio 53v steht eine Gruppe von drei Männern gegenüber, gleichsam in der Funktion eines für den Betrachter in die Miniatur hineingenommenen Vorbilds der im Gespräch erfolgenden Auseinandersetzung mit dem Tun des Narren. Außergewöhnlich erscheint schließlich die Erweiterung des Gnadenstuhls zu Beginn der Vesperpsalmen mit einer durch Engel vollzogenen Krönung Gottvaters.

Geflieste Böden der Innenräume und mit Bäumen und Blumen bestandene Wiesen der bergigen Landschaft bestimmen darüber hinaus den bildnerischen Reichtum der Szenerien. Die ornamentierten Gründe verhindern freilich ein die Wirklichkeit imitierendes atmosphärisches Ambiente, wie andererseits auch die Personen stets im vorderen Bereich der Standflächen in einheitlicher Größe agieren, ohne durch einen variablen Figurenmaßstab Raum und Tiefe in die Szenarien einzubringen. Dies alles sind altertümliche Gestaltungsmomente, denen die eher traditionelle Wahl der alternierend blauen und mauvefarbenen breiten Leisten auf den Zierseiten ebenso entspricht wie die Sparsamkeit in der Verwendung des gerade erst im ersten Jahrzehnt des 15. Jahrhunderts in der französischen Buchmalerei auftretenden farbigen Akanthus innerhalb der Bordürenornamentik. Eine Datierung des Psalters gegen Ende des zweiten Jahrzehnts liegt somit nahe.

Alle Miniaturen stammen von einem Künstler, der es liebt, seinen Figuren mit differierenden, vielfältigen Gesten sowie einer fast individuell ausgeprägten Physiognomie große Lebendigkeit und die Unmittelbarkeit spontanen Reagierens einzugeben. Die Mimik der mit unterschiedlich geöffneten Mündern vor dem großen Chorpult singenden Geistlichen auf Folio 93v vermittelt eine ähnlich lebendig-realistische Erlebbarkeit wie das Agieren König Davids oder des im Narrengewand auftretenden Toren auf Folio 53v. Der Psalmensänger ist sowohl bärtig als auch ohne Bart dargestellt, trägt ganz unterschiedliche Kronen und variiert seine kostbare Kleidung auf allen Bildern ebenso wie es die noblen, im modischen Zeitgeist gewandeten Begleiter tun. Zu den stilistischen Charakteristika des Miniaturisten gehören die ausgiebige Darstellung von Falten und Furchen in den dadurch malerisch wirkenden Gesichtern, die buschigen Brauen über schweren Augenlidern sowie eine Vorliebe für die Bewegung suggerierende Drehung der Köpfe ins Profil bzw. Dreiviertelprofil.

Dies alles ist zu verbinden mit einem Miniaturisten, der im zweiten Band der »Histoire romaine« des Titus Livius in der Übersetzung des Benediktiners Pierre Bersuire (Richardson Ms. 32 der Harvard College Library, Cambridge / Mass; Meiss, 1968) den Beginn des ersten Buches der zweiten Dekade mit der Krönung Hannibals zum Heerführer der Karthager (1r) illustrierte und danach den Notnamen Meister des Harvard Hannibal erhielt. Der Maler arbeitete bei der

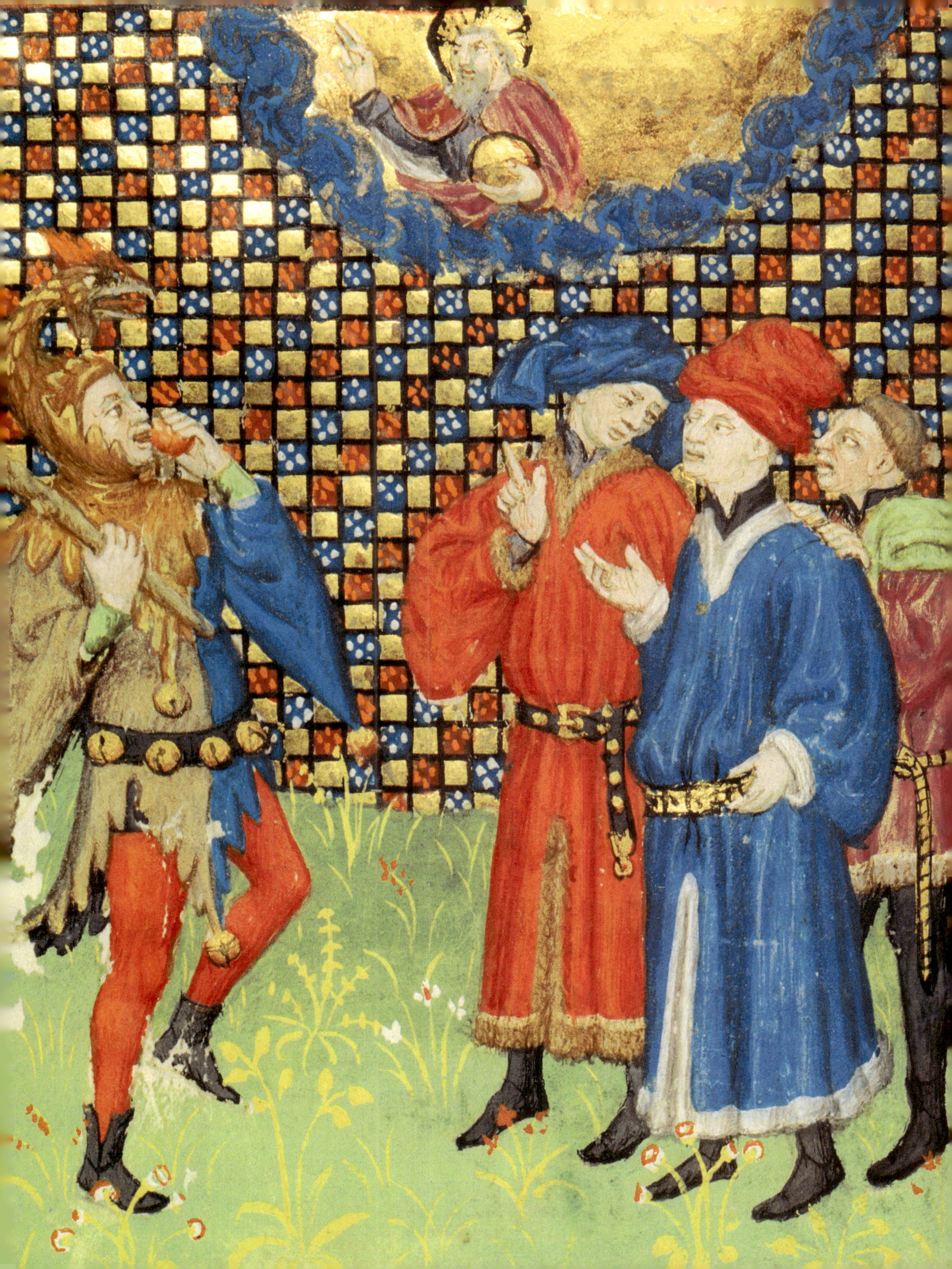

7 *Pariser Psalter*
um 1415–1420

Illustrierung dieses wohl um 1415 entstandenen Bandes des Livius mit der Boucicaut-Werkstatt in Paris zusammen, von wo auch seine künstlerische Beeinflussung zu erklären ist (Reynolds). Jedoch gestaltet unser Meister zupackender, in gewisser Weise realistischer, wohingegen der Boucicaut-Meister (vgl. Kat. Nr. 5) seine Malerei im Sinne einer höfischen Eleganz in einer höchst ästhetischen Stilisierung verfeinert und fortschrittlicher mit raumdefinierenden und atmosphärischen Elementen arbeitet. Otto Pächt und Jonathan J. G. Alexander sowie vor allem Millard Meiss (1974) konnten gut anderthalb Dutzend Manuskripte mit der künstlerischen Beteiligung des Meisters des Harvard Hannibal zusammenstellen, darunter als frühestes eine wohl schon um 1412 entstandene »Cité de Dieu« des Augustinus, Ms. 55 der Bibliothèque Municipale in Boulogne-sur-mer, zwei Stundenbücher mit Pariser und Roueneser Gebrauch aus den Jahren um 1420 in Baltimore, W. 259 und W. 287 der Walters Art Gallery (Randall; Wieck), bis hin zu dem um oder kurz nach 1425 entstandenen Stundenbuch des Guillebert de Lannoy nach dem Brauch von Tournai, Ms. 4 in der Sammlung von James A. de Rothschild auf Waddesdon Manor (Delaissé u. a.). Die Miniaturen des Ms. 326 der Bibliothek von Lambeth Palace in London, das 1427 von Jean Thomas wahrscheinlich für den Herzog von Bedford, John of Lancaster, geschrieben worden ist und eine französische Übersetzung des »Liber peregrinationis animae« durch Jean Galopes, genannt »le Galoys«, enthält, dürften zu den spätesten von ihm ausgeführten Arbeiten gehören (James; Meiss 1974, S. 391).

Die Indizien unseres Psalters sprechen für eine Einordnung in das Frühwerk dieses bisweilen mit dem Meister der Münchner Legenda Aurea (Bayerische Staatsbibliothek, Cod. gall. 3) verwechselten Miniaturisten, den man auch, als Jan de Rynghel benannt, zusammen mit dem als Boucicaut-Meister identifizierten Jacques Coene in vorbildgebender Beziehung zu den Glasmalereien in der Besserer-Kapelle am Ulmer Münster sehen wollte (Reisinger). Hingegen machte Ulrich Heinritz auf charakteristische Maßwerkformen im Werk des Meisters des Harvard Hannibal aufmerksam, die am Mailänder Dom während der Bauphase um 1400 verwirklicht wurden. Freilich wurden in der Vergangenheit solche Beziehungen der Pariser Buchmalerei mit Italien über den in Archivalien dokumentierten, aus Brügge stammenden Maler Jacques Coene festgemacht, der 1398 in Paris nachweisbar ist, im folgenden Jahr als Leiter der Dombauhütte nach Mailand berufen wurde, in dieser Funktion einen Fassadenentwurf des Domes zeichnete und schließlich 1404 wieder in Paris belegt ist, wo er am 1. März Zahlungen für Miniaturen in einer Bibel erhielt, die er zusammen mit Haincelin de Hagenau und Ymbert Stainier für Philipp den Kühnen von Burgund gemalt hatte. Seit Paul Durrieu wird jedoch diese nur archivalisch dokumentierte Biographie des Jacques Coene mit dem hingegen in Werken, aber ohne Namensnennung belegten künstlerischen Werdegang des Boucicaut-Meisters zu identifizieren versucht, ohne Sicherheit über eine solche Gleichsetzung zu erhalten. Im Gegenteil, mit den von François Avril hinzugezogenen drei Briefen Johanns I., des Königs von Aragon (1387–1396), an seine Botschafter in Frankreich aus den Jahren 1388 und 1389, in denen dieser darum ersucht, ihm den in Paris berühmten Maler »Jaco Conno« zu schicken, wird eine Identifizierung Jacques Coenes mit dem Boucicaut-Meister höchst unwahrscheinlich, lässt sich doch das Œuvre des anonymen Pariser Miniaturisten stilistisch erst etwa in das Jahrzehnt von 1405 bis 1415 einordnen.

Vom Meister des Harvard Hannibal hat man zudem angenommen, dass er später Paris verlassen haben und seine Mitarbeit an dem Stundenbuch des Guillebert de Lannoy in Tournai selbst oder im benachbarten Lille erfolgt sein könnte, in dessen Nähe das namengebende Städtchen Lannoy liegt (Plummer). Im Hinblick auf den zu vermutenden englischen Auftraggeber unseres Psalters wird man wohl kaum eine weitere Wanderschaft des Meisters des Harvard Hannibal in das zu jener Zeit von den Engländern besetzte Nordwestfrankreich postulieren müssen, stand doch selbstverständlich das Formular einer hagiographisch auf England ausgerichteten Litanei in Paris zur Verfügung. Das Kalendar mag der Eigentümer der Handschrift hinzugefügt oder ausgewechselt haben, um es in der Region, in der er zu jener Zeit tätig war, auch wirklich benutzen zu können. (Joachim M. Plotzek)

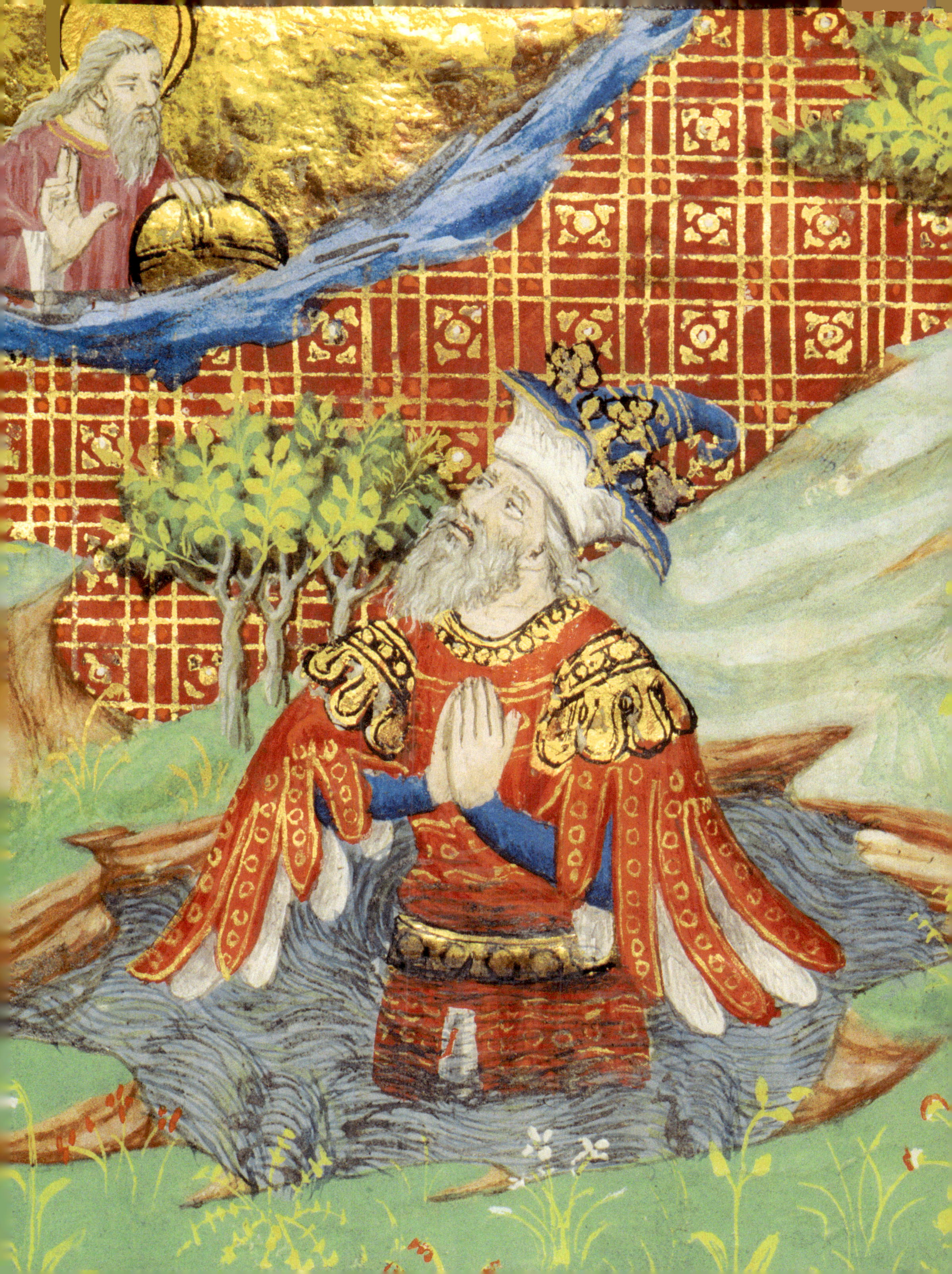

7 *Pariser Psalter*
um 1415–1420

Pergament 157 Blätter (Vor- und Nachsatzblatt aus Pergament); 222 x 163 mm (beschnitten); Lagen (mit Wortreklamanten): I^{6}, 2^{8-1}, $3–20^{8}$; Schriftspiegel: 133 x 108 mm; zwei Spalten von je 45–49 mm Breite; 20 bzw. 33 (Kalendar) Zeilen; Liniierung in Mauve. **Ausstattung** Lateinischer Text in brauner Textura, rubriziert; ein- und zweizeilige Initialen sowie die KL-Ligaturen im Kalendar in Blattgold auf blauem Grund und mit mauvefarbener Füllung oder umgekehrt, bedeckt mit weißem floralem bzw. geometrisierendem Filigran; in gleicher Farbigkeit die Zeilenendungen; drei- bis sechszeilige Initialen in Mauve oder Blau auf gegenfarbigem Grund, bedeckt mit weißem Filigran, gefüllt mit blauen, roten und mauvefarbenen, weiß gehöhten Blattranken auf Blattgoldgrund; Bordüren aus schwarzen Filigranranken mit goldenen sowie farbigen Blättern und Blüten sowie Früchten (Erdbeeren), Blumenvasen und Akanthus in Blau, Grün, Mauve, Rot und Orange; Zierleisten in Blau-Mauve mit weißem Filigran und Blattgold; acht halb- bis dreiviertelseitige Miniaturen in Deckfarben sowie Blattgold und Silber, von dünnen Doppelzierleisten in Gold, Blau und Mauve gerahmt. **Einband** Über Holzdeckeln dunkelbraunes Kalbleder mit Streicheisenliniierung und dichtem Wellenornament in Blindprägung; auf dem Rücken in Blindprägung »MANU-SCRIPT«; zwei neu montierte alte Messingsschließen; am Buchschnitt neuere Lesezeichen aus Leder an den liturgisch hervorgehobenen Stellen des Psalters (Miniaturseiten); England, 16. Jh. **Vorbesitzer** Aufgrund liturgischer Eigentümlichkeiten wohl für einen englischen Auftraggeber hergestellt; Sir Hubert M. Medlycott, Bt., Sandford Orcas Manor House, Sherborne, Dorset. **Inhalt** 1r–6v Kalendar, voll besetzt (rot hervorgehoben: 11. 2. *Desiderii epi.*; 9. 4. *Gaucherii conf.*, 22. 4. *Invencio beati Dyonisii* [schwarz], 30. 4. *Eutropii epi.et mr.*, 10. 5. *Maturini epi.*, 13. 5. *Servacii epi.*, 19. 5. *Yvonis conf.*, 23. 5. *Desiderii epi.*, 26. 5. *Augustini epi.*, 28. 5. *Germani epi.*, 22. 6. *Aaronis conf.*, 25. 6. *Eligii conf.*, 1. 7. *Leononii epi.*, 11. 7. *Maclovii epi.*, 13. 7. *Turiani epi.*, 18. 7. *Clarii mris.*, 28. 7. *Sansonis epi.*, 29. 7. *Guillelmi epi.*, 25. 8. *Ludovici regis*, 28. 8. *Augustini epi.*, 30. 8. *Fiacri conf.*, 18. 9. *Translacio sci.Gaucheri conf.*, 23. 9. *Paterni epi.*, 4. 10. *Dyonisii conf.*, 10. 10. *Pauli epi. Leon.*, 16. 10. *Michaelis in monte tumba*, 24. 10. *Maglorii epi.*, 29. 10. *Yvonis conf.*, 3. 11. *Gobriani epi.*, 13. 11. *Maclovii epi.*, 17. 11. *Macharii conf.*, 21. 11. *Columbani abbis.*, 30. 11. *Tugduali epi.*, 4. 12. *Deposicio sci. Benedicti*, 12. 12. *Corenteni epi.*, 18. 12. *Gaciani epi.*). 7r Zierseite. Gebet, vor den Psalmen zu sprechen. *I (mmense et misericors Deus)*. 7v leer. 8r–137v Psalter. 8r Zierseite mit Miniatur: König David, von drei noblen Männern begleitet, spielt kniend Harfe im Angesicht Gottes. Ps 1. *BEATUS VIR QUI NON (abiit in consilio)*. 27v Zierseite mit Miniatur: Zusammen mit zwei Begleitern steht König David in einer blühenden Landschaft und weist im Angesicht Gottes auf seine Augen. 28r Zierseite. Ps 26. *D (Ominus illuminacio mea)*. 41r Zierseite mit Miniatur: Der thronende König David weist auf seinen Mund, während drei Männer auf ihn einreden. 41v Zierseite. Ps 38. *D (Ixi custodiam vias meas)*. 53v Zierseite mit Miniatur: der Tor mit Keule und Brotlaib in einer blühenden Landschaft mit drei im Gespräch vertieften Männern sowie Gottvater im Himmelssegment. 54r Zierseite. Ps 52. D*(Ixit insipiens in corde suo)*. 65v Zierseite mit Miniatur: König David, bis zur Hüfte im Wasser stehend, betet zu Gott im Himmel. Ps 68. *S (alvum me fac Deus)*. 80r Zierseite mit Miniatur: König David mit Begleiter beim Glockenspiel, auf das Gottvater im Himmelssegment hinweist, sowie drei zuhörende Männer. Ps 80. *E (Xultate Deo adiutori nostro)*. 93v Zierseite mit Miniatur: Sechs psallierende Kleriker mit Gottvater im Himmelssegment. Ps 97. *C (Antate domino canticum novum)*. 108r Rubrik: *Versus V. mille sex centos sex canit ille. / Ter quinquagenos David canit ordine psalmos*. 108v Zierseite mit Miniatur: auf dem Regenbogen thronender und von Engeln gekrönter Gottvater mit dem Gekreuzigten und der Taube des Hl. Geistes (Gnadenstuhl). Ps 109. *D (Ixit dominus domino meo)*. 113v Zierseite. Ps 118. *B (eati inmaculati in via)*. 115r Zierseite. Ps 118, 33. *L (egem pone michi domine)*. 117v Zierseite. Ps 118, 81. *D (efecit in salutare tuum)*. 119v Zierseite. Ps 118, 129. *M (Irabilia testimonia tua)*. 122r Zierseite. Ps 119. *A (d dominum cum tribularer)*. 137v–150r Cantica. 137v Zierseite. Canticum Isaiae (Jes 12, 1–6). *C (onfitebor tibi domine)*. 138r Canticum Ezechiae (Jes 38, 10–20). *E (go dixi in dimidio dierum meorum)*. 139r Canticum Annae (1 Sam 2, 1–10). *E (xultavit cor meum in domino)*. 139v Canticum Moysi I (Ex 15, 1–19). *C (antemus domino gloriose)*. 141r Canticum Abacuc (Hab 3, 2–19). *D (omine audivi: auditum tuum)*. 142v Canticum Moysi II (Dtn 32, 1–43). *A (udite celi que loquor)*. 145v Hymnus ad Matutinis (Hymnus Ambrosii et Augustini). *T (e Deum laudamus)*. 146r Canticum Trium puerorum (Dan 3, 57–88). *B (enedicite omnia opera domini)*. 147r Canticum Zachariae ad matutinum (Lk 1, 68–79). *B (enedictus dominus Deus Israel)*. 147v Canticum Mariae (Lk 1, 46–55). *M (agnificat anima mea)*. 148r Canticum Simeonis ad completorium (Lk 2, 29–32). *N (unc dimittis servum tuum)*. 148r Fides catholica (Symbolum Athanasianum). *Q (uicumque vult salvus esse)*. 150r–155v Litanei (*Thoma, Edmunde, Edwarde, Tedda, Gaucheri, Cuthberte, W[u]lfstane, Swythune, Wilfride, Edmunde, Dunstane, Botulphe, Radegundis)* mit Orationen (u. a.: *pro papa, pro rege*).

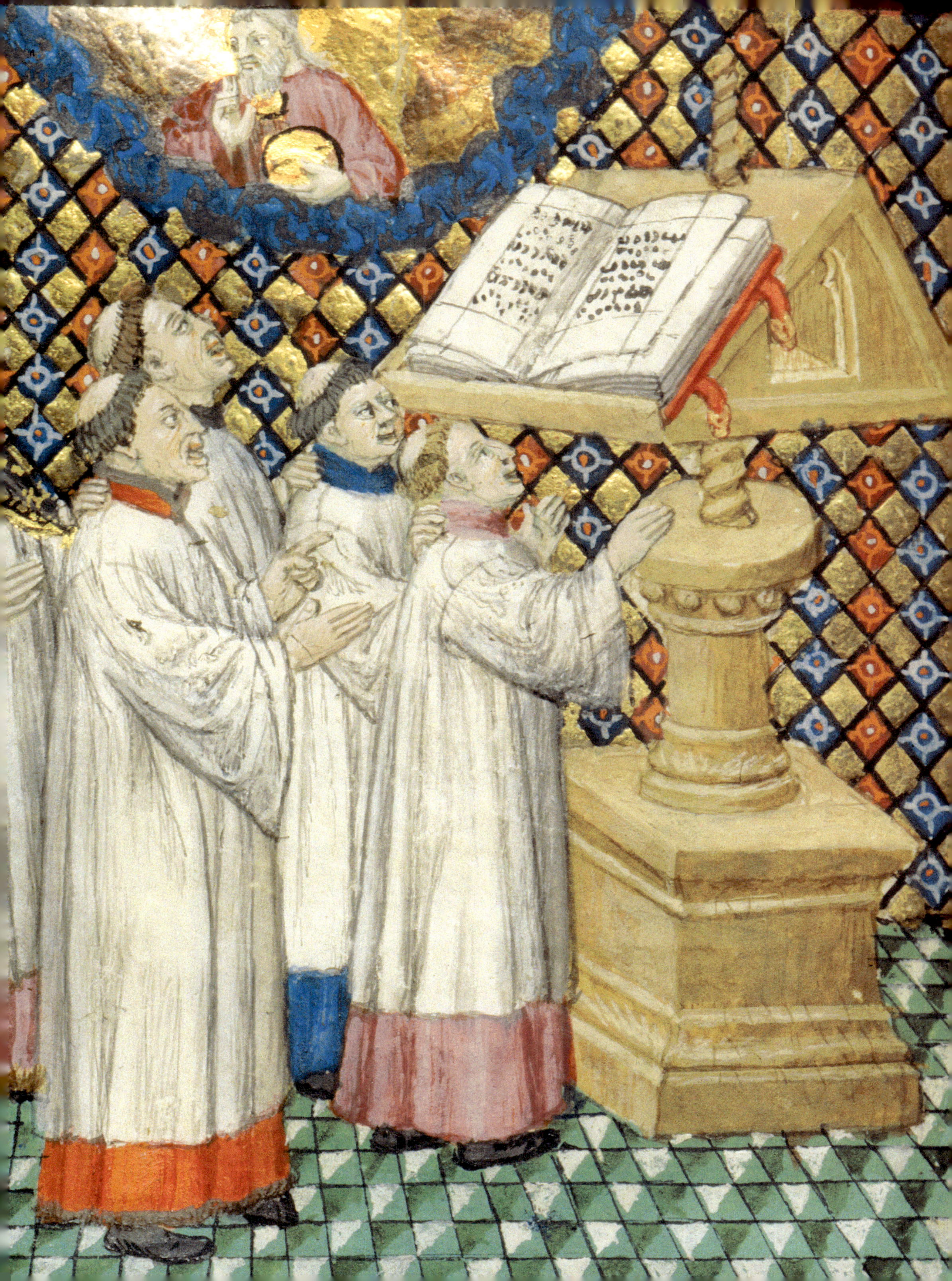

7 *Pariser Psalter*
um 1415–1420

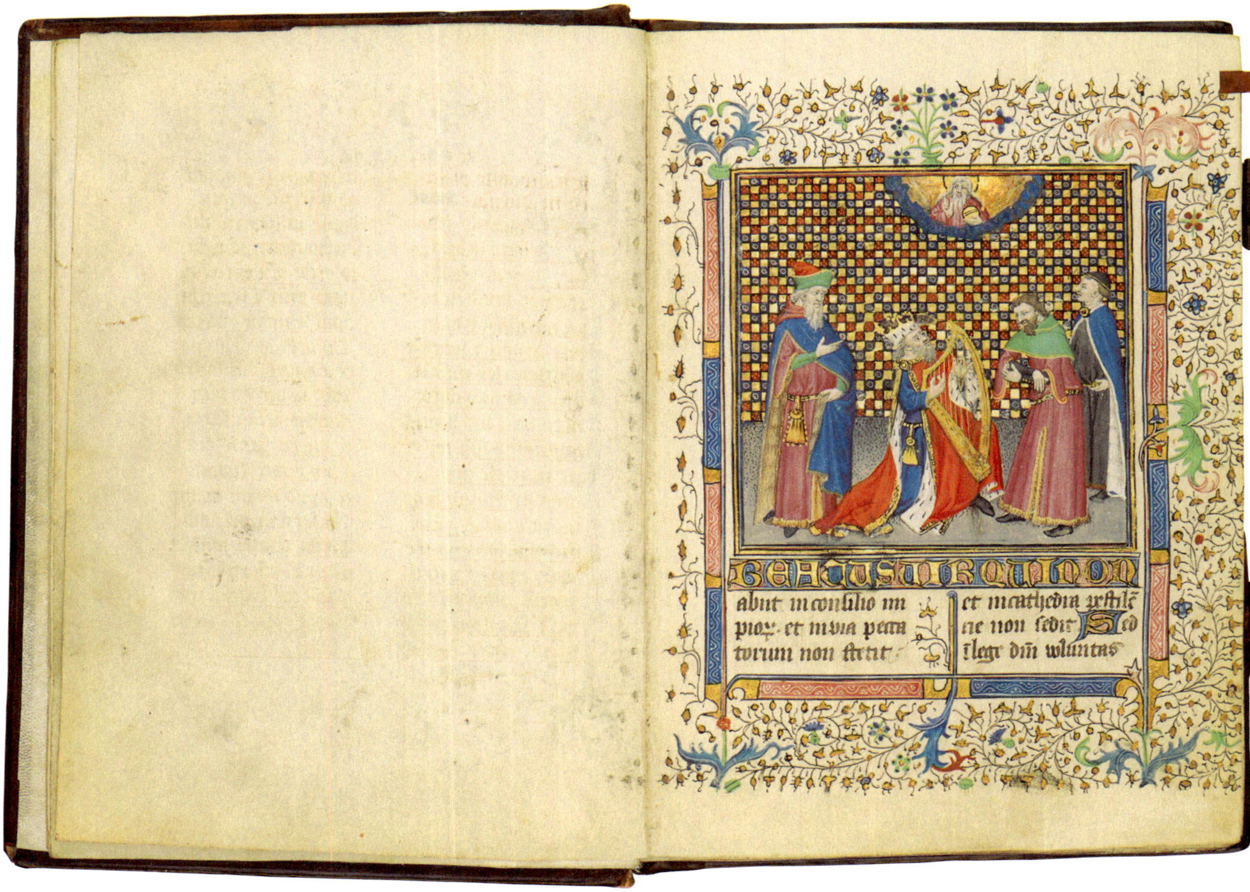

Psalmen in der Übersetzung von Romano Guardini

7v–8r Der Psalter beginnt mit einer Miniatur, die den greisen König David zeigt, wie er vor dem Angesicht Gottes Harfe spielt. Drei vornehm gekleidete Männer begleiten ihn. Darunter beginnt Psalm I: »Selig der Mann, der nicht dem Rate der Gottlosen folgt, der Sünder Weg nicht betritt, im Kreise der Spötter nicht sitzt; vielmehr Freude hat am Gesetz des Herrn, bei Tag und bei Nacht über seinem Gesetze sinnt.«

150r Zierseite. *K(yrieleison)*. 156r–157v leer. **Literatur** Kat. Sotheby's, London, 12.12.1927, Nr. 175 (aus dem Besitz von Sir Hubert M. Medlycott). – Kat. S. Fogg, Treasures from the Middle Ages, London, Herbst/Winter 1995, Abb. auf dem vorderen Umschlag und auf S. 10. **Zitierte Literatur** M. Meiss, French Painting in the Time of Jean de Berry. The Boucicaut Master, London 1968, S. 56ff., 80f., Abb. 433. – C. Reynolds, Master of the Harvard Hannibal, in: The Dictionary of Art 20, 1996, S. 689f. – O. Pächt / J. J. G. Alexander, Illuminated Manuscripts in the Bodleian Library Oxford, Oxford I: German, Dutch, Flemish, French and Spanish Schools, Oxford 1966, S. 52, Nr. 663, Taf. 52 – M. Meiss, French Painting in the Time of Jean de Berry. The Limbourgs and their Contemporaries, Text- und Tafelbd., New York 1974, S. 390ff. – L. M. C. Randall, Medieval and Renaissance Manuscripts in the Walters Art Gallery, Bd. 2: France, 1420–1540, Baltimore / London 1992, Teil I, Kat. Nr. 102 und 103, Teil 2, Taf. IX a/b, Abb. 192ff. – R. S. Wieck, Time Sanctified. The Book of Hours in Medieval Art and Life, Ausst. Kat. Walters Art Gallery Baltimore, New York 1988, Nr. 29 (Abb. 29, 88, 107), Taf. 18, 34. – L. M. J. Delaissé / J. Marrow / J. de Wit, The James A. de Rothschild Collection at Waddesdon Manor. Illuminated Manuscripts, London / Fribourg 1977, S. 65ff. – M. R. James / C. Jenkins, A Descriptive Catalogue of the Manuscripts in the Library of Lambeth Palace, Teil 5, Cambridge 1932, Nr. 326, S. 427ff. – C. Reisinger, Flandern in Ulm. Glasmalerei und Buchmalerei. Die Verglasung der Bessererkapelle am Ulmer Münster, Worms 1985, bes. S. 172ff. – U. Heinritz, Eine Überlegung zu Jacques Coene, in: Zeitschrift für Kunstgeschichte 56, 1993, S. 113ff. – Comte P. Durrieu, Le maître des Heures du Maréchal de Boucicaut, in: Revue de l'art ancien et modern 19, 1906, S. 401ff.; 20, 1906, S. 21ff. – Ders., Jacques Coene, in: Les arts anciens de Flandre 2, 1916, S. 5ff. – F. Avril, in: Ders. u. a., Marco Polo, Das Buch der Wunder, aus: »Le Livre des Merveilles du Mondes«, Ms. fr. 2810 der Bibliothèque Nationale de France, Paris, München 1999, S. 213. – J. Plummer (mit G. Clark), The Last Flowering. French Painting in Manuscripts 1420–1530 from American Collections, Ausst. Kat. Pierpont Morgan Library, New York 1982, Nr. 6f., vor allem S. 6; zum Meister der Münchner Legenda Aurea: Kat. Nr. 8–10.

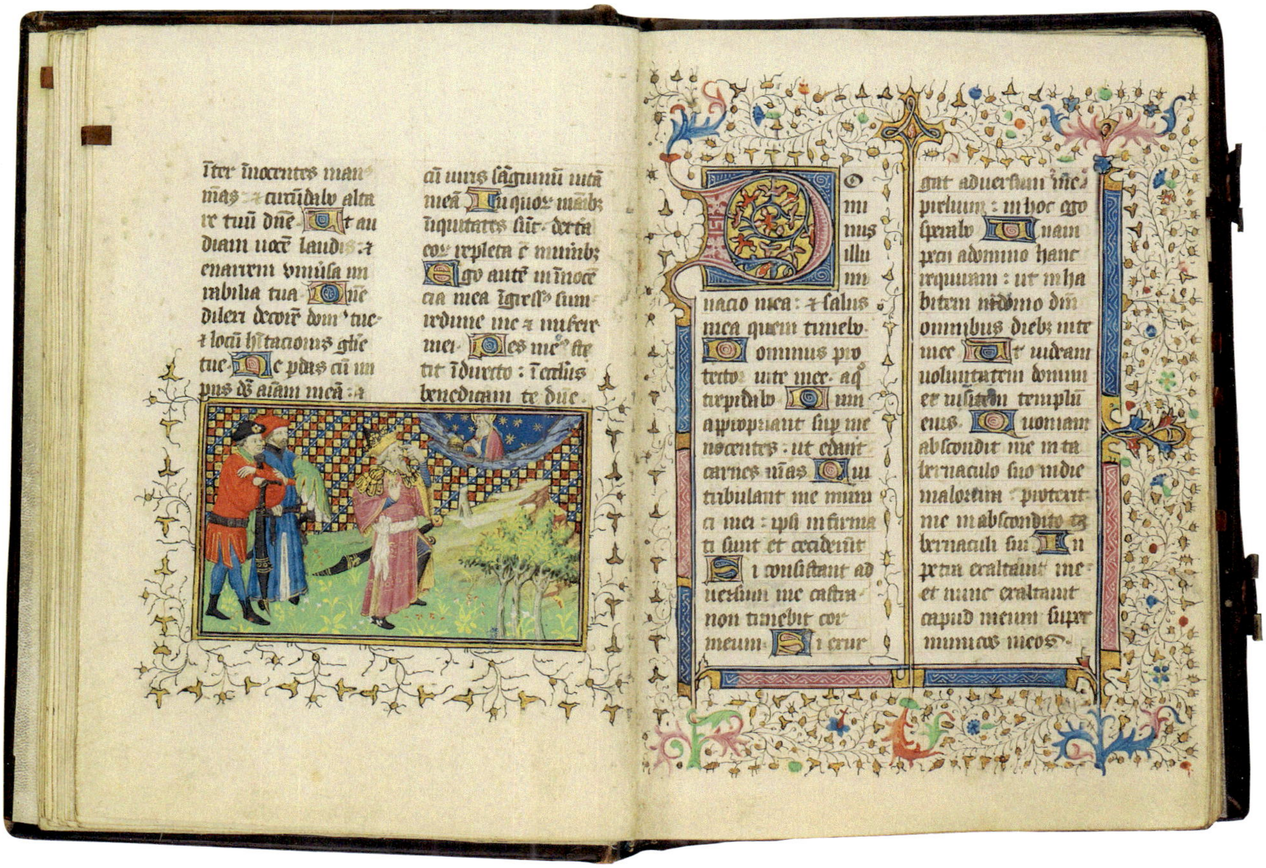

7 *Pariser Psalter*
um 1415–1420

27v–28r König David, von zwei noblen Männern begleitet, steht in einer blühenden Landschaft und weist im Angesicht Gottes auf seine Augen. Die Initiale der nebenstehenden Zierseite leitet Psalm 26 ein: »Der Herr ist mein Licht und mein Heil: wen sollt ich fürchten? Der Herr ist meines Lebens Zuflucht: vor wem sollte ich bangen?«

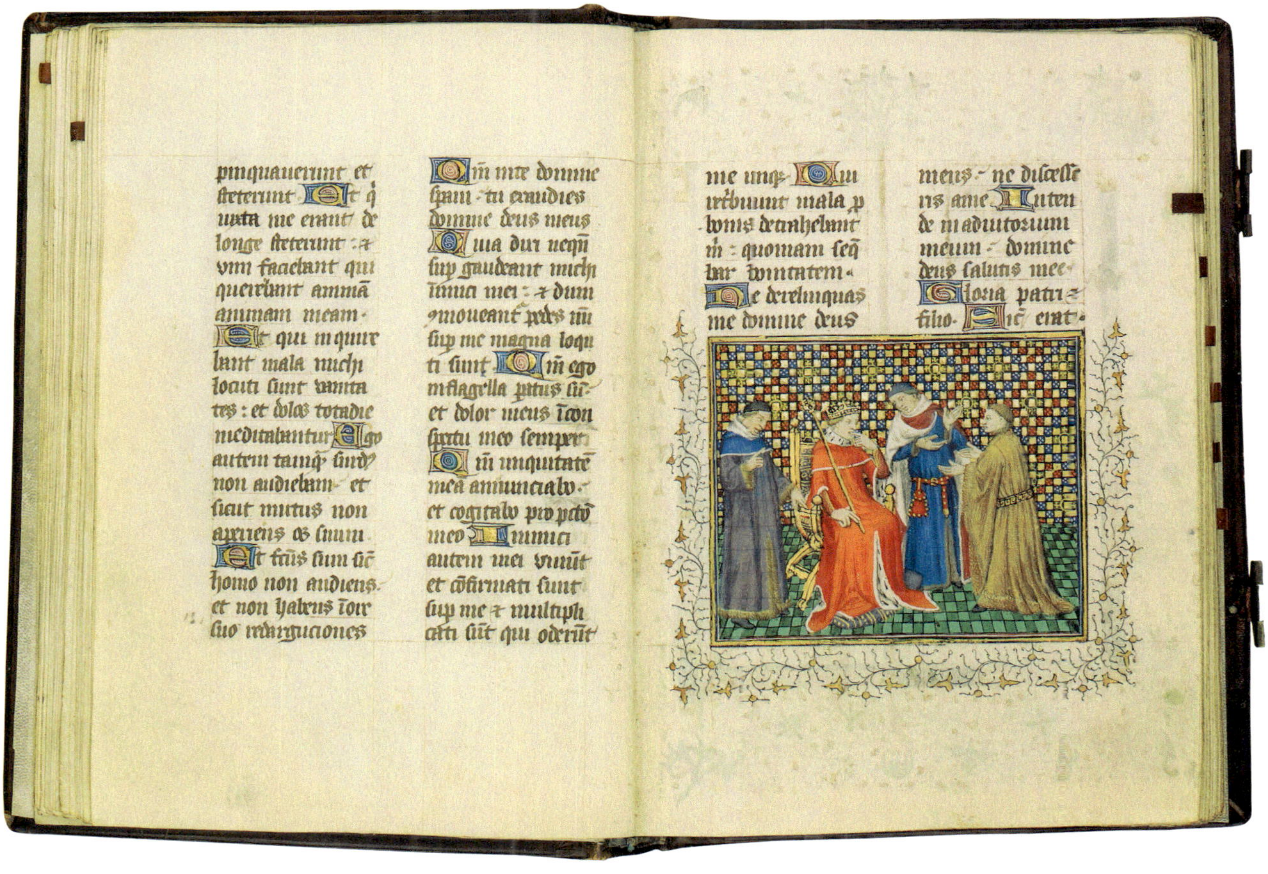

40v–41r Der thronende König David weist auf seinen Mund, während drei Männer auf ihn einreden. Auf der nächsten Seite beginnt Psalm 38: »Ich sprach zu mir selbst: ›Meinen Weg will ich hüten, dass mir die Zunge nicht schuldig werde; einen Zaum will ich legen an meinen Mund, solang der Gottlose vor mir steht.‹«

7 Pariser Psalter
um 1415–1420

53v–54r In blühender Landschaft steht der Tor mit Keule und Brotlaib drei im Gespräch vertieften Männern gegenüber. Über ihnen erscheint Gottvater in einem Himmelssegment. Mit der großen Initiale beginnt Psalm 52: »In seinem Herzen spricht der Tor: ›Es ist kein Gott!‹ Verdorben sind sie, Verworfenes tun sie, nicht einer ist, der das Gute tut. Gott blickt vom Himmel herab auf die Menschenkinder, auf dass er sehe, ob keiner klug sei und suche den Herrn.‹«

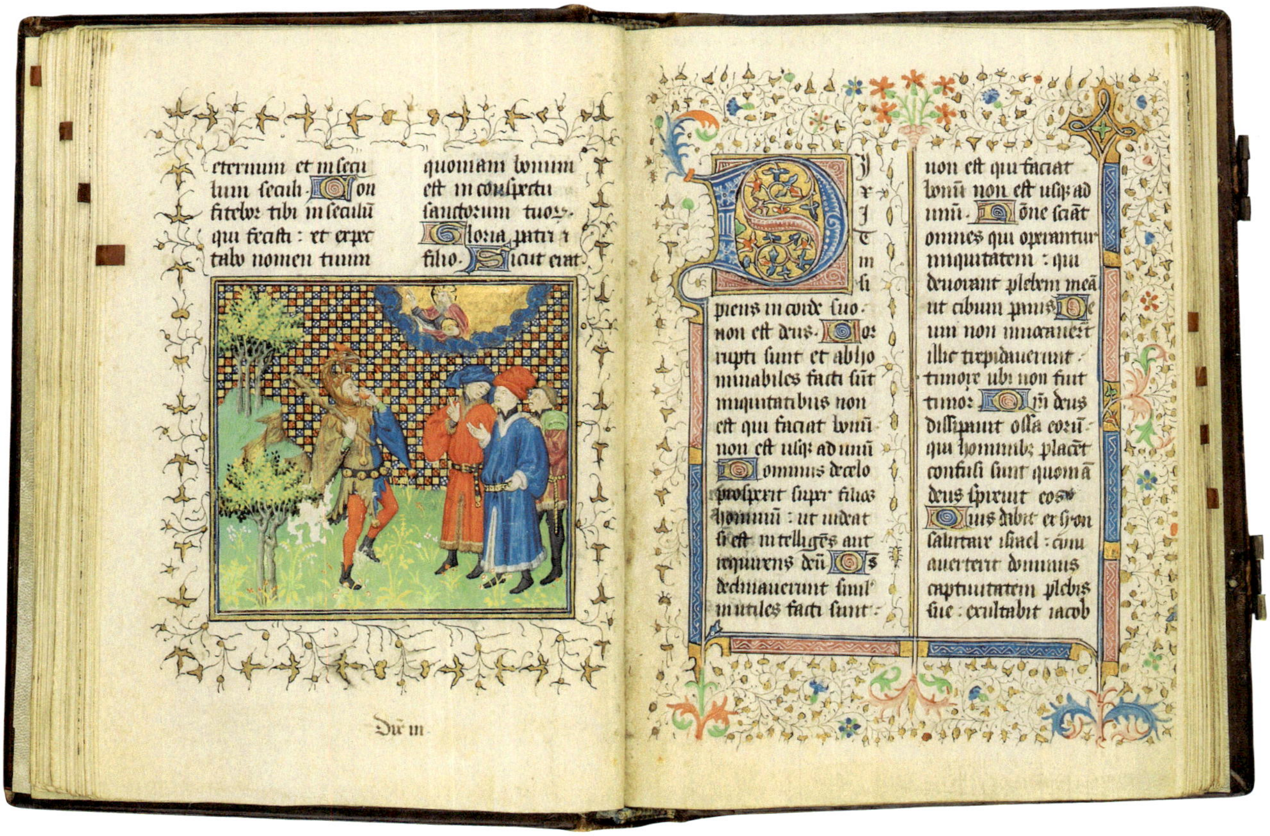

65v–66r Die Miniatur mit dem bis zur Hüfte im Wasser stehenden, zu Gott betenden König David steht vor Psalm 68: »Hilf mir, o Gott, denn die Wasser sind mir bis an den Hals gestiegen! Versunken bin ich in tiefem Morast; nirgends ist eine Stelle, den Fuß zu setzen. In grundlose Wasser bin ich geraten, die Fluten gehen über mich hin.«

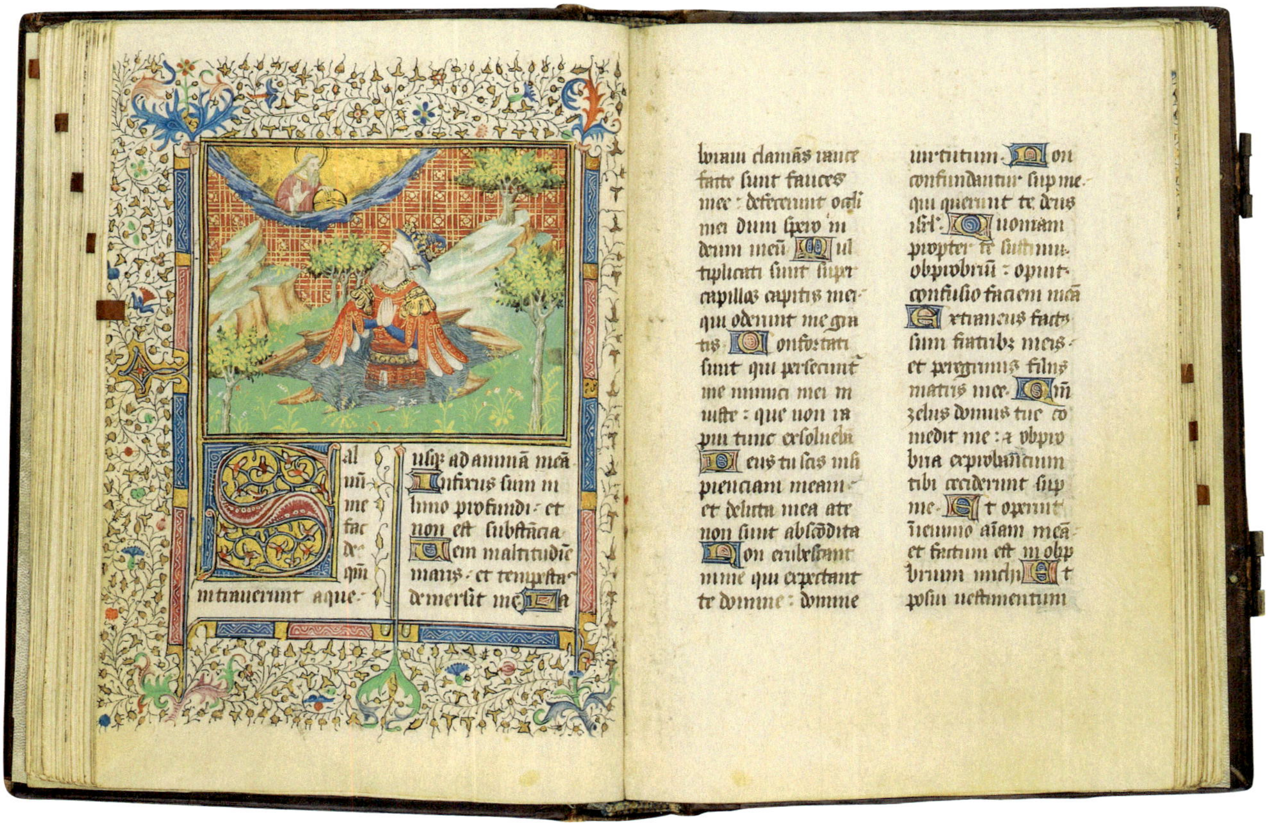

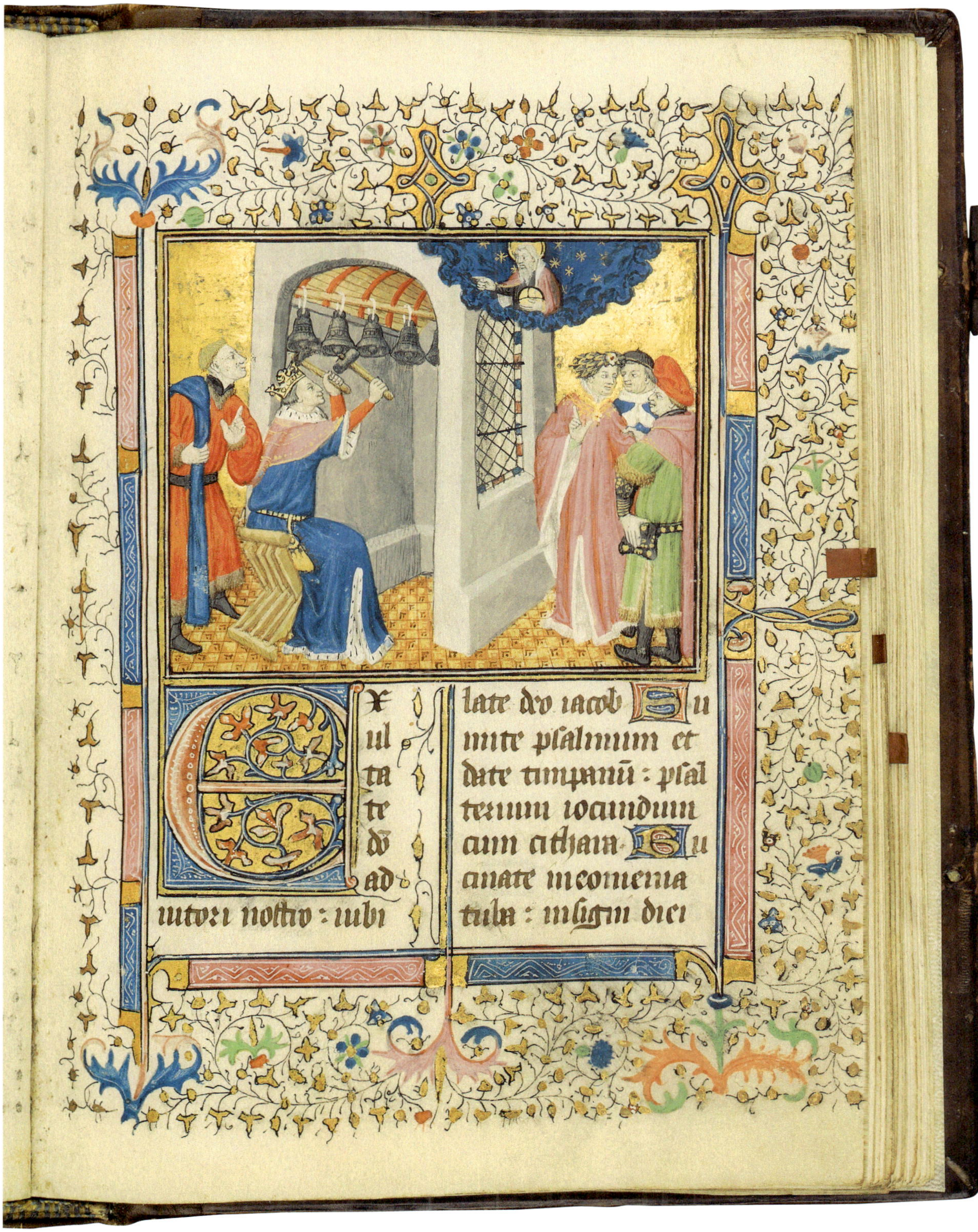

7 *Pariser Psalter*
um 1415–1420

80r König David mit Begleiter beim Glockenspiel, auf das Gottvater im Himmelssegment hinweist. Drei Männer sind ins Gespräch vertieft. Darunter beginnt Psalm 80: »Jubelt Gott, unserm Helfer! Erhebet den Ruf zu Jakobs Gott! Lasset das Saitenspiel tönen und schlagt die Pauke, die lieblich klingende Zither mitsamt der Harfe. Stoßet ins Horn zur Feier am Neumondstag.«

7 *Pariser Psalter*
um 1415–1420

93v–94r Eine Miniatur mit sechs psallierenden Klerikern und Gottvater im Himmelssegment steht am Beginn des Psalms 97: »Singet dem Herrn ein neues Lied, Wundertaten hat er vollbracht. Seine Rechte hat ihm den Sieg errungen, seines heiligen Armes Kraft. Der Herr hat sein Heil offenbar gemacht, vor den Augen der Heiden seine Gerechtigkeit kundgetan.«

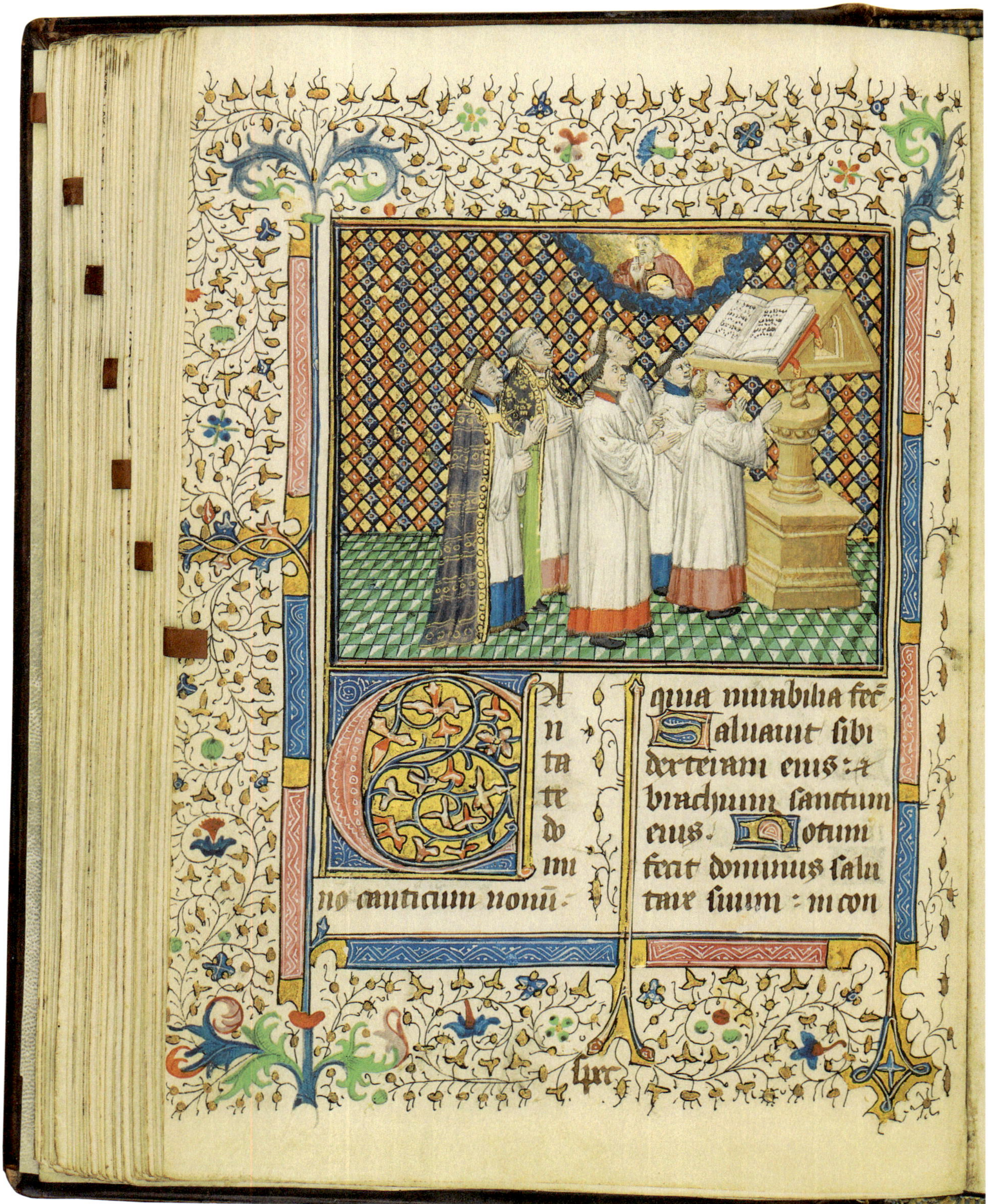

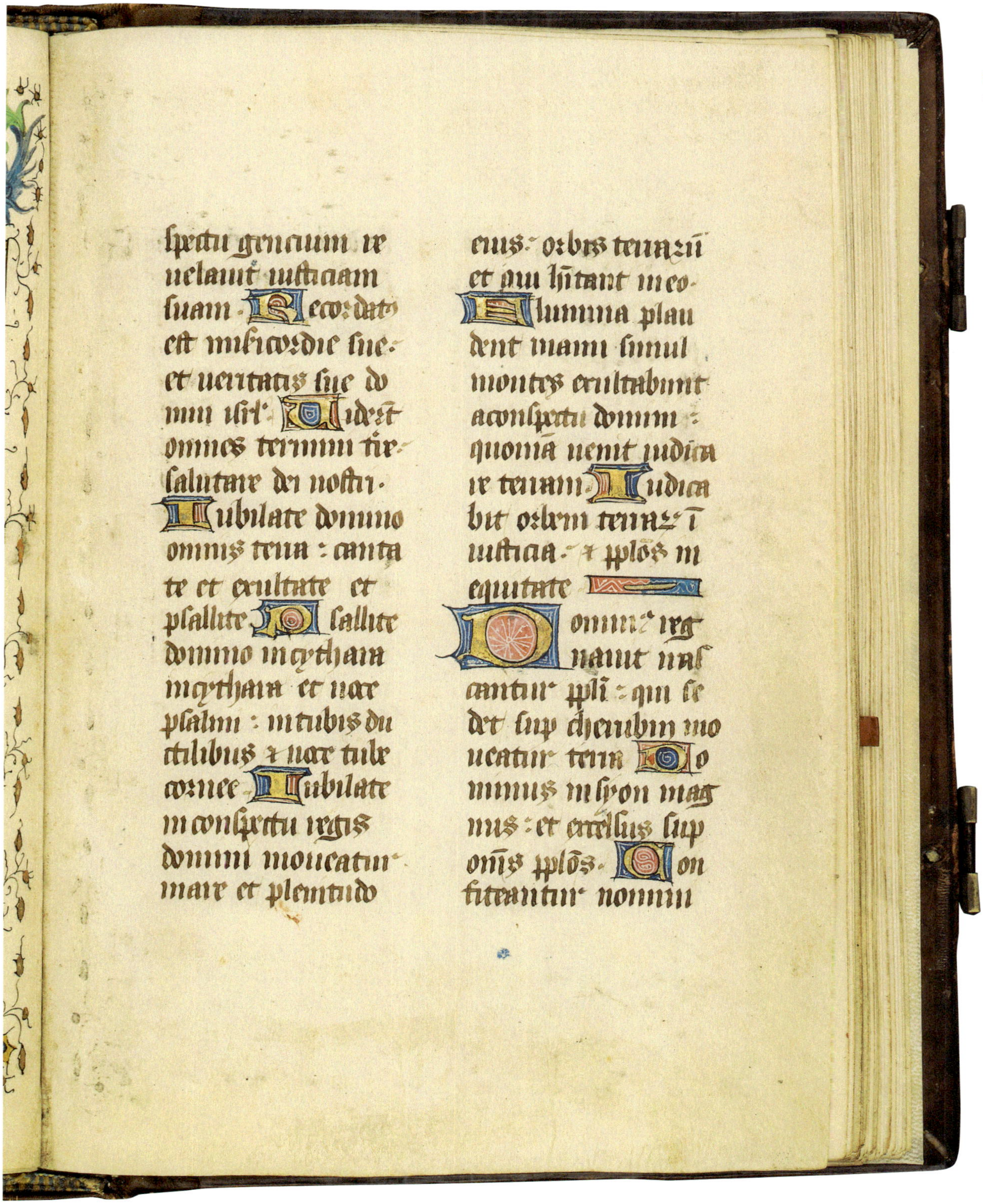

7 *Pariser Psalter*
um 1415–1420

7 *Pariser Psalter*
um 1415–1420

108v–109r Trinität. Der von Engeln gekrönte Gottvater thront über sternbesäten Wolken auf dem Regenbogen. Die Taube des Hl. Geistes schwebt zwischen ihm und dem Gekreuzigten, aus dessen Wunden Blut strömt. Dann beginnt Psalm 109: »So hat der Herr gesprochen zu meinem Herrn: ›Setze dich nieder zu meiner Rechten, bis ich dir deine Feinde als Schemel unter die Füße lege.‹ Weit reckt dir der Herr das Zepter der Macht vom Sion hinaus!«

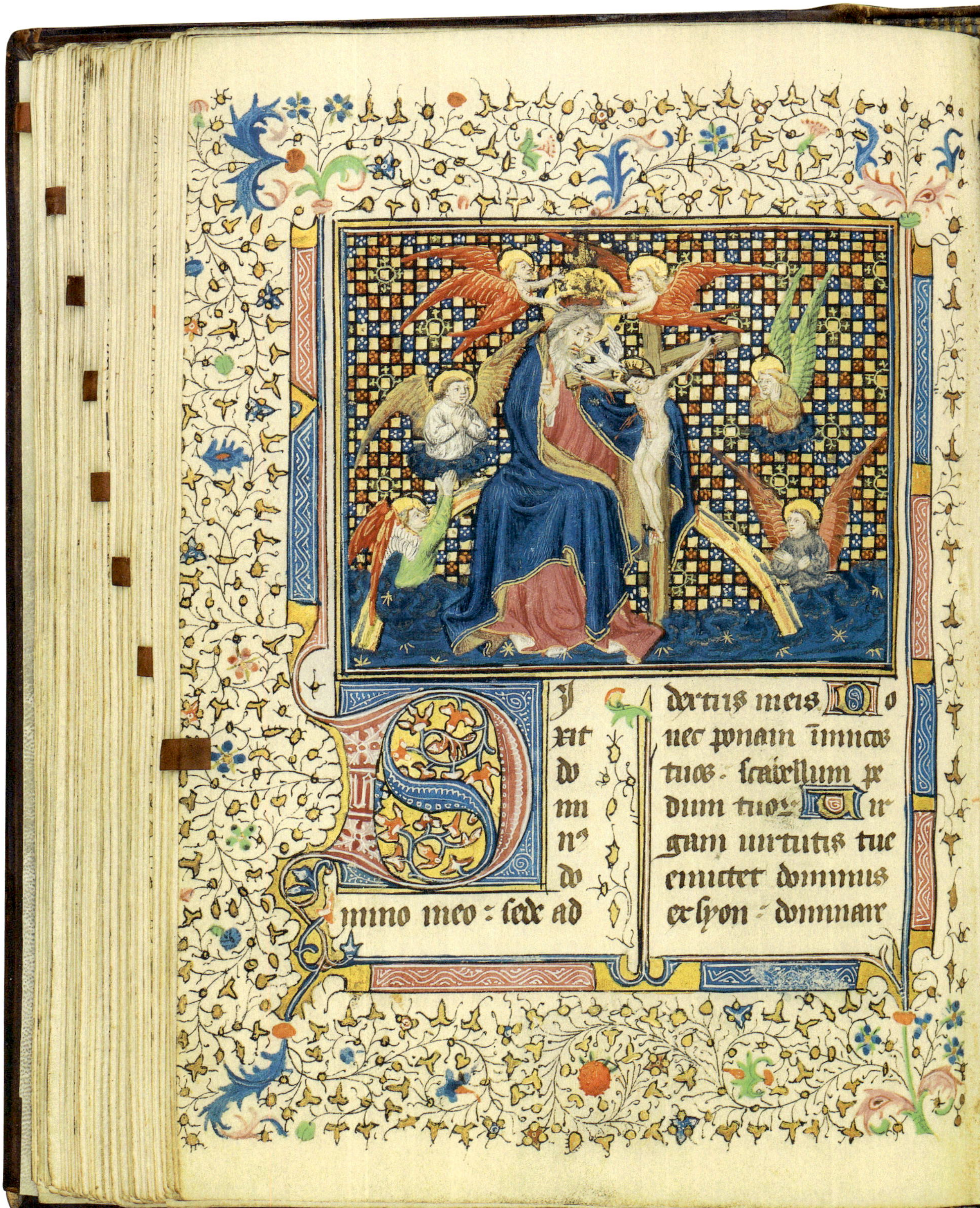

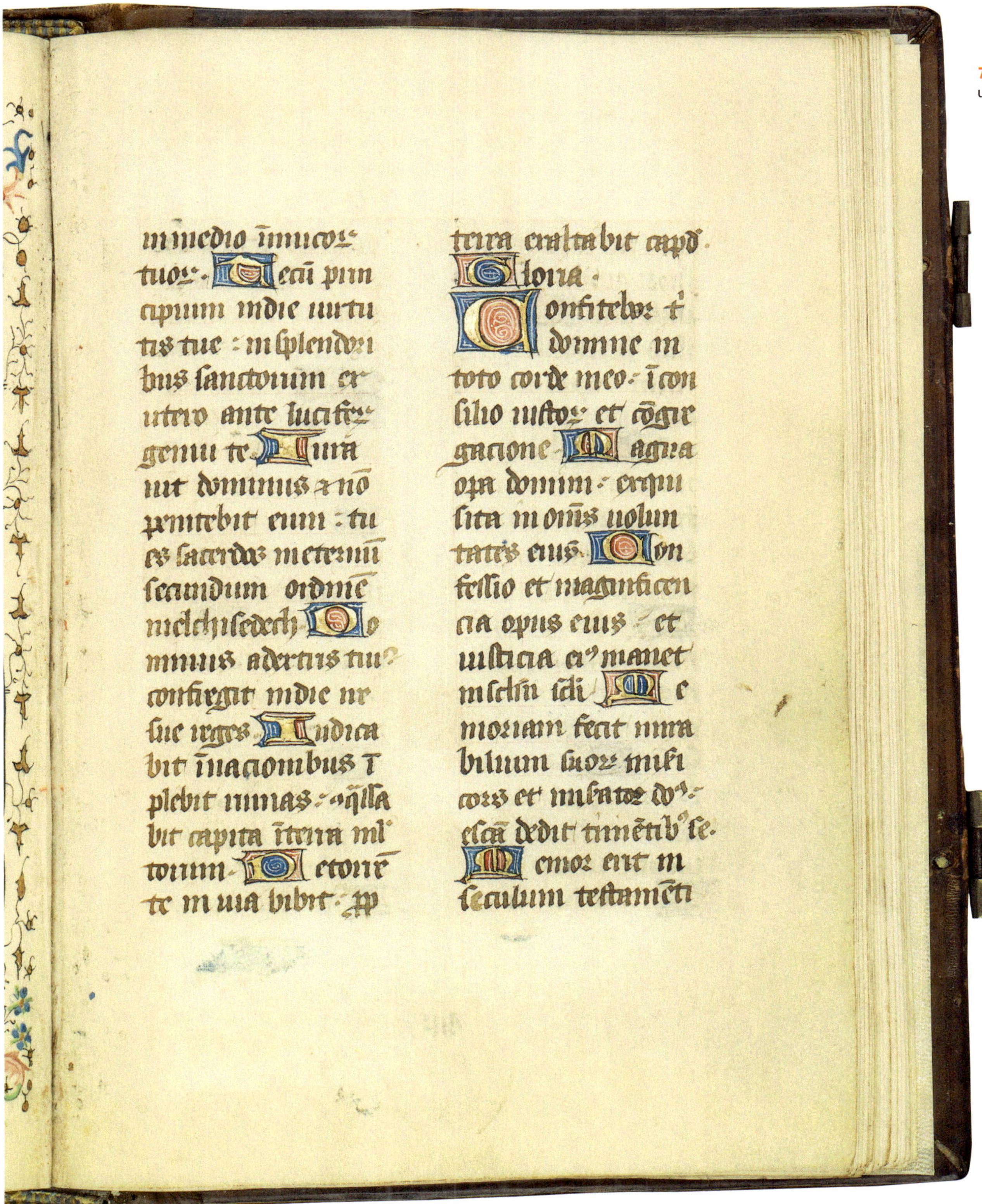
in medio inimicorum
tuorum. Tecum prin
cipium in die virtu
tis tue: in splendori
bus sanctorum ex
utero ante luciferum
genui te. Iura
vit dominus et non
penitebit eum: tu
es sacerdos in eternum
secundum ordinem
melchisedech. Do
minus a dextris tuis
confregit in die ire
sue reges. Iudica
bit in nacionibus im
plebit ruinas: conquassa
bit capita in terra mul
torum. De torren
te in via bibit: pro
terea exaltabit caput.
Gloria.
Confitebor tibi
domine in
toto corde meo: in con
silio iustorum et congre
gacione. Magna
opera domini: exqui
sita in omnes volun
tates eius. Con
fessio et magnificen
cia opus eius: et
iusticia eius manet
in seculum seculi. Me
moriam fecit mira
bilium suorum miseri
cors et miserator dominus:
escam dedit timentibus se.
Memor erit in
seculum testamenti

7 *Pariser Psalter*
um 1415–1420

8

Laval-Stundenbuch
Lateinisches Stundenbuch
nach dem Brauch von Rom
aus dem Besitz des Guy de Laval
Meister des Guy de Laval (Guise-Meister)
Meister der Jeanne de Raguenel
Westfrankreich, um 1420

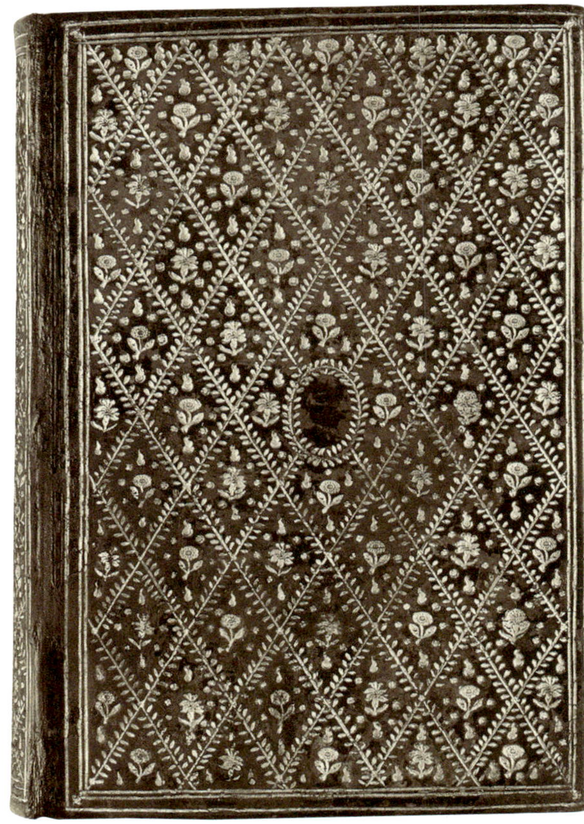

Dieses Stundenbuch weist in der Text- und Bildgestaltung eine Reihe von Besonderheiten auf. Zunächst verwundert der spärlich besetzte Kalender, im April (4r) ist z. B. die erste Hälfte völlig ohne Eintragungen geblieben. Die wenigen im Kalender verzeichneten Heiligen sind offenbar mit Bedacht gewählt worden; diejenigen, denen auch in den Suffragien besondere Verehrung gezollt wird, finden sich im Kalender wieder. Die Nennung von lokal verehrten Heiligen macht es bereits möglich, eine recht konkrete Bestimmung des Ortes vorzunehmen, an dem die Handschrift benutzt wurde: die Erwähnung des hl. Ivo am 19. 5. und die des hl. Tugdual am 1. 12. als Festtag. Der Rechtsgelehrte Ivo ist zwar in ganz Europa verehrt worden – er starb 1303, wurde 1347 kanonisiert und ist somit unter allen genannten Heiligen der jüngste; er stammt jedoch aus dem bretonischen Tréguier. Um den Kult des heiligen Tugdual hat sich die Familie Laval besonders bemüht; seine Gebeine wurden in Laval selbst, der Kopf aber in Chartres aufbewahrt. Dass das Stundenbuch tatsächlich zumindest für einen Angehörigen dieser Familie geschaffen worden ist, zeigt Tugduals Erwähnung in Kalender und Suffragien. Dazu passende dialektale Färbung schlägt sich in der Orthographie nieder (*latyephane*, *dimenche*).

Die auf Folio 13 anschließenden Abschnitte aus den Evangelien, die Perikopen, werden in ungewöhnlicher Reihenfolge wiedergegeben. Anstelle der üblicherweise zuerst stehenden Passage aus Johannes wird der Verkündigungsbericht aus Lukas an den Beginn gesetzt (13r), danach folgen die Partien aus Johannes (13v), Matthäus (14v) und – ohne das Markusevangelium zu berücksichtigen – die Passion wiederum nach Johannes (15v). In dieser Reihenfolge wird der Passus aus Johannes Kap. 1 also als Geburtsbericht verstanden, beschreibt er doch die Fleischwerdung Christi aus dem Wort, das am Anfang war. Nach dem Marienoffizium, dem in französischen Handschriften wenig gebräuchlichen Adventsoffizium und dem ebenso seltenen Offizium zu Weihnachten, die alle drei durch ihre Bebilderung besonderes Augenmerk verdienen, stehen zunächst die stets in französischen Stundenbüchern auftretenden Horen des Hl. Kreuzes und des Hl. Geistes; ihnen folgen – auch das ist im kanonischen Aufbau eines Stundenbuchs ungewöhnlich – die Suffragien mit reichem Miniaturenschmuck. Nach dem zweiten Hauptttext, den Bußpsalmen, fallen in der Litanei die frei gelassenen Zeilen auf, als sollte der Besteller der Handschrift noch selbst wichtige Heilige hinzufügen können. Gebete sowie eine gereimte Vita der hl. Margarete (vgl.

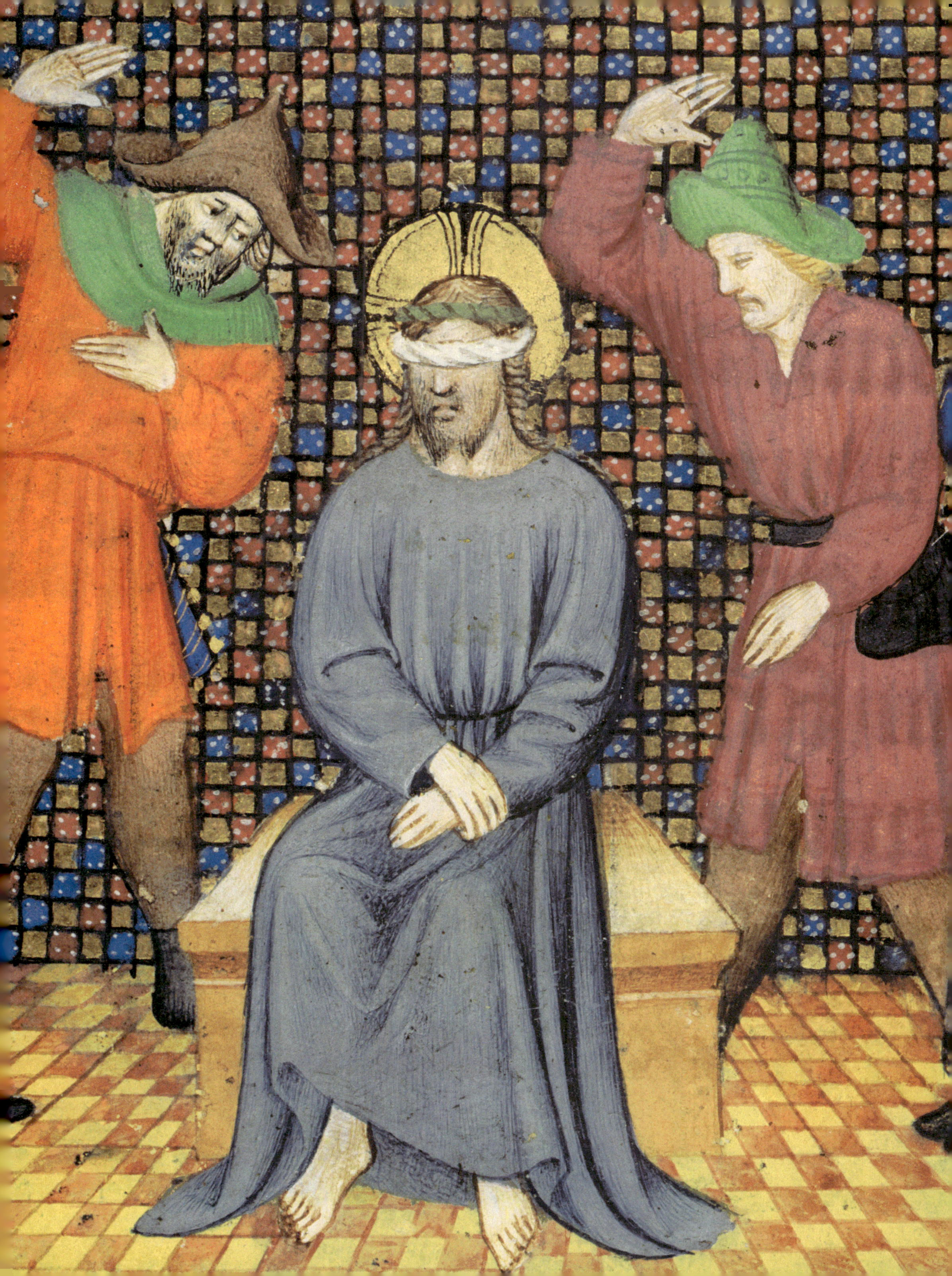

8 *Laval-Stundenbuch* Westfrankreich, um 1420

Kat. Nr. 9), geben dem Kodex eine persönliche Note. Zudem hat eine nicht gerade ungeübte, aber in der Dekoration unerfahrene Hand ein Zitat aus Hiob wie auch die Signatur »Guy de Lavalle« hinterlassen. Es handelt sich um Guy XIV. Laval, Vater der Jeanne de Laval, die als zweite Frau des Königs René auch für Kunst, Literatur und insbesondere Buchmalerei von Bedeutung werden sollte. In zweiter Ehe war Guy mit Françoise de Dinan verheiratet, die ein herrliches Stundenbuch (Rennes, Bibliothèque Municipale, ms. 34) besaß.

Dennoch bleiben die textlichen Besonderheiten neben dem ungewöhnlichen Bilderschmuck im Hintergrund. Ein Vollbild mit der Verkündigung an Maria (19 r) leitet wie ein Frontispiz das Marienoffizium ein, danach folgt nicht wie üblich der Zyklus mit Kindheit Christi und abschließender Marienkrönung, sondern eine Bilderserie zur Passion Christi. Eine solche Einrichtung ist zur Entstehungszeit des Buches um 1420 noch äußerst selten. Durch die beiden Vollbilder, die die Offizien zum Advent und zu Weihnachten begleiten, erhalten diese in französischen Horarien seltenen Texte eine Wichtigkeit, die sie in vergleichbaren Stundenbüchern nicht haben. Sparsamkeit wird den Besteller wohl nicht dazu bewogen haben, zu den Suffragien jeweils zwei Heilige in einer Miniatur darstellen zu lassen. Mit dem Stundenbuch des Guy de Laval hat man ein Luxusmanuskript vor sich.

Ein Blick auf die Verkündigung (19 r) macht den eigenwilligen Charakter des Manuskripts deutlich. Die Tatsache, dass das Bild auf ein textloses Einzelblatt gemalt worden ist, könnte eine nachträgliche Änderung in der Konzeption des Buches verraten, zumal die beiden anderen Vollbilder im Lagenverbund verankert sind. Im völligen Verzicht auf Architektur begegnen sich Maria und der Erzengel. Beide sind nah an den Bildrand herangerückt und dadurch, dass auf ausschmückende Details verzichtet worden ist, in beeindruckender Größe wiedergegeben. Maria kniet vor ihrem mit einem orangefarbenen Tuch bedeckten Betpult, das wie ein Altar mit Vorhängen an einer Stange abgeschieden ist. Das Gebetbuch ist aufgeschlagen, und wie in einem Spiegel findet der Beter die Gottesmutter bei dem vor, was er selbst sich anschickt zu tun; sie hat den Anfang des Marienoffiziums aufgeschlagen: *domine labia mea aperies et* [...]. Der Engel grüßt sie, und auch auf seinem Spruchband sind die Worte des Englischen Grußes gut zu erkennen: *Ave gratia plena dominus tecum benedicta tu* [...]). Gottvater erscheint in einer Aussparung des karierten Mustergrunds in einem Himmelssegment und sendet goldene Strahlen segnend zu Maria; die Taube des Heiligen Geistes schwebt herab, um das Wunder der Fleischwerdung zu vollenden. Prächtige Farben bestimmen die Miniatur; tiefes Blau, Zinnober und das Grün der Engelsflügel reichen aus, um einen kostbaren Eindruck zu vermitteln. Vor den leuchtenden Scheiben der goldenen Nimben machen sich die Häupter mit ihren blonden Haaren gleichsam ätherisch zart aus; dazu verhelfen auch die durch nur wenige Striche angedeuteten Gesichtspartien. Dieses klare Ensemble ist von einer üppigen Akanthusbordüre umgeben, die die Farbigkeit der Miniatur aufgreift und zusätzlichen Glanz verschafft.

Bei dem Maler, der diese Miniatur geschaffen hat und dem auch das Gros der restlichen Illuminierung einschließlich der Bildbordüren zu verdanken ist, handelt es sich um den einzigen Mitarbeiter des Boucicaut-Meisters, der es zu einer selbstständigen Existenz bei den Erforschern der Pariser Buchmalerei gebracht hat. Es handelt sich um den sogenannten Guise-Meister; ihn hat Millard Meiss nach einem in Chantilly (Musée Condé, Ms. 64) aufbewahrten Stundenbuch benannt, das später dem Haus Guise gehört hat (Meiss 1968 und 1974). Doch erweist sich diese Bezeichnung aus zwei Gründen als wenig glücklich: Dort hat der Boucicaut-Meister das Hauptbild, die Verkündigung, geschaffen und müsste deshalb als Meister der Handschrift gelten; zudem ist die prominenteste, da häufig abgebildete Miniatur des Kodex in Chantilly die Kreuzigung, die aber von der Hand des Egerton-Meisters stammt.

Da der vorliegende Kodex tatsächlich von dem in Rede stehenden Buchmaler in eigener Verantwortung illuminiert worden ist, scheint es trotz der Unbequemlichkeiten, die eine Umbenennung mit sich bringt, sinnvoller, den Meister nach dem Stundenbuch des Guy XIV. Laval zu bezeichnen. Die charakteristischen Eigenheiten des nun Meister des Guy de Laval zu nennenden Buchmalers lassen sich am deutlichsten in der Grablegung (67 r) ausmachen: Die Komposition aus bildparallel aufgestelltem Sarkophag und darum gruppierten Trauernden ist klar strukturiert; die Absenkung des toten Heilands wird zur Hauptsache der Miniatur und mit deutlichen Gesten leicht erkennbar gemacht. Ohne übertriebenen Ausdruckswillen zeigen die Trauernden, die hinter dem steinernen Sarkophag aufgestellt sind, ihre betrübte Andacht. Vielleicht mangelt es den Figuren ein wenig an Beweglichkeit, doch stehen die kompakten Körper dafür mit sicherer Statik auf dem Boden. Besonders einprägsam unter den Gesichtern ist das des rotblonden bärtigen Mannes im Dreiviertelprofil, dessen üppiger Bartwuchs seine Halspartie kraftvoll erscheinen lässt. Da aber die

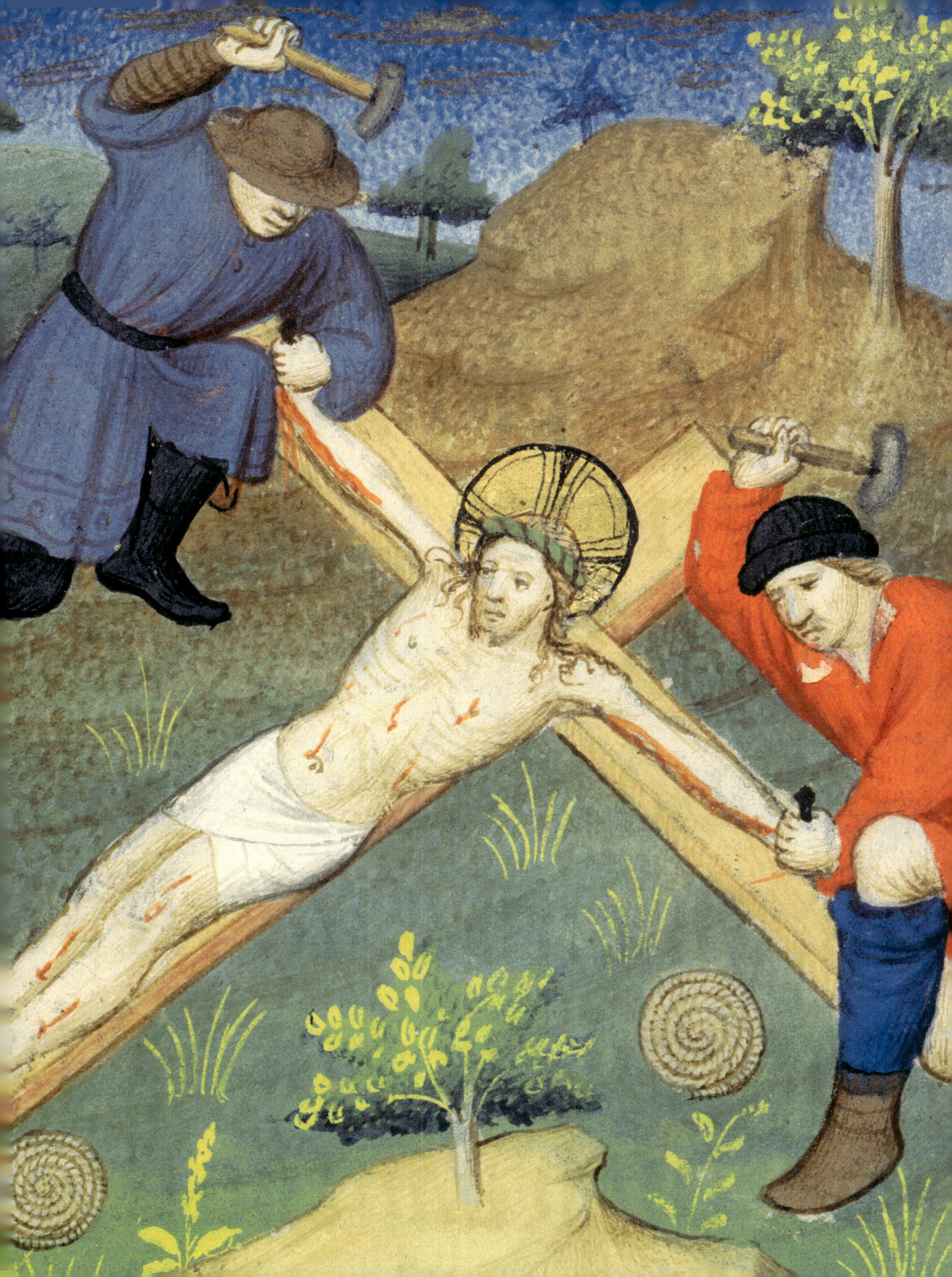

8 *Laval-Stundenbuch*
Westfrankreich, um 1420

Wangenknochen betont werden, entsteht eine imposante Erscheinung. Besitzen solche Männer im besten Alter ein dunkles Inkarnat, sind die Frauen stets bleich und mit großflächigen Gesichtspartien versehen, in die die Konturen von Augen, Mund und Nase nur zart mit Braun eingetragen werden.

Landschaft gehört nicht zu den großen Vorlieben des Meisters des Guy de Laval, wie es auch die Grablegung zeigt. Vorne sind als Repoussoire drei Bäumchen gesetzt; sie erlauben, die glatte Wand des Sarkophags aufzulockern. Die eigentliche Hauptfläche des Bildfeldes wird von den Figuren in ganzer Breite eingenommen; aufsteigende Hügel dienen weniger dazu, ein Landschaftspanorama zu entwickeln als vielmehr die Figurengruppe zu festigen und einzurahmen.

Zeigt auch der Meister des Guy de Laval deutlich seine Herkunft aus der Pariser Werkstatt des Boucicaut-Malers, so erweist sich die Aufteilung des Schriftspiegels als nicht unbedingt typisch für die Gepflogenheiten in der Hauptstadt. Riesige Dornblattinitialen eröffnen die Textanfänge zum Marienoffizium, zu den Bußpsalmen und dem Totenoffizium, die im Fall der Grablegung zur Komplet des Marienoffiziums die ganze Höhe der acht unter der Miniatur verbleibenden Zeilen einnimmt. Auch die recht expressiv ausfallende kantige Textura wird man so nicht in zeitgleichen Pariser Produktionen finden. Ein weiteres Indiz für die Entstehung der Handschrift außerhalb der Metropole liefern die Dialektfärbungen im Text (*leczon*, *hores*).

Den Schlüssel für die Lokalisierung der Buchmalereien bietet die letzte Miniatur zur Margaretenvita (172r). Die zuweilen in isolierten Handschriften überlieferte Vita der heiligen Margarete scheint ohnehin einem Zusatzwunsch zu entsprechen, doch ist sie, da voll in den Lagenverbund integriert, nicht als spätere Zutat zu werten. Schon im oberen Abschluss unterscheidet sich die Miniatur von den Malereien des Meisters des Guy de Laval, und auch die Randdekoration erhält ein anderes Gepräge. Margarete wurde der Legende zufolge im Kerker vom Teufel verschlungen, drang aber durch inständiges Gebet durch den Rücken des Untiers wieder heraus. Vom Kerker ist nichts gezeigt; der Drache steht auf Wiesengrund. Der Tradition gemäß hängt noch ein Zipfel des rosafarbenen Gewandes aus dem Maul des Drachens, über dessen grünem Flügel die Halbfigur Margaretes erscheint. Sie senkt betend das Antlitz, während über ihr Gottvater in einem Strahlenkranz erscheint und die Taube des Hl. Geistes zu ihr herabschickt. Für Gott ist ein Auszug geschaffen, wie er sonst nirgendwo in diesem Buch zu sehen ist: Dreifach getreppt beschreibt der Bildrand oben zur Mitte hin gestaffelte Kurven, die in einer Spitze enden.

Die Miniatur stammt vom Meister der Jeanne Raguenel, dessen Hauptwerk vor 1417 in Rennes entstanden ist und dem Gebrauch dieser Diözese folgt (Cambridge, Fitzwilliam Museum, Founders 60; Wormald / Giles; König 1982). Eine andere bretonische Auftraggeberin, Anne de Mathefelon, besaß ein zweites Werk des Künstlers, das sich heute im Stadtmuseum von Bourges befindet. Er zumindest wirkte in der Bretagne.

Da die Schrift und das Layout der Pariser Buchkunst fremd sind, müsste das Buch in Kriegszeiten für die Ausmalung nach Paris geschickt worden sein, um danach noch eine bretonische Miniatur zu erhalten. Da wird man besser annehmen, dass der große hauptstädtische Maler ähnlich wie die Meister, die wir nach Marguerite d'Orléans und John Fastolf nennen, Paris verlassen hat, um in Laval selbst seine umfangreichste und beste Arbeit zu schaffen. (Gabriele Bartz)

Pergament 199 Blätter (zwei alte Vorsatz- und drei alte Nachsatzblätter; Zählung beginnt auf Blatt 2); 208 x 145 mm; Lagen (z. T. mit Wortreklamanten): 1^{2+1}, 2^{8+2}, $3^{6+1(?)}$, 4^{8}, 5^{10}, $6–7^{8}$, 8^{6}, 9^{10}, $10–20^{8}$, 21^{6}, $22–25^{8}$, 26^{2+1}; Schriftspiegel: 116 x 75 mm; einspaltig; 18 bzw. 16 (Kalendar) Zeilen; kaum erkennbare Liniierung. **Ausstattung** Lateinischer und französischer Text in schwarzer Textura, rubriziert; Versalien nicht mit Farbe hervorgehoben; einzeilige Initialen in Gold auf blauem und mauvefarbenem Grund mit weißem Filigran; Zeilenendungen der gleichen Art; zwei- bis vierzeilige Dornblattinitialen auf Goldgrund; in mauvefarbenem Feld sechs- bis achtzeilige blaue Initialen, gefüllt mit Dornblattranken auf Goldgrund; alle einfachen Textseiten mit senkrechten Dornblattstreifen zu beiden Seiten; einige Textanfänge mit Doppelstab und dreiseitiger Rankenklammer links; 31 Miniaturen in Gold und Deckfarben, gerahmt entweder von einer dreiseitigen Dornblattzierleiste mit ausstrahlendem Akanthus und umgeben von einer Dornblattbordüre mit eingestreuten Blumen, Blättern, Erdbeeren und Akanthusmotiven oder gerahmt von Akanthusbordüren; davon drei Vollbilder. **Einband** Dunkelbraunes Kalbleder, auf glattem Rücken gebunden; Deckel, gerahmt von dreifachen Steicheisenlinien, mit Semé-Rautenmuster aus Zweigen, in deren Mitte sich zwei unterschiedliche Blütenstempel befinden, die ihrerseits von Punkten außen und stilisierten Tränen oben und unten gerahmt sind; in der Mitte der Deckel ein von Zweigen gebildetes ovales Medaillon ausgespart; Rücken mit identischer Dekoration; Goldschnitt; im Stil der »Duodo-

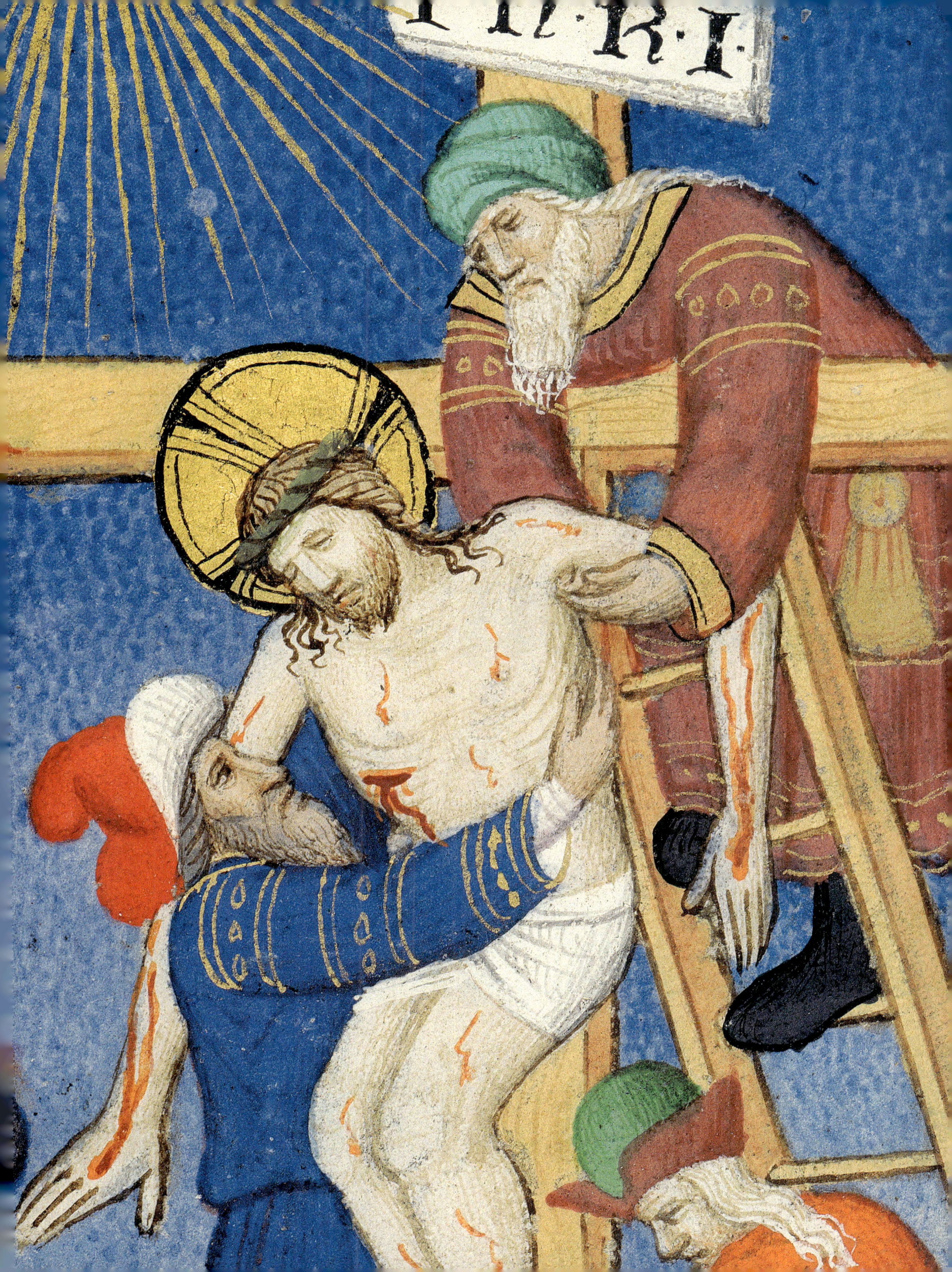

8 *Laval-Stundenbuch* Westfrankreich, um 1420

Einbände«, Paris ca. 1580–1590. **Vorbesitzer** 196v Zitat aus Hiob mit dem Namen »Guy de Laval« in zierlicher Buchschrift des 15. Jhs.; auf dem ersten Vorsatzblatt Eintrag des 17. Jhs. »heures des descendants de la famille dela Chapelle«; im Deckel Exlibris mit dem Monogramm AH (= André Hachette) und Exlibris von Paul Louis Weiller mit springendem Pegasus in einem Oval. **Inhalt** 1r–12v Kalendar (Region zwischen Angers, Le Mans und der Bretagne) in französischer Sprache, nur wenige Tage besetzt (u. a. 15. 2. Translation des hl. Antonius, 9. 5. Translation des hl. Nikolaus [rot], 19. 5. hl. Ivo, 25. 5. Translation des hl. Franziskus, 25. 6. hl. Eligius [rot], 4. 7. Translation des hl. Martin, 7. 8. Transfiguration [rot], 17. 9. Stigmatisierung des hl. Franziskus, 22. 9. hl. Mauritius und seine Legion, 1. 10. hl. Remigius, 16. 10. hl. Michael von Mont Saint-Michel [rot], 1. 12. Tugdual [rot]). Miniaturen auf Zierseiten; die Textanfänge meistens darunter. 13r–15v Evangelienlesungen. 13r Evangelium nach Lukas. 13v Evangelium nach Johannes. 14v Evangelium nach Matthäus. 15v–17v Passion nach Johannes. 18r/v leer. 19r (?)–70v Marienoffizium (Rom). 19r Vollbild: Verkündigung an Maria. 19v leer. 20r Gefangennahme Christi. 37v leer. 38r Verspottung Christi. 46v leer. 47r Verhör vor Pilatus. 50v Geißelung Christi. 54r Kreuzannagelung. 57v Kreuzigung. 61r Kreuzabnahme. 67r Grablegung Christi. 71r–77r Adventsoffizium. 71r Vollbild: Begegnung an der Goldenen Pforte. 77v–82r Offizium zu Weihnachten. 77v Vollbild: Geburt Christi. 82v–84r Horen des Hl. Kreuzes. 82v Arma Christi. 84v–85v Horen des Hl. Geistes. 86r–89r Fünfzehn Gradualpsalmen. 89v–106r Heiligensuffragien mit Miniaturen. 89v Erzengel Michael im Kampf gegen Luzifer. 91v hll. Johannes der Täufer, Petrus und Paulus. 92v hll. Andreas und Johannes der Evangelist. 93v hll. Stephanus und Laurentius. 94v hll. Vinzenz und Eustachius. 95v hll. Dionysius und Mauritius. 96v hll. Cosmas, Damian und Christophorus. 97v hll. Martin und Nikolaus. 98v hll. Julian und Tugdual. 99v hll. Aegidius und Mathelinus. 100v hll. Antonius Abbas und Fiacrius. 101v hll. Sulpicius und Ludwig. 102v hll. Franziskus und Ivo. 103v hll. Anna und Maria Magdalena. 104v Katharina und Maria Magdalena (eigentlich müsste die hl. Agathe dargestellt sein). 105v leer. 106r Alle Heiligen. 106v–109v leer. 110r–126v Bußpsalmen mit Litanei (u. a. Tugdual und Ivo; in der Gruppe der Märtyrer neun Zeilen, bei den Bischöfen und Doktoren acht Zeilen frei gelassen; bei den weiblichen Heiligen drei der ursprünglich sieben freien Positionen mit Fides, Spes und Caritas gefüllt). 110r Jüngstes Gericht. 127r–158v Totenoffizium (Rom). 127r Bestattungsszene. 159r–190v Versgebete. 159r *E dieu mon iuge souverain*. 162r *Ave cuius concepcio*. 163r/v leer. 164r Maria mit Kind und Engeln. *Glorieuse vierge royne*. 172r Margarete, aus dem Drachen emporwachsend. Gereimte Margaretenvita. *Après la sainte passion*. 191r *O (bsecro te)*; für männlichen Gläubigen eingerichtet. 193r Gebet. *D (ieu misericors octroie moy desirer ardentement)*. 195r/v leer. 196r Suffragien (nachgetragen?): Bonifatius und *Aglaes*(?). 196v Zitat aus Hiob und Gebet. *Deus pacis caritatisque amator et custos* (nachgetragen). 197r/v leer. 198r *Pater noster, Ave Maria, Credo* (nachgetragen). 198v *Confiteor Deo omnipotenti et beate Marie virgini et beato Francisco* (nachgetragen). **Literatur** E. König (mit Beiträgen von G. Bartz und H. Tenschert), Leuchtendes Mittelalter N. F. III, Ramsen / Rotthalmünster 2000, Nr. 6, S. 90ff. **Zitierte Literatur** M. Meiss, French Painting in the Time of Jean de Berry. The Boucicaut Master, London / New York 1968, passim. – M. Meiss, French Painting in the Time of Jean de Berry III. The Limbourgs and Their Contemporaries, London / New York 1974, S. 389f. – F. Wormald / P. H. Giles, Illuminated Manuscripts in the Fitzwilliam Museum, Cambridge 1966, Nr. 73, S. 32. – E. König, Französische Buchmalerei um 1450: Der Jouvenel-Maler, der Maler des Genfer Boccaccio und die Anfänge Jean Fouquets, Berlin 1982, S. 83.

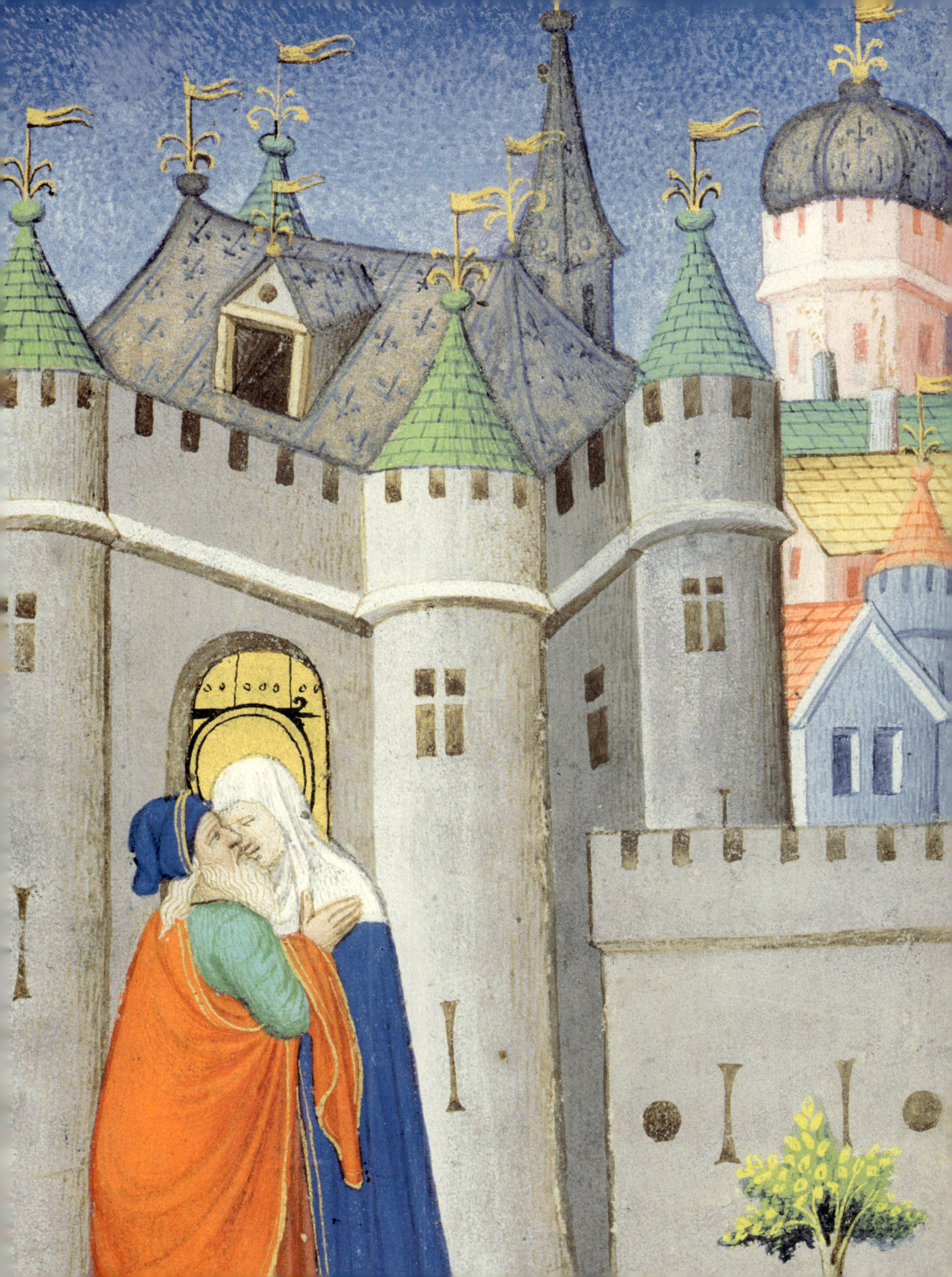

8 *Laval-Stundenbuch*
Westfrankreich, um 1420

19r Verkündigung vor dem Beginn des Marienoffiziums

20r Judas verrät Christus mit einem Kuss, und Petrus schlägt Malchus ein Ohr ab. Matutin des Marienoffiziums

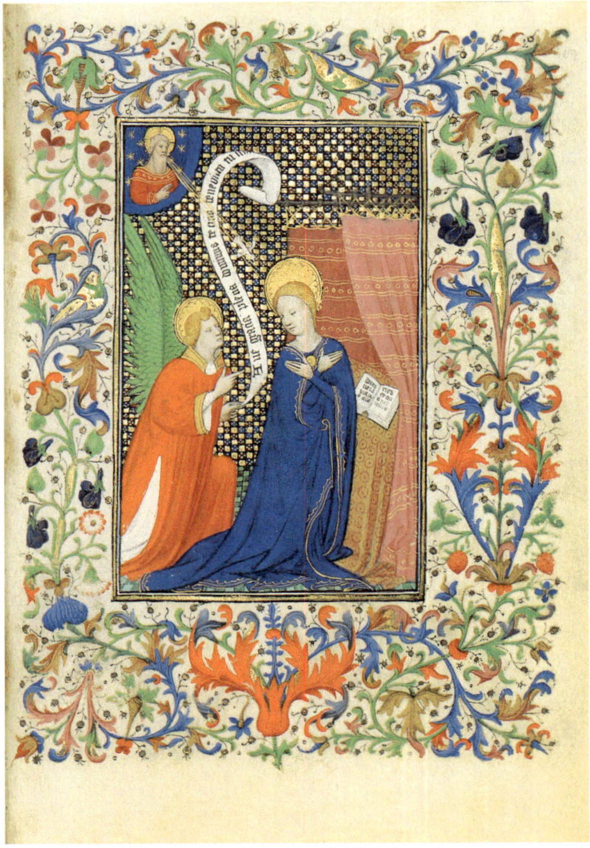

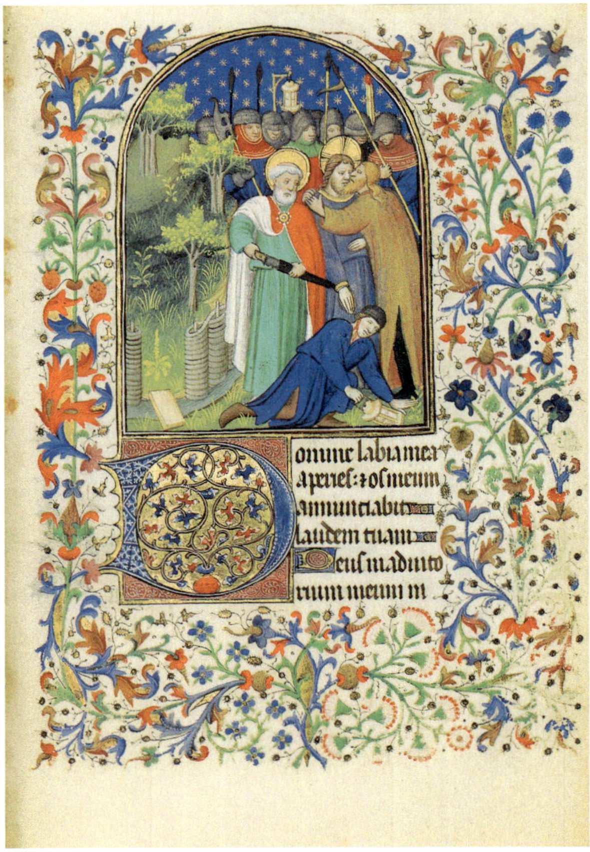

38r Verspottung Christi. Laudes des Marienoffiziums

47r Verhör vor Pilatus. Prim des Marienoffiziums

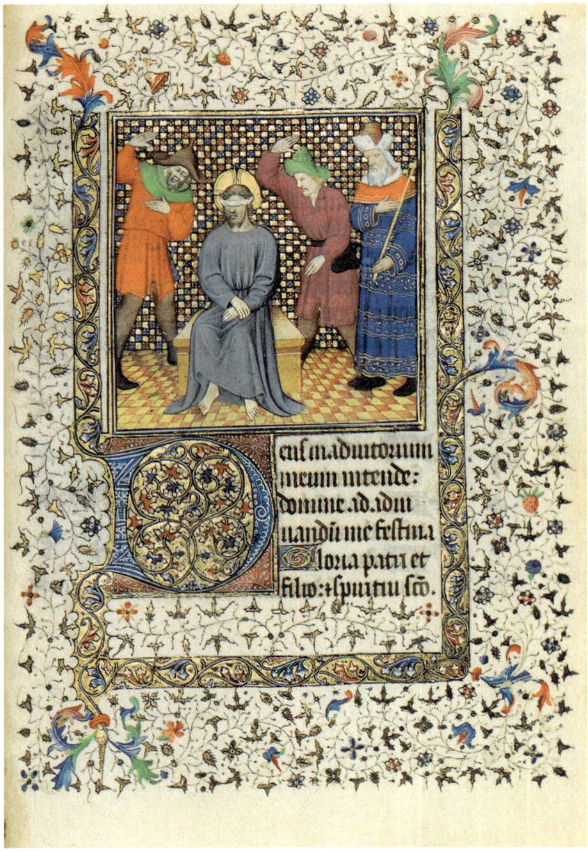

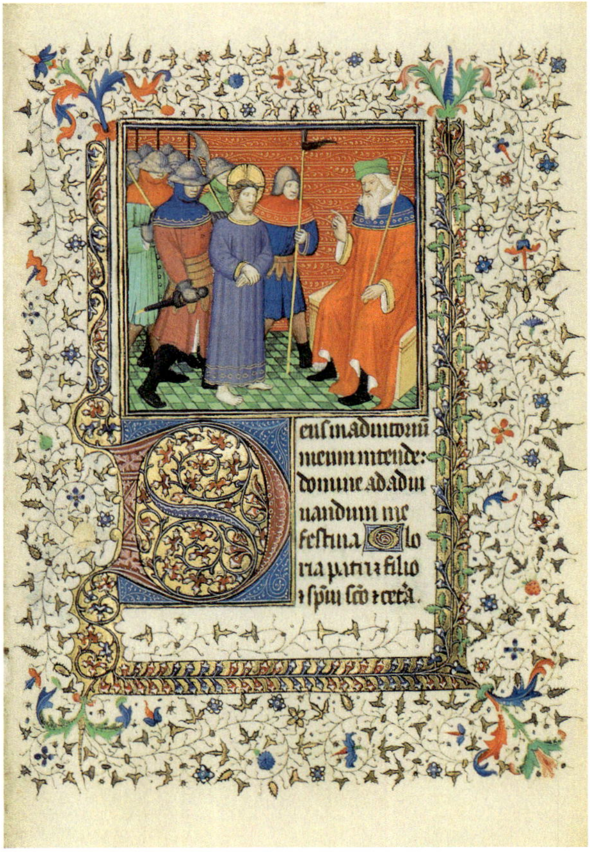

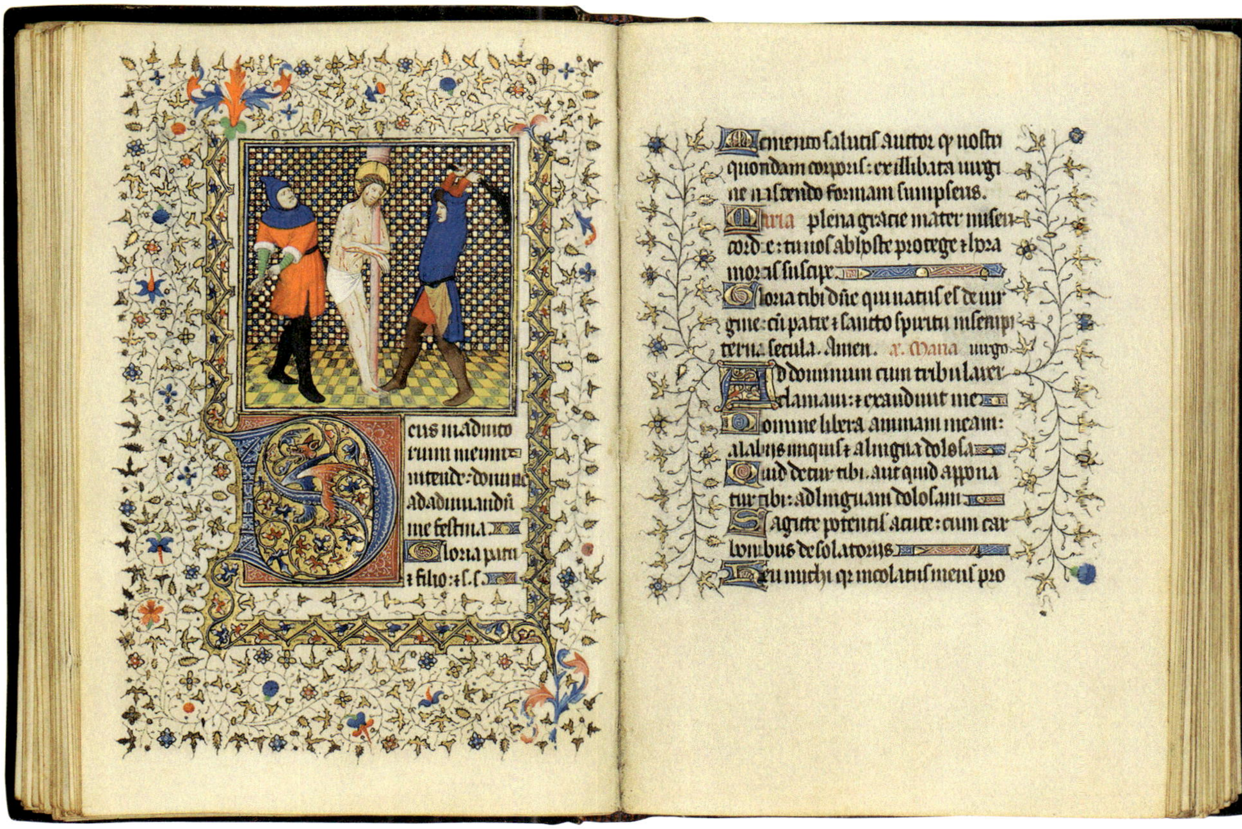

8 *Laval-Stundenbuch*
Westfrankreich, um 1420

50v–51r Geißelung Christi. Terz des Marienoffiziums

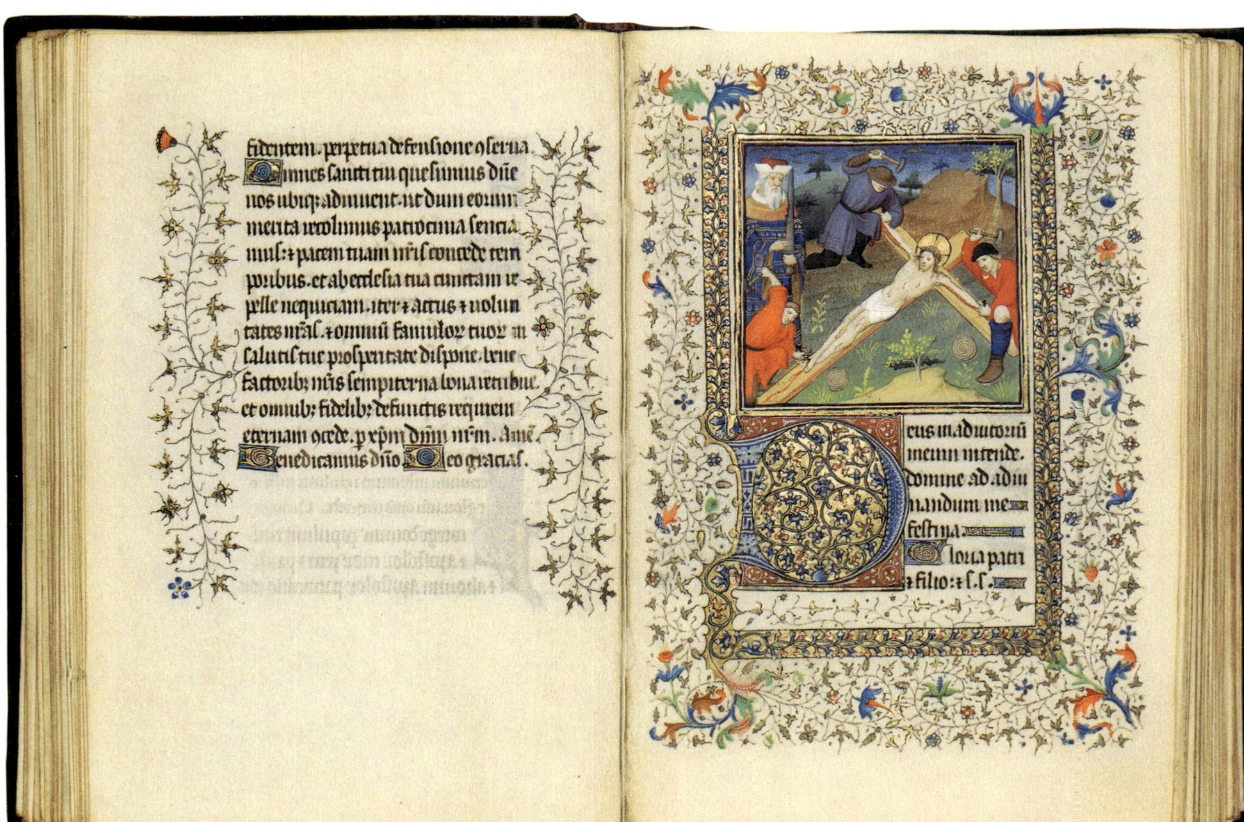

53v–54r Kreuzannagelung. Sext des Marienoffiziums

8 *Laval-Stundenbuch*
Westfrankreich, um 1420

57v Kreuzigung. Non des Marienoffiziums

61r Kreuzabnahme. Vesper des Marienoffiziums

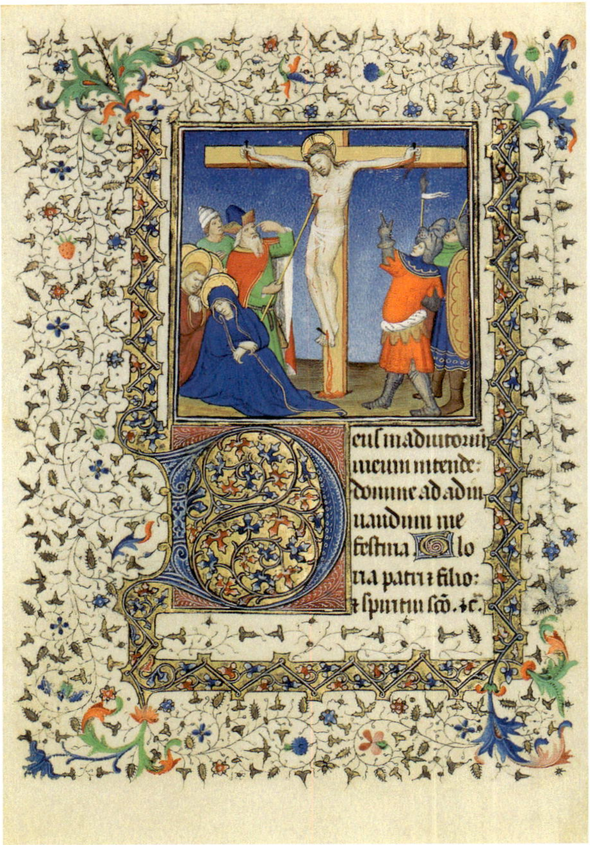

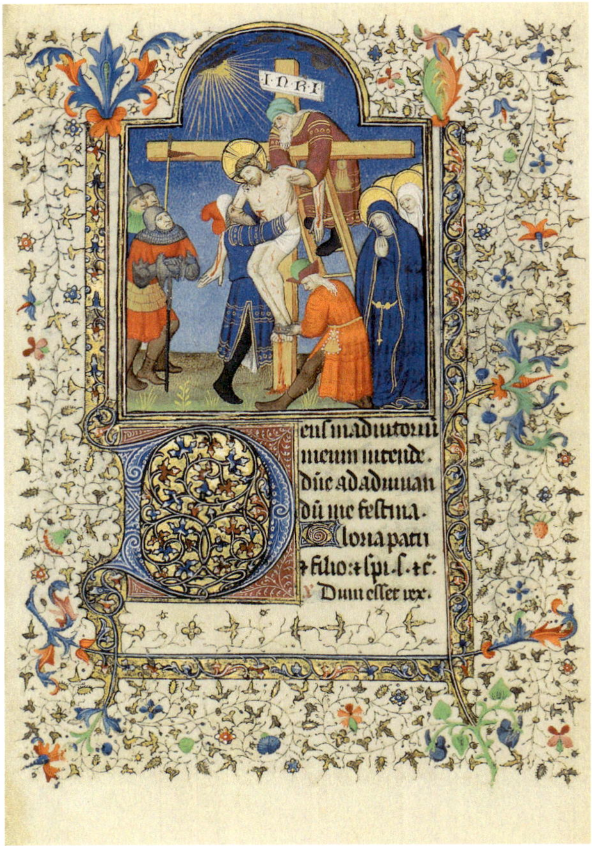

67r Grablegung Christi. Komplet des Marienoffiziums

71r Begegnung an der Goldenen Pforte vor dem Beginn des Adventsoffiziums

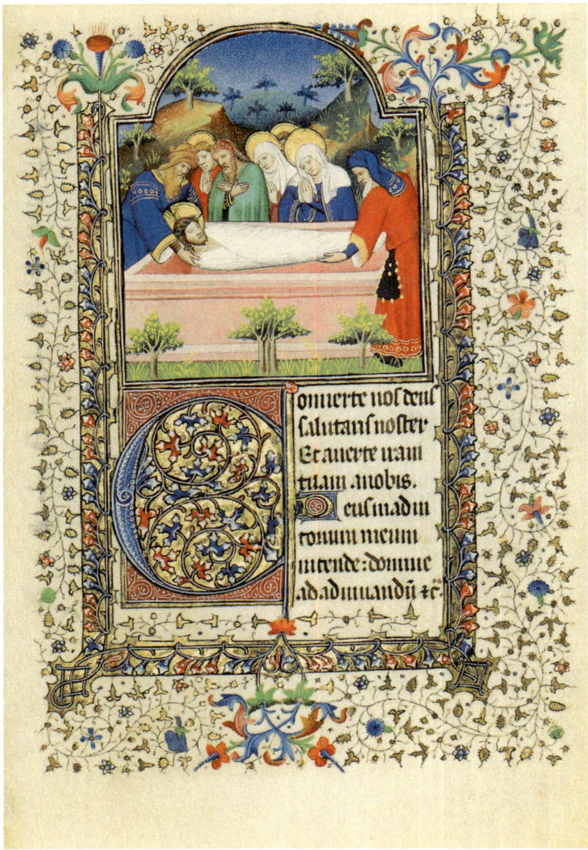

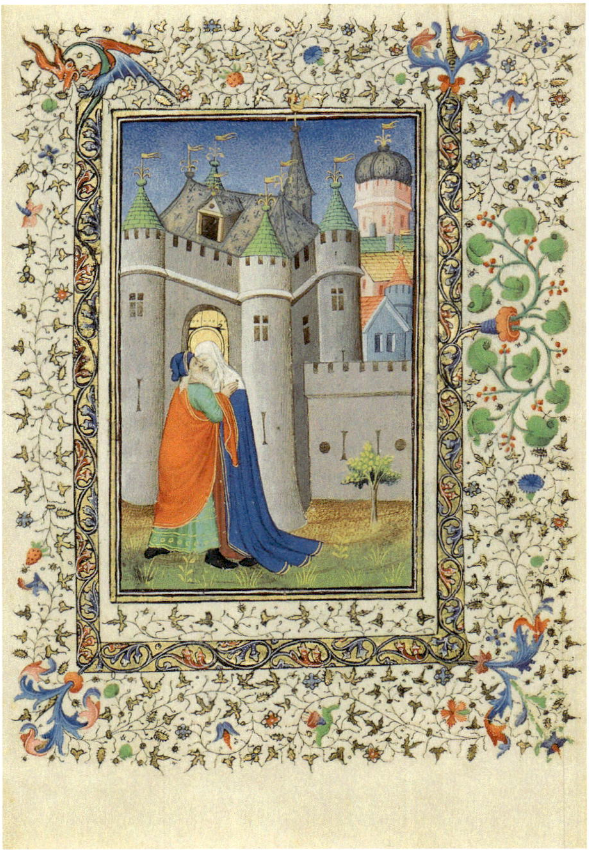

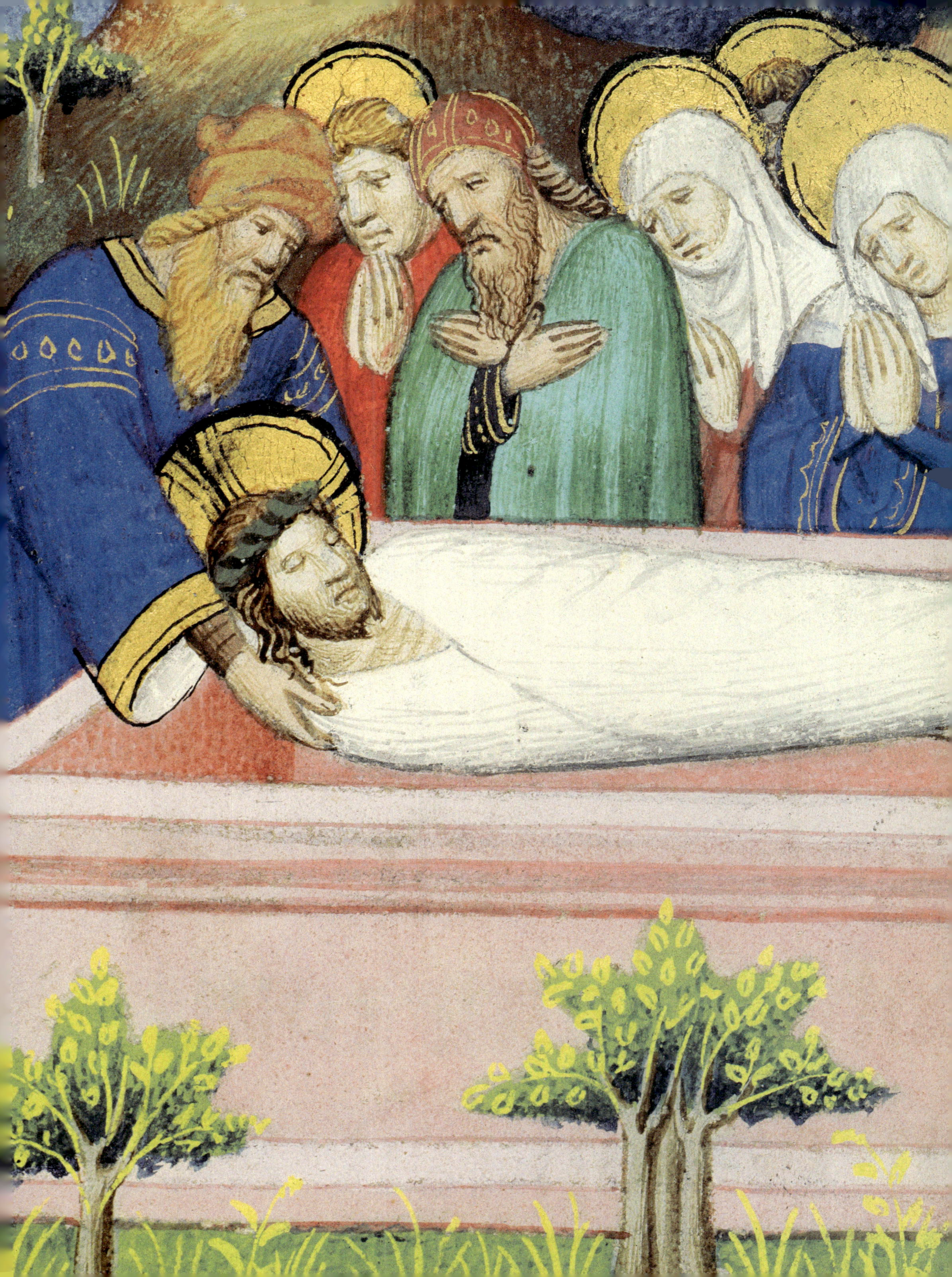

8 *Laval-Stundenbuch*
Westfrankreich, um 1420

77v–78r Geburt Christi vor dem Beginn des Offiziums zu Weihnachten

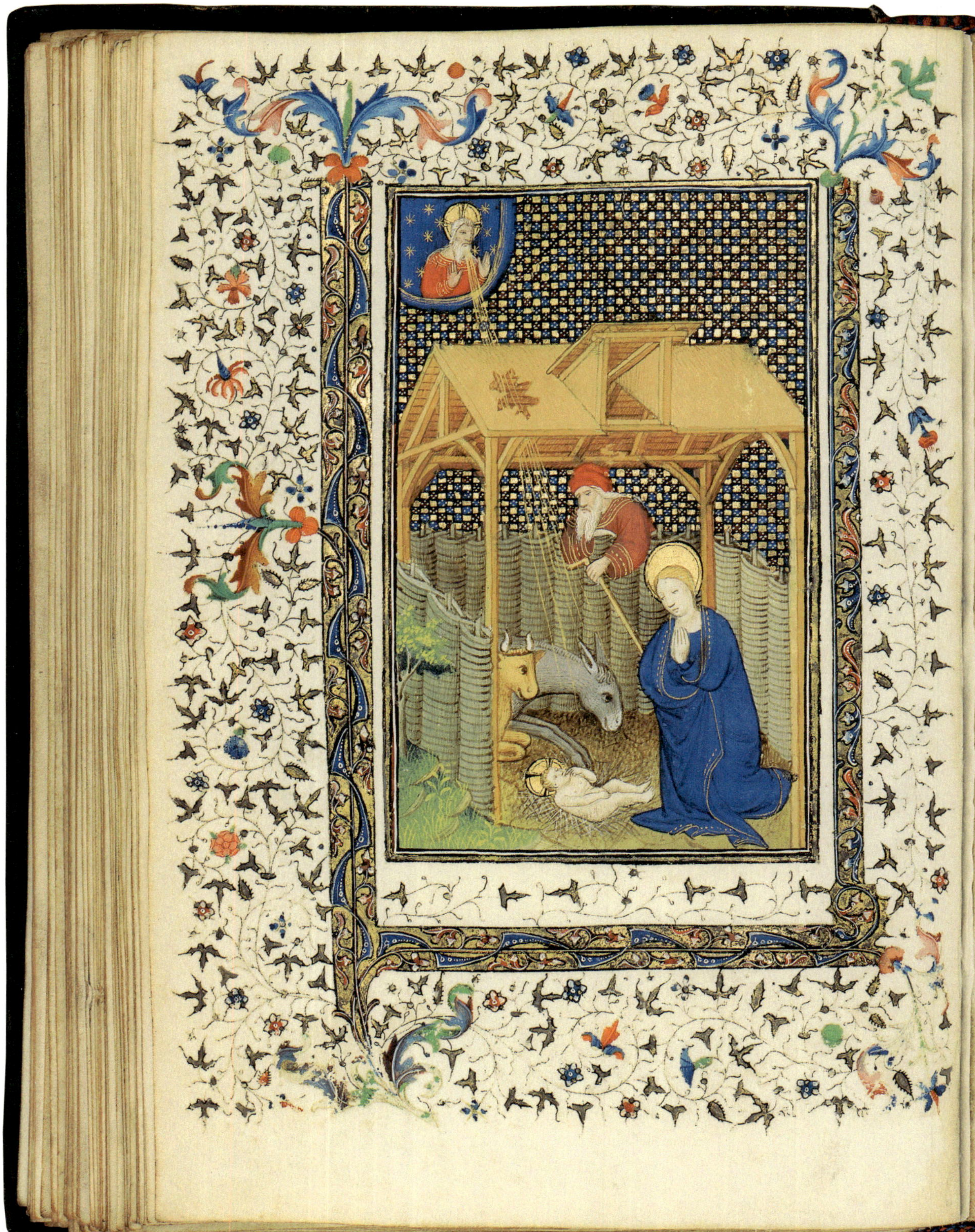

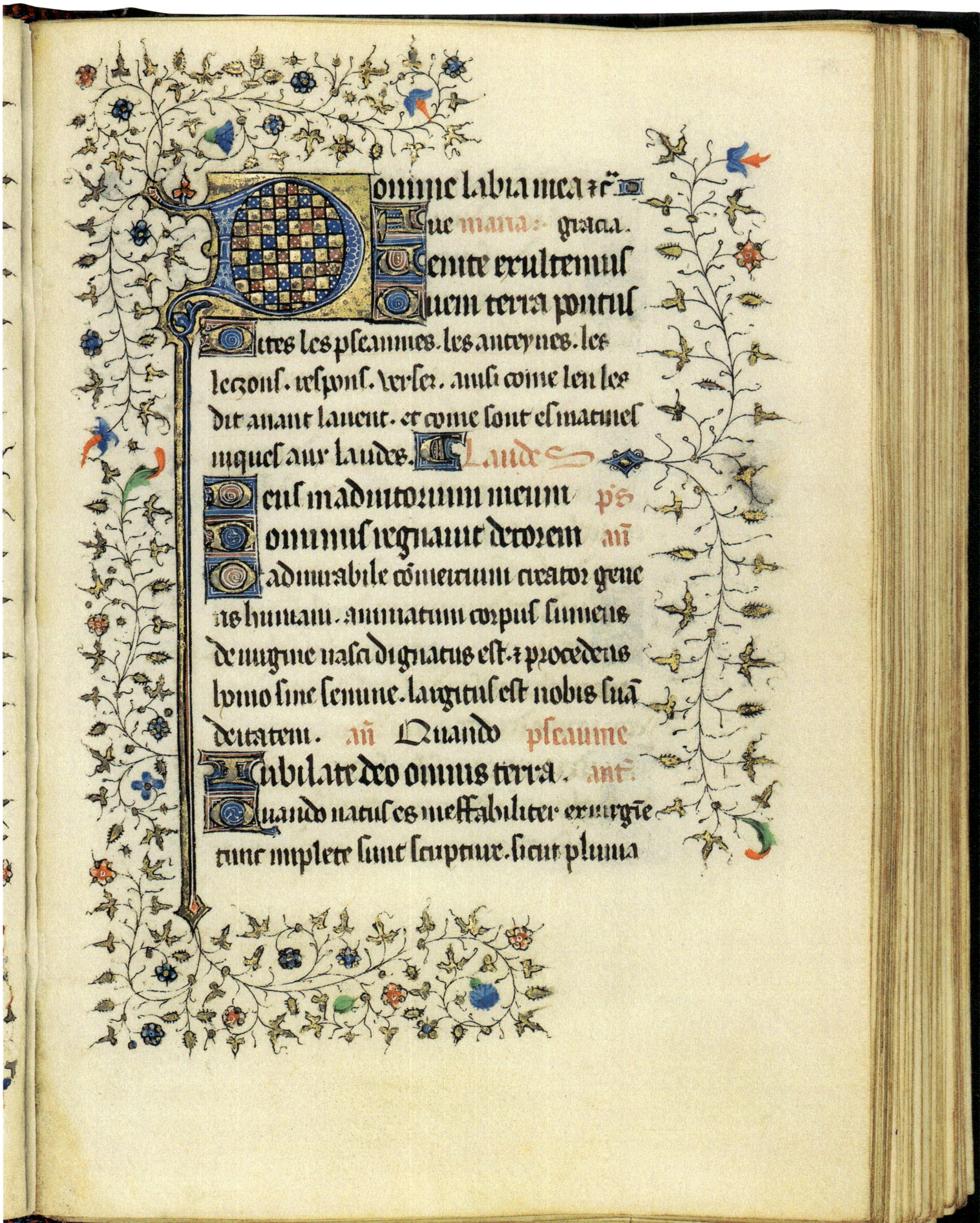

8 *Laval-Stundenbuch*
Westfrankreich,
um 1420

8 *Laval-Stundenbuch*
Westfrankreich, um 1420

82v–83r Das Bild der Leidenswerkzeuge Christi zu Beginn der Horen des Hl. Kreuzes

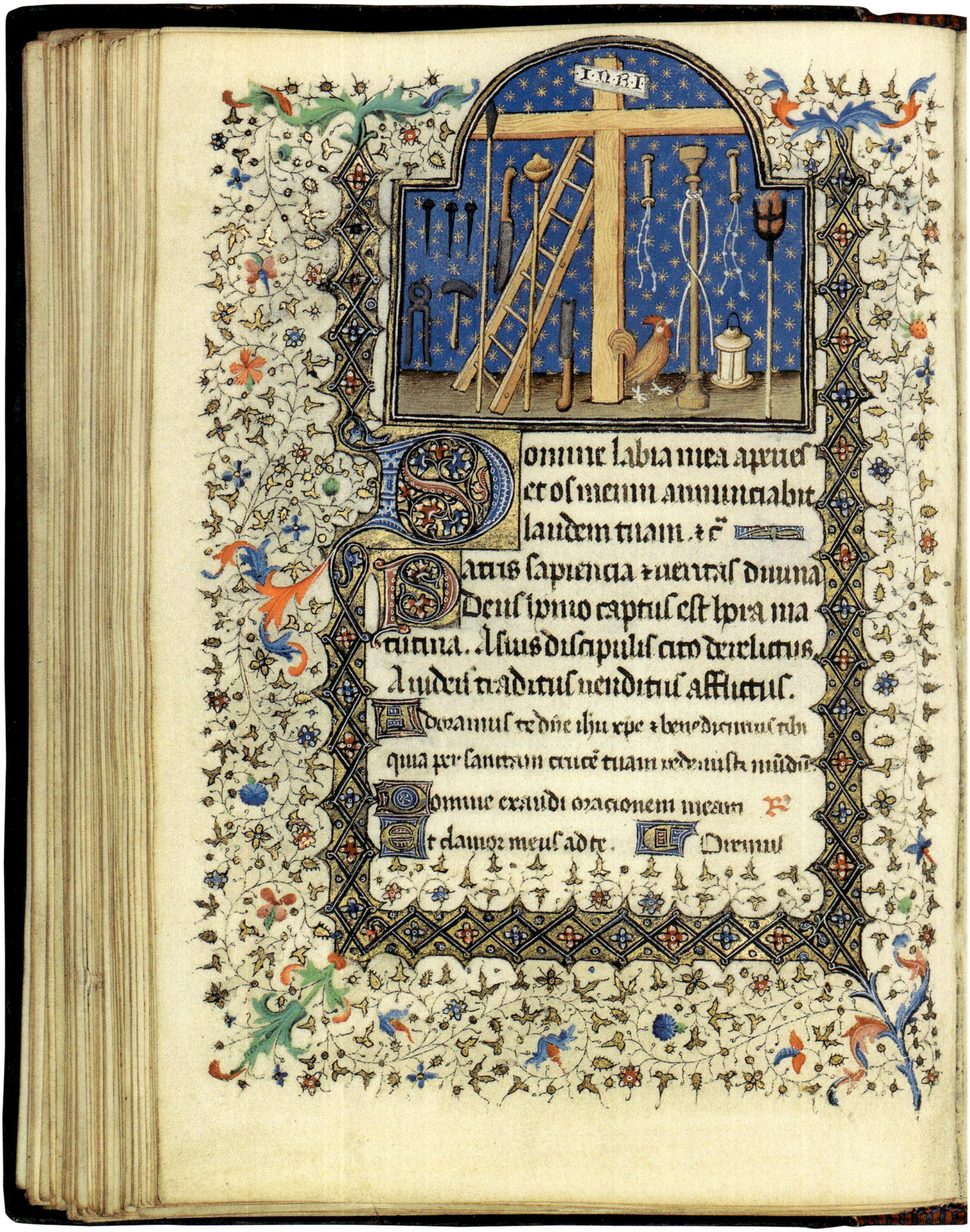

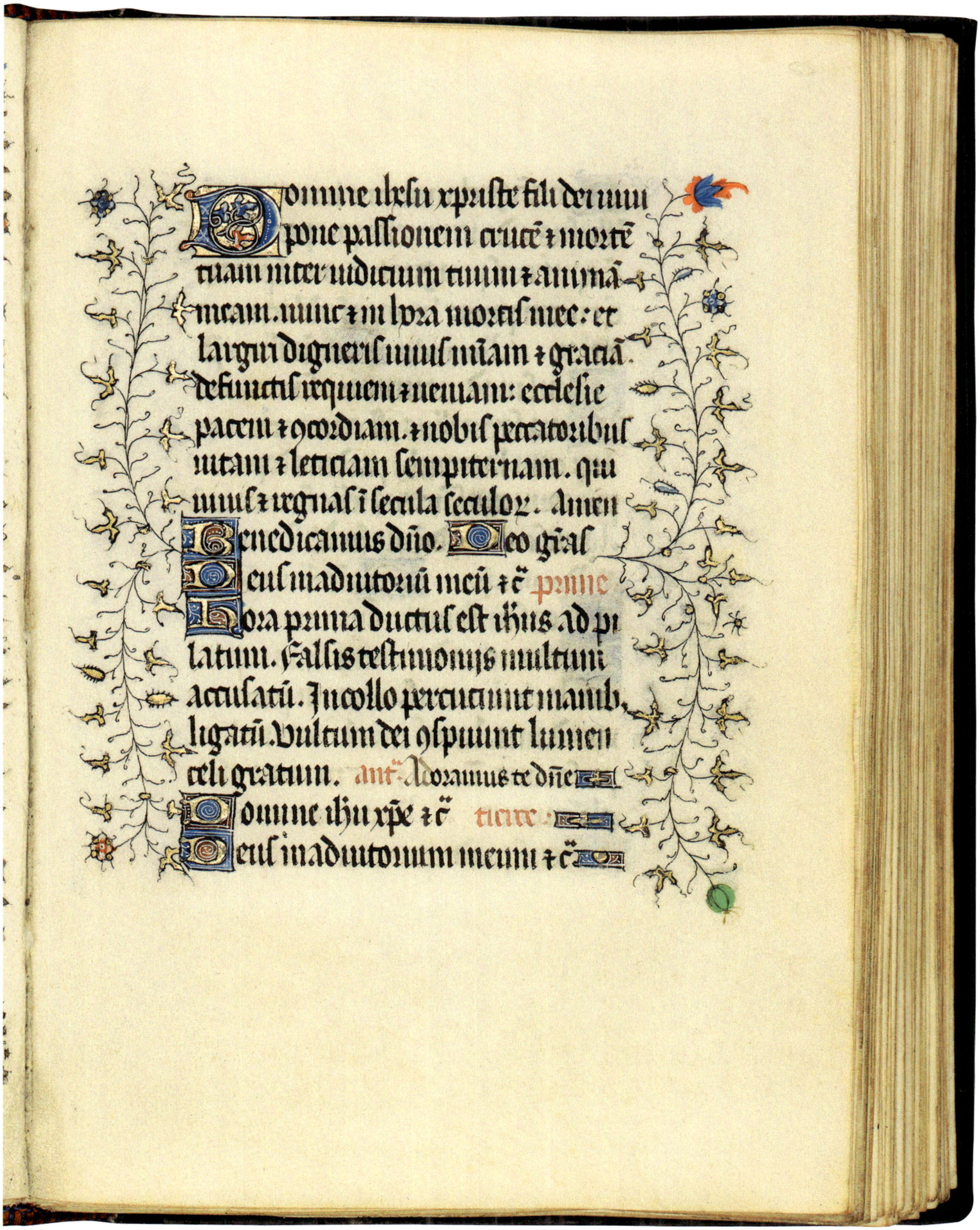

8 *Laval-Stundenbuch*
Westfrankreich, um 1420

8 *Laval-Stundenbuch*
Westfrankreich, um 1420

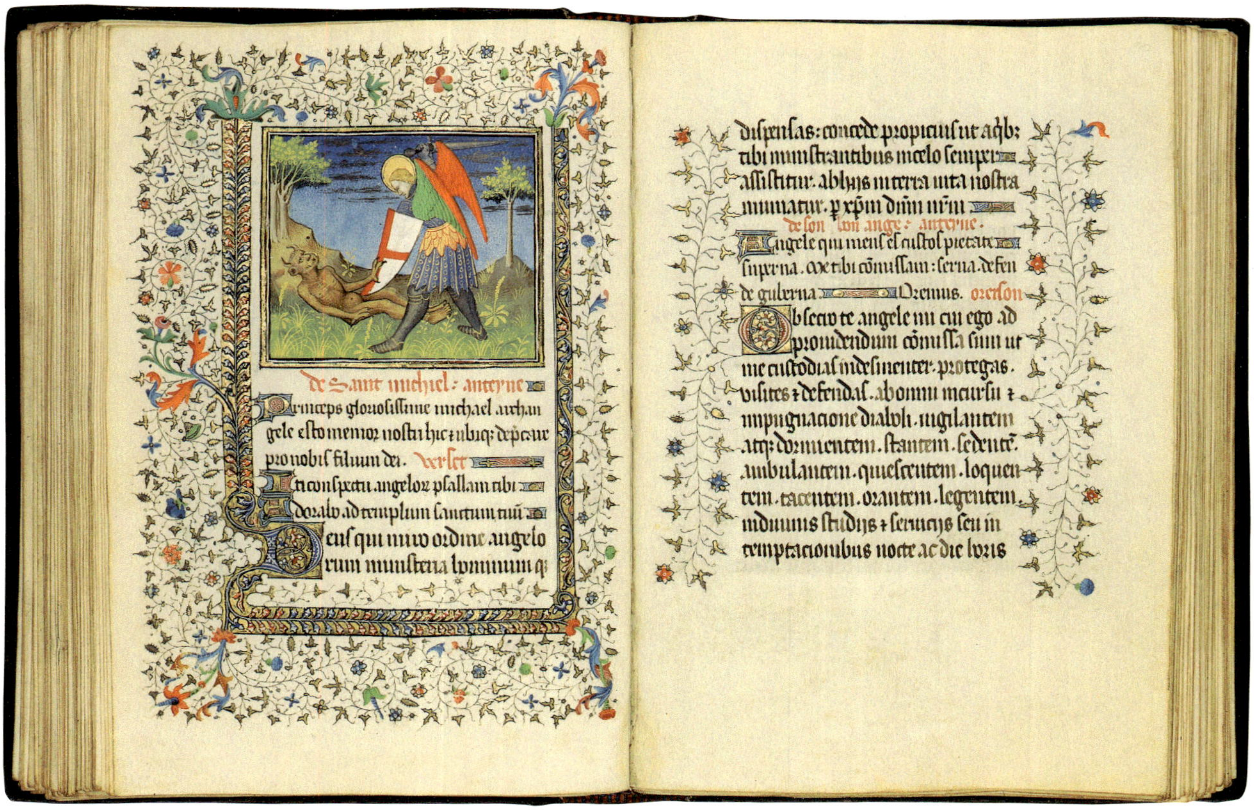

89v–90r Erzengel Michael im Kampf gegen den gefallenen Engel Luzifer mit anschließendem Suffragium

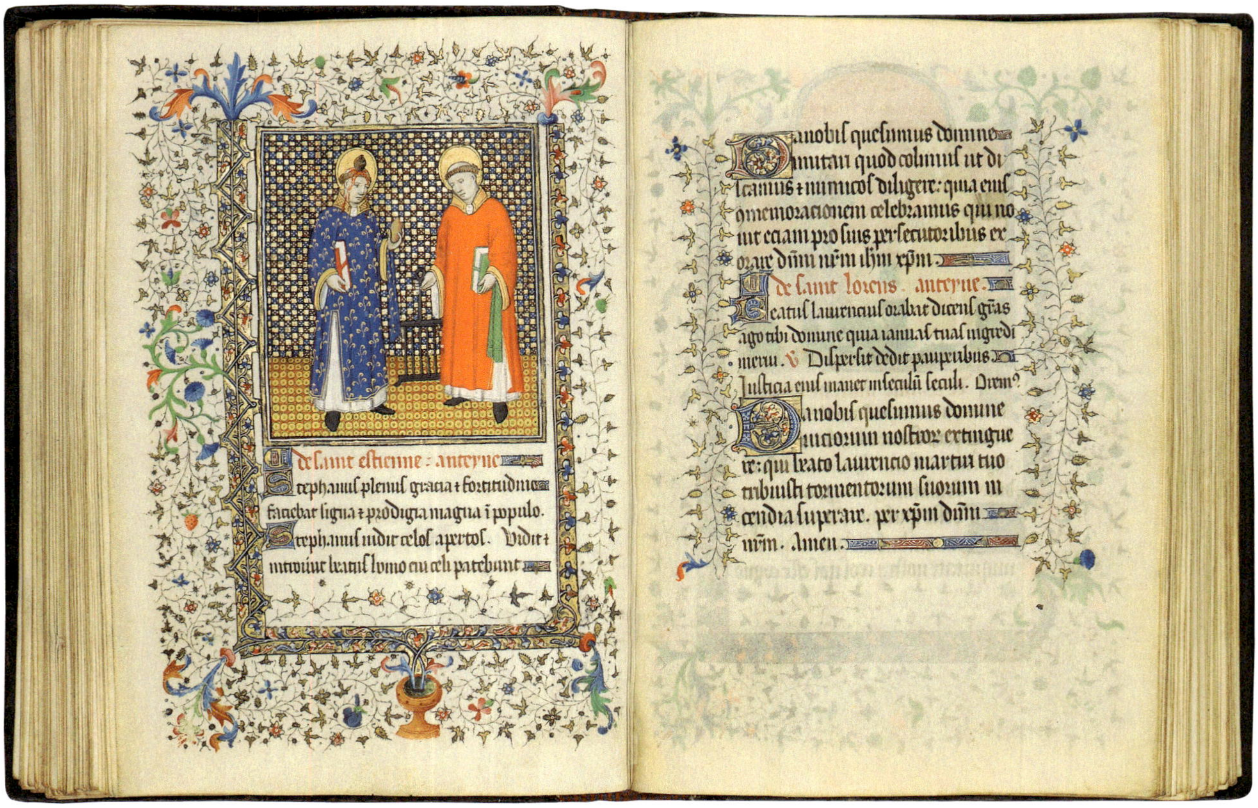

93v–94r Hll. Stephanus und Laurentius. Der Erzmärtyrer Stephanus ist nach der Legende einer der sieben von den Aposteln in Jerusalem geweihten Diakone. Im Konflikt mit rechtgläubigen Juden wurde er der Blasphemie angeklagt und zu Tode gesteinigt. Laurentius, von Papst Sixtus II. zum Diakon geweiht, übernimmt vor dessen Martertod das Kirchenvermögen. Aufgefordert, es an Valerian auszuliefern, verteilt er die Gelder an die Armen. Daraufhin werden er und weitere Diakonen mit dem Schwert hingerichtet. Die Marter auf dem Rost ist wohl eine spätere Legende.

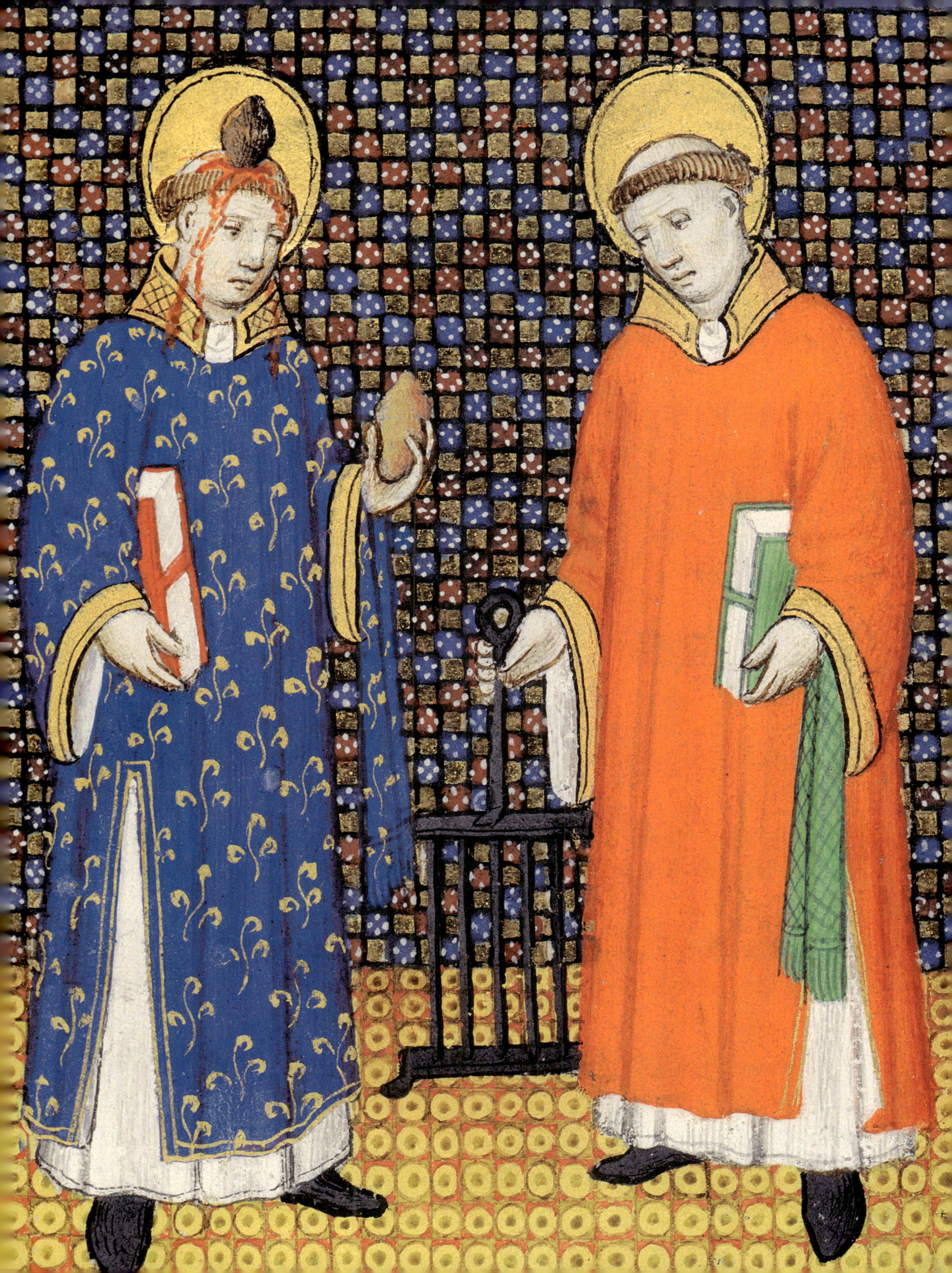

8 *Laval-Stundenbuch*
Westfrankreich, um 1420

95v Hll. Dionysius und Mauritius. Nach den ältesten Quellen erlitt Dionysius, erster Bischof von Paris, im 3. Jh. das Martyrium in St-Denis. Mauritius, so die Vita, führte unter Diokletians Mitregent Maximian eine Abteilung aus Ägypten stammender christlicher Soldaten durch Italien ins Rhônetal.

96v Hll. Kosmas, Damian und Christophorus. Kosmas und Damian waren nach der Legende christliche Ärzte im Vorderen Orient, die zur Ehre Gottes Menschen und Tiere kostenlos behandelten. Christophorus trug den Jesusknaben und mit ihm die Last der ganzen Welt durch einen Fluss.

97v Hll. Martin und Nikolaus. Mönchsgewand und Bischofsstab weisen Martin als Klostergründer und Bischof von Tours aus. Nikolaus erscheint als Bischof und Retter dreier aus Raffgier ermordeter Scholaren.

98v Hll. Julian und Tugdual. Bischof Tugdual soll aus England in die Bretagne gekommen sein und dort das Kloster Tréguier gegründet haben. Eine bretonische Legende identifiziert ihn mit Papst Leo V.

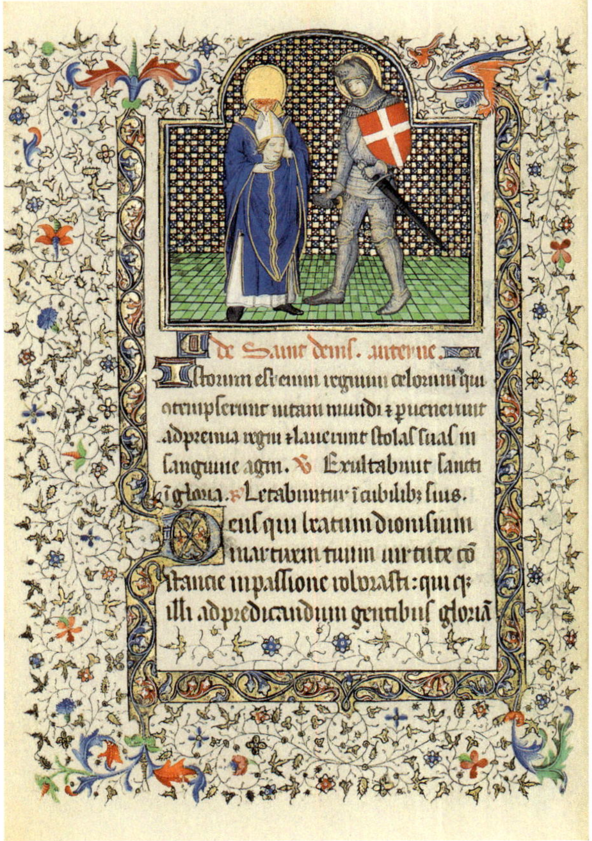

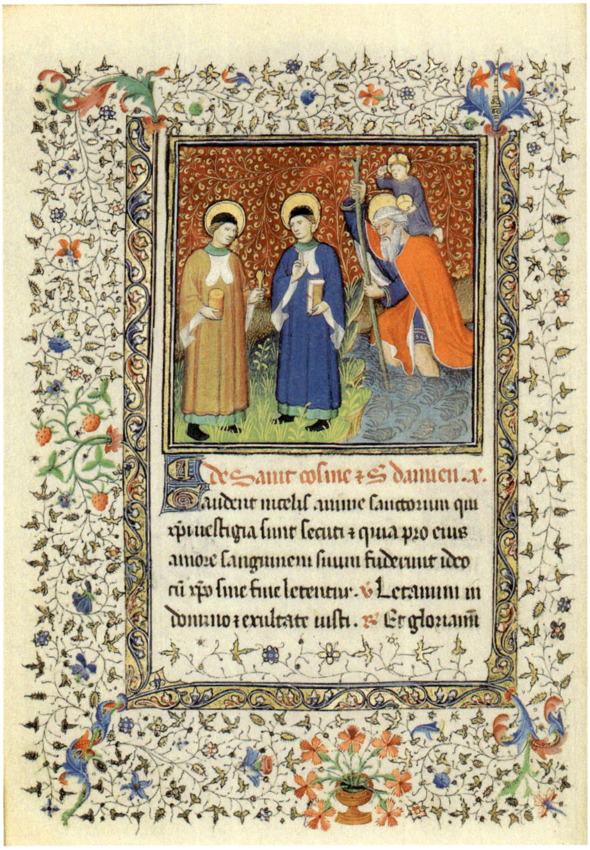

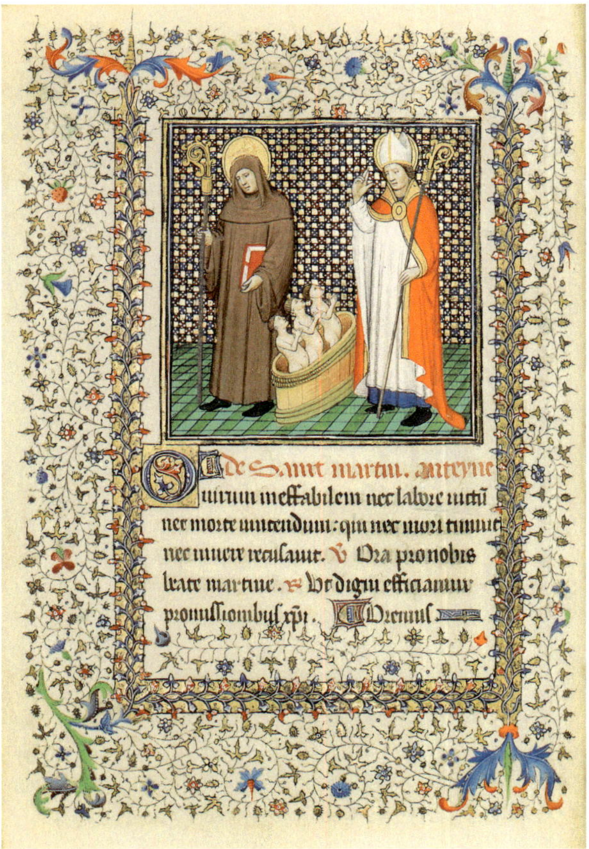

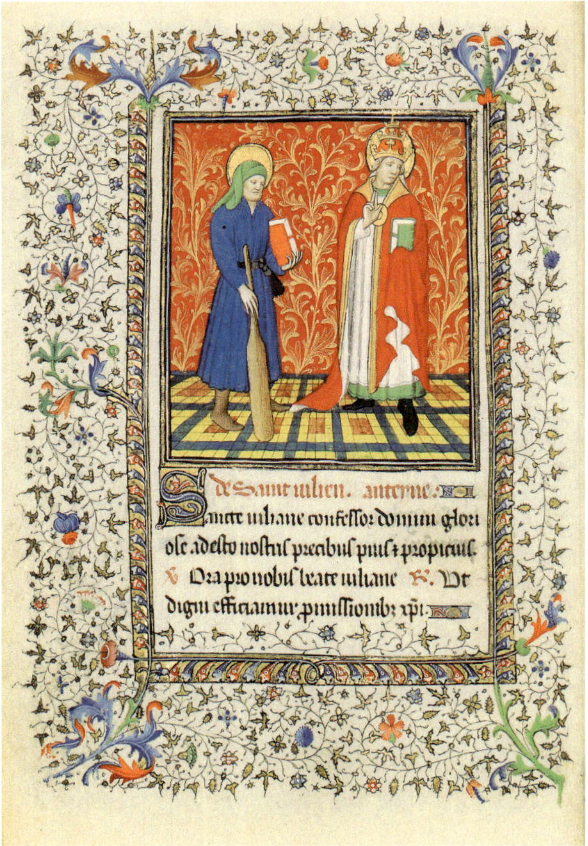

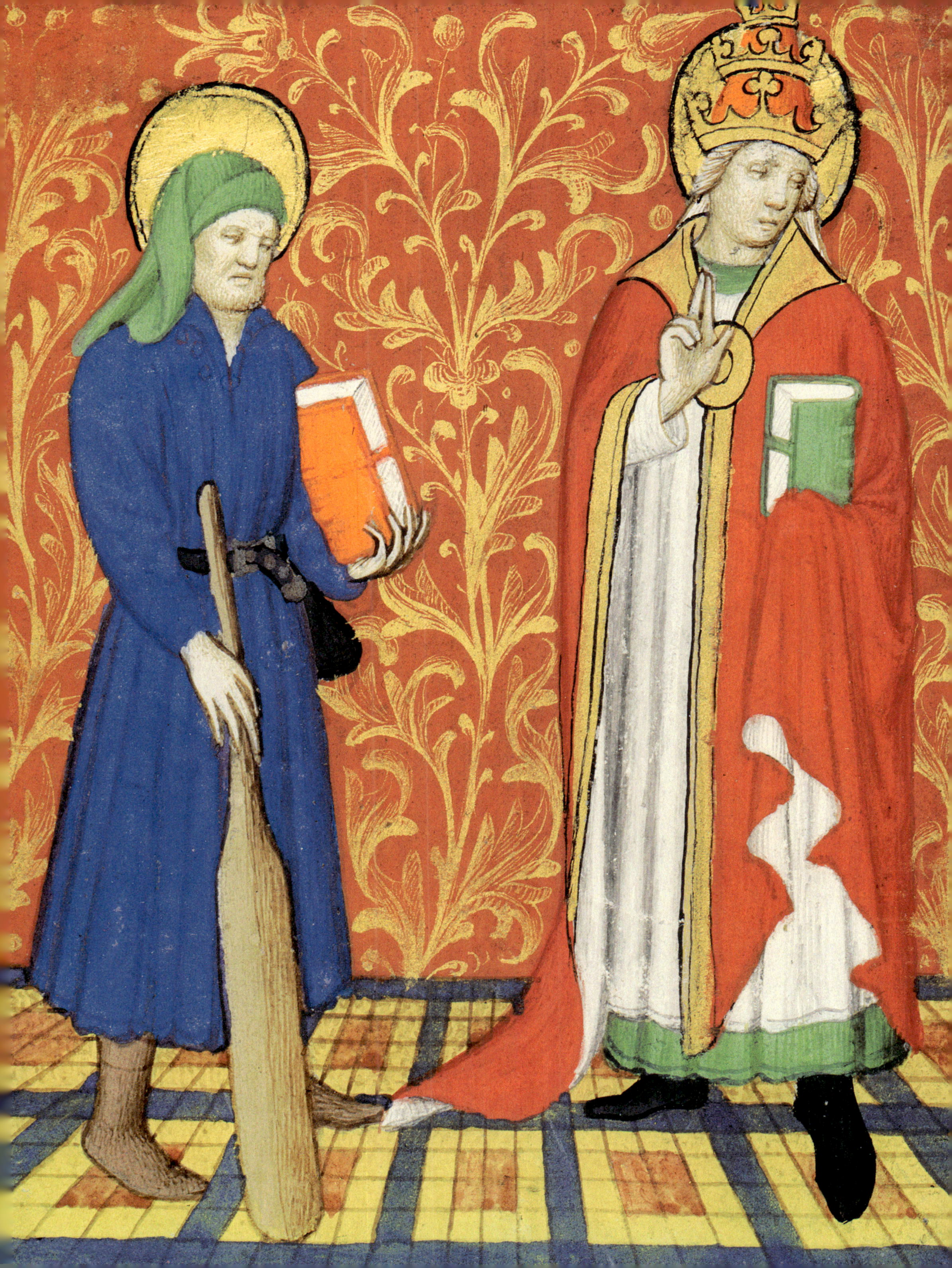

8 *Laval-Stundenbuch*
Westfrankreich, um 1420

101v Hll. Sulpicius und Ludwig. Sulpicius widmete sich als Erzbischof von Bourges besonders der Bekehrung Andersgläubiger. König Ludwig IX. von Frankreich errichtete in Paris für die in Konstantinopel erworbenen Passionsreliquien die Sainte-Chapelle.

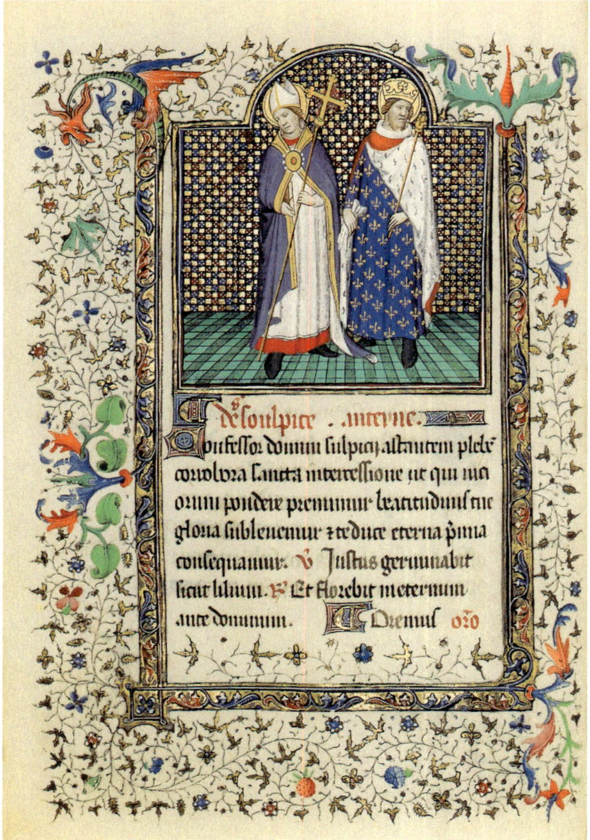

102v Hll. Franziskus und Ivo. Franziskus erscheint als mit den Wundmalen Christi versehener Mönch des von ihm begründeten Ordens. Der Dominikaner Ivo von England war Prior der Provinz Terra Sancta.

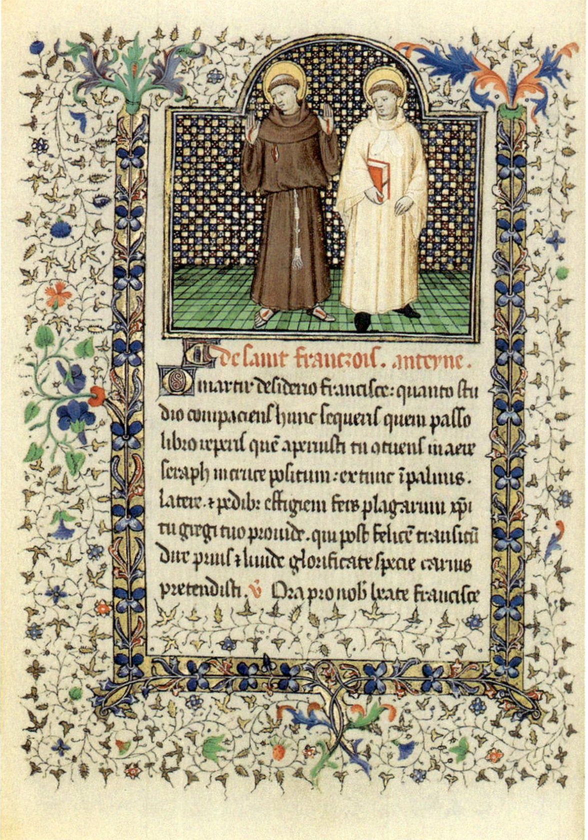

104v Hll. Katharina und Maria Magdalena. Katharina wurde für ihren Glauben gerädert und starb den Märtyrertod. Maria Magdalena wurde zum Inbegriff der bußfertigen Sünderin und zum Vorbild des reuigen Menschen. Die nachstehenden Gebete richten sich an Katharina und Agathe.

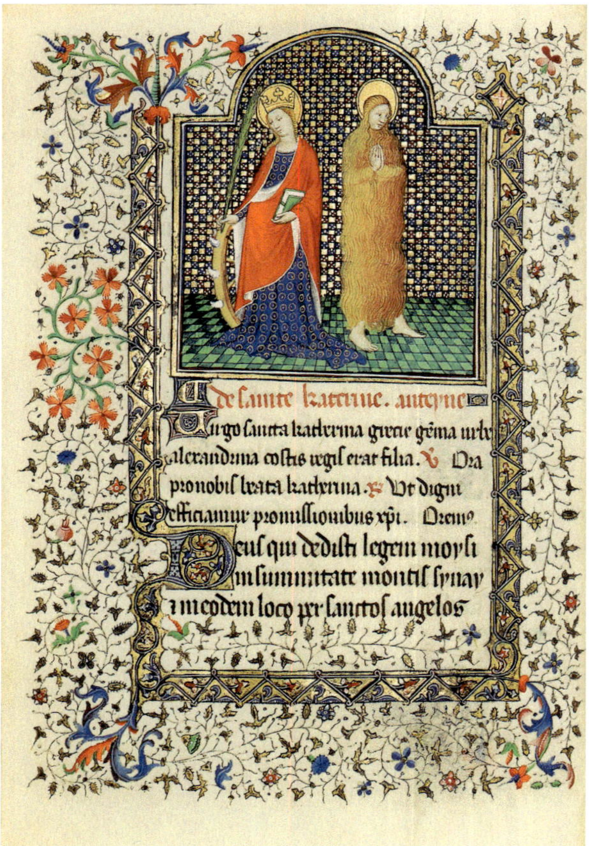

110r Eine Darstellung des Jüngsten Gerichts leitet die Bußpsalmen ein.

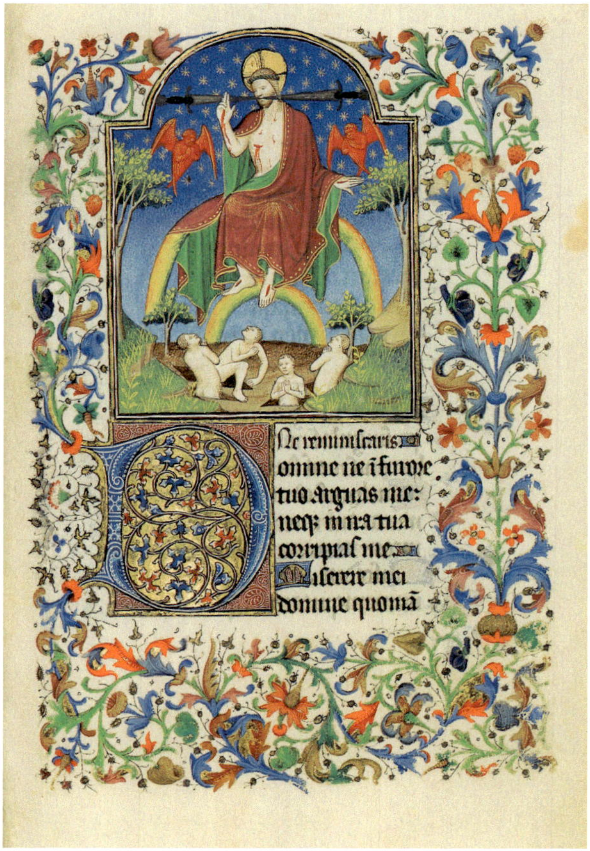

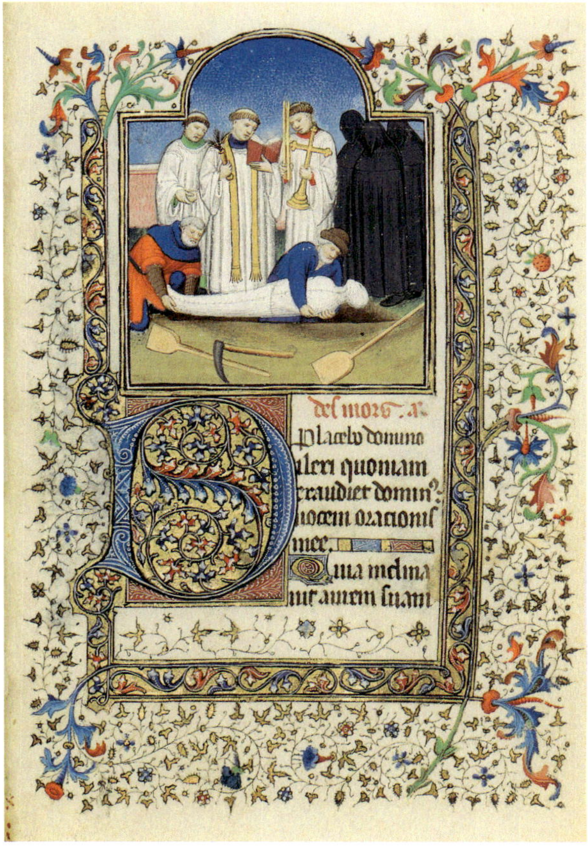

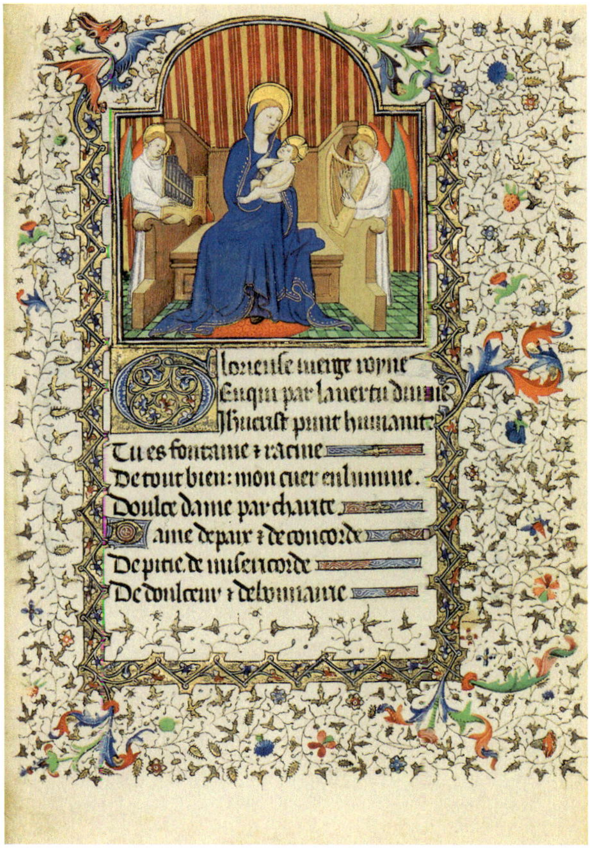

8 *Laval-Stundenbuch*
Westfrankreich, um 1420

127r Eine Bestattungsszene steht am Beginn des Totenoffiziums.

164r Über dem Versgebet zur *Glorieuse vierge royne* (glorreiche Jungfrau und Königin) findet sich die Darstellung der thronenden Gottesmutter mit Kind, begleitet von musizierenden Engeln.

9

Pariser Stundenbuch
Lateinisches Stundenbuch
nach dem Brauch von Paris
Meister der Münchner Legenda Aurea
Miniatoren aus dem Umkreis des
Dunois-Meisters
Paris, um 1430–1440

Die Kunstgeschichte, wie wir sie heute als ein gefestigtes Gebäude sehen, hat immer noch bemerkenswerte Lücken; denn das Bild, das die vergangenen Generationen großer Kenner vom Grafen Durrieu bis Millard Meiss gezeichnet haben, entwickelte sich von einzelnen großen historischen Momenten aus. Frankreich im 15. Jahrhundert hat man analog zur politischen Geschichte der französischen Könige gern so begriffen, als sei mit dem Niedergang der Herrscherfamilie der Valois jeweils eine künstlerische Krise einhergegangen, während erneutes Erstarken auch die Kunst beflügelt habe (Meiss 1967–1974).

Daraus entwickelte sich eine auf den ersten Blick schlüssige Vorstellung. Den Anfang des Jahrhunderts macht das Mäzenatentum der Söhne Johanns des Guten, also des Herzogs von Berry und seiner Brüder, zu einem einzigartigen Höhepunkt von Pracht und künstlerischer Raffinesse. Mit der vernichtenden Niederlage gegen den Engländer Heinrich V. bei Azincourt 1415 bricht nach Berrys Tod im Folgejahr die fruchtbare Periode ab. Wie das Königtum liegt auch die Kunst darnieder, bis es nach dem Eingreifen der Jungfrau von Orléans um die Jahrhundertmitte wieder zu einer Blüte kommt, für die künstlerisch Jean Fouquet steht. Dessen Kunst verbindet man mit dem Erbprinzen, der fast als ewiger Dauphin in die Geschichte eingegangen wäre, wenn er nicht schließlich doch sieben Jahre nach dem Tod seines Vaters im Jahre 1429 in Reims als Karl VII. gekrönt worden wäre.

Paris ist dieser Geschichtskonstruktion zufolge die Metropole der Jahre bis 1416; an die königliche Residenzstadt Tours geht der Ruhm, um 1450 die wegweisende Kunst hervorzubringen. Verkannt wird dabei die Tatsache, dass einerseits die jeweiligen Sieger, nach 1415 also die Engländer, die seit 1419 mit den Burgundern verbündet waren, gesteigertes Repräsentationsbedürfnis hatten, und dass die Geschäfte der Bürger, so schlimm der Krieg sie auch beeinträchtigt haben mag, immer weiterliefen. Deshalb sieht man die Situation schon seit einiger Zeit nicht mehr ganz so holzschnitthaft; dazu haben insbesondere François Avril und Nicole Reynaud beigetragen (Avril / Reynaud 1993). Bemerkenswerte Arbeiten, die man bis dahin flämischen Künstlern in Nordfrankreich und im heutigen Belgien zugeschrieben hatte, siedelten sie in der Hauptstadt an. Somit lässt sich festhalten, dass auch in Paris die Kunst blühte in der Generation zwischen Azincourt und dem Ende des Hundertjährigen Krieges, das mit dem Vertrag von Troyes 1444 besiegelt wurde.

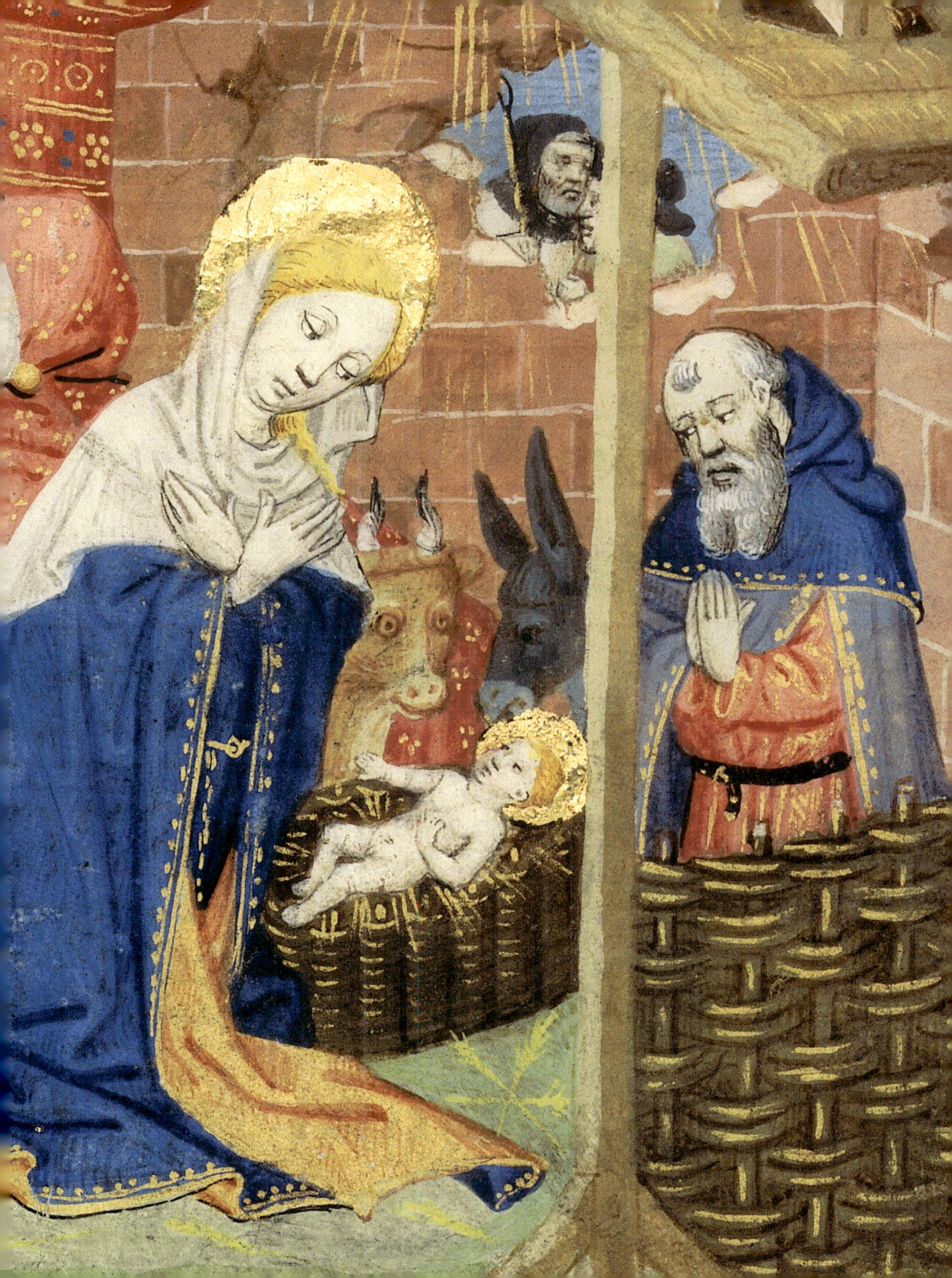

9 Pariser Stundenbuch um 1430–1440

Ein vortrefflicher Buchmaler jedoch fand sogar in der differenzierteren Sicht nicht den ihm gebührenden Platz. Man nennt ihn nach einem bilderreichen Manuskript der Bayerischen Staatsbibliothek Meister der Münchner Legenda Aurea (cod. gall. 6). Früher hat man ihn gern mit dem Illuminator verwechselt, der für John Duke of Bedford ein Brevier in Paris und ein Stundenbuch in London geschaffen hat (Paris, Bibliothèque Nationale de France, Ms. lat. 17294; London, British Library, Add. 18850). Um 1430 fügte er nämlich ganzseitige Miniaturen in Bedfords Stundenbuch ein, denen wegen ihres Einfallsreichtums und ihrer prallen Formen bei köstlichem Kolorit in Reproduktionen gern der Vorrang vor den Werken des eigentlich nach dem Bedford-Stundenbuch genannten Meisters eingeräumt wird (z. B. Backhouse). Überdies hat der Meister auch ein monumentales Tafelgemälde geschaffen, das größte einigermaßen lesbare französische Tafelbild des Mittelalters überhaupt, das aus der Kirche Notre-Dame in Paris erst in den Louvre und heute ins Musée de Cluny gelangt ist. Es stellt die Familie Jouvenel dar und verleitet zur Verwechslung des Malers mit dem Jouvenel-Meister (zu diesem König 1982). In diesem anonymen Tafel- und Buchmaler und zugleich in dem davon nicht geschiedenen Bedford-Meister wollte Klaus Perls einen den Quellen zufolge dominierenden Illuminator in Paris, Haincelin von Hagenau, sehen (Perls).

Mit solchen Forschungsversuchen schwand die individuelle Erscheinung, so dass dieser Künstler bisher nicht genügend Profil gewinnen konnte. Hauptgründe dafür sind die allzu lang währende Vermischung des Œuvres mit den Miniaturen des Bedford-Meisters und die Zeitstellung; denn der Meister der Münchner Legenda Aurea begann sein Schaffen, als der Herzog von Berry noch lebte, hat aber sicher bis in die 1450er Jahre gearbeitet. Somit war der Meister der Münchner Legenda Aurea fast gleichen Alters wie der Bedford-Meister und dessen nur wenig jüngerer Mitarbeiter, der Dunois-Meister (Kat. Nr. 10), mit denen er sich zuweilen Aufgaben geteilt hat. So sehr man alle drei auch verwechselte, der nach der Goldenen Legende benannte Künstler bietet doch eine von deren Schaffen recht scharf unterschiedene Sicht der Welt. Nicht zart und ätherisch, weich und wattig, sondern kurz und kräftig, solide und rund begreift er die menschliche Figur. Der Meister der Münchner Legenda Aurea bevorzugt schwere rundliche Köpfe, denen das Haar mit kräftigen Locken noch besondere Breite gibt. Ausdruck verleihen den fest gefügten, meist gut durchmodellierten Gesichtern bei ihm die rundlichen Augen. Wo irgend möglich, sind sie mit Augapfel, Iris und Pupille ausgestattet, so dass sie meist ganz intensiv schauen. Dabei unterstützt eine ausgeprägte Neigung zum Profil, wie sie schon beim Boucicaut-Meister zuweilen aufscheint, die Konzentration auf die Handlung, die meist durch Blicke unterstrichen wird. Kräftig, regelrecht zupackend wirken auch die Hände. Gedrungen und einfach sind die Architekturen; Landschaften geraten überzeugend, weil sie aus mächtigen plastischen Einheiten gefügt sind. In den frühen Arbeiten triumphiert die klare Lokalfarbigkeit, die von viel Rot und Blau ausgeht. Länger als manche Zeitgenossen belässt der Meister der Münchner Legenda Aurea den Himmel in tiefem Blau. Deshalb baut er das Kolorit in vielen seiner Werke aus einem dunklen Fond auf; oft geradezu dumpf sind die Braun- und Grüntöne der Landschaft, so dass nicht selten eine glühende Wirkung entsteht, in der die Gewandfarben zusammen mit dem reich eingesetzten Blattgold besonders kostbar erscheinen. In vieler Hinsicht vertritt der Meister der Münchner Legenda Aurea dieselben Trends, die auch die nach dem Harvard-Hannibal und Guy de Laval benannten Künstler (Kat. Nrn. 7, 8) charakterisieren. Wie deren Kunst ist auch die seine in der fruchtbaren Phase der Pariser Malerei um 1410 verwurzelt. Zuweilen wirken Einzelfiguren seiner Hand fast verwechselbar mit Gestalten des Meisters der Marguerite d'Orléans, der spätestens um 1425 die Hauptstadt verließ, wenn er nicht schon mit den Limburgs vor 1416 in Bourges ansässig war (König 1991). Ähnlich wie diesen Illuminator oder den Laval-Meister trieb es auch den Meister der Münchner Legenda Aurea wenigstens für eine Weile nach Westfrankreich, wo er für Persönlichkeiten wie Arthur Richemont, Herzog der Bretagne, das Stundenbuch Morgan 241 in New York oder für die bretonische Familie Gaptière ebenfalls ein Horarium illuminierte (Plummer / Clark, Nr. 10; König / Tenschert 1993, Nr. 15).

Wie die besten seiner Zeitgenossen gehört der Meister der Münchner Legenda Aurea zu jenen, die eine klare Vorstellung von all den heiligen Gestalten haben, die regelmäßig in Miniaturen auftreten. Darin zeigt sich die Routine, die eine hauptstädtische Werkstatt mit sich brachte, aber auch zugleich eine Art von Souveränität; denn Maler wie er boten ihren Bestellern ein schlüssiges Bild der Geschehnisse, die ihre Miniaturen darzustellen hatten. Anders als viele andere Buchmaler repetierte der Maler jedoch keinesfalls einzelne Bildvorlagen, sondern variierte die gängigen Szenen auf eine höchst einfallsreiche und anmutige Weise, so dass kaum einmal zwei seiner Miniaturen deckungsgleich sind. Beispielsweise verrät den Meister der

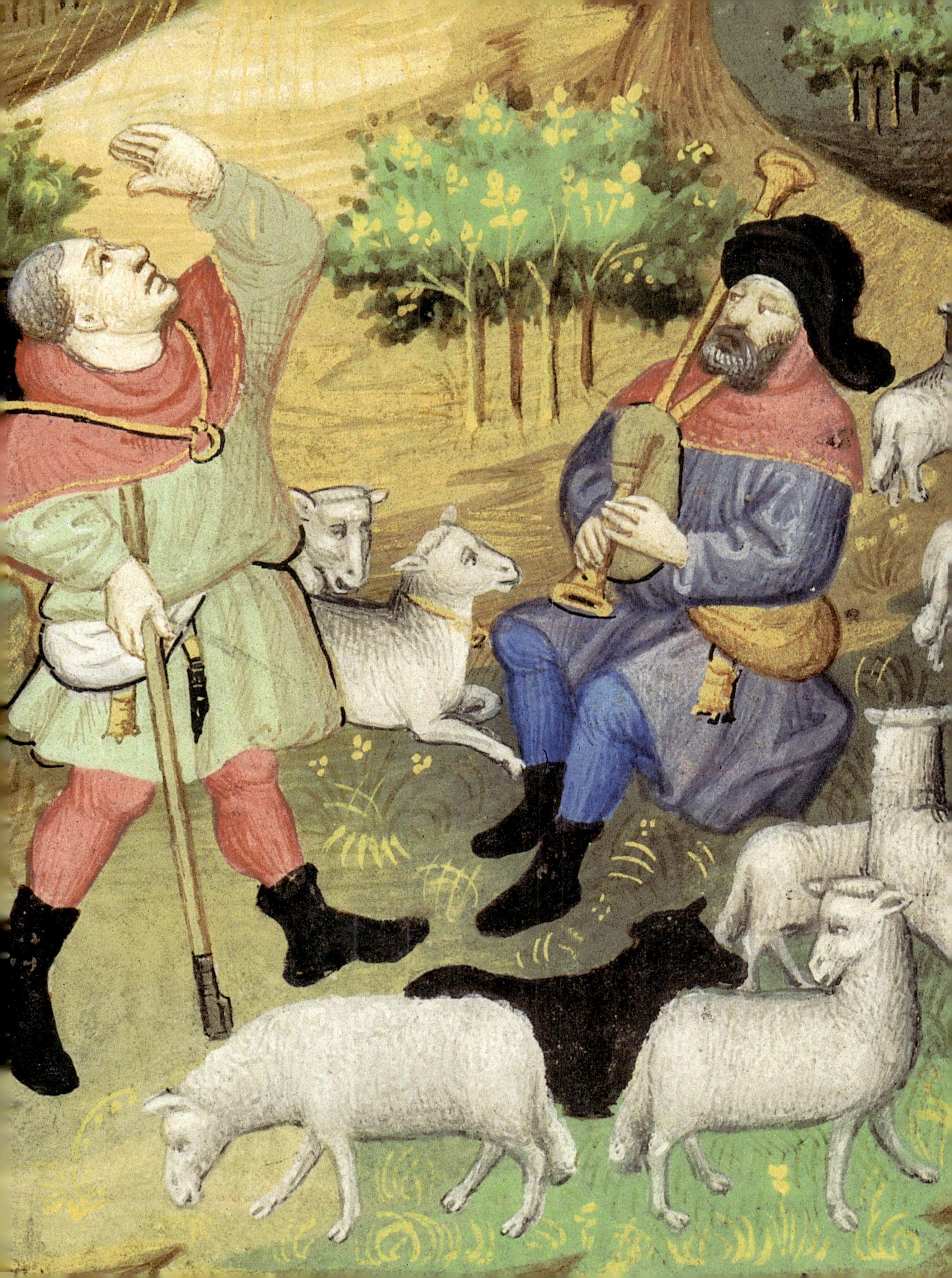

9 *Pariser Stundenbuch* um 1430–1440

Münchner Legenda Aurea besonders schön seine Konzeption der mädchenhaften Muttergottes mit flachsblondem Haar; sie trägt ein blaues Kleid mit goldenem Gürtel, wie das schon in der Boucicaut-Werkstatt zu beobachten ist. Doch ist ihr ebenso strahlend blauer Mantel nun innen mit Gold ausgeschlagen; ähnlich disponierte der Bedford-Meister. Bei unserem Künstler verbindet sich das Mantelinnere schlüssig mit dem auffällig dicht und plastisch gemalten Haar der Jungfrau; zugleich erlaubt der Wechsel von Innen- und Außenseite, den noch ganz im Weichen Stil befangenen fließenden Konturen größere gestalterische Kraft zu geben. Besondere Freude kommt durchweg auf, wenn der Meister der Münchner Legenda Aurea die Verkündigung an die Hirten malt. Da meint man ahnen zu können, der Maler habe sich in seinen Anfängen vor allem in kleinformatigen Monatsbildern geübt. Tatsächlich scheint er sich anfangs im Umfeld des Bedford-Meisters mit zweitrangigen Aufgaben wie den figurenreichen Heiligenbildern im Sobieski-Stundenbuch von Windsor Castle (Spencer) zufrieden gegeben zu haben, um dann zu einem der produktivsten und verlässlichsten Werkstattleiter der Pariser Buchmalerei im zweiten Viertel des 15. Jahrhunderts zu werden.

Die Souveränität des Vorgehens erklärt, warum das Werk des Meisters der Münchner Legenda Aurea recht leicht zu erkennen ist. Trotz der Freiheit im Umgang mit den Bildvorlagen treten wesentliche Grundzüge gleich zutage. Das wird um so deutlicher, wenn man den Wandel von frühen zu reifen Werken berücksichtigt; unser Stundenbuch bezeichnet durchaus den Übergang zwischen beiden Phasen. Fast wie bei einer Faustregel kann man übrigens davon ausgehen, dass er, wie übrigens auch der Dunois-Meister in seinen späteren Werken (Kat. Nr. 10), bei der Marienverkündigung den Engel von rechts eintreten lässt, was erst gegen Ende des 15. Jahrhunderts üblich wurde.

Wie schon in den Jahren um 1410, da die Boucicaut-Werkstatt die Pariser Kunst dominierte, lässt sich über die Jahrzehnte, in denen der Meister der Münchner Legenda Aurea wirkte, immer wieder feststellen, dass unter den hauptstädtischen Werkstätten ein reger Austausch herrschte. Statt die gesamte Bebilderung in einem Stil zu halten, zeigen nämlich viele Handschriften die Beiziehung eines stilfremden Malers für jeweils wenige Einzelminiaturen. So sind verstreute Beiträge des Meisters in einer schwer zu zählenden Anzahl von Stundenbüchern zu finden. Demselben Vorgehen verdankt sich in unserer Handschrift der abweichende Charakter der Anbetung der Könige (70r). Das Bild wirkt in den Proportionen schlanker und im Duktus der Linien nervöser. In lebhaften Drehungen bewegen sich die Köpfe. Auch der Einsatz des Blattgoldes macht den Abstand zu den meisten anderen Miniaturen dieser Handschrift klar; denn alle Buntfarben in dieser Miniatur überstrahlt das bombierte Blattgold, das den Himmel füllt und in Kronen, Gefäßen und Nimben prächtig wiederkehrt. Charakteristisch sind die Gesichter, sie stehen dem Dunois-Meister so nahe, dass man seine Hand vielleicht sogar erkennen mag. Ich selbst habe die starke Betonung der Konturen und diese Miniatur 1989 einem nach Sir Thomas Hoo benannten Maler zugeschrieben (König / Tenschert 1989). Nicht in genau derselben Weise weicht das Pfingstbild, in dem ebenfalls eine, jedoch kleinere Blattgoldfläche oben aufscheint, von den übrigen Miniaturen ab. In den Proportionen kommen die recht gedrungenen Figuren dem Kanon nahe, der beim Meister der Münchner Legenda Aurea herrscht; doch die Köpfchen sind kleiner, die Bärte wattiger und der Gesichtsausdruck mit den Punktaugen in einem weichen Gefüge ganz anders. Auch diese Miniatur steht dem Dunois-Meister außerordentlich nahe, jedoch auf andere Weise als die Königsanbetung; sie ist zugleich dem Meister der Münchner Legenda Aurea selbst durchaus verwandt. Wie groß die Zahl der Beteiligten ist, lässt sich heute nicht mehr mit Gewissheit feststellen. Deshalb ist auch schwer zu sagen, ob man es hier mit einem dritten Maler zu tun hat oder mit einem Künstler, in dessen Spektrum die Anbetung der Könige wie das Pfingstbild doch noch vereinbare Positionen einnehmen.

Alle Pariser Maler des zweiten Jahrhundertviertels liebten es, üppig Tücher auszubreiten. Eine kleine Anzahl von Mustern kehrt in stilverwandten Miniaturen so regelmäßig wieder, als hätten die Künstler darin geradezu eine Signatur gesehen. Vielleicht mag auch die Konkurrenz in der Hauptstadt Meister angeregt haben, die eigenen Arbeiten mit derartig markanten und leicht wieder erkennbaren »Markenzeichen« zu versehen. Zahlreiche Gewänder und Vorhänge sind in diesem Buch intensiv gemustert; doch unterscheiden sich die einzelnen Motive nur von den Farben und der Größe, nicht aber vom auch sonst beim Meister der Münchner Legenda Aurea gewohnten Design. Dieses höchst auffällige Phänomen kann zwei Gründe haben. Es könnte auf eine Arbeitsteilung hindeuten, die solche Motive einem Gehilfen übertrug, der unabhängig von den Unterschieden zwischen den Figurenmalern für Hintergründe eingesetzt wurde. Vielleicht aber drückt sich darin die führende Rolle des Meisters aus, der den oder die sonst noch Beteiligten zur Wiederholung seines »Werkstattmusters« anhält. Der Meister der

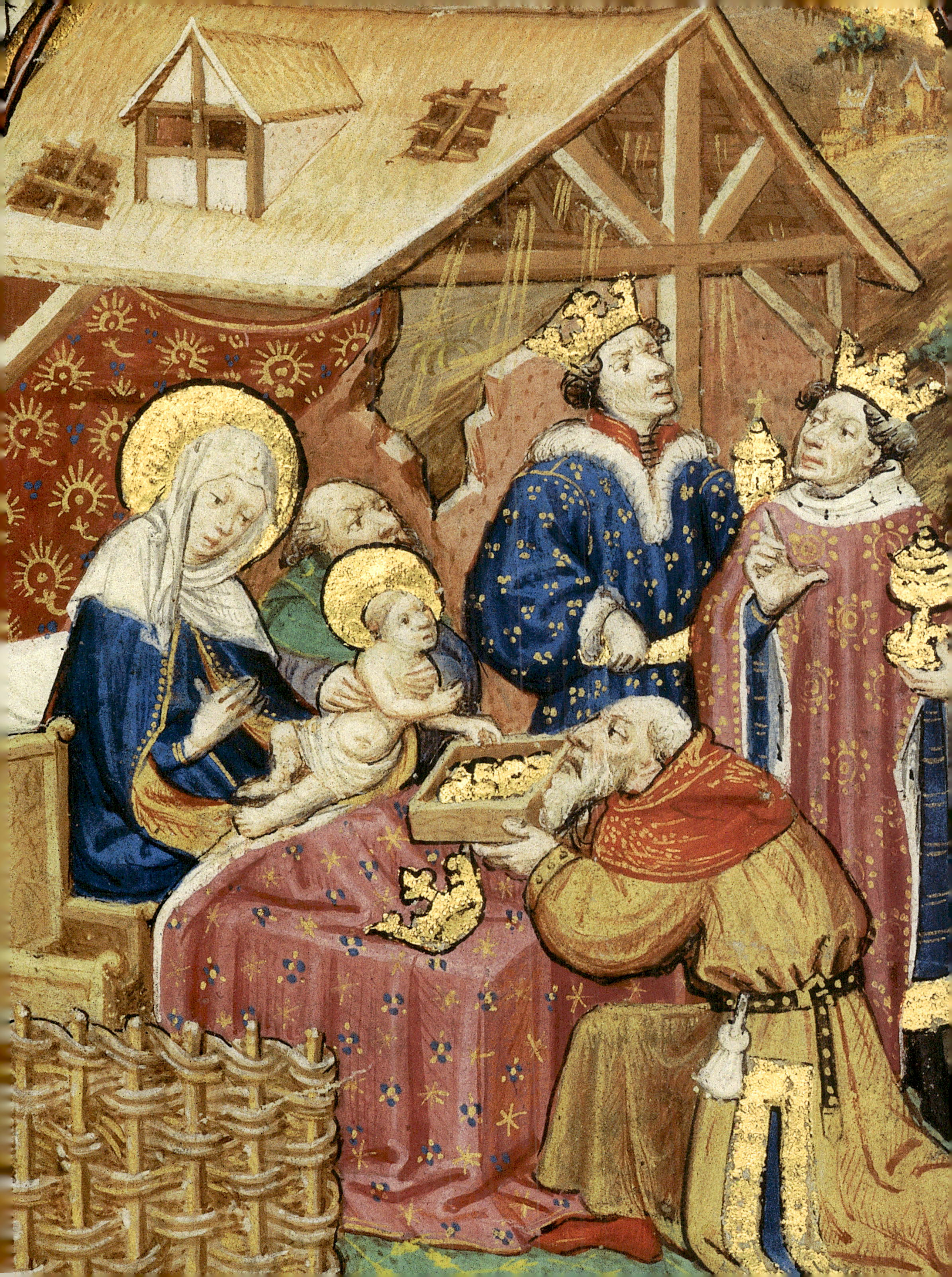

Münchner Legenda Aurea prägt in der Tat das ganze Buch; denn alle übrigen Miniaturen sind reife Arbeiten von der Hand dieses Malers und können exzellent die Qualitäten seiner Kunst belegen. Gegenüber den frühen Werken mit ihrem dunkel glühenden Kolorit hat sich die Palette schon leicht aufgehellt. Die Miniatur mit dem Jüngsten Tag hinterfängt beispielsweise den Weltenrichter mit einem zarten Graublau, kleidet Christus in ebenfalls mit Weiß gesättigtes Rosa, gibt Maria einen weit ausgreifenden weißen Schleier und dreht die Mantelfarben so um, dass der lichte Goldton nach außen kommt und das tiefe Blau zurückdrängt (123r). Trotz dieser recht fortschrittlichen Züge beharrt der Meister der Münchner Legenda Aurea anders als der oder die anderen Beteiligten auf einem recht altmodischen Detail. Er fügt in den Blattgoldrand, der seine Miniatur umgibt, noch eine ganz umlaufende farbige Leiste ein, die mit harten Tintenlinien konturiert und einer kräftig hervortretenden weißen Linie gehöht ist. Beim Pfingstbild fällt die Binnenleiste ganz weg (113r), während sie in der Königsanbetung unten aussetzt und in Senkrechten und Bögen ohne die weiße Linie auskommt (70r). An solchen Details, die diese Miniaturen ihrerseits von dem hier ebenfalls vorgestellten Stundenbuch des Dunois-Meisters (Kat. Nr. 10) absetzen, dürften bereits die Maler ihre Arbeiten bei der Abrechnung ihrer Anteile unterschieden haben.

Die Zusammenarbeit der zwei oder drei Maler kann erst im zweiten Viertel des 15. Jahrhunderts erfolgt sein; dabei entstanden alle Miniaturen offenbar in einer gemeinsamen Arbeitsphase. Weit zur Jahrhundertmitte wird man nicht gehen können; denn noch herrscht die traditionelle Schrift der Textura. Die Bilder sind fast regelmäßig über vier Zeilen Text angebracht, greifen mit ihrem leicht eingezogenen gezackten Bogen weit in den oberen Randstreifen aus. Die meist dreizeiligen Dornblattinitialen verbinden sich mit kräftigen Zierleisten, in denen farbiges Dornblatt ins Blattgold wie eingelegt wirkt. Noch bestimmen die feinen Tintenlinien mit ihren einfachen Spiralen die Bordüre; doch bringen sie leuchtende Blüten und Blättchen hervor, während ein strenges Zuteilungssystem die modernste Form, den buntfarbigen Akanthus nur in den Ecken duldet. Doch wird man wegen der Entwicklung des Kolorits und wegen des Nebeneinanders der drei Maler nicht vor 1430 zurückgehen können, so dass hier eine charakteristische Pariser Arbeit aus dem 4. Jahrzehnt des 15. Jahrhunderts vorliegen dürfte, die bemerkenswerte Maler unter der Federführung des Meisters der Münchner Legenda Aurea vereint.

(Eberhard König)

Pergament 197 Blätter (je drei Blatt Papier vorne und hinten); 175 x 118 mm; Lagen (mit Wortreklamanten): 1^{12}, $2–3^{6}$, 4^{8+1}, $5–6^{6}$, $7–10^{8}$, 11^{8-1}, 12^{4}, 13^{8-1}, 14^{8}, 15^{8-1}, 16^{8-1}, $17–22^{8}$, 23^{6}, $24–25^{3}$, 26^{10}; Schriftspiegel: 97 x 65 mm; einspaltig; 14 bzw. 17 (Kalendar) Zeilen; Liniierung in Rot. **Ausstattung** Lateinischer, in Kalendar und Schlusstext französischer Text in dunkelbrauner Textura, rubriziert; Versalien gelb laviert; einzeilige Initialen in Gold auf mauvefarbenen und blauen Flächen mit weißer Filigranornamentik; Zeilenfüller der gleichen Art; zweizeilige Dornblattinitialen in Farben auf Gold; alle Textseiten mit Dornblattbordüren außen und unten, reich durchsetzt mit farbigen Blüten und Früchten, die Mitte außen jeweils mit einem Motiv aus einer Blüte auf Blattgold mit einem Kranz aus Blüten, seltener aus Akanthus, geschmückt (nur 168r–169v an dieser Stelle mit großem Akanthusmotiv); dreizeilige Dornblattinitialen in Farben auf Gold mit dreiseitigen breiten Zierleisten, die Dornblattmotive und Blüten auf Blattgold ausbreiten und unten eine Zeilenhöhe aussparen; Dornblattbordüren mit Blüten, Ecke und Mitte mit Akanthus oder Blumen besetzt; elf Miniaturen in Gold und Deckfarben. **Einband** Brauner Kalblederband des 19. Jhs. mit Blindstempelprägung: umlaufende Ornamentbordüre, Mittelfeld aus einem Rechteck mit eingebuchteten Ecken, darin mittig ornamentale Zierkartusche; vier sichtbare Bünde; Rückenschildchen vergoldet: »MISSALE ROMANUM«, die übrigen Felder mit ornamentalen Motiven in Blindprägung; Goldschnitt. **Vorbesitzer** 196r nicht aufgelöste Paraffe eines unbekannten Sammlers; Eintrag auf dem zweiten Vorsatzblatt »H. Migusma. voor Friso den Zoon. 1967«. **Inhalt** 1r–12v Kalendar (Paris) in französischer Sprache, jeder Tag besetzt (u. a. 3. 1. Genovefa [nicht hervorgehoben]; liturgisch wenig verlässlich, weil jeder Tag eher dekorativ besetzt ist). Miniaturen auf Zierseiten; Textanfänge unter dem Bild. 13r–17v Evangelienlesungen (Joh, Lk, Mt, Mk). 17v–25r Mariengebete; für männlichen Nutzer redigiert. 17v *O (bsecro te)*. 21r *O (intemerata)*. 25v leer. 26r–88r Marienoffizium (Paris). 26r Verkündigung an Maria. 49r Heimsuchung. 60r Geburt Christi. 65v Verkündigung an die Hirten. 69v Rubrik: *Sensuit miedy de nostre dame*. 70r Anbetung der Könige. 74r Darbringung Christi im Tempel. 77v Rubrik: *A vespris*; Textanfang und Miniatur fehlen. 83v Marienkrönung. 88v leer. 89r–106v Bußpsalmen mit Litanei (Paris: u. a. Gervasius, Prothasius, Germanus, Brioscus, Ludovicus, Yvo, Genovefa); Textanfang und Miniatur fehlen. 107r–112v Horen des Hl. Kreuzes; Textanfang und Miniatur fehlen. 113r–117v Horen des Hl. Geistes. 113r Pfingsten. 118r–122v Fünfzehn Freuden

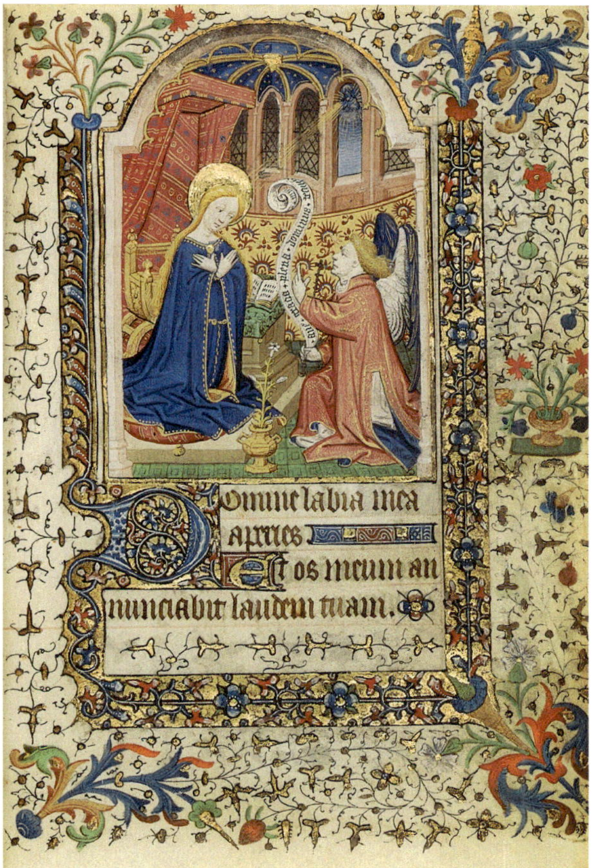

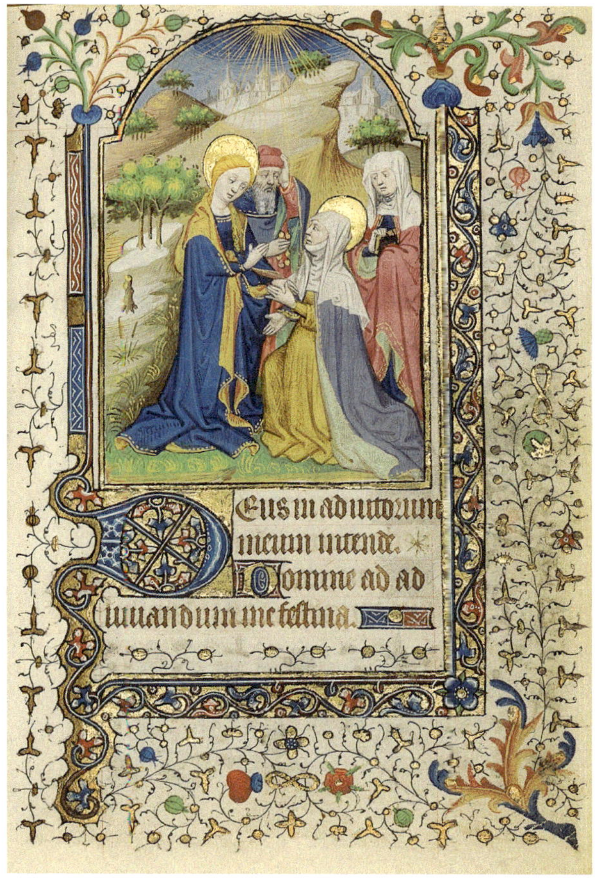

9 *Pariser Stundenbuch* um 1430–1440

26r Matutin des Marienoffiziums. Der Verkündigungsengel Gabriel grüßt Maria mit den Worten: *Ave gratia plena Dominus tecum.* (Gegrüßet seist Du, Maria, voll der Gnaden; der Herr ist mit Dir.)

49r Laudes des Marienoffiziums. Heimsuchung

der Jungfrau Maria; Textanfang und Miniatur fehlen. 123r–126v Sieben Bitten an unseren Herrn. 123r Jüngstes Gericht mit Christus auf dem Regenbogen. 127r–171v Totenoffizium (Paris). 127r Totenfeier in der Kirche. 172r–196r Versgedicht vom Leben der heiligen Margarete. *A (pres la sainte passion)*; beginnt auf dem ersten Blatt einer neuen Lage. 172r Margarete, dem Drachen entwachsend. 196v–197v leer.

Literatur E. König / H. Tenschert, Leuchtendes Mittelalter I, Kat. 21 Antiquariat Heribert Tenschert, Rotthalmünster / Ramsen 1989, Nr. 55, S. 352ff.

Zitierte Literatur M. Meiss, French Painting in the Time of Jean de Berry. The Late 14th Century and the Patronage of the Duke, London / New York 1967. – Ders., French Painting in the Time of Jean de Berry. The Boucicaut Master, London / New York 1968. – Ders., French Painting in the Time of Jean de Berry. The Limbourgs and Their Contemporaries, London / New York 1974. – F. Avril / N. Reynaud, Les manuscrits à peinture en France 1440–1520, Ausst. Kat. Bibliothèque Nationale de France, Paris 1993. – J. Backhouse, The Bedford Hours, London 1990. – E. König, Französische Buchmalerei um 1450. Der Jouvenel-Meister, der Meister des Genfer Boccaccio und die Anfänge Jean Fouquets, Berlin 1982. – K. Perls, Le tableau de la famille des Juvénal des Ursins au Louvre: Le »Maître du Duc de Bedford« et Haincelin de Haguenau, in: Revue de l'art ancien et moderne 1935, II, S. 173ff. – E. König, Les Heures de Marguerite d'Orléans. Reproduction intégrale du calendrier et des images du manuscrit latin 1156 B de la Bibliothèque Nationale (übersetzt von F. Boespflug), Paris 1991. – J. Plummer / G. Clark, The Last Flowering. French Painting in Manuscripts, 1420–1530, Ausst. Kat. Pierpont Morgan Library, New York 1982, Nr. 10, S. 7f. – E. König / H. Tenschert, Leuchtendes Mittelalter V, Kat. 30 Antiquariat Heribert Tenschert, Rotthalmünster / Ramsen 1993, Nr. 15. – E. P. Spencer, The Sobieski Hours. A Manuscript in the Royal Library at Windsor Castle, Roxburghe Club, London 1977. – Ein Buch über den Maler von E. König ist in Zusammenarbeit mit H. Tenschert in Vorbereitung.

9 *Pariser Stundenbuch* um 1430–1440

60r Prim des Marienoffiziums. Christi Geburt. Im ruinösen Stall zu Bethlehem, von einem hellen Stern bezeichnet, liegt das nackte Jesuskind in einem Korb, von Maria und Joseph, Ochs und Esel verehrt.

65v Terz des Marienoffiziums. Ein Engel erscheint den Schafhirten und verkündet die Geburt Christi. Während der eine noch den Dudelsack spielt, verschattet der andere bereits sein Gesicht vor dem himmlischen Glanz.

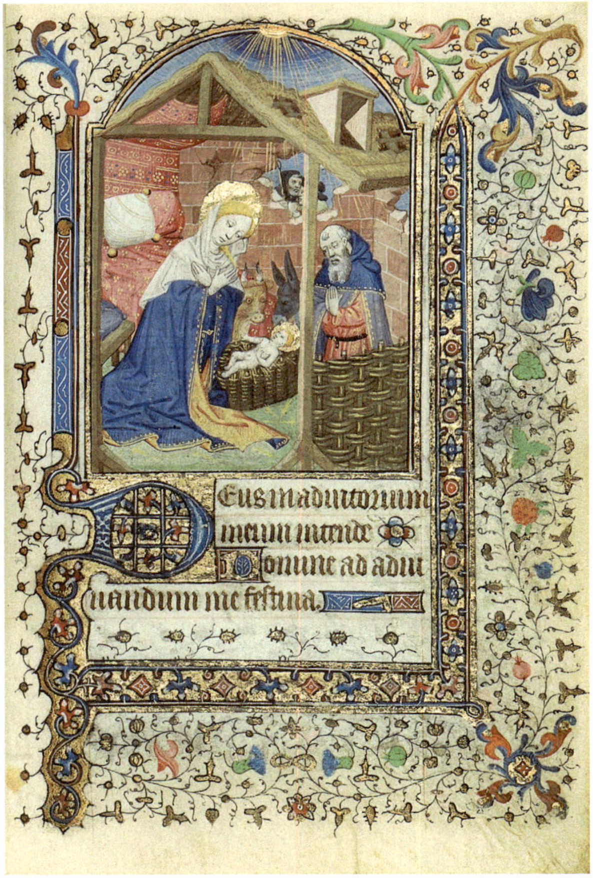

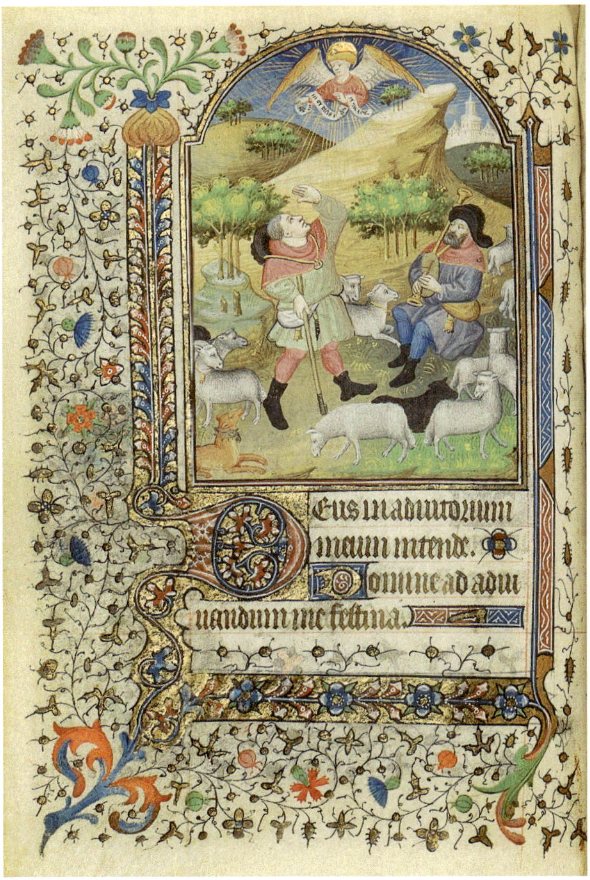

70r Sext des Marienoffiziums. Durch den Stern geführt, haben die drei Könige aus dem Morgenland den Stall zu Bethlehem mit dem neugeborenen Jesuskind erreicht, um ihm zu huldigen und Geschenke zu überbringen.

74r Non des Marienoffiziums. Darbringung Jesu im Tempel

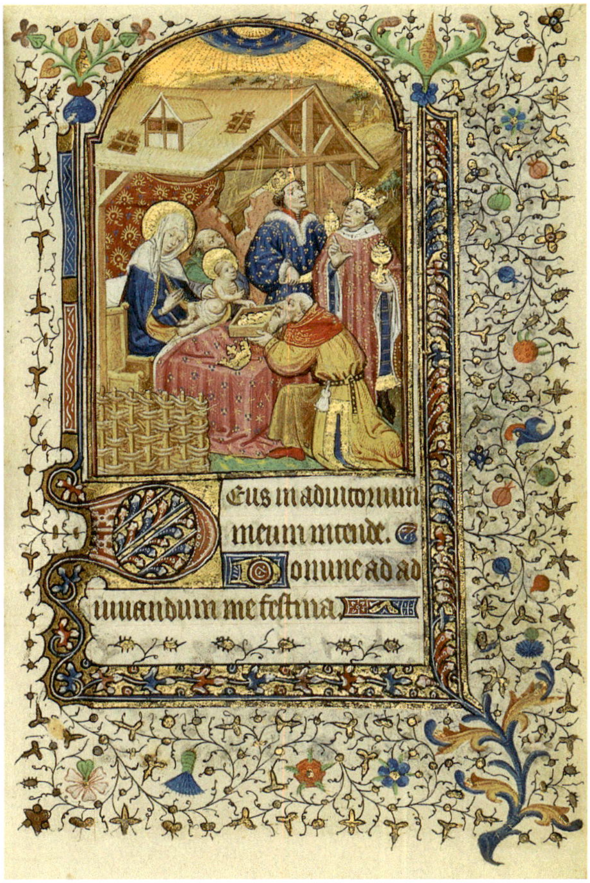

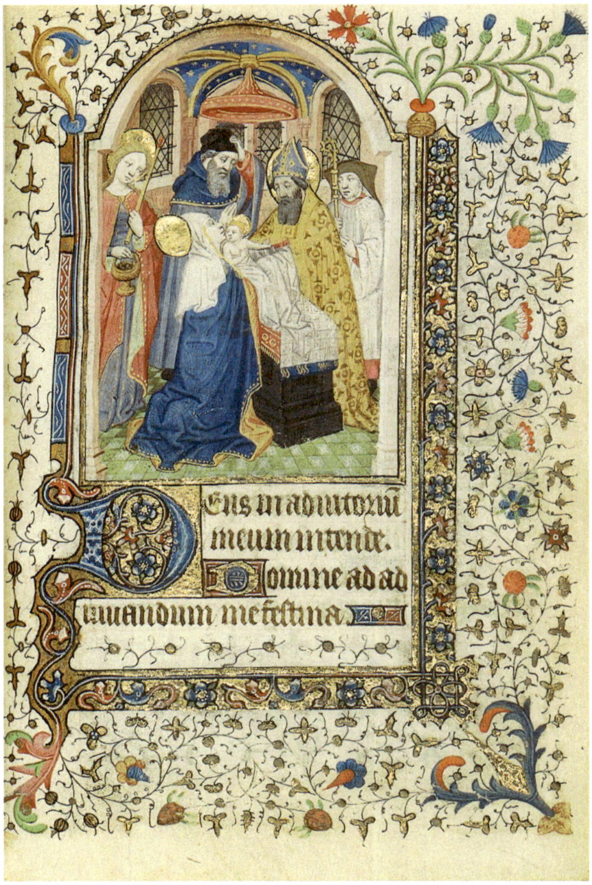

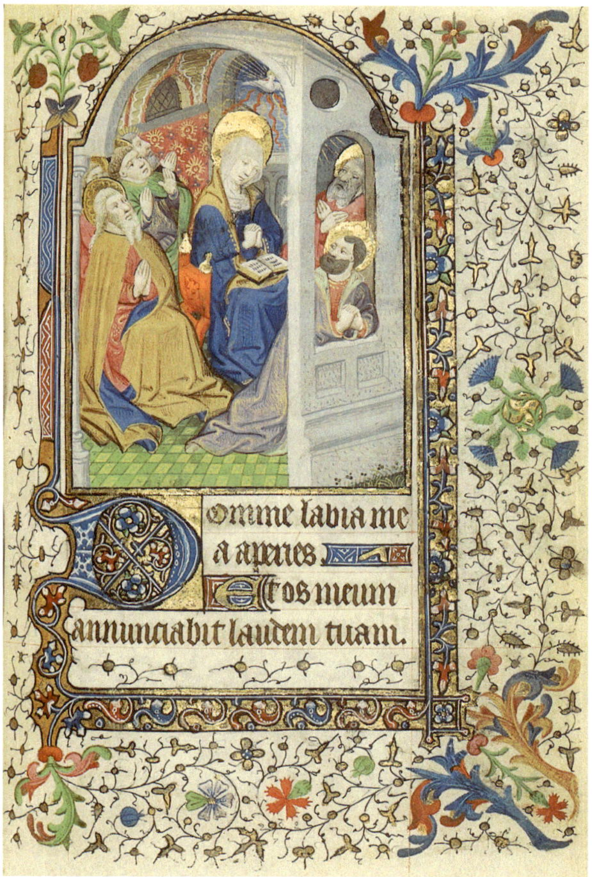

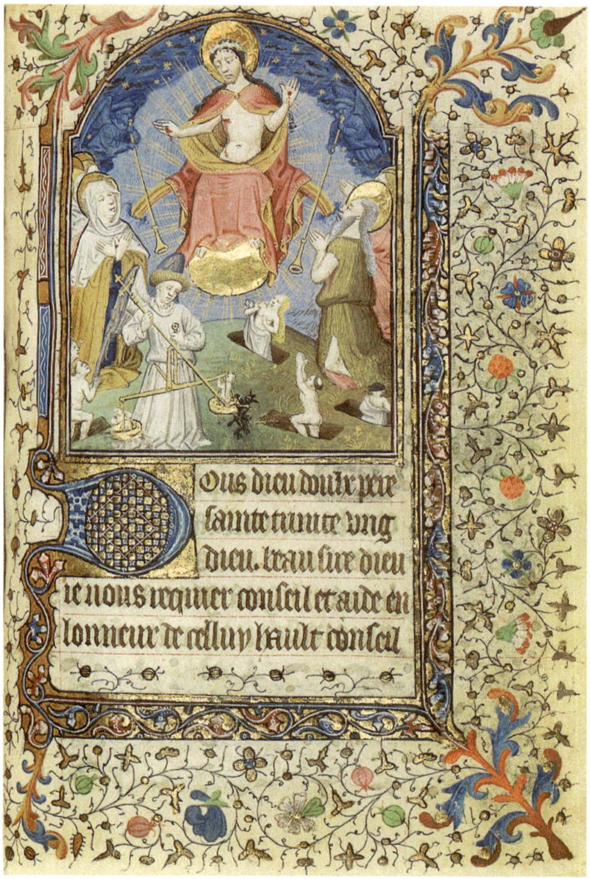

9 Pariser Stundenbuch um 1430–1440

113r Pfingsten. Hier beginnen die Horen des Hl. Geistes.

123r Als Illustration zu den Sieben Bitten an unseren Herrn erscheint der Weltenrichter Christus auf dem Regenbogen thronend. Maria und Johannes der Täufer bitten um Gnade für die Verstorbenen, die sich aus den Gräbern erheben, und deren Seelen vom Erzengel Michael gewogen werden.

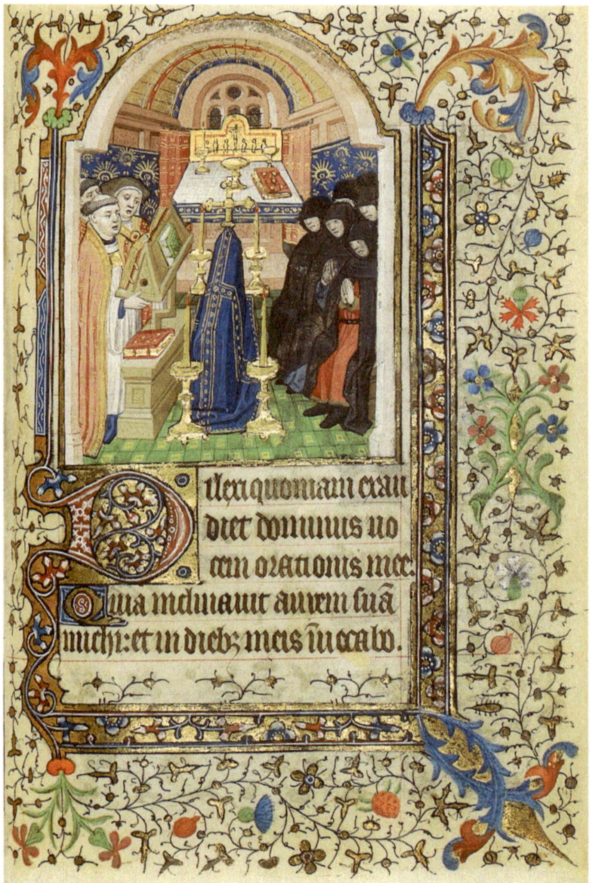

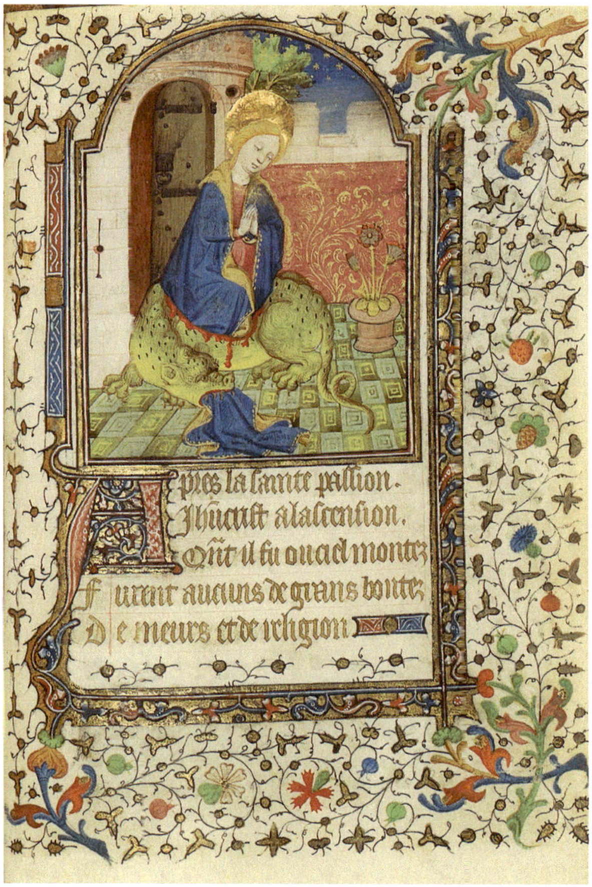

127r Beginn des Totenoffiziums. Totenamt mit Priestern und Trauernden

172r Nach der Legende freite der heidnische Stadtpräfekt Olibrius um die schöne Christin Margareta. Da sie nicht von ihrem Glauben abließ und die Werbung ausschlug, wurde sie nach vielen Martern enthauptet. Zunächst warf man sie in den Kerker, wo ein Drache erschien, sie verschlang, durch das Kreuzzeichen jedoch zerbarst.

9 *Pariser Stundenbuch* um 1430–1440

172r–196r (Text) Versgedicht vom Leben der heiligen Margarete

Vom Leben der hl. Margarete

Nach der heiligen Passion Jesu Christi, bei der Himmelfahrt, Als er in den Himmel aufgestiegen war, Geschahen einige Dinge von großer Güte, Was Sitten und Religion betrifft, Und zwar durch die Predigt Der Apostel und der Märtyrer. Danach arbeitete der Heilige Geist so sehr, Dass es viele Gläubige gab, Alte, Junge und Kinder, Und Damen und Jungfrauen. Vor allem kamen Neuigkeiten Von einer kleinen Jungfrau, Die Margarete genannt wurde. Sie hörte sprechen von Jesus Christus, Vom Tod, den er erlitten hatte, Und vom Ewigen Leben. Das hielt sie nicht für Lüge oder Fabel; Denn sie hatte davon gehört, Dass sein Reich ewig dauert. Margarete war nicht älter als fünfzehn Jahre, Als sie die heidnischen Lehren aufgab, Sich taufen und aufrichten ließ. Da begann sie, Gott sehr zu lieben. Aber vorsichtig in ihrem Mut, Tat sie nicht lieb oder nahe, Weder dem Vater noch dessen Freunden. Auf Gott hatte sie ihr ganzes Herz gerichtet, So dass sie als Liebe niemand haben wollte, Noch wünschte einen anderen Freund zu haben, An keinem Tag ihres Lebens, Als Gemeinschaft oder Heirat. Keinem fleischlichen Manne hatte sie Ihr Wort gegeben.

Theodosius war ihr Vater Und Heidin ihre Mutter; Heiden waren sie beide. Ihr Vater hasste sie zutiefst; Aber ihre Mutter hatte sie sehr lieb, Wenn auch nur deshalb, weil sie schön und lieb, Anmutig von Körper und Gesicht war, Gut gewachsen, stark und weise. Sehr wenig Zeit blieb ihnen; Denn beide starben auf einmal, Und sie blieb Waisenkind. Eine Amme hatte sie, Die sie in ihrer Kindheit gesäugt hatte. Die hatte ihr ihren Glauben beigebracht, Und zwar den Glauben der Christenheit, Und sie kannte ihren Willen, Ihr ganzes Leben und ihr Sein. Die nannte sie Dame und Meisterin; Denn ganz ohne Hochmut und ohne Laster Hatte sie sie mild aufgezogen. […] Die Schafe trieb ihre Amme Jeden Tag auf die Weide; Denn sie kümmerte sich nicht um diese Welt. Gekleidet war sie sehr ärmlich, Aber sie war von schöner und lieblicher Gestalt. Die Augen grün [frisch?] und leuchtend das Antlitz, Wie jene, die von der Gnade Gottes erfüllt ist, Hatte sie keine Lust auf andere Liebe Außer der zu Gott ganz allein. Sie hatte keinen anderen Gedanken. Eines Tages kam aus Zufall, Als sie ging, ihre Schafe zu weiden

Olibrius vorbei. Der war der Herr des Landes. Er schaute ihr direkt ins Gesicht, Achtete nicht auf ihre Kleidung, Aber auf den Körper, den sie hatte, schön und lieblich, Gerade und von schönem Bau. So geht er vorbei in großer Eile, Aber er lässt sie nicht ins Vergessen geraten. Jetzt schickt er zu ihr, Um zu erfahren, wer sie sei Und ob sie ihn lieben wolle.

Der Bote ist angekommen, Wo die Jungfrau sich hinbegeben hat: „Jungfrau macht, dass Gott euch rette." Sie antwortet nicht laut, Noch ist sie irgendwie verblüfft. „Guter Herrgott, segne uns", Während er zu ihr anfängt zu sprechen: „Fräulein", sagt er, „der Herr, Der in dieser Gegend hier vorbeikam, Schickt mich zu Euch, Euer Gnaden, Auf dass Ihr mir Euren Namen sagt, Und ob Ihr ihn liebt oder nicht. Wer seid ihr und von welchem Geschlecht? Und wer sind Eure Eltern, Welchen Glauben habt Ihr und welches Bekenntnis?" „Herr", sagt sie, „seit meiner Kindheit Bin als Christin ich getauft. Gott habe ich meine Liebe geweiht, Keinen anderen Freund als ihn wünsche ich zu haben." „Schöne, lasset mich wissen, Wäret Ihr Freundin meines Herrn, Würdet Ihr größerer Ehre nachstreben. Große Ehre und große Herrschaft Käme Euch zu durch seine Gefolgschaft. Macht, was mein Herr will, Wenn ein anderer diese Wiese bewahrt, Und Ihr kommt mit mir, Auf dem Rücken meines Rosses!" „Schöner [Herr], das lasst Ihr sein, Ihr könnt nichts erobern. Ich bin Magd von Jesus Christus. So seid Ihr der, der gescheitert ist." Auf's Pferd ist er gestiegen, Ohne Abschied ist er gegangen. Seinem Herrn hat er erzählt Von der Antwort und der Güte, Die er bei der Jungfrau fand. „Herr", sagte er, „sie ist Magd Ihres Schöpfers Jesus Christus. Herr, sie hat alles von sich gewiesen, Was ich ihr auch gesagt und versprochen habe. Sie sagt, sie habe an einen besseren Ort getan Ihr Herz, das sie nicht für Euch habe. Weder ihr Herr noch ihr Bräutigam Werdet Ihr irgendwann in unserem Leben sein. Auch hat sie auf Eure Liebe keine Lust."

Olibrius hat sich darüber erzürnt. Vom schlechten Ausgang ist er völlig verändert, Die Nase kraus, die Zähne gebleckt, Das Antlitz ist ihm erbleicht und verfärbt; Denn viel machte ihm aus, Was Margarete gesagt hat. Heftig wünscht er, sie gut zu bestrafen. Am Morgen darauf lässt er sie auffordern, Sie solle kommen, um mit ihm zu sprechen. Sehr wünscht er, seinen Ärger zu rächen. Nicht ist es ihm recht, dass er noch mehr darauf warte. Sobald er sie kommen sieht, Kann er sich zu sprechen nicht halten: „Fräulein, kommt her, Wer seid Ihr und von welchem Stamm, Und wer sind Eure Eltern, Was ist der Glaube, den Ihr habt, Und

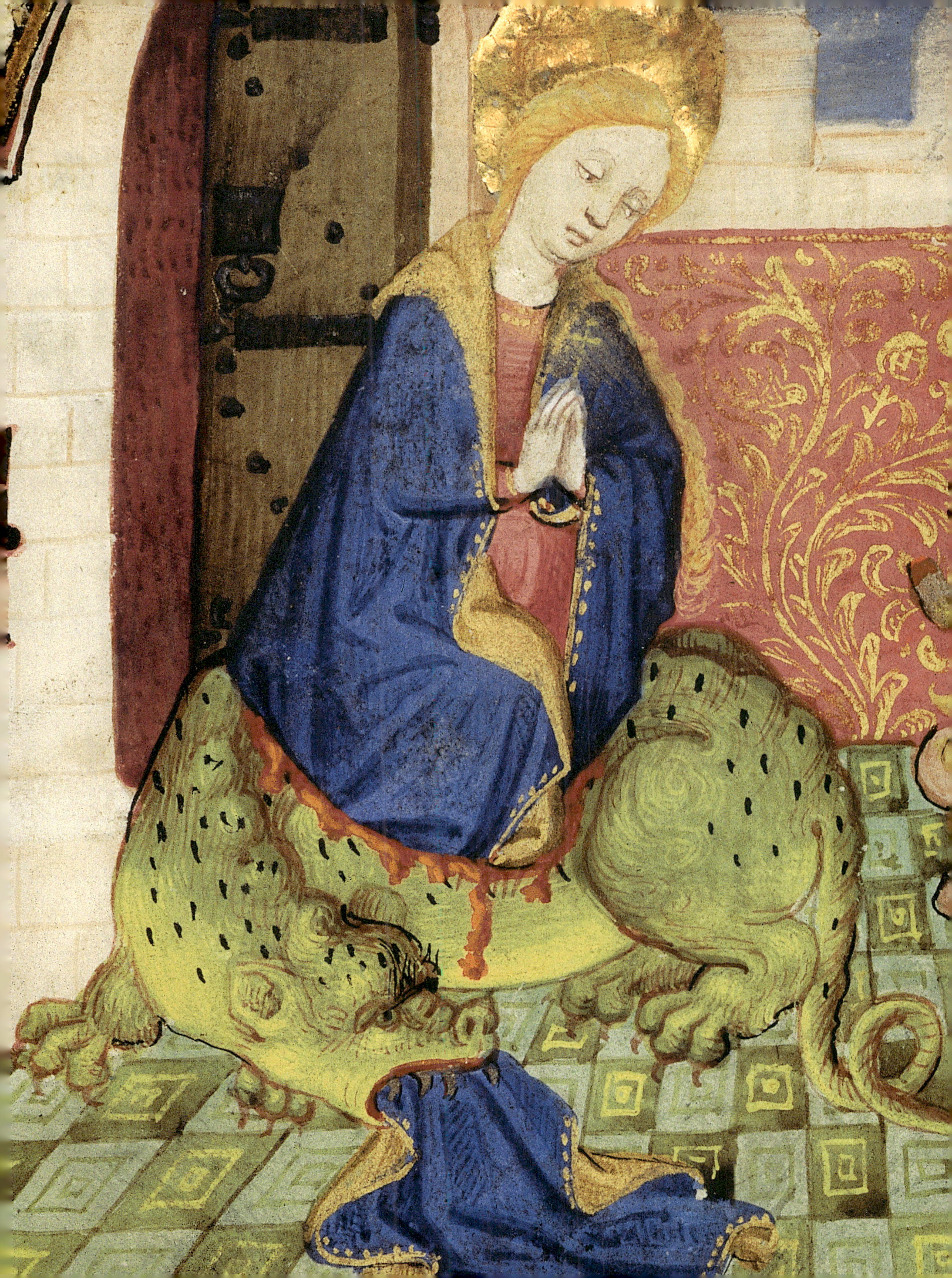

9 *Pariser Stundenbuch* um 1430–1440

172r–196r (Text) Versgedicht vom Leben der heiligen Margarete

der Gott, den ihr anbetet? Glaubt mir, wenn ihr tätet, was weise ist, Nähme ich Euch zur Frau, Wenn Ihr zustimmen wolltet Und es wahrhaft wüsstet, ohne zu lügen. Wenn Ihr damit aber nicht einverstanden seid, Und Ihr mir nicht zustimmt, Werdet Ihr schon ein derartiges Martyrium erleiden, Dass es zu spät wäre zu sagen, Herr, es sei nach Eurem Wunsche." „Davon könnt ihr mir wohl schweigen", Sagt dieses Mal die Jungfrau, „Dass ich darin nicht lügen würde: Ich werde nicht an Euer Gesetz glauben. Keine Gemeinschaft werde ich für mich haben, Nicht Ihr für mich, nicht ich für Euch. Denn Jesus Christus ist mein Bräutigam, Und ich bin seine Magd und seine Freundin. Wohl gibt mir Gewähr Gegen Euch Gott durch seine Gnade. Nicht fürchte ich irgend etwas von Eurer Drohung; Ebenso Kein Übel, das Ihr mir tun könntet." Als Hund, unredlich und unglaubwürdig, Übel stinkender Hund und voller Rage,

Hat Olibrius sich erzürnt. Seine Gefolgsleute hat er gerufen Und ihnen befohlen, sie zu fesseln Und sie ganz nackt auszuziehen. „Sorgt dafür, dass sie hier aufgehängt wird, In die Höhe," sagte er seinen Leuten. „Und mit guten schneidenden Ruten Schlagt sie von vorn und hinten, Dass ihr keine Haut mehr bleibe." Sofort standen sie auf und warteten nicht mehr, Dass sie sie entkleideten und aufhingen, Ihre weiße und dünne Haut Haben sie so geschlagen und eingeschnitten, Dass keine Haut noch heile blieb. Aber auch wie von einem Springbrunnen Troff von ihr das fließende Blut.

Olibrius und seine Leute Sowie auch die, die dabeistanden, Konnten nicht mehr hinschauen, Bei all dem Blut, das von ihr floss, Und bei dem Schmerz, den sie erlitt.

Olibrius, der gemeine Verräter, Schrie ihr zu, „Schwester Margarete, Glaub mir und sei mir zu Willen, Noch kannst Du wieder gesund werden!" Und die, die um sie standen, Sagten ihr, „Schwester, glaub unserem Herren, Glaube, wenn Du das tust, was weise ist, Dann wird eine sehr reiche Hochzeit Unser Herr Dir bieten und schenken. Verliere nicht Deine schöne Jugend Durch Kindischsein und durch Dummheit, Rette Deinen Körper, rette Dein Leben!"

Das Fräulein hörte und vernahm Den Lärm und die Schreie der Leute. Da wunderte sie sich sehr, Was ihr zu Ohren kam. „Ha," ruft sie, „falsche Ratgeber, Wenn Ihr mich hier so gepeinigt seht, Wollt Ihr, dass mich Gott verdammt hat, [...]. Von großer Dummheit sprecht Ihr mir, Ihr, die Ihr mir solchen Rat gebt, Dass ich aufgeben soll für Euren Herrn Die Freundschaft meines Schöpfers. Wenn mein Körper diese Folter erleidet, Wird meine Seele schneller gehen Ins Paradies zu den Heiligen. Solche Martyrien sind für mich nur Bäder, Um meine Seele und meinen Körper zu reinigen. Durch diese Folter entgeht meine Seele Den Schmerzen des zweiten Todes; Denn das sind die weltlichen Sünden. Ihr solltet besser Jeder an seine Statt gehen, Frauen wie Männer; Denn ich nehme nicht zwei Äpfel, Weder Eure Worte, noch Eure Sprüche; Denn mit mir ist Jesus Christus." Während sie sich wandte An das Volk, das um sie stand, Dachte Olibrius darüber nach, Sie noch schrecklicher zu peinigen. Und schlimmer noch befiehlt er Seinen Leuten, dass man sie abhänge. „Führt sie schnell Und werft sie in mein Verließ, In den dunkelsten Platz, ganz hinten; Achtet darauf, dass sie kein Licht habe, Noch anderes, was sie trösten könnte. So ein hartes und starkes Herz hat Dieses Mädchen, das, wenn es mich beleidigt, Nie mehr Freude empfinden soll. An einen solchen Ort werde ich sie werfen lassen, Dass ihr der Hochmut vergeht." Dann hingen sie sie ab und führten sie, Die vor Freude außer sich waren, sie zu peinigen, Um ihrem Herrn zu Gefallen zu sein. Aus der Qual kam sie heraus und trat ein ins Dunkel.

Zum Tor des Verlieses kam sie Ganz blutig und ganz nackt. Davor aber hat sie in Schmerzen Mit dem Kreuzeszeichen sich bekreuzigt. Im Verließ, in dem sie nun verschluckt ist, Wird alles schwarz und verliert jede Farbe; Denn der Ort war schwarz und dunkel. Treulos und hart hätte der das Herz, Der sich enthalten könnte zu weinen, Wenn er sie sähe, wie sie darin verschluckt wurde, Sobald sie eingetreten war. Auf die Erde hat sie sich niedergelassen Und niedergekniet zugleich. Gott rief sie an ganz zart, Damit er sie durch seine Gnade schütze, „Von Herzen seufzen, von den Augen weinen, Hilf mir, schöner Herrgott, Denn so schrecklich ist dieser Ort, Dass ich nicht mehr weiß, wo ich bin, Noch habe ich irgend einen anderen Vertrauten. Schöner Herrgott, die ich insgesamt Zu verletzt und zu schlimm zugerichtet Und fürchterlich gefoltert bin, Schütz mich demnächst, Und wenn ich mich Deiner Gnade überantworte, Damit der sehe von Angesicht zu Angesicht, Der mich so foltern lässt, Ohne dass ich ihm etwas Böses getan hätte."

Als sie ihr Gebet vollendet hatte, Sah sie in einer Ecke Des Verlieses, in der sie war, Einen großen Drachen hervorkommen, in Schwarz: Hässlich und furchtbar in seiner Missgestalt, Besonders hässlich war sein Kopf; Riesig war das Haupt zum Erstaunen, Lang und breit die Ohren, Die Augen hatte er gewaltig und groß, Und mehr als aufleuchtende Feuer Spie er aus seinen Nasenlöchern Feuer, Die den Ort verpesteten. Sein Bart und sein ganzes Haar Schienen aus feinem Golde zu sein. Und vom Gestank seines Atems War das ganze Verlies erfüllt. Sie sah ihn auf sich zukommen. Beobachtend wusste sie nicht, was werden sollte. Vor Furcht zitterte ihr ganzer Körper. Da streckte der Drache die Zunge heraus, Von ihren Füßen wurde sie aufgehoben, Im Zeitraum eines Seufzers umschlungen, Dann von der Erde hochgehoben. Aber das Kreuz, das sie schmückte, War im Körper so furchtbar, Dass es den Drachen zu Platzen brachte.

Als die Jungfrau die Öffnung sah, Ist sie aus dem Drachen gestiegen, Ganz und gar gesund, Und in Gottes Liebe noch gestärkt, Wie sie vorher nicht war. Dann bewegt sie sich oben aus dem Drachen, Und als sie sich umblicken konnte, Sieht sie einen schwarzen Mann kommen, Der nicht wie ein Christ aussah, Schwärzer als ein Ägypter. Der kam ohne Zögern auf sie zu, Die sie in Gott Vertrauen hatte, Und sie fragte kühn: „Und Du, wer bist du, frage ich dich? Bei Gott, dass Du mir sagest, Was soll ich tun, wenn Du mich hast?" „Zu Deinem Gott, der mir zu sehr zugesetzt hat, Der meinen Bruder mitten durchgebrochen hat, Durch Deine Kraft und durch Dein Gebet, Zu Gott hast Du meinen lieben Bruder zurückgegeben. Den Schmerz, den Du selbst erlitten hast, Auf ihn ist das Verderben gewendet worden." „Wer ist Dein Bruder?" „Das ist Rufin, Der hier liegt tot; sein Ende Hat mich kommen lassen, um Dich zu belästigen Und um seinen Tod zu rächen." „Nun sag mir, wie Du heißt." „Beelzebub nennt man mich. Welche Macht ich habe, lass Dir sagen: Ich bin für Missetaten ein großer Herr, Für tausend Neues sorge ich. Auf Gefräßigkeit hab ich mich geworfen, Auf Hochmut und auf Herrschsucht Hab ich meine ganze Hoffnung gerichtet. Und alle Leute in meinem Dienst Quäle ich in mancher Weise, Und allen halte ich Folter bereit. Ich habe meine Freunde, ich habe meine Gefolgsleute, Die ich schicke, um die zu täuschen, Die ich sehen kann, Wie sie sich dem Luxus hingeben. Und die, die sich damit beschäftigen, [...] Und halte mich Tag und Nacht in ihrer Nähe. Wenn ich sie in meine Fänge gebracht habe, Dann ist das meine Freude und meine Erleichterung. Und wenn ich einen einzelnen halten kann, Lasse ich ihn in der Hölle schmoren, Wenn ich einen auf meine Seite ziehen kann. Dir habe ich diese Unbill zufügen lassen, Ließ ich dich fangen und hängen. Noch Schlimmeres könntest du erwarten, Wenn du nicht all den Willen tust Dessen, der dich in seiner Macht hat."

Als sie die Schandtat gehört hatte Und sich über die Bosheit sehr erregt hatte, Geht sie daran, ihn mit großer Geste herauszufordern. An den Haaren zieht sie ihn zu Boden Und nach unten. Indem sie sich neigte, Setzte sie ihren Fuß auf die Brust Und schlug und schlug und machte ihm großen Schmerz. Er aber, der sie schwer auf sich spürt, Leidet schwer und schreit „Gnade, Dame, hebe deinen Fuß von hier Und lass mich wieder Luft kriegen; Denn ich leide sehr großen Schmerz." „Ha", ruft sie, „falscher Mietling, Schmutzkreatur, stinkende, Vieh, voller Ungerechtigkeit. Weiche von meiner Jungfräulichkeit, Hüte Dich, mich je zu kränken, Wenn Du Dich von hier erheben willst." „Ich werde, glaube mir in Wahrheit, Niemals eine Grausamkeit, Keine Grausamkeit und keine Gemeinheit, Dir antun mein Leben lang. Aber damit Du mich entkommen lässest, Hebe Deinen Fuß, weil Du mich zu sehr verletzt." Sie lässt ihn los und er entflieht; Und alle die wundern sich, Die sie im Gefängnis hielten. Sie aber nahm ihr Gebet wieder auf:

Gott, der Du die Welt schufest Und die Erde auf dem Wasser, Der Du dem Meer seine Grenze gabst, Das bis zu seinen Enden nicht aufhört Noch je darüber hinausgeht. Schöner Herrgott, der Du aus einer Masse Alles schaffst nur durch das Wort, Jedem seine Aufgabe gibst, Und niemand widersetzt sich dem. Aus einer hässlichen und konfusen Masse Schufest Du die vier Elemente. Wie mit Feuer Deine Gebote, Ließest Du sie aufteilen: Das Feuer und den Himmel und die Erde und das Meer. Nach Sinn und nach Deinem Gefallen Ließest Du aus der Erde hervorgehen Bäume, Gräser, Tiere und Menschen. Den Mann machtest Du nach Deinem Ebenbild Und die Fische nach mancher Form. Den anderen trugst Du auf, zu ziehen Ihr Fleisch über die ganze Erde. Zwischen den Bergen geleitet und geführt Und den Flüssen und den Quellen, Machst Du Erden von guten Gründen Für Bäume und um Frucht zu tragen. Alles muss nur Dich fürchten Und alle Deine Gebote erfüllen, Herr, der Du in einem

9 *Pariser Stundenbuch*
um 1430–1440

172r–196r (Text)
Versgedicht vom Leben der heiligen Margarete

9 Pariser Stundenbuch
um 1430–1440

172r–196r (Text)
Versgedicht vom Leben der heiligen Margarete

Augenblick Alle die vier Winde sich versammeln Und die ganze Erde beben lässt. Dir dank ich, Gott, und gehorche, Der Du mich die Furcht hast besiegen lassen Vor der widerlichen Schlange, die mich verschlungen hatte, Die ich durch Dein heiliges Kreuz teilte. Da sah ich Dein Kreuz zum Himmel aufsteigen. Dadurch ließest Du mich zweifeln Am Teufel, der sicher zu mir kam, Der schwärzer war als [der Tod], Und der mir so große Angst machte. Schöner Gott, wenn es Dir gefiele, Würde ich gern aus dieser Welt gehen." Da begann zu zittern Das Wetter, als es zu donnern begann, Und die ganze Erde zu beben. Nach kurzer Zeit Kam zu ihr vom Himmel eine weiße Taube, Die eine Krone brachte, Sehr wertvoll, schön und gut, Denn Gott nahm sie ins Paradies. Auf den Armen des Kreuzes sie weilte, Und Gott sandte ihr seinen Engel, Der das furchtbare Wetter besänftigte Und das ganze Verlies erleuchtete. Und das Fräulein beugte sich Auf die Erde wie ohnmächtig. Und als sie wieder erwachte, Kam die Taube zu ihr direkt, Die auf dem Kreuz saß, Auf seiner Schulter saß. Und auf ihr bloßes Haupt Brachte er ihr die Krone. Und der Engel tröstete sie.

Erschrick nicht, Schwester Margarete; Denn Gott hat Dich zu seinen Himmeln erkoren. Dein Martyrium ist noch nicht vollendet; Deshalb wirst Du noch genug erleiden. Aber vertraue auf Gott; Die Krone ist dafür ein Zeichen, Dass die Taube dich gekrönt hat, Die durch Gott dir gesandt wurde, Dass in den Himmel Du kommst durch das Martyrium. Das trägt Dir Gott, unser Herr, auf." Als der Engel ihr das gesagt hatte, Entschwand er vor ihr. Und die, die um sie waren, Vor dem Glorienschein Gottes, den sie sahen, Begannen sich zu wundern. Das waren wohl fünftausend Männer, Frauen und Kinder, Die dankten Gott und lobten ihn ganz, Und sie ruft Gott für diese Menschen an.

Olibrius hörte die Nachricht Von denen, die sich bekehrt haben. Davon hat er sofort den Verstand verkehrt Aus Zorn und aus Grausamkeit. Aus den Mauern der Stadt Befiehlt er, sie alle zu führen Und alle zusammen zu enthaupten Auf einem Feld, das man „Mondfeld" nannte; Keinen Tag Aufschub gewährte er. Als er diese Untat vollbracht hatte, Befahl er, Margarete zu zerren Aus dem Verlies ohne Zögern. So befahl er seinen Leuten: „Geht, ihr das Haupt abzutrennen; Denn anders kann ich mich nicht rächen; Dann ist der Krieg beendet." Und als er kam mit dem Schwert, Als der Herr es befohlen hatte, Hat er nichts mehr gesagt, noch befohlen, Als dass sie hinknien müsse, hat er ihr befohlen, Und dass sie den Hals weise, Damit er genau sie treffe; Denn er wollte sie mit seinem Schlag nicht verfehlen. Sie kniete inzwischen nieder, Das Haupt gesenkt, den Hals darbietend. Aber als er seinen Willen hatte, Blickt er zur Rechten; Da sah man Gott mit großem Gefolge Von Engeln bei seiner Freundin. Davon war sie ganz erschrocken, Auch wenn sie davon verzaubert war. Da konnte sie sich nicht mehr betrüben; Denn sie konnte seinen Schlag verhindern. Als er wehklagend und verwirrt sprach: „Fräulein, steht auf; Denn ich werde Euch nichts mehr tun; aber Für meinen Teil habt Ihr Frieden." Und sie sagte: „Freund, warum? Ich habe nichts davon, Wenn Du mich nicht jetzt hier erschlägst; Dann werde ich nicht sehen, denn Jesus Christus Ist mit Dir, um Dich zu beschützen, Damit ich Dich nicht schuldig mache.

Freund, wenn Du Gott gesehen hast, Gib mir dann Raum, Meinem Schöpfer zu gehorchen; Denn ich will hier nicht mehr bleiben." Das bat sie ihn in Güte, Und sie hielt sich an ihr Gebet: „Herr," sprach sie, „Jesus Christus, Dir erweise ich Gnade und Dank Angesichts der Ehre, die Du mir zuteil werden ließest. In all meinen Leiden hast Du mich getröstet; Denn keinen Tag hast Du mich vergessen; Deinen heiligen Engel hast Du mir geschickt, Um meinen großen Schmerz zu lindern. Dir danke ich, Gott, und bitte, Dass alle die, die schreiben können, Den Schmerz beschreiben sollen Und mein Leiden und mein Leben. An dem Tag, da er das gehört hat, Magst Du ihm seine Sünden vergeben. Kein Kind sei in Gefahr, Das in dem Haus geboren werden wird, Wo man mein Leiden lesen wird; Und dass der Teufel keine Macht haben soll, Weder im Bereich, noch im Haus, In dem mein Leben beschrieben wird. Gott schenke mir diesen Verdienst, Dass eine Frau, die schwanger ist, Nachdem sie sich gesegnet hat Mit dem Buch, in dem mein Leben steht, Und dass, wenn sie hineinblickt, Deine heilige Macht sie befreie; Und wenn sie dann meine Passion lesen lässt, Soll ihre Frucht nicht verloren gehen; Dann soll sie angenommen Und empfangen werden in ihrem Körper. Und wenn das Kind dann draußen ist, Sei es in allen Gliedern gesund Und sei nicht schwachsinnig, noch verwirrt. Und dass man bauen lasse Altar, Kapelle oder Münster In meinem Angedenken und in meinem Namen; Und dort bewahre man meine Passion auf. Du magst ihnen ihre Sünden verzeihen; Auch seien sie nicht verurteilt Weder vor der Justiz noch vor

Klägern An dem Tag, da sie Meiner Passion gedacht haben, Und dass man mache von seiner Substanz Öllampen oder Kerzen, Die Deinen heiligen Geist atmen.

Dann bitte ich noch, schöner Herrgott, Dass Du den Orten garantierst, An denen mein Leben geschrieben steht, Gewalt über den Bösen Geist, Über Feuer, Blitz und Sturm, Auf dass der Böse Geist dort nicht verweile, Dort sei nur der Heilige Geist Und das Wohl, der Frieden, die Wahrheit, Freude und gutes Gelingen. Es komme zu aller Kreatur, Die in dem Hause wohnen mag, Da mein Leben beschrieben ist. Wenn man sein Gebet gesprochen hat Eine Taube vom Heiligen Geist, Die vom Himmel vor ihm herabsteige, Wenn man sehr süß gesagt hat: „Herrgott, ich verspreche Dir, was Du verlangst Und mehr noch freiwillig, Wenn Du mehr verlangen willst. Wohl verehrt seist Du auf der Erde, Im Himmel seist Du noch mehr geehrt, Denn von großer Güte bist Du durchdrungen.“ So empfange denn Dein Martyrium. Wenn Gott Dich ruft, unser Herr, Denn die Engel sind schon ausgesandt Zur Tür des Paradieses. Die erwarten Deinen Geist Und die, die sich sehr freut Auf die Freude, die sie erwartet.“ So sprach sie zum Anführer freundlich. „Freund, wenn es Dir gefällt, So tu es“; denn sie hielt wohl Das Haupt geneigt, den Hals entblößt, Und er tat, dass sie nicht mehr wartete, Und enthauptete sie mit einem Schlag. Dann wirft er das Schwert von sich Und bittet Gott, er solle ihm durch seine Gnade Für seine Sünden Verzeihung gewähren.

So endete Margarete. Die Engel von Geist erfüllt, Kehren zurück ins Paradies, singend Und Gott unseren Herrn lobend, Der so ehrt seine Freunde Und sie krönt im Paradies, Diejenigen, die sein Gebot einhalten, Solange sie körperlich In dieser Welt sind, die so falsch ist, Voll von Bosheit und von Übeln.

Theotinus war einer, Der ihr in den Kerker gebracht hatte Brot und Wasser, als sie noch lebte. Zur Ehre Gottes schrieb er, Was er geschehen sah. Er zögerte nicht zu kommen, Und die anderen Christen alle Versammelten sich in jener Nacht. Als erstes sammelten sie das Blut In einem dünnen weißen Tuch. Dann fügten sie zum Körper Den Kopf, der abgeschnitten war. Sie salbten [beides] sehr zart Mit einem sehr wertvollen Balsam, Der neu zubereitet war Von Myrrhe und gutem Aloë. [...] [...] In ein Gefäß haben sie sie gelegt Und mit einem Streifleinen eingehüllt; Einen Strohballen legten sie darüber, Damit kein Mensch sie von oben erkannte. So entfernten sie sich vorsichtig; Denn sie fürchteten das heidnische Volk. So gab es weder Lärm noch Aufsehen. Und als sie in Sicherheit waren, Begannen sie den Totendienst, Vigil und das Totengedenken, Laudes und die Beerdigung. Dann legten sie sie endlich In einen Sarg aus schwarzem Stein. Ein Grab darüber haben sie errichtet, Das sehr schön gemeißelt war. So haben sie sie zurechtgemacht, Dass sie schließlich ruhen konnte. Und nachdem sie alles gemacht hatten nach Gutdünken, Was ein jeder hatte machen wollen, Gingen sie nach Hause zurück, Auf dass sie nicht beobachtet würden; Denn wenn sie erkannt worden wären, Wären sie alle dem Martyrium ausgesetzt worden. Und der, der aufschreiben ließ Das Martyrium, das sie erlitt, Und die Schmerzen, die sie aushielt, Und den Tag, an dem sie hinschied, Schickte es von Kirche zu Kirche Und ließ es wahrheitsgemäß wissen. Und schon sah man in Mengen Kranke dorthin kommen, Die sich nicht mehr halten konnten. Und kein Kranker kam dorthin, Der nicht von irgendeinem Übel, an dem er litt, Oder vom Bösen Geiste voll, Nicht fortging befreit und gesund. Niemals gab es eine Kreatur, Die ihr Grab berührt hat Und nicht sofort Erleichterung gefunden hätte. Noch viel mehr könnte ich Euch sagen: Oft hörte man dort singen Die guten Engel und tosen Die Ungläubigen, die nicht glauben, Die zu großen Kummer hatten Durch die Wunder, die Gott machte Für seine Freundin, die dort lag.

So beten wir denn zu der Jungfrau Margarete, Gottes Magd, Dass sie ihren Schöpfer bitte, Dass er uns auf dieser Welt die Ehre gebe Und uns so erhalte, Dass wir alle gelangen können Erlöst direkt ins Paradies. Sagt Amen, dass uns Gott das schenke. Amen. Pater noster.

(Übersetzung: Eberhard König, nach der Transkription von Gabriele Bartz)

9 *Pariser Stundenbuch*
um 1430–1440

172r–196r (Text)
Versgedicht vom Leben der heiligen Margarete

10

Pariser Stundenbuch
Lateinisches Stundenbuch
nach dem Brauch von Rom
Dunois-Meister
Paris, um 1440–50

Die meisten Buchmaler sind heute namenlos; oft ist nicht einmal sicher, ob sie je im Sinne des organisierten Handwerks ein Atelier geleitet haben; dennoch nennt man sie gerne Meister und fügt dem historisch eher falschen Begriff, in dem sich das Meisterhafte mit der führenden Stellung im wirtschaftlichen Leben paart, den Namen einer Persönlichkeit hinzu, für die der jeweilige Künstler möglichst sein Hauptwerk geschaffen hat. Kurz und griffig müssen solche Notnamen sein; doch indem sie zu knappen Floskeln werden, verlieren sie ihre kulturelle und historische Anschaulichkeit. Das trifft besonders für den raffinierten Buchmaler zu, der dieses Stundenbuch illuminiert hat. Man nennt ihn spätestens seit dem großen Pariser Ausstellungskatalog von François Avril und Nicole Reynaud aus dem Jahre 1993 Dunois-Meister.

Doch wer oder was ist Dunois? In der heute nach Departementen aufgeteilten französischen Topographie bezeichnete man früher damit eine Gegend im Geviert zwischen Tours und Chartres, Le Mans und Orléans, deren Hauptort Châteaudun heißt. Auch nach dieser eher mühsamen Erläuterung wird man sich fragen, was denn dann um alle Welt ein Dunois-Meister sein soll. Gemeint ist weder ein Mann in oder aus Châteaudun, wo im Schloss recht gute Deckenmalereien erhalten sind, noch aus einer der genannten kulturträchtigen Städte der Umgebung, sondern vielmehr einer der produktivsten Pariser Illuminatoren im zweiten Viertel des 15. Jahrhunderts. Ausgangspunkt für die Bestimmung seines Œuvres ist ein kostbares, ungemein bilderreiches Stundenbuch recht kleinen Formats, das der große englische Sammler Henry Yates Thompson mit einem Teil seiner Schätze dem Britischen Museum vermacht hat (London, British Library, Ms. H. Y. Th. 3).

Dieser Kodex gehörte Jean de Dunois, der als Sohn des Herzogs Louis von Orléans immerhin den französischen Karl V. zum Großvater, den unglücklichen Karl VI. zum Oheim und den siegreichen Karl VII. zum Herren hatte. All diese Bezüge machen ihn für uns heute dennoch nicht wirklich greifbar, denn Dunois ist unter einer anderen Bezeichnung eine weithin bekannte historische Gestalt geworden: Der spätere Graf von Dunois trat als der »Bastard von Orléans« ins Licht der Geschichte. Zusammen mit Jeanne d'Arc bereitete er die militärischen Grundlagen für den Sieg Karls VII. über die Engländer. Dunois verdankt seine Fixierung auf »Bastard von Orléans« nicht nur der Herkunft aus dem Herzogsgeschlecht, sondern noch entschiedener seiner größten Kriegstat; denn er ist

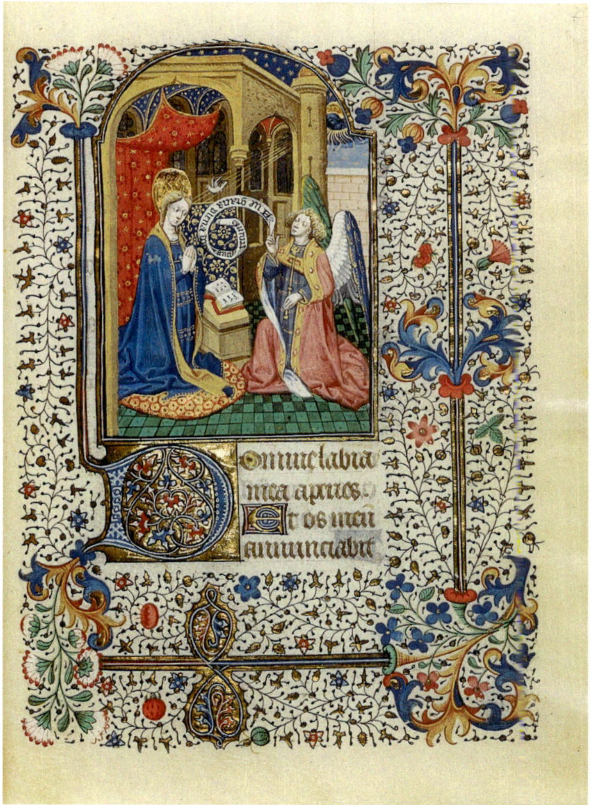

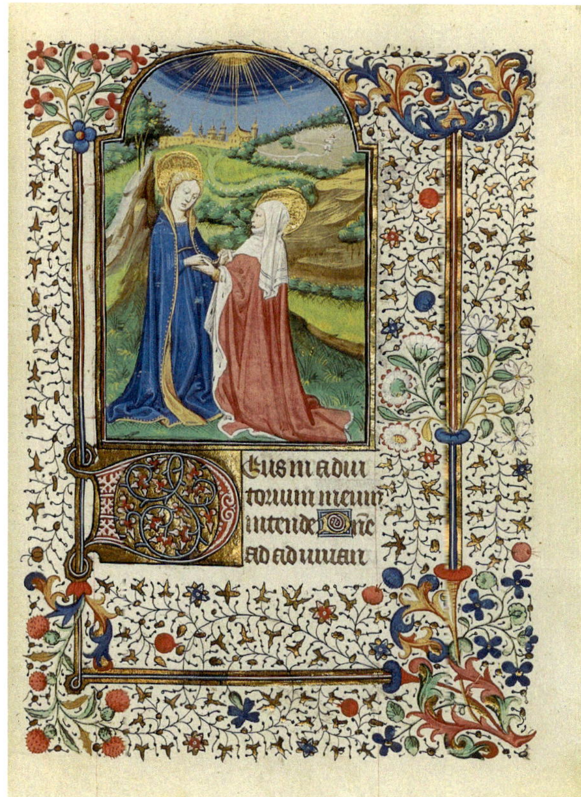

10 *Pariser Stundenbuch* um 1440–1450

25r Verkündigung an Maria zur Matutin des Marienoffiziums

43r Heimsuchung zur Laudes des Marienoffiziums

jener Held, der mit der Entsetzung der Stadt Orléans im Jahre 1430 den Franzosen ihr Selbstvertrauen zurückgab. Seit diesem Sieg sah man ihn neben der lothringischen Jeanne d'Arc triumphieren, die sich durch denselben Sieg als die »Jungfrau von Orléans« ins Geschichtsbuch und in die Literatur einschrieb (auch wenn die Franzosen von Schillers Drama kaum Kenntnis genommen haben).

Enger kultur- und kunstgeschichtlich relevant ist die Tatsache, dass der Bastard, der zu Dunois wurde, Halbbruder jenes Karl war, der das Herzogtum erbte, aber besser als der Dichter Charles d'Orléans bekannt ist, und zugleich jener Marguerite, nach der wir den Orléans-Maler benennen, der höchstens einmal auf der Durchreise durch jene Stadt kam, nach der er in der Kunstgeschichte heißt.

Während der verlustreichen Spätphase des Hundertjährigen Krieges, in der sich die französische Krone um ein Haar dem englischen Druck ergeben hätte, entstand dieses Stundenbuch. Da das Hauptwerk des verantwortlichen Illuminators für den fähigsten Heerführer der Franzosen bestimmt war, könnte man meinen, es verkörpere auch den Geist des wieder erstarkenden Frankreich. Doch so leicht lassen sich Buchmaler nicht in die Parteiungen ihrer Lebzeiten eingliedern. Der Maler stammt ausgerechnet aus jener eher in Paris als in Rouen beheimateten Werkstatt, die nach dem englischen Gouverneur John Duke of Bedford, also dem Anführer der Gegenpartei benannt wird. Lange hat man sein Werk einfach mit den Arbeiten dieses Ateliers als untrennbare Stileinheit gesehen; als sich seine Eigenart herausschälte, galt der, den wir erst seit kurzer Zeit Dunois-Meister nennen, als der »Altgeselle« und vielleicht Erbe des Bedford-Meisters. Er war in seiner Arbeit so wenig auf einen der Gegner des Hundertjährigen Krieges fixiert, dass er durchaus auch für die englische Partei arbeiten mochte, wie ein Stundenbuch, Ms. 12 R 31 der Royal Irish Academy in Dublin verrät, das für den wichtigsten liturgischen Gebrauch der Eroberer, für Sarum, den alten Sitz der Erzdiözese Salisbury, eingerichtet ist (Williams).

Von englischem Geschmack kann angesichts der Arbeiten dieser beiden Maler, deren Werke und Stileigenheiten engstens verwandt sind, ebenso wenig die Rede sein wie von französischem. Sie verkörpern ausschließlich die Kultur von Paris, um dessen Besitz die Häuser Valois für Frankreich und Lancaster für England stritten. In der Hauptstadt aber sammelten sich Künstler aus ganz Europa, so dass wenigstens einer von jenen herausragenden Illuminatoren, deren Kunst die

10 *Pariser Stundenbuch* um 1440–1450

54v Geburt Christi zur Prim des Marienoffiziums

58v Verkündigung an die Hirten zur Terz des Marienoffiziums

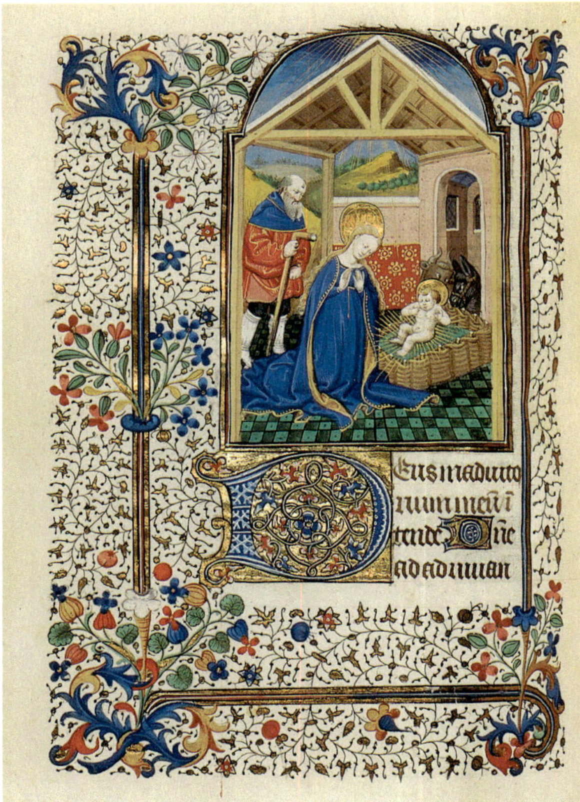

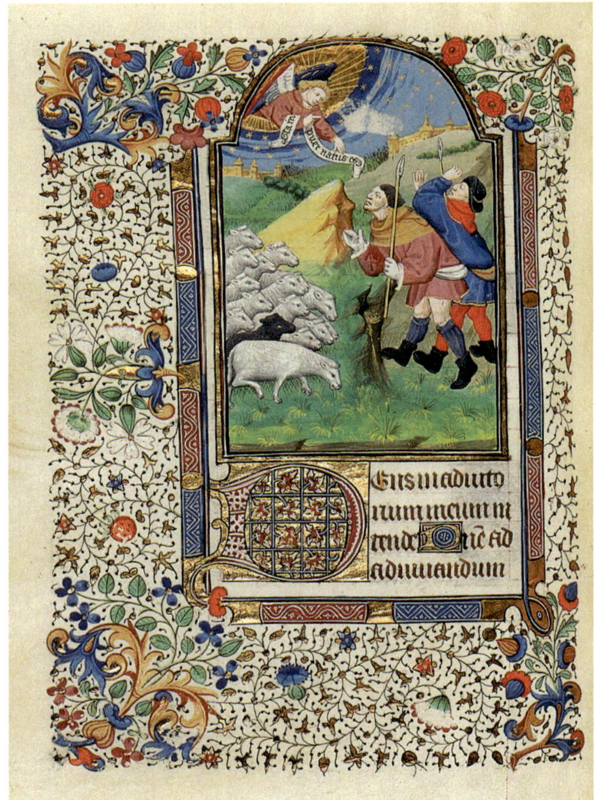

kämpfenden Parteien ergötzte, – vielleicht der Bedford-Meister selbst – ein in den Quellen genannter Illuminator namens Haincelin von Hagenau war (vgl. Kat. Nr. 9). Der aber stammte, wie der Name sagt, aus dem Elsass, so dass er etwas oberrheinisches Sentiment nach Paris gebracht haben dürfte.

Vielleicht spürt man schon deshalb nichts von der inneren Befindlichkeit der Kriegsparteien in den Miniaturen. Immerhin trug Frankreich, nachdem Heinrich V. mit seinem Heer 1415 bei Azincourt unerwartet klar gesiegt hatte, doppelte Last: die Trauer um die Toten und die Kosten für die unzähligen Gefangenen, die bei den Engländern ausgelöst werden mussten, um wie Dunois' Halbbruder Charles d'Orléans erst nach Jahrzehnten freizukommen.

Vom Schlachtenlärm und der Härte jener Jahrzehnte führen gerade die Werke des Bedford-Meisters und des nach Dunois benannten Künstlers weg in eine Welt voller zarter Wesen, die einander in gemessenen höfischen Gesten begegnen. Das ist keinesfalls das Sentiment von Paris; denn in der dicht bevölkerten Stadt führten die Kriegsereignisse zu Hunger und auch immer wieder zu blutigen Auseinandersetzungen. Da schon die Texte der Stundenbücher stärker auf das Jenseits als auf das Diesseits gerichtet waren, liegt kein Widerspruch in der Tatsache, dass auch die Formen auf eine andere, zartere Welt zielen.

Während in anderen Kunstzentren im zweiten Viertel des 15. Jahrhunderts harte Draperien, Steine auf den Wegen, derbe und gedrungene Gestalten zunehmen, wandelt sich in den Miniaturen des Bedford- und des Dunois-Meisters die fragile Zierlichkeit des Weichen Stils in duftige Form. Da der Dunois-Meister den Veränderungen der Stilentwicklung nicht ganz entgehen kann, machen ihm Proportionen etwas zu schaffen. An vielen Stellen wirkt noch das Langgestreckte nach, das die Malerei der ersten beiden Jahrzehnte nach 1400 bestimmte. Das gilt beispielsweise für die Marienverkündigung in diesem Stundenbuch, die zu den frühen Beispielen gehört, in denen der Engel von rechts herantritt (25r). Doch wo sich der Maler den Konventionen weniger fügt, bei der Heimsuchung bereits (43r), da wird der allgemeine Trend zur gedrungenen Figur deutlich.

Weich ist das Modelé, was nicht nur für Maria und das Kind gilt, sondern vor allem auch für Männer zutrifft. Auffällig zart ist Josephs Antlitz in der Weihnachtsszene zur Prim des Marienoffiziums gemalt (54v); milde wirkt sein Ausdruck, weich wallen Bart und Haare. Davon sollen sich die Hirten mit ihren derben

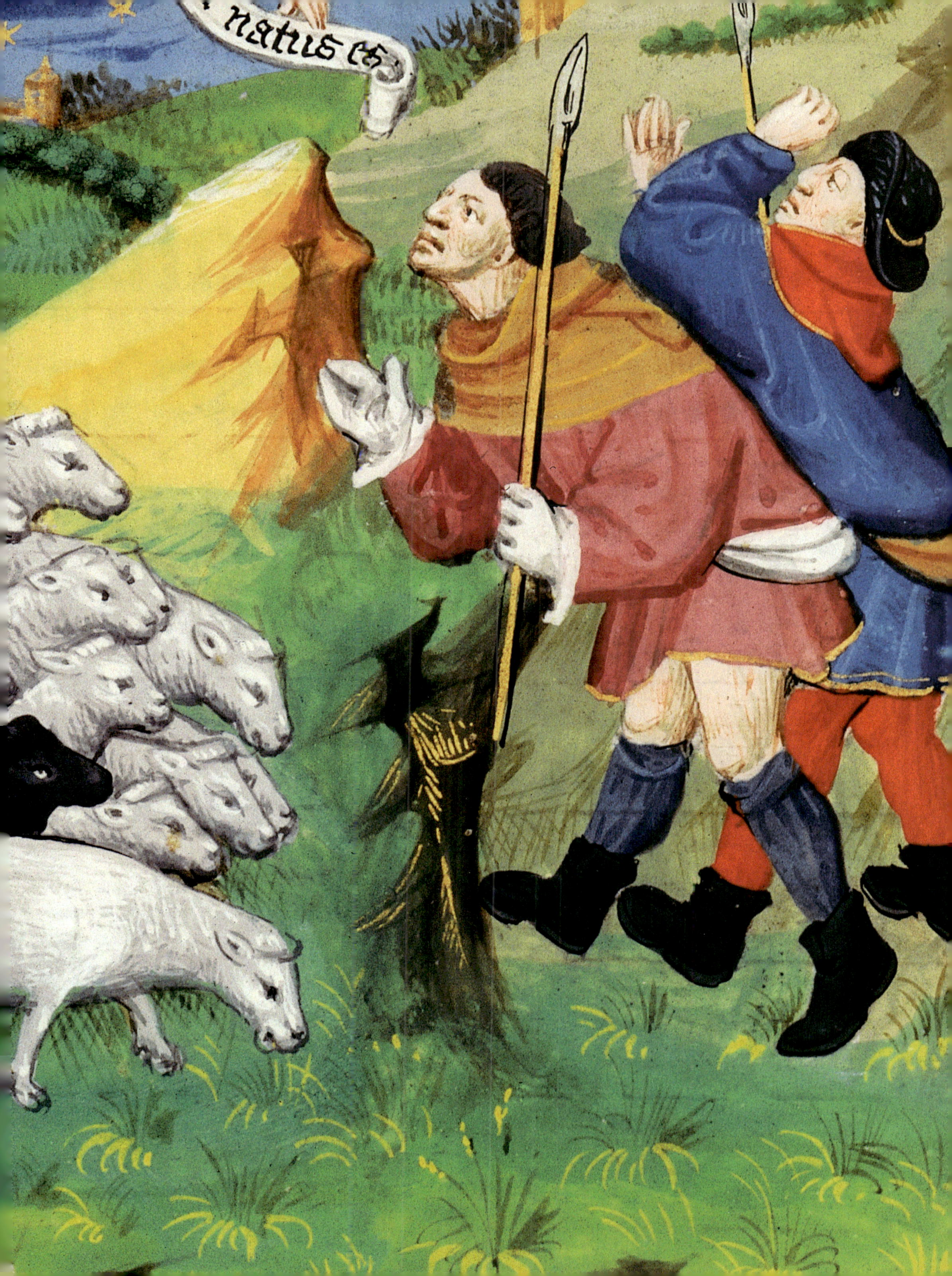
natus est

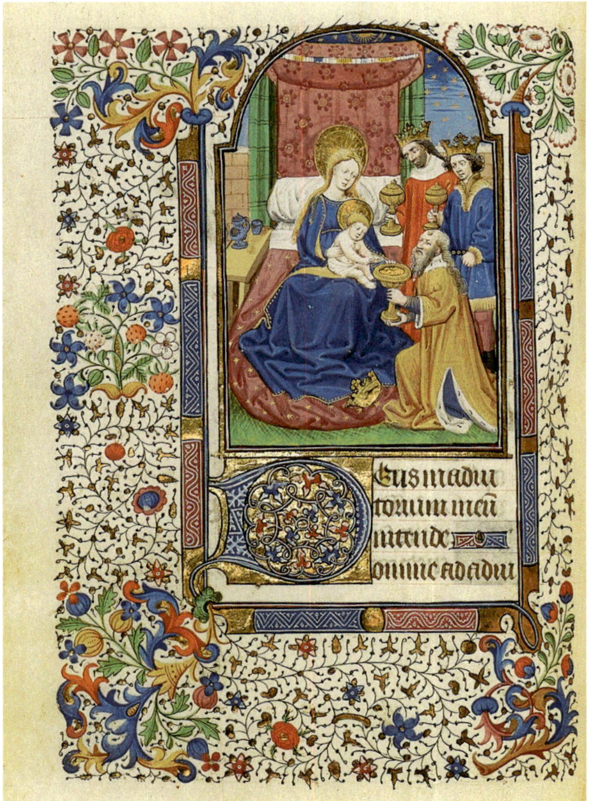

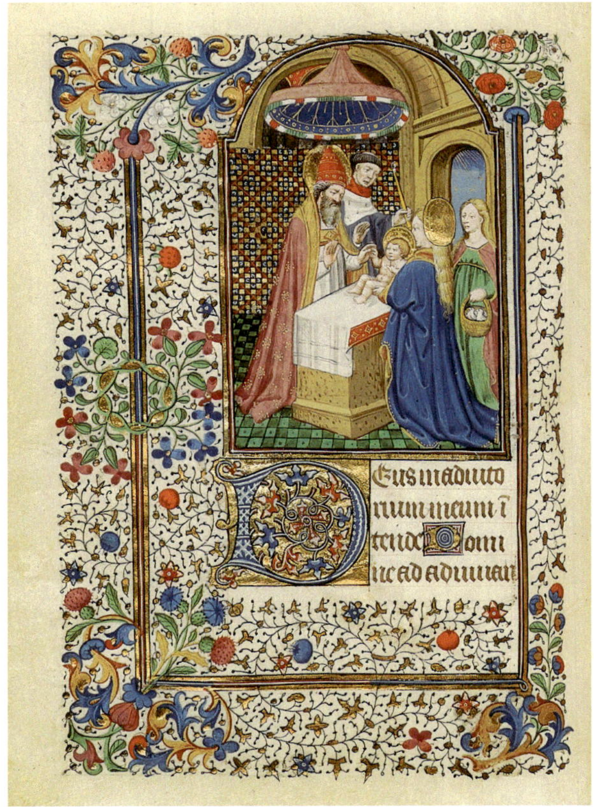

10 *Pariser Stundenbuch* um 1440–1450

62v Anbetung der Könige zur Sext des Marienoffiziums

66v Darbringung Jesu im Tempel zur Non des Marienoffiziums

Profilen abheben; doch auch sie werden, ebenso wie die dicht gedrängten Schafe, gleichsam durch den Weichzeichner erfasst (58v). Die in früherer Buchmalerei feste Scheidung von Haar und Haut wird zugunsten sanfter Übergänge zu Bart und Locken aufgegeben. Das gelingt nicht immer zur gleichen Zufriedenheit, wenn beispielsweise bei den Heiligen Drei Königen der jüngste noch prächtig abstehende Haarpracht zu seinem Kindergesicht trägt, der mittlere eher vom Grau des Bartes beeinträchtigt ist, während der älteste, weil er am sorgfältigsten ausgemalt wurde, von einer ganz eigenen Festigkeit und Plastizität zeugt (62v). Den am schönsten durchgebildeten König übertrifft freilich Simeon bei der Darbringung Christi im Tempel mit seinem rüstigen Greisengesicht und dem üppigen Rauschebart (66v). Der bartlose Tempeldiener neben ihm verrät die enge Verwandtschaft dieser Malerei mit dem Werk des Bedford-Meisters, zu dem aber der Jesusknabe und die Frauen kaum noch passen: Wunderbar konturieren die vollen Locken das Antlitz der jugendlichen Magd mit dem Taubenkörbchen. Behäbig gewellt sind die Haare, treffend modelliert die Hautpartien des Knaben und der Gottesmutter.

Wie stark auf den Maler, der seine Ausbildung spätestens im zweiten Jahrzehnt erhielt, aktuellere Sichtweisen seiner Kunst wirkten, beweist sein Umgang mit den Nimben von Maria und dem Kind. Da es sich um feste Scheiben handelt, haftet Marias Heiligenschein am Haar der abgewendet Gezeigten, während Nase und Mund vom Gold um das Haupt ihres Kindes abgeschnitten werden! So entsteht eines der lebendigsten Beispiele von Kunst an einer Zeitenwende, die sich fernab der politischen Umstände allein um künstlerische Probleme drehte.

Das Bild von der Welt, das hier gemalt wird, tendiert zu größerer Weite; doch bleiben Spuren älteren Brauchs lebendig. Die offene Landschaft der Flucht nach Ägypten (70v), unter blauem Himmel ausgebreitet, der im Bogenscheitel noch von Blattgold beherrscht wird, wechselt mit Karogrund über einem ausgespannten Tuch bei der Marienkrönung. Von ganz anderer Art ist die Präsenz Gottes im Bild zu den Bußpsalmen begriffen. Als Himmelserscheinung dringt Gottvater in einer Sonne aus flammenden Goldstrahlen in das Himmelblau über der Landschaft ein, in der David büßt (89r). Im Hintergrund der Kreuzigung streiten schließlich die drei wichtigsten Gestaltungsmöglichkeiten (108r); denn die isolierten Figuren auf begrünten Schollen hinterfängt unten der traditionelle Karogrund aus Blattgold mit Rot und Blau; darüber

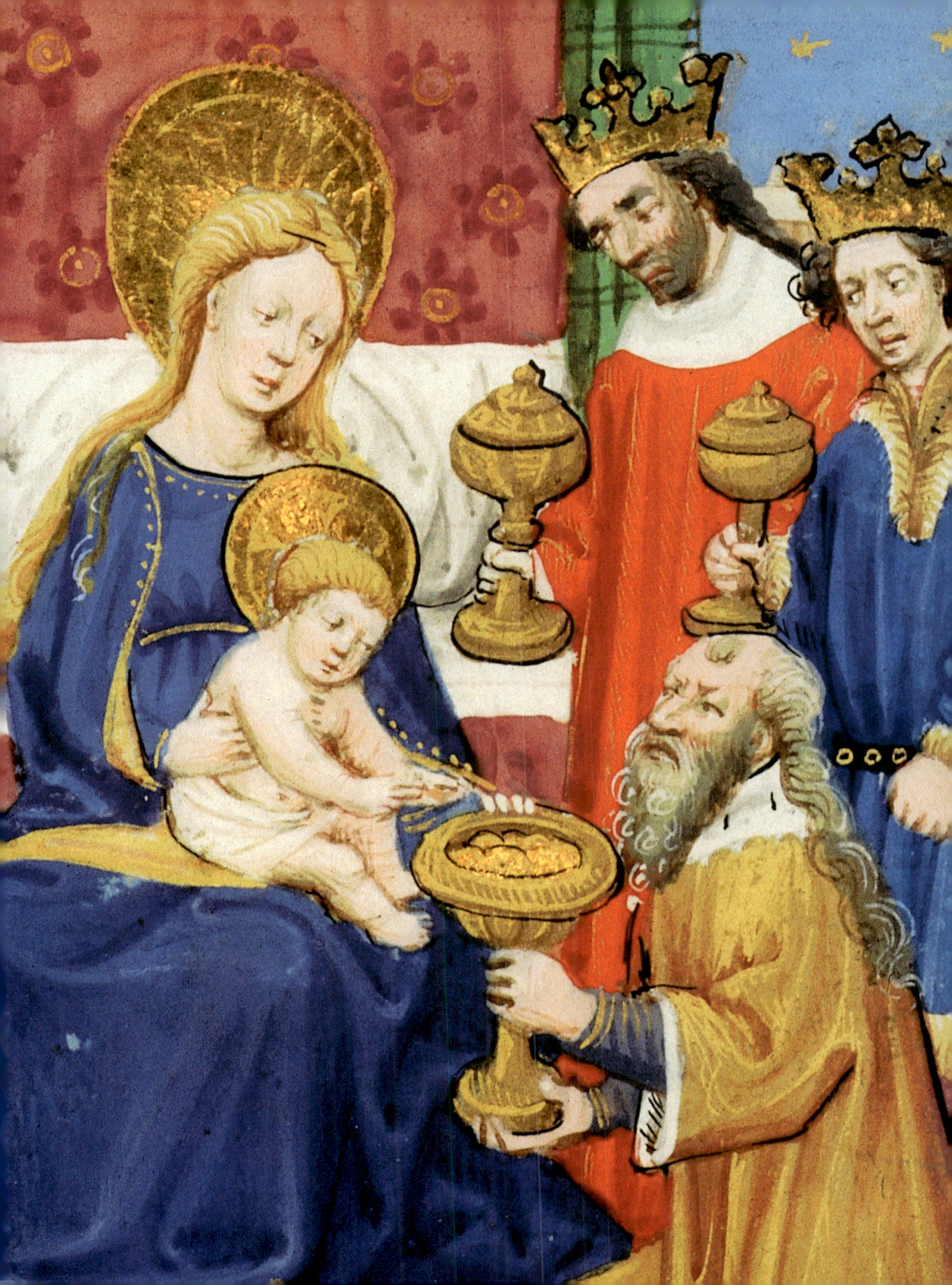

10 *Pariser Stundenbuch*
um 1440–1450

70v Flucht nach Ägypten zur Vesper des Marienoffiziums

77v Krönung Mariens zur Komplet des Marienoffiziums

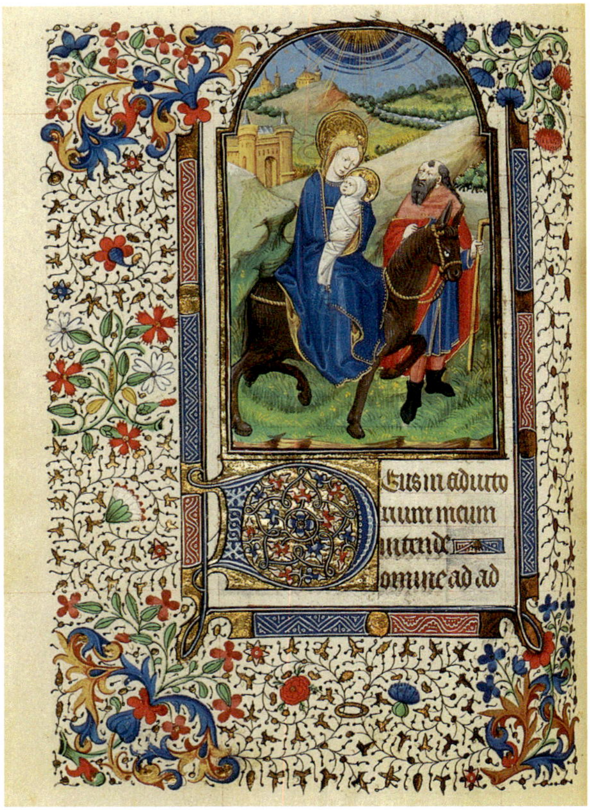

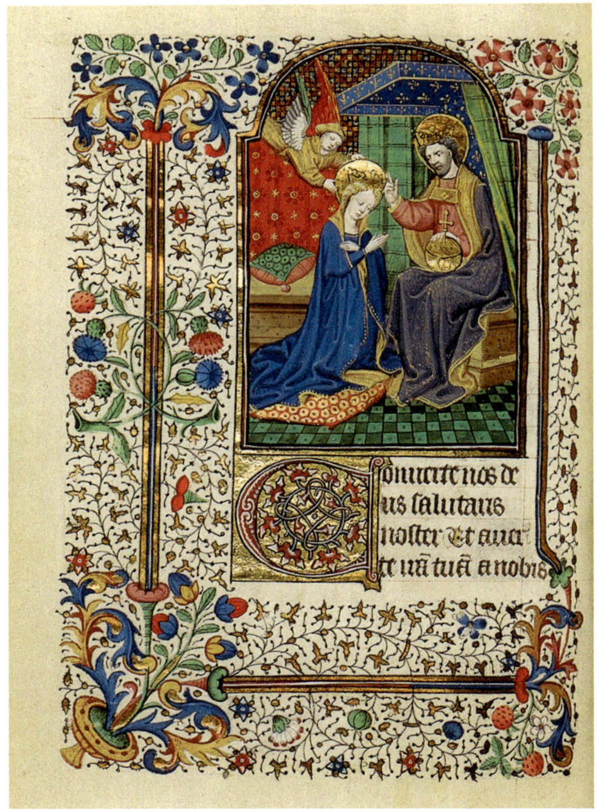

spannt sich das Firmament zunächst in weißlich aufgehelltem Licht, um darüber nur den Bogen mit dem tiefen Blau zu füllen. Unrealistisch verteilen sich Sterne im Rapport, während Sonne und Mond nur angedeutet sind, um das Geschehen kosmisch zu fassen.

Die weit ausgreifende Landschaft um König David verleugnet ebenso wenig wie die Fonds der Heimsuchung (43r), der Hirtenverkündigung (58v) und der Flucht (70v) ihre Quellen in den von aufsteigenden Schollen gebildeten Gründen, die der Boucicaut-Meister und seine Zeit zu großzügigen Silhouetten entwickelten. Doch neben den Baumgruppen mit den gelb oder weiß gemalten Einzelblättern über den wattigen Kronen reihen sich Buschwerk und Bäume, um als lebhafte Konturen die unterschiedlich getönten Flächen als Felder und Wiesen, Berge und Wege voneinander abzugrenzen. Licht, das nur ausnahmsweise mit Pinselgold aufgetragen ist, meist aber seine Wirkung aus dem Aufhellen von Ocker-, Grau- und Grüntönen gewinnt, durchflutet diese Räume und kündet eine neue Zeit an.

Die breit geöffnete Architektur im Pfingstbild wirkt gegenüber den konsequenten perspektivischen Versuchen aus dem Anfang des Jahrhunderts wie ein Rückschritt (112r). Doch gewinnt durch die Vernachlässigung räumlicher Logik das Figurenrelief an Breite und Kraft. Auch das Begräbnisbild profitiert von einer gewissen Nachlässigkeit gegenüber dem, was die vorausgegangene Generation bereits erreicht hatte (115v). In der ausgebreiteten Fläche des Friedhofs findet sich der makabre Brauch, Schädel und Knochen über die ungepflegte Wiese des Totenackers achtlos verstreut liegen zu lassen, ebenso treffend charakterisiert wie die stille Ruhe der Zeremonie von Beerdigung und Einsegnung. Unerwartet taucht im Begräbnisbild ein politisches Zeichen auf. Der Priester, der die Einsegnung vornimmt, trägt einen Chormantel, auf dessen blauem Grund die goldenen Königslilien Frankreichs im unendlichen Rapport gestickt sind; er trägt also »France ancienne«, die alten Wappenfarben des Königshauses, mit der schon im späteren 14. Jahrhundert die an der Trinität orientierte Dreizahl der goldenen Lilien (France moderne) konkurrierte.

Doch konkreter wird unser Maler nicht. Bei der nächsten Miniatur, die immerhin eine zeitgenössische Beterin vor Maria mit dem Kind zeigt (161r; Abb. S. 62), lässt er die Gelegenheit zur Präzisierung aus. Die Dame, die wie eine Stifterin vor der thronenden Muttergottes und dem in ein hübsches rotes Hemdchen gehüllten Kind kniet, erscheint ganz und gar anonym; nicht einmal vage wird auf ihr heute unbekanntes Wap-

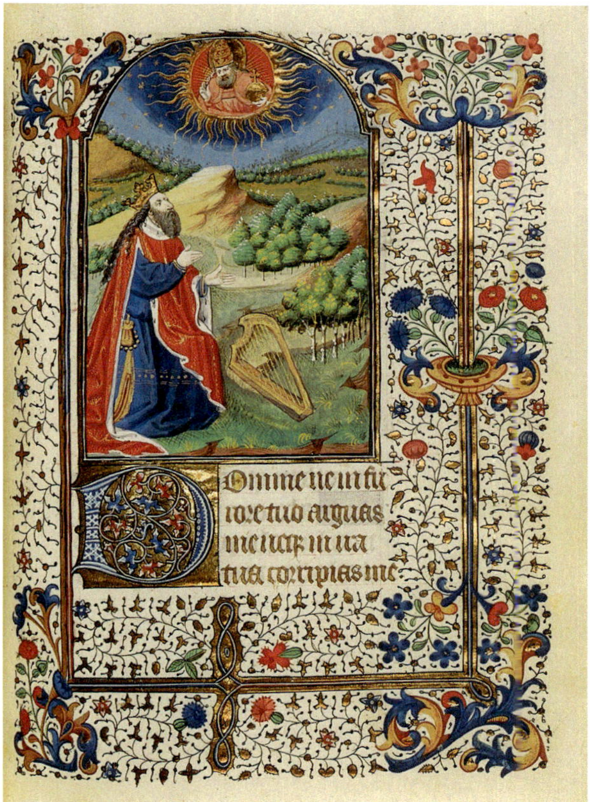

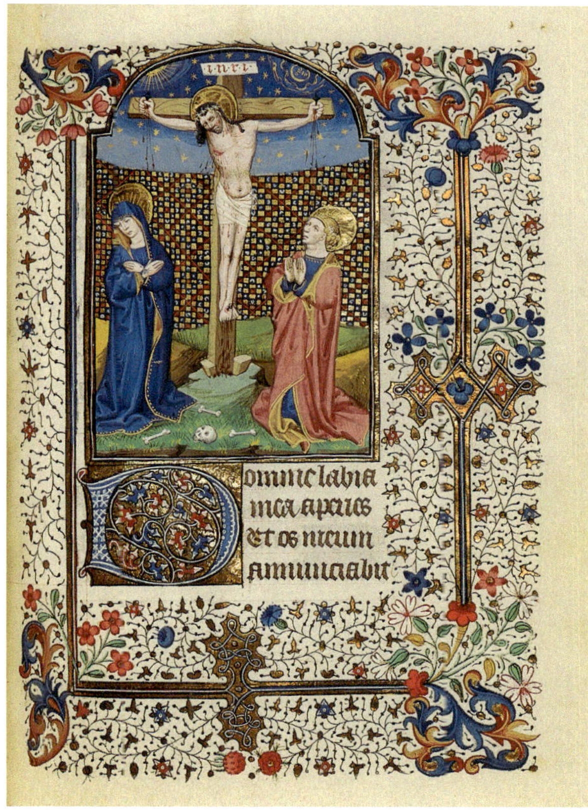

10 *Pariser Stundenbuch* um 1440–1450

89r König David im Gebet zu Beginn der Bußpsalmen

108r Kreuzigung Christi zu Beginn der Horen des Hl. Kreuzes

pen angespielt. Das Erscheinen dieser Beterin macht deutlich, wie wenig den grammatikalischen Festlegungen in den Mariengebeten zu trauen ist; denn obwohl der Maler beweist, dass die Handschrift für eine Frau bestimmt ist, verwenden die auf den Betenden bezogenen Formeln im *Obsecro te* ebenso wie im *O intemerata* das Maskulinum.

Alle Kraft scheint der Künstler ausgerechnet in der letzten Miniatur zusammen genommen zu haben; das ist selten, denn Maler haben meist die ersten Miniaturen mit mehr Sorgfalt bedacht. Noch einmal brilliert der Dunois-Meister mit den wichtigsten Qualitäten seiner Kunst (166r). Darzustellen hatte er die Not Gottes, das heißt den Schmerz des Vaters über den geopferten Sohn, den er auf dem Schoß hält, während ihm die Taube des Heiligen Geistes aus dem Munde strömt und der Tote mit der Rechten auf die breite Seitenwunde weist. Gewaltig und mit eindrucksvoller Stofflichkeit erscheint diese Trinität auf einem Thron vor Karogrund, der wie eine Thronlehne auf Schulterhöhe endet und einen wunderbaren Blick in die dunklen Tiefen des Himmels freigibt; von dort steigen wenige goldene Strahlen auf. Umfangen wird die Gottesvision von einem gekräuselten Wolkenband und dem einfach bestirnten Firmament als äußerer Hülle.

Noch immer in Textura geschrieben und mit dichtem Dornblattdekor für die größeren Initialen versehen, dazu mit Dornblattbordüren, die jeweils um einen Mittelstab herum Akanthus und Blumen in Ecken und Mitten gruppieren, erweist sich dieses Stundenbuch als ein wunderbares Beispiel der Pariser Ortstradition. Schon stellt man den Akanthus auf die Farbkombination aus Blau und rötlich modelliertem Muschelgold um, die fortan die französischen Bordüren beherrschen sollte. In solch einem markanten Detail zeigt sich, dass die große Werkstatt von Bedford- und Dunois-Meister, die zur Entstehungszeit dieses Stundenbuchs bereits kurz vor der Auflösung stand, als einzige aus der Zeit des Herzogs von Berry bis in die zweite Jahrhunderthälfte überdauerte. Die Handschrift steht übrigens in der Überlieferung nicht allein. Gut zu vergleichen ist beispielsweise das Stundenbuch 76 F 22 in Den Haag (Korteweg, Nr. 69, Abb. 68). (Eberhard König)

Pergament 68 Blätter (je drei Vor- und Nachsatzblätter aus Pergament); 187 x 138 mm; Lagen (mit Wortreklamanten): I^{12}, 2^{8}, 3^{4}, $4–21^{8}$; Schriftspiegel: 104 x 65 mm; einspaltig; 15 u. 17 (Kalendar) Zeilen; Liniierung in Rot. **Ausstattung** Lateinischer, im Kalendar und den beiden Gebeten am Schluss französischer Text in schwarzer

10 *Pariser Stundenbuch* um 1440–1450

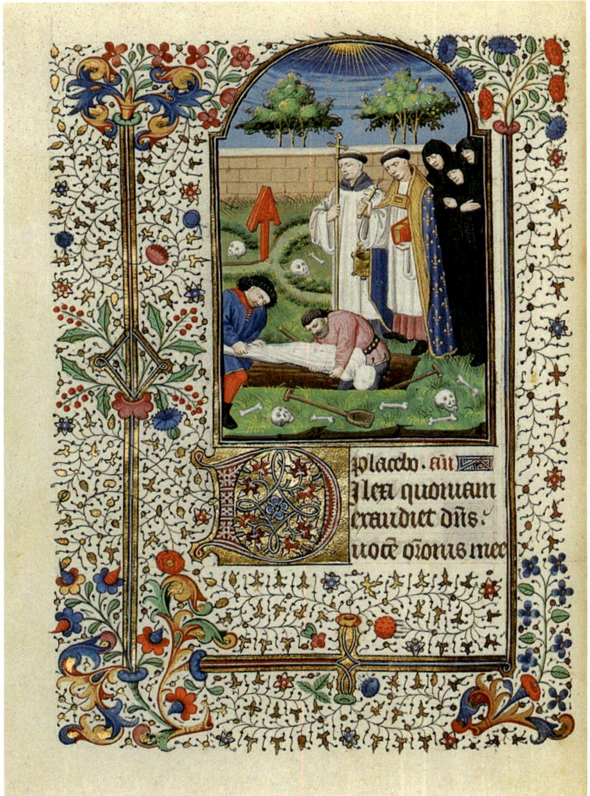

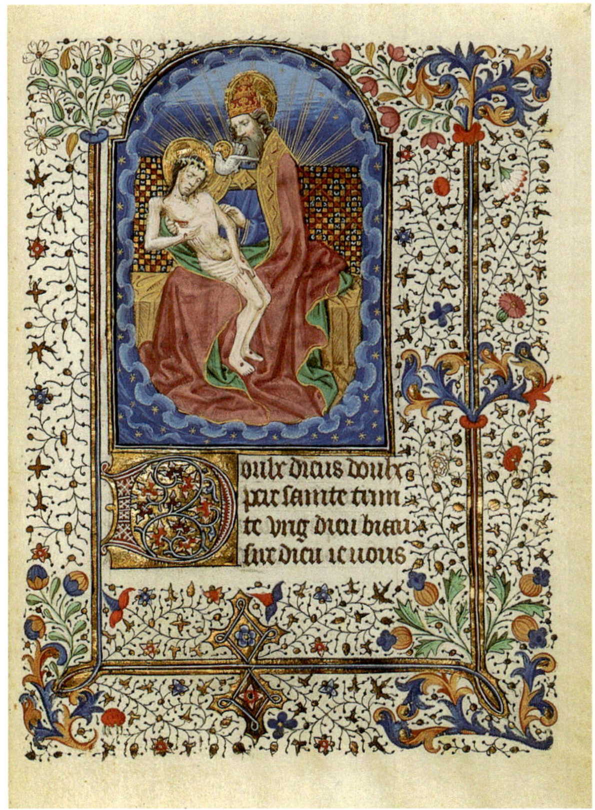

115v Begräbnis auf einem Friedhof zu Beginn des Totenoffiziums

166r Gnadenstuhl vor den Sieben Bitten an unseren Herrn

Textura, rubriziert; gelb lavierte Versalien; ein- und zweizeilige Initialen in Blattgold auf Blau und Mauve mit weißem Filigran, Zeilenfüller der gleichen Art; in einem Fall (17v) Bordürenstreifen mit Dornblatt, Blumen und Akanthus; eine dreizeilige Initiale derselben Art mit ausstrahlendem Dornblatt links und Bordürenstreifen außen (21r); vierzeilige Initialen in Farbe auf Gold mit Dornblattfüllung; Vollbordüren aus Dornblatt mit dreiteiligem Mittelstab, aus dem farbiger Akanthus und Blumen sprießen; vierzehn große Miniaturen in Deckfarben mit Gold. **Einband** Abgegriffener grüner Samt über Holzdeckeln mit flachem Rücken; einfache Goldlinie als Randschmuck der Deckel; Goldschnitt; Frankreich, 19. Jh. **Vorbesitzer** Eintrag auf dem ersten Vorsatzblatt »A Monsieur de Parga y Puga Souvenir de H. Ternaux (Fernaux?)«. **Inhalt** 1r–12v Kalendar (Paris) in französischer Sprache, voll besetzt (unter den Hauptfesten: 3. 1. hl. Genovefa, 19. 5. hl. Yvo, 25. 6. hl. Eligius, 24. 8. hl. Ludwig, 9. 10. hl. Dionysius). Miniaturen auf Zierseiten; der Textanfang darunter. 13r–17v Evangelienlesungen (Joh, Lk, Mt, Mk). 17v–21r *O (bsecro te)*. 21r–23r *O (Intemerata)* für Maria und Johannes. 23v–24v leer. 25r–87v Marienoffizium (Rom). 25r Verkündigung an Maria. 43r Heimsuchung. 54v Geburt Christi. 58v Verkündigung an die Hirten. 62v Anbetung der Könige. 66v Darbringung Jesu im Tempel. 70v Flucht nach Ägypten. 77v Krönung Mariens. 88r/v leer. 89r–107v Bußpsalmen. 89r König David im Gebet. 101r–107v Litanei (u. a. Genovefa). 108r–111v Horen des Hl. Kreuzes. 108r Kreuzigung Christi. 112r–115r Horen des Hl. Geistes. 112r Pfingsten. 115v–159v Totenoffizium (Rom). 115v Begräbnis auf einem Friedhof. 160r/v leer. 161r–165v Fünfzehn Freuden Mariens. 161r Auftraggeberin vor der thronenden Muttergottes mit dem Jesuskind. 166r–168v Sieben Bitten an unseren Herrn. 166r Gnadenstuhl. **Literatur** Kat. Sotheby´s, London, 2. 12. 1986, Nr. 57. – J. M. Plotzek, Andachtsbücher des Mittelalters aus Privatbesitz, Ausst. Kat. Schnütgen-Museum, Köln 1987, Nr. 22, S. 114ff. **Zitierte Literatur** F. Avril / N. Reynaud, Les manuscrits à peinture en France 1440–1520, Ausst. Kat. Bibliothèque Nationale de France, Paris 1993, S. 36ff. – L. L. Williams, A Rouen Book of Hours of the Sarum Use, ca. 1444, in: Proceedings of the Royal Irish Academy, Section C, 75, 1975, S. 189ff. – A. S. Korteweg, Liturgische handschriften uit de Koninklijke Bibliotheek, Ausst. Kat. Rijksmuseum Meermanno-Westreenianum, 's-Gravenhage 1983, Nr. 69.

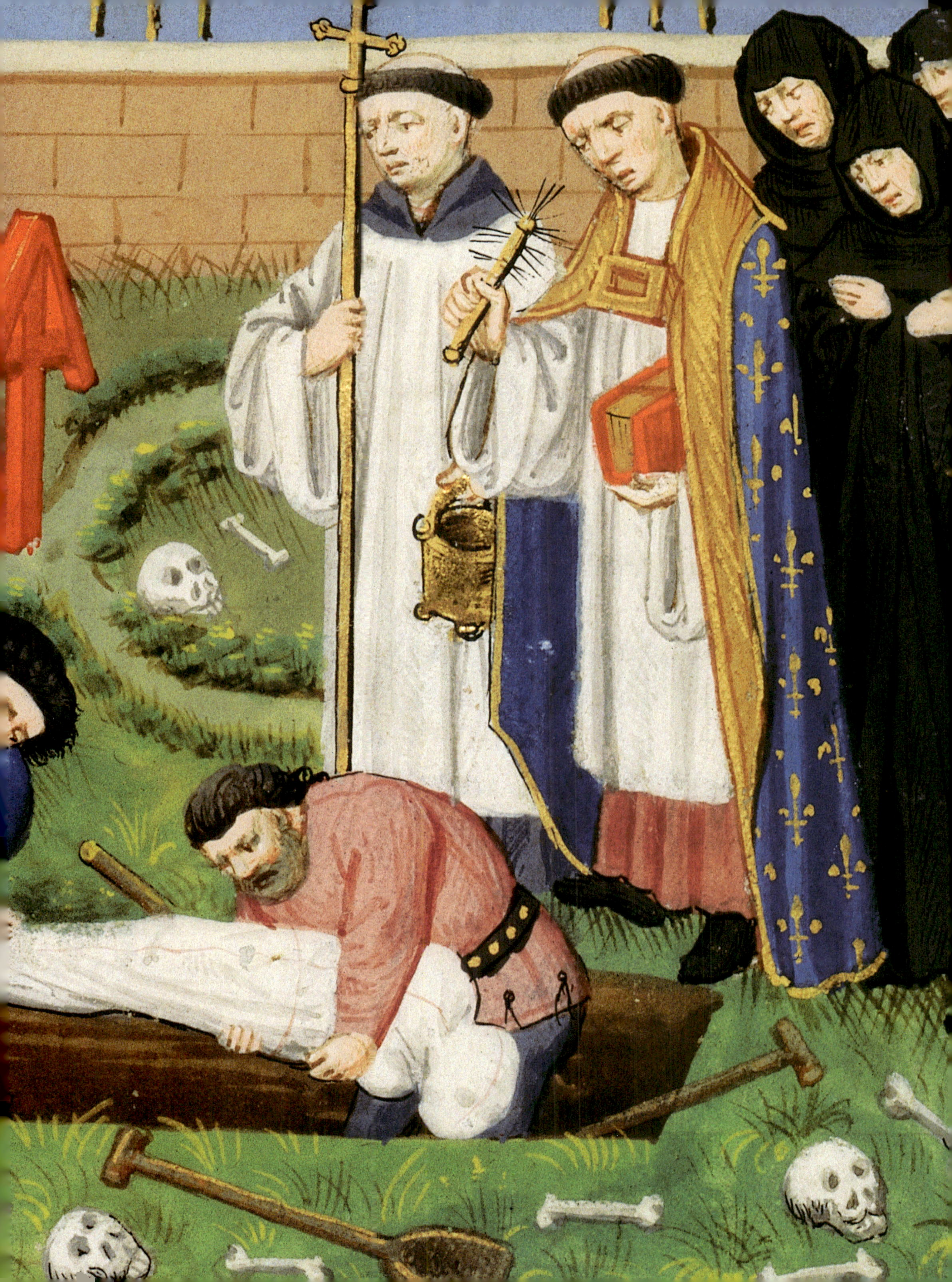

11

Deutsches Stunden- und Gebetbuch
Deutsches Stunden- und Gebetbuch
für den Gebrauch im Elsass (Straßburg ?)
Nachfolger des Maître François
Paris, um 1470–1480

Die kleine Handschrift ist ein Kuriosum: Bei flüchtigem Hinsehen könnte man sie für ein ganz normales französisches Stundenbuch halten. Das Layout der Bildseiten mit ihren hohen Kopfminiaturen und breiten Initialen, die nur einen fast quadratischen Textblock von drei kurzen Zeilen freilassen, ist charakteristisch für einen Buchtyp, der sich seit dem frühen 15. Jahrhundert in Paris herausgebildet hat und der etwa im Umkreis Jean Fouquets weit verbreitet ist. Ebenso typisch sind die Bordüren mit ihrem Wechsel von goldgrundigen und pergamentfarbenen Feldern in vielfach variierten geometrischen Formen. Rauten, Rechtecke, Dreiecke, aber auch Herzen, Lilien und andere kurvierte Formen wechseln einander ab. Derartige Kompartimentbordüren treten seit etwa 1470 in der französischen Buchmalerei auf; sie sind beispielsweise in der äußerst produktiven Schule von Rouen sehr beliebt und werden bis ins 16. Jahrhundert beibehalten (vgl. Kat. Nr. 12). In die Zeit um 1470/80 passt auch der Stil der Miniaturen. Kopftypik und Gewandbehandlung, sowie das markante Kolorit mit seinen blauen und roten Draperien, die üppig mit Muschelgold gehöht sind, weisen in die Nachfolge des Maître François, des bedeutendsten Pariser Buchmalers dieser Jahre.

Mit großem Erstaunen bemerkt man dann allerdings, dass der Text der Handschrift deutsch abgefasst ist. Auch die Schriftart ist keine französische Bastarda sondern eine deutsche Kanzleischrift. Dialekt und liturgische Ausrichtung unseres Stückes verweisen dabei auf Straßburg oder das Elsass. Ist die Handschrift dort entstanden? Bei der Beantwortung dieser Frage gilt es zu berücksichtigen, dass unser Gebetbuch keinen Einzelfall darstellt: Regina Cermann hat inzwischen acht Kodizes ausfindig gemacht, die dem Text und der Schriftart nach deutsch, dem Dekor und den Miniaturen nach französisch sind. Die wichtigste Handschrift der Gruppe dürfte ein »Hortulus Animae« in Wolfenbüttel (Herzog-Anton-August-Bibliothek, Cod. Blankenburg 296) sein, der das Allianzwappen von Andreas Harsdorf und Ursula Behaim trägt, begleitet von dem Datum 1470, und daher für dieses Nürnberger Patrizierpaar gefertigt worden sein muss. Die astronomischen Tabellen in weiteren Stundenbüchern in London (British Library, Add. Ms. 15702) und Augsburg (Universitätsbibliothek, Oettingen-Wallerstein, Cod. I. 3. 8° 2) setzen 1482 bzw. 1485 ein. Auch in diesen beiden Handschriften deutet die Heiligenauswahl auf ihre Bestimmung für Nürnberg oder, im Falle des Londoner Stückes, eventuell eher auf Augsburg hin.

An der Illuminierung sind mehrere Maler beteiligt, die häufig zusammenarbeiten. So kehrt die Hand, die unser Stundenbuch ganz alleine ausgestattet hat, in dem Wolfenbüttler »Hortulus Animae« zusammen mit einem zweiten Maler wieder, der seinerseits auch in dem Londoner Stück anzutreffen ist.

Wir haben es also anscheinend mit einem einzigen französischen Buchmaleratelier zu tun, das sich zumindest zeitweilig auf deutsche Kundschaft spezialisiert hat. Bemerkenswert ist dabei die hohe Qualität von Text und Schrift, welche fehlerfrei und originalgetreu die lokalen deutschen Formulare wiedergeben. Dem französischen Atelier muss also ein professioneller deutscher Schreiber zur Verfügung gestanden haben, der obendrein Zugang zu einem breiten Repertoire von deutschen Textvorlagen hatte. Ein solches kosmopolitisches Szenario passt gewiss am besten in das Universitätsmilieu von Paris. Allerdings sei nicht verschwiegen, dass der oben erwähnte zweite Maler der Wolfenbüttler Handschrift ein Stundenbuch für den Gebrauch von Langres und ein »Jeu des échecs« für den Herzog von Lothringen illuminiert hat (New York, Pierpont Morgan Library, M. 26; Paris, Bibliothèque Nationale de France, Ms. fr. 2000). Nicole Reynaud vermutet seinen Sitz deswegen in Langres.

Bei unserem Stundenbuch kommt schließlich noch ein weiteres Element hinzu: der Einband. Plattenstempel mit Eicheln und floralen Bordüren sowie die Signatur »JEHAN NORVIS« weisen ihn als unzweifelhaftes Werk des Pariser Buchbinders Jean Norvis aus, der im zweiten Viertel des 16. Jahrhunderts tätig war. Ein paar Jahrzehnte nach seiner Entstehung hat sich die kleine Handschrift also noch immer oder wieder in Paris befunden. (Bodo Brinkmann)

Pergament 324 Blätter (mit Blatt 19 beginnt die originale, rubrizierte Foliierung); 110 x 85 mm; Lagen (mit Wortreklamanten und Zählung): 1^{8}, $2–32^{10}$, 33^{8-2}; Schriftspiegel: 61 x 44 mm; einspaltig; 14 bzw. 16 (Kalendar) Zeilen; Liniierung in Rot. **Ausstattung** Deutscher Text in deutscher Kanzleischrift mit dunkelbrauner Tinte, rubriziert; Versalien bzw. die den Initialen folgenden Buchstaben häufig gelb schattiert; ein- und zweizeilige Initialen in Gold auf blauem oder mauvefarbenem Grund, gefüllt mit goldfarbener Ornamentik; in gleicher Farbigkeit die Zeilenendungen; dreizeilige Initialen in Blau oder Mauve auf Gründen in den Gegenfarben mit Blattranken in Gold- oder Weißhöhung; 34 Miniaturen in Deckfarben mit Gold dreiseitig von Bordüren gerahmt, die des öfteren in geometrischen Feldern goldgrundig oder pergamentausgespart segmentiert und mit blau-goldenem Akanthus, verschiedenen Blüten und Früchten, sowie Vögeln, Insekten, Hunden und Drôlerien, teilweise auf Grasnarben agierend, gefüllt sind; am Außenrand der Textseiten mit größeren Initialen Bordüren mit den gleichen Motiven in ähnlicher Felderung; zwei Diagramme. **Einband** Braunes Leder über Pappe (doubliert); großer Stempel mit Ranken sowie blumen- und tierbesetzter Bordüre in Blindprägung, im Mittelfeld eingerollte Halbkreise mit Eicheln; an der unteren Kante des Mittelfeldes jeweils die Inschrift »JEHAN NORVIS«; Goldschnitt; Paris, Jean Norvis, um 1540. **Vorbesitzer** R. Günther, Hamburg. **Inhalt** 1r–3r Gebet zum Hl. Antlitz Christi. 1v Zierseite mit Miniatur: Veronika hält das Schweißtuch Christi. *G (Egrüsset)*. 3v leer. 4r–14v Kalendar (Diözesen Passau, Salzburg, Regensburg, Augsburg, Basel, vor allem aber Straßburg) deutsch, voll besetzt, Juni fehlt (u. a.: 8. 1. *Erhard pischof*, 4. 7. *Ulrich pischof* [rot], 21. 7. *Arbogast pischof* [rot], 29. 8. *S. Jo[hannes] enthauptung* [rot] und *Adelphus pis.*, 7. 11. *Florentius pis.* [rot]). 5v *Item wiltu wissen den Niven mon uß disem kalender. So such erstlich die Guldin zal desselben jars in der ersten zeyl gegen der lincken hant in disem kalender, und wo du die vindest, so heb an zu zelen an de[m] selbe[n] tag ufwartz die funff wort. Hie ist der new mon. Und an welchen tag sich das funft wort endet an dem selben tag oder nacht ist der newe mon.* 15r–18r Erklärungen und Anweisungen zur Benutzung des Kalenders. 15r/v *Hiencch ist zu mercken von den vier fronnfastenn. Die erste fronfast. Die erste fronfast ist an dem nechsten Mitwochenn nach dem Ascher mitwoch. Die andere fronfast. Die andere fronfast ist an dem nechsten Mitwochen nach dem heiligen pfingstag. Die drit fronfast. Die drit fronfast ist an dem nechsten Mitwochen nach des heiligen Crwtz tag als es erhaben ward, ist in dem herbstmonet. Die vierd fronfast. Die vierd fronfast ist an dem nechsten Mitwochenn nach sant Lucie tag.* 16v Diagramm zur Berechnung des Sonntagsbuchstabens. 17r Diagramm mit dem 19jährigen Lunarzyklus (Goldene Zahl). 18r–21r Evangelienlesung nach Johannes. 18r Rubrik für das Johannes-Evangelium. 18v leer. 19r Zierseite mit Miniatur: Johannes auf Patmos. *I (N dem Anfang)*. 21v–101v Marienoffizium. 22r Zierseite mit Miniatur: Verkündigung an Maria. *M (In lebszen)*; zu jeder Gebetsstunde mit Ausnahme der Laudes Zierseite mit Miniatur. 37r Zierseite. Laudes. *G (Ott zu myner hilff)*; Textanfang wiederholt sich bis einschließlich zur Vesper. 53v Geburt Christi. 60r Verkündigung an die Hirten. 66v Anbetung der Könige. 73r Darbringung Jesu im Tempel. 79v Flucht nach Ägypten. 94r Krönung Mariens. *B (Ekere uns Got)*. 102r–115r Marienmesse. 102r Zier-

11 *Deutsches Stunden- und Gebetbuch*
Paris, um 1470–1480

11 *Deutsches Stunden- und Gebetbuch*
Paris, um 1470–1480

seite zum Adiutorium und Confiteor. 105r Zierseite mit Miniatur zum Introitus: Muttergottes auf der Mondsichel mit Jesusknaben, darunter ein Mann im Gebet. *G (Egrüst)*. 115r–143r Bußpsalmen mit Litanei (u. a.: Kilian, Oswald, Wolfgang, Erhard, Konrad, Arbogast, Burkhard, Sebald, Afra, Gertrud). 115r Rubrik. 115v leer. 116r Zierseite mit Miniatur: König David im Gebet. *h (Err)*. 143v–153r Gebete zur Dreifaltigkeit. 144r Zierseite mit Miniatur: Trinität. *O (Du heilige drivaltigkeit)*. 153v–159v Kreuzoffizium. 154r Zierseite mit Miniatur: Kreuzigung Christi. *D (Es vaters wiszheyt)*. 159v–161v Passionsoffizium. 160r Zierseite. 161v–166v Sieben Letzte Worte Christi am Kreuz. 166v–169r Fünf Verse Papst Gregors. 167r Zierseite mit Miniatur: Gregorsmesse. *O (Herr Ihesu Christe)*. 169r–178r Christusgebete. 176v *Von grosser pet wegen herrn Philipps von franckrich eyn künigk, gab der pabst Bonifatius der sechst allen den die das hernach geschriben gepet mit andacht sprechen in rewigem herczen, so man unsers herrn lichnam wandelt, und das der prister tailt ob den kelch gewiss ablas zway tusent jare.* 178v–186r Mariengebet. 178v *Hienach volget ein schön gepet von unnser lieben frawen. Und wer es drissig tag pettet mit rechter andacht umb was müglicher götlicher sach er begert von unser lieben frawen, der pet wirt er an zwifel gewert.* 179r Zierseite mit Miniatur: Beweinung Christi. *S (Ancta Maria ein junckfraw)*. 186r–201v Offizium des Mitleidens Mariens mit anschließenden Mariengebeten. 186r Zierseite. 201v–205v Sieben Freuden Mariens sowie weitere Mariengebete. 203v *Disz hernach geschriben gepet haisset der Englisch grusz, und ist genant das guldin gepet, wann von menschlichen synn keyn suessers noch gefelligers unser lieben frawen nit mag detichtet werden. Alsz sy es offenbaret eyner andechtigen person der unser liebe frawe disen englischen grus mit guldin puchstaben schrib uf ir hercz.* 206r–209v Morgen- und Abendgebet. 206r Zierseite. 209v–258v Heiligenmemorien; zu den folgenden Suffragien Zierseiten mit Miniatur. 210r Kampf Michaels mit dem Drachen. 213v Petrus und Paulus im Gespräch. 215r Nikolaus errettet die drei Jünglinge. 217v Marter des hl. Erasmus. 220v hl. Wolfgang. 222v Antonius der Einsiedler mit Schwein und Feuer. 225r Martyrium des hl. Sebastian. 226v Christophorus mit Jesusknaben. 229r Achatius und Gefährten mit Kreuzen. 232r Mutter Anna lehrt Maria das Lesen. 233v Noli me tangere. 238v Martyrium der hl. Katharina. 241r Enthauptung der hl. Barbara. 244v Margarete entsteigt dem Untier. 247v Martyrium der hl. Ursula und ihrer Gefährtinnen. 249r Dorothea vor einer Rosenlaube mit einem Knaben an der Hand, der einen Korb trägt. 250v Petronella wird von Christus, der Legende nach aber vom hl. Petrus geheilt. 252r Genovefa mit brennender Kerze. 258v–285v Totenoffizium mit einer Nokturn. 259r Zierseite mit Miniatur: Begegnung der drei Lebenden und drei Toten. *W (Ir piten für alle gelaubig sel)*. 285v–291r Gebete für die Verstorbenen. 291v–302r Gebete zum Empfang der Hl. Kommunion. 292r Zierseite. 302r–314v Gebete zu verschiedenen Anlässen. 315r–318r Zehn Gebote, Sieben Sakramente u. a. 318v leer. 319r–322v Inhaltsangabe mit Bezug auf die originale Foliierung. 323r–324r leer.

Literatur Kat. Hartung und Karl, München 2.–4. 6. 1975, Nr. 7. – J. M. Plotzek, Andachtsbücher des Mittelalters aus Privatbesitz, Ausst. Kat. Schnütgen-Museum, Köln 1987, S. 127ff., Nr. 29. – R. Cermann, in: H. Voss/N. Ott (Hgg.). Katalog der deutschsprachigen Handschriften des Mittelalters, Bd. 5, München (i. Dr.), Nrn. 43.1.3f., 43.1.10
Zitierte Literatur F. Avril / N. Reynaud, Les manuscrits à peintures en France 1440–1520, Ausst. Kat. Bibliothèque Nationale de France, Paris 1993, S. 376.

16r–18r (Text) Gebrauchsanweisung für die beiden Kreisdiagramme zur Errechnung des Sonntagsbuchstabens und der Goldenen Zahl auf Folio 16v und 17r

Hiernach ist zu dem Sonntagsbuchstaben anzumerken: Wenn ihr den Sonntagsbuchstaben eines jeglichen Jahrs wissen wollt, so müsst ihr zuerst die Jahreszahl nach Christi Geburt wissen. Von derselben Jahreszahl sollt ihr 1474 Jahre abziehen und die übrigen Jahre zählt in dem ersten aufgezeichneten Zirkel ab, indem ihr oben bei dem Kreuz am A anfangt und zählt 75 etc.; zählt immer den Kreis herum. Und wo die Zahl des Jahres endet, da habt ihr den Sonntagsbuchstaben. Und wenn ihr zwei Sonntagsbuchstaben findet, so ist das Jahr ein Schaltjahr. Und der erste Buchstabe in dem äußeren Zirkel gilt bis zum St. Matthiastag, der Buchstabe in dem inneren Zirkel gilt vom St. Matthiastag bis das Jahr vollendet ist. Hiernach ist zu der Goldenen Zahl anzumerken: Wenn ihr aber wissen wollt, was die Goldene Zahl eines jeden Jahres ist, so müsst ihr zuerst die Jahreszahl nach Christi Geburt wissen und von derselben Zahl sollt ihr 1474 Jahre abziehen. Und die übrigen Jahre zählet in dem zweiten aufgezeichneten Zirkel ab, indem ihr oben bei dem Kreuz an der XIII anfangt und zählt 75 etc.; zählt immer den Kreis herum. Und wo die Zahl des Jahres endet, da findet ihr die Goldene Zahl desselben Jahrs.

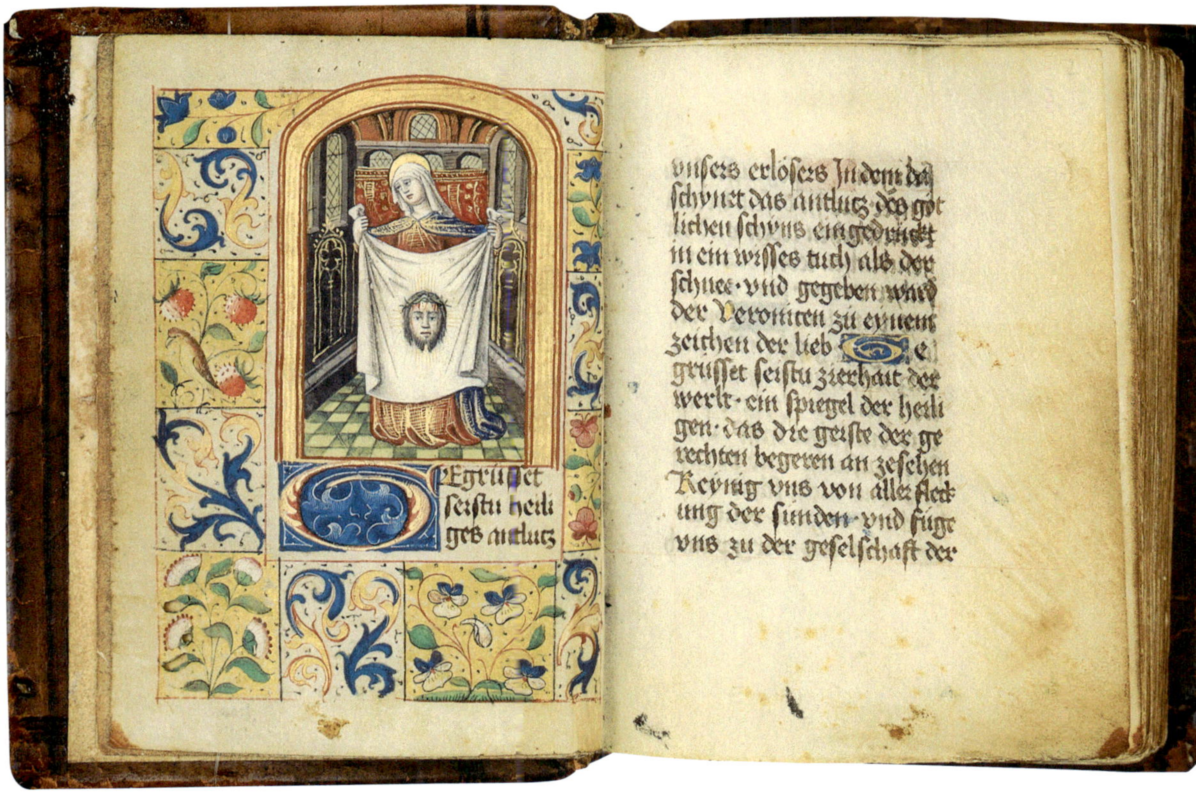

11 *Deutsches Stunden- und Gebetbuch*
Paris, um 1470–1480

1v–2r Veronika hält das Schweißtuch mit dem wahren Abbild Christi (vera icon), zum Gebet: »Gegrüßet seist Du, heiliges Antlitz unseres Erlösers«.

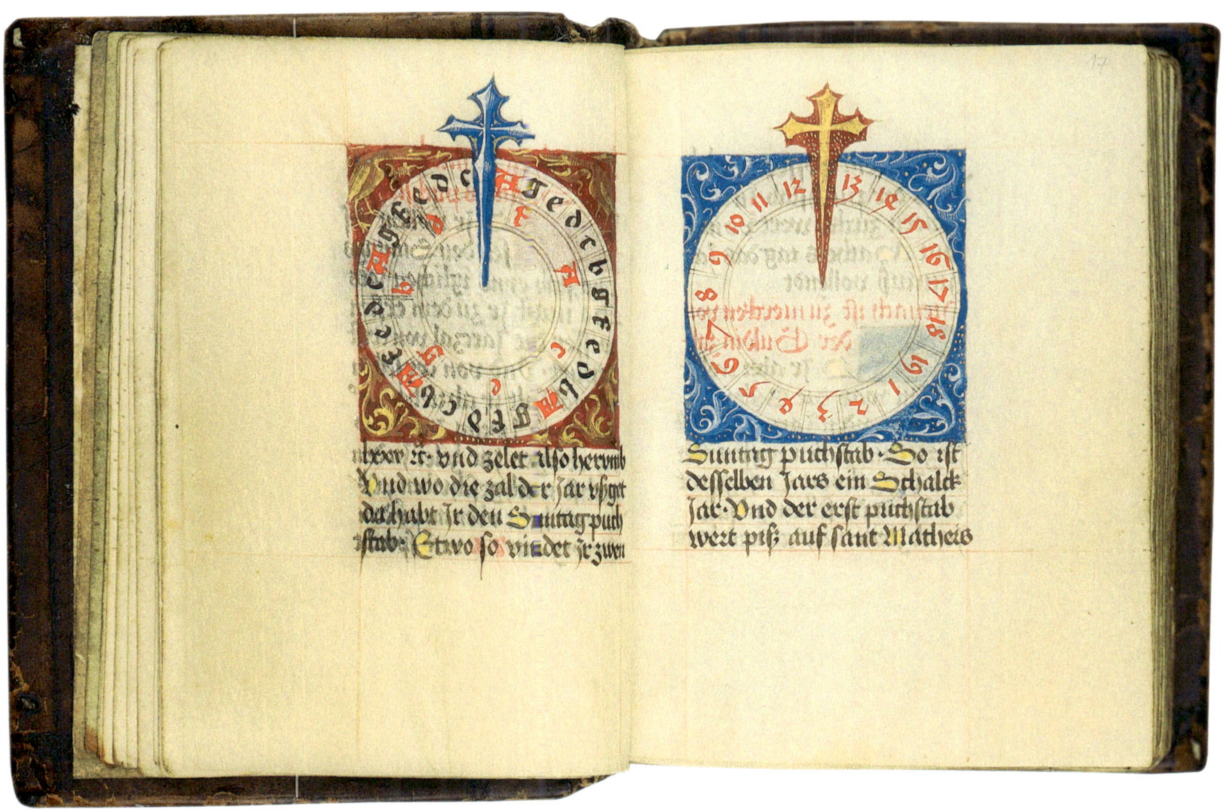

16v Diagramm zur Berechnung des Sonntagsbuchstabens

17r Diagramm mit dem 19jährigen Lunarzyklus zur Berechnung der Goldenen Zahl

II *Deutsches Stunden- und Gebetbuch*
Paris, um 1470–1480

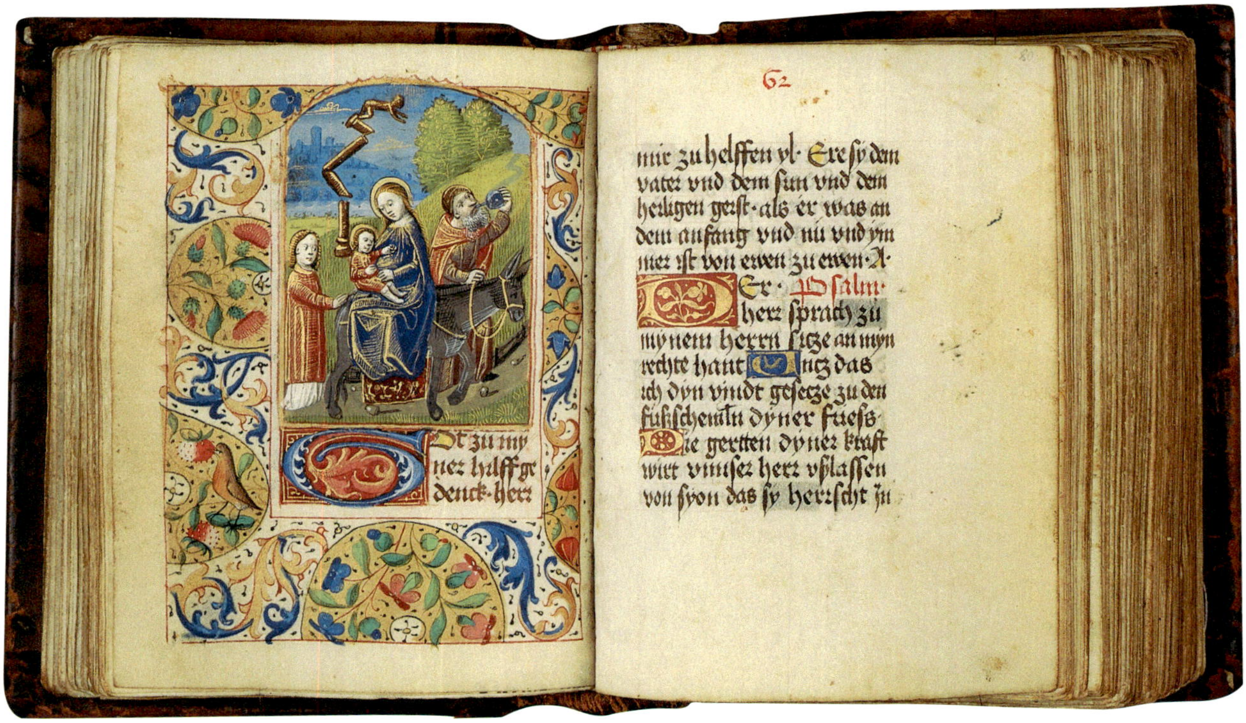

79v–80r Als die heilige Familie nach Ägypten flieht, zerbricht durch die Kraft des göttlichen Kindes am Wegrand ein Götzenbild. Damit erfüllt sich die Prophezeiung des Propheten Jesaja: »Seht, der Herr fährt auf einer leichten Wolke daher; er kommt nach Ägypten. Vor seinem Angesicht zittern die Götter Ägyptens, den Ägyptern verzagt das Herz in der Brust« (19,1).

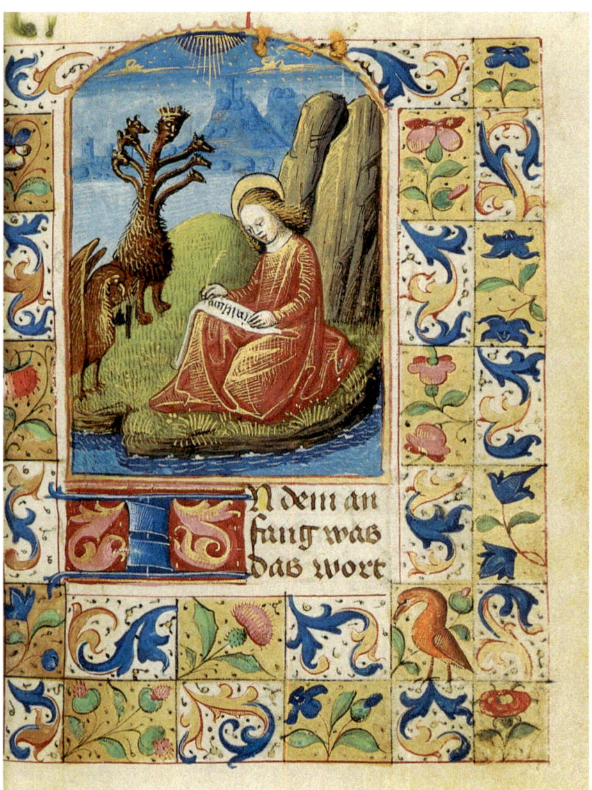

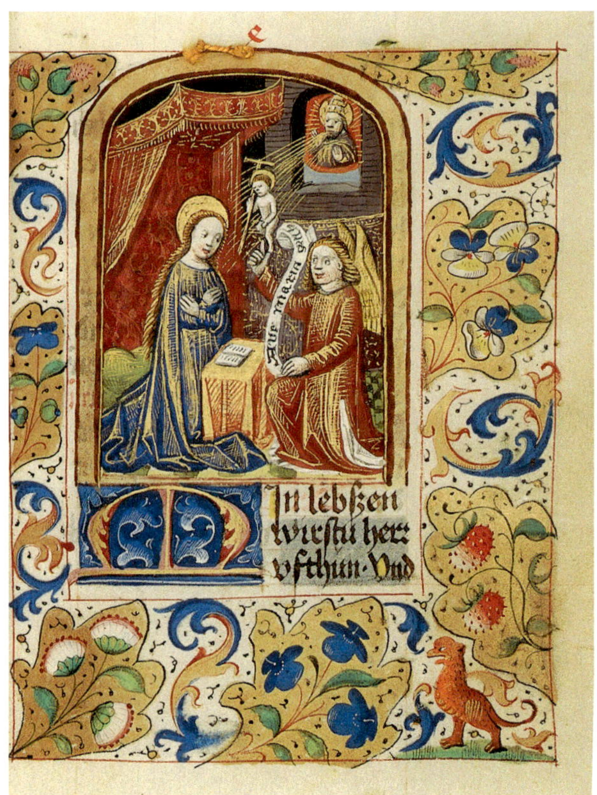

19r Der Evangelist Johannes, gekennzeichnet durch den Adler, beginnt auf der Insel Patmos seine Niederschrift des Evangeliums mit den Worten: »Im Anfang war das Wort.« Das siebenköpfige Tier weist darauf hin, dass er hier auch die Offenbarung des Jüngsten Tages erfährt.

22r Am Beginn des Marienoffiziums steht die Darstellung der Verkündigung an Maria durch den Erzengel Gabriel. In dem von Gottvater ausgehenden Strahlenbündel erscheint das Jesuskind bereits mit dem geschulterten Kreuz.

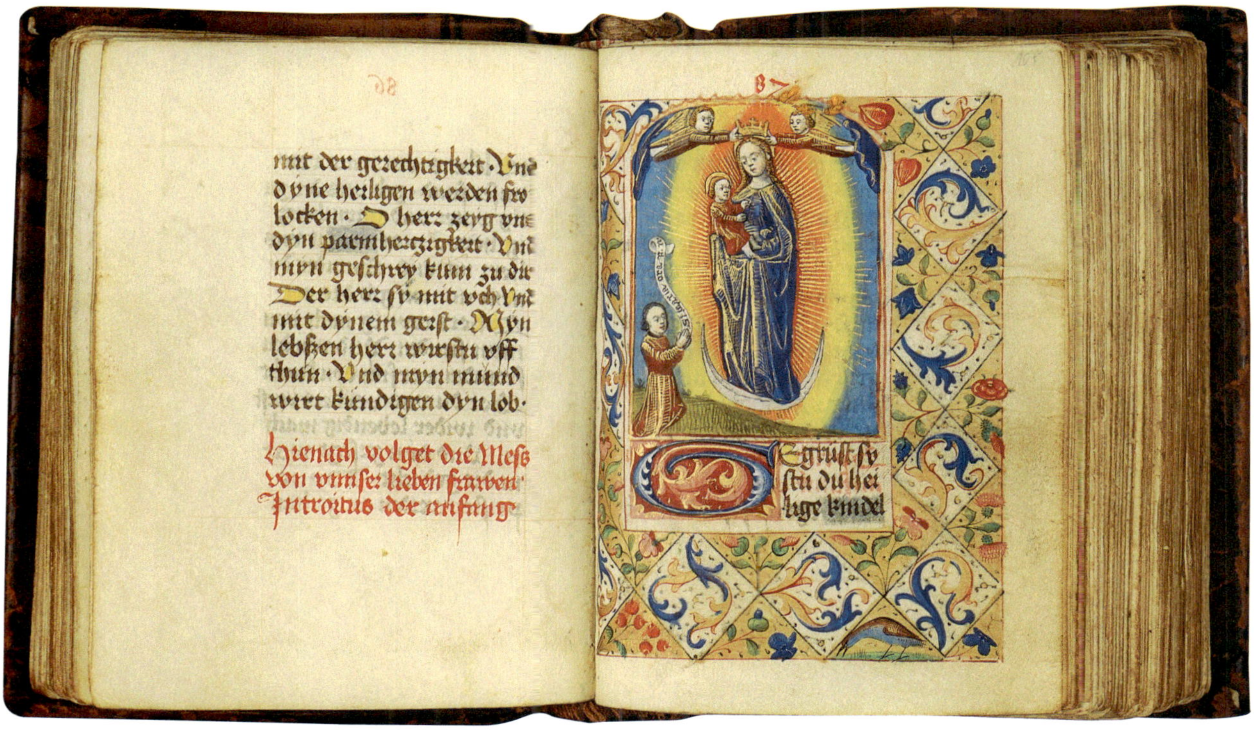

11 *Deutsches Stunden- und Gebetbuch*
Paris, um 1470–1480

104v–105r Als Einführung in die Marienmesse erscheint ein betender Mann, der die auf der Mondsichel sich zeigende Himmelskönigin mit dem Jesusknaben um Fürsprache bittet.

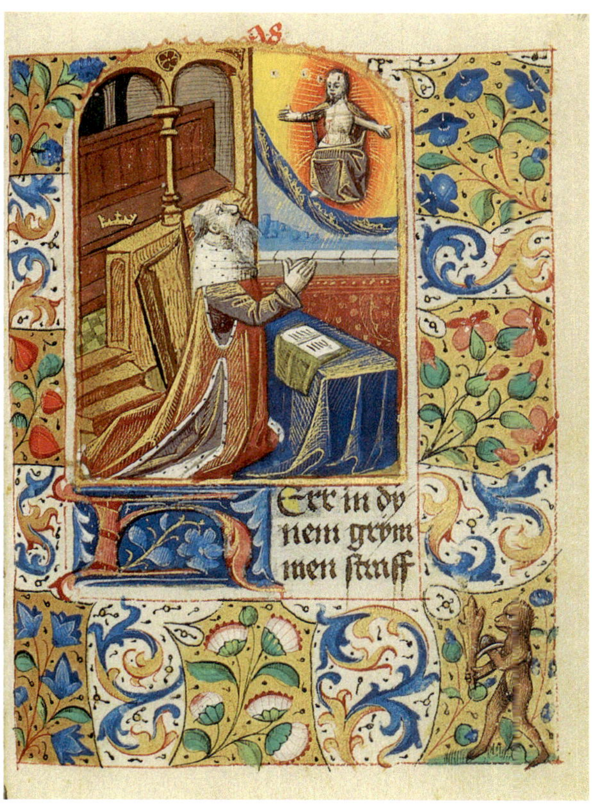

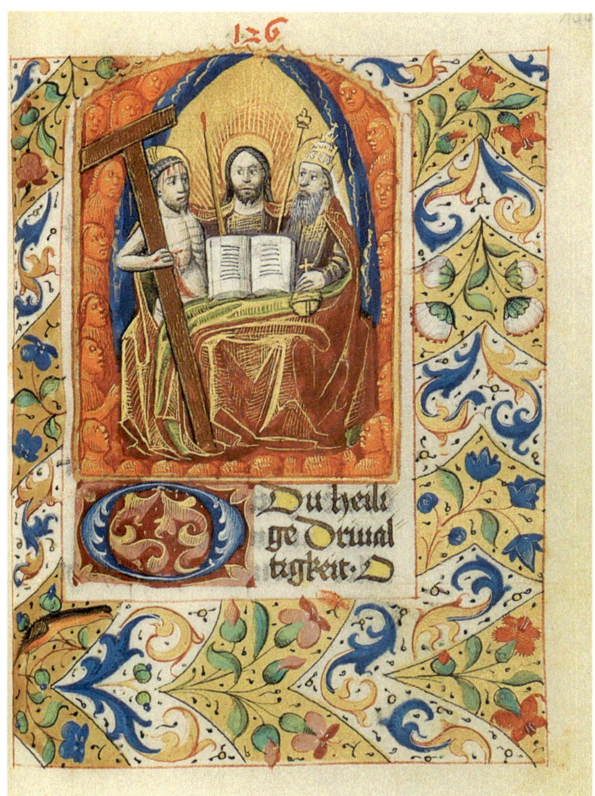

116r Die Bußpsalmen werden durch eine Darstellung König Davids eingeleitet, dem im Gebet der auf dem Regenbogen thronende Christus erscheint.

144r Gottvater mit Tiara und Reichsapfel und Christus mit Kreuz und Dornenkrone rahmen den ebenfalls als bärtigen Mann dargestellten Heiligen Geist. Ein roter Mantel umschließt die drei Gestalten zu einer Einheit, auf deren Schoß ein aufgeschlagenes Buch präsentiert wird. Trinitätsdarstellung zur Einführung in die Gebete zur Dreifaltigkeit.

11 *Deutsches Stunden- und Gebetbuch*
Paris, um 1470–1480

153v–154r Kreuzigung mit Trauernden, mit Lanzen bewaffneten Soldaten zu Pferd und Soldaten, die um das Gewand Jesu würfeln. Beginn des Kreuzoffiziums mit den Sieben Tagzeiten.

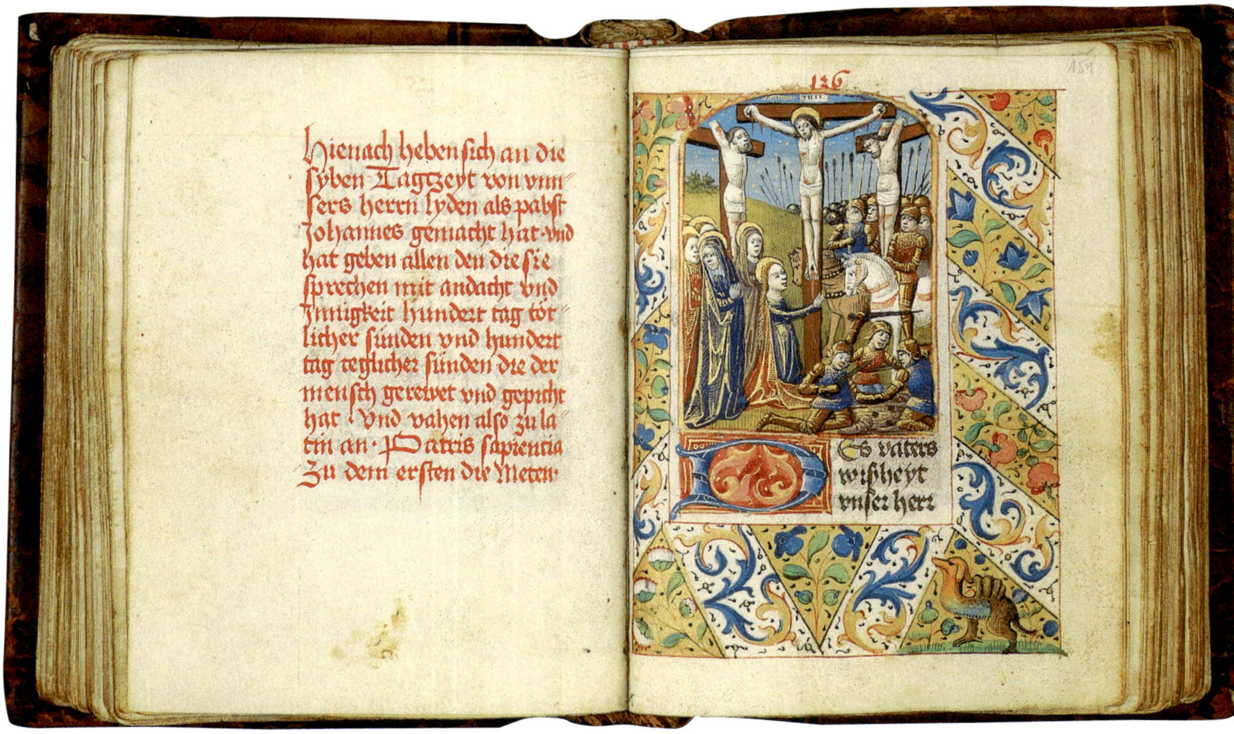

167r Christus erscheint Papst Gregor d. Gr. während einer Messe als Schmerzensmann mit den Arma Christi. Es wird berichtet, dass Gregor für Gebete vor einem Bild des leidenden Heilands Ablässe erteilt habe.

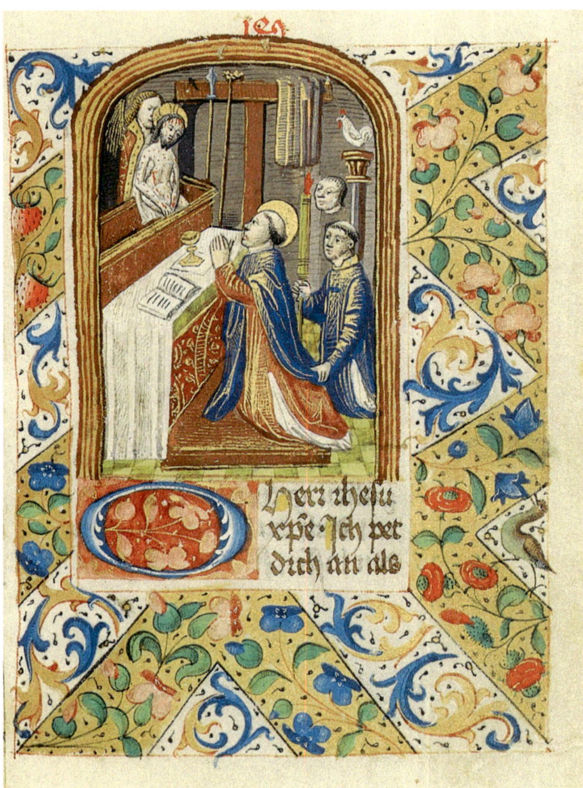

209r–211r (Text) Aus dem Suffragium zu Ehren des Erzengels Michael

Ich rufe dich an mit großer Begierde, du heiliger Erzengel, Hüter des Paradieses und Propst der Christenheit, lieber Sankt Michael, Gabriel, Raphael; dazu alle guten Engel in allen neun Chören, so wie Gott sie schuf, erhielt und bestätigte in seinem Lob, jeden nach seiner Gnade, in drei Hierarchien, von denen einer hübscher und gnadenreicher ist als der andere; einer ist gehorsam dem anderen, die obersten senden die untersten gar ordentlich und wunderbar aus. Freut euch alle in Gott, lobet und ehret dies höchste Gut. Was ich nicht getan habe oder versehentlich getan habe zum Lob Gottes, das erfülle ich mit Euch. Wenn mein Leib die Seele gar sehr behindert, erbitte mir ein jeglicher Chor von Gott die Tugend und Übung, die zu seinem Chor gehören. Helft mir Tag und Nacht wider die bösen Geister zu streiten, die meine Seele beneiden und hassen … Und ich bitte, dass ich möge Hoffart überwinden mit Demut, Geiz mit Almosen, Unkeuschheit mit Lauterkeit, Gefräßigkeit mit Mäßigung, Neid und Hass mit Nächstenliebe und Mitleid und alle Trägheit mit Fleiß und Andacht. Amen.

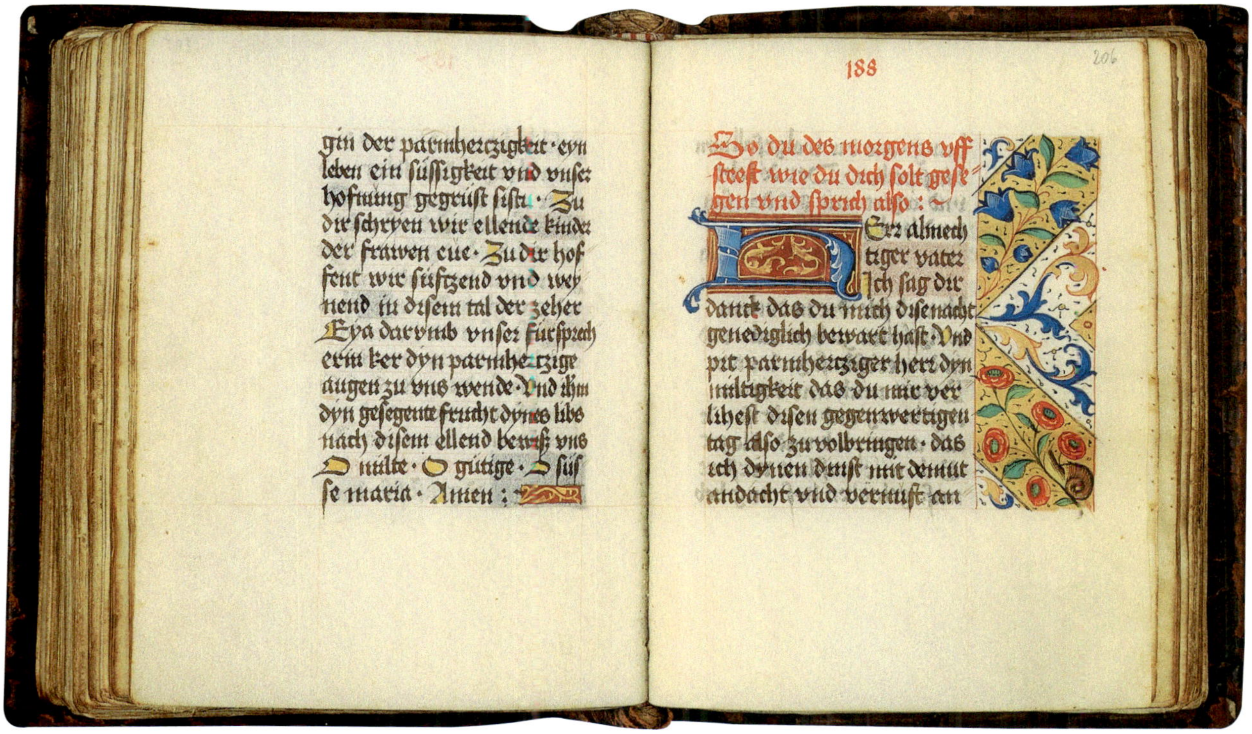

gin der parmherzigkeit · eyn
leben ein süssigkeit vnd vnser
hofnung gegrüst sistu · Zu
dir schryen wir ellende kinder
der frawen eue · Zu dir hof
fent wir süfzend vnd wey
nend in disem tal der zeher
Eya darvmb vnser fürsprech
erin ker dyn parmherzige
augen zu vns wende · Vnd ihm
dyn gesegente frucht dynes libs
nach disem ellend bewiß vns
O milte · O gütige · O süs
se maria · Amen :

188

So du des morgens vff
streest wie du dich solt gese
gen vnd sprich also :
Herr almech
tiger vater
Ich sag dir
danck das du mich dise nacht
genediglich bewart hast · Vnd
pit parmherziger herr dyn
miltigkeit das du mir ver
lihest disen gegenwertigen
tag also zu volbringen · das
ich dynen dinst mit demut
andacht vnd vernuft an

11 *Deutsches Stunden- und Gebetbuch*
Paris, um 1470–1480

205v–206r Gebet, das morgens beim Aufstehen gesprochen werden soll: »Herr allmächtiger Vater, ich sag dir Dank, dass Du mich diese Nacht gnädiglich bewahrt hast. Und erbitte, barmherziger Herr, Deine Milde, dass Du mir verleihest, diesen gegenwärtigen Tag also zu vollbringen, dass ich Deinen Dienst mit Demut, Andacht und Vernunft anfang […]«

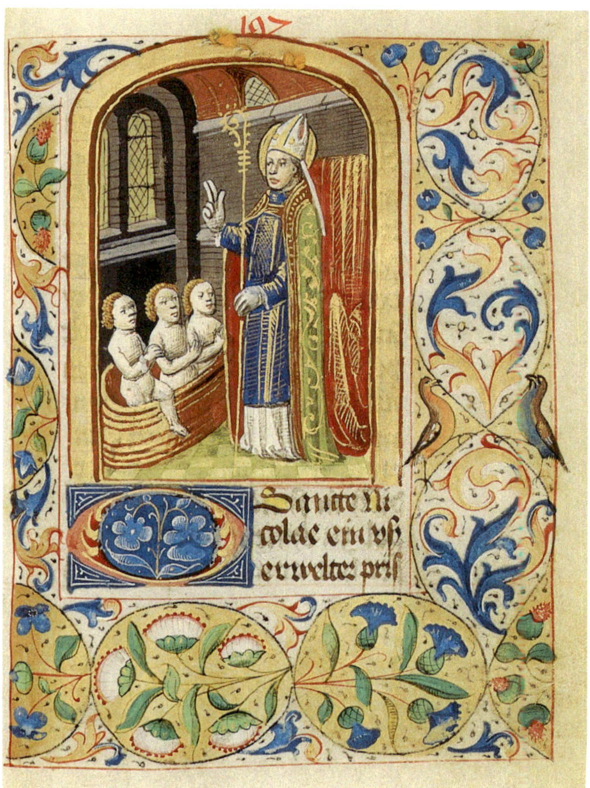

197
Sancte Ni
colae ein vß
erwelter pri

O Sankt Nikolaus, ein auserwählter Priester und Bischof Gottes, der du den Schiffsleuten auf dem Meer in großem Ungewitter zu Hilfe kamst, und drei Jünglinge, die dem Tod anheimgegeben waren, erlöstest, und drei Jungfrauen mit deinem Gold behütetest, damit sie nicht zu offenen Sünderinnen wurden; nun komm auch mir zu Hilfe durch den ewigen Namen Gottes, der dich in seinem heiligen Tempel zu einem getreuen Gefährten hat erwählt, damit ich dich einigen gütigen Getreuen in allen meinen Nöten, in allen meinen Ängsten, als Fürsprecher finde. Amen.

215r Nikolaus erweckt drei Scholaren, die von einem habgierigen Wirt getötet und in Fässer eingepökelt worden waren, wieder zum Leben.

215r–216r (Text) Aus dem Suffragium zu Ehren des hl. Nikolaus

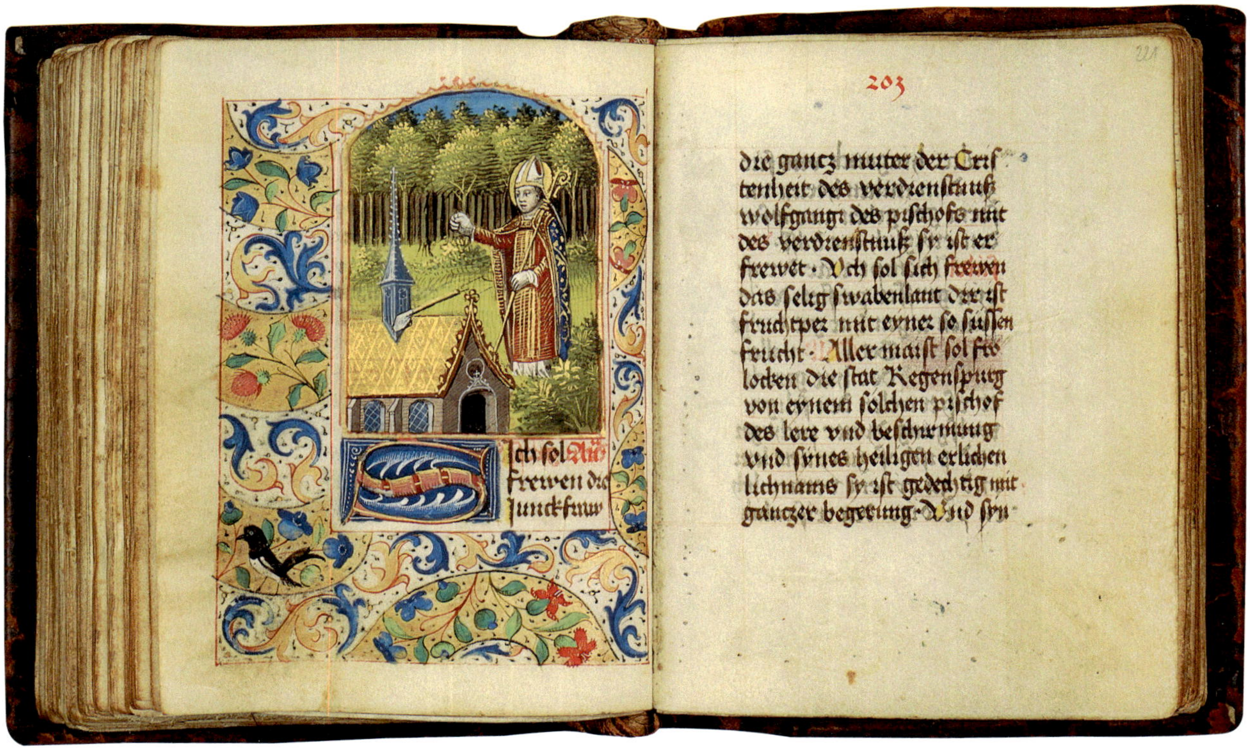

11 *Deutsches Stunden- und Gebetbuch*
Paris, um 1470–1480

220v–221r Bischof Wolfgang von Regensburg wollte nach der Legende mit dem Beilwurf von Gott die Stelle erfahren, an der er seine Kirche erbauen sollte.

219r–219v (Text) Collecta aus dem Suffragium zu Ehren des hl. Erasmus

O Herr, allmächtiger Gott, du bist der, der den heiligen Märtyrer und Bischof Erasmus hat ritterlich überwinden lassen all seine Schmerzen beim Ausreißen seines Teils, bei der Kasteiung mit der Geißel, beim Durchstechen aller seiner Nägel, beim Anlegen eines glühenden Panzers, beim grässlichen Herausreißen seiner Därme, beim Rösten im siedenden Öl, beim Einfüllen des glühenden Bleis, beim Durchstechen seiner Augen, beim Ausbrechen der Zähne, in der Hitze des glühenden Schwefels, beim Abschlagen seines heiligen Hauptes, und du hast ihn zu deinen göttlichen Gnaden berufen.

220v–221v (Text) Aus dem Suffragium zu Ehren des hl. Wolfgang

Es soll sich freuen die Jungfrau, die Mutter der ganzen Christenheit, über das Verdienst des Bischofs Wolfgang […]. Auch das selige Schwabenland soll sich freuen, das eine so süße Frucht hervorgebracht hat. Am meisten aber soll die Stadt Regensburg frohlocken über einen solchen Bischof, über dessen Lehre und Schutz. Seines heiligen herrlichen Leichnams gedenkt sie mit ganzem Willen. Und sein milder Tod führe uns zu dem milden Herrn, unserem Gott, und lasse uns ewiglich die Hilfe empfangen.

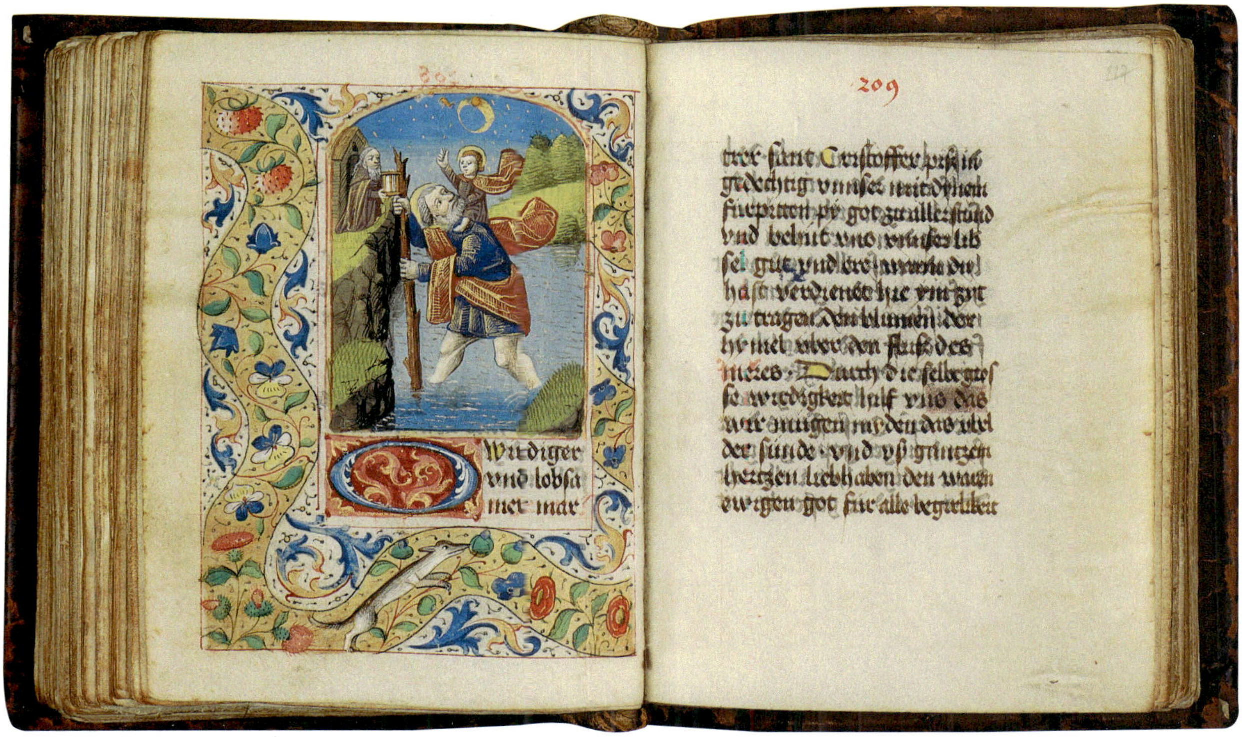

11 *Deutsches Stunden- und Gebetbuch*
Paris, um 1470–1480

226v–227r Auf den Rat eines Eremiten dient Christophorus, von Natur aus zu Fasten und Beten unfähig, Gott mit seiner Kraft und trägt Pilger über einen reißenden Fluss. Christus lässt sich in der Gestalt eines Kindes hinübertragen, offenbart sich aber als Herr der Welt, indem er den Riesen unter der Last fast zusammenbrechen lässt.

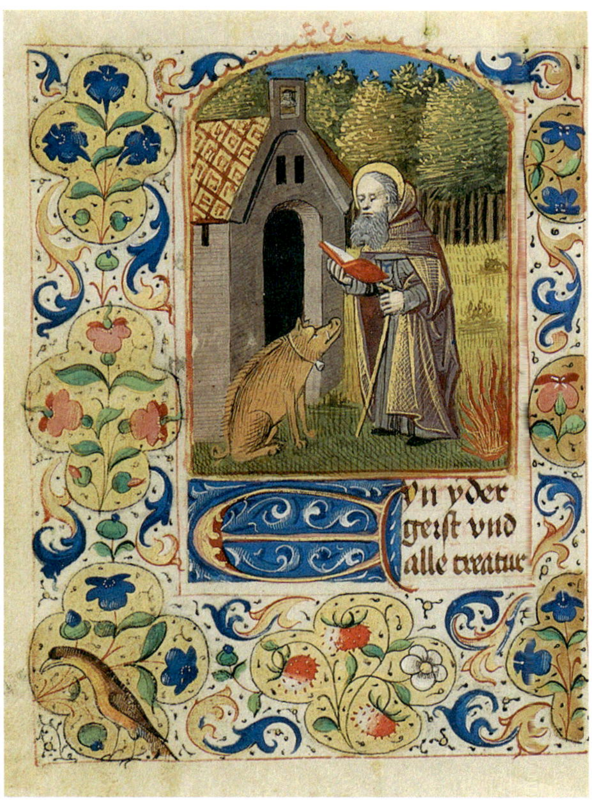

Ein jeder Geist und alle Kreatur loben Gott in seinen Heiligen, besonders in Sankt Antonius, dem heiligen Einsiedler und Beichtvater durch unseren Herrn Jesus Christus. In ihm hat deine göttliche Kraft so wunderbar gewirkt, dass er nicht nur in dieser zeitlichen Welt Ehre und Besitz aufgegeben und verschmäht hat, sondern auch die menschlicher Dummheit innewohnende teuflische Kraft, List und sinnliche Versuchung mannigfaltig überwunden hat. Oh heiliger Herr, Vater und Fürsprecher Sankt Antonius, wie viele hast du durch die Gnade Gottes von sündigem Leben zu geistlicher Vollkommenheit bekehrt, wie viel leibliche Gebrechen hast du wunderbar geheilt, wie oft Vergebung der Sünden erworben und von höllischem Feuer und Pein erlöst.

222v Antonius der Einsiedler gilt als Vater des christlichen Mönchtums. Das Schwein kennzeichnet ihn als Schutzpatron der Haustiere. Das (Antonius-) Feuer bezeichnet eine seuchenartige Krankheit, die Antonius strafend verhängen oder schützend abwehren konnte.

222v–223v (Text) Aus dem Suffragium zu Ehren des hl. Antonius Eremita

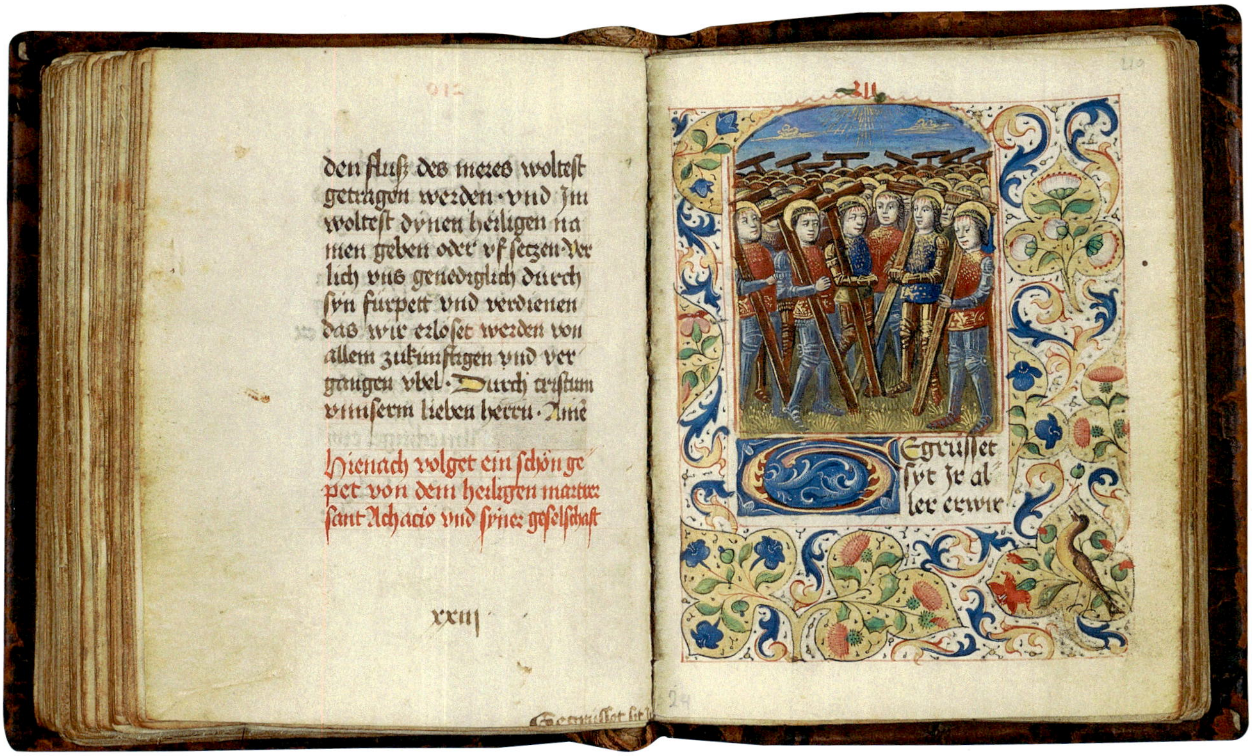

11 *Deutsches Stunden- und Gebetbuch*
Paris, um 1470–1480

228v–299r Der heidnische Fürst Achatius und seine Soldaten wurden von den Kaisern Hadrian und Antoninus für einen Feldzug in Kleinasien angeworben. Engel verhießen ihnen den Sieg über die feindliche Übermacht, wenn sie zu Christus beteten. Nach dem Sieg ließen die Kaiser die Abtrünnigen steinigen, geißeln, mit Dornen krönen, ans Kreuz schlagen und in Dornengestrüpp stoßen.

229r–231r (Text) Aus dem Suffragium zu Ehren des hl. Achatius und seiner Gefährten

Gegrüßet seid ihr allerehrwürdigsten Märtyrer Christi, des wahren Weinstockes zehntausend Reben; und du besonders, würdiger Fürst Achatius, und ihr, Herzog Helides, Theodrios, Meister der Ritter, Bannerträger Converius und alle anderen gestrengen Ritter des irdischen Kaisers, doch viel andächtiger gegenüber dem himmlischen Herrscher. Ich bitte euch, dass ihr mir von Gott, dem Herrn, wahre Geduld, Gehorsam, Demut, Sanftmut, Reinheit des Leibes und der Seele, Behütung des Mundes und des Herzens sowie gute und züchtige Sitten erwerbet. Oh ihr stärksten Ritter Christi, kommt mir zu Hilfe in all meiner Trübsal, die mir zufällt an Leib oder Seele, und gegen die Gewalt aller meiner sichtbaren oder unsichtbaren Feinde; erhört mein Gebet durch den, der euch vom Himmel zu seinen Gläubigen gerufen hat, und euch durch den Engel auf den Berg Ararat geführt und im Glauben der heiligen Dreifaltigkeit unterwiesen hat. Gegrüßet seid ihr, Diener des höchsten Königs, Ritter Christi, um dessen Namen willen ihr mit Steinen beworfen und gegeißelt worden seid, euer Körper mit scharfen Dornen durchstochen und mit dornigen Kronen gekrönt wurde, und die ihr zuletzt gekreuzigt wurdet. Der Herr hat an euch die Zeichen seines Leidens erneuert; denn als ihr gelitten habt, da verlor die Sonne ihren Schein von der sechsten bis zur neunten Stunde, die Felsen erbebten und das Erdreich erzitterte. Und zur neunten Stunde gabt ihr euren Geist auf in die Hände des himmlischen Vaters.

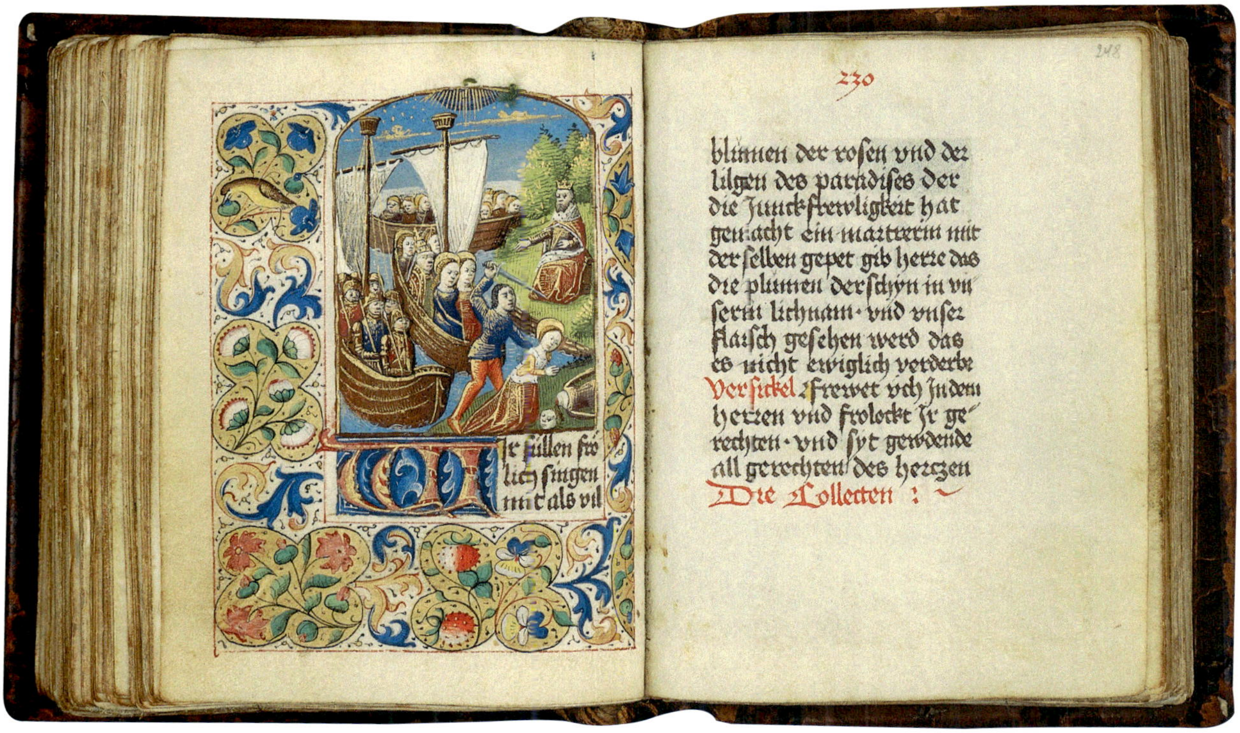

11 *Deutsches Stunden- und Gebetbuch*
Paris, um 1470–1480

247v–248r
Ursula und ihre 11.000 Begleiterinnen erleiden in Köln den Martertod, weil sich Ursula dem heidnischen Hunnenkönig verweigert.

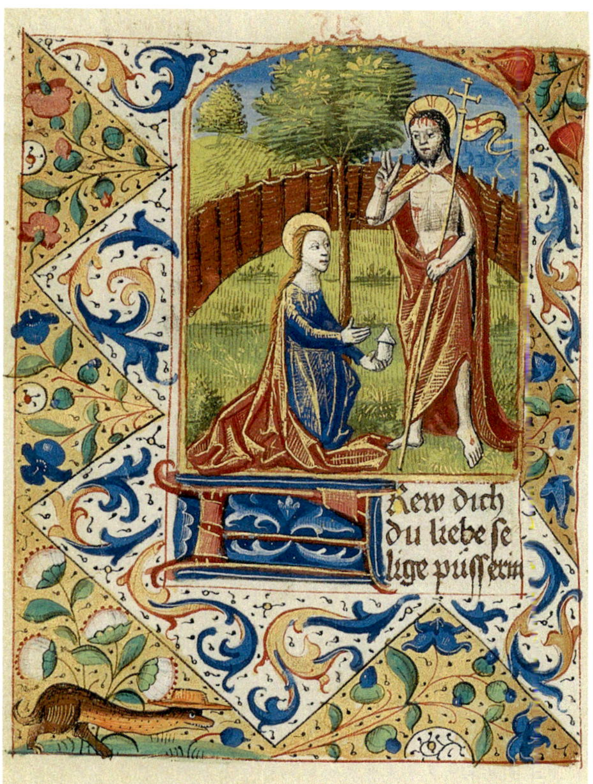

Freu dich, du liebe selige Büßerin von Christo selber vom sündigen Stand zum gnadenreichen, beschaulichen Leben bekehrt. Oh Maria Magdalena, du bist ein Ebenbild, Trägerin reuiger Genugtuung all derer, die ihre Sünde büßen wollen und der Gerechtigkeit Gottes genugtuen. Du bist eine heilsame Zuflucht allen Todsündern und Todsünderinnen, die sich zu Gott bekehren wollen; eine Hoffnung, ein Vertrauen, eine Helferin, eine Fürbitterin und eine Förderin vor Gott. Du bist eine süße Fürsprecherin für alle büßenden Menschen, die erstanden sind aus dem Gestank der Todsünden zum lebendigen Brunnen der Gnade durch Reue, Beichte und guten Vorsatz. Du bist eine auserwählte Dienerin Christi gewesen; demütig hast du die Füße Christi mit deinen heißen Tränen gereinigt und mit deinem eigenen Haar getrocknet, sie geküsst und gesalbt. (alle Transkriptionen: Ulrike Surmann)

233v In einem Garten erscheint Christus der Büßerin Maria Magdalena, die auf dem Weg ist, seinen Leichnam zu salben. Als sie den Auferstandenen erkennt und ihm die Hände entgegenstreckt, entzieht er sich mit den Worten »Noli me tangere« (Halte mich nicht fest).

233v–235r (Text)
Aus dem Suffragium zu Ehren der hl. Maria Magdalena

11 *Deutsches Stunden- und Gebetbuch*
Paris, um 1470–1480

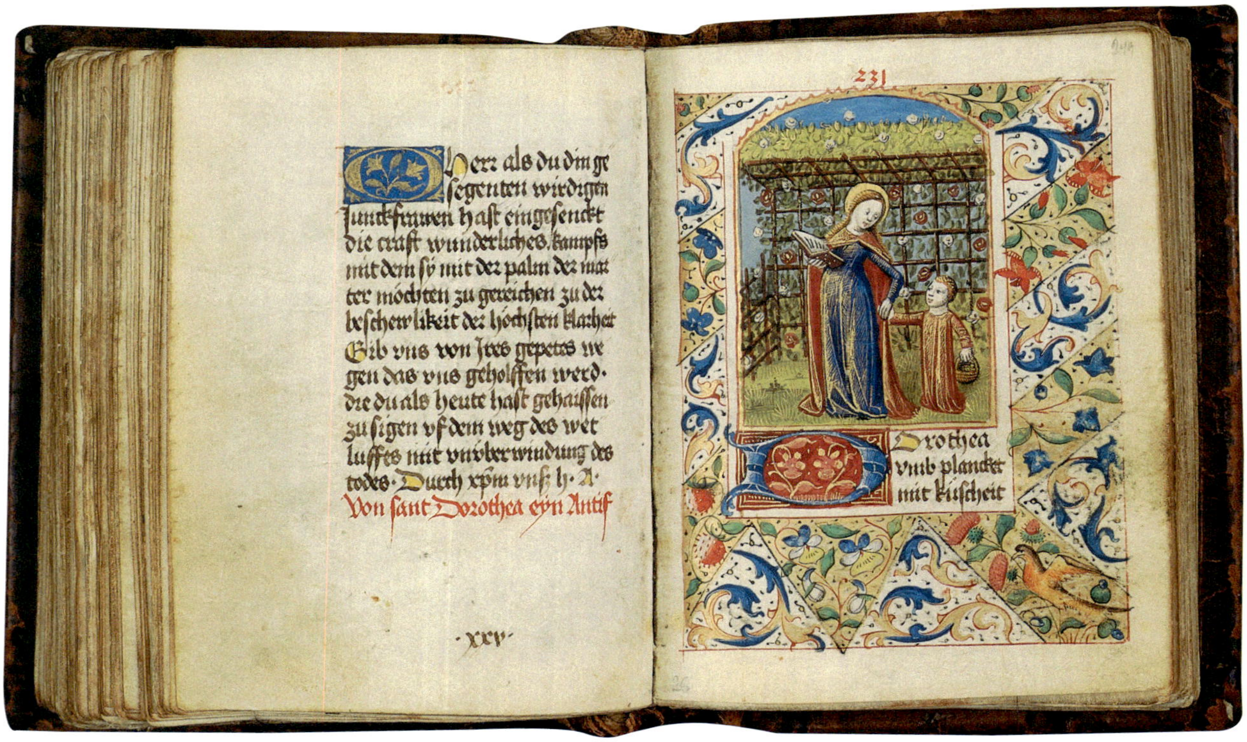

248v–249r Dorothea wird eingekerkert und gemartert, weil sie als Braut Christi die Werbung des heidnischen Präfekten Fabricius ablehnt. Sie bekehrt ihre abtrünnigen Schwestern und den sie verspottenden Gerichtsschreiber Theophilus, dem ein Knabe bei Dorotheas Hinrichtung trotz des Winters in einem Körbchen Äpfel und Rosen aus dem Garten ihres himmlischen Bräutigams bringt.

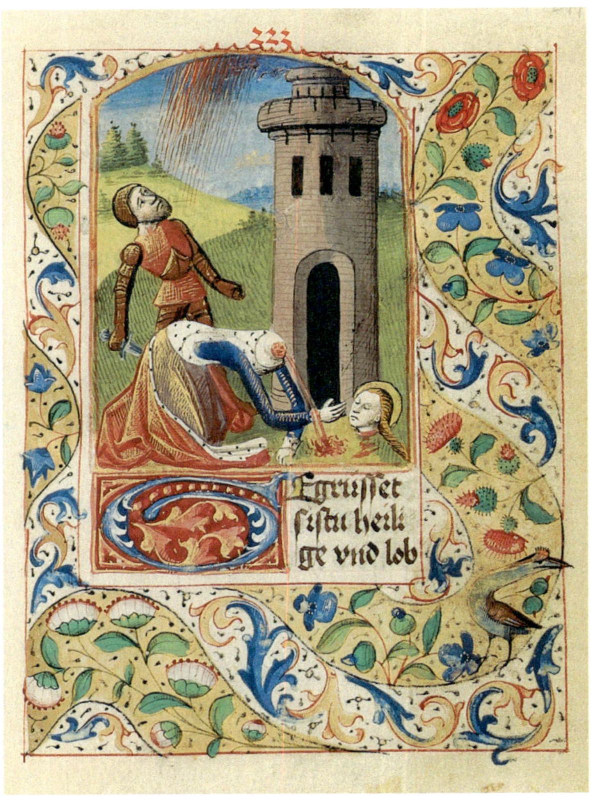

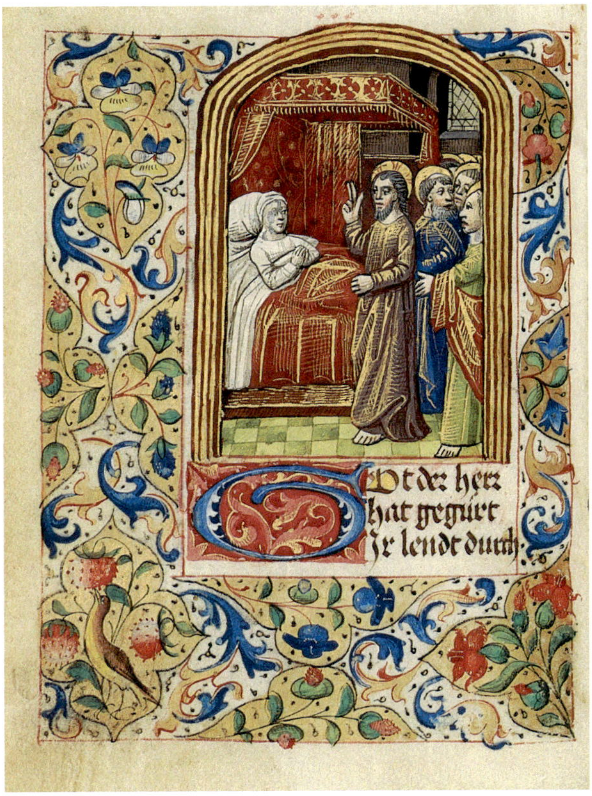

241r Der heidnische Vater Barbaras sperrt die Christin wegen ihrer Schönheit in einen Turm. Sie lässt als Zeichen für die Trinität ein drittes Fenster brechen. Als ihr Vater dies erfährt, enthauptet er sie.

250v Petronella, eine Tochter des Apostels Petrus, wird von Christus im Beisein der Apostel geheilt.

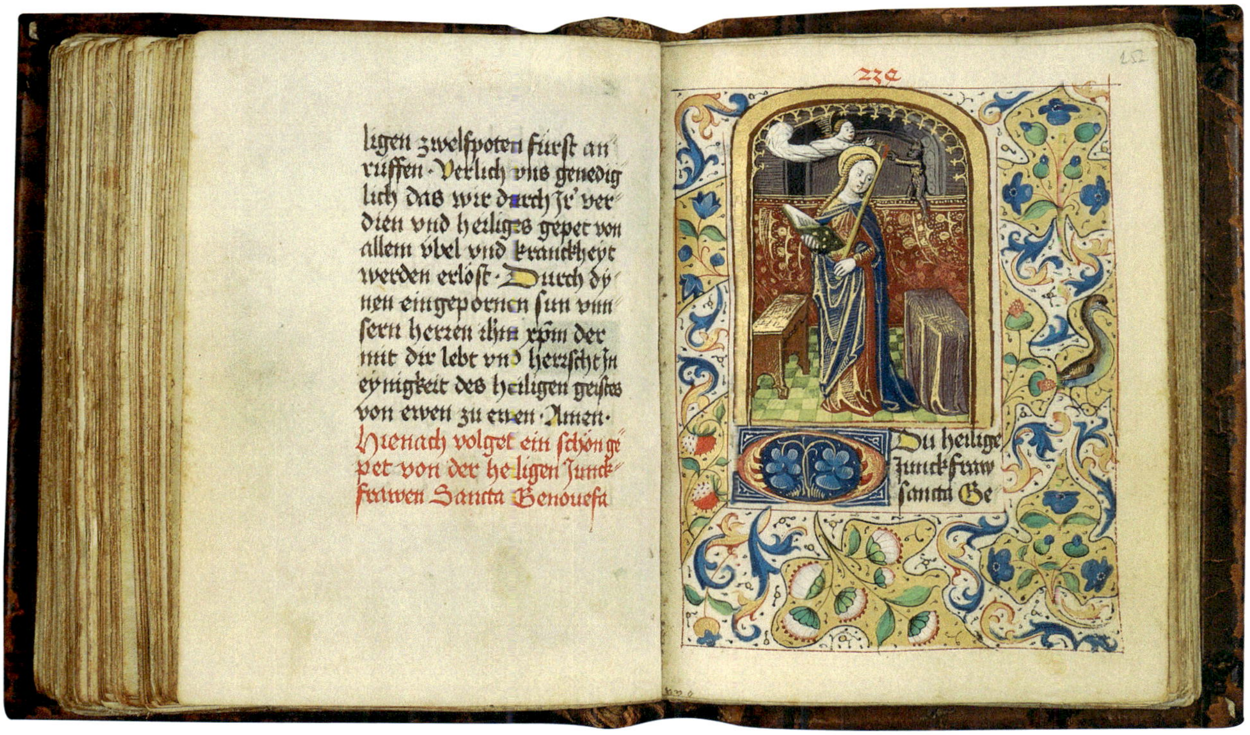

11 *Deutsches Stunden- und Gebetbuch*
Paris, um 1470–1480

251v–252r
Genoveva von Paris, die mit sechs Jahren Gott geweiht wurde, vollbrachte Wunder und half dem Volk bei einem Hunneneinfall im Jahr 451. Als sie zu nächtlicher Stunde betet, erscheint ein Teufel und bläst ihre Kerze aus. Ein von Gott gesandter Engel zündet sie wieder an.

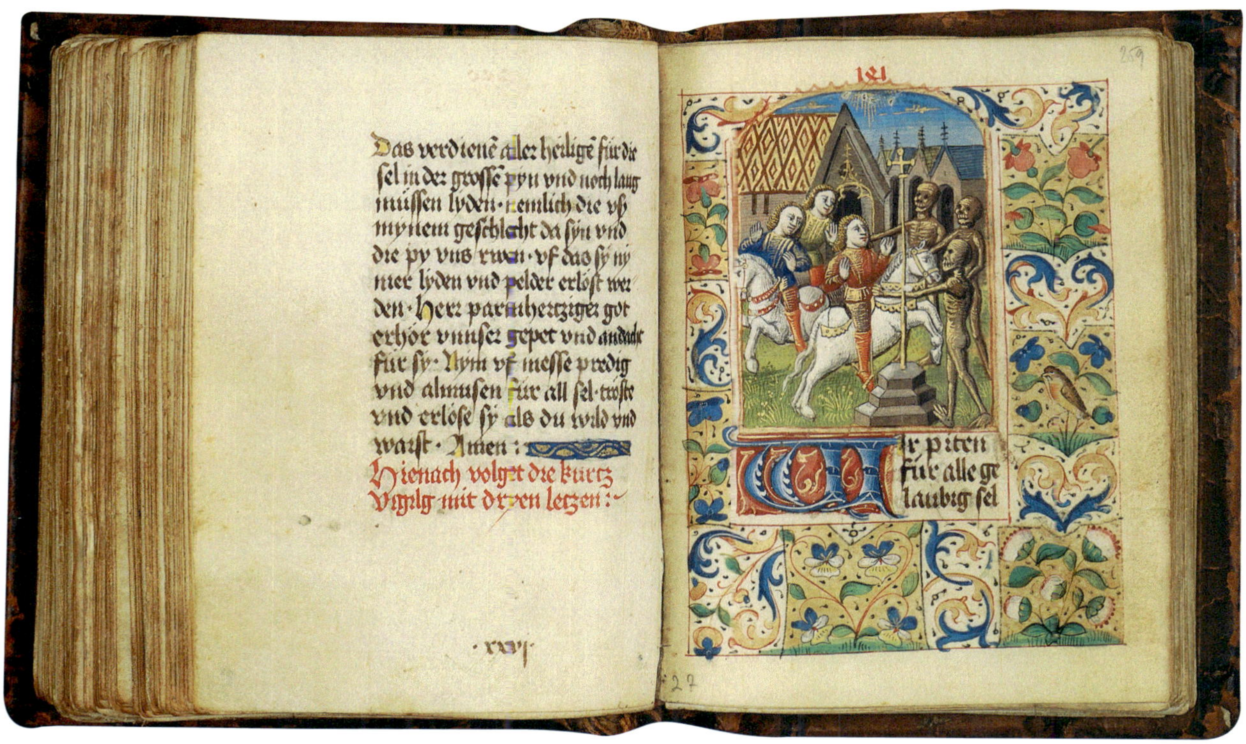

258v–259r
Ein Jagdausflug führt drei Adlige auf einen Friedhof. Hier begegnen ihnen drei Verstorbene und ermahnen sie zu frommem Lebenswandel. Die wichtigste Botschaft lautet: »Quod fuimus, estis; quod sumus, eritis« (Was wir waren, seid Ihr; was wir sind, werdet ihr sein). Als Allegorie der Vergänglichkeit steht diese Legende von den Drei Lebenden und den Drei Toten am Beginn des Totenoffiziums.

12

Pariser Psalter-Stundenbuch
Lateinisches Psalter-Stundenbuch
nach dem Brauch von Amiens
aus dem Besitz des Kanonikers
de la Bourdinière Boylesve
Meister der Triumphe des Petrarca
(Jean Pichore)
Illuminator Guilbert
Paris, um 1510

So lebendig sich das Stundenbuch im späten Mittelalter entfaltete, so vielfältig seine Ausprägungen auch waren, als grundlegendes Gebetbuch der Christenheit blieb das Psalterium unvergessen. Vom Herzog von Berry bis in die Spätzeit der Buchmalerei wurden immer wieder einzelne Handschriften mit besonderem Aufwand, spezieller Aufmerksamkeit und einem unterschiedlich auf die Vergangenheit gerichteten Sinn gestaltet, die entweder ein reines Psalterium boten oder mit Elementen des Stundenbuchs zum sogenannten Psalter-Stundenbuch angereichert waren.

Ein unseres Wissens geradezu einzigartiges Beispiel bietet dieses Manuskript; denn es beginnt mit Kalender und Psalterium, enthält dann aber ein komplettes Stundenbuch, und fügt daran zwei vollständige Bibelbücher aus den Weisheitsschriften an: die Proverbia und den Ecclesiastes. Wie schon dem Psalter sind diesen beiden die Vorworte des Kirchenvaters Hieronymus aus der Vulgata vorgeschaltet. In den Offizien und bei den Sieben Bußpsalmen werden die Psalmen nicht noch einmal abgeschrieben, sondern durch Eingangsworte und Nummerierung erschlossen.

Die Einbeziehung der salomonischen Bücher beweist, dass ein besonders waches Textinteresse den Ausgangspunkt für dieses Buch bildete. Für die geistige Situation, die in derselben Generation noch zur Reformation führte, ist ein solches Buch außerordentlich aufschlussreich. In einer neuartigen Konzentration auf integrale Bibelteile schlägt sich der Wille nieder, wieder zu den Quellen biblischer Weisheit zurückzukehren. Indem man das davon nur abgeleitete Stundenbuch mit ganzen Büchern aus dem Alten Testament umgibt, bettet man die auf Maria, das Kreuz, den Hl. Geist, die Buße und den Tod konzentrierten Texte, deren Inhalte im heilsgeschichtlichen Kontext neutestamentlich verstanden werden, in die ältere Überlieferung ein. Dabei treten die beiden großen Könige der jüdischen Vergangenheit hervor: David und Salomo.

Eine Bildtradition, die Psalter-Stundenbücher prägt, hat sich nie entwickeln können; die einzigartige Einbeziehung der beiden Bibelbücher hat ohnehin keine erkennbaren Wurzeln in älterem Brauch. Jede Handschrift dieser Art ist also per se eine Überraschung. In besonderem Maße gilt das für das hier vorzustellende Werk, das nur wenige Miniaturen über ganze Seiten breitet und in ihnen ein ungewöhnliches Panorama der Erlösung bietet. Das Eingangsbild mag auf den ersten Blick traditionell wirken. Als Greis ist König David vor dem Tor seines mächtigen Palastes niedergekniet, hat

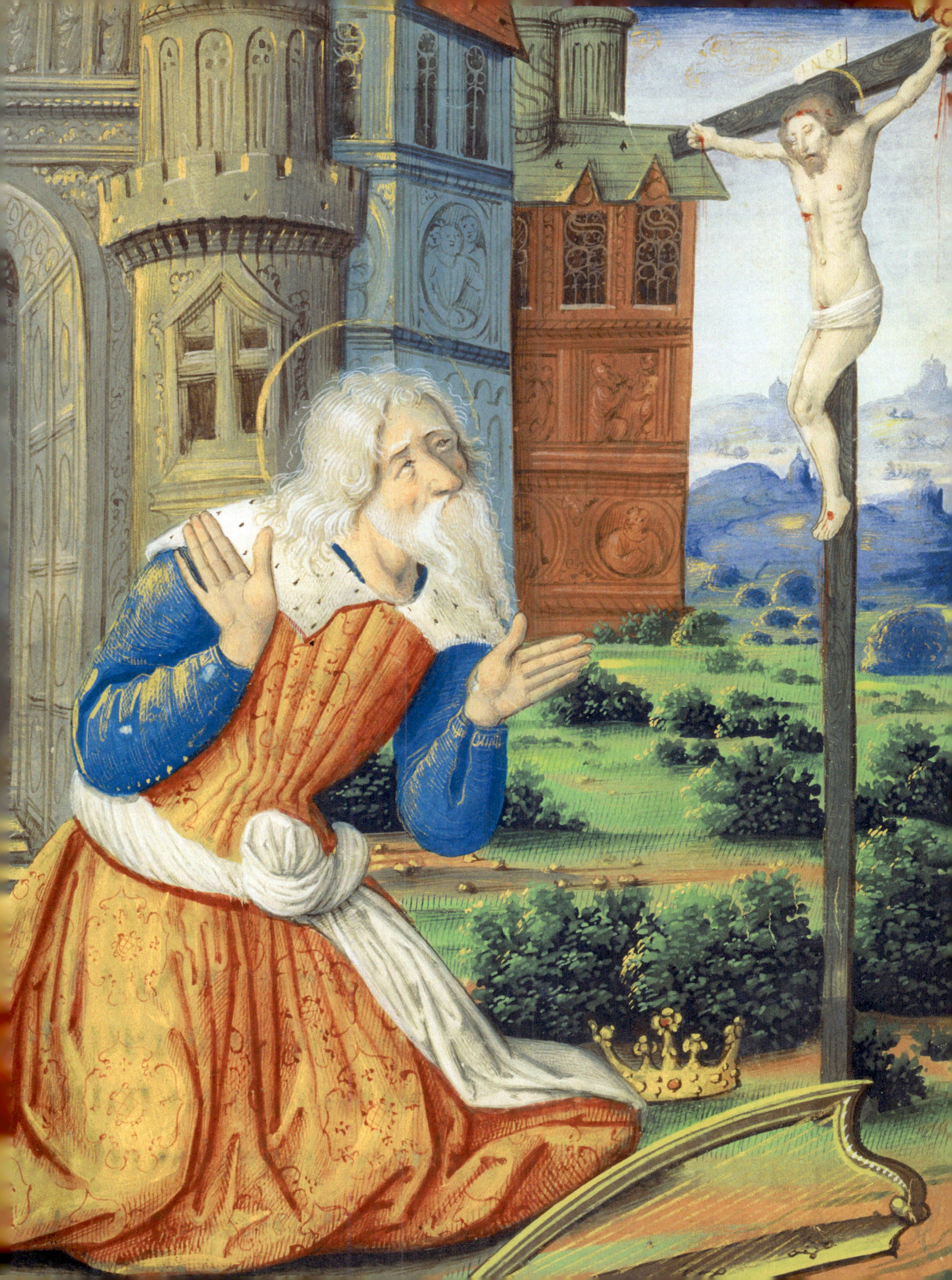
INRI

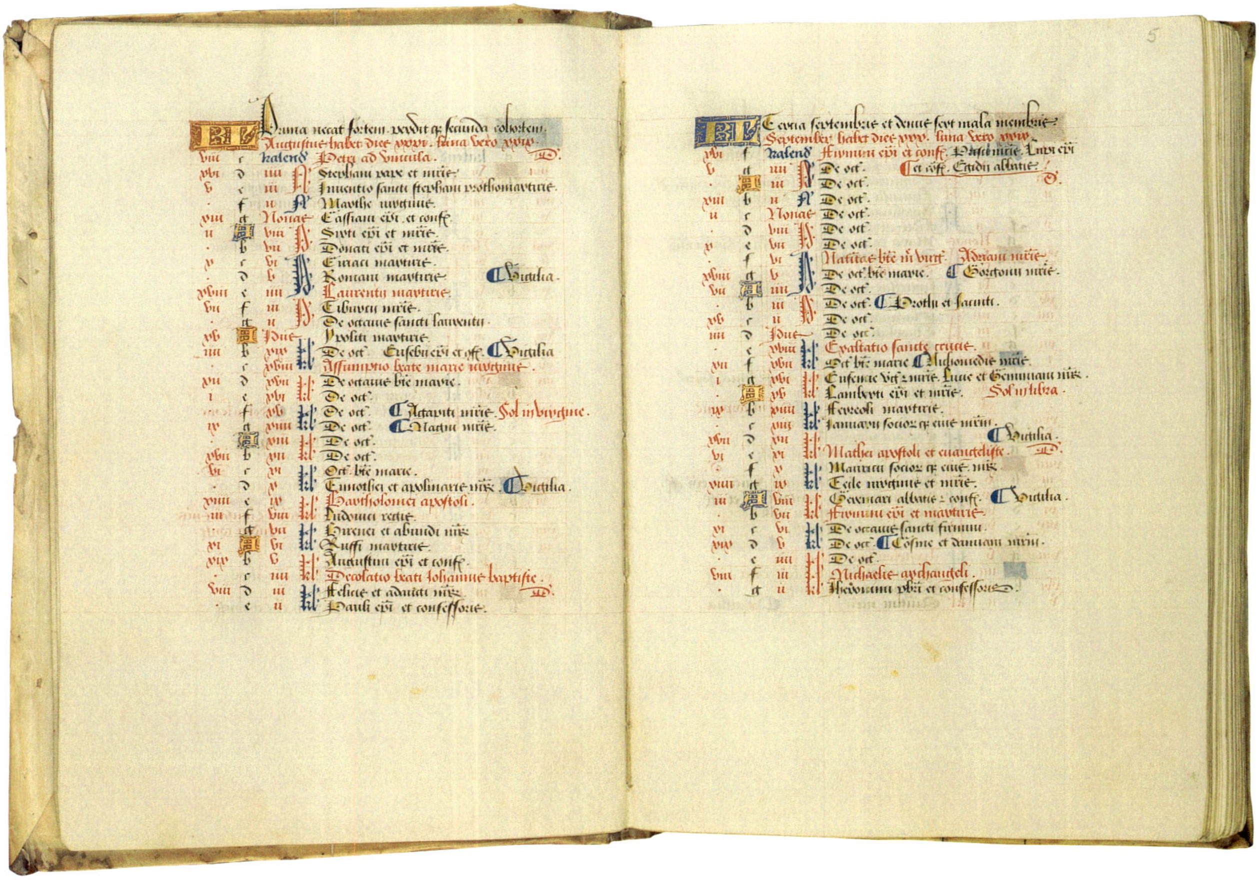

12 *Pariser Psalter-Stundenbuch* um 1510

4v–5r Kalender. Hervorgehoben sind z.B. der 1. und der 25. September als Festtage der beiden ersten legendären Bischöfe von Amiens. Beide hießen Firminus; der jüngere wurde als Bekenner, der ältere als Märtyrer verehrt. Letzterer missionierte in Angers und Beauvais, wurde auf Befehl des Statthalters Valerius gegeißelt und eingekerkert, heilte später in Amiens einen Blinden und zwei Leprakranke, wurde Bischof der Stadt und erlitt schließlich den Märtyrertod durch Enthauptung.

Krone und Harfe auf den Boden gelegt und zum Gebet angesetzt. Doch nicht zum zürnenden Gott wendet sich der Büßer, sondern zu einem kleinen Kruzifix, das in der Landschaft vor ihm aufragt. Der Autor der alttestamentlichen Psalmen wird also konfrontiert mit jenem Jesus, der aus Davids Haus und Geschlecht stammt und das Erlösungswerk des Neuen Testamentes vollendet. Selten ist der Bogen zwischen den beiden Bibelteilen so entschieden geschlagen worden. Sogar die Darstellung einer großen Figur – und sei es ein christlicher Heiliger – vor einem solchen Kruzifix ist in sich etwas Neues. Sicher hat sie Vorstufen in der Ikonographie des hl. Hieronymus; die Analogie mag sogar bewusst gewählt worden sein, wenn man es auch im 15. Jahrhundert noch immer bevorzugte, dem Kirchenvater ein Kruzifix in die Hand zu geben, mit dem er sich gegebenenfalls an die Brust schlagen konnte.

Erlösung ist auch das Thema im Feld unter der Schrift. David als der demütige König, der die Krone abgelegt hat, wird hier konfrontiert mit dem hochmütigen Pharao, der zu einem nicht erscheinenden, also nicht existierenden Gott die Linke erhebt und sich auf dem Schimmel des Heerführers aufrichtet, um im nächsten Moment mit seiner schon in den Fluten des Roten Meeres untergegangenen Streitmacht zu versinken. Derweil hat das Volk Israel, von Moses angeführt, bereits das trockene Ufer erreicht. Moses ist in dieselbe goldfarbene Tönung wie David in der Hauptminiatur gekleidet; ihm schließen sich die Männer Israels an, als handele es sich um eine Gruppe der zwölf Apostel. Ein Gedanke der Typologie ist hier ausgeführt, obwohl David wie Moses dem Alten Testament angehören. Christus als Ziel der Erlösung wird dabei aber im Hauptbild mit dem das Volk Israel aus Ägypten herausführenden Moses verbunden.

Wie weit man mittelalterliche Vorstellungen überwindet, zeigt die nächste Miniatur. Sie verdrängt zu Beginn des Marienoffiziums die herkömmlichen Szenen von Maria und der Kindheit Christi in das zweigeteilte Bas-de-page. Da erscheint Gabriel der Jungfrau Maria zur Verkündigung, und Joseph kniet demütig neben dem Kind, das die jungfräuliche Mutter auf den Saum ihres Mantels gelegt hat, während Ochs und Esel andächtig auf den Knaben herabblicken. Im Hauptbild aber werden die Grenzen der mittelalterlichen Stundenbuchbilder verlassen. Am Waldessaum, vor einem Bau, der eher Burg als Kirche ist, bricht aus der Wildnis der Löwe aus, duckt sich aber vor dem Jesuskind, das in seiner Rechten das Kreuz schwingt und in diesem symbolischen Zusammentreffen durch seine

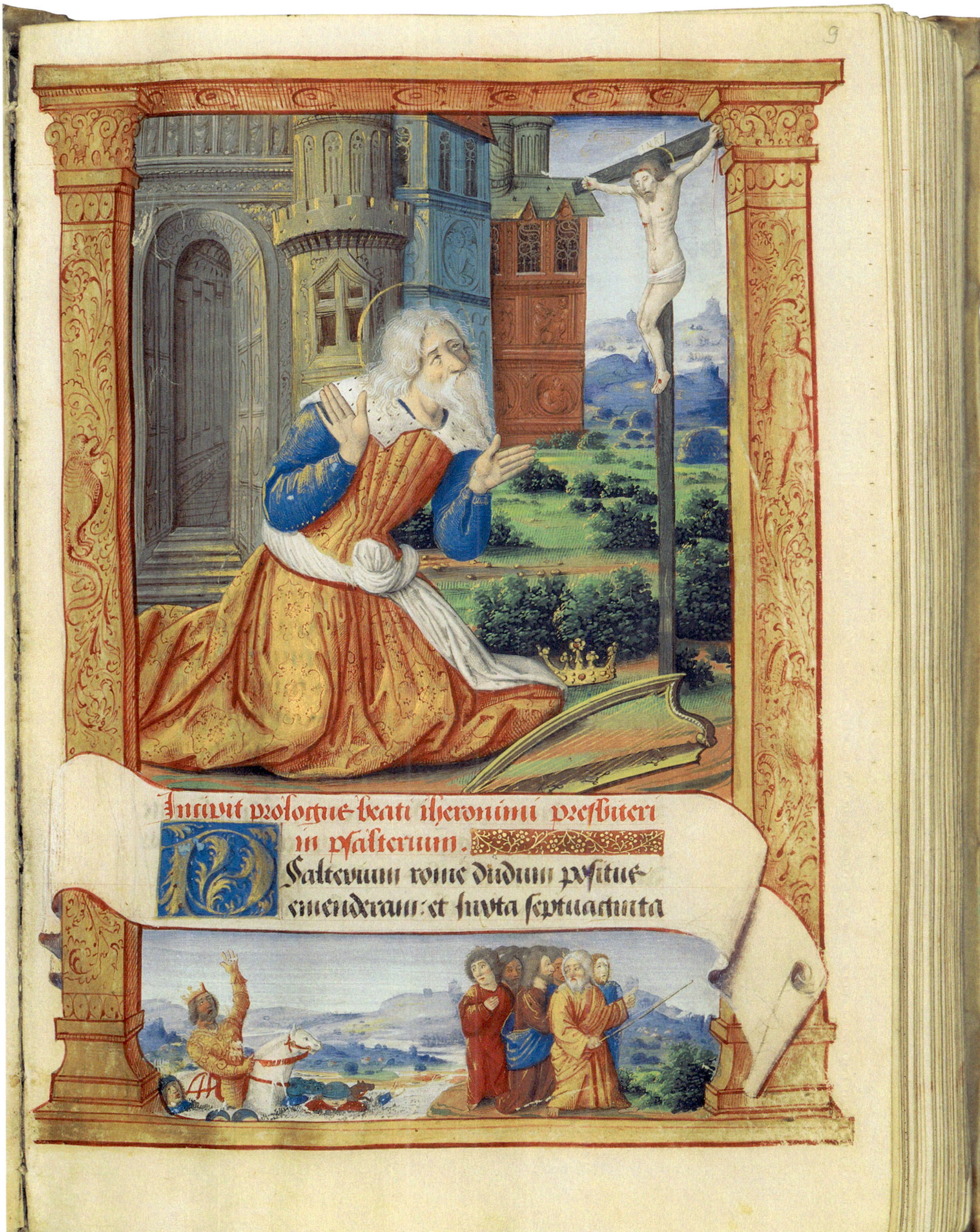

12 *Pariser Psalter-Stundenbuch* um 1510

9r Der Psalter beginnt mit dem Prolog des Übersetzers Hieronymus. Die von einem Schriftband horizontal unterteilte und architektonisch gerahmte Miniatur zeigt oben den greisen König David vor den Toren seines mächtigen Palastes. Krone und Harfe hat er niedergelegt und wendet sich betend einem kleinen, in der Landschaft aufragenden Kruzifix zu. Unten ereignet sich der Zug durch das Rote Meer.

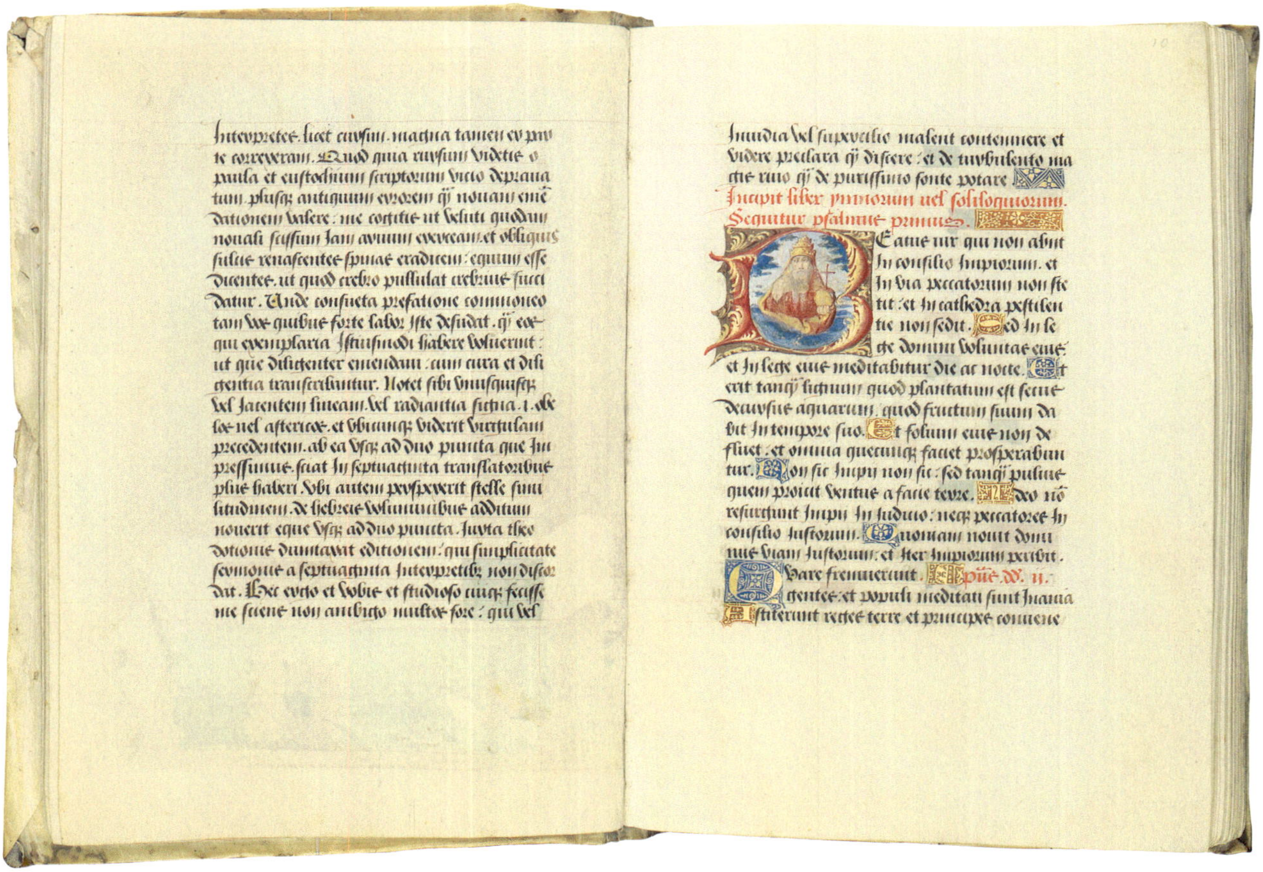

12 *Pariser Psalter-Stundenbuch* um 1510

9v–10r Fortsetzung des Hieronymus-Prologs und Beginn des 1. Psalms mit Gottvater in den Wolken innerhalb der Initiale: »Selig der Mann, der nicht dem Rate der Gottlosen folgt, der Sünder Weg nicht betritt, im Kreise der Spötter nicht sitzt; vielmehr seine Freude hat am Gesetz des Herrn, bei Tag und bei Nacht über seinem Gesetze sinnt.«

Passion über den im Löwen verkörperten Tod triumphiert. Derweil blickt Maria zwar auf dieses entscheidende Geschehen; sie selbst ist aber mit einer anderen symbolischen Handlung beschäftigt. Ihren linken Fuß setzt sie auf das Haupt eines sich am Boden schlängelnden Wesens. Noch ist aus ihm keine rechte Schlange geworden; weibliche Brüste sind deutlich zu erkennen, nur der Schwanz ringelt sich wie bei einer Schlange. Erst im fortgeschrittenen 16. und im frühen 17. Jahrhundert hat man diese Themen auf ähnliche Weise häufiger in Bildern gestaltet. Das berühmteste Beispiel schuf Caravaggio für die Marschälle des Papstes, die Palafrenieri; das Bild war aber damals noch so ungewohnt, dass es statt auf einen Altar in Sankt Peter in die Galerie des Kardinals Scipione Borghese kam, wo es heute noch aufbewahrt wird.

Das im 90[91]. Psalm auftretende und in christologischer Deutung auf den Heiland bezogene Motiv »du schreitest über Löwen und Nattern, trittst auf Löwen und Drachen« verbindet sich in der Miniatur mit der berühmten Stelle in der Genesis, in der Gott die Schlange verflucht (Gen 3, 14–15): »Da sprach Gott, der Herr, zur Schlange: Weil du das getan hast, bist du verflucht unter allem Vieh und allen Tieren des Feldes. Auf dem Bauch sollst du kriechen und Staub fressen alle Tage deines Lebens. Feindschaft will ich setzen zwischen deinen Nachwuchs und ihren Nachwuchs. Er trifft dich am Kopf, und du triffst ihn an der Ferse.« Damit nimmt das Bild in unserem Manuskript eine sehr bemerkenswerte Stellung ein. Es bezieht die sonst von Maria und Christus getrennten alttestamentlichen Typen in die Darstellung der neutestamentlichen Gestalten mit ein: Der Jesusknabe, dessen Triumph über den Löwen direkt auf die Triumphe eines Samson und eines David zurückgreift, wird nun, was keine Legende erzählt, mit dem Untier selbst konfrontiert. Maria verkörpert in einer Szene und nicht in der typologischen Gegenüberstellung die zweite Eva.

Doch damit nicht genug. Das nächste Bild, dem Totenoffizium vorgeschaltet, erweist sich als noch stärker von Bildtraditionen unabhängig. Während unten im Bas-de-page aus einer friedlichen Landschaft die Körper der Toten am jüngsten Tage auferstehen, reckt sich der Höllenrachen machtvoll empor. Aus ihm schlagen Flammen, in ihm treiben Teufel ihr scheinbar triumphales Werk. In der Hauptminiatur geht es um die Pflege des gerade Verstorbenen. Es ist ein junger Mann, der auf einem Bettsack am Boden liegt, von zwei Frauen, die neben ihm hocken, betrauert. Dabei kommt zugleich ein praktischer Aspekt ins Bild, wenn sich eine

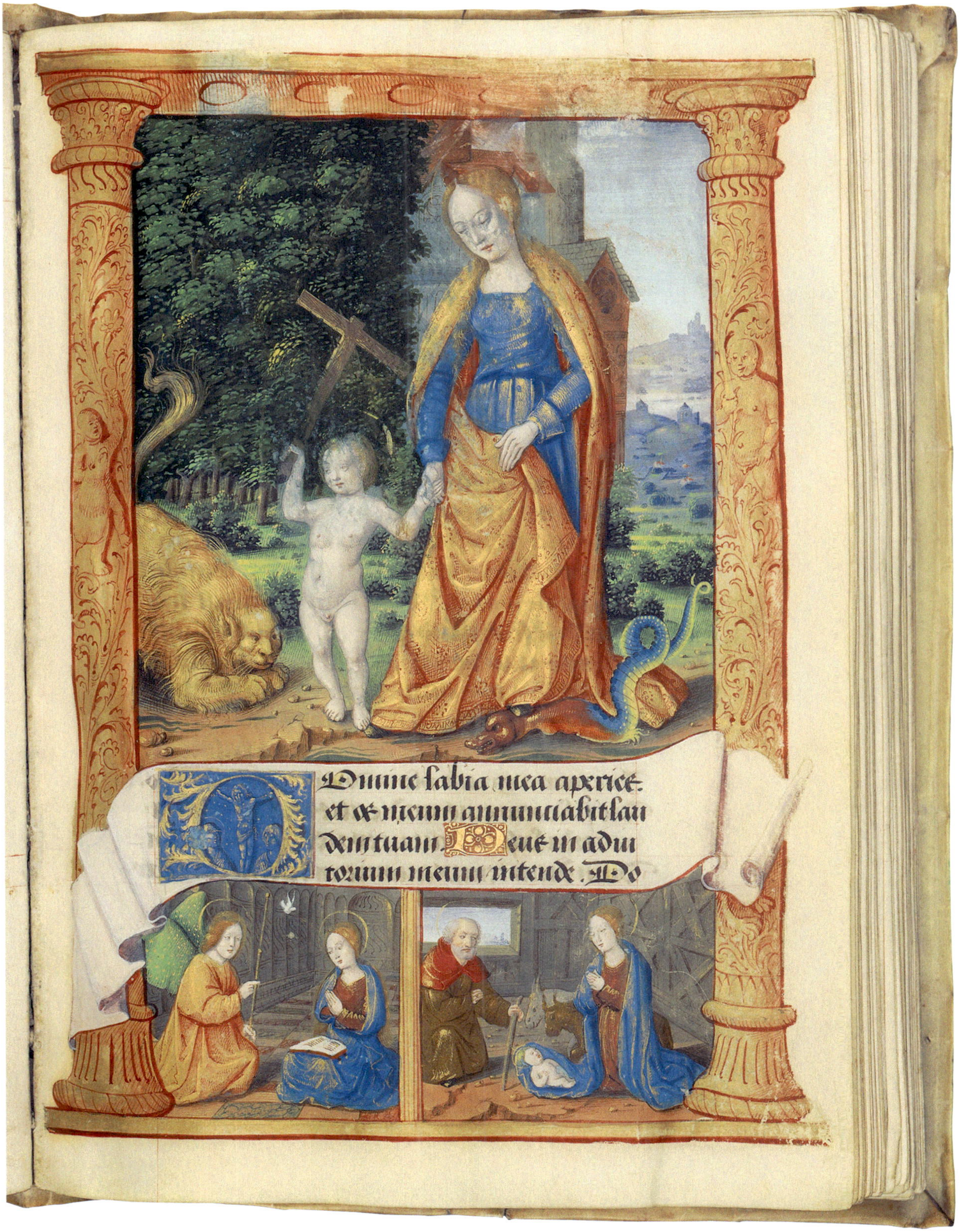

12 *Pariser Psalter-Stundenbuch*
um 1510

121r Die Miniatur ist von einer architektonischen Rahmung umgeben, unterteilt durch ein Schriftband mit dem Textbeginn zur Matutin des Marienoffiziums. In der Initiale ist klein die Kreuzigung mit Maria und Johannes dargestellt; oberhalb erscheint Maria mit dem Christusknaben an der Hand. Sie zertritt einer Schlange den Kopf, während das Kind mit erhobenem Kreuz einen Löwen in die Knie zwingt; unterhalb ereignen sich die Verkündigung an Maria und die Geburt Christi. Damit wird der Bogen geschlagen von der ersten Eva, die, verführt durch die Schlange, die Sünde in die Welt brachte, zur zweiten Eva, der reinen Jungfrau und Mutter des Erlösers, Maria, bis hin zum apokalyptischen Weib der Johannes-Vision.

12 *Pariser Psalter-Stundenbuch* um 1510

Frau so niederbeugt, als wolle sie die noch angesichts des Todes betende Trauernde fragen, was nun mit dem Leichnam zu geschehen habe. Das spielt auf die Situation an, die man von anderen Bildern aus der Totenpflege kennt. Frauen haben dann den Leichnam in das Leinentuch einzunähen, um ihn für die Beerdigung vorzubereiten. Derweil sind gewichtige Männer in langen Roben aus einem großen Torbogen von links hinzugetreten, um den Tod gleichsam zu bezeugen und dem Toten Ehre zu erweisen. Vom Himmel her ist ein Engel hernieder geschwebt, er hat im Hintergrund die Seele des Verstorbenen in Form eines Säuglings aufgenommen. Mit ihr wird er zur Trinität entschweben, die von Engeln umgeben in einer goldenen Gloriole weithin erscheint. Aus der Tradition der Totenbilder in Stundenbüchern müsste man nun erwarten, dass um diese Seele noch ein Streit zwischen Himmel und Hölle, Engel und Teufel entsteht. Aber offenbar begreift der Maler die Position seines Bildes im Buch eindeutig so, dass der Tote, wenn er mit dem Totenoffizium gleichsam versorgt wird, nicht mehr fürchten muss, dass der Teufel direkt eingreift. Vielleicht ist das Bild aber auch so zu verstehen, dass in einer großartigen Alternative die Wahl zwischen der Hölle unten und der Erlösung oben als freie Entscheidung für den Frommen gegeben ist.

In eine ganz andere Sphäre verweist das vierte Bild. Es zeigt König Salomo am weißgedeckten Tisch. Er thront in einem Palast vor einem Brokattuch, zu Ratgebern gewendet und von eleganten Jünglingen mit Speis und Trank versorgt. Hier ist Salomo ein Mann besten Alters, hingegen zeigt das fünfte und letzte Bild denselben Salomo noch als Jüngling, dem die Ratgeber des Palastes von links zureden, während er selbst in einer fast paradiesischen Landschaft rechts vor einem ungemein reichen Brunnen auf sie zugeht. Möglicherweise ist der Gegensatz des gesetzten Alters und der noch freien Jugend im Zusammenspiel von Architektur und freier Landschaft gemeint.

Alle diese Bilder verraten, dass mit diesem Manuskript ein Konzept verwirklicht wurde, das keinerlei Vorstufen hatte. Es ist damit eines der ganz wenigen Bücher zwischen spätem Mittelalter und anbrechender Neuzeit, das sich nicht auf eine Tradition verlässt, sondern mit neuen Bilderfindungen aufwartet. Schon in der Konzeption des Textgefüges spielten die Könige David und Salomo eine entscheidende Rolle. Sie treten auch in den Bildern hervor, wobei dem greisen David sein Sohn Salomo auf zweierlei Weise gegenübergestellt wird: einmal im besten Mannesalter und einmal jugendfrisch. Hier erstaunt bei der reifen Darstellung Salomos die physiognomische Nähe zum regierenden französischen König Ludwig XII. (1462–1515, König ab 1498). Dadurch wird dieses der Forschung bisher weitgehend unbekannte Buch zu einem gewichtigen Gegenstück zu den Petites Heures der Königin Anne de Bretagne, Ms. nouv. acq. lat. 3027 der Bibliothèque Nationale de France in Paris (Leroquais). Auch dort wird König Ludwig XII. in verkleideten Porträts gezeigt, tritt in der Gestalt seines Vorgängers, des heiligen Ludwig, ebenso wie als Gideon aus dem Buch der Richter auf.

Zur Präsenz des Königtums in Text und Bild kommt eine höchst ungewohnte Fülle von heraldischen Zeichen, die auf die französische Krone hinweisen, insbesondere ein vielfältiges Spiel mit den Königslilien. Die einzeiligen Initialen der Litanei sind auf den Folios 139r und 139v spaltenweise ausschließlich mit Königslilien im Farbwechsel von Braun und Blau geschmückt. Auch in den zweizeiligen Initialen werden die Fleurs de lis an vielen Stellen gezeigt, wiederum nicht nur wie beim Königswappen auf blauem, sondern zuweilen auch auf braunrotem Grund. In dieser Hinsicht geht die Tradition des Buchschmucks, in dem die Grundflächen der Buchstaben farblich alternieren, der heraldischen Konvention gegenüber vor. Selbst bei den klar definierten Wappenschilden in manchen Initialen setzt sich das Braunrot gegen das Blau durch; doch immerhin finden sich in den korrekten Farben Gold auf Blau insgesamt neunmal »France moderne« (mit jeweils drei Lilien in Anspielung auf die Trinität) und fünfmal »France ancienne« (mit den Lilien im unendlichen Rapport).

Allzu nahe zu Ludwig XII. lässt sich der Kodex jedoch nicht rücken. Probleme ergeben sich schon durch die liturgische Bestimmung für die Bistümer Thérouanne in den Offizien und Amiens in der Heiligenauswahl. Der König aus der Seitenlinie der Orléans residierte in Blois oder Amboise an der Loire, in Romorantin bei Bourges oder in Lyon, kam aber kaum je in die Picardie. Stilistisch vertreten die Miniaturen die sogenannte Schule von Rouen (Ritter / Lafond). Doch seit François Avril die von F. Lehoux entdeckten Angaben zu Malern in Rouen und Paris nutzbar gemacht hat, wissen wir, dass der Hauptmaler dieser Schule Jean Pichore hieß und in Paris lebte. Mit Amiens hat Pichore an entscheidender Stelle zu tun gehabt, denn 1517 beauftragte ihn der Puy Notre-Dame der Kathedrale von Amiens, die von dieser Bruderschaft gestifteten Gemälde in einer Foliohandschrift für Louise von Savoyen abzumalen; das Werk ist in Paris, Bibliothèque Nationale de France als Ms. fr. 145 erhalten geblieben (Durand).

Zusammen mit Miniaturen in einer Augustinus-Handschrift für den Kardinal Georges d'Amboise, ebenfalls

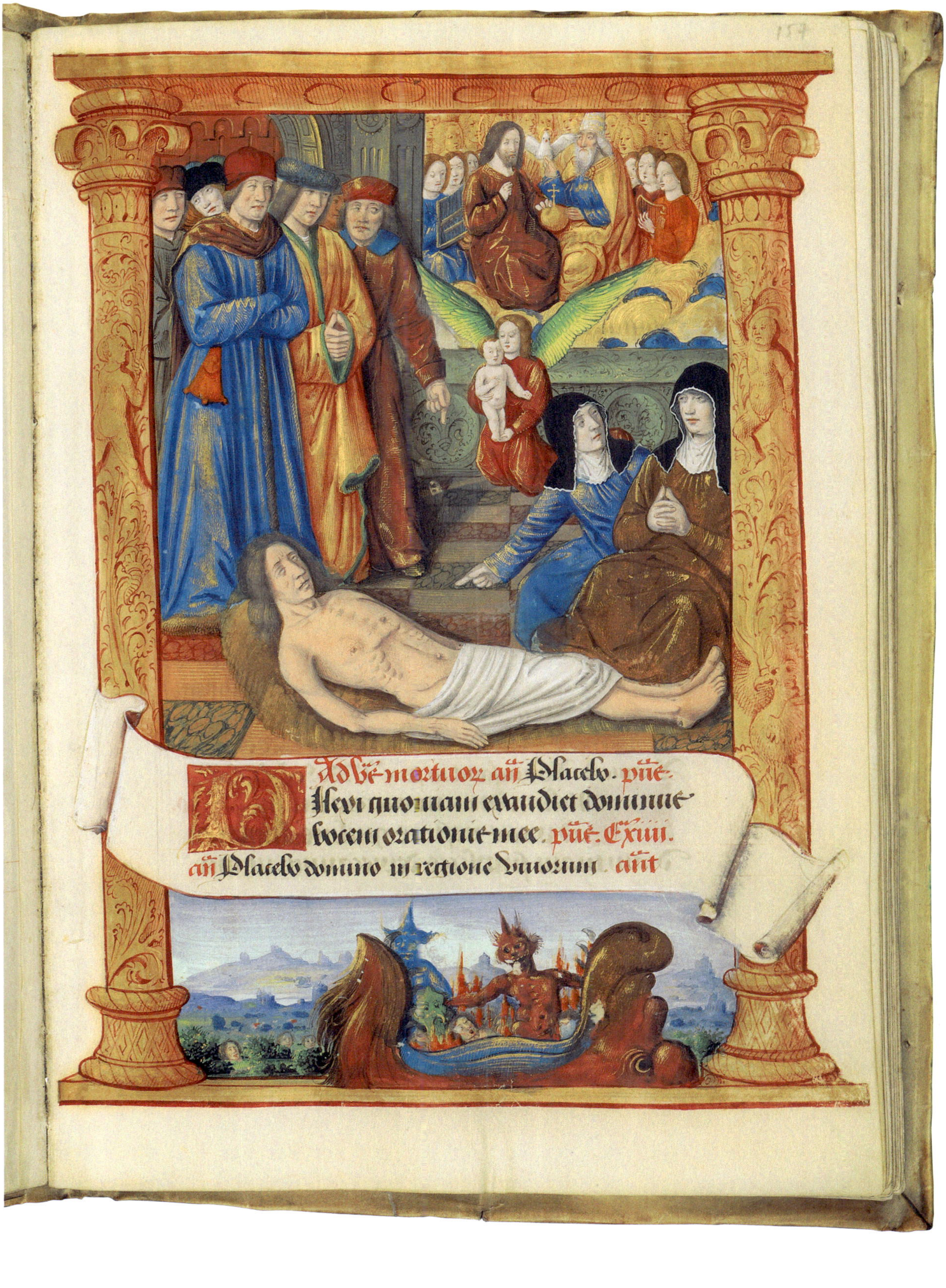

12 *Pariser Psalter-Stundenbuch*
um 1510

157r Zu Beginn des Totenoffiziums zeigt die von Säulen gerahmte Miniatur, wie die Seele eines von Männern und Frauen betrauerten Verstorbenen von einem Engel fortgetragen wird. Im Hintergrund öffnet sich die Architektur und gibt den Blick frei auf die himmlischen Gefilde, das angestrebte Ziel der Seelenreise. Unterhalb des Schriftbandes öffnet sich in einer weiten Landschaft mit Auferstehenden ein feuriger Höllenschlund.

12 *Pariser Psalter-Stundenbuch* um 1510

in der Pariser Nationalbibliothek (Ms. lat. 2070), aus den Jahren 1501/03 ergibt sich damit eine Basis für Zuschreibungen an Pichore. Doch meint es das Schicksal mit den Stilkritikern nicht gut; denn angesichts der vielen Hände, die Jean Pichore in Paris für den großen Auftrag aus Amiens mobilisierte, fällt es schwer, die Hand zu isolieren, die dem Meister selbst gehörte. Uneinigkeit herrscht zwischen mir (König 1992) einerseits, François Avril und Nicole Reynaud (1993) andererseits. Ich selbst setze den Namen mit dem genialsten Maler der Stilgruppe gleich, den wiederum Avril und Reynaud in der Namenlosigkeit eines Meisters der Triumphe des Petrarca belassen.

Nun wird diesem Meister der Triumphe des Petrarca, heiße er nun Pichore oder anders, von uns allen das Kleine Stundenbuch der Anne de Bretagne (Ms. nouv. acq. lat. 3027) der Pariser Nationalbibliothek gegeben. Fraglos hat dieselbe Hand auch die großen Miniaturen des hier behandelten Psalter-Stundenbuchs geschaffen. Deshalb bleibt nur die salomonische Zuschreibung an den Meister der Triumphe des Petrarca (Jean Pichore), solange nicht Caroline Zöhl Neues verkündet, die das Material vom gedruckten Stundenbuch her noch einmal durchgesehen hat. In Paris also, in einer Stilgruppe, die für Kardinal d'Amboise, König Ludwig XII., dessen Gemahlin Anne de Bretagne und schließlich auch für eine Bruderschaft an der Kathedrale von Amiens gearbeitet hat, ist unser Psalter-Stundenbuch entstanden.

Da es nun einmal so überbordend mit Hinweisen auf den König aufwartet, mag es ein erster Auftrag aus der picardischen Bischofsstadt gewesen sein, der als Ehrengeschenk dem König selbst zugedacht war, so wie später die Bilder des Puy Notre-Dame einer Königinmutter (unter Franz I.) zugeeignet wurden. In diesem Kontext wäre die Erinnerung an David und Salomo Fürstenlob und Mahnung zugleich, des bücherliebenden ehemaligen Herzogs von Orléans überaus würdig, der als Ludwig XII. mit der Bibliothek des Schlosses von Blois die Grundlage für die heutige Bibliothèque Nationale de France schuf. Künstlerisch aufschlussreich ist dabei, dass man sich aus Amiens dann offenbar mit dem dort geschriebenen Buch in Paris nach einem hauptstädtischen Buchmaler umsah.

Vielleicht mag in der Hauptstadt auch die nichtfigürliche Illumination ausgeführt worden sein. Ihr Schöpfer wollte als ein Urheber des Fürstenlobs, das dieser Kodex ausdrückt, mitbedacht werden. Deshalb trug er seinen Namen in die Initiale zu Beginn der Kreuzhoren (135r) ein. Dort liest man *Guilbert* und wird an eine Pariser Familie erinnert, die sich schon zu den Zeiten des Herzogs von Berry in Prachthandschriften namentlich verewigt hatte; denn ein Petrus Gilberti erscheint als Illuminator in Historienbibeln (Brüssel, Bibliothèque Royale, Ms. 9001–2; London, British Library, Royal 15 D III). Ein Maler namens Thomas Guilbert lässt sich 1477/79 in der Hauptstadt nachweisen (Baron). Ein zweiter Eintrag freilich, der ebenfalls eine Signatur enthalten haben mag, ist auf Folio 136r zu stark verwischt.

(Eberhard König)

Pergament 222 Blätter (drei Vorsatzblätter- und ein Nachsatzblatt aus Pergament); 228 x 165 mm; Lagen: I–19^{8}, 20^{4}, 21^{8+1}, 22–27^{8}, 28^{8+1} (zwischen 178 und 179 ein unfoliiertes Blatt); Schriftspiegel: 138 x 94, im Kalendar 101 mm; einspaltig, in der Litanei (138r–139v) zweispaltig; 24 bzw. 33 (Kalendar) Zeilen; Liniierung in Rot. **Ausstattung** Lateinischer Text in schwarzer Bastarda, rubriziert; die Psalmenanfänge mit zweizeiligen, die Psalmenverse mit einzeiligen Zierbuchstaben in Pinselgold abwechselnd auf braunrotem und blauem, mit Pinselgold ornamentiertem Grund; zahlreiche drei- bis fünfzeilige Initialen in derselben Art (für die Psalterteilungen, die einzelnen Stundengebete u. ä.), z. T. aus Akanthus und z. T. mit Schriftbändern, so auf fol. 135r die Inschrift *Guilbert*; fünf Miniaturseiten mit architektonischer Rahmung und Unterteilung durch Schriftband in Deckfarben mit Pinselgold sowie eine sechszeilige Bildinitiale (zu Ps I). **Einband** Weicher Pergamentband mit fünf Bünden über dünnen Pappdeckeln; Rücken und Deckel mit goldenem Streicheisen- und Stempelschmuck verziert, dazu ein Jesus-Medaillon (vorn) und ein Maria-Medaillon (hinten); vermutlich französische Arbeit um 1600, wohl für den Kanoniker aus Angers, der sich im ersten Deckblatt verewigt hat. **Vorbesitzer** Eintrag des Protonotars des Heiligen Stuhls, Kanonikers und Kanzlers der Universität Angers, De la Bourdinière Boylesve vom 7. Januar 1602 sowie zwei weitere Einträge auf dem ersten Vorsatzblatt. Daraus geht hervor, dass derselbe Besitzer 1622 zum Dekan und Kanoniker von St. Maurice in Angers, also der dortigen Kathedrale, gewählt wurde; dazu eine Angabe vom 28. April 1822, in der ein namentlich nicht bekannter Besitzer festhält, seine Frau habe ihm das Stundenbuch geschenkt. **Inhalt** 1r–6v Kalender (Amiens) in lateinischer Sprache (Festtage u. a. 1. 9. hl. Firminus, 11. 12. hl. Fuscianus; auffallend: 17. 12. Empfang des Hauptes von Johannes dem Täufer [Hauptreliquie in der Kathedrale von Amiens]). 7r–8r Pater noster, Ave Maria und andere häufig gebrauchte Gebete wie das Credo und das Confiteor. 8v leer. 9r–114r Psalter beginnend mit dem Hieronymus-

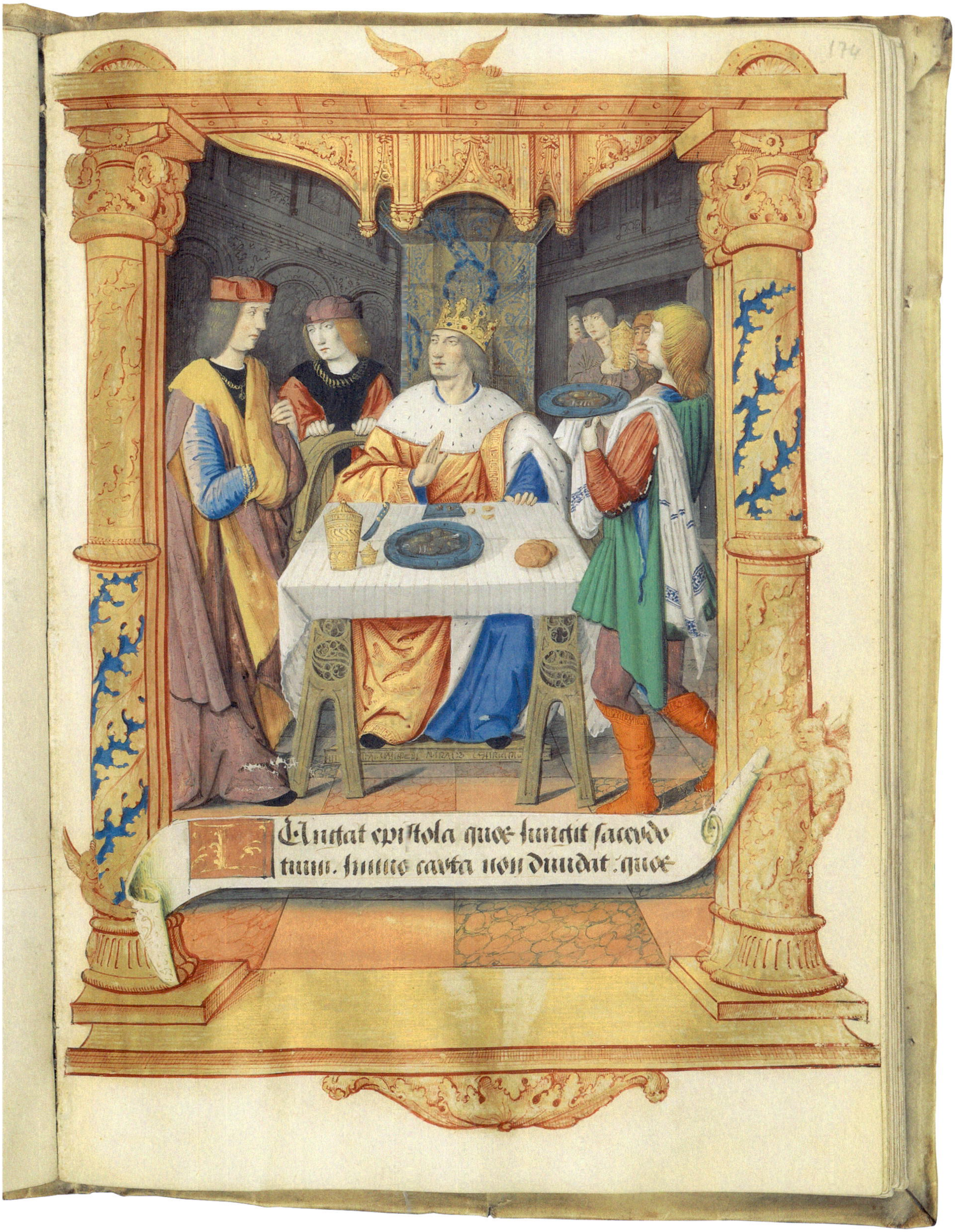

12 *Pariser Psalter-Stundenbuch* um 1510

174r Vor den Sprüchen Salomos und ihrem Prolog präsentiert eine Miniatur den reifen König Salomo, der in einem an Renaissancepaläste erinnernden Innenraum zu Tische sitzt und sich dabei mit seitlich stehenden Mitgliedern seines Hofstaates (?) unterhält. Aus dem Hintergrund bringen Bedienstete Speisen und Getränke herbei und stellen sie auf der nur für den König gedeckten Tafel ab.

12 *Pariser Psalter-Stundenbuch* um 1510

Prolog; Psalmen mit Antiphonen, in kurzen Rubriken durchgezählt; Matutinpsalmen für jeden Tag der Woche und Vesperpsalm des Sonntags betont. 9r David im Gebet und Zug durch das Rote Meer. 10r Ps 1. *B (Eatus vir)*: Gottvater in den Wolken. 26r Montag. Ps 26. *D (Ominus illuminatio)*. 36v Dienstag. Ps 38. *D (Ixi custodiam)*. 46r Mittwoch. Ps 52. *D (Ixit insipiens)*. 55r Donnerstag. Ps 68. *S (Alvum me fac)*. 66v Freitag. Ps 80. *E (Xultate)*. 78r Samstag. Ps 97. *C (Antate domino)*. 89v Sonntag, zur Vesper. Ps 109. *D (Ixit dominus)*. 114r–119v Cantica. *C (Onfitebor)*. 119v *V (Eni creator)*. 120r Anfang des Johannes-Evangeliums mit Abschlussgebet. 121r–134v Marienoffizium, weitgehend nach dem Brauch von Amiens; die Psalmen nur mit Incipit und Nummer. 121r Maria mit dem Christusknaben als Sieger über Löwe und Schlange; Verkündigung; Geburt Christi. *D (Omine)*: Kreuzigung. 135r–136r Horen des Hl. Kreuzes. 136r–137v Horen des Hl. Geistes. 137v–138r Bußpsalmen; die Psalmen nur mit Incipit und Nummer. 138r–140v Litanei (Amiens: Firminus, Honoratus, Salvus, Berthundus, Domicius, Warlesius, Luxor, Bertinus, Audomarus, Richarius, Walaricus, Samson, Wulfrannus, Ludovicus). 140v Gebete zur Fastenzeit. 142v Gebete. 144v kurzer Auszug aus der Johannes-Passion mit anschließenden Gebeten wie *O bone Iesu*. 146v Sieben Verse des Heiligen Bernhard. 147r–149v Mariengebete; für einen männlichen Nutzer: 147r *O (bsecro te)*, 148v *O (intemerata)* an Maria und Johannes. 149v–155r Heiligenmemorien (Amiens): 149v Petrus, 150r Paulus, Firminus, *De inventione sancti Firmini* (als Suffragium in einem Stundenbuch fast einzigartig), 150v Blasius, Adrian, 151r Sebastian, Nikolaus, 151v Walarich, Antonius, 152r Magdalena, Austreberta, Martin, 152v Katharina, Fuscian, Victoricus und Gentian, 153r Jodocus, 153v Unschuldige Kindlein, von einem Apostel, 154r weitere Suffragien aus dem Commune. 155v–156v leer. 157r–163v Totenoffizium nach dem Brauch von Amiens; die Psalmen nur mit Incipit und Nummer. 157r Die Seele des Verstorbenen wird zum Himmel getragen; Auferstehung der Toten und Höllenschlund. 164r Commendatio animarum. 166r Psalterium abbreviatum in zwanzig Artikeln. 172v *Psalterium virginis Marie super Ave Maria* in 150 Worten, gereimt: *Per verba ter quinquaginta saluto te virgo beata: A (ve venerabilis venustate morum)*. 173v leer. 174r–209v Proverbia Salomonis mit Hieronymus-Prolog. 174r König Salomo am Speisetisch. 210r–222v Ecclesiastes mit Hieronymus-Prolog. 210r jugendlicher Salomo und Ratgeber. 223r als ehemaliges Deckblatt regliert, aber leer. **Literatur** E. König, in: E. König / H. Tenschert, Große Buchmalerei zwischen Rouen und Paris: Der Froissart des Kardinals Georges d'Amboise aus der Sammlung des Fürsten Pückler-Muskau (Leuchtendes Mittelalter IV), Kat. 29 Antiquariat Heribert Tenschert, Rotthalmünster / Ramsen 1992, Nr. 1. **Zitierte Literatur** V. Leroquais, Les psautiers manuscrits latins des bibliothèques publiques de France, 3 Bde., Mâcon 1940–1941. – G. Ritter / J. Lafond, Manuscrits à peintures de l'Ecole de Rouen, Livres d'heures normands, Rouen / Paris 1913. – F. Lehoux, Sur un manuscrit de l'Ecole de Rouen décoré par Jean Serpin et Robert Boyvin pour le Cardinal Georges d'Amboise, in: Mélanges dédiés à la mémoire de Félix Grat, Bd. 2, Paris 1949, S. 323ff. – F. Avril, La passion des manuscrits enluminés. Bibliophiles françaises: 1280–1580, Paris 1991. – G. Durand, Tableaux et chants royaux de la Confrérie du Puy Notre-Dame d'Amiens reproduits en 1517 pour Louise de Savoie, duchesse d'Angoulême (Société des Antiquaires de Picardie), Paris 1911. – F. Avril / N. Reynaud, Les manuscrits à peinture en France 1440–1520, Ausst. Kat. Bibliothèque Nationale de France, Paris 1993. – Caroline Zöhl wird 2002 ihr Buch über Pichore bei Brepols, Turnhout, veröffentlichen. – F. Baron, Bulletin, Enlumineurs, peintres et sculpteurs Parisiens des XIVe et XVe siècles [...], in: Bulletin archéologique du Comité des travaux historiques et scientifiques, N. S. 6, 1971, S. 77ff., Nr. 46, S. 99f.

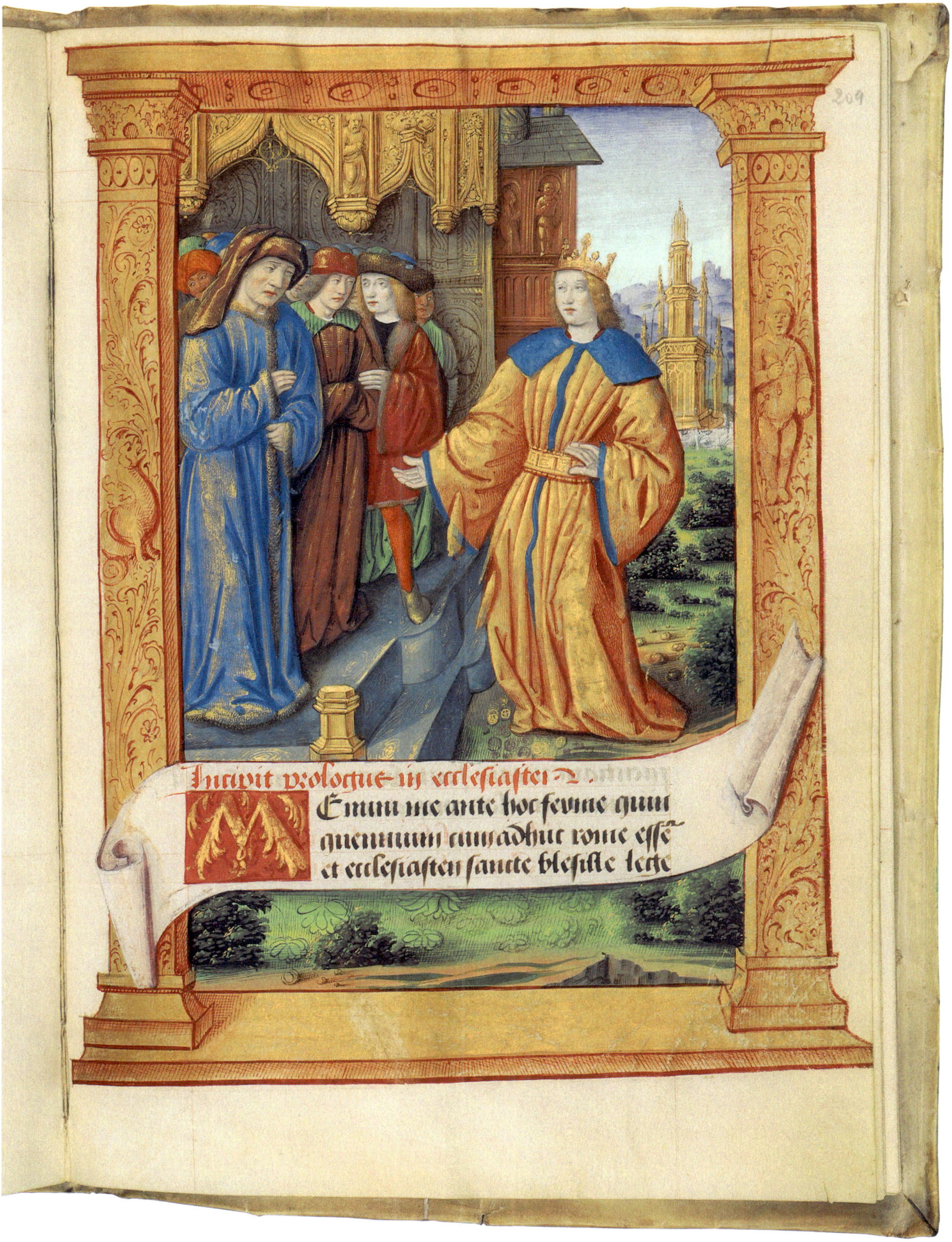

12 *Pariser Psalter-Stundenbuch* um 1510

210r Ein weiterer Prolog des Hieronymus leitet in das Buch Kohelet (Ecclesiastes) ein, das mit den Worten beginnt: »Windhauch, Windhauch, sagte Kohelet, Windhauch, Windhauch, das ist alles Windhauch.« Der Verfasser stellt sich als König Salomo vor, der in der Miniatur als jugendlicher König erscheint und mit seinen in der erhöhten Palastloggia stehenden Ratgebern disputiert. Er selbst tritt aus einer sich weit in den gebirgigen Hintergrund öffnenden Landschaft mit prachtvollem goldenem Brunnen auf sie zu.

13

Südniederländisch-katalanisches Gebetbuch
Lateinisch-katalanisches Gebetbuch
mit Stundenbuch- und Messtexten
geschrieben von Johannes de Ecclesia
in Brügge, illuminiert in Katalonien
(Barcelona?) oder Brügge, Ende 14. Jh.

In einem ungewöhnlich kunstvoll gestalteten Kolophon auf dem letzten Blatt der 6. Lage (42v) bittet der Kalligraph den Leser, für ihn, Johannes de Ecclesia, Schreiber dieses Buches und wohnhaft in Brügge, zu beten. Auf den Seiten zuvor können wir seine höchst artifizielle Schreibkunst bewundern, die wohl nicht nur für seine eigene Zeit etwas Besonderes darstellt. Johannes de Ecclesia dokumentiert dort mit über zwanzig Varianten von Schriftgrößen und –typen anhand eines fortlaufenden Gebetstextes sein meisterliches Können, das auf den Zierseiten 41v–42r kulminiert. Dort findet sich zum einen eine »gepunktete« Textura, die mit immer wieder abgesetzter Feder geschrieben wurde, und zum anderen eine auf blauem und schwarzem Grund ausgesparte Schrift, gleichsam eine Negativschrift, deren Präzision mit den in farbigen Tinten ausgeführten Textpartien wetteifert.

Offenbar ist keine weitere Handschrift mit Nennung seines Namens überkommen. Selbst die Patres von Bouveret, die unsere Handschrift in ihr Kompendium der Schreibernotizen aufgenommen haben, fanden kein zweites Beispiel. Doch hat sich mit dem in ungewöhnlicher Rollenform angelegten Stunden- und Gebetbuch Egerton Ms. 3044 der British Library in London ein Manuskript erhalten, das vergleichbare kalligraphische Besonderheiten enthält (British Museum Quarterly). Denn dort sind ein Mariengebet mit unterschiedlichen Tintenfarben zu je sechs Zeilen geschrieben und das Kreuzoffizium durch verschiedene Schriftgrößen, zwischen Bastarda und Textura alternierend, in zehn Kompartimente aufgeteilt. Man hat angenommen (Catalogue of additions; Kat. Sotheby's 1968), dass diese Partien von Johannes de Ecclesia stammen könnten, zumal die nach der Mitte des 14. Jahrhunderts zu datierende und wohl für den liturgischen Brauch der kleinen nordfranzösisch-flandrischen Diözese von Thérouanne eingerichtete, über neun Meter lange Gebetsrolle wahrscheinlich ebenfalls in der flämischen Region entstanden ist. Die Seltenheit der Beispiele bestätigt, dass die spielerische und zugleich auch selbstbewusste Präsentation kalligraphischer Fähigkeiten innerhalb eines Andachtsbuches eher ein singuläres Phänomen in der 2. Hälfte des 14. Jahrhunderts war. Vielmehr wurde es erst hundert Jahre später bewusst aufgegriffen und kam – in gewandelter Form, weil didaktisch aufbereitet – in den Schreibmeisterbüchern eines Leonhard Wagner (Wehmer) oder auch in dem bescheideneren Schriftmusterbuch seines Schülers Laurentius Autenrieth (Irtenkauf / Gebhardt) am Anfang des 16. Jahrhunderts zur Blüte (Mazal).

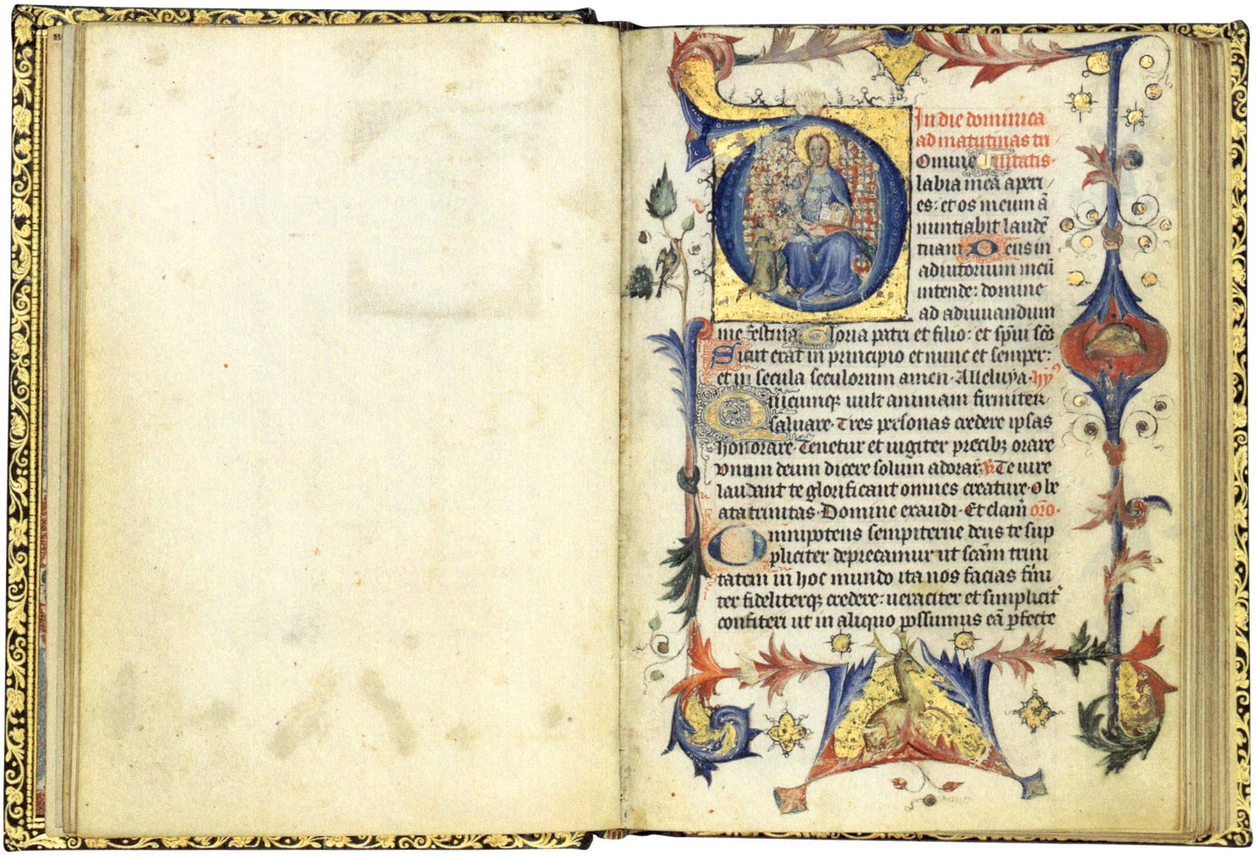

13 *Südniederländisch-katalanisches Gebetbuch*
Ende 14. Jh.

14v–15r Die Kurzoffizien für die einzelnen Wochentage beginnen mit dem Sonntag, an dem man zur Trinität betet. In der Initiale kniet ein Mann vor dem thronenden Christus.

Wenn sich auch Johannes de Ecclesia »Schreiber dieses Buches« nennt, so kann sein Anteil an dem uns wohl in ursprünglicher Form vorliegenden Gebetbuch doch nur vermutet werden. Der buchtechnisch zusammengehörende Teil mit den Blättern 15–42 stammt sicher von ihm; ob das auch für den in gesonderter Lage mit frei gebliebenen Blättern untergebrachten Kalender (8r–13v) und die katalanischen Gebetsanweisungen am Anfang (2v–3r, 4r) gilt, die mit denselben Tintenfarben, aber in größerer Schrifttype am Ende der Handschrift (165r–167r) wiederholt werden, mag dahingestellt bleiben. Der nach dem Kolophon einsetzende Hauptteil der Handschrift (43r–164v) ist in einem verwandten, sehr einheitlichen Duktus ausgeführt, wie man es in einem flämischen Andachtsbuch solcher Qualität erwarten darf. Die künstlerische Ausstattung dieses Hauptteils unterscheidet sich in der Farbigkeit und auch in anderen stilistischen Elementen erkennbar von derjenigen, die den mit Sicherheit Johannes de Ecclesia zuschreibbaren Part schmückt, wenngleich die Ausschmückung insgesamt keineswegs in die flämische, sondern eindeutig in die katalanische Kunst vor 1400 einzubinden ist.

Mehrfach wird im Schmuck der Initialen und Randbordüren ein betender Mann dargestellt, z. B. vor einem Bild der Gottesmutter (24v) oder vor der göttlichen Majestät (25v–26r) knieend, oder auch sitzend und in seinem Andachtsbuch lesend (32r, 111r), hier mit einem nicht identifizierten Wappen mit weißem bzw. silbernem Turm auf blauem Grund. Auf Folio 60r kniet er in silberner Rüstung mit blauem Wams, während über ihm ein aus den Wolken herabfahrender Jüngling Helm und Wappenschild mit schwarzem steigendem Löwen auf Goldgrund präsent hält. Schließlich sieht man ihn, unterschiedlich gekleidet, auf einer Betbank knieend, bisweilen mit einem vor ihm liegenden geöffneten Buch (46v, 92r, 114v, 129r u. a.). Zudem finden sich mehrfach Gebetsformen (32r–42v), die für einen männlichen Leser eingerichtet sind. Die katalanischen Gebete und Gebetsanweisungen machen darüber hinaus wahrscheinlich, dass der Auftraggeber des Buches ein aus Katalonien stammender Kaufmann oder Gesandter war, der seinen Geschäften eine Zeit lang in Flandern nachging und diesen Aufenthalt nutzte, um sich in Brügge ein Gebetbuch schreiben zu lassen, an dem der Kalligraph Johannes de Ecclesia auf besonders attraktive Weise beteiligt war. Man darf auch annehmen, dass es in den Kontoren der ausländischen Handelsgesandtschaften in Gent und Brügge Schreiber gab, die die jeweilige Landessprache beherrschten und

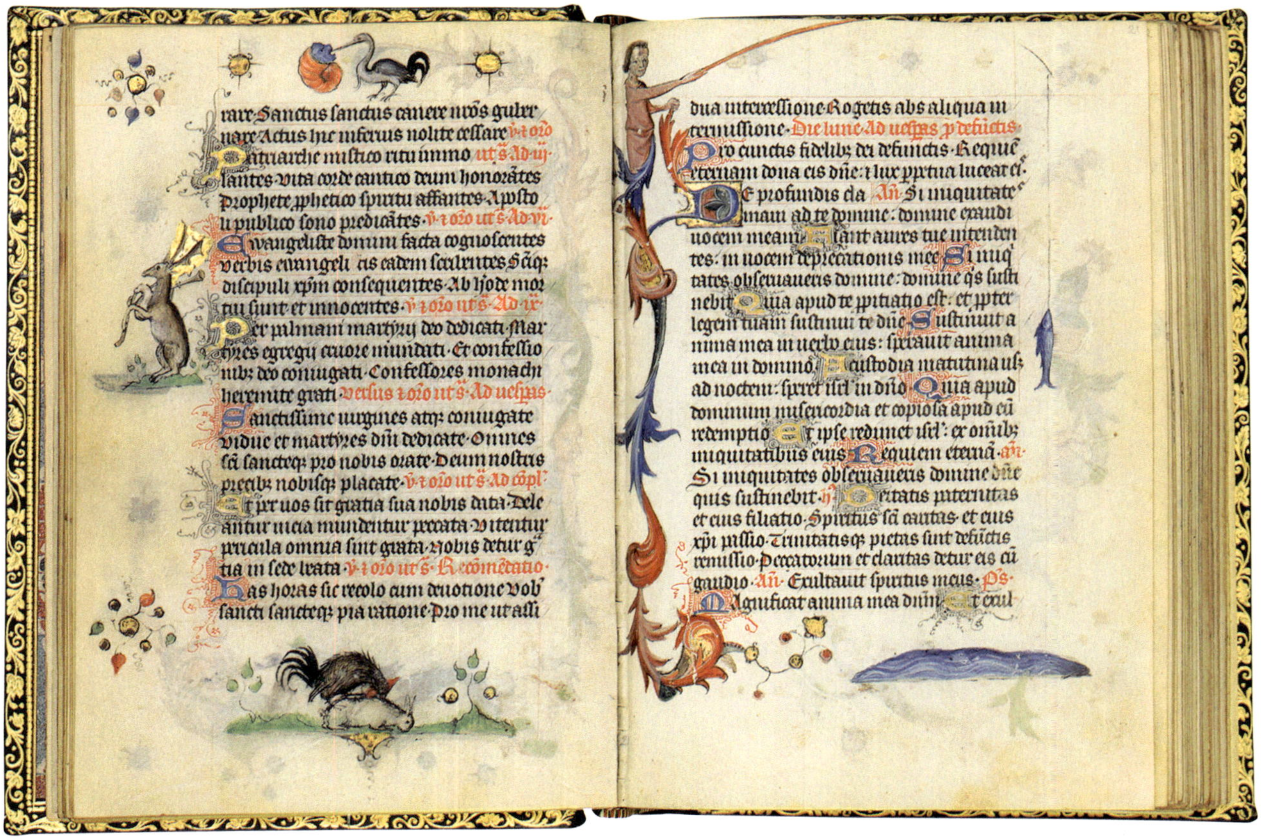

13 *Südniederländisch-katalanisches Gebetbuch,* Ende 14. Jh.

20v–21r Ende des Mittwochsoffiziums zu Ehren Aller Heiligen mit abschließender Recommendatio; auf dem Rand groteske Szenen, z.B. ein Dudelsack spielender Hirsch. Beginn der Montagsvesper für die Verstorbenen; aus der Palmettenranke wächst eine männliche Gestalt heraus, die mit der Angel einen Fisch aus dem unten rechts angedeuteten Wasser gezogen hat.

somit nicht nur die lateinischen Texte in sicherer Kalligraphie ausführen konnten.

Der katalanische Eigentümer unseres Andachtsbuches verfolgte mit seinem Auftrag ganz individuelle Wünsche; denn neben den kurzen Offizien der Wochentage, die dem privaten Stundengebet dienten, besteht der Hauptteil des Buches aus den Texten für die mit unterschiedlichen Anliegen an den verschiedenen Wochentagen gefeierten Messen. So konnte er die Handschrift für den täglichen Kirchgang benutzen, wozu ihm auch die liturgische Einrichtung des Kalenders mit zahlreichen für Gent und Brügge bzw. ganz Flandern charakteristischen Festen dienlich war. Das erste der in katalanischer Sprache geschriebenen Gebete ist dem eigenen Schutzengel gewidmet, ein besonders sinnvoller Gebetstext für den in der Fremde Weilenden, und unter den lateinischen Gebeten wird neben Christus und Maria allein der hl. Nikolaus aufgerufen, der möglicherweise sein Namenspatron, zudem auch Patron der Seereisenden war.

Beinahe jede Textseite trägt Initialschmuck mit davon ausgehenden, plastisch und räumlich sich windenden Palmettenranken, die, von Blattgoldstegen leuchtend hinterfangen, in einem charakteristischen Farbenkanon von Blau, Ziegel- bis Orangerot, Grün, einem blassen Mauve und von Ocker angelegt sind. In ihnen, wie in den eingestreuten, Zypressen ähnlichen Bäumen, die eine südliche Atmosphäre ausstrahlen, tummeln sich allerhand Tiere, Fabelwesen, aus den Ranken wachsende Menschen, auch Wildleute sowie Blattmasken und verselbstständigen sich bisweilen auf den Seitenrändern, wo unzählige der typischen sternförmig angelegten Motive dahintreiben, die aus Goldpunkten mit davon ausgehenden kalligraphischen »Fäden« gebildet sind und an urtümliche amöboide Wesen erinnern. Neben Schmetterlingen, vielerlei Vögeln, auch Enten, Pfauen, Fledermäusen und Kranichen, neben Eichhörnchen, Hirschen, Hasen, Grillen, Hunden, Katzen und Löwen finden sich auch szenisch erweiterte Darstellungen, die Erinnerungen an Fabeln, Mythen und Lebensweisheiten sowie Elemente des Komischen und Satirischen wachrufen: Eine Frau mit Hündchen spricht zu einem Eichhörnchen, das angebunden auf ihrer Hand sitzt (148v); ein Affe dressiert einen Greifvogel (54v); ein Fuchs bringt einem im Sessel sitzenden, bekleideten Affen eine Tasche (145v); ein anderer Affe mit Jagdhorn und Speer geht mit einem Hund auf Hasenjagd (123r); ein Hahn greift einen Fuchs an, der eine Henne gestohlen hat (34v); eine Katze auf Mäusejagd (35r); ein Dudelsack spielender Hirsch (20v); ein Frau

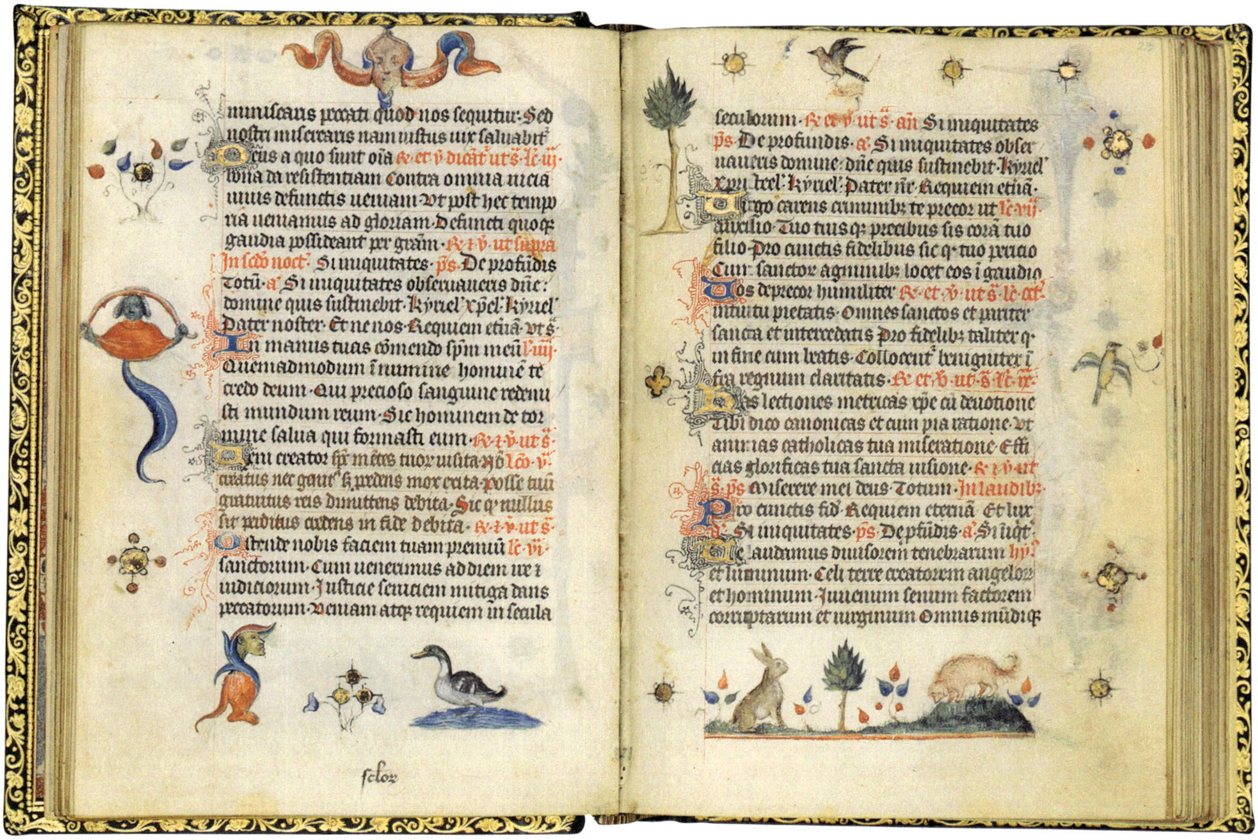

13 *Südniederländisch-katalanisches Gebetbuch,* Ende 14. Jh.

22v–23r Montagsmatutin für die Verstorbenen

liest einem Hund vor, während ein Affe versucht, sie fortzuziehen (64v); eine andere Frau mit Löwenkörper kämmt ihr Haar im Spiegel (71v); eine an die antike Personifikation der Nacht erinnernde, dunkle Büste mit über dem Kopf gehaltenem Tuch (22v, 41r, 94r) wird mit einer dunkelgrünen Büste mit ähnlich hochgehaltenem gespanntem Bogen (54v) variiert; ein greiser Mann mit Krückstock und Gebetskette (90v); ein junger Mann auf Stelzen (75v); schließlich auch die beiden Vögel, die anstelle von Engeln den auszeichnenden Vorhang hinter dem Madonnenbild halten (24v). Ein kaum überschaubarer Bilderkosmos, der im abschweifenden Lesen das Auge und die Phantasie erfreut.

Bereits Sydney C. Cockerell bemerkte im Katalog der Handschriftenausstellung des Burlington Fine Arts Club in London (1908) den südlichen Charakter der Ausstattung, den Eric G. Millar 1930 anlässlich seiner akribischen Bearbeitung der abendländischen Manuskripte aus der Sammlung von Sir Alfred Chester Beatty konkreter mit Handschriften verband, die am Ende des 14. Jahrhunderts in oder in der Umgebung von Barcelona entstanden sind. Dazu gehört ein zweibändiges »Decretum Gratiani«, Add. Ms. 15274–5 der British Library in London, das Millard Meiss (1941) mit weiteren Kodizes zu einer Gruppe verband, von der er annahm, dass sie in der Barceloneser Werkstatt jenes Künstlers gefertigt wurde, der das berühmte Triptychon mit Szenen aus der Vita des hl. Markus in der Kathedrale von Manresa gemalt hat. Dieser Meister wurde verschiedentlich mit dem in Barcelona wirkenden Bernat Martorell, auch mit Arnoldo Bassa identifiziert, von Alexandre Soler y March jedoch mit dem Notnamen Meister des hl. Markus bezeichnet. In einer Anmerkung erwähnt Meiss die verschiedenen künstlerischen Stile unseres Gebetbuchs, von denen einer, nämlich der in der Ausstattung des von Johannes de Ecclesia geschriebenen Parts (15r–42v) erkennbare, vom Meister des hl. Markus beeinflusst sei. Dies ist nachvollziehbar und der Zusammenhang umso überzeugender, als sich auch eine gute Vergleichbarkeit unseres Manuskripts mit einem Missale aus Ripoll, Ms. Ripoll 112 im Archivo de la Corona de Aragón in Barcelona (Janini) zu erkennen gibt, von dem Meiss angenommen hat, es spiegele den Stil, der in der Werkstatt bzw. vom Meister des hl. Markus selbst am Ende des 14. Jahrhunderts gepflegt wurde, sehr genau wider (Bohigas 1965).

Zu der Handschriftengruppe um den Meister des hl. Markus gehört auch die im Archivo Histórico de Barcelona aufbewahrte, aufgrund ihres grünen Einban-

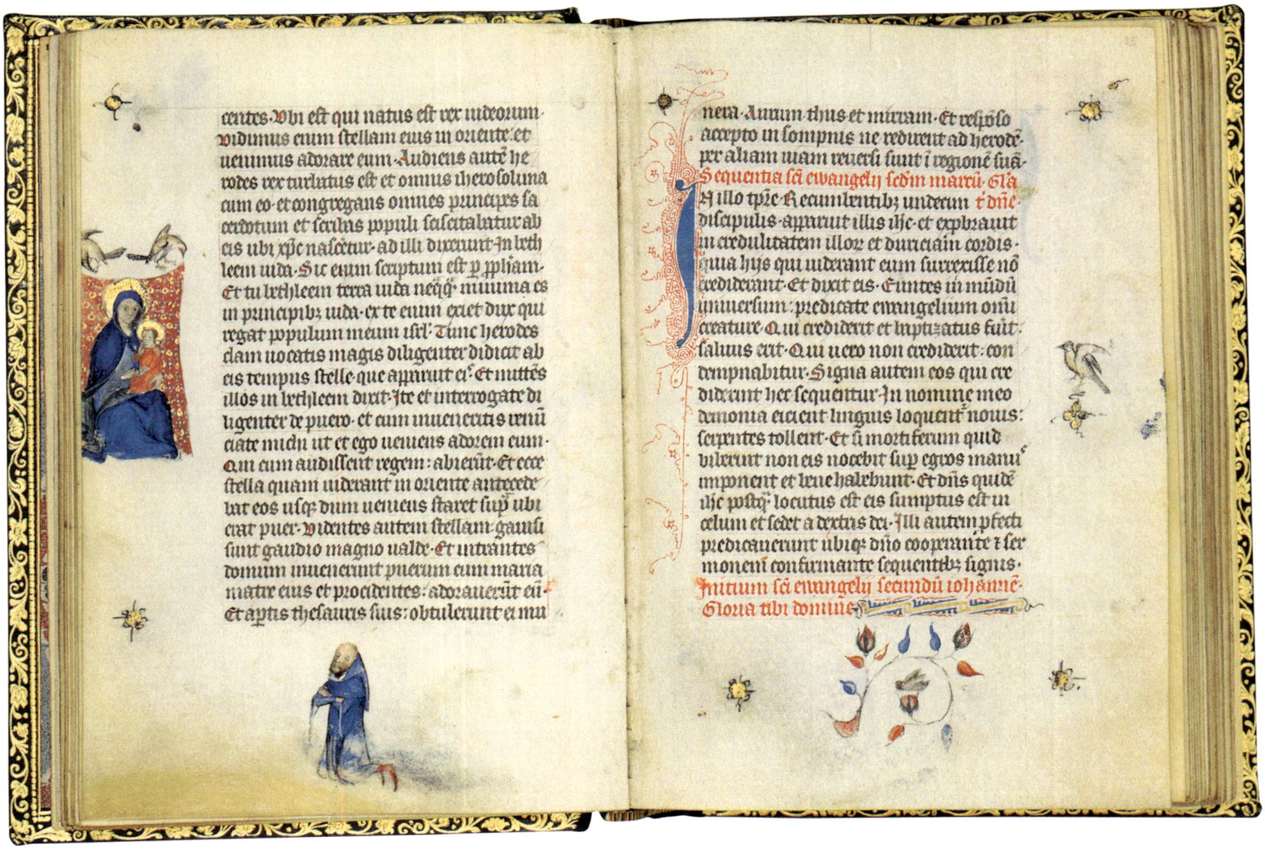

13 *Südniederländisch-katalanisches Gebetbuch*, Ende 14. Jh.

24v–25r Am Rand der Evangelienlesung nach Lukas kniet ein männlicher Beter vor der thronenden Gottesmutter mit dem Jesusknaben. Statt der üblichen Engel halten Vögel einen auszeichnenden Vorhang hinter den Thron. Auf der Rectoseite beginnen die Evangelienlesungen nach Markus und Johannes.

des »Llibre vert« (Das Grüne Buch) genannte Kompilation juristischer Dokumente, die im Auftrag der Stadt Barcelona 1345/46 von Ramon Ferrer zusammengestellt, geschrieben und daran anschließend bis etwa 1383 ergänzt wurde (Bordona). Etwa zu dieser Zeit oder noch weiter gegen Ende des 14. Jahrhunderts dürften die im ersten Band des insgesamt vierbändigen Werkes von Millard Meiss stilistisch hinzugezogenen Malereien entstanden sein, mit denen wiederum unser Gebetbuch zu vergleichen ist.

Nach dem von Pedro Bohigas in zwei Bänden 1965–1967 gegebenen Überblick der katalanischen Buchmalerei in Gotik und Renaissance machen vor allem die in den vergangenen Jahren erschienenen Beiträge von Josefina Planas, im Besonderen ihr 1998 veröffentlichtes, aus ihrer Dissertation entwickeltes Buch die Vielstimmigkeit der katalanischen Buchmalerei gerade der Jahrzehnte um 1400 deutlich, die sich mehrfach mit namentlich überlieferten Künstlern und Auftraggebern belegen lässt. Eindrucksvoll ist jene stilistische Entwicklung innerhalb dieser regional bestimmbaren Miniaturmalerei, die in dem reich ausgeschmückten Missale der hl. Eulalia für die Kathedrale von Barcelona belegt ist, das noch heute als Ms. 116 des Archivo de la Catedral dort aufbewahrt wird. In einem Kontrakt vom 8. März 1403 beauftragte Joan Ermengol, Bischof von Barcelona (1398–1408), den berühmten Miniaturisten Rafael Destorrents mit der Ausstattung dieses prächtigen Messbuches, dessen Palmettenranken und Repertoire an darin eingefügten Blattmasken u. a. noch einmal eine Bestätigung für die Datierung unseres wohl etwas früheren Gebetbuches zu geben vermag. Es scheint, dass der im größeren Format angelegte und ausschließlich mit vegetabilen und ornamentalen Motiven in verschwenderischer Fülle ausgestattete Psalter in deutschem Privatbesitz (Slg. Beckers, Düsseldorf) in seinem Hauptteil ähnlich früh, nämlich schon kurz nach 1400 zu datieren sein wird (Plotzek 1987), also zu einer Zeit, als die Einflüsse der Bologneser Buchkunst sowie der Miniaturmalerei, die über die päpstliche Kurie in Avignon nach Katalonien gelangte, längst absorbiert und zu einer eindrucksvollen eigenständigen künstlerischen Sprache umgewandelt waren. Einige Ornamentmotive des Psalters, wie die mit kleinen Blättern bestückten Rispen etwa oder auch die wie Glieder einer Ornamentkette sich staudenartig addierende Bordürenrahmung (8v; Plotzek 1987, Abb. S. 14), legen darüber hinaus schon von Christopher de Hamel (Kat. Sotheby's 1985) bemerkte Einflüsse der englischen Buchmalerei um 1400 nahe, wie sie etwa das um 1405 in

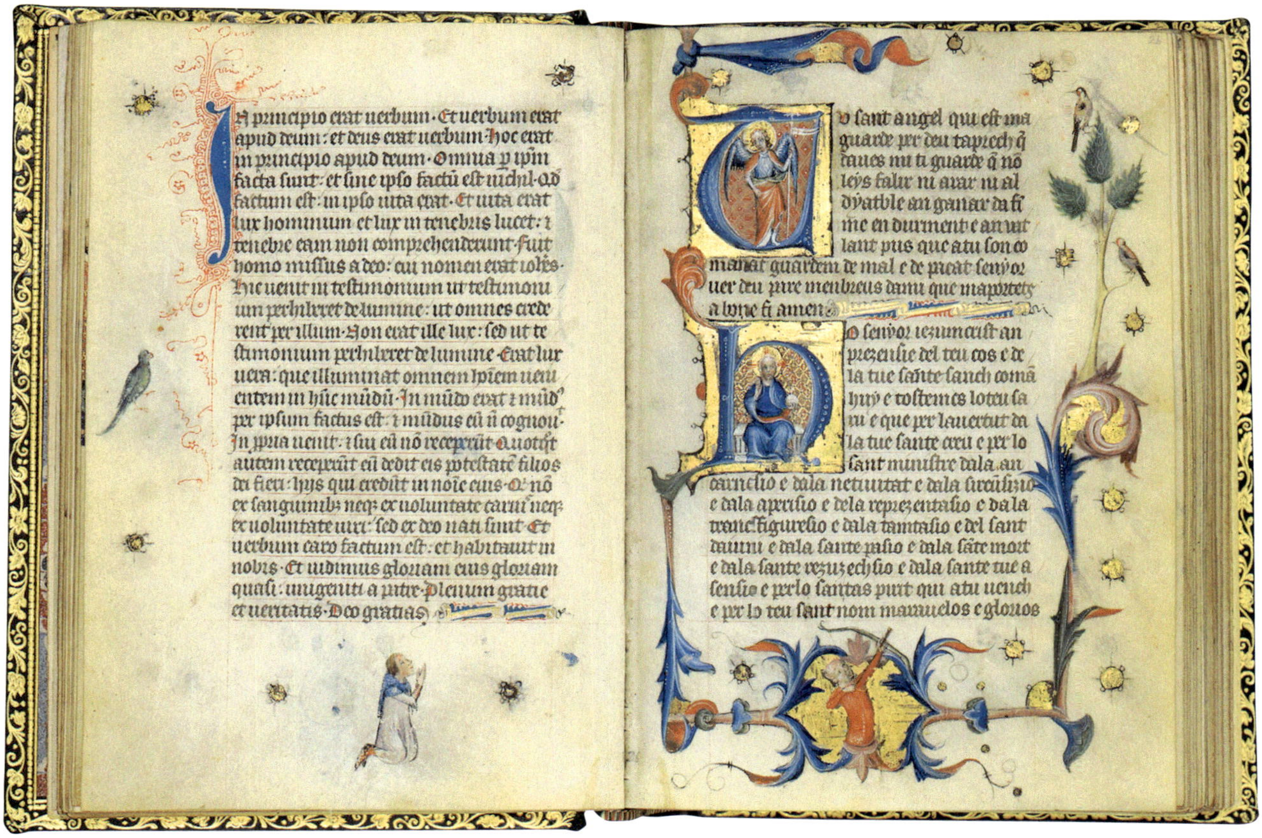

13 *Südniederländisch-katalanisches Gebetbuch*
Ende 14. Jh.

25v–26r Unter dem Johannesevangelium erscheint auf dem unteren Blattrand ein Mann im Gebet vor dem Engel und der Maiestas Domini in den Initialen der gegenüberliegenden Seite, mit denen eine Reihe von Orationen in Katalanisch beginnt. Die rahmende Palmettenranke erweitert sich unten in ein Bildfeld für den Bogenschützen, der auf weiter oben in einem Palmbaum sitzende Vögel zielt.

London entstandene Stundenbuch Ms. Ee. I. 14 (9r) in der University Library in Cambridge überliefert (Scott; vgl. auch Kat. Nr. 16). Das Missale Ms. II (Sem. 134) der Colegiata de San Felix in Gerona, in dessen beiden Zierseiten und Initialmalereien Pedro Bohigas (1965, S. 158ff.) einen starken Einfluss des Meisters des hl. Markus erkannt hat, überliefert ganz ähnlich eine bisweilen expressiv ausfahrende Rankenführung von vergleichbarer malerischer Plastizität und Räumlichkeit. Der in unserem Gebetbuch so faszinierende Reichtum an narrativen Motiven, eingebettet in die Palmettenranken oder frei auf die Blattränder verteilt, wird in der katalanischen Buchmalerei weitertradiert, wie beispielsweise das textreiche, wohl um 1420 entstandene Gebetbuch Ms. 760 der Biblioteca de la Universidad in Barcelona belegen kann (Boto Varela, Molina Figueras).

Es bleibt zu überlegen, wo unser Gebetbuch seine künstlerische Ausstattung erhielt. Gab es im Umkreis der katalanischen Handelsgesandtschaft in Brügge etwa auch Miniaturisten aus der Heimat, an die sich unser Auftraggeber hat wenden können? Kam vielleicht auch Johannes de Ecclesia von dort, dessen Name auf den katalanischen Joan d'Església bzw. Esglésies bezogen werden könnte (Bohigas 1967, S. 84). Schließlich hat man sogar an einen flämischen Mitarbeiter eines katalanischen Buchmalers gedacht, der die umfangreichere Textpartie der Folios 43r–165v ausgeführt haben könnte (Sotheby's 1968), in der bereits Francis Wormald flämische Einflüsse zu erkennen glaubte. Andererseits findet sich aus dieser Zeit kein weiteres in einem flämischen Atelier im katalanischen Stil ausgestattetes Manuskript, so dass man doch wohl eher annehmen muss, dass der Besitzer erst nach Rückkehr in die Heimat sein Gebetbuch so reich ausschmücken ließ. Auch scheint es, dass der Miniaturist, der den umfangreichen Textteil bis zum Ende der Handschrift ausstattete, ein Katalane war und jenes Spruchband in seiner Muttersprache mit *al vet coht* (dem wahren Feigling [?]) beschrieb, das die Randszene (138r) mit einem Fuchs, der Hahn und Hühner in einem Käfig aufmerksam beobachtet, begleitet. (Joachim M. Plotzek)

Pergament 168 Blätter; 140 x 98 mm (beschnitten); Lagen (Lage 4, 5, 16 mit Wortreklamanten; die erste Blatthälfte der Lagen 7–22 mit alter, fortlaufender, römischer Zählung am rechten unteren Blattrand von ii bis lxi, beginnend mit dem 2. Blatt der 7. Lage; demnach 44r–46r = ii-iiii, 51r–54r = v-viii etc.): I^6, $2–3^8$, 4^4, $5–14^8$, 15^4, $16–21^8$, 22^6, 23^4; Schriftspiegel: 85 x 55 mm und 90 x 58 mm; einspaltig; 18 (2v–4r), 34 (8r–13v) 24

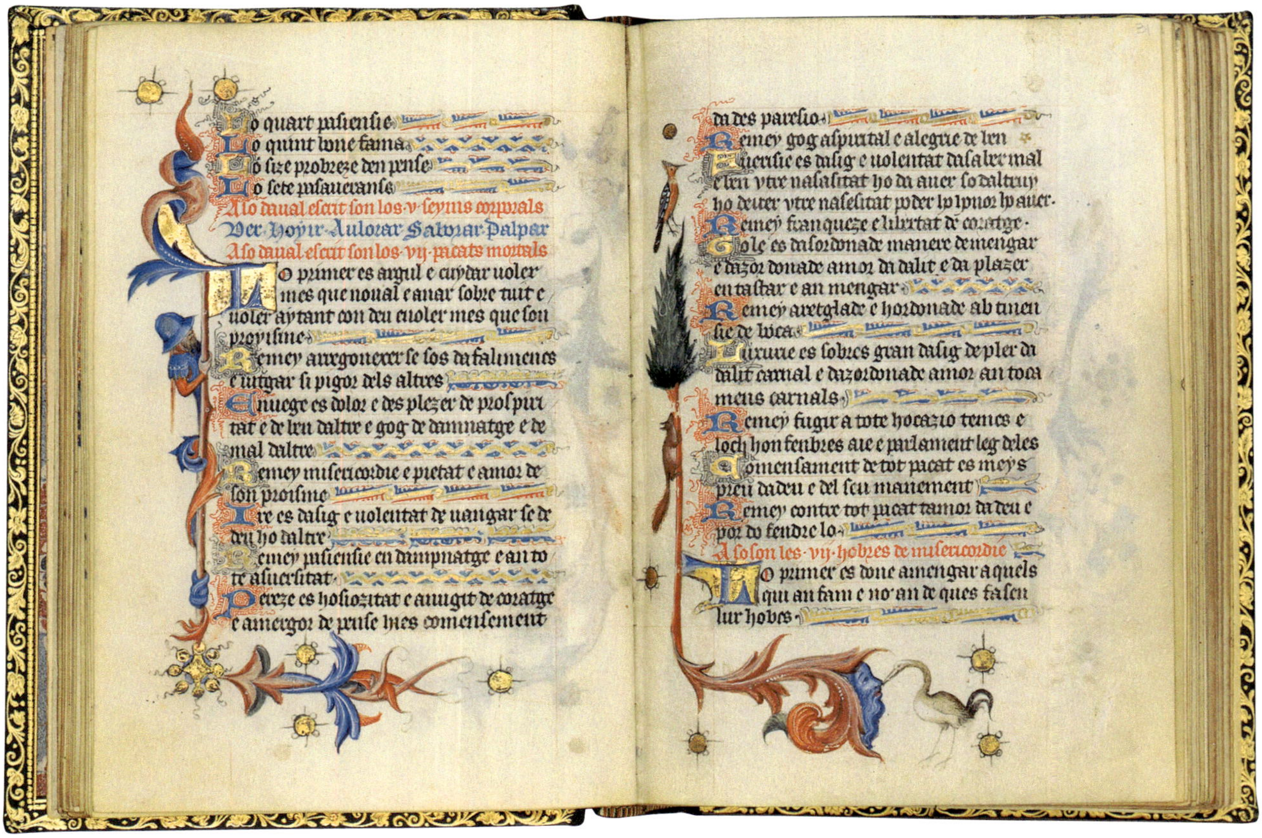

13 *Südniederländisch-katalanisches Gebetbuch,* Ende 14. Jh.

30v–31r Innerhalb des katalanisch abgefassten Gebetsteils werden auf dieser Versoseite die fünf Sinne (Sehen, Hören, Schmecken, Riechen, Fühlen) benannt, darunter die Sieben Todsünden. Auf der Rectoseite beginnt die Aufzählung der Sieben Werke der Barmherzigkeit.

(15r–31v), 8–25 (32r–42v), 16 (43r–164v), 12 Zeilen (165r–167r); Liniierung in Rot (15r–42v, z. T. nicht liniiert). **Ausstattung** Lateinischer und katalanischer Text in dunkelbrauner Textura sowie in hell- und dunkelbrauner, blauer, roter und goldener Textura und Kursive in verschiedenen Varianten, teilweise auf farbigem Grund und in pergamentausgesparter Schrift auf blauem und schwarzem Grund (30r–42v), rubriziert; rot schattierte Versalien; Zeilenendungen in Blau und Gold; einzeilige Initialen alternierend in Blau mit rotem Fleuronnée und Blattgold mit schwarzem Fleuronnée; zwei- und mehrzeilige Initialen in Blau und Mauve vor Blattgoldgrund; drei- und mehrzeilige Initialen teilweise mit figürlichem Schmuck; von den Initialen ausgehend Palmettenranken vorrangig in Blau, Rot, Mauve und Grün, meist vor Blattgoldgrund, den Text drei- oder vierseitig rahmend, ausgefüllt mit zahlreichen Tieren, Fabelwesen, Menschen und kleineren Szenen in Deckfarben mit Blattgold und Silber; darüber hinaus Streumotive aus Goldpunkten mit floraler oder sternförmiger geometrischer Verzierung. **Einband** Dunkelblaues Maroquin mit reicher Außenbordüre in Goldprägung, gefüllt mit Insekten (Bienen, Libellen), Grillen, Stachelschwein, Schlangen, Schnecken und floralen Motiven; auf dem Rücken florale Goldprägung sowie »HORAE B. M. VIRGINIS und CODEX M. S. IN MEMBRANIS«; marmoriertes Vor- und Nachsatzpapier; auf der Rückseite des 1. Vorsatzblattes Stempel »Bound by Lewis. England«; Charles Lewis; Anf. 19. Jh. **Vorbesitzer** Auf dem Nachsatzblatt der Eintrag »F. B. 1838« eines unbekannten Eigentümers, der vermutlich den Einband von Charles Lewis hat anfertigen lassen; Robert S. Holford (1808–1892) und sein Sohn Sir George Holford (1860–1926); Alfred Chester Beatty (Western Ms. 77). **Inhalt** Der Schmuck in Bordüren und Initialen, von Eric Millar 1930 minutiös beschrieben, wird hier nur in besonderen Fällen (szenische Darstellungen, Wappen u.ä.) aufgeführt. 1r–2r leer. 2v–3r, 4r Auflistung (katalanisch) der Gebete, die zu den verschiedenen Tagstunden an jedem Tag der Woche gesprochen werden sollen, in blauer und goldener Tinte. 2v *Aso doual escrit es lordonasio destes ores e orasions qui son escrites anest libre los quals sadeuen dir per lauie que ordonades son …* 3v, 4v–7v leer. 8r–13v Kalendar, reich, aber nicht voll besetzt (u. a. 30. 1. *Aldegundis virginis,* 17. 3. *Gertrudis virg.*, 19. 3. *Landoaldi epi.*, 10. 4. *Macharii epi.*, 17. 4. *Ursmarii epi.*, 9. 5. *Macharii epi* [Translatio], 8. 7. *Landrade virginis*, 10. 7. *Amelberge virginis,* 9. 9. *Audomari* [rot], 1. 10. *Remigii, Vedasti et Bavonis* [rot]). 14r/v leer. 15r–23v Kurzoffizien für die einzelnen

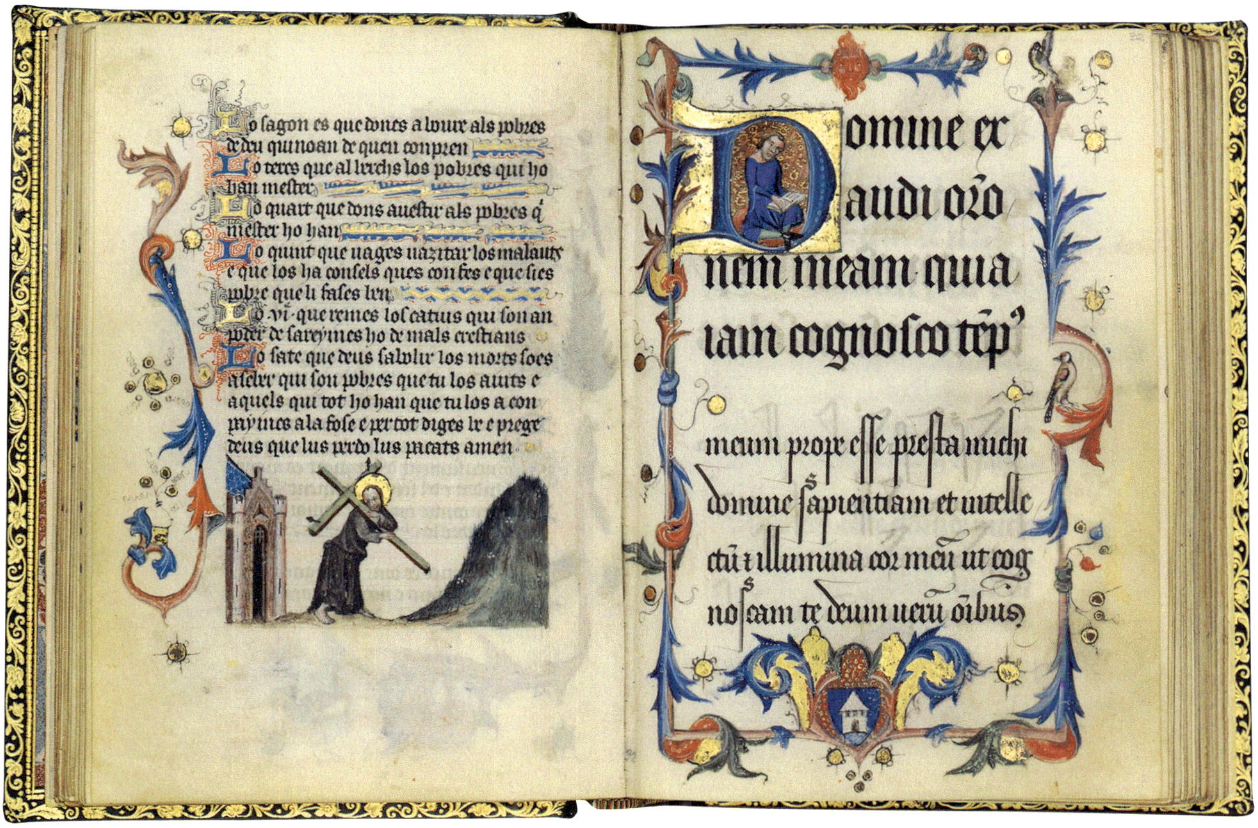

13 *Südniederländisch-katalanisches Gebetbuch,* Ende 14. Jh.

3Iv–32r Die katalanischen Gebete enden auf der Versoseite mit einer Miniatur der Kreuztragung Christi. Rechts beginnt ein lateinischer Gebetsteil mit *Domine exaudi orationem meam* in unterschiedlichen Schriftarten; in der Initiale ein männlicher Beter, in der unteren Bordüre ein Wappen.

Wochentage jeweils mit einer angefügten *Recommendatio.* 15r *In die dominica. Ad matutinas trinitatis. d (omine labia mea)*: betender Mann vor Maiestas Domini mit geöffnetem Buch. 16r *Die veneris. Ad matutinas de sancta cruce.* 17r *Die martis de sancto spiritu.* 18r *Die iovis. Ad matutinas. De sacramento.* 19r *Die sabbato. Ad matutinas beate Marie virginis.* 20r *Die mercurii. Ad matutinas omnium sanctorum.* 21r *Die lune. Ad vesperas pro defunctis.* 22r *Ad matutinas pro defunctis.* 23v–25v vier Evangelienlesungen. 23v Evangelium nach Lukas. 24r Evangelium nach Matthäus. 24v Randminiatur: im Gebet vor der thronenden Gottesmutter mit dem Jesusknaben kniender Mann. 25r Evangelien nach Markus und Johannes. 26r–31v Gebete (katalanisch); ein bereits auf dem unteren Blattrand von 25v dargestellter Mann im Gebet vor den in den Initialen der gegenüberliegenden Seite Gezeigten. 26r Gebet zum Schutzengel. *T (u sant angel)*: Engel mit Labarum. 26r *h (o senyor Iezum Crist)*: Maiestas Domini. 27r *Encare senyor taclam merse.* 28r Zehn Gebote. *Aso daval escrit son los x manamenes.* 28v Erklärung der Zehn Gebote. *Per lo primer manament de deu.* 29r Bordüre: betender Mann. 30r Sieben Gaben des Hl. Geistes. *Aso daval escrit son les vii dons del sant aspirit.* 30v Fünf Sinne. *Aso daval escrit son los v seyms corporals. Ver. Hoyir. Aulorar Saborar. Palpar.* 30v Sieben Todsünden. *Aso daval escrit son los vii pacats mortals.* 31r Sieben Werke der Barmherzigkeit. *Aso son les vii hobres de misericordie.* 31v am Ende des Textes Miniatur: Kreuztragung Christi. 32r–42v Gebete (lateinisch, mit maskulinen grammatikalischen Formen), in unterschiedlichen Schriftarten geschrieben. 32r *D (omine exaudi orationem meam)*: lesender Mann; in der unteren Bordüre ein Wappen: Turm (pergamentausgespart) mit drei Fenstern und Tür. 39v *C (oncede michi misericors Deus).* 40r *Oratio bona. I (n presentia veri corporis et sanguinis tui).* 40v *Oratio bona. I (uste iudex Ihesu Christe).* 41v Zierseite mit Gebet zu Ehren des hl. Nikolaus in gepunkteter brauner und roter Schrift. 41v *Oratio ad sanctum Ni* (durch rote Punktung gestrichen) *Nicholaum pontificem. S (ancte Nicolae)*: hl. Nikolaus. 42r Zierseite mit Mariengebet in Goldtinte auf blauem und rotem Grund sowie in blauer und roter Tinte und pergamentausgespart auf schwarzem Grund. *Precor te sancta Maria mater domini nostri.* 42v Schreiberkolophon in verzierter Textura. *Orate pro Iohanne de ecclesia. scriptore istius libri. commorante in villa Brugensi.* 43r–160r Messen für jeden Tag der Woche sowie für einige Hauptfeste des Jahres (lateinisch, mit katalanischen Rubriken). 43r Messe für den Sonntag zu Ehren der Hl. Dreifaltigkeit. *I (ntroibo ad altare Dei)*: betender

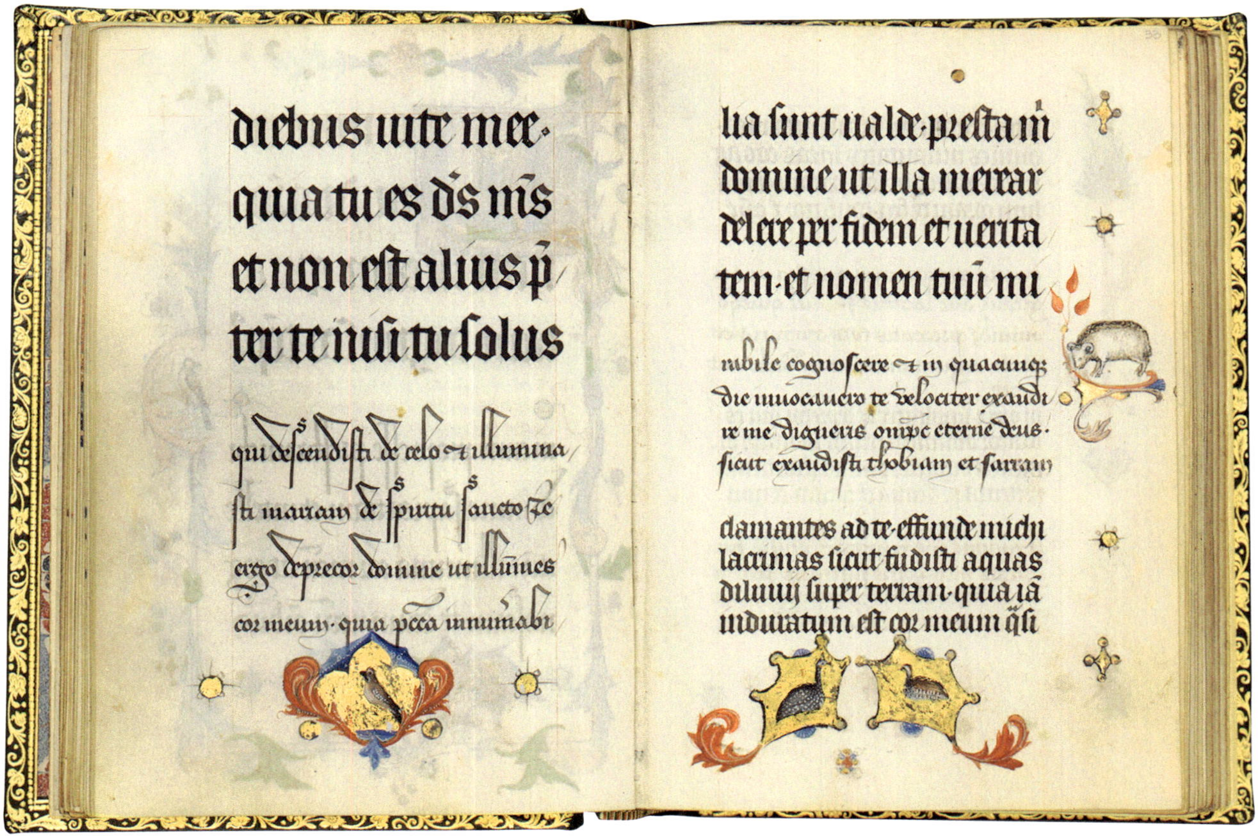

13 *Südniederländisch-katalanisches Gebetbuch*
Ende 14. Jh.

32v–33r Lateinischer Gebetsteil

Mann. 53r Zierseite. Messe für den Montag zu Ehren der Verstorbenen. *Asi commensa la missa de morts laqual sa deu dir lo diluns. R (Equiem eternam)*: betender Mann. 61v Zierseite. Messe für den Dienstag zu Ehren des Hl. Geistes. *Asi commensa la missa del sant esprit laqual ça deu dir al dimars. S (piritus)*; Bordüre mit Wappen: silberner Turm auf blauem Grund. 71v Zierseite. Messe für den Mittwoch zu Ehren Aller Heiligen. *Asi commensa la missa de tots sants laqual sa deu dir lo dimecres. G (Audeamus)*: lesender Mann. 82v Zierseite. Messe für den Donnerstag zu Ehren des Hl. Altarsakraments. *Missa del sagrement laqual ça deu dir enlo diyous. C (Ibavit eos)*: redender Mönch. 92r Zierseite. Messe für den Freitag zu Ehren des Kreuzes Christi. *Asi commensa la missa de la creu laqual sa deu dir lo divenres. N (Os autem)*: im Gebet kniender Mann. 101v Zierseite. Messe für den Samstag zu Ehren Mariens. *Asi commensa la missa de nostra dona laqual ça deu dir lo disapte. S (Alve sancta parens)*. 110r/v leer. 111r Zierseite. Weihnachtsmesse. *Aquesta es la missa de nadal. P (Uer natus est)*: lesender Mann; Bordüre mit Wappen: silberner Turm auf blauem Grund. 120r Zierseite. Messe für Mariae Lichtmess. *Aquesta missa quis seguex deval es de madona sancta Maria la festa dela qual es en lo saguon die de fabrer. S (Uscepimus)*. 130r Zierseite. Ostermesse. *Aquesta missa ques seguex deval es de pascha. R (Esurrexi)*. 139v Zierseite. Messe zum Fest Christi Himmelfahrt. *Aquesta missa ques seguex deval es de ascencio. V (Iri Galilei)*: im Gebet kniende Frau. 150r Zierseite. Messe zum Weißen Sonntag. *Aquesta es la missa laqual ça deu dir al dia de sinchogesma. S (piritus)*; Bordüre mit Wappen: silberner Turm auf blauem Grund. 160v–164v Gebete zu verschiedenen Heiligen. 160v *Hec sunt commemorationes quas qui devote dixerit nunquam morte subitanea peribit nec sine confessione anime et corpore separabitur et omnes isti pro quibus ipse devote dixerit istas orationes erunt advocati pro eo ante Deum in die obitus sui. S (Umpsimus)*; Bordüre: Ein Engel beweihräuchert den rubrizierten Text. 161r Gebete zum hl. Blasius, 161v zum hl. Georg, 162r zur hl. Katharina, 162v zur hl. Barbara, 163r zu den Elftausend Jungfrauen, 163v zu allen Heiligen. 164r Gebet. *O (mnipotens sempiterne Deus)*. 165r–167r Angabe (katalanisch in blauer und goldener Tinte) der zu den Gebetsstunden jedes Wochentages zu sprechenden Gebete (wie zu Anfang der Handschrift). 167v–168v leer. **Literatur** S. C. Cockerell, in: Kat. Burlington Fine Arts Club Exhibition of Illuminated Manuscripts, London 1908, Nr. 249, Taf. 150. – Kat. Sotheby's, Holford Collection, 29. 7. 1929, Nr. 8. – E. G. Millar, The Library of A. Chester Beatty. A Descriptive Catalogue of the

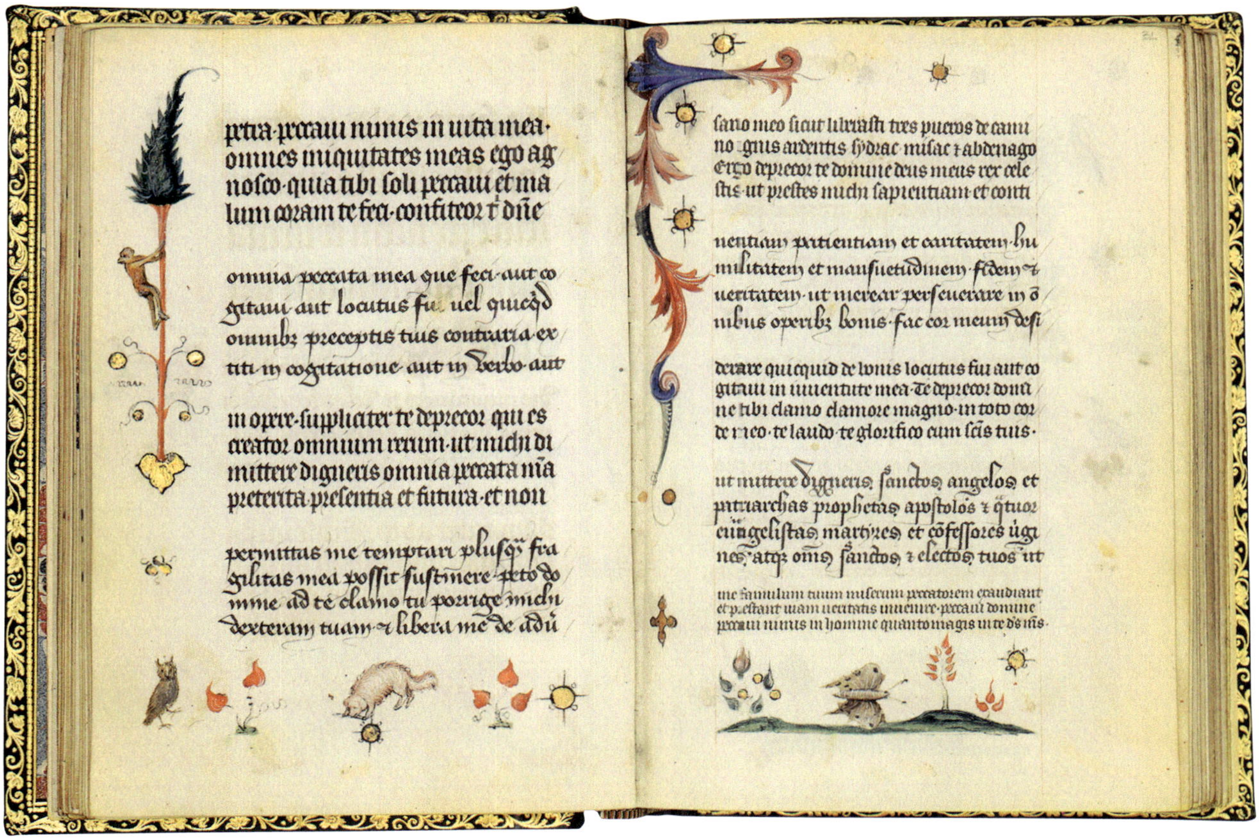

13 *Südniederländisch-katalanisches Gebetbuch*
Ende 14. Jh.

33v–34r Lateinischer Gebetsteil

Western Manuscripts II, Oxford 1930, Nr. 77, S. 217ff., Taf. CLXXXIIIf. – M. Meiss, Italian Style in Catalonia and a Fourteenth Century Catalan Workshop, in: Journal of the Walters Art Gallery 4, 1941, S. 76 Anm. 63. – F. Wormald, Afterthoughts on the Stockholm Exhibition, in: Konsthistorisk Tidskrift 22, 1953, S. 81. – Kat. Western Illuminated Manuscripts from the Library of Sir Chester Beatty, Trinity College, Dublin 1955, Nr. 39. – The British Library. Catalogue of additions to the manuscripts in the years 1926–1930, London 1959, S. 226f. – P. Bohigas, La ilustración y la decoración del libro manuscrito en Cataluña. Contribución al estudio de la historia de la miniatura catalana. Período gótico y renacimiento II. Asociación de bibliófilos de Barcelona, Barcelona 1967, S. 83f. – Kat. Sotheby's, The Chester Beatty Western Manuscripts: Part I, London, 3. 12. 1968, Nr. 21. – Bénédictins du Bouveret, Colophons des manuscrits occidentaux des origines au XVIe siècle, Bd. 3 (Spicilegii Friburgensis Subsida, 4), Fribourg 1973, Nr. 9556, S. 264. – H. P. Kraus, Monumenta Codicum Manu Scriptorum, New York 1974, Nr. 29. – J. M. Plotzek, Andachtsbücher des Mittelalters aus Privatbesitz; Ausst. Kat. Schnütgen-Museum, Köln 1987, S. 153 (Nr. 43). – P. Bohigas, Inventario de códices miniaturados o iluminados de procedencia catalana o existentes en bibliotecas catalanas. Faksimile der Seiten 145–223 des 3. Bandes von: P. Bohigas, La ilustración y la decoración del libro manuscrito en Cataluña, Barcelona 1967, Barcelona 2000, S. 64, Nr. 494 (als »Chester Beatty Nr. 77«) **Zitierte Literatur** The British Museum Quarterly 4, 1929–1930, S. 111, Taf. LXIII; siehe auch: The British Library. Catalogue of additions to the manuscripts in the years 1926–1930, London 1959, S. 224ff. – C. Wehmer, Leonhard Wagners Proba centum scripturarum. Ein Augsburger Schriftmusterbuch aus dem Beginn des 16. Jahrhunderts. Faksimile und Kommentarbd., Leipzig 1969. – W. Irtenkauf / W. Gebhardt, Die Schriftmuster des Laurentius Autenrieth vom Jahre 1520. Faksimile der Handschrift Cod. hist. 4°197 der Württembergischen Landesbibliothek Stuttgart, Stuttgart 1979. – O. Mazal, Schreibmeister, -schule, in: Lexikon des Mittelalters 7, 1995, Sp. 1556f. – A. Soler y March, La peinture Catalane à la fin du Moyen Age, Paris 1933, S. 39f. – J. Janini, Manuscritos litúrgicos de las Bibliotecas de España II: Aragón, Cataluña y Valencia, Burgos 1980, Nr. 404, S. 42f. – P. Bohigas, La ilustración y decoración del libro manuscrito en Cataluña. Contribución al estudio de la historia de la miniatura catalana. Período gótico y renacimiento I. Asociación de bibliófilos de Barcelona, Barcelona 1965, S. 149f.,

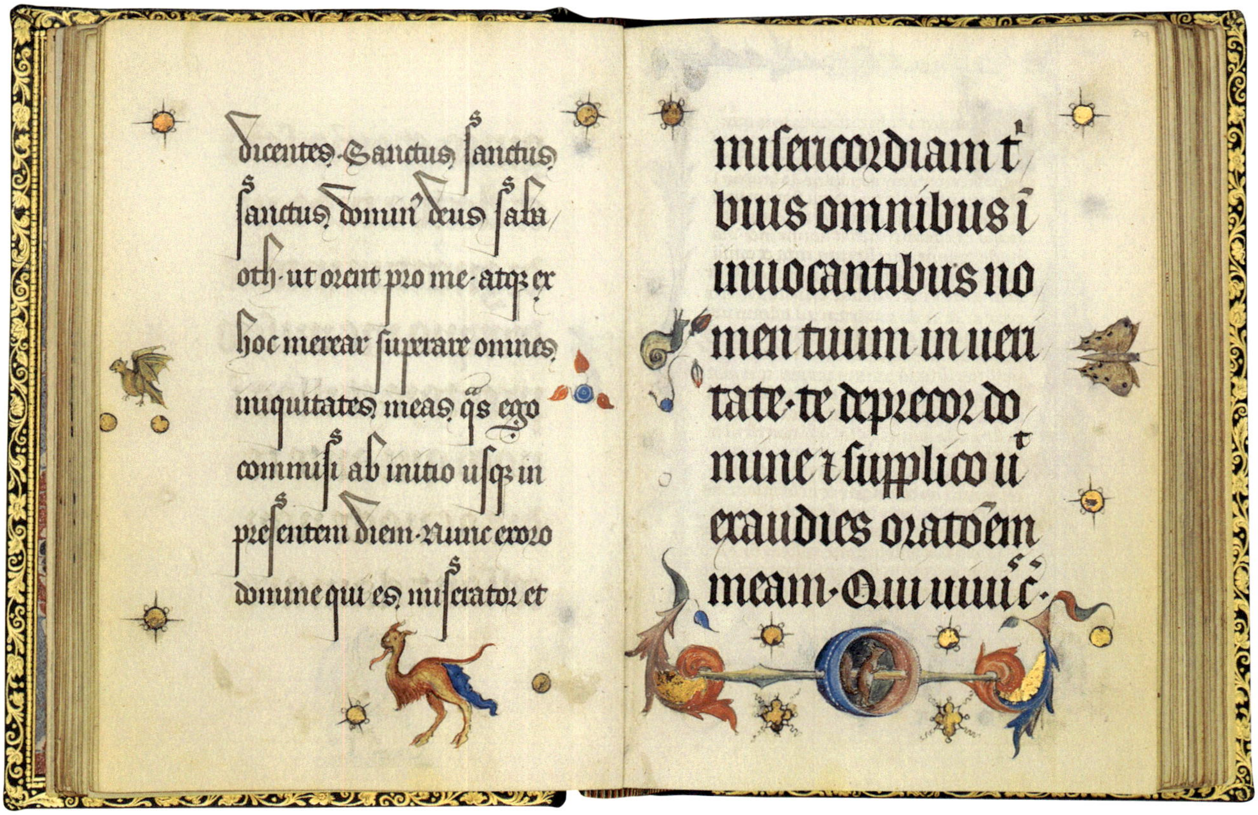

13 *Südniederländisch-katalanisches Gebetbuch,* Ende 14. Jh.

38v–39r Lateinischer Gebetsteil

Abb. 71f. – J. Domínguez Bordona, Esposición de códices miniados españoles. Sociedad Española de Amigos del Arte, Ausst. Kat., Madrid 1929, Nr. CLXVI, S. 221 und Taf. 50 (dort mit vertauschter Bildunterschrift, die zu Nr. CLXV gehört). – J. Planas, El Esplendor del gótico catalan. La miniatura a comienzos del siglo XV (Edicións de la Universitat de Lleida, 6), Lleida 1998. – Kat. Sotheby's, London, 25. 6. 1985, Nr. 74. – K. L. Scott, Later Gothic Manuscripts 1390–1490 (J. J. G. Alexander [Hg.], A Survey of Manuscripts Illuminated in the British Isles, 6), London 1996, Textbd. Nr. 16, S. 77f., Tafelbd. Abb. 69. – G. Boto Varela / J. Molina Figueras, Satire et comique dans l'illustration marginale. Un manuscrit du gothique international Catalan, in: M. Smeyers / B. Cardon (Hgg.), Flanders in a European perspective. Manuscript illumination around 1400 in Flanders and abroad. Proceedings of the International Colloquium Leuven 7–10 September 1993, Leuven 1995, S. 155ff.

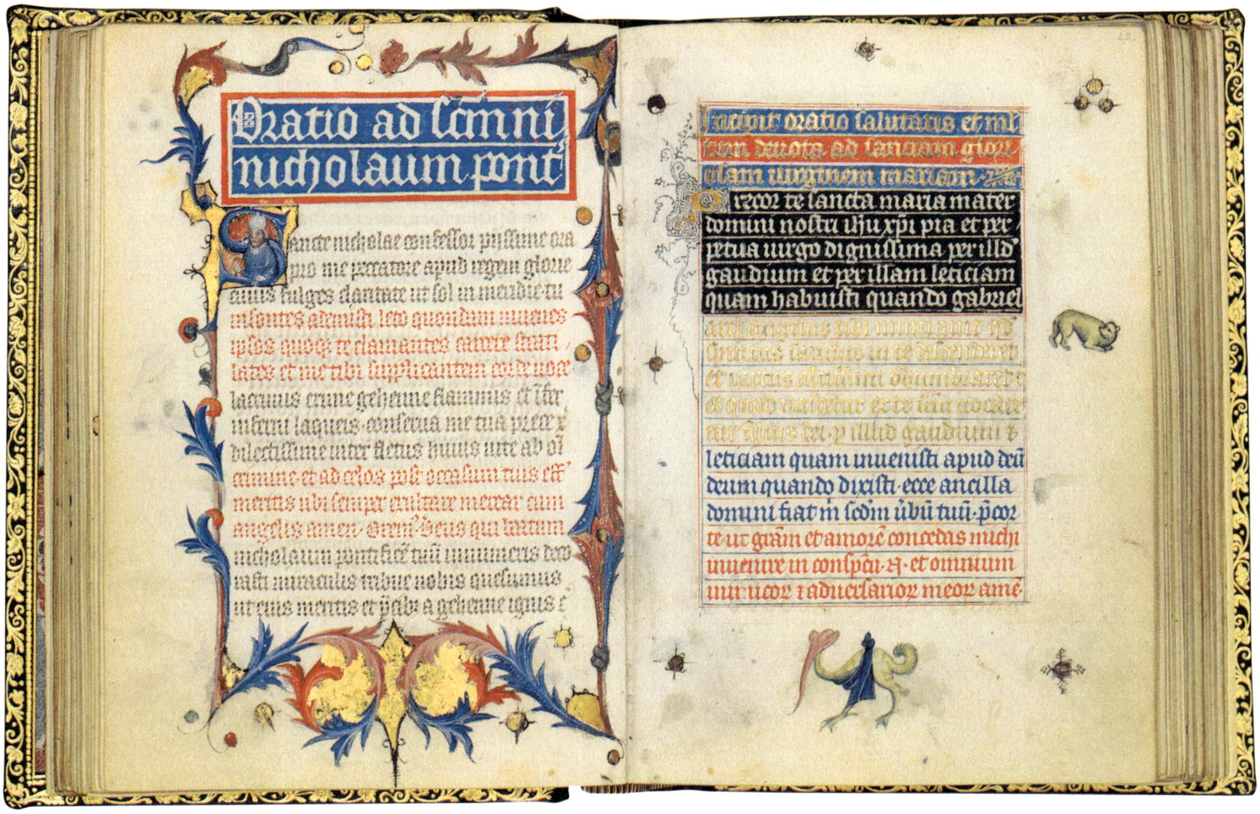

13 *Südniederländisch-katalanisches Gebetbuch*, Ende 14. Jh.

41v–42r Zierseiten mit Gebet in gepunkteter brauner und roter Textura zu Ehren des in der Initiale als Bischof dargestellten hl. Nikolaus und mit Mariengebet in unterschiedlichen Schriftfarben auf z.T. farbigen Gründen

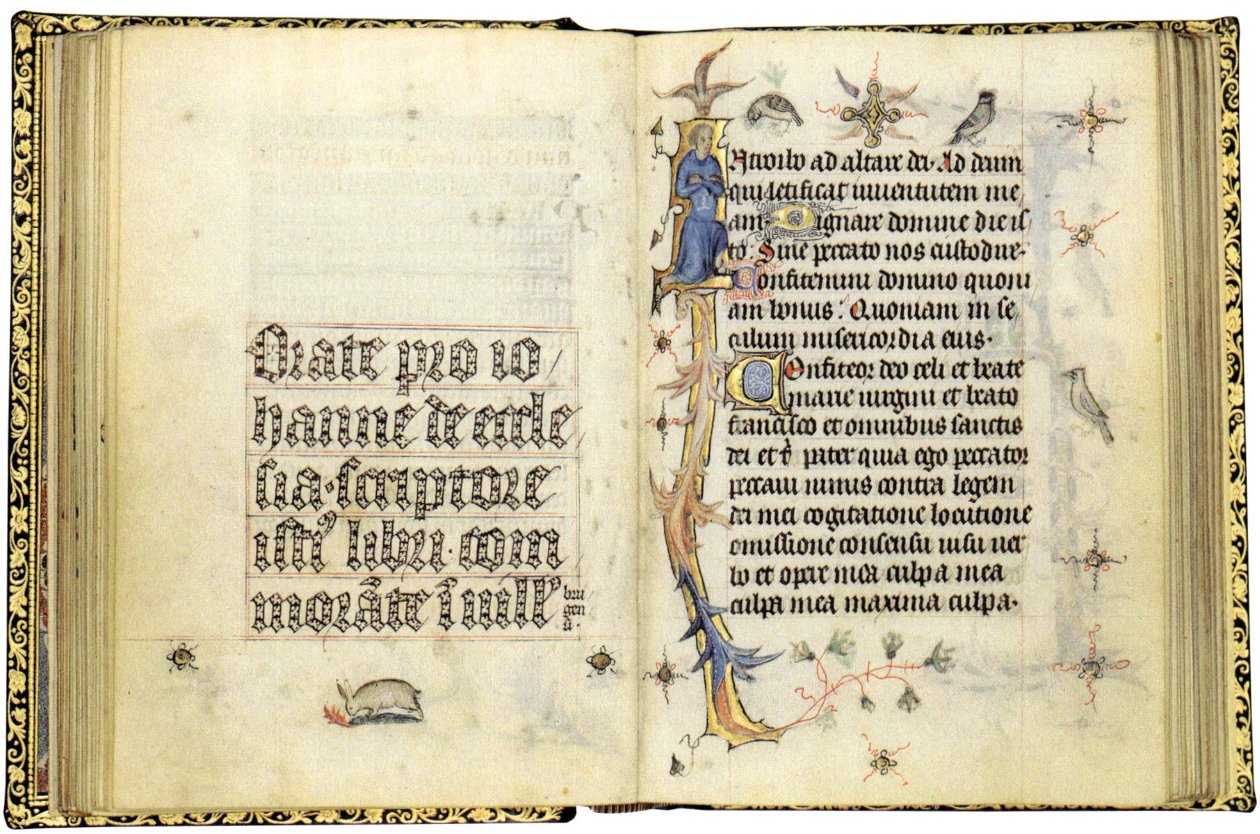

42v–43r Schreiberkolophon in verzierter Textura: »Betet für Johannes de Ecclesia, den Schreiber dieses Buches, der in der Stadt Brügge weilt«; anschließend Messe für den Sonntag zu Ehren der Hl. Dreifaltigkeit. In der Initiale kniet ein betender Mann.

13 *Südniederländisch-katalanisches Gebetbuch*
Ende 14. Jh.

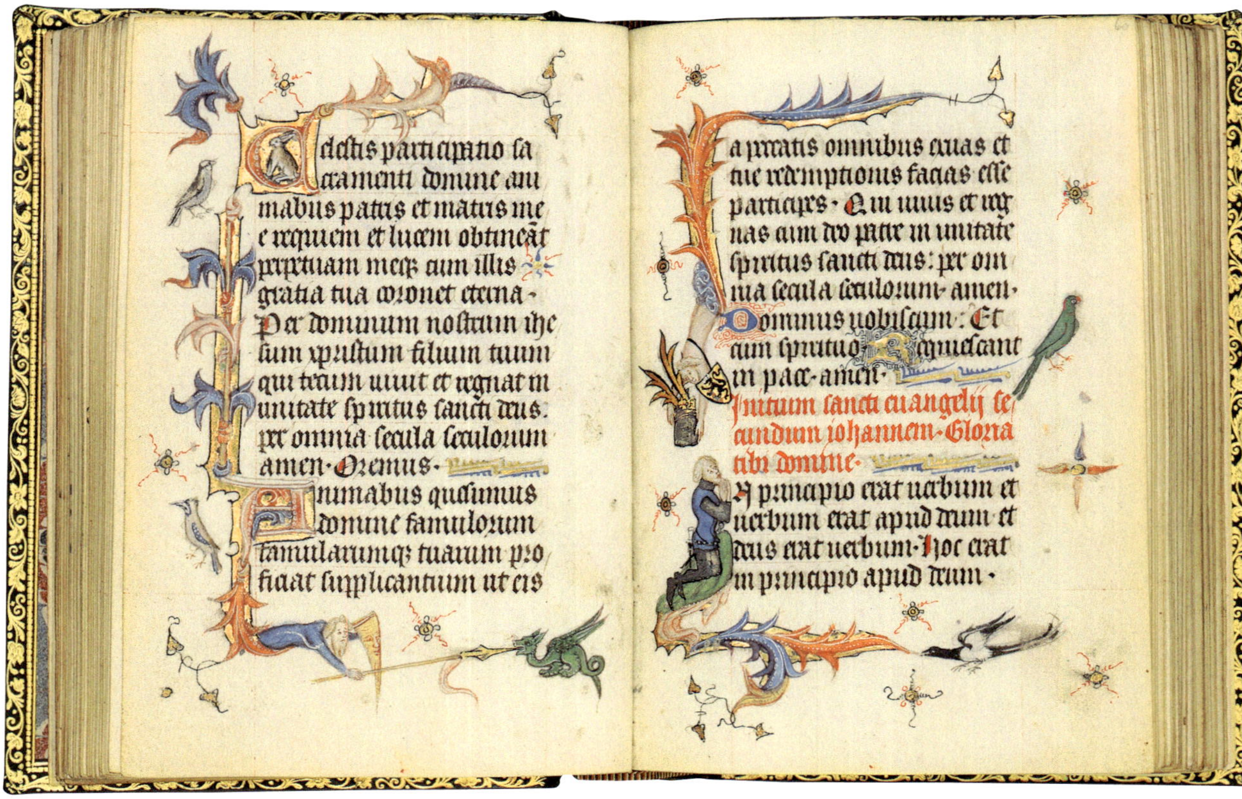

59v–60r Messe für den Montag zu Ehren der Verstorbenen; Randschmuck mit Tieren, einem Drachentöter, einem betenden Ritter und nicht identifizierten heraldischen Symbolen

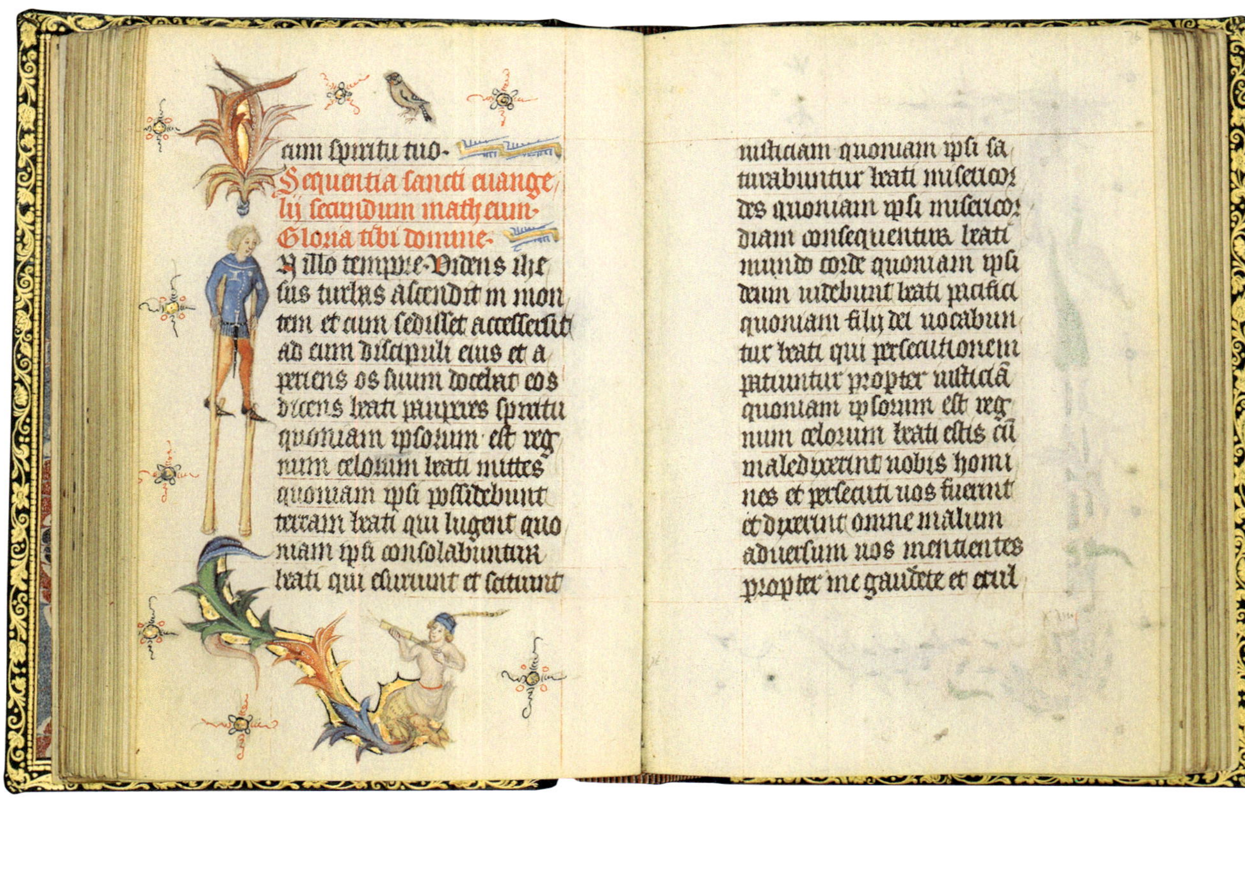

75v–76r Zierseite mit Evangelientext nach Matthäus zur Messe für den Mittwoch zu Ehren Aller Heiligen; Stelzenläufer und Mischwesen

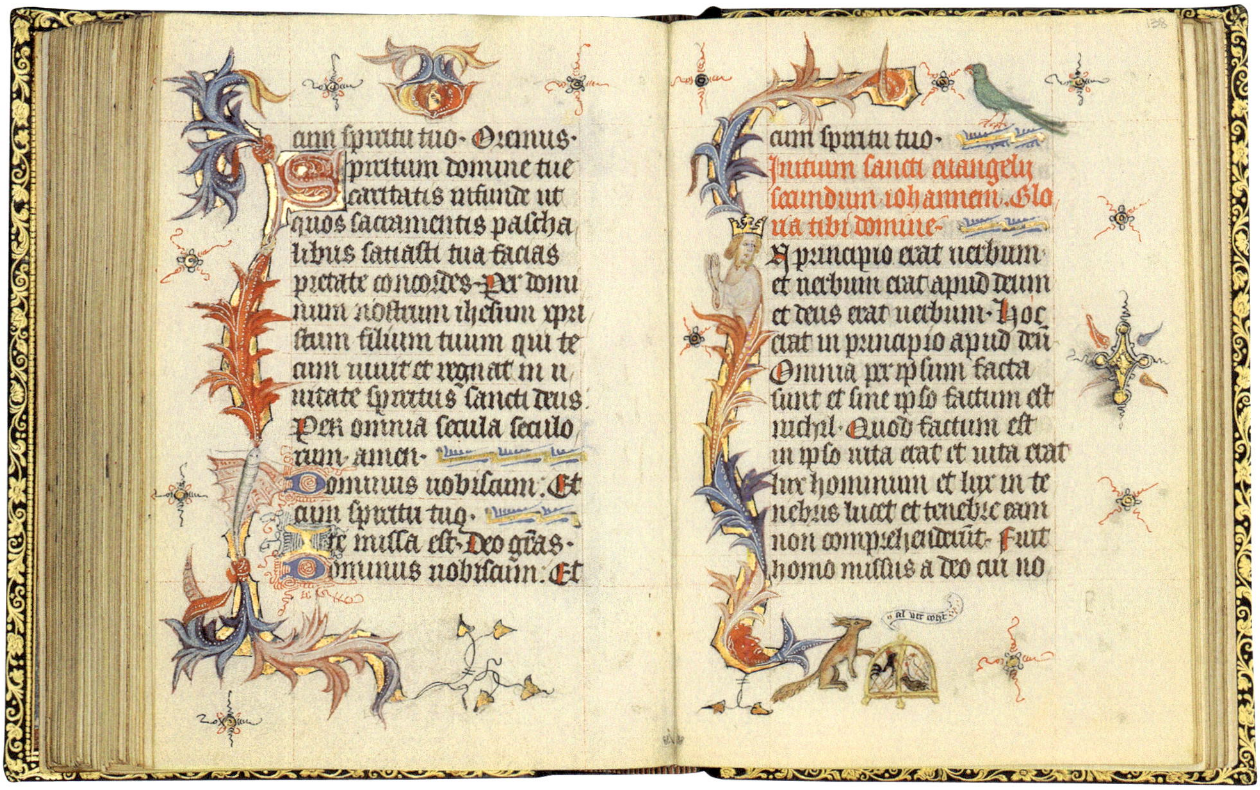

13 *Südniederländisch-katalanisches Gebetbuch* Ende 14. Jh.

137v–138r Neben der Rubrik zum Johannesevangelium der Ostermesse ein betender König. Unten beobachtet ein Fuchs Hahn und Hühner im vor ihm stehenden Käfig. Der katalanische Schriftzug *al vet coht* [dem wahren Feigling] im Spruchband stützt die Annahme, dass der Miniaturist Katalane war.

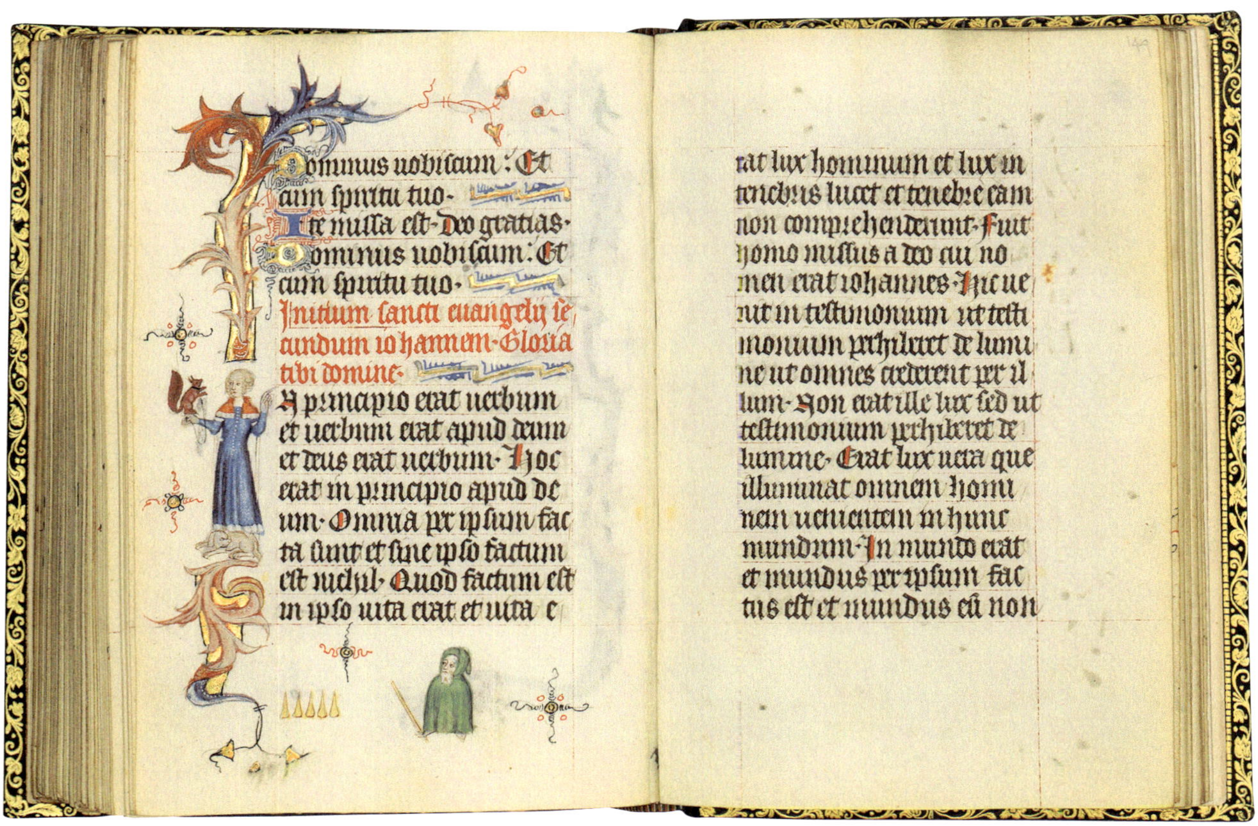

148v–149r Evangelium der Messe zum Fest Christi Himmelfahrt. Eine Frau, zu deren Füßen ein Hündchen liegt, spricht mit einem Eichhörnchen, das angebunden auf ihrer Hand sitzt.

14

Zisterzienser-Brevier
Lateinisches Brevier für ein Mitglied
des Konvents der Badia a Settimo
Atelier des Filippo di Matteo Torelli
Florenz, um 1460–1470

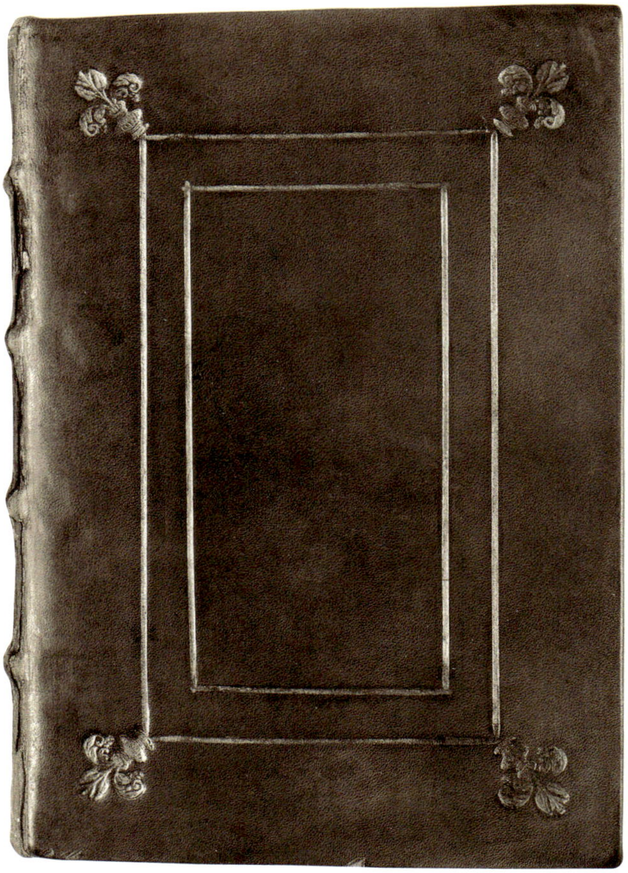

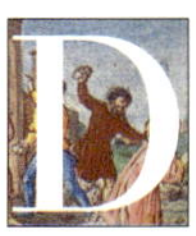

Die präzise Konzeption der Lagenaufteilung spricht ebenso für ein in der Herstellung solch umfangreicher Manuskripte geübtes Atelier wie die Einheitlichkeit der künstlerischen Ausstattung. Nicht mit Sicherheit lässt sich sagen, ob der gesamte Text (mit Ausnahme der beiden letzten Blätter) von einer Hand geschrieben worden ist oder ob die drei großen Textblöcke (Temporale, Psalter, Sanktorale) von verschiedenen Schreibern ausgeführt wurden, wie gewisse Schwankungen im Schriftduktus vermuten lassen. Zur sorgfältigen Ausstattung der Brevierhandschrift gehören auch die rubrizierten Seitentitel am oberen Blattrand der Recto- und Versoseiten mit Angaben der entsprechenden Feste; sie fehlen jedoch im gesamten Psalterteil (und auf acht Blättern der 53. Lage). Ihr Schriftduktus im Temporale (15r–244v) bzw. Sanktorale (367r–546v) differiert deutlich und spräche wiederum für eine mögliche Händescheidung. Im Kalendar fallen die blauen und roten großen Buchstaben auf, welche die Auswahl der nachfolgenden Kollektagebete (9r–13r) für die verschiedenen Festtage bezeichnen. Zahlreiche astronomische Angaben im Kalender sowie die an diesen anschließenden komputistischen Tabellen dienen der Berechnung der Festtage und der Auswahl der von ihrem Rang abhängigen Anzahl der Lesungen. Entsprechend dem nachfolgenden Text ist die Handschrift also auch im einleitenden Teil für das Chorgebet eines Geistlichen eingerichtet.

Auf dem jetzt als Nachsatzblatt eingehefteten Einzelblatt überliefert ein alter, in Humanistenschrift verzeichneter Besitzvermerk, dass die Handschrift im Inventar des Klosters San Salvatore a Settimo als Nr. 57 eingetragen worden ist. Der Vermerk ist mit römischen Zahlen datiert, kann jedoch in dieser Form nicht zutreffen. Möglicherweise wurde im Freiraum zwischen dem M° (für Millesimo = 1000) und LVII (= 57) ein D für fünfhundert vergessen, so dass die Eintragung im Jahre 1557 stattgefunden hat (die jetzige Schreibweise benennt das Jahr 1057). Würde man CCCC für 400 ergänzen, wofür der Freiraum jedoch nicht reicht, käme man mit dem dann 1457 erfolgten Eintrag der stilistisch zu bestimmenden Entstehungszeit der Handschrift sehr nahe. Aufschlussreich ist der genannte frühe Besitzer. Mit S. Salvatore a Settimo ist die gut zehn Kilometer nordwestlich von Florenz am Arno gelegene Badia a Settimo gemeint, die dem Erlöser (Salvator) geweiht war. Im Jahre 950 als Benediktinerkloster von Cluny aus gegründet, lebten in der Zeit von 1048 bis 1090 dort Camaldulenser; 1236 wurde es von San Galgano aus mit Zisterziensern besiedelt. Im

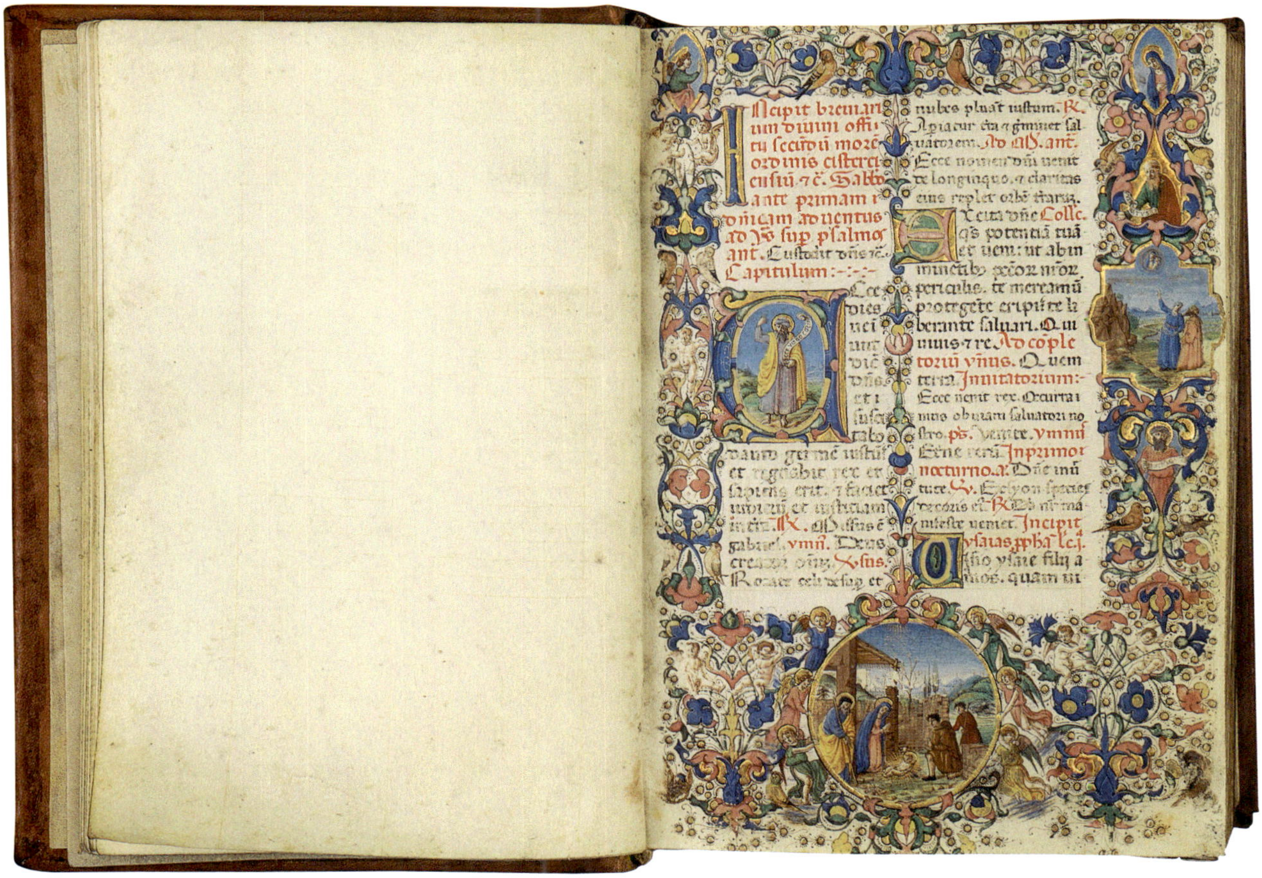

14 *Zisterzienser-Brevier*, Florenz, um 1460–1470

14v–15r In der Initiale der Vigil zum 1. Adventssonntag steht der Prophet Jesaja mit dem Spruchband *Ecce virgo concipiet* (Seht, eine Jungfrau wird empfangen). In der Rahmung oben erscheint die Verkündigung an Maria, rechts nochmals Jesaja mit dem Spruchband *Puer natus* (Ein Kind ist uns geboren); dieser Text wird als Introitus zur 3. Weihnachtsmesse gebetet. Im Bildfeld darunter deutet die Sibylle von Tibur Kaiser Augustus die Erscheinung am Himmel: Maria trägt den Neugeborenen, der mächtiger sein wird als Augustus; darunter Zacharias mit dem Spruchband *Benedictus dominus* (Gepriesen sei der Herr). Im unteren, von Engeln getragenen Medaillon ist die Geburt Christi bzw. die Verehrung des Kindes durch Maria, Joseph und die Hirten dargestellt.

Hinblick darauf, dass die Handschrift mit vielen ordensspezifischen Eigenheiten nach Zisterzienserbrauch eingerichtet ist, dürfte sie für ein Mitglied des Konvents dieser Abtei gefertigt worden sein.

Abgesehen vom Titel des Breviers (15r), der angibt, dass Fest- und Textwahl dem Ordo des Zisterzienserordens folgen, sind zahlreiche für diese Gemeinschaft charakteristische Feiern verzeichnet bzw. hervorgehoben. Der im Kalendar zum 10. Januar genannte Wilhelm von Bourges gehört zu den Hauptheiligen des Zisterzienserordens. 1209 gestorben, wurde er 1218 kanonisiert; unter anderem war er Mönch in Cîteaux, später Abt von Fontaine-Jean bei Sens und Erzbischof von Bourges. Sein Fest wird ebenso mit zwölf Lektionen gefeiert wie die anderen Hauptfeste, so auch das des Abtes Robert von Molesme am 29. April. Dieser hatte das Reformkloster Cîteaux gegründet, starb im Jahre 1110 und wurde 1222 heiliggesprochen. Das gleiche gilt für den am 8. Mai gefeierten Petrus, Abt der Zisterzienserabtei Tamié und Erzbischof von Tarentaise im südlichen Savoyen, der 1174 starb und 1191 kanonisiert wurde; ebenso für den hl. Ludwig von Frankreich am 25. August und am 5. November für Malachias, den Erzbischof von Armagh in Irland, der 1148 auf einer Romreise in Clairvaux starb und 1189 heiliggesprochen wurde; dann auch am 16. November für Edmund, Erzbischof von Canterbury, der ins Zisterzienserkloster Pontigny eintrat, 1240 starb und sieben Jahre später kanonisiert wurde, und für den im 7. Jahrhundert lebenden Bischof Eligius von Noyon (I. 12), der u. a. die Abtei Solignac gegründet hatte. Im höchsten Festrang sind Benedikt, der Vater des abendländischen Mönchtums, mit blauer Tinte am 21. März hervorgehoben sowie der am 20. August mit Oktav gefeierte hl. Bernhard, der Gründer von Clairvaux, der unter Stephan Harding in Cîteaux aufgenommen worden war und 1153 starb. Charakteristisch ist schließlich das Fest der Dornenkrone Christi (*coronae spineae*) am 4. Mai, das wiederum fast ausschließlich bei den Zisterziensern als Hauptfest gefeiert wurde.

Eine zweite liturgisch bestimmbare Schicht des Kalendars weist auf Florenz und bestätigt damit, dass der zisterziensische Benutzer des Breviers in oder in der Nähe dieser Stadt beheimatet war. Hierzu gehören die Einträge des hl. Cenobius (25. 5.), des Bischofs von Florenz, oder auch der Märtyrerin Reparata aus dem palästinensischen Caesarea (8. 10.), welcher der Dom zu Florenz geweiht und die zugleich auch Patronin dieser Stadt ist. Aufgrund eines in Blau besonders betonten Festes ist zudem auch ein Hinweis darauf gegeben,

14 *Zisterzienser-Brevier*, Florenz, um 1460–1470

dass die Handschrift ursprünglich für einen Zisterzienser der Badia a Settimo hergestellt worden ist. Denn die Hervorhebung des Festes der *Dedicatio nostre ecclesie* – des »Kirchweihfestes unserer Kirche« – am 9. November im Kalendar und die nochmalige Betonung des Festes der *Dedicatio Basilicae Salvatoris* im Sanktorale mit einem zur Zierseite ausgeweiteten Initialschmuck weist nachdrücklich auf das Patronat des Erlösers hin, dem die Badia geweiht war. Aufgrund dieses Patronats wurde das »Kirchweihfest unserer Kirche« am Tag der Dedicatio der römischen Salvatorkirche (San Giovanni) im Lateran am 9. November gefeiert. Dieser präzisen liturgischen Einrichtung des Ordenskalenders entspricht auch, dass die darin aufgenommenen Florentiner Lokalheiligen in einem niedrigeren Festrang eingestuft sind.

In der Litanei (527r) wird wiederum Bernhard von Clairvaux angerufen sowie der bei Siena wirkende Zisterzienserheilige Galganus, der 1181 starb. Dieser wird zudem auch im Sanktorale (484r) gefeiert. Von den hier aufgenommenen spezifischen Heiligenfesten sind die Feiern zu Ehren des hl. Benedikt (394v), der Dornenkrone Christi (431v), des hl. Bernhard (441r) und der *Dedicatio Basilicae Salvatoris* (471r) mit besonders üppigem Schmuck und ausführlicheren figürlichen Darstellungen ausgezeichnet und dokumentieren noch einmal die Einrichtung des Breviers für Zisterziensergebrauch in dem am Arno gelegenen Kloster.

Die künstlerische Ausstattung des Breviers gewichtet die Anfänge der wesentlichen Textblöcke sowie die Festränge mit unterschiedlich umfangreichem ornamentalem wie auch figürlichem Schmuck. Dabei haben die szenischen Darstellungen bisweilen eine ausgefallene Ikonographie. Für die Bordüren sind die staudenhaft ineinander übergehenden floralen Motive charakteristisch, die zahlreichen, in verschiedensten Ansichten gemalten Vögel, die gut genährten Putti sowie die in die Bordüren eingefügten, mit Goldbändern gerahmten Bildfelder. Dies alles weist auf die Buchmalerei in Florenz in der Zeit nach Mitte des 15. Jahrhunderts und speziell auf die Arbeiten des Filippo di Matteo Torelli hin, dessen Tätigkeit seit 1438/39 in Dokumenten belegt ist und der, im Jahre 1409 geboren, 1468 starb. Über die wenigen Angaben von John W. Bradley hinaus lässt sich aufgrund der von Mirella Levi d'Ancona (1962) besorgten Zusammenstellung der archivalischen Dokumente über diesen Florentiner Buchmaler die Schaffenszeit Torellis, der auch »Pippo« genannt wurde, über gut dreißig Jahre belegen, wenngleich bei weitem nicht alle Archivalien mit überkommenen Handschriften verbunden werden können. Mit den Forschungen von Annarosa Garzelli, die zusammen mit Albinia de la Mare die Florentiner Buchmalerei der Renaissance in einem überaus hilfreichen Kompendium erarbeitete, sind die Konturen seines Œuvres bzw. die Zusammenarbeit mit anderen Miniaturisten weiter geklärt. Zu den wichtigsten Arbeiten des Giovanni di Matteo Torelli gehören die Chorbücher von San Marco (Florenz, Biblioteca del Convento di San Marco), deren Ornamentschmuck er in den Jahren 1446 bis 1454 ausführte, während die Miniaturen von Zanobi Strozzi (Levi d'Ancona 1959) gemalt wurden. Diese Zusammenarbeit und Arbeitsaufteilung ist mehrfach zu beobachten, so auch in einem Antiphonar des Doms zu Florenz (Ms. U 46), dessen Bezahlung in den Jahren 1450/51 erfolgte, oder auch schon in den zwei 1440 und 1442 entstandenen Psalterien der Dom-Opera, Ms. N II (n. 3) und O (n. 4), die von Giovanni di Michele geschrieben wurden, bis hin zu dem Chorbuch K 209 in der Biblioteca del Capitolo di San Lorenzo in Florenz.

Auf einigen Blättern eines Chorbuchs aus San Pancrazio in Florenz, heute in der Fondazione Giorgio Cini in Venedig, deren Initialminiaturen Annarosa Garzelli (Abb. 28, 36) wiederum Zanobi Strozzi zuschreibt, lässt sich in der Bordürenornamentik das Repertoire Torellis gut belegen. Neben Motivübereinstimmungen, die bis zu den gegenständigen Vogelpaaren in unserem Brevier reichen, ist vor allem die Dichte der Bordürenornamentik auf diesen großen Blättern vergleichbar, von denen eines mit der Inv. Nr. 2151 in einem längeren Bildtitulus das Entstehungsjahr 1457 überliefert. Allein die für unser Brevier charakteristischen, in die Ornamentik eingeschlossenen Bildfelder fehlen hier, die im übrigen auch Zanobi Strozzi innerhalb der von ihm ausgeführten Weißrankenornamentik im Cod. Lat. XII. 68 der Biblioteca Nazionale Marciana in Venedig (Garzelli, Abb. 30) aufnimmt. Hier wie noch in den 1463 bis 1471 geschaffenen Antiphonarien für Santa Maria del Fiore in Florenz, Edili 148–151 der Biblioteca Medicea Laurenziana in Florenz, fallen jedoch auch stilistische Unterschiede zu unserem Brevier auf, die z. B. in der Zeichnung der Putten, in beiden Fällen in Chiaroscurotechnik braun laviert, zu beobachten sind. Die im Brevier fehlende pralle Körperlichkeit geht vielmehr mit Arbeiten wie dem für Santa Maria del Fiore geschaffenen Evangelistar überein, Edili 115 der Biblioteca Medicea Laurenziana in Florenz, an dem Torelli als dem letzten Werk vor seinem Tod 1468 noch beteiligt war (Salmi; d'Ancona). Hier finden sich auch die kleinen Bildfelder mit Büsten und Prophetengestalten, die mit unserem kleinen Brevier vergleichbar sind. Annarosa Garzelli nimmt an, dass Torelli im Evangelistar nur noch

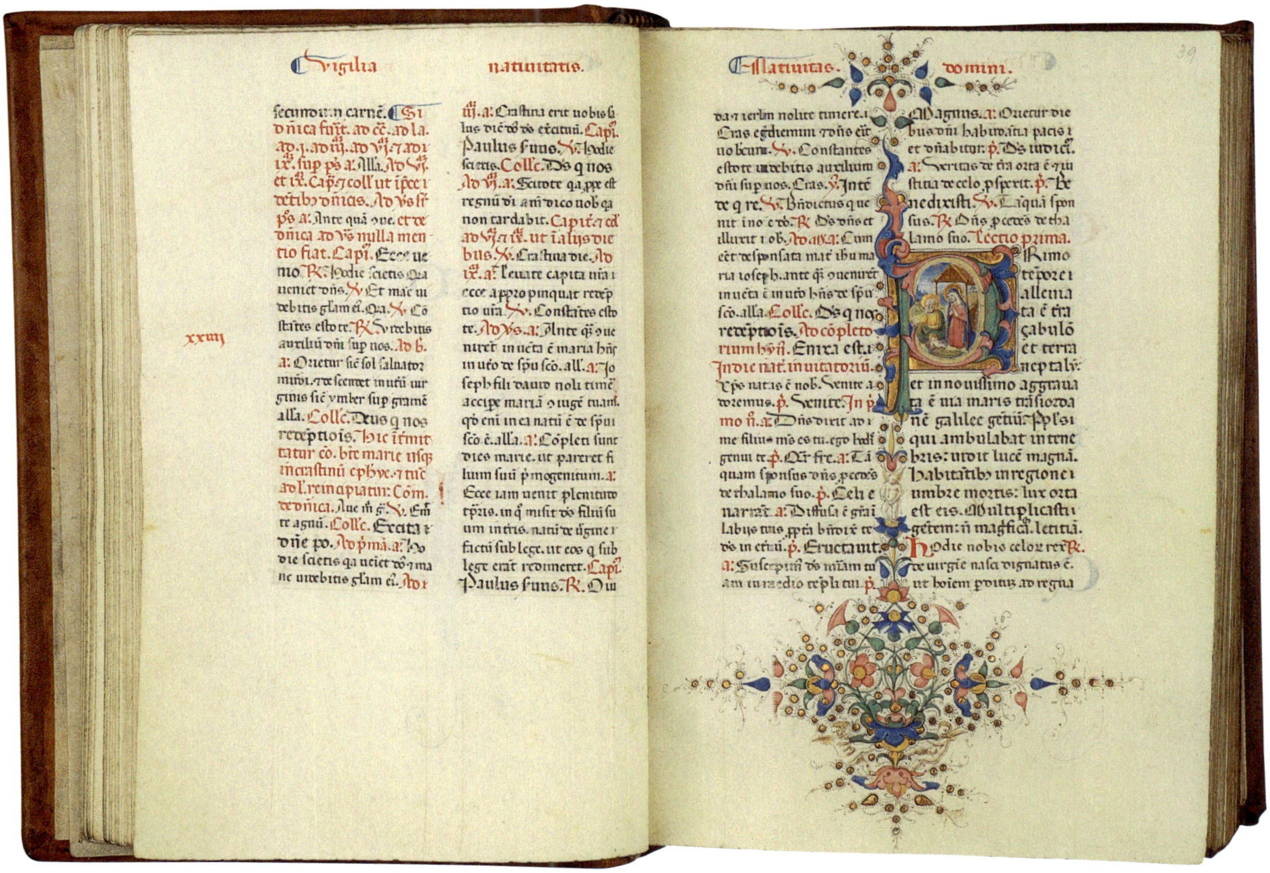

14 *Zisterzienser-Brevier,* Florenz, um 1460–1470

38v–39r Weihnachtsvigil und -fest. Die erste Lesung zu Weihnachten beginnt mit der Verheißung des Jesaja *Primo tempore [...]* ([...] Das Volk, das im Dunkel lebt, sieht ein helles Licht; über denen, die im Land der Finsternis wohnen, strahlt ein Licht auf. Du erregst lauten Jubel und schenkst große Freude [...]) und zeigt in der Initiale die Geburt Christi.

die Vorzeichnungen der Bordüren einschließlich der figurativen Partien erstellte, während ein Mitarbeiter, eventuell der anonyme Maestro della Farsaglia trivulziana, die Arbeit beendete. Sicher gingen aus Torellis Werkstatt verschiedene begabte Illuminatoren hervor, zu denen auch sein Sohn Fra Giacomo Torelli gehörte, die in seinem Geiste weiterarbeiteten. Die skizzierten stilistischen Verbindungen des Breviers zum Œuvre Torellis, das weitgehend aus Zuschreibungen besteht, schließen nicht aus, dass es bereits 1457 in dessen Florentiner Atelier ausgestattet worden ist (Tenschert 1987), so dass der auf dem Nachsatzblatt überkommene Besitzeintrag mit der versuchsweise auf 1457 zu vervollständigenden Datierung als Bestätigung herangezogen werden könnte; jedenfalls dürfte es nicht viel später entstanden sein.

Die mit Filippo di Matteo Torelli verbundenen Arbeiten haben nicht nur im Ornamentalen der Initialen und Bordüren Übereinstimmungen mit dem Brevier, vielmehr sind gerade auch die kleinen, darin eingebundenen Bildfelder mit Einzelfiguren oder figurenreichen Szenerien, wie sie das Florentiner Evangelistar Edili 115 besitzt, in ihrer mikroskopisch feinen Kleinteiligkeit und zugleich zeichnerischen Genauigkeit nächstverwandt. Eine besondere malerische Qualität offenbart sich in den tiefen, farbperspektivisch und darin atmosphärisch gestalteten Landschaften und den Ambiente vermittelnden Architekturen, wie beispielsweise im Medaillon mit der Geburt Christi (15r). Zum anderen belegen die lebendig agierenden Figuren und vor allem die größer konzipierten Einzelfiguren von Propheten, Königen, Aposteln und Heiligen in den Initialen eine Fülle individuell erfasster Physiognomien und Körperhaltungen. Diese wie auch manche Anregung aus dem Repertoire der Blattrahmungen werden Ausgangspunkt für einen der führenden Florentiner Buchmaler der nachfolgenden Jahrzehnte: Francesco d'Antonio del Chierico, dessen Tätigkeit von 1452 bis 1484 verfolgbar ist (Garzelli 1985, Textbd. S. 99 ff.; Tafelbd. Abb. 211 ff.; Alexander). Dieser war es auch, der die schon angeführten, unter anderem von Torelli 1463 begonnenen Antiphonarien für Santa Maria del Fiore in Florenz nach dessen Tod bis 1471 vollendete und dessen künstlerisches Vermächtnis zur vollen Entfaltung brachte. Ein Vergleich mit anderen in Florenz entstandenen Brevieren aus der Entstehungszeit unserer Handschrift, wie etwa dasjenige im Bargello in Florenz oder das Franziskanerbrevier Cod. 284 der Biblioteca Riccardiana ebendort bis hin zu den zahlreichen von Gherardo di Giovanni di Miniato (1446–1497) ausgestatteten

Exemplaren (Levi d'Ancona, S. 127ff.), könnte zudem auch Aufschluss geben, ob es atelier- bzw. ortsspezifische Bebilderungen für diese Gattung des Andachtsbuchs gegeben hat, so wie es für Florentiner Stundenbücher dieser Jahrzehnte zu erkennen ist.

(Joachim M. Plotzek)

14 *Zisterzienser-Brevier*, Florenz, um 1460–1470

Pergament 546 Blätter (ein Nachsatzblatt aus Pergament); 153 x 107 mm (beschnitten); Lagen (mit Wortreklamanten und z. T. mit Blattzählung): I^{14}, $2–35^{10}$, 36^{12}, $37–54^{10}$.; Schriftspiegel: 90 x 66 mm; zwei Spalten von je 30 mm Breite; 27 Zeilen; Liniierung in Braun. **Ausstattung** Lateinischer Text in dunkelbrauner Textura, rubriziert; Kalender mit brauner, roter und blauer Tinte; Seitentitel am oberen Blattrand (15v–244v; 367v–541v) und originale Blattzählung (15v–244v; 367v–546v) rubriziert; die auf diese Weise unterschiedenen, sich mit den drei Haupttextblöcken deckenden Partien möglicherweise von verschiedenen Schreibern; 542r–543r sicher von anderer, doch etwa gleichzeitiger Hand (Flächen für nicht ausgeführte Initialen frei geblieben); Pausenzeichen in Blau; einzeilige Versalien in Blau und Rot; zweizeilige Initialen alternierend in Blau mit rotem Filigran oder in Rot mit blauem Filigran, das sich über die Höhe des gesamten Textes bzw. noch über den oberen und unteren Blattrand ausdehnen kann; drei- bis vierzeilige Initialen in Gelb, Blau, Grün und Mauve auf Blattgoldgrund; von den Zierbuchstaben ausgehend gelb-grün-blau-mauvefarbene Akanthusranken und behaarte Goldblätter; Füllung der Initialen mit floralen oder figürlichen Motiven; große fünf- bis achtzeilige Initialen in gleicher Farbigkeit mit figürlichen Füllmotiven; Zierleisten, teilweise den Text allseitig rahmend, aus staudenartig zusammengefügten Akanthusranken gleicher Farbigkeit sowie verschiedenen Blüten- und Fruchtmotiven, behaarten Goldblättchen, Vögeln und geflügelten Putten; darin oftmals kartuschenförmig gerahmte Bildfelder mit meist szenischen Darstellungen. **Einband** Hellbraunes Kalbleder mit einfacher Goldprägung; in den Ecken florale Motive; Verwendung des Rückens eines älteren Einbands (18. Jh.) in dunkelbraunem Kalbleder mit floralen Motiven, zwischen den Bünden rapportiert, in Goldprägung; Goldschnitt mit ornamentaler Punzierung; 20. Jh. **Vorbesitzer** Zisterzienserabtei San Salvatore a Settimo bei Florenz laut handschriftlichem Eintrag auf dem Nachsatzblatt: »hoc breviarium… monasterii sancti Salvatoris de septimo… niatum in inventario n° 57. m° [D?] LVII«; »Ab[bati] Caroli Fr. Gibellini 1659. Emptus« (1r); T. Hobart 1714 (1r); Earls of Mostyn (Tenschert 1987). **Inhalt** 1r–6v Kalendar (u. a. 10. 1. *Guilli* [Guillelmi = Wilhelm] *epi. et con. 12 lc.* [rot], 21. 3. *Benedicti abbatis XII lc.* [blau], 4. 4. *Ambrosii epi. et conf. XII lc.* [rot], 29. 4. *Roberti abbatis XII lc. [rot], 8. 5. Petri epi. et con. XII lc.* [rot], 25. 5. *Cenobii epi. Flor. XII lc.* [rot], 20. 8. *Sancti Bernardi abbatis XII lc.*[blau], 25. 8. *Ludovici conf. XII lc.* [rot], 27. 8. *Octava sancti Bernardi XII lc.* [schwarz], 28. 8. *Augustini epi. et conf. XII lc.* [rot], 8. 10. *Reparate vgis. et m. XII lc.* [rot], 5. 11. *Malachie epi. et conf. XII lc.* [rot], 9. 11. *Dedicatio nostre ecclesie XII lc.* [blau], 16. 11. *Edmundi epi. et conf. XII lc.* [rot], 1. 12. *Eligii epi. et conf. XII lc.* [rot]). 7r–8v Komputistische Tabellen; Angaben zur Errechnung von Fastensonntagen, des Oster- und Pfingstfestes u. a. 9r–13r Kollektar (mit einigen angehängten Gebeten). 13v–14v leer. 15r–244v Breviarium. Temporale (vom Samstag der 1. Adventwoche bis zum 29. Sonntag nach Trinitatis bzw. der angehängten Dedicatio ecclesiae); alle Initialen mit Zierleisten. 15r Zierseite. *INcipit breviarium divini officii secundum morem ordinis cisterciensium.* Vigil zum 1. Adventssonntag. *E (Cce dies)*: Prophet Jesaja mit emporweisender Rechter und Spruchband *Ecce virgo concipiet* (Seht, eine Jungfrau hat empfangen [Jes 7, 14]); in der Rahmung oben Verkündigung an Maria; rechts nochmals Prophet Jesaja mit Spruchband *Puer natus* (Ein Kind ist uns geboren [Jes 9, 6]); der Spruchbandtext des Jesaja wird als Introitus zur 3. Weihnachtsmesse gebetet; im Bildfeld darunter deutet die Sibylle von Tibur Kaiser Augustus die Erscheinung am Himmel: Maria trägt den Neugeborenen, der mächtiger sein wird als Augustus; darunter Zacharias mit Spruchband *Benedictus dominus* (Gepriesen sei der Herr [Lk 1, 68 = Canticum Zachariae]); im unteren, von Engeln getragenen Medaillon: Geburt Christi bzw. die Verehrung des Kindes durch Maria, Joseph und die Hirten. 20r Lesungen aus dem Buch Jesaja für die Wochentage im Advent. *C (Onfortate manus dissolatus)* (Stärket die ermüdeten Hände [Jes 35, 3]): Prophet Jesaja mit Spruchband. 22v 2. Adventssonntag. *E (T factum est in diebus)* (Und es geschah in den Tagen des Achaz [Jes 7, 1]): Prophet Jesaja mit Spruchband. 26r 3. Adventssonntag. *Q (Uomodo cecidisti lucifer de caelo)* (Wie bist du vom Himmel niedergestürzt, du Glanzgestirn [Jes 14, 12]): Prophet Jesaja zum Himmel schauend. 33v 4. Adventssonntag. *A (Finibus terrae laudes audivimus)* (Von den Enden der Erde hören wir Lobgesänge [Jes 24, 16]): Prophet Jesaja niederschauend (mit Bezug auf den nachfolgenden Vers »Ich muß schweigen…«). 39r Weihnachten. *P (Rimo tempore)* (Jes 9, 1): Geburt Christi. 46v Sonntag innerhalb der Weihnachtsoktav. Lesung aus einer Predigt des Bischofs Fulgentius. *A (Upientes)*. 48r Fest der Beschneidung Christi.

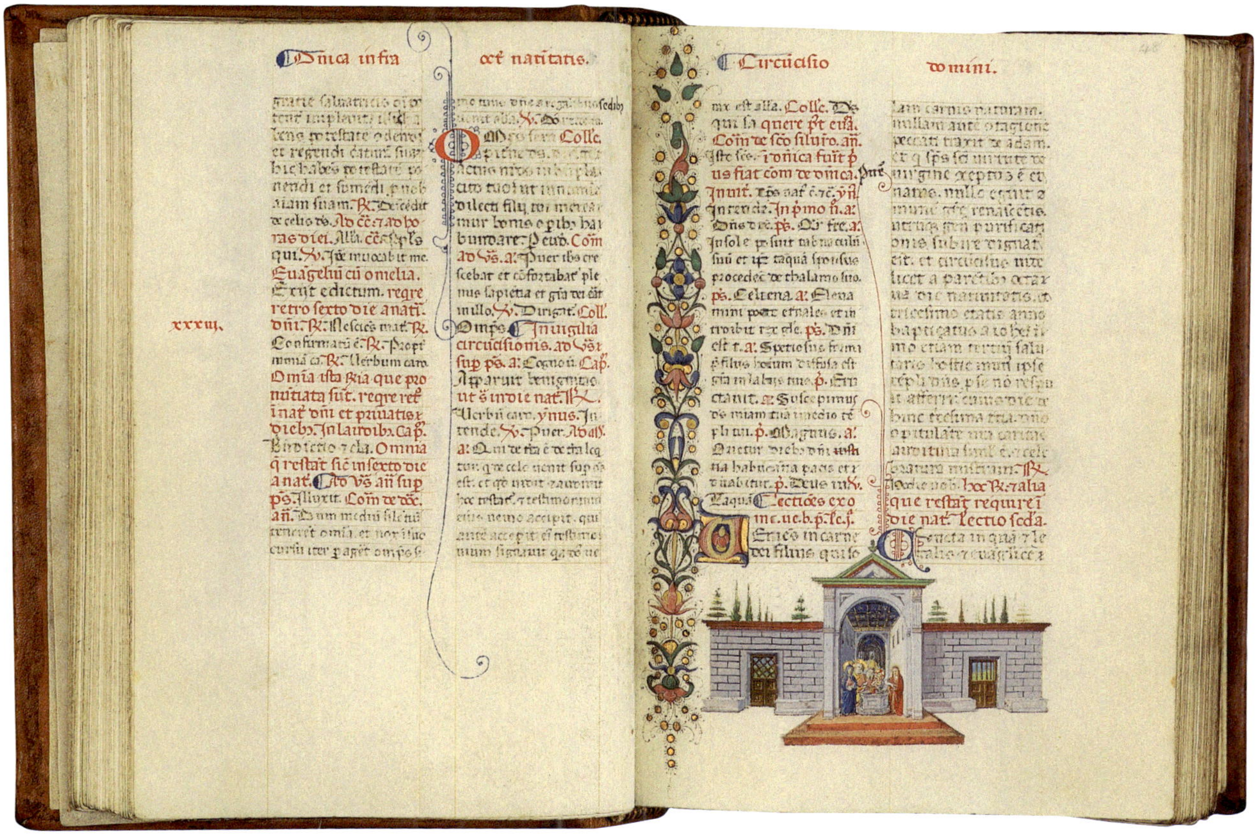

14 *Zisterzienser-Brevier,* Florenz, um 1460–1470

47v–48r Auf einen Sonntag innerhalb der Weihnachtsoktav folgt das Fest der Beschneidung Jesu. Am unteren Bildrand wird eine auf Stufen gesetzte offene Tempelcella innerhalb eines ummauerten und mit Toren versehenen Bezirkes zum Ort des Geschehens. Nach jüdischem Gesetz, als Zeichen des Bundes Gottes mit Abraham, erfolgte die mit der Namensgebung verbundene Beschneidung am 8. Tage nach der Geburt.

V (Eniens in carne Dei); auf dem unteren Blattrand: Beschneidung Jesu im Tempel. 53r Hl. Drei Könige. *S (Urge illuminare Ierusalem)*: Stern über den Wolken; am unteren Blattrand: Anbetung der Könige. 58r Sonntag nach Epiphanie. Lesung aus einer Predigt des Bischofs Maximin. *A (It prophetarum)*: Bischof Maximin. 59r Oktav von Epiphanie. Lesung aus einer Predigt Bischof Maximins. *L (Icet fratres)*: Bischof Maximin. 67v Lesungen für die Wochentage nach Lichtmess. Lesung aus dem Paulusbrief an die Römer. *F (Ratres debitores)*: Apostel Paulus mit Schwert. 70r 1. Sonntag nach der Oktav von Epiphanie. *P (Aulus servus Jhesu)*: Apostel Paulus. 75r 2. Sonntag nach der Oktav von Epiphanie. *Q (Uicumque sine lege)*: Apostel Paulus mit Schwert und Buch. 77r 3. Sonntag nach der Oktav von Epiphanie. *A (Rbitramur iustificari hominem)*: Apostel Paulus im Gefängnis. 79r 4. Sonntag nach der Oktav von Epiphanie. *S (Icut per unium hominem)*: Apostel Paulus mit Schwert und Buch. 81r 1. Vorfastensonntag. *I (N principio creavit Deus)*; am unteren Blattrand: Erschaffung der Welt durch Gottvater (Land und Wasser getrennt; Sonne, Mond und Gestirne). 84v Lesungen für die Wochentage in der Vorfastenzeit. *A (It dominus ad serpentem)*: Gottvater spricht zur Schlange am Paradiesbaum. 86v 2. Vorfastensonntag. *F (Ormavit igitur Deus homines)*: Adam, der noch unbeseelt im Paradies liegt. 88v 3. Vorfastensonntag. *N (Oe vir iustus atque perfectus)*: auf dem Wasser treibende Arche Noah. 93r 1. Fastensonntag. *L (Icet nobis dilectissimi appropinquate)*: Versuchung Christi. 97r Lesungen für die Wochentage vom 1. Fastensonntag bis zum Passionssonntag aus dem Kommentar des hl. Augustinus über die Psalmen. *A (D dominum cum tribularer clamavi)*: Kirchenvater Augustinus. 100v 2. Fastensonntag. *S (Enuit Ysaac et caligaverunt oculi eius)*: Isaak gibt Jakob den Segen. 105v 3. Fastensonntag. *I (Oseph cum sedecim)*. 110v 4. Fastensonntag. *M (Oyses autem pascebat oves Ietro)*: Gott erscheint Moses im brennenden Dornbusch. 115v Passionssonntag. *V (Erba Ieremie filii Helchie)*: trauernder Prophet Jeremias. 120v Lesungen für die Wochentage nach dem Passionssonntag bis zum Palmsonntag aus dem Buch Jeremias. *Q (Uis dabit capiti)*: Prophet Jeremias. 124v Palmsonntag. Lesung aus einer Predigt des Bischofs Maximin. *P (Salmi vicesimi primi)*: hl. Maximin in bischöflichem Ornat; in der Zierleiste oberes Bildfeld: Palmbaum; unteres Bildfeld: Einzug Christi in Jerusalem. 134r Ostern. *M (Agnum et mirabile donum)*: Christus steigt aus dem Grab auf. 139v Lesungen für die Osteroktav aus den Predigten des Bischofs Maximin. *L (Etemur fratres karissimi)*: Hl. Maximin in bischöflichem Ornat. 143r

14 *Zisterzienser-Brevier, Florenz, um 1460–1470*

1. Sonntag nach der Osteroktav. *A (Pocalipsis Ihesu Christi)*: bärtiger Evangelist Johannes, 146v 2. Sonntag nach der Osteroktav. *E (T vidi septem angelos stantes in conspectu Dei)*: nimbierter Adler des Johannes. 149r 3. Sonntag nach der Osteroktav. *I (Acobus Dei et domini nostri)*: Apostel Jakobus d. Ä. mit Stab und Buch. 152r 4. Sonntag nach der Osteroktav. *Q (Uod erat ab initio)*: bärtiger Evangelist Johannes. 155r Christi Himmelfahrt. *D (Ominus Ihesus)*: Himmelfahrt Christi. 158v Sonntag in der Oktav von Christi Himmelfahrt. Lesung aus einer Predigt des Papstes Leo. *G (Lorificatio domini nostri)*: Papst Leo mit Tiara. 160r Oktav von Christi Himmelfahrt. Lesung aus einer Predigt des Papstes Leo. *S (Acramentum dilectissimi salutis)*: Brustbild Papst Leos. 162v Pfingsten. *H (Odiernam solempnitatem)*: Herabkunft des Hl. Geistes auf Maria und die Apostel. 168v Dreifaltigkeitssonntag. *C (Um ad intelligendam)*: Gnadenstuhl. 173r Fronleichnam. *D (Eus qui nobis)*: Schmerzensmann mit Kreuz im Arm auf dem Altar, sein Blut fließt in einen Kelch; im Bildfeld auf dem unteren Blattrand: Letztes Abendmahl (Einsetzung des Altarsakraments). 173v Lesung. *I (N mensa divine largitatis)*. 178v Sonntag in der Oktav von Fronleichnam. Lesung aus einer Predigt Papst Gregors. *Q (Ue est ista solempnitas)*: Papst Gregor. 180r Oktav von Fronleichnam. *A (D celebrandam solempnitate)*: Kelch und Patene auf dem Altar. 182r Lesungen der Sonntage 1–11 nach dem Dreifaltigkeitssonntag aus dem 1. Buch der Könige; alle Initialen der nachfolgenden Lesungen mit kleinen Zierleisten. 182r 1. Sonntag nach Trinitatis. *F (Uit vir unus de Ramathasophim)*: Prophet (Verfasser der Bücher Samuel). 185v 3. Sonntag (die Bezeichnung des 2. Sonntags ist überschlagen). *C (Revit Samuel et dominus erat cum eo)*: junger Samuel. 186r 4. Sonntag. *F (Actum est)*. 186v 5. Sonntag. *C (Ongregantes)*: König Saul. 187v 6. Sonntag. *F (Actum est postquam mortuus est Saul)*: junger König David. 188r 7. Sonntag. *A (Udierunt Philistiim)*: alter König David. 188v 8. Sonntag. *R (Ex David)*: alter König David. 189v 9. Sonntag. *I (N diebus)*. 190r 10. Sonntag. *I (N die illa)*: König. 191r 11. Sonntag. *R (Ex Salomon amavit)*: junger König Salomon. 192r 12. Sonntag. Lesungen aus dem Buch der Sprichwörter. *P (Arabole Salomonis)*: König Salomon. 194r 13. Sonntag. Lesungen aus dem Buch Kohelet. *V (Erba ecclesiastes)*. 194v 14. Sonntag. Lesungen aus dem Buch der Weisheit. *L (Iber sapientie)*. 195v 15. Sonntag. Lesungen aus dem Buch Jesus Sirach. *O (Mnis sapientia)*: Jesus, der Sohn Sirachs. 196v Sonntage 16–17. Lesungen aus dem Buch Hiob. 16. Sonntag. *V (Ir erat in terra)*: Hiob im Elend. 198v 17. Sonntag. *U (Tinam appendem)*: Hiob im Elend. 199v 18. Sonntag. Lesungen aus dem Buch Tobit. *T (Obias ex tribu)*: Tobit. 201r 19. Sonntag. Lesungen aus dem Buch Judit. *A (Rphasat itaque)*. 202r Sonntage 20–24. Lesungen aus den Büchern der Makkabäer. 20. Sonntag. *M (Achabeorum libri duo)*: hl. Hieronymus. 204r 21. Sonntag. *I (N tempore illo)*. 204v 22. Sonntag. *A (Nno centesimo)*: Verfasser der Bücher der Makkabäer. 205v 23. Sonntag. *F (Ratribus qui sunt)*: junger Mann mit Königsinsignien. 206v 24. Sonntag. *I (Gitur Antiochus)*. 207v Sonntage 25–27. Lesungen aus dem Buch Ezechiel. 25. Sonntag. *E (T factum est)*: Prophet Ezechiel. 209v Lesungen für die folgenden Wochentage. *E (T factum est)*: Prophet Ezechiel. 211v 26. Sonntag. *F (Actum est in anno sexto)*: Prophet mit Schwert. 212r 27. Sonntag. *E (T factum est)*: Prophet. 213r Sonntage 28–29. Lesungen aus dem Buch Daniel. 28. Sonntag. *A (Nno tertio)*: Prophet Daniel. 214r 29. Sonntag. *B (Althasar rex)*. 214v Lesungen für die folgenden Wochentage. *A (Nno tertio)*: Daniel in der Löwengrube. 216v–240r Evangelienlesungen für die Sonntage nach Pfingsten. 240r–244v Kirchweihfest. 240r Lesung aus einer Predigt des hl. Augustinus. *Q (Uotiens cumque)*: Kirchenvater Augustinus. 245r–340v Psalter in der Ordnung des Offiziumsgebetes. 245r Zierseite. *B (EATus vir)*: Harfe spielender David; im Bildfeld der Zierleiste am unteren Blattrand: David enthauptet den zu Boden gefallenen Goliath. 245r–254r Psalmen zur Prim für Montag bis Samstag. 247r Dienstag. *D (OMINE)*: David. 248r Mittwoch. *E (Xurge)*. 249v Donnerstag. *U (Sque quo)*. 250v Freitag. *C (Onserva me)*: David. 252v Samstag. *C (Um sancto)*. 254r–319v Psalmen zur Matutin für Sonntag bis Samstag mit angehängten Laudespsalmen. 254r 1. Nokturn des Sonntags. *D (OMIne)*: David mit dem abgeschlagenen Haupt des Goliath. 257v 2. Nokturn. *D (Ominus illuminatio)*: David weist auf seine Augen. 264v Montag, 1. Nokturn der Matutin. *E (Xultate)*: jubilierende Gerechte. 269r 2. Nokturn des Montags. *D (Ixi custodiam)*: David zeigt auf sich selbst. 274v Dienstag, 1. Nokturn der Matutin. *D (Eus noster refugium)*: Jakobs Segen (?; der Text des hier verzeichneten 45. Psalms spricht mehrfach vom Schirm, den Jakobs Gott dem Betenden bedeutet). 277v 2. Nokturn des Dienstags. *D (Ixit insipiens)*: Narr mit Schelmenkappe. 231v Mittwoch, 1. Nokturn der Matutin. *D (EUS reppulisti)*: Absalom bleibt mit seinen Haaren an einer Eiche im Wald Ephraim hängen. 284v 2. Nokturn des Mittwochs. *S (Alvum me fac)*. 290r Donnerstag, 1. Nokturn der Matutin. *U (T quid Deus)*: David kämpft mit dem Löwen. 295r 2. Nokturn des Donnerstags. *Q (Ui regis)*: Patriarch. 300v Freitag, 1. Nokturn der Matutin. *I (Nclina domine)*: David im Gebet. 304r 2. Nokturn des Freitags. *C (Antate domino)*: singender Mann. 308r Samstag, 1. Nokturn der Matutin.

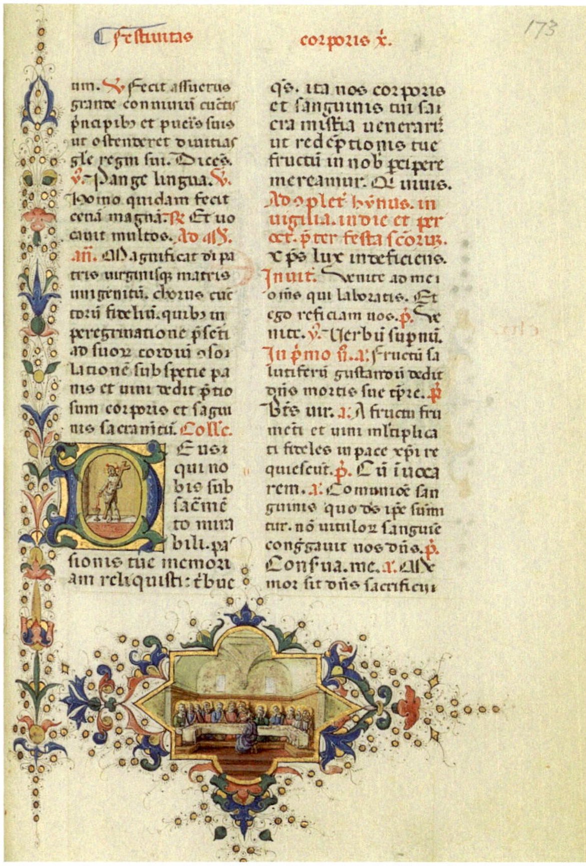

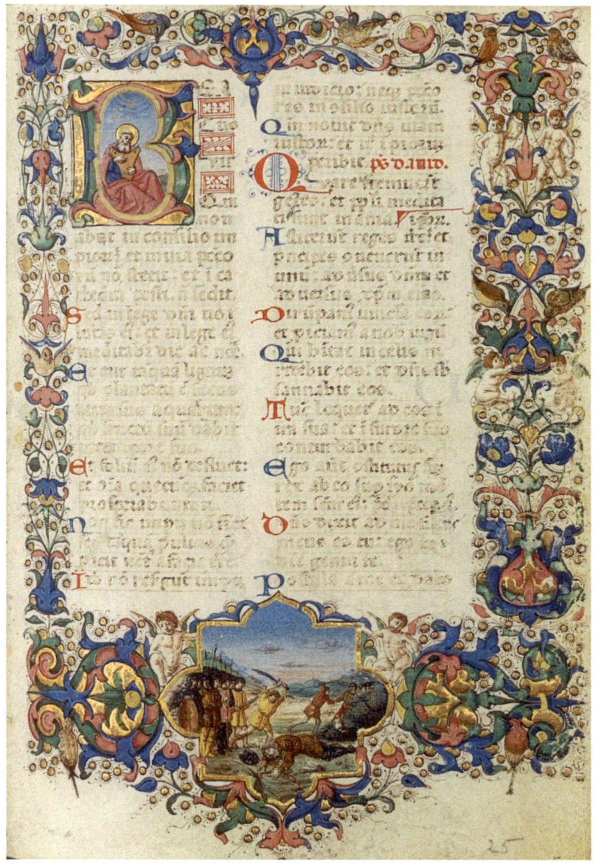

14 *Zisterzienser-Brevier,* Florenz, um 1460–1470

173r Die Initiale zum Fronleichnamsfest zeigt den Schmerzensmann, das Kreuz im Arm, auf dem Altar; sein Blut fließt in einen Kelch. Die Abendmahlsszene unten erinnert an die Einsetzung des Altarsakramentes.

245r Zierseite zu Beginn des Psalters mit Harfe spielendem David in der Initiale und dem Sieg des David über Goliath im unteren Bildfeld

D (OMine exaudi): David im Gebet. 312r 2. Nokturn des Samstags. *C (Onfitemini)*. 319v–324v kurze Tagzeiten (Prim-Non) für den Sonntag; jeweils mit Initialen. 319v Prim. *B (Eati immaculati)*: Glückliche ohne Sünde. 324v–328v kurze Tagzeiten (Terz-Non) für Montag bis Samstag; jeweils mit Initialen. 328v Vesper am Sonntag. *D (IXIT dominus)*: thronender Gottvater. 329v–338v Vesper für Montag bis Samstag mit Initialen. 338v *Te Deum*. 339r *Symbolum apostolorum* (Glaubensbekenntnis). 339r Litanei (u. a. Edmund, Bernhard, Robert, Galganus). 340v–359v Hymnar. 340v–350r Temporale. 340v Ambrosianischer Hymnus zur Nokturn. *E (TERNE RErum conditor)*: Kirchenvater Ambrosius in bischöflicher Tracht. 350r–359v Sanktorale. 350r *S (Tephani primi)*: hl. Stephanus mit Buch. 354r *In festivitate beatissimi patris nostri Bernardi abbatis*. 359v–365v Cantica. 359v *D (Omine miserere)*: betender Heiliger. 366r/v leer. 367r–485r Sanktorale (vom Fest des hl. Stephanus bis zum Fest des Apostels Thomas). 367r Zierseite. *INcipit breviarium sanctorum. In nativitate sancti Stephani prothomartiris* (Hier beginnt das Brevier für die Heiligen. Zum Festtag des Erzmärtyrers Stephanus). *D (A Nobis)*: hl. Stephanus mit Buch und Märtyrerpalme; innerhalb der allseitigen Zierrahmung im Bildfeld am unteren Blattrand: Steinigung des Stephanus. 370v Fest des Evangelisten Johannes. *Q (Uia in pectore)*: bärtiger Evangelist Johannes in einem Buch lesend. 373v Gedenken an die Unschuldigen Kinder. 374r *C (Elus quo tendat)*: Bethlehemitischer Kindermord. 378r Fest der hl. Agnes. *S (Ervus Christi)*: hl. Agnes mit dem Lamm in Händen. 380v Fest des hl. Vincentius. *I (N passio)*. 381v Fest der Bekehrung Pauli. *V (Erba apostoli)*: gestürzter Saulus sieht die Gotteserscheinung. 385r Mariae Lichtmess. *H (Odiernus dies)*: Hohepriester Simeon mit dem Jesusknaben in Händen. 390v Petri Stuhlfeier. *D (Ixit Ihesus)*: Apostel Petrus. 394v Fest des hl. Benedikt. *F (Uit vir vite)*: hl. Benedikt in schwarzer Kutte mit Abtstab und Regelbuch; im Bildfeld am unteren Ende der Zierleiste: Benedikt rettet den im Fluss ertrinkenden Mitbruder Placidus, ohne im Wasser zu versinken. 398v Mariae Verkündigung. *INgressus angelus*; in einem Bildfeld ohne Verbindung zu einer Initiale: Verkündigung an Maria. 402v Fest des Evangelisten Markus. *A (It dominus)*: hl. Markus mit Buch. 404v Fest der Apostel Philippus und Jakobus. *S (I cognovisseris)*: die beiden Apostel. 411r Fest der Geburt Johannes des Täufers. *S (Olempnitates)*: der Täufer mit geschultertem Kreuzstab. 414r Fest der Apostel Johannes und Paulus. *F (Ratres)*. 416r Fest der Apostel Petrus und Paulus. *A (Postolici natalis)*: die beiden Apostel. 417v Gedenkfest an

14 *Zisterzienser-Brevier*, Florenz, um 1460–1470

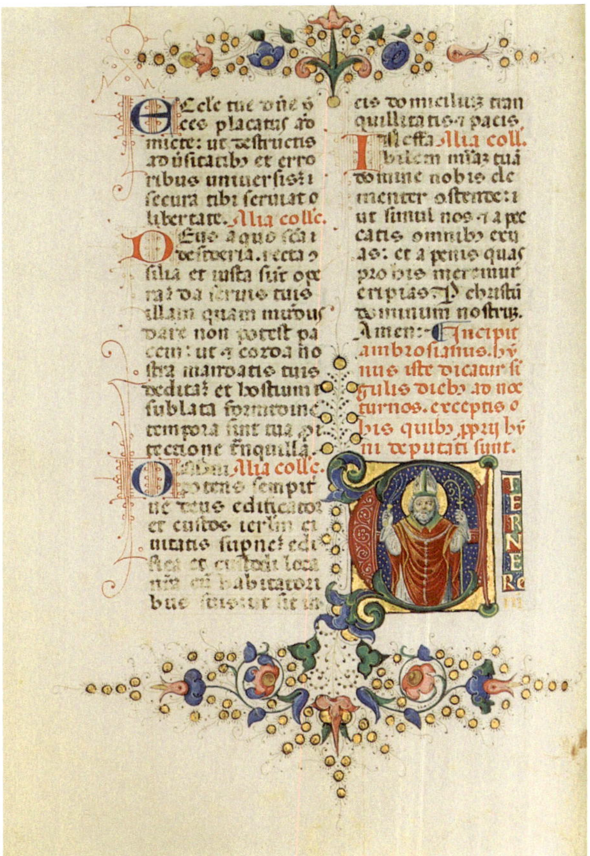

340v Das Hymnar beginnt mit dem Ambrosianischen Hymnus *Eterne rerum conditor* zur Nokturn. In der Initiale ist der Kirchenvater Ambrosius als Bischof dargestellt.

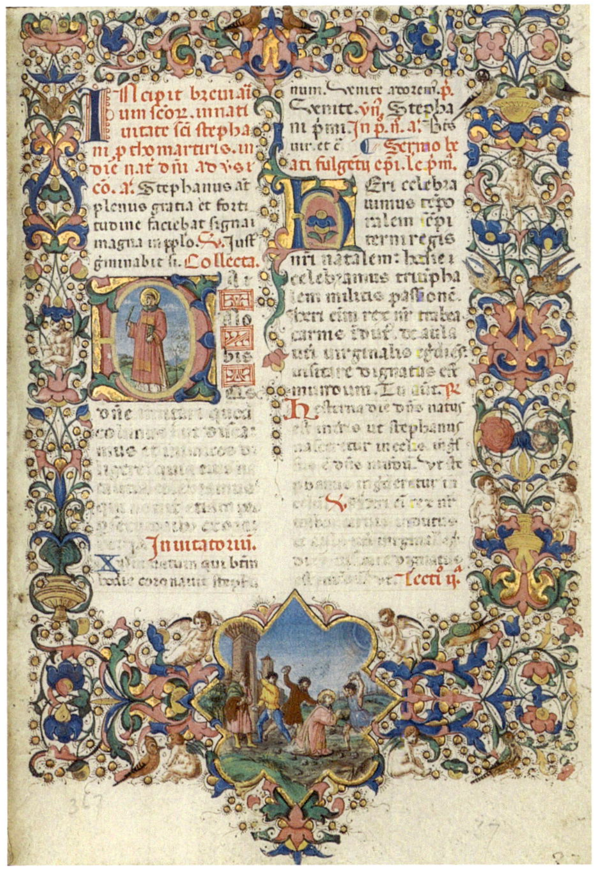

367r Sanktorale: Das Brevier für die Heiligenfeste beginnt mit dem Tag des Erzmärtyrers Stephanus, der in der Initiale mit Buch und Märtyrerpalme erscheint, während die Steinigung im Bildfeld unten gezeigt wird.

den Apostel Paulus. *B (Eatus)*. 418v Oktavfest des hl. Johannes des Täufers. *C (Unctorum)*. 419v Oktavfest der Apostel Petrus und Paulus. *N (Atalem)*: einer der beiden Apostel. 421v Fest der hl. Maria Magdalena. *A (It dominus)*: Noli me tangere. 424v Fest des hl. Jakobus. *D (Igna)*: der Apostel mit Stab. 426r Petri Kettenfeier. *P (Etrus et Johannes)*: Apostel Petrus. 427v Fest der Auffindung der Gebeine des hl. Stephanus. *A (D aquas)*. 428v Geburtsfest des hl. Laurentius. *S (Anctus est)*: der Heilige mit dem Rost. 431v Fest zu Ehren der Dornenkrone Christi. *F (Lagellavit)*: Christus mit Kreuznimbus und Dornenkrone. 435v Mariae Himmelfahrt. *C (Ogitis meo Paula)*: die über den Wolken in einer Gloriole thronende Muttergottes im weißen Mantel. 439v Sonntag innerhalb der Oktav von Mariae Himmelfahrt. *A (Estivitatem)*. 441r Fest unseres Vaters Bernhard. *P (Erfice)*: Muttergottes erscheint dem hl. Bernhard im Gebet; auf derselben Seite zur I. Lesung *A (D sancti)*: hl. Bernhard mit Ordensregel. 443v Oktav von Mariae Himmelfahrt. *D (Illectissime)*: Maria im Gebet. 446r Fest zu Ehren der Enthauptung Johannes des Täufers. *H (Odie nobis)*: Salome trägt das Haupt des Täufers in einer Schüssel. 449v Mariae Geburt. *A (Dest nobis)*; im Bildfeld am unteren Ende der Zierleiste: Geburt Mariens. 454v Fest des Apostels Matthias. *F (Actum est)*: Apostel Matthias mit Buch. 456v Kirchweihfest des Michaelsheiligtums auf dem Monte Gargano in Apulien. *N (Ovem Angelorum)*: Michael in Rüstung mit Schwert. 461v Fest des Evangelisten Lukas. *A (It dominus)*: Evangelist Lukas. 467r Allerheiligen. *L (Egimus in ecclesiasticis)*: eine Gruppe von Heiligen. 471r Fest des Erlösers Christi. *O (Mnipotens)*: im Kosmos thronender Christus. 474v Fest des hl. Martin. *I (Gitur Martinus)*: Bischof Martin von Tours. 480v Fest des Apostels Andreas. *S (Tabat Ioannes)*: Andreas mit Kreuz im Arm. 485r–520r Commune sanctorum. 485r Zierseite. Fest aller Apostel. *I (Am non estis)*; im Bildfeld der Zierleiste am unteren Blattrand: zwölf Apostel. 485v Lesung. *A (It dominus)*. 489r Lesung. *A (It dominus)*. 490r Fest aller Evangelisten. *E (Cclesiam tuam)*: drei der Evangelisten. 492v Fest eines Märtyrers. *S (I quis vult)*: Heiliger mit Märtyrerpalme. 496v Fest mehrerer Märtyrer. *P (Salmus qui)*: mehrere Heilige mit Märtyrerpalmen. 500v Lesung. *Q (Ui sanctorum merita)*: mehrere Heilige mit Märtyrerpalmen. 502r Lesung. *A (It dominus)*. 503r Fest eines Bekenners und Bischofs. *B (Enedictionem)*: hl. Bischof im Ornat. 503v Lesung. *M (Agnum)*. 507r Lesung. *S (Ervus)*: hl. Bischof. 509r Lesung. *B (Eati sunt)*: hl. Bischof. 510v Zum Fest eines Bekenners, der kein Bischof war. *D (Ilectus a Deo)*: Gruppe heiliger Mönche. 513r Fest der

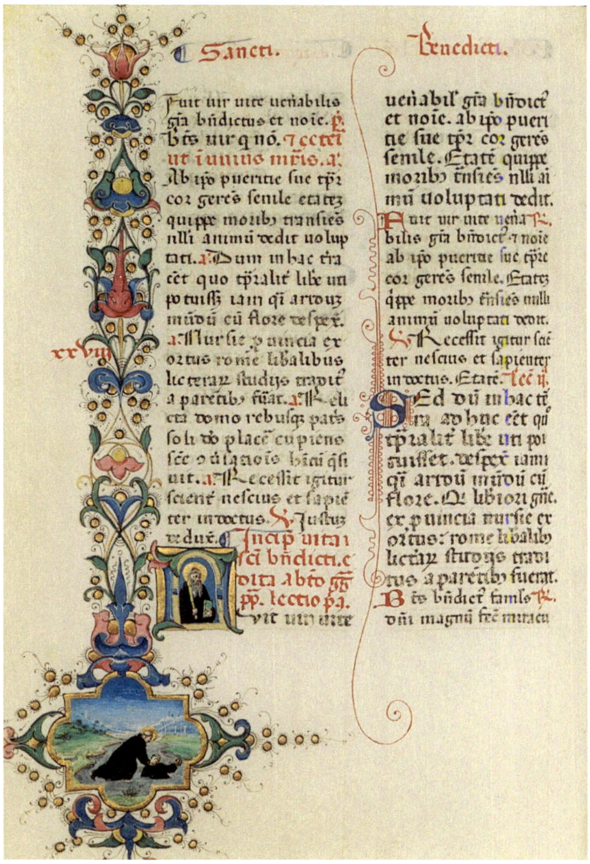

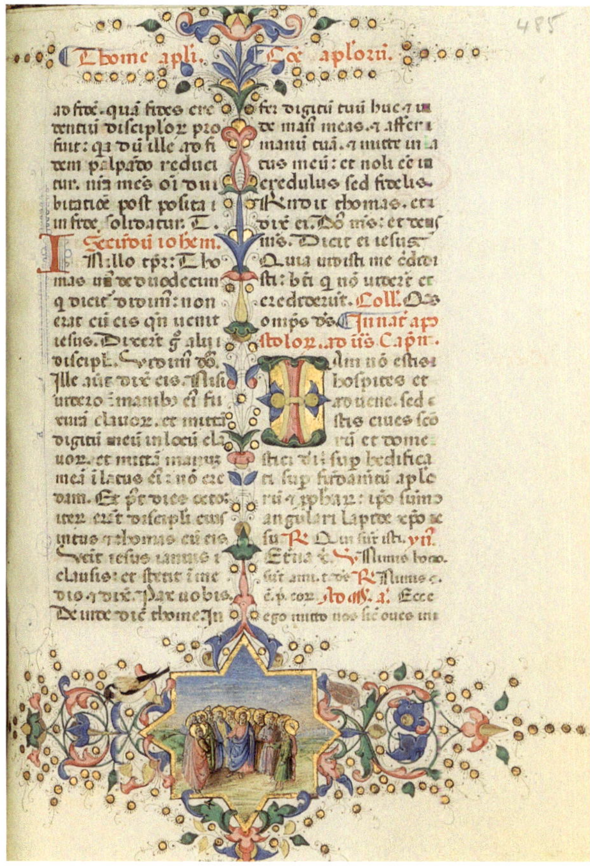

14 *Zisterzienser-Brevier,* Florenz, um 1460–1470

394v Zum Fest des hl. Benedikt wird der Heilige in der Initiale als Mönch in schwarzer Kutte mit Abtstab und Regelbuch dargestellt. Das Bildfeld am unteren Ende der Zierleiste zeigt Benedikt bei der Rettung seines ertrinkenden Mitbruders Placidus.

485r Das Commune sanctorum beginnt mit dem Fest aller Apostel, deren Versammlung in einer offenen Landschaft ins Bild gesetzt wird.

Jungfrauen. *Q (Ui gloriatur)*: Gemeinschaft heiliger Jungfrauen. 513v Lesung. *M (Edia nocte)*. 518r Lesung. *I (Nter parabolas)*. 520r–524r Totenoffizium nach dem Brauch der Zisterzienser. Ohne künstlerischen Schmuck. 524r–526r Gebetstexte für die Krankensalbung. 526v–527v Litanei zur *Commendatio anime* (Bernhard, Galganus). 527v–534v Gebete und Ordo zur Beisetzung eines Mitbruders. 534r–539r Benediktionen. 539r/v Kreuzoffizium. 539v–541v Sammlung von Gebeten mit Ablässen. 542r–543r nachgetragene Hymnen für bestimmte Feste (Initialen nicht ausgeführt). 543v–546v leer.

Literatur Catalogo di libri rari e preziosi dal secolo XIII al XX Libreria Antiquaria Hoepli, Mailand 1953, Nr. 7. – Manuscrits, Incunables XVI–XIX siècle, Livres modernes, Kat. Nicolas Rauch, Genf, 16. 5. 1960, Nr. 58. – Sotheby's, Catalogue of Western Manuscripts and Miniatures, London, 3. 7. 1984, Nr. 72. – Illumination und Illustration vom 13. bis 16. Jahrhundert, Kat. 20 Antiquariat Heribert Tenschert, Rotthalmünster 1987, Nr. 10. **Zitierte Literatur** J. W. Bradley, A Dictionary of Miniaturists, Illuminators, Calligraphers and Copyists, Bd. 3, New York 1889 (Neudr. New York 1973, S. 308 f.). – M. Levi d'Ancona, Miniatura e miniatori a Firenze dal XIV al XVI secolo. Documenti per la storia della miniatura, Florenz 1962, S. 99 ff. – A. Garzelli / A. de la Mare, Miniatura fiorentina del Rinascimento 1440–1525. Un primo censimento, Florenz 1985, Textbd. S. 33 ff., Tafelbd. Abb. 28, 31 ff., 41. – M. Levi d'Ancona, Zanobi Strozzi Reconsidered, in: Bibliofilia 1959, S. 16 ff. – M. Salmi, Italienische Buchmalerei, München o. J. (1957), Taf. XLII. – P. d'Ancona, La miniature italienne du Xe au XVIe siècle, Paris / Brüssel 1925, Taf. LXXII. – J. J. G. Alexander (Hg.), The Painted Page. Italian Renaissance Book Illumination 1450–1550. Ausst. Kat. Royal Academy of Arts, London, und Pierpont Morgan Library, New York, München 1994, Nr. 36, 50, 59, 62, 69, 120.

15

Cremoneser Stundenbuch
Lateinisches Stundenbuch
für den Gebrauch in Cremona
geschrieben von Matteo Ravari
illuminiert von Fra Apollonio
da Calvisano
Cremona, 1495

Als Matheus de Ravariis am 28. September 1495 eine Stunde vor Mitternacht mit dem Schreiben aufhörte und dies in einem Kolophon (108v) festhielt, hatte er gerade etwa die Hälfte des Textes der vorliegenden kleinen Gebetshandschrift geschrieben. An der sich mehrfach vom Dunkel- zum Hellbraun auflichtenden Tintenfarbe des nachfolgenden Textteils erkennt man das immer wieder neue Ansetzen des gleichen Schreibers bis zur Vollendung des Andachtsbuches. Die hier, in der hinteren Hälfte der Handschrift bisweilen fehlenden, sonst stets kalligraphisch verzierten Wortreklamanten am Ende der Lagen, mit denen auch Gebetsgruppen enden, mögen ebenfalls auf eine sukzessive Fertigstellung des Manuskripts verweisen, ohne dass die Auswahl der unmittelbar anschließenden und noch zu schreibenden Gebete schon getroffen war.

Offenbar handelt es sich hierbei um eine Auftragsarbeit für einen Deyphebus, dessen Name in zahlreichen Gebeten mit roter, bisweilen auch blauer Tinte hervorgehoben ist. Vermutlich ist er jener Deyphebus Azerago, Bürger von Cremona, der laut Eintrag auf der letzten Seite das Buch am 4. Mai 1500 einem Alexandro Lomdo zum Geschenk machte. Den Kalligraphen Matteo Ravari kennt man als Cremoneser Schreiber, seitdem Felice Zanoni ihn in einer Reihe von Dominikanerchorbüchern aus den Jahren 1492–1497 nachweisen konnte, die sich im Dom von Cremona befinden. Auch unsere Handschrift ist mit der Stadt eng verbunden. Die ausführlichsten Belege hierfür liefert das Kalendar mit den zahlreichen rubrizierten Hauptfesten von Heiligen, deren Reliquien in dieser Stadt verehrt werden. In höchster Auszeichnung mit blauer Tinte findet sich das Fest des hl. Hymerus, des Bischofs von Amelia, dessen noch im 12. Jahrhundert wundertätiger Leib von Bischof Luitprand in die Kathedrale von Cremona übertragen und im Jahre 1196 von Bischof Sicard von Cremona in einen Steinsarg umgebettet wurde. Ebenfalls im höchsten Festrang erscheint zum 13. November Homobonus, ein die Bedeutung seines Namens »Guter Mensch« erfüllender wohltätiger Tuchhändler in Cremona, der 1197 starb und bereits zwei Jahre später heiliggesprochen wurde. An die 1202 erfolgte Überführung seiner Gebeine in den Dom erinnert das zum 25. Juni in unserer Handschrift verzeichnete Hauptfest der Translatio. Beide Heilige sind Patrone der Stadt und werden auch in der Litanei angerufen, Homobonus zudem noch in den Suffragien am Ende der Handschrift, wo, gleichsam als Schlussvignette, das ihm zu Ehren verzeichnete Gebet mit einer Federzeichnung (199v) abschließt. Sie zeigt ihn, Almosen spendend

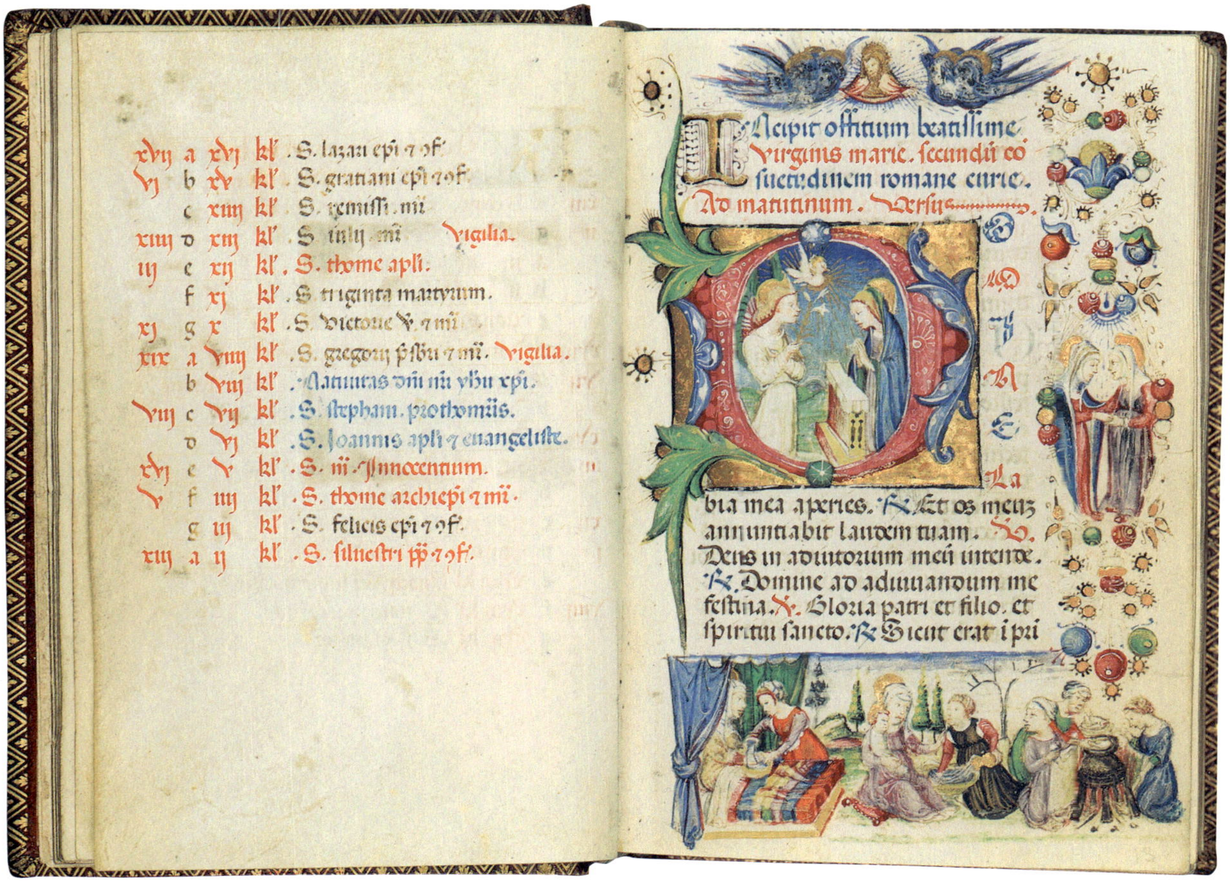

15 *Cremoneser Stundenbuch*, 1495

12v–13r Nach dem Kalendar beginnt das Marienoffizium mit der Matutin. In der Initiale ist die Verkündigung an Maria dargestellt; in den Randminiaturen erscheinen oben Gottvater mit Engeln und rechts die Heimsuchung. Unten werden die Geburt Jesu in häuslicher Umgebung, Vorbereitungen zum Baden des Neugeborenen und die Zubereitung des Essens durch drei Frauen geschildert.

einem jungen Mann zugewendet, der auf Grund seiner Kleidung und des Attributs vermutlich der Schneiderzunft angehört, deren Patron der Heilige ist.

Die Zusammenstellung des Textes ist ungewöhnlich und berücksichtigt zweifellos persönliche Wünsche des Auftraggebers. Wenn auch die Hauptteile eines Stundenbuches enthalten sind – allein das Totenoffizium fehlt –, so überwiegt doch die individuelle Sammlung von zum Teil in ihrem Anliegen ausgefallenen Gebetstexten. Sie stellen den immer wieder namentlich genannten Deyphebus als einen frommen und gottesfürchtigen Menschen vor, der mit seinem Andachtsbuch geradezu ein geistliches Vademecum zur Hand haben wollte, das ihm in ganz unterschiedlichen Lebenslagen und täglichen Erfordernissen eine tröstende Hilfe sein konnte. Die ausführlichen Anweisungen zur Tischlesung in einem Männerkloster (94v–105r), die Gebete zur Einkleidung eines Priesters (190r–192r) oder auch die auf verstorbene männliche Mitglieder einer geistlichen Gemeinschaft beschränkte Rubrik *Pro fratribus defunctis* (129v) könnten die Mitgliedschaft des Auftraggebers in einem Klosterkonvent nahelegen. Aufgrund der Gebete zu Ehren des hl. Augustinus, seiner Mutter Monika sowie des erst 1446 kanonisierten Nikolaus von Tolentino innerhalb der wenigen Suffragien am Ende des Andachtsbuches (200r) wäre dann am ehesten an eine Gemeinschaft von Augustinereremiten zu denken. Wenn diese Texte zumindest das Interesse des Auftraggebers der Handschrift an dem Leben solcher Gemeinschaften belegen, so sollte man berücksichtigen, dass er im Eintrag des Alexandro Lomdo aus dem Jahr 1500 als »Bürger von Cremona« bezeichnet wird – vorausgesetzt, er ist mit dem dort genannten Deyphebus Azerago identisch – und daher eher in einer profanen Stellung zu denken wäre.

Die Bilderwahl bestätigt an einigen Stellen die Bevorzugung ausgefallener theologischer bzw. liturgischer Bezüge im Vergleich zu solchen, die normalerweise in Andachtsbüchern für Laien angeführt wurden. So findet sich als Illustration zum Mariengebet *Obsecro te* (113r) ein aus dem Themenbereich der Heilstreppe entnommenes Motiv: Im Anblick Christi zeigt Maria auf ihre entblößte Brust und erbittet als Fürsprecherin des im nachfolgenden Gebet sich nennenden Deyphebus mit dieser auf ihre Mutterschaft verweisenden Geste die Barmherzigkeit ihres Sohnes. Den Text der Marienmesse begleitet eine Randminiatur mit der Darbringung Jesu im Tempel und signalisiert durch das dargestellte biblische Geschehen am Altar zugleich den Ort der Handlung für den illustrierten liturgischen Text.

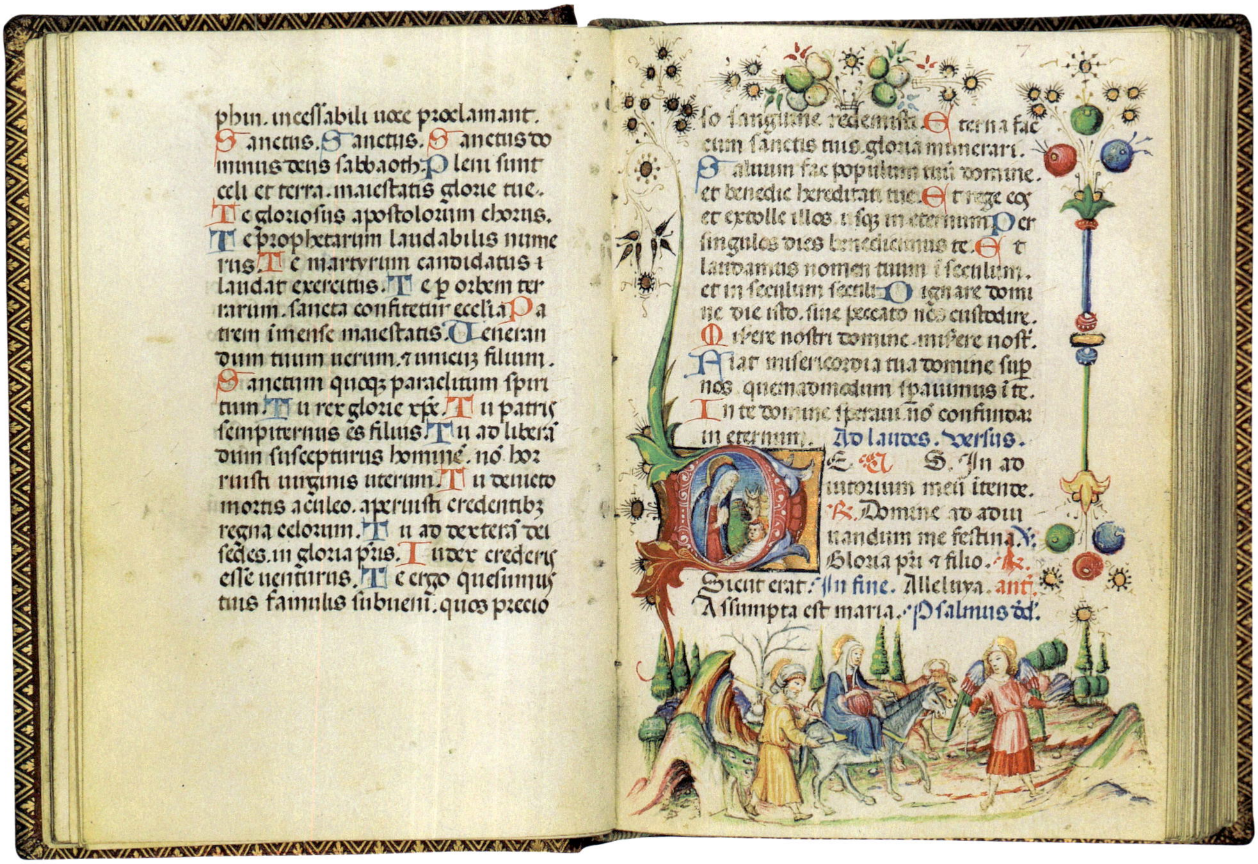

15 *Cremoneser Stundenbuch*, 1495

18v–19r Laudes des Marienoffiziums. In der Initiale wird das Kind von Maria verehrt, in Anwesenheit von Ochs und Esel. In der Randminiatur führt ein Engel die Hl. Familie nach Ägypten.

Auch die Bildserie zum Marienoffizium ist in der Motivwahl zu den kurzen Tagzeiten von Terz, Sext und Non ungewöhnlich. Mit dem Ostergeschehen, der Himmelfahrt Christi und der Herabkunft des Hl. Geistes stellt sie Hauptfeste in der Abfolge des Kirchenjahres dar, die zusammen mit dem Weihnachtsbild zur Matutin des Offiziums den wichtigsten Text des Stundenbuchs optisch in den kirchlichen Jahresfestkreis einbeziehen.

Bisweilen hilft die Illustration unmittelbar bei der Erfüllung von Anweisungen, wenn beispielsweise dem Christus-Gebet (109r) mit der rubrizierten Aufforderung, es täglich vor dem Kreuz zu sprechen, ein großes Goldkreuz folgt und dem Betenden sozusagen die Voraussetzung des Gebetsortes mitliefert. Darüber hinaus gibt es andere Bezugsebenen von Text und Bild. So erscheinen zu den Sieben Bußpsalmen nicht nur der Autor König David im Gebet, sondern zugleich auch die exemplarische Büßerin Maria Magdalena, oder zu dem Christus-Gebet *Dulcissime domine Jesu Christe* (87v) sowohl der in der Rubrik mitgeteilte Autor, der hl. Augustinus, als auch der in der Christus-Nachfolge vorbildhafte büßende Hieronymus und die in allen Martyrien standhafte hl. Lucia. Immer wieder fließen genrehafte Motive in die heilsgeschichtlichen Szenen ein. So wird zum Beginn des Marienoffiziums gleichsam als aufwendiges Titelbild des Andachtsbuches (13r) neben der Verkündigung und Heimsuchung die Geburt Christi als häuslicher Vorgang mit zahlreichen helfenden Mägden erzählt, die der jungen Mutter hilfreich beistehen, das Bad für den Neugeborenen vorbereiten und sich mit dem Anrichten von Speisen um das leibliche Wohl kümmern.

Biblische Ereignisse als Belege eines göttlichen Heilsplans und aus der alltäglichen Realität entnommenes Tun durchdringen sich auch auf der Zierseite zum Marienpsalter (140r). Mit der Verehrung des Jesusknaben durch Maria wird wiederum Vorbildhaftes für den Beter geschildert, auf der breiten Randminiatur jedoch erscheint die Hl. Familie mit ihren unterschiedlichen Beschäftigungen, als entstamme sie der zeitgenössischen Lebenswelt des Betenden. Aktuelle Bezüge enthält die Bildseite (91r) zu jenem eindringlichen Gebet, mit dem die Abwendung der Pestepidemie von der Lombardei, der Heimat des Auftraggebers, erfleht werden soll. Auf der einen Seite eines mächtigen roten Taukreuzes, das mit einem zweiten Querbalken zum neutestamentlichen Passionskreuz erweitert ist, beauftragt Gottvater einen in ein Leinengewand gekleideten Mann mit Schreibzeug, alle Gerechten mit dem Tau auf

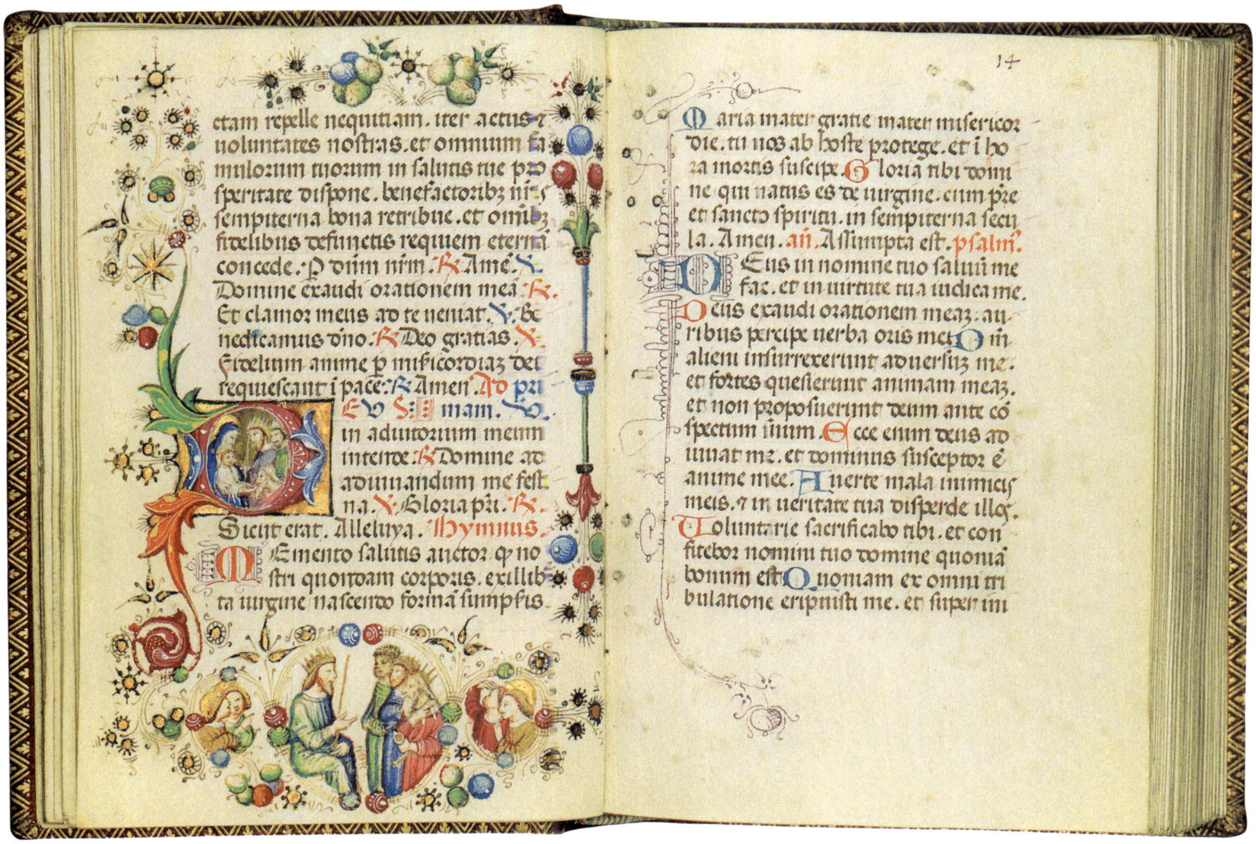

15 *Cremoneser Stundenbuch*, 1495

25v–26r Prim des Marienoffiziums. In der Initiale huldigen die Hl. Drei Könige dem Christuskind, während sie in der Randminiatur im Gespräch mit Herodes gezeigt werden, der sie auffordert, ihn auf der Rückreise über den neugeborenen König zu unterrichten.

der Stirn zu bezeichnen, um sie vor der göttlichen Vergeltung zu schützen – ein Auftrag, den er auf der anderen Seite des Kreuzes ausführt. Die aufwendige Bebilderung des nachfolgenden Gebetes zur Abwendung der tödlichen Epidemie, in dem unter besonderer Hervorhebung Sebastians auch Christophorus und Rochus als Pestheilige angerufen werden, dürfte ein Hinweis auf die damalige Aktualität des Anliegens sein. Zusammen mit Gebetsanlässen wie der Segnung von Defensiv- und Offensivwaffen (192r), deren Herstellung ein bedeutender Wirtschaftsfaktor für die Lombardei in jener Zeit war, überliefert dieses Andachtsbuch ein gesellschaftliches, frömmigkeitsgeschichtliches und kulturelles Spiegelbild einer bestimmten historischen Situation auch im Sinne eines archivalischen Dokuments.

Die Komposition und Ausstattung der Handschrift wird, so darf man aufgrund der beobachteten Eigentümlichkeiten in Text- und Bildwahl konstatieren, im Austausch zwischen Auftraggeber, Kalligraphen und Miniaturisten entstanden sein. Die den Stadtpatron von Cremona darstellende Schlussvignette (199v) ist im künstlerischen Stil der anderen Illustrationen, jedoch ohne weitere Farbgebung ausschließlich in jener lilafarbenen Tinte ausgeführt, die auch für das Fleuronnée der Initialen verwendet wurde. Ob dies ein Indiz dafür ist, dass der Miniaturist auch die Initialen ausgeführt hat? Eine enge Zusammenarbeit des Malers mit dem Kalligraphen zeigt sich darüber hinaus bei der Randkomposition auf Folio 106v, in der ein Engel ein Spruchband mit rubriziertem Gebetstitel trägt.

Die Malweise des Miniaturisten, der in Gestik und Physiognomie lebendige Figuren innerhalb eines erzählerischen Bildgeschehens im Ambiente südländischer Landschaften agieren lässt, wurde bereits von Christopher de Hamel (Kat. Sotheby's 1975) überzeugend mit dem Œuvre des Augustinermönchs Fra Apollonio da Calvisano in Verbindung gebracht. Dieser ist als Miniaturist und Schreiber 1490 in Brescia nachweisbar und arbeitete später in Cremona zusammen mit unserem Kalligraphen Matteo Ravari in den Jahren 1492–1497 an den Dominikanerchorbüchern im Dom dieser Stadt (Zanoni). Es scheint, dass er auch an den Fresken in der Kirche S. Agostino in Cremona beteiligt war. Für die Zusammenarbeit der beiden findet sich somit neben dem aus der Bibliothek der Herzöge von Parma 1932 in Paris versteigerten Brevier des Kardinals Ascanio-Maria Sforza mit unserem kleinen Andachtsbuch ein weiterer Beleg, der zugleich auch die Eigenständigkeit der Cremoneser Buchkunst am Ende des Mittelalters vor Augen führt.

(Joachim M. Plotzek)

15 *Cremoneser Stundenbuch*, 1495

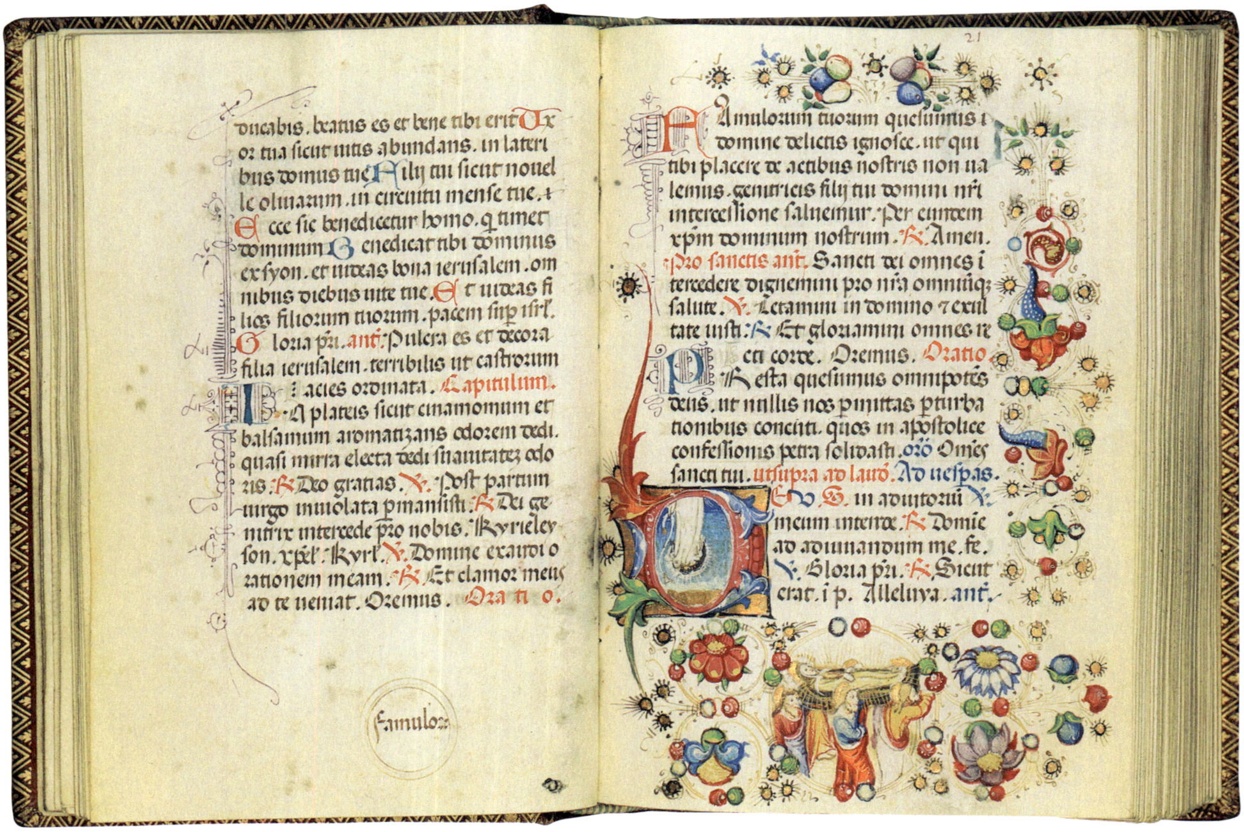

32v–33r Vesper des Marienoffiziums. Während in der Randminiatur Apostel die Gottesmutter zu Grabe tragen, zeigt die Initiale die Himmelfahrt Mariens.

Pergament 207 Blätter (ältere Foliierung beginnt nach dem Kalendar [fol. 13] mit 1); 147 x 102 mm (leicht beschnitten); Lagen (mit kalligraphisch hervorgehobenen Wortreklamanten): I^{12}, $2–9^{10}$, 10^{10-2} (mittleres Doppelblatt, fol. 75–76 der alten Foliierung, entfernt), $11–12^{10}$, 13^{10-1} (fol. 107 der alten Foliierung entfernt), $14–20^{10}$, 21^{10-2}; Schriftspiegel: 92 x 60 mm; einspaltig; 21 bzw. 18 (Kalendar) Zeilen; Blindliniierung. **Ausstattung** Lateinischer Text mit einigen italienischen Gebeten in brauner bis dunkelbrauner Rotunda, rot und blau rubriziert; Kalendar mit Hauptfesten in Rot und Blau; Versalien in Blau und Rot alternierend; zwei- bis dreizeilige Zierbuchstaben in Rot und Blau alternierend mit lilafarbenem Fleuronnée; KL-Ligaturen in Blattgold und Blau, ebenfalls mit lilafarbenem Fleuronnée; zwei- bis vierzeilige Initialen in Blattgold auf grün-blau-mauvefarbenen Gründen mit weißem und gelbem Filigranbesatz sowie ausstrahlendem Filigran mit behaarten Goldpunkten; vielzeilige Initialen aus blauen, grünen, karmin- und lilafarbenen Palmetten auf Blattgold mit figürlichen bzw. szenischen Füllungen in Deckfarbenmalerei; Bordüren aus ockerfarbenem Filigran mit behaarten Goldpunkten, farbigen Blüten und figürlichen Randmalereien; achtzeilige Miniaturen in Deckfarben in schwarz konturierter Goldleistenrahmung. **Einband** Roter Maroquin mit Streicheisenliniierung; auf dem Rücken florale und Granatapfelmotive sowie Titel: »OFFICIUM BEATAE VIRGINIS MSS. SUR VEL. AVEC MINIAT.« in Goldprägung; wahrscheinlich für den Duc de la Vallière von Derôme, Paris, 18. Jh.; wohl mit dem Einband gleichzeitig Restaurierung der ersten Blätter mit Papier. **Vorbesitzer** Wohl 1495 geschrieben für Deyphebus Azerago, Cremona; sein Vorname in blauer oder roter Tinte in mehreren Gebeten (66r, 73r [2x], 87v, 90r, 114r, 112v, 137r, 187r, 189r und 192v) hervorgehoben; am 4. Mai 1500 als Geschenk des Deyphebus an Alexandro Lomdo (207v); Louis César de la Baume le Blanc, Duc de la Vallière (1708–1780) mit Bibliotheksnr. 124 (1r); William Harcourt Hooper (Exlibris); Arnold Mettler, St. Gallen (Exlibris), auf dem Exlibris handschriftlicher Verweis auf L. Olschki, Florenz; Robert Danon; British Rail Pension Fund; J. Paul Getty jr. **Inhalt** 1r–12v Kalendar (Cremona), voll besetzt (u. a. 17. 1. *S. Antonii abbis.* [rot], 18. 1. *Beati Facii corpus in Cremona* [rot], 24. 1 *S. m. Babille et Simpliciani corpora in Cremona* [rot], 29. 1. *S. Sebaldi mr. cuius caput in Cremona*, 4. 2. *S. Gregorii mr. cuius corpus in Cremona* [rot], 5. 3. *S. Eusebii psbri. et conf. Cremonensis* [rot], 18. 3. *Translatio sci. Arealdi* [rot], 20. 5. *S. Bernardini conf.* [rot], 13. 6. *S. Antonii de Padua ordinis minorum* [rot], 18. 6.

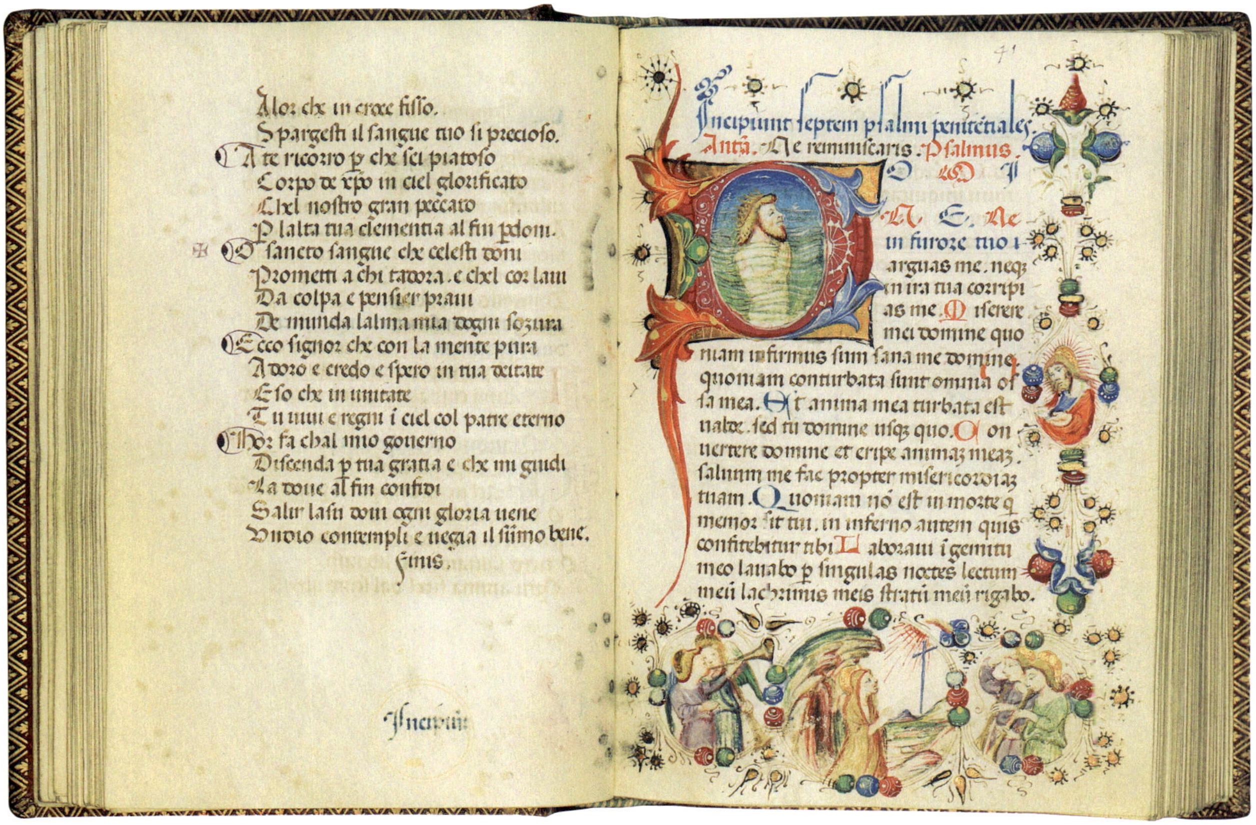

15 *Cremoneser Stundenbuch*, 1495

52v–53r Auf ein italienisch abgefasstes Versgebet zum Leib Christi folgen die Sieben Bußpsalmen, eingeleitet durch König David, dem in der Initiale das Wasser bis zum Hals reicht (Ps 68), und in der Randminiatur erweitert mit der büßenden Maria Magdalena, Posaune blasenden Engeln und einer Darstellung Gottvaters in der Bordüre.

S. Hymeri epi. et conf. [blau], 25. 6. *Translatio S. Homoboni* [rot], 5. 8. *S. Dominici conf.* [rot], 23. 8. *S. Archelai mr. cuius corpus in Cremona* [rot], 28. 8. *S. Augustini epi. et conf.* [rot], 1. 9. *Sci. Arialdi mr. corpus in Cremona* [rot], 13. 11. *Sancti Homoboni conf. Cremonensis* [blau], 27. 11. *S. Maximi epi. et conf. brachium in Cremona* [rot]). 13r–48r Marienoffizium nach dem Brauch von Rom. 13r *I (Ncipit officium beatissime virginis Marie secundum consuetudinem Romane curie)*. Matutin. *D (OMINE)*: Verkündigung an Maria; Randminiaturen: Gottvater mit Engeln, Heimsuchung, Geburt Christi mit Vorbereitungen zum Baden des Kindes und dem Kochen von Speisen durch Mägde. 19r Laudes. *D (EUS)*: Verehrung des Kindes durch Maria mit Ochs und Esel; Randminiatur: Die Hl. Familie flieht nach Ägypten, geführt von einem Engel. 25v Prim. *D (EUS)*: Anbetung der Könige; Randminiatur: die drei Könige vor Herodes. 27v Terz. *D (EUS)*: Der Auferstandene begegnet seiner Mutter Maria; Randminiatur: Der Engel vor dem leeren Grab spricht zu Maria Magdalena *surrexit non est hic* (Er ist nicht hier; denn er ist auferweckt worden; Mt 28, 6). 29v Sext. *D (EUS)*: Himmelfahrt Christi; Randminiatur: die dem Auffahrenden nachschauenden Apostel und Maria mit weiteren Frauen. 31v Non. *D (EUS)*: Der Hl. Geist in Gestalt einer Taube ergießt sich über die Nimben (der Apostel); Randminiatur: Pfingstgemeinde der Apostel mit Maria und weiterer Frau. 33r Vesper. *D (EUS)*: Himmelfahrt Mariens; Randminiatur: Die Apostel tragen Maria zu Grabe. 37r Komplet. *C (Onverte)*: Marienkrönung, ein Stern im Hintergrund. Randminiatur: Maria und Johannes der Täufer im Gespräch. 48v–52r Marienmesse. 48v *Missa in honore beate Marie sancti virginis.* *S (ALVE)*: Muttergottes, dem Jesusknaben die Brust reichend; Randminiatur: Darbringung Jesu im Tempel, flankiert von Posaune blasenden Engeln. 52r/v Reimgebet (italienisch). *Oratione al corpo de Christo. O corpo glorioso che incarnasti.* 53r–64v Sieben Bußpsalmen mit Litanei (Cremona: *Hymeri, Geminiane, Zeno, Bernardine, Homobone, Monicha*) und Orationen. 53r *D (OMINE)*: betender König David im Wasser; Randminiatur: in der Einöde büßende Maria Magdalena, von Posaune blasenden Engeln flankiert. 65r–76v Evangelienlesungen mit Gebeten. 65r *I (N principio)*: schreibender Evangelist Johannes sieht am Himmel eine Erscheinung als Strahlenkranz; Randminiatur: Evangelist Lukas malt die Muttergottes, Matthäus mit Engel, Markus mit dem Löwen, Adler des Johannes. 66r Schriftband mit Rubrik: *Oratio habens innumerabiles et immensas virtutes*; in diesem Gebet: *michi famulo tuo Deyphebo.* 72r Schriftband mit Ablass: *Sixtus quartus concessit XI milia*

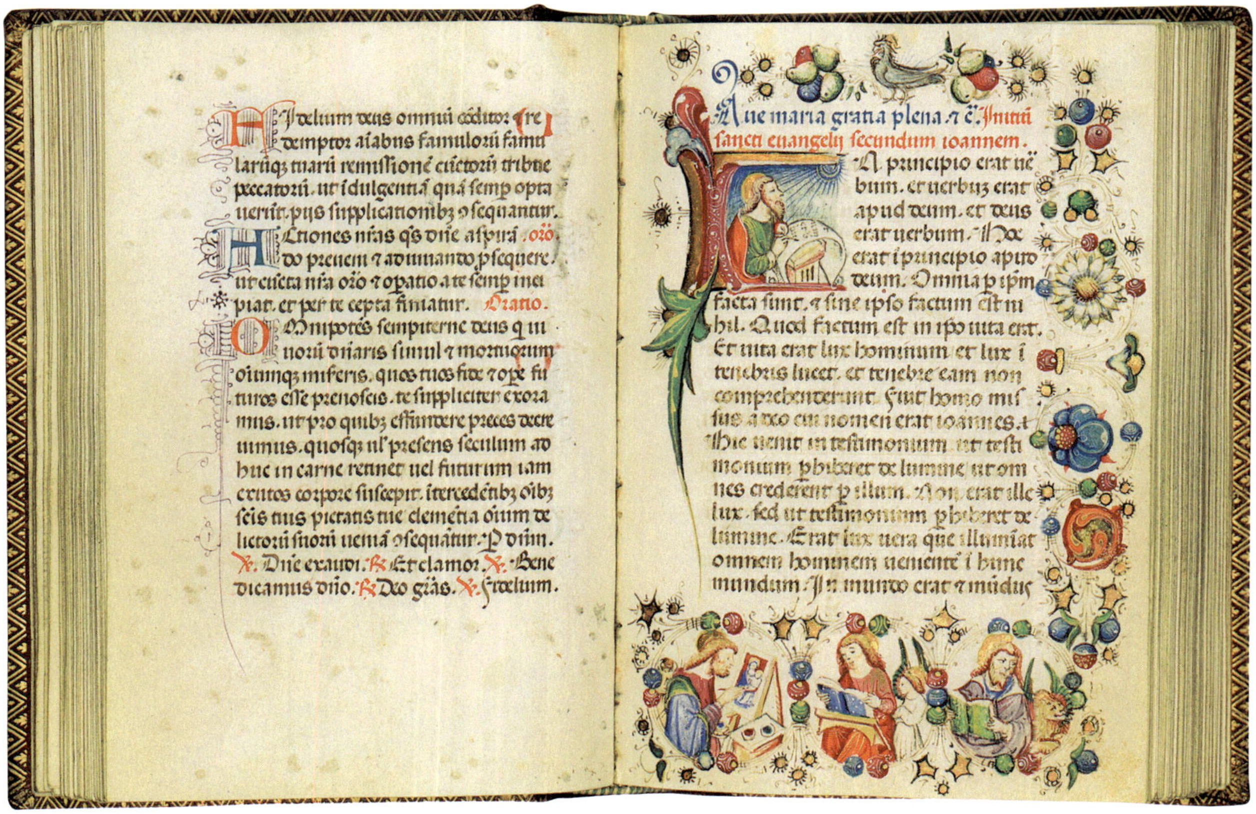

15 *Cremoneser Stundenbuch*, 1495

64v–65r Beginn der Evangelienlesungen mit dem Prolog des Johannes. Die Initiale zeigt den Evangelisten bei der Niederschrift der göttlichen Eingebung. Sein Attribut, der Adler, ist in die obere Bordüre versetzt. Unten sind die übrigen Evangelisten dargestellt: Während Matthäus mit dem Engel und Markus mit dem Löwen aufgeschlagene Bücher in den Händen halten, malt Lukas gerade die Muttergottes mit ihrem Kind.

annorum indulgentie dicentibus hanc orationem scilicet. Ave sanctissima etc. 76v–87r Passionslesungen mit Gebeten. 76v *I (N ILLO tempore)*: der Gekreuzigte mit den Arma Christi; Randminiatur: Judaskuss und Gefangennahme. 87r Ende eines Christusgebetes; Anfang fehlt. Schriftband mit Ablass: *S. Gregorius concessit dicentibus orationem hanc genibus flexis cum 5 Pater noster et 5 Ave Maria ante ymaginem pietatis 14 milia annorum indulgentie.* 87v–90v Gebet. *D (Ulcissime domine)*: hl. Augustinus weist auf sein sichtbares Herz; Randminiatur: unter dem Kreuz büßender Hieronymus mit dem Löwen und abgelegtem Kardinalshut; hl. Lucia mit Märtyrerpalme und ihren Augen in einer Schüssel. 88r Schriftband mit Rubrik: *Oratio sancti Augustini pro quacumque tribulatione.* 91r/v Anrufung der Namen Gottes und Gebet zur Abwendung der Pest in der Lombardei. 91r Miniatur: vor einer Landschaft ein großes rotes Taukreuz mit zweitem Querbalken; links erteilt Gottvater dem vor ihm knienden Mann mit am Gürtel hängendem Schreibzeug den Auftrag, alle Gerechten mit dem Tau auf der Stirn zu bezeichnen (Ez 9, 2ff.), zwischen ihnen vor dem blauen Himmel ein roter Großbuchstabe *C*; rechts zeichnet der Mann die Gerechten mit dem Tau auf der Stirn aus; Randminiatur: Der Engel des Herrn tötet die nicht bezeichneten Israeliten. 91v Gebet um Abwendung der Pest von der Lombardei. 92r/v Sieben Verse des hl. Bernhard. Schriftband mit Rubrik: *Septem versus psalterii quos dyabolus docuit beatum Bernardum. Ne totum psalterium legeret tante virtutis. ut quicumque eos dicens non possit male perire.* 92v–94v Evangelienlesung nach Johannes mit Psalm. 94v–105r Anweisungen zur klösterlichen Tischlesung. *I (Ncipit ordo ad benedicendum mensam per totum annum. Congregatis fratribus ad prandium in refectorio et eregione ordinate stantibus ante mensas [...])*. 105r–106v Gebet für Reisende. *I (N viam pacis salutis)*. 106v–108v Mariengebet. *A (Ve Maria virgo gloriosissima ac beata)*. 106v Randminiatur: Ein Engel trägt ein Schriftband mit Rubrik *Septem gaudia virginis Marie.* 108v gereimtes Mariengebet. *Mater digna Dei.* Schreiberkolophon: *Deo gratias Amen. Matheus de Ravariis scripsit. M°CCCC° LXXXXV° die 28 Septembre hora 23.* 109r–110v Christusgebete. *Oratio quottidie ante crucem dicenda. D (Eus qui nulla existente)*. 109v Randminiatur: großes Goldkreuz auf Felsen. 111r–120r Gebete mit kleinen Miniaturen. 111r Gottvater erschafft Adam. *Conditor celi et terre.* 113r Die Muttergottes zeigt dem thronenden Christus ihre entblößte Brust. *Obsecro te.* 115r Pietà unter dem Kreuz. *O intemerata.* 117v Gnadenstuhl. *Omnipotens sempiterne Deus.* 118v Schmerzensmann. *Domine Jesu Christe.* 119r Der Auferstandene mit Sieges-

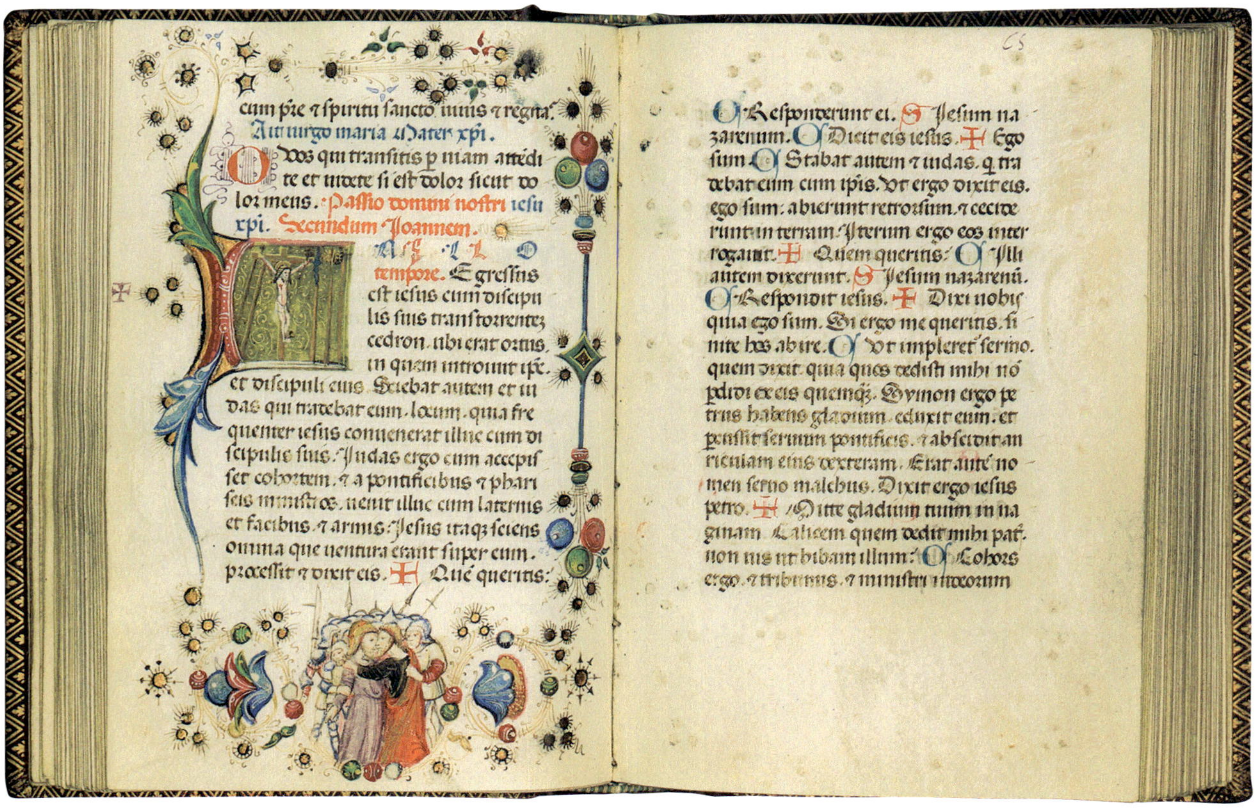

15 *Cremoneser Stundenbuch*, 1495

76v–77r Der Gekreuzigte mit den Leidenswerkzeugen in der Initiale und in der Randminiatur der zur Gefangennahme Jesu führende Begrüßungskuss des Verräters Judas leiten die Passionslesungen ein.

fahne und die Taube des Hl. Geistes erscheinen der Pfingstgemeinde. *DOMINE spiritus sancte.* 119v Hl. Veronika mit Schweißtuch. *Salve sancta facies.* 120r–129r Gebete zu bestimmten Festtagen (Temporale und Sanktorale gemischt mit nachfolgendem Commune sanctorum und einigen weiteren angeschlossenen Herrenfesten, darunter: *In festo gloriosissimi corporis Christi)* und Gebete zu bestimmten Anliegen: *pro navigantibus, pro mortalitate hominum, contra tempestates, pro infirmis, contra temptationes, pro iter agentibus, pro uno defuncto, pro fratribus et benefactoribus defunctis, pro patre et matre, pro sterilitate terre, ad postulandam patientiam, pro tempore belli, pro pacem petendam, ad pluviam petendam, ad serenitatem petendam, pro temptatione carnis, pro inimicis, pro amico incarcerato.* 129r–139v Gebete, die über den Tag verteilt und während der Messe zu sprechen sind, u. a. *cum e domo egreditur, cum ingreditur ecclesiam, quoniam recipis locum in ecclesia, coram crucifixo disenda est, quando se preparat sacerdos, quando exibis de ecclesia, cum transiens cimiterium.* 140r–185r Marienpsalter. 140r *B (EATUS vir)*: Maria verehrt den auf dem Boden liegenden Jesusknaben; Randminiatur: die Hl. Familie in einer südländischen Landschaft; Maria sitzt am Spinnrocken, während Joseph Schreinerarbeiten durchführt mit Hilfe des Jesusknaben, der eine Säge trägt; am Rand Engel mit Posaunen. 185r/v Gebet. *Oratio devotissima que fuit revelata cuidam clerico borgondiensi a domino nostro Jesu Christo et in scriptis sibi reliquid in sui memoriam dicendum. A (Ve Jesu Christe verbum patris filius virginis).* 185v–190r Gebete zu verschiedenen Anlässen. 190r–192r Gebete zur Einkleidung eines Priesters. 192r/v Gebete zur Segnung von Defensiv- und Offensivwaffen. *De benedictione armorum defensibilium/offensibilium.* 192v–194r Gebet. *Incipit oratio beati Thome de Aquino devotissima quam quottidie genibus flexis dicebat ante imaginem crucifixi. C (Oncede mihi queso omnipotens).* 194r/v Hymnus. *C (Elestis fili summi Patris).* 194v–195r Auflistung der Bußpsalmen mit nachträglichen Verweisen auf Seitenzahlen im Marienpsalter. 195r–197r Litanei. 197v–200v Heiligensuffragien (Cremona), beginnend mit einem Hymnus zu Ehren Maria Magdalenas. *G (aude pia Magdalena);* u. a. 197v *De Sancti Rocho, De sororibus beate virginis Mariae, Oratio archangelis Raphaelis.* 199v *Oratio sancti Homoboni.* Halbseitige Zeichnung: hl. Homobonus in Halbfigur über den Wolken mit einem Geldbeutel in der Linken legt einem jungen Mann, der einen Wollkamm (?) trägt, Münzen in eine entgegengehaltene kleine Schale. 200r *Oratio sancte Monice matris beatissimi Augustini episcopi ac doctoris, Oratio sancti Augustini episcopi et confessoris, Oratio*

15 *Cremoneser Stundenbuch*, 1495

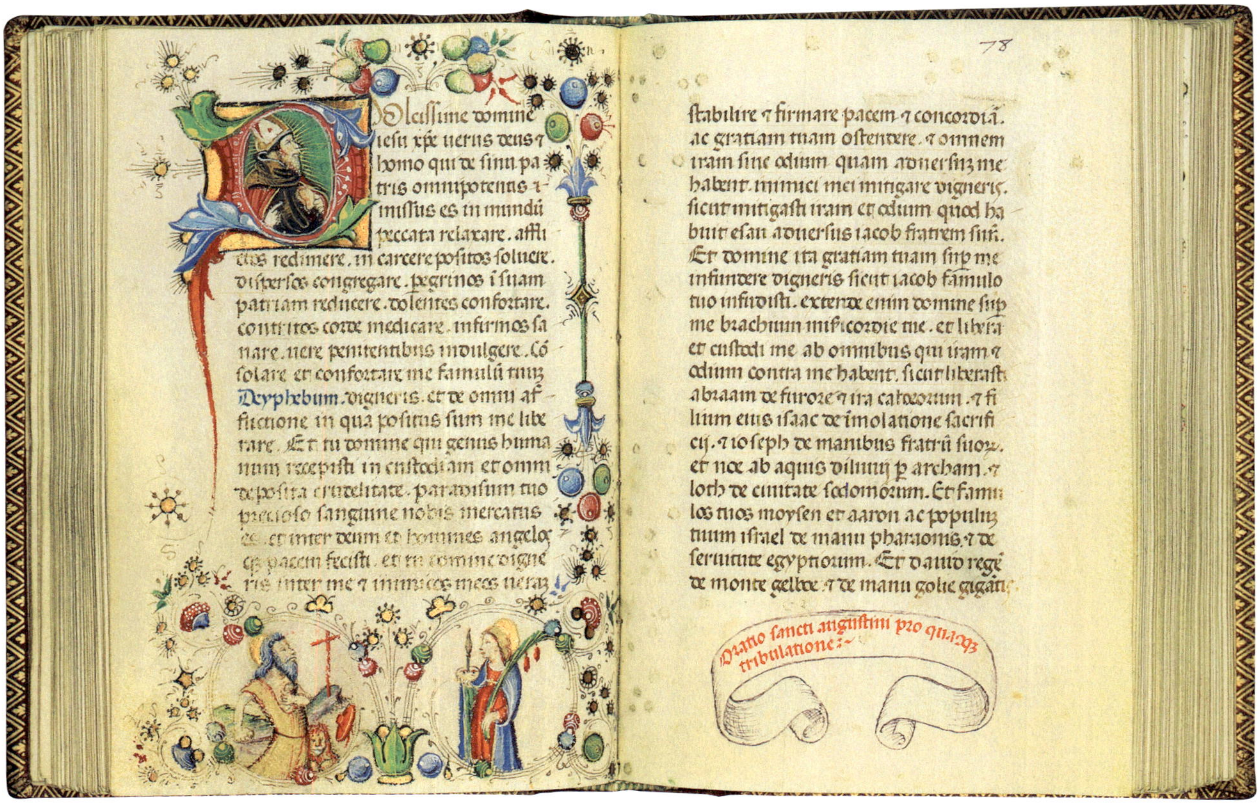

87v–88r »Oh süßester Herr Jesus, wahrer Gott und Mensch«, so beginnt ein Gebet des Augustinus für alle Notlagen. Sein Verfasser erscheint, auf sein sichtbares Herz weisend, in der Initiale. Im Gebet wird Deyphebus, der mögliche Auftraggeber der Handschrift, als Bittsteller namentlich erwähnt. Die Randminiatur zeigt den Kirchenvater Hieronymus mit dem Löwen als Büßer und die Märtyrerin Lucia, die ihre ausgestochenen Augen in einer Schüssel präsentiert.

sancti Nicolai de Tolentino. 201r–202r Gebet zur Vertreibung von Stürmen. *Ad expellendas nubium tempestates.* 202v–206r Inhaltsverzeichnis. *Ordine da dir lo offitio infrascripto. Primo ogni matino lo offitio di nostra donna.* 207r nachgetragenes Versgebet, zwei Strophen zu vier Zeilen, zu den Wunden Christi mit Ablassversprechen Papst Gregors. *Ave plaga nostri lateris redemptoris.* 207v Schenkungsvermerk des Alexander Lomdo: *1500 die 4 maii este liber mihi Alexandro Lomdo donatus fuit a Deyphebo Azerago civi Cremonensi*; darunter wenig später nachgetragene Anrufung Gottes. **Literatur** Verst. Kat. der Sammlung des Duc de la Vallière durch Guillaume de Bure, Teil I, Paris 1783, S. 128, Nr. 321. – Kat. Sotheby's, London, 27. 4. 1937, Nr. 273 (Bibliothek von Arnold Mettler). – Collection Robert Danon. Manuscrits enluminés et livres rares, Kat. Hôtel Drouot, Paris, 21. 3. 1973, Nr. 12. – Sotheby's, Catalogue of Western Manuscripts and Miniatures, London, 8. 12. 1975, Nr. 78. – E. König, in: Leuchtendes Mittelalter II, Kat. 25 Antiquariat H. Tenschert, Rotthalmünster 1990, Nr. 42. **Zitierte Literatur** F. Zanoni, I Corali del Duomo di Cremona, Bd. 2, Cremona 1956, S. XXXIIIf., Abb. 40ff.

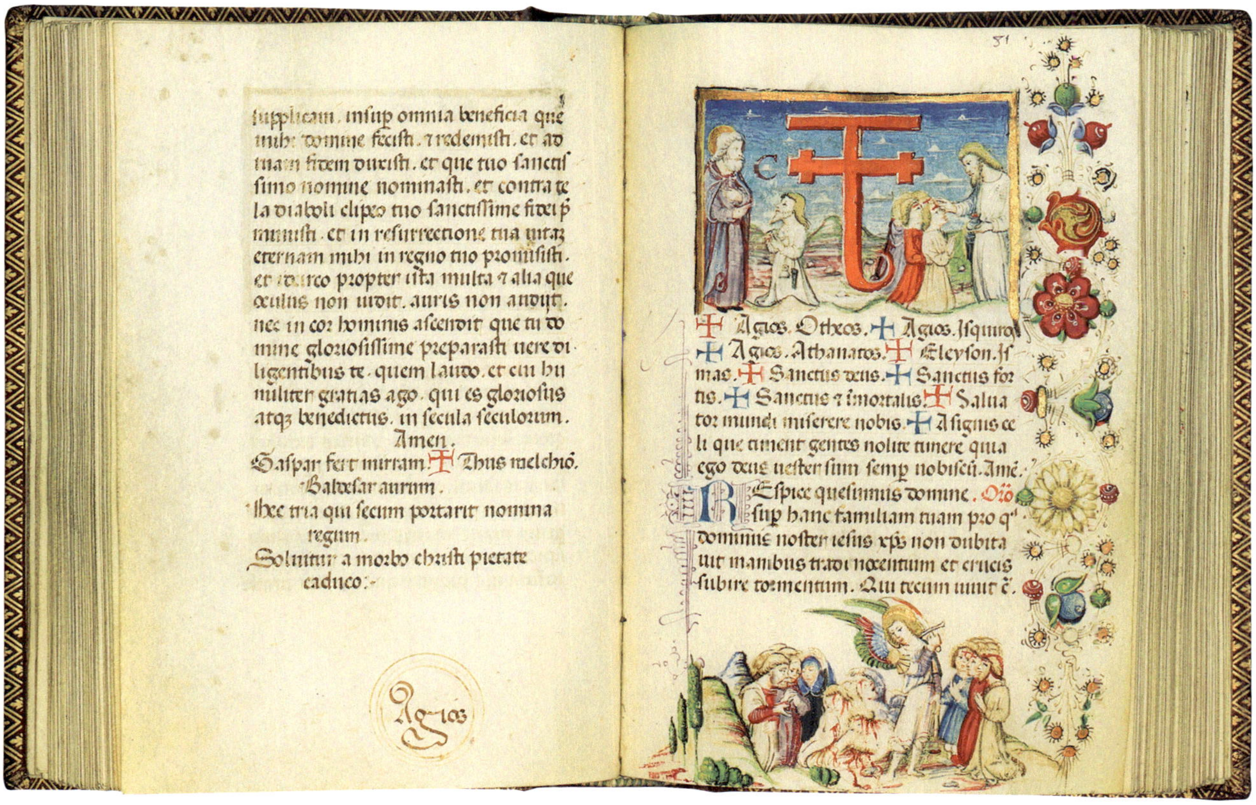

15 *Cremoneser Stundenbuch*, 1495

90v–91r Die Anrufung der Namen Gottes und das Gebet zur Abwendung der Pest in der Lombardei sind bildlich mit einer Vision Ezechiels (9, 2ff.) verbunden. Gottes Auftrag entsprechend bezeichnet ein Mann mit Schreibzeug alle Gerechten mit dem Tau auf der Stirn, damit der Engel Gottes die Bezeichneten verschone und die nicht bezeichneten Israeliten töte.

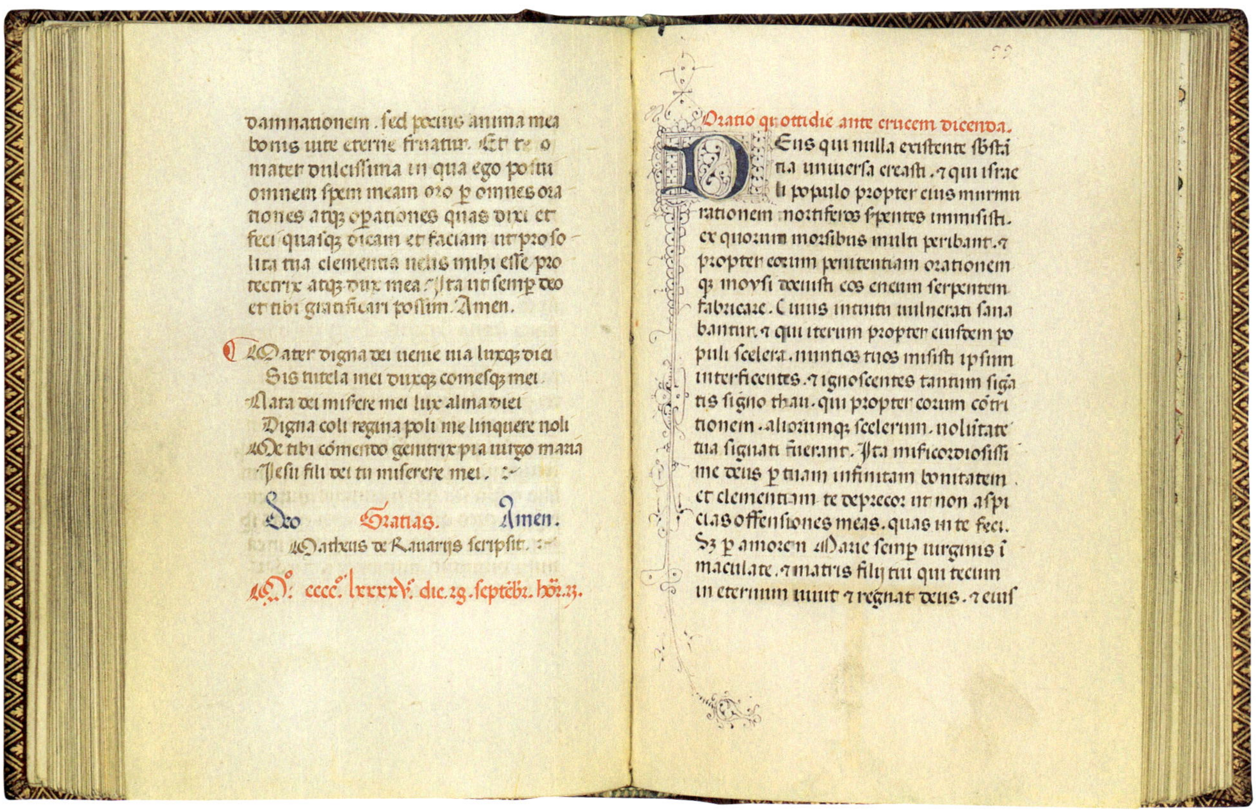

108v–109r Unter einem gereimten Mariengebet vermerkt der Schreiber der Handschrift in Latein: »Gott sei Dank. Amen. Matheus de Ravariis hat dies geschrieben. 1495, am 28. September, in der 23. Stunde.« Auf der nächsten Seite beginnt ein Gebet, das täglich vor dem Kreuz gesprochen werden soll.

15 *Cremoneser Stundenbuch*, 1495

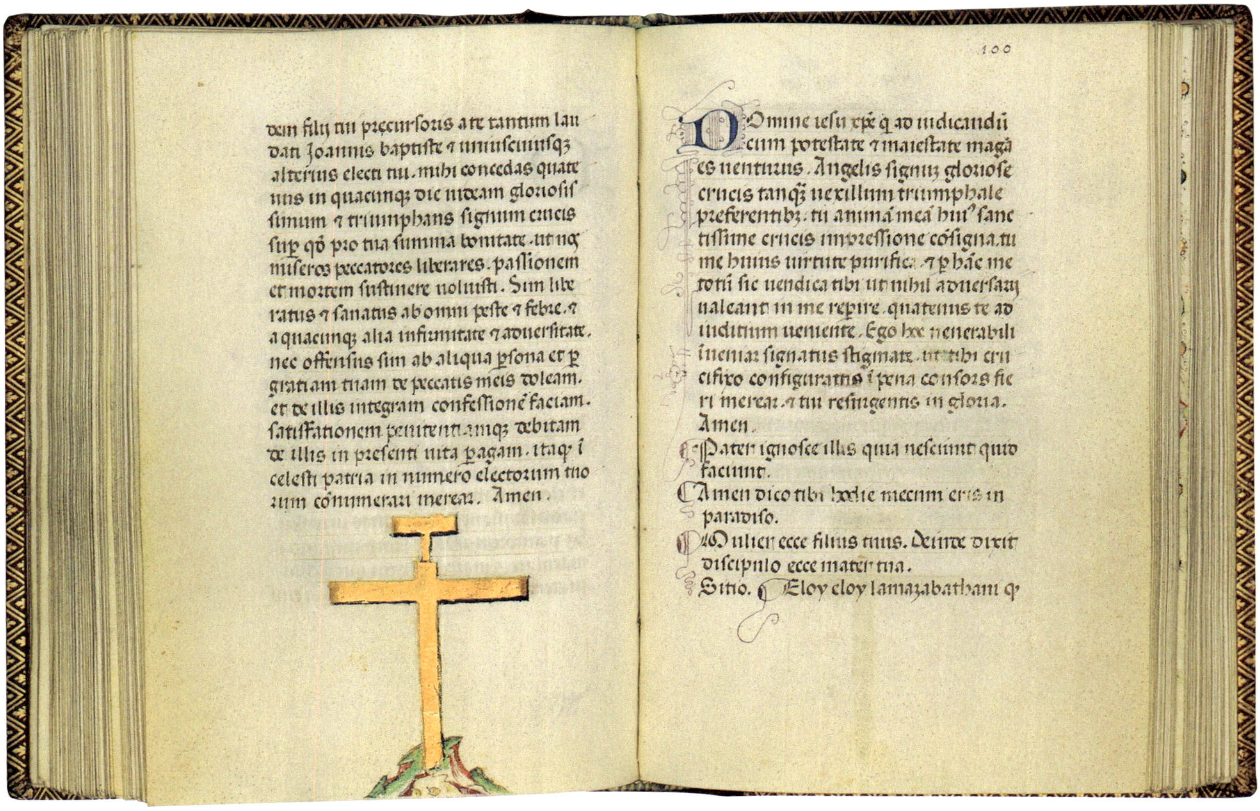

109v–110r Das große goldene Kreuz in der Randminiatur bietet dem Beter die unmittelbare Möglichkeit, der Aufforderung zu folgen und das vorstehende Gebet täglich vor dem Kreuz zu sprechen.

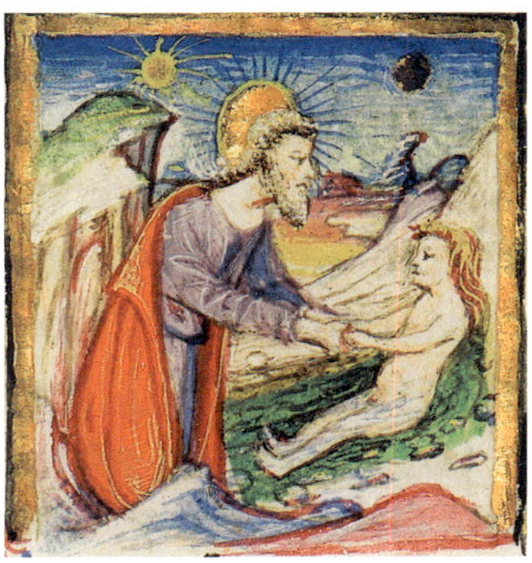

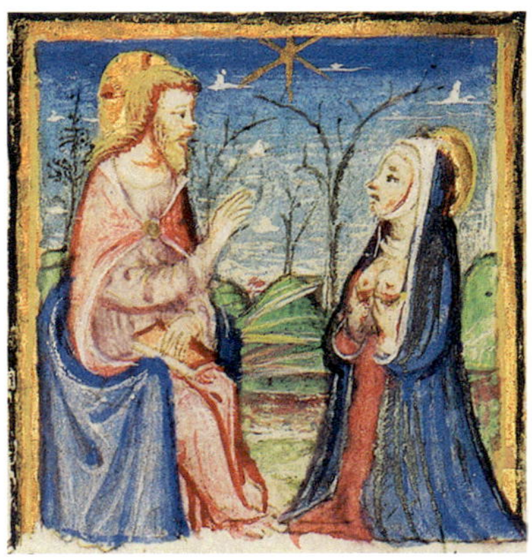

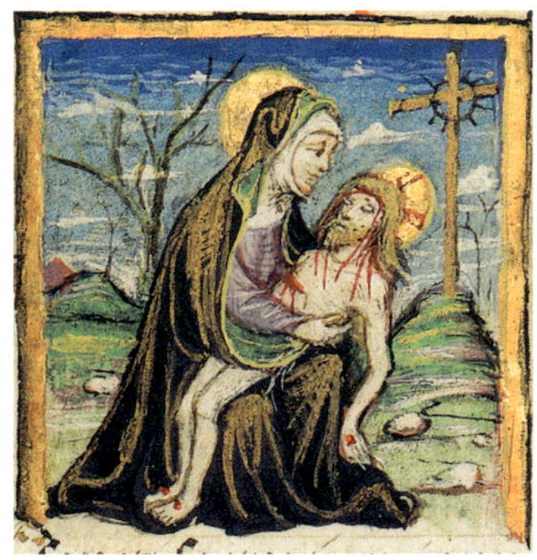

111r (Detail) Gottvater erschafft Adam; zum Gebet *Conditor celi et terre*

113r (Detail) Eingangsbild zum Mariengebet *Obsecro te*

115r (Detail)

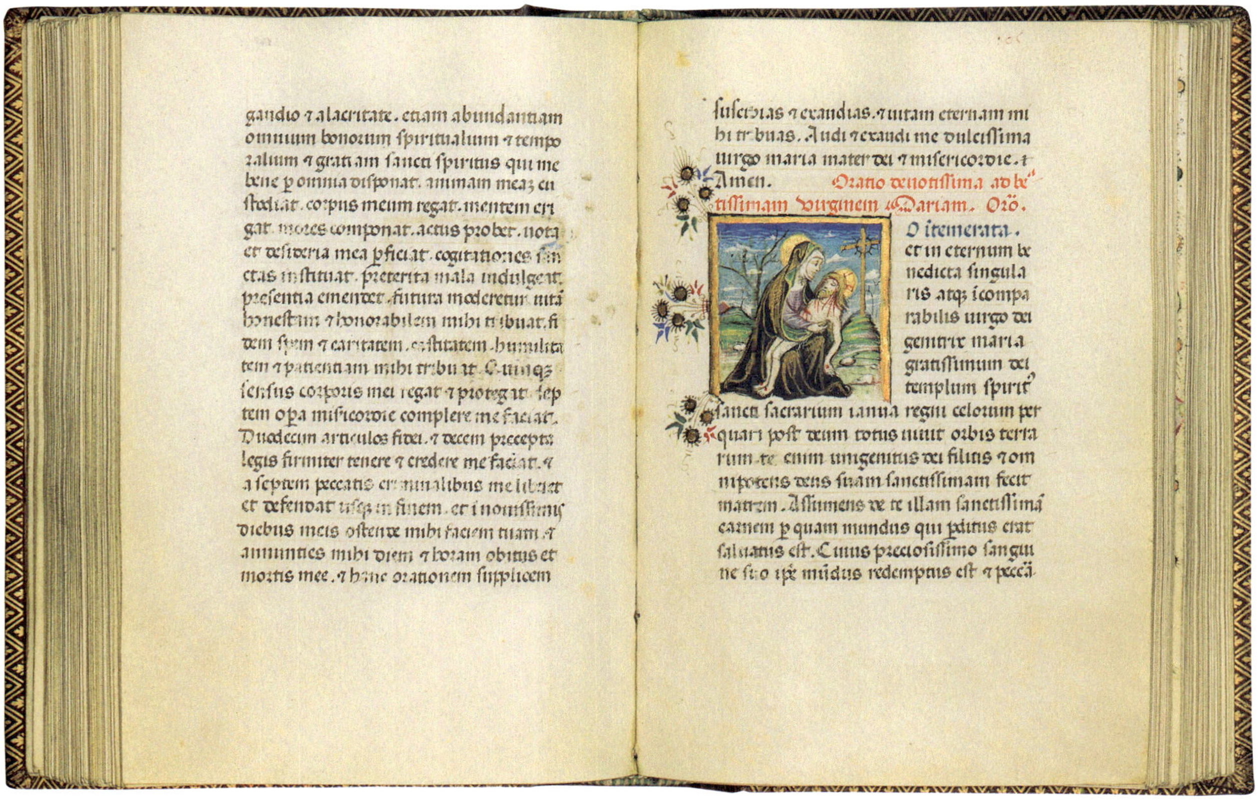

15 *Cremoneser Stundenbuch*, 1495

114v–115r Miniatur zum Gebet *O intemerata*: Pietà unter dem Kreuz.

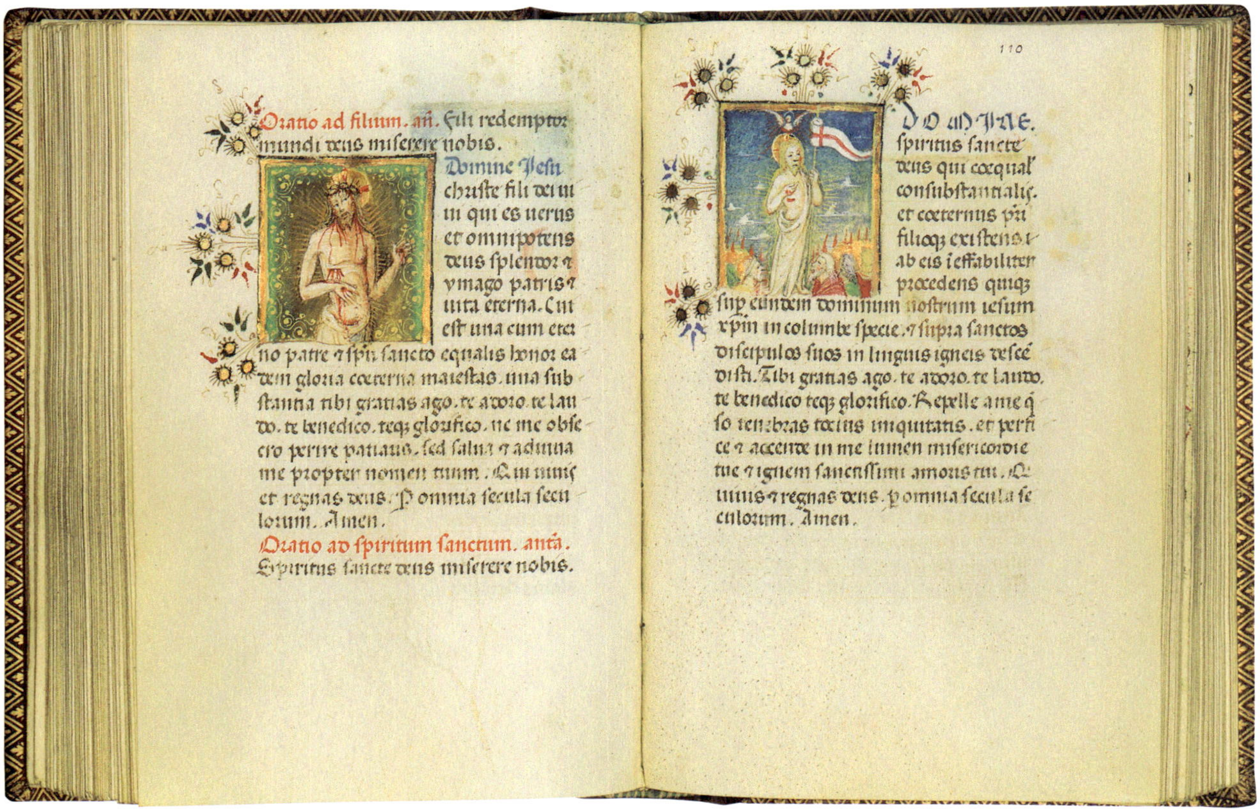

118v–119r Am Beginn eines Gebetes zu Jesus Christus zeigt eine Miniatur den Schmerzensmann. Das anschließende Gebet zum Hl. Geist wird mit der Erscheinung des siegreich Auferstandenen vor der vom Hl. Geist erfüllten Pfingstgemeinde eingeleitet.

15 *Cremoneser Stundenbuch*, 1495

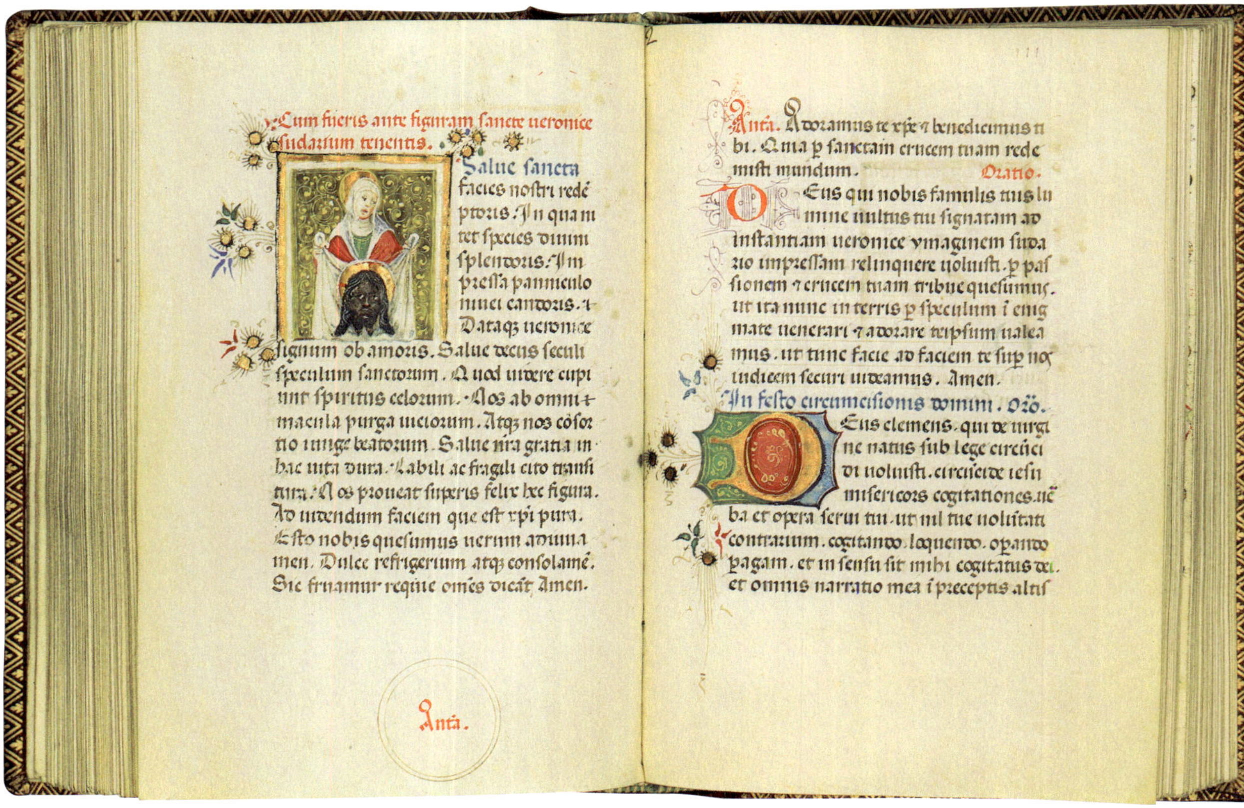

119v–120r Bei dem Gebet *Salve sancta facies* (Sei gegrüßt heiliges Antlitz) steht in der Miniatur Veronika mit dem Schweißtuch, das die »vera icon« – das wahre Bild – des Antlitzes Christi zeigt.

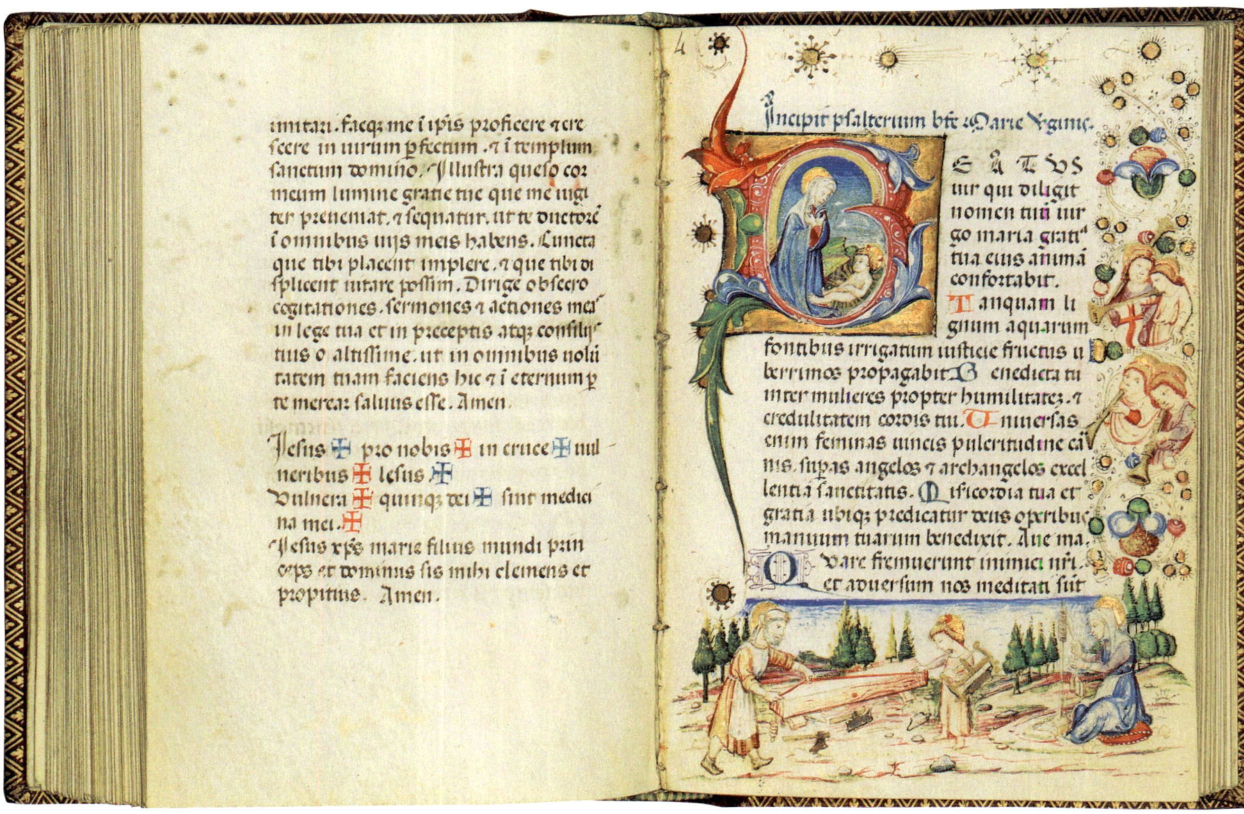

139v–140r Der Marienpsalter beginnt mit *Beatus vir*. In der Initiale kniet Maria verehrend vor dem Jesuskind. Die Randminiatur zeigt die Hl. Familie in einer südländischen Landschaft: Maria sitzt und spinnt, während Joseph mit Hilfe des Jesusknaben Schreinerarbeiten ausführt.

Gebet zum Leichnam Christi

Glorreicher Körper, den du angenommen hast im jungfräulichen Schoss durch den Heiligen Geist, der würdig war des heiligen Gutes, in dem du das Heil unseres Glaubens begründet hast. Wahrer Retter, der du die Seelen befreit hast vom finsteren Abgrund, als du, ans Kreuz geschlagen, dein kostbares Blut vergossen hast. Zu dir fliehe ich, denn du bist barmherzig, Körper Christi, verherrlicht im Himmel, und flehe, dass du in deiner großen Gnade unsere tiefe Schuld vergeben möchtest. Heiliges Blut, das du himmlische Gaben dem versprichst, der dich anbetet, Heiliges Blut, das du das Herz reinwäschst von Schuld und sündigen Gedanken und meine Seele reinigst von allem Schmutz. Hier, o Herr, bete ich mit lauterem Geist, lege Glauben und Hoffnung in deine Gottheit, bekenne, dass du in Einheit mit dem Ewigen Vater lebst und herrschst im Himmel. Mach, dass er zu mir herabsteige durch deine Gnade und dass er mich leite. Gesteh am Ende die Gnade zu, hinaufzusteigen zum wahren Ruhm des Lammes, eines Tages es zu betrachten, das im höchsten Gute regiert.

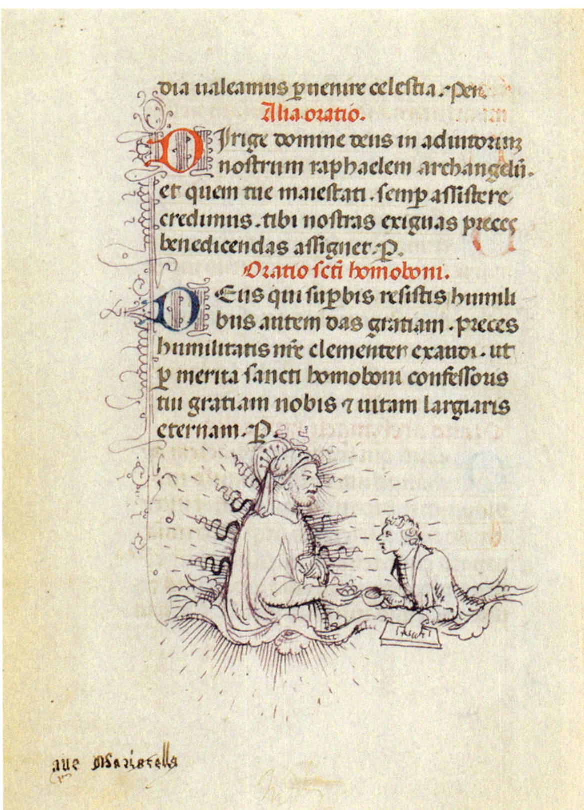
dia valeamus pervenire celestia. Per.
Alia oratio.
Dirige domine deus in adiutorium nostrum raphaelem archangelū. et quem tue maiestati. semp assistere credimus. tibi nostras exiguas preces benedicendas assignet. P.
Oratio scti homoboni.
Deus qui superbis resistis humilibus autem das gratiam. preces humilitatis nrē clementer exaudi. ut p merita sancti homoboni confessoris tui gratiam nobis et vitam largiaris eternam. P.

15 *Cremoneser Stundenbuch*, 1495

Suffragie zu Ehren des hl. Sebastian. Antiphon.

Seliger Märtyrer Sebastian, durch deine Taten und Gebete ist die gesamte Lombardei, unser Vaterland, von dem tödlichen Unheil befreit worden. Befreie auch uns von Unheil und bösen Gedanken. Gebet Allmächtiger ewiger Gott, der du wegen der Taten und Gebete des seligsten Märtyrers, des heiligen Sebastian, die gesamte Lombardei, unser Vaterland, von der Seuche befreit hast, befreie auch uns von dem Unheil. Mit der Hilfe der seligen und glorreichen Jungfrau Maria und deiner ruhmvollen Märtyrer und Heiligen Sebastian, Christophorus und Rochus und aller deiner Heiligen mögen wir sicher sein von jeglichem Unheil und Gefahr.

52r/v (Text) Gebet zum Leichnam Christi

91v (Text) Suffragie zu Ehren des hl. Sebastian.

Zur Segnung der Verteidigungswaffen

Siegel und Segen des allmächtigen Vaters und Sohnes und Heiligen Geistes möge auf diese Waffen herabkommen und auf den, der sie zum Schutz der Gerechtigkeit anlegt. Wir bitten dich, Herr und Gott, dass du ihn beschützen und verteidigen mögest, Gott, der du lebst und herrschst von Ewigkeit zu Ewigkeit. Amen.

192r/v (Text) Zur Segnung der Verteidigungswaffen und der Angriffswaffen

Zur Segnung der Angriffswaffen

Herr, Heiliger Vater und allmächtiger, ewiger Gott, bei der Anrufung deines heiligen Namens und dem Kommen deines Sohnes Christus, unseres Herren, und bei der Gabe des Heiligen Geistes, des Beschützers, segne diese Waffen, damit dieser dein Diener, der sie heute mit deiner gütigen Zustimmung anlegt, die unsichtbaren und die sichtbaren Feinde unter den Füssen zertreten möge und den Sieg über alles erlange und unversehrt bleiben möge. Durch Christus, unsern Herrn. Amen.

(Übersetzung: Alexander Arweiler)

199v Unter dem Gebet zum hl. Homobonus (Guter Mensch) ist der Heilige über den Wolken als Halbfigur mit einem Geldbeutel dargestellt. Er legt einem jungen Mann, der einen Wollkamm (?) in der Linken hält, Münzen in die entgegengehaltene kleine Schale.

16

Clarence – Stundenbuch
Lateinisches Stundenbuch nach
dem Brauch von Sarum (Salisbury)
aus dem Besitz der Margaret,
Duchess of Clarence
London, um 1428

Mit seinem dem gesamten Text vorangesetzten Miniaturenzyklus ganzseitiger Heiligendarstellungen steht dieses verschwenderisch reich ausgestattete englische Stundenbuch in einer Tradition, die sich in Psalterien seit dem 12., besonders aber im 13. Jahrhundert belegen lässt. Ein wenig schwingt diese Eigenart noch in einigen englischen Stundenbüchern mit, die kurz vor unserem am Anfang des 15. Jahrhunderts vermutlich in London entstanden sind, die jedoch solche bisweilen ikonographisch vergleichbaren Bilderzyklen wieder mit Gebetstexten – Memorien und Orationen – verbinden wie etwa die Neville Hours auf Berkeley Castle (Gloucestershire) oder Ms. 3. II. 7 der Trinity College Library in Cambridge und Ms. IV 1095 der Bibliothèque Royale in Brüssel (Scott 1996, Nr. 23, 47, 48). Die Einfügung der Heiligenmemorien nach den Laudes des Marienoffiziums entspricht englischer Gewohnheit und ist auch in den erwähnten Stundenbüchern zu finden; da aber die an dieser Stelle angerufenen Heiligen in unserem Horarium nicht mit der Auswahl der im vorangestellten Zyklus Dargestellten übereinstimmt, wird die Eigenständigkeit der einleitenden Bildsequenz noch unterstrichen.

Neben der für englische Horarien charakteristischen Illustrierung des Marienoffiziums mit einem Passionszyklus ist auch die übrige textliche Einrichtung unseres Stundenbuchs einheitlich für den Gebrauch auf der Insel bestimmt. Marien- und Totenoffizium entsprechen der Liturgie von Sarum (Salisbury), das Kalendar, das dreigestuft mit brauner, roter und blauer Tinte den Rang der Feste bestimmt, enthält alle wichtigen englischen Heiligen, im höchsten Rang auch Thomas von Canterbury (29. 12.). Sein Name ist radiert, ebenso die Bezeichnung »Papst« bei verschiedenen Nachfolgern Petri, so dass in diesem wohl nach der Suprematsakte von 1534 bzw. der wenig späteren endgültigen Loslösung der englischen Staatskirche von Rom vollzogenen Eingriff in den Textbestand der Handschrift mit der Tilgung katholischer Elemente ein frömmigkeitsgeschichtlicher Beleg für die spätere Benutzung überkommen ist. Bemerkenswert ist das Stundenbuch auch aufgrund zahlreicher individueller Merkmale, die Auskunft geben über Auftraggeber und Entstehungszeit des Manuskripts. Die in einer Nebenszene beim Tempelgang Mariens (65v) kniend im Gebet dargestellte vornehme Dame hat zwar keine heraldischen Erkennungsmerkmale an ihrer Kleidung, auch erscheinen sie nicht im Schmuck der Rahmenornamentik dieser Seite, doch kann sie mit Sicherheit als Margaret, Duchess of Clarence und Auftraggeberin dieses

Stundenbuchs identifiziert werden. Heraldische Indizien, in der gesamten Handschrift verteilt, sowie ins Kalendar nachgetragene familiäre Mitteilungen lassen darüber keinen Zweifel.

Margaret war die Tochter von Thomas Holland, Earl of Kent, und seiner Frau Alice. Ihr Wappen, also das des Hauses Holland, erscheint zu Beginn des Marienoffiziums (15r) in der *V(enite)*-Initiale sowie in der *D(eus)*-Initiale unterhalb der Miniatur mit der Kreuzigung Christi zur Non desselben Offiziums (44v). Die anderen in die Handschrift eingebrachten Wappen betreffen die beiden Ehemänner Margarets. Sie war zunächst mit John Beaufort, Earl of Somerset, verheiratet, dem rechtmäßigen Sohn von John of Gaunt und Halbbruder König Heinrichs IV. Er starb 1410; sein Wappen schmückt die *B(eati)*-Initiale (106r). Es erscheint noch einmal in Verbindung mit Margarets Wappen in der *D(omine)*-Initiale (57r) zu den Sieben Bußpsalmen mit der Darstellung des Jüngsten Gerichts. Ihr zweiter Mann war Thomas of Lancaster (1388–1421), Duke of Clarence und Bruder Heinrichs V.; sein Wappen ist in die *D(ilexi)*-Initiale (75r) eingefügt und wird in Verbindung mit dem seiner Frau in der *D(eus)*-Initiale zur Prim des Marienoffiziums (33v) wiederholt.

Neben diesen heraldischen Hinweisen finden sich lateinische Eintragungen im Kalendar, die wohl bald nach Entstehung der Handschrift in einheitlichem Duktus, vermutlich von der Besitzerin selbst, vermerkt worden sind. Es handelt sich um die Namen, verbunden mit den jeweiligen Todesjahren, der nächsten Verwandten der Herzogin, deren Sterbetage durch die Platzierung innerhalb des Kalendars überliefert werden und damit zu Gedenktagen für die Benutzerin wurden: am 23. April 1397 starb ihr Vater Thomas Holland, am 18. März (das Jahr ist unbekannt) ihre Mutter Alice, am 9. Januar 1400 ihr Bruder Thomas, am 21. Mai 1396 ihr Bruder Richard und am 5. November 1394 ihr Bruder John; ihr erster Mann John Beaufort starb am 16. März 1410, ihr ältester Sohn aus dieser Ehe, Henry, Earl of Somerset, am 10. November 1416, und am 22. März, am Vorabend des Osterfestes im Jahr 1421, wurde ihr zweiter Ehemann Thomas of Lancaster, Duke of Clarence, in der Schlacht bei Baugé im Anjou getötet, sein Leichnam nach England gebracht und in der Kathedrale von Canterbury bestattet. Eine Familienchronik in annalistischer Kürze wird hier nachvollziehbar. Die Herzogin von Clarence zog sich im Jahr 1428 in die Abtei der Augustinerinnen Saint Saviour (Zum Erlöser) in London zurück, wo sie am 30. Dezember 1439 starb und begraben wurde. Wichtig für die Datierung des Stundenbuchs ist die Anbringung der Wappen ihrer beiden vor ihr gestorbenen Ehemänner. Dasjenige des John Beaufort (106r) erscheint zu den Texten, die den Seelen der Verstorbenen gewidmet sind, dasjenige des Duke of Clarence (75r) zum Totenoffizium. So belegt die gewählte Anbringung im Text, dass die Besitzerin des Stundenbuchs der Träger dieser beiden Wappen als Verstorbener gedenkt. Damit ist gesichert, dass das Stundenbuch nach dem Tod des letzteren, also nach 1421 entstand. Stilistisch wird es in den nächstfolgenden Jahren einzugrenzen sein, als andere Manuskripte für diese verzweigte und in allen Gliedern bibliophile Adelsfamilie entstanden. Denn Margarets zweiter Ehemann, der Duke of Clarence, war der zweite Sohn König Heinrichs IV. von England und somit Bruder König Heinrichs V. sowie von John of Lancaster, Duke of Bedford (1389–1435), und von Humphrey, Duke of Gloucester (gest. 1447), mit deren Namen luxuriös ausgestattete Handschriften verbunden sind. Wegen seiner stilistischen Beziehungen zum Stundenbuch der Herzogin von Clarence sei hier nur jenes kostbare Manuskript mit Stundenbuch und Psalter, Add. Ms. 42131 der British Library in London, erwähnt, das für John of Lancaster im Londoner Atelier von Herman Scheerre in Auftrag gegeben wurde und in dem schon Bezug genommen wird auf seine Ernennung zum Herzog von Bedford, die im Mai 1414 durch seinen Bruder König Heinrich V. erfolgte (Stratford). Da es andererseits in dieser Prachthandschrift keinen Hinweis auf Anna von Burgund, die Tochter Johann Ohnefurchts, gibt, die der Herzog am Himmelfahrtstag (13. Mai) des Jahres 1423 heiratete, dürfte sie innerhalb des so bestimmten Zeitraumes, am ehesten wohl kurz vor seiner Ernennung zum Regenten der englischen Lande in Frankreich im Mai 1422, entstanden sein (Scott 1996, Nr. 54). Herzog Humphrey von Gloucester übertraf seinen Bruder noch im Sammeln kostbarer Manuskripte (Weiss), übernahm Handschriften von ihm und erhielt weitere von Jacobäa von Bayern, Gräfin von Holland, Seeland und Hennegau, die er 1422 zur Frau nahm (Ullman). Die Bibliothek des Duke of Gloucester war die bedeutendste ihrer Zeit in England; beachtliche Teile übereignete der Herzog noch zu Lebzeiten der von ihm gegründeten Universitätsbibliothek in Oxford, wo die Handschriftensignaturen noch seinen Namen tragen, während nach seinem Tod der Rest seiner Bibliothek in das neu gegründete King's College in Cambridge verbracht wurde. Die Herzogin von Clarence schenkte mehrere Handschriften der Abtei Syon, die dem Brigidenorden angehörte (Keiser); doch ist ihr hier vorliegendes Stundenbuch nicht dabei. Dieses könnte viel-

16 *Clarence–Stundenbuch* London, um 1428

mehr weiterhin im Besitz der königlichen Familie bzw. eines ihrer Zweige geblieben sein, denn die von Christopher de Hamel (Kat. Sotheby's 1989, S. 67) mitgeteilte Überlegung zu den auf Folio 7r nachgetragenen Gebeten legen eine solche Vermutung nahe.

Hierfür grundlegend ist die Beobachtung, dass das am Ende des 15. Jahrhunderts dort nachgetragene Gebet zu Ehren des Erzengels Gabriel zu etwa gleicher Zeit auch in die Hours of Elisabeth the Queen eingefügt wurde, also in jenes Stundenbuch Add. Ms. 50001 der British Library, das nächste stilistische Verwandtschaft mit unserer Handschrift aufweist (Scott 1996, Nr. 55). Benannt wird dieses in London um 1420–1430 hergestellte Horarium nach der späteren Besitzerin Elisabeth von York (= Elisabeth the Queen; 1466–1503), der ältesten Tochter König Edwards IV. von England. Am 18. Januar 1486 wurde sie die Frau Heinrichs VII. von England (1485–1509). Zu diesem Zeitpunkt oder im folgenden Jahr gelangte das Londoner Stundenbuch Add. Ms. 50001 in ihren Besitz und erhielt den Gebetsnachtrag ebenso wie das Clarence-Stundenbuch, in dem darüber hinaus der gleiche Nachtrag für den kalendarisch-komputistischen Gebrauch auf dem Vorsatzblatt mit dem Jahr 1487 einsetzt. Da Margaret, Herzogin von Clarence, ohne Erben 1439 starb, könnte unser Stundenbuch entweder über die königliche Sammlung in den Besitz der Elisabeth von York gelangt sein oder aber, wie Christopher de Hamel auch in Erwägung zieht, nach deren Heirat mit König Heinrich VII. im Jahre 1486 über dessen Mutter Margaret Beaufort, eine Verwandte des ersten Mannes der Herzogin Margaret von Clarence. Anzufügen bleibt, dass der im Angesicht Gottes betend dargestellte Mann in der *V(erba)*-Initiale des 1. Psalms zur 1. Nokturn des Totenoffiziums (80v) offenbar keine individuelle Bedeutung hat, sondern ein allgemein gedachter Bildtopos innerhalb einer besonders reichen Buchausstattung ist.

Die Clarence-Hours sind über die interessante Besitzergeschichte hinaus auch deshalb von besonderer Bedeutung, weil sie präziser als andere aufgrund ihrer künstlerischen Ausstattung zu einer umfangreicheren Gruppe zusammengehörende Handschriften die Entstehungszeit bestimmen lassen. Mit der Platzierung des Wappens von Margarets zweitem Ehemann, dem Duke of Clarence, zum Totenoffizium ist dessen Todesjahr 1421 Terminus post quem für das luxuriöse Manuskript. Als Terminus ante quem kann außer stilistischen Erwägungen die Miniatur mit dem Tempelgang Mariens (65v) weiterführen. Sinnigerweise schmückt diese Darstellung den Beginn der Fünfzehn Gradualpsalmen, von denen die Anfangsworte der ersten fünf (Ps 120 [119]–125 [124]) noch unterhalb des Bildes angebracht sind. Vermutlich wurden die Gradualpsalmen von den Pilgern gesungen, welche die fünfzehn Stufen des Tempels in Jerusalem emporstiegen. Apokryphe mittelalterliche Tradition überliefert, dass Maria sich selbst als Kind dem göttlichen Dienst geweiht, die Stufen alleine erklommen und dabei die fünfzehn Psalmen gesungen habe (Meersseman). In formal assimilierter Ikonographie findet zum Tempelgang der jungen Maria, die vom alttestamentlichen Hohenpriester mit Bischofsstab vor einem neutestamentlich-christlich bestückten Altar in redender bzw. segnender Gebärde empfangen wird, in der unteren Bildhälfte eine individuelle Parallelszene statt: Die an einem kostbar behangenen Betpult mit aufgeschlagenem Andachtsbuch kniende Auftraggeberin der Handschrift hält im Gebet inne. Den Inhalt ihres Betens überliefern die Schriftbänder in der Bildrahmung mit Versen aus dem Bußpsalm 51 (50), 3 und dem Gradualpsalm 133 (132), 1, der das Zusammenleben in einer friedlichen Gemeinschaft preist. Die Herzogin schaut mit gefalteten Händen einer Frau entgegen, die aus dem Eingang eines Hauses herausgetreten ist, das in typologischer Entsprechung zum darüberliegenden alttestamentlichen Tempel ein Kloster oder Konventhaus sein muss. Die Frau trägt einen Schleier sowie ein Buch, offenbar als Charakterisierung ihres geistlichen Standes, und wendet sich mit sprechend-segnender Gebärde der Beterin zu. Zweifellos spielt die Szene – entsprechend der geistlichen Weihe Mariens – auf den Eintritt der Herzogin in die Augustinerinnenabtei Saint Saviour in London im Jahre 1428 an. Ist mit dem Bild der Wunsch der Herzogin wiedergegeben, nach dem Tod ihres zweiten Mannes ins Kloster einzutreten, ist also die Handschrift vor 1428 entstanden? Oder aber stellt die Szene ein Erinnerungsbild dar, ähnlich wie die in überlegter Platzierung angebrachten Wappen an die beiden verstorbenen Ehemänner erinnern, so dass das Stundenbuch erst nach ihrem Eintritt ins Kloster in Auftrag gegeben worden wäre?

Die Herzogin von Clarence trägt kostbare und modische, jedenfalls weltliche Kleidung und hat ihre Hände nicht nur im Gebet, sondern bittend erhoben; in Parallelität zur Marienszene wird auch die Bitte Margarets erhört, ihr Wunsch erfüllt und damit der historisch bezeugte Eintritt ins Kloster bestätigt. Man wird also das Stundenbuch nicht um 1421, sondern eher kurz vor 1428 datieren, als der Klostereintritt der Herzogin fest- bzw. bevorstand. Vielleicht ist dieses der persönlichen Andacht dienende, luxuriöse Stundenbuch überhaupt aus eben diesem Grund entstanden, als Abschied aus der profanen Welt und Eintritt in die geistliche. Hierfür könnte auch sprechen, dass die Todestage der Familienmitglieder an den entsprechenden Stellen im Kalendar eingetragen worden sind, das einschneidende Ereignis des Klostereintritts der Eigentümerin jedoch nicht, weil dieser selbst der Anlass für die Herstellung des Horariums war. Eine als wahrscheinlich anzunehmende Entstehung vor oder um 1428 wird zudem von Beobachtungen zur Ausstattung gestützt.

An der künstlerischen Ausschmückung des Clarence-Stundenbuchs waren mehrere Miniaturisten beteiligt. Kathleen L. Scott hat in ihrem Katalog der englischen illuminierten Handschriften der Spätgotik vorrangig zwei Buchmaler für die Miniaturen unterschieden; demnach stammen vom ersten alle ganzseitigen Darstellungen zu Beginn der Handschrift (7v–14v) sowie die halbseitigen Miniaturen mit Gethsemane (22v), Gefangennahme (33v), Vorführung Christi (38r), Kreuztragung (41v), Kreuzabnahme (47v), Grablegung (52v) und Totenmesse (75r). Dem zweiten Maler weist sie die Initialminiatur mit der Verkündigung an Maria sowie die restlichen halbseitigen Darstellungen mit Kreuzigung (44v), Jüngstem Gericht (57r), Tempelgang Mariens (65v) und den zur Dreifaltigkeit emporgetragenen drei Seelen (106) zu, wobei die Miniaturen mit dem Gnadenstuhl (8v) und der Kreuzigung (44v) als Gemeinschaftsarbeit beider Maler in Erwägung gezogen werden. Die Initiale mit dem betenden Mann (80v) könnte schließlich von einem dritten Maler stammen. Eine solche Händescheidung wird dadurch nahegelegt, dass die Figuren des ersten Malers massiger und deutlicher konturiert sind; ihre ovalen, großen Gesichter zeigen eine überaus ruhige Mimik, haben etwas Feierliches und erscheinen fast wie erstarrt, während der zweite Maler kleinere und feingliedrigere, auch lebendiger agierende Figuren bevorzugt, die wohlproportioniert mit malerisch-weichen Konturen in bewusste Beziehung zu den übrigen Bildmotiven gesetzt werden. Die stilistischen Unterschiede sind nicht eben groß, und es ist deutlich, dass beide Maler in der Tradition jenes sich um bzw. nach 1400 wohl in London entwickelnden Stils stehen, der mit dem Namen Johannes verbunden ist. Ein Maler dieses Namens nennt sich in einer Illustration auf Folio 220r zu Marco Polos »Li livres du Graunt Caam« im Ms. Bodley 264 der Bodleian Library in Oxford (Scott 1996, Nr. 13), das mit dem großartigen Bild der Abreise des kleinen Marco Polo mit seinem Vater Nicolò und seinem Onkel Matteo aus Venedig beginnt (218r). Johannes malte insgesamt sechs Miniaturen in dieser reich bebilderten Handschrift, an deren Ausstattung drei weitere Miniaturisten beteiligt waren. Sein Malstil ist wie derjenige seiner Mitarbeiter in einer Reihe von Handschriften nachweisbar, die in den beiden ersten Jahrzehnten des 15. Jahrhunderts entstanden, sein unmittelbarer Einfluss jedoch weit darüber hinaus noch in späteren Malereien zu belegen, wie es unter anderem das Clarence-Stundenbuch bezeugt. In dieser Tradition bildet sich um das Stundenbuch der Herzogin von Clarence eine Gruppe stilistisch verwandter Andachtsbücher, zu denen der Psalter Ms. 148/198 des Gonville and Gaius College in Cambridge wie auch das schon erwähnte Stundenbuch Add. Ms. 50001 der British Library gehören, eines der schönsten englischen Stundenbücher dieser Zeit, an deren Ausstattung nach Beobachtung von Kathleen L. Scott ein Miniator beteiligt ist, der vermutlich mit dem zweiten Maler in unserem Stundenbuch identifiziert werden kann. Zudem stimmen die einzelnen Motive wie die kompositionelle Struktur der reichen Bordürenornamentik in den genannten Handschriften, denen noch das Stundenbuch Ms. Rawlinson liturg. d. 1 der Bodleian Library in Oxford anzufügen ist (Pächt / Alexander), derart überein, dass man sie demselben Bordürenmaler wird zuschreiben dürfen. Man gewinnt damit einen weiteren Beleg für die Annahme, dass es sich um Produkte desselben in London tätigen Ateliers aus den Jahren um 1420–1430 handelt. Zudem lassen sich zahlreiche ikonographische Rückbindungen der Miniaturen oder einzelner Sujets unseres Stundenbuchs etwa mit solchen in den Neville-Hours (Spriggs) belegen, aber auch im Stundenbuch der Elisabeth von York oder im Stundenbuch-Psalter des Herzogs von Bedford (Scott 1996, Nr. 54; Sutton / Visser-Fuchs 1990, S. 12 ff.). Die künstlerischen Verflechtungen, die sich hier zeigen, setzen einen vielfältigen Austausch innerhalb des Ateliers voraus, wie man ihn sich gerade im Herzen des mittelalterlichen Londoner Buchhandels, in der nahe der St. Paul's Cathedral gelegenen Paternoster Row, wo die Handschriften geschrieben und ausgeschmückt wurden, vorstellen kann (Alexander, Christianson).

16 *Clarence-Stundenbuch*
London, um 1428

Darüber hinaus aber finden sich immer wieder Besonderheiten innerhalb der Bildfindung im Andachtsbuch der Herzogin von Clarence, die anderenorts nicht zu belegen und bisweilen wohl auf Wünsche der Auftraggeberin zurückzuführen sind (Scott 1989, S. 19 ff.). Zu solchen Eigentümlichkeiten gehört das Fehlen des Schwertes im Bild der hl. Katharina (10v), das Erscheinen der Trinität (106r) anstelle Gottvaters, dem üblicherweise die Seelen anempfohlen werden, der einsame Baum im umzäumten Garten Gethsemane

16 *Clarence-Stundenbuch* London, um 1428

(22v), der Assoziationen von Lebensbaum und Hortus conclusus aufkommen lässt, oder auch der träumend mit geschlossenen Augen und nachdenklicher Gestik außerhalb der Initialminiatur mit der Verkündigung an Maria stehende Joseph (15r). Wenn als erste Miniatur des Stundenbuchs die Unterrichtung Mariens im Lesen durch ihre Mutter Anna (7v) erscheint, so vermittelt diese Darstellung etwas Prinzipielles, dessen sich der Benutzer bewusst wurde, sobald er das Buch in die Hand nahm. Gerne folgt man dem Hinweis Christopher de Hamels, dass Kinder in jener Zeit das Lesen in Stundenbüchern lernten und die mittelenglische Bezeichnung für das Stundenbuch »Primer«, abgeleitet von der Prim als erster Tageszeit der Offizien, noch heute für das erste Schulbuch der Kinder benutzt wird. Wenn zum anderen Margarete als einzige weibliche Heilige in den Memorien des Marienoffiziums (31v) angerufen wird und ihr Bild (9v) gleich nach dem Gnadenstuhl vor allen weiteren Heiligendarstellungen erscheint, dürfte dies eine Referenz an die Namenspatronin der Herzogin sein.

1r–6v Monatsverse

Frömmigkeitsgeschichtlich von besonderem Interesse ist ein Detail bei der Kreuztragung Christi (41v), auf der entgegen der biblischen Textüberlieferung nicht Simon von Cyrene das Kreuz Christi mitträgt, sondern an seine Stelle Maria getreten ist. Zu ihr wendet sich Christus im Gehen zurück, als wolle er sich vergegenwärtigen, wer ihm beim Tragen der Last hilft, während sie beide von den Soldaten verspottet werden. Hier ist daran zu erinnern, dass diese ikonographische Eigenheit bereits in dem bemerkenswerten französischen Brevier Solger 4°.4 der Stadtbibliothek Nürnberg, um 1295 entstanden, zusammen mit weiteren Darstellungen zur Sext des Marienoffiziums vorkommt. Eleanor Greenhill hat anlässlich der Vorstellung des Bilderzyklus dieser Handschrift auf dem 25. Kongress für Kunstgeschichte in Wien als mögliche literarische Quellen Meditationstexte über das Leben Christi ermittelt, in denen das Mitleiden Mariens sehr stark eingebunden ist – »Meditationes vitae Christi« des Pseudo-Bonaventura (vgl. Kat. Nr. 29), »Speculum Religiosorum« des hl. Edmund von Abingdon, »Rheinisches Marienlob« u. a. –, ohne jedoch eine konkrete Vorlage benennen zu können. Der Maler des sog. Paraments von Narbonne im Musée du Louvre, der auch die Miniatur mit der Kreuztragung in den Très Belles Heures de Notre-Dame des Herzogs Jean de Berry am Anfang des 15. Jahrhunderts ausführte (Paris, Bibliothèque Nationale de France, Ms. nouv. acq. lat. 3093, p. 203), folgte in beiden Werken dieser Bildtradition (König). Hinter ihrem Sohn gehend trägt Maria im Clarence-Stundenbuch das Kreuz mit verhüllten Händen, als handele es sich nicht um die Realie innerhalb des historischen Geschehens, sondern um ein verehrungswürdiges Objekt. Damit kommt ein Moment der Andacht in das Geschehen, in dessen Nachvollziehen die Besitzerin der Handschrift sich an die Stelle Mariens denken und in frommer Betrachtung selbst das Kreuz Christi mittragen konnte. Dieser Gedanke der Imitatio, der Nachahmung, erinnert an die außergewöhnliche Illustrierung ihres Wunsches, ins Kloster einzutreten, der gleichsam typologisch in Parallelität gesetzt wird zu dem alttestamentlichen Vorbild des Tempelgangs Mariens (65v). Im täglichen Betrachten solcher Bilder blieb der Herzogin von Clarence ihre persönliche Einbindung in das Wirken der Heilsgeschichte eindringlich und trostreich gegenwärtig.

(Joachim M. Plotzek)

Monatsverse

Januar Prima dies mensis: et VII. truncat ut ensis. (Der erste Tag des Monats und der siebte schneiden wie ein Schwert.) Februar Quarta subiit mortem: prosternit tercia fortem. (Der vierte unterliegt dem Tod, der dritte streckt den Starken nieder.) März Primus mandentem: disrumpit IIII. bibentem. (Der erste zerstört den Esser, der vierte den Trinker.) April Denus et undenus: est mortis vulnere plenus. (Der zehnte und der elfte: sie sind voll der tödlichen Wunden.) Mai Tercius occidit: et septimus ora relidit. (Der dritte tötet und der siebte zerschlägt das Antlitz.) Juni Denus palleat: quindecimus federa necat. (Der zehnte erbleicht und der fünfzehnte tötet die Verträge.) Juli Tredecimus mactat: iulii denus labefactat. (Der dreizehnte befleckt, der zehnte schwächt.) August Prima necat fortem: perdit secunda cohortem. (Der erste tötet den Starken, der zweite vernichtet die Kohorte.) September Tercia Septembris: et denus fert mala membris. (Der dritte und der zehnte bringen den Gliedern Unheil.) Oktober Tercius et denus: est sicut mors alienus. (Der dritte und der zehnte sind fremd wie der Tod.) November Scorpius est quintus: et tercius est vere cinctus. (Der fünfte ist ein Skorpion und der dritte wahrhaft in Rüstung.) Dezember Septimus exsanguis: virosus denus ut anguis. (Der siebte ist leichenblass, der zehnte giftig wie eine Schlange.) (Übersetzung: Alexander Arweiler)

Pergament 120 Blätter (ein altes Vorsatzblatt [A]); 244 x 172 mm (leicht beschnitten); Lagen: I⁶, 2–3⁴, 4–10⁸, 11⁴, 12–16⁸, 17⁶; Schriftspiegel: 153–159 x 94 mm; einspaltig; 18 bzw. 33 (Kalendar) Zeilen; Liniierung in Rot. **Ausstattung** Lateinischer Text in englischer gotischer Textura mit dunkelbrauner Tinte, rubriziert; Kalendar mit dunkelbrauner, roter und blauer Tinte; einzeilige Initialen im Kalendar und Text alternierend in Blattgold mit schwarzem oder in Blau mit rotem Fleuronnée, Zeilenendungen in Blau oder in Blau-Gold; mehrzeilige KL-Ligaturen im Kalendar alternierend in Blau, Grün oder Mauve mit Binnenfeld in Grün, Mauve oder Minium; dreizeilige Initialen im Text zweifarbig halbiert in Blau-Orange, Rot-Grün, Blau-Grün, Mauve-Grün mit weißgehöhter stilisierter Ornamentik, gefüllt mit Akanthus und Blattranken, bisweilen auch Tieren und Köpfen in denselben Farben oder farbigen Wappen; die freien Flächen innerhalb dieser Zierbuchstaben mit Blattgold belegt, ebenso Buchstabenumrahmung in Blattgold; alle Schriftseiten mit dreizeiligen Initialen sowie die Kalenderseiten als Textzierseiten allseitig mit Bordürenranken gerahmt; Bordüren als dünne Stäbe in Blattgold und einer wechselnden Farbe (Mauve, Blau) aus den Initialen austretend und dreiseitig den Schriftspiegel rahmend, immer auf dem rechten Rand in dünne Rispen mit farbigen Blättern und Blüten auslaufend (bei Recto- und Versoseiten); farbiger Akanthus raumhaltig um die dünnen goldenen und farbigen Stäbe gewunden, bisweilen auch zwischen den Stäben, und dünne Rispen mit farbigen, auch goldenen Blättern und Blüten entlassend; fünf- bis achtzeilige Initialen (15r und 80v) mit Figuren bzw. Szenen gefüllt, die Bordüren noch reicher und dichter mit Akanthus und Rispenschmuck allseitig den Text rahmend; elf halbseitige Miniaturen in Deckfarben, Gold und Silber mit breiten, vegetabil gefüllten und zweifarbig halbierten Leisten gerahmt; die gesamten Seiten wie die oben beschriebenen Textzierseiten besonders reich allseitig gerahmt; acht ganzseitige Miniaturen in gleichem Kolorit mit mehrfarbigen, profilierten Rahmenleisten umgeben sowie auf den Rändern dünnes beblättertes Fleuronnée. **Einband** Dunkelroter Samt, am Rücken ganz berieben, über Pappe; an den Kanten von einer schmalen Silberborte eingefasst; zwei Paar verblasste, orangefarbene Bänder, teils abgerissen und verschlissen, zum Verschnüren der Handschrift; Goldschnitt; 17./18. Jahrhundert. **Vorbesitzer** Hergestellt für Margaret Holland, Herzogin von Clarence; ihr Wappen des Hauses Holland (drei liegende Löwen in Gold auf rotem Grund) 15r und 44v; das Wappen ihres ersten Mannes John Beauford, Earl of Somerset (drei goldene Fleurs de lis auf blauem Grund) 106r; das geteilte Wappen von beiden 57r; das Wappen ihres zweiten Mannes Thomas of Lancaster, Duke of Clarence (drei goldene Fleurs de lis auf blauem Grund mit Turnierkragen) 75r; das geteilte Wappen von beiden 33v; im Kalendar Eintragungen aus der Entstehungszeit der Handschrift zum Gedenken an Todesdaten von Familienmitgliedern; möglicherweise später im Besitz der Elisabeth von York (1466–1503), der ältesten Tochter König Edwards IV. von England (siehe dazu weiter oben); Rychard Foster (Namenseintrag in einem Duktus um 1500 auf dem Innenrand des liniierten, aber unbeschrieben gebliebenen Blattes); während der folgenden Jahrhunderte Provenienz nicht bekannt; S. Eckman, Jr.; auf der Sotheby's Auktion vom 12. 12. 1967 (Nr. 46) von Maggs (London) für Major J. R. Abbey erworben (Nr. 7398 in seiner Bibliothek; Exlibris im Vorderdeckel). **Inhalt** Ar tabellarische Nachtragungen (sp. 15. Jh.) der Jahreskennzeichen von 1487–1562 mit den Goldenen Zahlen, hier irreführend als *Indictiones* überschrieben, und den als *Annus bisextilis* (Schaltjahreintragungen) betitelten Sonntagsbuchstaben von A bis G (in Schaltjahren doppelt besetzt) sowie schließlich mit dem Datum des Osterfestes (z. B. der 15. April für das erste genannte Jahr 1487). Av leer. 1r–6v Kalendar, lateinisch, sporadisch besetzt (u. a. 19. 1. *Sancti Vulstani epi. et conf.* [rot], 30. 1. *Sancte Batildis regine non mris.*, 18. 3. *Sancti Edwardi regis et mris.* [rot], 20. 3. *Sancti Cuthberti epi. et conf.* [rot], 27. 3. *Resurrectio domini* [blau], 3. 4. *Sancti Ricardi epi. et conf.*, 19. 4. *Sancti Alphegi archiepi. mr.*, 19. 5. *Sancti Dunstani archiepi. et conf.*, 25. 5. *Sancti Adelmi epi. et conf.*, 26. 5. *Sancti Augustini epi. et conf. primi Anglor. apli.* [rot], 9. 6. *Transl. s. Edmundi archiepi.* [rot], 16. 6. *Translacio* [!] *s. Ricardi epi. et conf.*, 20. 6. *Transl. sancti Edwardi reg. et mris.*, 22. 6. *Sancti Albani pthomris. Anglor.* [rot], 23. 6. *Sancte Etheldrede virg. non mris.*, 4. 7. *Transl. et Ordinacio* [!] *sancti Martini epi.* [rot], 15. 7. *Transl. sancti Swithuni socq. eius mr.*, 17. 7. *Sancti Kenelmi reg. et mris.*, 28. 7. *Sancti Sampsonis epi. et conf.*, 5. 8. *Sancti Oswaldi regis et mris.*, 31. 8. *Sancte Cuthburge virg. non mris.*, 4. 9. *Transl. sci. Cuthberti epi. et conf.*, 16. 9. *Sancte Edithe virg. non mris.*, 13. 10. *Translacio* [!] *sancti Edwardi* [rot], 15. 10. *Sancti Vulfranni epi. et conf.*, 6. 11. *Sancti Leonardi abb. et conf.* [rot], 15. 11. *Sancti Machuti epi. et conf.* [rot], 16. 11. *Sancti Edmundi archiepi. et conf.* [rot], 20. 11. *Sancti Edmundi reg. et mris.* [rot], 29. 12. *Sancti Thome archiepi. et mr.* [blau]); Monatsverse zu Beginn und Angaben der Tag- und Nachtstunden am Ende; in Blau hervorgehoben die Herren- Marien- und Apostelfeste sowie die der Erzmärtyrer; Besonderheiten: die Nennung des Thomas von Canterbury am

16 *Clarence–Stundenbuch* London, um 1428

29. 12. ist radiert, ebenso sind die Bezeichnungen *pape* bei den Päpsten Gregor (II. 3.), Leo (28. 6.) und Linus (26. II.) ausradiert; nachträgliche Todeseintragungen von einer Hand: 9. I. *Obitus domini Thome de Holand ducis [...] comitis Cancie A° dni millesimo CCCC*^{mo}. 16. 3 *Obitus Johannis comitis Somercetie Anno domini M°CCCC*^{mo}*X° sexto dominicae*. 18. 3. *Obitus domine Alesie cometisse Cancie*. 22. 3. *Obitus illustrissimi principis Thome ducis Clarencie in vigilia pasche A° dni M°CCCC°XXI°*. 23. 4. *Obitus domini Thome de Holand comitis Cancie et domini de Wako A° dni M°CCC°LXXXX°VII°*. 21. 5. *Obitus Richardus de Holand filii domini Thome comitis A° dni M° CCC°LXXXX°VI°*. 5. II. *Obitus domini Johannis de Holand filii domini Thome comitis A° dni M°CCC°LXXXXIIII°*. 10. II. *Obitus domini Henrici comitis Somercetie A° dni M°CCCC°XVI°*. 7r nachgetragene Gebete (Ende 15. Jh.) zu Ehren des Erzengels Gabriel, der Jungfrau Maria und des Heiligsten Altarsakraments; im Mariengebet der Wortlaut *ego misera peccatrix [...] michi indigne famile [!] tue Elizabeth* (Ich unglückliche Sünderin [...] mir deiner unwürdigen Dienerin Elisabeth). 7v–14v Zyklus ganzseitiger Miniaturen. 7v Die thronende Mutter Anna unterrichtet ihre Tochter Maria im Lesen. 8r leer. 8v Gnadenstuhl; Gott Vater auf dem Thron hält das Kreuz mit dem Gekreuzigten, vor seiner Brust die Taube des Hl. Geistes. 9r leer. 9v hl. Margarete entsteigt, zu Gott betend, dem Untier, das sie verschlungen hat. 10r leer. 10v hl. Katharina mit dem Rad. 11r leer. 11v Johannes der Täufer, mit Tierfell und Mantel bekleidet; in der verhüllten Linken Kreuzstab (labarum) sowie ein Buch, auf dem das Lamm liegt, auf das er mit der Rechten weist. 12r leer. 12v Evangelist Johannes schreibt im Angesicht des Adlers, seines Symbols, in ein Buch. 13r leer. 13v hl. Georg tötet den Drachen, im Hintergrund die betende Königstochter mit einem Lamm an der Leine sowie das königliche Elternpaar im Palast. 14r leer. 14v hl. Christophorus trägt den Jesusknaben durch einen Fluss, im Hintergrund der Eremit mit Laterne. 15r–56v Marienoffizium nach dem Brauch von Sarum (Salisbury). 15r Matutin. Zierseite. *D (omine labia mea)*: Verkündigung an Maria; auf dem Spruchband des Engels: *Ave gratia plena dominus tecum benedicta tu in (mulieribus)*; außerhalb der Initiale nachdenklicher Joseph. 22v Laudes. Zierseite mit halbseitiger Miniatur: Christus am Ölberg. 29v–33r Heiligenmemorien. 29v *De sancto spirito*. 29v *De sancta trinitate*. 30r *De sancta cruce*. 30r *De sancto Michaele*. 30v *De sancto Johanne Baptista*. 30v *De sancto Petro et Paulo*. 31r *De sancto Johanne Evangelista*. 31v *De sancta Margareta*. 32r *De omnibus sanctis*. 32r *Pro pace*. Zu den folgenden Gebetsstunden Zierseiten mit halbseitigen Miniaturen: 33v Prim. Gefangennahme Christi. 38r Terz. Vorführung Christi vor Pilatus. 41v Sext. Kreuztragung Christi. 44v Non. Kreuzigung Christi; Spruchband des Centurio: *Vere filius Dei erat iste* (Dieser war wirklich Gottes Sohn). 47v Vesper. Kreuzabnahme. 52v Komplet. Grablegung Christi; Schriftband im Rahmen: *Dominus in adiutori (um)*. 57r–65r Sieben Bußpsalmen. 57r halbseitige Miniatur: Jüngstes Gericht. *Incipiunt septem psalmi penitenciales*. 65v–67v Fünfzehn Gradualpsalmen. 65v halbseitige Miniatur: Tempelgang Mariens und betende Eigentümerin der Handschrift; auf einem den Zierrahmen umwindenden Band die Inschrift: *Ecce quam bonum et quam iocundum habitare fratres in unum* (Ps 133 [132], 1; Seht doch wie gut und schön es ist, wenn Brüder miteinander in Eintracht wohnen) und *Miserere mei Deus secundum magnam misericordiam tuam et secundum multitudinem mise(rationum tuarum)* (Ps 51 [50], 3; Gott sei mir gnädig nach deiner Huld, tilge meine Frevel nach deinem reichen Erbarmen). *Incipiunt quindecim psalmi*. 68r–74v Litanei (u. a. Vulfranne, Cuthberte, Oswalde, Sibithune, Editha) mit Gebeten. 68r Zierseite. *K (yrie)*. 75r–105v Totenoffizium nach dem Brauch von Sarum. 75r halbseitige Miniatur: Totenmesse mit aufgebahrtem Katafalk. 80v Zierseite. *In primo nocturno* (Zur ersten Nokturn). *V (erba mea auribus)*: kniender Mann im Gebet. 106r–119v *Commendationes animarum* (Die Anempfehlungen der Seelen). 106r halbseitige Miniatur: zwei Engel tragen drei Seelen in einem Leinentuch zur himmlischen Dreifaltigkeit. 120r/v liniiert, aber unbeschrieben. **Literatur** Sotheby's, Catalogue of Western and Hebrew Manuscripts and Miniatures, London, 12. 12. 1967, Nr. 46 – J. J. G. Alexander / E. Temple, Illuminated Manuscripts in Oxford College Libraries. The University Archives and the Taylor Institution, Oxford 1985, S. 46 (Nr. 462). – C. de Hamel, A History of Illuminated Manuscripts, Oxford 1986, Farbtaf. 165. – K. L. Scott, »Caveat Lector«. Ownership and Standardization in the Illustration of Fifteenth-Century English Manuscripts, in: F. Beal / J. Griffiths (Hgg.), English Manuscript Studies 1100–1700, Bd. 1, Oxford / New York 1989, S. 43, 53 Anm. 6, Taf. 17 (auf S. 44). – Dies., Design, Decoration and Illustration, in: J. Griffiths / D. Pearsall (Hgg.), Book Production and Publishing in Britain 1375–1475, Cambridge 1989, S. 56f., Anm. 25. – Sotheby's, Catalogue of The Celebrated Library of the late Major J. R. Abbey. The Eleventh and Final Portion, London, 19. 6. 1989, Nr. 3018. – Sotheby's Preview June / July 1989, The Library of the Late Major J. R. Abbey, Eleventh and Final Part, S. 104f., Farbabb. S. 105. – Sotheby's, Art at Auction 1988–1989, London 1989, S. 244, Farbabb. – Sam Fogg Rare Books, Medieval

Manuscripts, Kat. 12, London 1989, Nr. 14. – A. Sutton / L. Visser-Fuchs, The Hours of Richard III, Stroud 1990, S. 12, 16 und Anm. 48, 21 Anm. 63, 23, 27, 30 und Anm. 72, 33 und Anm. 76, 35 Anm. 77ff., 36 und Anm. 80ff., 37, 38, 127 (Index, s. »Abbey, Major«), Abb. 6, 16, 22. – Dr. Jörn Günther Antiquariat, Mittelalterliche Handschriften und Miniaturen. Katalog und Retrospektive, Hamburg o. J. (1993), Nr. G, S. 221ff. – K. L. Scott, Later Gothic Manuscripts 1390–1490 (J. J. G. Alexander [Hg.], A Survey of Manuscripts Illuminated in the British Isles, Bd. 6), 2 Bde., London 1996, bes. Bd. 2, Nr. 56, S. 176ff.; weitere Nachweise im Index unter »Estate of the late Major J. R. Abbey«, Bd. 2, S. 400. **Zitierte Literatur** J. Stratford, The manuscripts of John, Duke of Bedford. Library and Chapel, in: D. Williams (Hg.), England in the Fifteenth Century. Proceedings of the 1986 Harlaxton Symposium, Woodbridge 1987, S. 329ff. – R. Weiss, Portrait of a Bibliophile, Humphrey Duke of Gloucester, in: The Book Collector 12, 1964, S. 161ff. – B. L. Ullman, Manuscripts of Duke Humphrey of Gloucester, in: Ders., Studies in the Italian Renaissance. Storia e letteratura (Raccolta di studi e testi 51), Roma 1955, S. 345ff. – G. R. Keiser, Patronage and Piety in Fifteenth-Century England. Margaret, Duchess of Clarence, Symon Wynter and Beinecke Ms. 317, in: The Yale University Library Gazette 60, 1985, S. 32ff. – G. G. Meersseman, Der Hymnus Akathistos im Abendland I, Freiburg 1958, S. 6. – O. Pächt / J. J. G. Alexander, Illuminated Manuscripts in the Bodleian Library Oxford, Bd. 3, Oxford 1973, S. 76 (Nr. 869), Taf. LXXXIII. – G. M. Spriggs, The Neville Hours and the School of Herman Scheerre, in: Journal of the Warburg and Courtauld Institutes 37, 1974, S. 104ff. – Ders., Herman Scheerre and Cologne Painting about 1400. Some recent attributions, in: Vor Stefan Lochner. Die Kölner Maler von 1300–1430. Ergebnisse der Ausstellung und des Colloquiums Köln 1974 (Begleithefte zum Wallraf-Richartz-Jahrbuch 1), Köln 1977, S. 118ff. – J. J. G. Alexander, Medieval Illuminators and their Methods of Work, New Haven / London 1992. – C. P. Christianson, Memorials of the Book Trade in Medieval London. The Archives of Old London Bridges, Woodbridge 1987. – E. Greenhill, Ms. Solger 4°.4, Nuremberg: Its Pictorial Cycle, in: H. Fillitz / M. Pippal (Hgg.), Akten des XXV. Internationalen Kongresses für Kunstgeschichte, Wien, 4.–10. September 1983, Bd. 6: Sektion 6. Europäische Kunst um 1300, Wien / Köln / Graz 1986, S. 89ff. – E. König, Die Très Belles Heures von Jean de France Duc de Berry. Ein Meisterwerk an der Schwelle zur Neuzeit, München 1998, S. 66f. und Abb. 2, S. 242f.

16 *Clarence–Stundenbuch*
London, um 1428

16 *Clarence-Stundenbuch*
London, um 1428

2r Monat März im Kalendar: Vermerkt sind u.a. am jeweiligen Sterbetag Name und Sterbejahr nächster Verwandter der Herzogin von Clarence. Im März sind dies ihre Mutter sowie ihr erster und ihr zweiter Mann.

7v Die thronende Mutter Anna unterrichtet ihre Tochter Maria im Lesen.

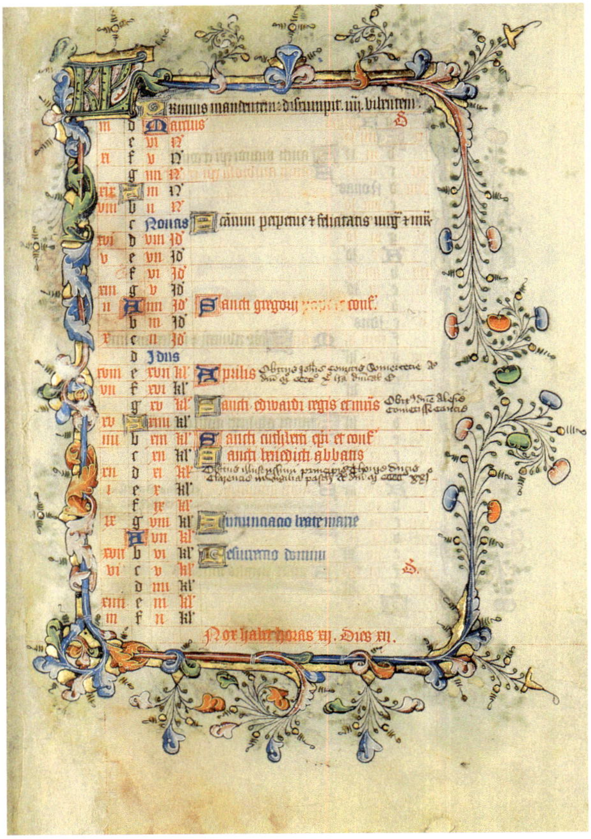

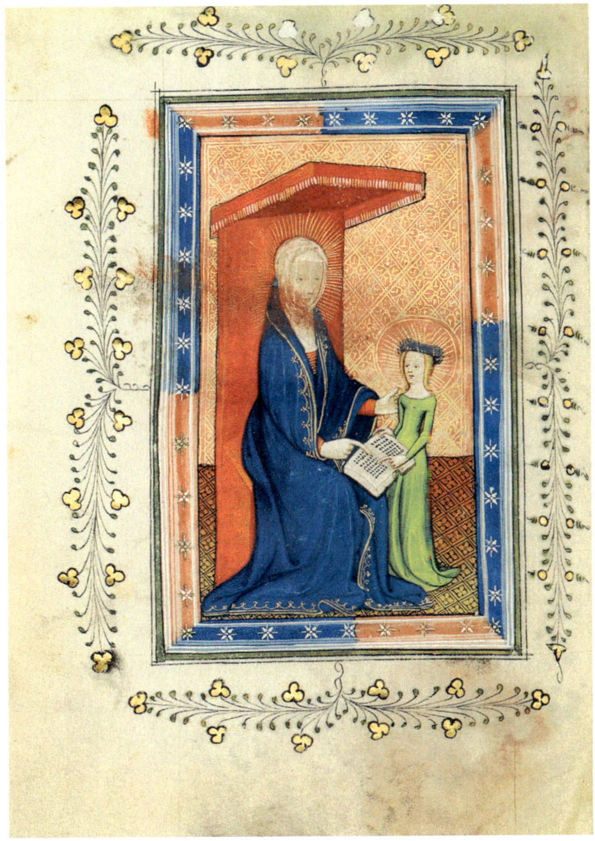

8v Gnadenstuhl

9v Hl. Margarete

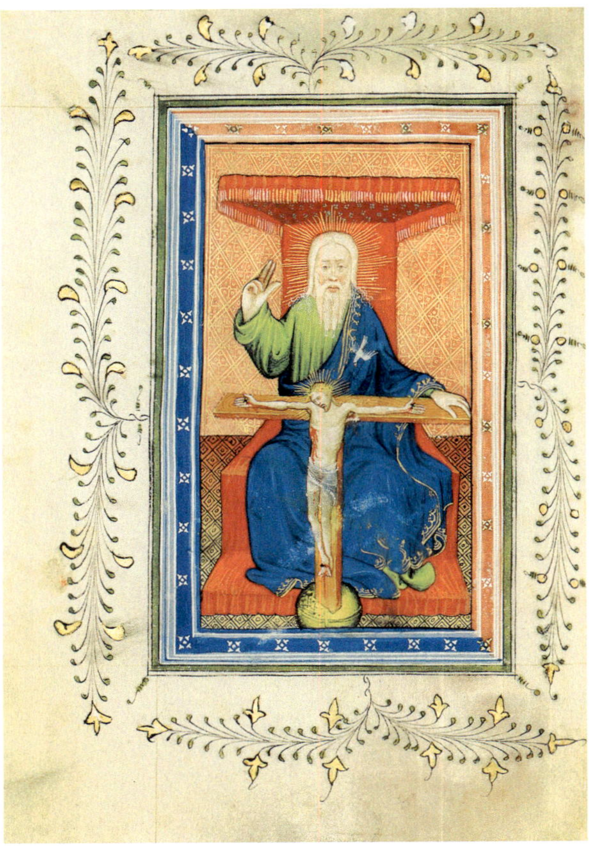

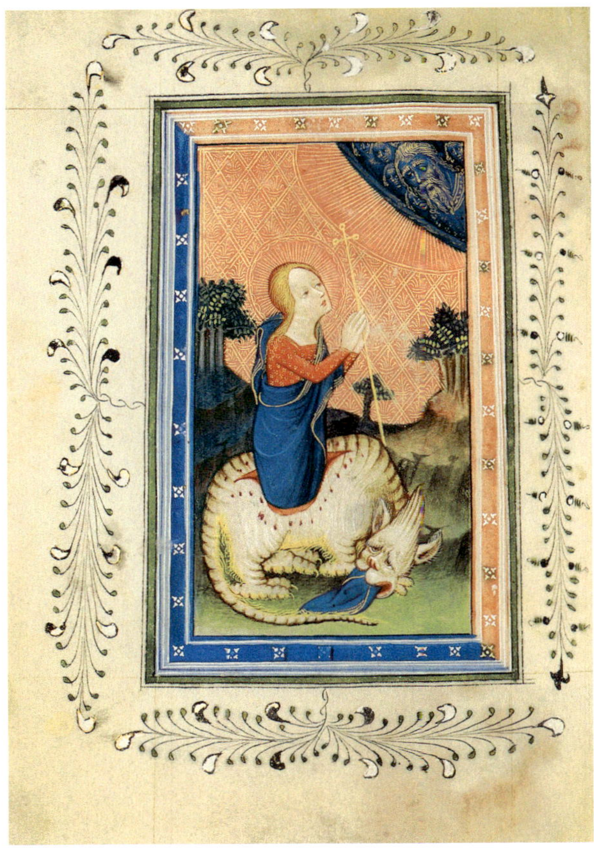

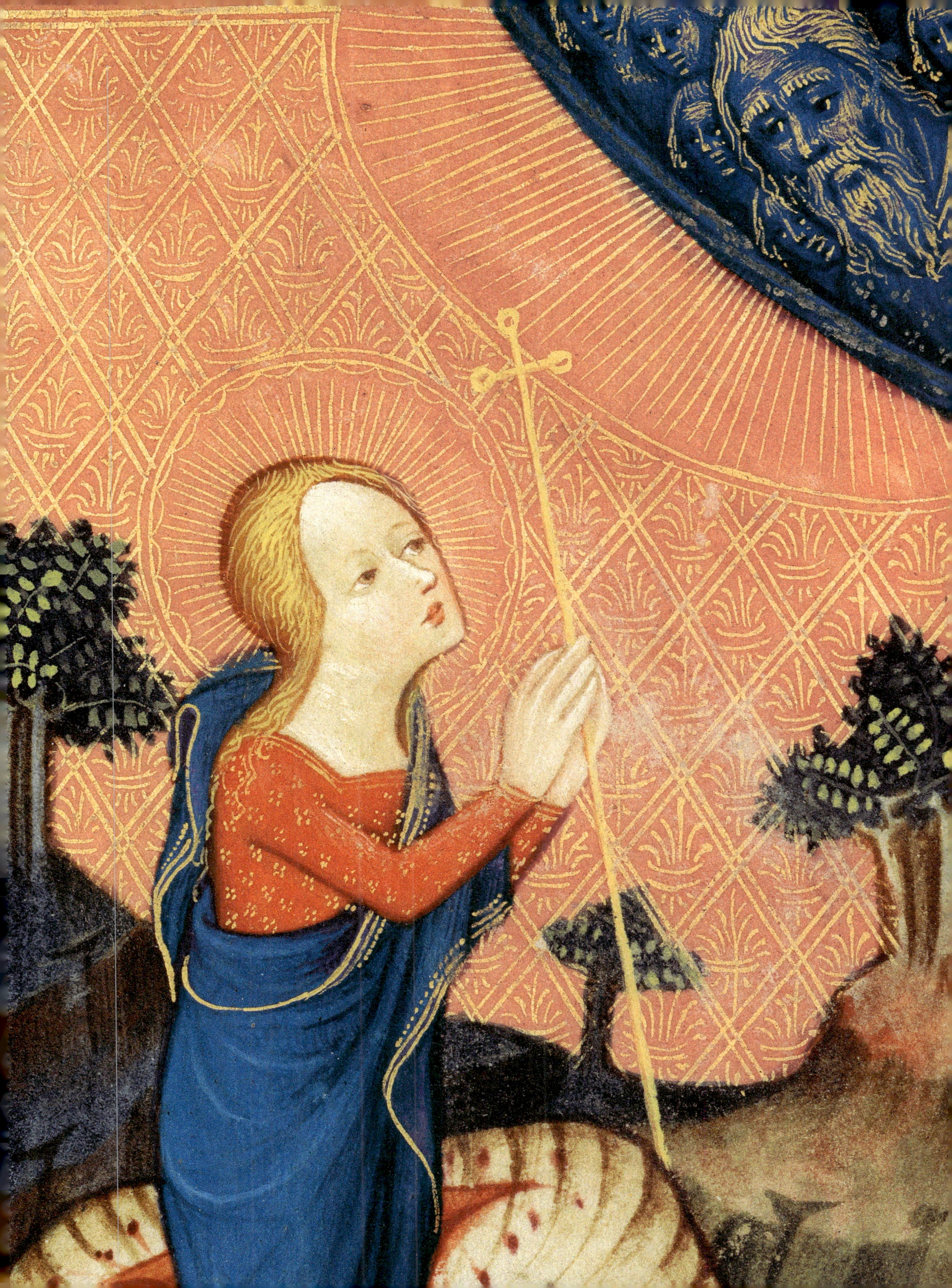

16 *Clarence–Stundenbuch*
London, um 1428

10v Hl. Katharina mit dem Rad

11v Hl. Johannes der Täufer, mit Tierfell und Mantel bekleidet; in der verhüllten Linken hält er den Kreuzstab (labarum) sowie ein Buch, auf dem das Lamm der Apokalypse liegt.

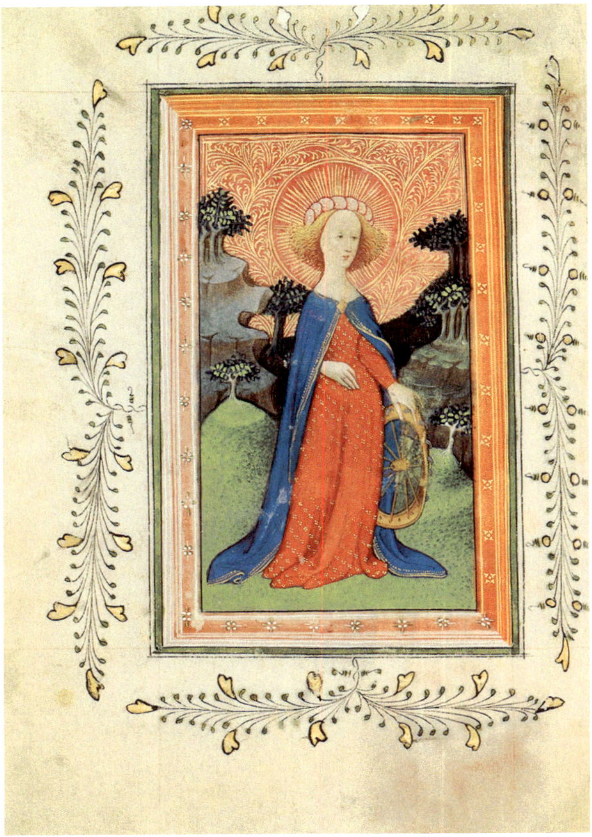

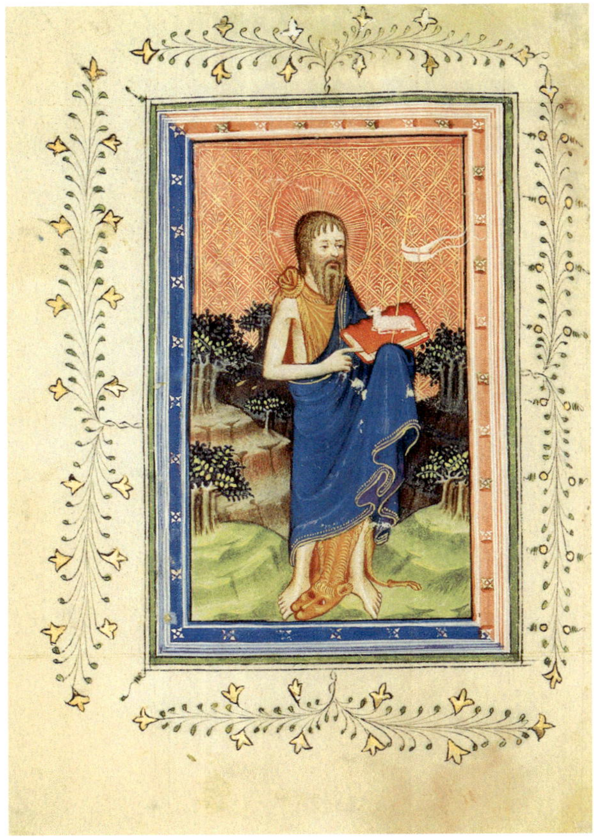

12v Der Evangelist Johannes zeichnet, inspiriert von seinem Symbol, dem Adler, das Evangelium auf.

13v Der hl. Georg zu Pferde tötet den Drachen, dem eine Königstochter geopfert werden sollte. Ihre Eltern beobachten die Szene vom Palast aus.

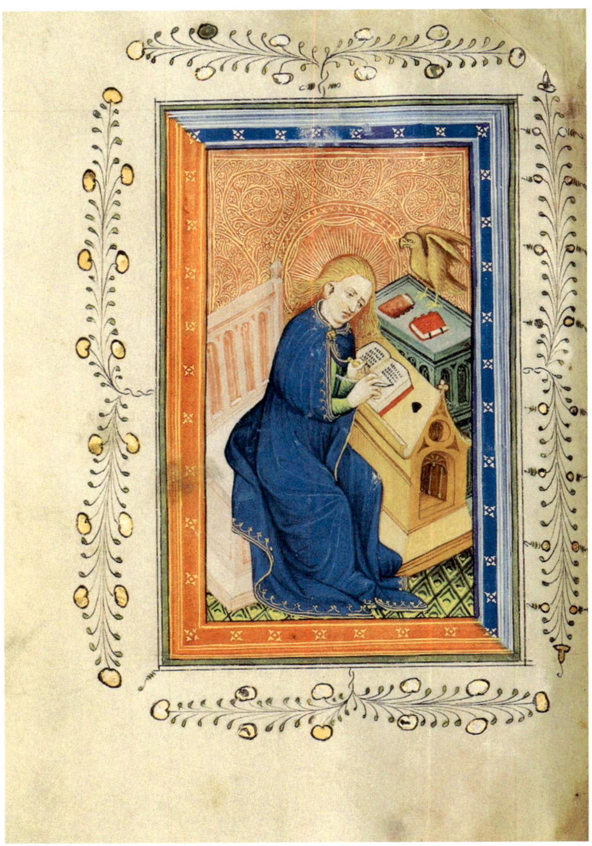

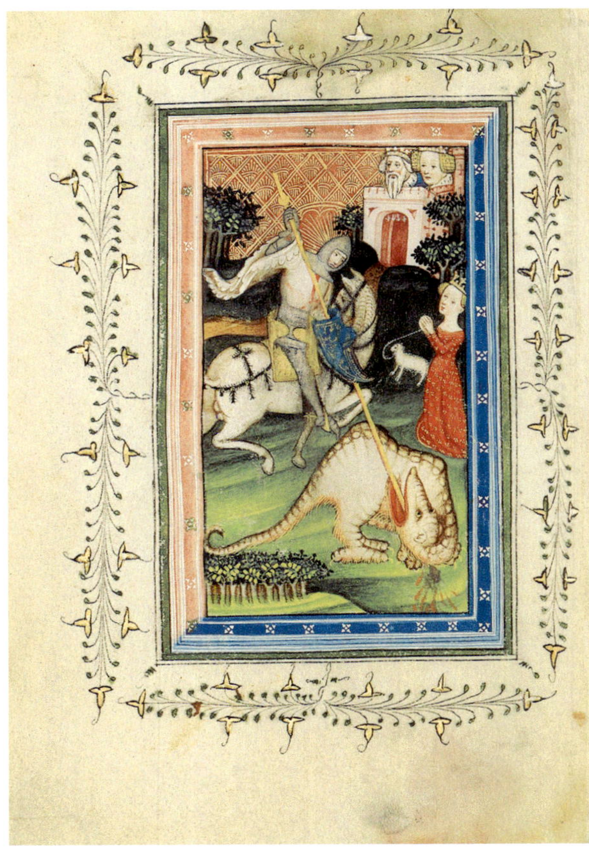

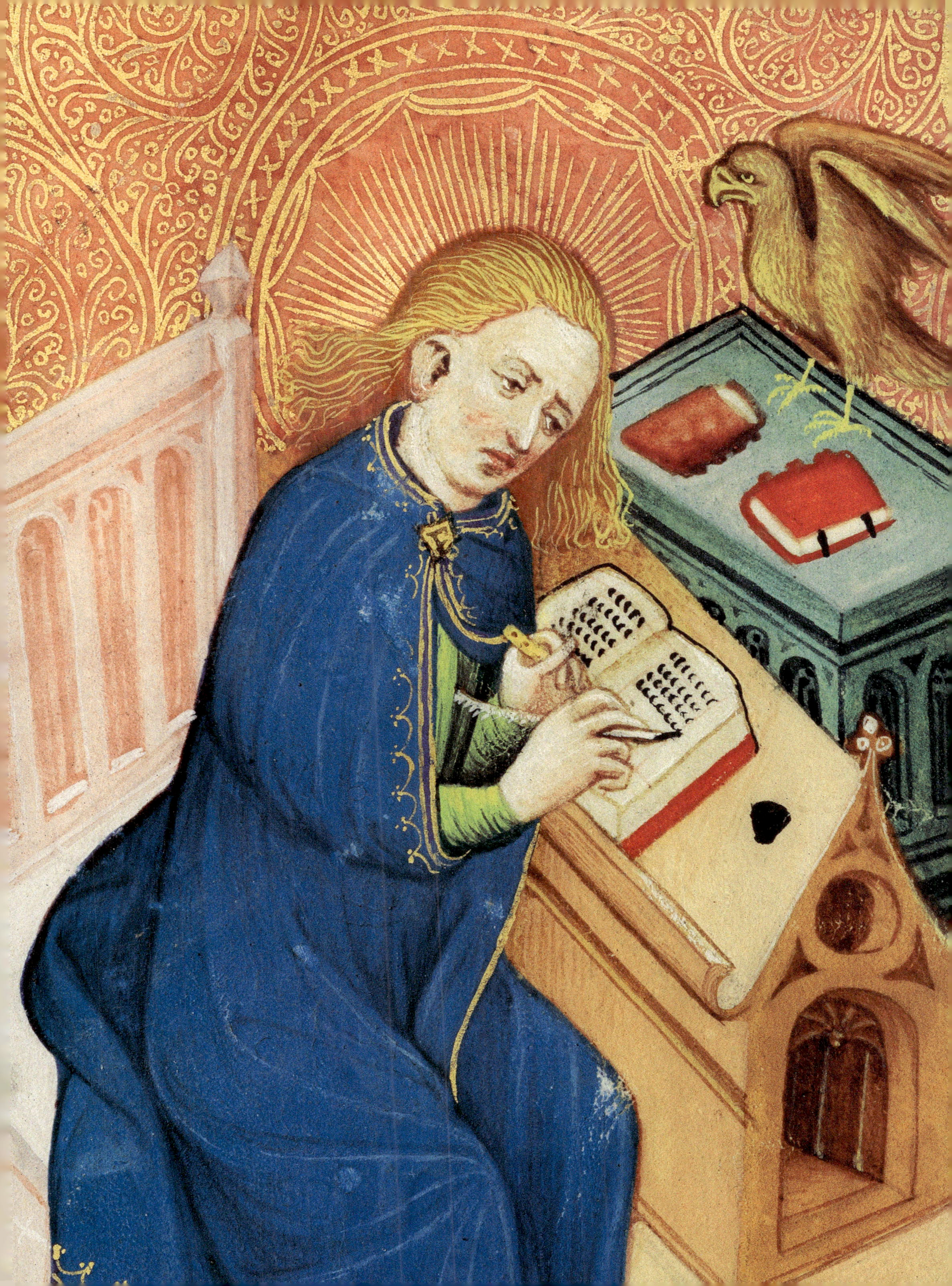

16 *Clarence–Stundenbuch*
London, um 1428

14v Der hl. Christophorus trägt den Jesusknaben durch einen Fluss; im Hintergrund ein Einsiedler

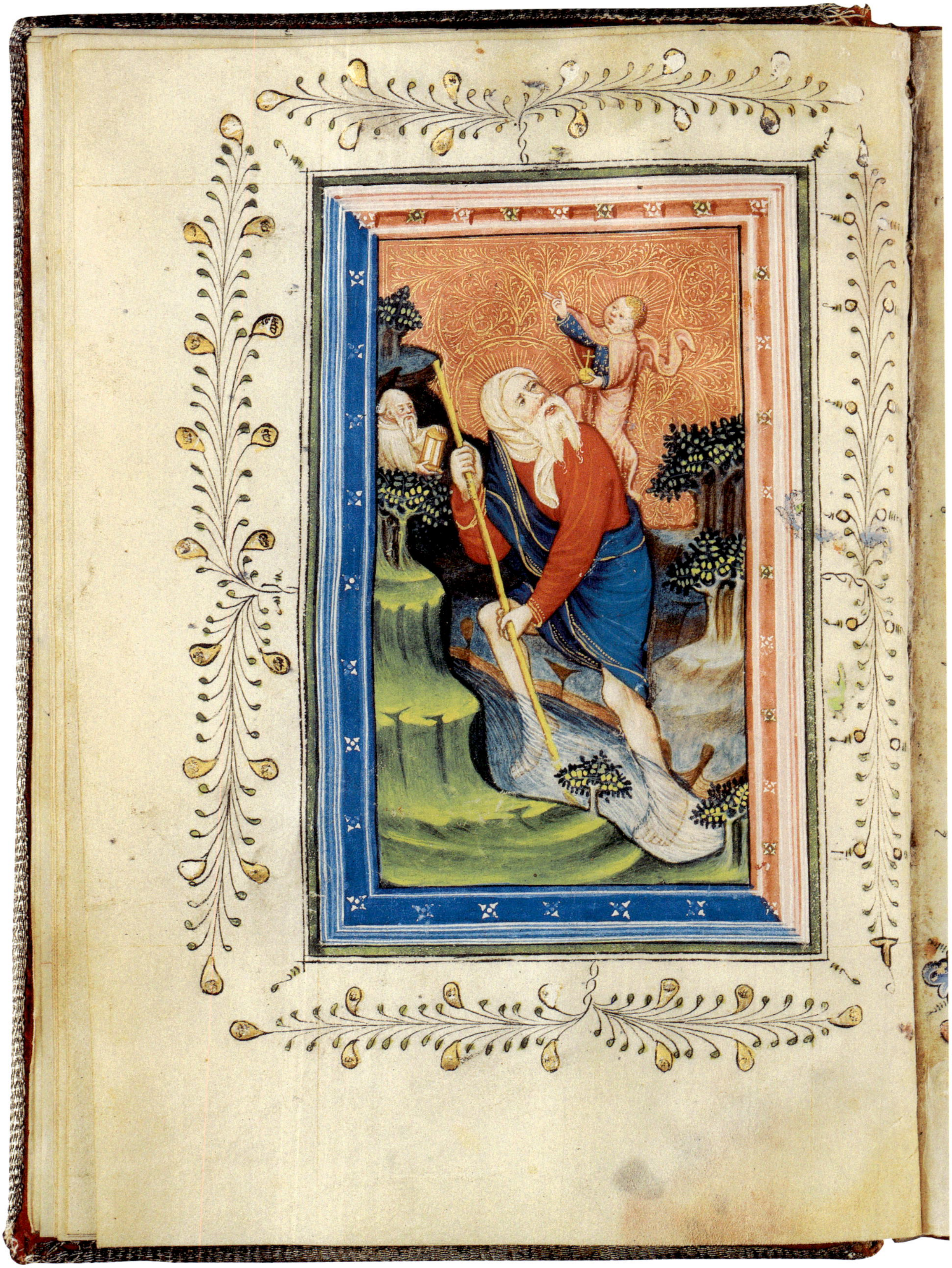

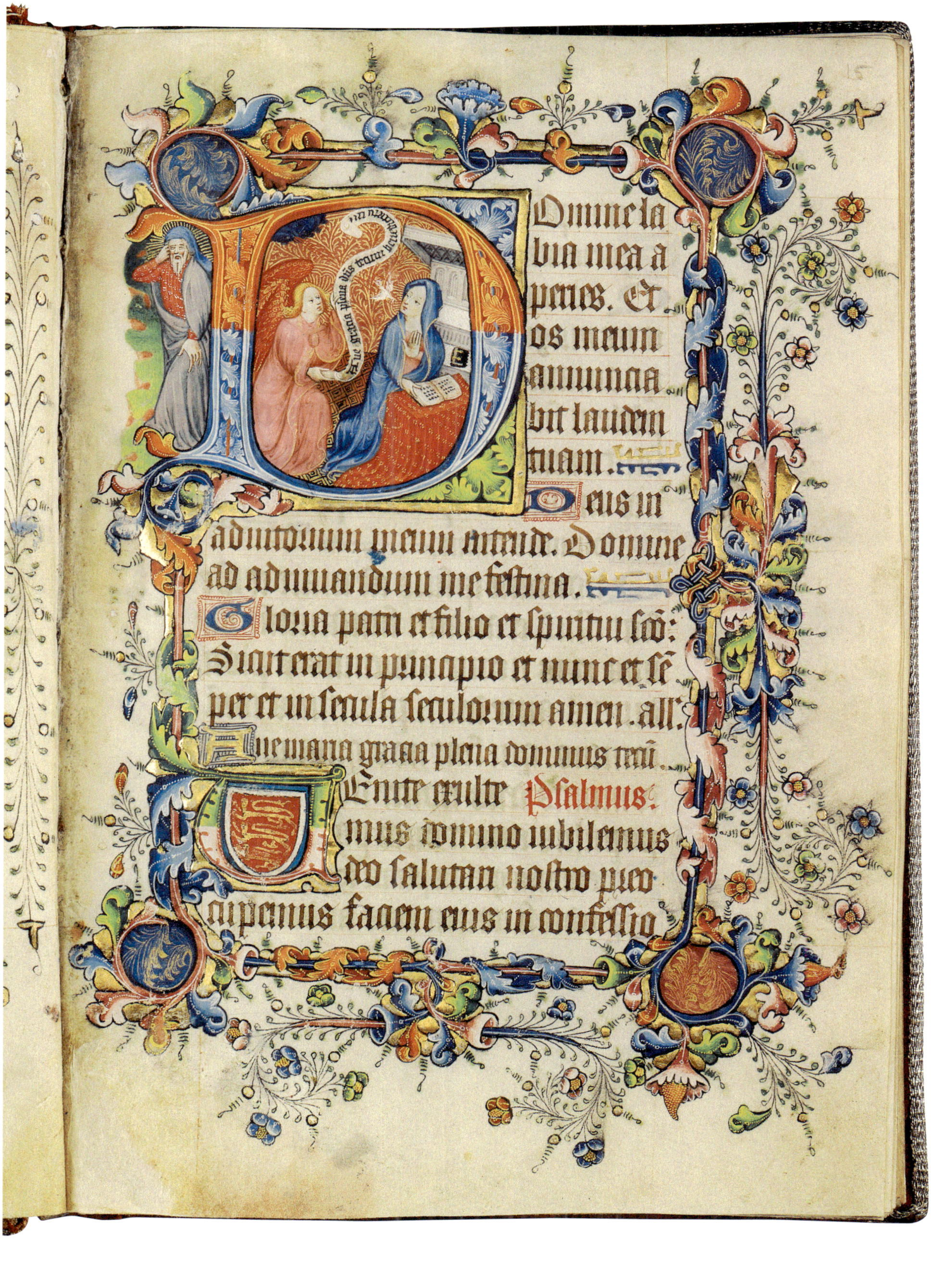

16 *Clarence-Stundenbuch*
London, um 1428

15r Matutin des Marienoffiziums; in der Initiale die Verkündigung an Maria; links daneben der nachdenkliche Joseph; unten links das Wappen der Margaret Holland, Herzogin von Clarence. Für sie wurde die Handschrift hergestellt.

16 *Clarence–Stundenbuch*
London, um 1428

22v–23r Laudes des Marienoffiziums. Christus betet am Ölberg. Petrus und die beiden Söhne des Zebedäus sind während des Wartens eingeschlafen.

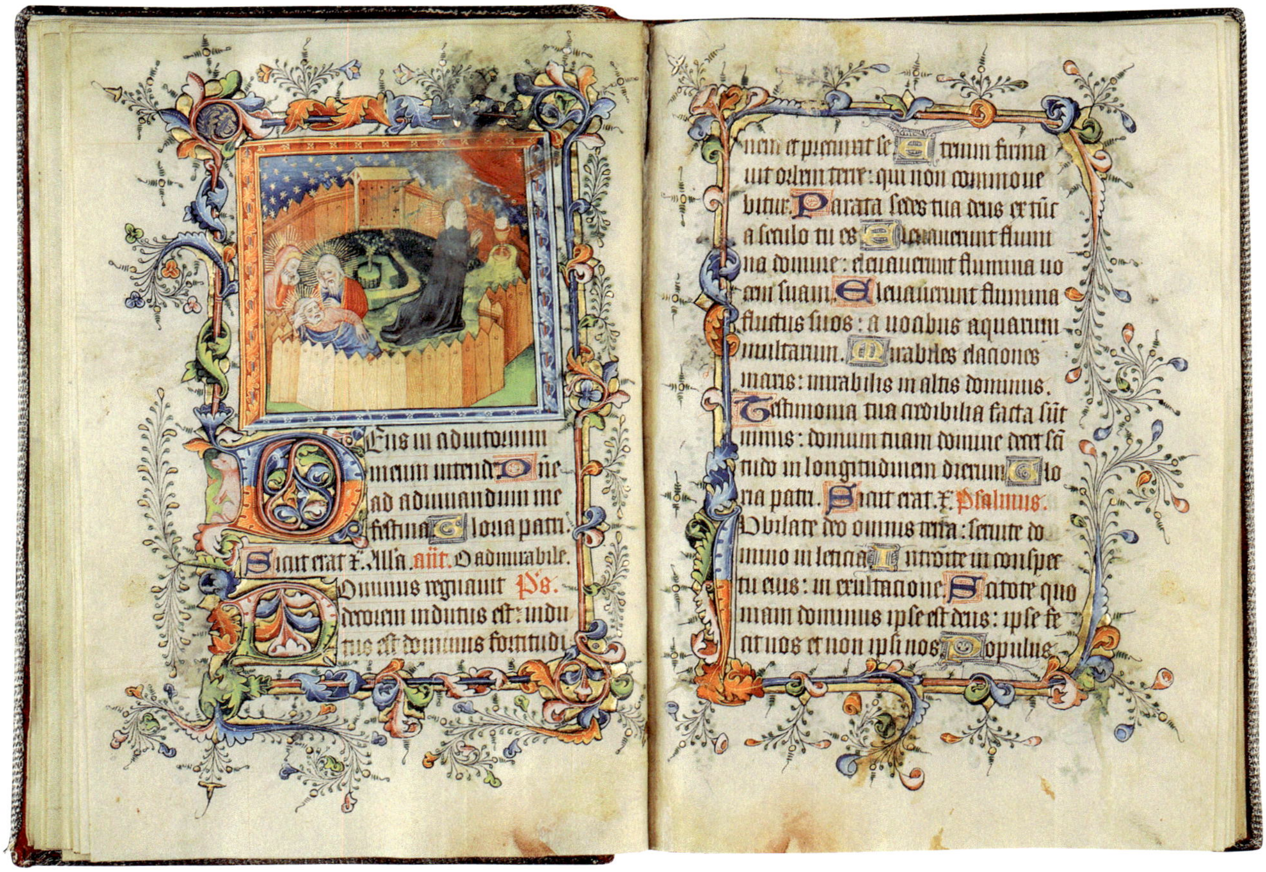

33v Prim des Marienoffiziums. Als Christus im Garten Gethsemane gefangengenommen wird, schlägt einer seiner Begleiter einem Diener des Hohenpriesters ein Ohr ab.

38r Terz des Marienoffiziums. Christus wird vor Pilatus geführt.

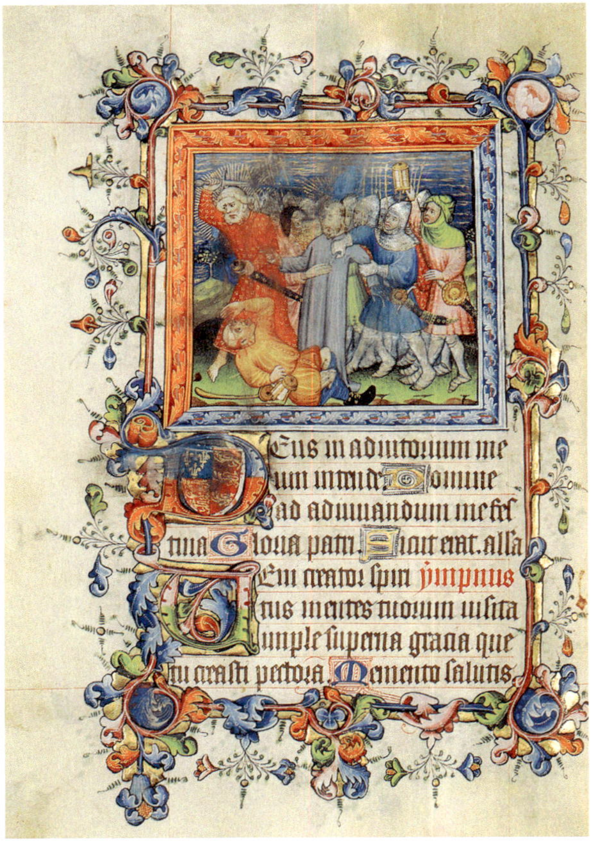

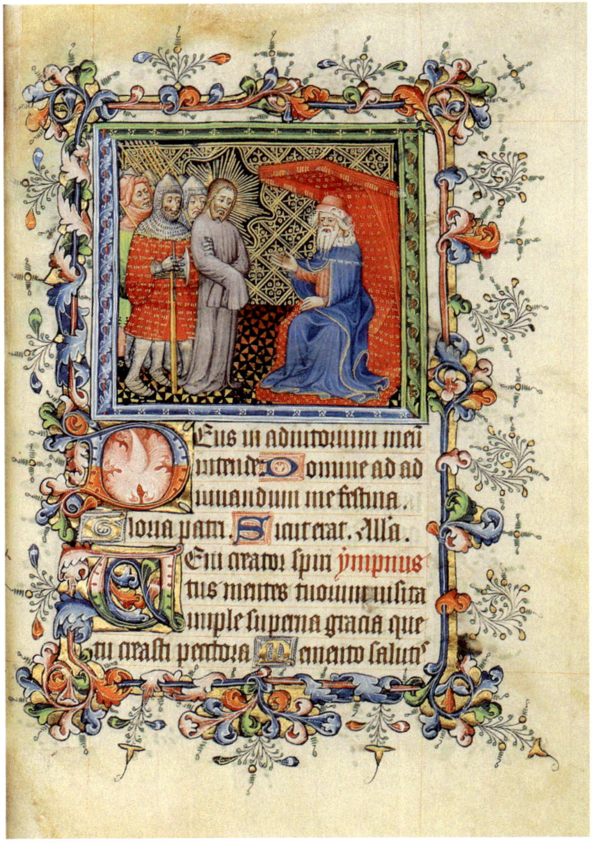

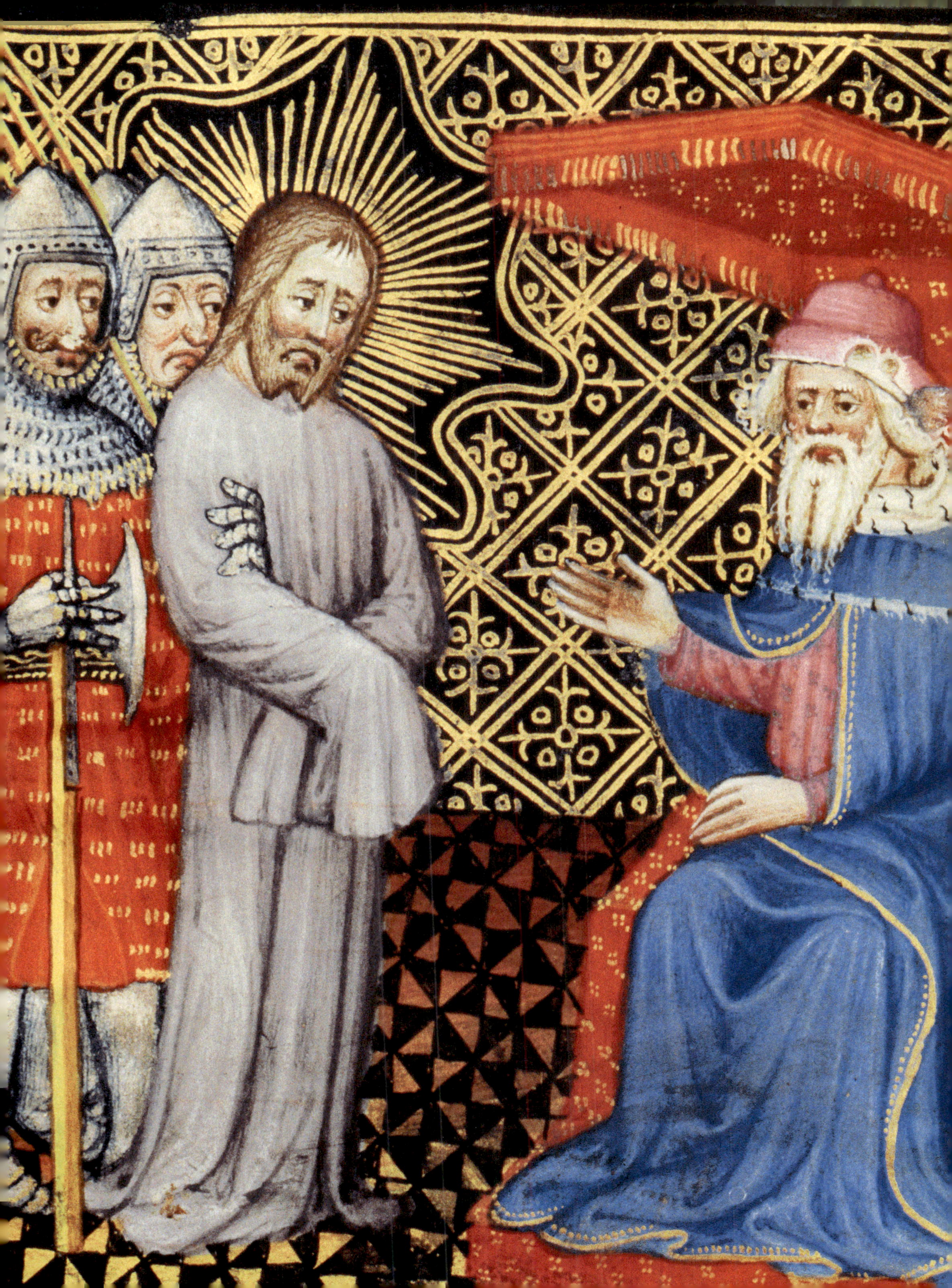

16 *Clarence–Stundenbuch*
London, um 1428

41v Sext des Marienoffiziums. Kreuztragung Christi

44v Non des Marienoffiziums. Golgathaszene mit dem gekreuzigten Christus, den beiden Schächern, drei Frauen und Johannes; auf dem Spruchband des von Soldaten begleiteten Centurio: *Vere filius Dei erat iste* (Dieser war wirklich Gottes Sohn).

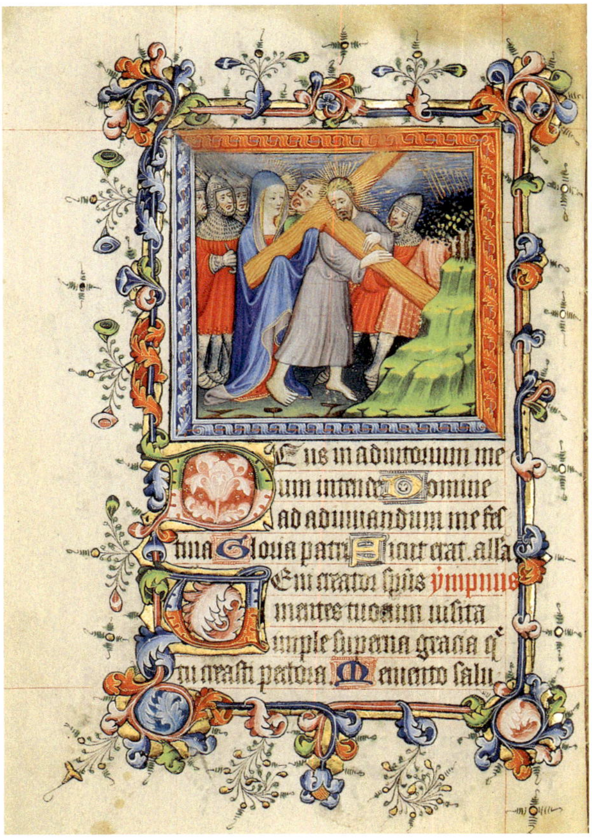

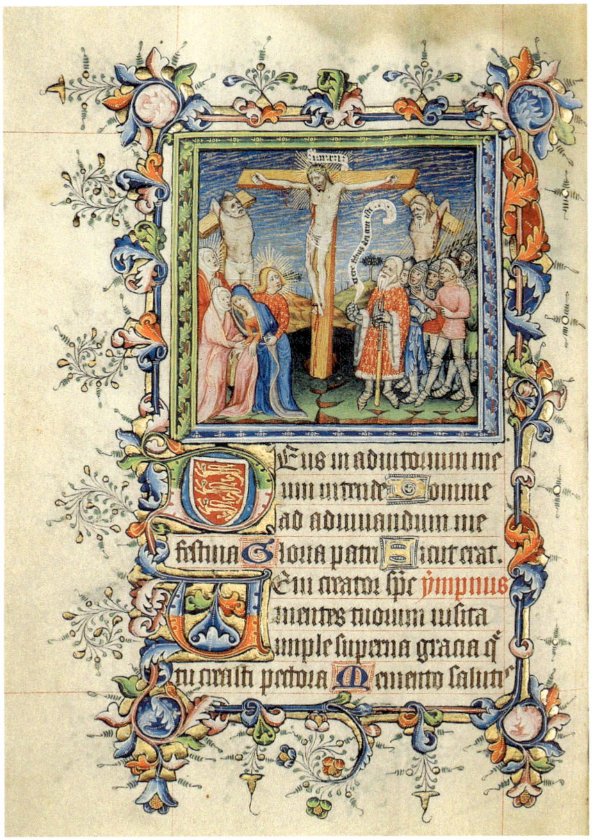

47v Vesper des Marienoffiziums. Kreuzabnahme

75r Totenoffizium. Totenmesse mit Katafalk; in der Initiale das Wappen Margarets in Verbindung mit dem ihres 1421 verstorbenen zweiten Ehemannes, Thomas of Lancaster, Duke of Clarence.

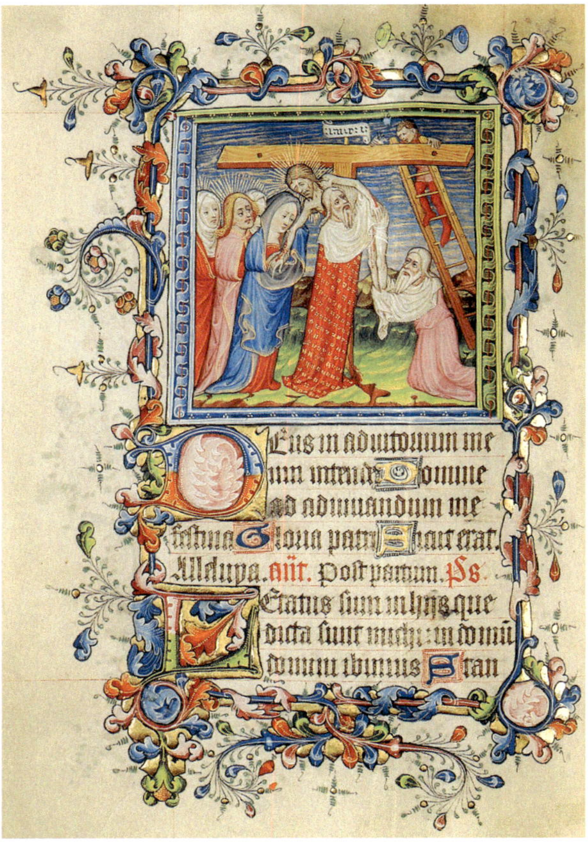

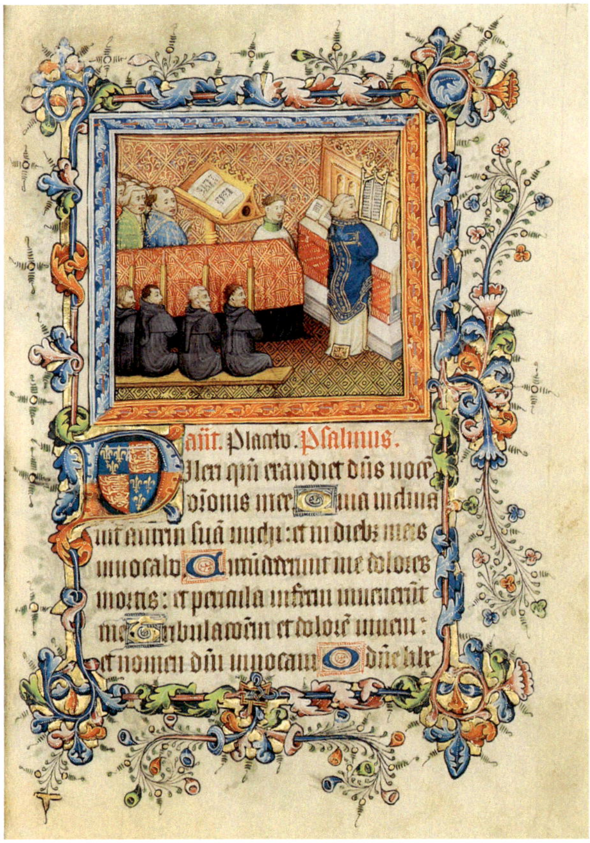

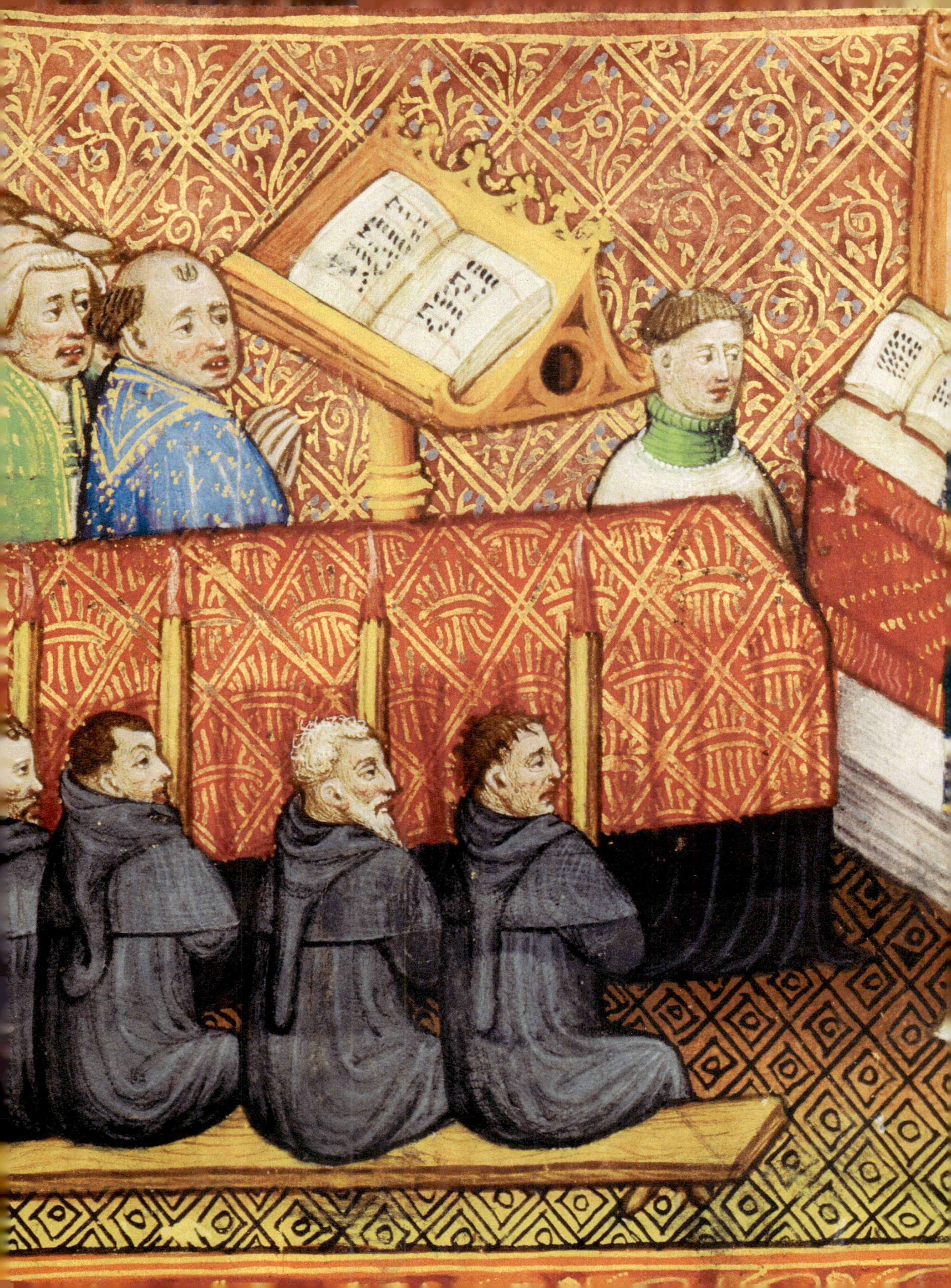

16 *Clarence–Stundenbuch*
London, um 1428

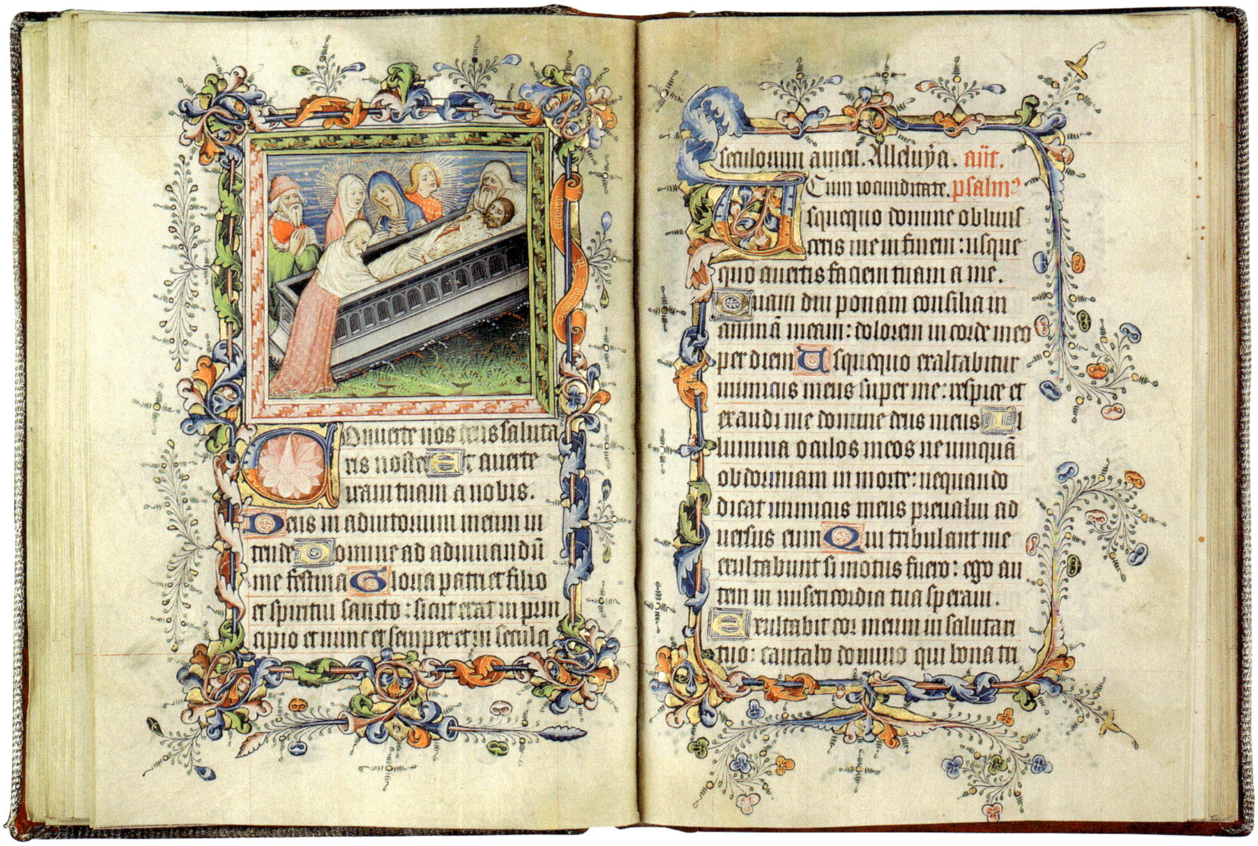

52v–53r Komplet des Marienoffiziums. Grablegung Christi; auf dem Schriftband im Rahmen: *Dominus in adiutori(um)* (Herr, [komm herbei, um mich] zu retten.)

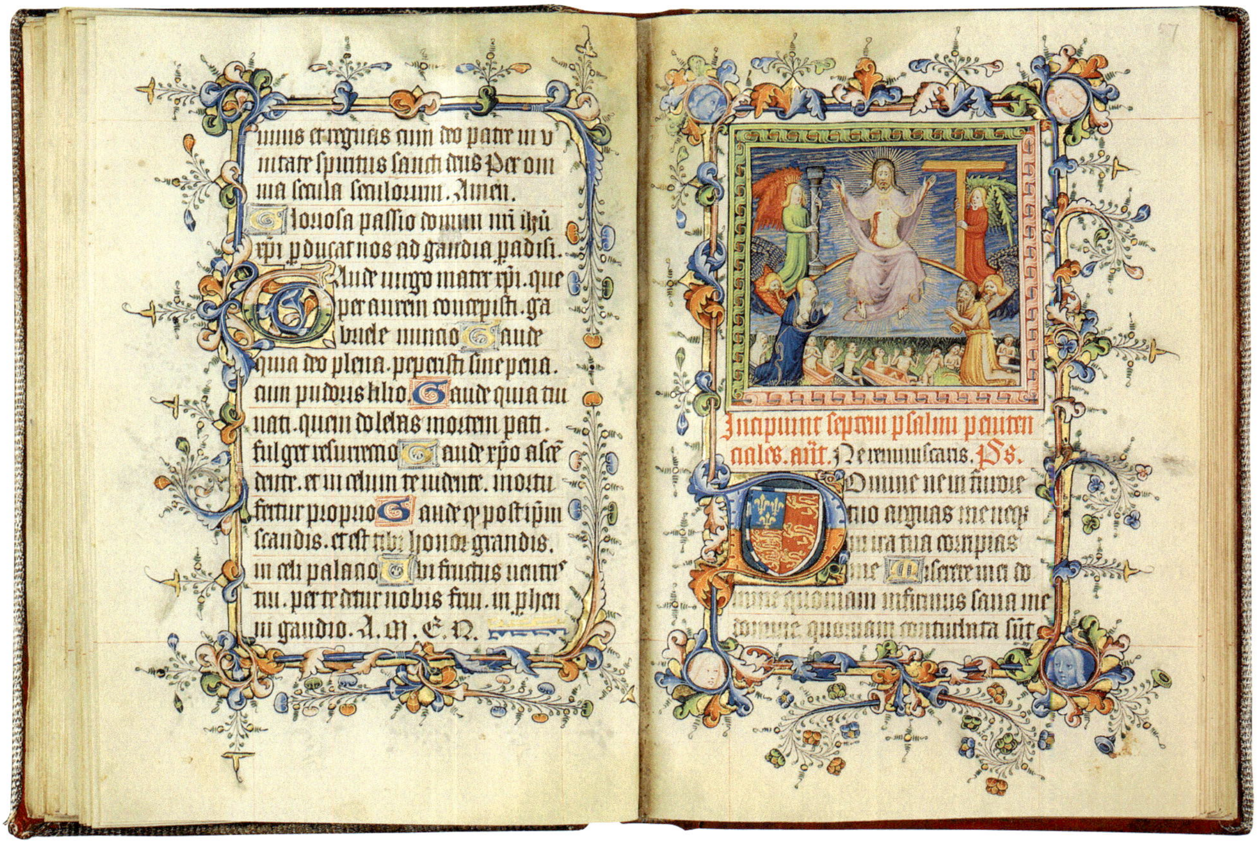

56v–57r Die Sieben Bußpsalmen. Die Miniatur zeigt das Jüngste Gericht mit dem auf dem Regenbogen thronenden Christus, flankiert von Engeln mit Kreuz und Geißelsäule. Maria und Johannes der Täufer knien zu seinen Füßen und bitten für die aus den Gräbern auferstehenden Verstorbenen; in der Initiale das Wappen Margarets in Verbindung mit dem ihres 1410 verstorbenen ersten Ehemannes, John Beaufort, Earl of Somerset.

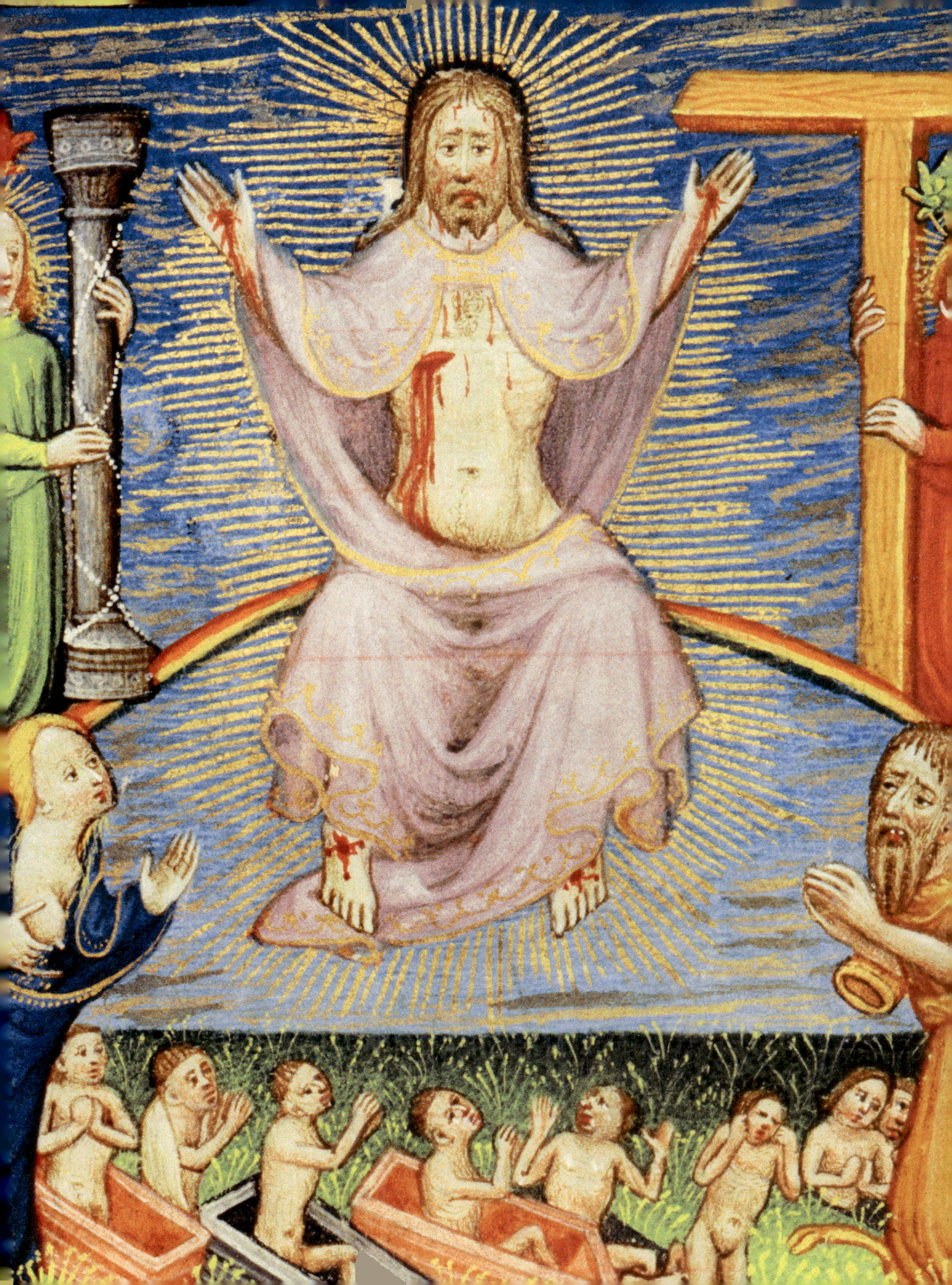

16 *Clarence–Stundenbuch*
London, um 1428

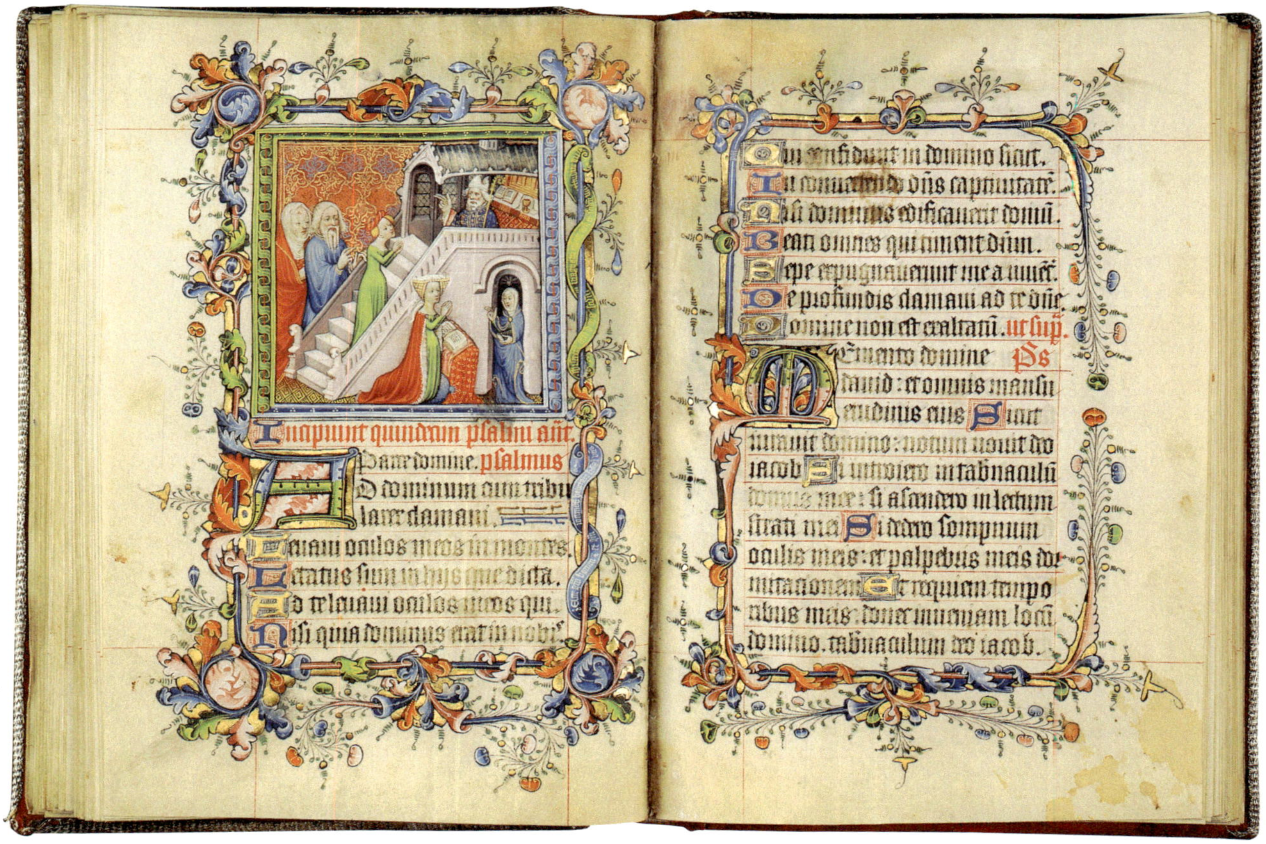

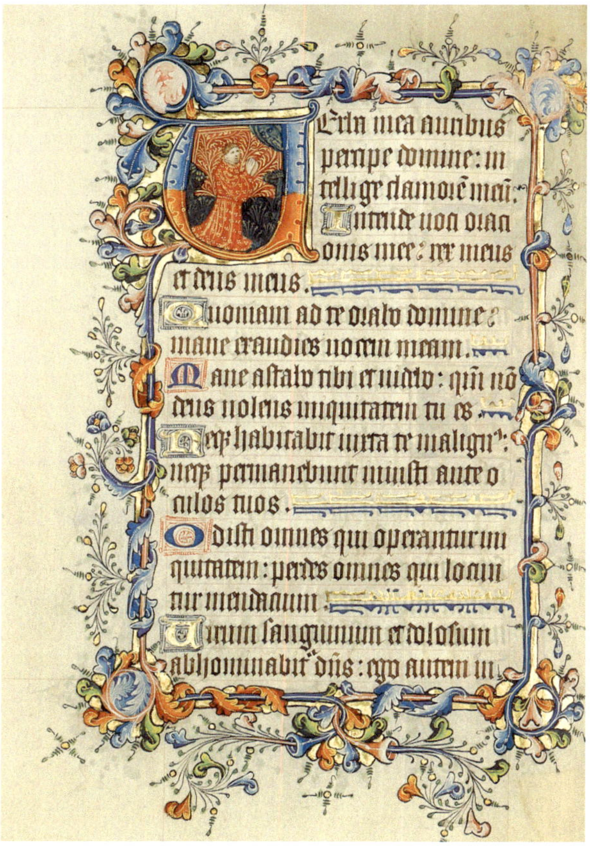

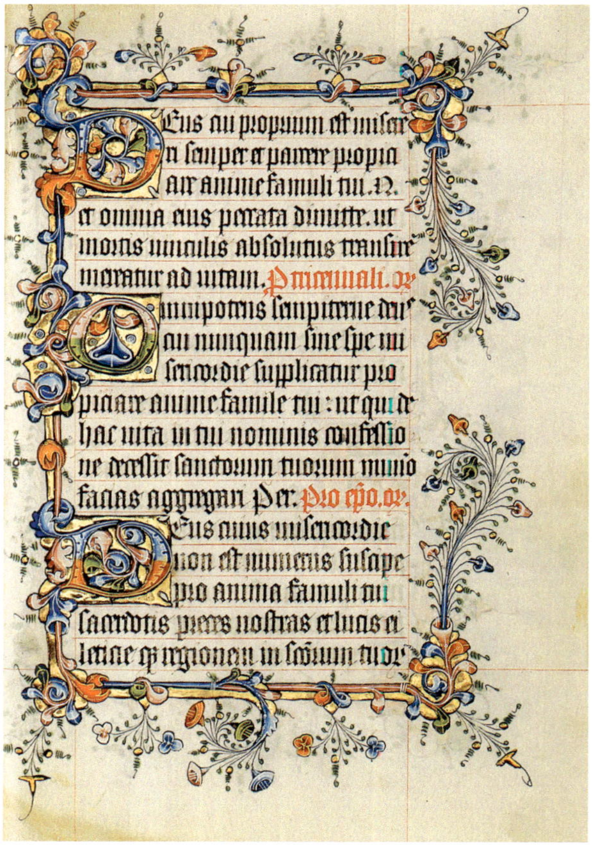

65v–66r Die Fünfzehn Gradualpsalmen. In der Miniatur sind der Tempelgang Mariens und die betende Eigentümerin der Handschrift dargestellt. Auf einem den Zierrahmen umwindenden Band steht geschrieben: *Ecce quam bonum et quam iocundum habitare fratres in unum* (Seht doch wie gut und schön es ist, wenn Brüder miteinander in Eintracht wohnen. Ps 133 [132],1) und *Miserere mei Deus secundum magnam misericordiam tuam et secundum multitudinem mise(rationum tuarum)* (Gott sei mir gnädig nach deiner Huld, tilge meine Frevel nach deinem reichen Erbarmen. Ps 51[50],3)

80v Totenoffizium. Zur ersten Nokturn. In der Initiale ein kniender Mann im Gebet

105r Gebete für das Totengedenken und für einen Bischof

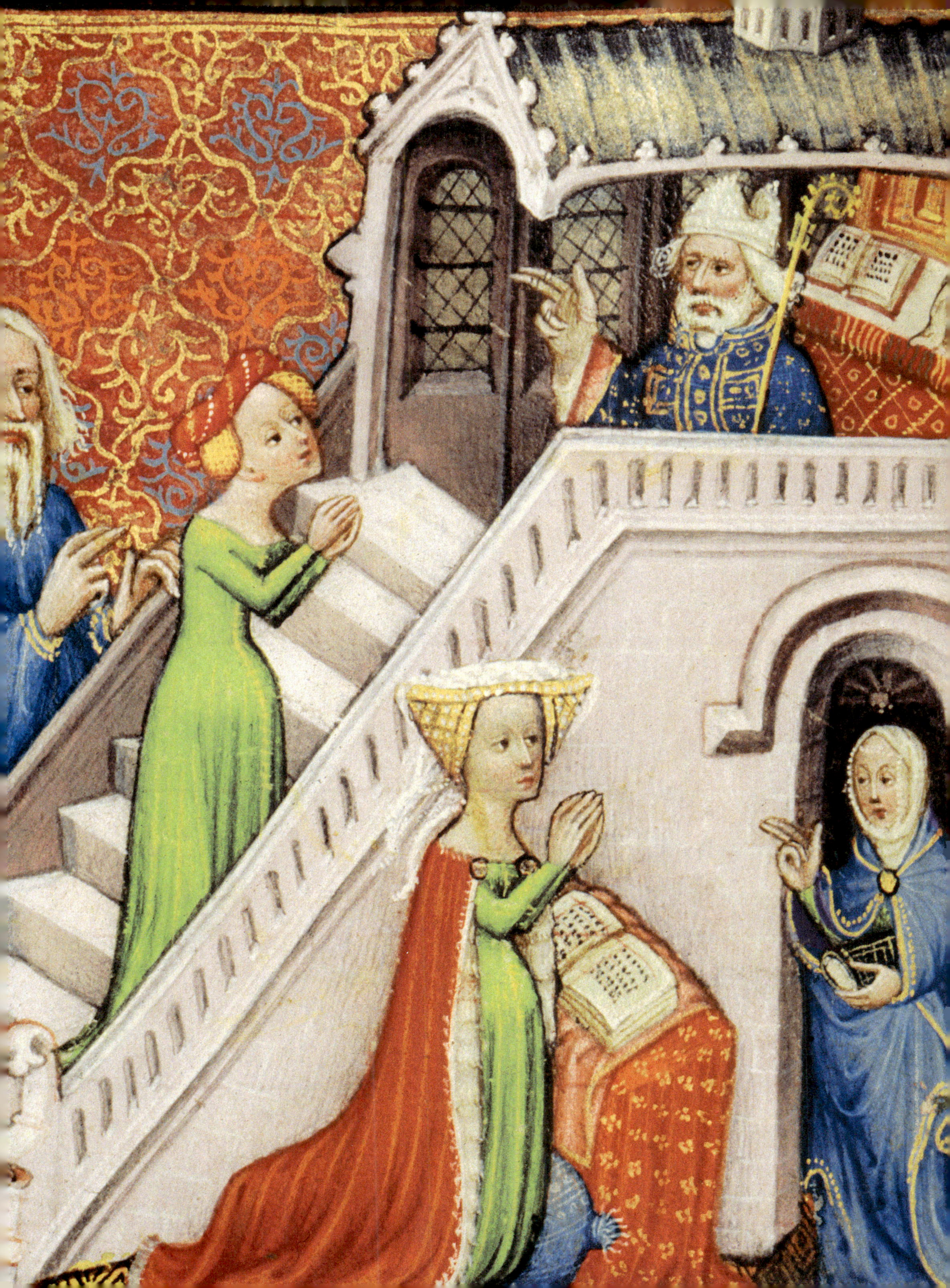

16 *Clarence-Stundenbuch*
London, um 1428

105v Gebete für die Brüder und Schwestern

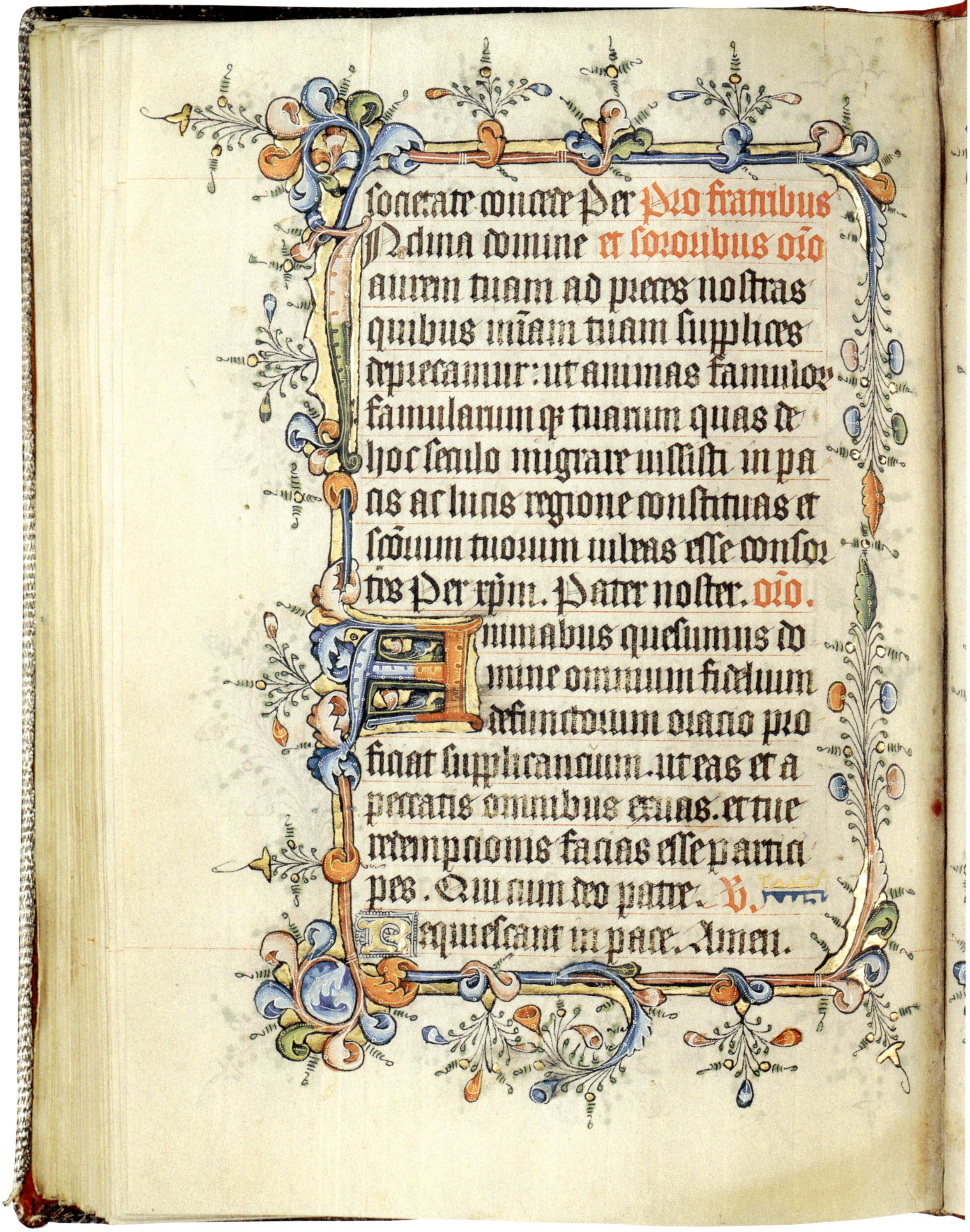
societate concede. Per Pro fratribus
Inclina domine et sororibus oratio
aurem tuam ad preces nostras
quibus misericordiam tuam supplices
deprecamur: ut animas famulorum
famularumque tuarum quas de
hoc seculo migrare iussisti in pa
cis ac lucis regione constituas et
sanctorum tuorum iubeas esse consor
tes Per christum. Pater noster. oratio.
Omnibus quesumus do
mine omnium fidelium
defunctorum oracio pro
ficiat supplicancium. ut eas et a
peccatis omnibus exuas. et tue
redempcionis facias esse partici
pes. Qui cum deo patre. R.
Requiescant in pace. Amen.

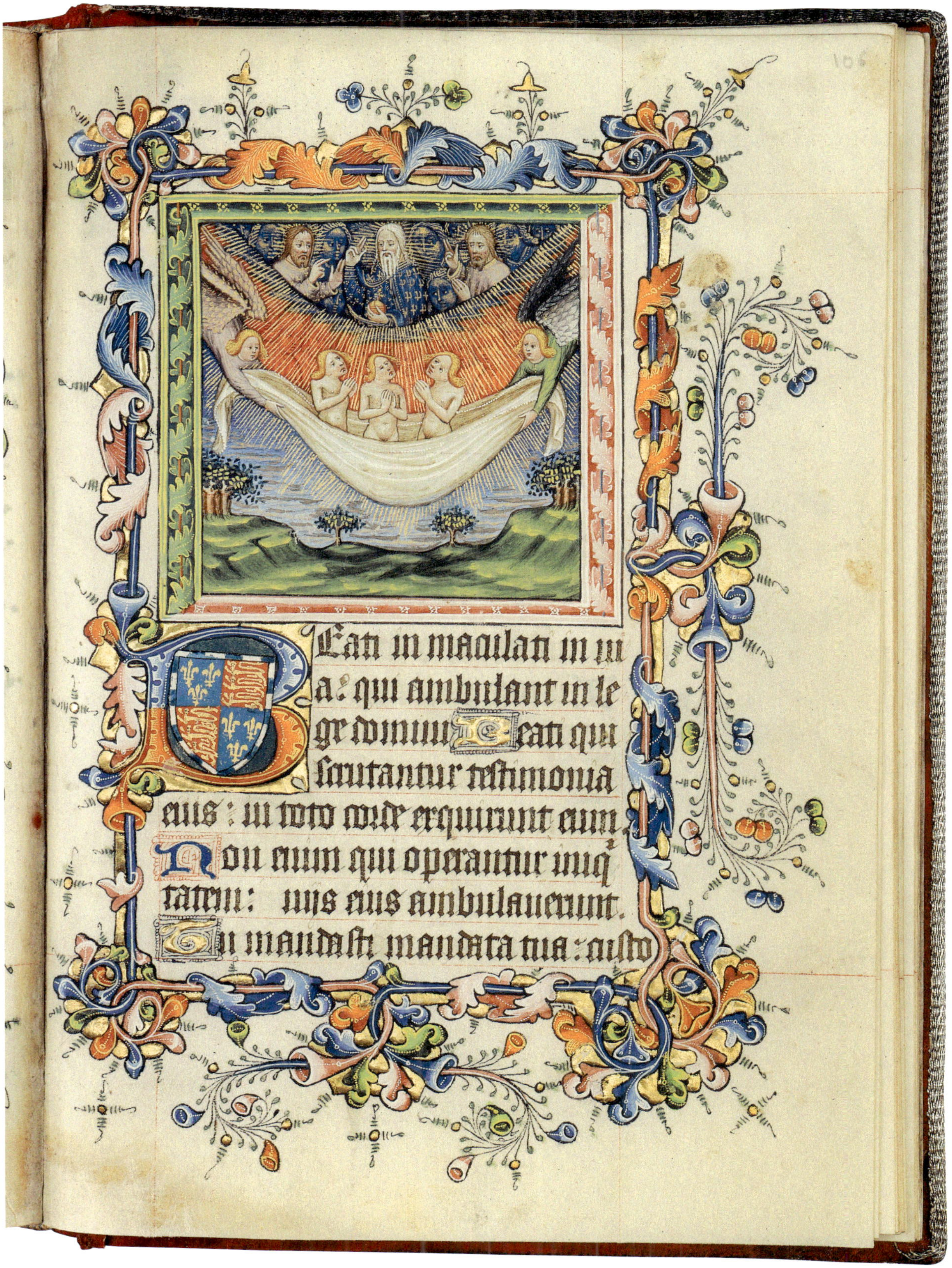

16 *Clarence-Stundenbuch*
London, um 1428

106r *Commendationes animarum* (Anempfehlung der Seelen). Zwei Engel tragen drei Seelen in einem Tuch zur Dreifaltigkeit.

17

Südniederländisches Stundenbuch
Lateinisches Stundenbuch
nach dem Brauch von Rom
Miniator aus Holland
Miniatoren aus dem Umkreis der
Beaufort-Gruppe und der
Goldrankenmeister
Miniator aus der Gruppe des
Otto van Moerdrecht
Meister des Guillebert de Mets
Südliche Niederlande (Brügge?)
um 1415–1430, um 1430–1435

Die Handschrift enthält Illustrationen und Ziermotive von einer beträchtlichen Anzahl von Malern aus unterschiedlichen Zeiten. Der ursprüngliche Buchblock entstand wohl in Flandern, doch sind einige Miniaturen und Dekorationselemente mit den Nördlichen Niederlanden in Verbindung zu bringen. Wahrscheinlich ist Brügge der Ort, an dem die unterschiedlichen Stilrichtungen zusammenfließen konnten; denn zu der Zeit, als das Buch gefertigt wurde, zog diese Stadt Handwerker aus mehreren Regionen der Niederlande an, um so der steigenden Nachfrage nach reich illuminierten Stundenbüchern gerecht zu werden (Smeyers / Cardon). Der Inhalt unserer Handschrift stimmt grundsätzlich mit dem der in Brügge während des zweiten und dritten Viertels des 15. Jahrhunderts produzierten Stundenbücher überein, doch weist das hagiographische Zeugnis von Kalendar und Litanei weder speziell auf Brügge noch auf irgendeine andere Stadt hin. Das Fehlen eindeutiger Hinweise auf die ursprüngliche Herkunft könnte dafür sprechen, dass das Stundenbuch für den Export bestimmt war.

Die Miniaturen der Handschrift sind sowohl in den Lagenverband integriert als auch einzeln eingebunden. Letztere wurden offensichtlich eigens zu diesem Zweck auf dem freien Markt erworben – eine in Brügge zu dieser Zeit durchaus gebräuchliche Praxis. Sie mag für einige der ungewöhnlichen Kombinationen von Text und vorangestellten Miniaturen verantwortlich sein, wie z. B. für die Himmelfahrt Christi (22v) vor dem Kleinen Kreuzoffizium, den Marientod (41v) vor dem Marienoffizium sowie das Gebet Christi am Ölberg (101v) vor den Sieben Bußpsalmen. Doch sind auch einige der im Lagenverband integrierten Miniaturen vom Thema oder dessen Formulierung her ungewöhnlich. Dies gilt insbesondere für die Folge der sieben historisierten Initialen mit halbfigurigen, aus Wolken hervorwachsenden Engeln, die heute teilweise oder vollkommen abgeriebene und unlesbare Spruchbänder in Händen halten; sie stehen am Beginn der Tagzeiten von Laudes bis Komplet des Marienoffiziums. Die Engelreihe ist ohne Parallele in anderen Handschriften. Auch die ganzseitigen Miniaturen mit den schreibenden Evangelisten vor der jeweiligen Evangelienlesung, von denen drei die einzigen in den Lagenverband integrierten ganzseitigen Miniaturen der Handschrift sind (32v, 36v, 38v), weichen von der üblichen Ikonographie ab: Johannes und Markus sitzen in Landschaften und nicht, wie außer für das Johannesbild üblich, in Innenräumen.

Die Miniaturen des Stundenbuchs vertreten zumindest sieben verschiedene Stilrichtungen, die auch in Größe, Proportion, Rahmung und begleitendem Bordürenschmuck differieren. Es ist keine bloße Übung der Kennerschaft, wenn die einzelnen Malerhände nachstehend voneinander geschieden werden. Vielmehr ergeben sich dadurch Hinweise auf die Art und Weise, in der eine so komplexe Handschrift aus völlig unterschiedlichen Einzelteilen zusammengesetzt wurde.

Hand A, die uns aus keiner anderen Handschrift bekannt ist, scheint für die elf historisierten Initialen verantwortlich zu sein. Ihre Gestalten sind plastisch angelegt, die weiblichen Figuren und die Engel haben dichtes oder buschiges Haar. Mit Ausnahme der Verkündigung, die sich vor einem goldenen, mit Ringen an einer Stange hängenden Vorhang ereignet, sind alle historisierten Initialen im oberen Bereich mit einem aus konzentrischen Ringen und Strahlenbündeln gebildeten Lichtschein ausgefüllt. Der Bordürenschmuck dieser Blätter unterscheidet sich von jedem anderen in der Handschrift. Die Zierstäbe wie auch das Blattwerk mit grünen Tropfen- bzw. farbigen und vergoldeten Kleeblattformen erinnern an Parallelen in einigen holländischen Handschriften aus den 1420er und 1430er Jahren.

Von Hand B scheinen die sechs ganzseitigen Miniaturen mit der bogenförmigen Ausbuchtung in der oberen Rahmenmitte zu stammen. Die vier Evangelistenbilder weisen den gleichen Randschmuck aus filigranem Rankenwerk in Federzeichnung mit Goldblättern und behaarten Goldpunkten auf, der ähnlich oder identisch auch auf den gegenüberliegenden Textseiten mit dem Beginn der einzelnen Evangelienlesungen auftritt. Die Bordüren um die Himmelfahrt Christi (22v) und den Marientod (41v) weichen von denjenigen der anderen Miniaturen dieser Gruppe ab. Ihr in Tinte ausgeführtes und mit unterschiedlich geformten farbigen oder goldenen Blättern besetztes Rankenwerk orientiert sich in seiner Bewegung eng am Verlauf der Bildrahmung. Der Stil dieser Miniaturen kann nach Brügge lokalisiert und mit der hypothetisch erschlossenen Beaufort-Gruppe in Verbindung gebracht werden. Die Gruppe, benannt nach dem für John Beaufort, Duke of Somerset, angefertigten Psalter-Stundenbuch in London (British Library, Royal Ms. 2 A XVIII), besteht aus Handschriften, die gewöhnlich in die Jahre zwischen 1400 und 1415 datiert werden (Smeyers [Hg.] 1993, S. 39f). Unter den Elementen, die in zahlreichen Miniaturen dieses Stils und auch in der vorliegenden Handschrift vorkommen, sind besonders die gemusterten Hintergründe, die Nimben aus radial angeordneten Goldstrahlen und die sanft modellierten Gesichter zu erwähnen. Ergänzend zu den ein wenig heterogenen Arbeiten, die 1993 in Louvain (Löwen) der Beaufort-Gruppe zugeordnet wurden, sei auf ein kleines, bescheiden illustriertes Stundenbuch in Bassano (Museo Civico, Ms. 1564; Limentani Virdis, Nr. 7) hingewiesen. Es enthält unserem Kodex stilistisch eng verwandte Miniaturen, die ebenfalls die bogenförmige Ausbuchtung in der oberen Rahmenleiste aufweisen, und wird dem Umkreis der sogenannten Goldrankenmeister zugeschrieben, die von 1415–1450 in Brügge tätig waren und deren Arbeit sich manchmal mit derjenigen der Beaufort-Gruppe überschneidet (Cardon / Lievens / Smeyers, S. 155f.). Zwischen dieser Beaufort-Gruppe und den Goldrankenmeistern sind die Miniaturen unserer Handschrift, ebenso wie diejenigen in Bassano, zeitlich anzuordnen und könnten somit vielleicht in die zwanziger bis dreißiger Jahre des 15. Jahrhunderts datiert werden.

Zwei weitere ganzseitige Darstellungen gehören zur gleichen großen Stilgruppe wie die Arbeiten von Hand B, sind aber größer als diese und weichen außerdem in der Rahmung sowie in der Randdekoration ab. Die Rahmen um die Gottesmutter mit Kind und den Schmerzensmann mit den Arma Christi sind rechteckig, ohne bogenförmige Ausbuchtungen, und weisen zwar identische, doch üppiger dimensionierte Randdekorationen aus gemalten und vergoldeten Blattwerkformen auf. Die Miniaturen unterscheiden sich ebenfalls formal nicht nur von denen der Hand B, sondern auch untereinander; es liegt somit nahe, sie zwei verschiedenen Malern, Hand C und D, zuzuschreiben. Die Gottesmutter (Hand C) erscheint eleganter und feiner im Malstil als jede andere stilistisch verwandte Gestalt der Handschrift. Zudem handelt es sich um eine ungewöhnliche Darstellung der Jungfrau als Apokalyptisches Weib – »mit der Sonne bekleidet, der Mond war unter ihren Füßen« (Offb 12, 1) –, bei der die Jungfrau zwar auf einen Sockel »erhoben« ist, aber dennoch auf dem Boden zu sitzen scheint. Darüber hinaus zeigen Darstellungen dieses Themas nur selten die Gottesmutter als Virgo lactans. Die Miniatur des Schmerzensmannes mit den Arma Christi (Hand D) ist weniger elegant als die der Gottesmutter; stilistisch steht sie Hand B näher, unterscheidet sich aber in einigen Details, wie z. B. den Pflanzenformen der Landschaftsdarstellung.

Die ganzseitige Ölbergszene (Hand E) ist ohne Parallele in der Handschrift, gegen deren Miniaturen sie sich

17 *Südniederländisches Stundenbuch*
um 1415–1430/35

14v Antonius der Einsiedler mit Eremitenstab und Schweinen; unter seinen Füßen lodert das Antoniusfeuer, eine Krankheit, die heute als Mutterkornbrand bezeichnet wird.

16v Der hl. Georg tötet den Drachen.

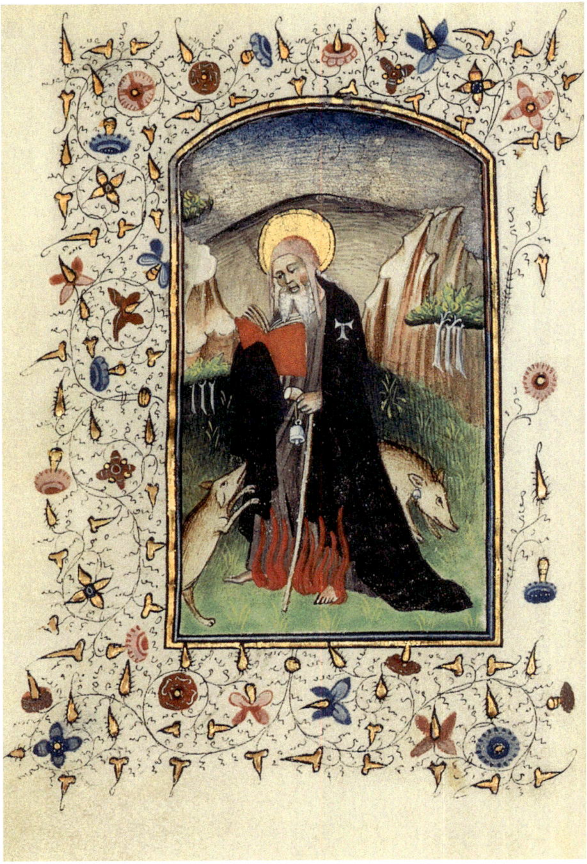

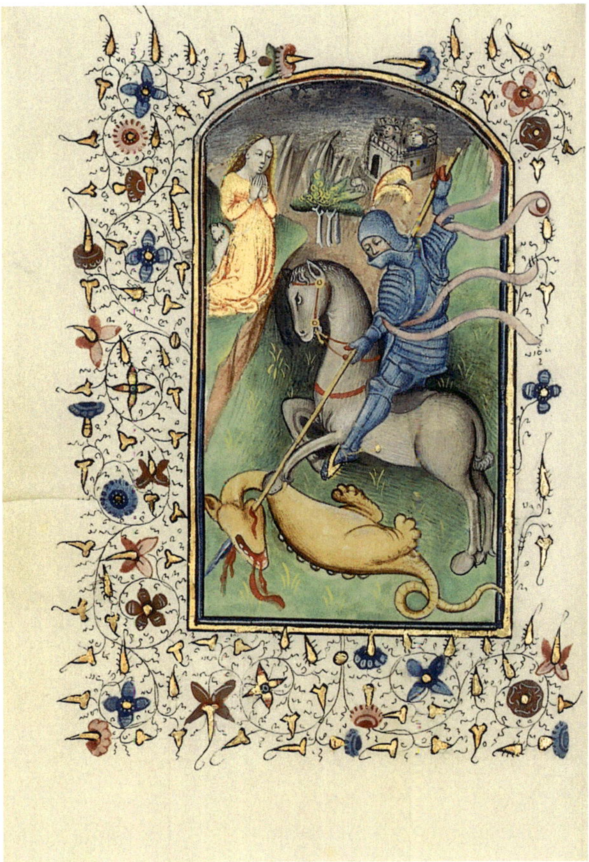

nicht nur durch das kleinere Bildfeld und die aus zarteren Blättern gebildete Bordüre absetzt, sondern auch durch die weiter entwickelte atmosphärische Perspektive, das breitere sowie delikatere Farbspektrum, die detailliert durchmodellierten Physiognomien und die in abweichender Form konstruierten Nimben. Obwohl wir den Stil von Hand E nicht sicher identifizieren können, erinnern die Feinheit und die naturalistischen Elemente eher an die Tradition der Pariser als an die der flandrischen Buchmalerei des frühen 15. Jahrhunderts.

Der Passionszyklus im Marienoffizium (Hand F) umfasst sechs ganzseitige Miniaturen; eine siebte, wahrscheinlich die Kreuztragung darstellend, scheint vor der Sext auf Folio 73r herausgeschnitten worden zu sein. Die Bildfelder sind kleiner als die der übrigen ganzseitigen Illustrationen des Buches, während gleichzeitig der Randschmuck breiter und dichter ist und in den Details von den anderen Bordüren der Handschrift abweicht. Die Miniaturen selbst können einem der Meister des Otto van Moerdrecht zugeschrieben werden, einer Gruppe holländischer Buchmaler, die von 1420–1450 offensichtlich auch außerhalb der Nördlichen Niederlande in einem gemeinsamen stilistischen Idiom tätig waren (Kat. Utrecht/New York 1989, S. 75f.). Drei der Kompositionen sind aus der holländischen Buchmalerei von etwa 1420–1425 bekannt, zirkulieren aber zusammen mit einigen der anderen Bildfindungen aus dem Passionszyklus auch in den Südlichen Niederlanden: Die Gefangennahme Christi wiederholt die Figurenanordnung aus einem holländischen Stundenbuch von ca. 1420 in Kapstadt (South African Library, Ms. 3a 16; nicht publiziert), während sich die Kreuzabnahme und Grablegung in einem ebenfalls holländischen Stundenbuch von ca. 1420–1425 in Den Haag (Koninklijke Bibliotheek, Ms. 133 M 131; Vermeeren) wiederfinden. Die Szenen Christus vor Pilatus, Kreuzabnahme und Grablegung schließlich kommen auch in den etwa 1420–1430 entstandenen Miniaturen eines holländischen Malers vor, die aus einem unbekannten, kleineren Kodex herausgeschnitten und in ein Brabanter Stundenbuch in Den Haag (Koninklijke Bibliotheek, Ms. 135 E 36; Kat. Schatten uit de Koninklijke Bibliotheek, Nr. 70) eingebunden wurden. Am nächsten stehen unserem Passionszyklus jedoch die Illustrationen eines holländischen Horariums von einem der Moerdrecht Meister, das sich früher in der Prämonstratenserabtei Postel (ohne Signatur; Verbleib unbekannt; Vervoort) befand. Die Gefangennahme Christi, Christus vor Pilatus, Kreuzigung, Kreuzabnahme und Grab-

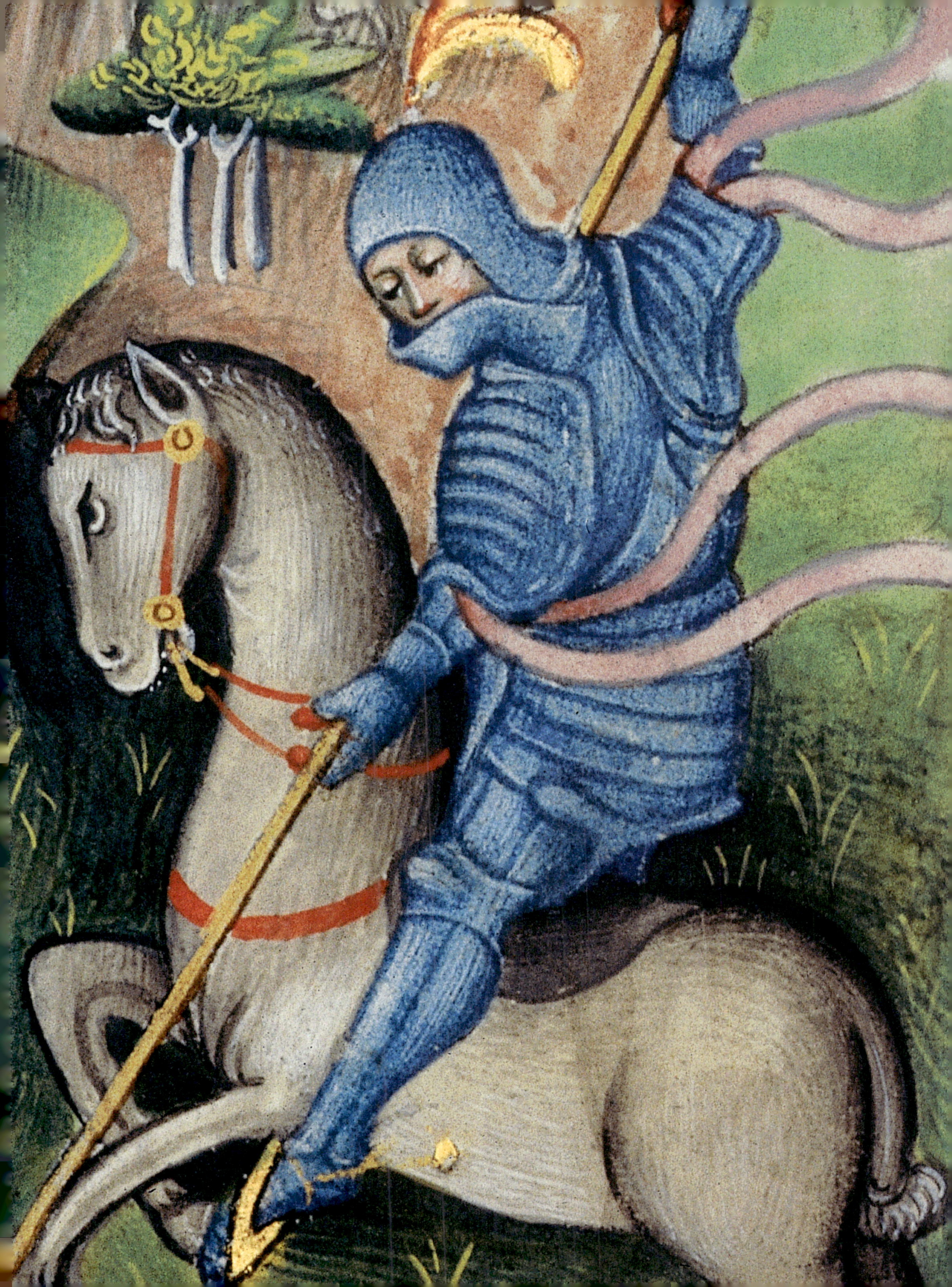

17 *Südniederländisches Stundenbuch* um 1415–1430/35

22v–23r Kreuzoffizium. Himmelfahrt Christi; gekreuzigter Christus in der Initiale zur Matutin

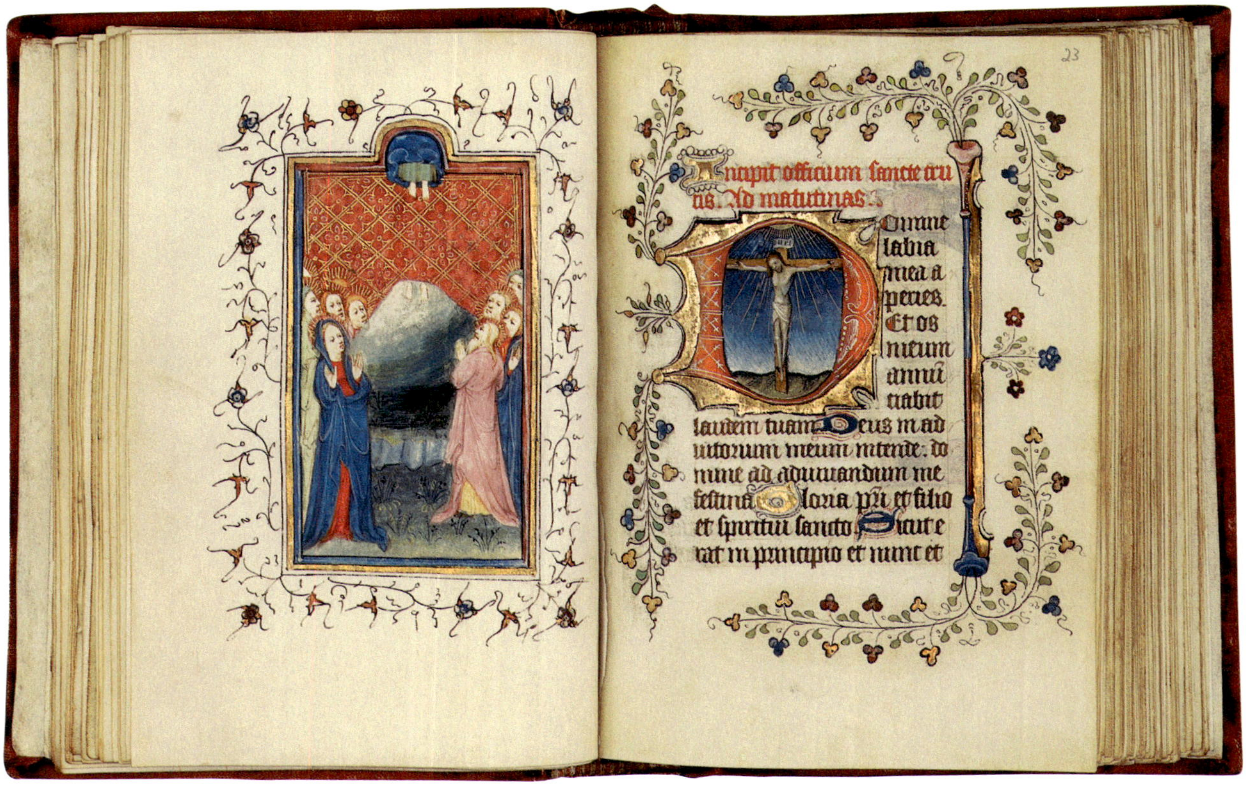

legung beider Handschriften stimmen nicht nur in der Komposition weitgehend überein, sondern auch im Figurenrepertoire und der Farbwahl einschließlich des charakteristischen, vereinzelt im Hintergrund aufscheinenden Rosas. Die Miniaturen beider Bücher scheinen von der Hand des gleichen Malers zu stammen und in den 30er Jahren des 15. Jahrhunderts entstanden zu sein.

Hand G gestaltete den hl. Abt Antonius und den drachentötenden hl. Georg zu den entsprechenden Suffragien; die Bilder der hll. Katharina und Barbara vor der jeweiligen Memorie (18r, 19r) sind möglicherweise entfernt worden. Die Heiligensuffragien unterscheiden sich in Liniierung, Schrift und Dekoration vom übrigen Kodex, gehören also nicht zum ursprünglichen Buchblock, sondern wurden zusammen mit den beiden Illustrationen wohl nachträglich ergänzt. Die Miniaturen weisen den charakteristischen Stil des Meisters (oder der Meister) des Guillebert de Mets (Dogaer, S. 33f.) auf, der von etwa 1415 bis 1450 wahrscheinlich in der Gegend von Gent und Tournai, vielleicht auch in weiteren, nahegelegenen Orten tätig war. Typisch für ihn sind die kräftigen Umrisslinien, die getüpfelte Modellierung (teils in Schwarz), die klar strukturierten Kompositionen und nicht zuletzt die silbernen Himmel, die zu seiner Benennung als Meister der Silberhimmel geführt haben. Viele seiner Kompositionen wurden gegen Mitte des 15. Jahrhunderts von dem als Meister der Genter Privilegien bekannten Illuminator aufgegriffen, darunter auch der Antonius unserer Handschrift, der in einem Stundenbuch des Privilegienmeisters in Paris (École Nationale Supérieure des Beaux-Arts, Ms. Masson 22, fol. 73v; Clark, S. 250f.) einen Widerhall findet. Werke vom Meister des Guillebert de Mets lassen sich kaum genau datieren; vermutlich stammen unsere beiden Miniaturen aus den 1430er Jahren.

Die Vielfalt der Dekorations- und Illustrationsstile in unserem Stundenbuch macht deutlich, dass es sich offensichtlich um das Produkt verschiedener Handwerker handelt. Einige von ihnen mögen bei der Entstehung der Handschrift Seite an Seite gearbeitet haben, doch nach den beträchtlichen Differenzen der ganzseitigen Miniaturen zu urteilen, die bis auf drei als Einzelblätter eingebunden sind, wurden die meisten einzeln oder in Gruppen für die Illustrierung dieses Buches auf dem freien Markt erworben. Möglicherweise in den 30er Jahren des 15. Jahrhunderts wurde der Kodex um die in Schrift und Dekor abweichenden Heiligensuffragien mit den beiden Bildern vom Meister des Guillebert de Mets erweitert. Der (die) Zeit-

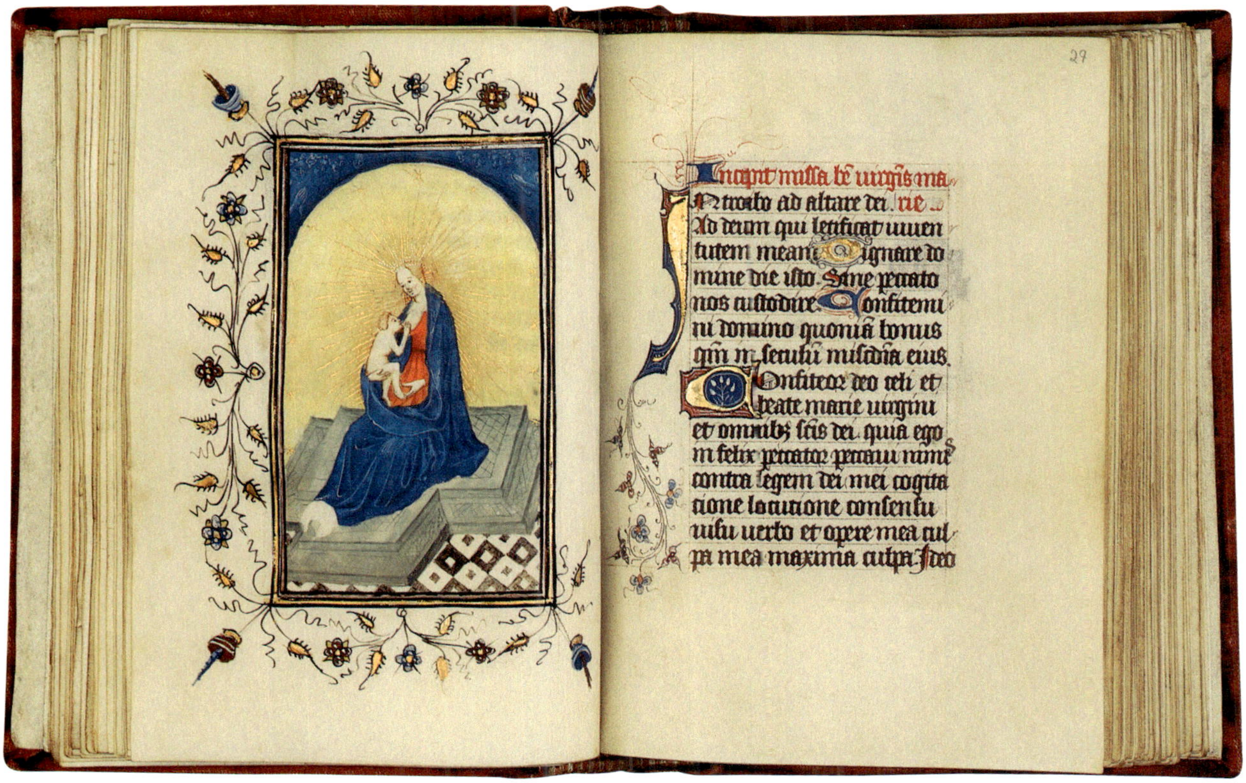

17 *Südniederländisches Stundenbuch* um 1415–1430/35

26v–27r Marienmesse. Thronende Maria lactans als Apokalyptisches Weib

punkt(e) der Anfertigung bzw. Zusammenstellung des ursprünglichen Buchblocks lässt sich nicht so leicht bestimmen. Die Schwierigkeit liegt in der zeitlichen Einordnung der einzelnen Buchmaler: die Hände C, D, und E stimmen im großen und ganzen mit den Händen A und B überein, deren Miniaturen sich z. T. im Lagenverband befinden. Sie korrespondieren eng mit Werken, die üblicherweise um 1415 datiert werden. Der Passionszyklus von Hand F, einem der Meister des Otto von Moerdrecht, schließlich kann stilistisch meines Erachtens nicht vor den 1430er Jahren angesetzt werden. Wurde er der Handschrift ergänzend hinzugefügt? Da der Charakter des Stundenbuchs vermuten lässt, dass das Marienoffizium von Anfang an mit einer ganzseitigen Miniatur zu jeder Tagzeit geplant war, müsste der Passionszyklus also entweder aus der Zeit des ursprünglichen Buchblocks stammen, oder aber er hätte einen älteren, jetzt verlorenen Zyklus ersetzt. Alternativ könnte man annehmen, dass die Ausstattung der Hände A bis E in den 1430er Jahren anzusetzen ist, auch wenn vergleichbare Arbeiten ein oder zwei Jahrzehnte früher datiert werden. Aufgrund des Mangels an eindeutigen Belegen für die zeitliche Einordnung aller dieser Miniaturen ziehe ich es vor, die Probleme nur zu umreißen, statt auf einer bestimmten Sichtweise zu bestehen. Mit Gewissheit weist unsere Handschrift aber einige Merkmale auf, die für die im ersten und zweiten Viertel des 15. Jahrhunderts in Brügge illustrierten Stundenbücher typisch sind. Das breite stilistische Spektrum als Folge einer Stück-für-Stück-Fertigung bei gleichzeitiger gemeinschaftlicher Werkstattproduktion ist nur in einem urbanen Zentrum denkbar, das einen Markt für Miniaturen auf Einzelblättern bereithält.

(James H. Marrow)

Pergament 130 Blätter (je ein Vor- und Nachsatzblatt aus Pergament); 151–154 x 111–115 mm; Lagen (teilweise mit Wortreklamanten): 1–2^{6+1}, 3^{4+1}, 4^{2+1}, 5–9^{8+1}, 10–11^{8+2}, 12^{8}, 13^{4+1}, 14^{8+1}, 15–16^{8}, 17^{4+1} (alle ganzseitigen Miniaturen außer fol. 32v, 36v und 38v sind als Einzelblätter eingebunden); Schriftspiegel des ursprünglichen Buchblocks ca. 86 x 53 mm, im ergänzten Teil (fol. 15–19) ca. 86 x 57 mm; einspaltig; 16, im Kalendar 17 Zeilen; Liniierung in Braun (fol. 15–19 mit doppelter Liniierung oben und unten). **Ausstattung** Lateinischer Text in brauner Textura (fol. 15–19 von einer zweiten Hand), rubriziert (*ut supra* immer rot unterstrichen); rot gestrichelte Versalien; einzeilige Initialen in Blau mit rotem und in Gold mit violettem oder schwarzem Fleuronnée; zwei- bis dreizeilige Initialen in Blattgold auf blauem und mauve-

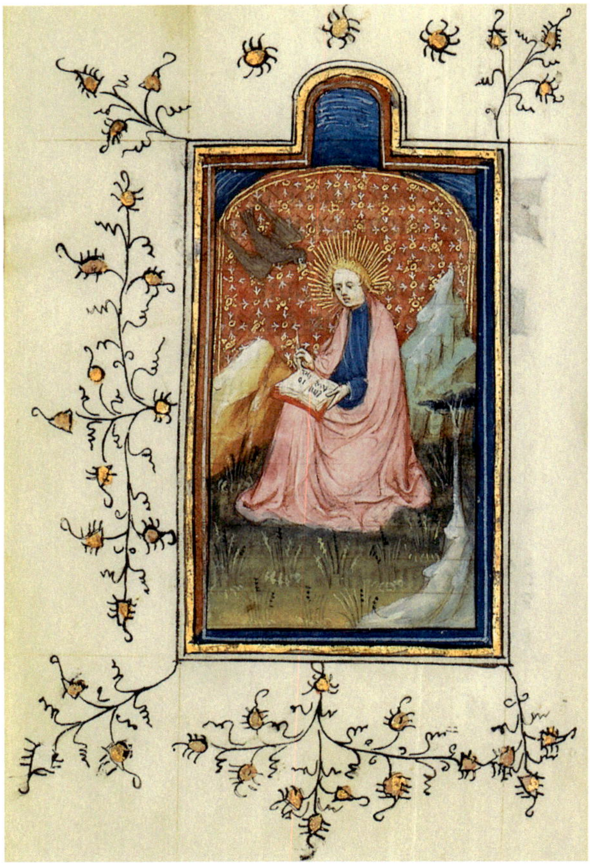

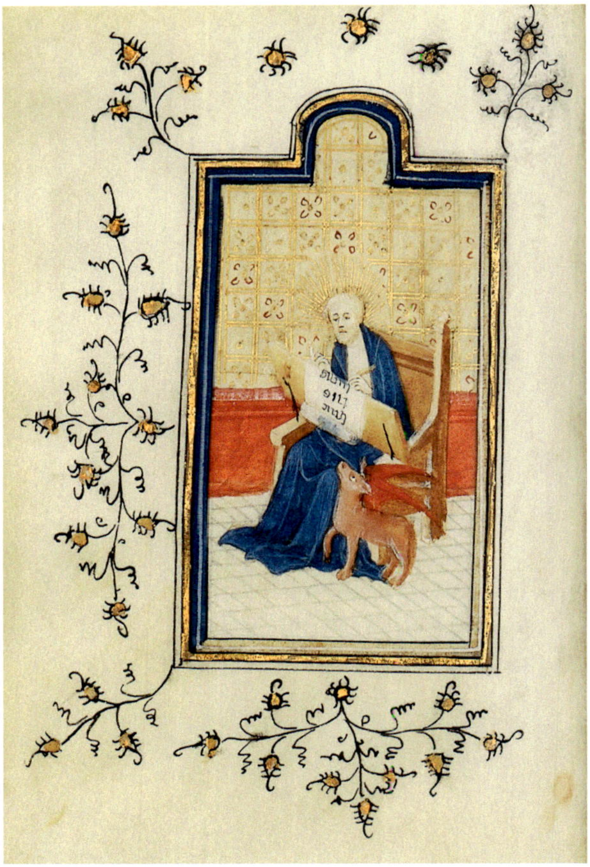

17 *Südniederländisches Stundenbuch* um 1415–1430/35

32v Johannes mit dem Adler. Autorenbild zur Evangelienlesung

34v Lukas mit dem Stier. Autorenbild zur Evangelienlesung

farbenem Grund mit weißer Binnenzeichnung; vier- bis achtzeilige Initialen in der gleichen Art mit austretenden Zierstäben und filigranen Zweigen mit grünen und goldenen Blättern; Zierseiten mit sieben- bis achtzeiligen historisierten Initialen in Orange, Blau oder Mauve mit weißer Binnenzeichnung auf unregelmäßigen Goldfeldern und mit Zierstäben sowie umlaufenden, aus den Initialen und den Stäben austretenden Filigranranken mit grünen Blättern, farbigen Blüten sowie farbigen und goldenen Kleeblättern; siebzehn ganzseitige Miniaturen in Deckfarben mit Gold und Silber mit umlaufenden Filigranranken mit farbigen und goldenen Blättern und Blüten. **Einband** Abgegriffener roter Samt über Pappe; Goldschnitt; modern. **Vorbesitzer** Unbekannt. **Inhalt** 1r liniiert, unbeschrieben. 1v–13r Kalendar in Rot und Schwarz, lateinisch, zu zwei Dritteln besetzt (u. a. 30. 1. *Aldegundis virginis*, 1. 3. *David confessoris*, 26. 3. *Luge epi. et mris.*, 13. 5. *Servacii epi.*, 16. 5. *Brandani epi.*, 24. 5. *Donatiani mr.*, 5. 6. *Bonefacii epi.*, 12. 6. *Odulphi confess.*, 7. 7. *Elevatio sancti Thome*, 28. 7. *Panthaleonis mris.* [rot], 12. 8. *Clare virgis.*, 5. 9. *Barthini mr.* [Bertinus], 17. 9. *Lamberti epi.* [rot], 25. 9. *Firmini epi.*, 1. 10. *Remigii et Bavonis*, 2. 10. *Leodegarii epi.*, 4. 10. *Francisci confess.*, 9. 10. *Dyonisii et sociorum eius* [rot], 23. 10. *Severini epi.*, 7. 11. *Wilbrordi epi.*, 12. 11. *Lebuini confess.*). 13v liniiert, unbeschrieben. 14r leer. 14v–19v ergänzte Suffragien zu Ehren der hll. Antonius, Georg, Katharina und Barbara. 14v Miniatur: Antonius, der Einsiedler. 16v Miniatur: hl. Georg tötet den Drachen. 20r–21v liniiert, unbeschrieben. 22r leer. 22v–25v Kreuzoffizium. 22v Himmelfahrt Christi. 23r *D (Omine labia mea)*: Christus am Kreuz. 26r leer. 26v–32r Marienmesse. 26v thronende Maria lactans als Apokalyptisches Weib. 27r *I (Ntroibo)*. 28r *S (Alve sancta parens)*. 32v–39v Evangelienlesungen, jeweils mit Autorenbild; gegenüber jeder Miniatur Zierseite mit Textbeginn. 32v Johannes. 34r leer. 34v Lukas. 36v Matthäus. 38v Markus. 40r/v liniiert, unbeschrieben. 41r leer. 41v–90r Marienoffizium (Rom). 41v Marientod. 42r *D (Omine labia mea)*: Verkündigung an Maria. 51v liniiert, unbeschrieben. 52r leer. 52v Gefangennahme Christi. 53r *D (Eus in adiutorium)*: halbfiguriger Engel mit Schriftband. 63v liniiert, unbeschrieben. 64r leer. 64v Christus vor Pilatus. 65r *D (Eus in adiutorium)*: halbfiguriger Engel mit Schriftband. 69r leer. 69v Geißelung. 70r *D (Eus in adiutorium)*: halbfiguriger Engel mit Schriftband. 73r Sext; ganzseitige Miniatur vor 73r, wahrscheinlich mit der Kreuztragung, fehlt. *D (Eus in adiutorium)*: halbfiguriger Engel mit Schriftband. 76r leer. 76v Kreuzigung. 77r *D (Eus in adiutorium)*: halbfiguriger Engel mit Schriftband. 80r

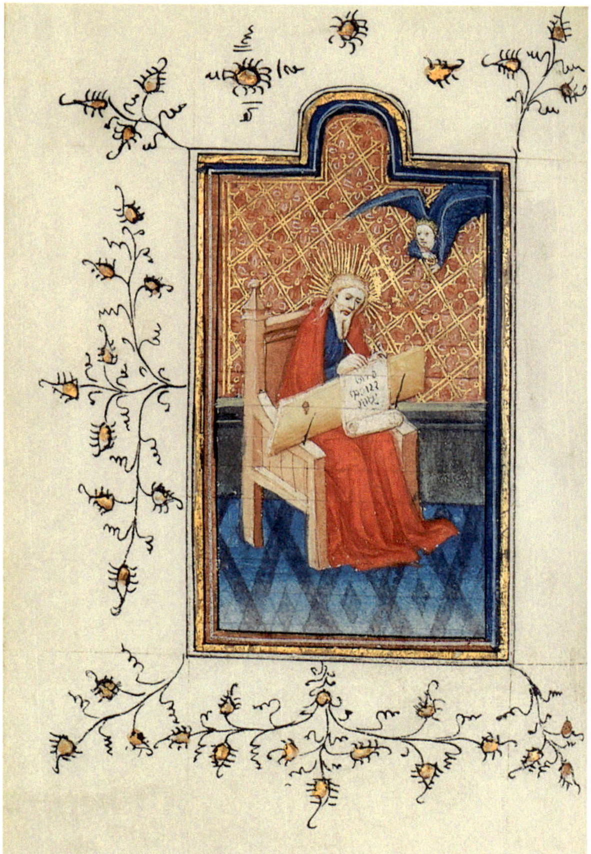

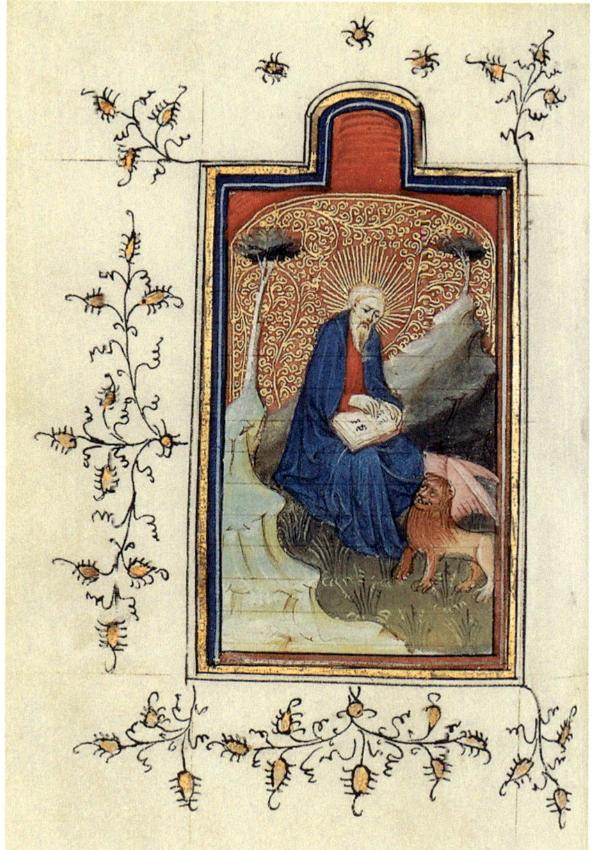

17 *Südniederländisches Stundenbuch* um 1415–1430/35

36v Matthäus mit dem Engel. Autorenbild zur Evangelienlesung

38v Markus mit dem Löwen. Autorenbild zur Evangelienlesung

leer. 80v Kreuzabnahme. 81r *D (Eus in adiutorium)*: halbfiguriger Engel mit Schriftband. 86r leer. 86v Grablegung Christi. 87r *C (Onverte nos Deus)*: halbfiguriger Engel mit Schriftband. 90v–92v *O (Intemerata)*. 93r–96v *O (Bsecro te)*; beide mit maskuliner Nennung. 97r leer. 97v–100r Gebet des Beda über die Sieben Letzten Worte Christi am Kreuz. 97v Schmerzensmann mit Arma Christi. 98r *D (Omine Ihesu Christe)*. 100v liniiert, unbeschrieben. 101r leer. 101v–115v Bußpsalmen mit Litanei. 101v Gebet Christi am Ölberg. 102r *D (Omine ne in furore)*: Jüngstes Gericht. 116r–129v Kurzes Totenoffizium. 116r *D (Ilexi quoniam exaudi)*: Totenmesse. 130r/v liniiert, unbeschrieben. **Literatur** Unpubliziert. **Zitierte Literatur** M. Smeyers / B. Cardon, Utrecht and Bruges – South and North. »Boundless« Relations in the 15th Century, in: K. van der Horst / J.-C. Klamt (Hgg.), Masters and Miniatures. Proceedings of the Congress on Medieval Manuscript Illumination in the Northern Netherlands (Utrecht, 10–13 December 1989), Doornspijk 1991, S. 89f. – M. Smeyers (Hg.), Vlaamse miniaturen voor van Eyck (ca. 1380-ca. 1420), Ausst. Kat. Löwen 1993. – C. Limentani Virdis, Codici miniati fiamminghi e olandese nelle Biblioteche dell'Italia nord-orientale, Vicenza 1981. – B. Cardon / R. Lievens / M. Smeyers, Typologische taferelen uit het leven van Jezus. A Manuscript from the Gold Scrolls Group (Bruges, ca. 1440) in the Pierpont Morgan Library, New York, Ms. Morgan 649, Löwen 1985. – The Golden Age of Dutch Manuscript Painting, Einleitung J. H. Marrow, Ausst. Kat. Rijksmuseum Het Catharijneconvent, Utrecht, und Pierpont Morgan Library, New York, Stuttgart / Zürich 1989. – P. J. H. Vermeeren, A Utrecht Book of Hours in the Royal Library at The Hague (press-mark 133 M 131), in: Scriptorium 12, 1958, S. 97f. – Schatten uit de Koninklijke Bibliotheek, Ausst. Kat., Den Haag 1980. – M. Vervoort, Een Utrechts getijdenboek uit het tweede kwart van de vijftiende eeuw, bewaard in de Abdijbibliotheek te Postel, unpubl. Licenciaat, Universität Löwen 1977. – G. Dogaer, Flemish Miniature Painting in the 15th and 16th Centuries, Amsterdam 1987. – G. Clark, Made in Flanders. The Master of the Ghent Privileges and Manuscript Painting in the Southern Netherlands in the Time of Philip the Good, Turnhout 2000.

17 *Südniederländisches Stundenbuch* um 1415–1430/35

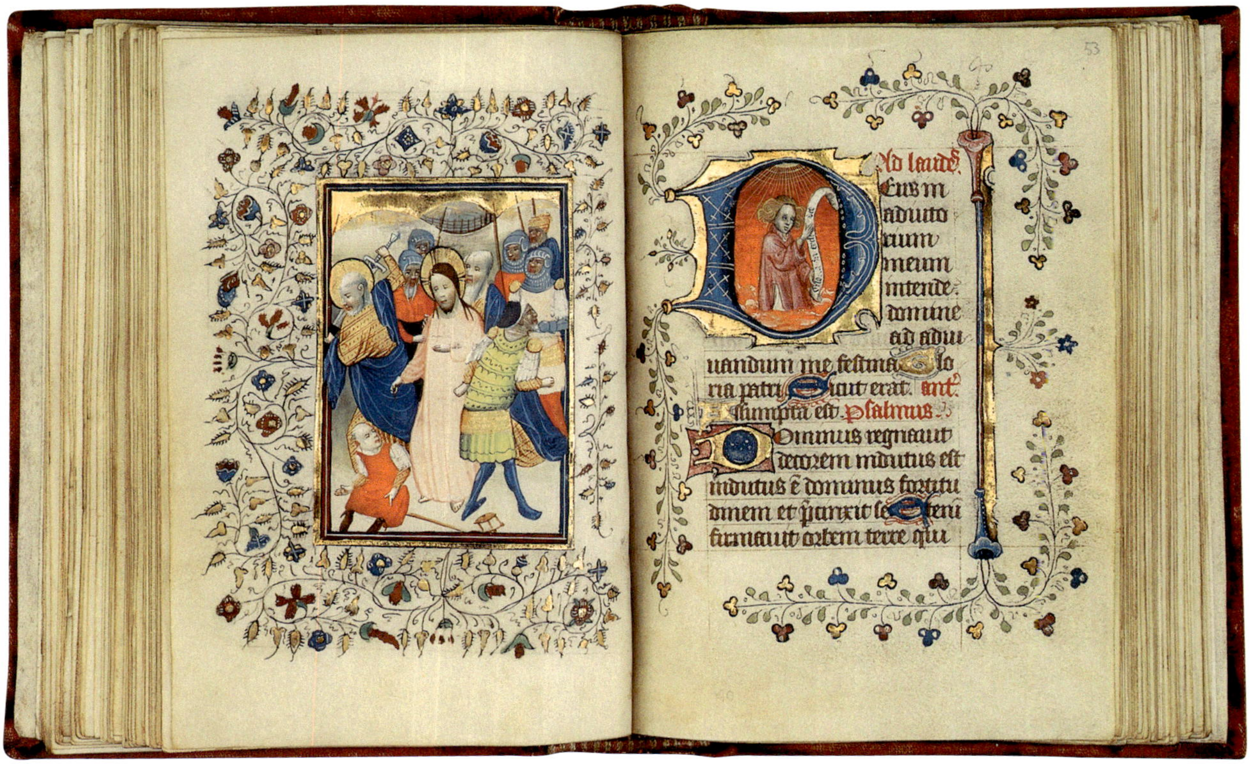

52v–53r Gefangennahme Christi; halbfiguriger Engel mit Schriftband in der Initiale zur Laudes des Marienoffiziums

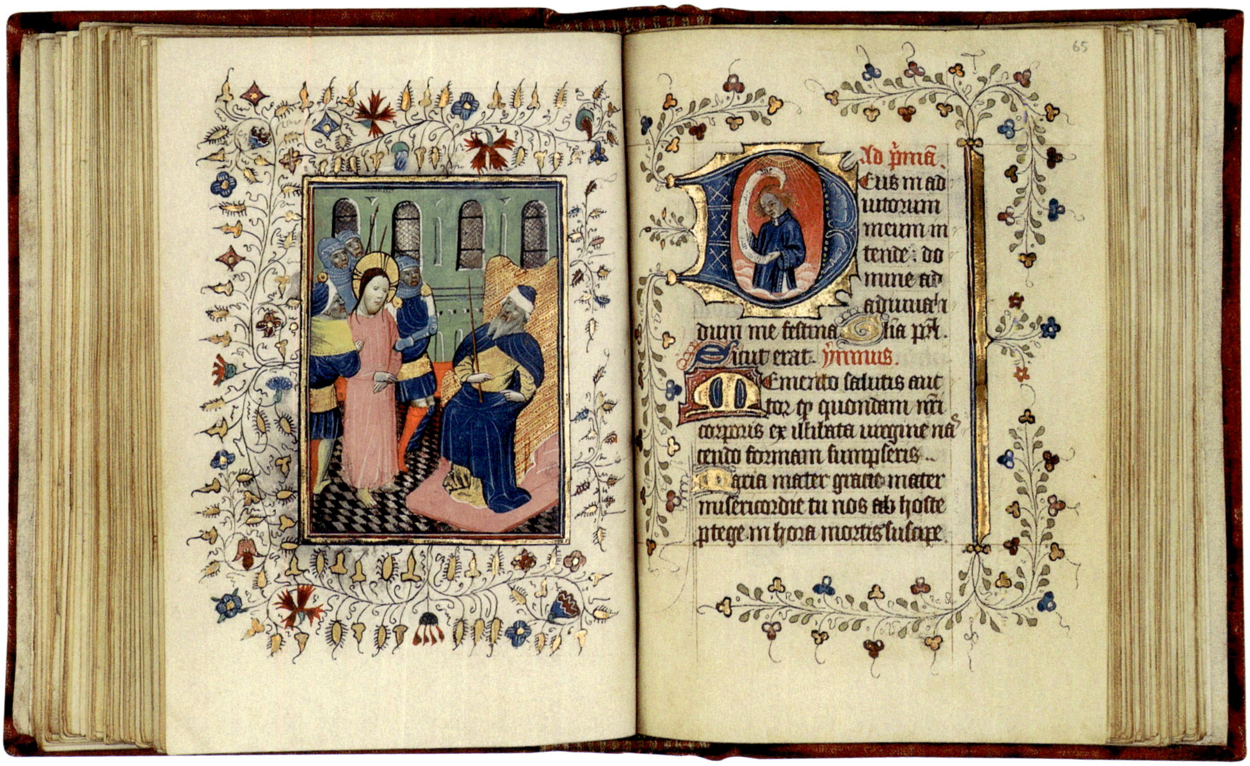

64v–65r Christus vor Pilatus; halbfiguriger Engel mit Schriftband in der Initiale zur Prim des Marienoffiziums

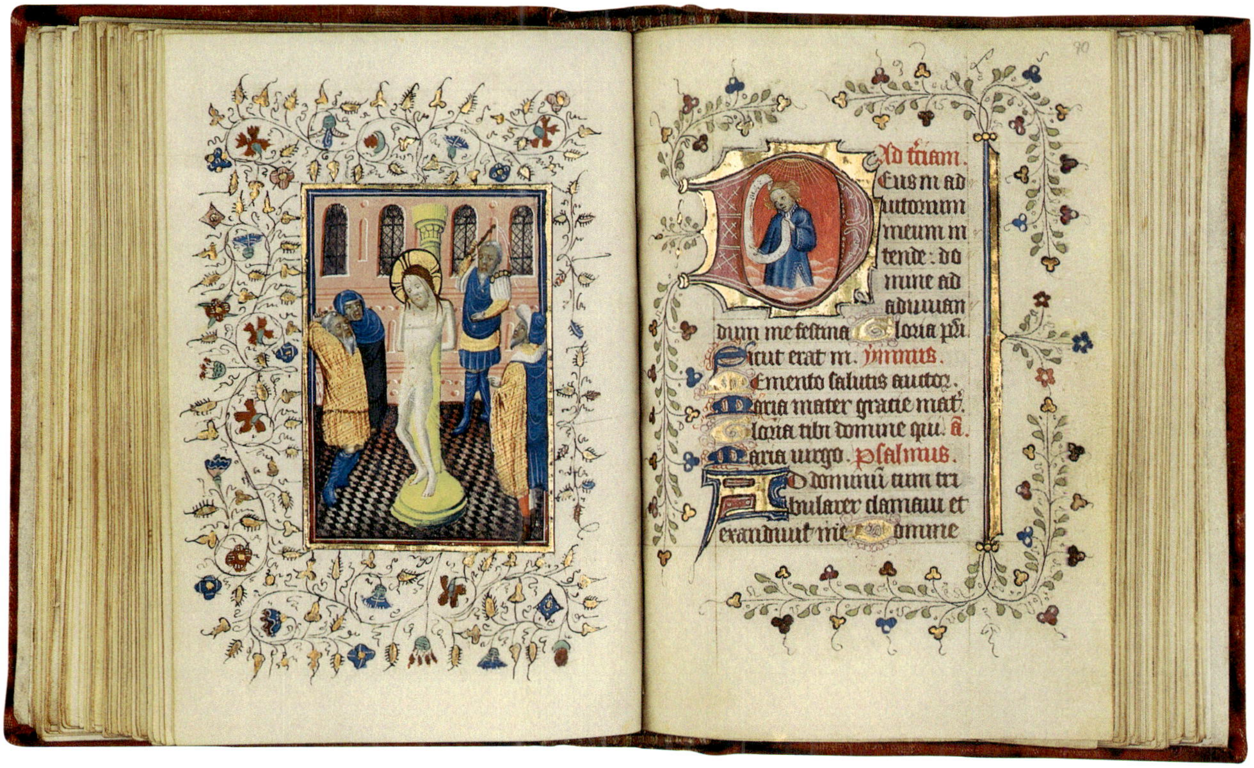

17 *Südniederländisches Stundenbuch*
um 1415–1430/35

69v–70r Geißelung Christi; halbfiguriger Engel mit Schriftband in der Initiale zur Terz des Marienoffiziums

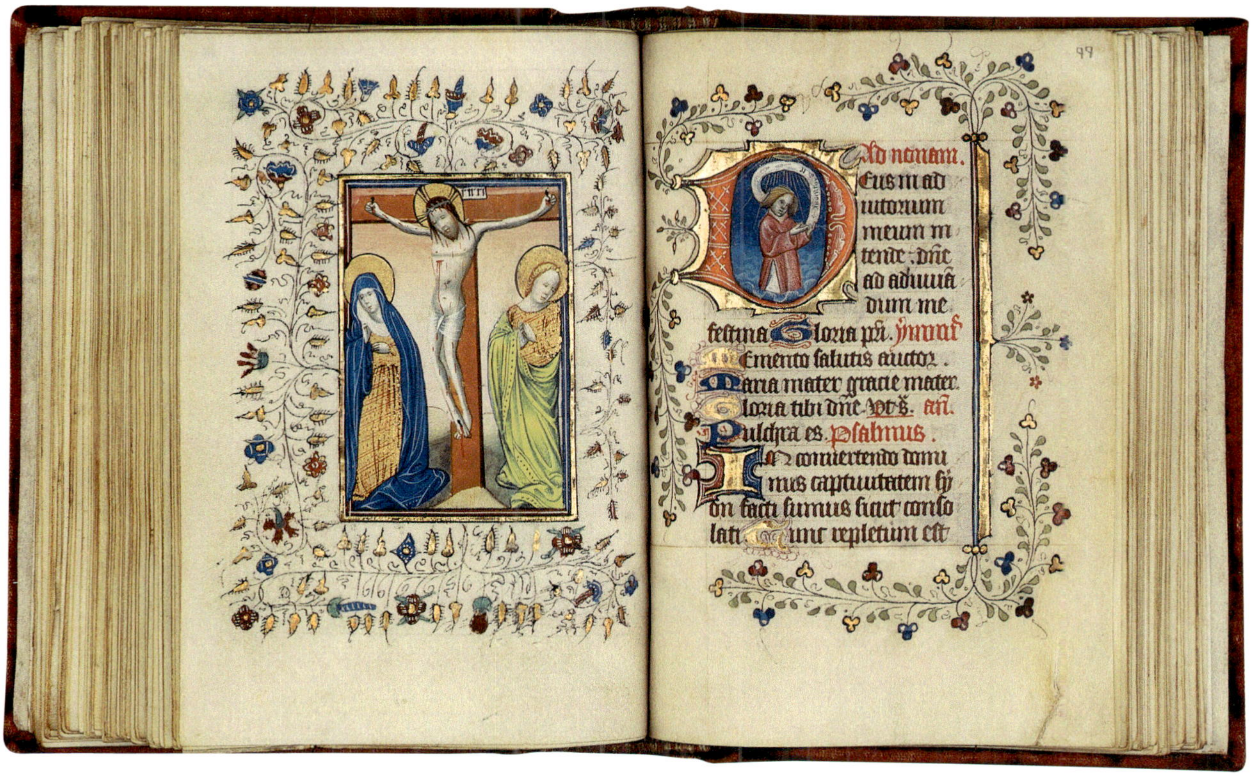

76v–77r Kreuzigung mit Maria und Johannes; halbfiguriger Engel mit Schriftband in der Initiale zur Non des Marienoffiziums

17 *Südniederländisches Stundenbuch*
um 1415–1430/35

80v–81r Kreuzabnahme; halbfiguriger Engel mit Schriftband in der Initiale zur Vesper des Marienoffiziums

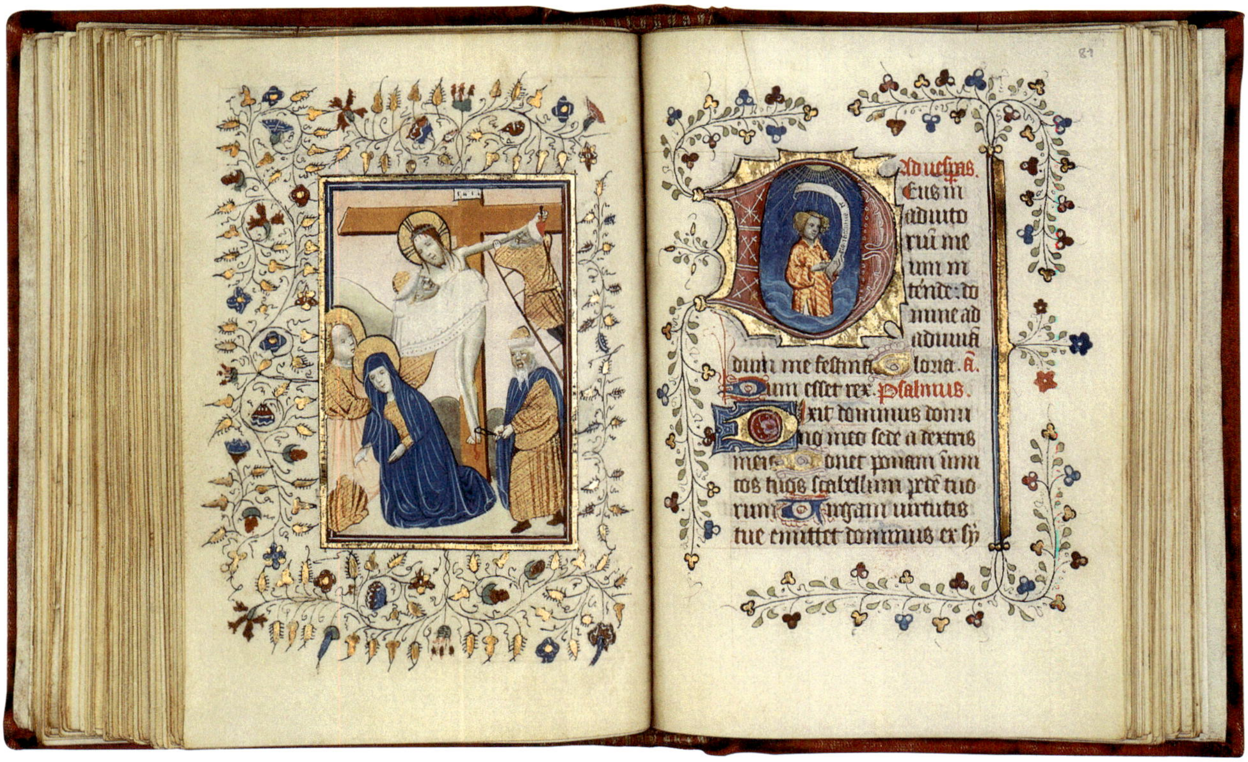

86v–87r Grablegung Christi; halbfiguriger Engel mit Schriftband in der Initiale zur Komplet des Marienoffiziums

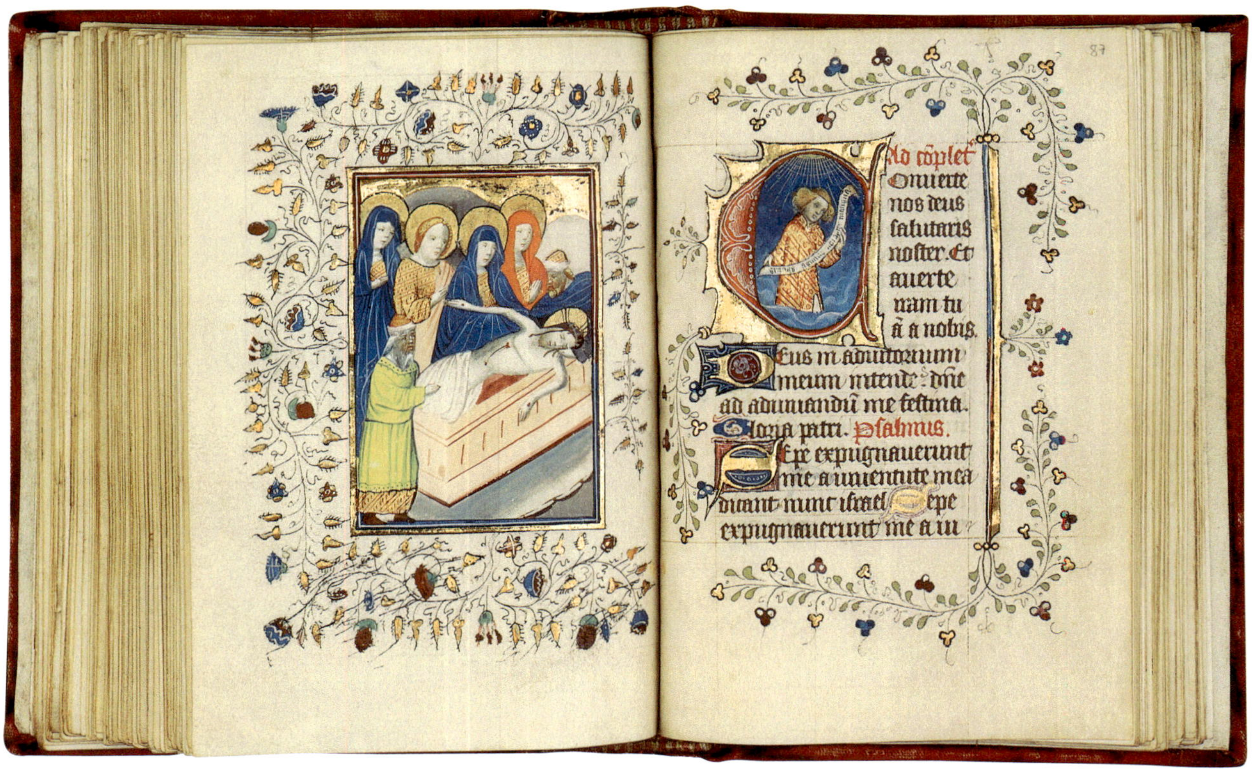

17 *Südniederländisches Stundenbuch* um 1415–1430/35

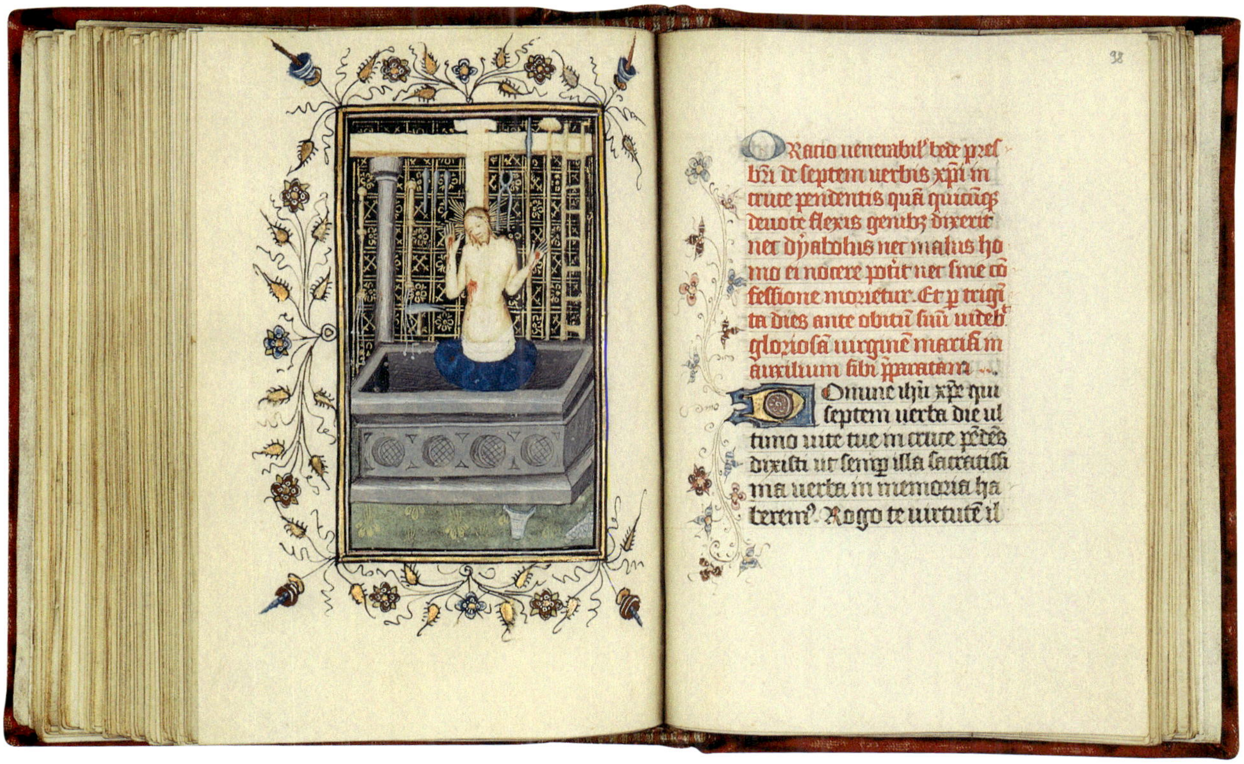

97v–98r Schmerzensmann mit Arma Christi vor dem Gebet des Beda über die Sieben Letzten Worte Christi am Kreuz

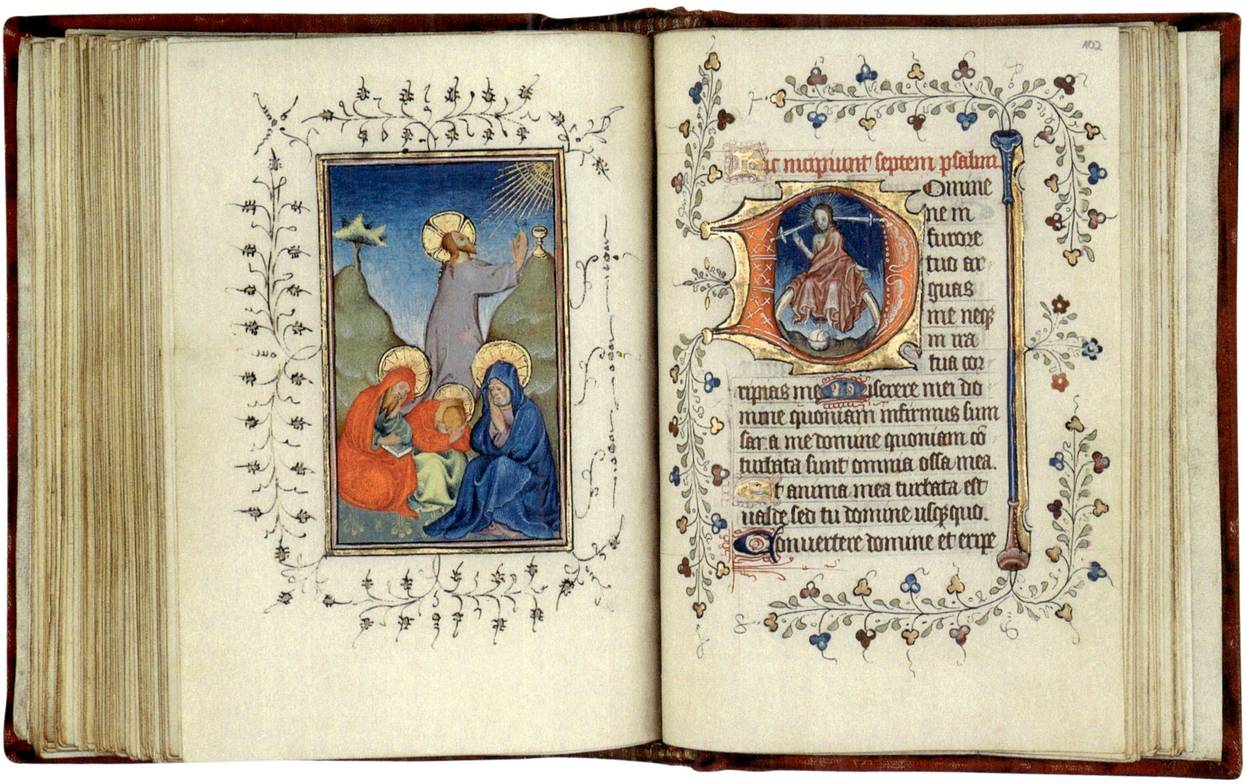

101v–102r Gebet Christi am Ölberg; Jüngstes Gericht in der Initiale zum ersten der Sieben Bußpsalmen

18

Flämisches Stundenbuch
Lateinisches Stundenbuch für
den Gebrauch in Flandern
Tournai, um 1450–1460

Das Stundenbuch steht am Kreuzungspunkt der wichtigsten Traditionsstränge, welche die flämische Buchmalerei um die Mitte des 15. Jahrhunderts bestimmt haben. Es fällt zunächst durch sein relativ großes Format, sowie durch den Umstand auf, dass der Kalenderteil mit 34 Zeilen enger geschrieben ist als der Haupttext und daher alle zwölf Monate auf sechs Folios untergebracht werden können. Blättert man weiter, so sticht die Gestaltung jeder Seite, also auch der reinen Textseiten, mit einer vierseitigen Bordüre ins Auge, die ausgesprochenen Luxushandschriften vorbehalten war. Auch das inhaltliche Programm und die Bildausstattung gehen über das Übliche hinaus. Dem Marienoffizium werden ein komplett illustriertes Passionsoffizium und das relativ seltene Offizium vom Mitleiden der Muttergottes an die Seite gestellt.

Bei den Miniaturen überwiegt die rechteckige Form ohne rundbogigen Abschluss. Bild und Text werden auf allen vier Seiten von auffallend breiten Zierleisten eingerahmt, die auf vielfältige Weise mit Feldern und Mustern dekoriert sind. Die Bordüren sind mit fleischigem Akanthus dicht gefüllt. Die Hintergründe der Miniaturen weisen häufig ein kleinteiliges Schachbrettmuster auf, in dem winzige rote, blaue und grüne Quadrate zu Rautenformen gruppiert sind.

Mit diesen Merkmalen steht das Buch in einer Tradition, die letztlich auf den Meister des Guillebert de Mets zurückgeht. Dieser Pionier der flämischen Buchmalerei verdankt seine Benennung einem Schreiber, mit dem er mehrfach zusammengearbeitet hat und der sein Hauptwerk, einen Boccaccio in Paris (Bibliothèque de l'Arsenal, Ms. 5070) signiert hat. Der Meister des Guillebert de Mets hat die Entwicklung in den Südlichen Niederlanden entscheidend geprägt. In Gent tritt der Meister der Privilegien in seine Fußstapfen; zugleich setzt, vornehmlich in Brügge, die Produktion der sog. Goldrankengebetbücher ein.

Im Hinblick auf die Schachbrettmuster und Zierleisten wie auch das rechteckige Bildformat lassen sich die Miniaturen in unserem Stundenbuch mit Werken des Guillebert-Meisters und des Privilegienmeisters vergleichen; der Randdekor hat die engsten Parallelen in der Goldrankengruppe. Dennoch deckt sich der Malstil mit keinem der drei genannten Ateliers. In vielen Bildern wie etwa der Davidszene (125r) oder dem Johannes auf Patmos (7r) kommt der Stil vielmehr den Werken des ab 1454 in Brügge nachweisbaren Willem Vrelant nahe. Auf der letztgenannten Miniatur sitzt der schreibende Evangelist auf einer winzigen kreisrunden Insel; das umgebende Ägäische Meer ist auf einen Ringgraben reduziert. Prüfend führt er die Schreibfeder mit der Rechten vor die Augen, während auf seinen Knien die Schriftrolle bereitliegt, deren Ende der Adler, das Attribut des Evangelisten, im Schnabel hält. Links versucht ein Teufelchen, das Schreibzeug zu stehlen. Die Darstellung stimmt fast wörtlich mit Willem Vrelants Miniatur im Stundenbuch der Juana Enriquez (Madrid, Biblioteca del Palacio, o. Nr., 13v) überein. Diese aber ist keine eigene Erfindung des Brügger Miniaturisten, sondern geht, wie James Douglas Farquhar nachgewiesen hat, auf ein Pariser Vorbild vom Beginn des 15. Jahrhunderts zurück, nämlich auf das Saint-Maur-Stundenbuch (Paris, Bibliothèque Nationale de France, Ms. nouv. acq. lat. 3107, 17r). Unsere Handschrift stellt offenbar ein wichtiges Bindeglied in diesem Wanderungsprozess von Vorlagen aus dem französischen in das flämische Milieu dar.

In mancher Hinsicht erinnert der Stil der Miniaturen noch an eine andere Facette der Buchproduktion in der zweiten Hälfte des 15. Jahrhunderts, die man unter dem Namen des Maître aux yeux bridés, des Meisters mit den Schlitzaugen, zusammengefasst hat. Denn an vielen Figuren in unserer Handschrift fallen die langgezogenen und etwas unbedarft dreinblickenden Gesichter auf, denen dieser Stil seinen Namen verdankt. Auch kommen bereits die typischen Formeln für Bäume und Hintergrundarchitektur aus der Gruppe des Maître aux yeux bridés vor, in der überdies lange an dem traditionellen Layout der großformatigen Handschriften mit rechteckigen Miniaturen festgehalten wird. Anders ist jedoch die Palette. Während die Miniaturen des Maître aux yeux bridés hellfarbig und blass erscheinen, greift unser Maler zu kräftigen, leuchtenden Tönen, die wiederum Reminiszenzen an Guillebert de Mets und den Privilegienmeister aufkommen lassen.

Man wird den Stil unserer Handschrift also gewissermaßen auf halbem Wege zwischen dem Meister des Guillebert de Mets und dem Maître aux yeux bridés einordnen dürfen. Eher als in Gent oder Brügge ist ein solcher Übergangsstil vielleicht in Tournai anzunehmen. In diesem Zusammenhang verdient eine ikonographische Besonderheit der Geburtsminiatur auf Folio 92v Beachtung. Neben dem Nährvater Joseph steht dort eine Frau, die durch die rückwärtige Stalltür auf die Gottesmutter mit dem Kind blickt. Sie kann eigentlich nur als eine der beiden Hebammen gedeutet werden, die der apokryphen Überlieferung nach bei der Geburt Christi zugegen waren. Diese Legende ist in der altniederländischen Malerei nicht allzu häufig dargestellt worden; gerade in Tournai war sie jedoch in den Werken zweier einheimischer Künstler präsent, Robert Campins und seines Schülers Jacques Daret. Dass unser Miniaturist sie aufgreift, mag deswegen kein Zufall sein. Auch die hübsche Idee, das Grab des Lazarus (141v) mit einer Deckplatte auszustatten, die nach zeitgenössischer Manier das Relief eines nackten Leichnams schmückt, lässt an die Beobachtungsgabe der niederländischen Tafelmaler denken.

(Bodo Brinkmann)

18 *Flämisches Stundenbuch*
Tournai,
um 1450–1460

Pergament 196 Blätter (je zwei Vor- und Nachsatzblätter aus Papier); 210 x 154 mm; Lagen: 1^{6}, $2-7^{8}$, 8^{4}, 9^{8}, 10^{2}, $11-15^{8}$, 16^{8+1}, 17^{6}, 18^{10}, 19^{4+1}, $20-21^{4}$, 22^{12}, 23^{4}, 24^{12}, 25^{4}, 26^{12}, 27^{4}, 28^{2}; Schriftspiegel: 120 x 79 mm; einspaltig; 20 bzw. 34 (Kalendar) Zeilen; Liniierung in Rot. **Ausstattung** Lateinischer Text in dunkelbrauner Bastarda, rubriziert; einzeilige Initialen in Blattgold auf blauem Grund mit mauvefarbener Füllung bzw. in den Gegenfarben alternierend oder in Blau und Mauve auf goldenem Grund; Zeilenendungen in Blau, Mauve und Blattgold, mit weißer Filigranornamentik oder lappigem Akanthus wie auf den Zierleisten der Miniaturseiten gefüllt; zweizeilige Initialen in gleicher Farbigkeit auf entsprechend wechselnden Gründen, mit farbigen Blattranken oder weißer Filigranornamentik gefüllt; große, vier- bis fünfzeilige Initialen in Blau oder Mauve auf Goldgrund mit farbigen Blattranken; alle Textseiten mit Bordüren aus schwarzem Fleuronnée mit verschiedenen Blättern in Blattgold, farbigen, auch silbernen Blüten und Früchten (vorwiegend Erdbeeren) allseitig umgeben; dreißig Miniaturen mit Gold- und Silberfarbe allseitig von einer Zierleiste gerahmt, gefüllt mit sich um einen Stab windendem Akanthus in Blau oder Mauve sowie mit farbigen Blattranken und Ornamenten, zudem allseitig von einer Bordüre aus Akanthus in Blau, Gold, Silber, Mauve, Hellgrün und Rot, verschiedenen Blüten und Früchten, behaarten Goldpunkten, Drôlerien, Vögeln, Pfauen, Insekten, Halb- und Ganzfiguren und Engeln umgeben. **Einband** Grün-brauner Maroquin über Pappe mit dreifacher Streicheisenliniierung in Goldprägung am äußeren Rand, sowie reiche florale Goldprägung auf dem Rücken und den Stehkanten; Innendeckel sowie Vor- und Nachsatzblatt mit schön marmoriertem Papier verziert; roter Schnitt; 19. Jh. **Vorbesitzer** Unbekannt. **Inhalt** 1r–6v Kalendar (Flandern), lateinisch, sporadisch besetzt (u. a. 21. 1. *Agnetis virginis*, 28. 1. *Agnetis secundo*, 30. 1. *Aldegundis virginis*, 6. 2. *Amandi et Vedasti episcoporum* [rot], 28. 2. *Romani episcopi*, 17. 3. *Ghertrudis virginis*, 5. 6. *Bonifacii episcopi* [rot], 14. 6. *Basilii archiepiscopi* [rot], 11. 7. *Benedicti abbatis* [rot], 25. 7. *Iacobi et Xpristofori* [rot], 1. 9. *Egidii abbatis* [rot], 17. 9. *Lamberti episcopi et mris.*, 1. 10. *Remigii et*

18 *Flämisches Stundenbuch*
Tournai,
um 1450–1460

69r Verkündigung, Miniatur zu Beginn des Marienoffiziums (Detail)

Bavonis [rot], 9. 10. *Dyonisii epi.* [rot], 14. 10. *Donaciani epi.* [rot], 11. 11. *Martini episcopi* [rot], 15. 11. *Machuti episcopi*, 23. 11. *Clementis pape* [rot], 6. 12. *Nicholai epi.* [rot]). 7r–12v Evangelienlesungen; Textanfänge immer unter den Miniaturen. 7r Johannes auf Patmos. 8v Lukas. 10r Matthäus. 11v Markus. 13r–15v *O (bsecro te)*; für männlichen Gläubigen eingerichtet. 13r Krönung Mariens durch Christus und Gottvater. 16r–17v *O (intemerata)*; für männlichen Gläubigen eingerichtet. 18r–19v Passionsevangelium nach Johannes. 18r Dornenkrönung Christi. 20r–25r Kreuzoffizium. 20r Schmerzensmann mit Arma Christi. 25v–29v Hl. Geistoffizium. 25v Pfingsten. 30r–58v Langes Passionsoffizium. 30r Gethsemane. 37r Gefangennahme Christi. 40v Vorführung Christi vor Pilatus. 43r Geißelung. 46r Kreuztragung. 48v Kreuzigung Christi. 51r Kreuzabnahme. 55r Grablegung. 59r–63v Marienmesse. 59r Muttergottes mit Jesusknaben inmitten musizierender Engel. 64r–68v Offizium der Compassio Mariens. 64r Beweinung Christi. 69r–116r Marienoffizium (Rom). 69r Verkündigung an Maria. 83v Heimsuchung. 92v Geburt Christi. 96r Verkündigung an die Hirten. 99v Anbetung der Könige. 103r Darbringung Jesu im Tempel. 106v Bethlehemitischer Kindermord. 112v Flucht nach Ägypten. 116v–117r *S (Alve regina misericordie vita)*. 117v ohne Text. 118r–124v Marienoffizium für die Adventszeit. 118r Marientod. 125r–141r Bußpsalmen mit Litanei (Flandern: u. a. Christophorus, Erasmus, Remigius, Bavo, Vedastus, Amandus, Bertinus, Egidius, Benedictus, Ludovicus, Romanus, Eligius, Agnes, Genoveva, Columba, Ursula). 125r büßender König David. 141v–175r Totenoffizium (Rom). 141v Auferweckung des Lazarus. 175v–191r *Commendationes animarum*. 175v zwei Engel tragen die Seelen dreier Auferstandener zum Himmel. 191r Gebet zum Hl. Geist. *D (omine sancte spiritus)*. 191v–196v Heiligensuffragien (ohne Lokalheilige). **Literatur** Kat. Sotheby's, London, 22. 6. 1982, Nr. 74. – J. M. Plotzek, Andachtsbücher des Mittelalters aus Privatbesitz, Ausst. Kat. Schnütgen-Museum, Köln 1987, S. 188 ff., Nr. 58. **Zitierte Literatur** J. D. Farquhar, Creation and Imitation. The Work of a Fifteenth-Century Manuscript Illuminator (Nova University Studies in the Humanities, 1), Fort Lauderdale 1976. – G. T. Clark, The Hours of Isabel la Católica, Kommentarbd. zum Faksimile, Madrid 1997, S. 80 f.

64r (Text) Hymnus zur Beweinung Christi

Matris cor virgineum / trena totum trivit. / Quando suum filium/nocte captum savit. / Ductum ad pretorium/mane cum audivit. / Frequens dans suspirium/sepe singustivit. / Te laudamus te rogamus/mater Ihesu Christe/ut intendas et defendas/nos a morte tristi.

Der Mutter jungfräulich Herz zerdrückte ganz der Schmerz, als den nächtens gefangnen Sohn sie küsste. Dass er zum Statthalter geführt am Morgen, vernahm sie mit vielem Schluchzen und tiefen Sorgen. Mutter Jesu Christi, preis sei dir, und die Bitte, daß uns Armen hier, du seist vorm Tode Schutz und Wehr.

(Übersetzung: Alexander Arweiler)

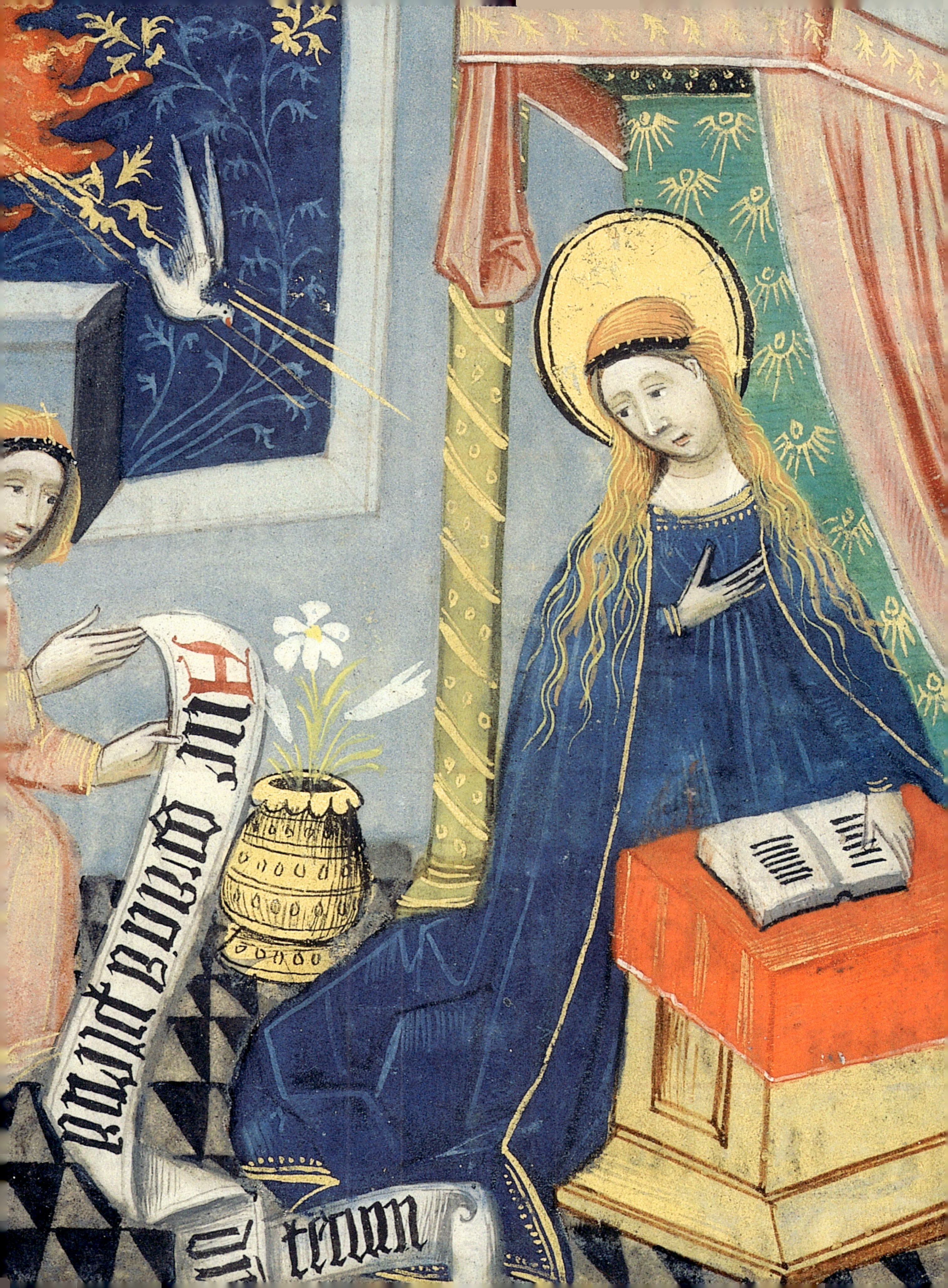

18 *Flämisches Stundenbuch*
Tournai,
um 1450–1460

6v Kalendar.
Monat Dezember

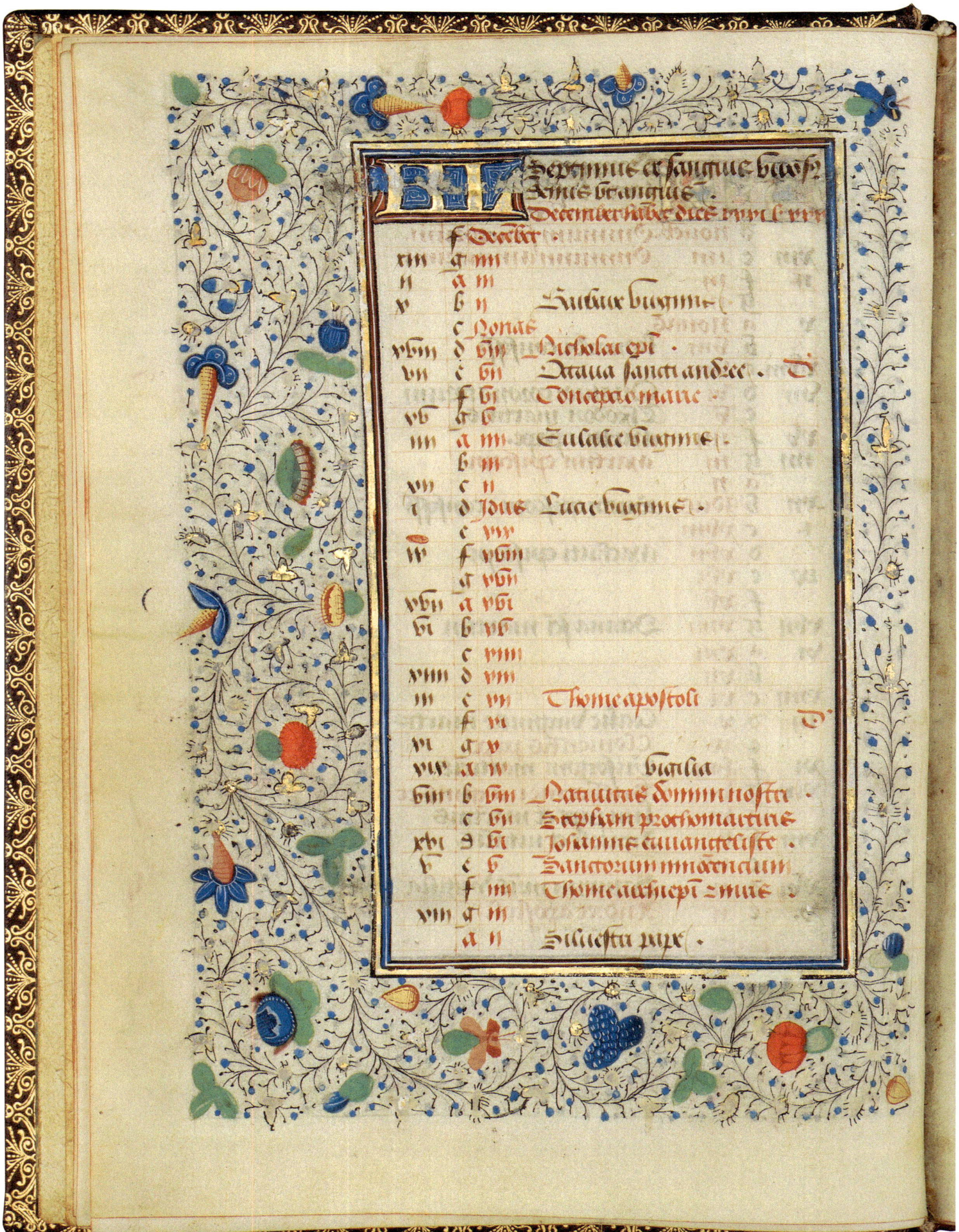

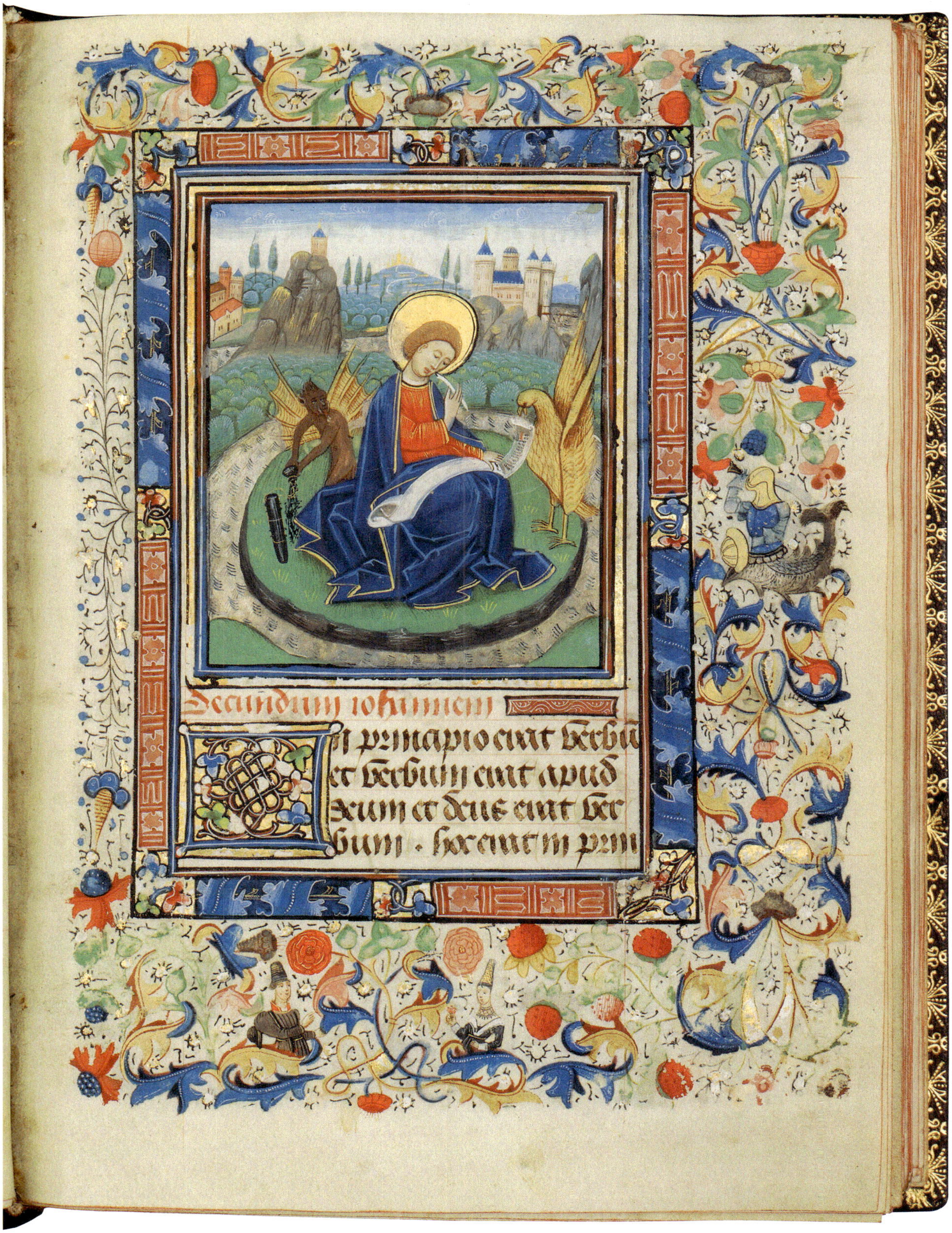

18 *Flämisches Stundenbuch*
Tournai,
um 1450–1460

7r Evangelienlesungen. Johannes auf Patmos. Während Johannes mit der Niederschrift der Apokalypse beschäftigt ist, schüttet ein Dämon hinter seinem Rücken das Tintenfass aus, um ihn am Schreiben zu hindern; in der Bordüre unten ein vornehm gekleidetes Paar; rechts wächst aus einem Walfisch ein Ritter mit erhobenem Schwert und schützendem Schild hervor.

18 *Flämisches Stundenbuch*
Tournai, um 1450–1460

11v Evangelienlesungen. Schreibender Evangelist Markus mit seinem Attribut, dem Löwen, in der Schreibstube; in der Bordüre Pfauen

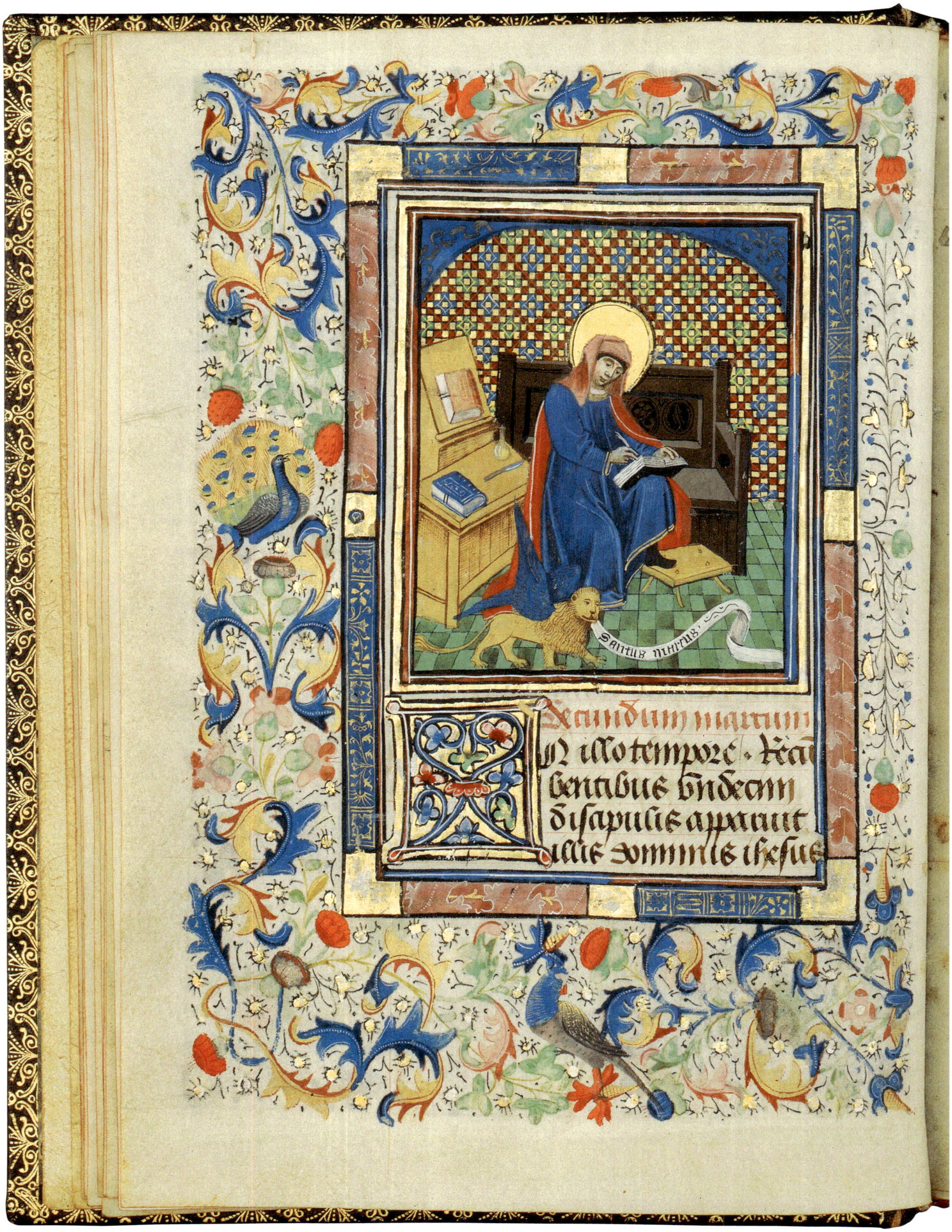

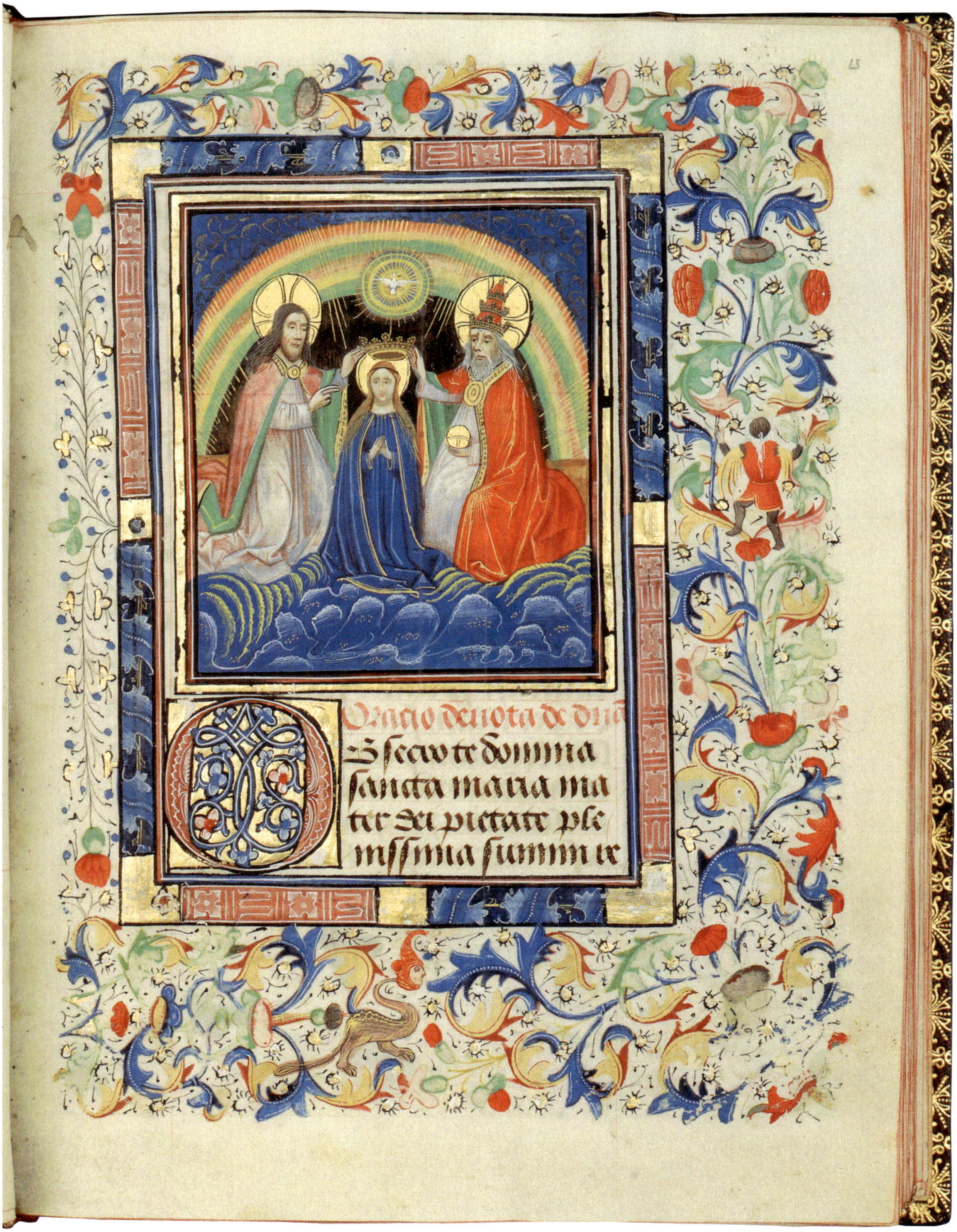

18 *Flämisches Stundenbuch*
Tournai, um 1450–1460

13r Mariengebet *Obsecro te*. Zwischen den Wolken und der Wölbung eines Regenbogens wird Maria von der Dreifaltigkeit – Vater, Sohn und Hl.Geist – gekrönt; in der Bordüre unten ein Fabelwesen; rechts ein Mann in Rückansicht

18 *Flämisches Stundenbuch*
Tournai,
um 1450–1460

18r Passionsevangelium nach Johannes. Dornenkrönung

20r Kreuzoffizium. Schmerzensmann mit den Arma Christi; in der Bordüre unten ein betender Mann; rechts ein Gelehrter mit Schriftband

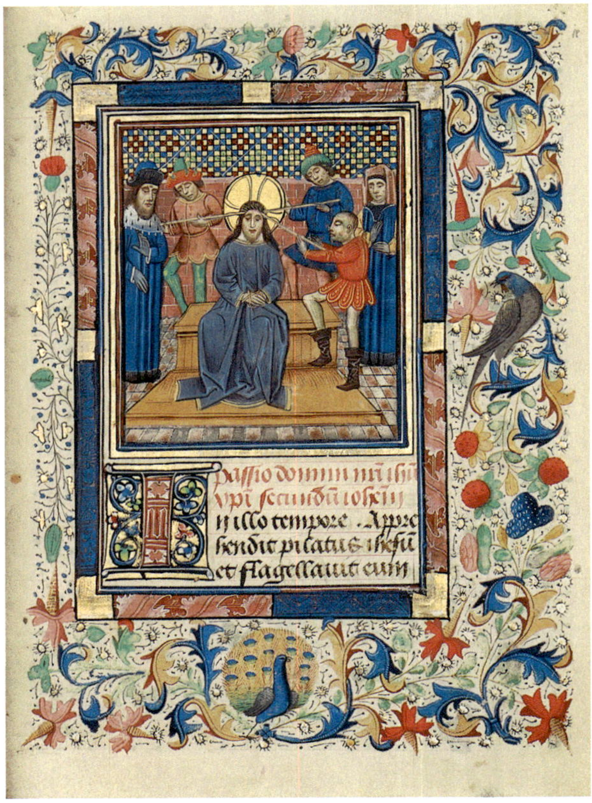

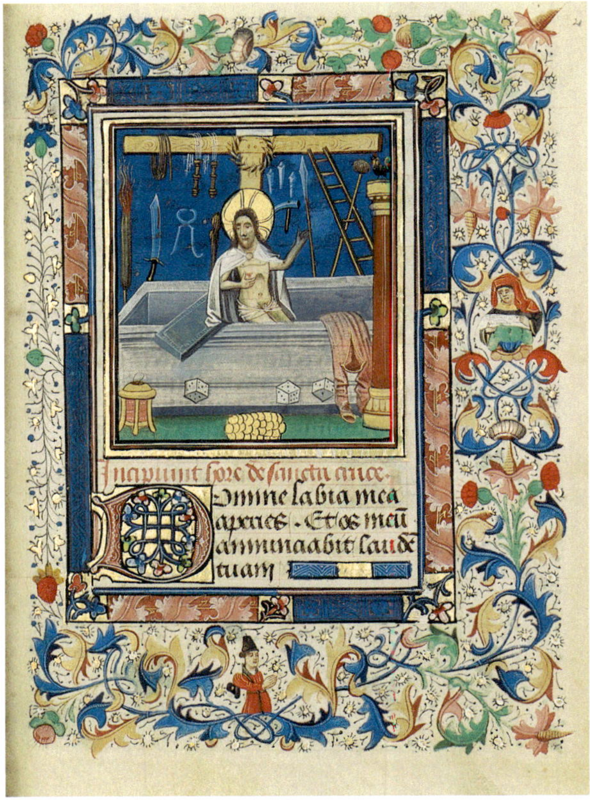

25v Hl. Geistoffizium. Pfingsten; in der Bordüre unten eine Lautenspielerin; links eine vornehme Dame als Harfenspielerin

30r Langes Passionsoffizium. Gebet Christi im Garten Gethsemane. In der Bordüre unten wächst aus einem wolfsähnlichen Fabelwesen ein mit Schwert und Schild bewaffneter Mann hervor. Rechts kniet ein adorierender Engel in offensichtlicher Beziehung zur Leidensszene der Miniatur.

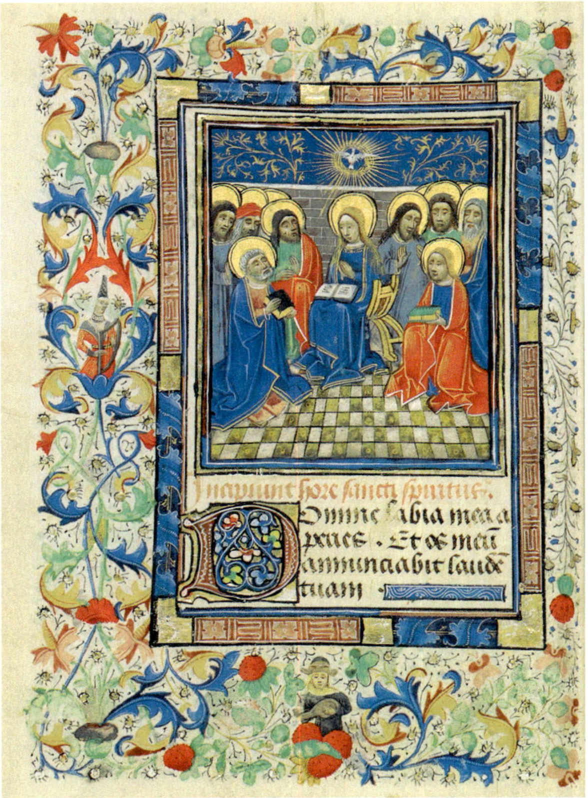

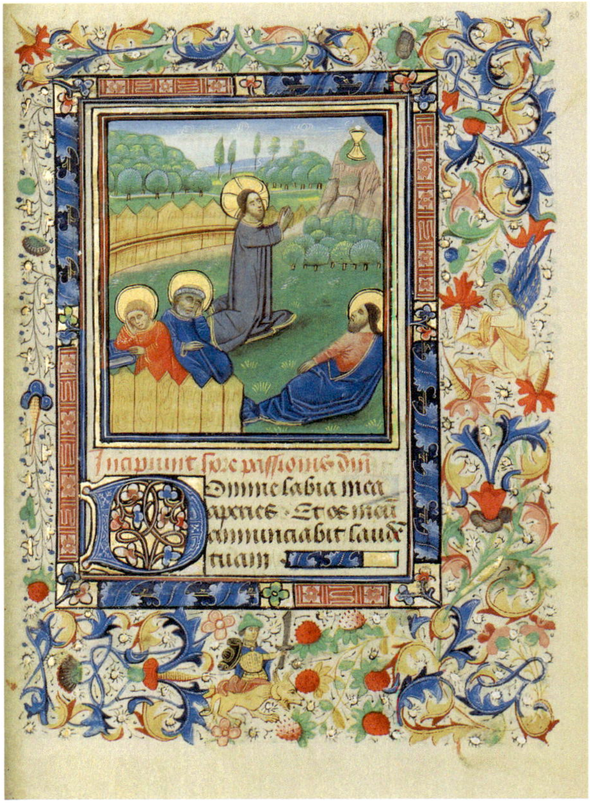

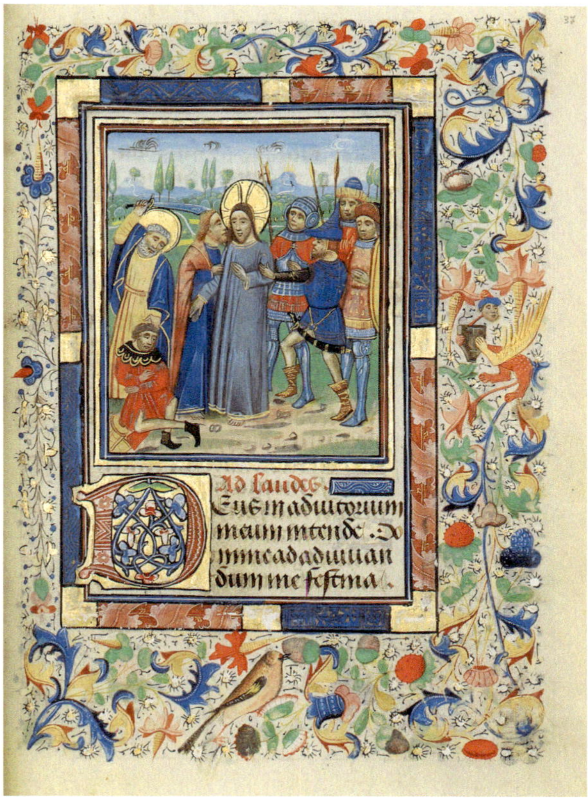

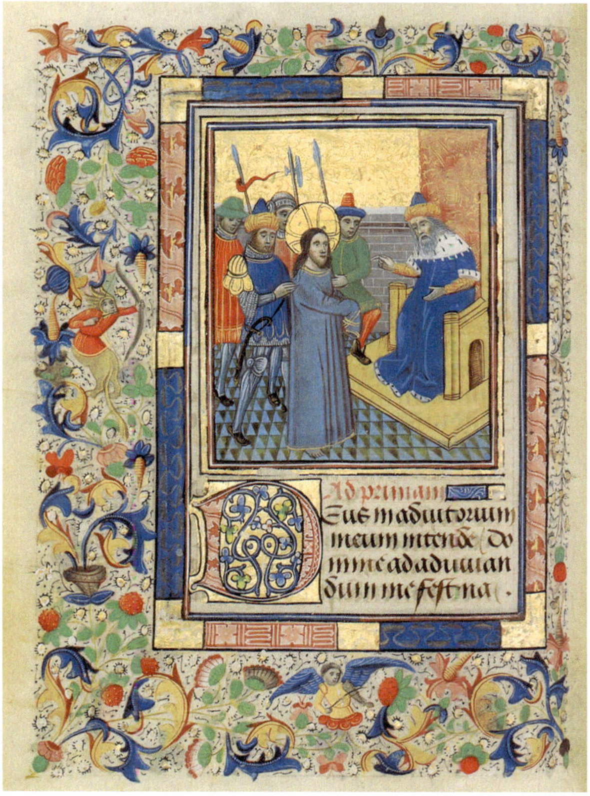

18 *Flämisches Stundenbuch*
Tournai,
um 1450–1460

37r Laudes des Langen Passionsoffiziums. Gefangennahme Christi. Petrus schlägt Malchus ein Ohr ab; in der Bordüre rechts ein psalterspielendes Fabelwesen; unten ein realistisch wiedergegebener Stieglitz (?)

40r Prim des Langen Passionsoffiziums. Vorführung Christi vor Pilatus. In der Bordüre unten spielt ein geflügelter Engel ein Saiteninstrument; links spannt ein Schütze mit Löwenkörper den Bogen.

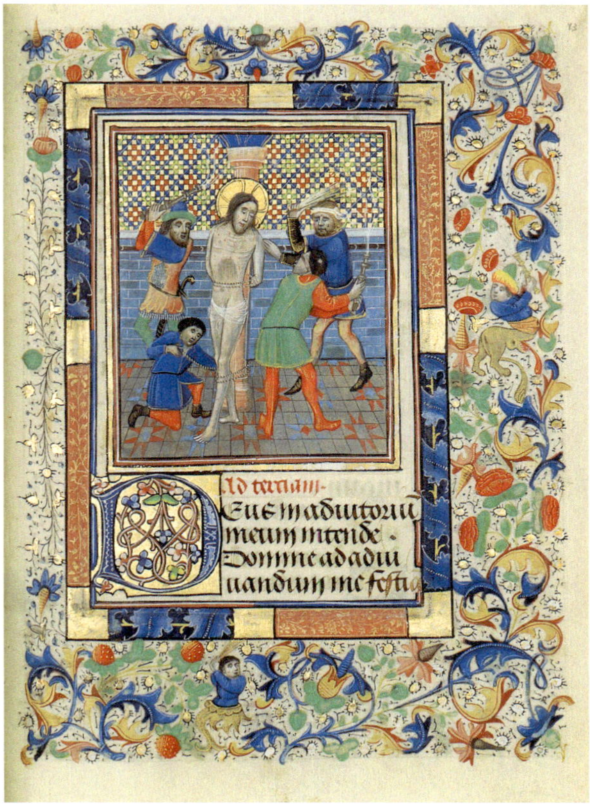

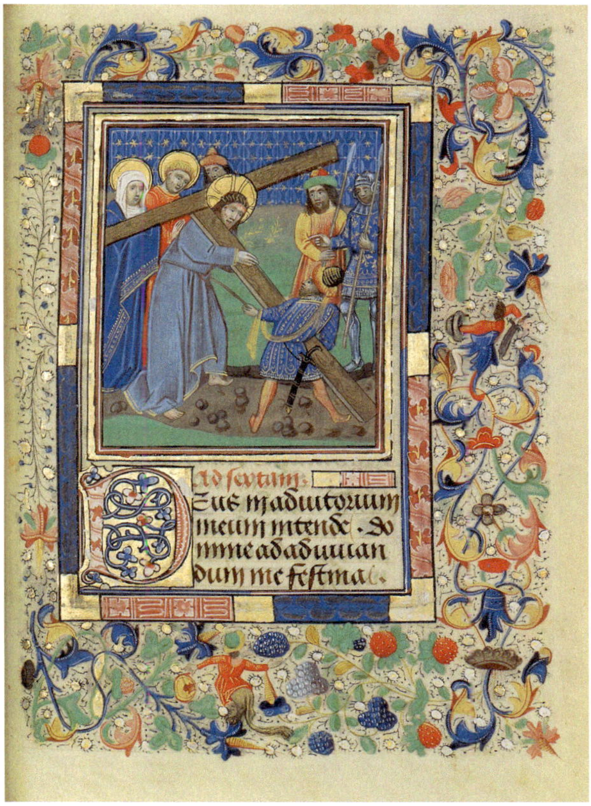

43r Terz des Langen Passionsoffiziums. Geißelung Christi; in der Bordüre unten und rechts geißelschwingende Wesen mit menschlichem Oberkörper.

46r Sext des Langen Passionsoffiziums. Kreuztragung; in der Bordüre unten Mischwesen; rechts aus einer Ranke hervorwachsender Mann mit Schwert und Schild.

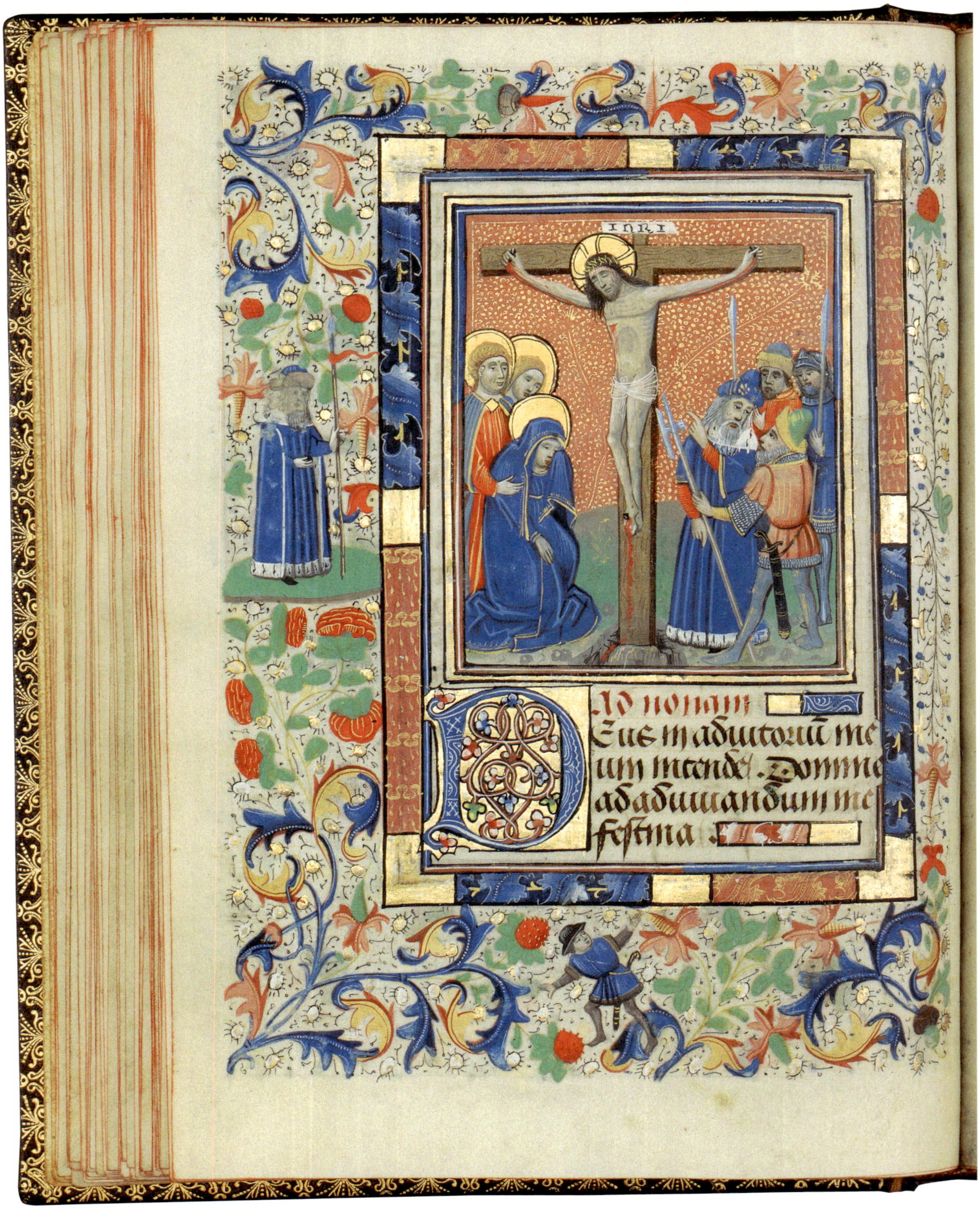

18 *Flämisches Stundenbuch*
Tournai, um 1450–1460

48v Non des Langen Passionsofficiums. Kreuzigung Christi mit der von Johannes gestützten Maria und einer weiteren Frau links unter dem Kreuz sowie römischen Soldaten mit dem guten Hauptmann auf der rechten Seite. In der Bordüre unten schaut ein Krieger mit gegürtetem Schwert in gebeugter Haltung zur Kreuzigung; links steht auf einem Rasenstück Longinus (?) mit einer bewimpelten Lanze, ebenfalls dem Geschehen in der Miniatur zugewandt.

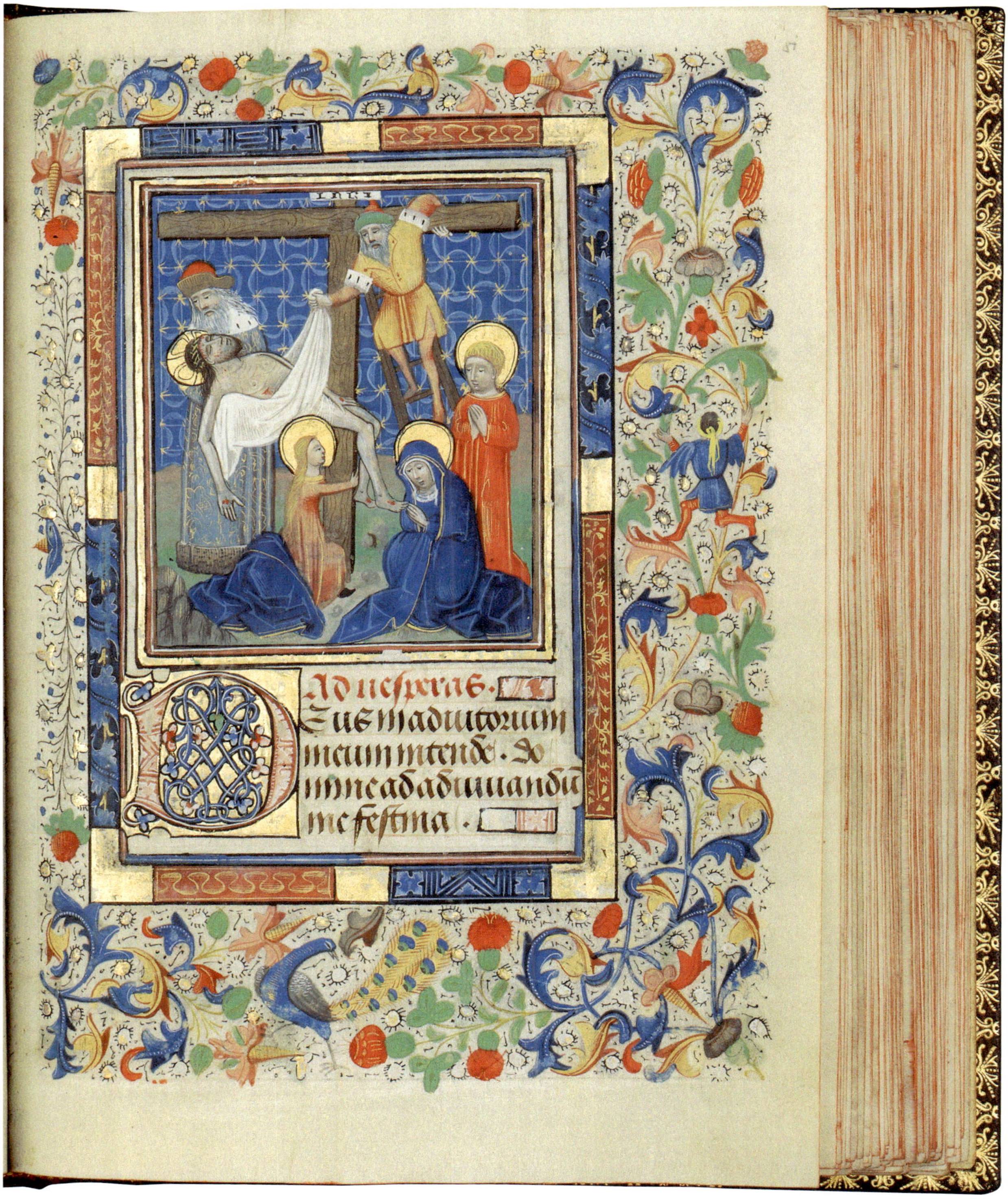

18 *Flämisches Stundenbuch*
Tournai,
um 1450–1460

51r Vesper des Langen Passionsoffiziums. Kreuzabnahme; in der Bordüre unten ein Pfau; rechts ein Mann in Rückansicht

18 *Flämisches Stundenbuch*
Tournai,
um 1450–1460

54v–55r Komplet des Langen Passionsoffiziums. Grablegung Christi; in der Bordüre unten ein durch das Rankenwerk nach oben steigender Mann; rechts ein Stieglitz (?)

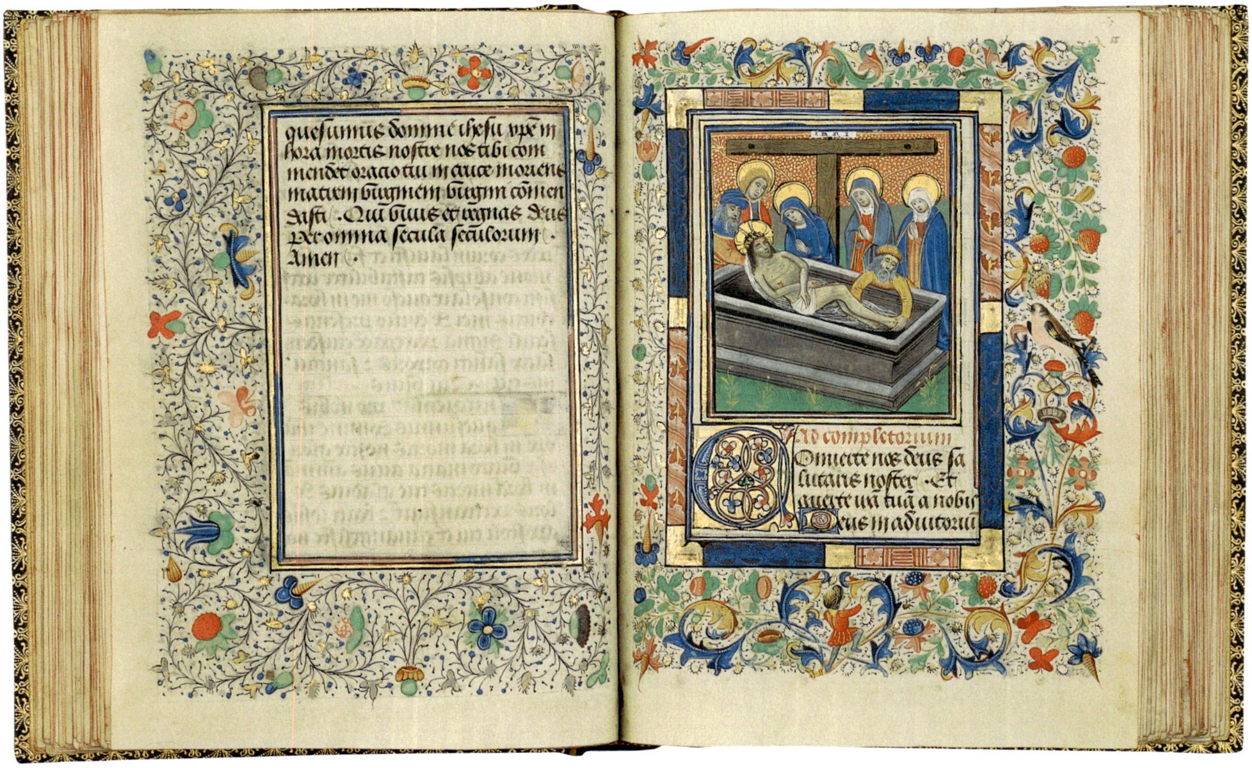

58v–59r Marienmesse. Thronende Gottesmutter mit Kind, umgeben von musizierenden Engeln; in der Bordüre unten ein halb menschlicher, halb tierischer Bogenschütze; rechts ein Pfau

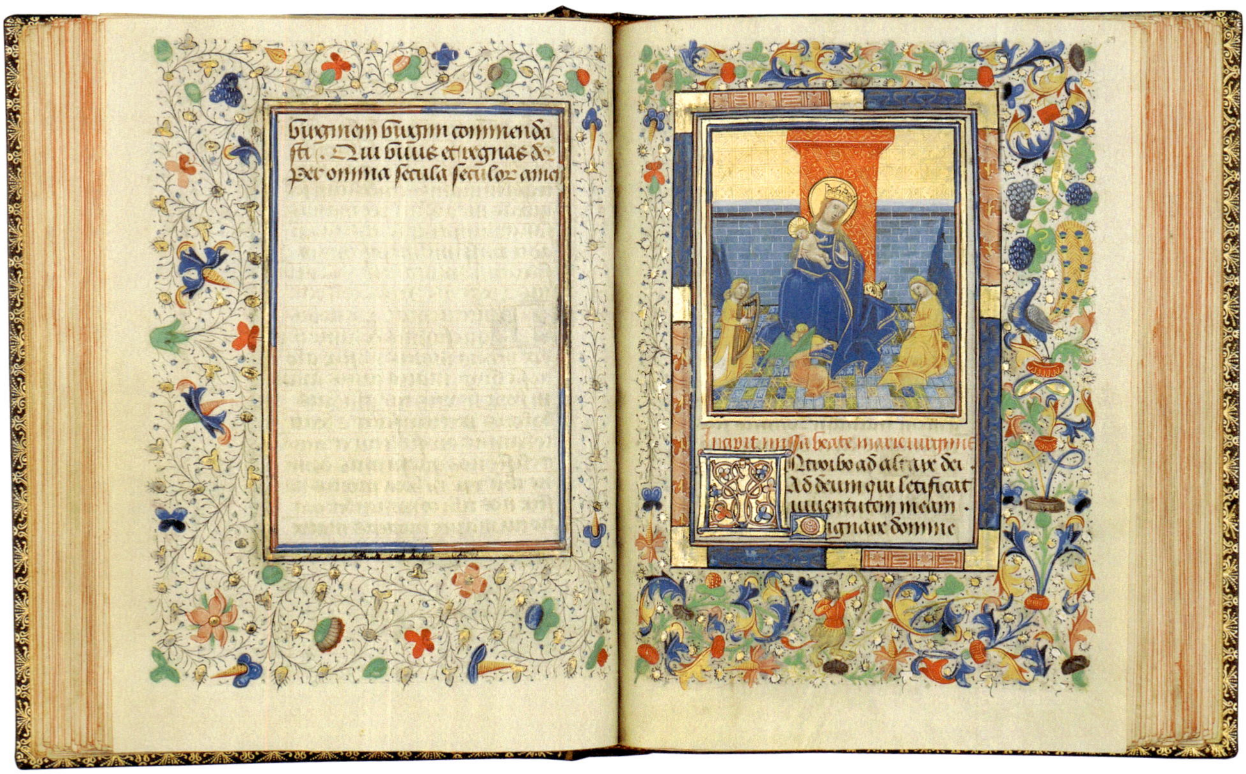

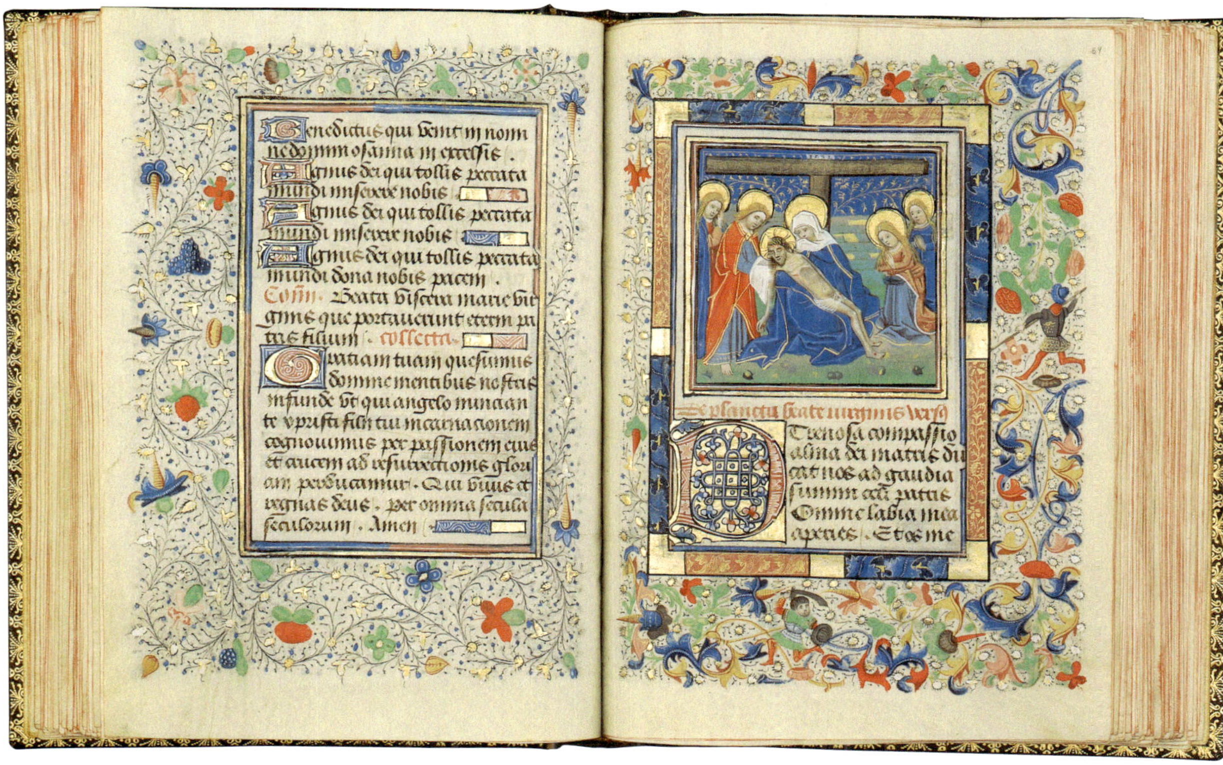

18 *Flämisches Stundenbuch*
Tournai,
um 1450–1460

63v–64r Auf die Marienmesse folgt das Offizium der Compassio Mariens. Die Miniatur zeigt die Beweinung Christi unter dem Kreuz; in der Bordüre unten ein das Schwert schwingender, rechts ein die Lanze führender Krieger

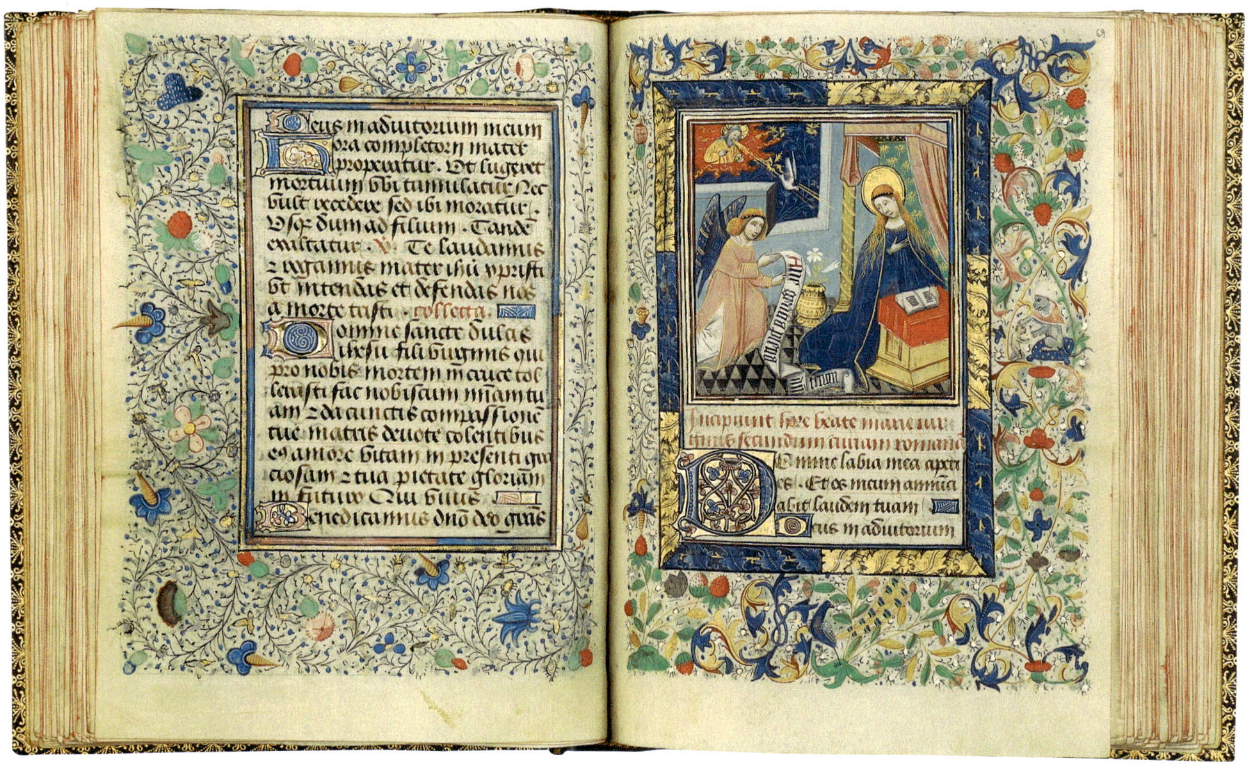

68v–69r Beginn des Marienoffiziums. Verkündigung an Maria; in der Bordüre unten ein Pfau; rechts kniet ein kleiner Affe vor einem auf blauem Kissen thronenden, mit Kragen und Mitra ausgestatteten großen Affen, der ihm die Hände entgegenstreckt.

18 *Flämisches Stundenbuch*
Tournai,
um 1450–1460

83v Laudes des Marienoffiziums. Heimsuchung; in der Bordüre ein Schmetterling und ein Vogel

96r Terz des Marienoffiziums. Verkündigung an die Hirten; in der Bordüre ein Vogel und ein flötespielender Affe

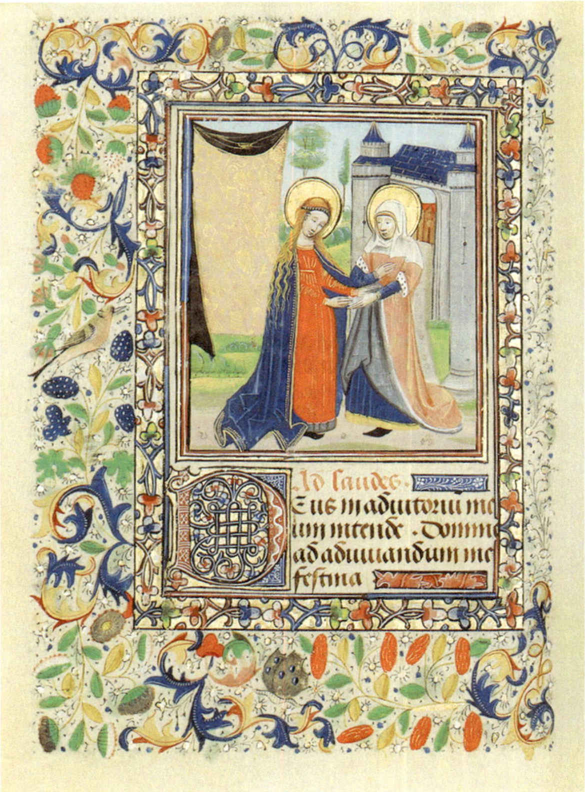

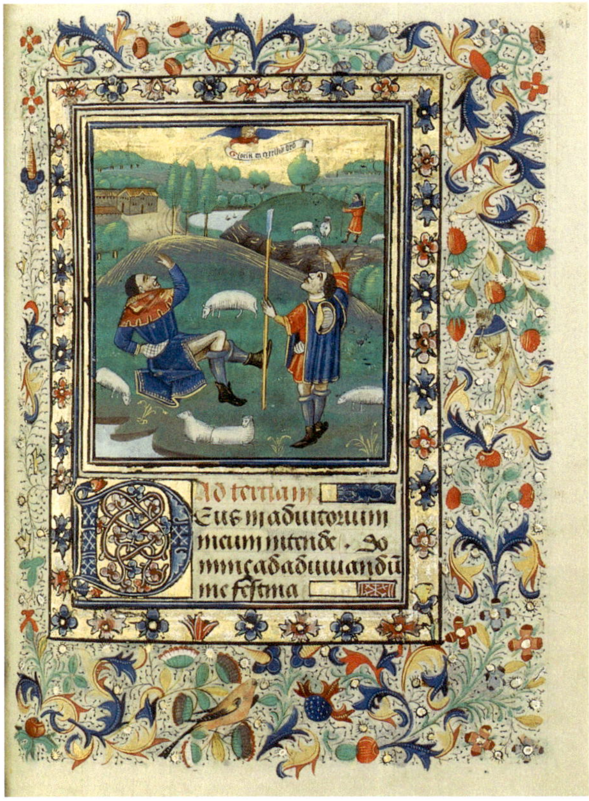

99v Sext des Marienoffiziums. Anbetung der Könige. Neben Joseph befindet sich auch eine Magd im Stall; in der Bordüre unten Halbfigur mit erhobenem Schwert; links lautespielende Frau

103r Non des Marienoffiziums. Darbringung Jesu im Tempel; in der Bordüre unten ein Vogel; rechts ein wilder Mann (?) mit Stab und Körben

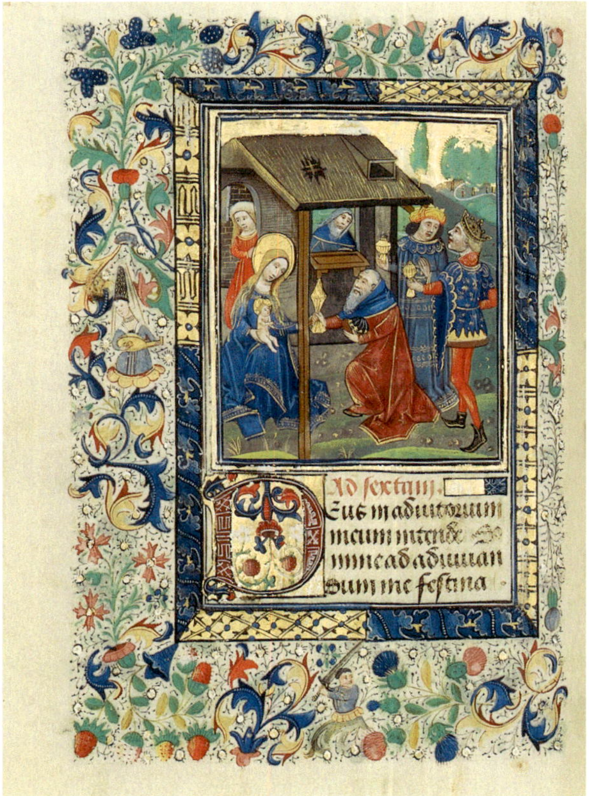

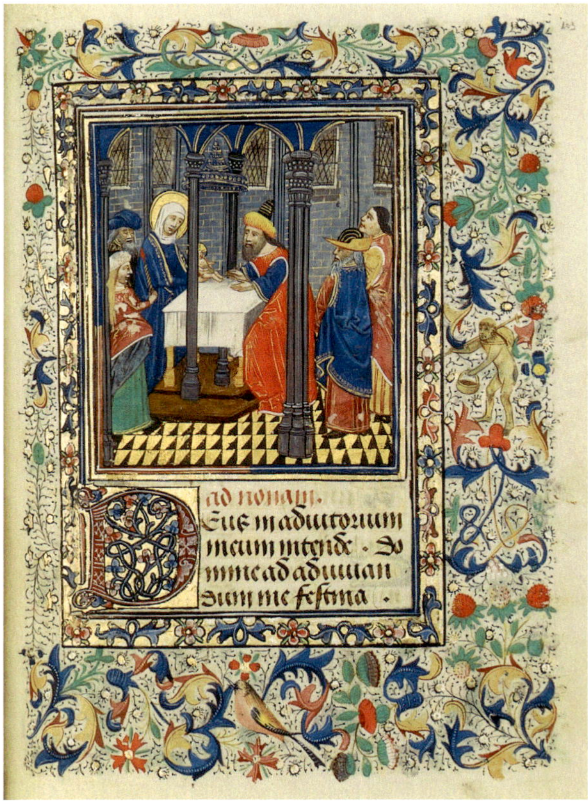

18 *Flämisches Stundenbuch*
Tournai,
um 1450–1460

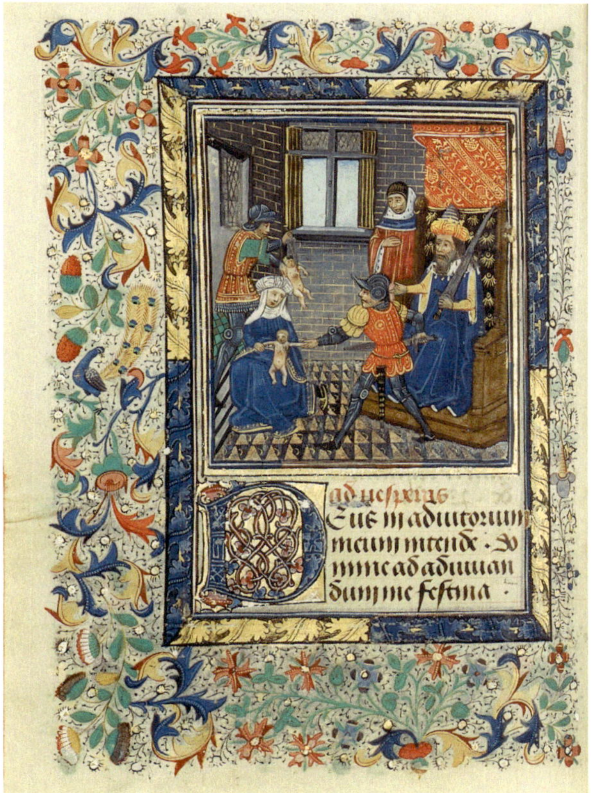

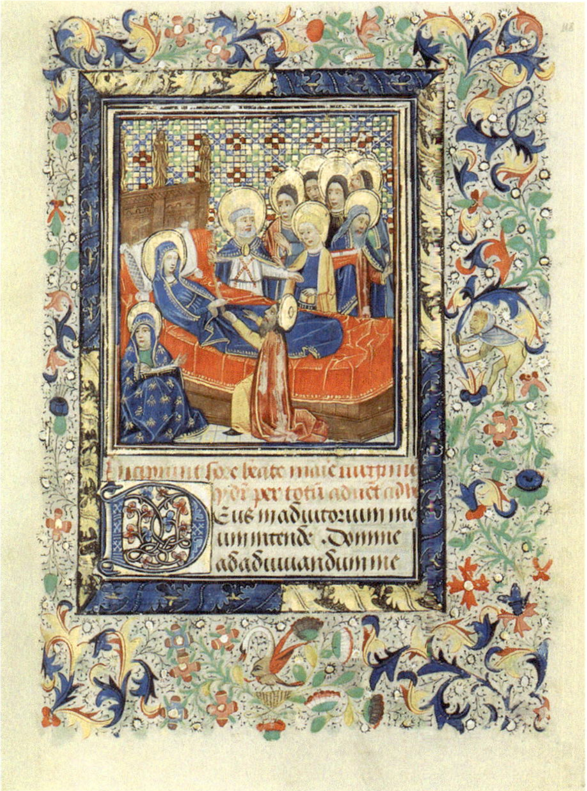

106v Vesper des Marienoffiziums. Bethlehemitischer Kindermord; in der Bordüre links ein Pfau

118r Marienoffizium für die Adventszeit. Marientod. Umgeben von den Aposteln und einer trauernden Frau liegt die tote Gottesmutter in einem Bett, auf dessen Kopfende drei Statuetten stehen; in der Bordüre unten ein Schwan mit menschengesichtiger Brust rechts ein wilder Mann (?) mit Kapuzenkragen

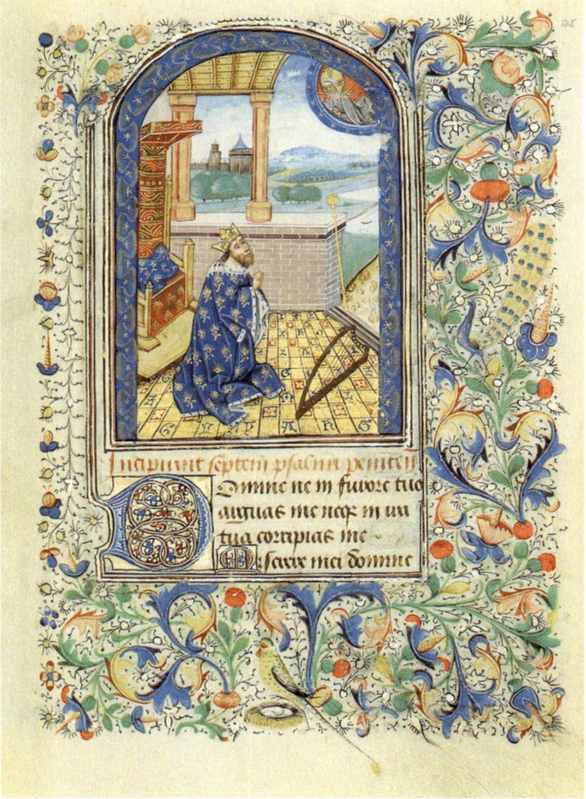

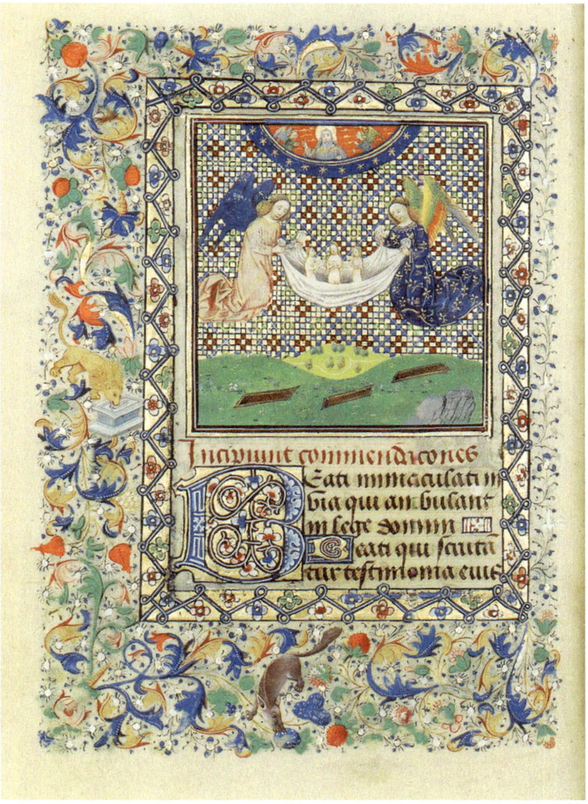

125r Bußpsalmen. Büßender König David in seinem Palast

175v *Commendaciones animarum* (Anempfehlung der Seelen). Zwei Engel tragen die Seelen Auferstandener in einem weißen Tuch zum Himmel empor; in der Bordüre unten ein wolfsähnliches Tier; links ein trinkender Löwe

19

Nordfranzösisches Stundenbuch
Lateinisches Stundenbuch
nach dem Brauch von Paris
im Atelier Willem Vrelants
geschulter Miniaturist
Nordfrankreich, um 1465

Dieses auf den ersten Blick nicht besonders auffällige Stück gibt erhebliche Rätsel auf. Kalender und liturgischer Gebrauch sind für Paris und damit für eine Benutzung in ganz Frankreich eingerichtet. Die elegante Bastarda mit ihren schwungvollen Oberlängen stammt von einem französischen Schreiber. Miniaturen und Bordüren jedoch wirken eher flämisch. Sie erinnern an Arbeiten Willem Vrelants, der aus Utrecht stammt, von 1454 bis zu seinem Tode 1481 in Brügge nachweisbar ist und dort eine offenbar äußerst produktive Werkstatt unterhalten hat.

Zwischen 1456 und 1460 setzen Vrelants Beitragszahlungen aus, die er als Mitglied der Brügger Buchmalergilde jährlich zu entrichten hatte. Ein Aufenthalt außerhalb der Stadt ist deswegen in dieser Zeit anzunehmen, und eine Frankreichreise erscheint möglich. Doch unterscheidet sich der Stil der Miniaturen in unserem Stundenbuch von dem voll entwickelten Malstil des Vrelant-Ateliers in diesen Jahren. Dieser wird von vereinfachten Formen, starken Konturlinien und auf einheitliche Lokalfarbigkeit reduzierten Flächen bestimmt. Miniaturen und Bordüren unterliegen diesen Formprinzipien gleichermaßen, so dass die Buchseite insgesamt als teppichartig gemusterte Fläche in Erscheinung tritt. Diese Optik vrelantischer Buchmalereien mag auf den modernen Betrachter unbeholfen oder archaisch wirken; trotzdem erfreute sie sich bei den Kunden bis ans Ende des 15. Jahrhunderts offenbar ungebrochener Beliebtheit.

Die Miniaturen unseres Stundenbuchs sind jedoch nicht sehr charakteristisch für diese Stilrichtung. Sie sind räumlicher komponiert, wie etwa ein Blick auf den wohldurchdachten Baukörper der Kapelle in der Lazaruserweckung zeigt, insgesamt flüssiger gemalt; ihre Figuren sind weniger stark konturiert und erheblich differenzierter modelliert. Einzig die Kopftypik erinnert relativ stark an Vrelant.

James Douglas Farquhar hat auf eine Reihe pseudovrelantischer Arbeiten in französischen Stundenbüchern aufmerksam gemacht und sie um ein Stundenbuch der Pariser Arsenalbibliothek (Ms. 575) gruppiert. Paradoxerweise arbeitet jedoch der französische, von ihm Meister von Arsenal 575 genannte Miniaturist nach den oben beschriebenen Kriterien immer noch »vrelantischer«, also flämischer, als der Illuminator unserer Handschrift. Auch sind die von ihm geschaffenen Werke früher anzusetzen. Der nächstliegende Anknüpfungspunkt scheint mir in einem frühen Hauptwerk der Vrelant-Werkstatt zu liegen, dem Stundenbuch der Juana Enriquez (Madrid, Biblioteca del Palacio,

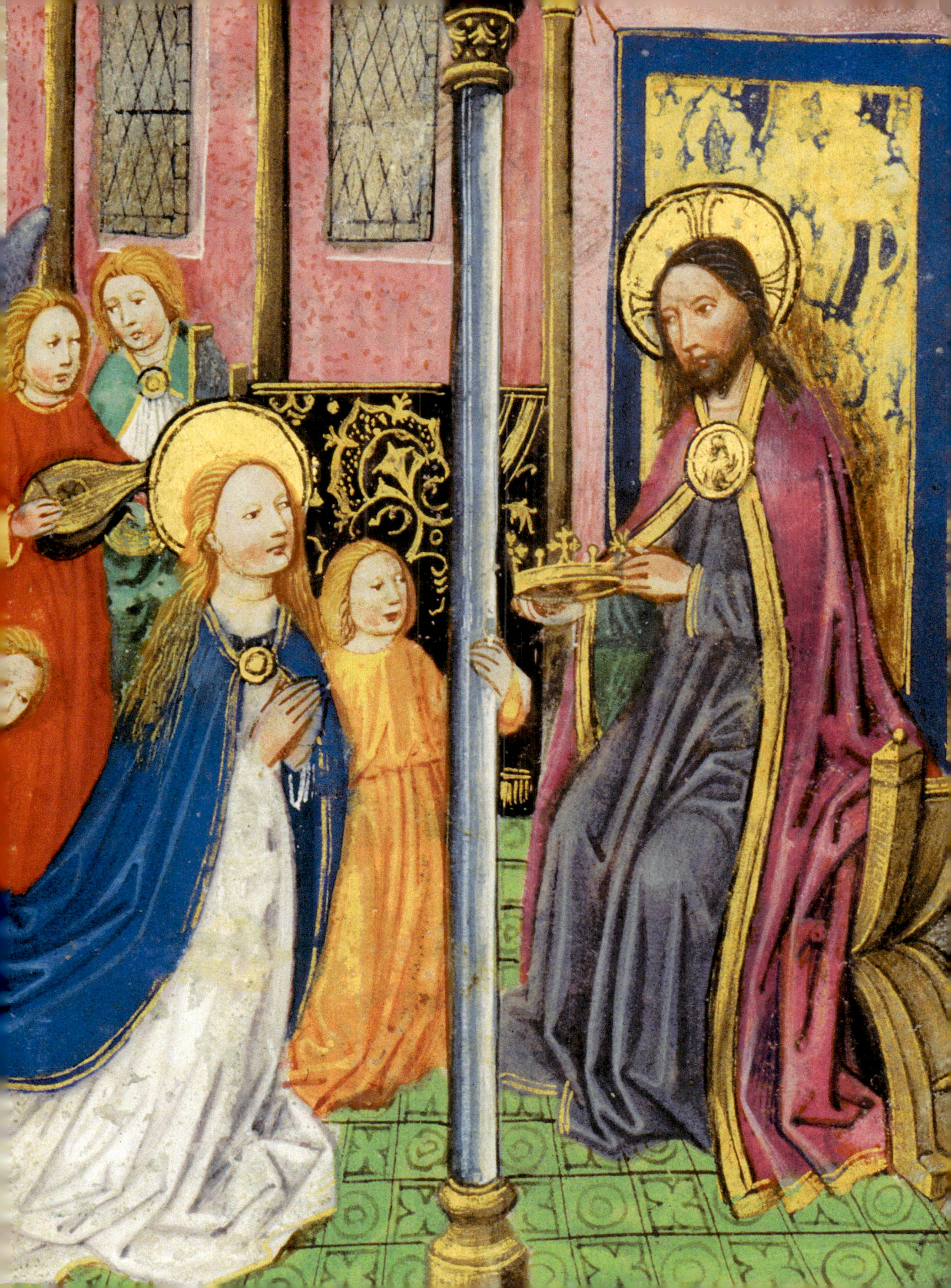

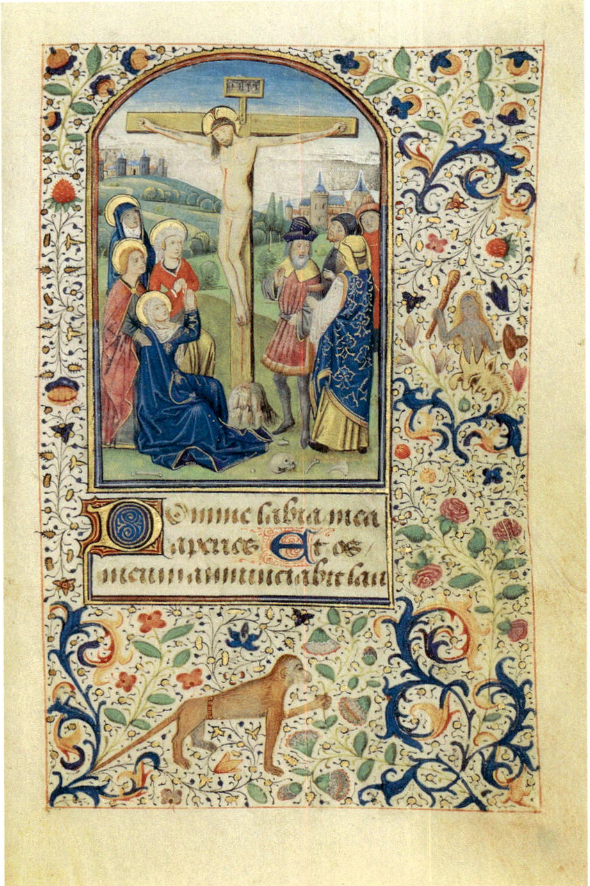

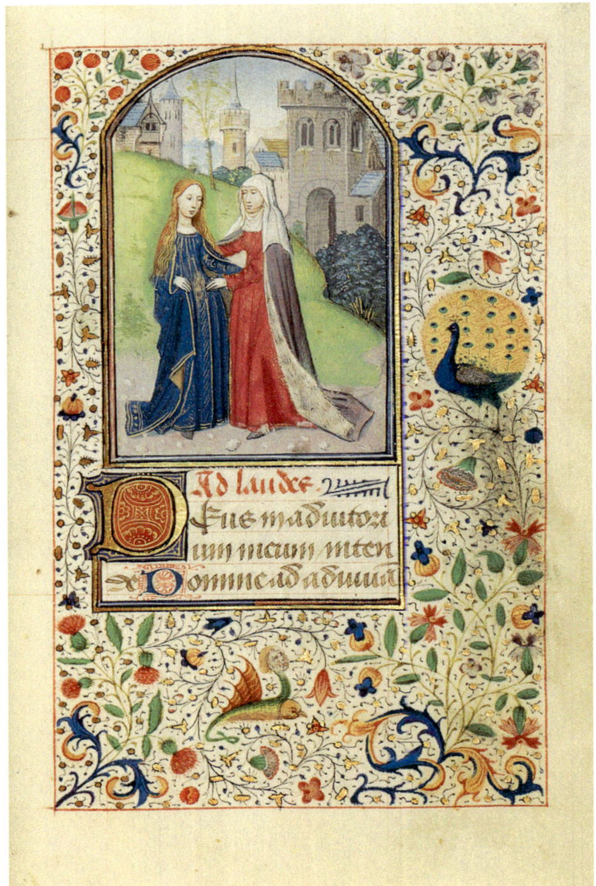

19 *Nordfranzösisches Stundenbuch* um 1465

13r Beginn des Kreuzoffiziums. Kreuzigung; in der Bordüre ein gegürteter Affe und eine Wilde Frau mit Keule

30r Laudes des Marienoffiziums. Heimsuchung; in der Bordüre ein »Drachenfisch« mit zusätzlichem Menschenkopf sowie ein Pfau.

o. Nr.). In einigen Miniaturen wie beispielsweise der Königsanbetung (95v) kündigt sich dort jene relative Duftigkeit der Malerei und Weitläufigkeit der Raumauffassung an, die den Stil in unserem Stück prägen. Auch vom Figurenmaßstab und der Kleinteiligkeit der Kompositionen her bietet das Madrider Stundenbuch Vergleichbares. Zudem schwankt bei seinen 72 Vollbildern die Malweise; wie bei einem solchen Großauftrag nicht anders zu erwarten, war also wohl das ganze Atelier an der Ausmalung beteiligt. Einer dieser Mitarbeiter könnte etwa zehn Jahre später als selbstständiger Buchmaler in Nordfrankreich unser Stundenbuch illuminiert haben. (Bodo Brinkmann)

Pergament 135 Blätter (zwei Vorsatzblätter und ein Nachsatzblatt aus Papier); 178 x 119 mm; Lagen (mit Wortreklamanten und Lagenzeichen auf den ersten Seiten der Lagen): 1^{12}, 2^{4}, $3–6^{8}$, 7^{8-1}, $8–9^{8}$, 10^{4}, $11–12^{8}$, 13^{4}, $14–18^{8}$ (Lage 2 [fol. 13–16] bildete ursprünglich den mittleren Teil von Lage 13 [fol. 92–95]); Schriftspiegel: 89 x 55 mm; einspaltig; 15 Zeilen; Liniierung in Purpurrot. **Ausstattung** Lateinischer Text (Kalender französisch) in einer Bastarda zweier Schreiber, die sich die Arbeit lagenweise aufgeteilt sowie hell- und dunkelbraune Tinte benutzt haben, rubriziert; verschiedentlich kalligraphische Ober- und Unterlängen in den obersten bzw. untersten Zeilen; einzeilige Initialen alternierend in Blau mit roter Filigranfüllung oder in Blattgold mit schwarzer Füllung; zweizeilige Initialen in Gold auf blauem Grund, gefüllt mit floralem Goldfiligran auf mauvefarbenem Grund bzw. in den Gegenfarben alternierend; Zeilenendungen in Blau und Gold; elf große Miniaturen in Deckfarben mit Silber und Gold, allseitig gerahmt mit Bordüren aus schwarzem Fleuronnée mit verschiedenen Goldblättern und Blüten sowie farbigen Akanthus-, Blüten- und Fruchtzweigen, Vögeln, Pfauen, einem Affen, Meerweibchen und verschiedenen Drôlerien auf pergamentausgespartem Grund. **Einband** Im Oktober 1985 wurde der alte, nicht zeitgenössische Einband aus schwarzem Haifischleder über Pappe durch einen Einband aus dem rotbraunen Leder einer Oasenziege ersetzt; der floral punzierte Goldschnitt wohl 18. Jh. **Vorbesitzer** Marquess of Bute (sein Wappenexlibris im Vorderdeckel, Ms 95 bzw. G. 5). **Inhalt** 1r–12v Kalendar (Paris, Nordfrankreich), französisch, sporadisch besetzt (u. a. 3. 1. *Ste. Genevieve* [rot], 22. 4. *L'invencion S. Denis*, 9. 5. *Translacion S. Nicolas* [rot], 25. 6. *S. Eloy*, 4. 7. *Translacion S. Martin* [rot], 11. 8. *La sainte couronne*, 25. 8. *S. Loys* [rot], 9. 10. *S. Denis* [rot], 16. 10. *Octave S. Denis*, 23. 11.

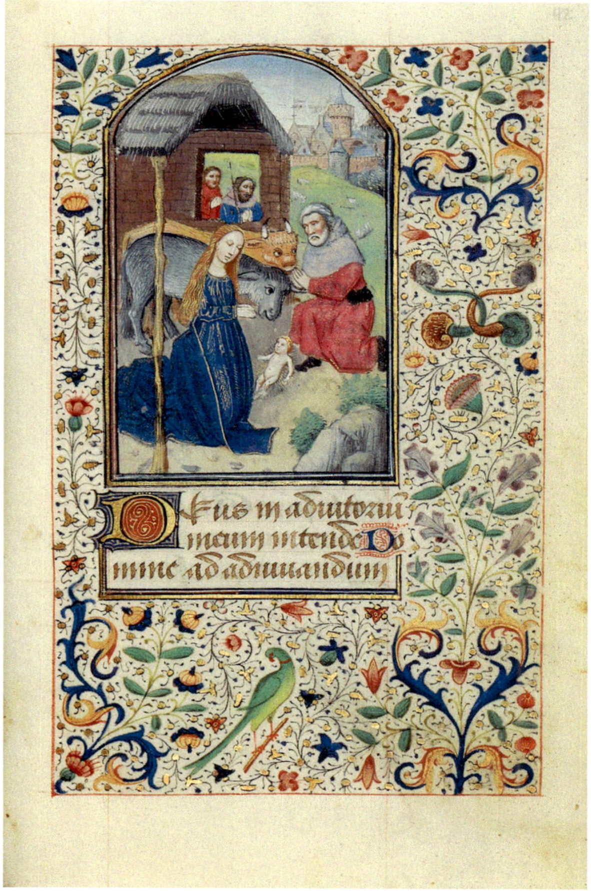

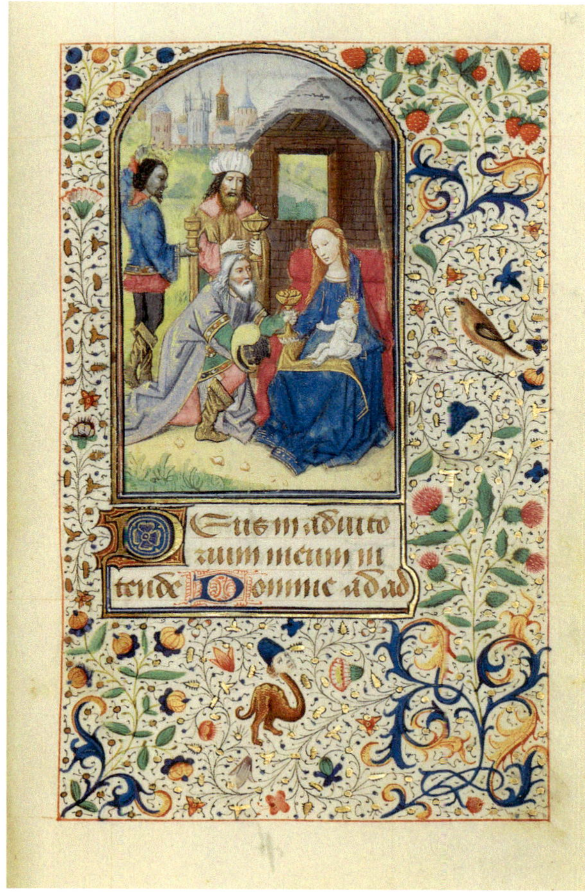

19 *Nordfranzösisches Stundenbuch* um 1465

42r Prim des Marienoffiziums. Geburt Christi

48r Terz des Marienoffiziums. Anbetung der Könige; in der Bordüre ein Mischwesen mit Tierleib und Menschenkopf sowie ein Vogel

S. Climent [rot], 7.12. *Ste. Far* [Burgundofara]). 13r–16v Kreuzoffizium (ursprünglich zwischen Bußpsalmen und Hl. Geistoffizium); hier wie bei allen folgenden Bildseiten Textanfang unter der Miniatur. 13r Kreuzigung Christi. 17r–70r Marienoffizium (Paris). 17r Verkündigung an Maria. 30r Heimsuchung. 42r Geburt Christi. 48r Anbetung der Könige. 53r Sext; Miniatur und Textanfang fehlen (Einzelblatt). 56r Flucht nach Ägypten. 60r Bethlehemitischer Kindermord. 64r Krönung Mariens. 70r–75v Gebete (u.a. *Stabat mater*, *Deus tu propicius* [für männlichen Gläubigen eingerichtet], Suffragium zu Ehren des hl. Sebastian). 76r–93v Bußpsalmen mit Litanei (u.a. Genoveva). 76r König David im Gebet. 94r–97v Hl. Geistoffizium. 94r Pfingsten. 98r–133v Totenoffizium (Paris). 98r Auferweckung des Lazarus. 133v–135v Heiligensuffragien (u.a. Dionysius).

Literatur Kat. Sotheby's, The Bute Collection, London, 13.6.1983, Nr. 17. – Catena Aurea, Kat. 16 Antiquariat Tenschert, Rotthalmünster o.J., Nr. 14. – J.M. Plotzek, Andachtsbücher des Mittelalters aus Privatbesitz, Ausst. Kat. Schnütgen-Museum, Köln 1987, S. 119ff., Nr. 24. **Zitierte Literatur** J.D. Farquhar, Creation and Imitation. The Work of a Fifteenth-Century Manuscript Illuminator (Nova University Studies in the Humanities, I), Fort Lauderdale 1976. – G.T. Clark, The Hours of Isabel la Católica, Kommentarbd. zum Faksimile, Madrid 1997. – B. Bousmanne, »Item a Guillaume Wyelant aussi enlumineur«. Willem Vrelant. Un aspect de l'enluminure dans les Pays-Bas méridionaux sous le mécénat des ducs de Bourgogne Philippe le Bon et Charles le Téméraire, Turnhout / Brüssel 1997.

19 *Nordfranzösisches Stundenbuch* um 1465

56r Non des Marienoffiziums. Flucht nach Ägypten; in der Bordüre eine Frau als Halbfigur und ein Vogel.

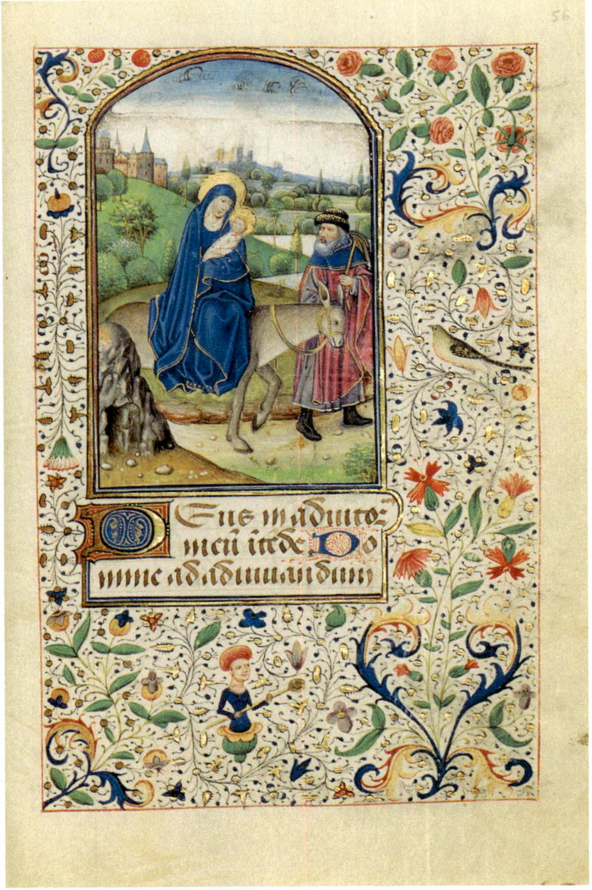

60r Vesper des Marienoffiziums. Bethlehemitischer Kindermord; in der Bordüre ein Mischwesen mit Tierleib und Menschenkopf sowie ein Vogel

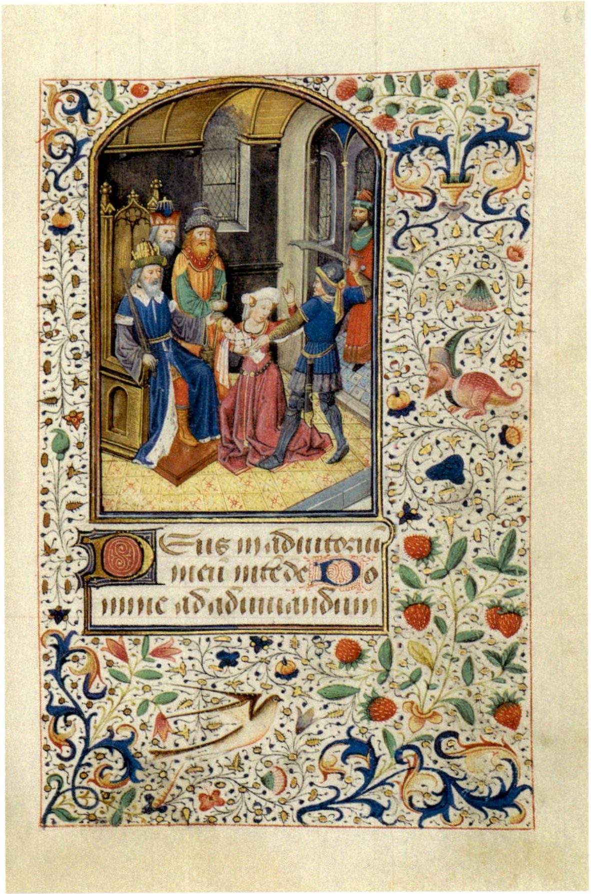

64r Komplet des Marienoffiziums. Krönung Mariens; in der Bordüre ein Mischwesen mit Tierleib und Menschenkopf sowie ein Vogel

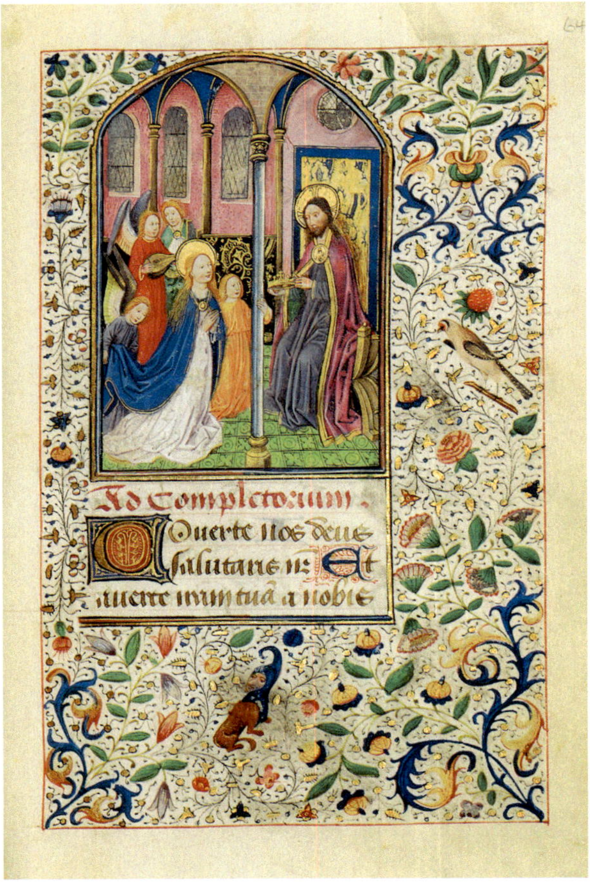

76r Beginn der Bußpsalmen. König David im Gebet; in der Bordüre ein Mischwesen mit Drachenleib und Menschenkopf sowie eine vornehm gekleidete Frauengestalt als Halbfigur mit Perlenketten in den Händen

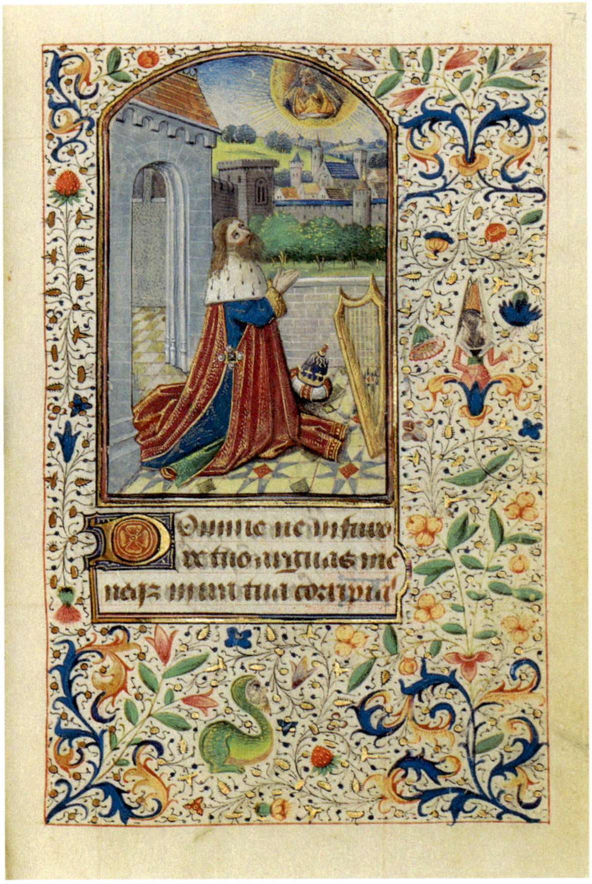

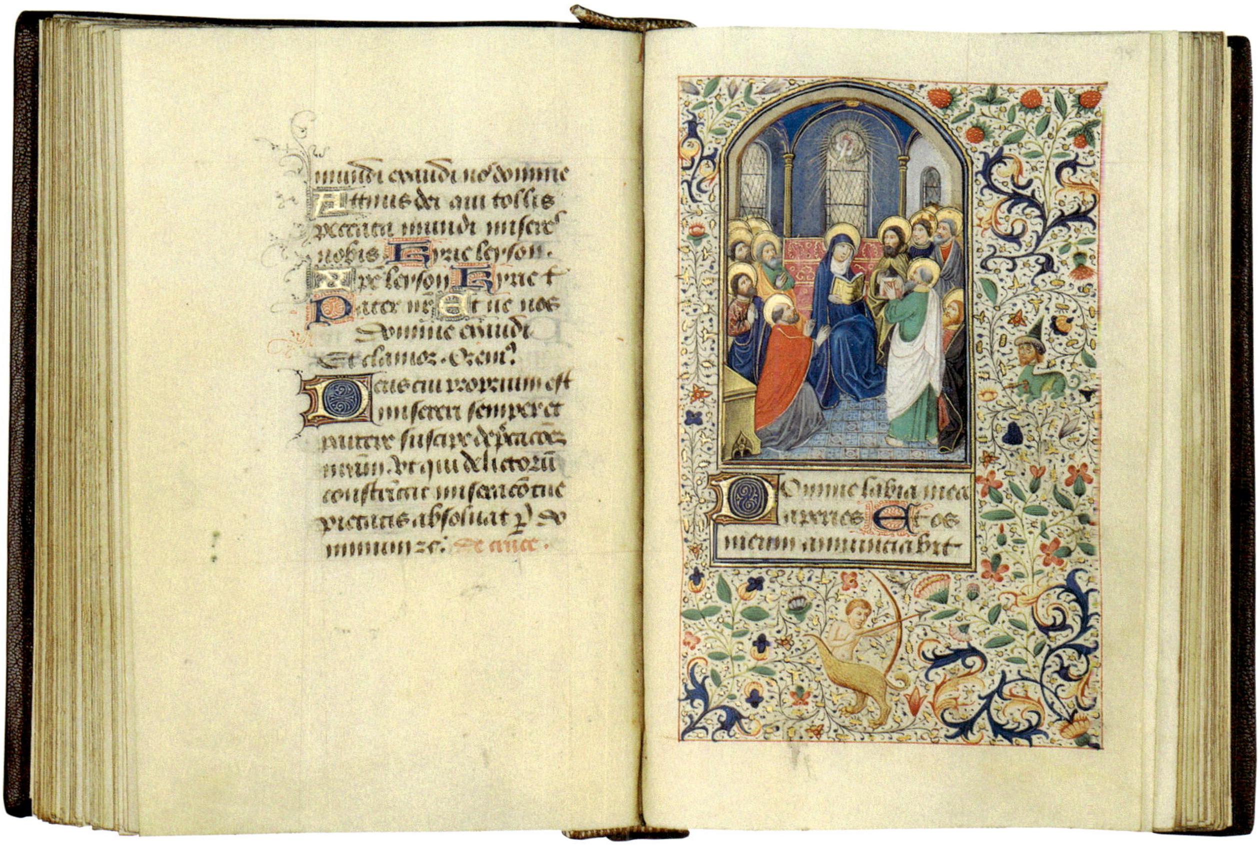

19 *Nordfranzösisches Stundenbuch* um 1465

93v–94r Beginn des Hl. Geistoffiziums. Pfingsten; in der Bordüre ein nackter Bogenschütze mit dem Unterleib eines Löwen und ein von einem Pfeil getroffenes Mischwesen mit Spitzbart und spitzem Hut auf dem Kopf

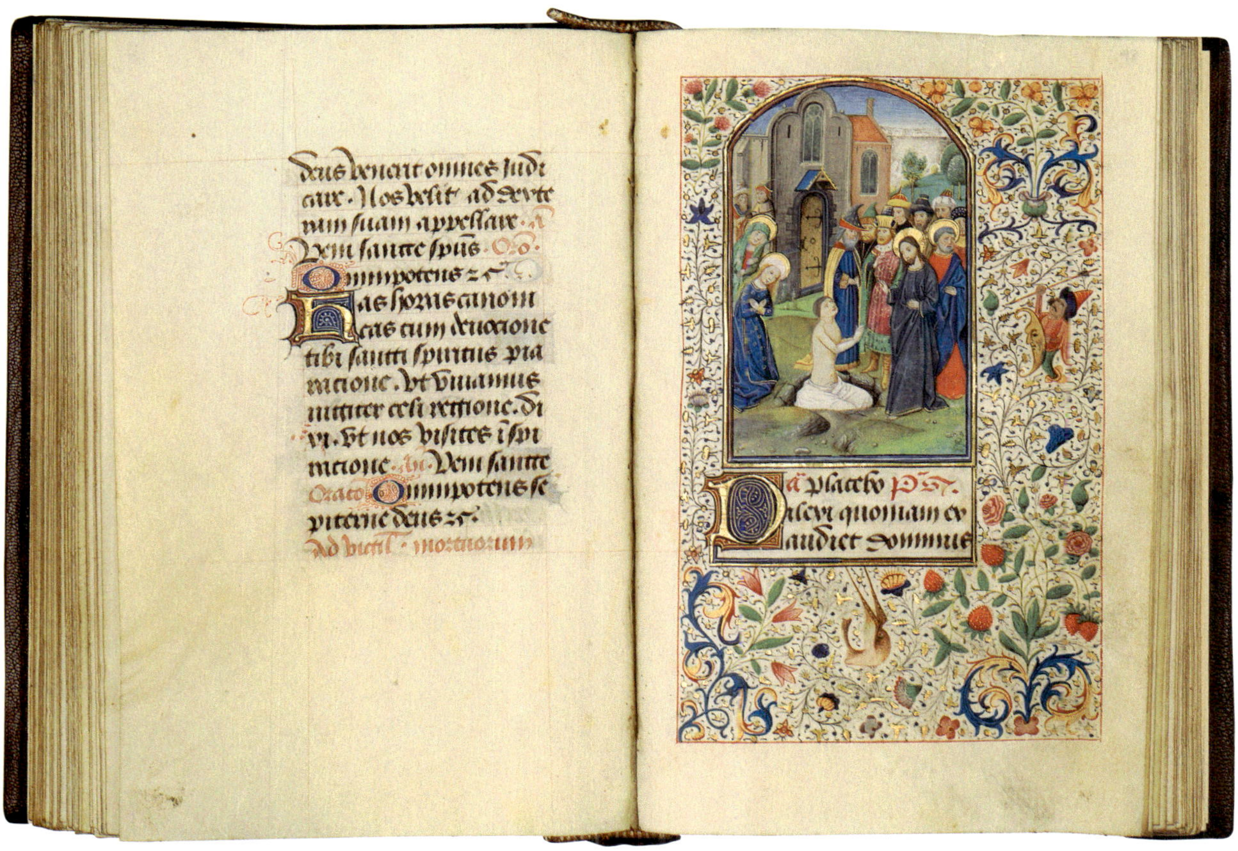

97v–98r Beginn des Totenoffiziums. Auferweckung des Lazarus; in der Bordüre ein Vogel mit hochgereckten Flügeln und eine speerführende männliche Halbfigur

20

Franko-flämisches Stundenbuch
Lateinisches Stundenbuch für den Gebrauch im Hennegau
Hennegau, um 1480

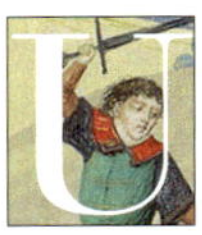

Unser Stundenbuch ist außergewöhnlich groß und gut erhalten, mit breiten Rändern, mit feinem, zart koloriertem Bordürenschmuck und einem vollständigen Satz kleiner und seitengroßer Miniaturen, wobei letztere von auffälligen, fingierten Bilderrahmen umschlossen sind. Das Buch kann der franko-flämischen Grenzregion des Hennegau (Hainaut) zugeordnet werden, die Städte wie Tournai, Valenciennes, Cambrai und Mons umfasst. Während Marien- und Totenoffizium für den generell gültigen Gebrauch von Rom bestimmt sind, korrespondieren die in Kalendar und Litanei genannten Heiligen mit denen, die in der franko-flämischen Region beheimatet sind. Ergänzend zu den hll. Aldegundis, Gery (Gaugericus), Thiebault, Bertin, Gislenus, Quentin und Hubert, die in den Städten und Abteien des Hennegau allgemein verehrt wurden, kann die Nennung der hll. Eleutherius, Bischof von Tournai, und Medardus, Bischof von Noyon und Tournai, im Kalendar darauf schließen lassen, dass das Buch zum Gebrauch in Tournai bestimmt war. Im Kalendar und in den Rubriken werden französische Formen verwendet, allerdings mit Schreibweisen (z. B. *Vinchant* für Vincent, *Franchois* für François, *Chi* für Ci, *Tierche* für Terce), die gleichermaßen auf das franko-flämische Grenzgebiet verweisen. Die Handschrift beinhaltet die meisten der in nordfranzösischen und flämischen Stundenbüchern zu erwartenden Texte, aber ihr fehlen die Evangelienlesungen, die viele dieser Bücher einleiten. Auch die Reihenfolge der Texte stimmt im Großen und Ganzen mit derjenigen in den Horarien der Region überein; nur die Platzierung der Heiligensuffragien hinter dem Kleinen Kreuz- und Hl. Geistoffizium und unmittelbar vor dem Marienoffizium weicht von der Norm ab. Gewöhnlich gehen die Suffragien dem Text der Kleinen Offizien voran, oder sie erscheinen nach dem Marienoffizium am oder gegen Ende des Buches.

Obwohl keinerlei Hinweise wie Stifterporträts oder Wappen eine persönliche Zuschreibung der Handschrift ermöglichen, darf man auf Grund des großen Formates und der künstlerischen Ausstattung darauf schließen, dass sie wohl nicht vorgefertigt war, sondern eigens in Auftrag gegeben wurde. Im Unterschied zu bescheidener konzipierten Kodizes, die nur auf den einleitenden Seiten der Haupttexte oder ihrer wichtigsten Kapitel Bordürenschmuck aufweisen, hat unser Stundenbuch auch auf allen gewöhnlichen Textseiten Außenrandbordüren mit einem in Tinte ausgeführten teppichhaft dichten Filigranstreumotiv aus winzigen Häkchen mit farbigen und goldenen Blattranken sowie floralen Motiven. Die Schmuckformen auf diesen Seiten zeichnen sich durch ihre Transparenz aus, da die Hauptmuster auf den Recto- und Versoseiten identisch sind, so dass sie beim Umblättern spiegelverkehrt erscheinen. Diese Methode ist mehr als ein bloßes Schnellverfahren oder eine Methode, um Zeit zu sparen. Da Pergament nicht vollkommen opak ist und die Elemente der Randbordüren auf der Vorderseite gelegentlich auch auf der Rückseite sichtbar sind, stellten die Maler durch Harmonisierung der Randbordüren auf beiden Seiten eines Blattes die Klarheit und leichte Ablesbarkeit der geschmückten Blätter sicher.

Das Illustrationsprogramm ist thematisch weitgehend traditionell, doch es gibt einige bemerkenswerte Ausnahmen. Zwölf ganzseitige Miniaturen leiten die Haupttexte und jede einzelne Gebetsstunde des Marienoffiziums ein. Der Darstellungszyklus mit der Kindheitsgeschichte Jesu zum Marienoffizium entspricht dem in Flandern üblichen Typus; er schließt zur Komplet mit einer Illustration des Bethlehemitischen Kindermordes, statt der Krönung Mariens wie in den meisten französischen Stundenbüchern. Vor dem Totenoffizium steht eine Darstellung der Auferweckung des Lazarus, die in flämischen Handschriften ebenso üblich ist. (Viele französische Handschriften enthalten an dieser Stelle Bilder einer Beisetzung, eines Trauergottesdienstes oder von Hiob auf dem Dunghaufen). Die ganzseitige Miniatur am Beginn des Kurzen Hl. Geistoffiziums ist von besonderem Interesse, sowohl auf Grund ihrer Verbindung mit einer in erster Linie im Hennegau weitverbreiteten ikonographischen Tradition, als auch wegen einiger einzigartiger Züge. Pfingstdarstellungen stehen gewöhnlich an dieser Stelle des Stundenbuches, aber die Miniatur in unserer Handschrift fällt dadurch auf, dass die Szene innerhalb und außerhalb eines kleinen offenen Hauses oder einer Vorhalle angesiedelt ist. Dieses Kompositionsschema, das sich hauptsächlich in Kodizes findet, die zwischen 1470 und ca. 1500 im Hennegau gefertigt wurden, verzichtet auf die umschlossenen und zentral angelegten Räume, die die meisten Pfingstszenen bestimmen, zugunsten einer offenen und asymmetrischen Komposition, welche die Aufmerksamkeit auf Figuren am Eingang oder außerhalb des Raumes zu konzentrieren beginnt, in dem sich Maria mit den meisten Aposteln aufhält. Dadurch wird das Gewicht von der Herabkunft des Hl. Geistes auf die danach erfolgende Aussendung der Apostel verlagert (Legaré 1999; Kat. Nr. 20 = S. 454, Nr. 6). Die meisten Beispiele dieses Kompositionstypus' belassen das Hauptaugenmerk auf der Aussendung des Hl. Geistes, z. B. in Gestalt der Taube innerhalb des von Maria und den Aposteln bevölkerten Raumes und Feuerzungen oder Lichtstrahlen, die sich auf die Figuren herabsenken. Deutlicher als jede andere uns bisher bekannte, deutet die Miniatur im vorliegenden Stundenbuch auf eine über das Pfingstereignis hinausgehende, klar erkennbare Entwicklung zur nachfolgenden Aussendung der Apostel hin. Entsprechend ist die Taube außerhalb der Architektur dargestellt – keine auf die Figuren herabkommenden Strahlen oder Feuerzungen werden gezeigt –, und der Schwerpunkt des Ereignisses hat sich entscheidend von der Erscheinung des Hl. Geistes zu dem Augenblick hin verlagert, in dem eine vom hl. Petrus angeführte Gruppe von drei Aposteln das Haus verlässt, in dem sie sich mit Maria und den übrigen Aposteln versammelt hatte. Während die verwandten Kompositionen noch das Pfingstereignis darstellen und nur auf die Aussendung der Apostel anspielen, stellt diese Miniatur die Aussendung der Apostel nach dem Pfingstereignis dar.

20 *Franko-flämisches Stundenbuch* Hennegau, um 1480

Neunzehn kleine Miniaturen begleiten die ganzseitigen Illustrationen: sechs zu Beginn der Gebetsstunden nach der Matutin im Kurzen Kreuzoffizium, zwölf zu den Heiligensuffragien und eine zum Marienoffizium für die Adventszeit. Die Miniaturen zu den Heiligensuffragien sind ikonographisch traditionell, wohingegen die kleinen Miniaturen in den beiden anderen Texten Besonderheiten aufweisen. Der Inhalt des Passionszyklus zum Kreuzoffizium weicht ein wenig von der Norm ab, als sei er improvisiert und nicht nach einem festen Vorbild konzipiert. Statt, wie in den meisten französischen und flämischen Beispielen üblich, die Szenen vom Gebet Jesu am Ölberg oder der Gefangennahme bis zur Grablegung chronologisch anzuordnen, beginnt der Zyklus mit einer ganzseitigen Kreuzigung, überspringt Ölbergszene und Gefangennahme komplett, bringt kleine Miniaturen mit Christus vor Pilatus und der Dornenkrönung zu Prim und Terz sowie je eine mit dem gekreuzigten Christus auf dem Kalvarienberg zu Sext und Non, um dann mit Szenen der Kreuzabnahme und der Grablegung zu Vesper und Komplet zu enden. Das Ergebnis ist ein Zyklus mit drei verschiedenen Darstellungen Christi am Kreuz, während das Gebet am Ölberg, die Gefangennahme oder die Geißelung fehlen. Die ganzseitigen Illustrationen scheinen von der Hand eines geübteren Malers zu stammen als die kleinen Miniaturen. Möglicherweise haben beide Maler unabhängig voneinander gearbeitet. Während der erste die für die Bebilderung des Kreuzoffiziums übliche ganzseitige Miniatur der Kreuzigung anfertigte, wäre der zweite Maler – vielleicht erst

20 *Franko-flämisches Stundenbuch*
Hennegau, um 1480

13v Kreuzigung Christi zum Beginn des Kreuzoffiziums

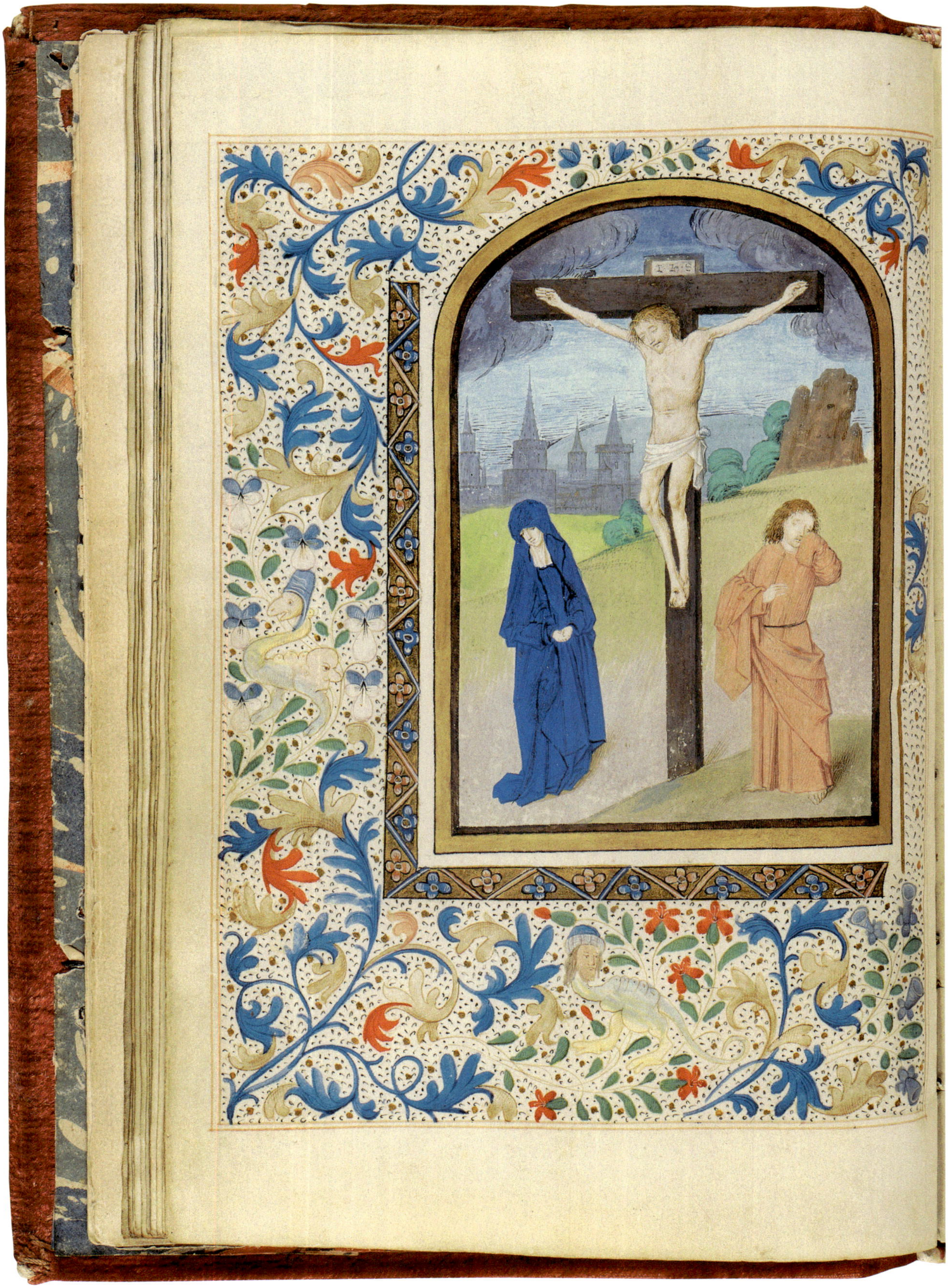

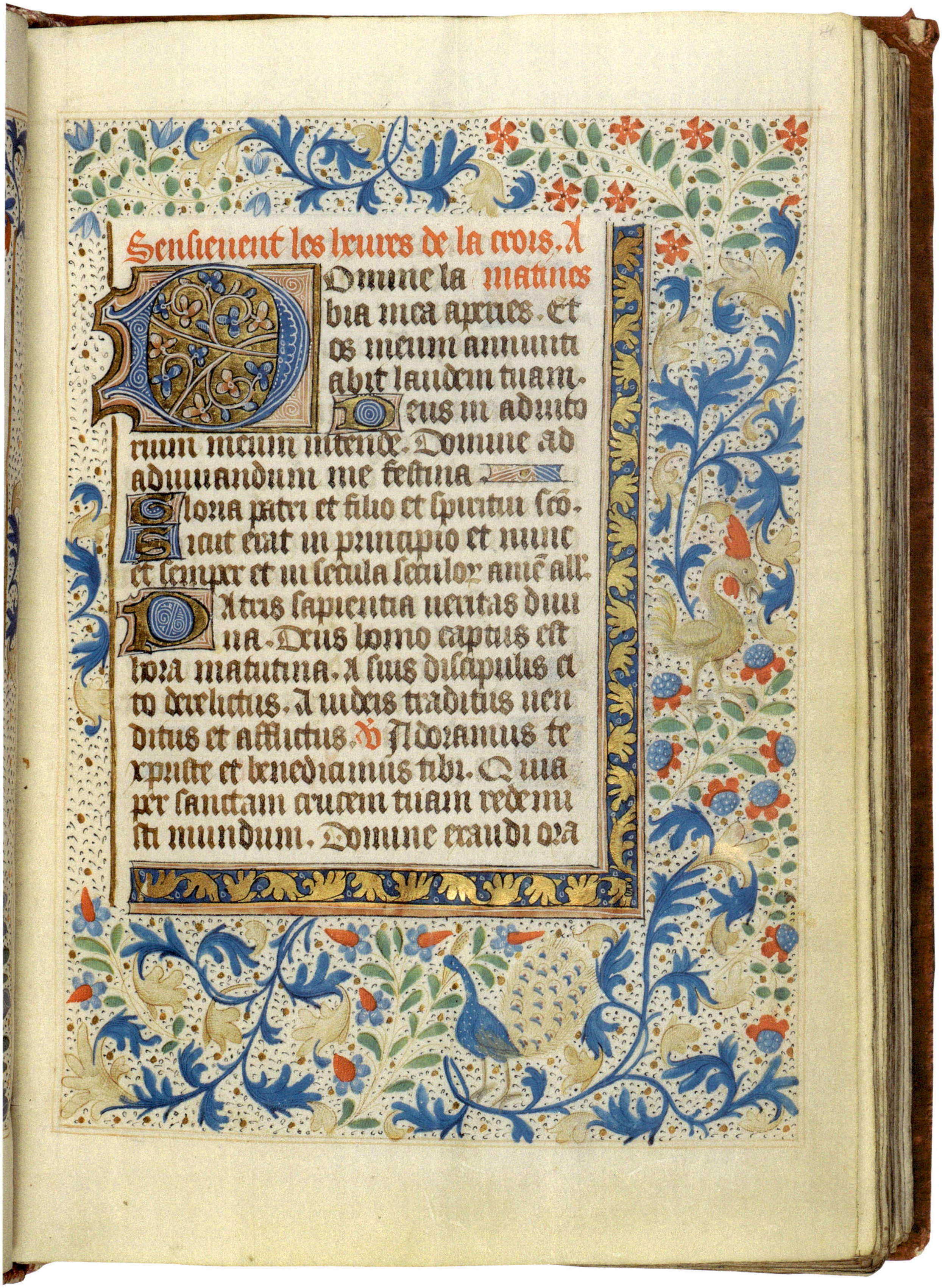

20 *Franko-flämisches Stundenbuch*
Hennegau, um 1480

14r Zierseite zur Matutin des Kreuzoffiziums

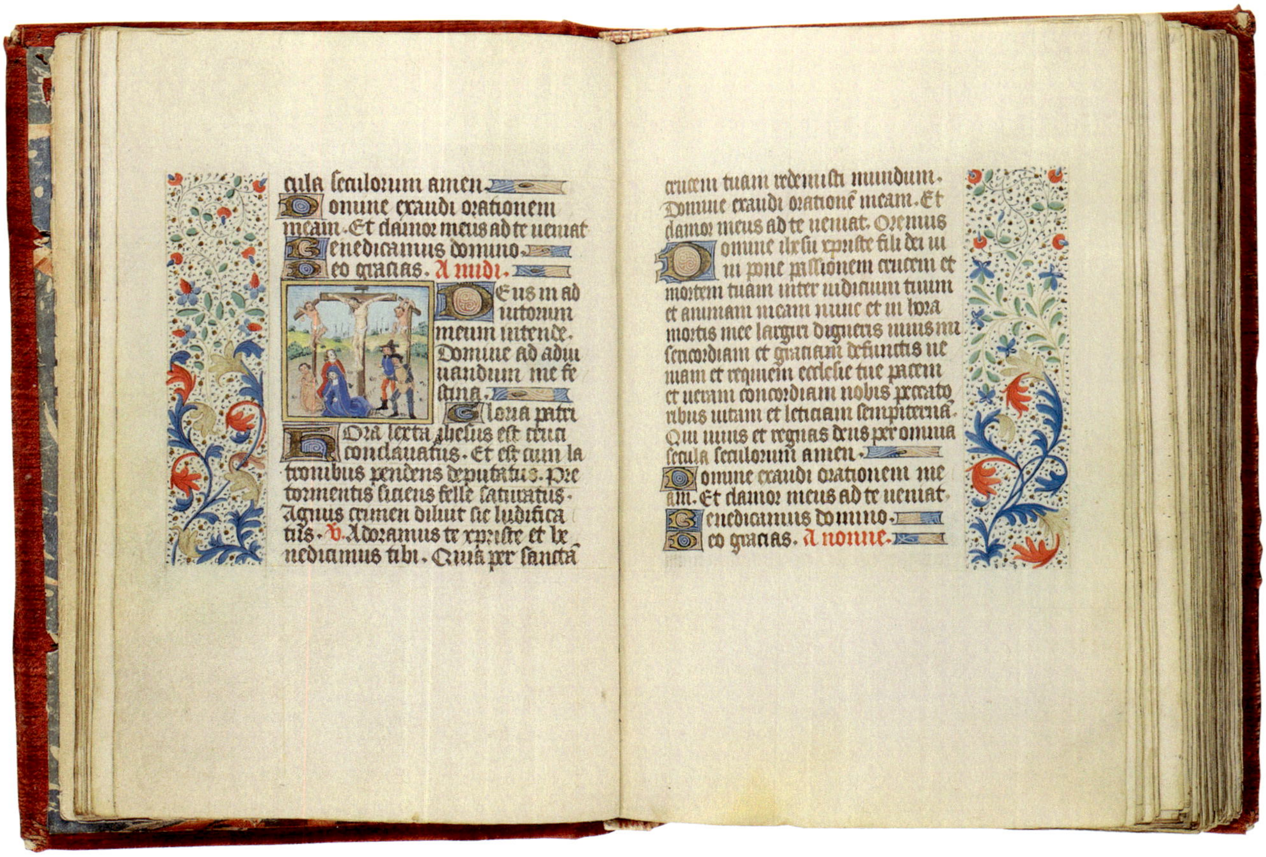

20 *Franko-flämisches Stundenbuch*
Hennegau, um 1480

16v–17r Kreuzigung Christi zur Sext des Kreuzoffiziums

anschließend – aufgefordert worden, einen in diesem Zusammenhang weniger gebräuchlichen Zyklus kleiner Miniaturen beizusteuern. Die von ihm entworfene Bilderfolge ist ungewöhnlich und scheint keine genauen Entsprechungen in anderen illuminierten Handschriften dieser Region zu haben. Die Komposition der Kreuzabnahme ist verwandt mit solchen in Stichen des Israhel van Meckenem (Lehrs 106, seitenverkehrt; Koreny, S. 43) und des Meisters der Blumenbordüren (Lehrs 59; Mayor, Abb. 287) sowie in einigen verwandten Holzschnitten (Indestege, S. 116, seitenverkehrt); einige kompositorische Elemente der Grablegung scheinen ebenfalls einen Stich Israhels van Meckenem zum gleichen Thema widerzuspiegeln (Lehrs 108, seitenverkehrt; Koreny, S. 43). Ob diese Miniaturen nun gedruckte Vorlagen unmittelbar aufgreifen oder nicht – solche Verbindungen bieten Einblick in die Art und Weise, in welcher der Maler der kleinen Passionsminiaturen einen speziell für diesen Text bestimmten Abbildungszyklus erarbeitete.

Eine weitere kleine Miniatur, die Aufmerksamkeit verdient, ist die Krönung der Jungfrau Maria zu Beginn des Marienoffiziums für die Adventszeit (93r). Der Kompositionstypus wurde erst in der 2. Hälfte des 15. Jahrhunderts üblich: Die in der Mitte des Bildes kniende, nach vorne schauende Gottesmutter wird von der Dreifaltigkeit, also nicht von Gottvater allein, gekrönt. Ein weiteres Beispiel für diesen Kompositionstypus erscheint in einer historisierten Initiale zu Beginn des gleichen Textes in einem Stundenbuch, an dem ein Maler beteiligt war, der stilistisch eng mit dem Miniator der ganzseitigen Miniaturen unserer Handschrift verwandt ist (Tenschert 1991, Nr. 27, 76v). Die Tradition, das Marienoffizium für die Adventszeit derart zu illustrieren, mag eine Werkstattvorliebe widerspiegeln oder auch eine Tradition der Region, in der diese Bücher hergestellt wurden.

Der Stil der ganzseitigen Miniaturen wurde mit dem des Meisters des Antoine Rolin verglichen, eines Illuminators aus dem Hennegau, der eine Generation später tätig war als sein vermutlicher Lehrer bzw. großes Vorbild Simon Marmion von Valenciennes (Legaré 1992, S. 220; Brinkmann 1997, S. 224). Werke beider Maler zeigen sich deutlich der Kunst Marmions verpflichtet, etwa in einigen ihrer Kompositionsschemata oder ihrer begrenzten Palette unter Verwendung vor allem blasser Farben. In den ganzseitigen Miniaturen des vorliegenden Buches finden sich Nachklänge auf Vorbilder von der Hand Marmions oder seines Umkreises: Die Figuren der Verkündigung rufen jene in

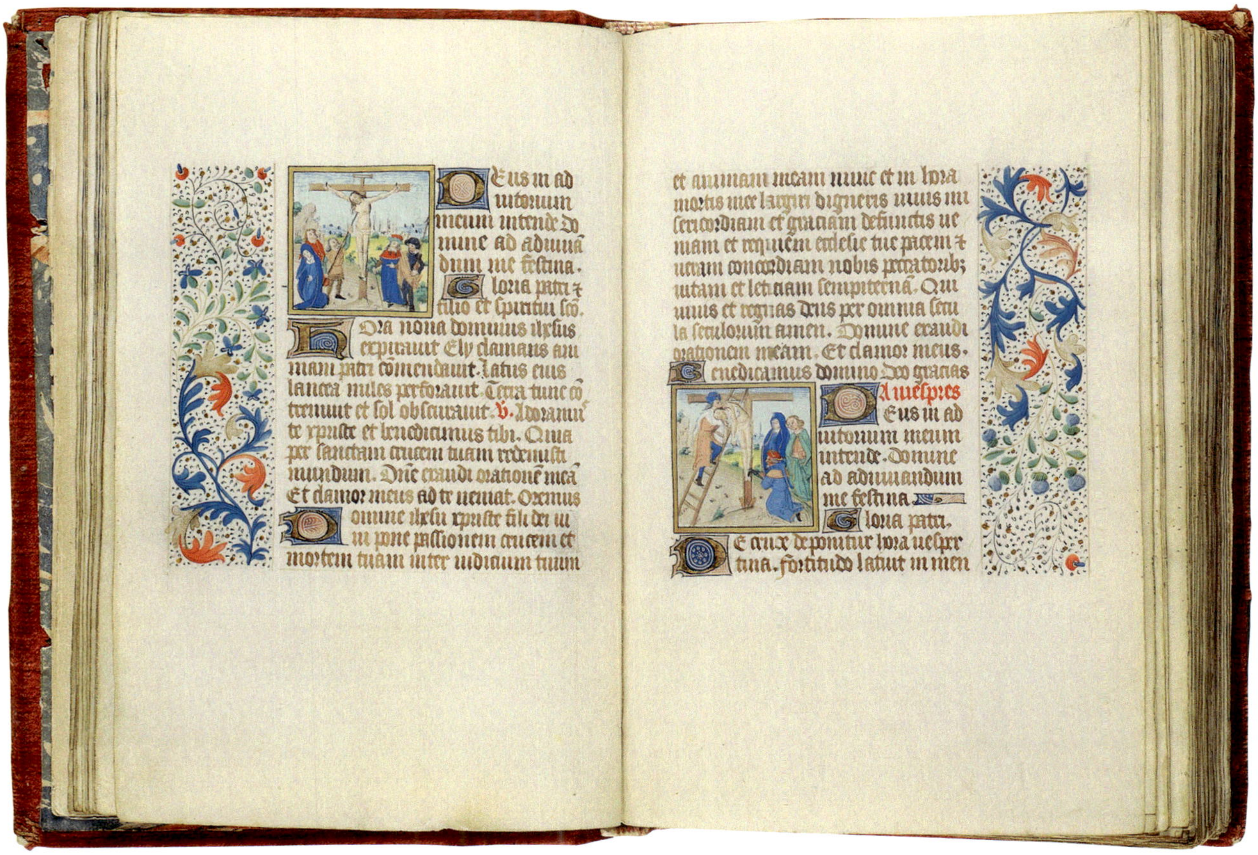

20 *Franko-flämisches Stundenbuch*
Hennegau, um 1480

17v Tod Christi am Kreuz zur Non des Kreuzoffiziums; die Schmuckformen der Bordüre sind filigran gestaltet und in den Hauptmustern auf den Recto- und Versoseiten identisch, so dass sie beim Umblättern spiegelverkehrt erscheinen (z.B. 17r/v)

18r Kreuzabnahme zur Vesper des Kreuzoffiziums

einem Stundenbuch Marmions in Turin in Erinnerung (Museo Civico, Ms. 558; Clark, S. 196, Abb. 154); der offene, hier allerdings stark vereinfachte Stall der Geburtsszene hat gewisse Ähnlichkeiten mit dem der Huth Hours (London, British Library, Add. Ms. 38126; Legaré 1992, S. 215, Abb. 200); die spitze, kapuzenartige Kopfbedeckung der Elisabeth in der Heimsuchungsszene kann man sowohl mit jener im Stundenbuch aus dem Kreis Marmions in Paris vergleichen (Bibliothèque Nationale de France, Ms. nouv. acq. lat. 3214; Gil, S. 47, Abb. 11) als auch mit anderen Arbeiten aus der Picardie und dem franko-flämischen Grenzgebiet (Gil, S. 46 f., Abb. 12 f.).

Wie der Meister des Antoine Rolin tendiert der Maler der ganzseitigen Miniaturen in der vorliegenden Handschrift dazu, relativ kleine Figuren in weite Räume zu setzen, die sich aus Landschaften zu blau-grauen Hintergründen mit in Tinte skizzierten Wolkenformen erweitern. Aber der Maler unserer Handschrift verwendet weit stärker vereinfachte Kompositionen als der Meister des Antoine Rolin. Die meisten Szenen sind auf eine möglichst geringe Anzahl von Figuren reduziert: So zeigt die Geburtsszene nur Joseph und Maria in Anbetung des zwischen ihnen auf dem Boden liegenden Kindes, ohne Ochs und Esel, ohne Engel oder andere Zuschauer; die Verkündigung an die Hirten beschränkt sich auf zwei Hirten und lässt die himmlischen Boten aus; bei der Darstellung im Tempel gibt es nur zwei Zuschauer als Begleiter von Maria und Simeon; der Bethlehemitische Kindermord zeigt Herodes nur von einem einzigen Ratgeber, einem Soldaten und einem Kind, aber nicht von Müttern umgeben; David im Gebet verzichtet auf die Darstellung Gottvaters oder eines Engels am Himmel, obwohl links im Hintergrund winzig klein und lediglich bräunlichgold schattiert der Sieg Davids über Goliath erscheint; schließlich nimmt nur ein einziger Zeuge an der Auferweckung des Lazarus teil. Die meisten Figuren werden reglos oder in passiver Haltung gezeigt, viele Requisiten entfallen oder werden vereinfacht (z. B. gibt es in der Verkündigungsszene weder eine Blumenvase, noch hält Gabriel ein Szepter oder Spruchband; der Stall der Geburtsszene ist ein schwaches und kärgliches Gefüge ohne Wände und Mobiliar). Auch die Struktur der Miniaturen trägt zu ihrer kargen Erscheinung und der beruhigten Wirkung bei. Große, recht unbestimmte Farbflächen umgrenzen die Figuren und heben sie vom Hintergrund ab. Zu den charakteristischen Beispielen gehört die große, blassgrüne Bodenfläche hinter der Maria der Verkündigung, die undifferenzierte graue

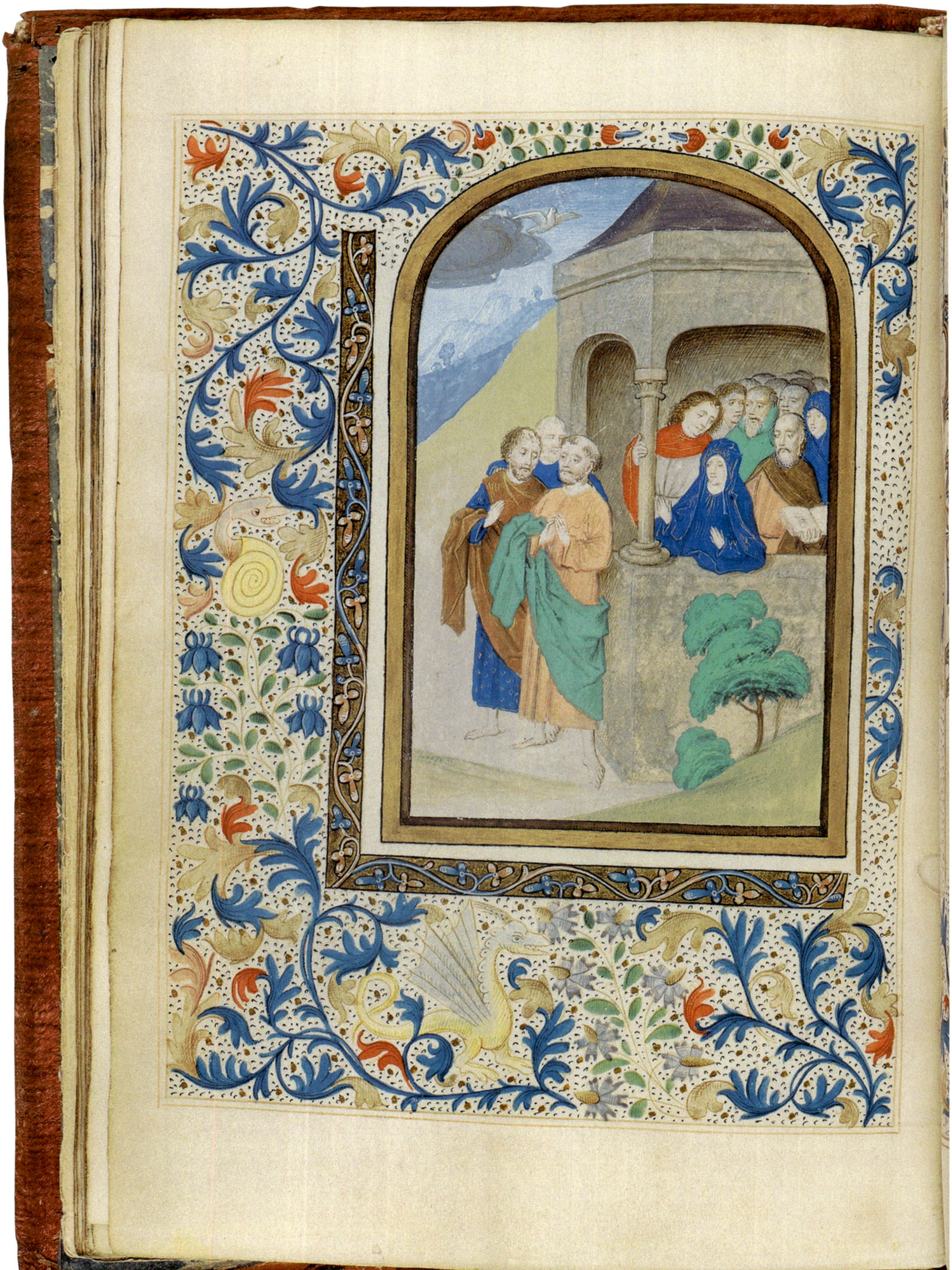

20 *Franko-flämisches Stundenbuch*
Hennegau, um 1480

20v Aussendung der Apostel nach dem Pfingstgeschehen zu Beginn des Hl. Geistoffiziums

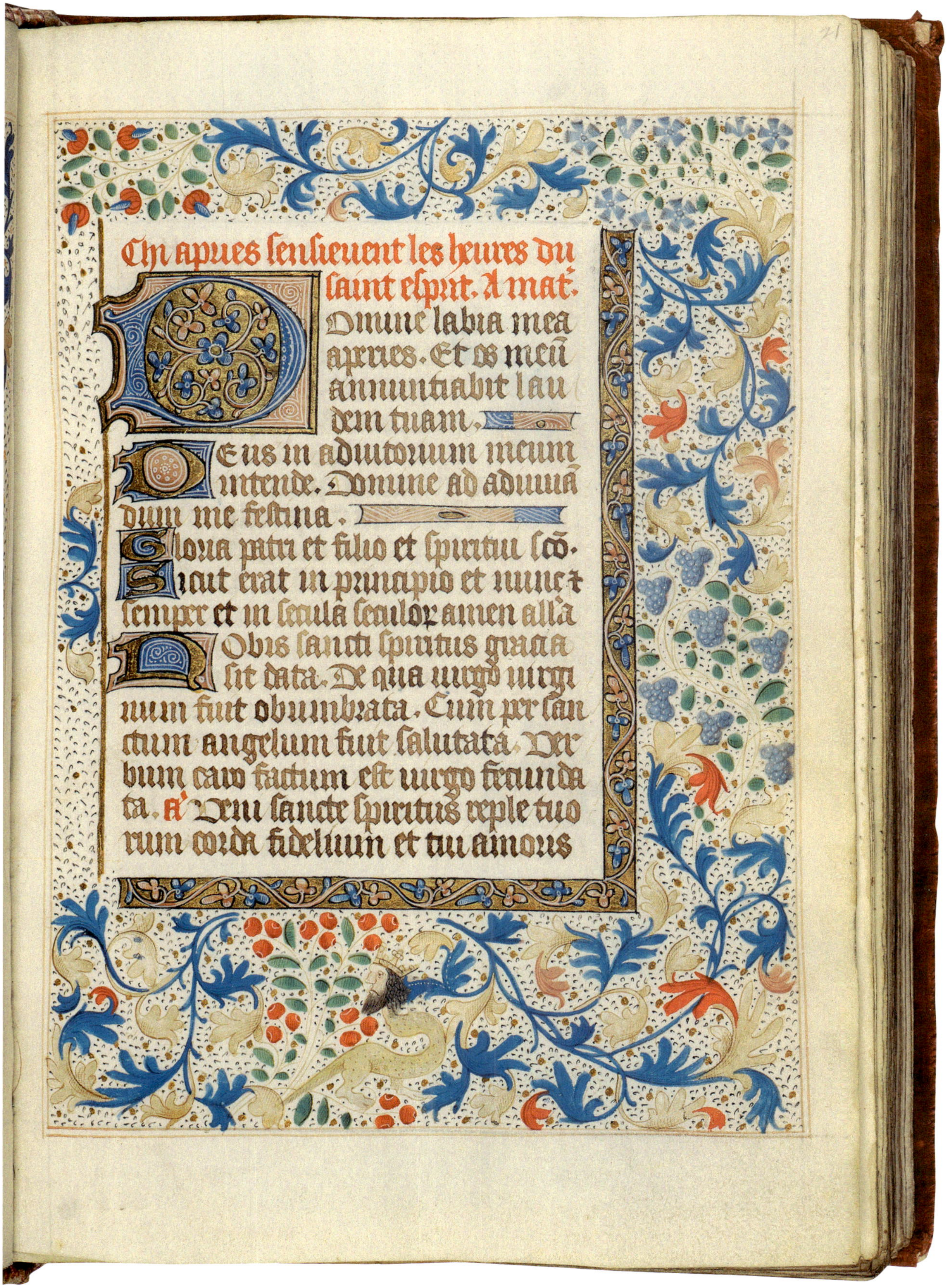

20 *Franko-flämisches Stundenbuch*
Hennegau, um 1480

21r Zierseite zur Matutin des Hl. Geistoffiziums

20 *Franko-flämisches Stundenbuch*
Hennegau, um 1480

33v Martyrium des hl. Sebastian mit Suffragium

34r Antonius der Einsiedler mit Suffragium

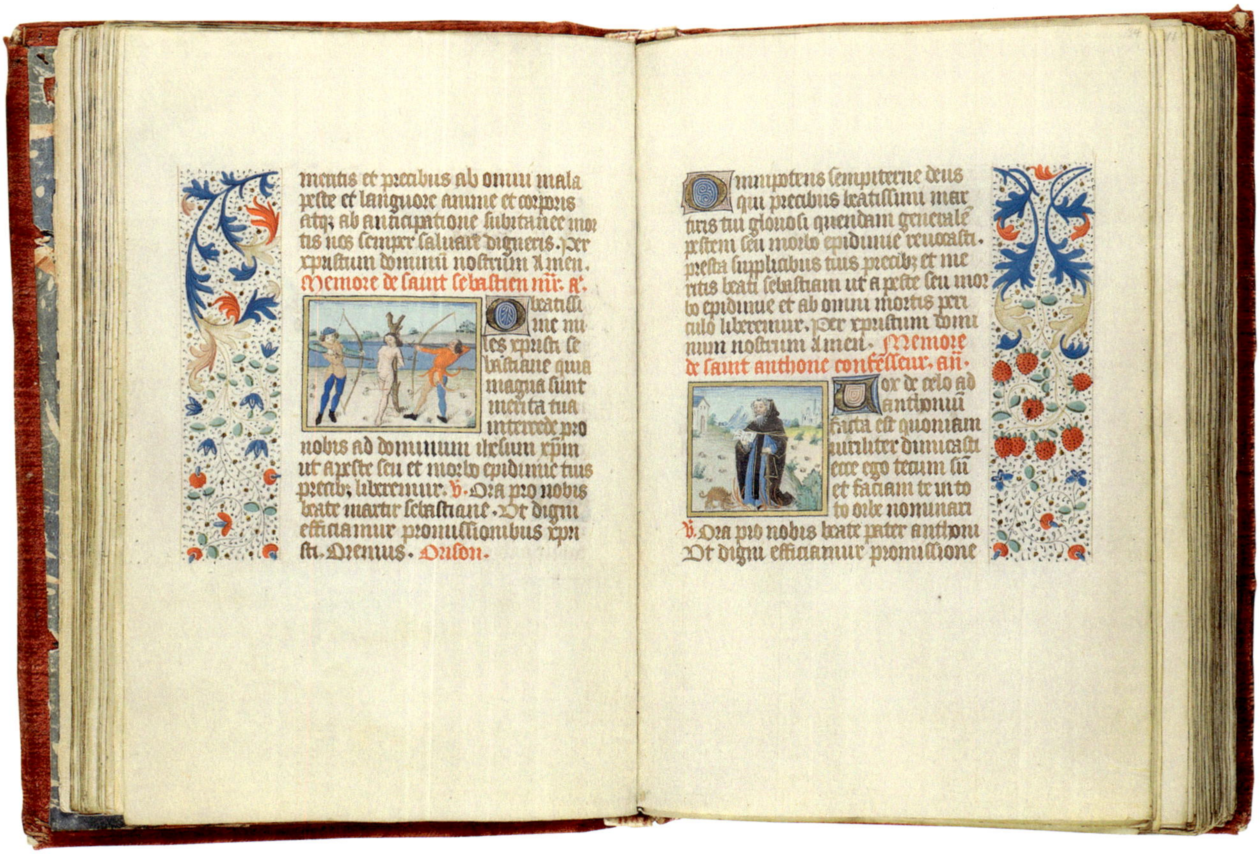

Wand in der Darstellung im Tempel und die vereinfachten, fast einfarbigen und eindimensionalen Landschaften hinter den Figuren in allen Szenen unter freiem Himmel. Analoge Bemühungen, ruhige und einfache Kompositionen zu gestalten, die eine intensive Stimmung ritueller Ferne, der Besinnung und Erhabenheit schaffen, kann man in vielen Tafelbildern von Dirk Bouts (arbeitete in Louvain ca. 1445–1475) erkennen. Die ungewöhnlichen illusionistischen Bilderrahmen, die unsere Miniaturen umgeben, tragen zu dieser Wirkung bei, indem sie deren Funktion als scheinbar selbstständige Andachtsbilder unterstreichen.

Eine Reihe weiterer Stundenbücher ist hinsichtlich der gemalten Initialen, des Randschmucks und der Miniaturen dem vorliegenden Kodex stilistisch verbunden. Die am nächsten verwandten Beispiele umfassen drei in den letzten Jahren von Heribert Tenschert zum Verkauf angebotene Horarien (Kat. 21, Nr. 40; Kat. 27, 1991, Nr. 27 = Kat. 16, Nr. 18; Kat. 41, Nr. 28), ein möglicherweise für den Gebrauch in Mons gefertigtes Stundenbuch, das mir nur aus Auktionskatalogen bekannt ist (Sotheby's 1974, Nr. 90 = Koller 1995, Nr. 4013 und Koller 1998, Nr. 410; Verbleib unbekannt), und ein Stundenbuch aus der Sammlung Hoe (Christie's 1966, Nr. 160; Verbleib unbekannt). Solange nicht alle Handschriften im Original untersucht werden konnten, wäre es verfrüht, über ihre exakten Beziehungen zueinander oder die möglichen Herstellungsorte zu spekulieren. Zusammen mit verwandten Kodizes für den Gebrauch in den Diözesen Cambrai, Tournai, Arras und Thérouanne, und in Städten wie Valenciennes, Mons und Maubeuge liefern sie Anhaltspunkte für die Bandbreite lokaler Stileigenheiten im Hennegau in der zweiten Hälfte des 15. Jahrhunderts. Die vorliegende Handschrift ist größer und sticht im Hinblick auf farbliches und kompositorisches Raffinement gegenüber den anderen verwandten Stundenbüchern hervor. Sie ist daher das Zentrum, um das stilistisch verwandte Handschriften gruppiert und an dem sie gemessen werden sollten. (James H. Marrow)

Pergament 154 Blätter (fünf Vorsatzblätter: I–III aus Papier, IV–V aus Pergament; ein Nachsatzblatt aus Papier); 247 x 174 mm; Lagen (z. T. mit alter Lagenzählung): 1–2^{6}, 3^{8+2}, 4^{8}, 5^{8+1}, 6^{8}, 7^{8+1}, 8^{8+1}, 9^{8+2}, 10^{8+2}, 11^{8+1}, 12^{8}, 13^{8+1}, 14^{8}, 15^{8+1}, 16–18^{8}, 19^{2}; Schriftspiegel: ca. 120–123 x 90–94 mm; einspaltig; 19 bzw. 17 (Kalendar) Zeilen; Liniierung in Rotbraun, im Kalendar in Purpur. **Ausstattung** Lateinischer, im Kalendar und in den meisten Rubriken französischer Text in brauner Textura,

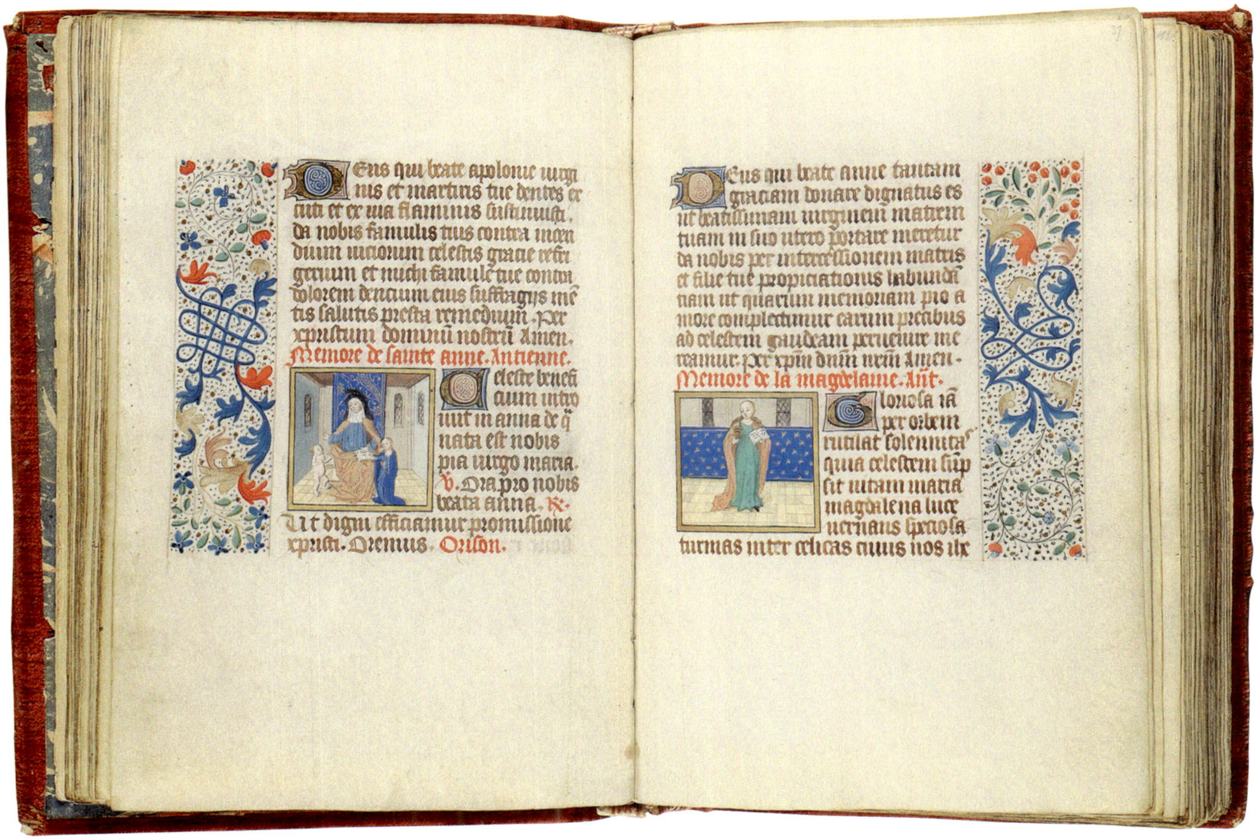

20 *Franko-flämisches Stundenbuch* Hennegau, um 1480

36v Anna Selbdritt mit Suffragium zu Ehren der Mutter Mariens

37r Maria Magdalena mit Suffragium

rubriziert; gelb schattierte Versalien; ein- und zweizeilige, seltener mehrzeilige Initialen in Gold auf blauem und mauvefarbenem Grund mit Füllung in der Gegenfarbe und weißer Binnenzeichnung; Zeilenendungen in Blau und Mauve mit weißer Binnenzeichnung und Goldpunkten; fünfzeilige Initialen in Blau mit weißer Zeichnung auf goldgerändertem, mauvefarbenem Feld, gefüllt mit blauen und mauvefarbenen Blattranken auf Goldgrund; Textseiten mit diesen großen Initialen am äußeren und unteren Rand – entsprechend den ihnen gegenüberliegenden Miniaturseiten – mit einer Zierleiste gerahmt; diese gefüllt mit farbigen Blattranken auf Goldgrund oder mit floralen Motiven in Gold auf blauem oder mauvefarbenem Grund; zwölf große und neunzehn kleine (siebenzeilige) Miniaturen in Deckfarben mit Gold und Silber; die großen Miniaturen sowie die ihnen gegenüberliegenden Textseiten zudem allseitig von einer Bordüre mit blauem, ocker-goldenem, mauvefarbenem und rotem Akanthus, verschiedenen Blüten und Früchten sowie Tieren und Drôlerien gerahmt, deren pergamentausgesparte Zwischenräume mit einem schwarzen, teppichhaft dichten Filigranstreumotiv gefüllt sind; alle übrigen Textseiten mit einer Außenrandbordüre und denselben floralen Schmuckmotiven. **Einband** Roter Samt über Pappe; zwei Silberschließen; Goldschnitt mit rot-brauner floraler Bemalung; 19. Jh. **Vorbesitzer** Unbekannt. **Inhalt** 1r–12v Kalendar (Hennegau), etwa zu einem Drittel besetzt (u. a. 30. 1. *Auldegond*, 20. 2. *Eleuthere*, 30. 4. *Eutrope*, 20. 5. *Bernardin*, 8. 6. *Medart*, 19. 6. *Gervais*, 1. 7. *Thiebault*, 9. 7. *Eluthere*, 16. 7. *Bertin*, 11. 8 *Gery*, 30. 8. *Fiacre*, 3. 9. *Remacle*, 5. 9. *Bertin*, 17. 9. *Lambert*, 25. 9. *Fremin*, 9. 10. *Denis, Gislain*, 31. 10. *Quintin*, 3. 11. *Hubert*, 12. 11. *Lievin*). 13v–19v Kreuzoffizium. 13v Kreuzigung Christi; zu den folgenden Gebetsstunden kleinformatige Miniaturen. 14r Zierseite. *D (Omine labia mea)*. 15r Vorführung Christi vor Pilatus, 15v Dornenkrönung. 16v Kreuzigung. 17v Tod Christi am Kreuz. 18r Kreuzabnahme. 19r Grablegung. 20r leer. 20v–25v Hl. Geistoffizium. 20v Aussendung der Apostel nach dem Pfingstgeschehen. 21r Zierseite. *D (Omine labia mea)*. 26r–28v *O (bsecro te)*. 28v–31r *O (intemerata)*. 31r–37v Heiligensuffragien mit kleinformatigen Miniaturen. 31v Erzengel Michael besiegt den Teufel. 32r Johannes der Täufer. 32v Apostel Petrus. 33r hl. Adrian im Harnisch mit Löwen zu seinen Füßen. 33v Martyrium des hl. Sebastian. 34r Antonius der Einsiedler. 34v hl. Katharina. 35r hl. Barbara. 35v hl. Margarete entsteigt dem Untier. 36r hl. Apollonia. 36v Anna Selbdritt. 37r Maria Magdalena. 38v–92v Marienoffizium (Rom); gegenüber jeder Mini-

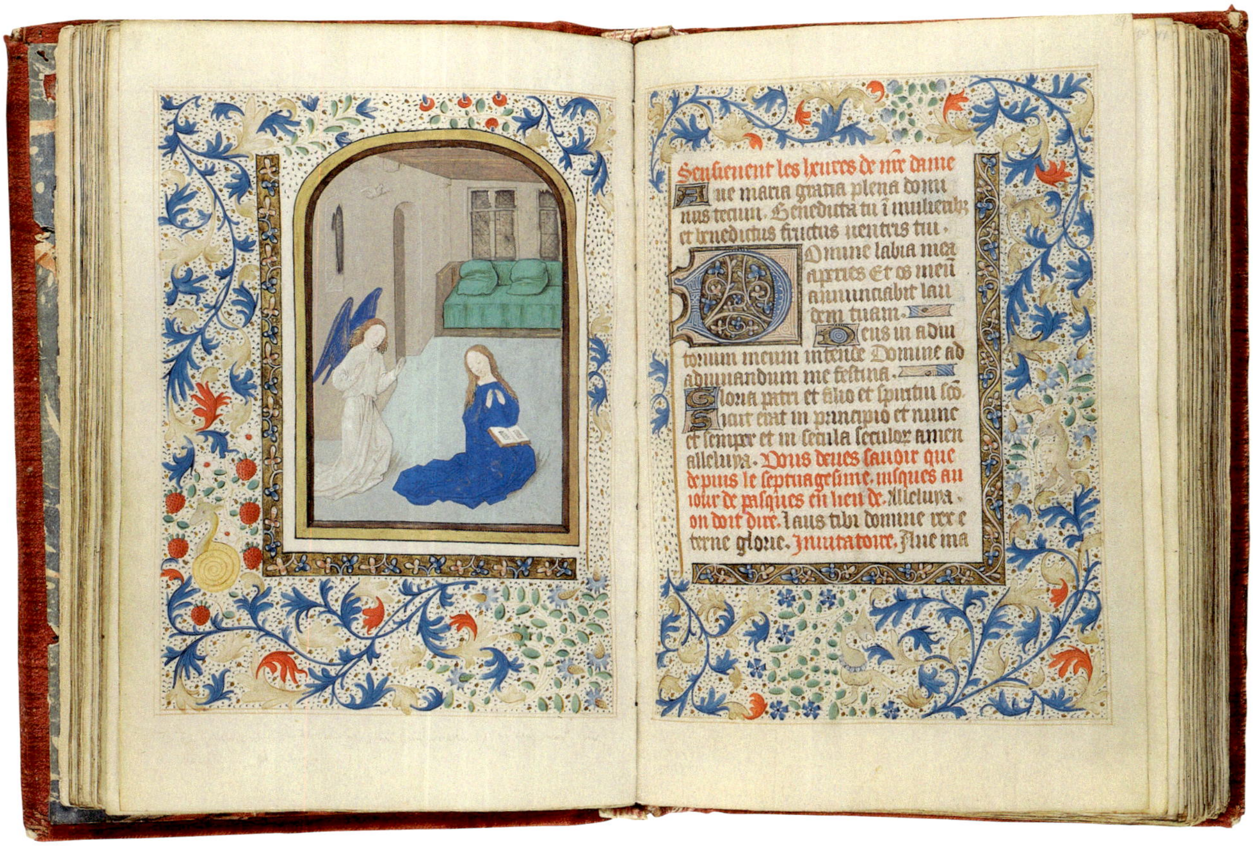

20 *Franko-flämisches Stundenbuch* Hennegau, um 1480

38v–39r Verkündigung an Maria zur Matutin des Marienoffiziums

atur Zierseite mit Textbeginn; Rückseiten der Miniaturen leer. 38v Verkündigung an Maria. 53v Heimsuchung. 62v Geburt Christi. 67v Verkündigung an die Hirten. 72v Anbetung der Könige. 76v Darbringung Jesu im Tempel. 81v Flucht nach Ägypten. 88v Bethlehemitischer Kindermord. 92v–104v Marienoffizium für die Adventszeit. 93r Marienkrönung (kleinformatig). *D (eus in adiutorium)*. 105r leer. 105v–120v Bußpsalmen mit Litanei (Hennegau). 105v König David im Gebet. 106r Zierseite. *D (Omine ne in furore)*. 121r leer. 121v–152v Totenoffizium (Rom). 121v Auferweckung des Lazarus. 122r Zierseite. *D (Ilexi quoniam exaudi)*. 153r/v Acht Verse des hl. Bernhard. *I (llumina oculos meos)*. **Literatur** New Aquisitions. Fifty Outstanding Books and Manuscripts, Kat. 49 H. P. Kraus, New York, o. J. (1948), Nr. 24. – Kat. Sotheby's, London, 10. 12. 1980, Nr. 107. – Wertvolle Bücher, Kat. Sotheby's, München, 24. 11. 1981, Nr. 274. – J. M. Plotzek, Andachtsbücher des Mittelalters aus Privatbesitz, Ausst. Kat. Schnütgen-Museum, Köln 1987, Nr. 60. – B. Cardon, Saint Betremieu en andere heiligen. Over Henegouwse verluchte gebeden- en getijdenboeken uit de tweede helft van de 15de eeuw, in: M. Smeyers (Hg.), Leuvens palet aangeboden aan de Heer P. V. Maes, ereconservator van het O. C. M. W.-Leuven, naar aanleiding van zijn 65ste verjaardag (Arca Lovaniensis, 18), 1989, S. 44, 46f., Abb. 8. – Leuchtendes Mittelalter III, Kat. 27 Antiquariat H. Tenschert, Rotthalmünster / Ramsen 1991, S. 464. – A.-M. Legaré, The Master of Antoine Rolin: A Hainaut Illuminator Working in the Orbit of Simon Marmion, in: T. Kren (Hg.), Margaret of York, Simon Marmion, and The Visions of Tondal (Papers Delivered at a Symposion Organized by the Department of Manuscripts of the J. P. Getty Museum in collaboration with the Huntington Library and Art Collections, June 21–24, 1990), Malibu 1992, S. 220, Nr. 30. – B. Brinkmann, Die flämische Buchmalerei am Ende des Burgunderreichs: Der Meister des Dresdener Gebetbuchs und die Miniaturisten seiner Zeit, Turnhout 1997, Textbd., S. 224f. – A.-M. Legaré, La Pentecôte sous un porche [...] Architecture et enluminure dans les provinces du Nord, in: F. Joubert / D. Sandron (Hgg.), Pierre, lumière, couleur. Études d'histoire de l'art du Moyen Âge en l'honneur d'Anne Prache, Paris 1999, S. 454, Nr. 6. **Zitierte Literatur** F. Koreny, Israhel van Meckenem (Hollstein's German Engravings, Etchings and Woodcuts, 1400–1700, XXIVa), Blaricum 1986. – A. Hyatt Mayor, Late Gothic Engravings of Germany and the Netherlands: 682 Copperplates from the »Kritischer Katalog« by Max Lehrs, New York 1969. – L. Indestege (Einl.),

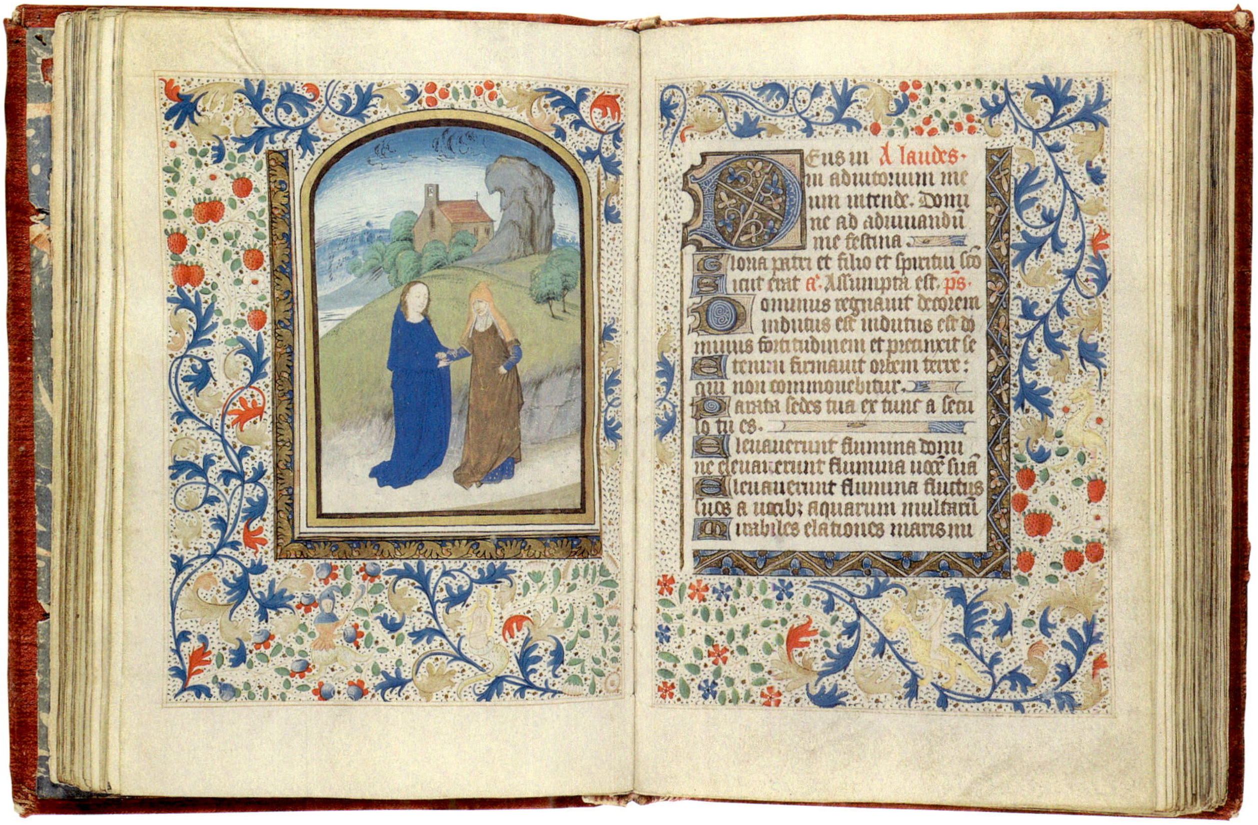

20 *Franko-flämisches Stundenbuch*
Hennegau, um 1480

53v–54r Heimsuchung zur Laudes des Marienoffiziums

Tboeck vanden leven ons heeren Iesu Christi (Geeraert Leeu, Antwerpen 1487): Faksimile-Druck van de houtsneden, Antwerpen 1952. – G. Clark, The Chronology of the Louthe Master and His Identification with Simon Marmion, in: T. Kren (Hg.), Margaret of York, Simon Marmion, and The Visions of Tondal (Papers Delivered at a Symposion Organized by the Department of Manuscripts of the J. P. Getty Museum in collaboration with the Huntington Library and Art Collections, June 21–24, 1990), Malibu 1992, S. 195ff. – M. Gil, Un livre d'heures inédit de l'atelier de Simon Marmion à Valenciennes, in: Revue de l'Art 121, 1998, S. 43ff. – Leuchtendes Mittelalter I, Kat. 21 Antiquariat H. Tenschert, Rotthalmünster / Ramsen 1989. – Catena Aurea, Kat. 16 Antiquariat H. Tenschert, Rotthalmünster o. J. (1985) – Leuchtendes Mittelalter N. F. II, Kat. 41 Antiquariat H. Tenschert, Rotthalmünster / Ramsen 1998. – Kat. Sotheby's, London, 8. 7. 1974. – Kat. Galerie Koller, Zürich, Auktion 95/4, 15. 6. 1995. – Kat. Galerie Koller, Zürich, Auktion A 108, 10. 9. 1998. – Kat. Christie's, London, 28. 4. 1966.

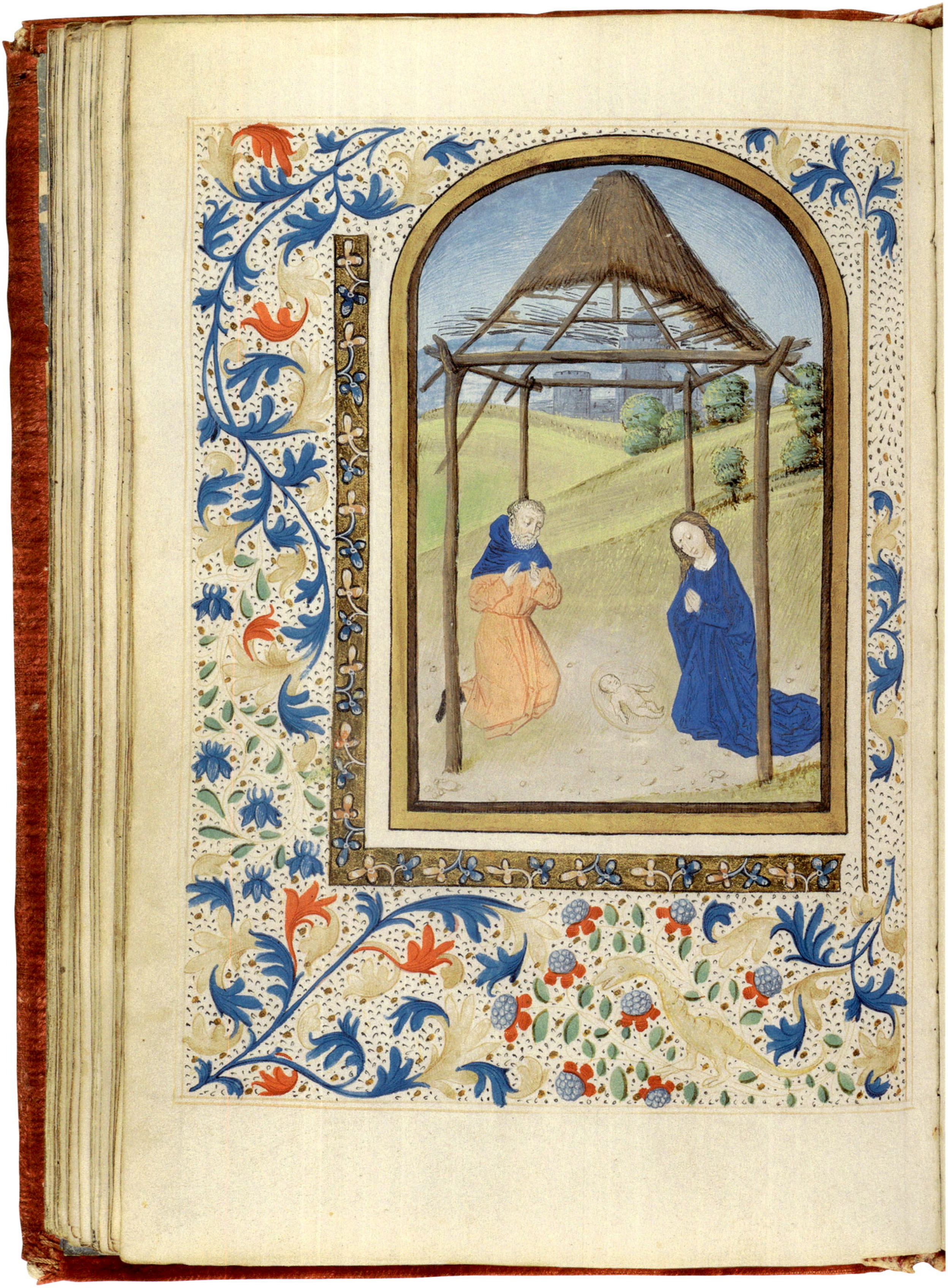

20 *Franko-flämisches Stundenbuch*
Hennegau, um 1480

62v Geburt Christi zur Prim des Marienoffiziums

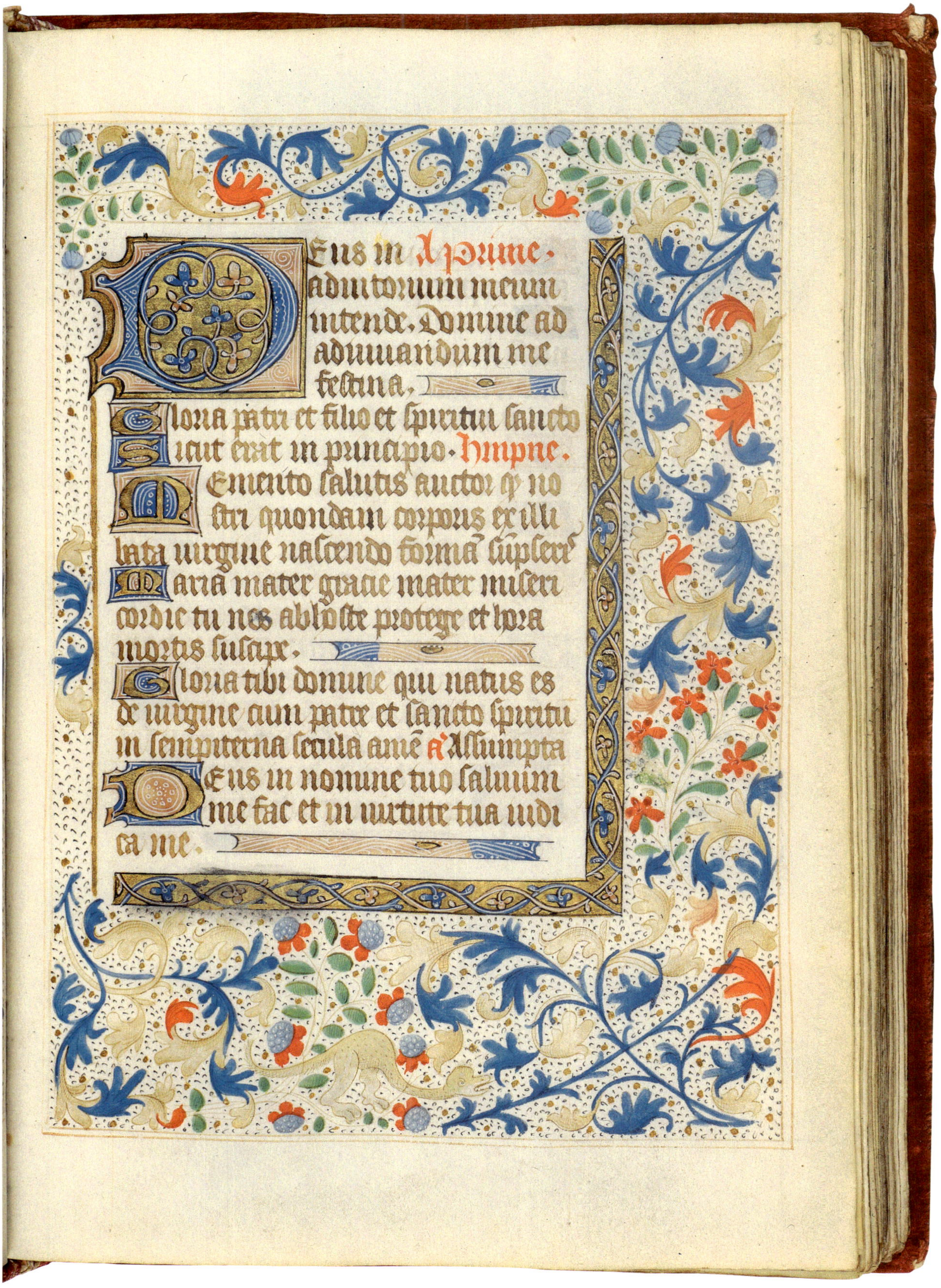

20 *Franko-flämisches Stundenbuch*
Hennegau, um 1480

63r Zierseite zur Prim des Marienoffiziums

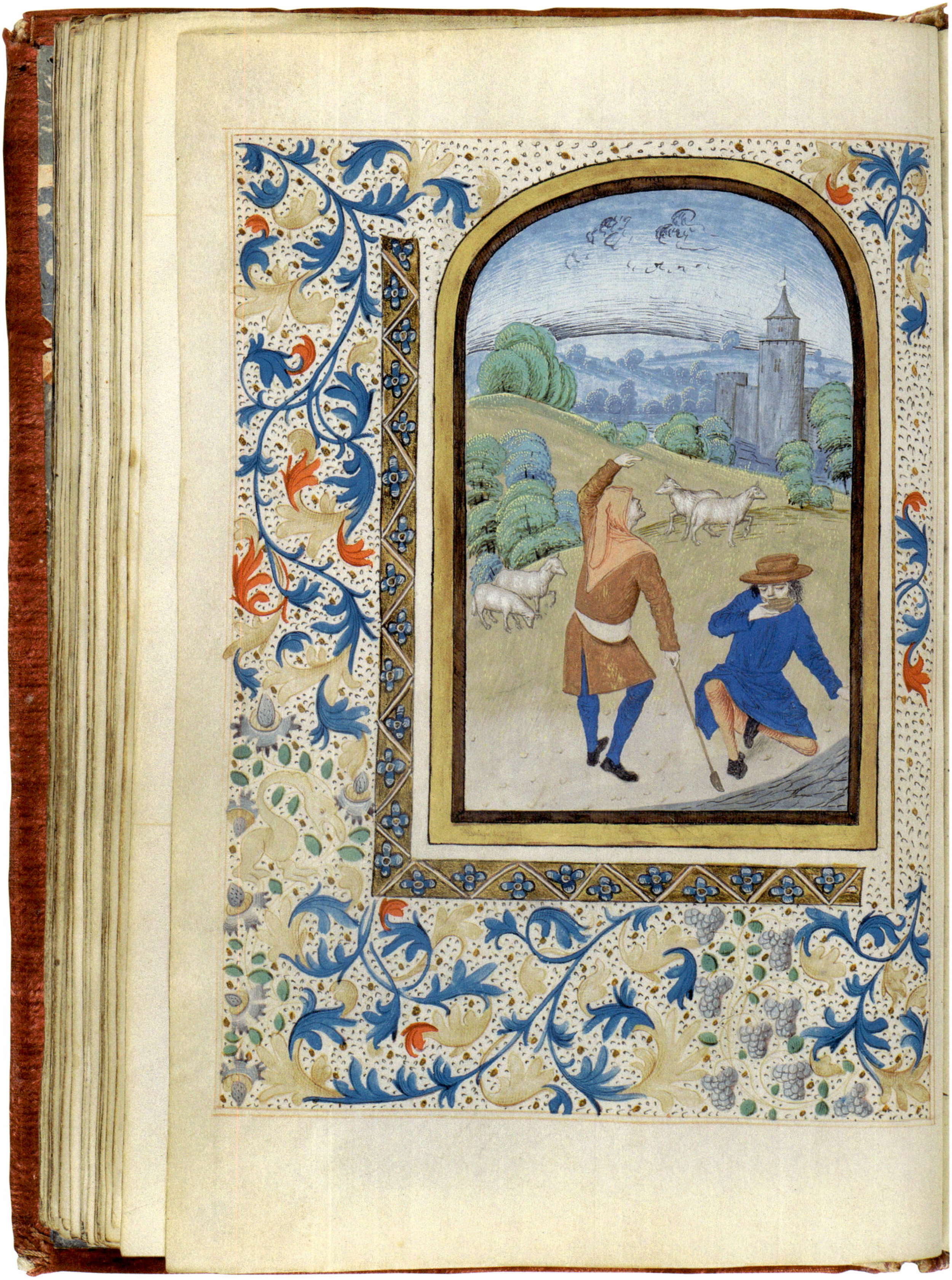

20 *Franko-flämisches Stundenbuch*
Hennegau, um 1480

67v Verkündigung an die Hirten zur Terz des Marienoffiziums

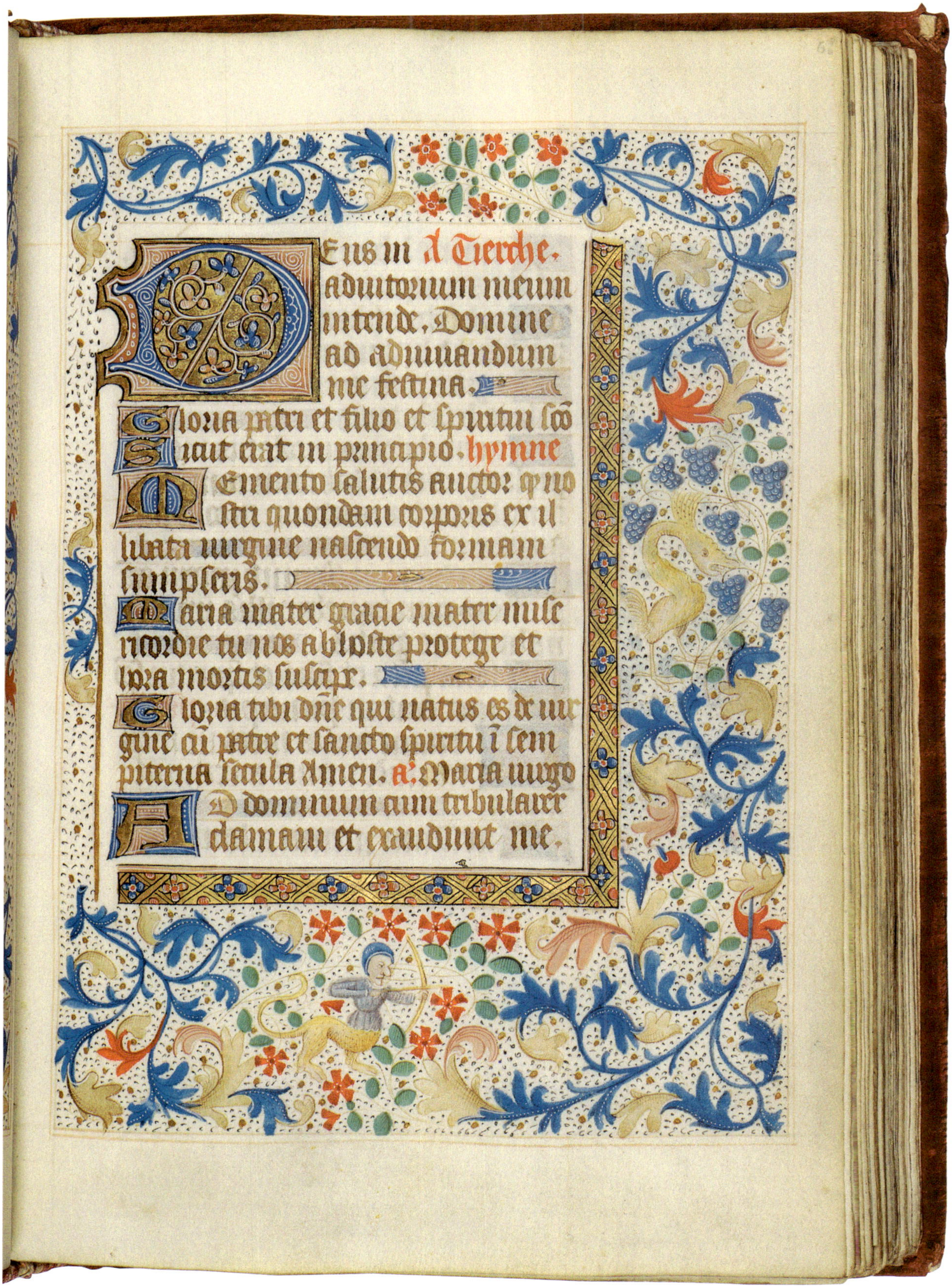

20 *Franko-flämisches Stundenbuch*
Hennegau, um 1480

68r Zierseite zur Terz des Marienoffiziums

20 *Franko-flämisches Stundenbuch*
Hennegau, um 1480

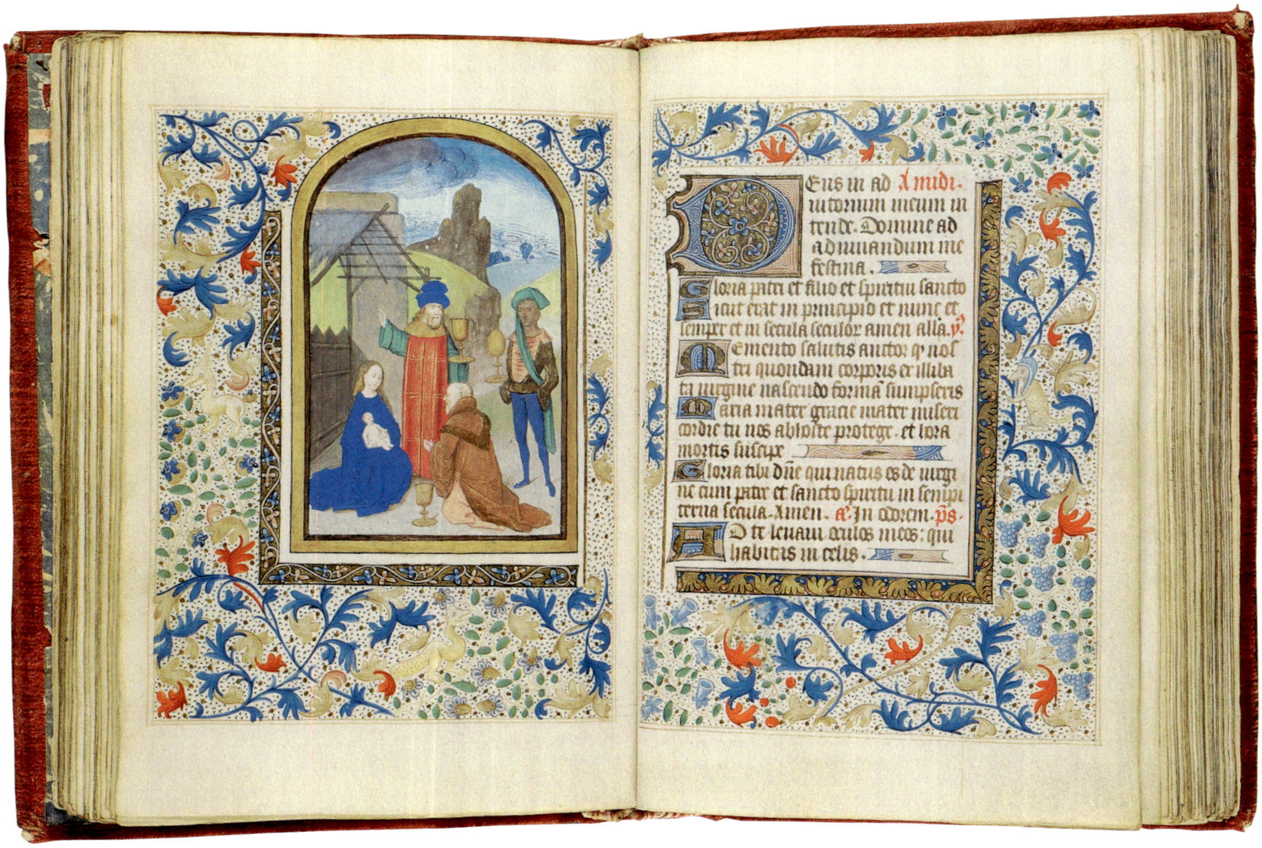

72v–73r Anbetung der Könige zur Sext des Marienoffiziums

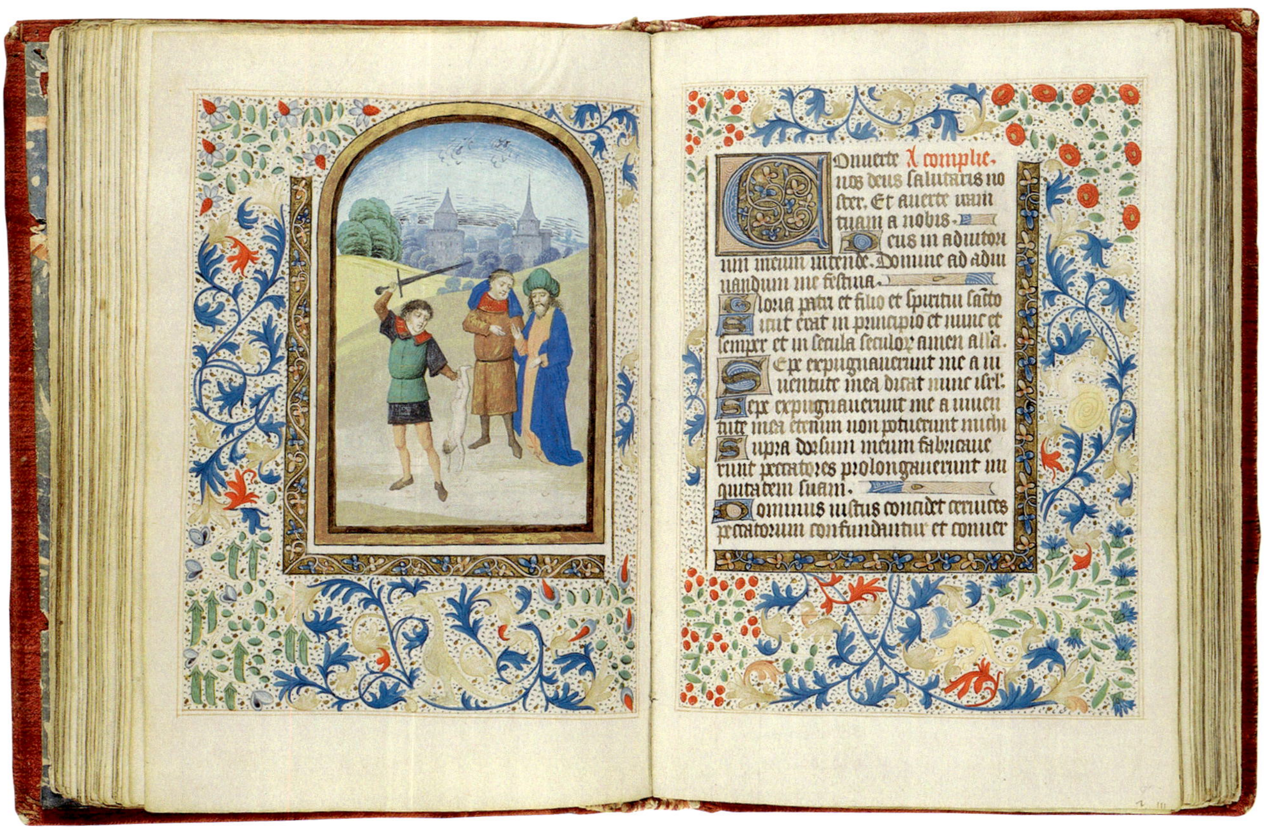

88v–89r Bethlehemitischer Kindermord zur Komplet des Marienoffiziums

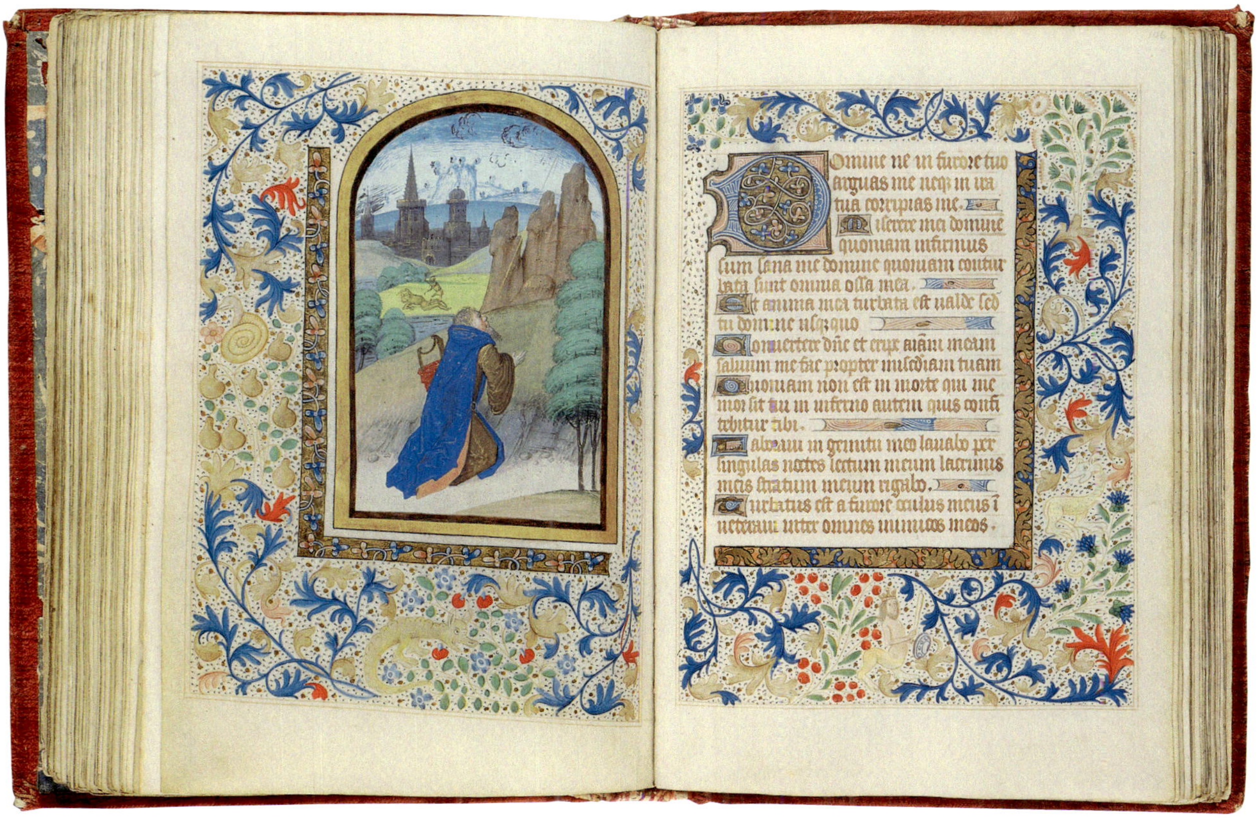

20 *Franko-flämisches Stundenbuch*
Hennegau, um 1480

105v–106r König David im Gebet vor den Bußpsalmen mit Litanei

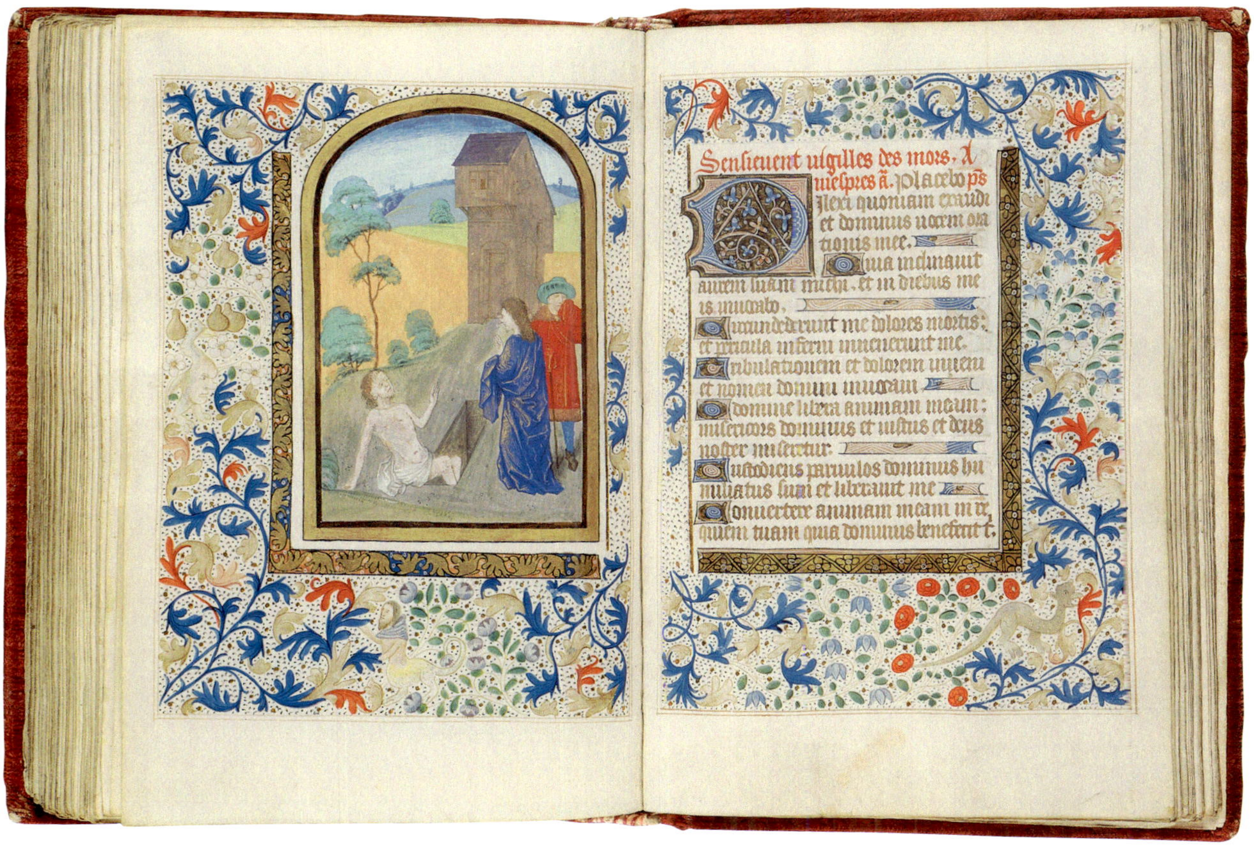

121v–122r Auferweckung des Lazarus zu Beginn des Totenoffiziums

21

Brügger Stundenbuch
Lateinisches Stundenbuch für den Gebrauch in Tournai oder Reims
Meister von St-Omer 421
Brügge, um 1475–1480

Der Auftraggeber dieses charmant illustrierten Stundenbuchs ist jener Mann, der sich in der Miniatur auf Folio 183v hat abbilden lassen. Von seinem Schutzengel der Muttergottes empfohlen, kniet er in einem grünen Mantel vor einem Betpult; ein Dolch baumelt an seinem Gürtel, und der Eisenhut liegt zu seinen Füßen. Es muss sich also um einen weltlichen Würdenträger handeln, vielleicht aus den Reihen jener Edelleute, die Philipp der Gute und Karl der Kühne für die burgundische Administration rekrutiert hatten.

Der Stil der Miniaturen liefert weitere Anhaltspunkte für diese Vermutung. Die Bilder zeichnen sich durch ein kräftiges Kolorit aus, mit leuchtenden Grün- und Rottönen, auffällig viel Honiggelb, Braun und Muschelgold, sowie fast dunkelblaue Himmel. Dabei schreckt der Maler bisweilen auch vor schrillen Tönen nicht zurück, wie z. B. bei dem rosafarbenen Felsen mit gelbem Bewuchs, der in der Flucht nach Ägypten aufragt (108r). Er zeichnet unruhig und etwas skizzenhaft, trägt die anscheinend recht feste Farbe sehr kompakt auf und komponiert mit maßstäblich bewusst kleinen Figuren, die er vor komplexe und vielgestaltige Hintergründe setzt, so dass seine Miniaturen einerseits etwas kleinteilig, andererseits aber auch auf das Üppigste ausstaffiert wirken. So beschränken sich beispielsweise seine Interieurs nie auf nur einen Raum, sondern geben deren mehrere in interessanten Durchblicken und Verschachtelungen wieder; seine bisweilen erstaunlich tiefen Landschaften, etwa in der Hirtenverkündigung auf Folio 82r, dominiert selten ein Hauptmotiv, vielmehr vereinen sie Flusstäler und Anhöhen, einzelne Gebäude und Stadtsilhouetten, Wälder und einzeln stehende Bäume zu einem vielfältigen Panorama.

Diese überbordende Detailfreude führt zur mitunter verblüffenden Aufnahme genrehafter Motive in die Szenen der biblischen Geschichte. Die Verkündigung an Maria (47r) haben die Buchmaler dieser Zeit öfters in eine Kirche verlegt und gelegentlich auch den Sakralraum so detailverliebt wie unser Maler mit Orgelprospekt und skulpturengeschmücktem Doppelportal ausgestattet. Dass aber am Eingang eine kleine Pendeluhr hängt und die Maria zugeordnete Lilienvase hinter der ersten Säule ins Seitenschiff gerückt ist, so als diene ihr der ganze Bau als Wohnung, sind ungewöhnliche Züge. Ähnliches gilt für die Ruhe auf der Flucht nach Ägypten (108r). Das Bächlein, an dem der Esel gerade seinen Durst stillt, gehört zum Themenkreis des Bildes, weil es nach dem Bericht der Apokryphen durch ein Wunder des Jesusknaben entsteht, nicht aber die

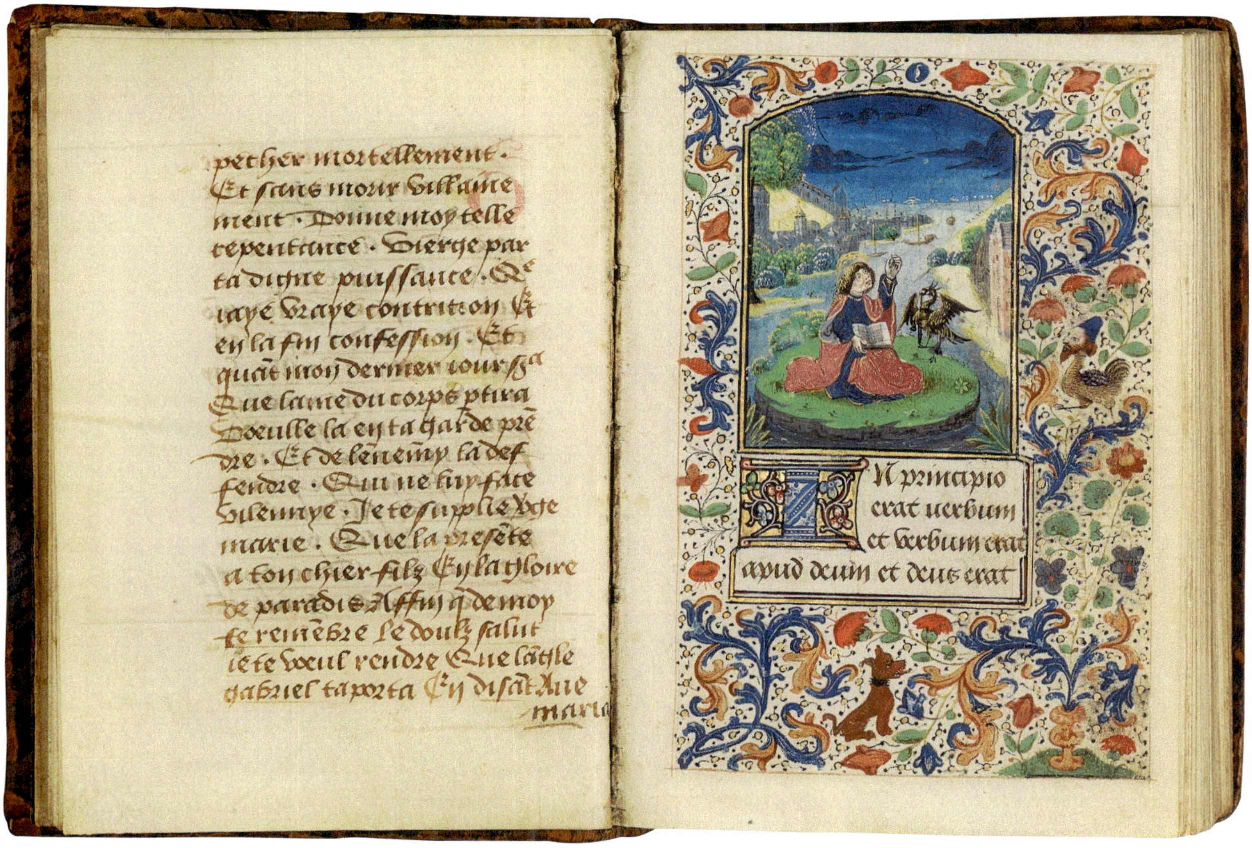

21 *Brügger Stundenbuch* um 1475–1480

15v–16r Auf der Versoseite endet ein Gebet zur Jungfrau Maria. Johannes mit seinem Symbol, dem Adler, bei der Niederschrift der Apokalypse auf der Insel Patmos leitet die lateinische Evangelienlesung ein: »Im Anfang war das Wort, und das Wort war bei Gott, und Gott war das Wort.« Wunderliche Wesen, wie ein Hahn mit bärtigem Männerkopf und ein (Höllen-) Hund mit Stachelhalsband, beleben das Rankenwerk der Bordüre.

besonders liebevoll geschilderte Wassermühle und der Steg. Streng genommen widersprechen diese reizenden Alltagsmotive sogar dem Sinn der Erzählung; denn die wundersame Errettung vor dem Verdursten kann natürlich nur in völliger Einöde, abseits jeder Zivilisation stattfinden.

Joachim M. Plotzek hat das Wiener Stundenbuch Karls des Kühnen (Österreichische Nationalbibliothek, Cod. 1857) bereits als wichtige Quelle unseres Malers benannt. Die Miniaturen des Hofmalers Lievin van Lathem in dieser Handschrift zeichnen sich durch ein verwandtes, wenn auch weniger exzentrisches Kolorit und eine ähnliche kompositorische Auffassung aus. Vor allem aber herrscht dort die gleiche unbekümmerte Erzählfreude, wenn zum Beispiel der Raum, in dem Christus gegeißelt wird (89v), wie eine flämische Wohnstube mit Anrichte, Kamin und Himmelbett möbliert ist. Einige Kompositionen in unserem Stundenbuch sind ganz unmittelbar aus dem Kreis der am Wiener Kodex beteiligten Künstler entlehnt. So kopiert die thronende Madonna auf Folio 23r unseres Stundenbuchs die themengleiche Miniatur Simon Marmions aus dem Wiener Kodex (35v) mit geringfügigen Abweichungen. Zu letzteren gehört der textile Thronhimmel, den unser Künstler noch über dem auf Strebepfeilern ruhenden Baldachin dieses Möbels einführt – ein weiterer Beleg für seine Lust am Hinzufügen von Details. Andererseits übernimmt er selbst die Blautönung der schwebenden Engel aus der Vorlage, so dass man annehmen könnte, er habe nicht nur Vorlagenmaterial, sondern tatsächlich die Wiener Miniatur selbst gekannt. Ebenso eindeutig geht die Heimsuchungsszene unseres Stundenbuchs (61r) auf ein anderes berühmtes Vorbild zurück: nämlich das Blatt mit der Heimsuchung aus dem Voustre demeure-Stundenbuch, das sich heute im Berliner Kupferstichkabinett befindet (Hs. 78 B 13, Nr. 3).

Den Schöpfer der Miniaturen in unserem Stundenbuch habe ich, vielleicht nicht sehr glücklich, nach einem Stundenbuch in der Bibliothèque Municipale von St-Omer getauft. Sein bekanntestes Werk ist das Frontispiz eines Traktates gegen die Waldenser in der Pariser Nationalbibliothek (Ms. fr. 961), der für Ludwig van Gruuthuse, Seigneur de Bruges, geschrieben ist. Sowohl dem Auftraggeberumfeld als auch dem Stil nach befinden wir uns mit dem Meister von St-Omer 421 also im »inner circle« burgundischer Hofkunst zur Zeit Karls des Kühnen. Und auch ein letztes ungewöhnliches Merkmal unseres Stundenbuchs verweist auf diesen Hintergrund. Bei den kleinsten Initialen von

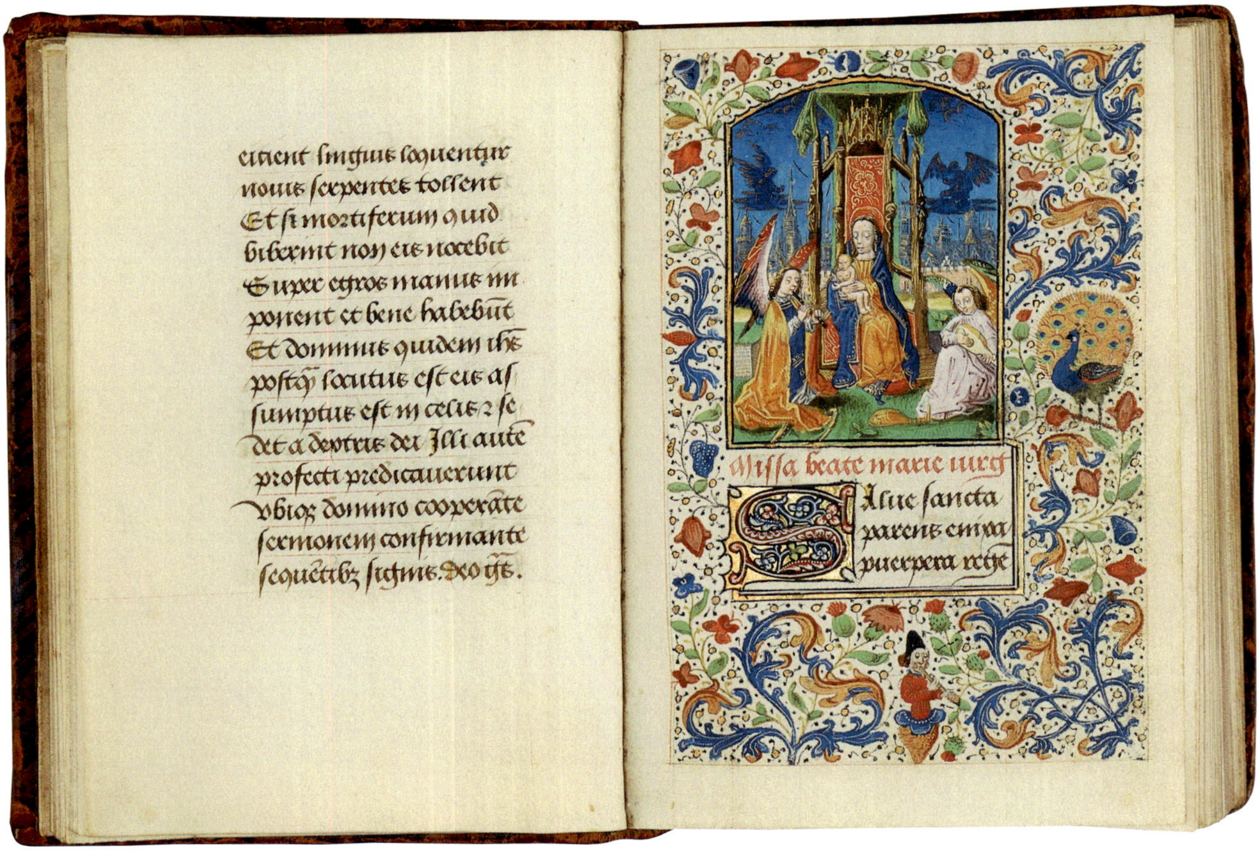

21 *Brügger Stundenbuch* um 1475–1480

22v–23r Nach den Evangelienlesungen beginnt auf der Rectoseite die Marienmesse. Vor einer turmreichen Stadtsilhouette thront, von musizierenden Engeln umgeben und durch einen Baldachin ausgezeichnet, die Gottesmutter mit dem Jesuskind in einem umschlossenen Garten. Ein Pfau, dessen Fleisch nach dem Physiologus als unverweslich galt, und ein aus einer Blüte hervorwachsender Flötenspieler bereichern die Bordüre.

ein bis zwei Zeilen Höhe sind grauweiße Buchstabenkörper auf schwarze Felder gesetzt und mit weißen und goldenen Linien verziert. Gewiss reflektiert diese Ausstattung in kleinem Maßstab die Ästhetik der mit Silbertinte und Muschelgold auf schwarzgetränktem Pergament geschriebenen und illuminierten Kodizes, die der Burgunderhof besonders schätzte.

(Bodo Brinkmann)

Pergament 205 Blätter (Zählung beginnt auf Blatt 3); 141 x 100 mm (leicht beschnitten); Lagen: I^{2+1}, 2^{14}, $3–14^{8}$, 15^{4}, $16–26^{8}$; Schriftspiegel: 81 x 49 mm; einspaltig; 14 bzw. 17 (Kalender) Zeilen; Liniierung in Rot. **Ausstattung** Lateinischer Text in spätgotischer dunkelbrauner Bastarda (einige französische Gebete und Rubriken wenig später und von anderer Hand), rubriziert; gelb schattierte Versalien; ein- und zweizeilige Initialen sowie Zeilenendungen in Grau mit weißem Ornament auf schwarzem Grund mit goldener Ornamentverzierung; dreizeilige Initialen in Mauve oder Blau auf Goldgrund mit farbiger Blattrankenfüllung; 21 Miniaturen allseitig gerahmt von schwarzem Fleuronnée mit Goldpunktblättchen sowie verschiedenen Blüten, Früchten, teilweise in Vasen und auf Grasnarben, blau-gold-lachsfarbenem Akanthus, mit Hunden, Drôlerien, einem Löwen, Pfau, Hahn und verschiedenen Vögeln. **Einband** Braunes Kalbleder über Pappe mit einfacher geometrischer Blindpressung; auf den Innendeckeln Goldbrokat imitierende Schmutzblätter; Goldschnitt; 19. Jh. **Vorbesitzer** Magister Geeraerd (auf dem ersten Vorsatzblatt ein handschriftlicher Eintrag: »1628. hoert toe meester geeraerd – bidt voer maria gerrids ends voer de seel van Jacob Dassengung salliger starff den darden september 1625«). **Inhalt** 1r–2v Gebet, nachgetragen, in Französisch. *V(ray filz de Dieu)*. 3r–14v Kalendar (Tournai und Reims), lateinisch, voll besetzt (Hauptfeste u. a.: 22. 1. *Vincencii mris.*, 6. 2. *Amandi episcopi*, 27. 3. *Resurrectio Domini*, 14. 6. *Basilii episcopi*, 25. 6. *Eligii episcopi*, 1. 9. *Egidii abbatis*, 1. 10. *Remigii et Bavonis*, 9. 10. *Dyonisii et sociorum eius*, 14. 10. *Donaciani epi.*, 23. 11. *Clementis pape*, 1. 12. *Eligii epi.*, 14. 12. *Nicasii episcopi*). 15r/v Gebet, nachgetragen, in Französisch. *G(lorieuse vierge Marie)*. 16r–22v Evangelienlesungen; hier wie bei allen anderen Bildseiten Textanfänge immer unter der Miniatur. 16r Johannes auf Patmos. 23r–29v Marienmesse. 23r Muttergottes in Begleitung musizierender Engel. 29r nachgetragenes Gebet in Französisch. *T(ous vrais catholiques)*. 30r–39r Kreuzoffizium. 30r Kreuzigung Christi. 39r/v nachgetragenes Gebet in Französisch. *T(res doulx Jesus)*. 40r–46v Hl. Geistoffizium. 40r Pfings-

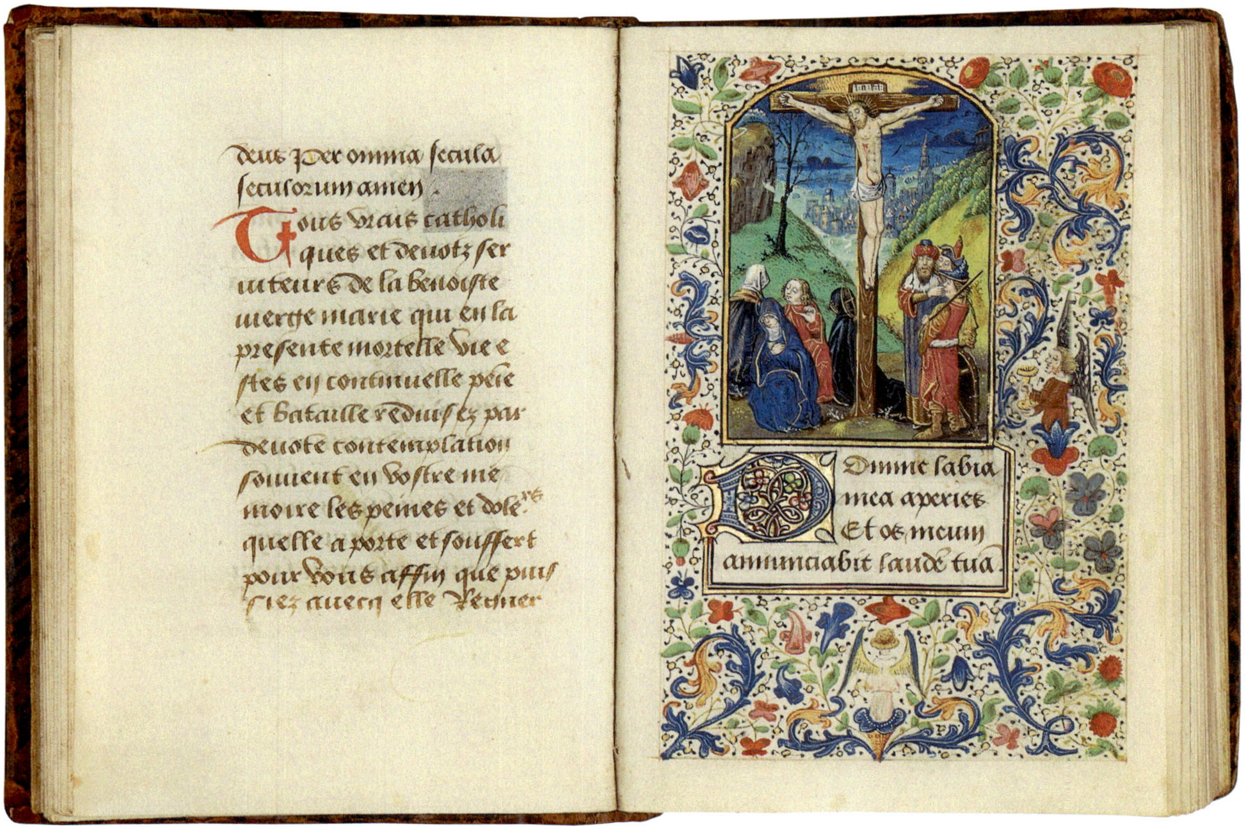

21 *Brügger Stundenbuch*
um 1475–1480

29v–30r Das Kreuzoffizium beginnt auf der Rectoseite mit der Darstellung der Kreuzigung. Johannes, der Lieblingsjünger Jesu, scheint die in Schmerz zusammengesunkene Gottesmutter zu stützen, während zwei weitere trauernde Frauen dem Betrachter den Rücken zuwenden. Rechts steht eine Gruppe von Soldaten unter dem Kreuz. Aus dem Rankenwerk der Bordüre wachsen zwei Engel hervor. Der eine hält einen Kelch (?), der andere betrachtet wohl die Kreuzigung und wendet so dem Benutzer der Handschrift den Rücken zu.

ten. 47r–113v Marienoffizium (Rom). 47r Verkündigung. 61r Heimsuchung. 76r Geburt Christi. 82r Verkündigung an die Hirten. 87v Anbetung der Könige. 93r Darbringung Jesu im Tempel. 98v Bethlehemitischer Kindermord. 108r Flucht nach Ägypten. 114r–115v nachgetragene Gebete in Französisch. *O (estherboucle); V (rai Dieu)*. 116r–137v Bußpsalmen mit Litanei (Adrian, Christophorus, Leodegarus). 116r König David im Gebet. 138r–171v Totenoffizium (Rom). 138r Auferweckung des Lazarus. 172r–177r *O (bsecro te)*; für einen männlichen Gläubigen eingerichtet. 172r Beweinung Christi. 177r–180v *O (intemerata)*; für einen männlichen Gläubigen eingerichtet. 181r–199v Heiligensuffragien (u. a. Adrian, Jodokus). 181r Gnadenstuhl. 183v kniender Mann mit Schutzengel. 186v hll. Petrus und Paulus. 189v hl. Georg tötet den Drachen. 194r Stigmatisierung des hl. Franziskus. 197r hl. Katharina. 200r–203r nachgetragene Gebete in Französisch. *M (on benoist Dieu); I (esu mon Dieu)*. **Literatur** Kat. Sotheby's, London, 26. 11. 1985, Nr. 135. – J. M. Plotzek, Andachtsbücher des Mittelalters aus Privatbesitz, Ausst. Kat. Schnütgen-Museum, Köln 1987, S. 197ff., Nr. 63. – B. Brinkmann, Die flämische Buchmalerei am Ende des Burgunderreichs. Der Meister des Dresdener Gebetbuchs und die Miniaturisten seiner Zeit, Turnhout 1997, S. 109ff.

21 *Brügger Stundenbuch* um 1475–1480

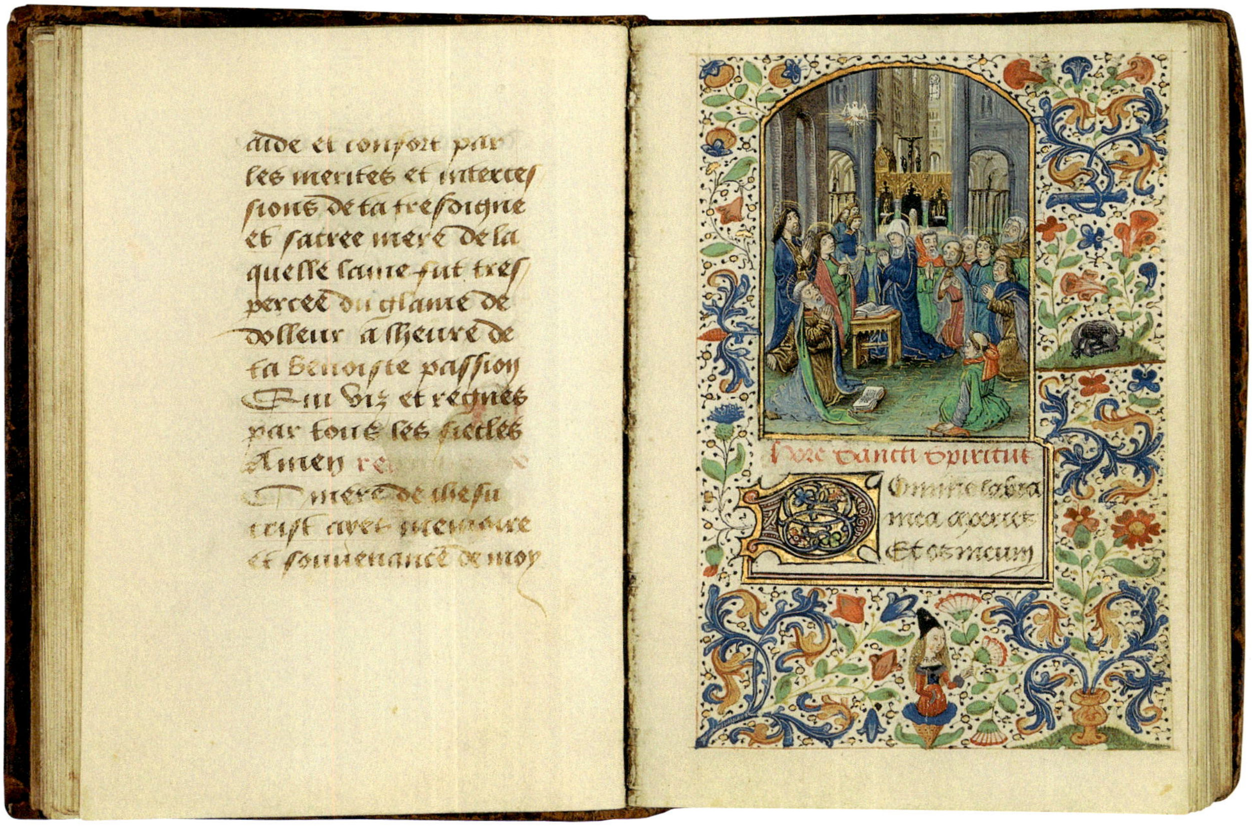

39v–40r Auf ein französisch abgefasstes Gebet zum »Allersüßesten Jesus« folgt das Hl. Geistoffizium. Die Herabkunft des Hl. Geistes auf die um Maria versammelten Apostel und einen verkrüppelten Mönch (?), der den üblichen Personenkreis erweitert, findet in einer gotischen Kathedrale statt. Ein auf einem Rasenstück schlafender Hund und eine vornehme und schöne junge Frau beleben die Bordüre.

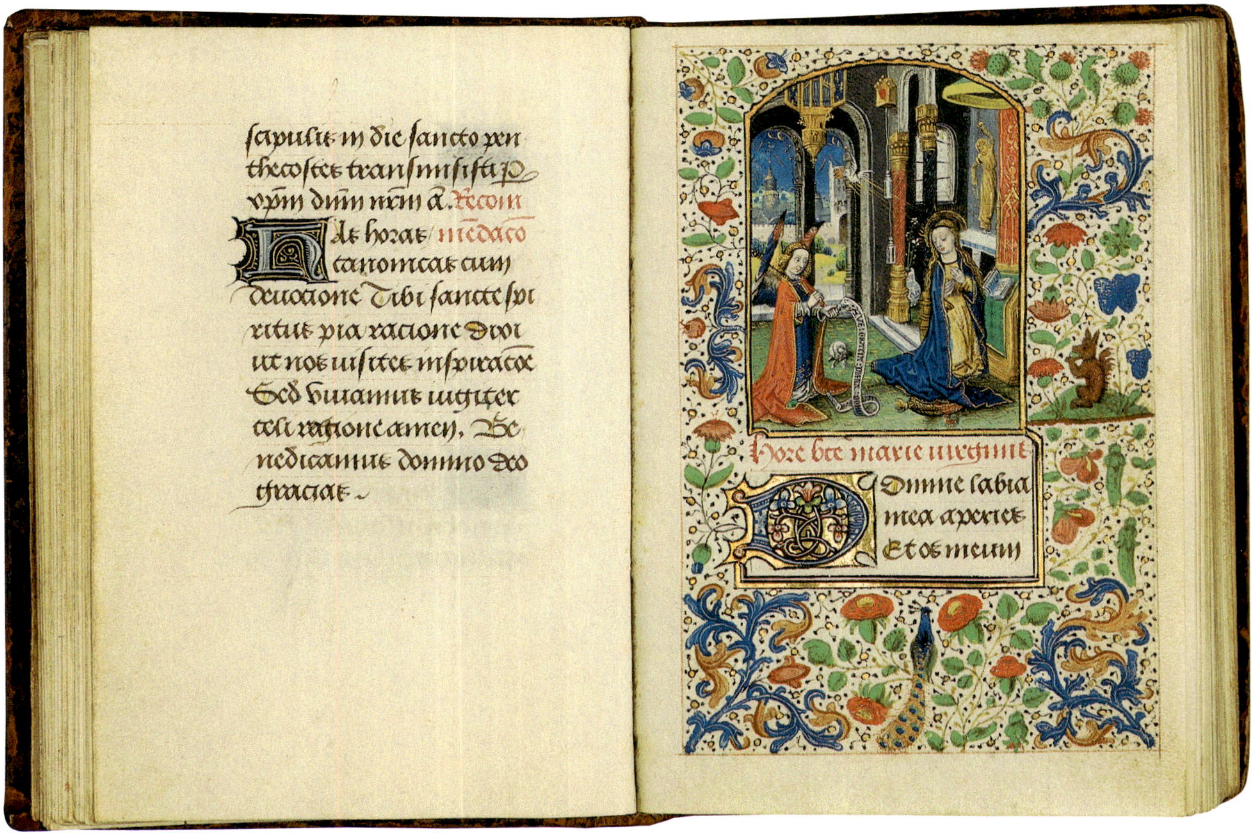

46v–47r Dem Hl. Geistoffizium folgt die Matutin des Marienoffiziums mit der Verkündigung an Maria. Die Szene spielt in einem Kirchenraum mit vergoldeter Bauzier, einer Orgel und einer Wanduhr; Bogenöffnungen geben den Blick auf eine mauerbewehrte Stadt frei. Die Jungfrau kniet an einem baldachinüberhöhten Betpult. Eine Vase mit Blumen weist darauf hin, dass Maria als Gefäß Gottes gesehen wird, und die Schnecke zwischen ihr und dem Engel mag als Symbol der Jungfräulichkeit dienen. In der Bordüre sitzen ein Eichhörnchen (?) und ein Pfau.

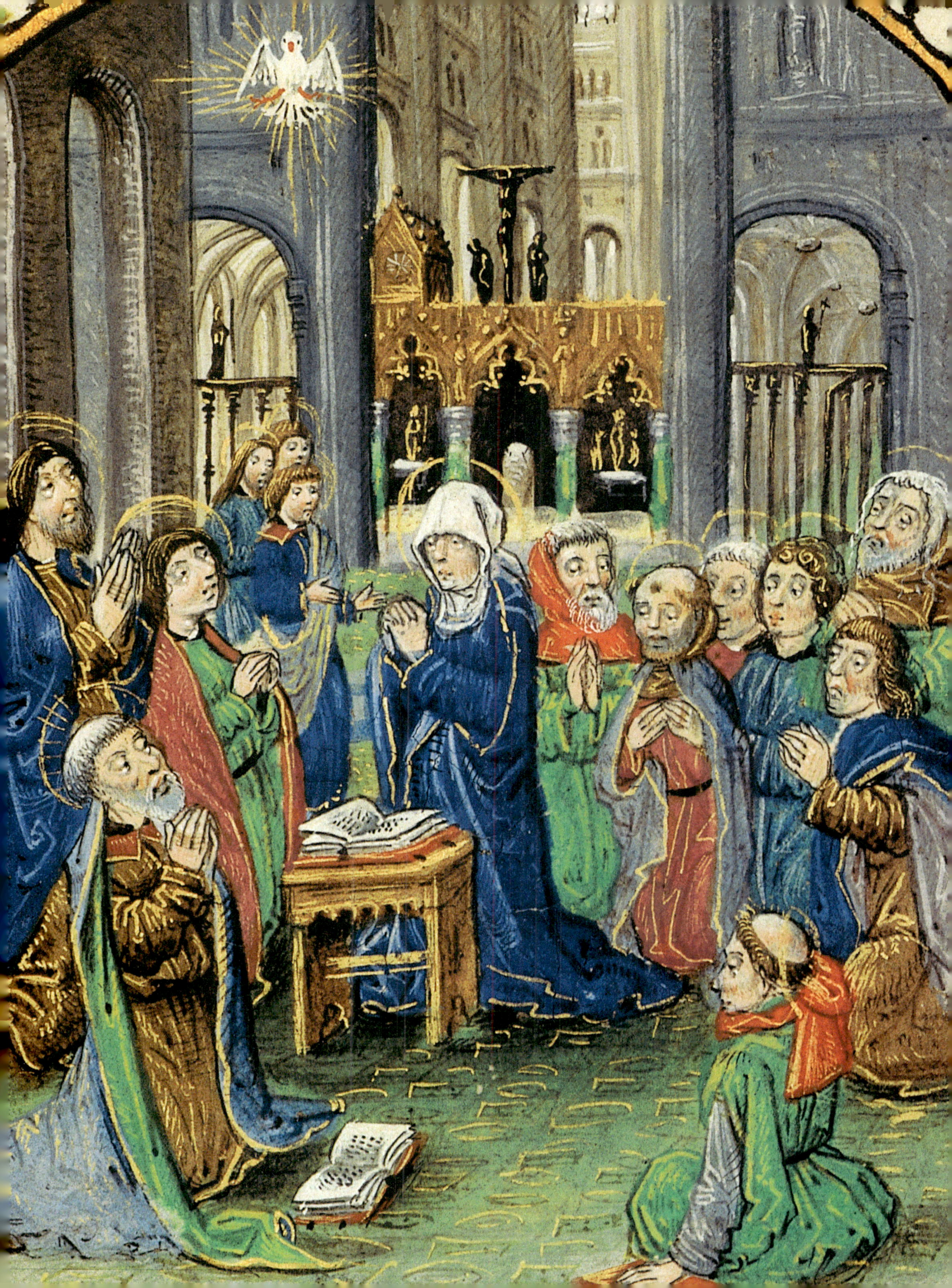

21 *Brügger Stundenbuch* um 1475–1480

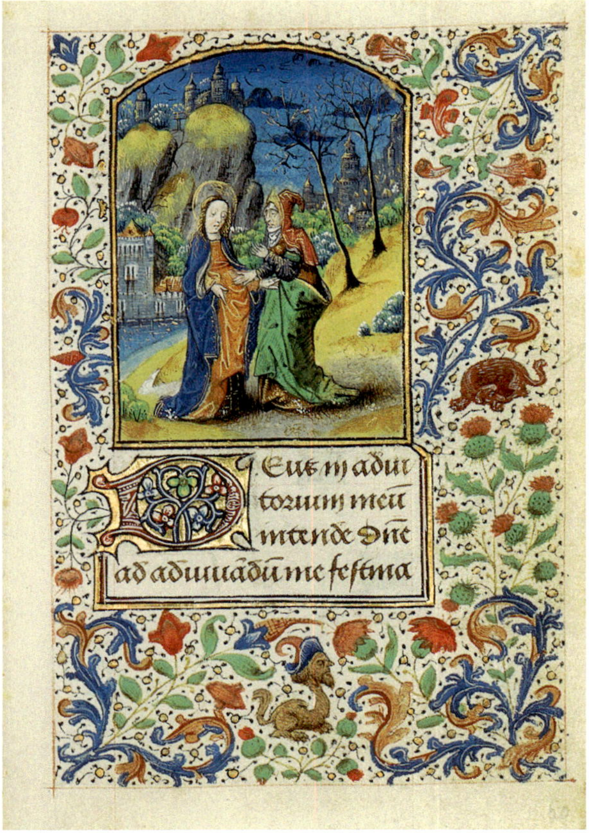

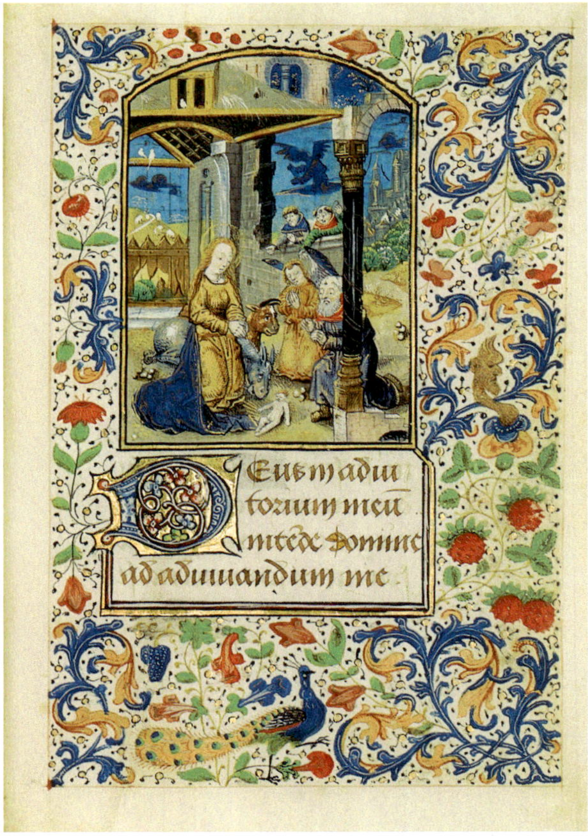

61r Heimsuchung zur Laudes des Marienoffiziums. Die schwangere Maria sucht ihre ebenfalls ein Kind erwartende Verwandte Elisabeth auf, die Mutter Johannes des Täufers.

76r Geburt Christi zur Prim des Marienoffiziums. Maria und Joseph, ein Engel, Ochs und Esel sowie herbeieilende Hirten verehren das auf dem nackten Boden liegende neugeborene Kind.

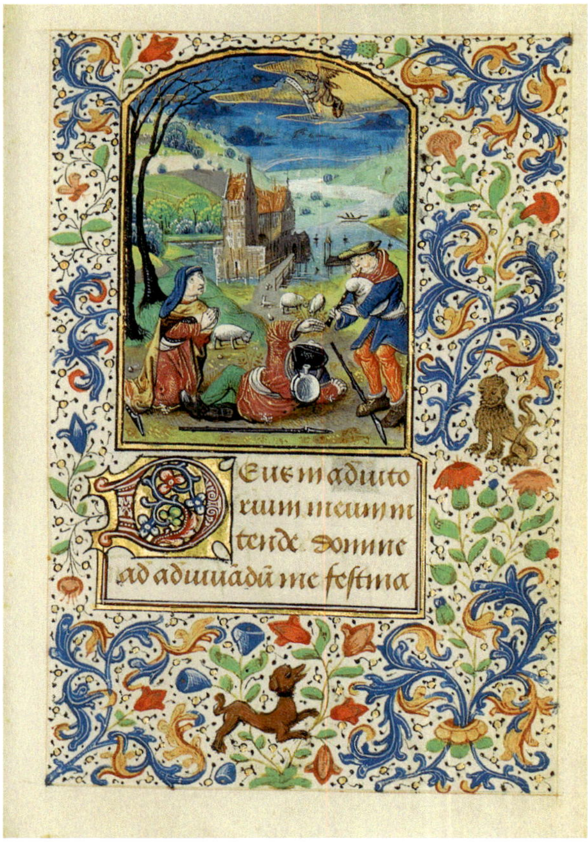

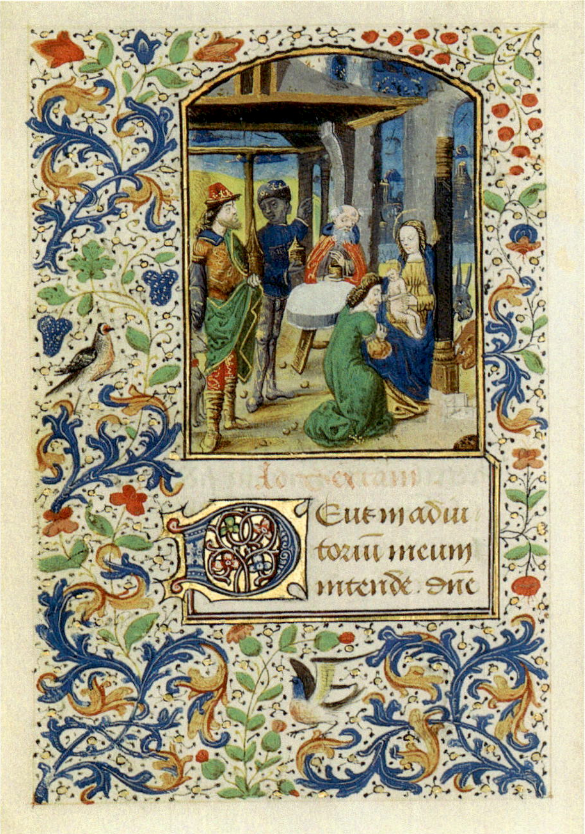

82r Verkündigung an die Hirten zur Terz des Marienoffiziums. Einer der Schafhirten spielt den Dudelsack, während ein zweiter die Augen vor dem himmlischen Glanz verschattet und der dritte zum Gebet niederkniet.

87v Anbetung der Könige zur Sext des Marienoffiziums. Joseph hält das Geschenk des anbetenden Königs in Händen. Wartend stehen der dunkelhäutige und der bärtige König mit seinem Hund.

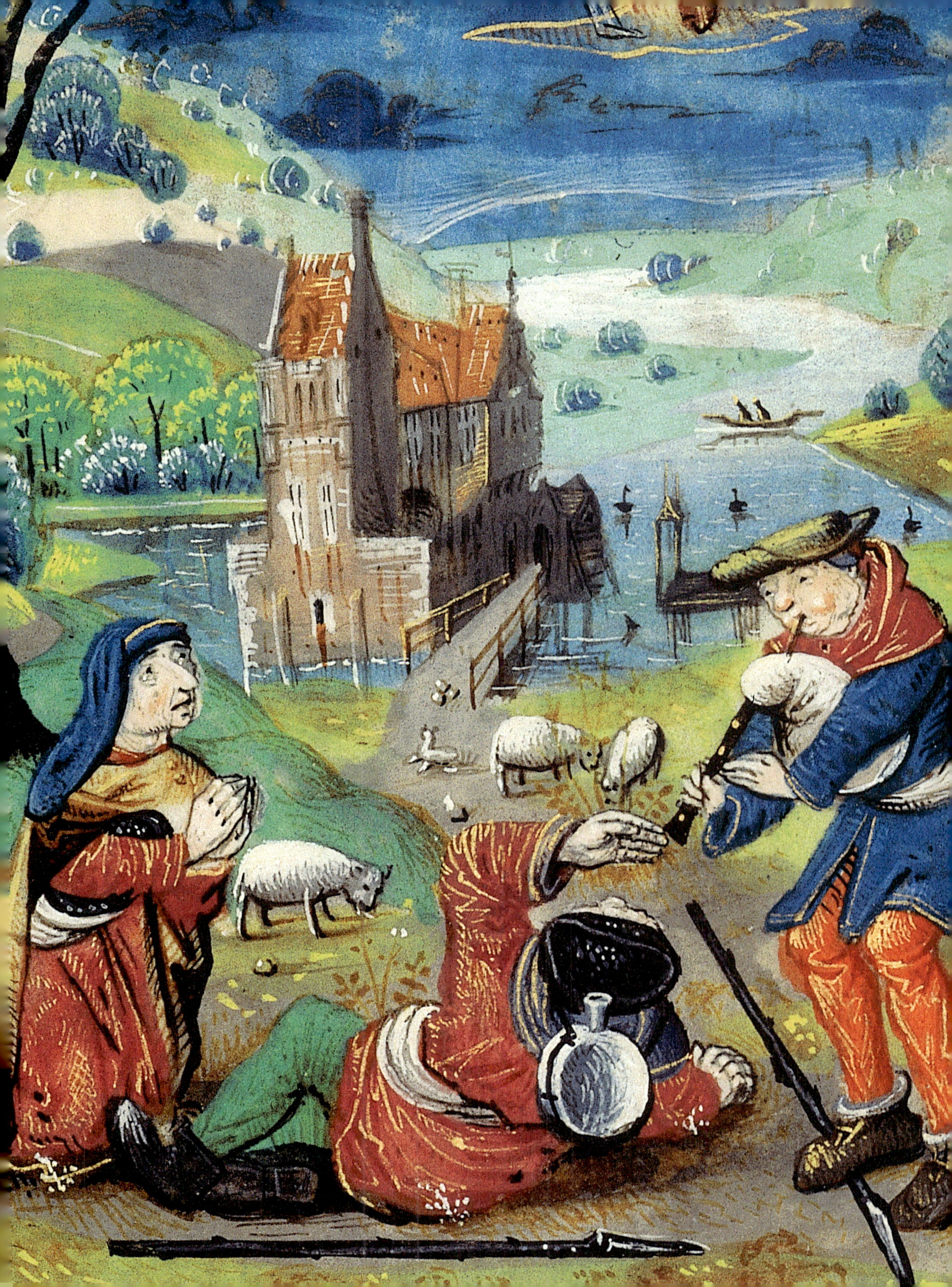

21 *Brügger Stundenbuch*
um 1475–1480

93r Darbringung Jesu im Tempel zur Non des Marienoffiziums. Am Tag der vorgeschriebenen Reinigung tragen Maria und Joseph das Kind nach Jerusalem in den Tempel, um es als männliche Erstgeburt Gott zu weihen. Die Prophetin Hanna und der greise Simeon erkennen in dem Kind den verheißenen Messias.

98v Bethlehemitischer Kindermord zur Vesper des Marienoffiziums. Aus Angst, durch Jesus, den neugeborenen König der Juden, seine Macht zu verlieren, lässt König Herodes in Bethlehem und Umgebung alle Knaben bis zum Alter von zwei Jahren töten.

108r Flucht nach Ägypten zur Komplet des Marienoffiziums. Die Apokryphen berichten, dass Jesus auf der Flucht nach Ägypten nicht nur Götzenbilder zerbersten, sondern auch ein Bächlein fließen ließ, damit Mensch und Tier ihren Durst stillen konnten.

116r Bußpsalmen. König David. Der Harfenspieler und Psalmist David kniet betend vor einem Altar. Seine Krone hat er als Zeichen der Demut auf die untere Altarstufe gelegt.

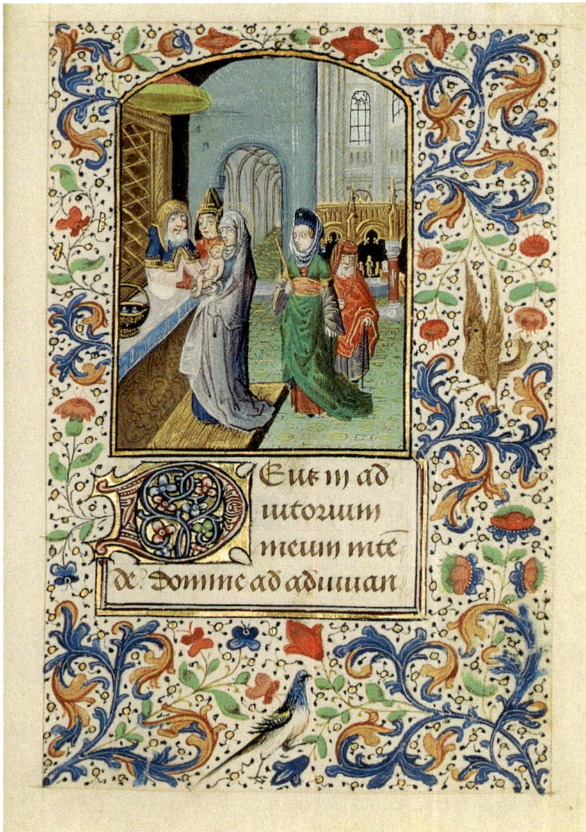

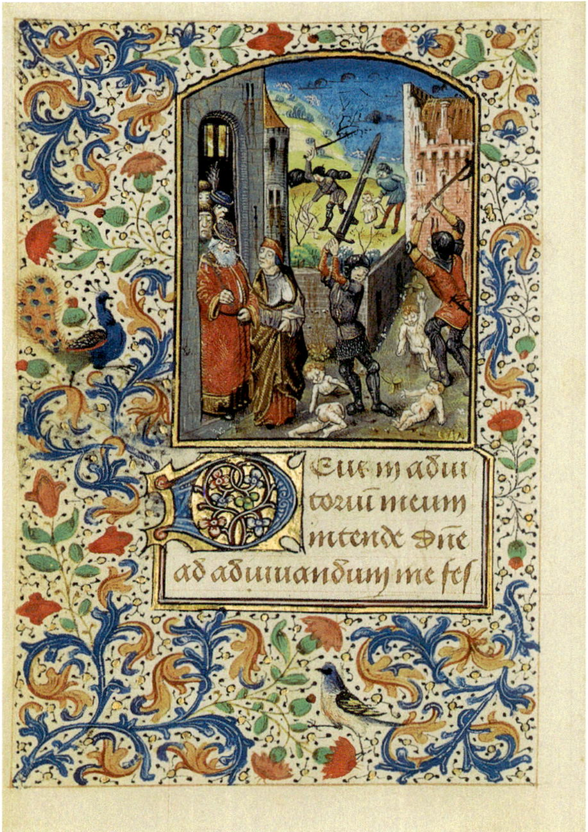

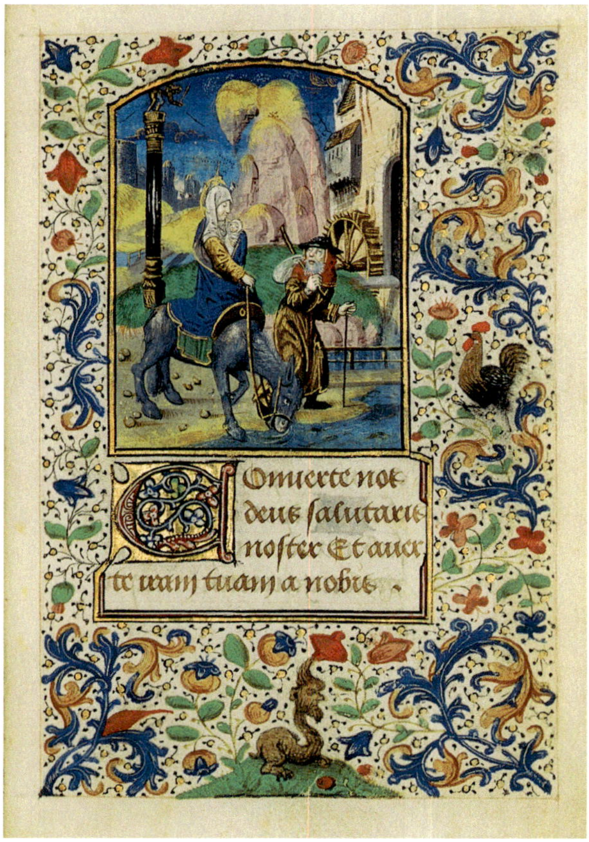

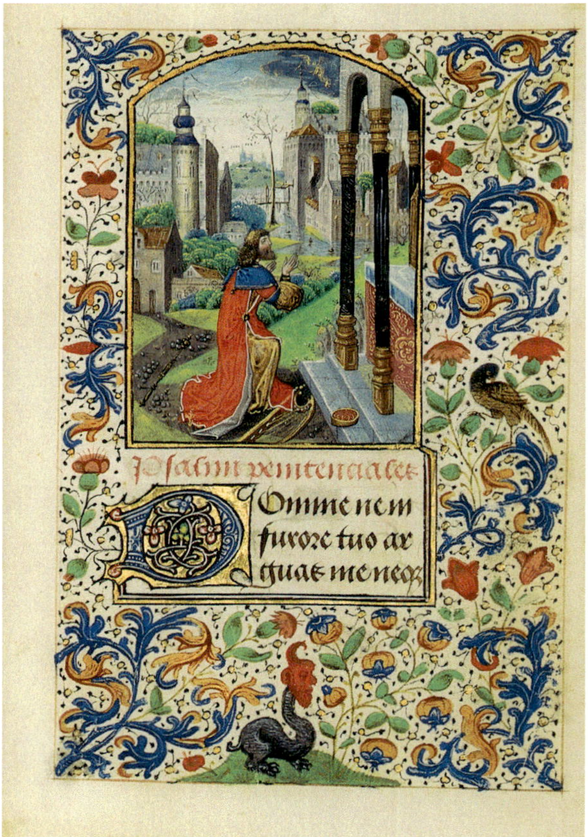

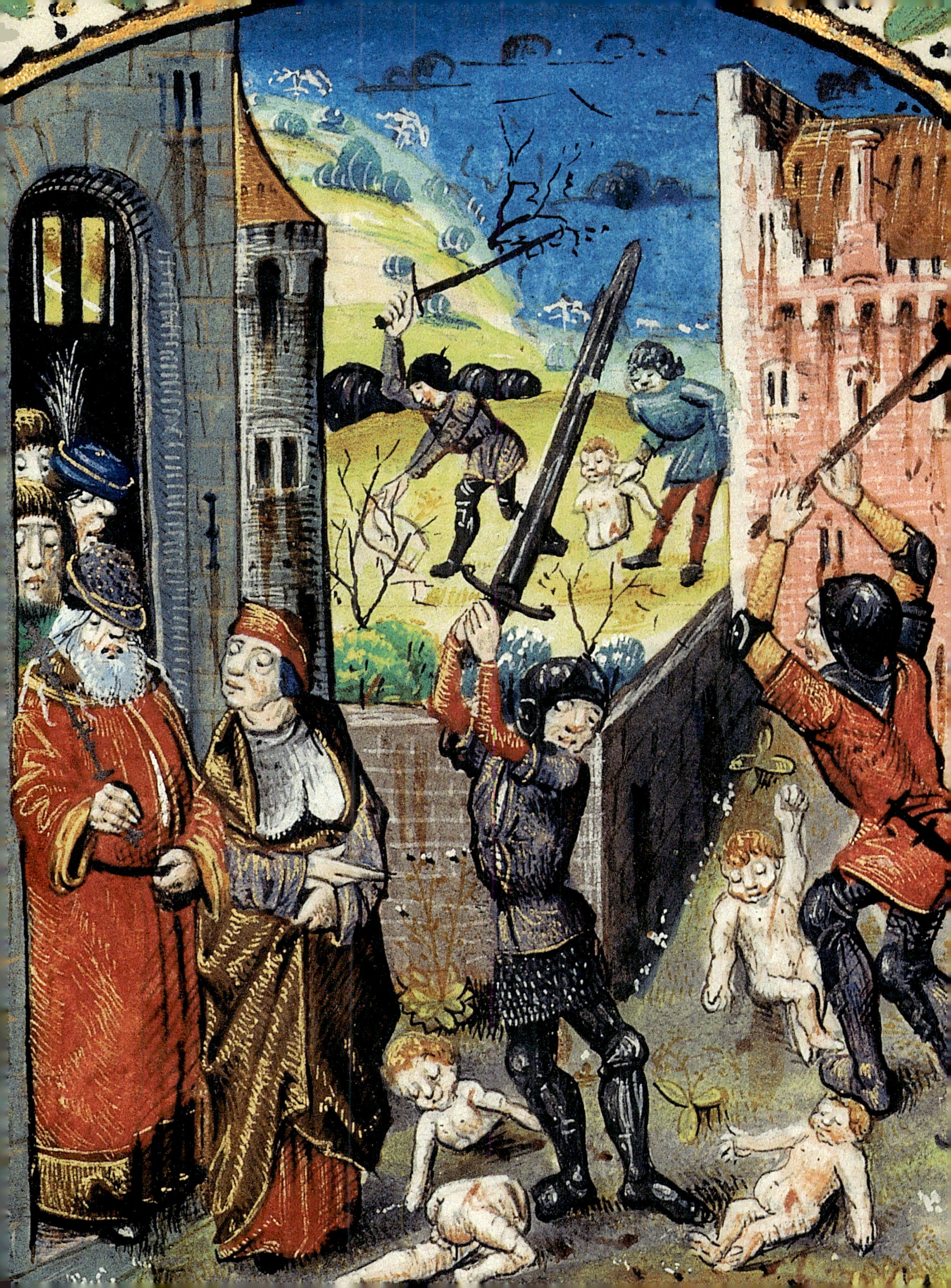

21 *Brügger Stundenbuch* um 1475–1480

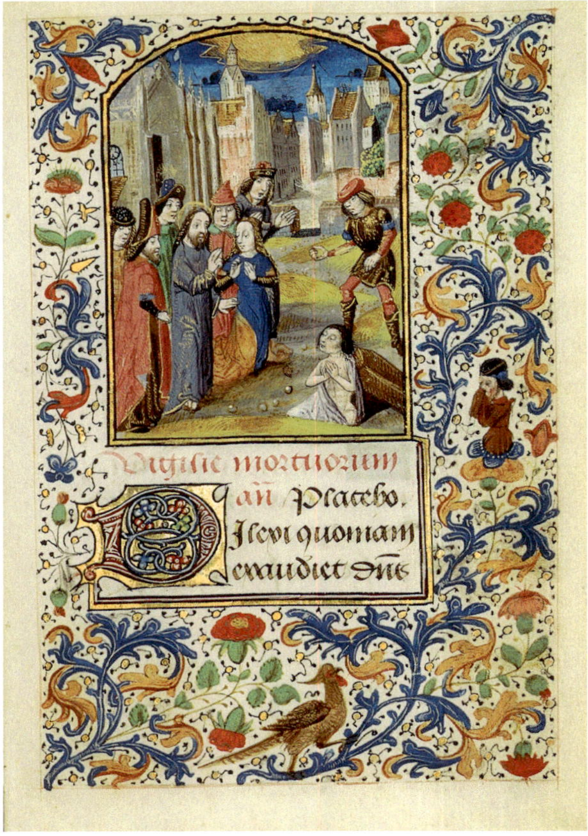

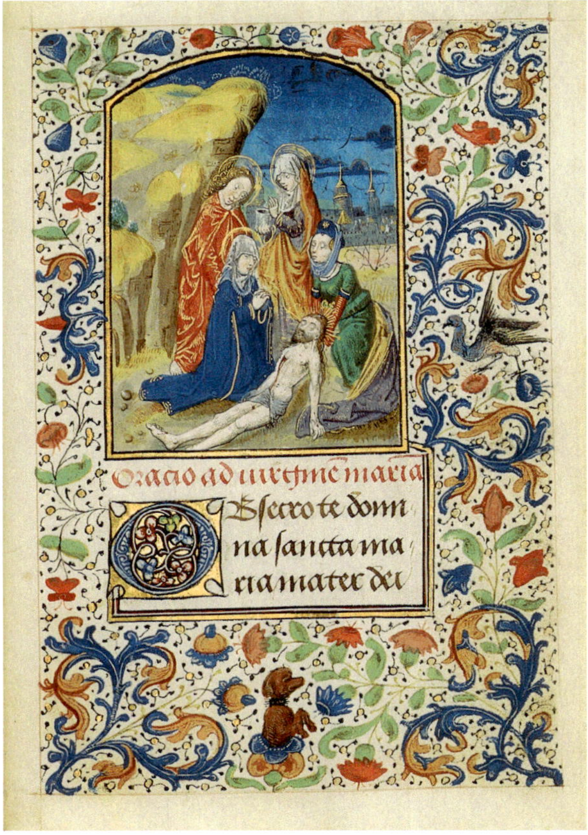

138r Totenoffizium. Auferweckung des Lazarus. Nach vier Tagen im Grab erweckt Jesus den Lazarus in Anwesenheit der Schwestern und weiterer Zeugen vom Tod, um sich als gottgesandt auszuweisen.

172r Beweinung Christi. Beginn des Gebetes *Obsecro te*, das sich an Maria um Fürsprache bei ihrem Sohn wendet, damit er den Bittenden zum ewigen Leben führe.

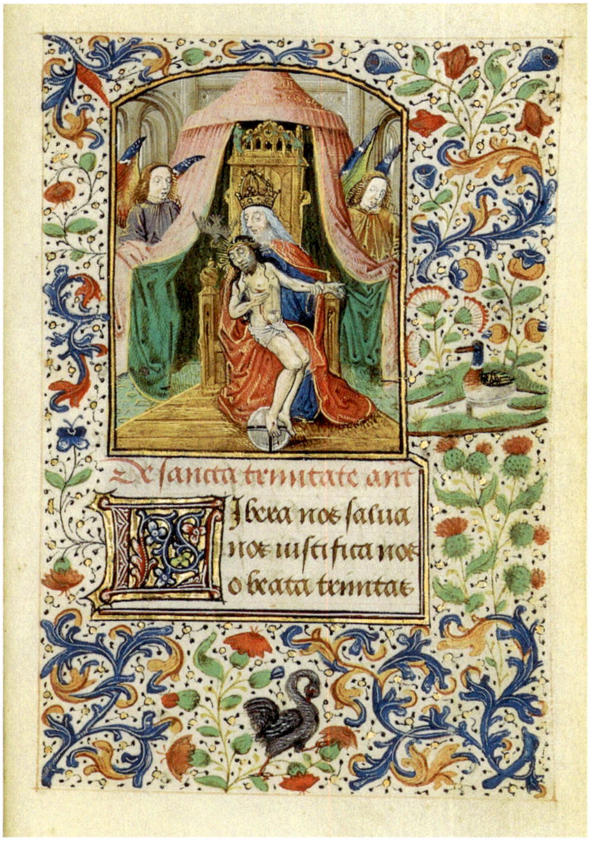

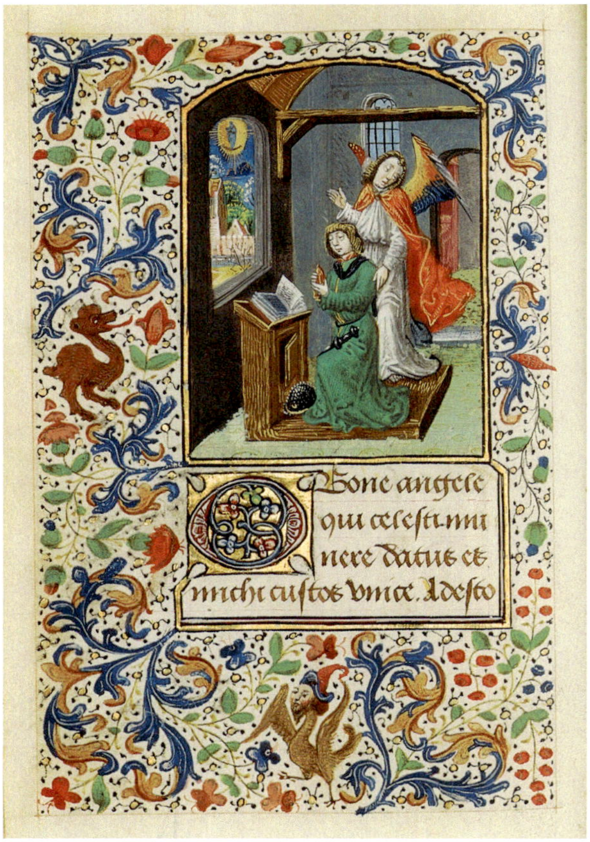

181r Der Gnadenstuhl als Darstellung der göttlichen Dreifaltigkeit zu Beginn der Heiligensuffragien, verbunden mit der Antiphon: »Befreie uns, errette uns, rechtfertige uns, o selige Dreifaltigkeit.«

183v Der am Betpult kniende Auftraggeber des Stundenbuchs wird von seinem Schutzengel der durch die Fensteröffnung sichtbaren Gottesmutter mit Kind auf der Mondsichel empfohlen.

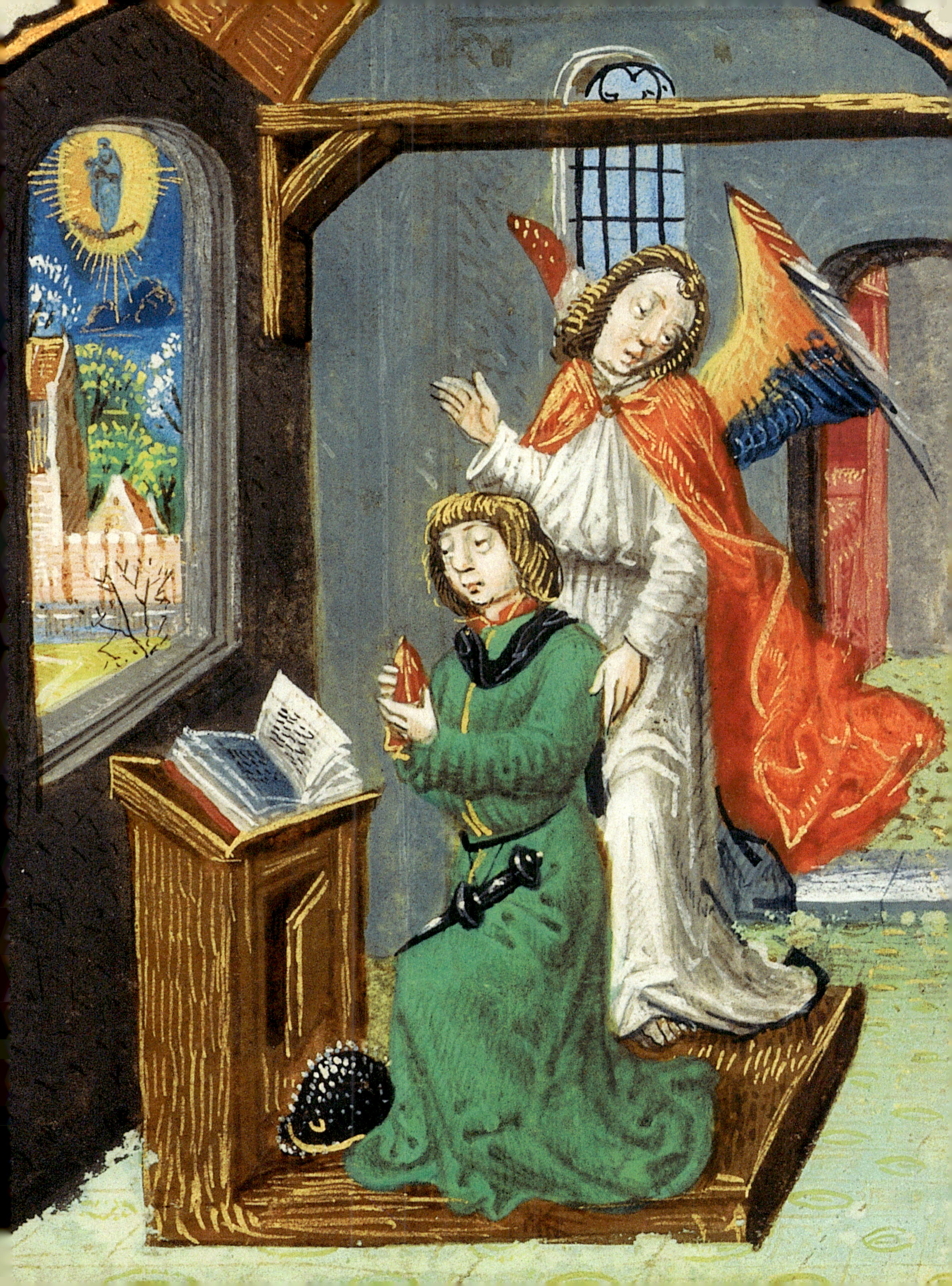

21 *Brügger Stundenbuch*
um 1475–1480

186v Petrus mit dem Schlüssel und Paulus mit dem Schwert verkörpern die ersten von Christus beauftragten Stellvertreter Gottes auf Erden.

189v Der legendäre Märtyrer Georg besiegt den Drachen und befreit so die Königstochter, die dem Untier geopfert werden sollte. Bordüre: der Vogel Phönix verbrennt sich, erwacht nach drei Tagen zu neuem Leben und wird so zum Sinnbild des Erlösers.

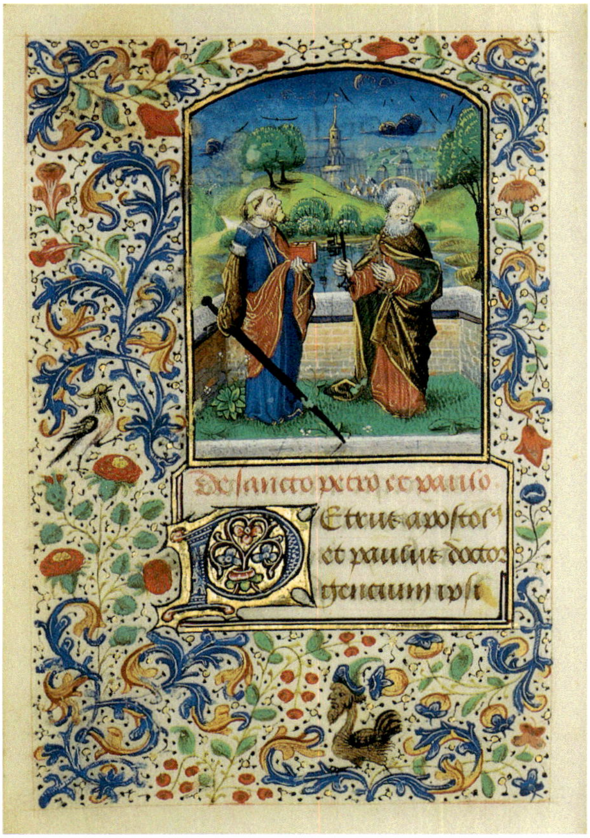

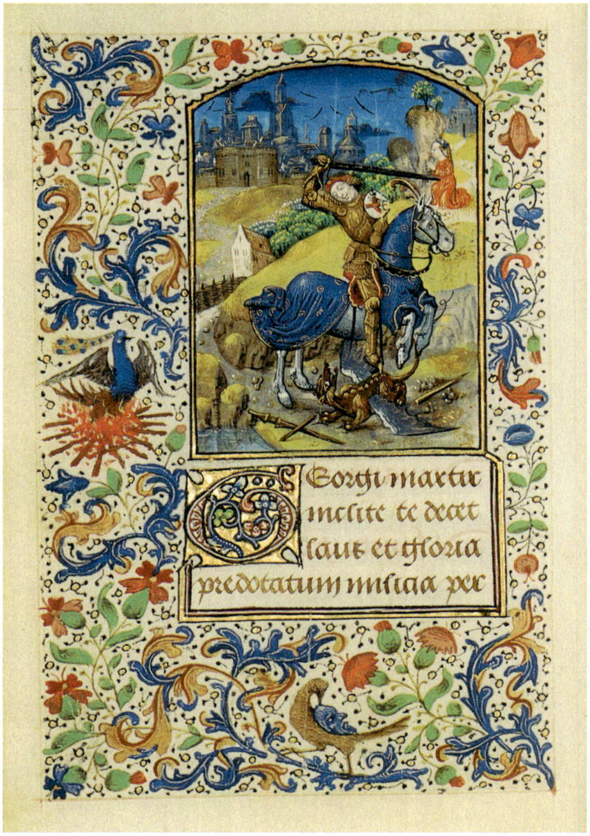

194r Franziskus erscheint in einer selbst auferlegten Fastenzeit, zu der er sich mit wenigen Gefährten zurückgezogen hatte, der Gekreuzigte, dessen Wundmale sich auf ihn übertragen.

197r Die hl. Katharina aus Alexandria, die im Disput mit Philosophen und Theologen ihren christlichen Glauben verteidigte, wurde gerädert und schließlich mit dem Schwert enthauptet.

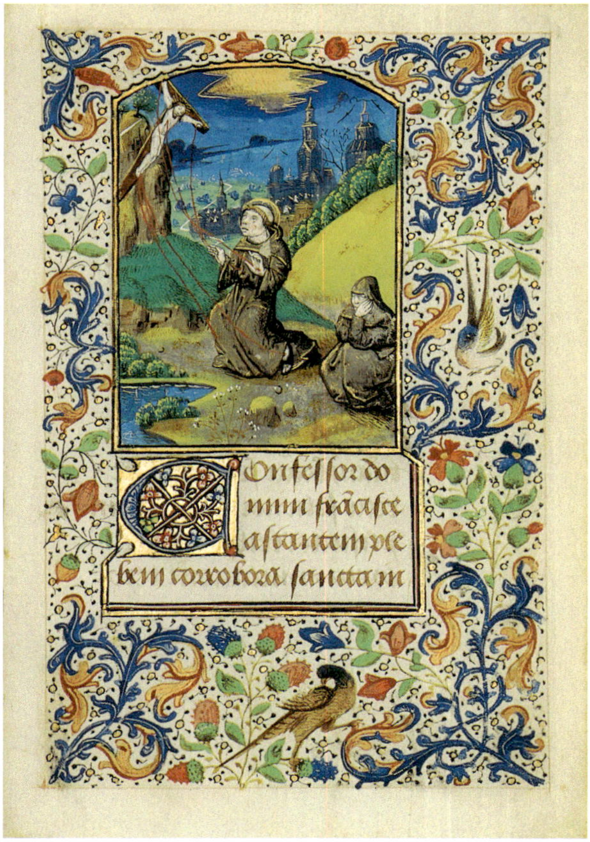

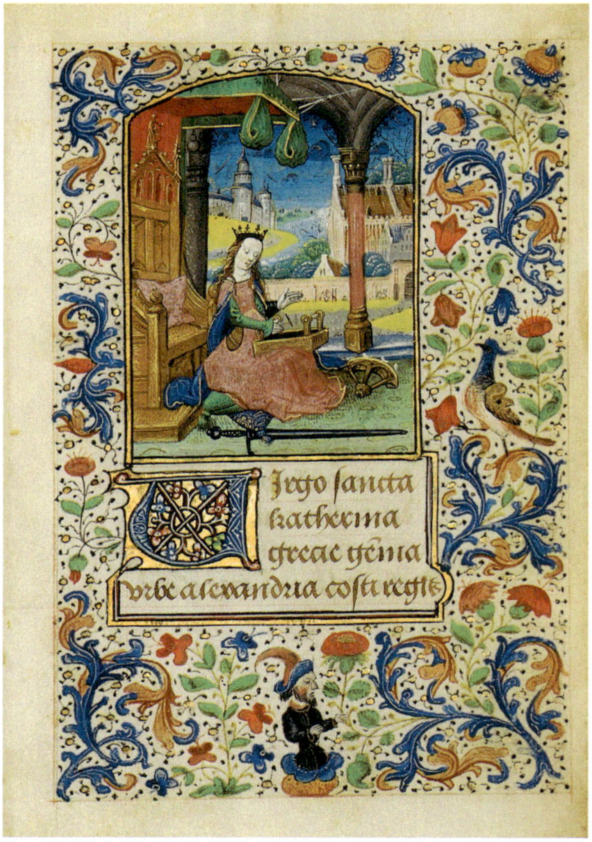

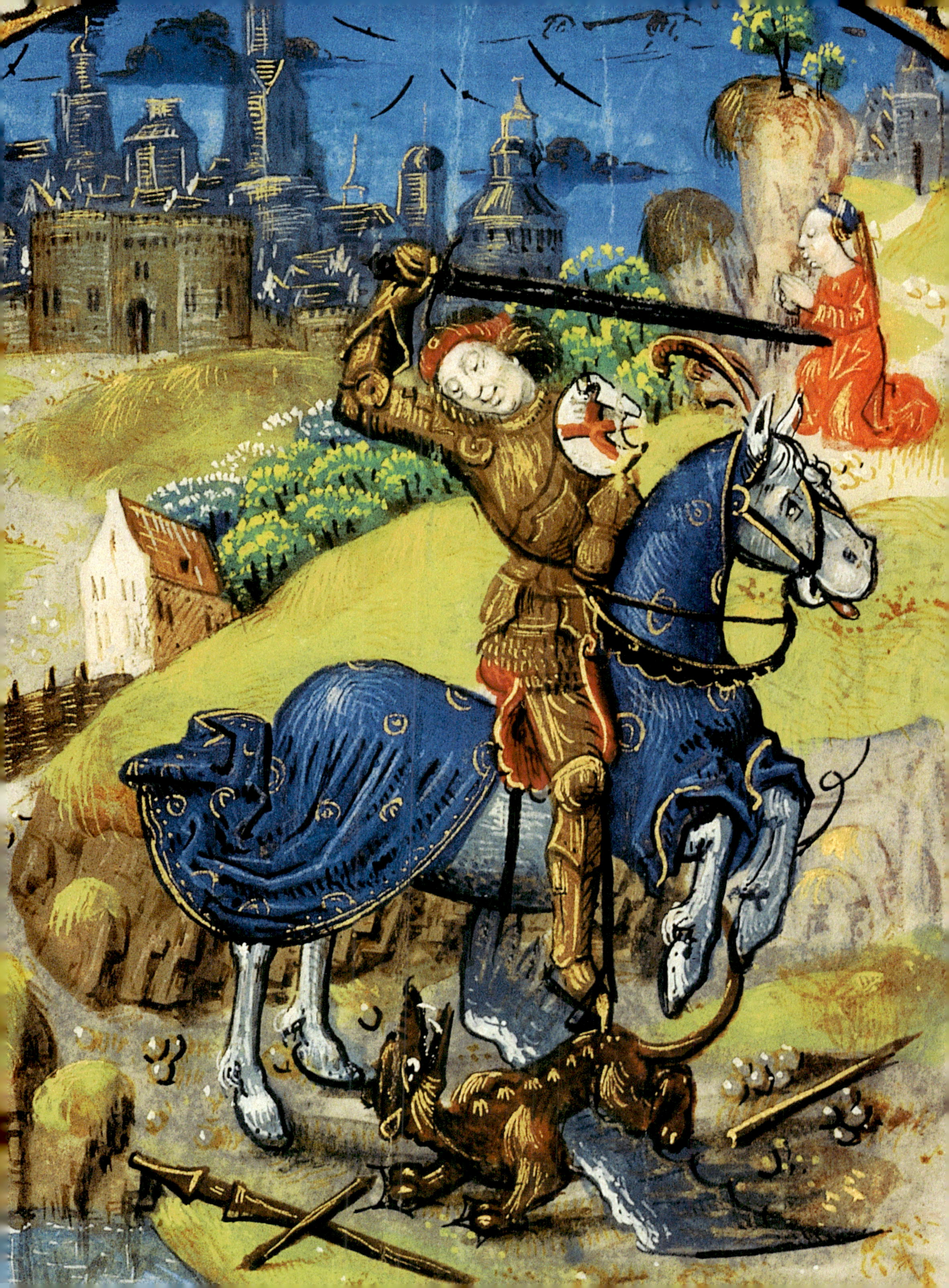

22

Brügger Stundenbuch
Lateinisches Stundenbuch
nach dem Brauch von Rom
Meister des Dresdener Gebetbuches
Dresdener Nachfolger Willem Vrelants
Brügge, um 1470–1475

Im Format vertritt dieses Horarium den zweitkleinsten Typus innerhalb der verschiedenen Buchgrößen, mit denen die riesige Stundenbuchproduktion in den flämischen Ateliers der 2. Hälfte des 15. Jahrhunderts eine gewisse Normierung und Klassifizierung erfuhr. Zum einen aufgrund einer regional ausgeprägten Gewohnheit, zum anderen auch im Sinne einer Produktionsökonomie standardisierte sich die Auswahl der Texte sowie ihre Abfolge innerhalb des Andachtsbuches zu einer, wie in unserer Handschrift überlieferten, gleichsam kanonischen Struktur. Als einziges Heiligensuffragium erscheint dasjenige zu Ehren Raphaels (148r/v), das in seiner Exponiertheit einen Hinweis auf den Namen des Auftraggebers bzw. Käufers dieses Andachtsbuches überliefern mag. Doch verbindet der Gebetstext die Anrufung dieses Erzengels andererseits mit dessen Beistand als Bote Gottes in der alttestamentlichen Geschichte des Tobias, in der er diesen auf seiner Reise begleitet; so wird Raphael hier, wie im Mittelalter üblich, vor allem wohl als Schutzengel in die Andacht einbezogen.

Die Ausrichtung des Marien- und Totenoffiziums nach römischem, also überregional gültigem Brauch entspricht dem Standard flämischer Stundenbuchproduktion; auch die Textauswahl des nur sporadisch besetzten Kalenders ermöglicht keine Präzisierung des Bestimmungsortes. Das in ihm zu beobachtende, durchaus nicht immer übliche franziskanische Element wird jedoch nicht durch die Hervorhebung des Franziskusfestes – dasjenige zu Ehren der hl. Clara fehlt ganz –, sondern ausschließlich durch das Hauptfest für Bernhardin von Siena am 20. Mai und dessen Anrufung in der Litanei belegt. Er war 1450, schon wenige Jahre nach seinem Tod und gerade eine Generation vor Entstehung der Handschrift, kanonisiert worden. Es gibt keine Hinweise darauf, dass der Käufer eventuell aus Italien stammte, wo der von den Wollwebern zum Patron erkorene Heilige vor allem in Siena und Perugia sowie als Stadtpatron in Massa Marittima und in seinem Begräbnisort Aquileia verehrt wurde. Die italianisierende Rotunda findet sich als beliebte Schriftvariante häufig im Repertoire der flämischen Kalligraphen der Zeit. Selbst die in zwei Gebeten gewählten maskulinen Textwendungen können nicht mit Sicherheit einen männlichen Beter voraussetzen, da sie in diesem Zusammenhang oftmals nicht mehr als einen geschlechtsneutralen, deshalb für jeden Leser gültigen Topos intendieren. Mit solchen Überlegungen ist der Mutmaßung vorgebeugt, zu leichtfertig im Auftraggeber z. B. einen aus Italien stammenden Wollhändler mit

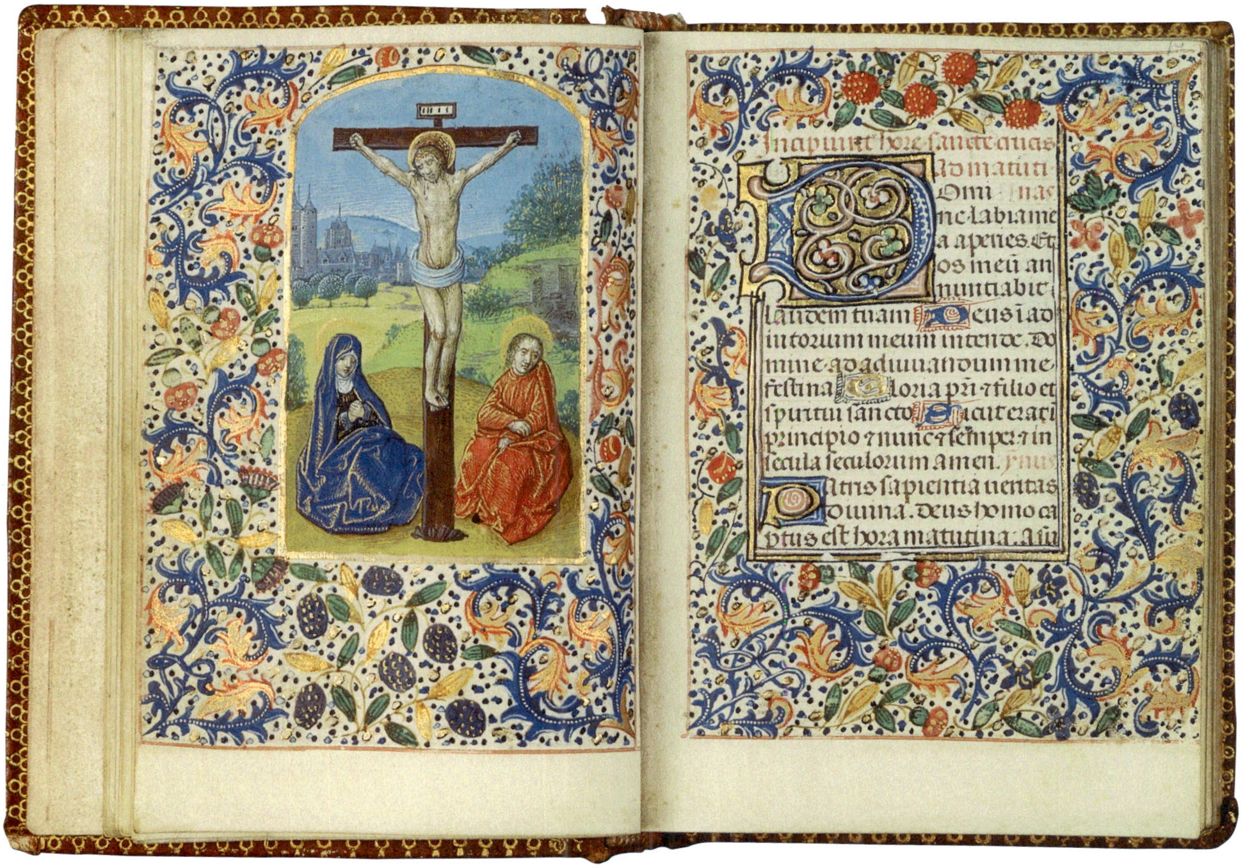

22 *Brügger Stundenbuch* um 1470–1475

13v–14r Matutin des Kreuzoffiziums. Kreuzigung Christi

Namen Raphael zu sehen, der innerhalb der Handelsgesellschaft seines Landes in Brügge tätig war.

Mit den ganzseitigen Miniaturen sind die sechs wichtigsten Texte, das Kreuz- und Hl. Geistoffizium, die Marienmesse, das Marienoffizium, die Bußpsalmen und das Totenoffizium, ausgezeichnet. Anlässlich der Versteigerung des Stundenbuchs mit dem letzten Teil der Bibliothek des berühmten Bibliophilen Major Abbey (Sotheby's 1989) identifizierten bereits Otto Pächt und Bodo Brinkmann den Maler mit jenem anonymen Miniaturisten, den Friedrich Winkler in mehreren Forschungsbeiträgen nach dem Stundenbuch Ms. A. 311 der Sächsischen Landesbibliothek in Dresden als Brügger Meister des Dresdener Gebetbuchs benannte (vgl. Dogaer). Die um 1470 entstandene Handschrift in Dresden steht am Anfang seines Œuvres und enthält jene altertümliche Bordürenornamentik, die ein Maler in der Nachfolge des in Brügge während der Jahrzehnte um die Jahrhundertmitte wirkenden Willem Vrelant geschaffen hat und den Bodo Brinkmann (1997) daher den Dresdener Nachfolger Vrelants nannte. Von ihm stammen auch die Bordüren unseres Stundenbuchs, womit ein Kriterium dafür gegeben ist, dass dieses kleine Manuskript ebenfalls um 1470–1475 entstand. Spätere Arbeiten des Dresdener Gebetbuch-Meisters sind dagegen mit den typischen, in Trompe l'œil-Technik auf farbigem Fond gemalten Bordürenmotiven gerahmt.

Der Miniaturenmaler brilliert auch in unserem Stundenbuch mit minuziös und phantasiereich komponierten Landschaften wie ebenso durch eindrucksvolle Innenraumszenen mit lebendig agierenden Figuren auf kleinstem Raum. Die vor einer tiefen Landschaft ganz in den Bildvordergrund dem Betrachter nahe gebrachte Kreuzigung Christi (13v) berührt auch durch die unter dem Kreuz in Trauer niedergesunkenen Maria und Johannes – eine ungewöhnliche Formulierung der sitzenden Assistenzfiguren, die der Dresdener Gebetbuch-Meister mehrfach wählt. Die nuancierte Tonigkeit im Atmosphärischen der farbperspektivisch angelegten Landschaften, belebt von Wanderern auf Wegen durch Wiesen und Wald, mit einer Palastarchitektur am See auf dem Davidbild und der türmereichen Kulisse Jerusalems hinter dem Golgathahügel schafft ein stimmungsvolles Ambiente für die in goldgehöhten Gewändern von geradezu fühlbarer Stofflichkeit und Plastizität agierenden Protagonisten.

Anstelle der luftatmosphärisch wiedergegebenen Gestimmtheit dieser Miniaturen hinterfängt er das Pfingstgeschehen (21v) mit einem für sein Œuvre unge-

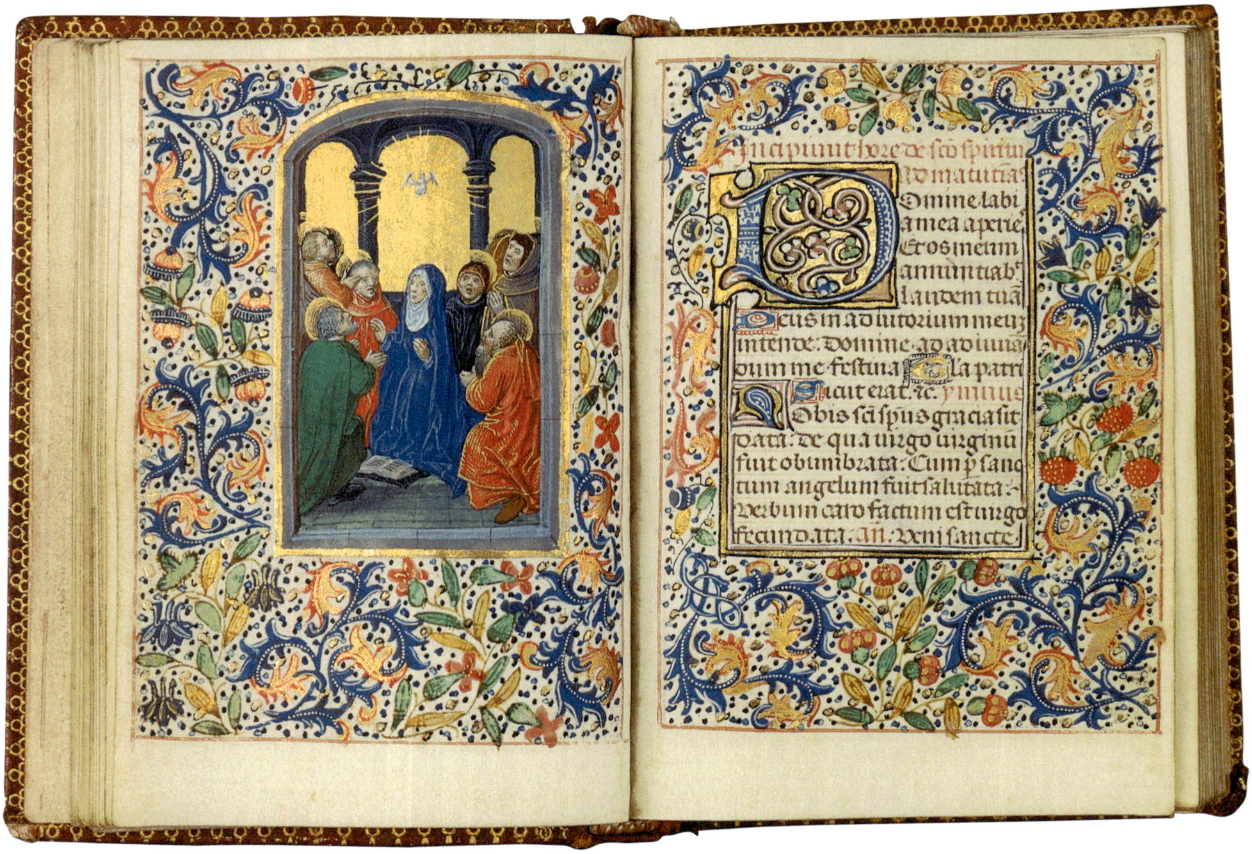

22 *Brügger Stundenbuch* um 1470–1475

21v–22r Matutin des Hl. Geistoffiziums. Pfingsten

wöhnlichen und auch für die Zeit untypischen Goldgrund und assoziiert diesen Farbraum von undefinierbarer Tiefe mit dem in dieser Farbigkeit in den Jahrhunderten zuvor charakterisierten Ort des Göttlichen, aus dem die Taube des Hl. Geistes auf die Versammelten herabkommt. Ungewöhnlich ist auch die Darstellung zum Totenoffizium (109v), auf dem ein damals offenbar gepflegter Ritus innerhalb der Sterbeliturgie festgehalten wird. Vor dem Altar mit aufgeschlagenem Messbuch und Kelch empfängt der Priester die Trauergäste und bietet ihnen die Patene zum Kuss. Ein Mann im grünen Mantel mit über der Schulter hängender dunkler Trauerbinde hat sich ihm genähert und ist dabei, seine brennende Kerze einem neben dem Priester stehenden Diakon zu überreichen, bevor er den Kuss ausführt. Ihm folgt als Pleureur eine in Trauerkleidung verhüllte Frau, die ihre brennende Kerze noch in Händen hält; die vor ihm Gehenden haben ihre Kerzen bereits dem Diakon überreicht und umschreiten den Altartisch, auf dem ein mächtiger, goldgefasster Schnitzaltar steht. Die Szene ist stark verkürzt wiedergegeben und wird erst mit Hinzuziehung einer ausführlicheren, um 1510 entstandenen Darstellung von Gerard Horenbout in ihrem Ablauf nachvollziehbar, die sich im Rothschild-Gebetbuch Cod. Ser. n. 2844 der Österreichischen Nationalbibliothek in Wien (28v) erhalten hat (Trenkler). Dort werden den Pleureurs neben einem im Mittelschiff der Kirche geöffneten Grabschacht, der mit einem schwarzen Tuch abgedeckt ist, brennende Kerzen gereicht, die sie vor dem Kuss der Patene bei einem neben dem Priester stehenden Diakon wieder abgeben. Danach umrunden sie den Altar und kommen, von einem Zeremonienmeister geführt, ins Kirchenschiff zurück. Dagmar Thoss hat diesen selten dargestellten Ritus innerhalb der Totenmesse liturgisch bestimmt: »Es ist der Moment der Messfeier, in dem der Priester das Offertorium gelesen und sich auf die Epistelseite begeben hat, um den ihre Opfergaben darbringenden Gläubigen Manipel, Stola, Korporale oder – wie eben hier – die Patene zum Kuss darzubieten. Bei den verschiedenen zum Kuss gereichten Objekten handelt es sich offenbar nicht um beliebige Varianten, in unserem Fall zumindest liegt eine weitere ›Spezialisierung‹ des Offertoriumsritus vor und gleichzeitig ein höchst interessantes historisches Dokument desselben: Der Kuss der Patene wird heute noch geübt, und zwar in Belgien, und nur bei Totenmessen.« Der Jesuit Joseph Kramp hat einen solchen Brauch in seinem 1927 erschienenen diesbezüglichen Beitrag erwähnt und

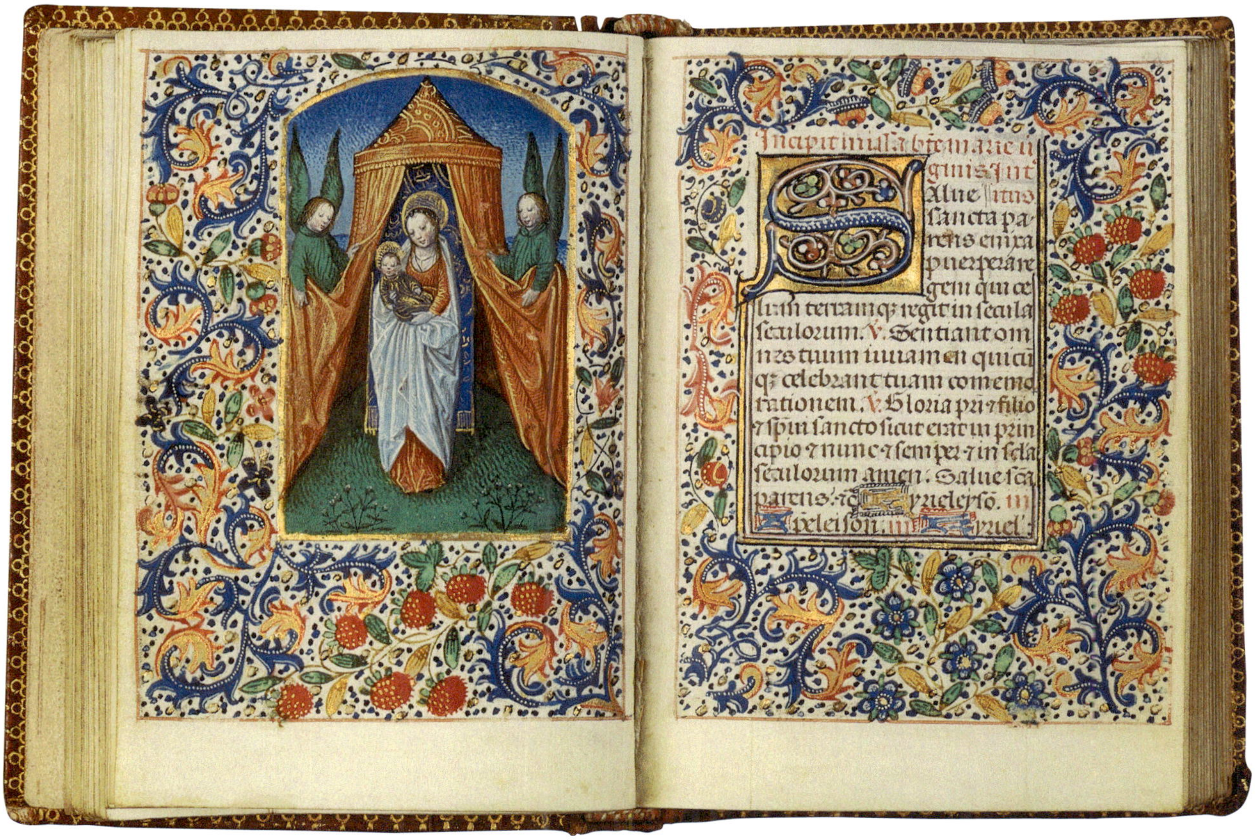

22 *Brügger Stundenbuch* um 1470–1475

27v–28r Marienmesse. Aus einem baldachinartigen Zelt, dessen kostbares Gewebe von zwei Engeln zur Seite gezogen wird, tritt die Gottesmutter hervor, die das Jesuskind so auf dem Arm hält, als wolle sie es dem Betrachter zeigen.

schreibt: »Der Opfergang lebt bei Totenmessen vielfach in der Form fort, dass die Gläubigen zum Altar schreiten, die Patene küssen und eine Geldspende niederlegen.« Ein Einzelblatt aus einem um 1420–1430 entstandenen französischen, wahrscheinlich Pariser Stundenbuch (Slg. Beckers, Düsseldorf) überliefert eben diese gesamte Szene und belegt damit deren frühe Kenntnis auch im französischen Kulturraum (Plotzek). Auf einer Miniatur in den bis etwa 1390 fertiggestellten Petites Heures des Jean de Berry (Paris, Bibliothèque Nationale de France, Ms. lat. 18014, 173v) küsst der an der täglichen Messe teilnehmende Herzog die ihm dargereichte Patene und dokumentiert damit den auch außerhalb der Totenmesse bekannten liturgischen Ritus (Faksimile). Bodo Brinkmann (1997, Textbd. S. 125; Tafelbd. Abb. 110) machte in diesem Zusammenhang auf eine andere Darstellung von der Hand unseres Dresdener Gebetbuch-Meisters in einem 1480 datierten Stundenbuch Ms. 10 der Bibliothek des Prämonstratenserstiftes in Nová Říše aufmerksam, auf der in einem ähnlichen Ambiente in noch stärker verkürzter Schilderung ein Trauergast die Patene gerade küsst. In all diesen Szenen beeindrucken die gerade durch die Farbigkeit der Innenraumarchitektur sowie der leuchtenden Gewänder erreichte Bildstimmung, zum anderen auch die expressiv mit kräftigen Grautönen modellierten Gesichter der in erzählerischer Vielfalt dargestellten Menschen, worin ein typisches Merkmal dieses Miniaturisten erkennbar wird.

Ihm hat Bodo Brinkmann (1997) eine umfassende Monographie gewidmet und eine in ihrer Schlüssigkeit bewundernswerte Vita entworfen. Eher noch vor 1450 geboren, erhielt er seine Ausbildung in den Nördlichen Niederlanden, vielleicht in Utrecht, zog dann, wie andere Miniaturisten, in die Südlichen Niederlande und kam vermutlich in jenem Atelier unter, das nach Friedrich Winkler (1978, S. 82 ff.) vom Meister Antons von Burgund geleitet wurde, benannt nach drei Handschriften, die der anonyme Maler für diesen »Großen Bastard« Philipps des Guten illustrierte. Schon bald dürfte unser Miniaturist selbstständig in Brügge gearbeitet und Stundenbücher wie das Dresdener auf Bestellung sowie das vorliegende auf Vorrat für den Markt ausschließlich mit eigenen Miniaturen ausgestattet haben. Aus dieser Zeit stammen zudem seine großen Illustrationen zu den »Facta et dicta memorabilia« des Valerius Maximus in französischer Übersetzung, Ms. Rep. I. 11. b der Universitätsbibliothek in Leipzig, in denen er sein erzählerisches Talent ganz entfalten

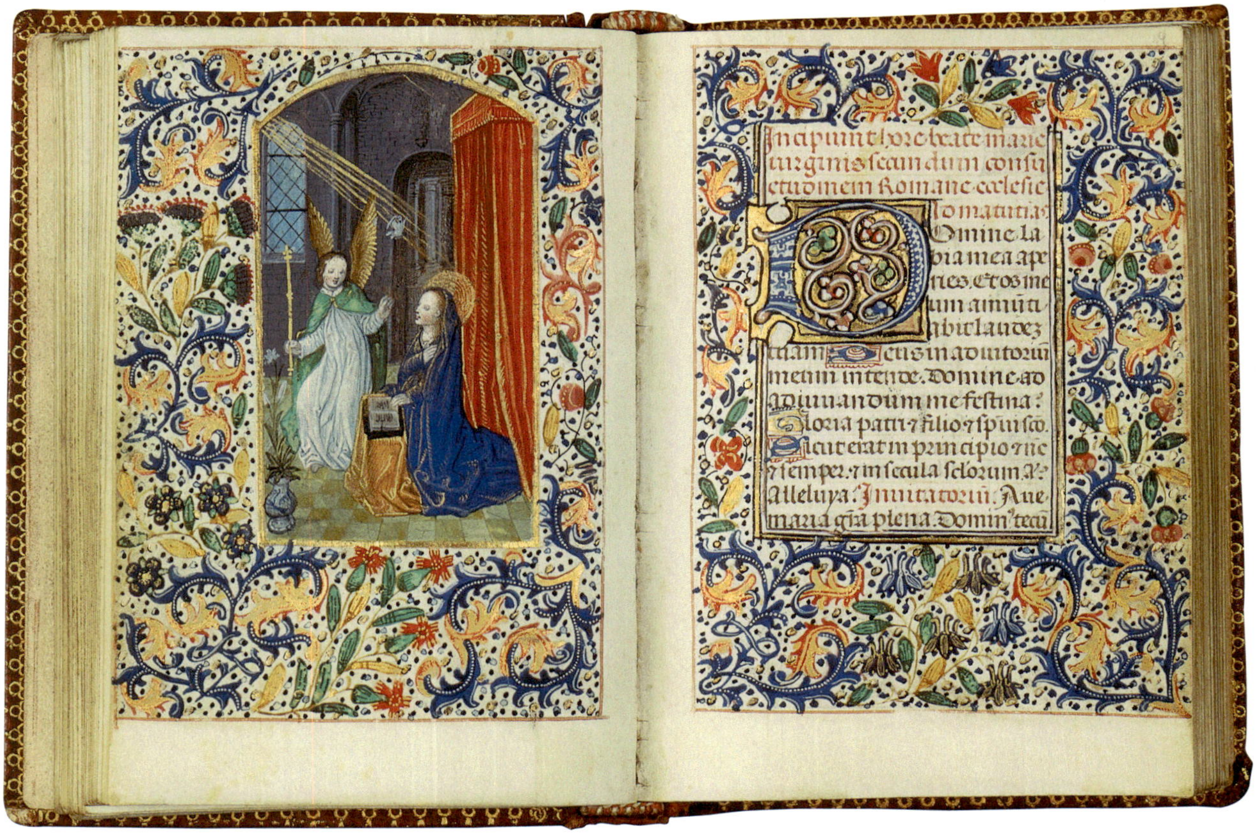

22 *Brügger Stundenbuch* um 1470–1475

33v–34r Matutin des Marienoffiziums. Verkündigung an Maria

konnte. Nachdem mit dem Tod Karls des Kühnen 1477 einer der bedeutendsten Bibliophilen und damit auch die Großen am burgundischen Hof als Auftraggeber für die flämischen Buchmaler entfielen, arbeitete der Meister des Dresdener Gebetbuchs auch als Kupferstecher und wurde später offenbar aufgrund seiner hohen Wertschätzung immer wieder zusammen mit anderen führenden Buchmalern zu umfangreichen Auftragsarbeiten hinzugezogen. Dies lässt sich etwa im überreich ausgestatteten Brevier Isabellas der Katholischen, Add. Ms. 18851 der British Library in London (Kren), bis hin zu unserem um 1515 entstandenen Manderscheid-Stundenbuch (Kat. Nr. 25) belegen, zu dessen Ausstattung er lediglich die Auferweckung des Lazarus (156v) beigesteuert hat. Möglicherweise verließ der Meister Brügge infolge des flämischen Aufstands mit dem Höhepunkt der Inhaftierung Erzherzog Maximilians im Frühjahr 1488 und reiste über Tournai nach Amiens, wo er mehrere Stundenbücher illuminierte, um nach einigen Jahren zurückzukehren und in der Folgezeit in Brügge fast ausschließlich Miniaturen für Stundenbücher zu liefern. Um 1520 dürfte er gestorben sein.

Wie selten nur gibt unser kleines Stundenbuch Einblick in die Herstellungsweise solcher beliebter und daher in großer Stückzahl produzierter Andachtsbücher. Von den sechs ausgeführten Miniaturen sind vier an denjenigen Stellen auf Einzelblättern eingefügt, an denen der vorhergehende Text auf der Rückseite eines Blattes endet; endet er auf einer Vorderseite, so wird die Rückseite desselben Blattes für die Miniatur genutzt, wie es bei der Verkündigung (33v) und dem Davidbild (92v) der Fall ist. Nun fällt auf, dass vor den übrigen ohne Miniatur beginnenden Texten wie dem Marienoffizium zum Advent, dem Gebet *Obsecro te* sowie den meisten der stets auf einer Rectoseite einsetzenden Stundengebete des langen Marienoffiziums die gegenüberliegenden Versoseiten zwar regliert, aber unbeschrieben geblieben sind. Daraus ergibt sich, dass auf Wunsch eines Käufers eine ausführlichere Bebilderung auf all diesen Freiseiten möglich gewesen wäre, ohne den Buchblock bzw. die Textfolge ändern zu müssen. Allein an den Stellen vor der Prim (59r) und der Komplet (81r), wo der vorangehende Text auf einem Verso endet, hätten die Miniaturen wieder auf Einzelblättern eingefügt werden müssen. Die Rundbögen, mit denen die ausgeführten Miniaturen oben abschließen, finden sich bereits als Vorzeichnung auf mehreren der frei gebliebenen Versoseiten und bestätigen das hier skizzierte Herstellungskonzept. Es hält die Entschei-

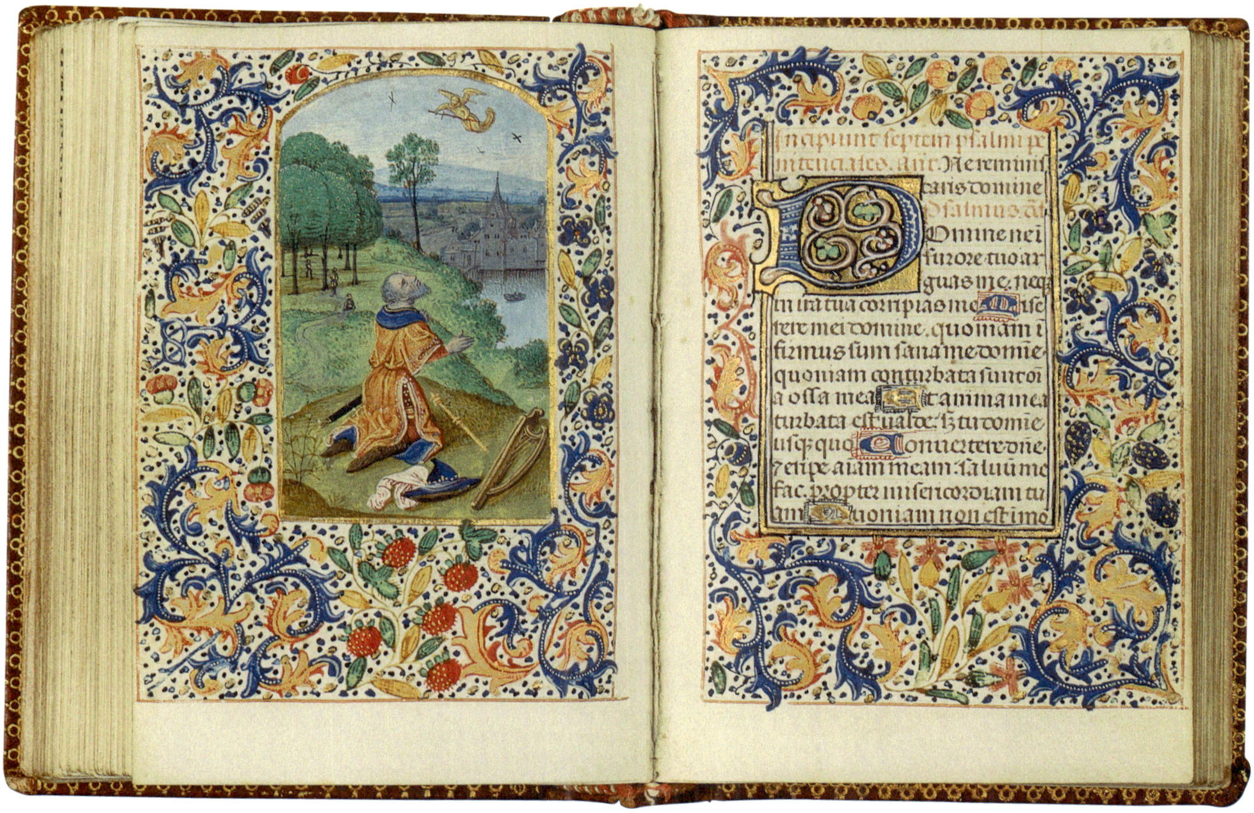

22 *Brügger Stundenbuch* um 1470–1475

92v–93r Bußpsalmen. König David im Gebet

dungsmöglichkeit für eine sechs Miniaturen umfassende »Grundausstattung«, wie schließlich gewählt, oder für eine ausführlichere Variante mit bis zu fünfzehn Miniaturen bis zu dem Zeitpunkt offen, an dem sich der Interessent definitiv entschließt. Der Initial- bzw. Bordürenmaler brauchte dann nur noch die den gewählten Miniaturen gegenüberliegenden Textseiten mit entsprechenden Bordüren bzw. rahmenden Goldstäben zu ergänzen. Mit solchen Praktiken der Arbeitsökonomie reagiert der flämische Büchermarkt jener Zeit auf die zahlreichen Wünsche und finanziellen Möglichkeiten der Käufer und hält damit Varianten innerhalb einer standardisierten Stundenbuchproduktion bereit. (Joachim M. Plotzek)

Dünnes Pergament 152 Blätter; 95 x 68 mm (beschnitten); Lagen: $I–2^{6}$, 3^{8+2}, 4^{8+1}, $5–8^{8}$, 9^{8+1}, $10–13^{8}$, 14^{8+1}, $15–18^{8}$, 19^{6+1}; Schriftspiegel: 50 x 34 mm; einspaltig; 17 Zeilen; jetzt hellbraune Liniierung. **Ausstattung** Lateinischer Text in dunkelbrauner zwischen Textura und italianisierender Rotunda liegender Schrift, rubriziert; einzeilige Zierbuchstaben in Blau mit rotem, bzw. in Gold mit schwarzem Fleuronnée; Zeilenendungen in Blau und Gold; zwei- bis dreizeilige Initialen in Gold auf blauem und mauvefarbenem Grund mit hellem Filigran; fünf- bis sechszeilige Initialen in Blau und Mauve mit weißer Ornamentfüllung auf Blattgoldgrund, gefüllt mit mauvefarbenen Ranken mit grünen, roten und blauen, weiß gehöhten Blättern; in voller Texthöhe Goldstäbe mit oben und unten austretenden Filigranranken mit Blättern und Blüten; die den Miniaturen gegenüberstehenden Zierseiten mit dreiseitigem Goldstab und ebenso wie die Miniaturen rundum mit breiten Bordüren gerahmt, gefüllt mit blau-goldenem, bisweilen auch pinkfarbigem Akanthus sowie grünen, roten und goldenen Blättern, Blüten und Früchten; sechs ganzseitige Miniaturen in Deckfarben mit Gold. **Einband** Rotes Maroquin mit umlaufenden doppelten Streicheisenlinien und floralem Dekor in Goldprägung; auf dem Rücken zwischen den Bünden Palmette über Krone in Goldprägung; auf den Innendeckeln Doubluren in blauem Maroquin mit reicher floraler Goldprägung; Goldschnitt; Frankreich, 1. H. 18. Jh. **Vorbesitzer** Auf den Papiervorsätzen diverse Vermerke wohl des 19. Jhs.: F8, No. 99, No. 10 F. S., No. 5; Major John R. Abbey Nr. 7395 (Exlibris auf dem 1. Vorsatzblatt sowie auf dem roten Maroquinbuchkasten; Datum in derselben Schrift wie die Inv. Nr.: 10. 7. 1967). **Inhalt** 1r–12v Kalendar (franziskanische Ausrichtung), sporadisch besetzt (u. a. 1. 3. *Albini epi.et conf.*, 17. 3. *Gertrudis*

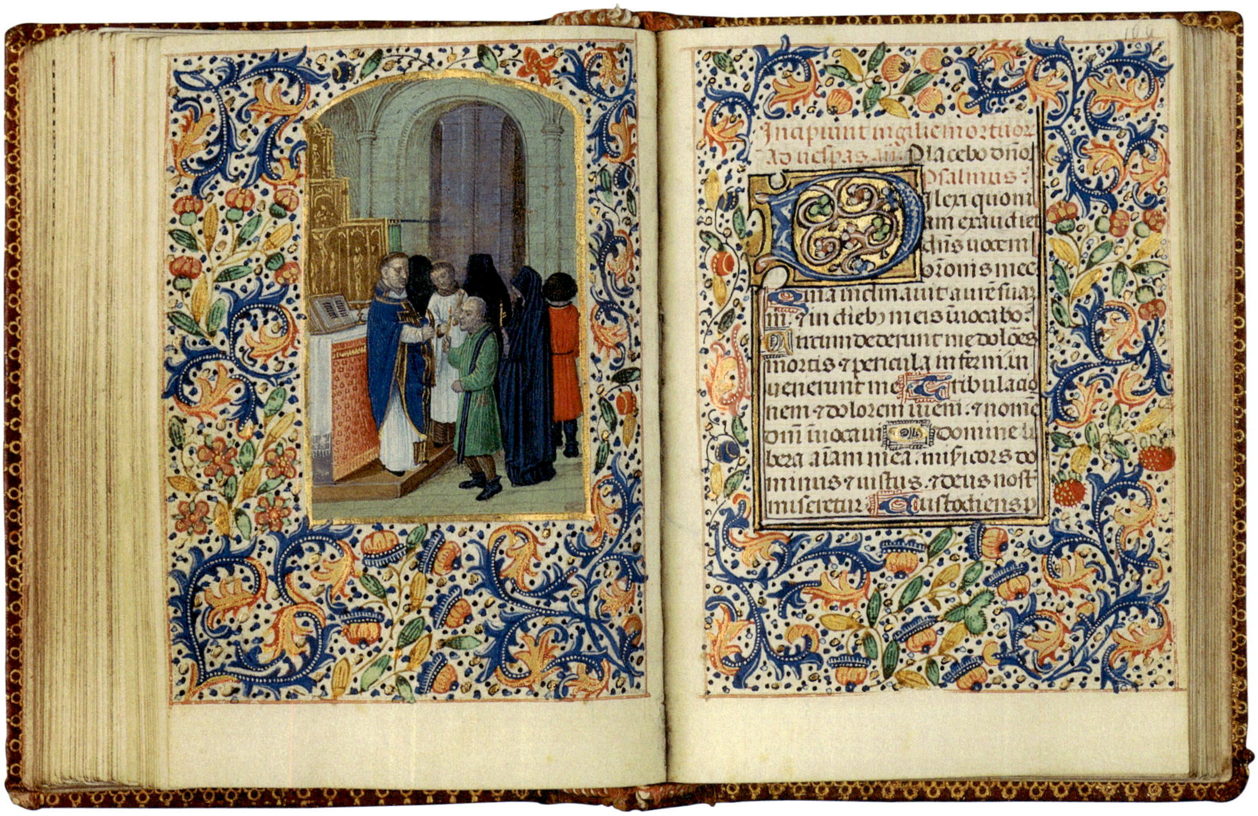

22 *Brügger Stundenbuch* um 1470–1475

109v–110r Vesper des Totenoffiziums. Bei der Totenmesse hält der Priester einem Trauernden die Patene zum Kuss entgegen.

vgis., 18. 4. *Eleutherii confess.*, 13. 5. *Servatii mr.*, 20. 5. *Bernardini confess.* [rot], 3. 6. *Herasmi epi.et mr.*, 18. 7. *Arnulphi epi.*, 17. 9. *Lamberti epi.*, 4. 10. *Francisci conf.*, 21. 10. *XImilia virginum* [rot]). 13r leer. 13v–20v Kreuzoffizium. 13v Kreuzigung Christi. 14r Zierseite. *Incipiunt hore sancte crucis. Ad matutinas. D (Omine)*; zu den folgenden Tagstunden Initialzierseiten. 21r leer. 21v–26v Hl. Geistoffizium. 21v Pfingsten. 22r Zierseite. *Incipiunt hore de sancto spiritu. Ad matutinas. D (Omine)*; zu den folgenden Tagstunden Initialzierseiten. 27r leer. 27v–33r Marienmesse. 27v Muttergottes mit dem Jesusknaben unter einem Baldachin. 28r Zierseite. *Incipit missa beate Marie virginis. Introitus. S (Alve)*. 33v–85r Marienoffizium nach dem Brauch von Rom. 33v Verkündigung an Maria. 34r Zierseite. *Incipiunt hore beate Marie virginis secundum consuetudinem Romane ecclesie. Ad matutinas. D (Omine)*; zu den folgenden Tagstunden Initialzierseiten. 49r/v leer. 50r Laudes. 59r Prim. 62v leer, Vorzeichnung der Bildrahmung. 63r Terz. 66v leer. 67r Sext. 70v leer, Vorzeichnung der Bildrahmung. 71r Non. 74v leer, Vorzeichnung der Bildrahmung. 75r Vesper. 81r Komplet. 85v leer, Vorzeichnung der Bildrahmung. 86r–92r Marienoffizium für den Advent. 86r *Incipit officium quod dicitur per totum adventum. Ad vesperas. D (Eus)*. 92v–108v Sieben Bußpsalmen mit Litanei (u. a. Bernardine) und Orationen. 92v Büßender David. 93r Zierseite. *Incipiunt septem psalmi penitenciales. D (Omine)*. 109r leer. 109v–143r Totenoffizium. 109v Totenmesse mit Kuss der Patene. 110r Zierseite. *Incipiunt vigilie mortuorum. Ad vesperas. D (Ilexi)*. 143r leer, Vorzeichnung der Bildrahmung. 144r–146v Mariengebet. 144r Initialzierseite. *Oratio. O (Bsecro te)*; für einen männlichen Gläubigen eingerichtet. 147r/v Acht Verse des hl. Bernhard. 147r *Incipiunt octo versus sancti Bernardi. O bone Ihesu. I (Llumina)*. 147v–148r Gebet. *Omnipotens sempiterne Deus*; für einen männlichen Gläubigen eingerichtet. 148r–148v Suffragium zu Ehren des Erzengels Raphael. 148r *A (Ngelus)*. 148v–149r Christusgebet. 148v *S (alvator mundi salva me)*. 149r–150r Fünfzehn Freuden Mariens. 149r *G (aude virgo)*. 150v–152v leer. **Literatur** Kat. Sotheby's, London, 10. 7. 1967, Nr. 83. – Kat. Sotheby's, London, 19. 6. 1989, Nr. 3027.- Leuchtendes Mittelalter II, Kat. 25 Antiquariat H. Tenschert, Rotthalmünster 1990, Nr. 31. – E. König, Das goldene Zeitalter der burgundischen Buchmalerei 1430–1560 (Leuchtendes Mittelalter III), Kat. 27 Antiquariat H. Tenschert, Rotthalmünster / Ramsen 1991, Nr. D. – B. Brinkmann, Die flämische Buchmalerei am Ende des Burgunderreichs. Der Meister des Dresdener Gebetbuchs und die Miniaturisten seiner Zeit, Turn-

22 *Brügger Stundenbuch*
um 1470–1475

149r–150r (Text)
Fünfzehn Freuden Mariens

Freue dich, Mutter Christi, die du durch den Geist empfingst, nach der Kunde Gabriels. Freue dich, weil du gotterfüllt geboren hast ohne Schmerz, in der Unschuld Lilienblüte. Freue dich, weil Magier Geschenke bringen dem, den du im Schoße hältst. Freue dich, weil du den du trugst im Tempel dargebracht, im Arme des Simeon. Freue dich, weil deines Sohnes, dessen Tod du ertrugst, Auferstehung glänzend leuchtet. Freue dich, Christus stieg empor zum Himmel, vor deinen Augen, von selbst getragen. Freue dich, Jungfrau, da er den Frieden schickt, den er versprochen, in der Versammlung der Heiligen. Freue dich, die du nach ihm aufsteigen wirst und Ehren erlangen im Himmelspalast, dort die Frucht deines Leibes, durch dich uns gegeben, in ewiger Freude zu geniessen. Amen. (Übersetzung: Alexander Arweiler)

hout 1997, Textbd. S. 40 Anm. 12, 44f., 56f., 59, 61ff., 310, 369; Tafelbd. Abb. 35ff., Farbabb. 4f. **Zitierte Literatur** F. Winkler, Der Brügger Meister des Dresdener Gebetbuches und seine Werke, in: Jahrbuch der königlichen preussischen Kunstsammlungen 35, 1914, S. 225ff. – Ders., Der Leipziger Valerius Maximus, Leipzig 1921. – Ders., Die Flämische Buchmalerei des XV. und XVI. Jahrhunderts, Leipzig 1925; 2. Aufl. mit Addenda von G. Dogaer, Amsterdam 1978, S. 71f. (Dresdener Nachfolger Vrelants), S. 94ff. (Brügger Meister des Dresdener Gebetbuches). – G. Dogaer, Flemish Miniature Painting in the 15th and 16th Centuries, Amsterdam 1987, S. 128ff. (Lit.). – E. Trenkler, Rothschild-Gebetbuch. Cod. Ser. n. 2844 der Österreichischen Nationalbibliothek (Codices selecti LXVII), Kommentarbd. zum Faksimile, Graz 1979. – D. Thoss, Flämische Buchmalerei. Handschriftenschätze aus dem Burgunderreich, Ausst. Kat. Österreichische Nationalbibliothek, Graz 1987, Nr. 79, S. 123. – J. Kramp S. J., Messgebräuche der Gläubigen in den außerdeutschen Ländern, in: Stimmen der Zeit 112, 1927, S. 358. – J. M. Plotzek, Andachtsbücher des Mittelalters aus Privatbesitz, Ausst. Kat. Schnütgen-Museum, Köln 1987, Kat. Nr. 19, Abb. S. 36. – F. Avril / L. Dunlop / B. Japp, Les Petites Heures de Jean de Berry, Kommentarbd. zum Faksimile, Paris 1989. – T. Kren, Breviary of Queen Isabella of Castile, in: Ders. (Hg.), Renaissance Painting in Manuscripts. Treasures from the British Library, Ausst. Kat. J. Paul Getty Museum u. a., New York 1983, Nr. 5, S. 40ff. und S. 208 (Index: Master of the Dresden Prayer Book).

23

Brügger Kalendarium
Lateinisches Kalendarium
für den Gebrauch in der Bretagne
Gebetbuchmeister um 1500
Brügge, um 1500

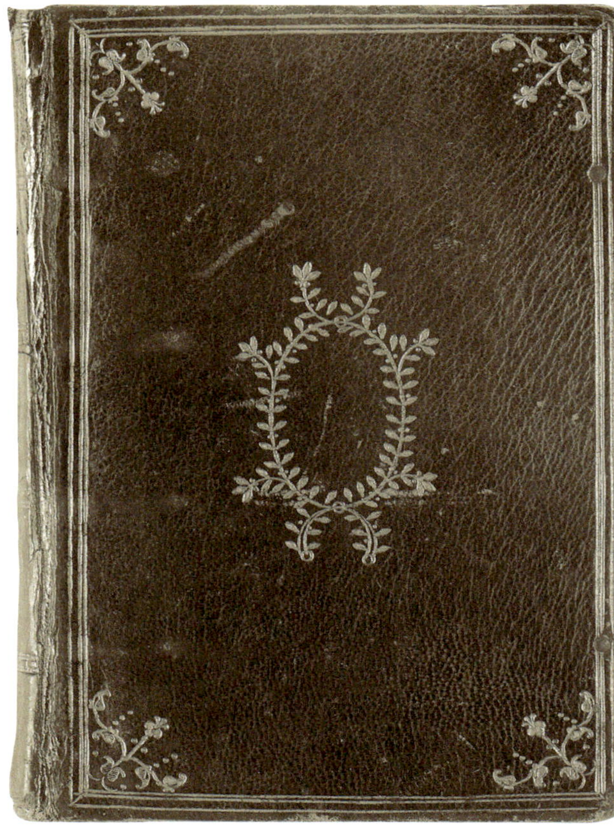

Die Art und Weise, eine Bildseite mit Text zu gestalten, lässt uns heute noch sogleich erkennen, dass der vorliegende Kalender ein typisches Werk der flämischen Buchkunst der Zeit um 1500 ist. Diese charakteristischen Eigenheiten in Komposition, Motivwahl und künstlerischem Malstil haben schon die Zeitgenossen begeistert und dazu geführt, dass sich Interessenten aus vielen europäischen Ländern an die Ateliers bzw. an bestimmte Miniaturisten wandten, die in den südniederländischen Städten, allen voran in Gent und Brügge, arbeiteten. So lässt es sich auch für diese Kalenderbilder rekonstruieren.

Jeder Tag des Monats ist mit einem Heiligenfest besetzt und in blauer und roter Tinte alternierend geschrieben, während – neben der Goldenen Zahl und den Monatsnamen – die Hauptfeste in Goldtinte hervorgehoben sind. Eine solche Textgestaltung ist den flämischen Gewohnheiten fremd, hingegen folgt sie einer weit zurückreichenden und auch zur Entstehungszeit beliebten typisch französischen Tradition. Die Zusammenstellung der Heiligenfeste macht einen heterogenen, gleichsam individuellen Eindruck. Zahlreiche italienische, auch außerhalb von Rom regional verehrte Heilige erscheinen ebenso wie Festeintragungen flämischer bzw. niederländischer Provenienz aus der weiteren Umgebung des südniederländischen Entstehungsortes. Doch sind neben den Hauptfesten des Kirchenjahres und einigen überregional besonders verehrten Heiligen mehrere Bischöfe in Goldtinte ausgezeichnet, deren Verehrung ausschließlich in den Nordwesten Frankreichs, nämlich in die Bretagne weist. Zu ihnen gehören der hl. Huardonis (17. Juni) und der Bekenner Golvinus (1. Juli), die beide im 7. Jahrhundert das Bischofsamt in Saint-Pol-de-Léon bekleideten, einer kleinen Stadt an der nördlichen Bretagneküste. Natürlich erscheint der 1303 gestorbene und bereits 1343 von Papst Clemens VI. kanonisierte hl. Ivo, Pfarrer im bretonischen Trédrez und in Louannes und schon zu Lebzeiten mit dem Ehrentitel »Patron der Armen« bedacht, als Schutzheiliger der Bretagne in solcher Auszeichnung. Besonders bemerkenswert aber ist die zweifache Nennung des bretonischen hl. Paulus am 12. Mai sowie zum Translationsfest seiner Reliquien am 10. Oktober. Paulus Aurelianus war Schüler von Abt Iltut in Wales, von wo er um 530 als Missionsbischof nach Oscimor in der Bretange kam, das später nach ihm in Saint-Pol-de-Léon umbenannt wurde. Ein solcher Kalender mit Nennung von lokal und regional verehrten Heiligen erfüllt die Wünsche eines bestimmten Auftraggebers und lässt uns heute noch erkennen,

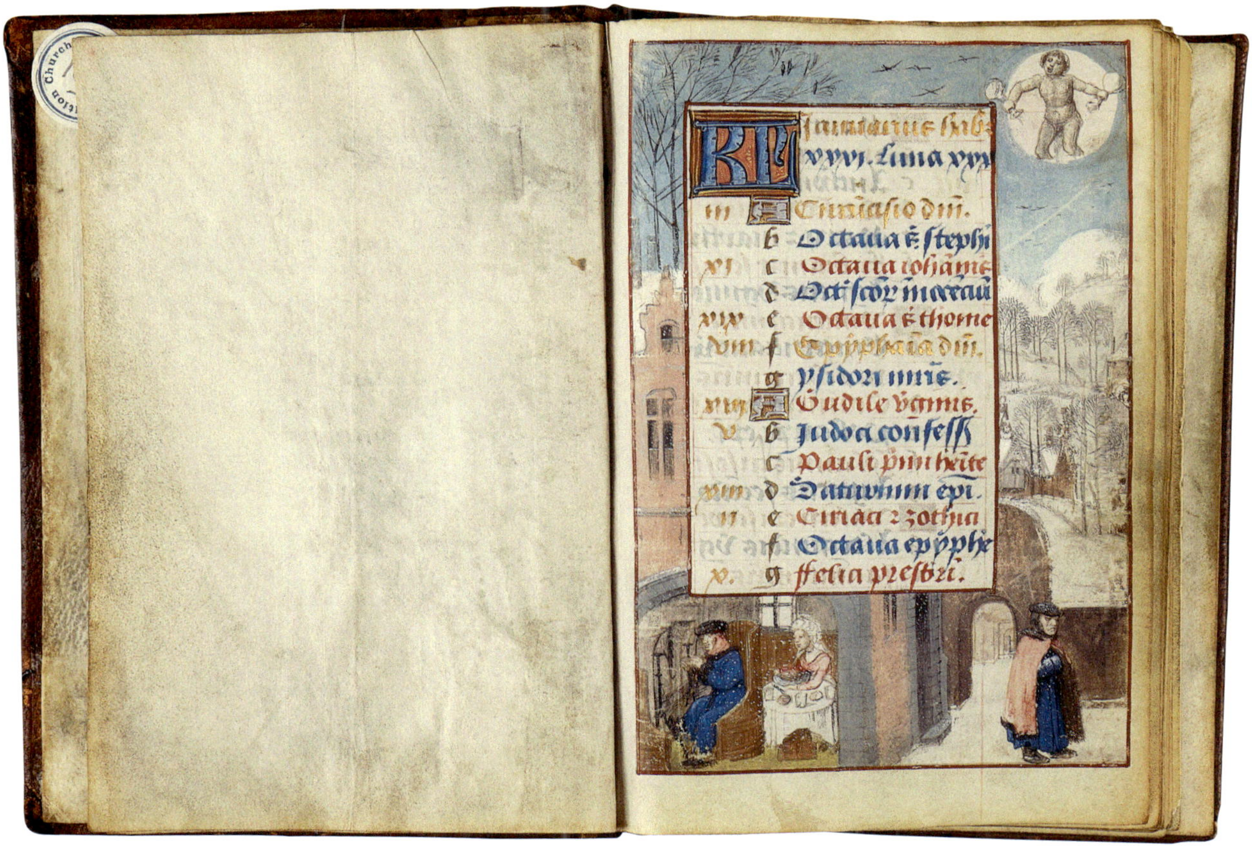

23 *Brügger Kalendarium* um 1500

2r Januar. Im Inneren eines großen Hauses wärmt sich ein Mann am Ofen, während eine Frau an den Tisch getreten ist, um eine Schüssel mit Fleisch abzustellen. Durch den Hof, über dessen Mauer hinweg eine verschneite Hügellandschaft sichtbar wird, geht ein warm gekleideter Mann. Am Himmel erscheint das dem Januar zugeordnete Sternbild Wassermann.

in welcher Gegend dieser beheimatet war. Man könnte annehmen, dass er die nach französischem Brauch beschriebenen Blätter mitgenommen hat ins flämische Atelier, um sie dort ausschmücken zu lassen – ein Vorgang, der in anderen Fällen belegt ist. Doch sprechen die Initialen und auch der Schriftduktus der Bastarda dagegen, der sich eher innerhalb der Vielfältigkeit flämischer Kalligraphie einbinden lässt.

Die Monatseintragungen des Kalendars beginnen stets auf einer Rectoseite, auf der auch die zugehörige Miniatur erscheint. Die szenenreichen Darstellungen sind kompositionell als ganzseitige Miniaturen angelegt und vermitteln den Eindruck, als werde ihr zentraler Teil durch die gerahmten Textspiegel mit den Festeintragungen verdeckt. Die gewollte Augentäuschung suggeriert somit, dass sich die Randminiaturen mit den überschnittenen Landschaften, Stadtansichten, Gehöften, Binnenhöfen oder Interieurs hinter dem Text zu Vollbildern erweitern und steigert mit diesem kompositionellen Kniff die Räumlichkeit und Bildtiefe der erst »hinter« den Schriftseiten beginnenden Darstellungen. Freilich sind die entscheidenden Szenen der Monatsbeschäftigungen so im unteren rechten Bildstreifen angeordnet, dass sie voll erkennbar bleiben und den Monat auf typische Weise charakterisieren. Die den jeweiligen Monaten zugewiesenen Sternbilder erscheinen stets vor einer hellen Aura am Himmel, die sie zugleich in eine andere Sphäre entrückt. Bisweilen könnte man eine künstlerische oder eben doch astronomische Einflussnahme der Sternbilder auf die Darstellungen zu den Monaten vermuten, wenn beispielsweise entgegen der antiken Deutung das Sternbild der Zwillinge als Mann und Frau wiedergegeben ist und sich in der blühenden Landschaft zum Mai nur miteinander gehende, arbeitende oder rastende Paare befinden.

Der Miniaturist beherrscht die malerischen Errungenschaften der flämischen Buchkunst des Spätmittelalters vortrefflich und malt tiefe und weite Landschaften mit reichem Baumbewuchs, Flussläufen, Städten und Dörfern, mit prächtigen Häuserfassaden und kleinen Höfen, eingebettet in ein atmosphärisches Ambiente, das die Eigenheiten der Jahreszeiten intensiv nacherleben lässt. Besonders eindrucksvoll gelingen ihm die Winterdarstellungen mit grau verhangenem Himmel und kahlen Bäumen in schneebedeckter Landschaft oder auch die heitere Stimmung des Aprilbildes mit einer festlichen Gesellschaft vor frühlingshaft grünendem Wald und einer weiteren Gruppe von Ausflüglern im geschmückten Boot, das mythengleich von

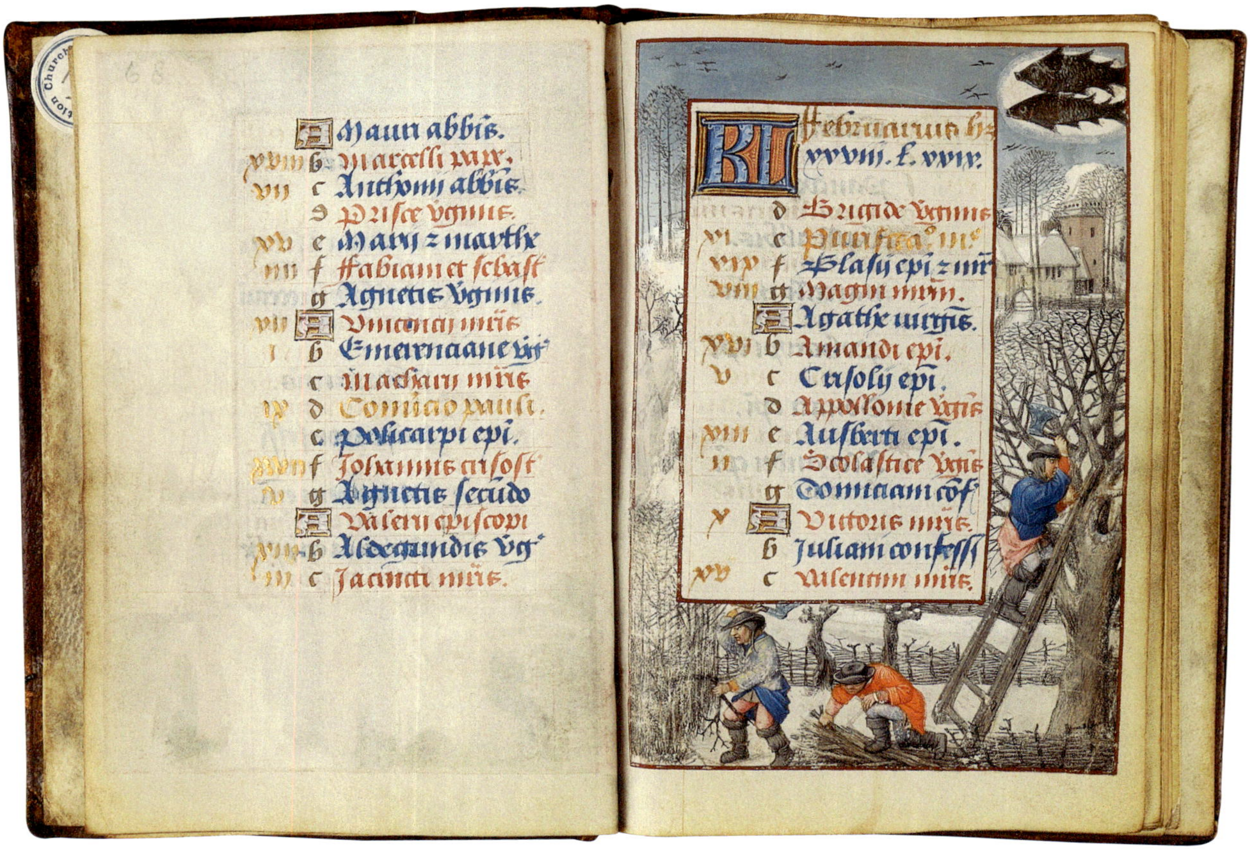

23 *Brügger Kalendarium* um 1500

3r Februar. In einer verschneiten Landschaft lichtet ein Mann mit dem Beil Buschwerk, ein zweiter auf der Leiter schlägt Äste in den Bäumen ab, und ein dritter ordnet sie zu Brandholz. Am Himmel erscheint das Sternbild der Fische.

Schwänen gezogen wird. Dies alles sind keine Erfindungen unseres Miniaturisten, sondern belegt den versatzstückhaften Gebrauch von Motiven, die in den flämischen Ateliers oder im Repertoire einzelner Buchmaler zirkulierend zur Verfügung standen. Der individuelle Stil unserer Kalenderbilder ist hingegen vor allem in den Physiognomien der meist kleinfigurigen Menschen zu erkennen, die etwas Derbes und Ausgemergeltes ausstrahlen. Ihre Gesichter sind geradezu Erkennungsmerkmale für einen uns mit Namen nicht bekannten Miniaturisten, den Friedrich Winkler bereits 1915 als Gebetbuchmeister um 1500 bezeichnete, weil er dessen künstlerische Eigenart in zahlreichen Gebetbüchern bzw. richtiger Brügger Stundenbüchern der Jahre um 1500 wiederfand. Das von Winkler in seinem Corpus der flämischen Miniaturisten von den Brüdern van Eyck bis zu Simon Bening 1925 zusammengestellte Œuvre hat Georges Dogaer noch erheblich erweitern können, so dass sich nun schon die Notwendigkeit abzeichnet, in der so umfangreich gewordenen Handschriftengruppe zwischen eigenhändigen Arbeiten und solchen, die im Stil des Gebetbuchmeisters um 1500 ausgeführt sind, zu differenzieren. Bodo Brinkmann hat als erster unsere Kalenderminiaturen, nachdem sie vor einigen Jahren der Forschung wieder zugänglich wurden, diesem in Brügge tätigen Miniaturisten zugewiesen und sich in seiner Publikation zur flämischen Buchmalerei am Ende des Burgunderreiches mehrfach über ihn und seine historische Stellung geäußert.

Möglicherweise war er Schüler eines anderen anonymen Künstlers, den man nach dem Stundenbuch Ms. A. 311 der Sächsischen Landesbibliothek den Meister des Dresdener Gebetbuchs nennt. Von ihm hat sich mit Kat. Nr. 22 ein um 1470 entstandenes Frühwerk in unserer Sammlung erhalten. Auch ein Vergleich der kleinformatigen Stundenbücher Cod. 78 B 14 vom älteren und Cod. 78 B 15 des Kupferstichkabinetts SMPK in Berlin vom jüngeren Maler können die Zusammenhänge und Unterschiede der zwei Miniaturisten vielfältig vor Augen führen. Schließlich haben beide auch in mehreren Handschriften zusammen gearbeitet, wie etwa im La Flora-Stundenbuch Ms. I. B. 51 der Biblioteca Nazionale in Neapel, in dem unser Gebetbuchmeister um 1500 unter anderem die Kalenderbilder ausführte (De Maio). Bisweilen steuerten sie, wie Bodo Brinkmann (1997, bes. S. 325 ff.) minuziös belegen konnte, nur wenige Miniaturen in Prachthandschriften wie dem möglicherweise für Margarete von Österreich geschaffenen Spinoka-Stundenbuch bei (Malibu, J. Paul Getty

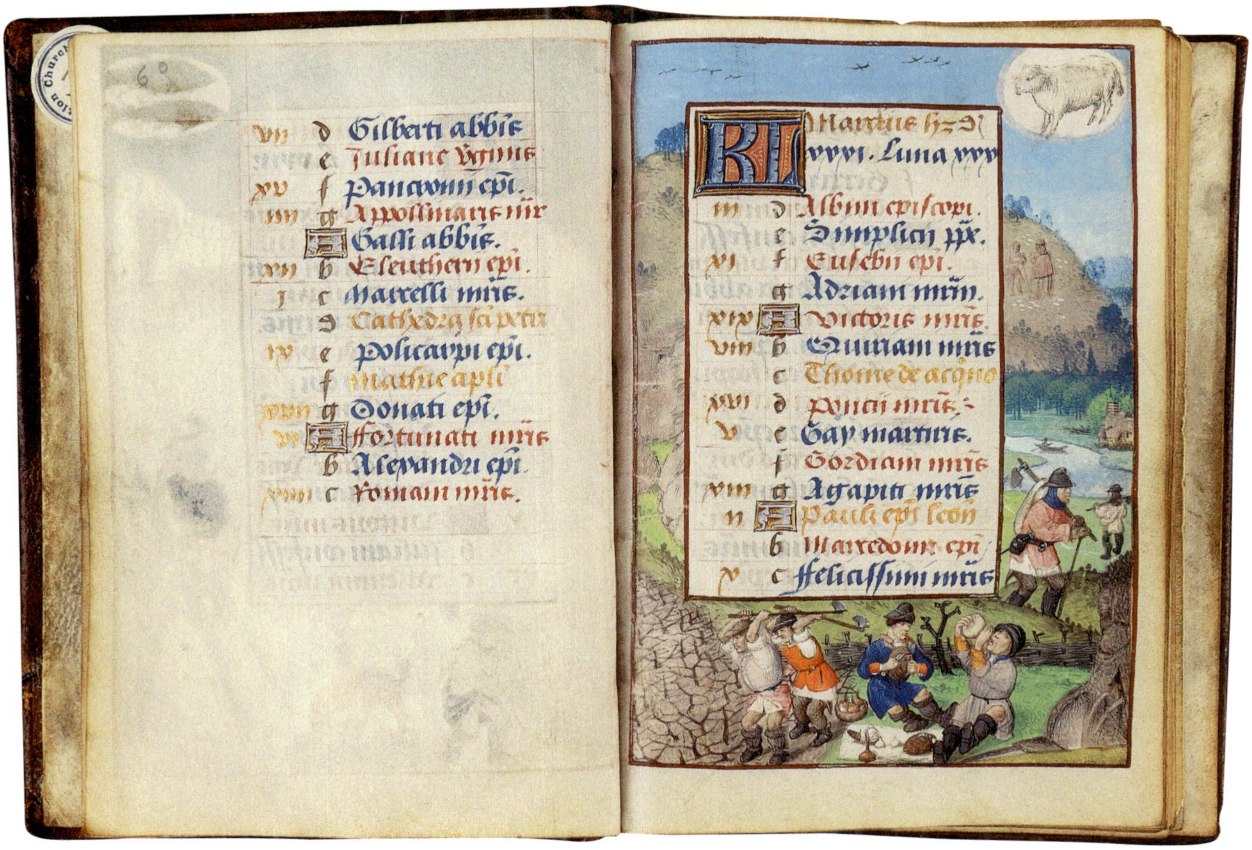

23 *Brügger Kalendarium* um 1500

4r März. In grünender Landschaft arbeiten zwei Männer mit Hacken im Weinberg. Zwei Arbeiter haben sich bereits zur Rast hingelagert und essen und trinken. Im Mittelgrund naht ein weiterer Feldarbeiter mit geschulterter Hacke, während ein anderer davongeht. Am Himmel erscheint das Sternbild Widder.

Museum, Ludwig Ms. IX 18), in dem andere Miniaturisten umfangreicher beteiligt waren (von Euw / Plotzek). In einem Stundenbuch Ms. 57/269 der Bibliothèque Municipale in Poitiers (Brinkmann 1997, S. 207 ff., Nr. 44, S. 393) finden sich neben Miniaturen unseres Gebetbuchmeisters um 1500 solche des Meisters der Davidszenen im Breviarium Grimani, benannt nach einer Miniaturenfolge in der vielleicht berühmtesten flämischen Handschrift Lat. I, 99 in der Biblioteca Marciana in Venedig (Ferrari u. a.). Dieser ebenfalls anonyme Miniaturist (Brinkmann 1997, S. 179 ff.) illuminierte unsere Petrarca-Handschrift (Kat. Nr. 24) und war vermutlich auch mit einer Miniatur an der Ausstattung des Manderscheid-Stundenbuchs (Kat. Nr. 25) beteiligt.

Bereits diese wenigen Nennungen geben Einblick in die Verflechtungen künstlerischer Zusammenarbeit innerhalb der spätmittelalterlichen flämischen Buchmalerei. Die Illuminierung einer Handschrift ist nicht mehr unbedingt das Produkt eines einzelnen Ateliers, vielmehr scheint es oft auch zur Aufgabe eines für ein bestimmtes Projekt federführenden Auftragnehmers zu werden, die Ausstattung von verschiedenen Künstlern – bisweilen wohl mit der Vorgabe des Zeitdrucks – zu besorgen.

Der Gebetbuchmeister um 1500 schmückte nicht nur kleinformatige Andachtsbücher aus, in denen er gerne die Kalenderminiaturen übernahm, wie etwa im Stundenbuch Clm 28345 der Bayerischen Staatsbibliothek in München – auch dort mit manchen Motiven, die sich in unserem Kalendar wiederfinden. Vielmehr beherrschte er ebenso vielszenige, großformatige Darstellungen wie sie in dem für Engelbert von Nassau entstandenen »Rosenroman« Harley Ms 4425 der British Library in London (Kren) oder in der Vergil-Handschrift Ms. 311 der Library of Viscount Coke auf Holkham Hall überkommen sind, die für einen anderen großen Bibliophilen, Jan Crabbe, Abt des Dünenklosters in der Nähe von Brügge, geschaffen wurde (Hassal; Arnould u. a.).

Die angeführten Werke lassen die Annahme zu, dass unser Gebetbuchmeister um 1500 sowohl an Auftragsarbeiten für hochgestellte Persönlichkeiten beteiligt war, als auch für den Markt gearbeitet hat. Die stets rote Rahmung der Miniaturen zieht sich wie eine persönliche Signatur durch sein ganzes Œuvre, in dem sich seine Kalenderbilder als eine oft wiederholte Spezialität erweisen. Das mag den Interessenten aus der Bretagne bewogen haben, sich an diesen wohl in Brügge wirkenden Miniaturisten zu wenden. Ob der

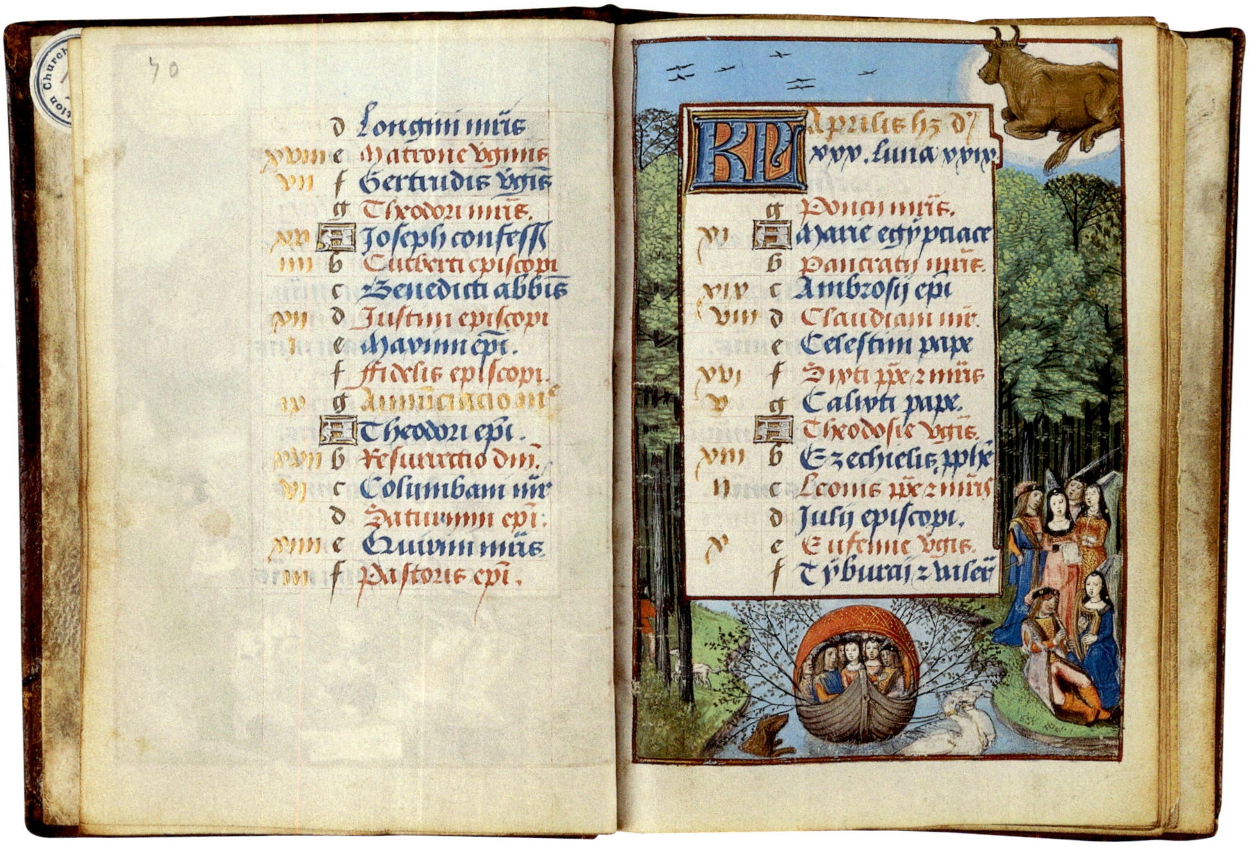

23 *Brügger Kalendarium* um 1500

5r April. Vor einem dichten Laubwald, in dem ein Mann mit einem Falken und einem Hund auf der Jagd ist, lagert und steht eine Gruppe junger singender und musizierender Frauen und Männer am Ufer eines Flusses. Zwei Schwäne ziehen ein mit frischen Zweigen geschmücktes Boot, in dem eine Gruppe junger Menschen sitzt, durch das ruhige Gewässer; ein Hund schwimmt darauf zu. Am Himmel erscheint das Sternbild Stier.

Kalenderzyklus jemals Teil eines vollständigen Stundenbuchs gewesen ist, kann bezweifelt werden, denn der französische, aus dem frühen 17. Jahrhundert stammende Einband legt nahe, dass die Blätter zumindest in jener Zeit bereits ohne Verbund mit einem Andachtsbuch vorgelegen haben, es sei denn, Einband und Kalender wären erst in neuerer Zeit zusammengebracht worden. (Joachim M. Plotzek)

Pergament 13 Originalblätter, später mit leeren Pergamentblättern aufgefüllt; 141 x ca. 100 mm (beschnitten); Lagen (sehr enge Bindung): 1^{6+1}, 2^{6}; Schriftspiegel: 85 x 55 mm, Miniaturen: 127 x 88–91 mm; drei Spalten von 12, 5 und 37 mm Breite; 17 Zeilen; Liniierung in Minium. **Ausstattung** Lateinischer Text in Bastarda alternierend mit blauer und roter, die Sonntagsbuchstaben mit brauner Tinte; die hervorgehobenen Feste, die Goldene Zahl sowie die Monatsnamen in Gold; jeweils das A der Sonntagsbuchstaben in weißgehöhter vegetabiler bzw. Astwerkform auf goldgehöhtem Grund; vegetabil strukturierte blaue KL-Ligaturen in mauvefarbenem Feld mit geometrischer Goldbinnenzeichnung; Schriftspiegel auf den Miniaturseiten dunkelrot konturiert; zwölf Kalenderminiaturen in Deckfarben mit Pulvergold. **Einband** Dunkelbrauner Maroquineinband über Pappe mit floralem Medaillon in der Mitte sowie Eckmotiven in Goldprägung; die beiden auf dem Vorderdeckel an Lederbändern angebrachten Schließen verloren, die beiden kugelkopfförmigen Metallhalterungen auf der Kante des Rückdeckels erhalten; in den fünf Feldern des Rückens Rosetten in Goldprägung; Goldschnitt; Frankreich, 17. Jh. **Vorbesitzer** Im inneren Vorderdeckel gedrucktes Wappenexlibris mit Inschrift »Aldenham House

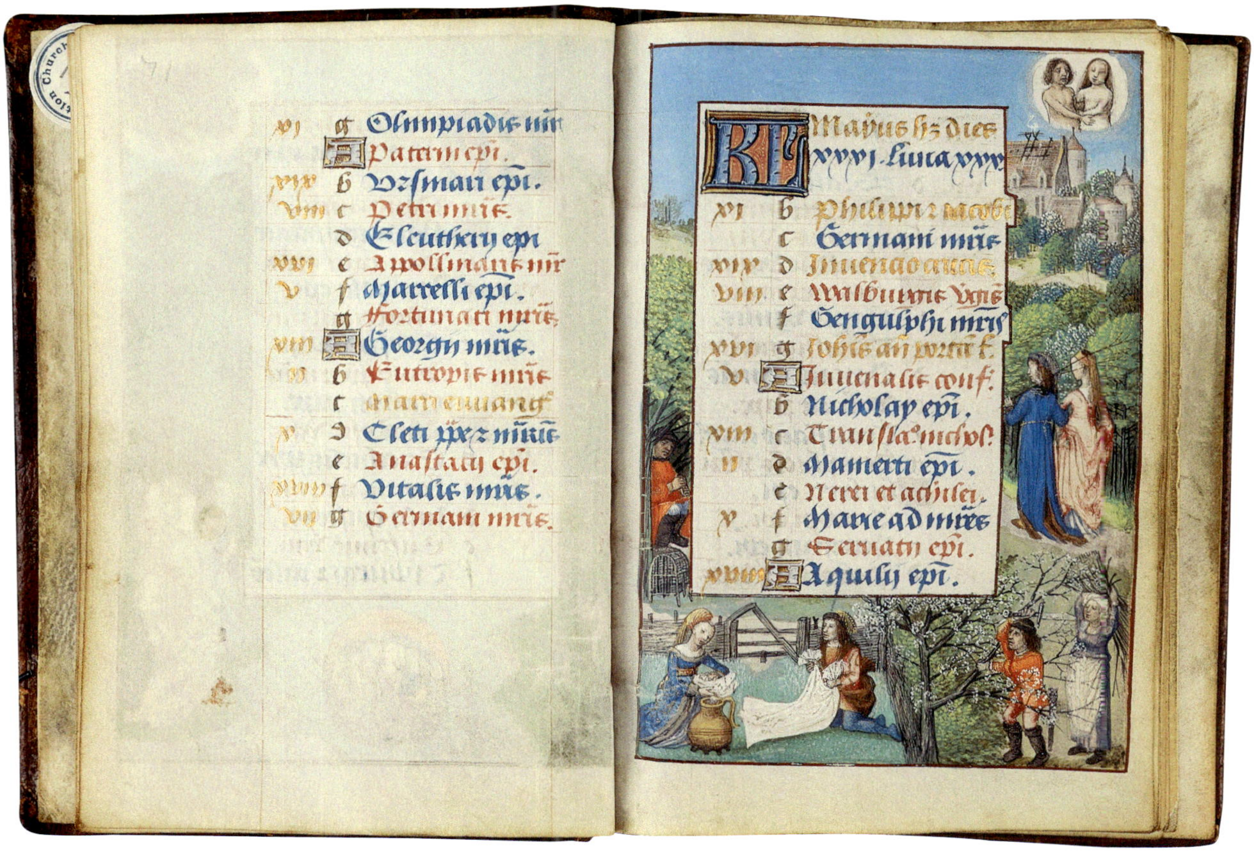

23 *Brügger Kalendarium* um 1500

6r Mai. Vor blühenden Bäumen lagert ein junges Paar auf der Wiese zum Picknick, dahinter lockt ein Vogelfänger mit seiner Flöte im Schutz der Bäume seine Beute. Ein älterer Mann schlägt Blütenzweige von einem Baum, die von einer Frau im großen Bündel fortgetragen werden. Währenddessen entfernt sich ein vornehmes Paar mit geschulterten Blütenzweigen. Am Himmel erscheint das Sternbild der Zwillinge, die hier als Paar dargestellt sind.

Herts« von Henry Hucks Gipps, First Lord Aldenham (1819–1907); dieser war Vorsitzender der Bank von England und eine Zeit lang Präsident des Roxburghe Club; ebenfalls im Innendeckel runde Papierplakette mit der Nr. 197 »Church Congress Exhibition«, einer Ausstellung, die Ende des 19. Jhs. in London stattfand; auf dem Vorsatzblatt handschriftlicher Eintrag: »Bought of the Rev. (J. Collins«? [von Sotheby's ergänzt]) sowie von anderer Hand des 19. Jhs.: »Lady's Almanac and Diary Illuminated by J. van Eyck Bruges«; darüber eingeklebter Ausschnitt mit dem auf die Handschrift bezogenen Katalogtext der Ausstellung des Burlington Fine Arts Club in London 1908; auf der Versteigerung der Aldenham-Bibliothek bei Sotheby's, London, von dem Antiquar Ellis erworben; gelangte in die Sammlung von Eric Korner. **Inhalt** 1r/v leer. Zu Beginn der Monatseintragungen stets Angabe der Anzahl von Tagen und Nächten (z. B. *Januarius habet XXXI. Luna XXX* oder *Aprilis habet dies XXX. Luna XXIX*). 2r/v Januar. 2r Winterszenen. 3r/v Februar. 3r Sammeln von Brennholz. 4r/v März. 4r Arbeit im Weinberg. 5r/v April. 5r Jagd und feiernde junge Leute. 6r/v Mai. 6r Frühlingsszenen. 7r/v Juni. 7r Heuernte. 8r/v Juli. 8r Getreideernte. 9r/v August. 9r Dreschen des Kornes. 10r/v September. 10r Weinlese. 11r/v Oktober. 11r Aussaat. 12r/v November. 12r Mästen der Schweine. 13r/v Dezember. 13r Schlachten eines Schweines. Bemerkenswerte Feste des Kalendars (voll besetzt): 8. 1. *Gudile virginis*, 9. 1. *Judoci confessoris*, 6. 2. *Amandi episcopi*, 7. 2. *Crisolii episcopi*, 20. 2. *Eleutherii episcopi*, 7. 3. *Thome de Aquino* (gold), 12. 3. *Pauli episcopi Leonensis* (gold), 17. 3. *Gertrudis virginis*, 20. 3. *Cutberti episcopi*, 5. 4. *Claudiani martiris*, 13. 5. *Servatii episcopi*, 16. 5. *Honorati episcopi*, 19. 5. *Yvonis confessoris* (gold), 17. 6. *Hoarvei (= Huardonis) episcopi* (gold), 25. 6. *Translatio Eligii* (gold), 1. 7. *Golvini episcopi et confessoris* (gold), 16. 7. *Monulphi et Gondulphi*, 16. 8. *Arnulphi episcopi*, 25. 8. *Ludovici confessoris* (gold), 1. 9. *Egidii abbatis* (gold), 2. 9. *Anthonini martiris* (gold), 1. 10. *Remigii et Bavonis* (gold), 10. 10. *Pauli episcopi Leonensis* (gold), 26. 10. *Translatio Amandi*, 29. 10. *Translatio S. Piati*, 5. 11. *Winoci abbatis*. **Literatur** S. C. Cockerell, in: Kat. Burlington Fine Arts Club Exhibition of Illuminated Manuscripts, London 1908, Nr. 238, S. 116, Taf. 148. – Sotheby's, The Aldenham Library. Catalogue of the Famous Library. The Property of the Rt. Honourable Lord Aldenham, London, 23. 3. 1937, Nr. 188. – Kat. Sotheby's, Medieval Illuminated Miniatures from the Collection of the late Eric Korner, London, 19. 6. 1990, Nr. 40. – B. Brinkmann, Die Flämische Buchmalerei am Ende des Burgunderreichs. Der Meister

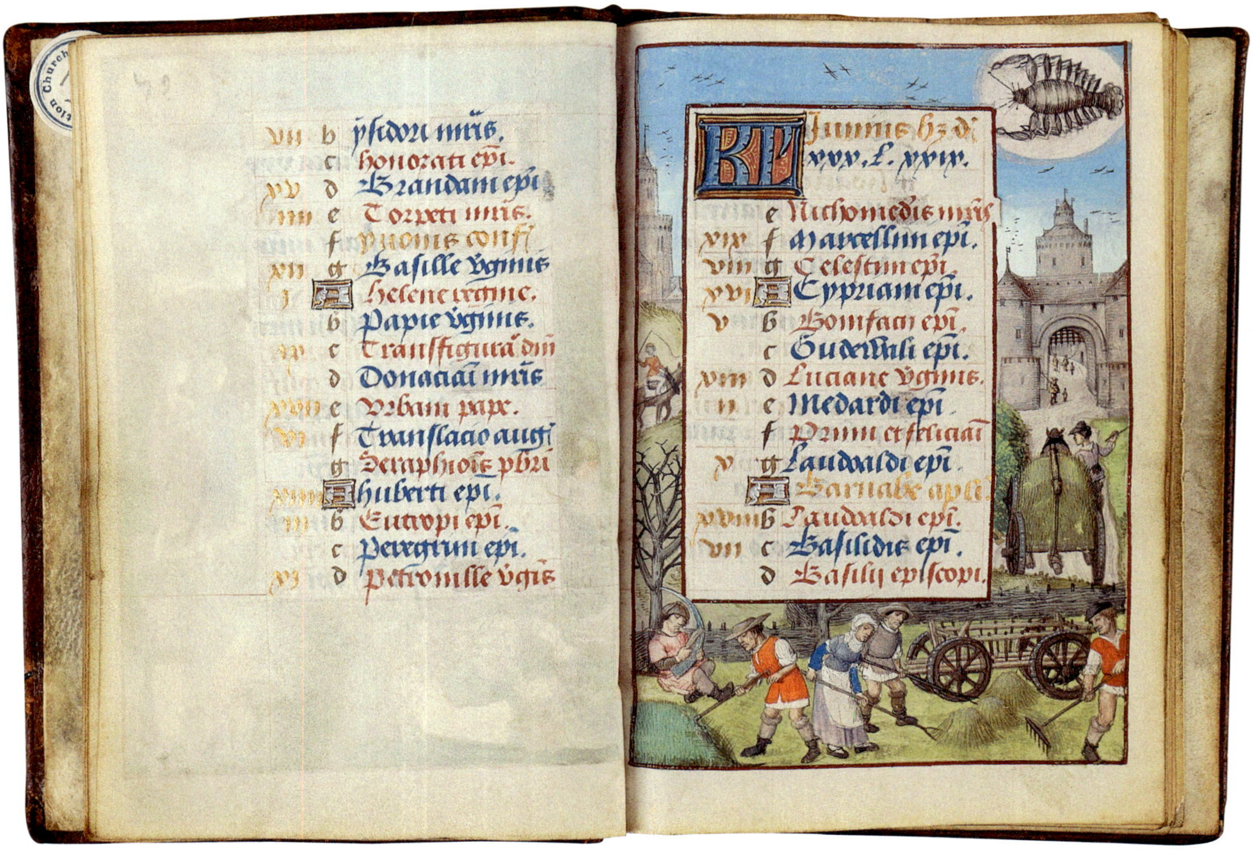

23 *Brügger Kalendarium* um 1500

7r Juni. Auf den Wiesen vor der Stadt sind die Menschen mit der Heuernte beschäftigt. Ein Mann sitzt unter einem Baum und wetzt das Sensenblatt, ein anderer mäht das Gras, und ein dritter harkt es mit dem Rechen zu kleinen Haufen zusammen, während eine Frau und ein Mann sie mit ihren Heugabeln auf den Wagen laden. Ein von einem Pferd gezogener, beladener Wagen ist bereits auf dem Weg in die Stadt. Am Himmel erscheint das Sternbild Krebs.

des Dresdener Gebetbuchs und die Miniaturisten seiner Zeit, Turnhout 1997, Textbd. S. 317, Anm. 2.

Zitierte Literatur F. Winkler, Studien zur Geschichte der niederländischen Miniaturmalerei des XVI. Jahrhunderts, in: Jahrbuch der Kunsthistorischen Sammlungen des Allerhöchsten Kaiserhauses 32, 1915, S. 334ff. (Gebetbuchmeister um 1500). – Ders., Die flämische Buchmalerei des XV. und XVI. Jahrhunderts, Leipzig 1925, S. 128f. (Neudr. mit Ergänzungen von G. Dogaer, Amsterdam 1978). – G. Dogaer, Flemish Miniature Painting in the 15th and 16th Centuries, Amsterdam 1987, S. 159f. – R. de Maio (Hg.), Il Codice Flora. Una pinacoteca miniata nella Biblioteca Nazionale di Napoli, Neapel 1992. – A. von Euw / J. M. Plotzek, Die Handschriften der Sammlung Ludwig, Bd. 2, Köln 1982, S. 256ff. – G. E. Ferrari u. a., Breviarium Grimani, Berlin 1973. – T. Kren (Hg.), Renaissance Painting in Manuscripts. Treasures from the British Library, Ausst. Kat. New York 1983, Nr. 6, S. 49ff. – W. O. Hassall, The Holkham Library. Illuminations and Illustrations in the Manuscript Library of the Earl of Leicester, Oxford 1970, S. 32f. – A. Arnould / J. M. Massing, Splendours of Flanders. Medieval art in Cambridge collections, Ausst. Kat. Fitzwilliam Museum, Cambridge University Press 1993, Nr. 71, S. 207.

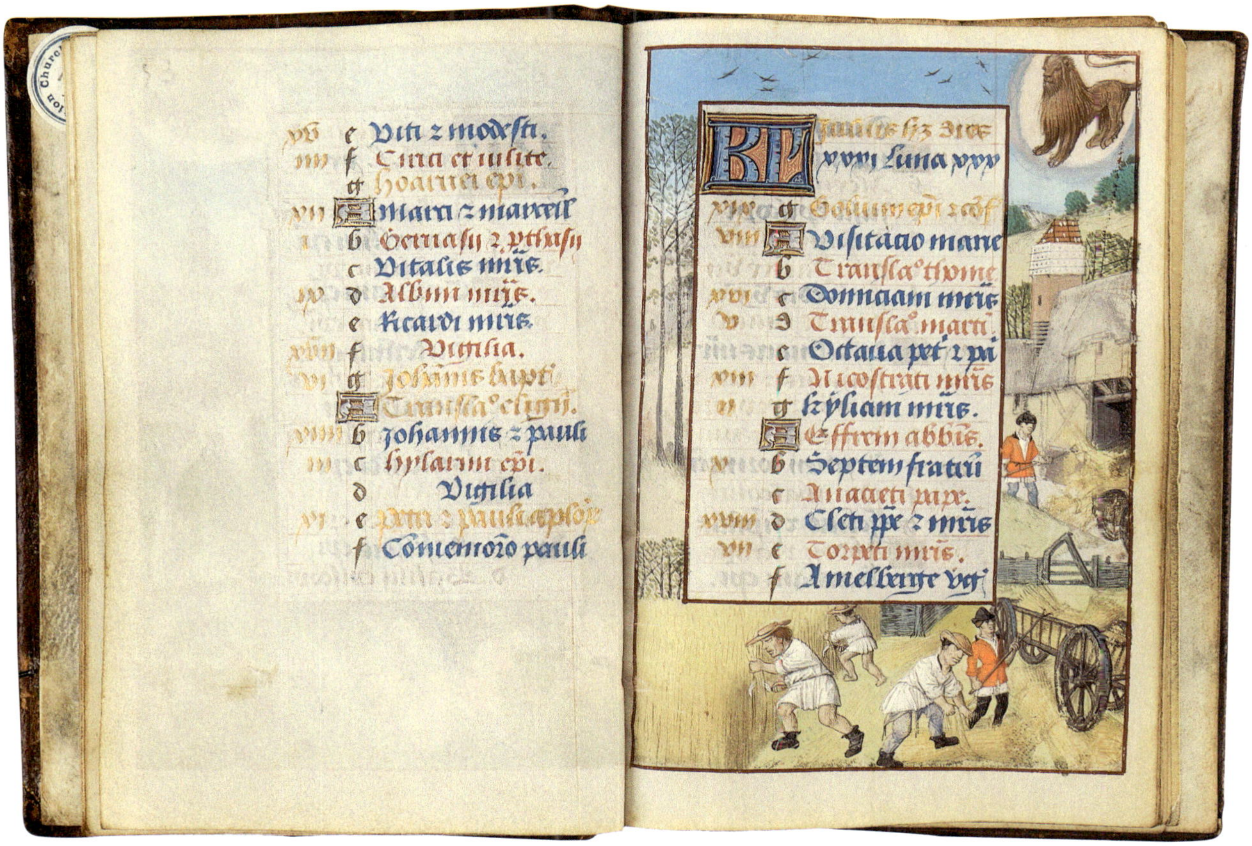

23 *Brügger Kalendarium* um 1500

8r Juli. Getreideernte vor einem Bauernhof. Mit der Sichel schneiden Männer das Korn, ein anderer bindet Garben, wieder ein anderer belädt damit den bereitstehenden Wagen. Ein weiterer Mann im Hintergrund entlädt den Wagen vor der Scheune. Am Himmel erscheint das Sternbild des Löwen.

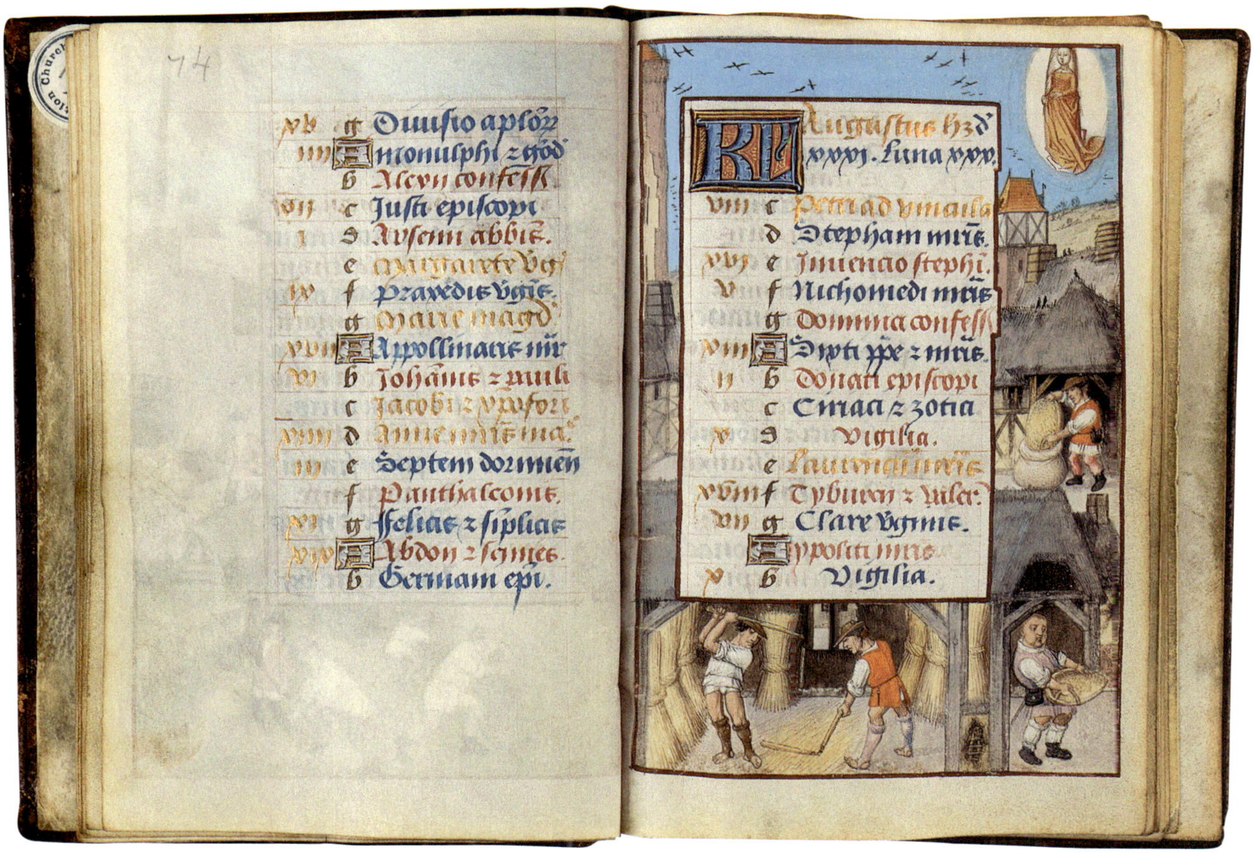

9r August. Im Juli wurde das Getreide vom Feld eingebracht, im August wird nun auf dem Scheunenboden im Bauernhof das Korn gedroschen, die Spreu vom Weizen getrennt, und die so gewonnenen Körner werden in einen Sack abgefüllt. Am Himmel steht das Sternbild Jungfrau.

23 *Brügger Kalendarium* um 1500

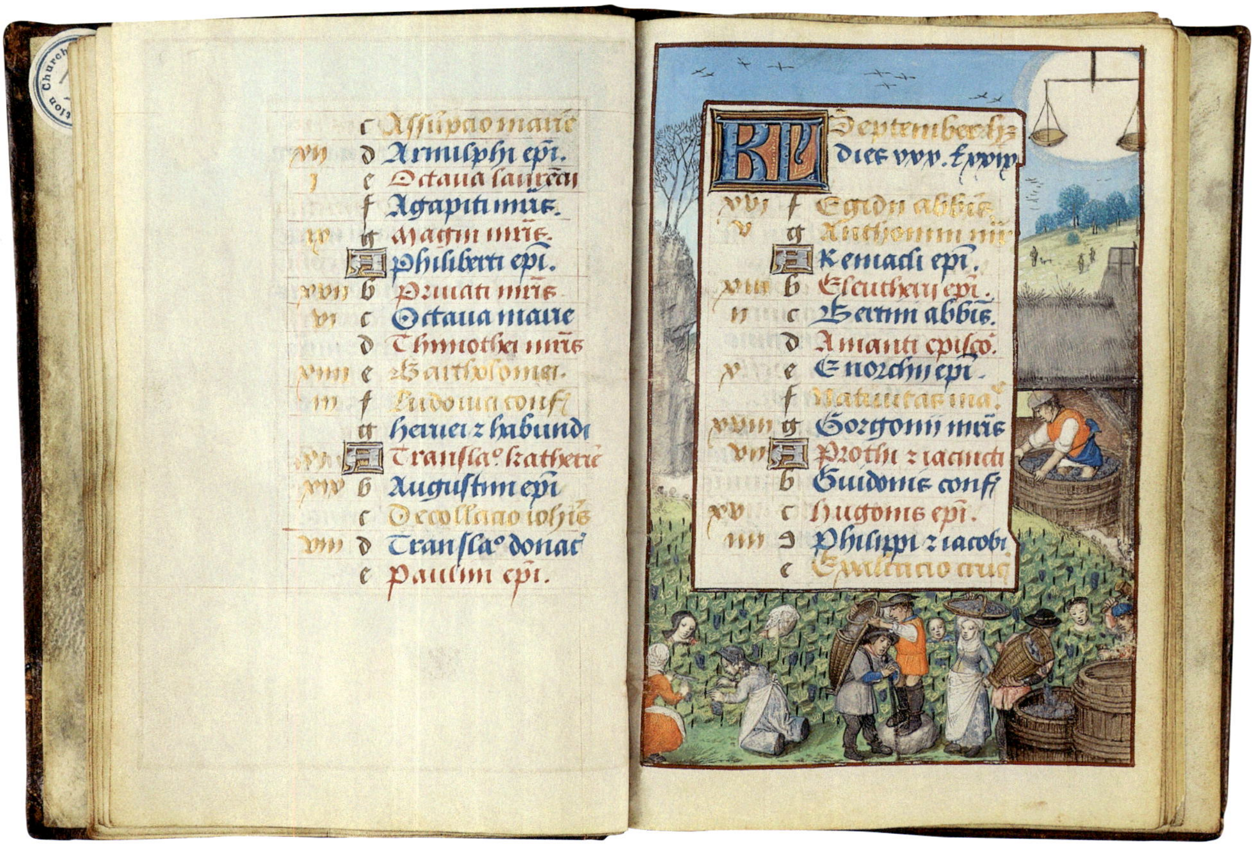

10r September. Die Traubenernte beginnt. Zahlreiche Frauen sind im Weinberg mit der Lese der Trauben beschäftigt, die von Männern in Kiepen bzw. von einer Frau in einem flachen Korb auf dem Kopf zu großen Bottichen getragen werden. Dort stehen Helfer zum Entleeren der Gefäße. In einer offenen Scheune zertritt ein Mann die Trauben in einem Bottich. Am Himmel steht das Sternbild Waage.

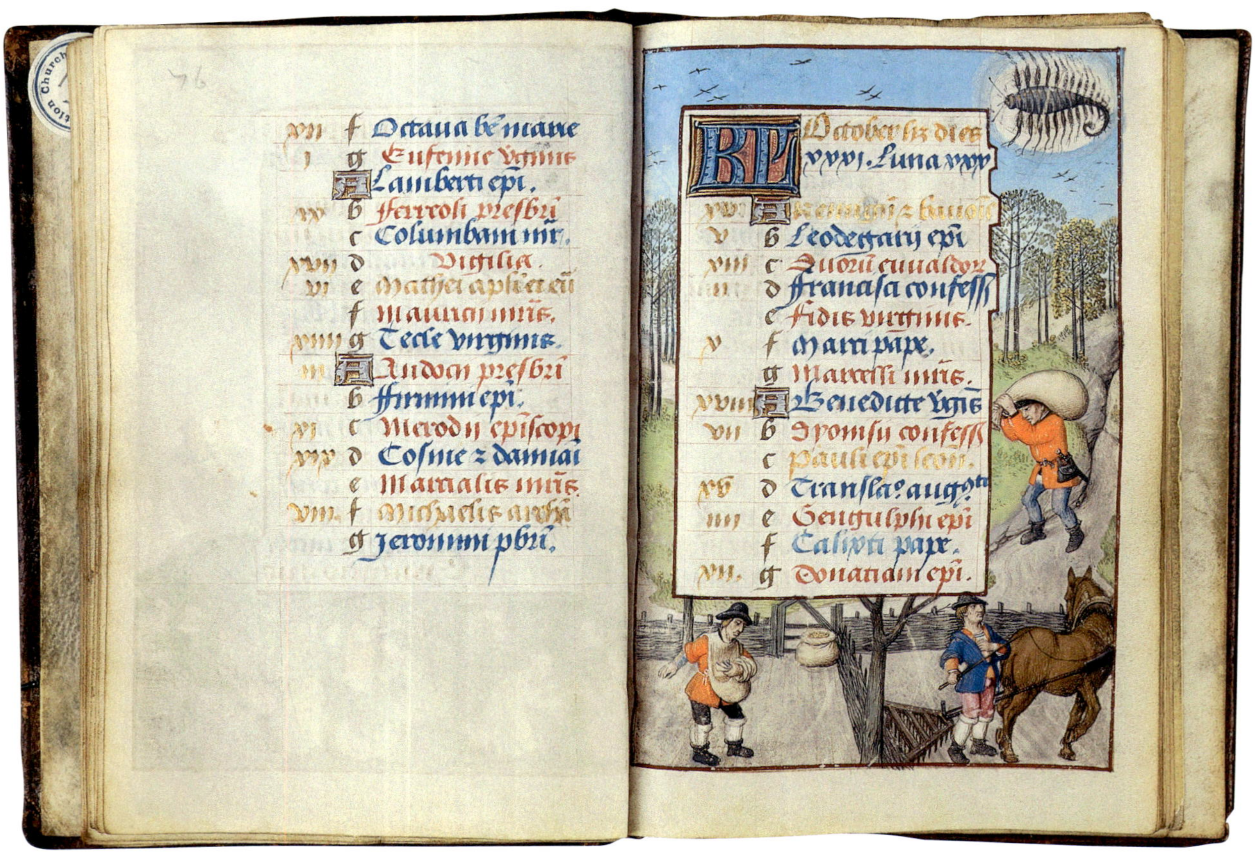

11r Oktober. Die Vorbereitungen für das nächste Jahr beginnen mit der Aussaat des Getreides. Während ein Bauer das Feld mit der von einem Pferd gezogenen Egge vorbereitet, bringt ein anderer einen Sack mit Saatgut und der dritte sät die Körner auf dem Feld aus. Am Himmel steht das Sternbild Skorpion.

23 *Brügger Kalendarium* um 1500

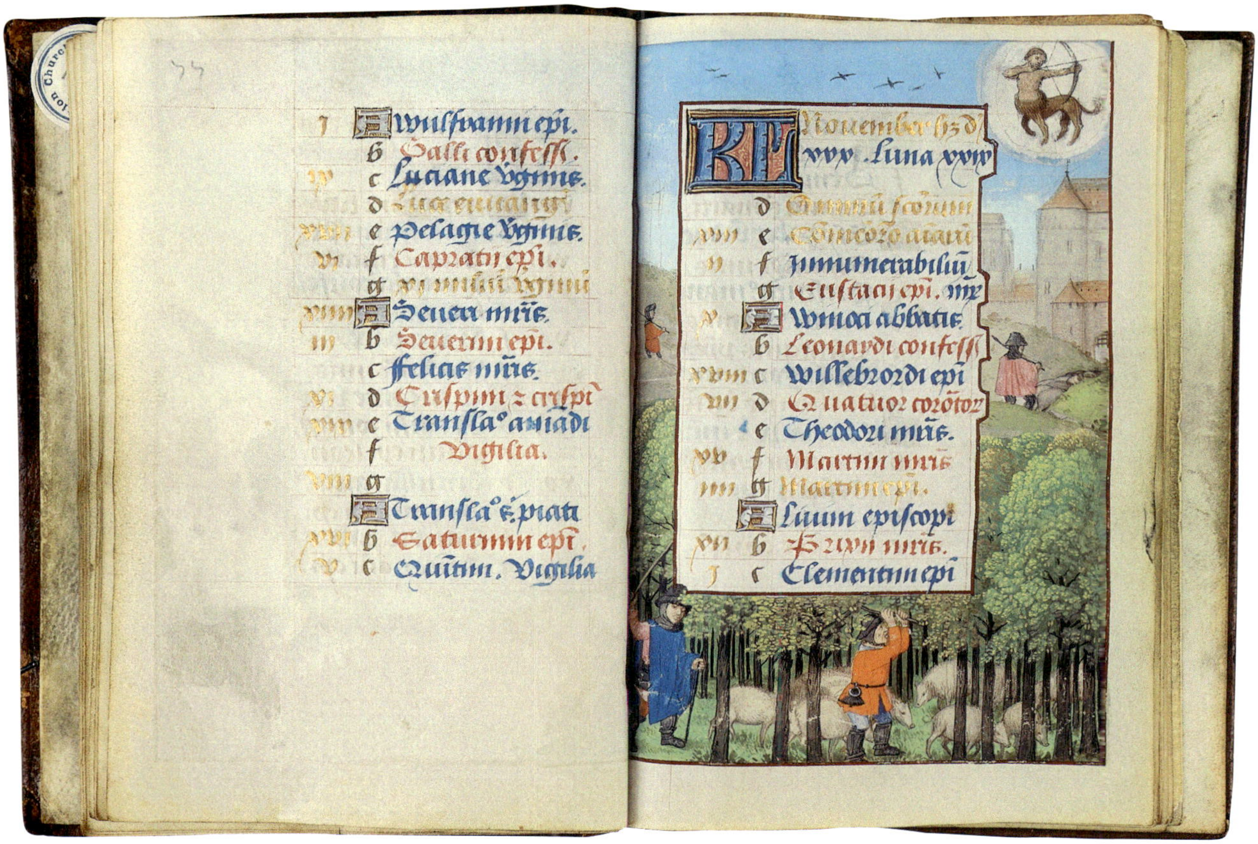

12r November. Zwei Männer schlagen in einem großen Wald Eicheln von den Bäumen, die von Schweinen gefressen werden, andere treiben eine Schweineherde in die Stadt. Am Himmel erscheint das Sternbild Schütze.

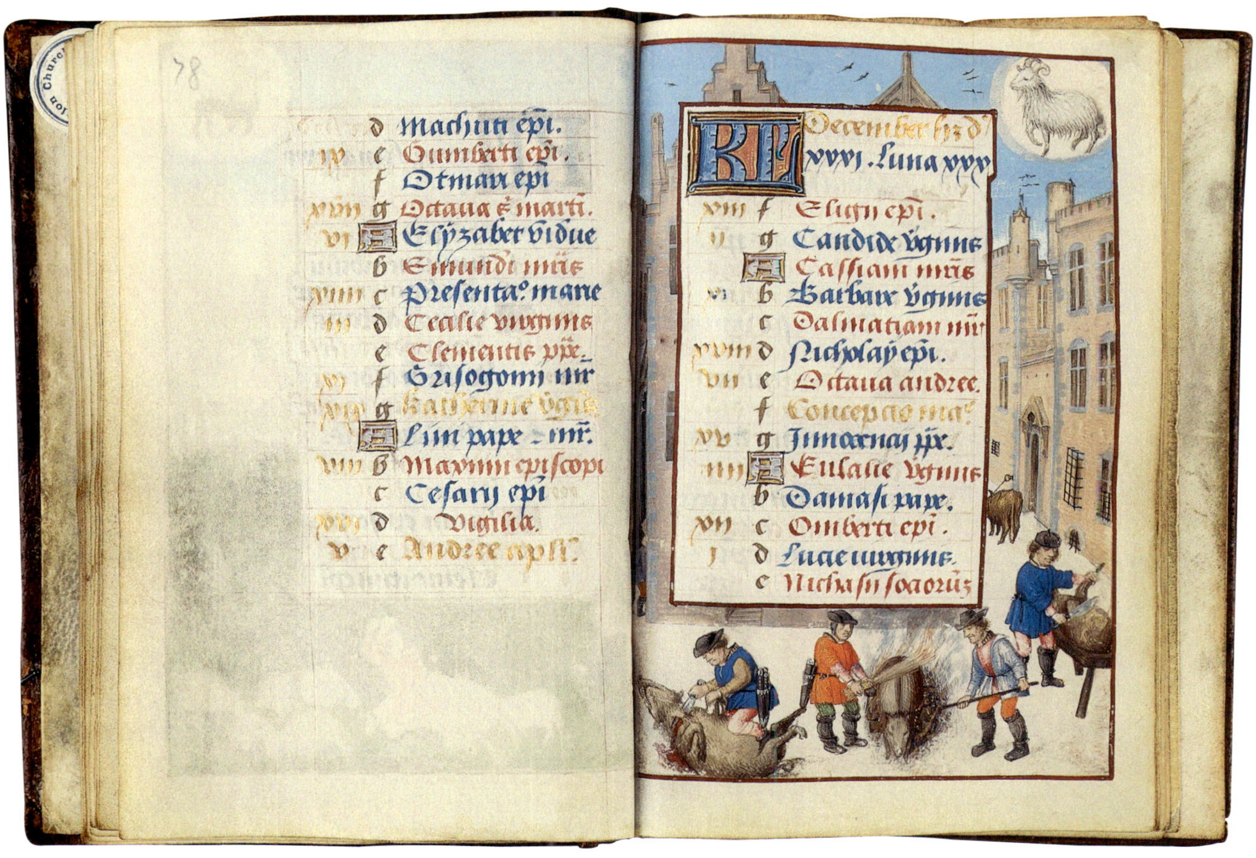

13r Dezember. Mit Einbruch des Winters beginnt die Zeit des Schlachtens. Auf der Straße einer Stadt ersticht ein Mann ein Schwein mit dem Schlachtmesser, ein zweiter sengt mit brennendem Rutenbündel die Borsten ab, wobei ihm ein weiterer mit einem Besen hilft; ein vierter zerlegt das Schwein. Eine im Hintergrund an die Hauswand angebundene Kuh erwartet wohl das gleiche Schicksal. Am Himmel steht das Sternzeichen des Steinbocks.

24

Petrarca – Bußpsalmen
Francesco Petrarca,
»Septem Psalmi Poenitentiales«
(Die Sieben Bußpsalmen)
Meister der Davidszenen
im Breviarium Grimani
Brügge (?), um 1500–1510

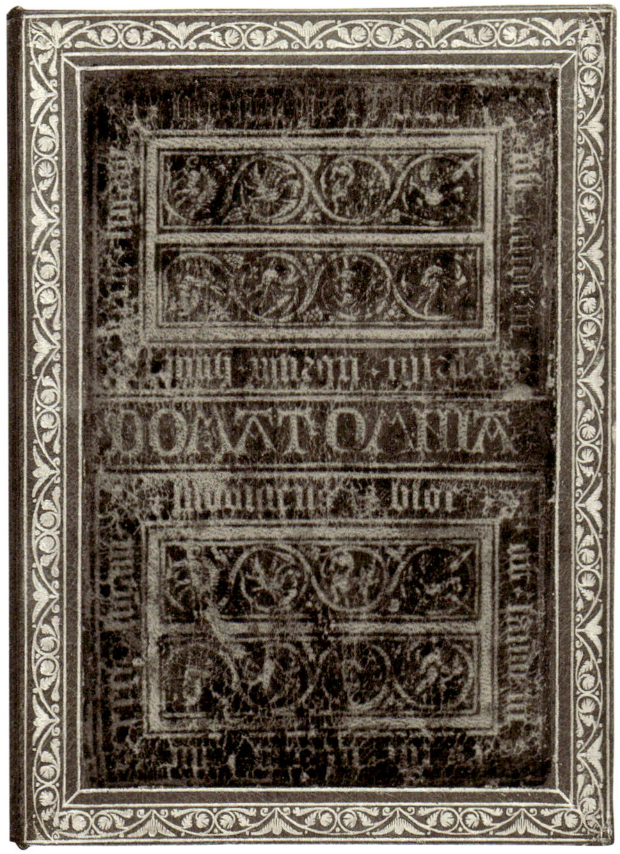

Das kleine, schmale Bändchen ist ein bibliophiles Juwel. Von Charles Lewis, einem der bekanntesten englischen Buchbinder im frühen 19. Jahrhundert (vgl. Kat. Nr. 13), wurde es unter Verwendung des rudimentär erhaltenen, um 1500 entstandenen originalen Plattenstempeleinbands des Brügger Buchbinders Ludovicus Bloc in reich verziertem rotem Maroquin gebunden. Die Handschrift enthält einen in Andachtsbüchern nur selten überlieferten Meditationstext Francesco Petrarcas (1304–1374), der in einem flämischen Atelier höchst qualitätvoll und zugleich auf ungewöhnliche Weise ausgeschmückt worden ist. Der Schriftduktus legt nahe, dass auch der Schreiber in einer der flämischen Städte tätig war, doch bediente er sich – vielleicht auf Wunsch des unbekannten Auftraggebers – einer italienisch-humanistischen Kursive. Wie eine kalligraphische Reflexion greift sie ein mediterranes Element auf, das dem Geist des frühhumanistischen Autors des Textes besonders adäquat erscheint.

Die lateinisch verfassten »Psalmi Poenitentiales« Petrarcas sind poetische Meditationen über das eigene konfliktbewusste Selbstverständnis, das im Schwanken zwischen dem Genuss der schönen Seiten des Lebens und der Sorge um das eigene Seelenheil mit dem Wunsch, sich dem Wesentlichen zuzuwenden, immer wieder von tiefer Betrübnis zu hoffnungsfroher Zuversicht wechselt. Sie stehen in der Tradition der sieben biblischen Bußpsalmen 6, 32, 38, 51, 102, 130 und 143, die in dieser Auswahl bereits in der »Expositio in Psalterium« des Cassiodor (um 485–um 580) Erklärung fanden und seit dem frühen Mittelalter an bestimmten Tagen – so an den Freitagen der Fastenzeit – in Verbindung mit den kanonischen Tagzeiten gebetet wurden. Petrarcas »Sieben Bußpsalmen« sind freie, mit eigenen Sprachbildern durchwobene Nachdichtungen dieser biblischen Psalmen und folgen deren zwischen seelischer Not und tiefem Gottvertrauen gespannter aufwühlender Grundstimmung. Textanalytische Untersuchungen von Henry Cochin (1929) bis hin zu Roberto Gigliucci (1997) haben eindrucksvoll belegen können, wie vielfältig und umfangreich der Dichter Anregungen oder auch wörtliche Zitate aus den biblischen Büchern, den Schriften der Kirchenväter und selbst von antiken Autoren in seine Bußmeditationen einfließen lässt, die seine intensive Bibelkenntnis und umfangreiche Belesenheit dokumentieren. Zentrale Bedeutung kommt nicht nur bei diesem Text, sondern im gesamten Selbstverständnis des Dichters dem Kirchenvater Augustinus (354–430) zu, dessen »Enarra-

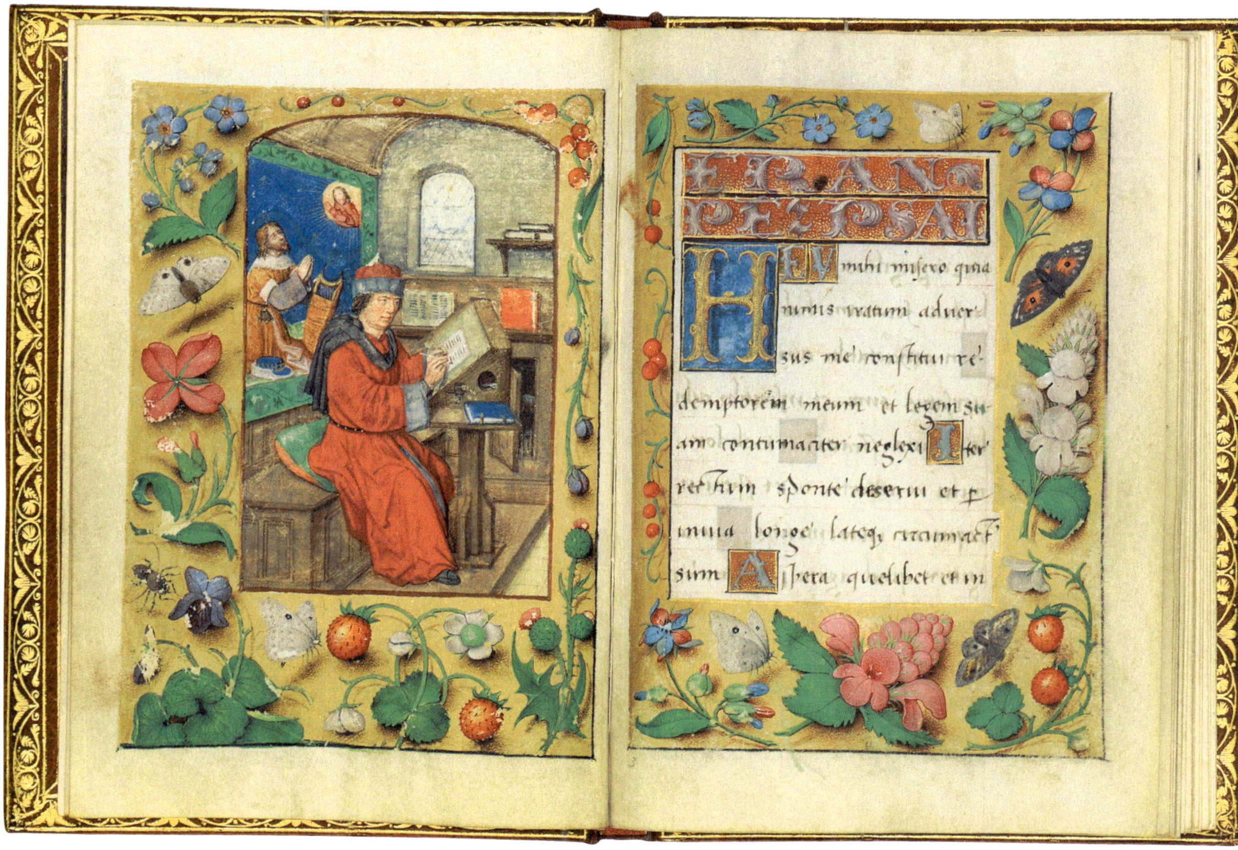

24 *Petrarca–Bußpsalmen*
Brügge (?), um 1500–1510

2v–3r Petrarca wird als Autor des Textes in zeitgenössischer vornehmer Kleidung am Schreibpult seines Studiolo gezeigt, dessen gesamte Einrichtung ihn als Dichter und Gelehrten kennzeichnet. Der Bildteppich im Hintergrund mit dem büßenden König David verweist auf das literarische und religiöse Vorbild des Autors, dessen Sieben Bußpsalmen poetische Meditationen über das eigene Schwanken zwischen der Freude an den Genüssen des Lebens und der Sorge um das Seelenheil sind.

tiones in psalmos« Petrarca bereits Ende des Jahres 1337 in Rom erwerben konnte – allerdings lediglich mit dem Kommentar zu den Psalmen 101–150. Während eines Aufenthalts in Mailand am 10. April 1355 erhielt er das Werk als Gesamtausgabe in einem stattlichen Florentiner Kodex von Giovanni Boccaccio (1313–1375) zum Geschenk, mit dem ihn tiefe Freundschaft verband (heute Ms. Parisinus 1994 und 1989 der Bibliothèque Nationale de France in Paris; Gerosa).

Schon 1333 bei einem Besuch in Paris führte ihn Francesco Dionigi da Borgo San Sepolcro (um 1280–1342), der zu jener Zeit Theologie und Philosophie an der Sorbonne lehrte, in die Gedankenwelt des hl. Augustinus ein und schenkte ihm ein Exemplar der »Confessiones« (Bekenntnisse). Dieses Buch behält eine besondere Bedeutung in Petrarcas Leben. »Immer, wenn ich die ›Confessiones‹ lese«, schreibt er im »Secretum meum« (Mein Geheimnis – auch unter dem Titel »De secreto conflictu curarum mearum« [Vom geheimen Konflikt meiner Herzenssorgen] – I. 6, 3), »werde ich von zwei entgegengesetzten Gefühlen ergriffen, der Hoffnung und der Furcht, und ich habe mitunter nicht ohne süße Tränen den Eindruck, nicht die Geschichte eines anderen zu lesen, sondern die meines eigenen Umherirrens« (Übers. nach Neumann, S. 77 f.).

Dieses Buch bleibt schicksalbestimmend sein ständiger Begleiter In seinem berühmten Brief an eben diesen zum Freund gewordenen Pariser Gelehrten – es ist der erste des vierten Buches der von ihm unter dem Titel »Familiares« angelegten Sammlung der eigenen Briefe – schildert er die mit seinem jüngeren Bruder Gherardo durchgeführte Besteigung des Mont Ventoux, jenes ihm seit den im südfranzösischen Carpentras verbrachten Kindheitstagen vor Augen liegenden höchsten Berges der Gegend. In einem literarisch inszenierten Höhepunkt des physisch erlebten Ereignisses nach Erreichen des Gipfels berichtet er: »Während ich dies eins ums andere bestaunte und bald an Irdischem Geschmack fand, bald nach dem Beispiel des Körpers die Seele zu Höherem erhob, kam ich auf den Gedanken, in das Buch der ›Bekenntnisse‹ des Augustinus hineinzuschauen [...] Ich öffnete es, um zu lesen, was mir gerade vor die Augen treten würde [...] Gott rufe ich zum Zeugen an und ihn eben, der dabei war, dass an der Stelle, auf die ich zuerst die Augen heftete, geschrieben stand: ›Und die Menschen ziehen dahin, die Höhen der Berge und die gewaltigen Wogen des Meeres, das Strömen der breiten Flüsse, die Größe des Ozeans und den Lauf der Sterne zu bewundern, und vergessen darüber sich selbst [...]‹« (Bekenntnisse,

24 *Petrarca–Bußpsalmen*
Brügge (?), um 1500–1510

3v–4r

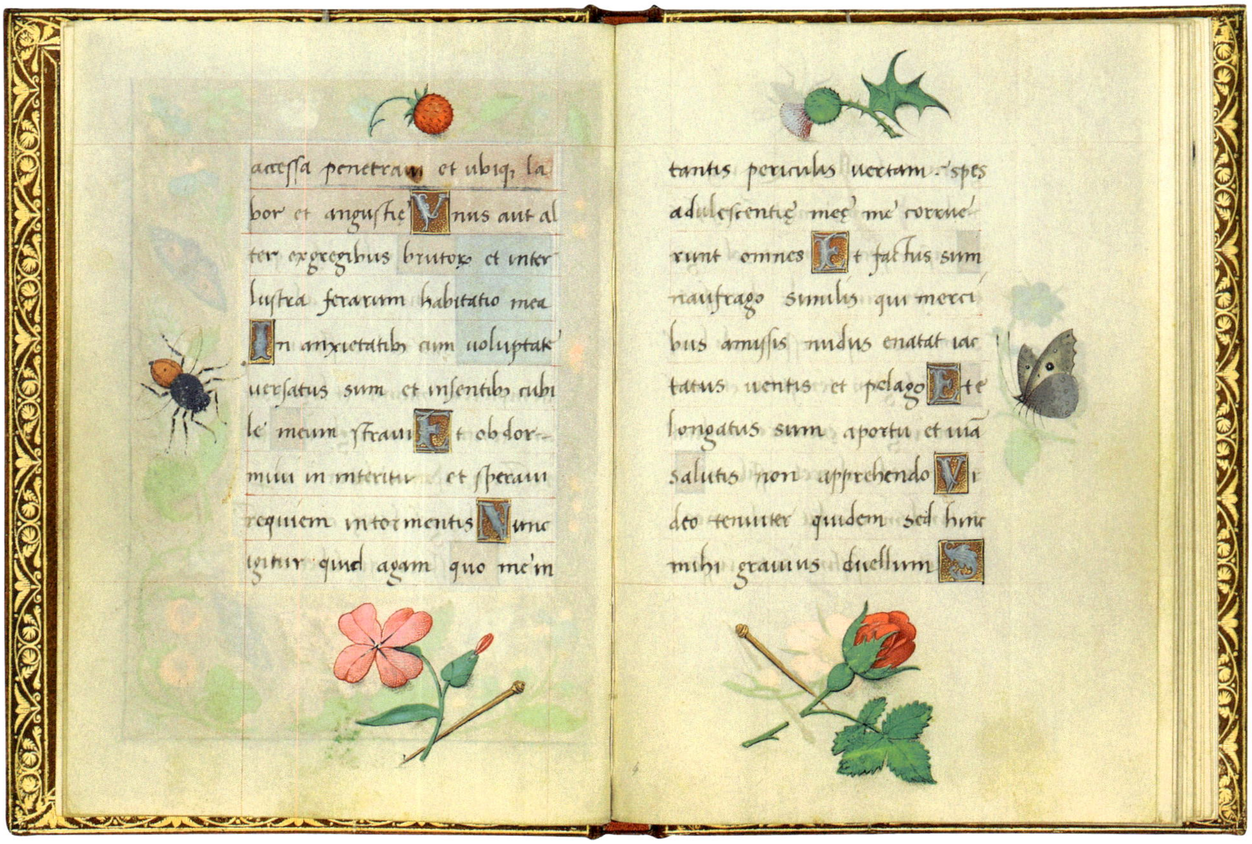

Buch X, Kap. 8, 15). Während der Bruder im zielstrebigen Aufstieg den Gipfel erreicht, lässt sich Francesco Petrarca immer wieder von bequemer, auch interessanter erscheinenden Wegen ablenken, irrt umher und erreicht das Ziel unter Mühen erst viel später. So wird die Bergbesteigung zum Anlass einer bekenntnishaften Selbstbetrachtung und zur symbolischen Darstellung der unterschiedlichen Lebenswege der beiden Brüder: Gherardo tritt in direktem Entschluss 1343 als Mönch in das Kartäuserkloster Montrieux bei Marseille ein, wohingegen Francesco in einer tiefen Lebensunschlüssigkeit verharrt und erst durch die Lektüre des Augustinus zu einer endgültigen Entscheidung findet. Wie der Kirchenvater selbst beim Blättern in einer Handschrift mit den Apostelbriefen, von einer Stelle im Römerbrief des hl. Paulus ergriffen, 32jährig zum römisch-christlichen Glauben fand, so ereignete sich das Bekehrungserlebnis Petrarcas bei der Lektüre im 10. Buch der »Confessiones« auf dem Mont Ventoux als spirituelles Ereignis, das er mit dem Brief an Francesco Dionigi auf den 26. April 1336 datierte, als auch er 32 Jahre alt war.

Nach einem Besuch bei seinem Bruder und unter dem Eindruck eines mit einigen Mönchen in Montrieux geführten Gesprächs verfasste Petrarca in der vorösterlichen Fastenzeit des Jahres 1347 die Schrift »De otio religioso« (Von der Muße der Ordensleute), in der er ausgehend von Psalm 46,11 die in Freiheit gewählte Einsamkeit als Voraussetzung für Kontemplation und die zur wahren Erkenntnis führende Lebensform der Mönche schildert. In der Abgeschiedenheit seines am Ufer der Sorgue in Vaucluse liegenden Hauses hatte er bereits im Jahr zuvor, angeregt durch ein Gespräch mit seinem Freund Philippe de Cabassole »De vita solitaria« (Vom Leben in Einsamkeit) geschrieben und diese Lebensform als die »glücklichere und freudvollere« gegenüber der »beschäftigten« Lebensweise der Stadtbewohner mit ihren Ablenkungen und Zerstreuungen dargelegt. In einem Brief an den an der päpstlichen Kurie in Avignon wirkenden Kardinal Giovanni Colonna (um 1297–1348), in dessen Diensten er als Hauskaplan, Gesandter in diplomatischen Angelegenheiten und mit weiteren Aufgaben betraut stand, schreibt Petrarca in diesem Sinne: »Ich finde keinen Gefallen am Lärm der Städte, sondern an der Stille der Wälder; ich bin nicht geboren für die Angelegenheiten von Gesetzen und Kriegen, sondern für Einsamkeit und Ruhe.« (Familiares IV. 9. 2; zitiert nach Neumann, S. 61). Für den in Einsamkeit Lebenden hält er das Studium alter Texte und eine literarische

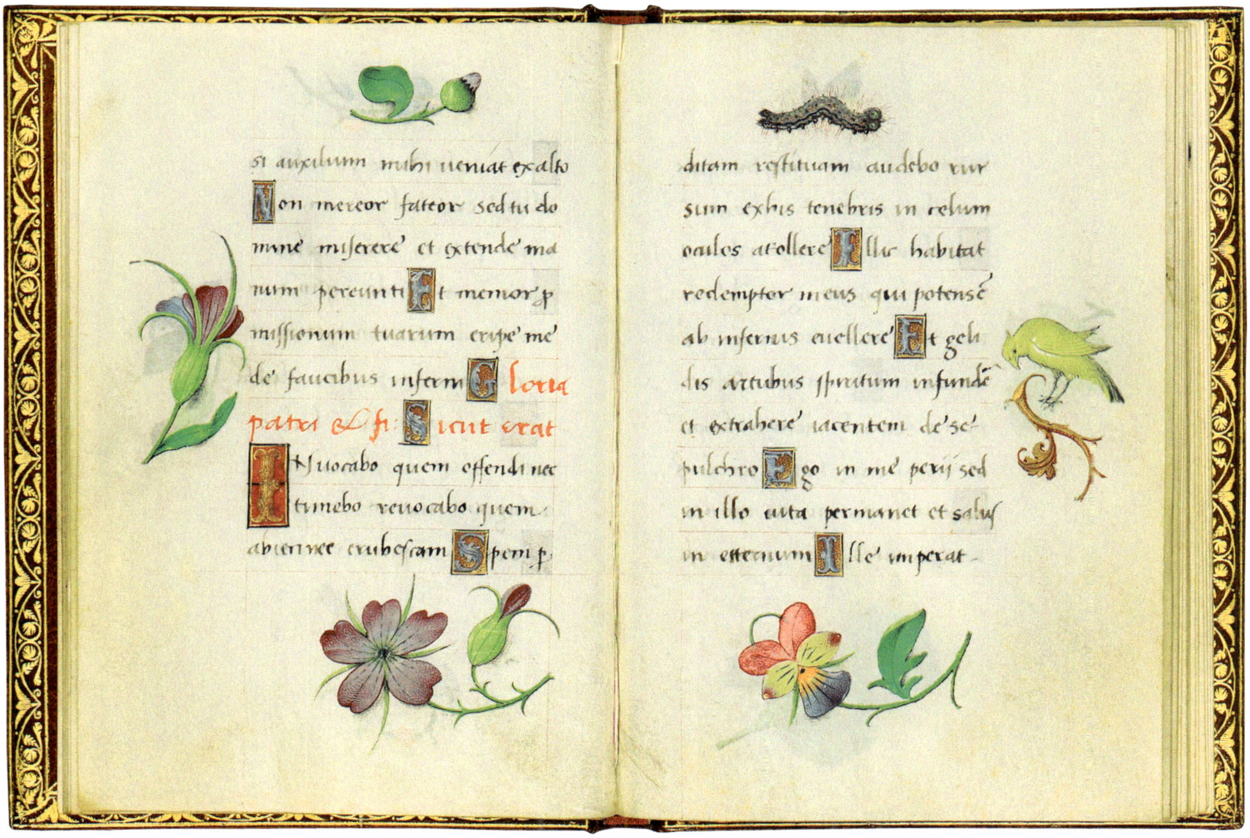

24 *Petrarca– Bußpsalmen*
Brügge (?), um 1500–1510

6v–7r

Beschäftigung für besonders geeignet und entwirft damit das Bild des humanistischen Gelehrten, der in der Abgeschiedenheit zur Konzentration auf seine selbstgewählte Aufgabe findet, so wie der Mönch in der mit Meditation verbrachten Zeit, ohne Verpflichtungen einem anderen als Gott gegenüber, sein in Freiheit gewähltes Ziel verfolgt.

In diesen Schriften, die aus biographischer Sicht der Bewältigung der geistig-moralischen Krise Petrarcas dienen, findet die Widersprüchlichkeit der eigenen spannungsreichen Identität bereits eine aussichtsreiche Lösung, die in der Zerrissenheit und im Wechsel der Befindlichkeiten des lyrischen Ichs in den »Psalmi Poenitentiales« noch nicht erkennbar ist. Für Petrarcas »Bußpsalmen« ist kein Entstehungsdatum überliefert, doch könnte man aufgrund der skizzierten persönlichen Entwicklung des Dichters etwa an die Zeit um 1345 denken, also noch vor der »religiösen Läuterung«, von der Petrarca mehrfach spricht. Sie bahnte sich in dem visionären Dialog mit Augustinus an, der in dem bereits erwähnten, wohl 1347 konzipierten Werk »Secretum meum« stattfand und den Petrarca ins 16. Jahr seiner am Karfreitag 1327 entbrannten Liebe zu Laura, also in die Zeit von April 1343 bis April 1344 zurückverlegte.

Ein Textvergleich unseres Bändchens mit der ersten von Sebastian Brant und Johannes Amerbach in dessen Baseler Offizin 1496 besorgten Ausgabe der »Opera omnia« (»Psalmi Poenitentiales« auf fol. 349r–350r) wie auch mit der umfangreichsten, von Johannes Herold in vier Bänden besorgten und bei Henrichus Petri 1554 in Basel gedruckten Ausgabe (Bd. I, p. 416–418; Repr.: Ridgewood / NJ, 1965) zeigt zahlreiche Abweichungen, die von Wortumstellungen und Hinzufügungen bis hin zu inhaltsbezogenem Wortaustausch reichen. Bemerkenswert ist die Aufnahme der »Sieben Bußpsalmen« Petrarcas in das nur mit Initialen ausgestattete Psalter-Stundenbuch lat. 1063 der Bibliothèque Nationale de France in Paris, das 1417 für Jean Vervin, Abt des in der Diözese von Troyes liegenden Benediktinerklosters Montiéramey, fertiggestellt wurde (Leroquais). Wie in unserer Handschrift schließt sich auch dort das Gebet *Salus mea Ihesu Christe* an und überliefert die Autorschaft Petrarcas auch für diesen täglich zu betenden Text mit der Rubrik *Oracio cotidiana eiusdem Francisci Petrarche*.

Zu Beginn unserer Handschrift ist auf der Rückseite eines merklich stärkeren Einzelblattes eine Miniatur mit dem schreibenden Autor so angebracht, dass sie dem Anfang der »Bußpsalmen« gegenübersteht und

24 *Petrarca–Bußpsalmen*
Brügge (?), um 1500–1510

7v–8r

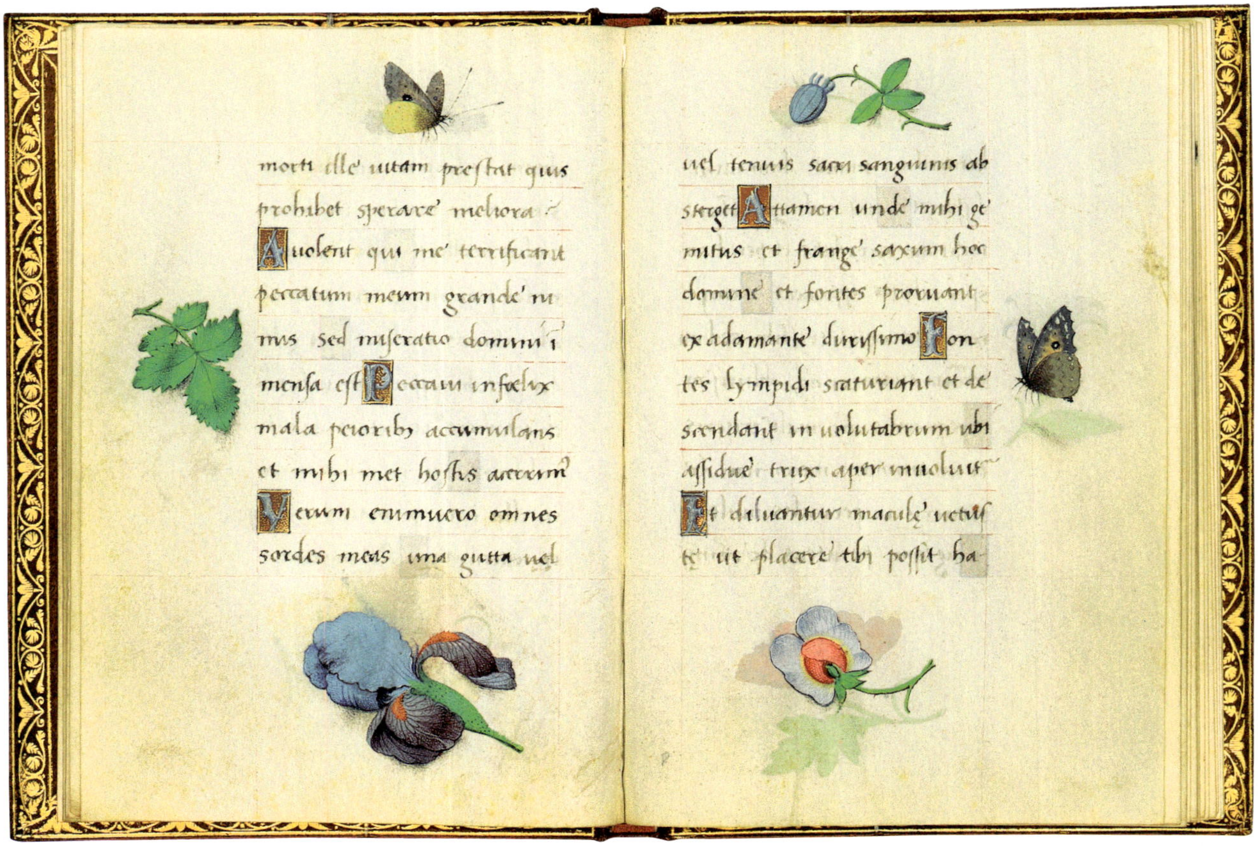

der Dichter mit dem vor ihm auf dem Pult liegenden, bereits beschriebenen Pergament zugleich die reale Handschrift im Blick hat. Auf einem Wandbehang hinter ihm wird mit der Darstellung König Davids im Gebet vor Gott das alte literarische und religiöse Vorbild des Autors gegenwärtig. Die gesamte Einrichtung des tonnengewölbten Raumes mit Schreibpult, Wandregal und Schrank dient der Aufnahme von Büchern und definiert den in vornehmer zeitgenössischer Kleidung bei der Arbeit wiedergegebenen Petrarca als Dichter und Gelehrten. Durch gutes Tageslicht ausgeleuchtet spiegelt das Ambiente den geistigen Anspruch des frühhumanistischen Philosophen und Literaten wider, der sich in seiner privaten Studierstube porträtiert findet. Wolfgang Liebenwein hat die etwa gleichzeitige Entwicklung der als Betzimmer benutzten Privatoratorien und die oftmals gleich daneben liegenden Studierzimmer als ein im 14. Jahrhundert aufkommendes Phänomen skizziert, zu dessen Verbreitung der am 13. April 1341 auf dem Kapitol zum »poeta laureatus« gekrönte Petrarca selbst dadurch beigetragen hat, dass er sich immer wieder in der Einsamkeit seines 1337 von Giacomo Colonna erhaltenen kleinen Landguts in Vaucluse und während der letzten Jahre bis zu seinem Tod im abgelegenen Arquà bei Padua aufgehalten hat. Der Bildtopos des Gelehrten in seinem »Studiolo« ist schon zu dessen Lebzeiten mit Francesco Petrarca verbunden worden und beispielsweise mit der eindrucksvollen, im Umkreis von Altichiero um 1400 in Padua entstandenen lavierten Federzeichnung in seinem Werk »De viris illustribus« (in italienischer Übersetzung), Hs. 101 (Iv) der Hessischen Landes- und Hochschulbibliothek in Darmstadt, belegt, die selbst wieder auf ein Fresko im Palast der Carrara in Padua zurückgeht, in deren Diensten Petrarca seit 1349 für mehrere Jahre stand. Während sich dieser Typus des Gelehrtenbildes noch in Dürers Kupferstich mit dem hl. Hieronymus im Gehäuse sehr genau überliefert findet, geht der Maler unserer Miniatur freier mit den Versatzstücken um und greift dabei, nach freundlicher Mitteilung von Anne Margreet As-Vijvers, auf seine eigene Komposition mit dem Evangelisten Matthäus in einem Stundenbuch (sog. Brukenthal-Brevier) zurück, das sich im Brukenthal-Museum im rumänischen Sibiu befindet (Brinkmann 1992, 46f.).

Schon bei der innerhalb einer kleinen Winterausstellung im Carlyle Hotel in New York Anfang 1997 vorgenommenen Präsentation durch den Antiquar Jörn Günther wurde die Ausstattung der Handschrift überzeugend dem Meister der Davidszenen im Breviarium

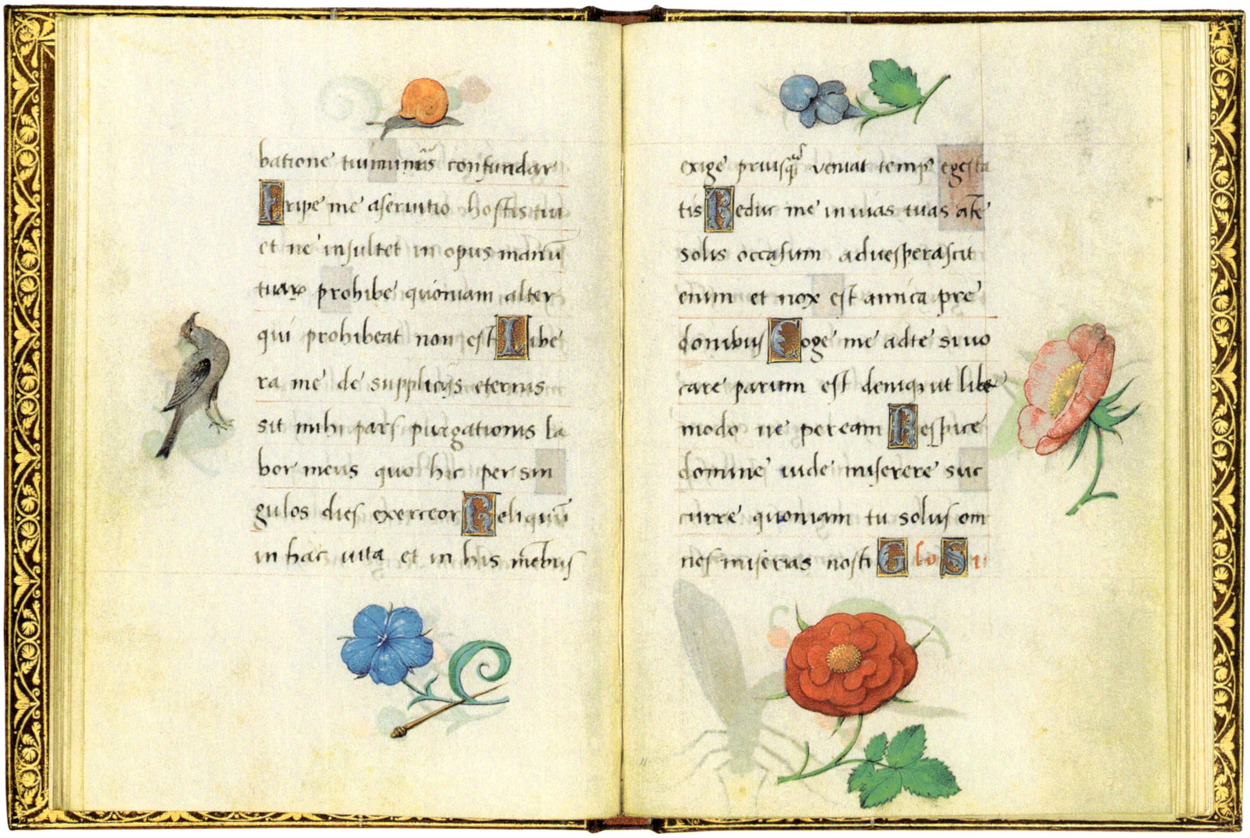

24 *Petrarca-Bußpsalmen*
Brügge (?), um 1500–1510

10v–11r

Grimani zugeschrieben. Otto Pächt hatte diesen anonymen flämischen Miniaturisten entsprechend seiner Mitarbeit an dem berühmten Ms. lat. I. 99 der Biblioteca Marciana in Venedig so benannt (Grote) und ihm weitere Arbeiten zugeschrieben. Stilistische Übereinstimmungen lassen sich im charakteristischen Farbenkanon allgemein und im malerischen Strukturgefüge der Gewandbehandlung erkennen, insbesondere aber in den Physiognomien des bärtigen Königs David und vor allem von Petrarca, dessen durchaus wohlgenährter Gesichtstyp in individuellen Varianten z. B. im Gefolge des Hohenpriesters (310v) im Breviarium Grimani wiederzufinden ist. Bodo Brinkmann hat sich 1992 im Kommentarband zum Faksimile des Stundenbuchs Lat. 10293 der Biblioteca Apostolica Vaticana ausführlich und in seiner Publikation zum Meister des Dresdener Gebetbuchs (1997) noch einmal dezidiert zu diesem anonymen Miniaturisten geäußert, zu dessen Eigenheiten die Ausstattung kleiner – vergleichbar mit unserer Petrarca-Handschrift – und sehr kleiner Stunden- und Gebetbücher gehörte. Die für diese Manuskripte charakteristischen, mit Architekturmotiven gefüllten Bordüren stammen von einem Mitarbeiter dieses wohl als Werkstattleiter wirkenden Anonymus, von dem Bodo Brinkmann angenommen hat, dass er sich auf die Ausführung von Miniaturen konzentriert und den untergeordneten Bordürenschmuck, der bisweilen auch Blumen, Insekten und weitere Motive umfasst, anderen überlassen habe. Eine solche Händescheidung mag auch für unser Manuskript zutreffen, dessen Petrarca-Bild zudem gut mit der Miniatur auf Folio 1r im Codex 2579 der Österreichischen Nationalbibliothek in Wien vergleichbar ist, die einen Gelehrten in seiner Studierstube bei der Übergabe eines Lehr- und Erziehungsbuches an einen jungen Edelmann zeigt und von Dagmar Thoss (1987) ebenfalls dem Meister der Davidszenen im Breviarium Grimani zugeschrieben wurde. Eines der schönsten Stundenbücher dieser Gruppe ist das Horarium der Johanna von Kastilien, Add. Ms. 18852 der British Library in London, das aufgrund der darin enthaltenen Wappen und Devisen nach 1496, dem Jahr ihrer Heirat mit Philipp dem Schönen, und vor dessen Tod 1506 entstanden sein muss, während sie in Gent residierte (Kren).

Wie schon bei den flämischen Miniaturisten der Generation zuvor, so dokumentiert sich auch in unserer um 1500 bis 1510 entstandenen Petrarca-Handschrift ein malerisches Anliegen, das die Bordüren als ein plastisches Phänomen auf der Pergamentseite versteht und die Schmuckmotive in einem augentäuschenden Rea-

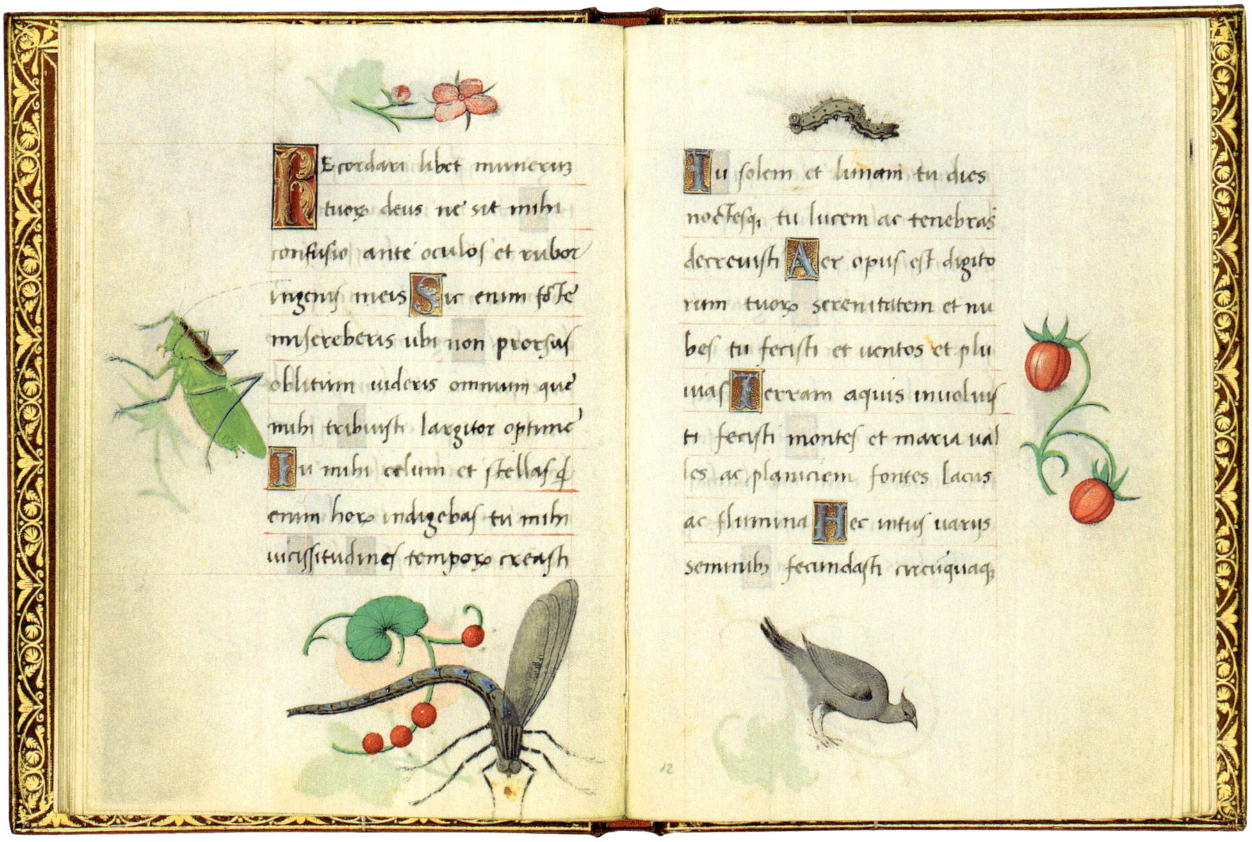

24 *Petrarca–Bußpsalmen*
Brügge (?),
um 1500–1510

11v–12r

lismus sinnlich erfahrbar machen will. Dies zeigt sich in Kleinigkeiten, wie etwa der schwarzen Konturierung jeweils des rechten und unteren Bordürenrandes der mit Bild und Initialen geschmückten Eingangsseiten (1v–2r), wohingegen die jeweils linke und obere Bordürenkante mit Goldtinte nachgezogen ist. Offensichtlich ist hier ein real gedachter, von links oben kommender Lichteinfall suggeriert, der die ihm nahe liegenden Bordürenränder aufblitzen und die abgewandt gegenüberliegenden durch eine dunkle Konturierung Schatten werfen lässt. Dieser Vorstellung folgt auch die entsprechend umgekehrte Farbbehandlung der Bordüreninnenränder (2r) und vor allem der Umstand, dass alle gemalten Gegenstände auf den Bordüren, aber auch die große Astwerkinitiale, dreidimensional gedacht und vom Licht getroffen ihre Schatten in eine einzige damit vorgegebene Richtung auf den goldgefärbten Grund werfen. Anders verhält sich dies bei den frei auf die Blattränder der nachfolgenden Textseiten gemalten Motiven, die nur selten Schatten werfen, aber dennoch nicht weniger realistisch erlebt werden. Die Eigenart, die äußeren Blattränder von Textseiten, bisweilen auch die inneren, mit einem jeweils mittig gesetzten Einzelmotiv zu schmücken, ist eine in der flämischen Buchkunst nicht allzu häufig angewandte Ausstattungsweise. Im Stundenbuch der Maria von Burgund, Codex Vindobonensis 1857 der Österreichischen Nationalbibliothek in Wien (Unterkircher / De Schryver) dominieren beispielsweise anthropomorphe Motive sowie Tiere und Fabelwesen, im Blumenstundenbuch des Simon Bening, Clm 23637 der Bayerischen Staatsbibliothek in München (Brinkmann / König), hingegen Blüten und Pflanzen in einer kaum mehr zu bestimmenden Fülle.

In unserem Andachtsbuch ist ein eher ausgewogenes Repertoire von Blüten, Früchten, Insekten, Vögeln und weiteren Tieren zu beobachten, so dass die anderen bisweilen szenisch arrangierten Motive als Ausnahmen auffallen. Zu ihnen gehört beispielsweise der große, aufrechtgehende Hase als Jäger mit einem Falken auf der behandschuhten linken Pfote und geschultertem Stock mit einem daran hängenden erlegten Hasen als Bildmetapher der »verkehrten Welt« (16r) oder das in Rückenansicht wiedergegebene Rind auf einer Grasnarbe (16v), vergleichbar mit dem Sternzeichen des Stiers in flämischen Kalenderbildern bzw. mit Darstellungen von ländlichen Szenen des Gebetbuchmeisters um 1500 (vgl. Kat. Nr. 23), oder schließlich auch der auffliegende, von einem Raubvogel angegriffene Graureiher (17r). Andererseits fällt auf, dass die Käfer oder

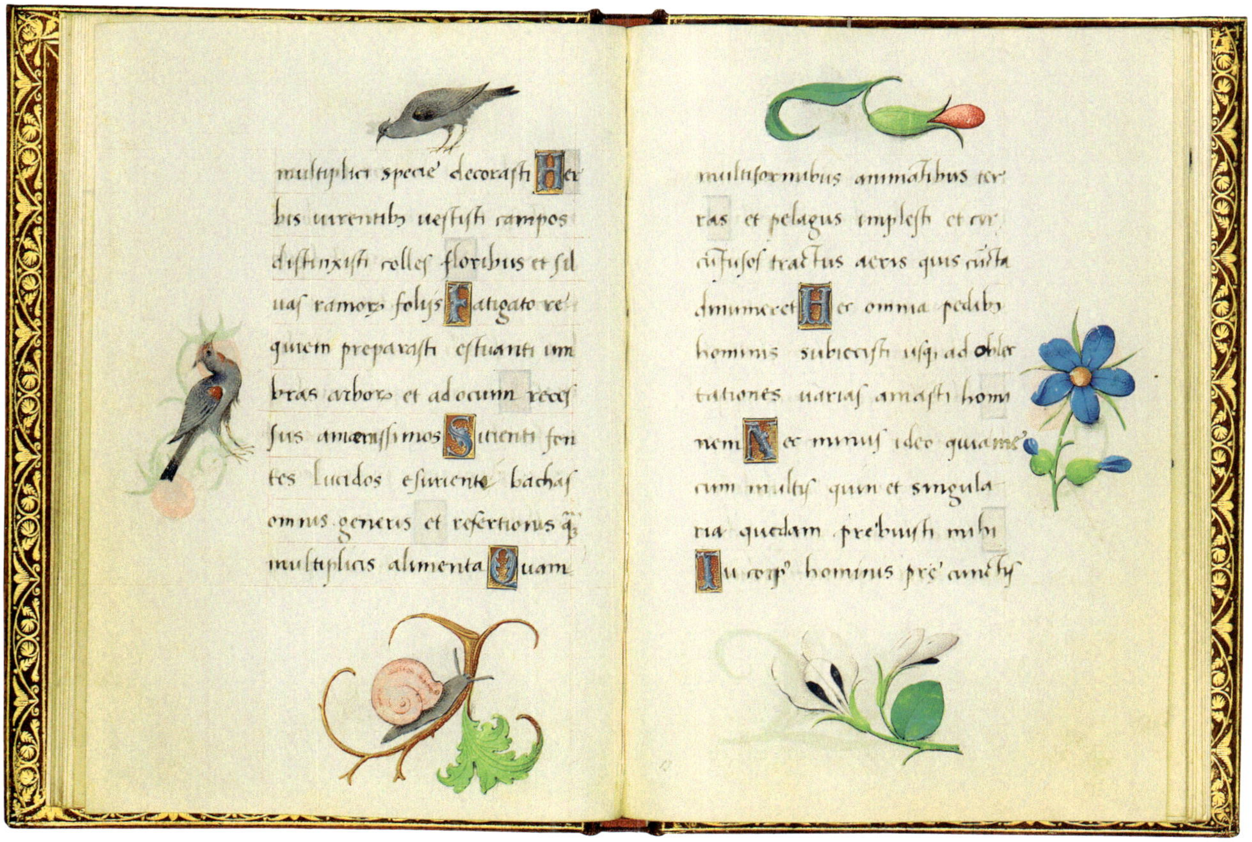

24 *Petrarca–Bußpsalmen*
Brügge (?), um 1500–1510

12v–13r

Fliegen (mit acht [!] Beinen), die Schmetterlinge und Vögel entweder falsch oder in ihrer Färbung und Zeichnung nicht gattungsspezifisch charakterisiert sind und sich über eine allgemeine Zugehörigkeit hinaus nicht identifizieren lassen. Manche der Blumen erscheinen nach unserer Kenntnis naturgetreu in Knospen- und offener Blütenform, mitunter auch in verschiedenen Farben, andere sind uns entweder in der wiedergegebenen Form und Farbigkeit nicht mehr bekannt oder entspringen der Phantasie. Die Blumenstengel sind häufig von gemalten Nadeln »durchstochen«, um ihre realistische Befestigung an den sie tragenden Pergamentseiten zu suggerieren, ohne dies freilich auch darzustellen. Hier zeigt sich eine gewisse Beschränkung der beabsichtigten Augentäuschung, denn in anderen flämischen Handschriften durchstechen die gemalten Nadeln auch »wirklich« das Pergament, wie es, seit dem letzten Viertel des 15. Jahrhunderts beliebt, noch am Ende des 16. Jahrhunderts von Joris Hoefnagel aufgegriffen wird, der mit derartig befestigtem Blumenschmuck das Stundenbuch Philipps von Kleve, Ms. IV 40 der Bibliothèque Royale in Brüssel, nachrüstete (Smeyers 1999).

In welcher Stadt der Meister der Davidszenen im Breviarium Grimani gearbeitet hat, ob in Gent oder Brügge, ist nicht mit Sicherheit zu entscheiden. Vieles spricht für Brügge, wohin auch die meisten der fünfzehn von Bodo Brinkmann (1991, S. 90 f.) zusammengestellten flämischen Handschriften mit dem beschriebenen Randschmuck aus Einzelmotiven zu lokalisieren sind, ohne dass für sie nach derzeitigem Wissen eine bestimmte Werkstatt bzw. spezialisierte Künstler bestimmt werden könnten. In einer Reihe weiterer Handschriften werden zudem solche Einzelmotive zusammen mit anderen Schmuckformen benutzt. Dazu gehören auch mehrere großformatige flämische Musikhandschriften, so etwa Ms. Chigi C VIII 234 der Biblioteca Apostolica Vaticana (Ausst. Kat. Köln 1992, Nr. 60) sowie Royal Ms. 8 G. VII der British Library in London und Ms. 4 der Thüringischen Universitäts- und Landesbibliothek in Jena (Jas / Kellman). Letztere wurde von Dagmar Thoss wiederum dem Meister der Davidszenen im Breviarium Grimani zugeschrieben. Die von Anne Margreet As-Vijvers in Amsterdam in Kürze fertiggestellte Doktorarbeit zu diesem Spezialthema der flämischen Buchkunst wird neue Erkenntnisse vorlegen können. Für eine Entstehung unserer Petrarca-Handschrift in Brügge könnte auch der Umstand sprechen, dass sie dort mit Sicherheit gebunden worden ist, wie der überkommene Rest des originalen Einban-

24 *Petrarca–Bußpsalmen*
Brügge (?),
um 1500–1510

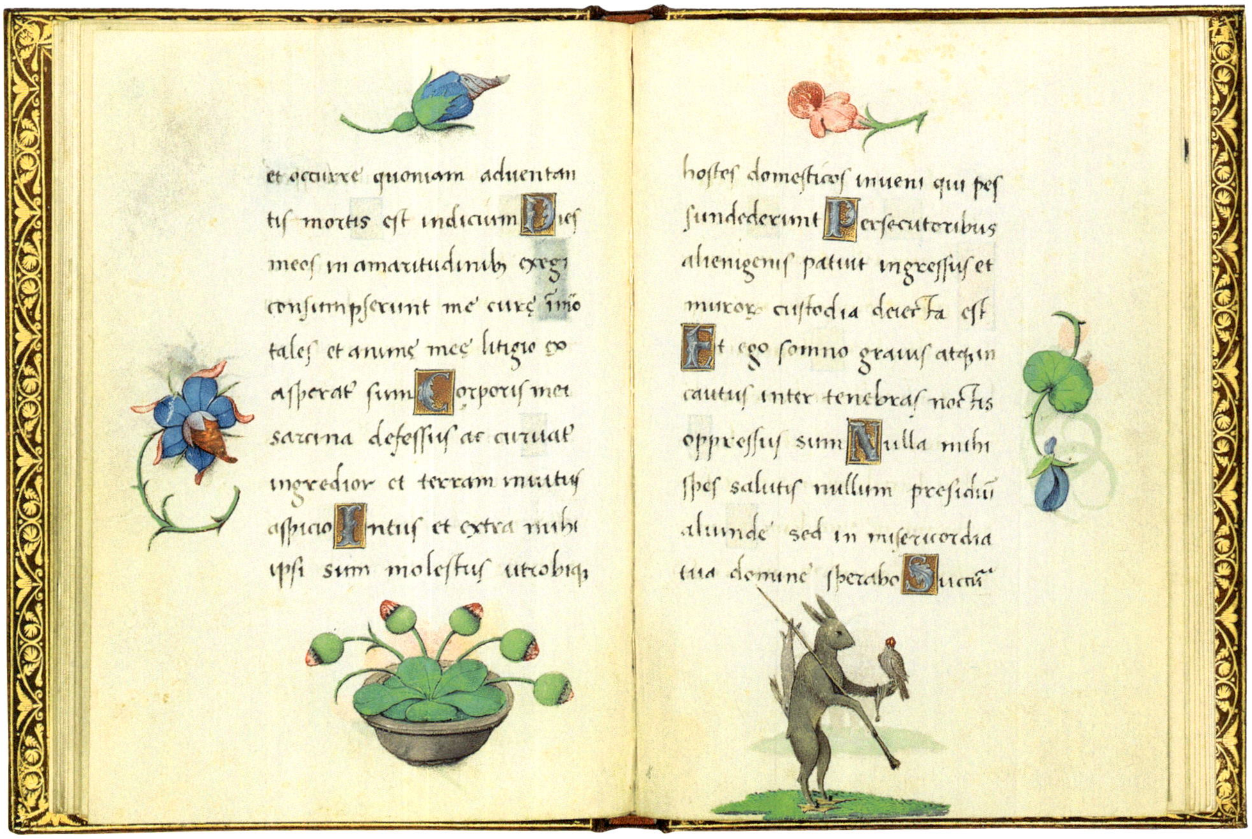

15v–16r Verkehrte Welt: Als Jäger steht der große Hase aufrecht auf einem Rasenstück und hält auf der behandschuhten Pfote einen Jagdfalken, während an einem Stock über seiner rechten Schulter bereits ein erbeuteter Hase hängt.

des von Ludovicus Bloc belegt (Indestege). Dieser war auf Empfehlung des älteren in Brügge tätigen Buchbinders Jan Guillebert 1484 in die Gilde St. Johannes Evangelist aufgenommen worden, in der er mindestens bis 1526 nachweisbar ist; 1529 starb er. Unter den erhaltenen, von ihm mit Einbänden versehenen Manuskripten gibt es eine Reihe mit gesicherter Brügger Provenienz wie etwa das kleine Prozessuale Ms. IV 210 der Bibliothèque Royale in Brüssel, das für die im Beginenkonvent »De Wijngaard« in Brügge lebende Katharina Buekels um 1510 entstanden ist (Smeyers / van der Stock). Ludovicus Bloc benutzte offenbar zwei verschieden große und in den Tiermotiven differierende Plattenstempel; die kleinere Version unseres Einbandes findet sich beispielsweise auch auf dem Einband des Diurnales Ms. I. 39 des Saint John's College in Cambridge (Arnould), das nur 7 x 6 cm misst und somit für eine Benutzung auf Reisen besonders geeignet war. Dies gilt auch für die kleine, kostbare Handschrift mit Petrarcas Bußmeditationen, die ein tröstender Begleiter für den frommen Leser und zugleich ein erfreuendes Schatzkästchen für den Bibliophilen und Kunstkenner gewesen sein mag und noch heute sein kann.

(Joachim M. Plotzek)

Dünnes Pergament 25 Blätter; 118 x 84 mm; Lagen: I^{10+1}, 2^{6+3}, 3^{4+1}; Schriftspiegel: 64 x 44 mm; einspaltig; 10 Zeilen; Liniierung in Rot. **Ausstattung** Lateinischer Text von einem flämischen Kalligraphen in dunkelbrauner italienischer humanistischer Kursive, rubriziert; einzeilige Initialen aus blauem, mit Weiß gehöhtem Palmettenastwerk auf gerahmtem, goldgehöhtem, braunem Grund; zwei- und dreizeilige Initialen in goldenem Palmettenastwerk auf blauem oder rotem gerahmtem Grund; auf den Außenrändern aller Textseiten jeweils ein frei gestelltes Einzelmotiv (Blüten, Käfer, Raupen, Schmetterlinge, Vögel u. a.; die Blumenstengel bisweilen mit gemalten Stecknadeln auf der Seite »befestigt«); 2v Eingangsminiatur mit Bordürenrahmung, ähnlich auf der gegenüberliegenden Textseite, gefüllt mit Blumen, Früchten und Insekten auf ockerfarbenem, mit Goldpulver gehöhtem Grund. **Einband** Rotes Maroquin mit reicher floraler und ornamentaler Goldprägung; auf dem Rücken: »PRECES. MS. SEC.XVI.«; im vorderen Innendeckel dunkelgrünes Maroquin mit reicher Goldprägung; dunkelrot eingefärbtes Vor- und Nachsatzblatt in Papier; England, Charles Lewis, um 1800; im rückwärtigen Innendeckel Doublure aus braunem Kalbleder vom originalen Einband mit zweifach benutztem übereinanderliegendem Plattenstempel

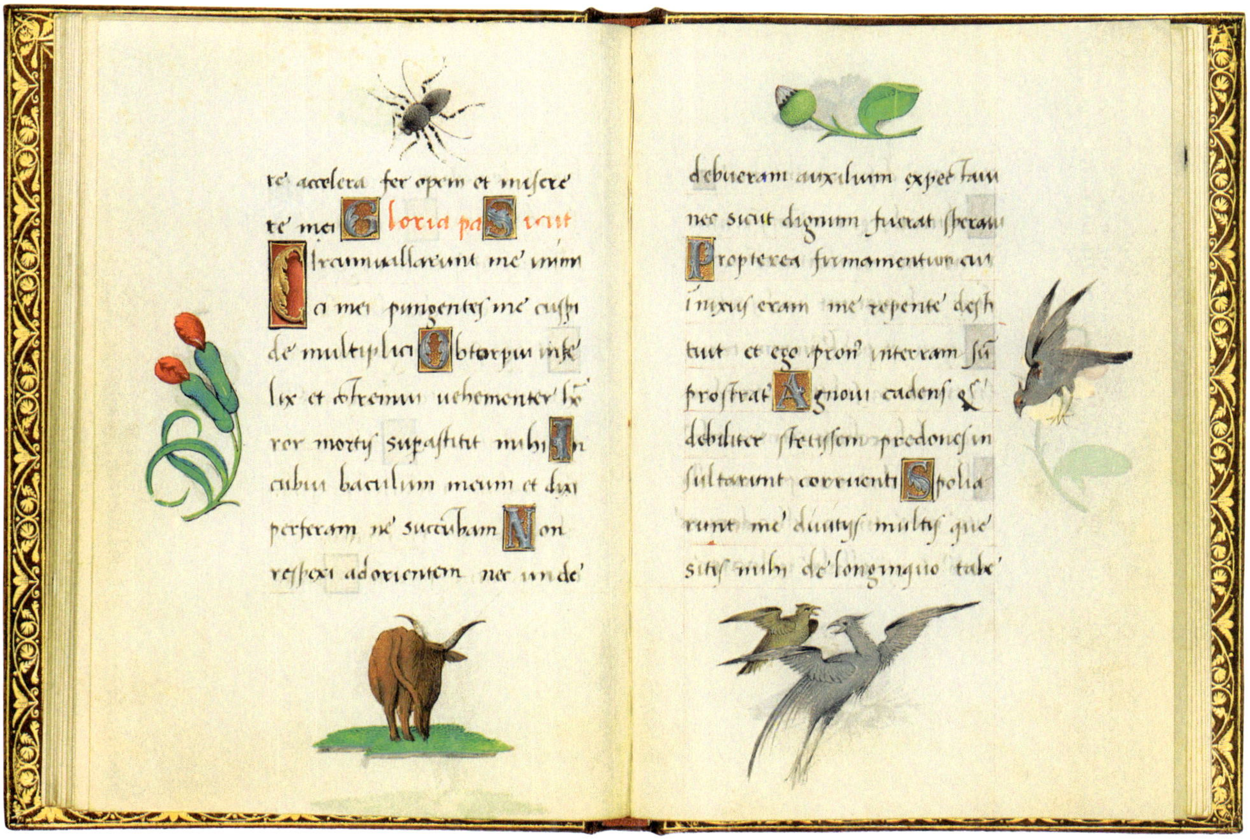

24 *Petrarca–Bußpsalmen*
Brügge (?), um 1500–1510

16v–17r

(67 x 47 mm) mit jeweils zwei Reihen von vier gegenständig einander zugeordneten Tieren in Weinranken; oben: Vogel, Hirsch, Vogel, Eber; unten: Vogel, Hund, Vogel, Hase; umlaufende Schrift: »Ob laudem Xpristi librum hunc recte ligavi Ludovicus Bloc« (Zum Lobe Gottes habe ich dieses Buch gebunden. Ludovicus Bloc); im Feld zwischen den beiden Plattenstempeln: »DOMAT OMNIA« (Er überwindet alles); Brügge, Ludovicus Bloc, um 1500–1510. **Vorbesitzer** Rev. T. F. Dibdin; in einem beigefügten handschriftlichen Brief vom 9. Juli (18)28 adressiert an »My dear Mr Palmer« schreibt Dibdin unter anderem: »The little bijou I send you, is fresh from France; and of the execution of the middle of the sixteenth century. The insects and birds are beyond all imitation! It is for Mrs Palmer's Cabinet [...] I(t) will challenge the minutest examination. The present binder is the incomparable Lewis: the ancient binder's name has been preserved at the end of the volume: So that the article is perfectly genuine«; 1r mittig aufgeklebter runder Bibliothekszettel, darauf handschriftlich (19. Jh.): Pillani No 6, durchgestrichen und ersetzt durch No 5. **Inhalt** 1r/v leer, aber liniiert. 2r/v Einzelblatt aus dickerem Pergament. 2r leer. 2v Autorenbild; Bordüre: unter anderem Schmetterlinge aus der Familie der Weißlinge, Märzveilchen, Kratzdistel, die roten Früchte des Maiglöckchens und Walderdbeeren mit Blüten und Früchten. 2v–21v Septem Psalmi Poenitentiales. 3r Schriftzierseite. *FRAN[cesco] PE[trarca] PSAL[mi] HEV (mihi misero quia nimis iratum adversus me constitui redemptorem meum et legem suam contumaciter neglexi [...])*. 21v *Textende: [...] Erige me Yhesu Christe et misericorditer substenta ne corruam sub extremis. Gloria patri. Sicut erat in prin[cipio] FINIS*; Bordüre: unter anderem verschiedene Schmetterlinge, darunter solche aus der Familie der Weißlinge, weiße und purpurfarbene Taubnessel, Walderdbeere mit Blüten und Früchten; bei den rot-blauen Blüten handelt es sich evtl. um Lungenkraut (Borretschgewächs), das zuerst rot, dann blau blüht. 22r–23r Gebet. *SA (lus mea Yhesu Christe si te ad misericordiam inclinare potest humana fragilitas adesto mihi misero [...])*. 22r Gebetsende: [...] *Deus meus misericordia mea.* Unter den Einzelmotiven auf den Blatträndern finden sich: Ackerstiefmütterchen (5r), Gänseblümchen (6v), Gänseblümchen in einer Schale (15v), Irisblüte (7v), Erbsenblüte (8r), Erdbeere (8v, 13r), Erbsenschote (9v), Klatschmohn (8v, 22v), Lungenenzian (8v), Märzveilchen (9r), Nelkenknospe (10r, 13r), Nelkenblüte (15r), rote Rose (4r, 11r), rosafarbene Heckenrose (4v, 11r, 23r), Kornblume (20r), Akelei (22r, 23r), Kuckucks-

24 *Petrarca–Bußpsalmen*
Brügge (?), um 1500–1510

17v–18r

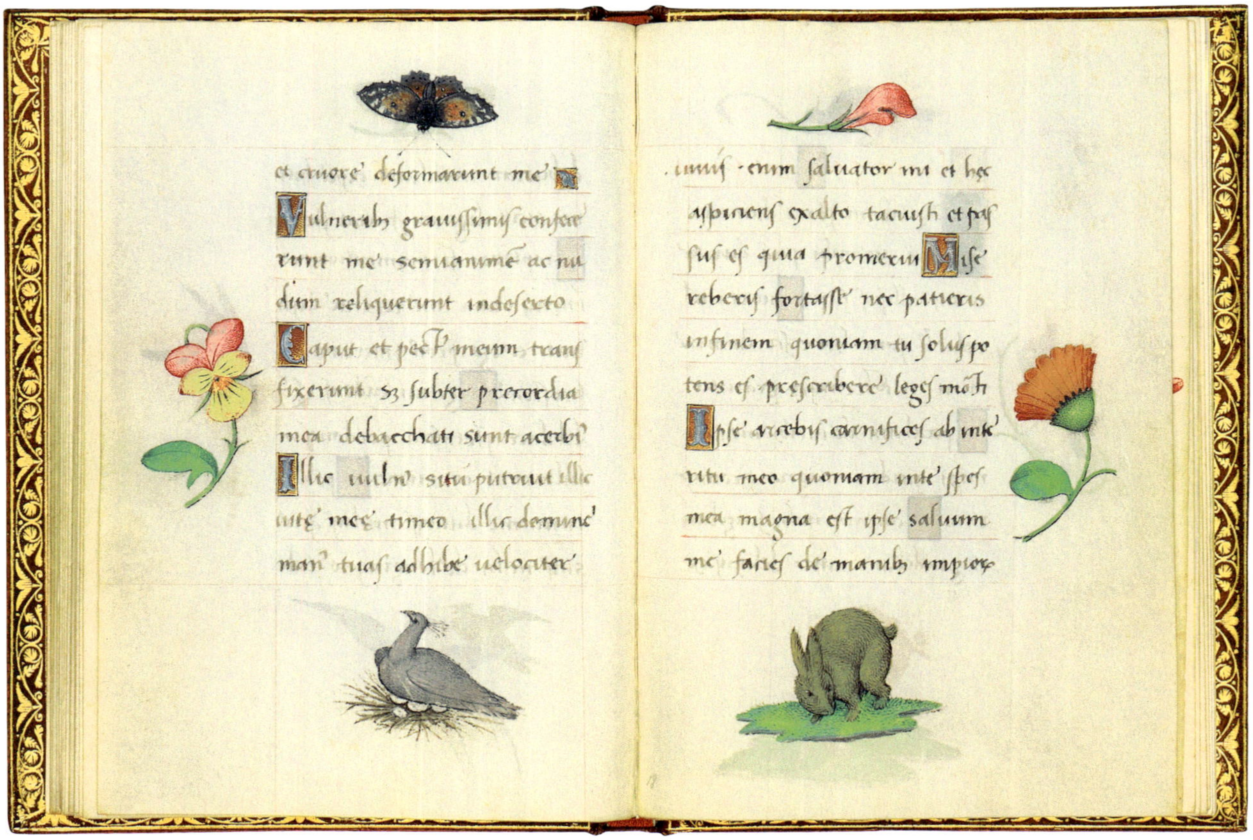

lichtnelke (22v), käferähnliche Insekten mit acht »Spinnenbeinen« und am hinteren Körper ansetzendem Flügelpaar in verschiedener Färbung (2v, 3v, 4v, 15r, 16v, 20v, 23v), Pfau (5r), Vogel mit Schopf in verschiedener Färbung (6r, 7r, 9r, 10v u.a.), Schmetterlingsraupe (7r, 12r), grünes Heupferd (Singschrecke) (11v), Libelle (11v), Schnecke (10v, 12v, 14r), Rind in Rückenansicht (16v), auffliegender Graureiher von einem Raubvogel angegriffen (17r), verschiedene Schmetterlinge (4r, 4v, 6r, 7v, 8r u.a.), brütende Pfauenhenne(?) auf einem Strohgelege mit vier Eiern (17v), ein großer Hase als Jäger mit einem Falken auf der behandschuhten linken Pfote und einem erlegten Hasen am geschulterten Stock (16r), Hase auf einer Grasnarbe (18r), Schwein auf einer Grasnarbe (18v). 23v–25v leer, aber liniiert. **Literatur** Als Nr. 75 mit kurzer Beschreibung in einem nicht identifizierten, gedruckten englischen Versteigerungskatalog wohl des 19. Jahrhunderts; die aus dem Katalog herausgeschnittene Beschreibung (»Preces [...] french manuscript [...] XVI century [...]«) ist der Handschrift beigefügt. – Kat. Princely Magnificence. An Exhibition of Illuminated Manuscripts and Printed Books from the 13th to the 16th Century presented by Dr. Jörn Günther, Hamburg 1997, ohne Paginierung (Abb. S. 17). – A. M. W. As-Vijvers, Randversiering in Gents-Brugse manuscripten. De Meester van de Davidscènes en andere verluchters als specialisten in margedecoratie (in fut.) **Zitierte Literatur** H. Cochin, Les Psaumes Penitentiaux. Publiés après le manuscrit de la Bibliothèque de Lucerne, Paris 1929. – R. Gigliucci (Hg.), Francesco Petrarca, Salmi penitenziali, Rom 1997. – P. P. Gerosa, Umanesimo cristiano del Petrarca – Influenza Agostiniana attinenze medievali, Turin 1966 (vor allem Kap. XV: Virgilio e Davide: Poesia profana e poesia sacra, S. 317ff., bes. S. 330ff.) – F. Neumann, Francesco Petrarca, Hamburg 1998. – V. Leroquais, Les livres d'heures manuscrits de la Bibliothèque Nationale, Textbd. I, Mâcon 1927, S. 43ff. – W. Liebenwein, Privatoratorien des 14. Jahrhunderts, in: A. Legner (Hg.), Die Parler und der Schöne Stil 1350–1400. Europäische Kunst unter den Luxemburgern, Köln 1978, Bd. 3, S. 189ff., bes. S. 192f. und Farbtaf. vor S. 173. – O. Pächt, in: Flemish Art 1300–1700. Royal Academy of Arts, London 1953, S. 161, Nr. 603f. – A. Grote, Breviarium Grimani. Faksimileausgabe der Miniaturen und Kommentar, Berlin 1973, Taf. 46, 48–49, 51–52 = fol. 228v, 310v, 321v, 348v, 357v. – B. Brinkmann, Offizium der Madonna. Der Codex Vat. lat. 10293 und verwandte kleine Stundenbücher mit Architekturbordüren. Kommentarbd. zur Faksimileausgabe des Cod.

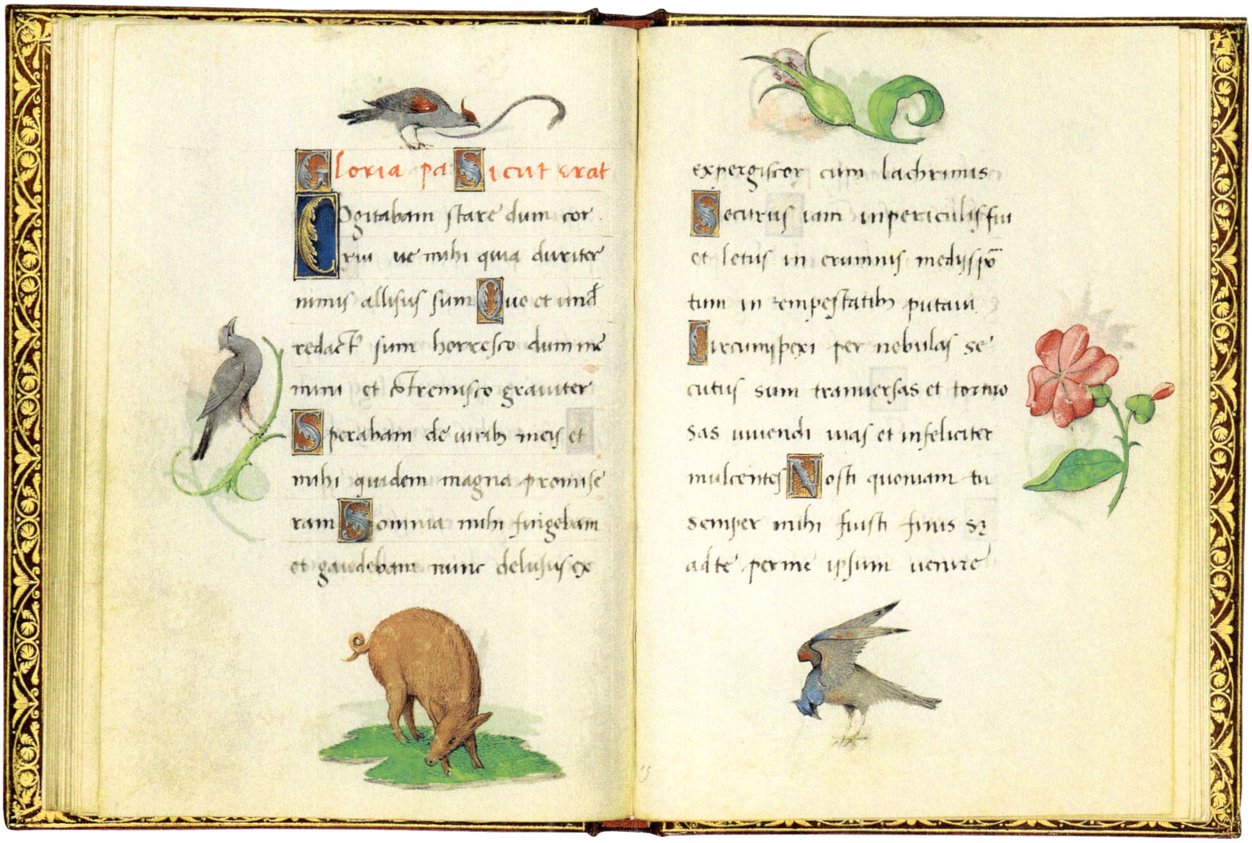

24 *Petrarca–Bußpsalmen*
Brügge (?),
um 1500–1510

18v–19r

Vat. lat. 10293, Stuttgart / Zürich 1992 (zum Meister der Davidszenen im Breviarium Grimani siehe im Personenregister S. 183). – B. Brinkmann, Die Flämische Buchmalerei am Ende des Burgunderreichs. Der Meister des Dresdener Gebetbuchs und die Miniaturisten seiner Zeit, Turnhout 1997, Textbd. bes. S. 179ff., 211f., 322f., 399. – D. Thoss, Flämische Buchmalerei. Handschriftenschätze aus dem Burgunderreich. Ausst. kat. Handschriften- und Inkunabelsammlung der Österreichischen Nationalbibliothek, Graz 1987, Nr. 66, S. 102ff., Abb. 86. – T. Kren, Hours of Johanna of Castile, in: T. Kren (Hg.), Renaissance Painting in Manuscripts. Treasures from the British Library, New York 1983, Nr. 7, S. 59ff. – F. Unterkircher / A. De Schryver, Gebetbuch Karls des Kühnen vel potius Stundenbuch der Maria von Burgund. Codex Vindobonensis 1857 der Österreichischen Nationalbibliothek. Kommentarbd., Graz 1969. – F. Unterkircher, Das Stundenbuch der Maria von Burgund. Codex Vindobonensis 1857 der Österreichischen Nationalbibliothek, Graz 1993. – B. Brinkmann / Eberhard König, Simon Bening. Das Blumen-Stundenbuch. Clm 23637, Bayerische Staatsbibliothek München, Kommentarbd., Luzern 1991, S. 86ff. (Randdekor), S. 167ff. (G. Bartz / M. Kaminski, Die Blumen in den Bordüren). – M. Smeyers, Flämische Buchmalerei. Vom 8. bis zur Mitte des 16. Jahrhunderts. Die Welt des Mittelalters auf Pergament, Stuttgart 1999, S. 499. – Biblioteca Apostolica Vaticana. Liturgie und Andacht im Mittelalter, Ausst. kat. Diözesanmuseum Köln, Stuttgart 1992, Nr. 60, S. 282ff. (B. Brinkmann). – E. Jas / H. Kellman, in: H. Kellman (Hg.), The Treasury of Petrus Alamire. Music and Art in Flemish Court Manuscripts 1500–1535, Gent / Amsterdam 1999, Nr. 33, S. 125ff., Nr. 22, S. 110ff., Nr. 13, S. 90ff.; darin auch: D. Thoss, Flemish Miniature Painting in the Alamire Manuscripts, S. 53ff., bes. S. 57 und Abb. 10. – L. Indestege, Schmuckformen auf flämischen Einbänden im ausgehenden Mittelalter. Beschriftete Rankenplatten, in: Gutenberg Jahrbuch 33, 1958, S. 275, Nr. 4. – M. Smeyers / J. van der Stock, Flemish Illuminated Manuscripts 1475–1530, Gent 1996, Nr. 41, S. 206f. – A. Arnould / J. M. Massing, Splendours of Flanders, Ausst. kat. Fitzwilliam Museum, Cambridge 1993, Nr. 25, S. 84.

24 *Petrarca–Bußpsalmen*
Brügge (?),
um 1500–1510

21v–22r

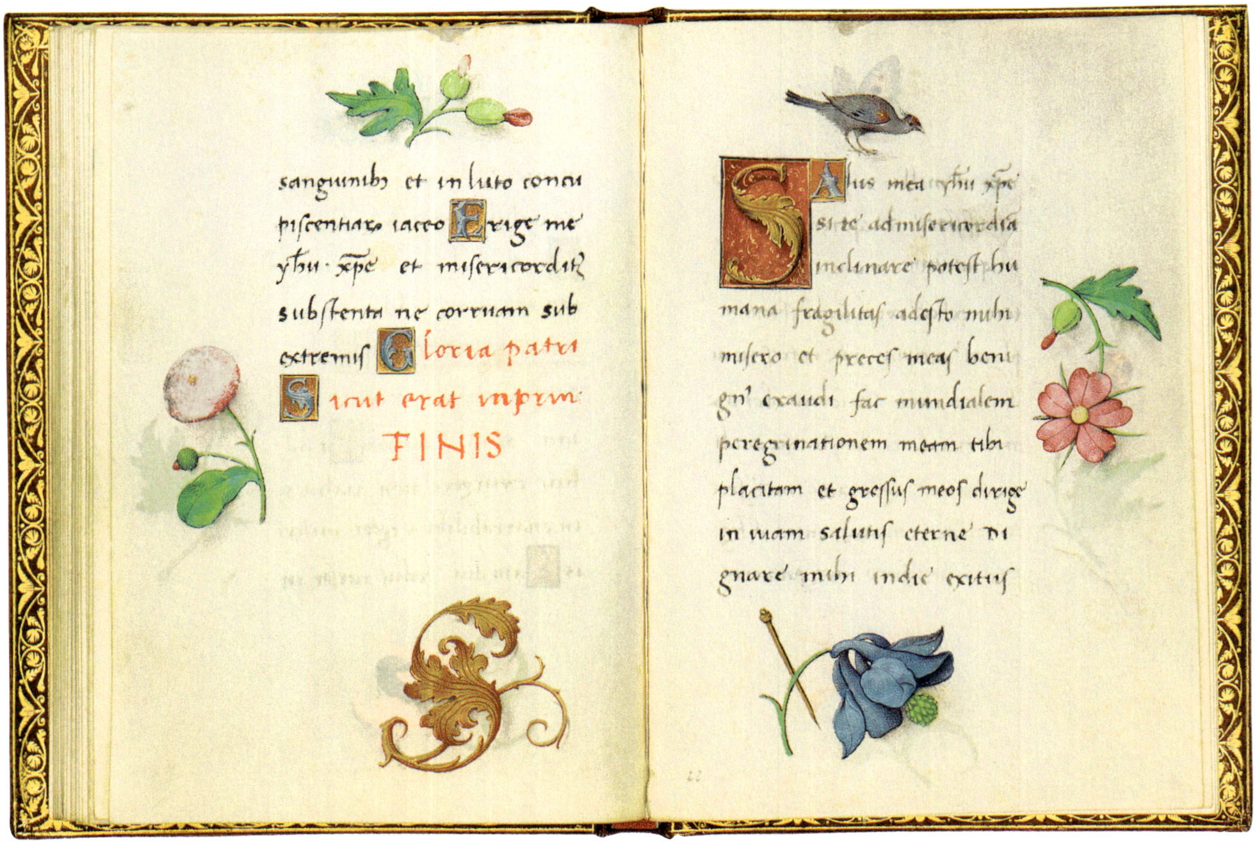

Francesco Petrarca, Psalmen

Weh mir Armem, denn ich habe meinen Erlöser gegen mich erzürnt, und sein Gesetz habe ich starrköpfig missachtet. Aus freien Stücken habe ich den rechten Weg verlassen, und in unwegsamem Gelände habe ich mich weithin umhertreiben lassen. Rauhe Orte und unzugängliche Gegenden habe ich aufgesucht, und überall war Mühsal und Bedrängnis. Ich gehörte zu irgendeiner Herde von Tieren, und zwischen den Höhlen der wilden Tiere war meine Behausung. Ich genoss es, mich in Angst und Bedrängnis zu befinden, und mein Lager schlug ich auf den Wegen auf. Schlafen gelegt habe ich mich zum Sterben, und ich erhoffte mir Ruhe in den Qualen. Was soll ich nun tun? Wohin wenden in solcher Gefahr? Alle Hoffnungen meiner Jugend sind dahin. Einem Schiffbrüchigen bin ich ähnlich geworden, einem, der seine Waren verloren hat und nackt im Meer schwimmt, umhergeworfen von Wind und Wellen. Weit entfernt habe ich mich vom Hafen, und den Weg des Heils schlage ich nicht ein: Immer weiter werde ich nach links getrieben. Ich sehe es ganz klar, aber dadurch gerate ich in noch schlimmeren Zweikampf. Denn ich zürne mir selbst, und meiner eigenen Seele werde ich zum Feind. Ich werde zornig über meine Sünden, aber das ungeheure Gewicht des Unglücks erdrückt mich, und einen Ort zum Atmen finde ich nicht. Wieder und wieder habe ich die Flucht versucht und wollte das alte Joch abschütteln, aber es hängt fest mir in den Knochen. Wenn es doch endlich von meinem Hals fiele. Sofort wird es fallen, wenn du, Höchster, es befiehlst. Wenn ich doch gegen mich in dem Maße zornig werden könnte wie ich dich liebe, auch wenn es spät ist. Aber ich habe große Furcht, denn meine Freiheit habe ich mit meinen eigenen Händen zum Einsturz gebracht. Zu Recht werde ich gepeinigt: ich habe selbst zugestimmt. Von höchstverdienter Mühsal werde ich gequält. Was habe ich mir angetan, ganz von Sinnen? Meine eigene Kette habe ich mir geschmiedet, und willentlich bin ich in die Fallen des Todes gegangen. Netze hat mir der Feind gespannt, wohin ich auch ging, und Fallstricke hat er nach meinen Füßen geworfen. Ich aber habe sie nicht beachtet, und bin sorglos auf schlüpfrigem Grund gegangen. Ich gefiel mir in meinen Sünden. Die Zier der Jugend glaubte ich unvergänglich und folgte meinem Trieb, wohin auch immer er mich trug. Und ich sagte zu mir: „Warum denkst du vor der Mitte schon an das Ende? Jedes Alter hat seine eigenen Ziele. All das sieht Gott, aber er lacht darüber. Bereitwilligst wird er Vergebung gewähren. Du kannst umkehren, wann immer du willst." Nun fordert der schlimme Lebenswandel seinen Sklaven, und gegen den vergeblichen Widerstand fesselt er seine Hände. Nichts habe ich, wohin ich fliehen kann, denn ich bin gefesselt und meine Zuflucht ist fern. In meinen Sünden werde ich sterben, wenn mir nicht Hilfe kommt aus der Höhe. Ich habe es nicht verdient, das gebe ich zu. Erbarme dich dennoch, Herr, und strecke deine Hand aus zu einem, der im Sterben liegt. Gedenke deiner Versprechen und entreiße mich den Abgründen der Hölle. Ehre sei dem Vater und dem Sohn und dem Heiligen Geist: Wie es war im Anfang, so auch jetzt und allezeit und in Ewigkeit. Amen.

Ich werde den anrufen, den ich erzürnt habe, und ich werde mich nicht fürchten; ich werde den zurückrufen, den ich zurückgestoßen habe, und ich werde nicht erröten. Die verlorene Hoffnung werde ich wiedergewinnen; ich werde es wagen, meine Augen aus dieser Dunkelheit wieder zum Himmel zu heben. Dort wohnt mein Erlöser, der die Macht hat, mich der Hölle zu entreißen. Und den kalten Gliedern Geist einzuflößen, und den Darniederliegenden dem Grab zu entreißen. In mir bin ich gestorben, aber in ihm erwartet mich das Leben und Heil in Ewigkeit. Er hat die Herrschaft über den Tod, er schenkt das Leben und stellt es wieder her. Wer könnte verbieten, auf Besseres zu hoffen? Mögen die verschwinden, die mich erschrecken. Meine Sünde ist übergroß, aber die Gnade des Herrn ist unermesslich. Ich Unglücklicher habe gesündigt, und auf Vergehen habe ich noch schlimmere gehäuft, und mir selbst war ich der ärgste Feind. Aber wahrhaftigst: All meinen Schmutz wird ein einziger noch so kleiner Tropfen des heiligen Blutes abwaschen. Zerbrich, Herr, diesen Stein, von dem meine Trauer herrührt. Quellen sollen hervorfließen aus dem überharten Stahl. Klare Quellen mögen entspringen und in die Jauche herabfließen, in der sich der wilde Eber beständig suhlt. Die alten Schandflecken mögen sich auflösen, damit dir ein Wohnsitz in mir gefallen kann, obwohl er selbst mir missfällt. Die ganze Nacht hindurch soll mir die Erinnerung an mein Unglück anhalten, und am Tage möge mir die Hoffnung auf Heil aufleuchten. Die frohen Ereignisse will ich mit den traurigen dämpfen, aber niemals deine barmherzigen Taten vergessen: Wie groß das Unheil war, aus dem du mich gerissen hast und in wie vielen Gefahren du meine Seele nicht allein gelassen hast. Voller Reue will ich meine Untaten betrauern, seufzen angesichts glücklicherer Zeiten. Immer will ich für mich fürchten, aber nie an dir verzweifeln. Möge mir mein Bett zum reinigenden Feuer werden, und mein Lager zum Zeugen meiner Tränen. Möge ich eher noch in meinem Körper Schmerzen leiden, als in die Unterwelt herabzustürzen. Erbarme dich, Herr, erbarme dich, und gib dein Werk nicht preis, mein Befreier und meine letzte Hoffnung. Ehre sei dem Vater und dem Sohn und dem Heiligen Geist: Wie es war im Anfang, so auch jetzt und allezeit und in Ewigkeit. Amen.

24 *Petrarca–Bußpsalmen*
Brügge (?), um 1500–1510

Erbarme dich meiner Schmerzen, Herr; genug und übergenug habe ich mich umhergetrieben, und armselig faulte ich im Schmutz meiner Sünden. Was bleibt noch dem Geschlagenen? Ungenutzt ist die Zeit vergangen, mein Leben habe ich in leeren Plänen vergeudet. Der Tod steht mir vor Augen, und das Grab als letzte Behausung, das Zähneknirschen und Stöhnen der Hölle. Wie lange wird mich der heutige Tag in der Erwartung des morgigen täuschen? Wann werde ich beginnen zu dir zurückzukehren? Halt an die Fluten und Stürme meiner Seele, erleuchte die Entscheidung meines Herzens, setze ein Ende meiner Mühsal. Der du den Verstand gegeben hast, damit ich gut handeln kann, gib auch den Willen und führe ihn zur Tat, damit mir nicht dein Geschenk zum Vorwurf wird und ich in Verwirrung stürze. Entreiße mich dem Sklavendienst für deinen Feind, verhindere, dass er über das Werk deiner Hände triumphiert. Du bist der einzige, der es verhindern kann. Befreie mich von den ewigen Strafen. Möge mir mein Unheil, von dem ich Tag für Tag heimgesucht werde, Teil der Reinigung sein. Fordere für dich, was von meinem Leben und in diesen Gliedern noch übrig ist, bevor die Zeit der Not anbricht. Führe mich zurück auf deine Wege, bevor die Sonne untergeht; es wird nämlich bereits Abend, und die Nacht ist die Gefährtin der Räuber. Zwing mich zu dir, wenn dein Ruf nicht ausreicht. Es möge geschehen, wie immer es dir beliebt, möge ich nur nicht zugrunde gehen. Schau herab, Herr, sieh, erbarme dich und komme zur Hilfe, denn du allein kennst mein ganzes Unheil. Ehre sei dem Vater und dem Sohn und dem Heiligen Geist: Wie es war im Anfang, so auch jetzt und allezeit und in Ewigkeit. Amen.

24 *Petrarca–Bußpsalmen* Brügge (?), um 1500–1510

Ich will mich deiner Gaben erinnern, mein Gott, damit mir meine Verwirrung vor Augen tritt, und Röte meine Wangen bedeckt. Vielleicht wirst du dich so meiner erbarmen, wenn du siehst, dass ich nicht weiterhin alles vergessen habe, was du, wunderbarer Wohltäter, mir zugestanden hast. Du hast für mich den Himmel und die Sterne geschaffen, denn du selbst bedurftest ihrer nicht, für mich den Lauf der Zeiten. Du hast die Sonne und den Mond geschaffen, du hast die Tage und die Nächte, das Licht und die Finsternis unterschieden. Die Luft ist das Werk deiner Hände, den heiteren Himmel und die Wolken hast du hervorgebracht, die Winde und den Regen. Das Land hast du mit Wassern umgeben, die Berge und Meere geschaffen, Täler und Ebenen, Quellen, Seen und Flüsse. Mit den verschiedensten Samen hast du sie im Inneren fruchtbar gemacht, alles ringsum hast du mit vielfältigen Gestalten geschmückt. Bekleidet hast du die Felder mit kräftigen Gräsern, die Hügel mit Blumen geschmückt und die Wälder mit Blättern auf den Ästen. Dem Erschöpften hast du die Ruhe verschafft, dem Erhitzten den Schatten der Bäume und abgeschiedene Orte, wunderbar zur Erholung; Dem Dürstenden hellsprudelnde Quellen, dem Hungernden Beeren jeglicher Art, und Nahrung zur vielfältigsten Erfrischung. Wie vielgestaltig sind die Lebewesen, mit denen du das Land erfüllt hast und das Meer und darumliegende Luftschichten. Wer könnte sie alle aufzählen? All dies hast du den Menschen zu Füßen gelegt. Den Menschen hast du so sehr geliebt, dass du ihm Freuden in großer Zahl gegeben hast. Mir selbst hast du nicht weniger zugestanden, zusammen mit den vielen; sogar einzigartige Dinge hast du mir gewährt. Den Körper des Menschen hast du vor allen deinen Geschöpfen ausgezeichnet, die Glieder hast du in wunderbaren Ordnungen gestaltet. Ein herrschaftliches und heiteres Antlitz hast du ihm gegeben, einen Geist, der dich zu erkennen fähig ist, der die himmlischen Dinge zu betrachten vermag. Unzählige Künste hast du gewährt, um dieses Leben schmuckvoller zu machen. Auch die Hoffnung auf das ewige Leben hast du verliehen. Den Weg hast du gewiesen, den es zu gehen gilt, den Zugang zu deinem Allerheiligsten hast du geöffnet, gelehrt hast du, was wir meiden und wovon wir uns abwenden müssen. Abgesandt hast du uns einen beständigen Begleiter und Führer; alle meine Schritte hast du von der Höhe aus betrachtet, und meine Irrwege hast du gesehen. Den Stolpernden hast du aufgerichtet, den Wankenden gestützt, den Irrenden auf den rechten Weg zurückgebracht, den Gefallenen aufgehoben, den Toten erweckt. Erbarmt hast du dich meiner Mühsal, so viele Male, obwohl ich nicht Gnade, sondern Verachtung verdient hatte. Für welche Verdienste habe ich Unwürdiger so viel Herrliches und Großartiges unentgeltlich erhalten? Du siehst, wie ich dir all diese Dinge vergolten habe; erbarme dich dennoch ein weiteres Mal und komme mir zu Hilfe, denn ohne dich sterbe ich. Erinnere dich nicht weiterhin meiner Undankbarkeiten, heile meine Seele, die nichts mehr von den eigenen Kräften erwarten kann. Ehre sei dem Vater und dem Sohn und dem Heiligen Geist: Wie es war im Anfang, so auch jetzt und allezeit und in Ewigkeit. Amen.

Meine Nächte vergehen in Trauer und quälen mich mit unzähligen Schrecken. Das schlechte Gewissen erschüttert mich und raubt mir den Schlaf, schlimm ergeht es mir. Mein Schlaf wird von vielfältigen Erscheinungen heimgesucht, und er bringt mir nicht Ruhe, sondern Erschöpfung. Verhindere, o Herr, die Zeichen des verderblichen Endes und komme zur Hilfe, denn der nahende Tod wird angezeigt. Meine Tage habe ich in Bitterkeit verbracht; unendliche Sorgen haben mich aufgerieben, und aufgewühlt bin ich vom Kampf in meiner Seele. Ermüdet und gebeugt von der Last meines Körpers gehe ich umher, und mit Widerwillen betrachte ich die Erde. Von innen und von außen bin ich mir selbst eine Last: Auf allen Seiten treffe ich auf Feinde aus meinem eigenen Haus, die mich ins Unglück gestürzt haben. Den Verfolgern von außen stand der Eingang offen und der Schutz meiner Mauern ist zusammengebrochen. Schwer vom Schlaf und unachtsam bin ich in der Dunkelheit der Nacht überwältigt worden. Keine Hoffnung habe ich auf Rettung, keinen Schutz von anderer Seite: Aber auf dein Erbarmen, Herr, werde ich hoffen. Komme zu Hilfe, eile herbei, bringe Hilfe und erbarme dich meiner. Ehre sei dem Vater und dem Sohn und dem Heiligen Geist: Wie es war im Anfang, so auch jetzt und allezeit und in Ewigkeit. Amen.

Ringsum belagerten mich meine Feinde, mit vielen Lanzen bedrängten sie mich. Ich Unglücklicher erstarrte und erzitterte heftig, der Schrecken des Todes stand über mir. Ich stützte mich auf meinen Stab und sagte: „Wahrlich, ich halte durch und werde nicht fallen.“ Nicht habe ich nach Osten geblickt, nicht dorthin, woher ich hätte Hilfe erwarten können; und nicht habe ich, wie es angemessen gewesen wäre, Hoffnung gehegt. Deshalb gab das Fundament, auf das ich mich gestützt hatte, plötzlich nach, und längshin fiel ich auf die Erde. Im Fallen erkannte ich, wie schwach mein Stand gewesen war und noch während ich zusammenbrach, stürzten sich die Räuber auf mich. Sie raubten mir viele Reichtümer, die ich von Ferne her zusammengetragen hatte. Durch Blut und Zersetzung entstellten sie mich. Schlimmste Wunden fügten sie mir zu. Leblos und nackt ließen sie mich in der Wüste zurück. Kopf und Brust durchbohrten sie mir, aber härter noch wüteten sie in meinem Herzen. Dort eitert die Wunde in ihrem Schmutz, dort fürchte ich um mein Leben; dorthin, Herr, lege schnell deine Hände. Du nämlich lebst, mein Erlöser, du hast dies aus der Höhe betrachtet und geschwiegen; du hast es geschehen lassen, weil ich es verdiente. Vielleicht wirst du dich erbarmen und nicht bis zum Ende alles geschehen lassen, denn du allein hast die Macht, dem Tod Gesetze zu geben. Du wirst die Henker von meinem Untergang abhalten, denn auf dir liegt meine große Hoffnung. Du wirst mich heil erretten aus den Händen der Missetäter. Ehre sei dem Vater und dem Sohn und dem Heiligen Geist: Wie es war im Anfang, so auch jetzt und allezeit und in Ewigkeit. Amen.

Überzeugt war ich, fest zu stehen, bis ich zusammenbrach. Weh mir, denn allzu hart bin ich geschlagen worden. Ich erschrecke, wenn ich mich erinnere, wie ich vorher war und wohin ich gekommen bin, und ich beginne heftig zu zittern. Ich hoffte auf meine eigenen Kräfte und versprach mir selbst große Dinge. Traumbilder malte ich mir aus und erfreute mich daran. Nun erwache ich enttäuscht und mit Tränen. Sorglos war ich in Gefahren, fröhlich im Kummer; ich glaubte mich in einem Hafen mitten in Stürmen. Durch Nebel hindurch schaute ich umher, verfolgte im Leben gewundene Seitenwege, die mir unglückselig schmeichelten. Du wusstest es, denn du warst immer mein Ziel. Aber ich glaubte, durch mich selbst zu dir zu kommen, und so ging ich rückwärts auf undurchdringlichen Umwegen. Nun bemerke ich überall die Fallen, schmerzlichen Verdruss bereitet mir das langjährige Umherirren. Und dennoch halte ich deswegen nicht dort an, wo Ruhe ist. Mir selbst bin ich verhasst, und alles tue ich mit Widerwillen; ich ertrage die Gewalt, und mir ist nichts anderes möglich. Einen neuen Vorsatz erstickt die alte Gewohnheit, und obwohl mir das Richtige gefällt, falle ich ins Gewohnte zurück. Wie oft schon bin ich träge zu meinem Erbrochenen zurückgekehrt und sagte mir voller Wut: „Wie lange noch und welches Ende wird es nehmen?“ Eine gerechte Strafe für einen unmäßigen Geist. Ich weiß, was mich zugrunde gerichtet hat: Nichts war ich und habe doch voller Stolz die Augenbraue gehoben. Ich erkenne, dass es für den Menschen keine Sicherheit gibt außer Gott. Und wenn ich zu wenig sehe, möge es mir klarer erscheinen. Nimm weg von mir, Herr, den Geist der Anmaßung und gib mir die Demut, die dir gefällt. Damit ich nicht unvernünftig mich selbst erhebe und mich über mich selbst belüge, sondern in zitternder Ehrfurcht vor dir verharre. Ich bin Schmutz und ein flüchtiger Schatten, Rauch vor dem Angriff der Winde, so scheine ich mir selbst zu scheinen. So möge ich mir selbst immer erscheinen, und in dieser Haltung will ich nüchtern und gesund verbleiben, unter deinem Schatten. Sooft ich den Fuß von hier wegbewege, will ich fallen und meinen Verfolgern zum Spott dienen. Ich weiß es und fürchte mich wegen meiner Erfahrung; schon einmal hat mich ein solches Verderben ergriffen. Und bis jetzt war ich nicht stark genug wieder aufzustehen, von unzähligen Leiden werde ich bedrängt. So lange befinde ich mich verachtenswert im irdischen Fleisch und Blut, und im Schmutz meiner Begierden liege ich da. Richte mich auf, Christus Jesus, und stütze mich barmherzig, damit ich nicht am Ende zusammenbreche. Ehre sei dem Vater und dem Sohn und dem Heiligen Geist: Wie es war im Anfang, so auch jetzt und allezeit und in Ewigkeit. Amen.

(Übersetzung: Alexander Arweiler)

24 *Petrarca – Bußpsalmen*
Brügge (?), um 1500–1510

25

Manderscheid-Stundenbuch
Lateinisches Stundenbuch
für den Gebrauch in Flandern
Meister des Dresdener Gebetbuchs
Meister des Wodhull-Haberton-Stundenbuchs
Meister der Davidszenen
im Breviarium Grimani
und andere flämische Buchmaler
Brügge, um 1515

Stundenbücher eröffnen uns immer wieder erstaunliche Einblicke in die Lebenswelt ihrer Besitzer. In dem vorliegenden Exemplar haben auf dem dritten Vorsatzblatt verschiedene Hände zwischen 1537 und 1569 liegende Geburtstage von Personen aus dem Geschlecht derer von Manderscheid festgehalten, aus denen man Graf Gerhard von Manderscheid-Gerolstein und Blankenheim als möglicherweise frühesten Besitzer erschließen kann. Die Versoseite des ersten Blattes schmücken hingegen Devisen und Monogramme verschiedener Adeliger anderer Geschlechter. Derartige Zusammenstellungen freundschaftlicher Widmungen gewinnen kurze Zeit später so große Bedeutung, dass ihnen ein eigener Buchtyp zuwächst: das im Barock ungemein beliebte »Album Amicorum«. Das dazwischenliegende zweite Vorsatzblatt des Manderscheid-Stundenbuchs ist von unzähligen Nadelstichen perforiert, die daher rühren, dass an dieser Stelle einmal über ein Dutzend Pilgerzeichen und Gedenkmedaillen eingenäht gewesen sind.

Alle drei Zeugnisse Generationen übergreifender regelmäßiger Benutzung stehen jedoch im Dienste einer ganzheitlichen Strategie der Jenseitsvorsorge: Man betete das Stundengebet um des eigenen Seelenheils willen, um die Verweildauer der eigenen Seele im Fegefeuer zu verkürzen. Diese Zeitspanne können aber nach mittelalterlichem Verständnis auch die Nachkommen mit ihren Fürbittgebeten zugunsten eines Verstorbenen beeinflussen. Deswegen war es so wichtig, sich mit einem schriftlichen Vermerk bei den Kindern und Kindeskindern jedesmal in Erinnerung zu rufen, wenn diese den ererbten Kodex zur Hand nahmen. Um ganz sicher zu gehen, sind die Geburtsdaten auch im Kalender nachgetragen worden.

Aber nicht nur Familienmitglieder, auch Freunde und Bundesgenossen können helfen, wenn sie dem Toten ein Andenken bewahren. Viele der kurzen Sprüche, die man sich wechselseitig in die Stundenbücher eintrug, versprechen Erinnerung und Loyalität. So sind auf dem Verso des dritten Vorsatzblattes in unserer Handschrift Todestag und –stunde der Erzherzogin Margarete von Österreich vermerkt, und der kurze Bericht mündet in die Aufforderung »[...] bitte Gott, er möge ihr ewigen Ruhm geben. Amen. Sie ruhe in Frieden. Amen.« Vorteilhaft für das Seelenheil wirkt sich schließlich auch der Besitz von materiellen Souvenirs aus, von jenen Pilgerzeichen, die an den großen Wallfahrtsorten wie etwa in Aachen erhältlich waren und die Segnungen eines solchen Ortes konservieren sollten. Gerhard von

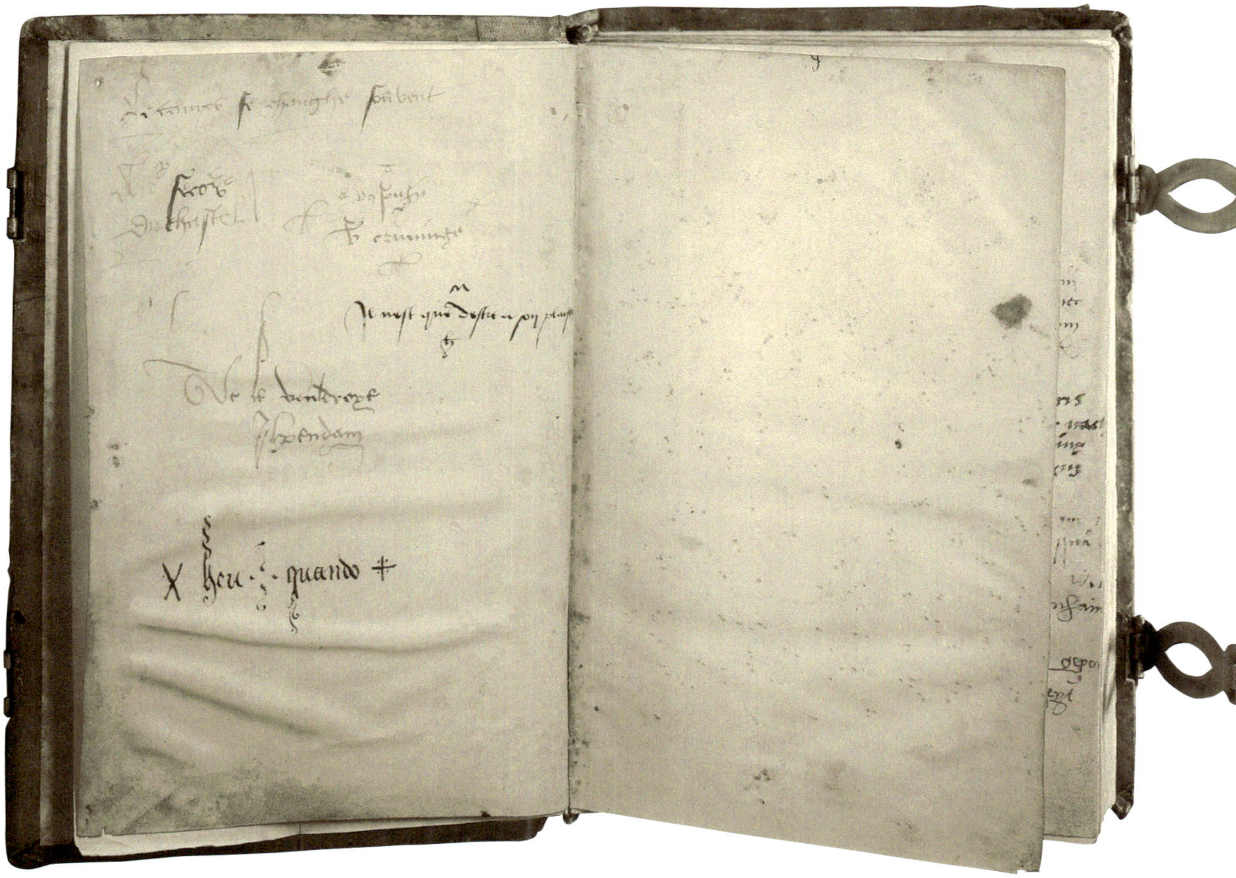

25 *Manderscheid-Stundenbuch*
Brügge, um 1515

Iv–IIr Vermutlich gehören die Devisen wie *heu quando* (wann jemals) und *Le temps se changhe souvent* (Die Zeiten ändern sich fortwährend) zu den frühesten Einträgen, ohne dass man sie mit bestimmten Besitzern verbinden könnte.

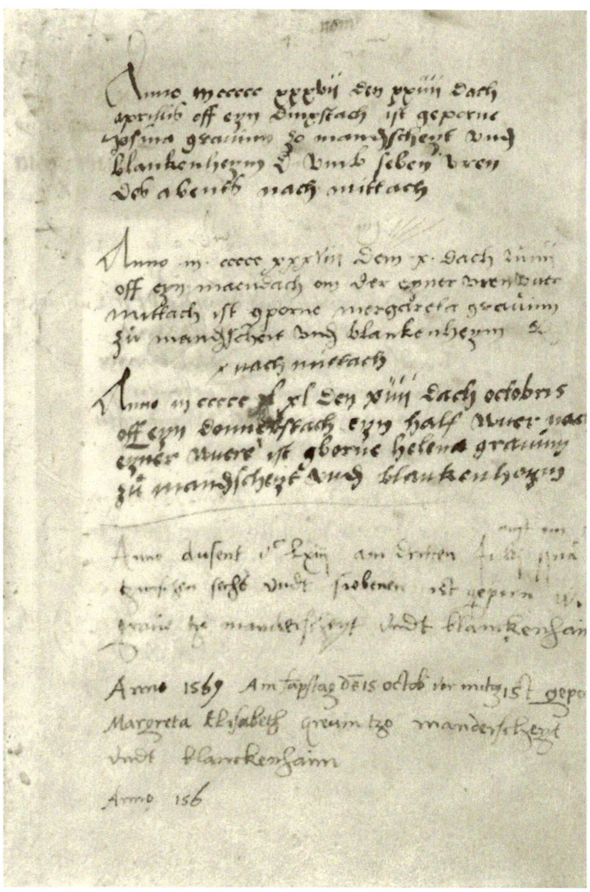

3. Vorsatzblatt. Geburtsvermerke der Grafen von Manderscheid und Blankenheim

Im Jahre 1537, am 24. Tag des April, auf einem Dienstag, ist geboren Gesina [?] Gräfin zu Manderscheid und Blankenheim um sieben Uhr des Abends, nach Mittag.

Im Jahre 1538, am 10. Tag des Juni, auf einem Montag um ein Uhr unter Mittag, ist geboren Margareta Gräfin zu Manderscheid und Blankenheim.

Im Jahre 1540, am 14. Tag des Oktober, auf einem Donnerstag um halb zwei nachmittags, ist geboren Helena Gräfin zu Manderscheid und Blankenheim.

Im Jahre 1563, am dritten Juli zwischen sechs und sieben, ist geboren W. Graf zu Manderscheid und Blankenheim.

Im Jahre 1569, am Fasttag des 15. Oktober vor Mittag, ist geboren Margareta Elisabeth Gräfin zu Manderscheid und Blankenheim.

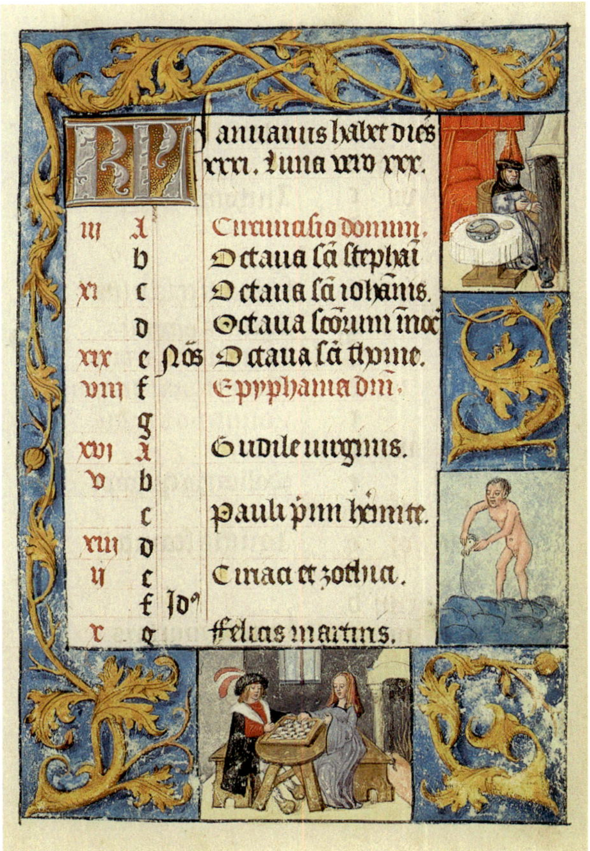

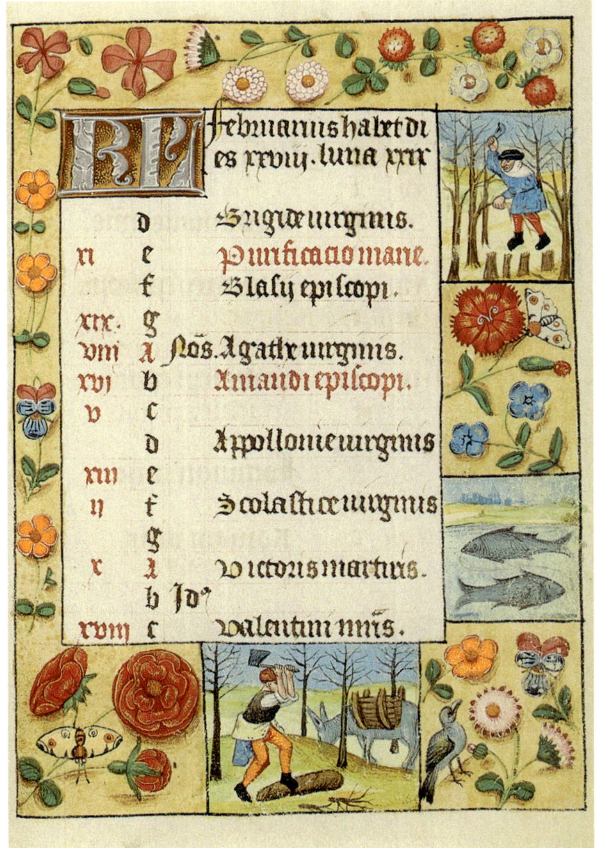

25 *Manderscheid-Stundenbuch*
Brügge, um 1515

1r Kalendar. Dem Wintermonat Januar entsprechend, wärmt sich ein Mann am offenen Kamin und ein Paar sitzt Schach spielend in der beheizten Stube. Sternzeichen: Wassermann

2r Kalendar. Im Abholzen von Bäumen und Holzhacken bestehen die typischen Arbeiten des Monats Februar. Sternzeichen: Fische

Manderscheid scheint ein eifriger Sammler solcher Devotionalien gewesen zu sein.

Der Kontakt zu Margarete von Österreich, die in Mecheln residierte und eine begeisterte Sammlerin flämischer Kunst war, könnte auf den Geschmack des ersten Buchbesitzers abgefärbt haben. Denn die Miniaturen und Bordüren des Stundenbuchs haben nicht etwa lokale Buchmaler in der Eifel, wo die Grafen von Manderscheid ansässig waren, sondern flämische Illuminatoren wahrscheinlich in Brügge geschaffen. Die Schrift des Kodex, eine steile und rechtwinklige Textura, ist dagegen für Flandern untypisch, wie Christopher de Hamel hervorgehoben hat. Vieles spricht für seine Vermutung, dass unsere Handschrift von einem Mitglied der deutschen Handelskolonie in Brügge entweder geschrieben oder sogar aus Deutschland importiert worden ist, um dann komplett illuminiert wieder an einen deutschen Besitzer verkauft zu werden.

Wenn Produktion und Vertrieb auf diese Weise organisiert waren, dürfte Zeitdruck unausweichlich gewesen sein. Ein deutscher Kunde, in Geschäften für begrenzte Zeit nach Brügge gekommen, hätte das fertige Buch gewiss bei seiner Abreise mitnehmen wollen. Dem Zeitdruck begegnete man anscheinend mit der Verteilung der Arbeit auf möglichst viele Hände. So haben mindestens sechs Buchmaler an der Illuminierung des Manderscheid-Stundenbuchs mitgewirkt, von denen drei aufgrund der Qualität ihrer Arbeiten herausragen. Die Kopfminiatur mit der Büste des Salvators zu dem Gebet *Salve Sancta Facies* am Anfang des Buches stammt wohl vom Meister der Davidszenen im Breviarium Grimani. Dieser besonders weich und malerisch arbeitende Künstler hat sich anscheinend auf diese an ein Tafelbild erinnernde Darstellung spezialisiert, denn wir kennen eine Reihe weiterer Handschriften, zu denen er nur diese eine Miniatur beigesteuert hat. Die Kreuzigung (18v), die Marienkrönung (101v) und den Büßenden König David (136v) hat der Meister des Wodhull-Haberton-Stundenbuchs geschaffen. Dieser Buchmaler, der stilistisch ein wenig an Gerard David erinnert, scheint zwischen den Nördlichen und den Südlichen Niederlanden hin und her gependelt zu sein; sein namengebendes Hauptwerk etwa trägt bis auf die Miniaturen alle Züge eines typischen Delfter Stundenbuchs. Ein einziges Vollbild, die Lazaruserweckung (156v), hat der Meister des Dresdener Gebetbuchs beigetragen, der zu diesem Zeitpunkt bereits ein beträchtliches Alter erreicht haben muss. In der Ausstellung kann man mit Kat. Nr. 22 ein dreieinhalb Jahrzehnte zuvor entstandenes Frühwerk von

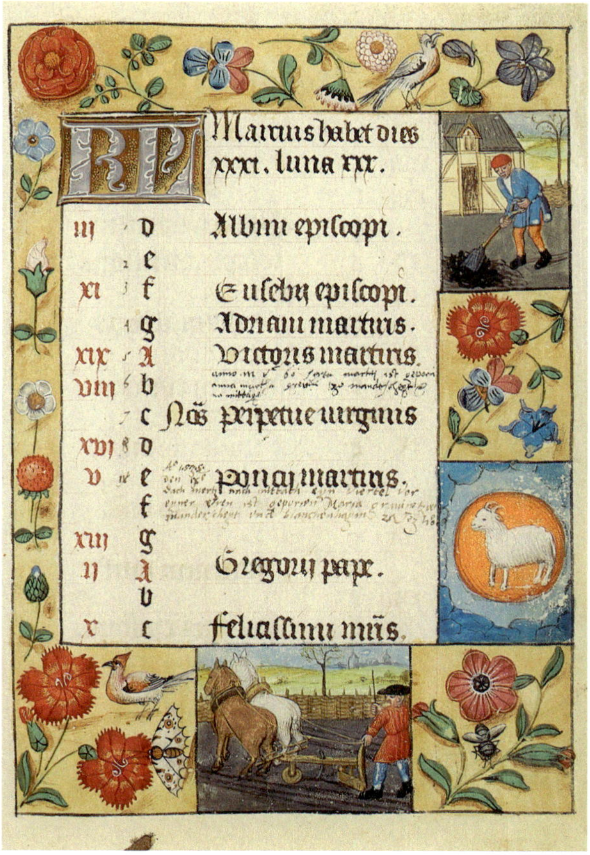

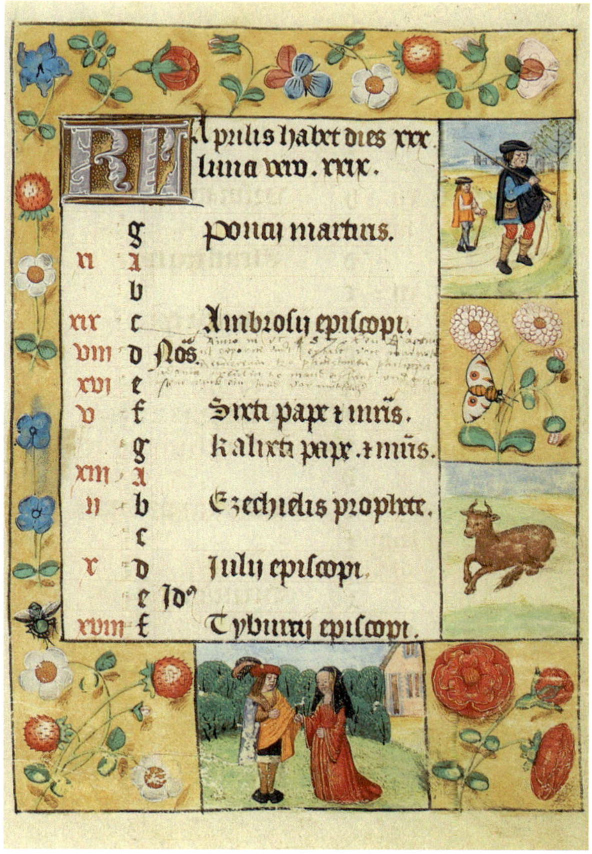

25 *Manderscheid-Stundenbuch*
Brügge, um 1515

3r Kalendar. Im März beginnt der Bauer, mit Graben und Pflügen das Feld zu bestellen. Sternzeichen: Widder

4r Kalendar. Im April steht ein vornehmes Paar mit einem Falken auf der Hand auf der Wiese vor dem Haus, und ein mit einer Keule und ein zweiter mit Keule und Stab (?) bewaffneter Mann streifen durch die Landschaft. Sternbild: Stier

seiner Hand studieren. Im Vergleich mit letzterem fällt an der Manderscheid-Miniatur des Dresdener Gebetbuch-Meisters die reduzierte Plastizität seiner Figuren und eine stärkere Einbindung in die Fläche auf, Phänomene, die eventuell auf ein allmähliches Nachlassen der Sehkraft des Künstlers hindeuten. Dafür spricht auch ein winziger Streifen unbemalten Pergaments im Rücken des von der Seite gesehenen Mannes hinter Petrus, das der Künstler wohl übersehen hat. Normalerweise malt er Flächen auch dann aus, wenn ihre Farbe fast dem Pergamentton gleicht, wie etwa bei dem Sandweg, der an der Kapelle vorbei in den Hintergrund führt.

(Bodo Brinkmann)

Pergament 204 Blätter (Zählung beginnt auf Blatt 4); 211 x 143 mm; Lagen: 1^{6+2}, 2^{6+1}, 3^{4+1}, 4^{10+2}, 5^{8+1}, 6^{2+1}, $7–9^{8+1}$, 10^{6+3}, $11–13^{8+1}$, 14^{4+1}, 15^{8+1}, 16^{2+1}, 17^{8}, 18^{4+2}, 19^{6+1}, 20^{8}, 21^{8+1}, $22–25^{8}$, 26^{6}, 27^{2}; Schriftspiegel: 116 x 75 mm; einspaltig; 18 bzw. 17 (Kalendar) Zeilen; Liniierung in Rot. **Ausstattung** Lateinischer Text in dunkelbrauner Textura, rubriziert; auf dem 2. Pergamentvorsatzblatt zahlreiche Abdrücke von Pilgerzeichen und –medaillen; gelb schattierte Versalien; ein- bis zweizeilige, seltener auch dreizeilige Initialen in Grau, weiß konturiert, auf braunem Grund mit Goldverzierung; Zeilenendungen in gleicher Farbigkeit; große Astwerk- oder Akanthusinitialen in Ocker-Rot, Gold oder Grau-Violett auf farbigem, auch goldenem Grund mit Blütenfüllungen; auf den Seiten mit den zwanzig kleinformatigen Miniaturen am Außenrand Bordüren mit verschiedenen Blüten, Tieren und Früchten in Trompe l'œil-Malerei auf farbigem, meist goldenem Grund; siebzehn ganzseitige Miniaturen in Deckfarben mit Gold, wie die gegenüberliegenden Textseiten mit Bordüren gerahmt, gefüllt mit Blüten, Blumen in Vasen, Früchten, Insekten, Vögeln, Drôlerien und menschlichen Wesen, teilweise auf Grasnarben, meist auf goldenem, aber auch blauem, schwarzem und rotem Grund, teilweise in farblich abgesetzter, geometrischer Felderung. **Einband** Braunes,

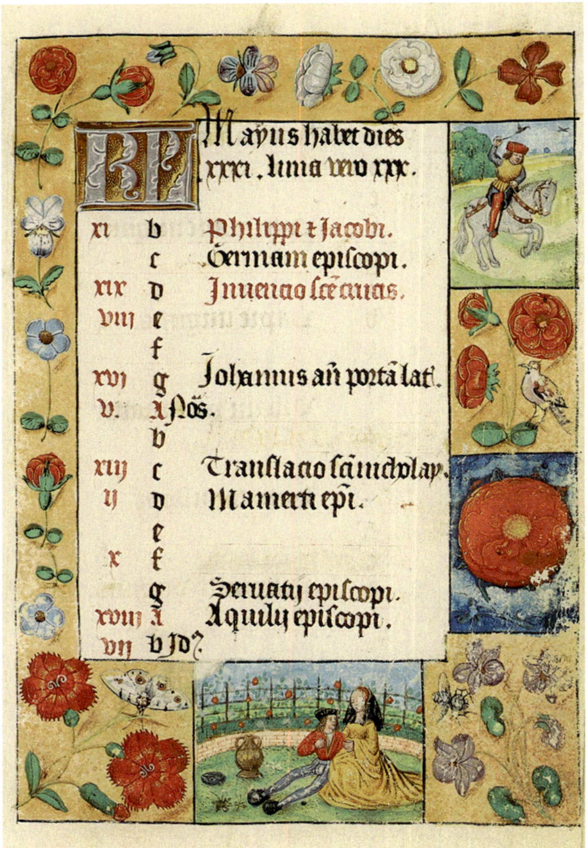

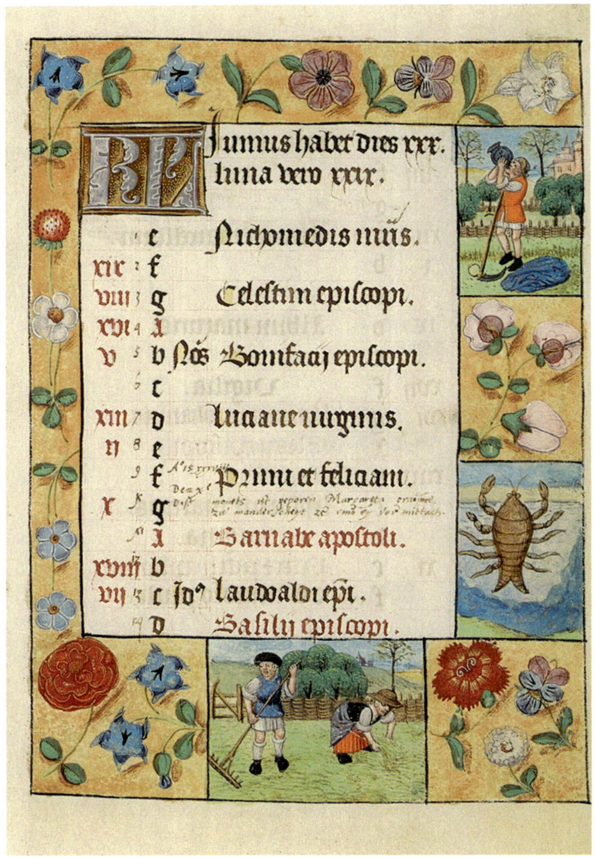

25 *Manderscheid-Stundenbuch*
Brügge, um 1515

5r Kalendar. Im Mai – das Sternbild der Zwillinge fehlt – reitet der Edelmann zur Falkenjagd hinaus, und ein vornehmes Paar hat sich zum Picknick im Garten gelagert.

6r Kalendar. Der Juni steht im Zeichen des Krebses und ist der Monat, in dem das Gras gemäht und das Heu geerntet wird.

unverziertes Kalbleder über Holz, zum Teil ausgebessert; auf dem Rücken mit Tinte »Breviarium Hdschr. auf Pergam.« und Bibliothekszettel »325«; zwei Messingverschlüsse, von denen eine Schließe herausgebrochen war; Goldschnitt; 18. Jh. **Vorbesitzer** Vermutlich gehören die Devisen wie »heu quando« oder »Le temps se changhe souvent« (u. a. Iv) aus dem 16. Jh. zu den frühesten Einträgen, die jedoch nicht mit bestimmten Besitzern verbunden werden können; bemerkenswert auch der französische Eintrag vom Tod der Margarete von Österreich (1480–1530), Statthalterin der Niederlande (IIIv); Gerhard, Graf zu Manderscheid-Gerolstein und Blankenheim (gest. 1548) und seine Frau Franziska, Gräfin von Montfort (gest. 1544) (die Geburten ihrer Kinder auf dem 3. Vorsatzblatt und im Kalendar verzeichnet [vgl. W. K. Prinz von Isenburg / F. Baron Freytag von Loringhoven, Stammtafeln zur Geschichte der europäischen Staaten 5, Marburg 1978, Taf. 112]); Hans Gerhard, Graf zu Manderscheid-Gerolstein und Blankenheim (1536–1611) und seine Frau Margarete, Gräfin zu Salm (1540–1600) (die Geburten von zweien ihrer Kinder im Kalendar verzeichnet); Fürstlich Fürstenbergische Schlossbibliothek Donaueschingen, Hs. 325 (möglicherweise über den 1787 verstorbenen Karl Egon, Fürst zu Fürstenberg, dorthin gelangt, dessen Schwägerin Augusta, Gräfin von Manderscheid, Titel und Besitztümer dieser Linie geerbt hatte). **Inhalt** 1r–12v Kalendar (Flandern: Brügge, Tournai), lateinisch, sporadisch besetzt (u. a. 22. 1. *Vincencii martiri*, 6. 2. *Amandi episcopi*, 14. 6. *Basilii episcopi*, 25. 6. *Eligii episcopi*, 1. 10. *Remigii et Bavonis*, 14. 10. *Donaciani epi.* sowie die Feste: 8. 1. *Gudile virginis*, 20. 2. *Eleutherii episcopi*, 1. 3. *Albini episcopi*, 4. 3. *Adriani martiris*, 9. 5. *Translacio sci. Nicholay*, 10. 5. *Mamerti epi.*, 13. 5. *Servatii episcopi*, 13. 6. *Laudoaldi epi.*, 21. 6. *Albini martiris*, 26. 8. *Heruei et Abundi*, 3. 9. *Remacli episcopi* , 4. 11. *Eustacii episcopi*, 7. 11. *Willebrordi epi.*, 15. 11. *Machuti episcopi*, 27. 11. *Maximi episcopi*); in den Bordüren zu jedem Monat jeweils eine Miniatur mit dem Sternzeichen und zwei Miniaturen mit Monatsarbeiten. 13r leer. 13v–14v Gebet zum Antlitz Christi. 13v Salvator mundi. *S (Alve sancta facies)*. 14v–17v Gebete zum Empfang der hl. Kommunion. 18r leer. 18v–24v Kreuzoffizium; die Textanfänge immer auf der der Miniatur gegenüberliegenden Zierseite. 18v Kreuzigung Christi. 25r leer. 25v–30v Hl. Geistoffizium. 25v Pfingsten. 31r leer. 31v–36v Marienmesse. 31v thronende Muttergottes. 37r–41v Evangelienlesungen mit kleinen Miniaturen. 37r Johannes. 38r Lukas. 39v Matthäus. 41r Markus. 42r leer. 42v–100v Marienoffizium (Rom). 42v Verkündigung an Maria; in der Rah-

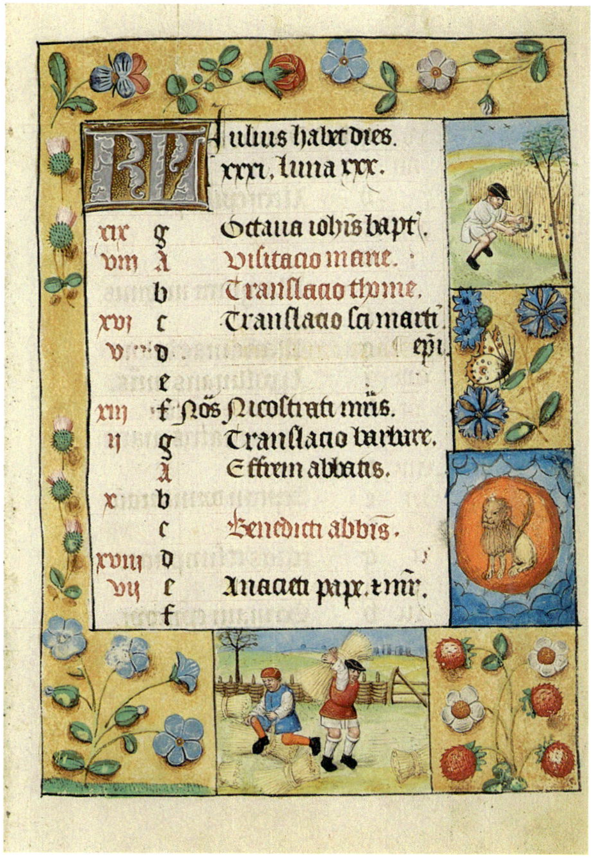

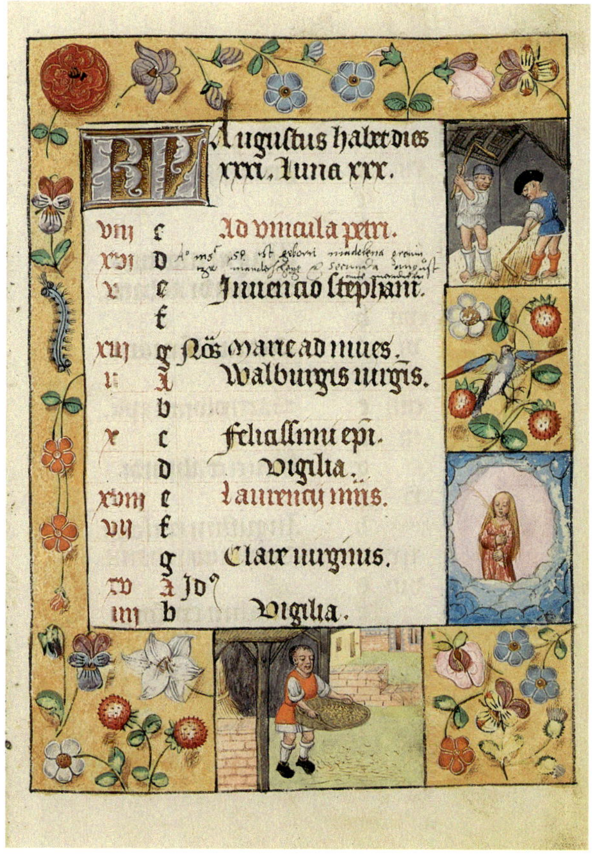

25 *Manderscheid-Stundenbuch*
Brügge, um 1515

7r Kalendar. Im Juli wird das Getreide gemäht, zu Garben gebunden und eingebracht. Sternbild: Löwe.

8r Kalendar. Dem August sind Dreschen und Aussieben der Getreidekörner als die wichtigsten Arbeiten zugeordnet. Sternzeichen: Jungfrau

mung Engel mit Arma Christi. 52r leer. 52v Heimsuchung. 62v Geburt Christi. 67r leer. 67v Verkündigung an die Hirten. 72r leer. 72v Anbetung der Könige. 76v Beschneidung Jesu. 81r leer. 81v Bethlehemitischer Kindermord. 88r leer. 88v Flucht nach Ägypten. 101r leer. 101v–109r Marienoffizium für die Adventszeit. 101v Krönung Mariens. 110r leer. 110v–114r *O (Bsecro te)*; für männlichen Gläubigen eingerichtet. 110v Beweinung Christi unter dem Kreuz. 114v–116v *O (Intemerata)*; für männlichen Gläubigen eingerichtet. 116v–118v *S (Tabat mater)*. 119r leer. 119v–121v Sieben Verse des hl. Gregor. 119v Gregorsmesse. 122r–135r Heiligensuffragien mit kleinen Miniaturen. 122r Kampf Michaels mit dem Teufel. 122v hl. Johannes der Täufer. 123r hll. Petrus und Paulus. 123v hl. Andreas. 124r hl. Jakobus. 125v hl. Christophorus. 126v Martyrium des hl. Sebastian. 127r hl. Adrian. 128v Stigmatisierung des hl. Franziskus. 129v hl. Nikolaus errettet die drei Jünglinge. 130r hl. Hieronymus. 131r hl. Maria Magdalena. 131v hl. Katharina. 132v hl. Barbara. 133r hl. Margarete. 134r Alle Heiligen. 135v–136r leer. 136v–155v Bußpsalmen mit Litanei (Flandern: u.a. Cornelius, Georg, Christophorus, Gervasius, Victor und seine Gefährten, Eustachius, Erasmus, Egidius, Bavo, Remigius, Audomarus, Bertinus, Amandus). 136v König David im Gebet. 156r leer. 156v–194v Totenoffizium (Rom). 156v Auferweckung des Lazarus. 194v–197v Athanasianisches Glaubensbekenntnis. *Q (uicunque)*. 198r–199v Gebet. *O glorieuse vierge Marie* (nachgetragen im 16. Jh.). **Literatur** K. A. Barack, Die Handschriften der Fürstlich-Fürstenbergischen Hofbibliothek zu Donaueschingen, Tübingen 1865; Neudr. Hildesheim/New York 1974, Nr. 325, S. 252. – E. Johne, Die Fürstlich-Fürstenbergische Hofbibliothek in Donaueschingen, in: Badische Heimat 1–3, 1921, S. 81, Abb. S. 78f. – Ders., Lassberg und die Fürstlich Fürstenbergische Hofbibliothek, in: K. S. Bader (Hg.), Joseph von Lassberg. Mittler und Sammler, Stuttgart 1955, S. 391 Anm. 13. – E. Huber, Die Fürstlich Fürstenbergische Hofbibliothek Donaueschingen, in: Schwäbische Heimat 2, 1957, S. 53. – Dies., Fürstlich Fürstenbergische Hofbibliothek. Ausstellung mittelalterlicher Handschriften und Inkunabeln, Donaueschingen 1958, S. 14, Abb. 3. – Dies., Die Fürstlich Fürstenbergische Hofbibliothek Donaueschingen, in: Librarium. Zeitschrift der schweizerischen Bibliophilen Gesellschaft 16, 1973, S. 15, Abb. 4. – M. Rieple, Die Fürstlich Fürstenbergische Hofbibliothek zu Donaueschingen, in: Baden-Württemberg 5, 1974, S. 243. – W. A. Schulze, Ältere Dreikönigsdarstellungen im Badischen Raum, in: Badische Heimat 55, 1975, S. 77f., Abb. 11. – H. Wolf, Gent-

25 *Manderscheid-Stundenbuch*
Brügge, um 1515

9r Kalendar. Der September, im Zeichen der Waage, ist der Monat der Weinlese und des Kelterns.

10r Kalendar. Im Oktober durchläuft die Sonne das Sternbild des Skorpions, und der Bauer bringt die Getreidesaat aus.

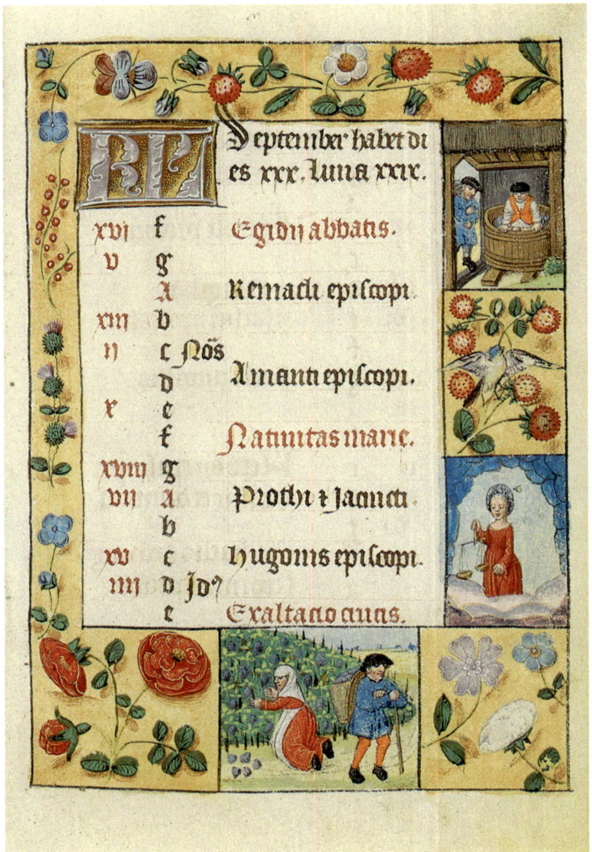

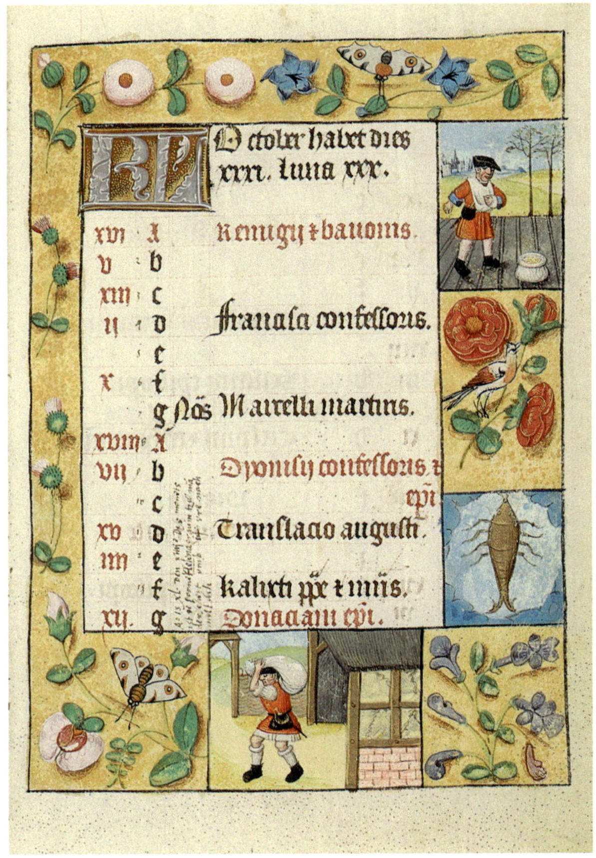

127r (Text) Gebet zum hl. Adrian

Brügger Buchmalerei des Spätmittelalters, Berlin 1981, S. 20ff., Abb. 1, 4–12, 14. – Kat. Sotheby's, Twenty Western Illuminated Manuscripts from the Fifth to the Fifteenth Century from the Library at Donaueschingen, London, 21. 6. 1982, Nr. 20. – C. F. R. de Hamel, Reflexions on the trade in Books of Hours at Ghent and Bruges, in: J. B. Trapp (Hg.), Manuscripts in the Fifty Years after the Invention of Printing (Some Papers Read at a Colloquium at the Warburg Institute on 12–13 March 1982), London 1983, S. 29ff. – J. M. Plotzek, Andachtsbücher des Mittelalters aus Privatbesitz, Ausst. Kat. Schnütgen-Museum, Köln 1987, S. 222ff., Nr. 73. – B. Brinkmann, Die flämische Buchmalerei am Ende des Burgunderreichs. Der Meister des Dresdener Gebetbuchs und die Miniaturisten seiner Zeit, Turnhout 1997, S. 329ff.

Gebet zum hl. Adrian

Pie martir et modeste./ congaudens sanctis luneste./ et amictus alba veste./ nunquam transitorie./ Nos supplices laudantes te/ conserves ab omni peste./ et perducas ad celeste/ iubar vere glorie. (Frommer und demütiger Märtyrer, in lichter Freude mit allen Heiligen, bekleidet mit weissem Gewande, niemals vergänglich. Uns, die wir dich flehend loben, bewahre von allem Unheil und führe uns zum Himmlischen, dem Glanze wahren Ruhms.) (Übersetzung: Alexander Arweiler)

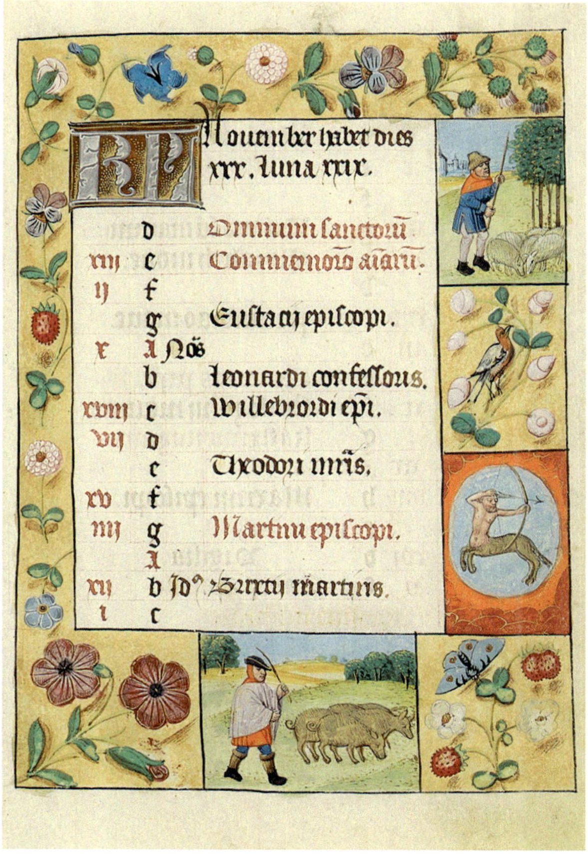

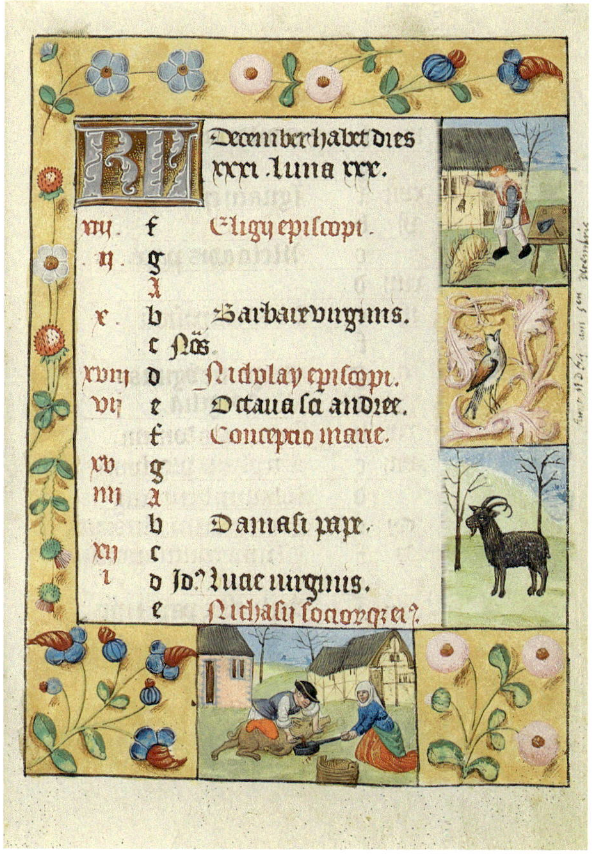

25 *Manderscheid-Stundenbuch*
Brügge, um 1515

11r Kalendar. Wenn im November das Vieh kein Futter mehr auf den Weiden findet, wird es zum Stall getrieben. Sternbild: Schütze

12r Kalendar. Im Dezember, wenn die Sonne durch das Zeichen des Steinbocks wandert, ist die Zeit des Schlachtens gekommen.

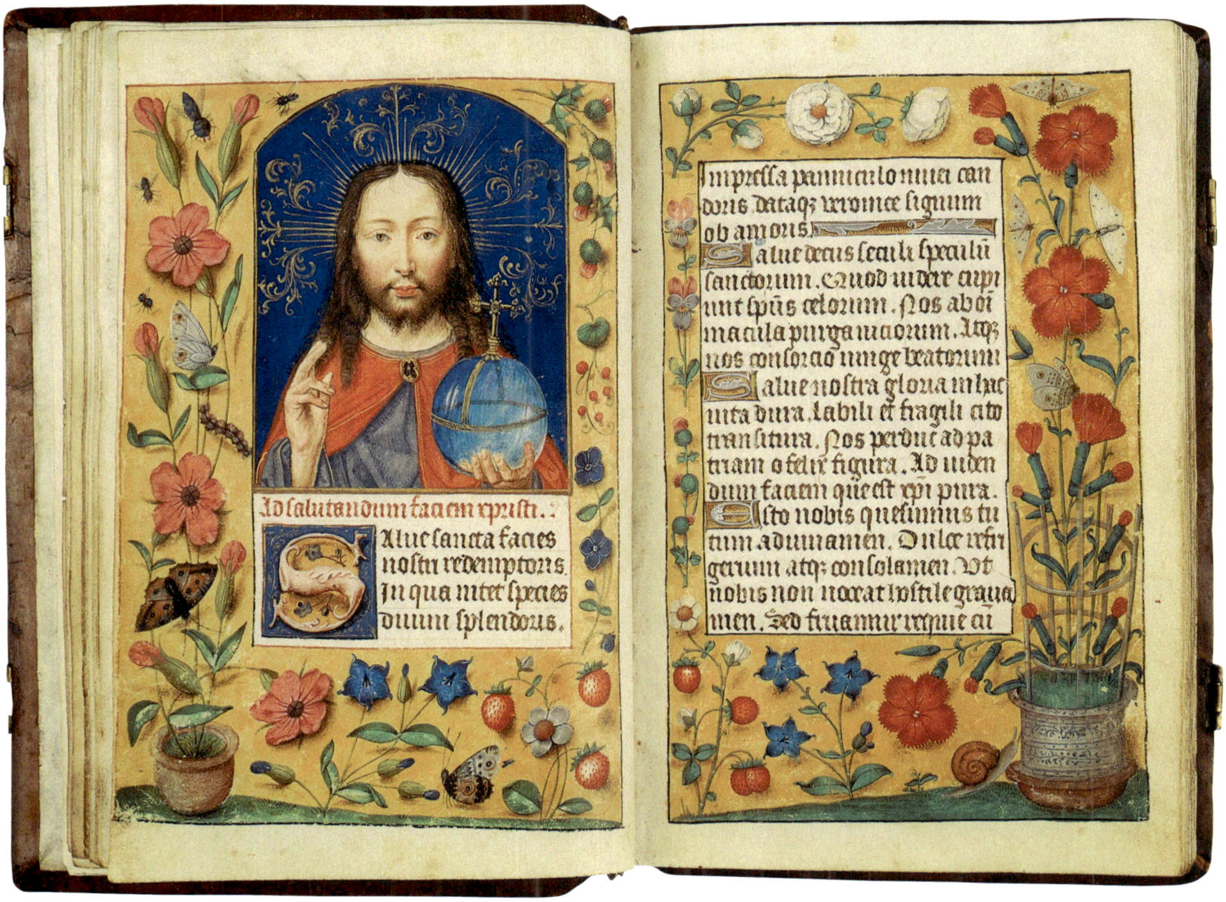

13–14r Nach dem Kalendar beginnt das Stundenbuch mit einer Miniatur der Büste des Salvator mundi zu dem Gebet *Salve Sancta Facies* (Sei gegrüßt, heiliges Antlitz).

Die Texte dieses Stundenbuches liegen der Übersetzung am Anfang des Katalogbuches zugrunde und können dort nachgeschlagen werden.

25 *Manderscheid-Stundenbuch*
Brügge, um 1515

18v Kreuzigung Christi mit dem guten und dem bösen Schächer, dem die trauernde Gottesmutter stützenden Johannes und Maria Magdalena links sowie den Soldaten rechts unter dem Kreuz; in der Trompe l'œil-Bordüre der Einleitungsminiatur zum Kreuzoffizium hält ein Mischwesen mit Vogelleib und Frauenoberkörper einen Spiegel als Vanitassymbol in der Hand.

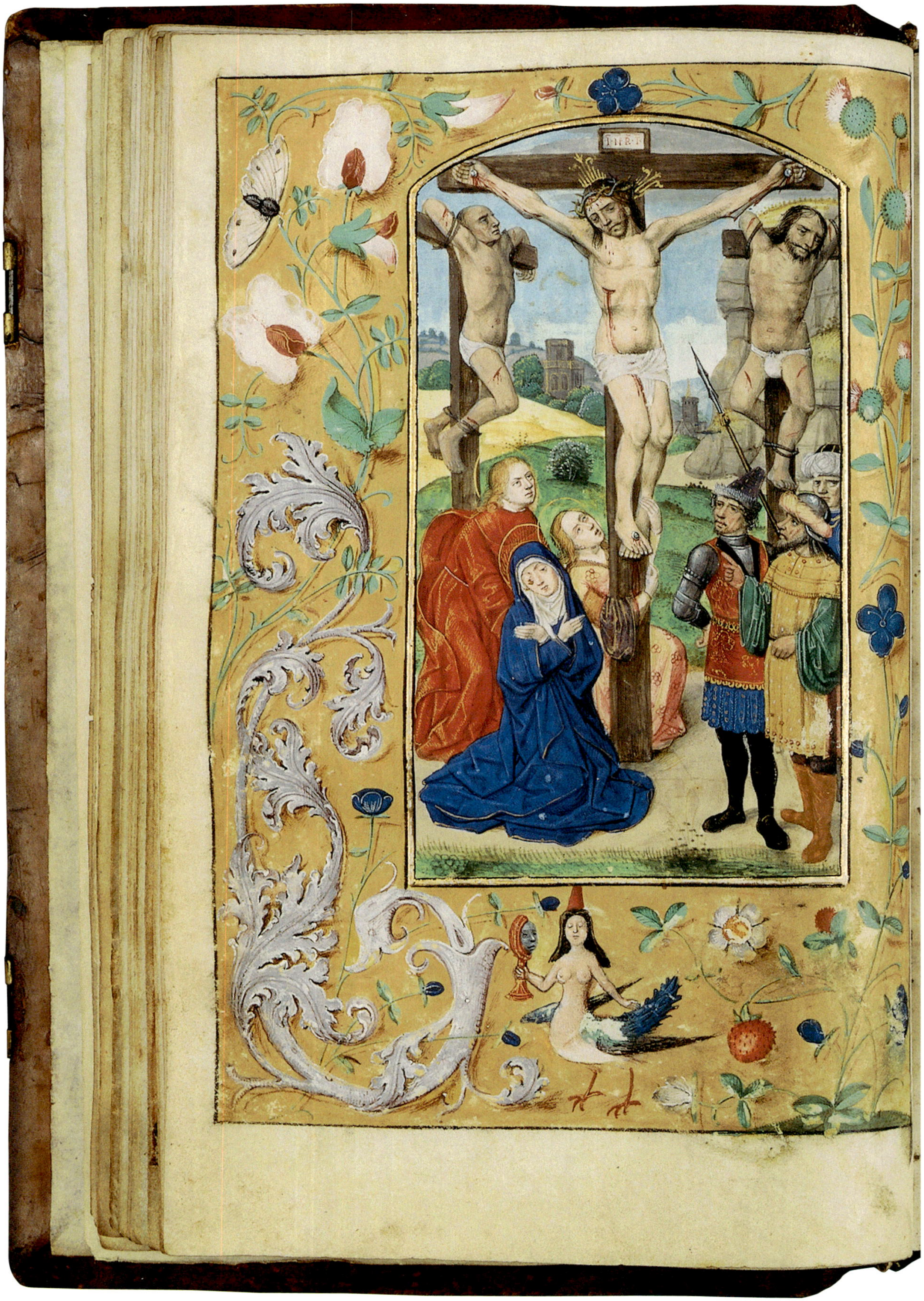

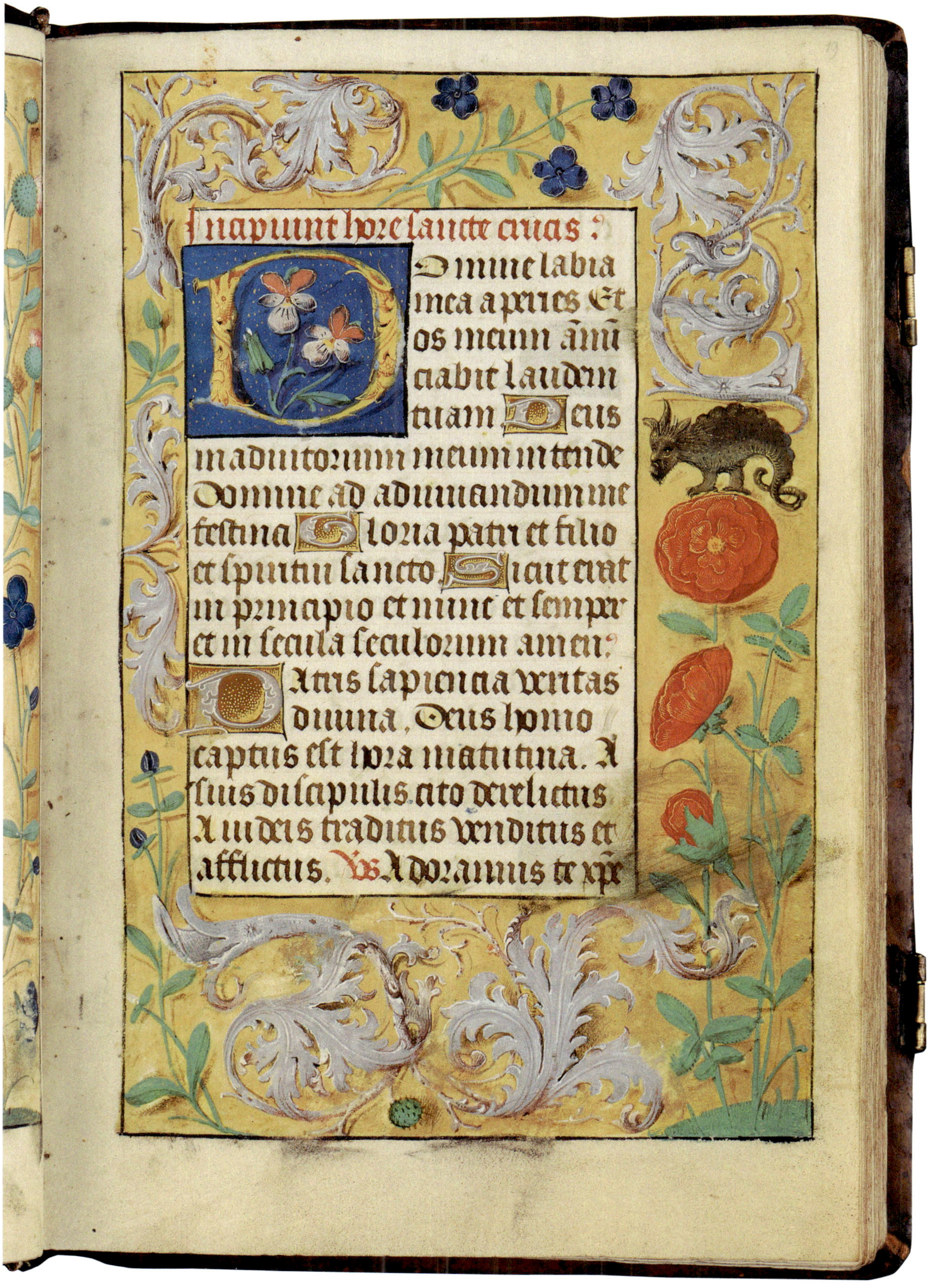

25 *Manderscheid-Stundenbuch*
Brügge, um 1515

19r Zierseite zu Beginn des Kreuzoffiziums mit menschengesichtigem Fabelwesen in der Bordüre.

25 *Manderscheid-Stundenbuch*
Brügge, um 1515

25v–26r Im Pfingstereignis ergießt sich der Geist Gottes über die um Maria versammelten Apostel, von denen einige Gebetsschnüre in Händen halten. Auf der Rectoseite beginnt das Hl. Geistoffizium.

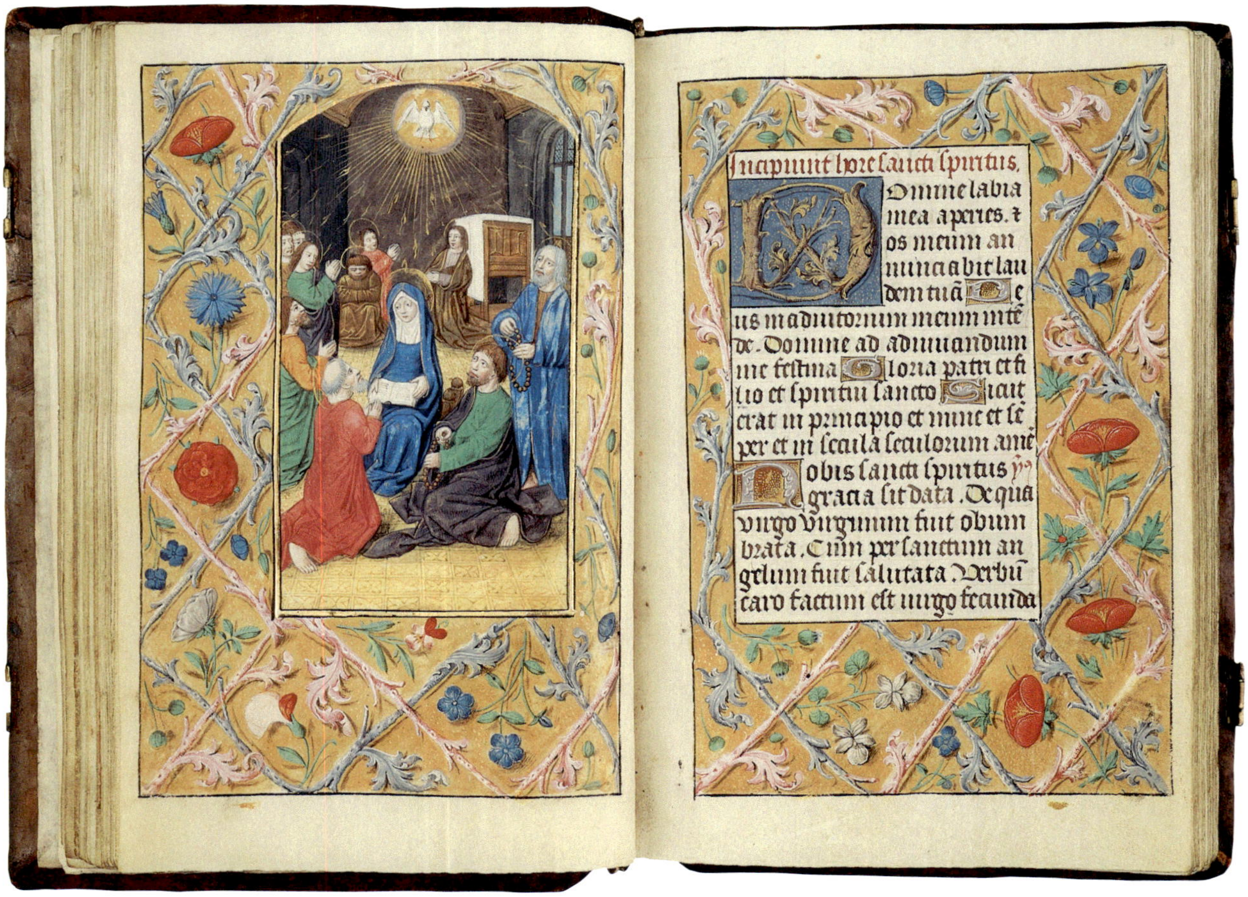

31v–32r In einer Loggia thront, begleitet von musizierenden Engeln, unter einem Baldachin die Gottesmutter mit Kind; in der Bordüre versucht ein Affe, mit seinem Korb einen Vogel einzufangen. Auf der Rectoseite beginnt die Marienmesse.

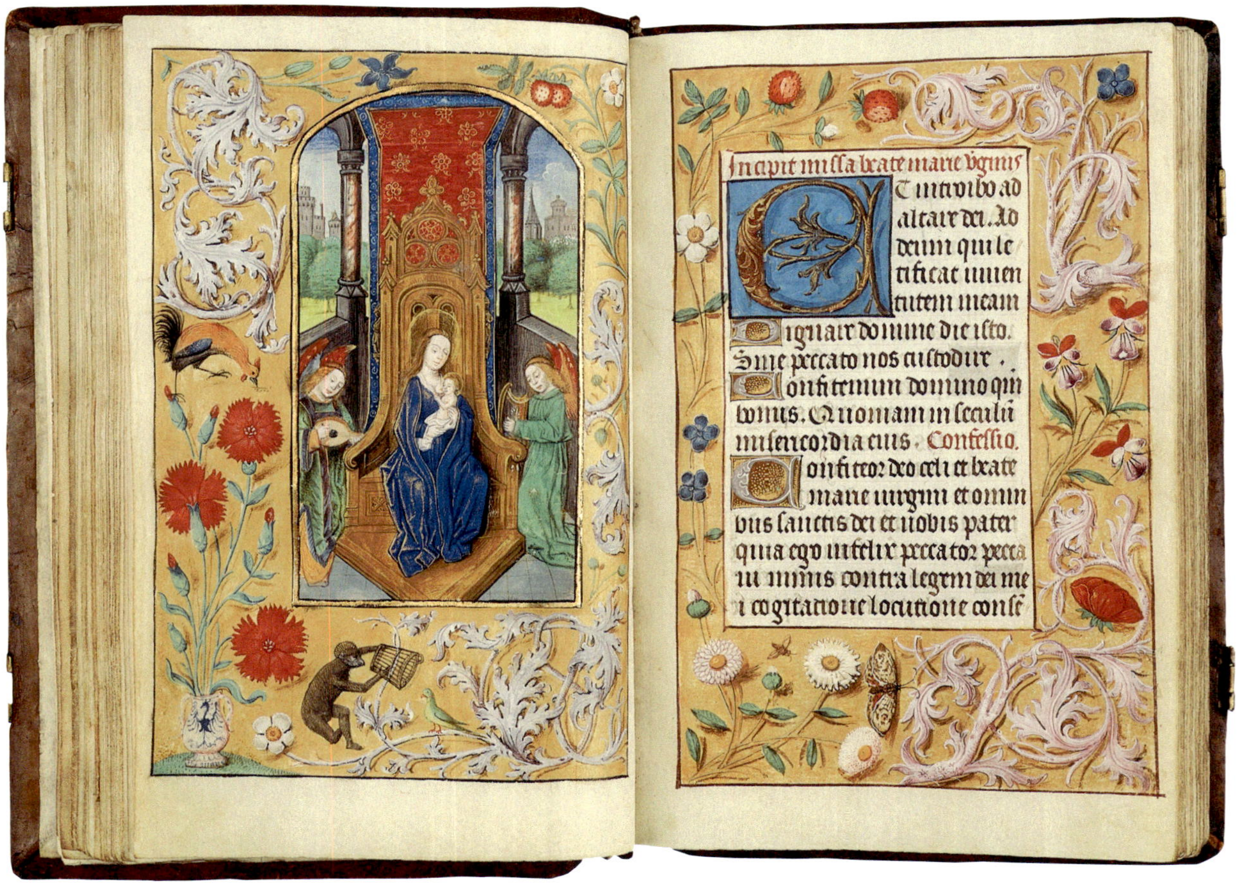

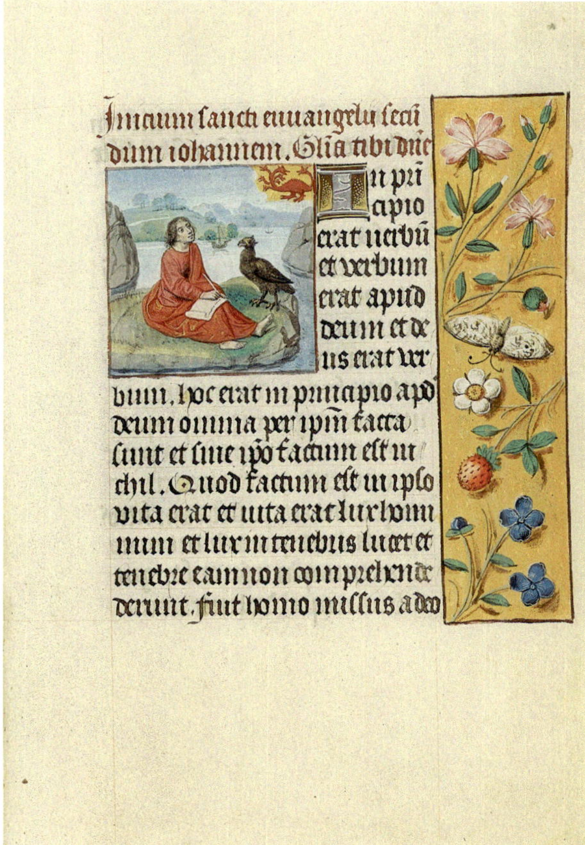

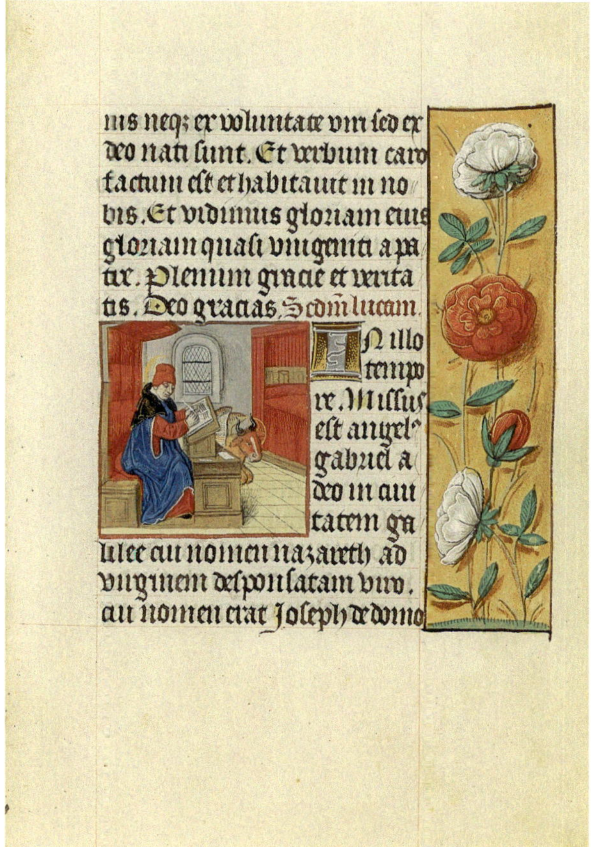

25 *Manderscheid-Stundenbuch*
Brügge, um 1515

37r Evangelist Johannes auf Patmos mit dem ihn inspirierenden Adler und dem Siebenköpfigen Wesen als Hinweis auf die Geheime Offenbarung zu Beginn der Evangelienlesung

38r Schreibender Evangelist Lukas mit dem Stier als Autorenbild zur Evangelienlesung

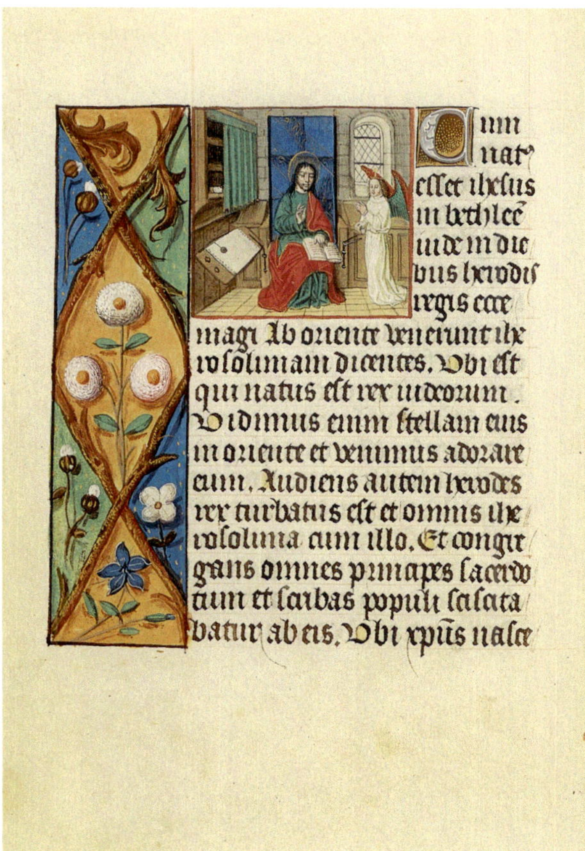

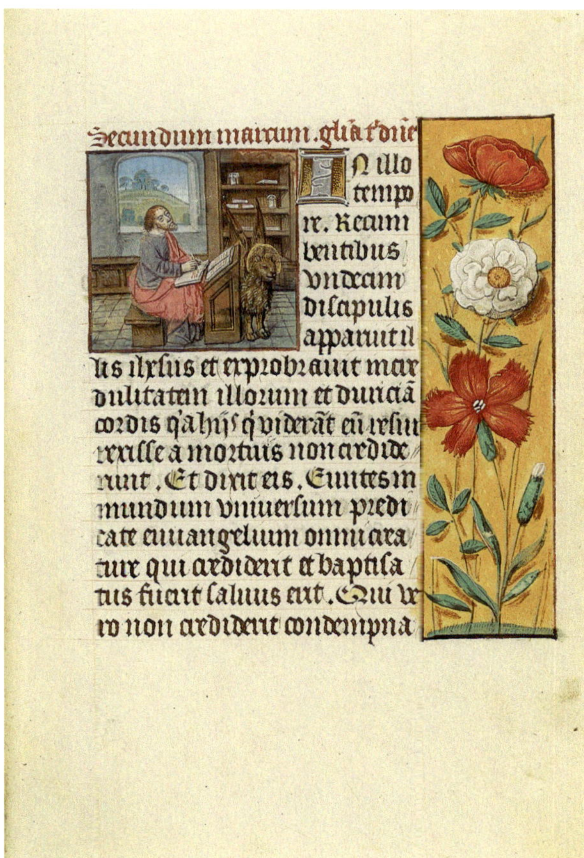

39v Vom Engel inspirierter Evangelist Matthäus in der Schreibstube als Autorenbild zur Evangelienlesung

41r Schreibender Evangelist Markus mit dem Löwen zu Beginn der Evangelienlesung

25 *Manderscheid-Stundenbuch*
Brügge, um 1515

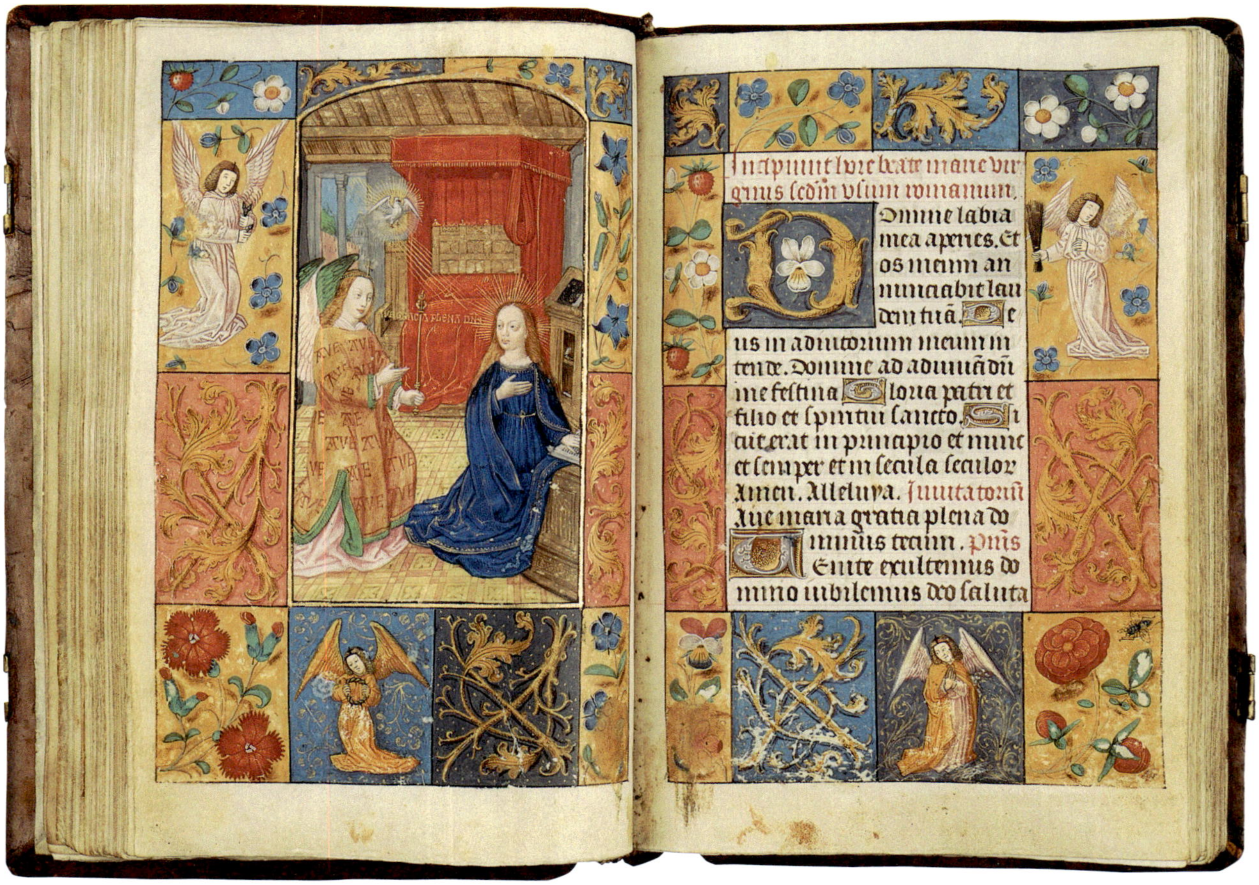

42v–43r Marienoffizium. In der einleitenden Miniatur erscheint der Verkündigungsengel der Jungfrau Maria in einem goldenen Gewand, dessen Musterung aus dem im Rapport wiederholten Grußwort *AVE* besteht. In der umlaufenden Bordüre, wie auf der gegenüberstehenden Zierseite, erscheinen vier weitere Engel, drei von ihnen mit Leidenswerkzeugen: Nägeln, der Dornenkrone und einer Geißel.

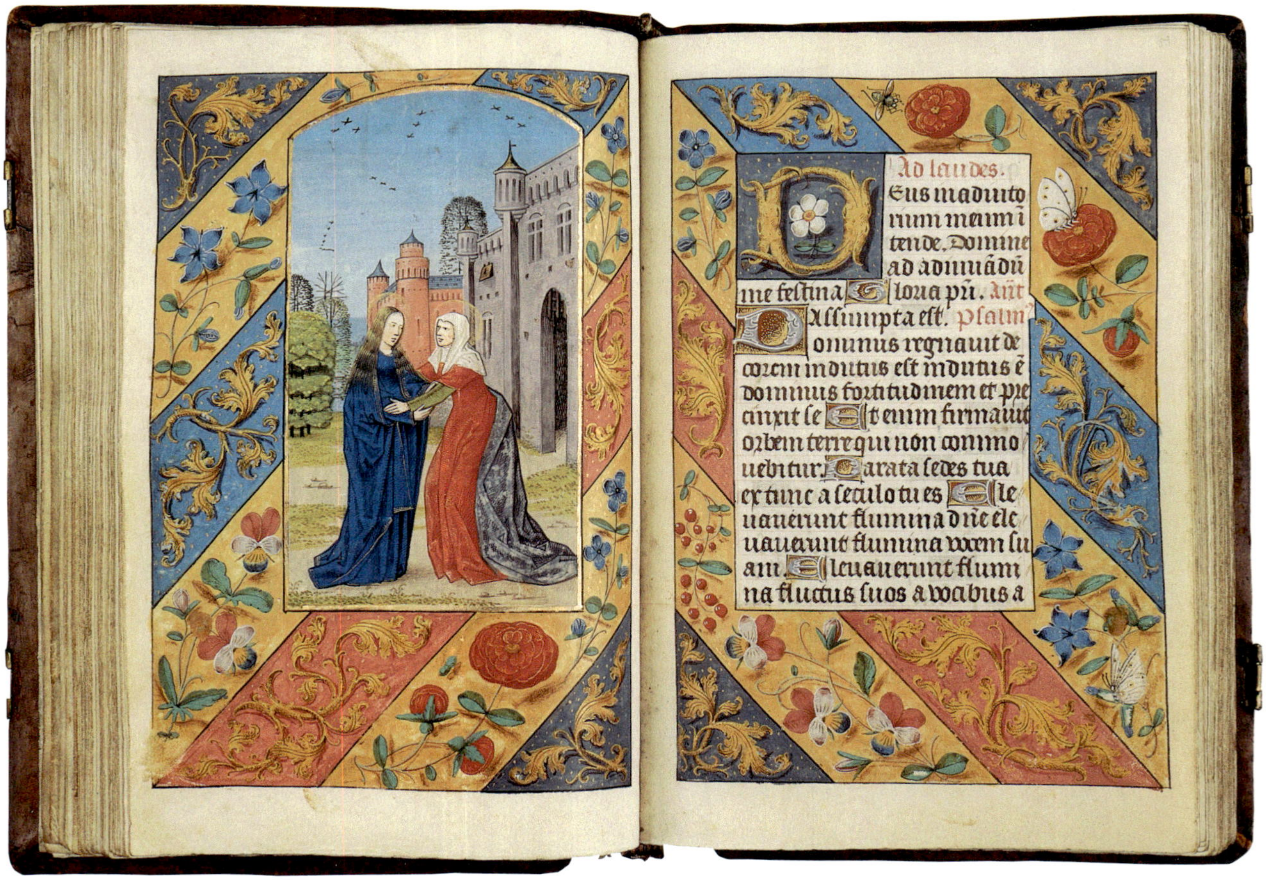

52v–53r Laudes des Marienoffiziums. Heimsuchung vor den Toren der Stadt

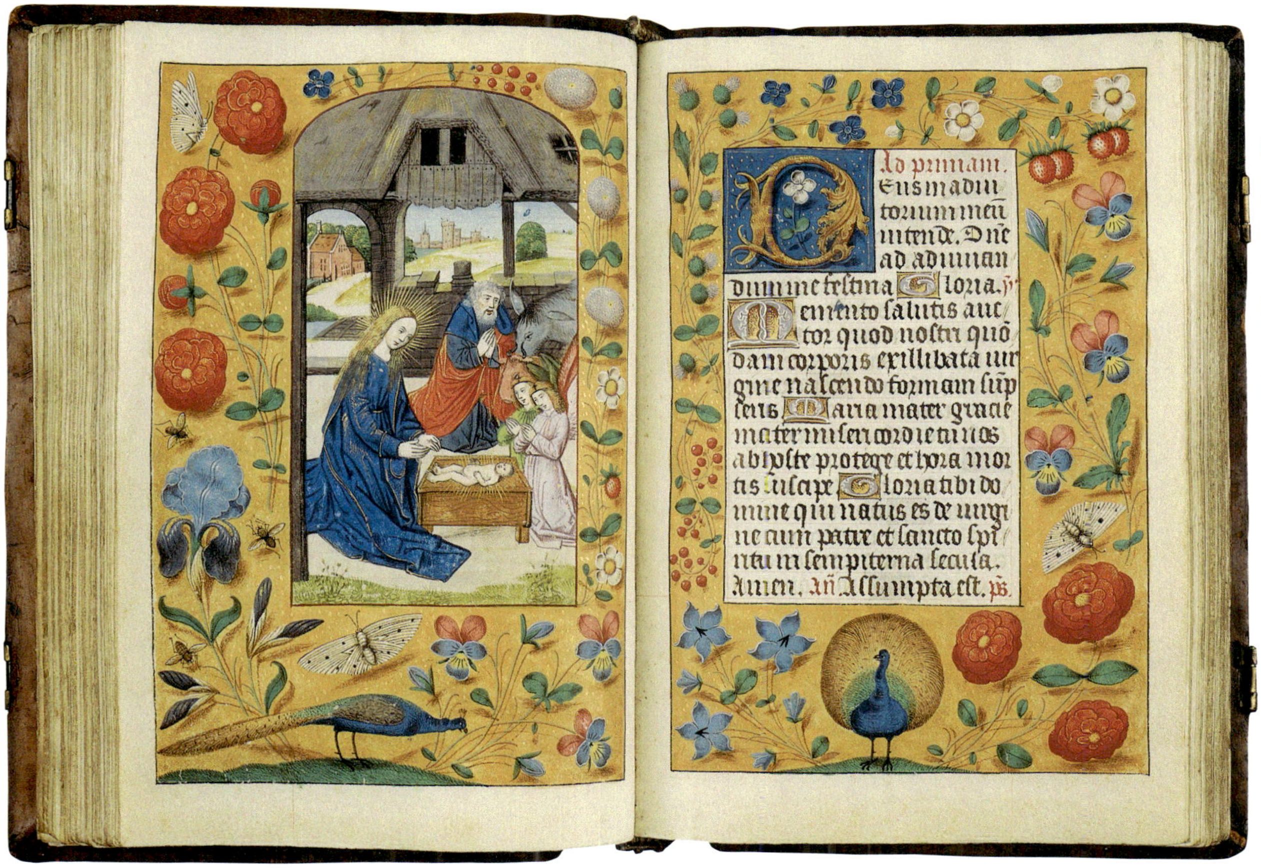

25 *Manderscheid-Stundenbuch*
Brügge, um 1515

62v–63r Prim des Marienoffiziums. Geburt Christi mit anbetenden Engeln, Ochs und Esel

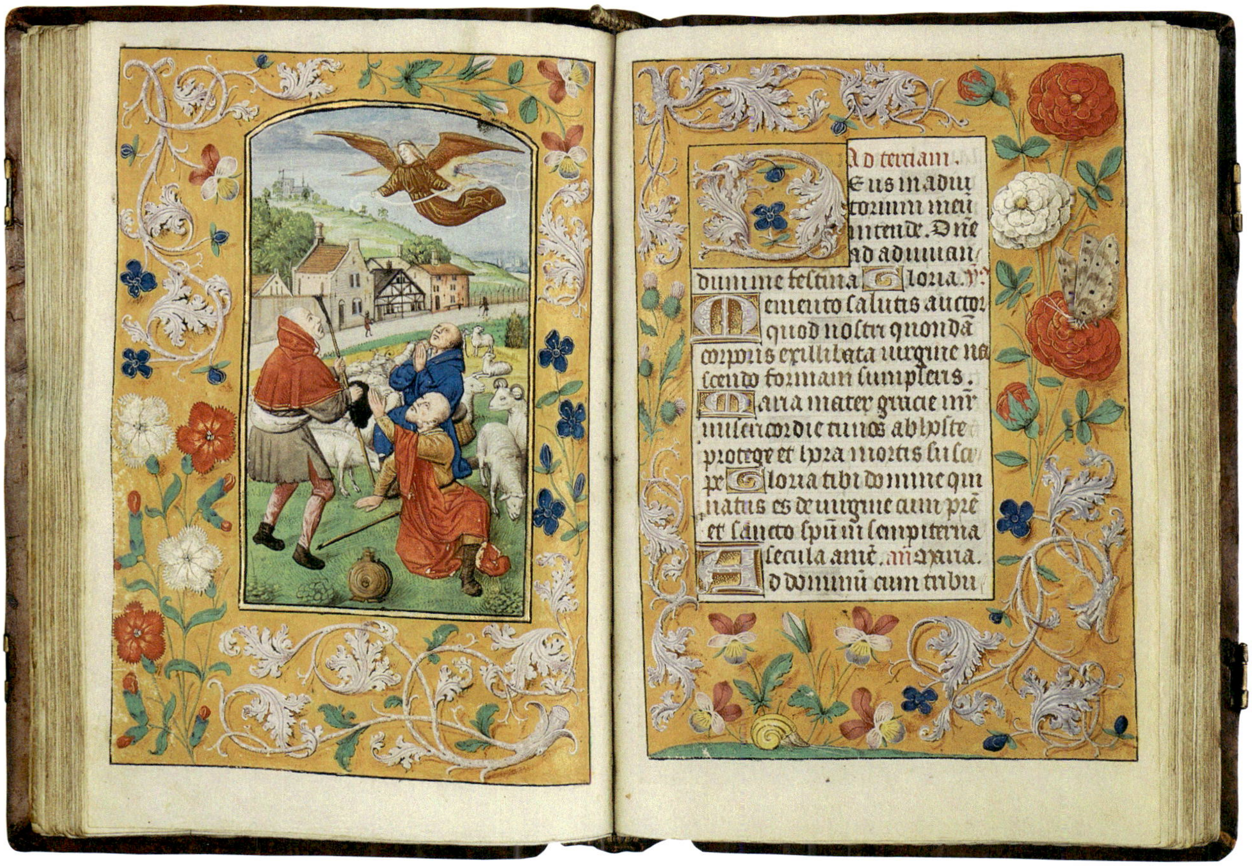

67v–68r Terz des Marienoffiziums. Verkündigung an die Hirten

25 *Manderscheid-Stundenbuch*
Brügge, um 1515

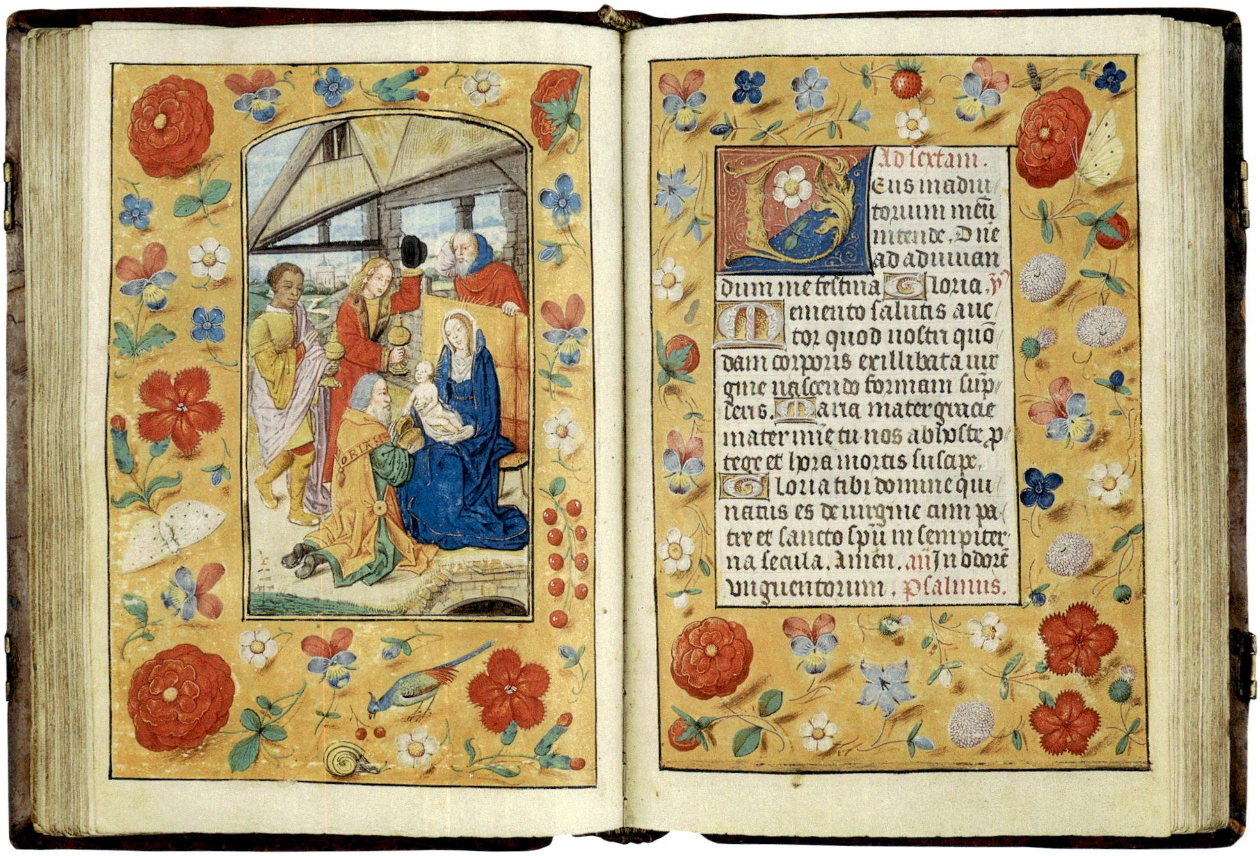

72v–73r Sext des Marienoffiziums. Anbetung der Könige – einer von ihnen ist als Mohr dargestellt

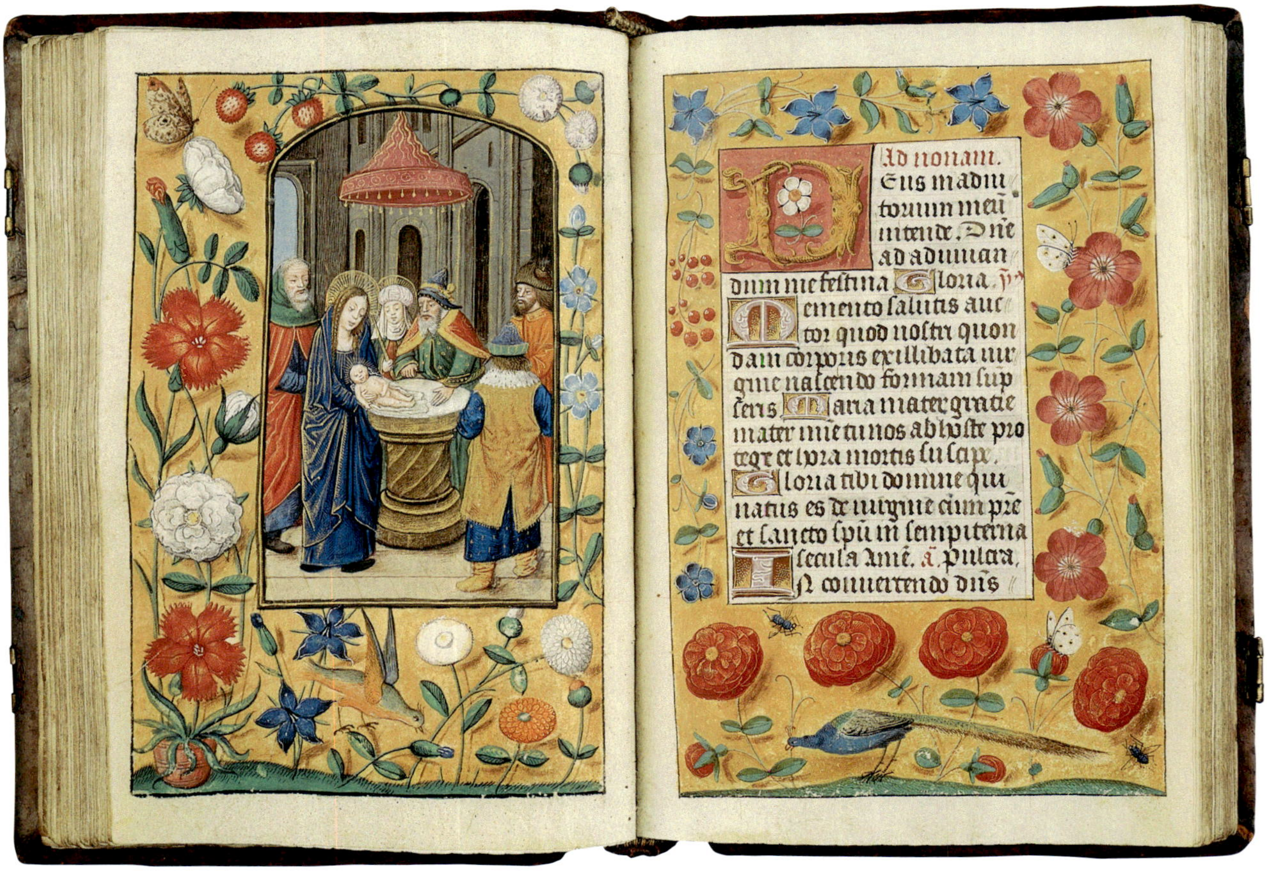

76v–77r Non des Marienoffiziums. Beschneidung Jesu im Tempel in Anwesenheit der Prophetin Hanna (?)

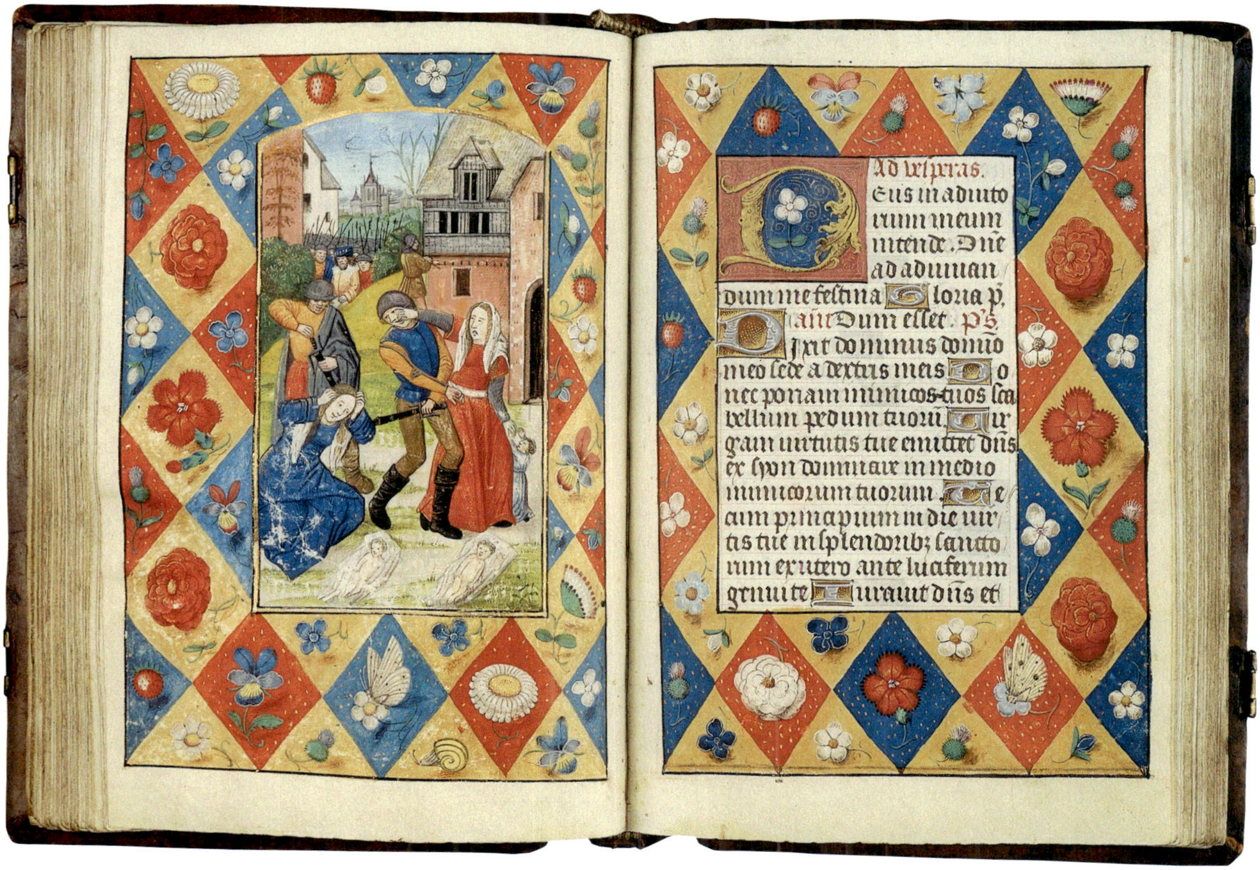

25 *Manderscheid-Stundenbuch*
Brügge, um 1515

81v–82r Vesper des Marienoffiziums. Bethlehemitischer Kindermord

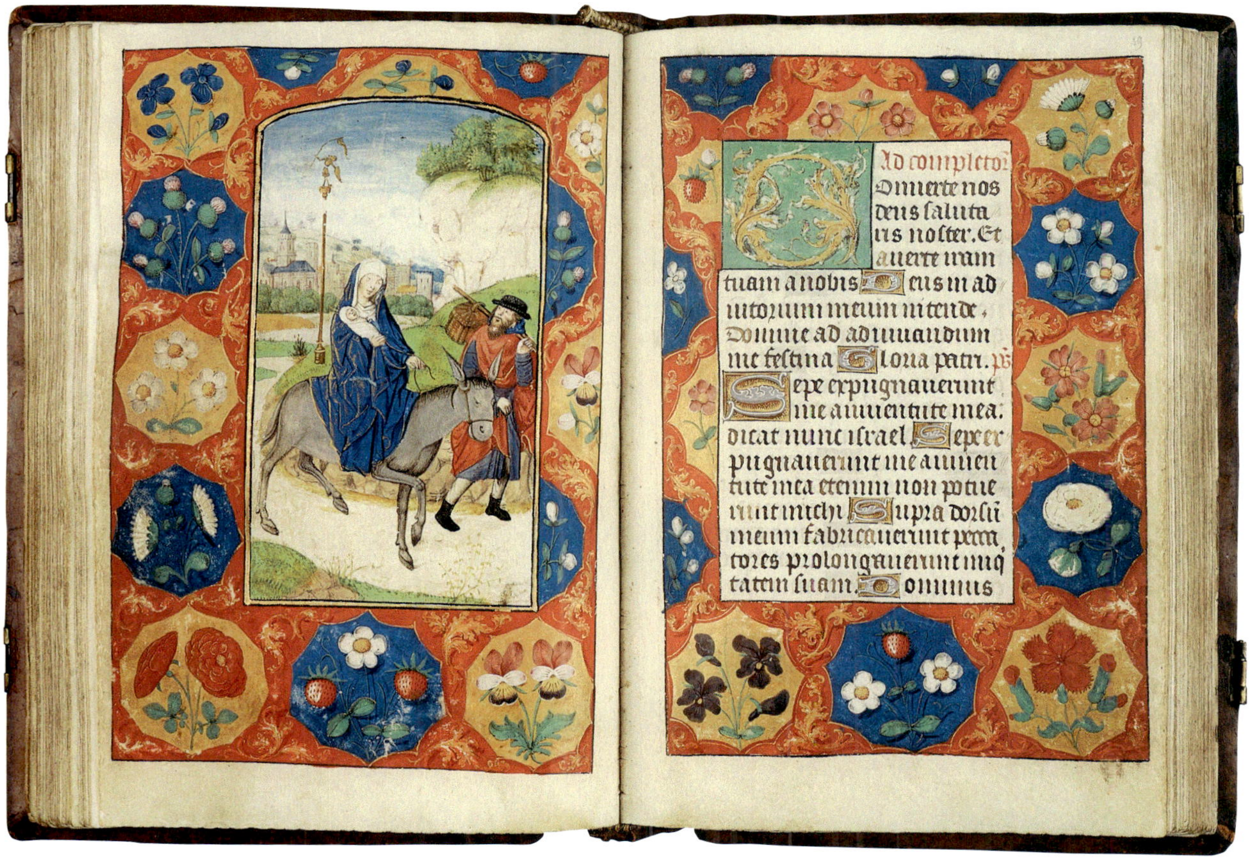

88v–89r Komplet des Marienoffiziums. Flucht nach Ägypten – vorbei an einem durch die Macht des Jesuskindes zerbrechenden goldenen Götzenbild

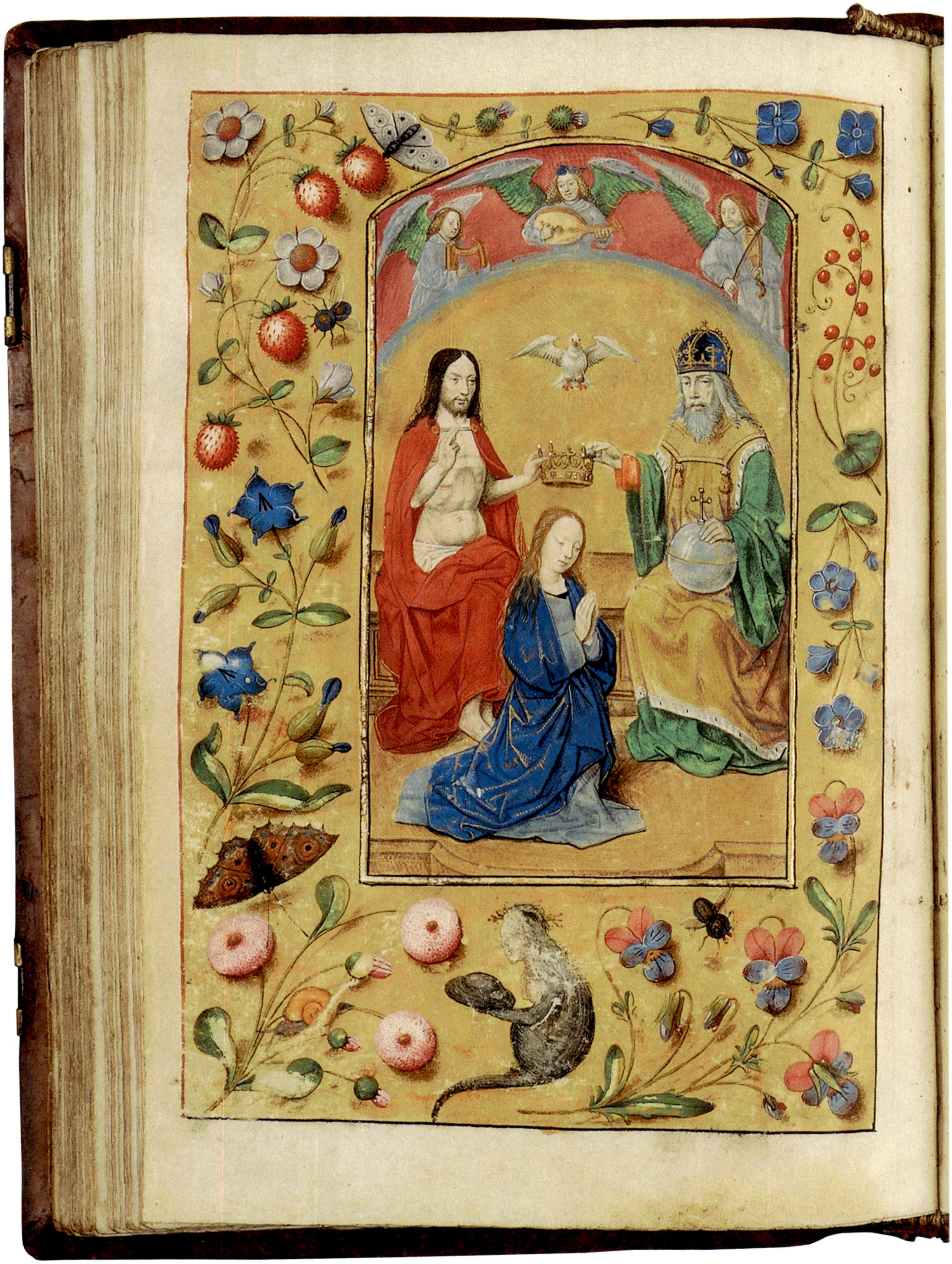

25 *Manderscheid-Stundenbuch*
Brügge, um 1515

101v Krönung Mariens durch die Dreifaltigkeit. Gottvater erscheint in königlichem Ornat mit Bügelkrone und dem mit einem Kreuz bekrönten Reichsapfel, Christus als Schmerzensmann im Purpurmantel und der Hl. Geist in Gestalt der Taube. Engel begleiten die Krönung mit Harfen-, Lauten- und Geigenspiel. In der Bordüre hockt ein barbusiges Mischwesen mit Frauenkopf und Rattenkörper und hält sich einen Spiegel als Inbegriff der Vanitas, der Vergänglichkeit alles Irdischen, vor.

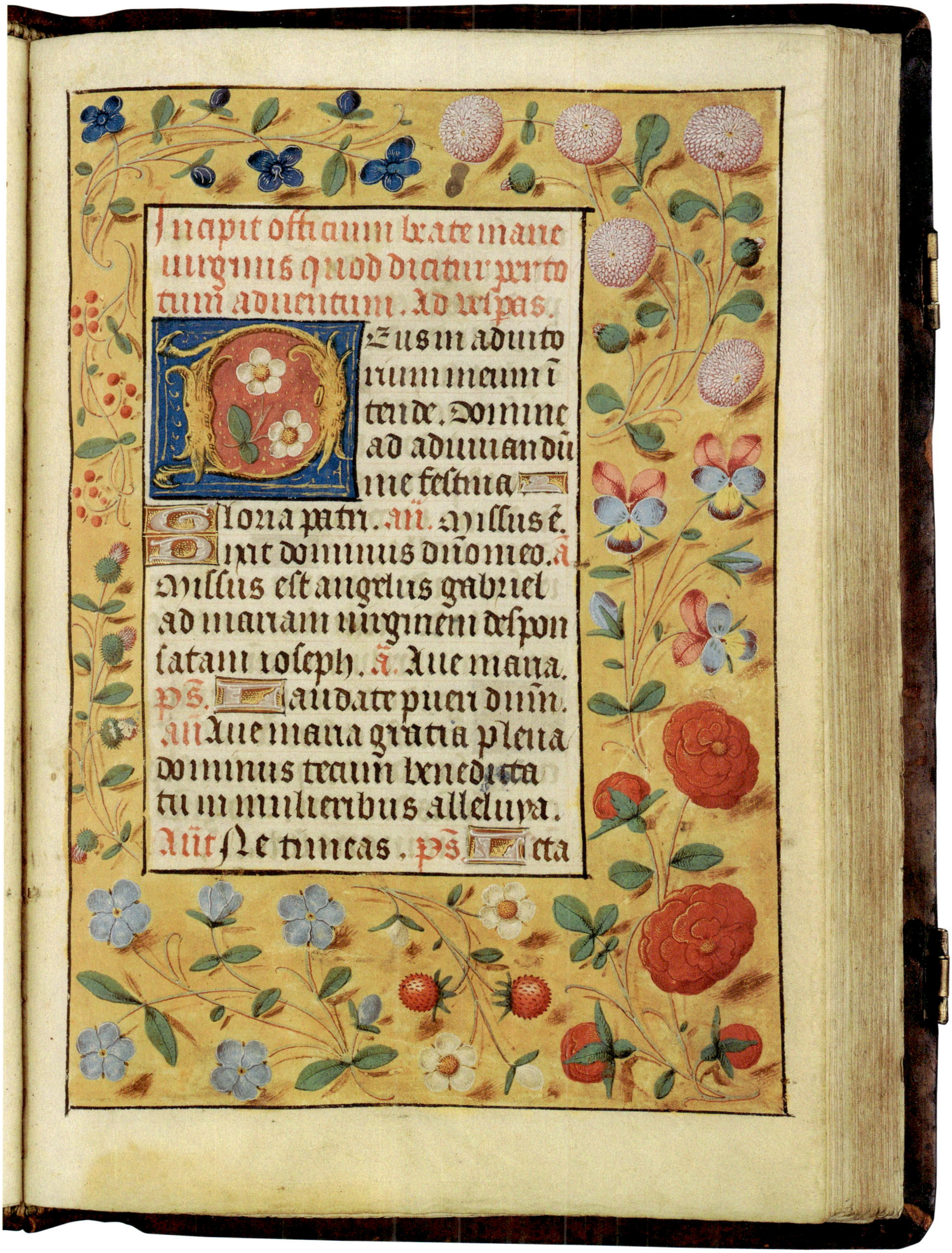

25 *Manderscheid-Stundenbuch*
Brügge, um 1515

102r Zierseite zur Vesper des Marienoffiziums für die Adventszeit

25 *Manderscheid-Stundenbuch*
Brügge, um 1515

110v–111r Die Beweinung Christi unter dem Kreuz steht vor dem Gebet *Obsecro te*, das sich flehentlich an Maria als Trost der Verzweifelten, Quelle des Mitleids, des Trostes und der Verzeihung richtet.

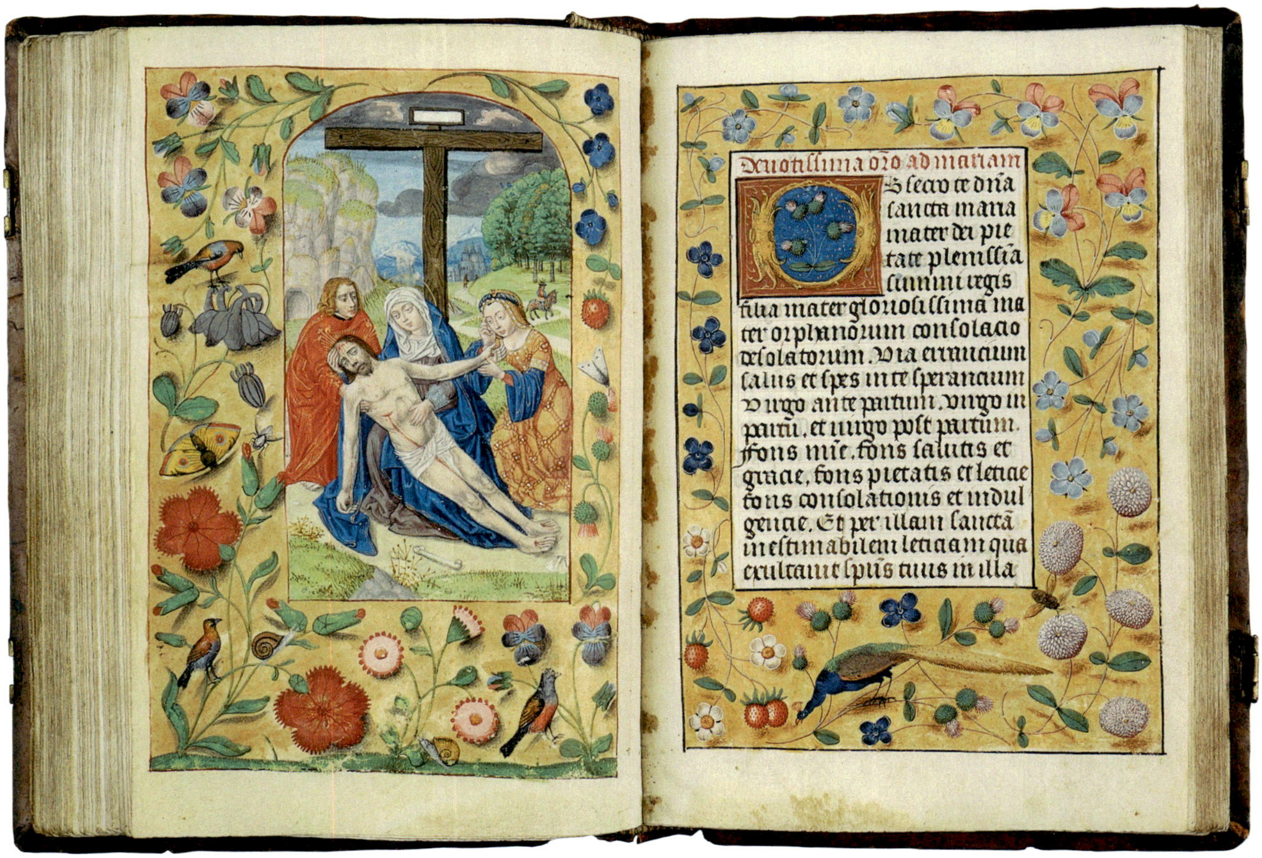

119v–120r Die Miniatur vor den Sieben Versen des hl. Gregor zeigt die Gregorsmesse, bei der Christus dem Papst als lebendiger Schmerzensmann mit den Leidenswerkzeugen erscheint.

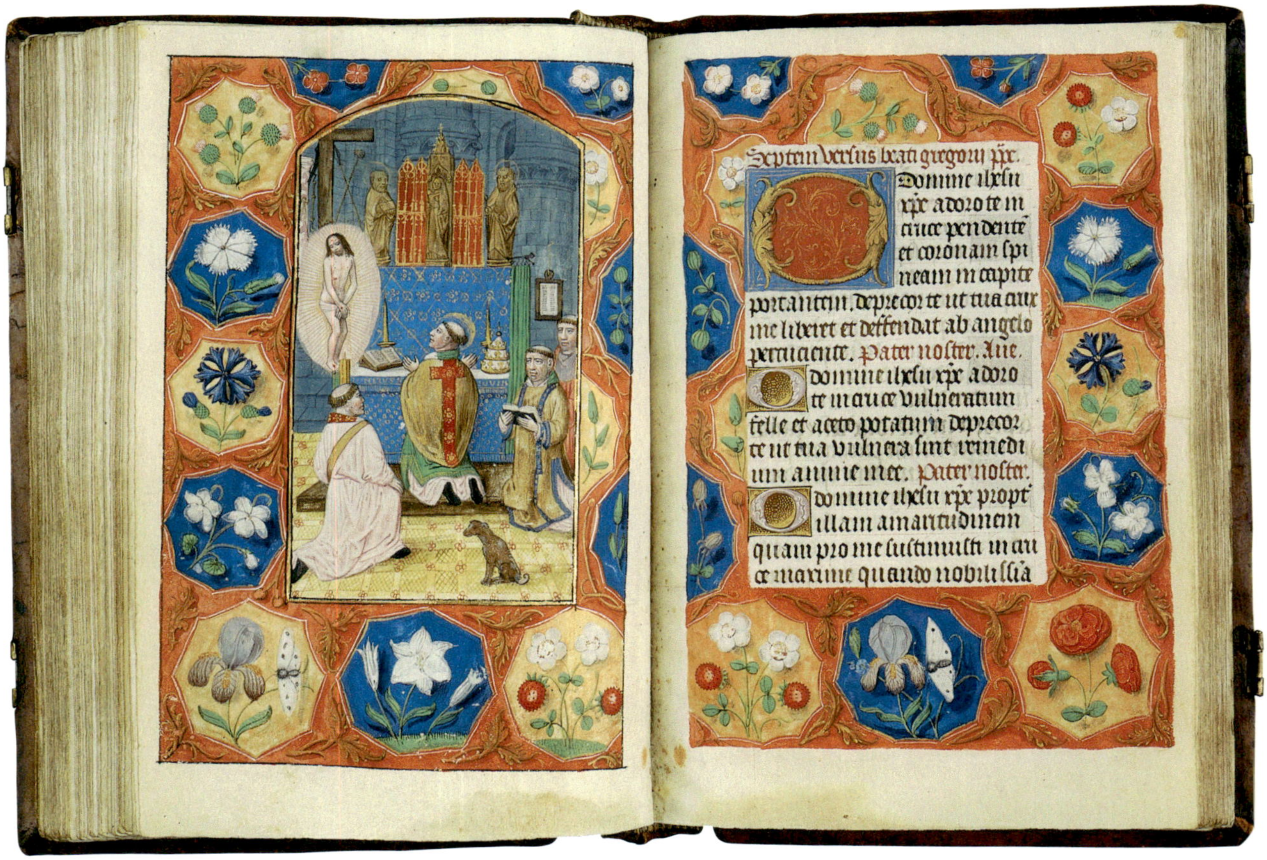

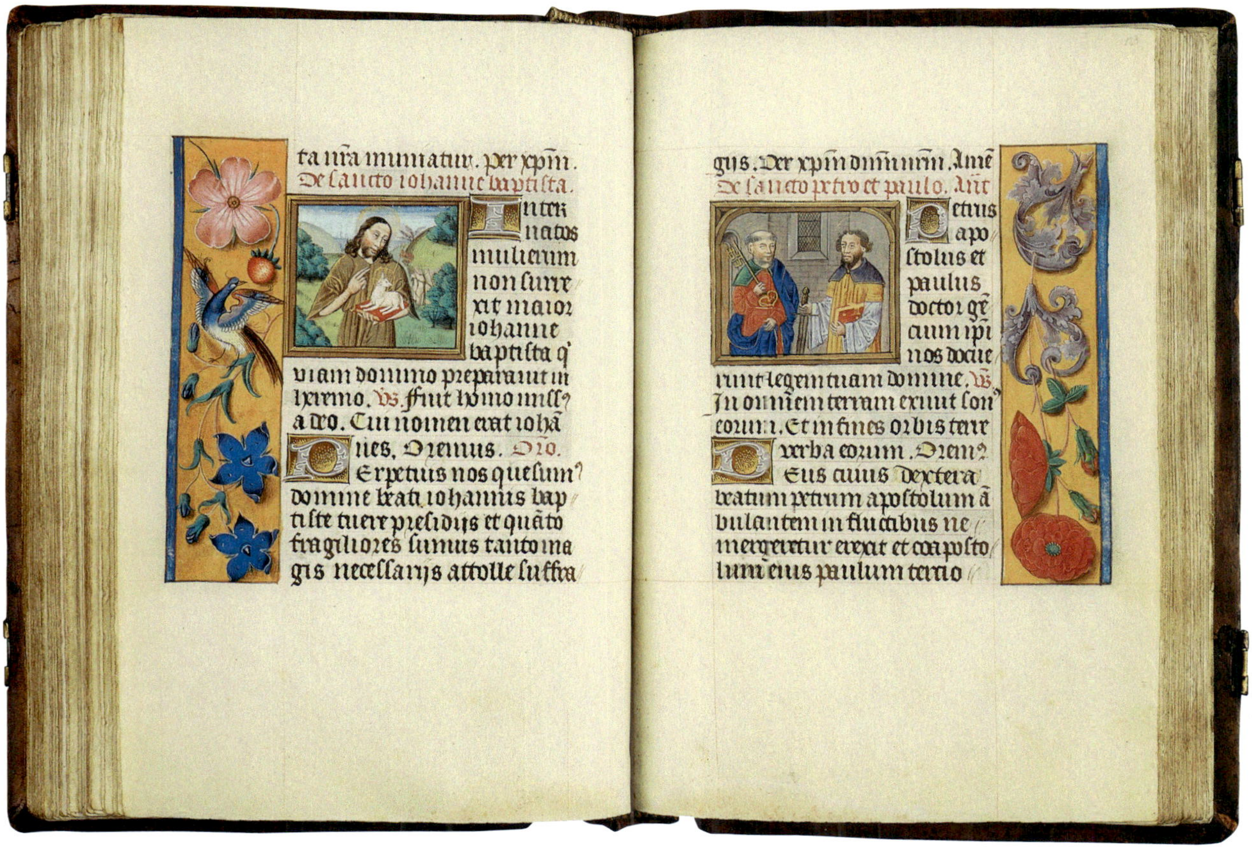

25 *Manderscheid-Stundenbuch*
Brügge, um 1515

122v–123r Johannes der Täufer mit dem Lamm auf dem Buch sowie die Apostelfürsten Petrus mit dem Schlüssel und Paulus mit dem Schwert zu den Suffragien

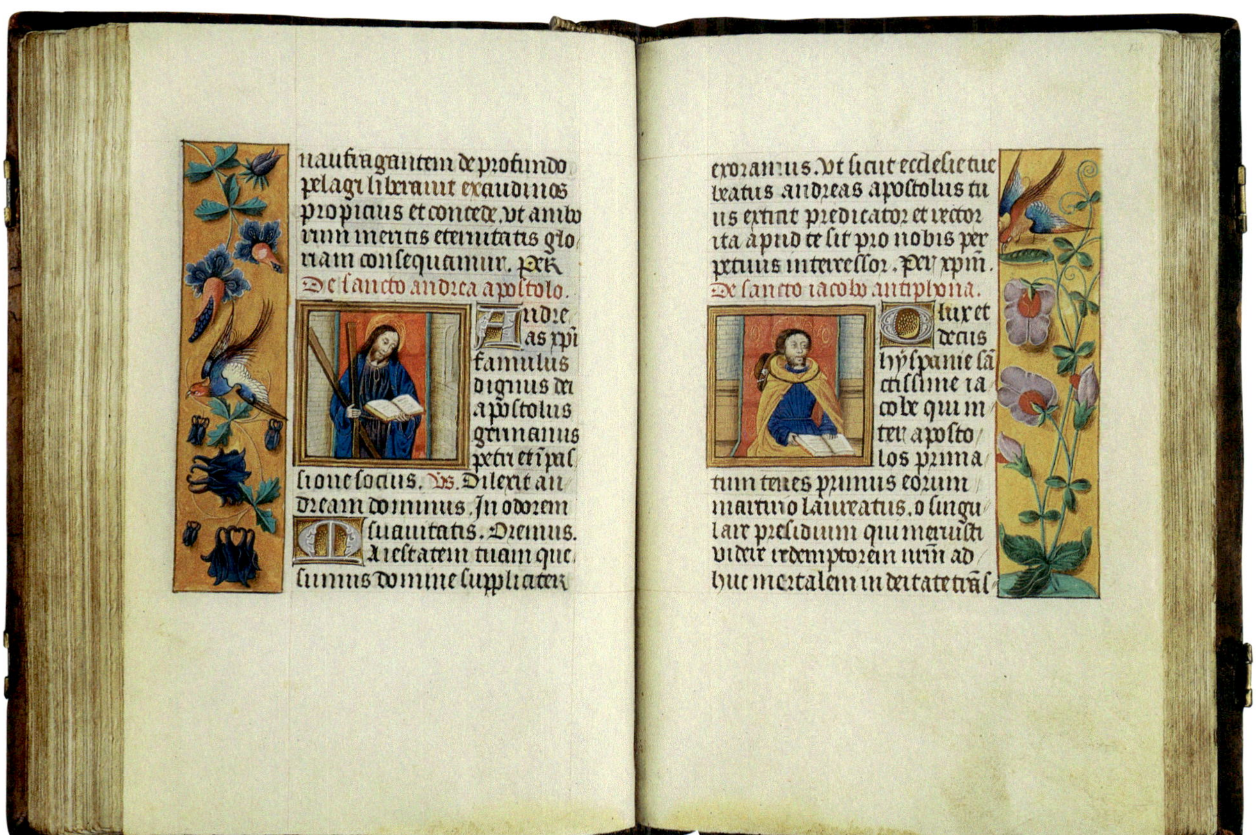

123v–124r
Hl. Andreas mit dem Kreuz und hl. Jakobus mit der Pilgermuschel am Hut zu den Suffragien

25 *Manderscheid-Stundenbuch*
Brügge, um 1515

126v–127r Martyrium des hl. Sebastian mit Suffragium; hl. Adrian (s. Gebet S. 394) mit Schwert und Amboss als Hinweis darauf, dass er, nachdem seine Beine auf einem Amboss zerschmettert worden waren, enthauptet wurde. Das an ihn gerichtete Gebet ist in Reime gefasst.

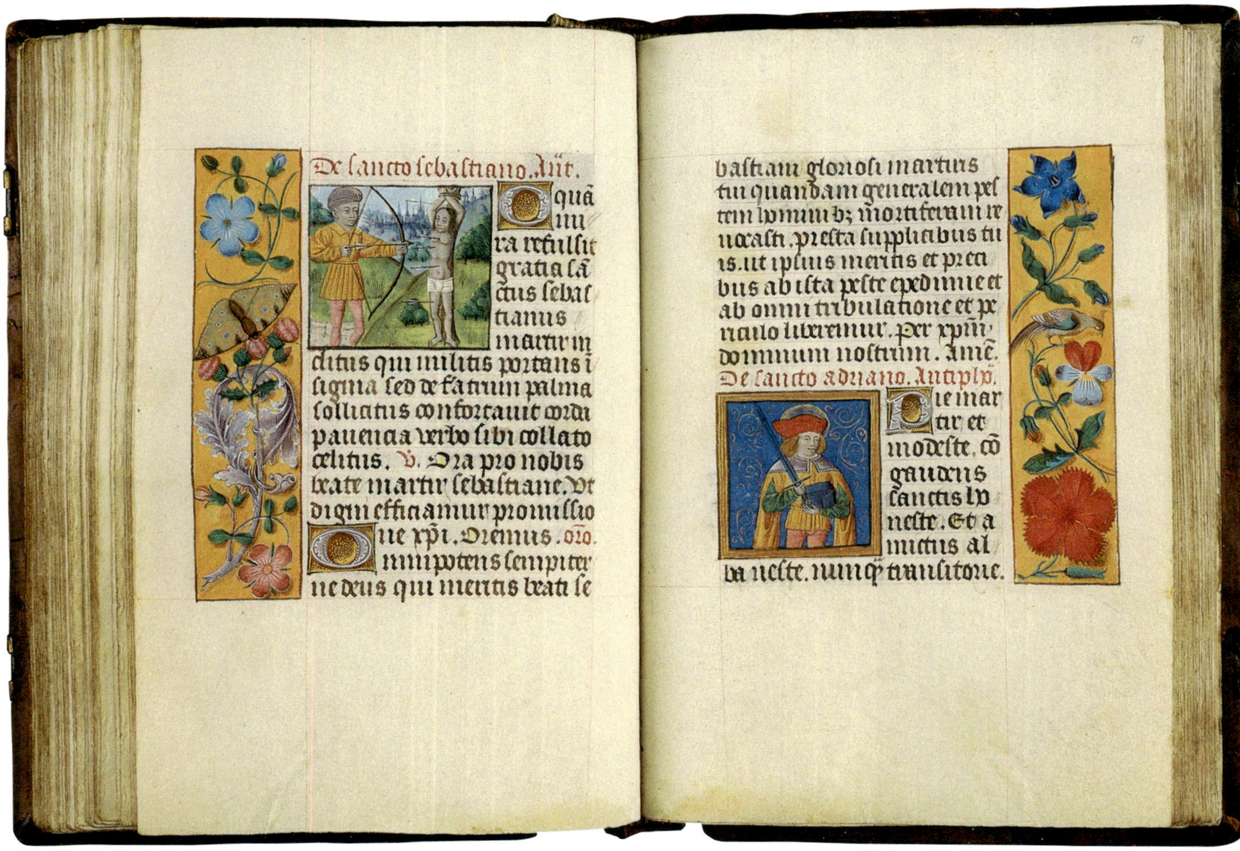

128v Stigmatisierung des hl. Franziskus mit Suffragium

134r Alle Heiligen mit Suffragium

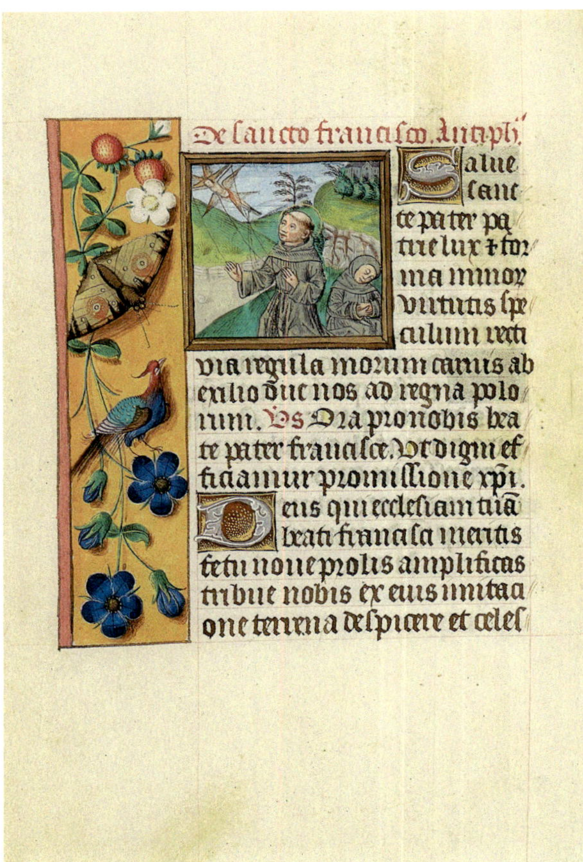

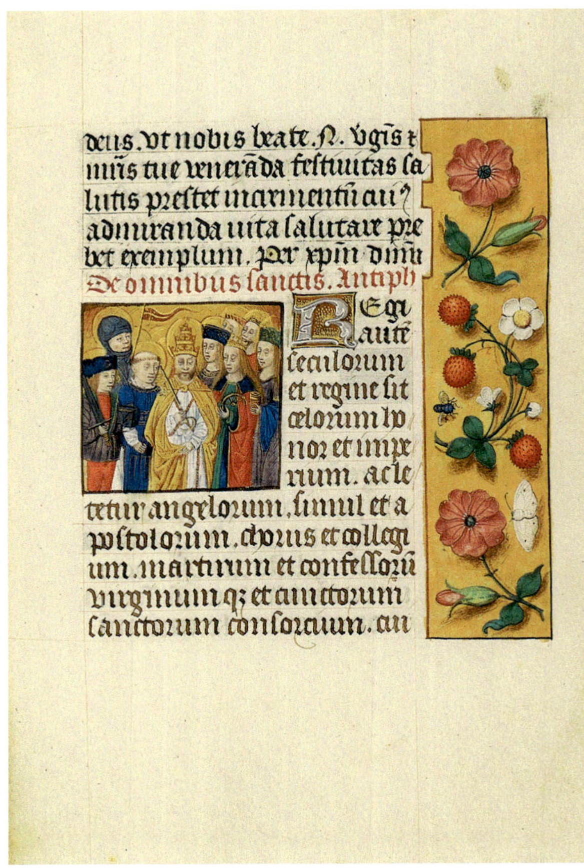

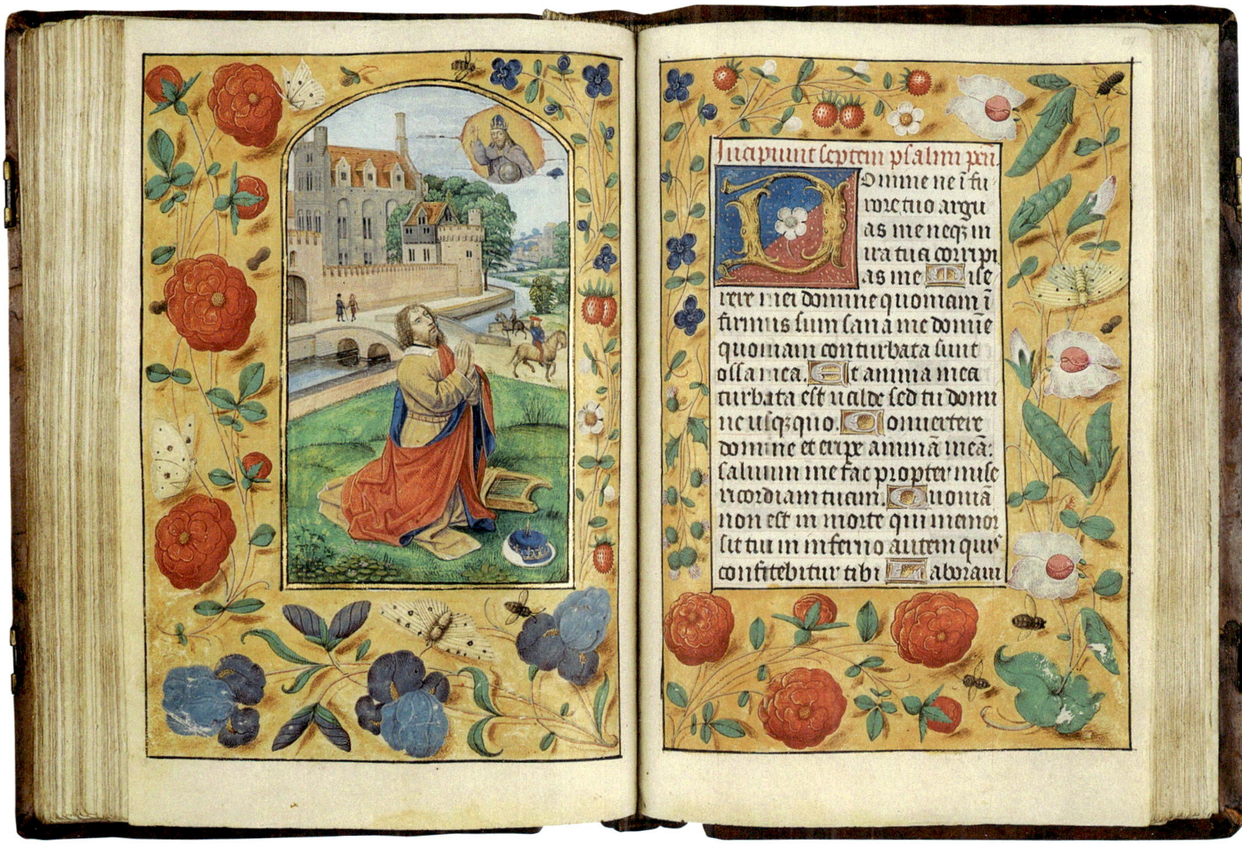

25 *Manderscheid-Stundenbuch*
Brügge, um 1515

136v–137r Vor den Mauern der Stadt hat König David seine Krone niedergelegt und ist zum Gebet vor Gott, der im Himmelssegment erscheint, niedergekniet. Auf der Rectoseite beginnen die Sieben Bußpsalmen.

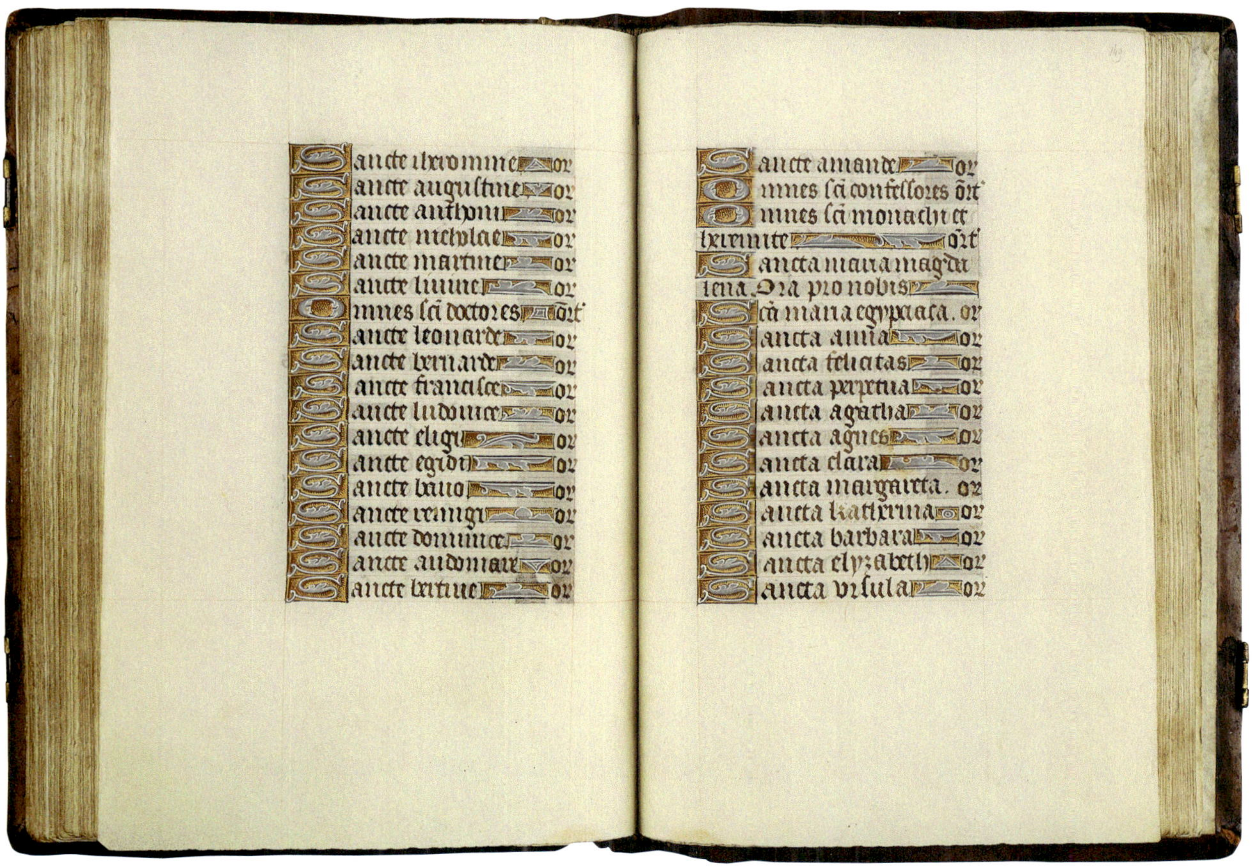

148v–149r Litanei

25 *Manderscheid-Stundenbuch*
Brügge, um 1515

156v Auferweckung des Lazarus zum Totenoffizium

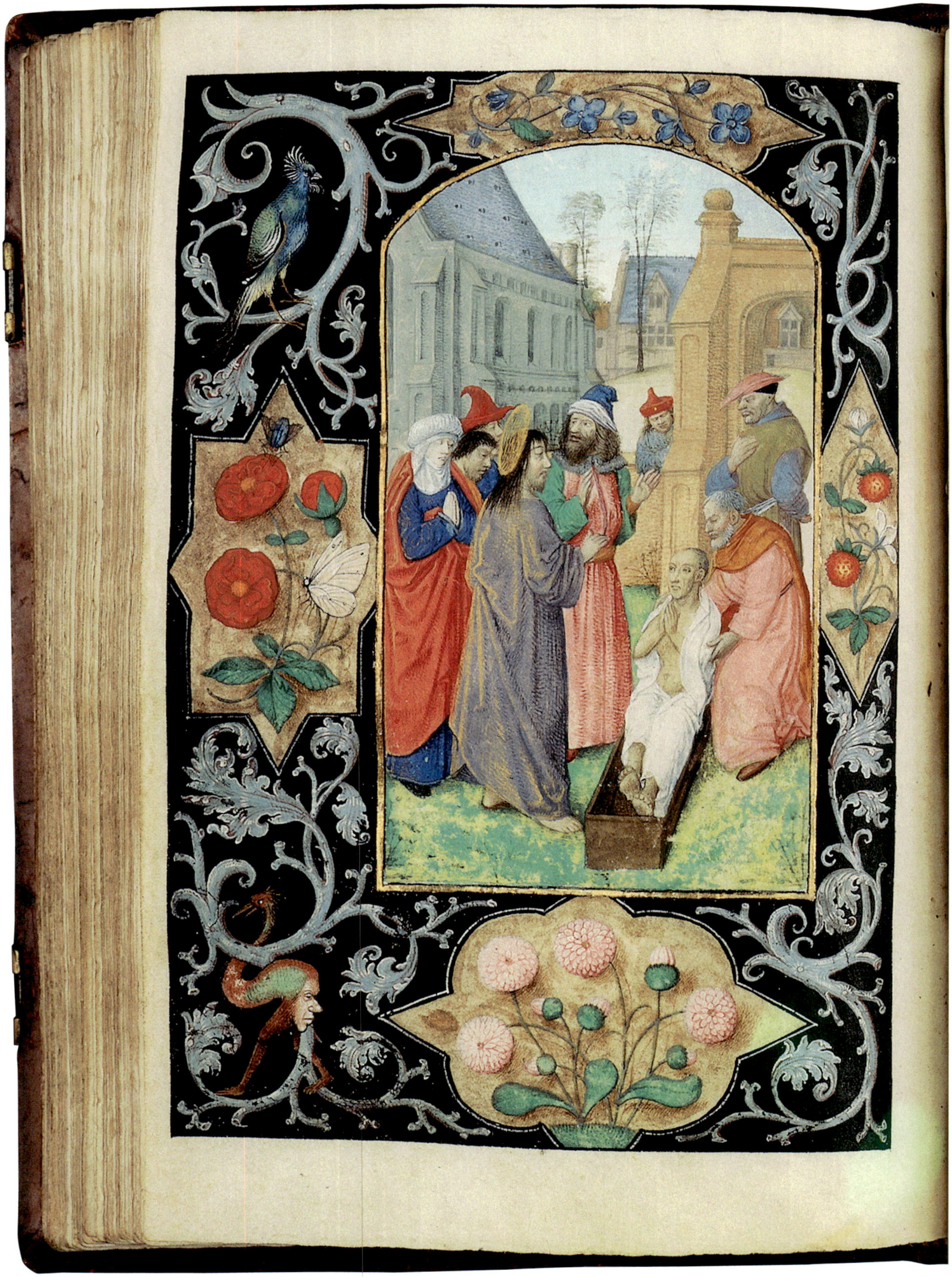

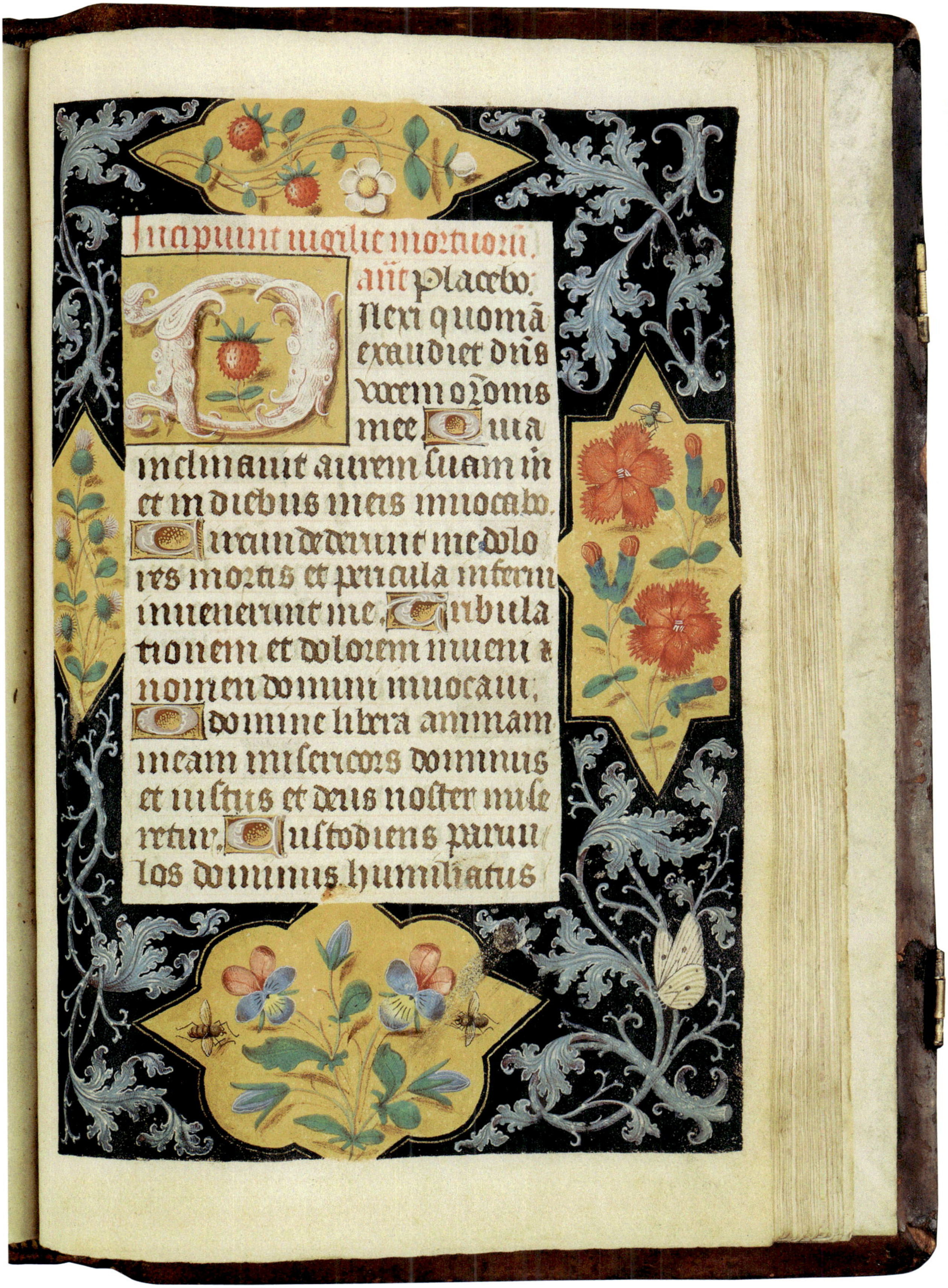

25 *Manderscheid-Stundenbuch*
Brügge, um 1515

157r Zierseite zum Beginn des Totenoffiziums

26

Sigmaringer Gebetbuch
Deutsches Gebetbuch
Gebetbuchmeister um 1500
Meister Karls V.
Meister des George Talbot und
ein weiterer flämischer Miniator
Antwerpen und Brügge (?), um 1515

Bis zu seiner Versteigerung 1948 gehörte das kleine Gebetbuch zum Bestand der Fürstlich Hohenzollernschen Hofbibliothek auf Schloss Sigmaringen. Leider trägt es jedoch keinerlei Spuren einer älteren Provenienz. Geschrieben ist es in einer sehr dekorativen und leicht manierierten Bastarda, wie sie die flämischen Schreiber zu Beginn des 16. Jahrhunderts pflegten. Auch die filigranen Blattwerkinitialen mit leichten Anklängen an Renaissancealphabete in den Buchstabenformen und nicht zuletzt die 27 Miniaturen weisen in diese Kunstlandschaft. Die schönsten von ihnen, wie etwa die Darstellungen der Heiligen Dorothea, Michael, Sebastian und Georg oder das Allerheiligenbild stammen aus dem Atelier des Meisters Karls V., dessen zwei Hauptwerke, Gebetbücher für Kaiser Karl V. und König Ferdinand I., sich in Wien befinden (Österreichische Nationalbibliothek, Cod. 1859, Cod. 1875). Mit diesem Künstler hält die Renaissance Einzug in die flämische Buchmalerei: Er löst sich von älterem Vorlagenmaterial zugunsten dynamischer Kompositionen, die weite Landschaftsräume, üppige Draperien und ein apartes Kolorit mit abwechselnd kräftigen und gebrochenen Tönen auszeichnen. Entwicklungsmäßig steht er etwa auf einer Stufe mit der Tafelmalerei der Antwerpener Manieristen, ohne von diesen abhängig zu sein. Einer älteren Generation gehört der Gebetbuchmeister um 1500 an. Die Produktion seiner Werkstatt ist kaum zu überschauen. In seinem Stil ist die Mehrzahl der Bilder gehalten charakteristisch sind etwa die Verkündigung, die halbfigurige Madonna, Christophorus, Margaretha, Johannes auf Patmos, das Abendmahl, die Transfiguration, Auferstehung und Gregorsmesse. Hinzu kommen noch zwei weitere Maler von wesentlich schlichterem künstlerischem Format. Der eine mag identisch sein mit dem von Dagmar Thoss nach einem Stundenbuch in Oxford benannten Meister des George Talbot (Bodleian Library, Ms. Gough. liturg. 7). Für ihn sind etwa die Kreuztragung oder die drittletzte Miniatur mit dem Noli me tangere repräsentativ. Die beiden letzten Bilder (Genovefa, Beweinung Christi) hat eine noch erheblich flüchtiger arbeitende Hand übernommen, die anscheinend zuvor als Bordürenmaler für den Randdekor des Buches verantwortlich war: Möglicherweise spiegelt der Qualitätsabfall einen gewissen Zeitdruck bei der Fertigstellung wider.

Ebenso unterschiedlich wie die beteiligten Maler sind auch die Bordüren. Der Meister Karls V. setzt illusionistisch gemalte Profile ein, wie man sie von realen Rahmenleisten her kennt. Seine Kollegen deuten mit

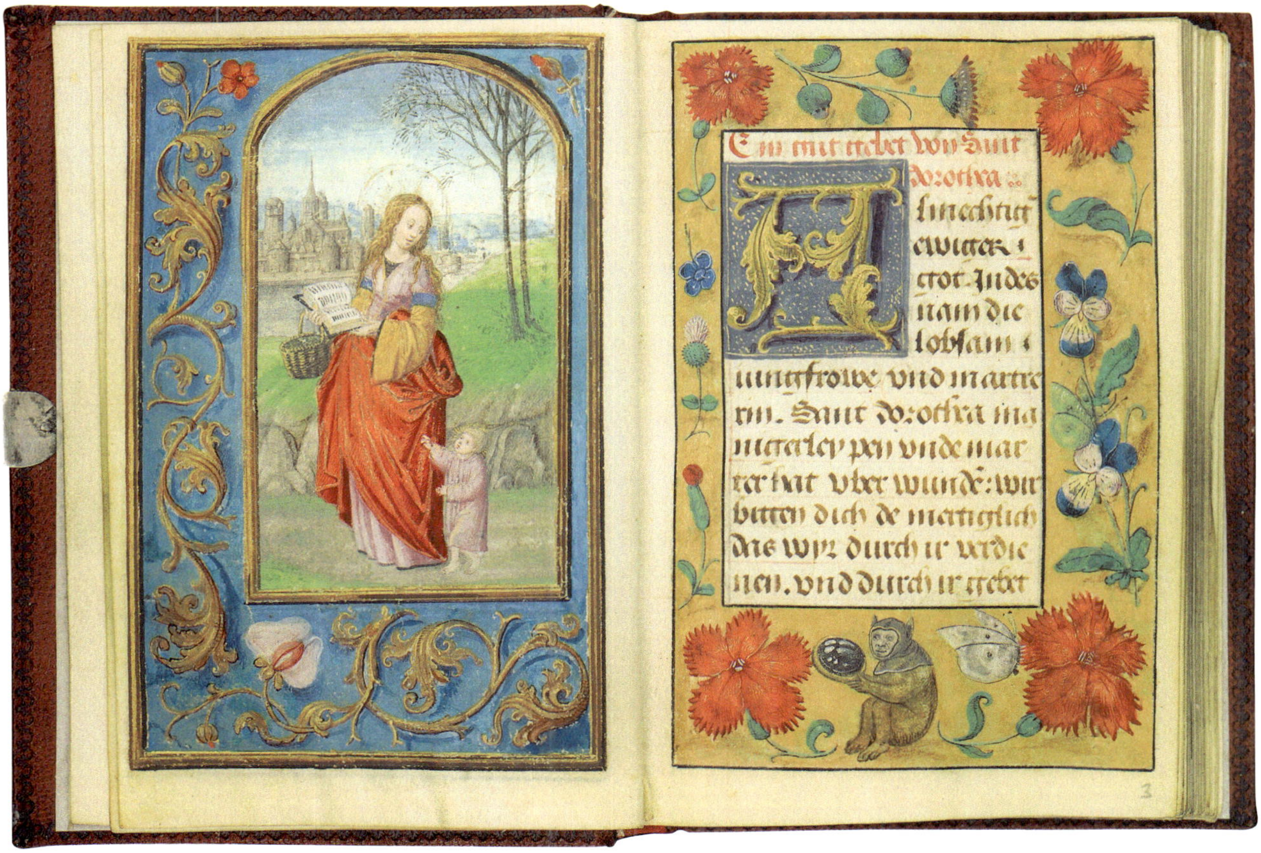

26 *Sigmaringer Gebetbuch*
Antwerpen und Brügge (?), um 1515

2v–3r Hl. Dorothea mit nachstehendem Gebet. Alle Seiten sind von umlaufenden Bordüren gerahmt mit Blumen, Früchten, Akanthusranken, Affen, Insekten, Vögeln, Schmetterlingen, Edelsteinen und Wildleuten. Auffällig ist hier ein mit Kragenmütze bekleideter Wilder Mann (?), der einen Spiegel vor sich hält.

einem hellen und einem dunklen Strich einen räumlichen Querschnitt nur an oder beschränken sich sogar auf einfache Tintenlinien. Auffällig sind die phantasievollen Kompartimentbordüren mit großformatigen geometrischen Formen wie etwa den Vierpässen auf Folio 21, zumal sie dort auf eine ganz anders gestaltete Bordüre um die Miniatur herum treffen.

Alle bislang besprochenen Merkmale passen gut zur flämischen Buchproduktion des beginnenden 16. Jahrhunderts. Der Text der Handschrift ist jedoch nicht lateinisch oder gar flämisch abgefasst, sondern in deutscher Sprache. Und auch ihr Inhalt ist spezifisch auf einen deutschen Besteller abgestimmt mit Gebeten u. a. von Johann von Neumarkt und Mechthild von Hackeborn.

Eine solche Kombination passt am ehesten in die Antwerpener Kunstszene der Jahre um 1510–1520. Die Stadt an der Scheldemündung hatte damals Brügge, dessen Zugang zum Meer allmählich versandet war, den Rang als wichtigste Hafenstadt und Drehscheibe des europäischen Handels den Rang abgelaufen. Deutsche Kaufleute waren dort in großer Zahl vertreten, wie kein Geringerer als Albrecht Dürer bezeugt. Im Tagebuch seiner niederländischen Reise von 1520–1521 berichtet er, wie er in Antwerpen sein Hauptquartier aufschlägt, von dem aus er die anderen flämischen Städte besichtigt, und wie er dort eine Vielzahl von Landsleuten trifft, mit denen er tafelt und Geschäfte macht. Aus Dürers Heimatstadt ist beispielsweise Alexander Imhoff zugegen, und für diese Nürnberger Familie hat der damals berühmteste flämische Buchmaler Simon Bening ein Gebetbuch illuminiert, das nach Ausweis seines Kolophons 1511 in Antwerpen geschrieben worden ist (Sotheby's, Nr. 107). Und auch der Frankfurter Kaufmann Nicolaus Humbracht d. J. bestellte in Antwerpen nicht nur ein gemaltes Altarretabel für die Grablege der Familie (Frankfurt a. M., Städelsches Kunstinstitut) sondern auch noch ein Gebetbuch mit deutschem Text (Frankfurt a. M., Stadt- und Universitätsbibliothek, Ms. germ. oct. 3). In ähnlichen Bahnen wird die Entstehung unserer Handschrift verlaufen sein; vermutlich wird sie ein deutscher Auftraggeber in Antwerpen erworben haben. Vorerst offen bleiben muss jedoch, ob die an ihr beteiligten Buchmaler damals alle in Antwerpen ansässig waren oder ihren Beitrag von einem anderen Ort aus leisteten, wofür es in der flämischen Buchproduktion durchaus Beispiele gibt. Die oben erwähnte Diskrepanz zwischen den Bordürenstilen auf gegenüberliegenden Miniatur- und Textseiten könnte dafür ein Indiz sein.

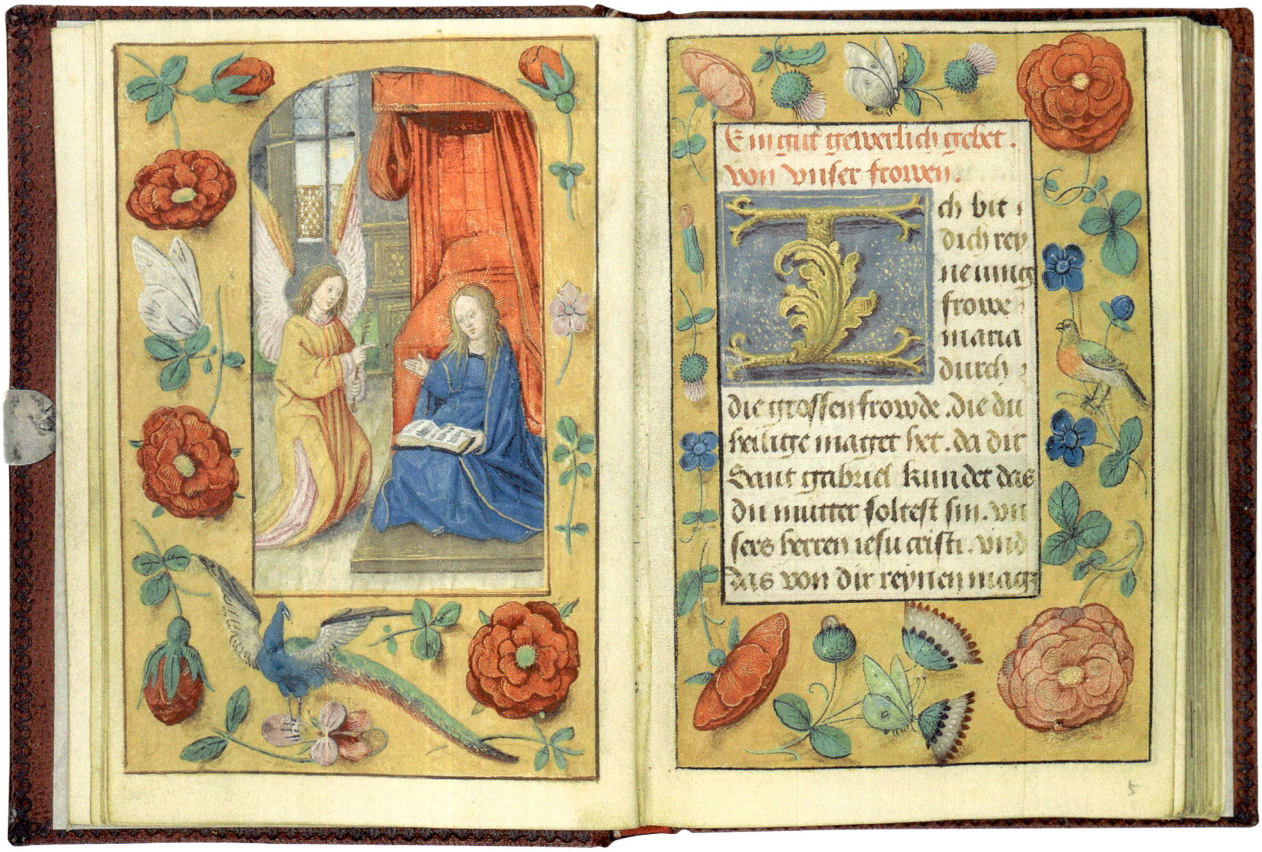

26 *Sigmaringer Gebetbuch*
Antwerpen und Brügge (?), um 1515

4v–5r Verkündigung an Maria und Gebet zu den Fünf Freuden Mariens

Zumindest der Gebetbuchmeister um 1500 stammt mit Sicherheit aus der Brügger Tradition, und bislang gibt es keine Anhaltspunkte dafür, dass er nach Antwerpen abgewandert sei. (Bodo Brinkmann)

Pergament 112 Blätter (zwei Vorsatzblätter und ein Nachsatzblatt aus Pergament); 114 x 83 mm (beschnitten); Lagen: 1^{4+4-1}, 2^{6+1}, 3^{4+2}, 4^{6}, 5^{6+1-1}, 6^{6}, $7–8^{6+1}$, 9^{6}, $10–11^{6+1}$, 12^{6+2}, 13^{6+2-1}, 14^{4+5}, 15^{6-3}, 16^{4+3-1}, 17^{2}, 18^{4+2-1} (laut Schwoll); Schriftspiegel: 68 x 46 mm; einspaltig; 14 Zeilen; Liniierung in Rot. **Ausstattung** Deutscher Text in brauner Bastarda, rubriziert; Versalien gelb schattiert; einzeilige Initialen in Gold auf Mauve; Zeilenendungen in Mauve mit goldener Ornamentik; zweizeilige Blattwerkinitialen in Grau mit Weißhöhungen auf ockerfarbenem oder blauem Grund mit goldener Ornamentik; drei- bis sechszeilige Akanthus- und Astwerkinitialen in Gold auf Blau; alle Seiten von umlaufenden Bordüren gerahmt, mit Blumen, Früchten, Akanthusranken, Affen, Insekten, Vögeln, Schmetterlingen, Edelsteinen und Wildleuten; 27 Miniaturen in Deckfarben mit Gold. **Einband** Weinrotes Leder mit Vierpass in erhabener Prägung; vier in die Rundungen des Vierpasses gesetzte Silberkreuze; Lederriemchen mit Silberschließe; Goldschnitt; 19. Jh. **Vorbesitzer** Bis 1948 Sigmaringen, Fürstlich Hohenzollernsche Sammlungen (Stempel auf IIv); Georges Wendling (Exlibris). **Inhalt** Ir nachgetragenes Gebet. *Gratio estis satuati per fidem*; alle nachfolgenden Seiten (bis auf die Leerseiten) mit umlaufenden Bordüren. 1r Gebet zum Leiden Christi. *D (Er hymmelisch kunig)*; Miniatur fehlt. 2v hl. Dorothea. 3r Gebet zu Dorothea. *A (lmechtiger ewiger got)*. 4r leer. 4v–14r Mariengebete. 4v Verkündigung an Maria. 5r Fünf Freuden Mariens. *I (ch bit dich reyne jungfrowe)*. 11r leer. 11v Muttergottes mit Kind. 12r Salve Regina (dtsch.) des Johann von Neumarkt. *G (egruszet siestu kunigin)*. 12v Magnificat (dtsch.). *M (yn sele groszet den heeren)*. 14v–32r Heiligengebete und -suffragien. 14v hll. Petrus und Paulus. 16v Erzengel Michael im Kampf mit dem Teufel. 18v hl. Sebastian. 20v hl. Georg. 22v hl. Christophorus. 24v hl. Barbara. 27r Suffragium zu Ehren der hl. Katharina; Miniatur fehlt. 28v hl. Margareta. 30v Alle Heiligen. 32v–43v Johann von Neumarkt, Tagzeiten vom Leiden Christi. 32v Gebet am Ölberg. 33r *h (Erre ton mir uff myn leftzen)*. 44r leer. 44v–46r Gebet des hl. Bernhard von Clairvaux. 44v hl. Bernhard von Clairvaux. 45r *B (isz gegrusset)*. 46v–48v Johannesevangelium. 46v Johannes auf Patmos. 47r *I (N dem anfang)*. 49r leer. 49v–51v Meditationen zur Passion Christi. 49v Kreuztragung. 50r *I (ch opfer dir lieber herre)*. 51v–

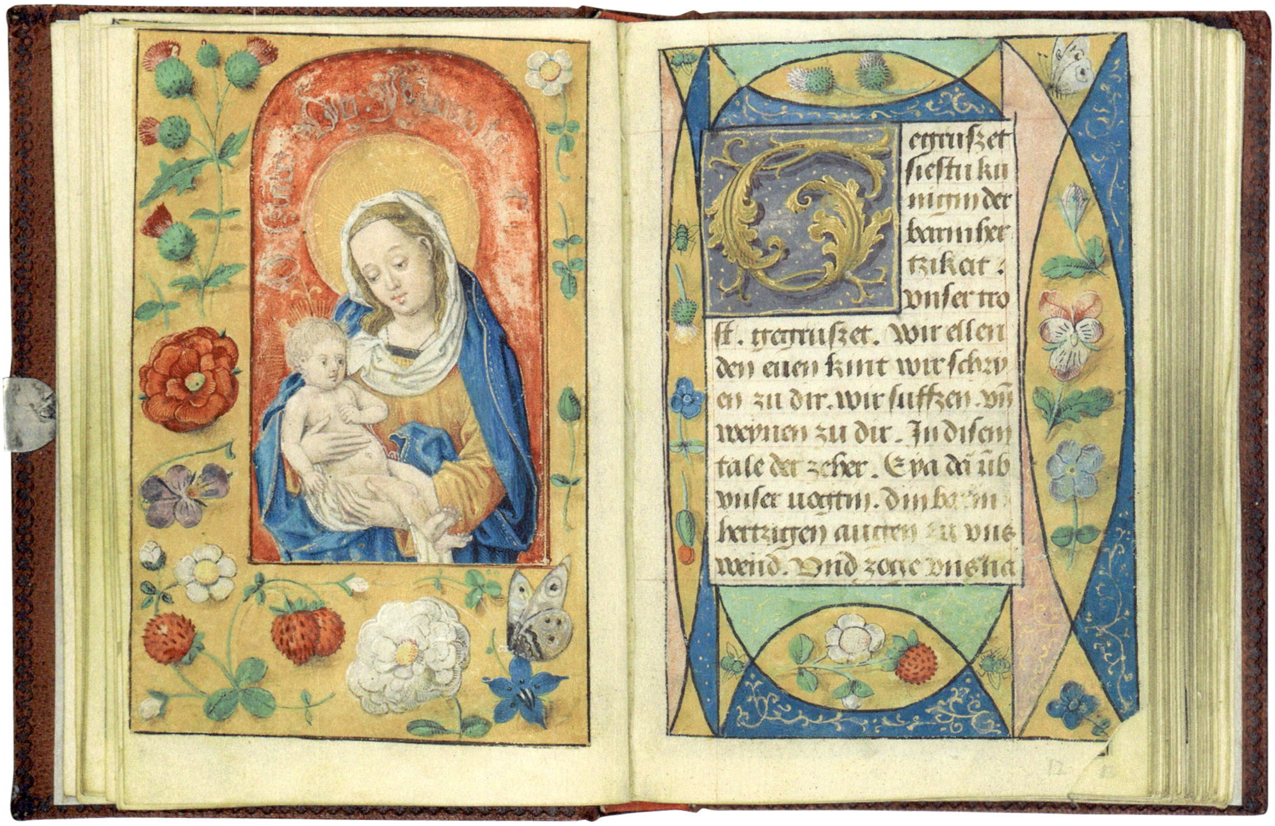

26 *Sigmaringer Gebetbuch*
Antwerpen und Brügge (?), um 1515

11v–12r Muttergottes mit Kind; auf der Rectoseite das Salve Regina des Johann von Neumarkt in deutscher Sprache: »Gegrüßet seist du, Königin der Barmherzigkeit«

56v Pater noster und Ave Maria mit Zusätzen zu Ehren des Leidens Christi. 56v Gebet zur Versöhnung mit Gott. *h (Erre by dir ist der brunn)*. 58v–62v Gebet nach der Kommunion. 58v Weisung der Hostienmonstranz durch zwei Engel. 59r *V (vas gib ich dir herre)*. 62v–66v Gebete für die Seelen. 62v Gebet für alle Todsünder. *E (ya milter vergeber)*. 63r Gebet für alle guten Menschen. *E (ya ürsprung alles gütten)*. 64r leer. 64v Auferweckung des Lazarus. 65r Gebet für alle gläubigen Seelen. *A (ller miltester geber aller genaden)*. 65v Gebet für alle guten Freunde. *I (ch überflussiger lon alles güten)*. 66v Gebet für alle Feinde. *I (ch bit dich almechtiger herre)*. 67r leer. 67v–69r vier Vaterunser zum Trost und zur Hilfe für alle Seelen. 67v Letztes Abendmahl. 68r *h (Erre Ihesu Christe)*. 69v–72v Gebete. 69v Gebet für die Christenheit. *I (ch tieffer abgrunt)*. 70v, 71r, 72r je ein Gebet (für sich selbst, seine Feinde und Sünden) beginnend mit *h (erre dir zu lobe)*. 73r leer. 73v–76r Gebete für die Seele. 73v Erzengel Michael als Seelenwäger. 74r Gebet von allen Seelen. *E (rbarme dich)*. 74v *G (egrüszet sint ir alle)*. 75v *A (lmechtiger ewiger got)*. 76v–77v Vier Freuden Christi. 76v *Wer disz gebet ein mal des tages spricht und zu yeder materi Ein pater noster und Ave Maria der hat xviiim iar ablas teglicher sund wer es aber zu den andern mal spricht der hat xviiim iar todlicher sund zu dem forden applas wer es aber zu dem dritten mal spricht der hat xviiim karen van dem pabst Clemens als ob er sie geholet hat zu Rome in dem munster uf sinen fussen. Pater noster. H (oere Jhesu Criste)*. 78r leer. 78v–80r Bittgebet an Maria um Fürsprache in der Stunde des Todes. 78v Geburt Christi. 79r *O (du aller wirdigste)*. 80v–84v Mechtild von Hackeborn, Auferstehungsgebete; Miniatur zu Beginn fehlt. 80v *Disz hernach geschriben funf frowd hat unser herre sant Machtilden geoffenbart und siner wirdigen urstend und sprach zu ir wer mich dieser frowd vermant den wil ich fur die ersten froud für sinen tod geben ein versüchen und vorsmak miner ewigen gotheit. Für die anderen wil ich im geben verstandnus der Inneren bekantnus. Für die dritten wil ich sin sele an sinen lesten hinscheiden selber furen und stellen fur minen vater. Fur die vierden will ich im geben teilafticheit alles mines wirdigen lydens und arbeit. Fur die fünften wil ich im geben frolich geselschaft und vereinigung mit mir und allen heiligen.* 82r *I (ch lob bet an)*. 85r ohne Text. 85v Verkärung Christi. 88r leer. 88v–90v Exempel für das Beten von 15 Vaterunser. 88v Auferstehung Christi. 89r *W (ir sollen die wirdigen urstend Cristi)*. 90v–92v Mariengebet. 90v *Zu disem gebett hat man elf tousent iaer aplas von pabst Sixtus dem vierden den er hat gegeben am tod pet* [1484]. 91r leer. 91v Mondsichelmadonna.

26 *Sigmaringer Gebetbuch*
Antwerpen und Brügge (?), um 1515

14v–15r Hll. Petrus und Paulus in weiter Landschaft mit nachstehendem Gebet

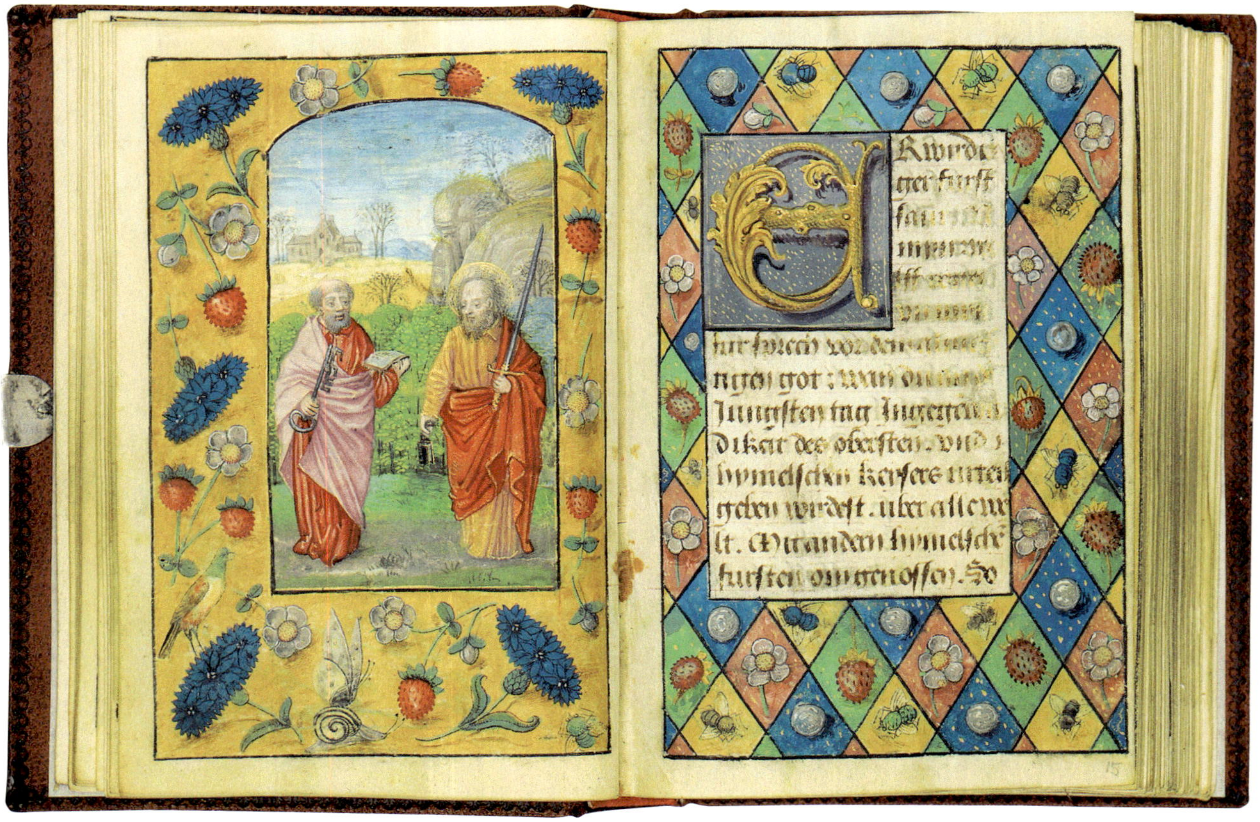

92r *G (egrüst sist aller heiligiste Maria)*. 92v–96r Gebet (Adoro te devote) mit Ablass Papst Gregors d.Gr. 93r leer. 93v Gregorsmesse. 94r *O (heere Ihesu Christe)*. 96r Fragment eines Gebetes. 96v Noli me tangere. 97r–99v Acht Verse des hl. Bernhard; Miniatur fehlt. 97r *O (Herre erlicht myne ougen)*. 100r leer. 100v hl. Genovefa. 101r/v Gebet zur hl. Genovefa. *O (aller heiligste Genovefa)*. 102r leer. 102v–105v Fragment eines Mariengebetes. 102v Beweinung Christi. 103r *O (Heilighe Maria)*; Ende fehlt. 106r–107v Ergänzungen des 16. Jhs. 108r–110v Fragment eines Gebetes; Gebete zu Christus. 108r Bittgebet zu den Wunden Christi. *O (lieber herre Ihesu Criste)*. 109r/v, 110r drei Gebete beginnend mit h*(erre Jhesu Criste)*. 111r–112v leer. **Literatur** S. A. Lehner, Fürstlich Hohenzollernsches Museum zu Sigmaringen. Verzeichnis der Handschriften, Sigmaringen 1872, S. 37ff., Nr. 55. – Très Précieux Manuscrits Enluminés et Incunables..., Kat. 95 W. S. Kundig, Genf, 23./24. 6. 1948, S. 23f., Nr. 34. – Leuchtendes Mittelalter N. F. 2, Kat. Antiquariat H. Tenschert, Ramsen / Rotthalmünster 1998, S. 292ff. – S. Schwoll, Ein deutsches Gebetbuch vom Anfang des 16. Jahrhunderts: Das deutsche Gebetbuch aus Sigmaringen, Mag. Arbeit FU Berlin 2001 (Typoskript). **Zitierte Literatur** D. Thoss, Flämische Buchmalerei. Handschriftenschätze aus dem Burgunderreich, Ausst. Kat. Österreichische Nationalbibliothek, Graz 1987, S. 116. – Kat. Sotheby's, London, 21. 6. 1988.

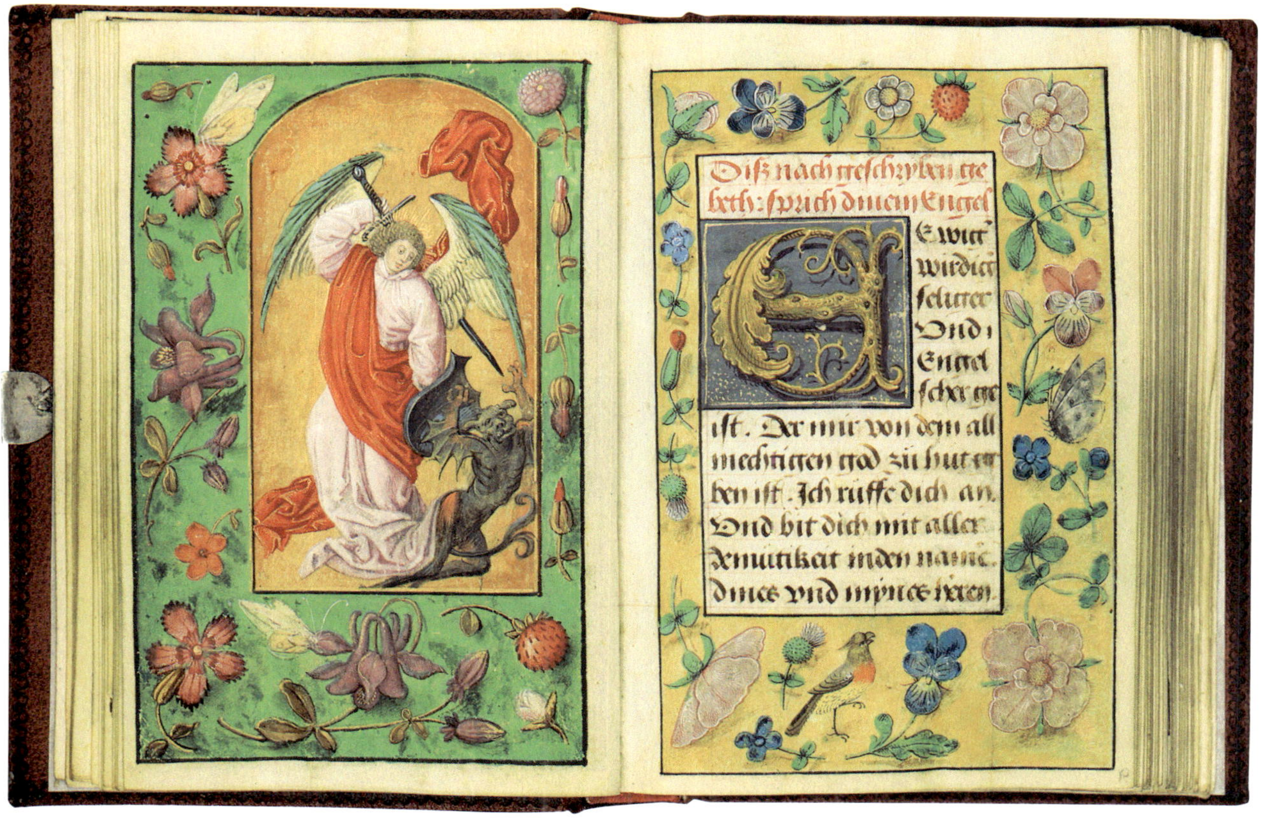

26 *Sigmaringer Gebetbuch*
Antwerpen und Brügge (?), um 1515

16v–17r Erzengel Michael im Kampf mit dem Teufel vor anschließendem Gebet zum Schutzengel

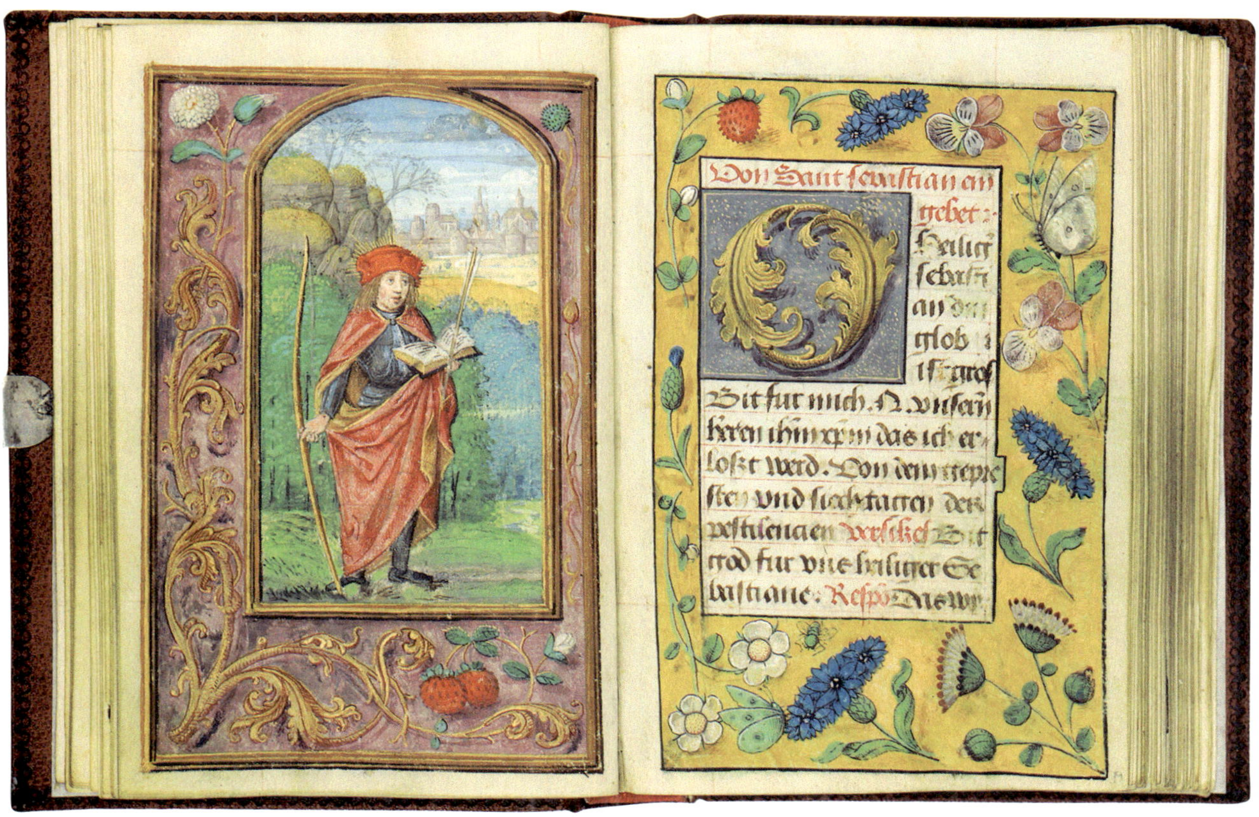

18v–19r Hl. Sebastian als Ritter mit aufgeschlagenem Buch in der Hand und den Symbolen seiner Marter, Pfeil und Bogen; auf der Rectoseite Gebet zu Sebastian

26 *Sigmaringer Gebetbuch*
Antwerpen und Brügge (?), um 1515

20v–21r Hl. Georg im Kampf mit dem Drachen, im Mittelgrund die Jungfrau, die dem Untier als Opfer zugeführt werden sollte; auf der Rectoseite Gebet zum hl. Georg

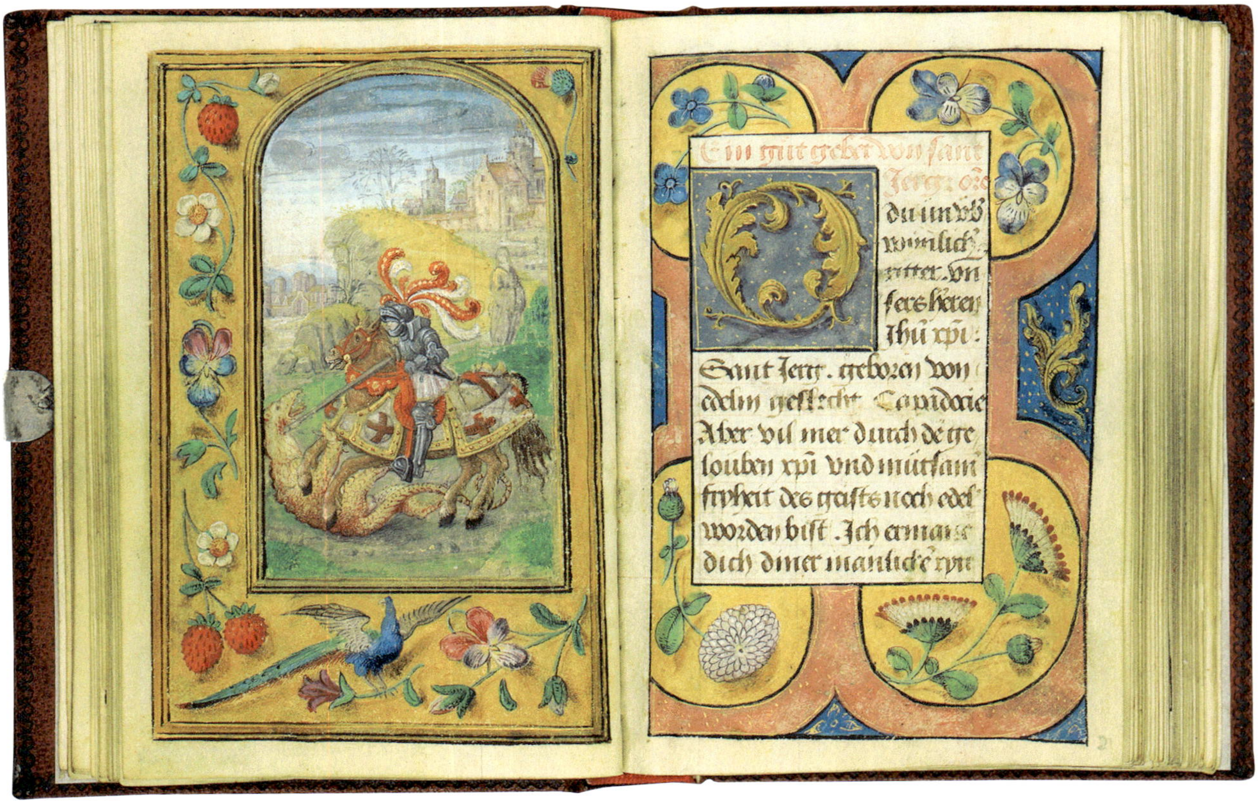

22v Der hl. Christophorus trägt den Jesusknaben als Weltenherrscher durch den Strom; auf der Rectoseite Gebet zum hl. Christophorus

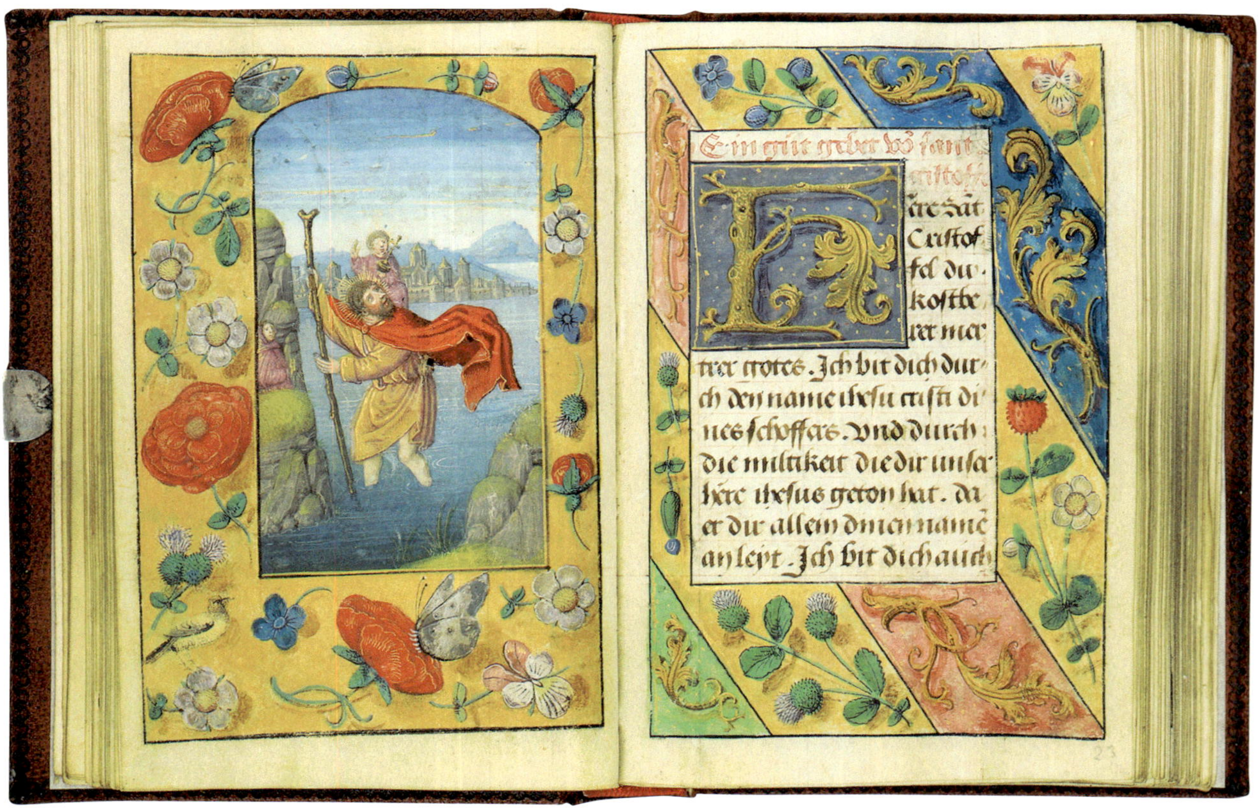

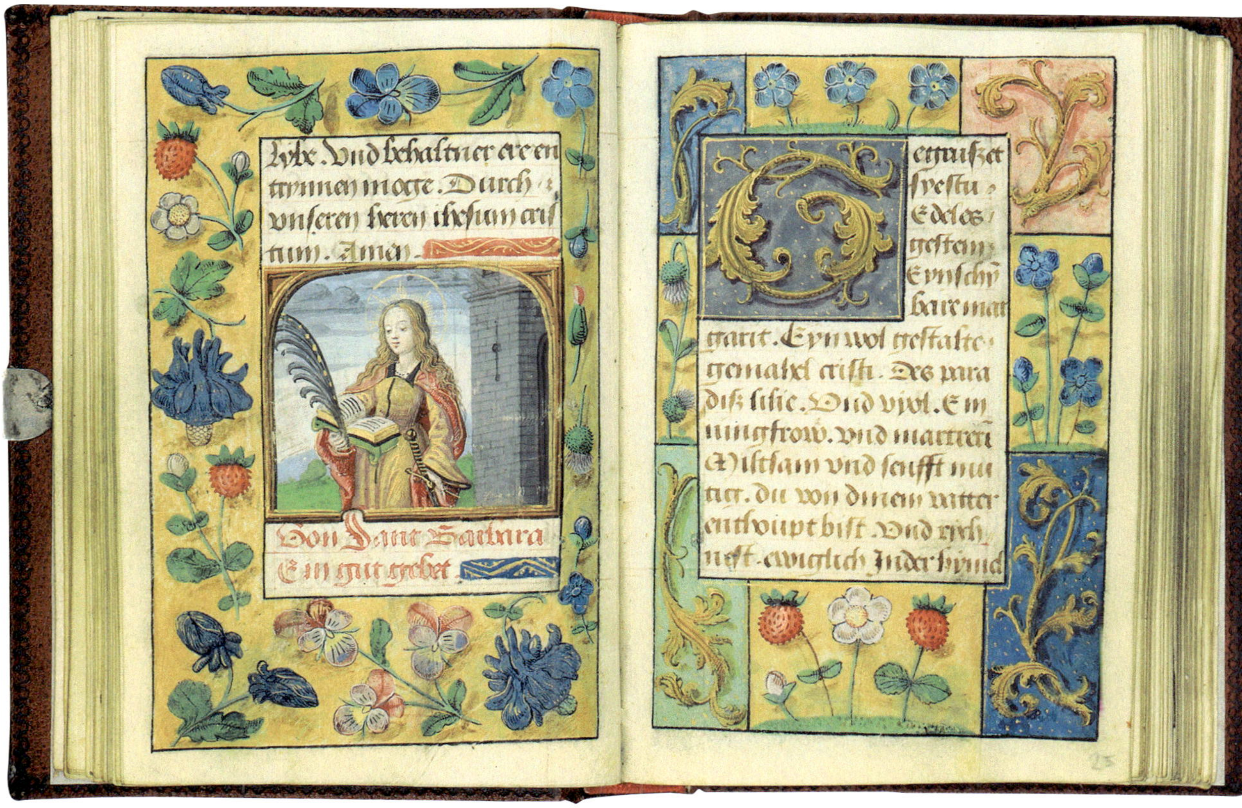

26 *Sigmaringer Gebetbuch*
Antwerpen und Brügge (?), um 1515

24v–25r Hl. Barbara mit aufgeschlagenem Buch, Schwert und Märtyrerpalme vor dem Turm, in dem sie gefangengehalten wurde; auf der Rectoseite Gebet zur hl. Barbara

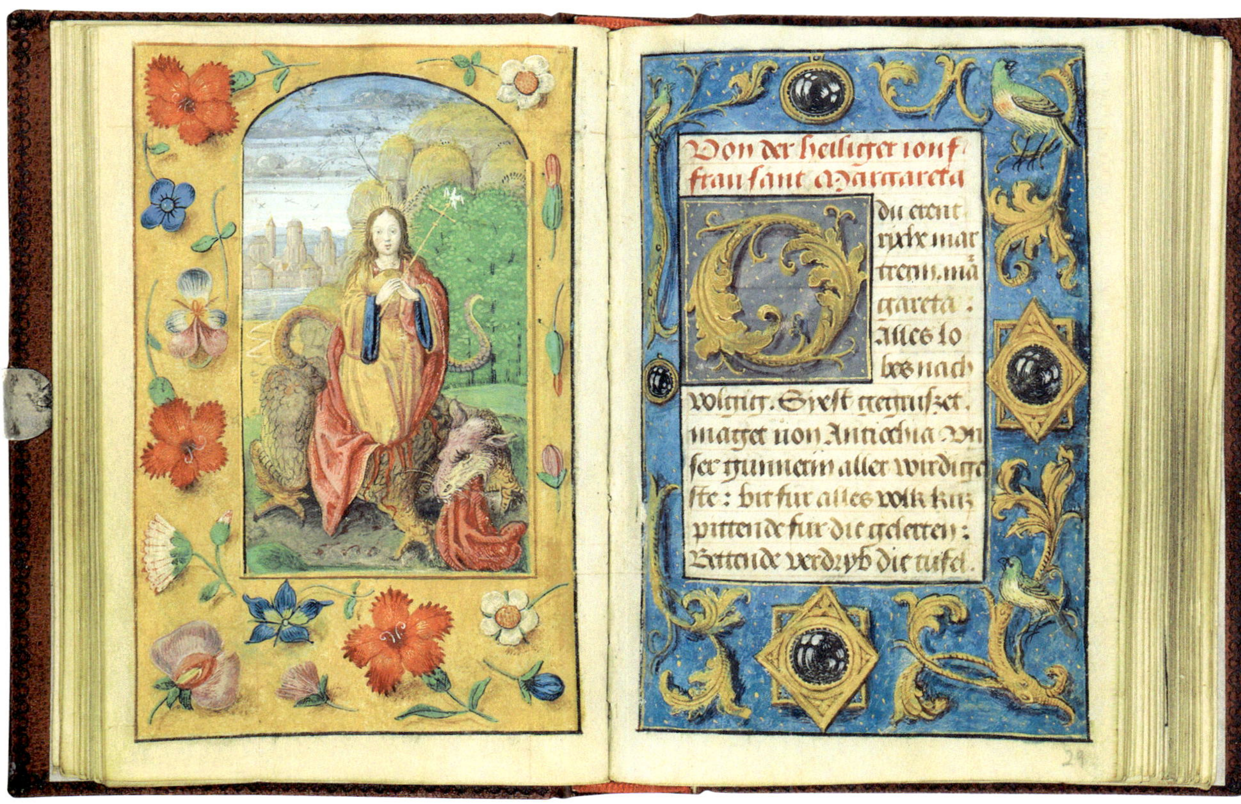

28v–29r Die hl. Margarete entsteigt dem Untier, von dem sie verschlungen worden war; auf der Rectoseite Gebet zur hl. Margarete

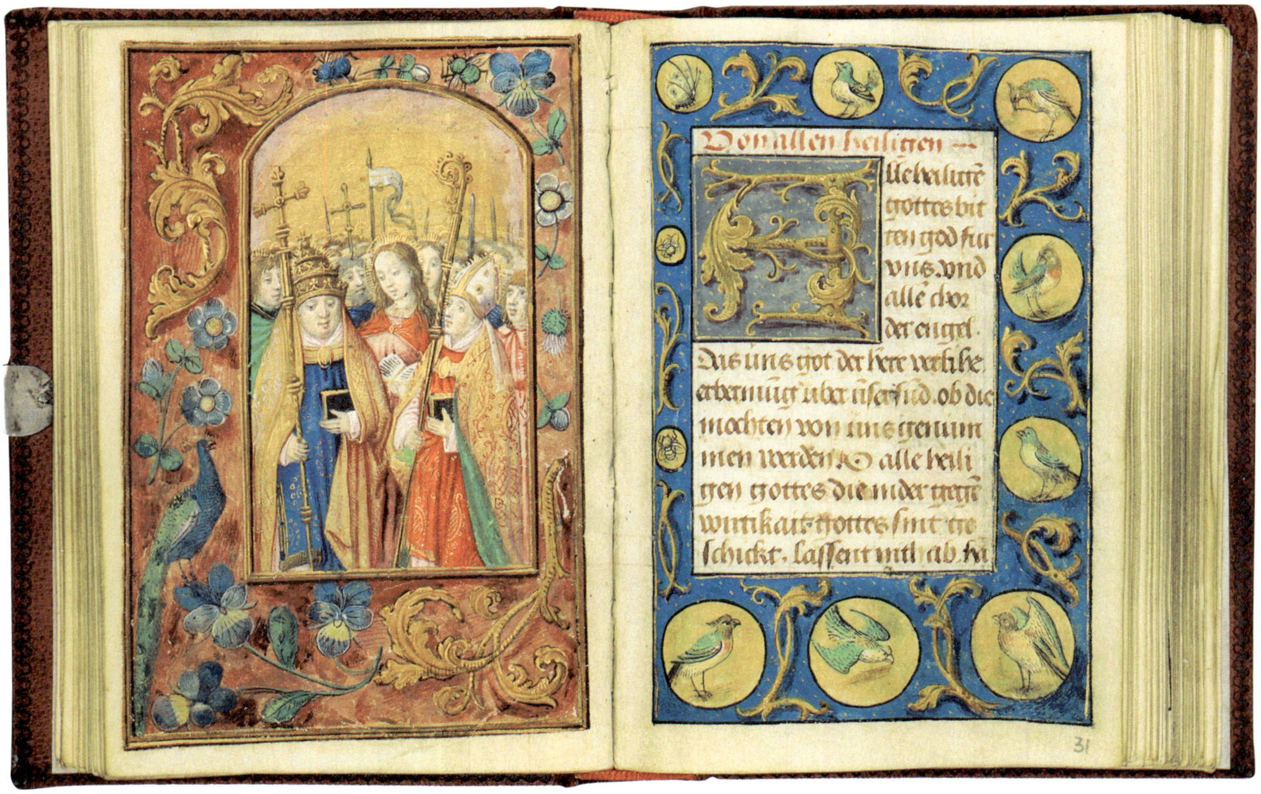

26 *Sigmaringer Gebetbuch*
Antwerpen und Brügge (?), um 1515

30v–31r Versammlung der Heiligen mit nachstehendem Gebet

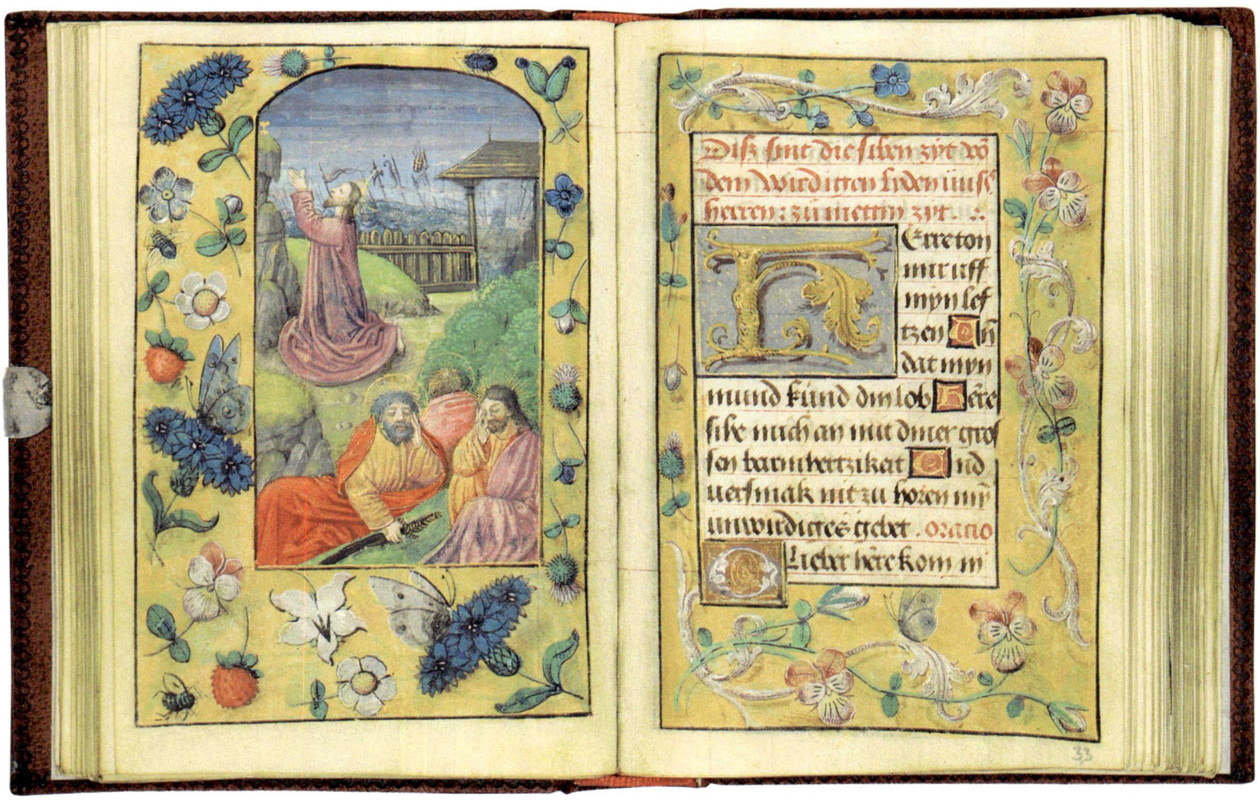

32v–33r Gebet Jesu am Ölberg. Matutin der Sieben Tagzeiten vom Leiden Jesu mit Gebeten des Johann von Neumarkt

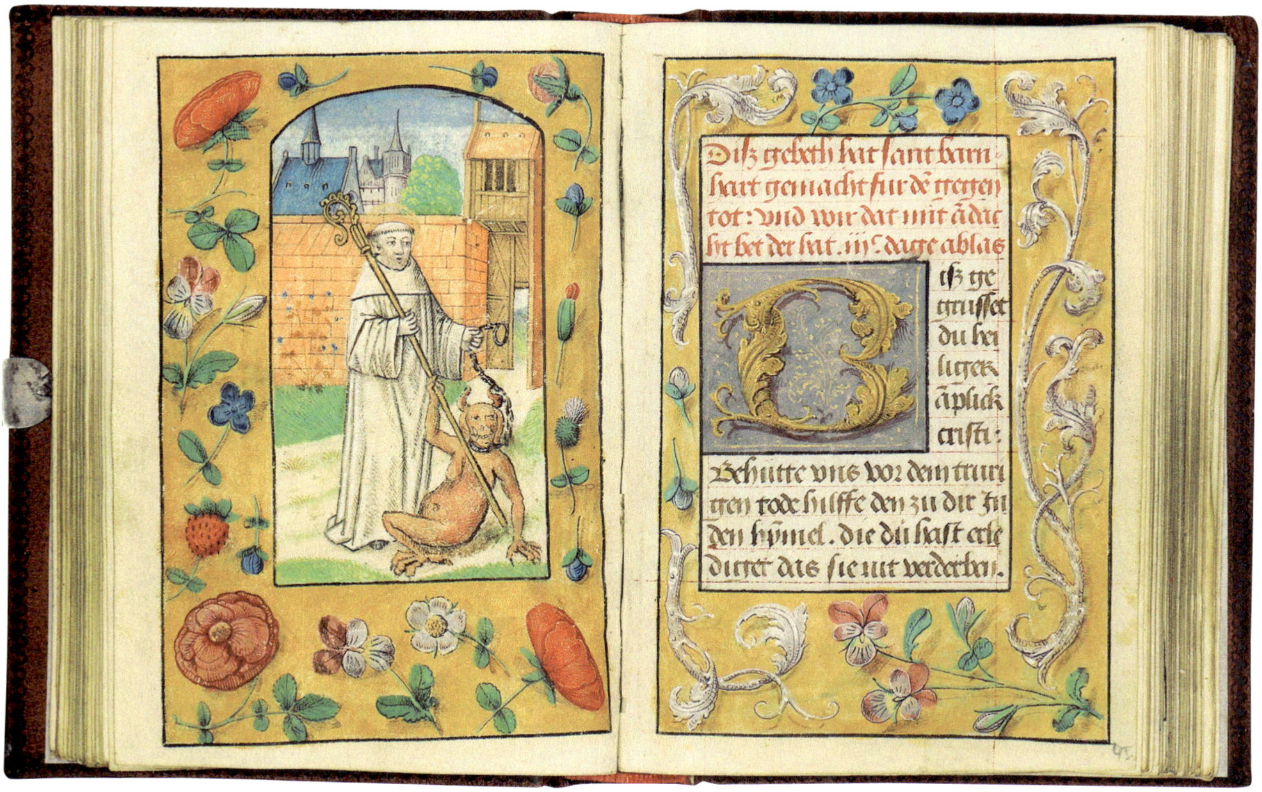

26 *Sigmaringer Gebetbuch*
Antwerpen und Brügge (?), um 1515

44v–45r Der hl. Bernhard von Clairvaux legt den Satan in Ketten. Auf der Rectoseite beginnt das Gebet des hl. Bernhard, mit dem ein andächtiger Beter 300 Tage Ablass gewinnen kann.

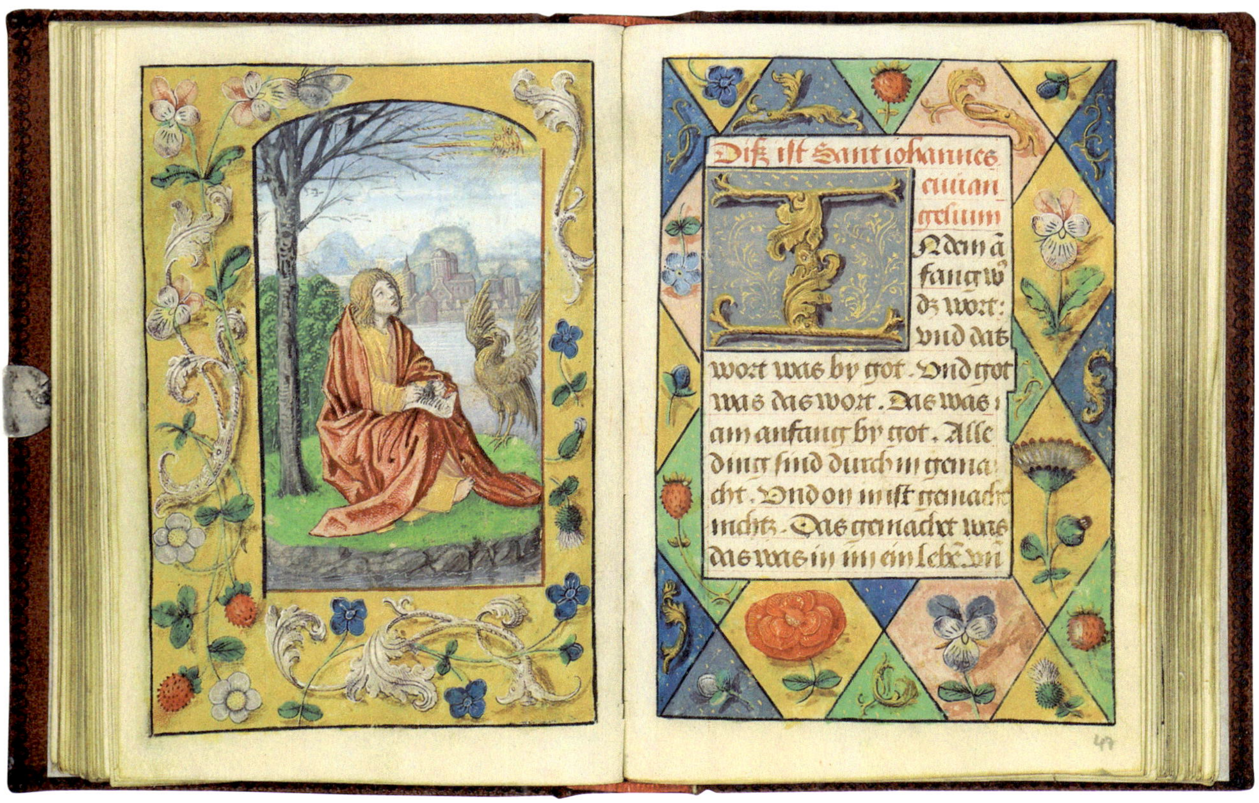

46v–47r Autorenbild zum Johannesevangelium. Am Himmel erscheint dem Evangelisten die Muttergottes mit Kind.

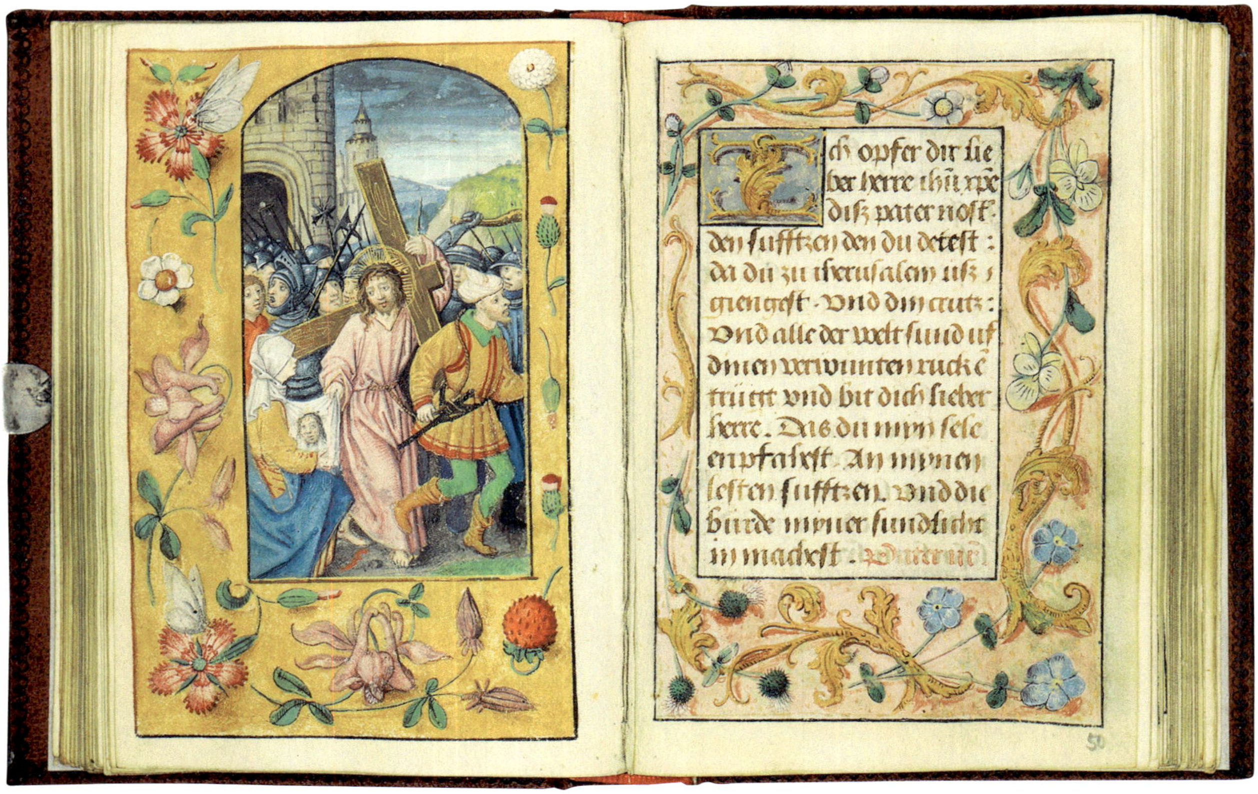

26 *Sigmaringer Gebetbuch*
Antwerpen und Brügge (?), um 1515

49v–50r Der kreuztragende Jesus begegnet Veronika. Auf der Rectoseite folgt eine Meditation zur Passion.

51v–52r (Text)
Rubrik zum erweiterten Pater noster

Unser Herr sprach zu einem guten Menschen: „Sag all denen, die mir lieb sind, dass ich all denen, die mir und meiner Mutter zu Ehren täglich dieses Pater noster sprechen, an ihrem Ende mit besonderer Gnade zu Hilfe kommen will, um sie vor allen ihren Feinden zu behüten. Und wer dieses Gebet einen anderen lehrt oder wer es wohl und mit Glauben empfängt, dessen Lohn soll zweifaltig werden. Ehre mein Leiden und Tod, ohne die niemand erhalten werden mag, die es aber verschmähen, die sind fern von dem Heil, denn ich will, dass mein Leiden und mein hoher dreifaltiger göttlicher Name in diesen jüngsten Zeiten nicht also gar vergessen werde von den sündigen Seelen einer anderen Zeit." Der Herr spricht zu dem Geist des Menschen: „Glaube mir, dass ich keinen Menschen will lassen verloren werden, der mir täglich dies Pater noster spricht zu Ehren."

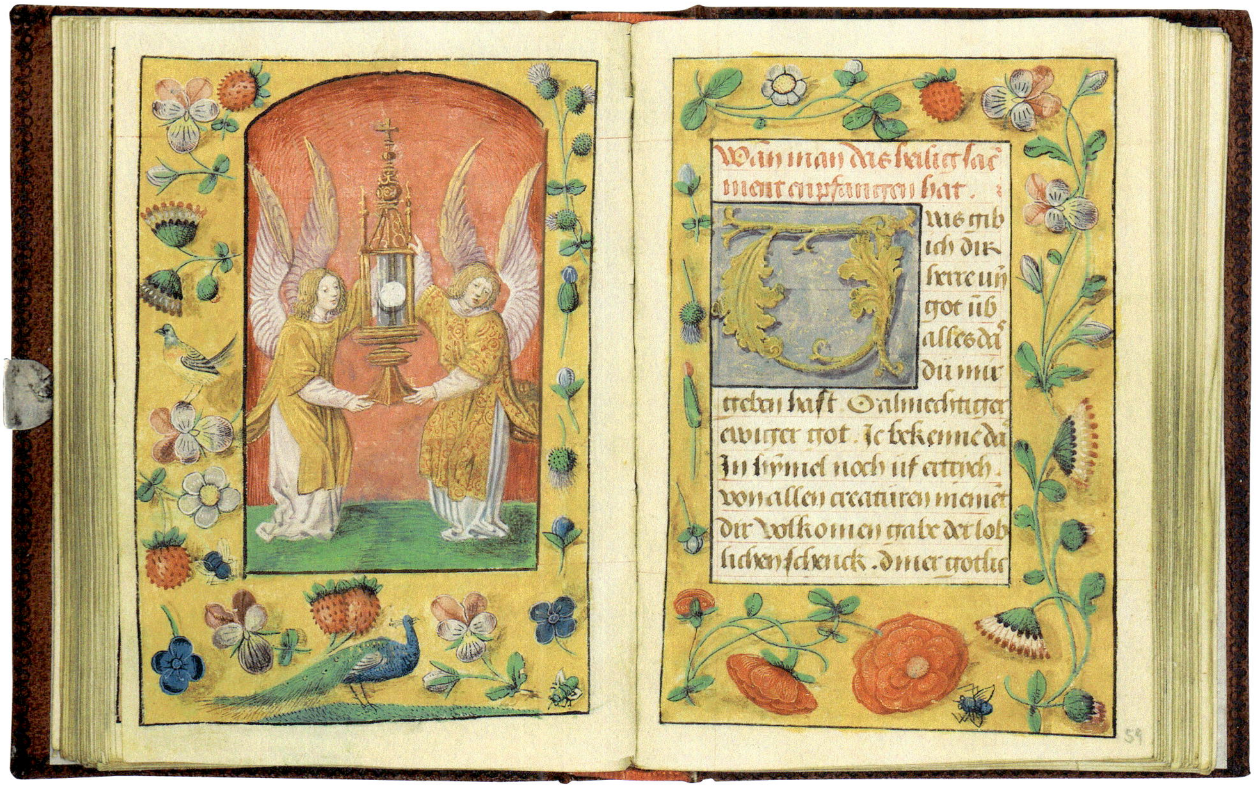

26 *Sigmaringer Gebetbuch*
Antwerpen und Brügge (?), um 1515

58v–59r Zwei Engel weisen die Hostienmonstranz. Auf der Rectoseite beginnt das Gebet, das nach dem Empfang der Kommunion gesprochen werden soll.

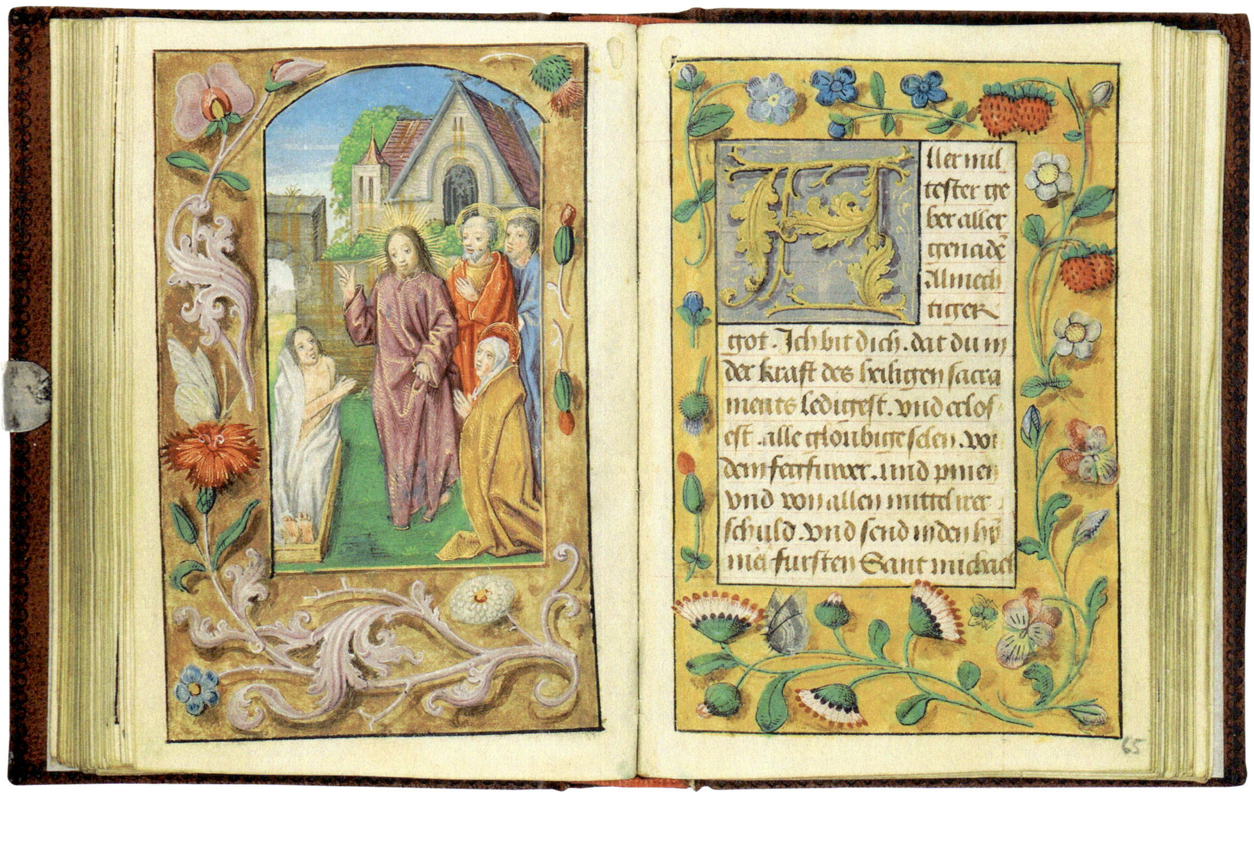

64v–65r Auferweckung des Lazarus mit nachstehendem Gebet für alle gläubigen Seelen

26 *Sigmaringer Gebetbuch*
Antwerpen und Brügge (?), um 1515

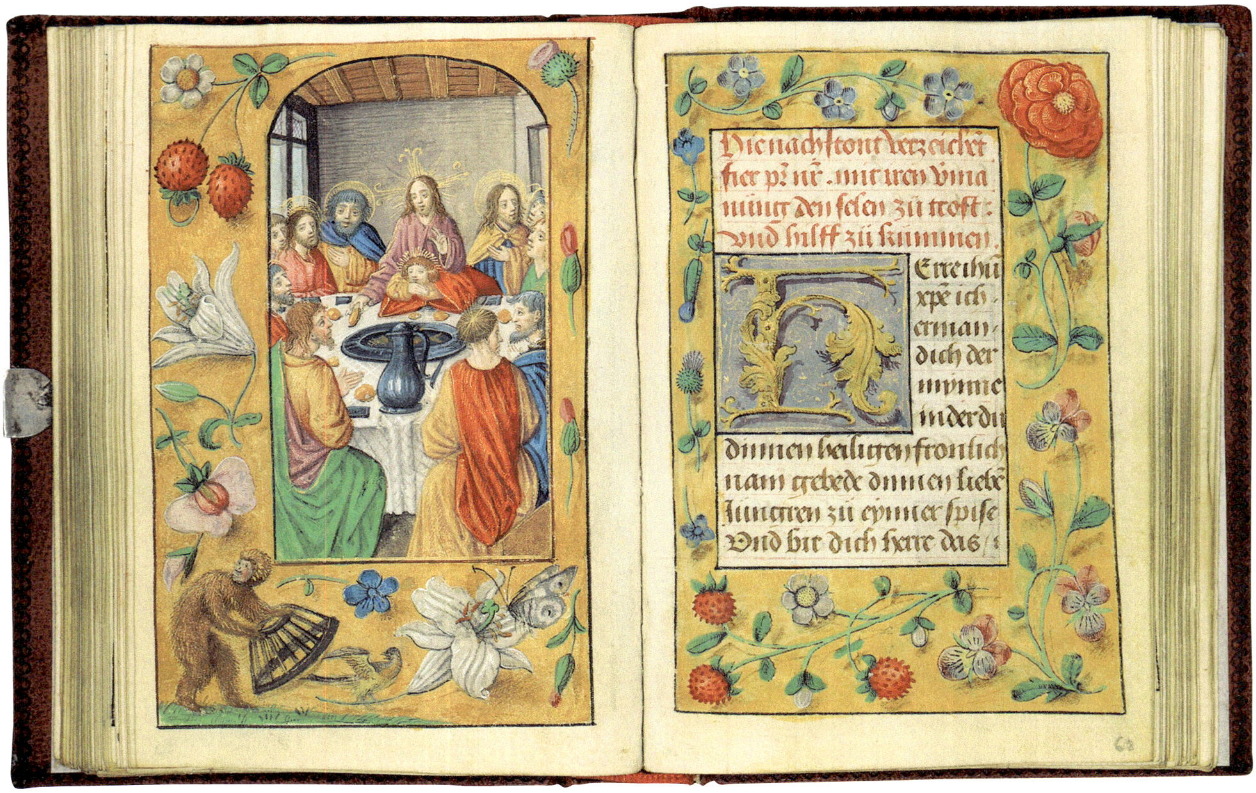

67v–68r Letztes Abendmahl mit an der Seite Jesu schlafendem Johannes; in der Bordüre fängt ein Affe einen Vogel. Die Rubrik der Rectoseite kündigt an: »Hiernach stehen verzeichnet vier Pater noster, mit ihren Ermahnungen den Seelen zu Trost und Hilfe zu kommen.«

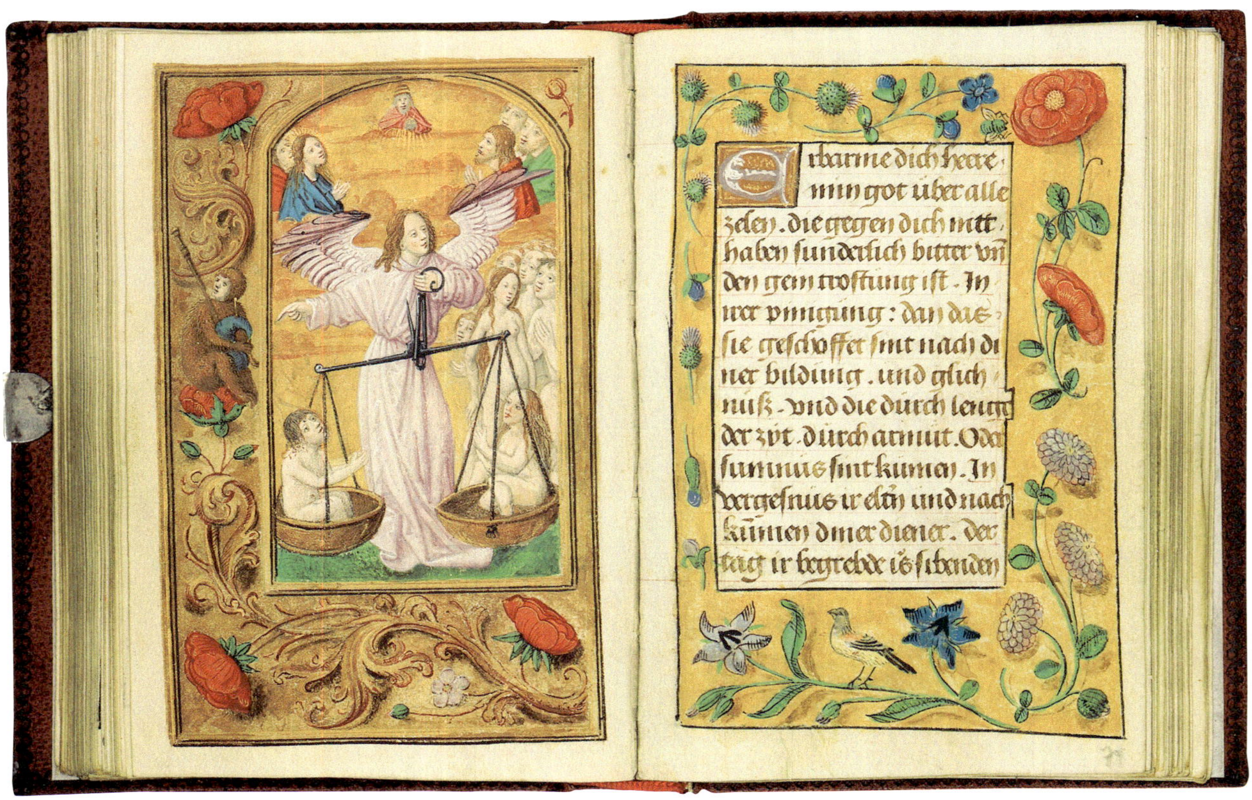

73v–74r Erzengel Michael als Seelenwäger. Das Gebet auf der gegenüberliegenden Zierseite bittet um Erbarmen für alle Seelen.

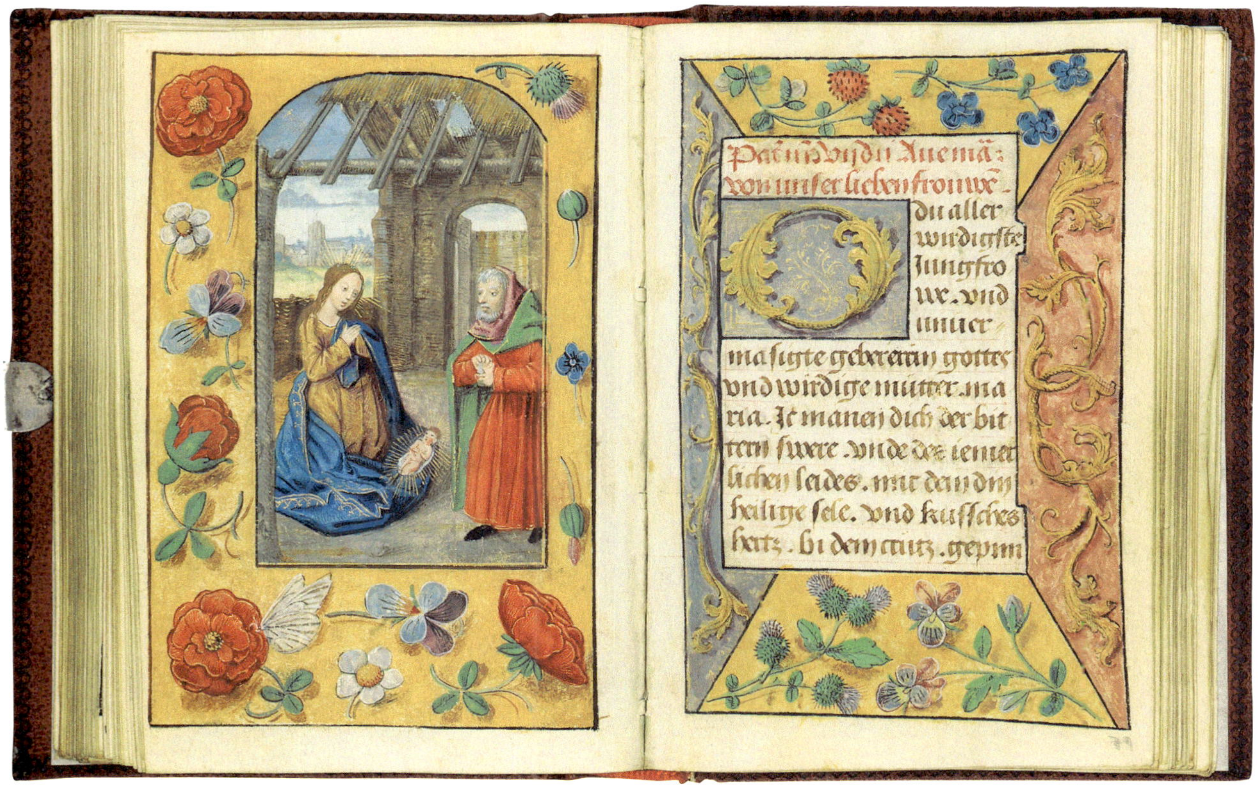

26 *Sigmaringer Gebetbuch*
Antwerpen und Brügge (?), um 1515

78v–79r Geburt Christi zum Bittgebet an Maria um Fürsprache in der Stunde des Todes

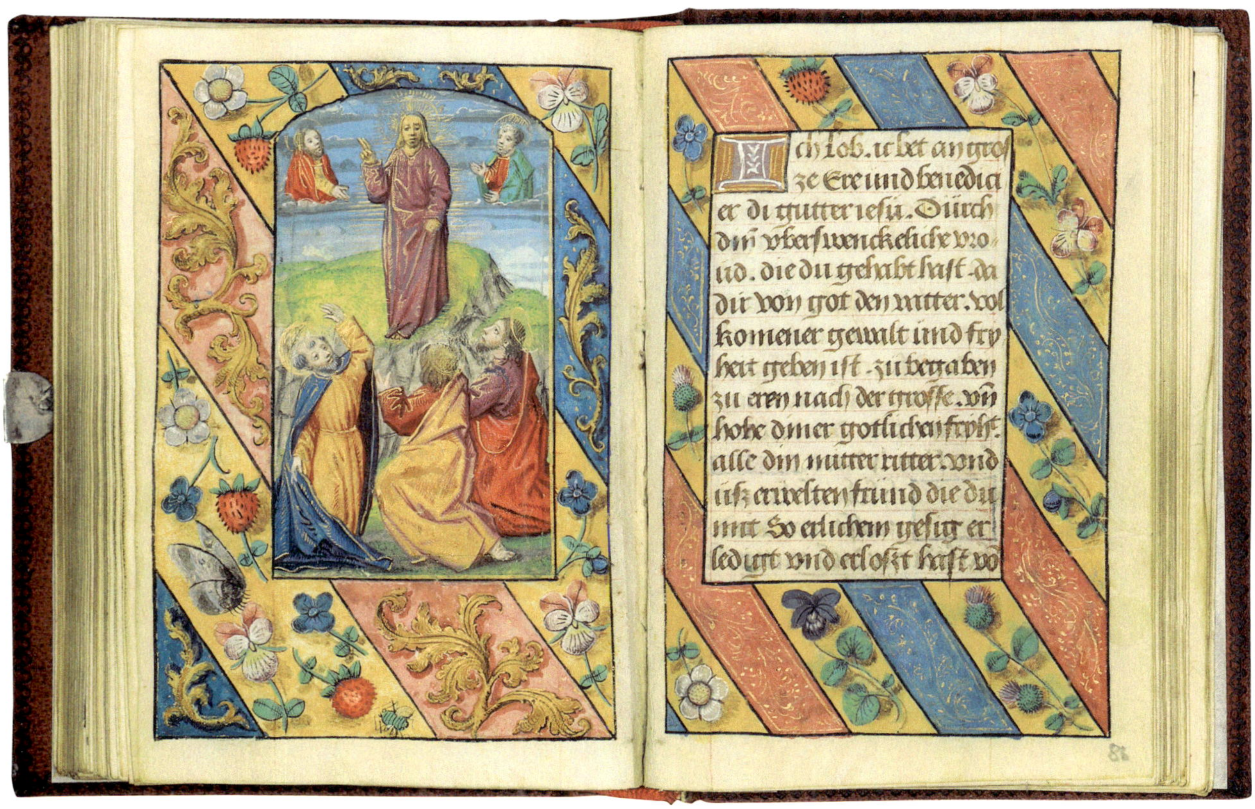

85v–86r Verklärung Christi vor einem Gebet für alle guten Freunde, lebende und tote.

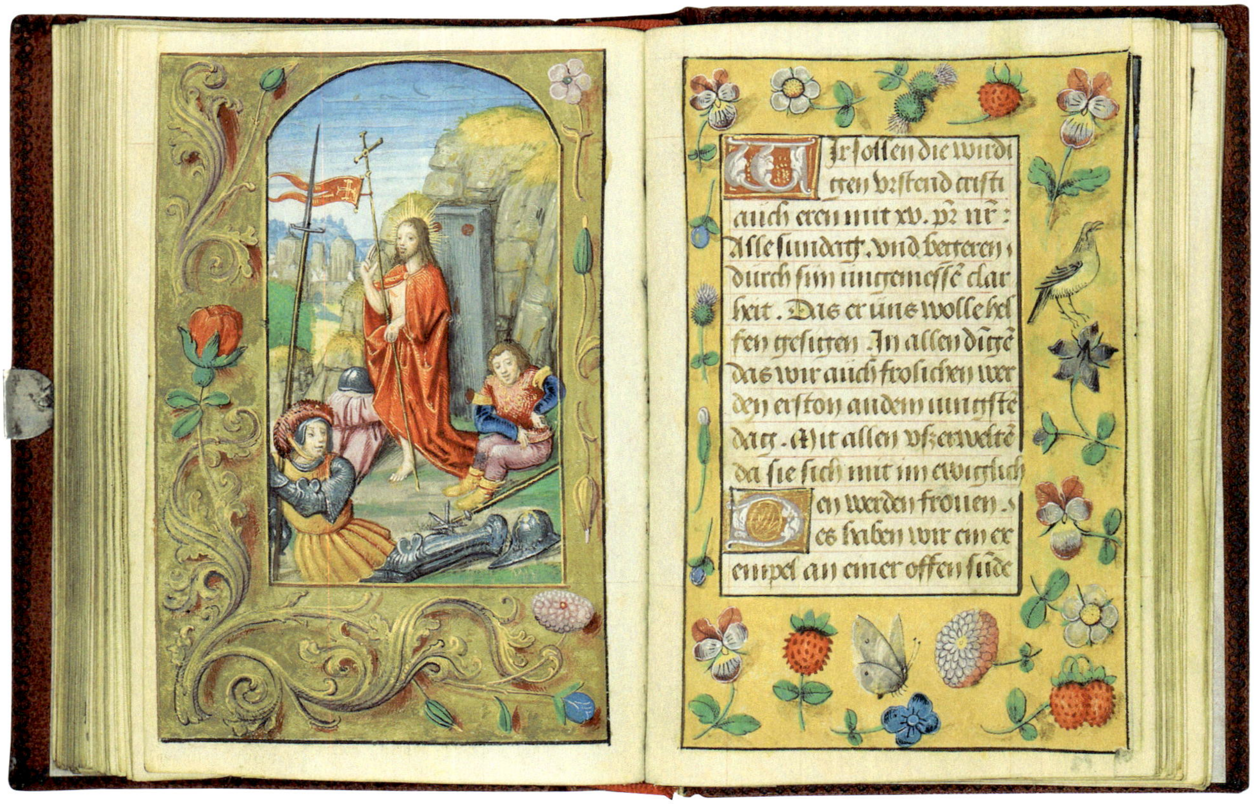

26 *Sigmaringer Gebetbuch*
Antwerpen und Brügge (?), um 1515

88v–89r Auferstehung Christi. Auf der Rectoseite beginnt ein Exempel für das Beten von 15 Vaterunser (siehe unten).

89r–90v (Text)
Exempel an einer Sünderin

Wir sollen die würdige Auferstehung Christi alle Sonntage ehren mit fünfzehn Pater noster und feiern seine unermessliche Herrlichkeit, dass er uns wolle helfen zu siegen in allen Dingen, dass wir auch fröhlich auferstehen am Jüngsten Tag mit allen Auserwählten, die sich ewiglich mit ihm freuen werden. Des haben wir ein Exempel an einer offenen Sünderin. Die tat wenig Gutes bis darauf, dass sie jeden Sonntag fünfzehn Pater noster der würdigsten Auferstehung Christi betete, damit ihr Gott, der Herr, helfe durch die Herrlichkeit seiner Auferstehung, damit sie von ihm niemals geschieden werde und sie auch fröhlich auferstünde. Und das unterließ sie keinen Sonntag. Nicht lange nachdem sie verstorben war, erschien sie ihrer Schwester in großer Herrlichkeit, die sehr erstaunt war, dass sie gerettet und auch verherrlicht war, und sie fragte, womit sie die Herrlichkeit verdient habe. Da sprach sie: „Ich habe jeden Sonntag fünfzehn Pater noster zur Auferstehung Christi gebetet, dass er mich nicht lasse verloren gehen. Und dadurch bin ich gerettet worden.“ Und sie sprach auch zu ihr, sie solle es die Menschen lehren oder sie würden verdammt. Nun ist auch zuverlässig zu glauben, welcher Mensch die Auferstehung Christi ehrt mit Gebet und mit andern Dingen, dass er auch umso fröhlicher auferstehen und ewiglich umso herrlicher sein wird. Amen.

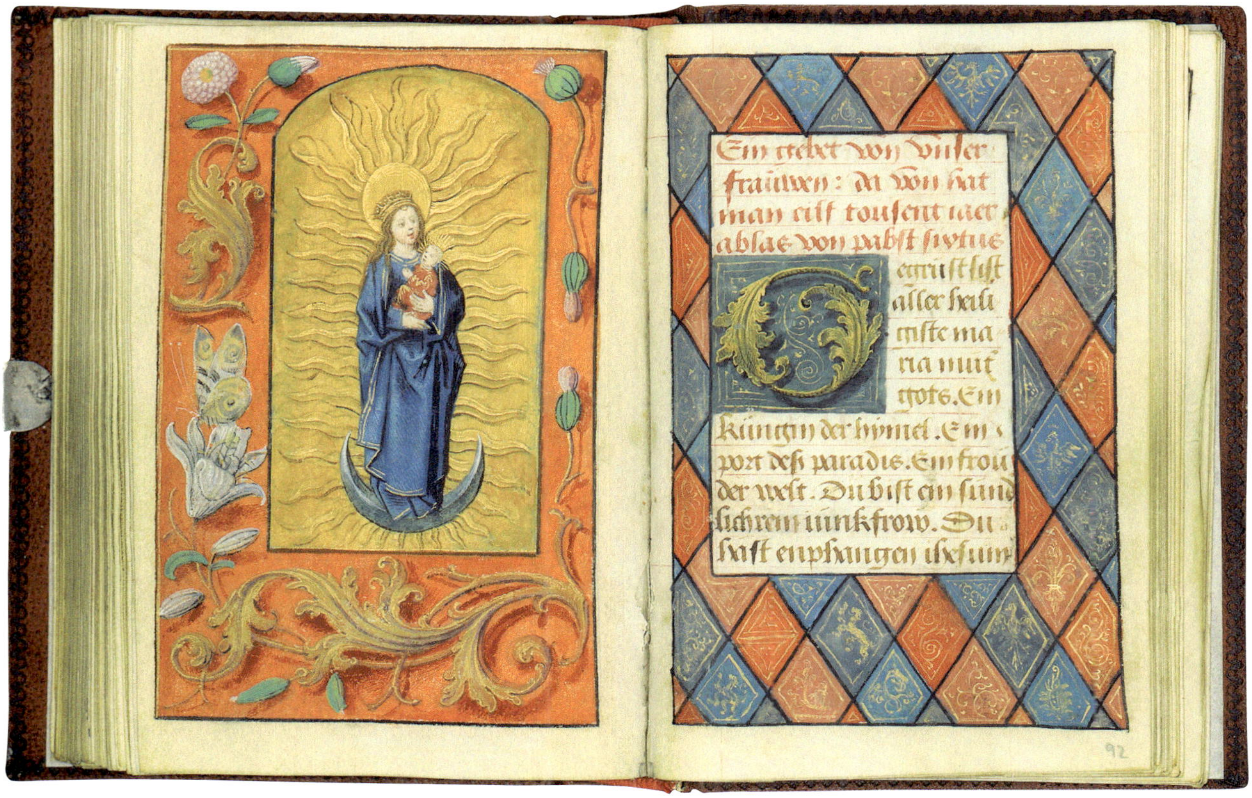

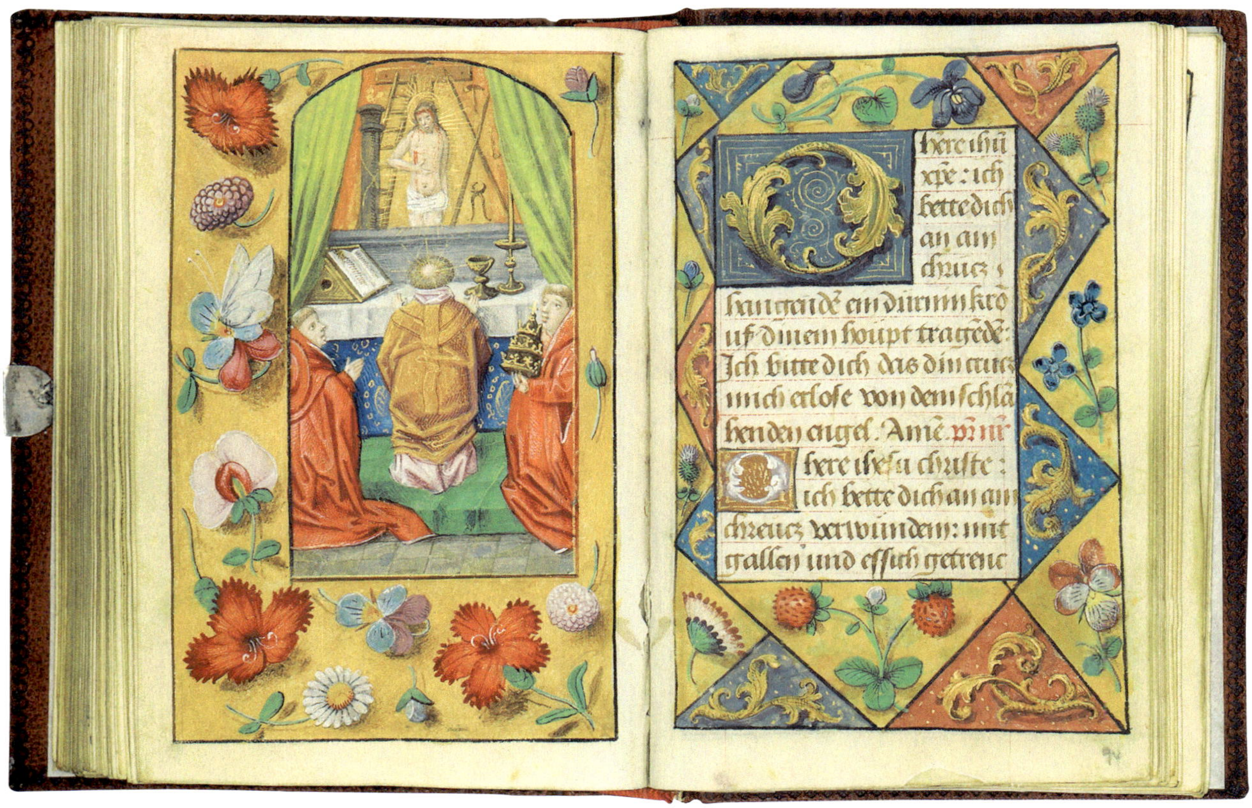

26 *Sigmaringer Gebetbuch*
Antwerpen und Brügge (?), um 1515

91v–92r Mondsichelmadonna. Elftausend Jahre Ablass, von Papst Sixtus IV. auf dem Totenbett (also 1484) gewährt, verheißt die Rubrik zum Gebet an Maria: »Gegrüßt seist, allerheiligste Maria, Muttergottes, eine Königin der Himmel, ein Hafen des Paradieses, eine Frau der Welt. Du bist eine Jungfrau frei von Sünde. Du hast empfangen Jesus ohne Sünde. Du hast geboren den Schöpfer und Erhalter der Welt. Daran zweifle ich nicht. Erlöse mich von allem Übel und bitte für meine Sünden. Amen.«

93v–94r Gregorsmesse. Das Gebet auf der gegenüberliegenden Zierseite wendet sich an den gekreuzigten, mit Dornen gekrönten Passions-Christus mit der Bitte um Erlösung.

26 *Sigmaringer Gebetbuch*
Antwerpen und Brügge (?), um 1515

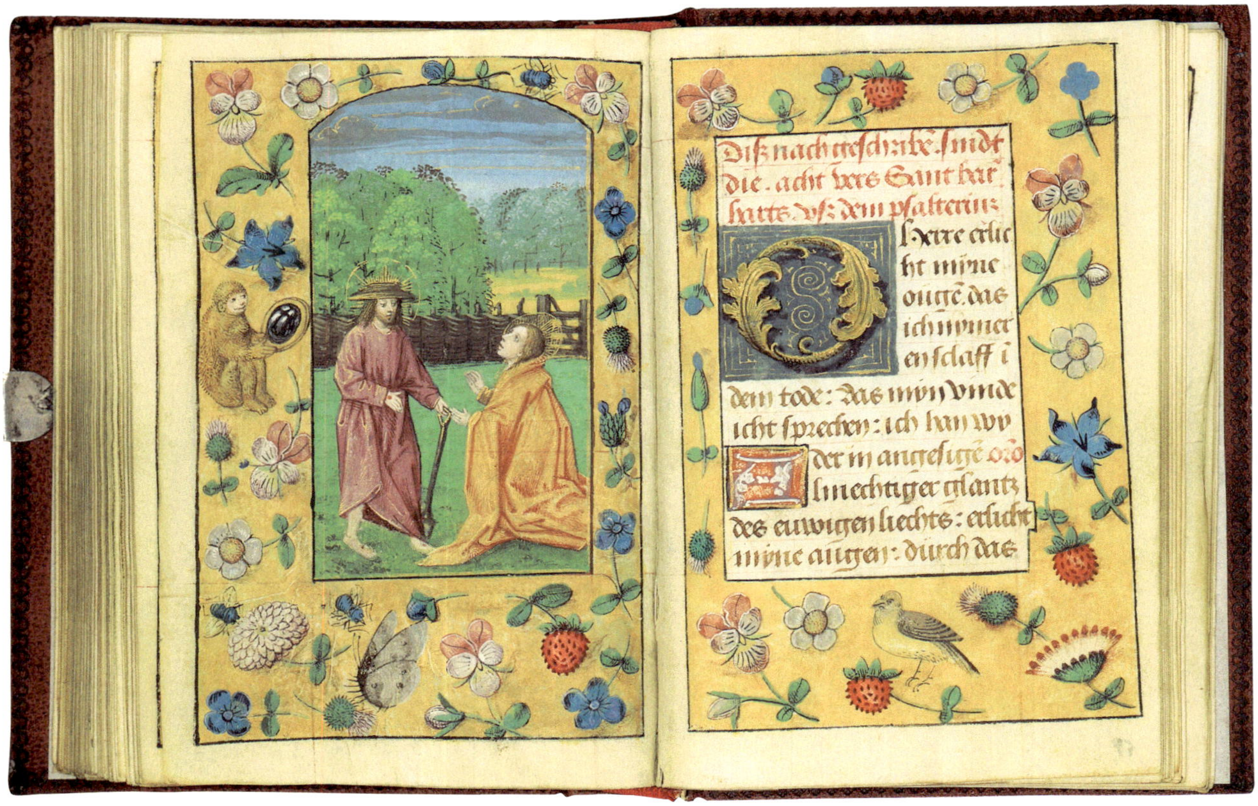

96v–97r Der auferstandene Christus erscheint Maria Magdalena als Gärtner (Noli me tangere). Die Rubrik auf der Zierseite kündigt die acht Verse des hl. Bernhard *usz dem Psalterium* an.

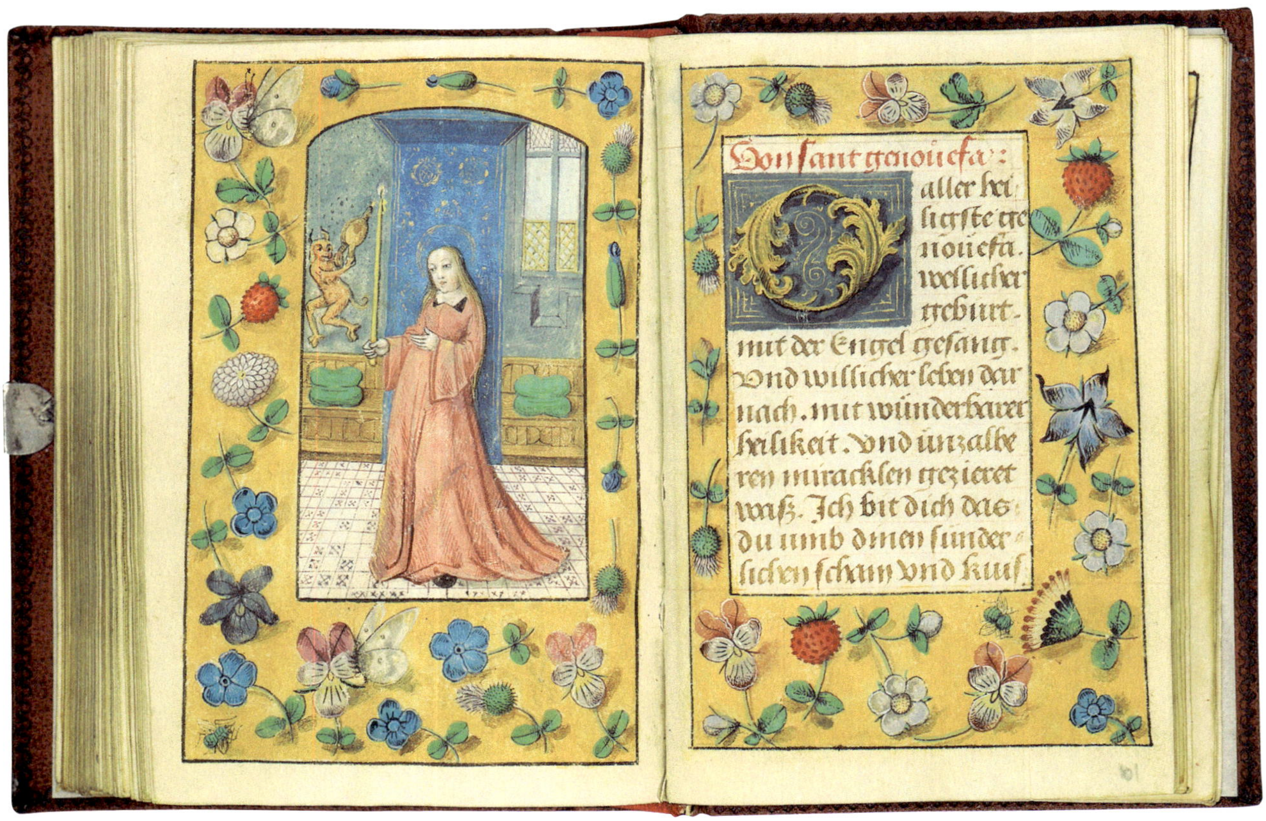

100v–101r Ein Teufelchen bläst mit einem Blasebalg die Kerze der hl. Genovefa aus. Das nachstehende Gebet erfleht den Beistand in der Todesstunde.

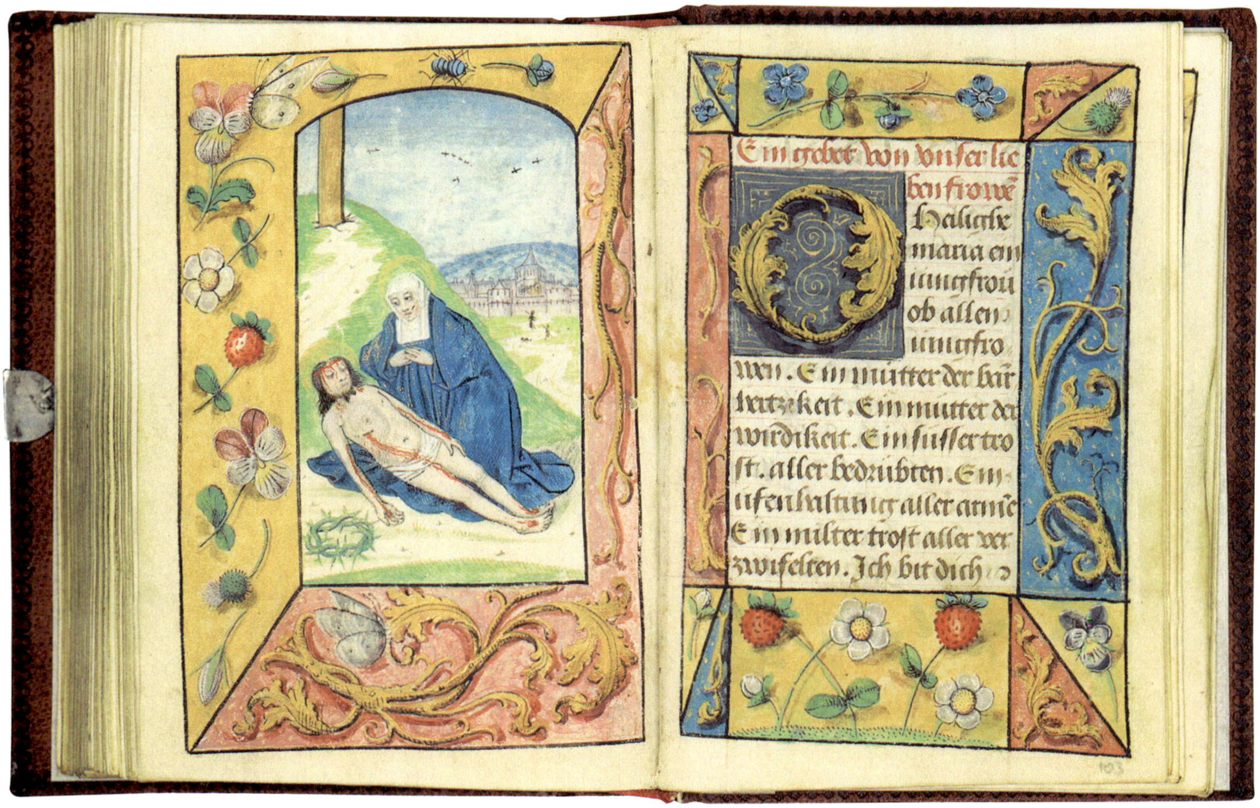

26 *Sigmaringer Gebetbuch*
Antwerpen und Brügge (?), um 1515

102v–103r Beweinung Christi mit nachstehendem Mariengebet

103r–107v (Text)
Ein Gebet von unserer Lieben Frau.

O heiligste Maria, Jungfrau unter allen Jungfrauen, Mutter der Barmherzigkeit, Mutter aller Würden, süßer Trost aller Betrübten, Lebenserhalterin aller Armen, milder Trost aller Verzweifelten. Ich bitte Dich durch das schneidende Schwert, das durch Deine heilige Seele und Dein Herz schnitt, als dein eingeborenes Kind Jesus Christus den bittern Tod an dem heiligen Kreuz erlitt, und durch die Liebe, die Dein liebes Kind zu Dir hatte, als er dich Johannes unter dem heiligen Kreuz empfahl, hilf mir und tröste mich in allen meinen Leiden, in all meiner Krankheit, in allen meinen Ängsten, in all meiner Arbeit, in all meinen Sorgen. Du Mutter der Barmherzigkeit, du süßer Trost aller Christenheit. Tröste mich in all meinem Leid. Sieh an mein Leiden, meine Not und Mühe. Sieh an meine große Sünde, in der ich liege. Und ich weiß nicht, zu wem ich fliehen soll als zu Dir, heilige Maria: Du Gebärerin des wahren Gottessohnes Jesus Christus. (alle Transkriptionen: Katharina Winnekes)

27

Holländisches Stundenbuch
Holländisches Stundenbuch
nach Geert Grote
Miniator aus der Marciana-Gruppe
Grafschaft Holland, um 1490–1500

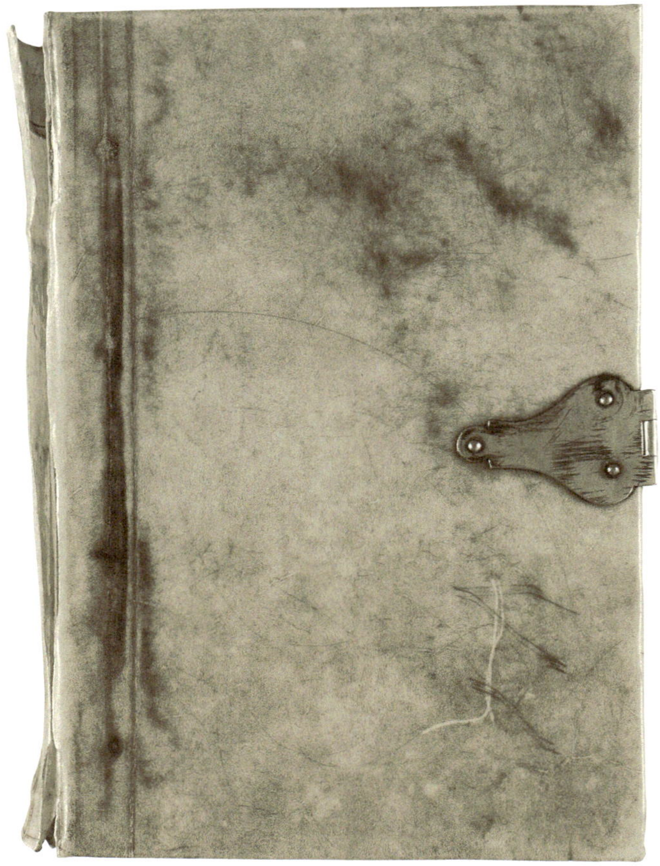

Innerhalb der letzten Phase der holländischen Malerei des Spätmittelalters findet sich etwa in den Jahrzehnten von 1490 bis 1520 ein merkwürdiges stilistisches Phänomen. Die Figuren auf den Miniaturen zahlreicher Handschriften tragen durchgehend graue Schatten um die Augen, als lägen diese in tiefen Höhlen. Aufgrund dieses ausgefallenen Gestaltungselements bezeichnete man die Maler als die Meister der schwarzen Augen. Häufig verbunden mit ovalen Gesichtsformen und gedrungenen Körperproportionen vermittelt die Figurendarstellung eine gewisse Stereotypie, doch sind zweifellos zahlreiche Stilvarianten und somit auch Miniaturisten zu identifizieren, die in dieser offenbar beliebten Darstellungsweise arbeiteten.

Neben dieser künstlerischen Eigenart ist ein regelrechter Prunk an ornamentaler Ausstattung charakteristisch, häufig verbunden mit umfangreichen Bildzyklen, so dass diese spätmittelalterlichen holländischen Manuskripte stets auch Überraschungen szenischer Einfälle bieten. Bisher ist eine Lokalisierung einzelner Künstler oder ihrer Ateliers bzw. des gesamten Stilphänomens in eine bestimmte Stadt nicht gelungen, doch wird man sie in den westlichen Gebieten, also der alten Grafschaft Holland zu suchen haben – mit Ausnahme derjenigen Künstler, die nachweislich den Stil in die Südlichen Niederlande, nach England oder sogar nach Köln getragen haben. Das wie in vielen Kalendarien so auch in unserem Stundenbuch hervorgehobene Fest des *Jeroen priester*, des hl. Hieron von Noordwijk, zum 17. August spricht ebenfalls für eine solche Annahme der geographischen Provenienz.

Eine vorläufige von Klara Broekhuijsen und Anne S. Korteweg vorgenommene Gliederung der inzwischen über sechzig bekannt gewordenen Handschriften dieser Stilrichtung, von denen die weitaus meisten Stunden- oder Gebetbücher darstellen, sieht fünf Hauptgruppen mit bisweilen mehreren Untergruppen vor, die sich an einzelnen Künstlerpersönlichkeiten oder stilistischen Varianten orientieren. Unser Getijdenboek gehört darin – benannt nach dem Stundenbuch Ms. 3 It. I, 35 der Biblioteca Nazionale Marciana in Venedig – zur sogenannten Marciana-Gruppe, der übrigens auch die beiden lange im Diözesanmuseum Köln gezeigten Diözesanhandschriften 519 und 1117 der Erzbischöflichen Diözesan- und Dombibliothek in Köln, ein Graduale aus Groß St. Martin sowie ein reich bebildertes Stundenbuch, zugeordnet werden. Hingegen stellt unser Passionsgebetbuch (Kat. Nr. 28) das namengebende Werk der sogenannten Robinson-Gruppe dar.

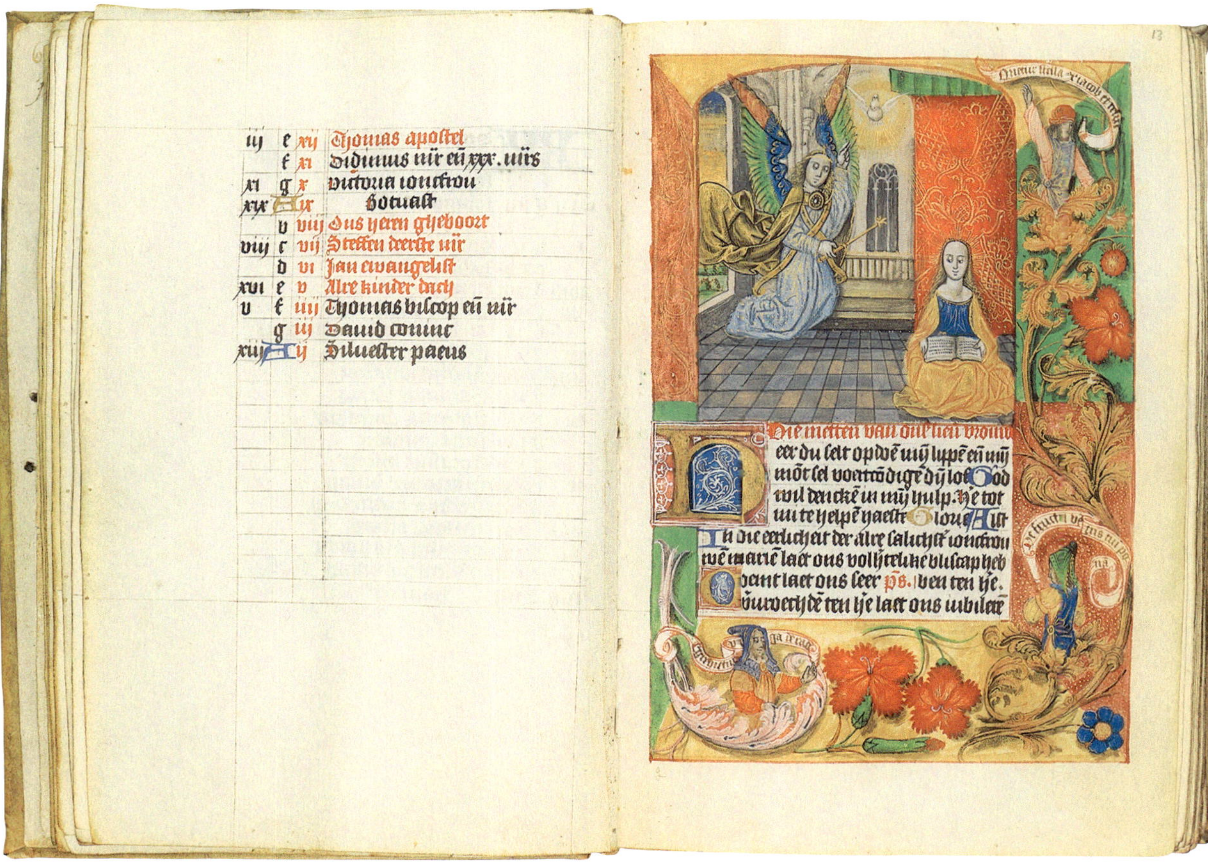

27 *Holländisches Stundenbuch*
um 1490–1500

12v–13r Dem Kalendar folgt das Marienoffizium mit der Verkündigung an Maria; in der Bordüre Propheten mit Schriftbändern: – *Orietur stella ex Iacob et* (Ein Stern geht in Jakob auf [ein Zepter erhebt sich in Israel./ Num 24,17]) – *de fructu ventris tui ponam* (Einen Spross aus deinem Geschlecht will ich setzen [auf deinen Thron./ Ps 132,11]) – *Egredietur virga de radi[ce]* (Doch aus dem Baumstumpf Isais wächst ein Reis hervor [, ein junger Trieb aus seinen Wurzeln bringt Frucht./ Jes 11,1])

Die Beteiligung mehrerer Künstler an der Ausstattung eines Manuskripts ist typisch für die Gruppe, ohne dass sich daraus differenziertere Kriterien einer konsequenten und logischen Aufgabenteilung nachweisen ließen. Auch ein Nachspüren des jeweiligen Arbeitsanteils der beiden in unserem Horarium tätigen Miniaturisten ergibt eine merkwürdige Situation: Die Arbeitsteilung erfolgte nicht lagenweise oder in der Form, dass zusammenhängende Bildzyklen von demselben Maler ausgeführt worden wären, vielmehr scheint die Ausstattung fortlaufend in unregelmäßigem Wechsel der einen oder der anderen Malerhand erfolgt zu sein. Eine solche Vorstellung erklärt auch beider Beteiligung beispielsweise an der ganzseitigen Miniatur des Gnadenstuhls (45v), bei der das Hauptmotiv vom ersten Miniaturisten gemalt, der Kranz der Engel aber vom zweiten Maler hinzugefügt wurde.

Die Malweise beider Künstler unterscheidet sich deutlich: der erste folgt der oben angesprochenen Darstellungsweise der kleinen, gedrungenen Figuren mit ovalen Gesichtern, in denen die graue Hautfarbe und die »schwarzen Augen« besonders ausgeprägt sind; er wählt intensivere Farben und weiß eindrucksvoll den Himmel der Bildgründe in dunklem Blau und leuchtendem Orange mit der Assoziation einer Abendstimmung mit Sonnenuntergang zu gestalten. Seine Figuren erhalten zudem ihren malerischen Reiz im geschickten und ausgiebigen Verwenden von Grau bei allen Architekturen, auch Innenräumen, bei Gewändern und vielen Gegenständen und zum anderen von Gold, mit dem seine Kompositionen Lebendigkeit und Strahlkraft gewinnen. Der zweite Maler gestaltet seine Figuren zierlicher und arbeitet bisweilen graphischer, was etwa in den weniger malerischen Physiognomien erkennbar ist, und bedient sich einer deutlich lichteren Farbpalette. Die von ihm ausgeführte ganzseitige Miniatur zu Beginn des Langen Kreuzoffiziums (66v) ist zur Aufnahme verschiedener Passionsszenen geviertelt, womit er einer bei den Meistern der schwarzen Augen immer wieder anzutreffenden Bildgestaltung folgt. Der Umfang seines Anteils entspricht in etwa demjenigen des ersten Malers, zudem haben beide die ganzseitigen Miniaturen untereinander aufgeteilt; denn während der zweite Maler lediglich Hirtenverkündigung (29r) und Flucht nach Ägypten (40r) des Marienoffiziums ausführte, beschränkte sich der erste Maler bei dem Langen Kreuzoffizium auf die Vorführung Christi (73r) und die Kreuzigung (82r). So wenig sich die Arbeitsteilung an der Struktur der Handschrift bzw. der Textblöcke

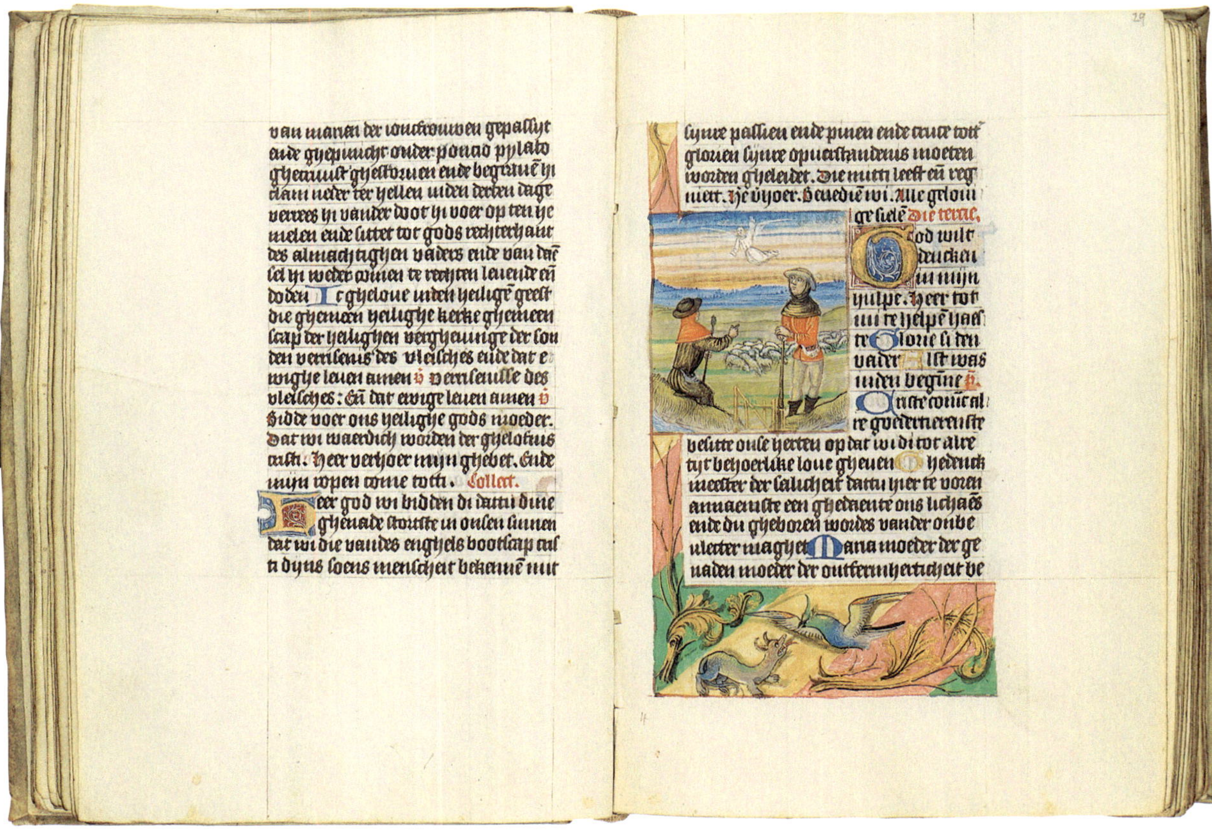

27 *Holländisches Stundenbuch*
um 1490–1500

28v–29r Terz des Marienoffiziums. Verkündigung an die Hirten

orientiert, so wenig ist ein Prinzip zu erkennen, nach dem die Textanfänge als historisierte Initialen oder als Miniatur ohne Einbeziehung des Initialbuchstabens gestaltet werden. Eine derartige Arbeitsweise setzt voraus, dass die beteiligten Maler in Absprache miteinander innerhalb eines Ateliers gewirkt haben. Detailliertere Beobachtungen zur Farbigkeit und Malweise, aber auch zur Initialornamentik schließen zudem nicht aus, dass die beiden künstlerisch unterscheidbaren Bildgruppen unseres Stundenbuches nicht nur von zwei, sondern jeweils von mehreren Miniaturisten ausgeführt worden sind, so dass man richtiger von zwei prinzipiell unterscheidbaren Stilrichtungen wird sprechen müssen, in denen jeweils Gruppen von Buchmalern in einem großen, leistungsfähigen Atelier arbeiten konnten. Die Professionalität der Handschriftenherstellung bestätigt sich auch in kodikologischen Beobachtungen, wenn beispielsweise die Lagenabfolge (nach Buchstaben) und deren jeweilige Zusammensetzung (in arabischen Zahlen) an der unteren Innenkante der Rectoseiten (sichtbar ab der dritten Lage nach dem Kalendar) mit c^1, c^2, c^3, c^4; d^1, d^2 usw. markiert werden.

In einem für seinen Census der holländischen Buchmalerei gefertigten Typoskript zu unserer Handschrift weist James Marrow darauf hin, dass beide Miniaturisten in weiteren Stundenbüchern zusammengearbeitet haben. Neben einem ehedem im Leipziger Antiquariat Karl W. Hiersemann angebotenen, später zerschnittenen Stundenbuch, von dem sich Einzelblätter in verschiedenen Sammlungen befinden, sind dies das Stundenbuch der E. Clark Stillman Collection, jetzt New York, Pierpont Morgan Library, Ms. S. 1 (Ausst. Kat. Utrecht / New York, Nr. 103) und ein weiteres im Ross County Historical Museum in Chillicothe / Ohio, The David McCandless McKell Library, Ms. 15. Mit dem letzteren ist unsere Handschrift insofern besonders gut vergleichbar, als auch die Textauswahl mit dem seltenen Offizium zu Ehren aller Heiligen sowie einer Reihe von Gebeten identisch ist und selbst die ausführlichen Rubriken oftmals weitgehend übereinstimmen, während das in holländischen Stundenbüchern zu erwartende Offizium zur Ewigen Weisheit in beiden Manuskripten fehlt. Auffallend ist auch, dass unser zweiter Maler wiederum allein die beiden Miniaturen zur Terz und Komplet des Marienoffiziums beisteuerte und er diesmal den gesamten Zyklus zum Kreuzoffizium ausführte, weshalb ihn James Marrow hiernach als Meister der Chillicothe-Passion bezeichnet. Zahlreich sind darüber hinaus die kompositionellen und ikonographischen Übereinstimmungen bei den Miniaturen sowie

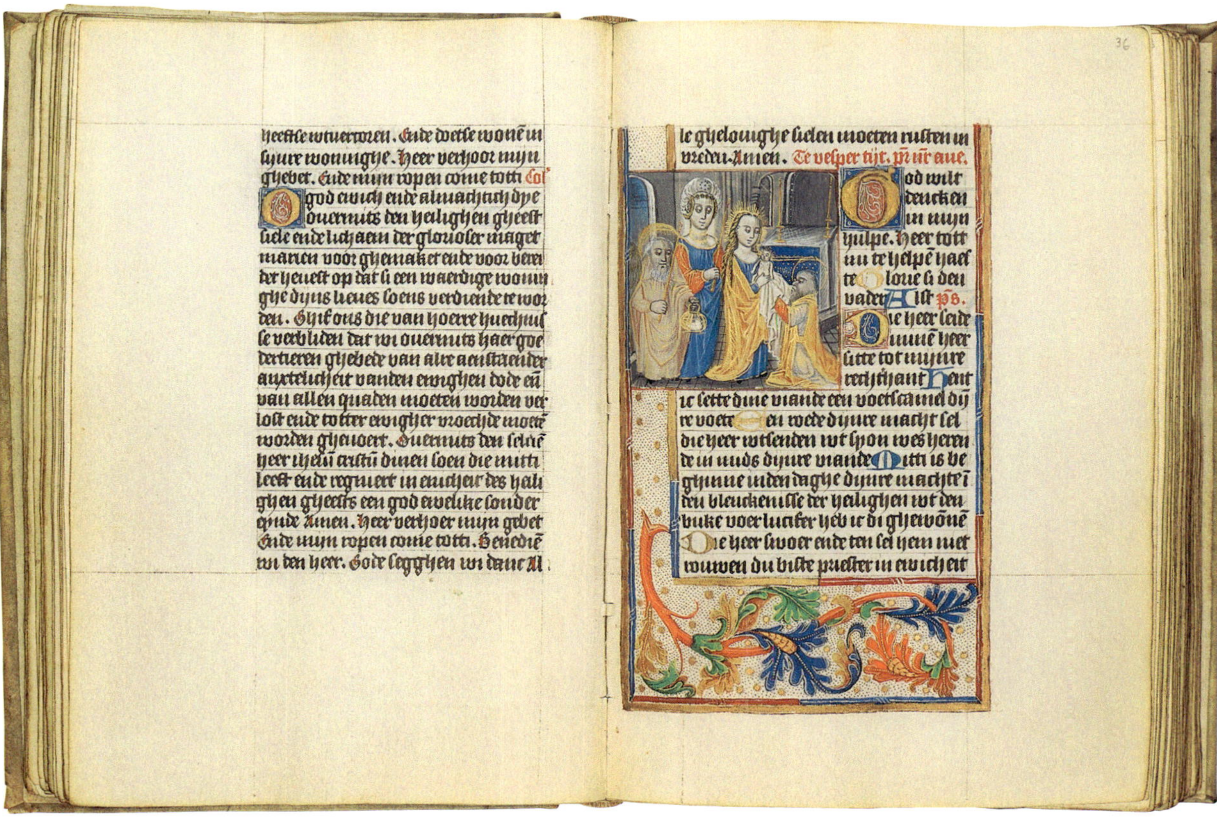

27 *Holländisches Stundenbuch*
um 1490–1500

35v–36r Vesper des Marienoffiziums. Darbringung Jesu im Tempel

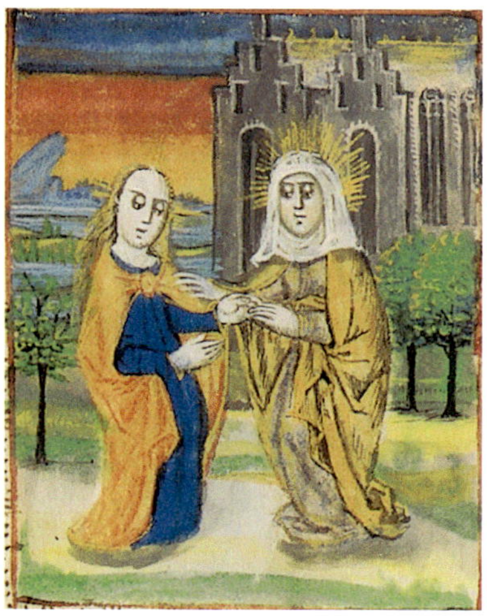

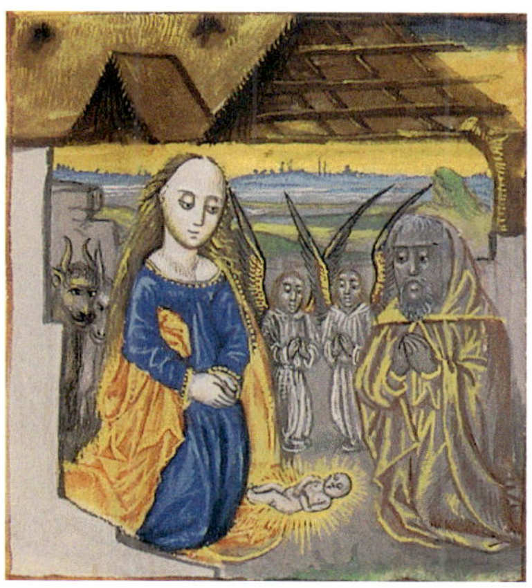

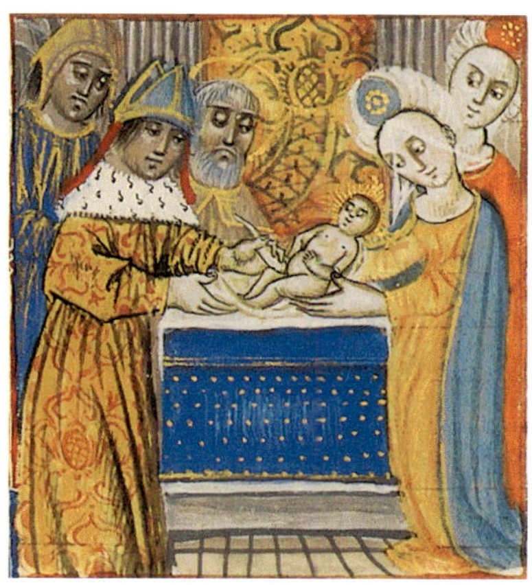

Miniaturen zu den Gebetsstunden des Marienoffiziums:

19v Laudes. Heimsuchung

26r Prim. Geburt Christi

31r Sext. Beschneidung Jesu

große Ähnlichkeiten bei der ornamentalen Ausstattung. Die bisweilen bei den Meistern der schwarzen Augen nachzuweisende Benutzung von Kupferstichvorlagen, etwa solchen des Israhel van Meckenem, scheint bei einer Komposition wie der Darbringung Jesu im Tempel in unserem Stundenbuch ebenso wie im Chillicothe-Stundenbuch durch.

Bei allen Übereinstimmungen und Wiederholungen im Bereich der Illustration enthält unser Manuskript offenbar auch singuläre Bildmotive, zu denen etwa die Szene der Rückführung der Bundeslade nach Jerusalem durch David (133v) innerhalb des die Bußpsalmen illustrierenden Davidzyklus gehört. Sie fehlt in vergleichbaren Zyklen der Meister der schwarzen Augen ebenso wie auffallenderweise auch in Stundenbüchern aus südniederländischen Ateliers – etwa in dem umfangreichen Davidzyklus (166r–172v) des Spinola-Stundenbuches, Ludwig Ms. IX, 18 im J. Paul Getty Museum in Malibu –, von wo zweifellos aber die Trompe l'œil-Bordüren übernommen sind. Deren Einbindung in das ornamentale Ausstattungssystem unseres Manuskriptes, in dem die Tradition der holländischen Bordüren-

27 *Holländisches Stundenbuch* um 1490–1500

59v–60r Non des Allerheiligenoffiziums; in der Initiale das Brustbild eines Narren

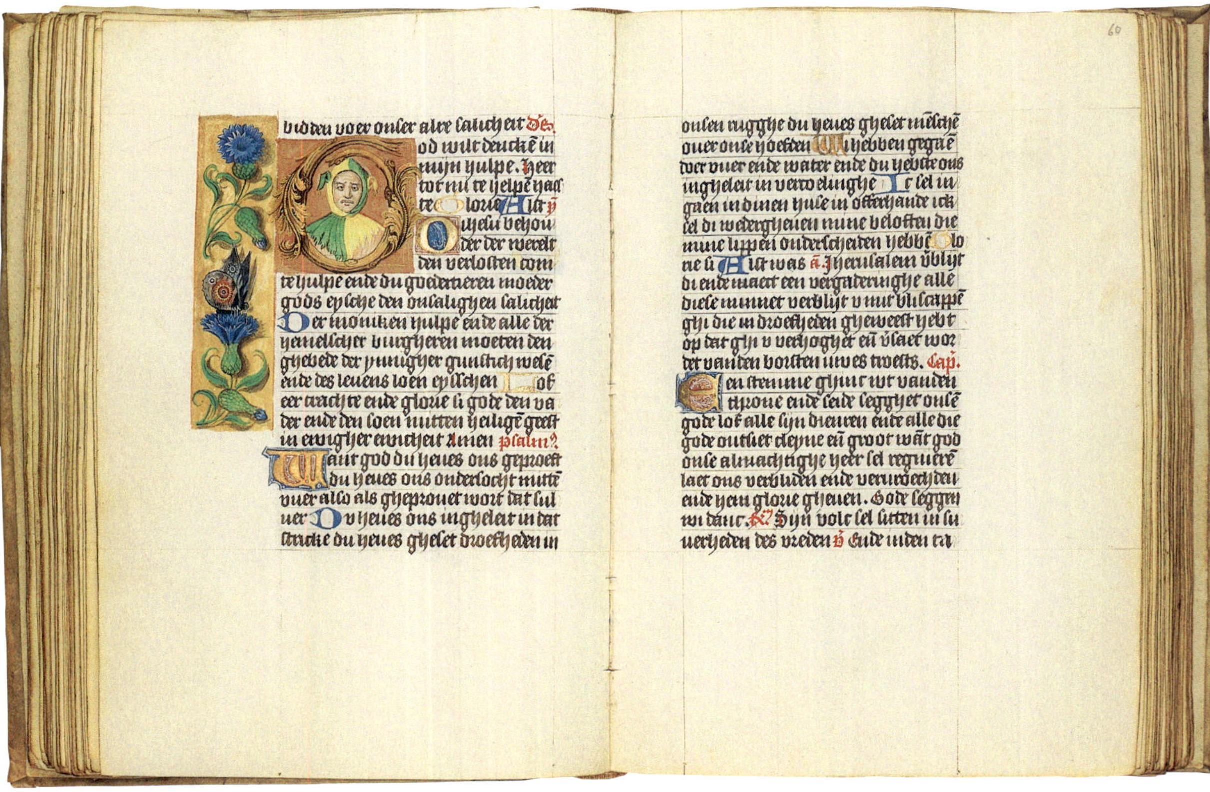

33v Non des Marienoffiziums. Anbetung der Könige

Initialen zu den Gebetsstunden des Allerheiligenoffiziums:

52v Laudes. Akanthusinitiale mit Blattmaske

55r Prim. Astwerkinitiale mit Wildem Mann

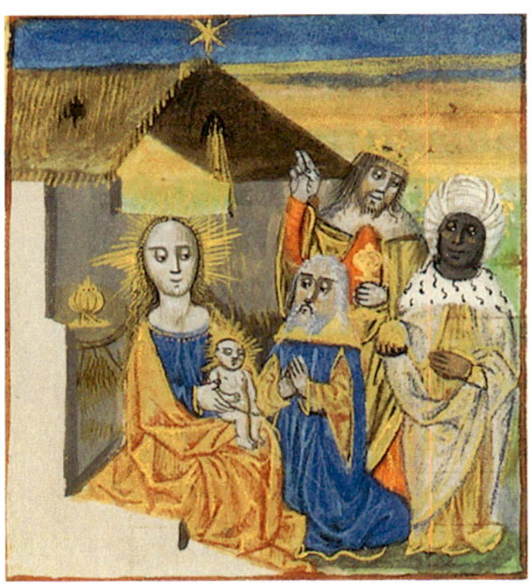

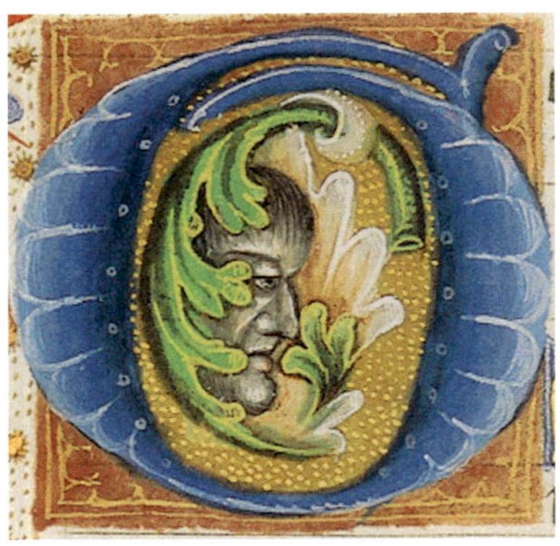

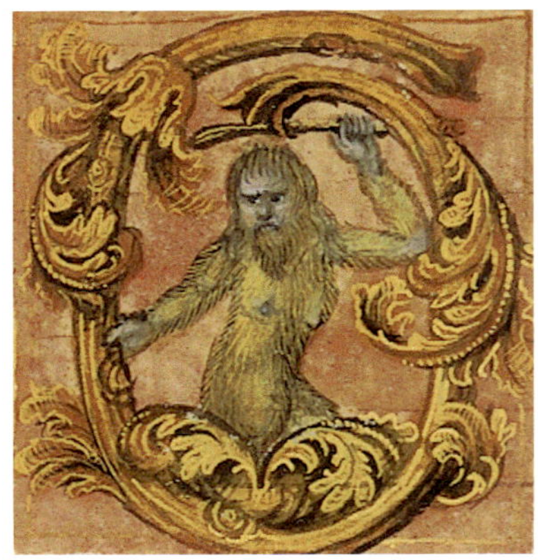

gestaltung mit Akanthusranken und Streumotiven auf ungefärbtem Pergament weiterhin präsent bleibt, steigert ebenso den Eindruck der Fülle des Schmucks, wie es im Bereich der Miniaturen nicht nur der Umfang der dargestellten Szenen und Einzelfiguren bewirkt, sondern auch die ganz unterschiedlich gewählten Formate der Miniaturen und der sie begleitenden Bordüren – eine Summe von künstlerischen Möglichkeiten, die solchen Manuskripten aus der letzten Blütezeit holländischer Buchmalerei den Eindruck eines verschwenderischen Luxus verleiht. (Joachim M. Plotzek)

Pergament 174 Blätter (je ein Vorsatz- und Nachsatzblatt aus Papier); 190 x 130 mm; Lagen (mit teilweise noch sichtbarer alphabetischer und numerischer Zählung): $1–2^{6}$, $3–5^{8}$, 6^{8+1}, $7–8^{8}$, 9^{4+1}, $10–11^{8}$, 12^{8+1}, 13^{8}, 14^{8+2}, 15^{8}, 16^{8+1}, $17–22^{8}$; Schriftspiegel: 107 x 68 mm; einspaltig; 22 Zeilen; Liniierung in Schwarz. **Ausstattung** Holländischer Text in dunkelbrauner bis schwarzer Textura, rubriziert; rot schattierte Versalien; einzeilige Initialen und Zeilenendungen in der Litanei alternierend in Blau und Gold; zwei- bis siebenzeilige Initialen in Blattgold alternierend auf blauem und mauvefarbenem Grund

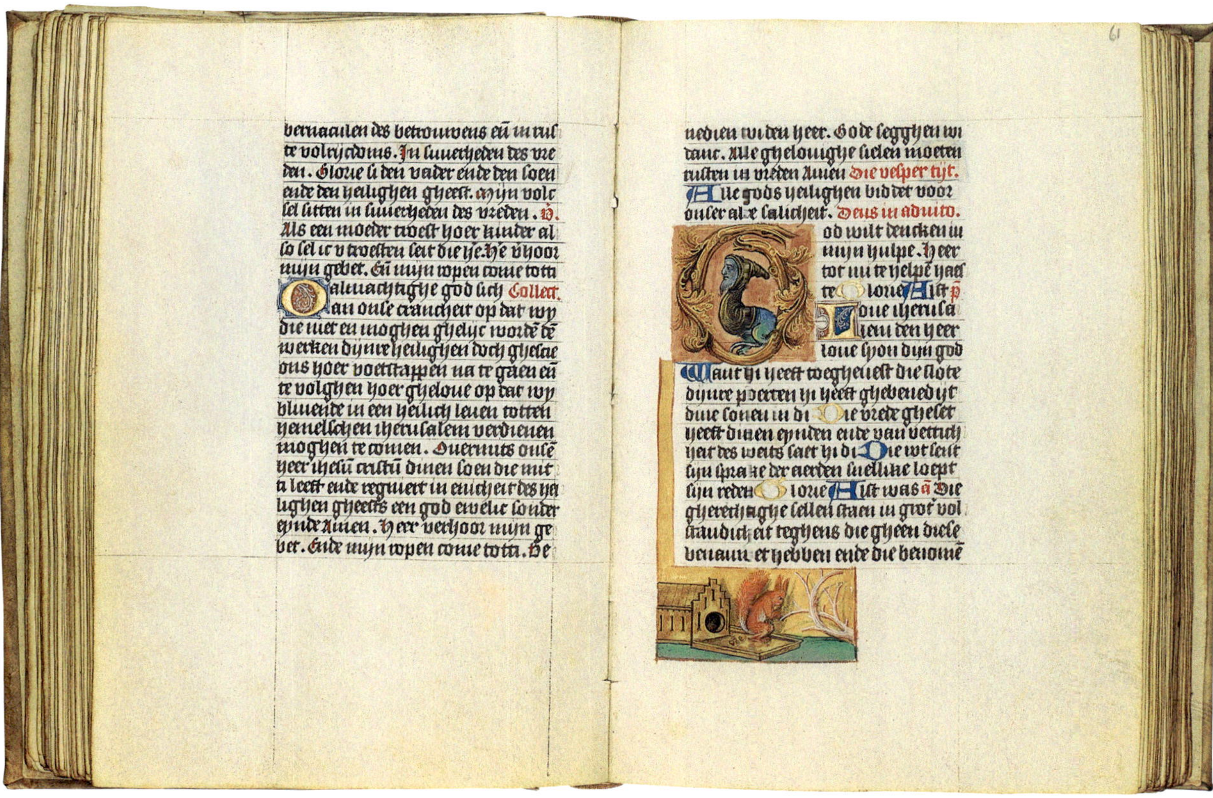

27 *Holländisches Stundenbuch* um 1490–1500

60v–61r Vesper des Allerheiligenoffiziums; in der Initiale ein Mischwesen; in der Bordüre ein Eichhörnchen mit Nüssen vor seinem »Bau«

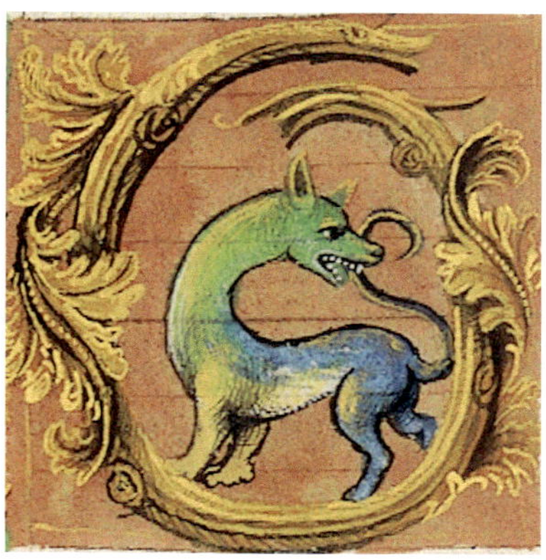

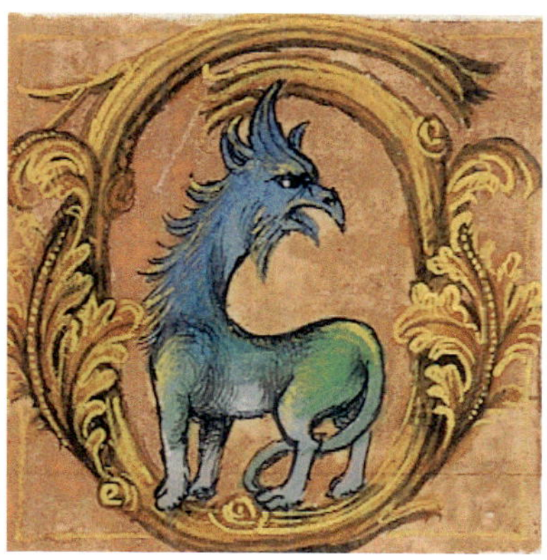

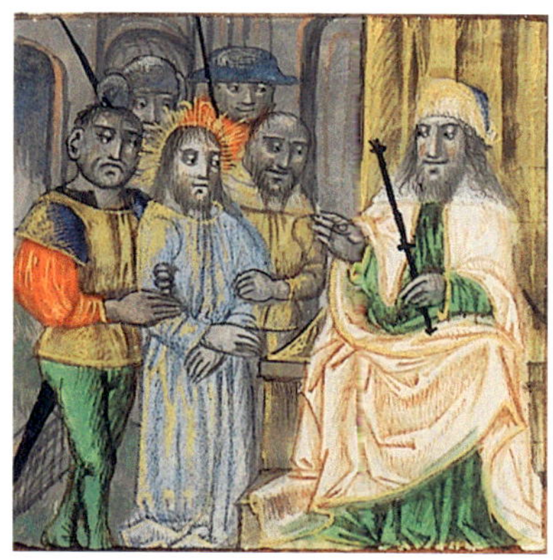

56v und 58r Terz und Sext des Allerheiligenoffiziums mit Fabelwesen in den Astwerkinitialen

73r Laudes des Langen Kreuzoffiziums. Vorführung Christi vor Pilatus

und mit mauvefarbener bzw. blauer Füllung mit weißem Filigran; große Astwerkbuchstaben in Gold mit dunkler Schattierung meist auf mauvefarbenem Grund, figürlich, szenisch oder mit Drôlerien gefüllt, bzw. Akanthusblattinitialen in Blau und Blau-Grau mit gleicher Füllung; Bordüren mit farbigem Akanthus, Blüten, behaarten Goldblättchen und Tintenpunkten auf hellem Pergament oder goldenem Akanthus, Blüten, Früchten, Insekten, Vögeln, Affen, Löwen, Hasen und anderen Tieren, Prophetenbüsten und Fabelwesen in Trompe l'œil auf farbigem Grund; fünf ganzseitige und zahlreiche kleine Miniaturen mit Gold und Deckfarben. **Einband** Weißes Pergament; mittlere Messingschließe; Goldschnitt; 16. Jh. **Vorbesitzer** Nicht identifizierter Besitzerstempel MH (auf Papiervorsatzblatt); Edward Arnold, The Grove, Dorking, Surrey (Wappenexlibris im Vorderdeckel). **Inhalt** 1r–12v Kalendar (Utrecht), voll besetzt (Hauptfeste: 14. 1. *Ponciaen mr.*, 21. 1. *Agniet ioncfrou*, 12. 5. *Pancraes mr.*, 13. 5. *Servaes biscop*, 5. 6. *Bonifaes biscop*, 12. 6. *Odulfus conf.*, 25. 6. *Lebuijn conf.*, 17. 8. *Jeroen priester*, 17. 9. *Lambrecht biscop*, 7. 11. *Willibrordus biscop*, 12. 11. *Lebuijn conf.*). 13r–44r Marien-

27 *Holländisches Stundenbuch* um 1490–1500

66v–67r Langes Kreuzoffizium. Viergeteilte Miniatur mit Passionsszenen: Gethsemane, die Soldaten fallen vor Christus zu Boden, Gefangennahme, Vorführung Christi vor Kaiphas. Die Miniatur über dem Textanfang zeigt die Verspottung Christi.

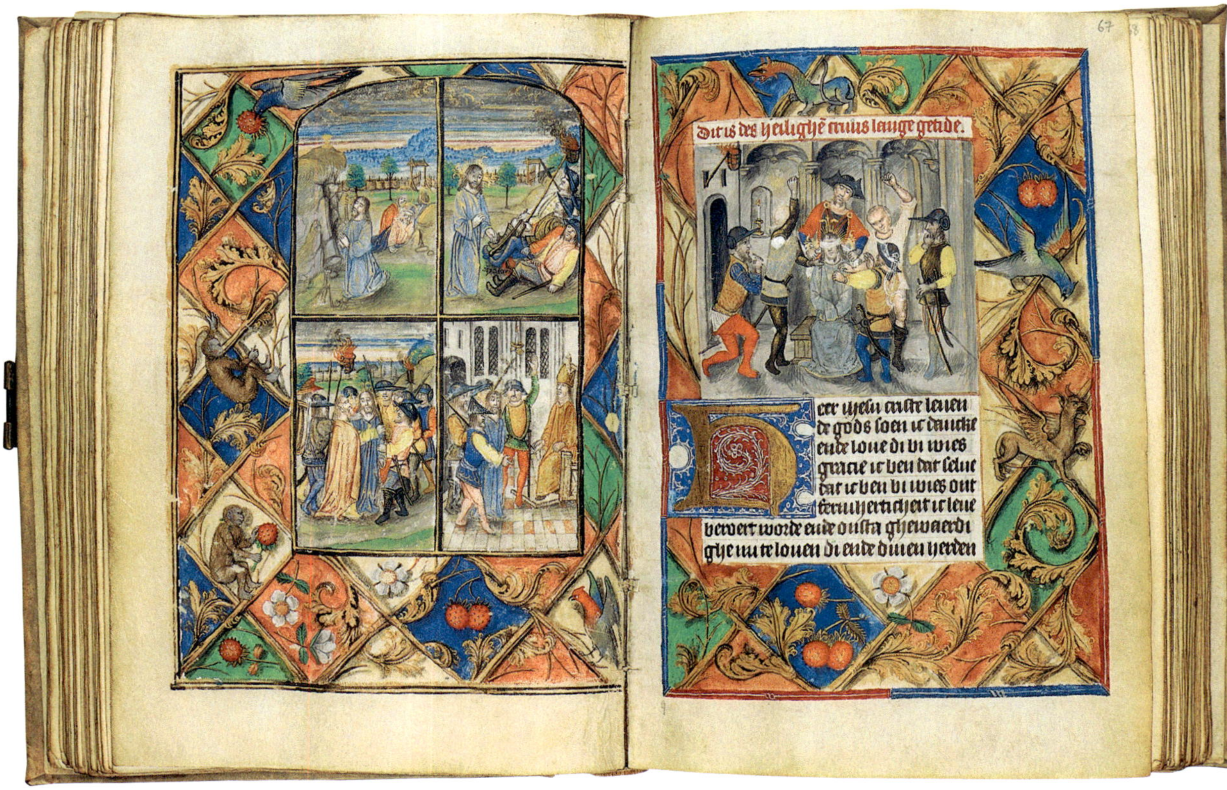

Historisierte Astwerkinitialen zu den Gebetsstunden des Langen Kreuzoffiziums:

76r Prim. Geißelung Christi

77v Terz. Ecce homo

79v Sext. Kreuztragung

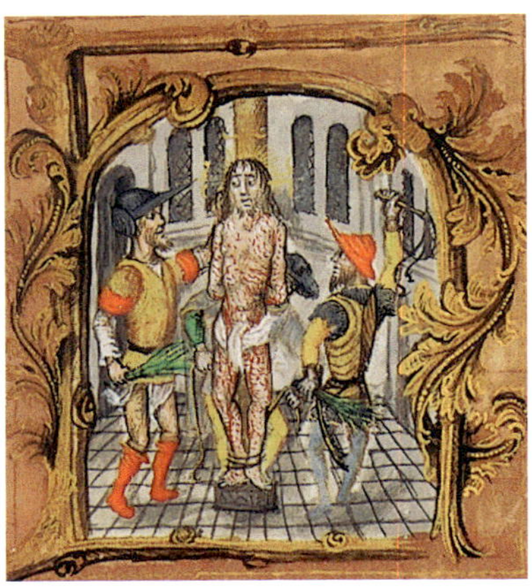

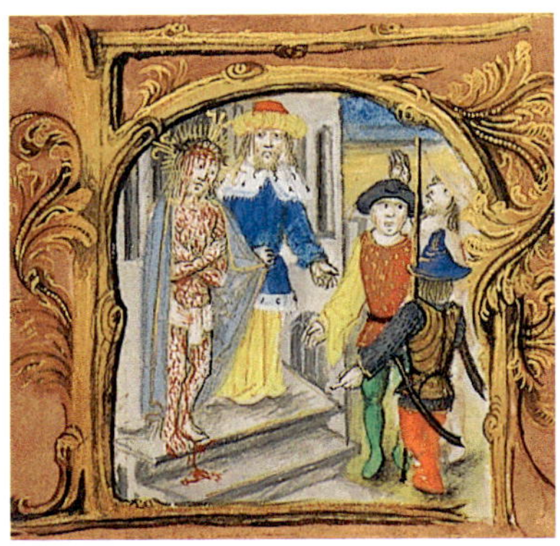

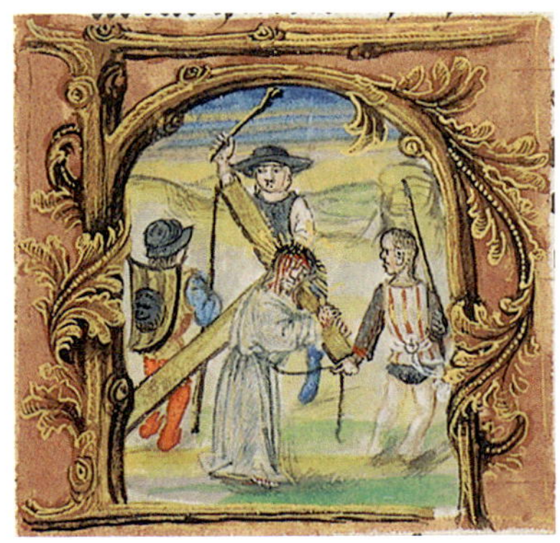

offizium (nach Geert Grote). *Die metten van onser liever vrouwen.* 13r Zierseite. Verkündigung an Maria; Bordüre: Propheten mit Spruchbändern *Orietur stella ex Iacob et resui (...), De fructu ventris tui, Egreditur virga de rad (...).* Zu den einzelnen Gebetsstunden des Marienoffiziums Zierseiten mit einseitiger Bordüre und kleiner Miniatur. 19v Laudes. Heimsuchung. 26r Prim. Geburt Christi. 29r Terz. Verkündigung an die Hirten. 31r Sext. Beschneidung Jesu. 33v Non. Anbetung der Könige. 36r Vesper. Darbringung Jesu im Tempel. 40r Komplet. Flucht nach Ägypten. 44r/v nachgetragenes Mariengebet (16. Jh.): *Coninghinne des hemels verblyt u Allelua. Want de geene die ghy weerdich zyt te dragen Allelua.* 45r leer. 45v–65v Allerheiligenoffizium. Die einzelnen Gebetsstunden werden mit einer meist figürlich gefüllten Initiale und einer einseitigen Bordüre hervorgehoben. 45v Gnadenstuhl. 46r *Hier beghint dat ghetide van allen heilighen.* 46r Zierseite. *h(eer)*: Krönung Mariens. 52v Laudes. *G(od)*: Blattmaske. 55r Prim. *G(od)*: Wildmann. 56v Terz. *G(od)*: Fabelwesen. 58r Sext. *G(od)*: Fabelwesen. 59v Non. *G(od)*: Narr. 61r Vesper. *G(od)*: Fabelwesen. 63v Komplet. *B(ekeer)*. 66r

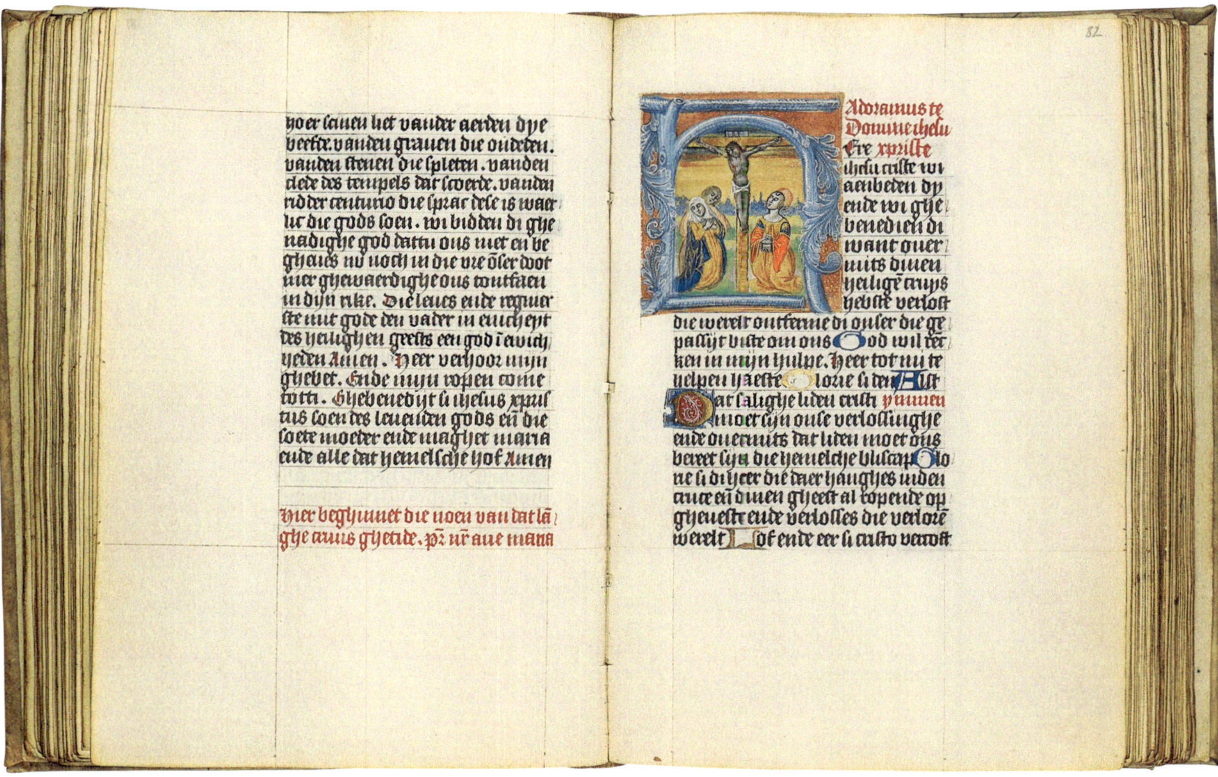

27 *Holländisches Stundenbuch* um 1490–1500

81v–82r Hier beginnt die Non des Langen Kreuzoffiziums mit der Rubrik *Adoramus te Domine Jhesu Christe*. Eine Astwerkinitiale mit der Kreuzigung markiert den Anfang des holländischen Textes, der die lateinischen Anfangsworte aufgreift und fortführt.

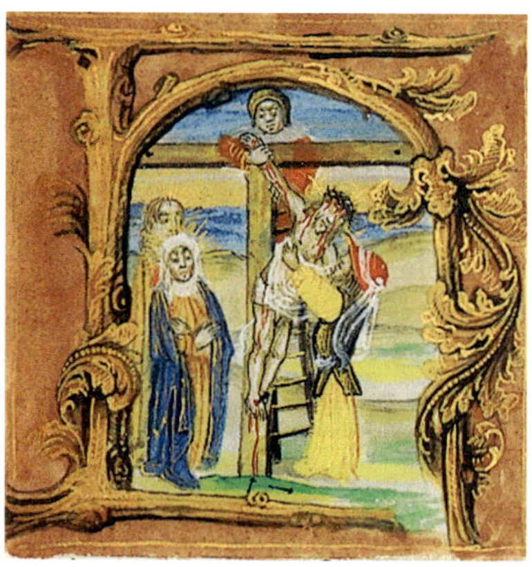

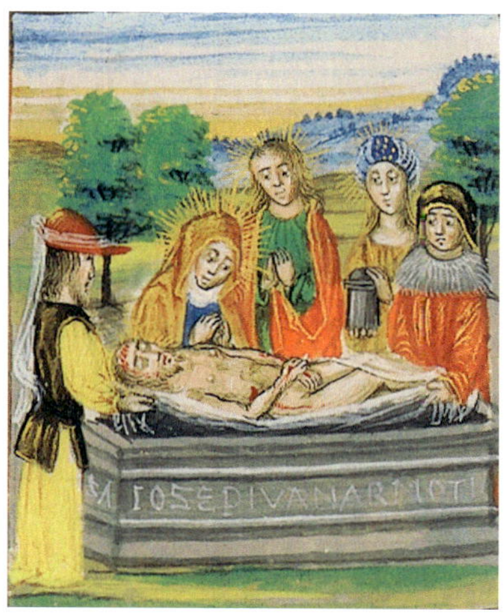

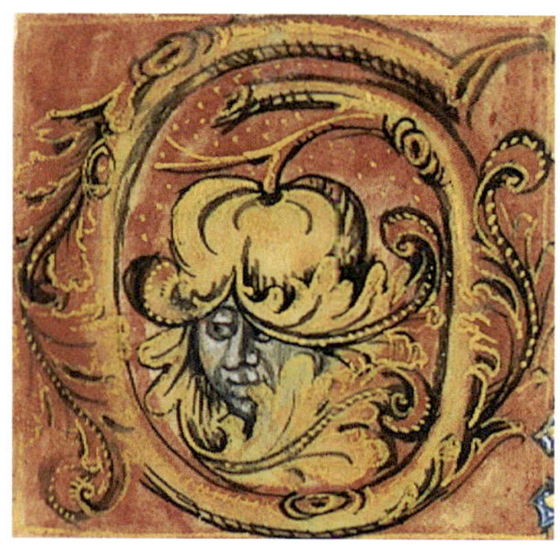

83v Vesper des Langen Kreuzoffiziums. Astwerkinitiale mit Kreuzabnahme

86r Komplet. Grablegung

96r Laudes des Langen Hl.Geistoffiziums. Astwerkinitiale mit Blattmaske

leer. 66v–88r Langes Kreuzoffizium. 66v viergeteilte Miniatur: Gethsemane, die Soldaten fallen vor Christus zu Boden, Gefangennahme, Vorführung Christi vor Kaiphas. 67r Zierseite. Verspottung Christi. *Dit is des heilighen cruus lange getide. h (eer).* 73r Laudes. Vorführung Christi vor Pilatus. *h (eer).* 76r Prim. *h (Ere)*: Geißelung Christi. 77v Terz. *h (Ere)*: Ecce homo. 79v Sext. *h (Ere)*: Kreuztragung Christi. 82r Non. *h (Ere)*: Kreuzigung. 83v Vesper. *h (Ere)*: Kreuzabnahme. 86r Komplet. Grablegung. *h (eer).* 88v–89r leer. 89v–108v Langes Hl. Geistoffizium; Initialen z. T. mit kleiner Bordüre. 89v Pfingsten. 90r Zierseite. *Hier beghinnet des heilighen geests getide. h (Ere)*: Fabelwesen. 96r Laudes. *G (od)*: Blattmaske. 98v Prim. *G (od).* 100v Terz. *G (od).* 102r Sext. *G (od).* 103r Non. *G (od)*: Vogel. 104v Vesper. *G (od)*: Fabelwesen. 106v Komplet. *B (ekeer)*: Frauenbüste. 109r leer. 109v–117v Gebete. 109v Gregorsmesse. 110r Zierseite. Verse des hl. Gregor. *Soe wie dat leset neghen pater noster ende ave maria mit dese ghebeden op sijn knien voor die wapenen ons heren die verdient hondertdusent sesentwintich dusent ende XII iaer ende XL dagen oflaets ende verghiffenis van allen sonden. O (heer*

27 *Holländisches Stundenbuch*
um 1490–1500

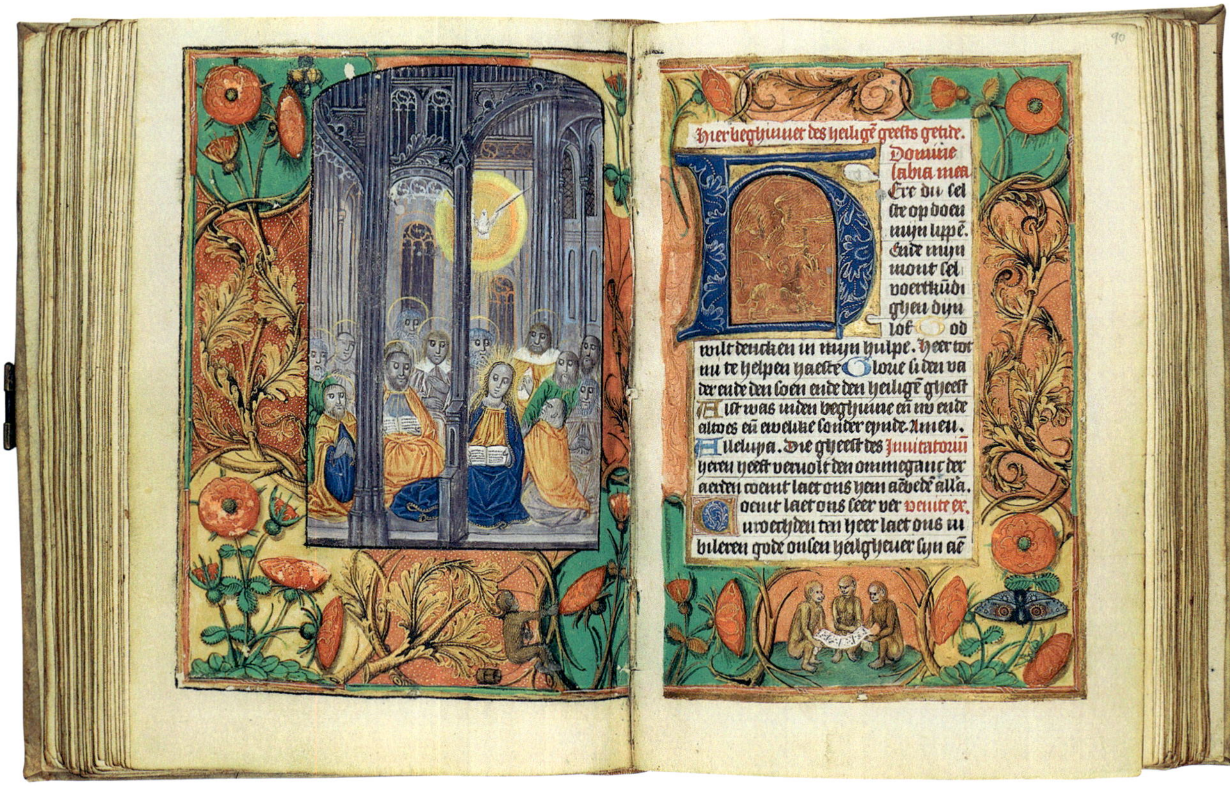

89v–90r Das Lange Hl. Geistoffizium wird durch eine Miniatur mit dem Pfingstereignis eingeleitet. In der Initiale zum Textbeginn *Here du selste op doen mijn lippen* (Herr, du sollst auftun meine Lippen) stößt ein Vogel auf ein wolfsähnliches Fabelwesen nieder; in der Bordüre drei Affen mit einer Schriftrolle

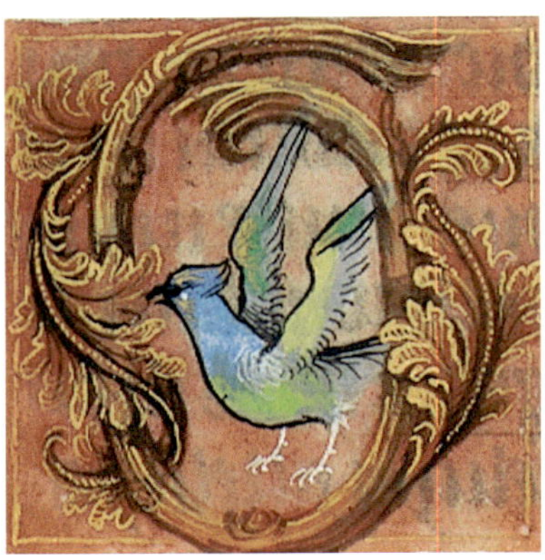

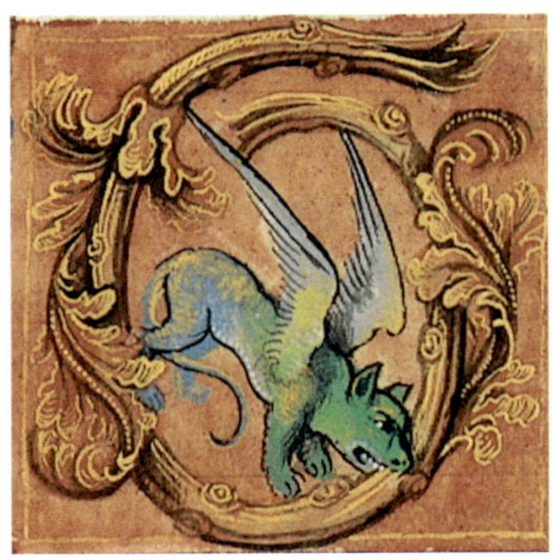

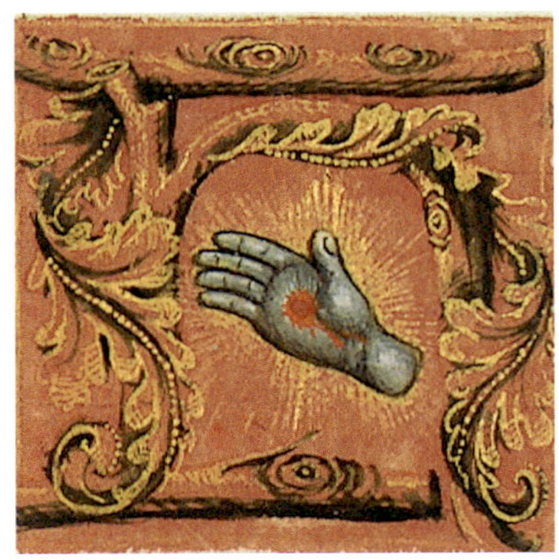

Gefüllte Astwerkinitialen zu den Gebetsstunden des Langen Hl. Geistoffiziums:

103r Non. Vogel

104v Vesper. Fabelwesen

115r Täglich zu sprechendes Gebet zu den Fünf Wunden Christi. Rechte Hand Christi

Jhesu Christe ick aenbede di hanghende anden cruce): Blumen. 111v Gebet zu Ehren des Namens Jesu (dem hl. Vinzenz Ferrer zugewiesen) *Soe wie dese navolghende bedinge mit berou sijnre sonden alle dage seit hem wort verleent waer hi inden staet der verdomenis. god soude hem die ewighe pijn verwandelen in die pijn des veg[h]eviers. ende waer hi in grote pijn des vegheviers god soudese umwandelen ende brengen hem ten ewigen leven. dit gebet heeft ghemaect die heilige Vincent broeder vander prediker oerden. vanden soeten naem Jhesus. O (goedertieren Jhesu o sa[n]ftmoedige Jhesu o Jhesu een soen der maget Marien)*: Jesuskind mit Weltkugel und Segensgestus auf einem Kissen sitzend, von zwei Engeln verehrt. 113r Gebet zum Hl. Antlitz Jesu (Papst Johannes XII. zugewiesen). *Dese bedinghe die hier navolghet ghaf ende maecte die twaelefste paeus ian. Ende die paeus die na hem quam confirmeerdese. Ende soe wie dattet leset ende spreket ende dat Veronika aensiet die heeft viertich dage van dootliken sonden ende dusent daghe daer toe van daghelicschen sonden vri.* 113v hl. Veronika mit dem Schweißtuch. *Weest gegruetet o heilighe aenscijn ons verlossers in welken blencket.* 114v Gebet zu den Fünf

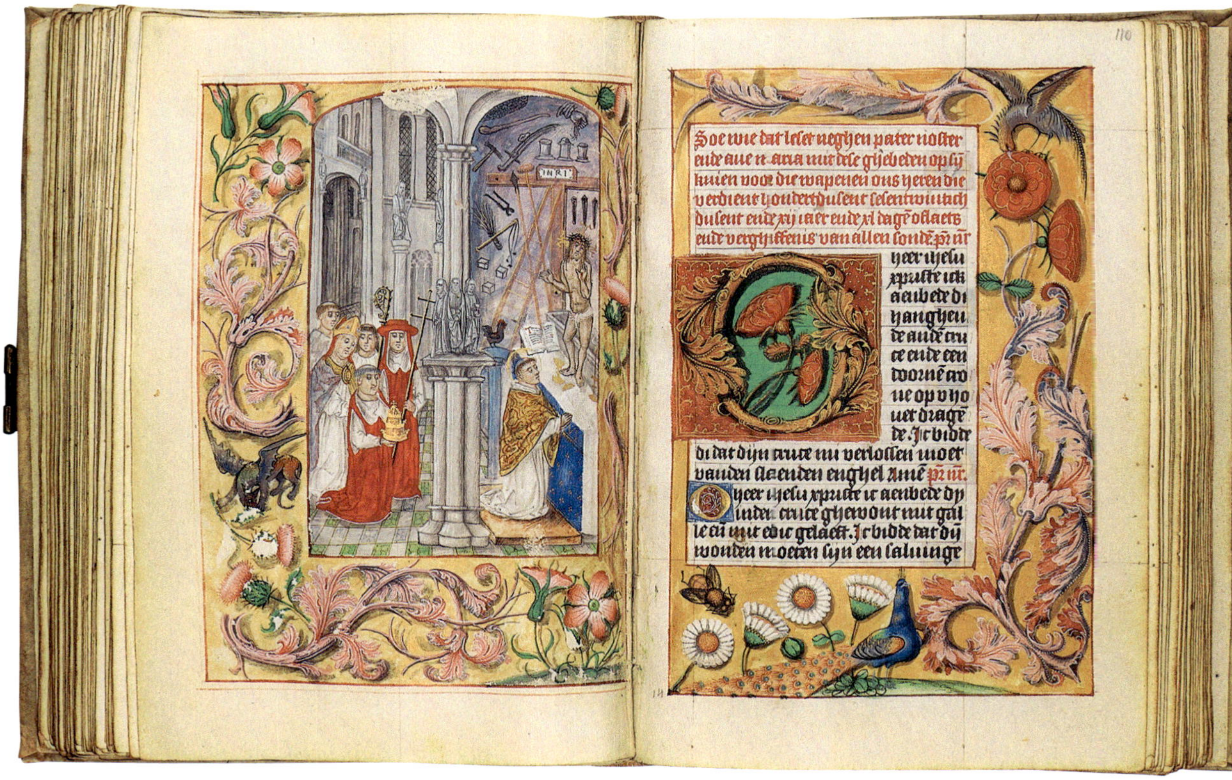

27 *Holländisches Stundenbuch* um 1490–1500

109v–110r Die nachfolgenden Gebete leitet eine Miniatur mit der Gregorsmesse ein, bei der auf dem Altar Christus als Schmerzensmann mit den Leidenswerkzeugen erscheint. Die Rubrik gegenüber verspricht demjenigen, der auf den Knien vor den Arma Christi die nachstehenden Gebete sowie neun Vater unser und Ave Maria spricht, einen Ablass von 126.012 Jahren und 40 Tagen.

Wunden Christi. *Men vint ghescreven datter een waerlic mensche was die plach die vijf wonden ons heren daghelix te eren mit desen nagescreven ghebedekijns. Des gheviel dat die mensche starf. Ende sijn siel en was meer een ure inder luchten ende ontbeide daer die ontfermherticheit gods. Doe die ure omme ghecomen was quam onse lieve heer selve ende haelde die siele mit vroechden. Ende sprac tot haer want ghi mijn heilighe wonden hebt gheeert soe en selt ghi helle noch vegevier hebben. Ende alle die gheen die mi hier mede eren die wil ic selve weder eren. Totter rechterhant.* 115r rechte Hand Jesu. *h (eer Jhesu Christe almachtighe god lof glorie).* 115v linke Hand Jesu. *Totter lufter hant. O (heer Jhesu).* 116r rechter Fuß Jesu. *Totter rechter voet. O (heer Jhesu).* 116v linker Fuß Jesu. *Totter lufter voet. L (of glorie ende eer).* 117r durchbohrtes Herz Jesu. *Totter side Christi. L (of glorie eer).* 118r/v Gebet zur »Maria in der Sonne« (Papst Sixtus IV. zugewiesen). 118r *Item alsoe dicke alsmen dit naghescreven ghebet leset voer dat beelt van onser vrouwen in die sonne verdientmen elfdusent iaer waerachtich oflaets verleent vanden paeus Sixtus die vierde welcke ghebet hi heeft ghemaect ende gheconfirmeert in die ure sijns doots.* Muttergottes mit Jesusknaben im Strahlenkranz. *Weest ghegruet alre heilicste Maria.* 118v Mariengebet (dem hl. Bernhard zugewiesen). *Dit ghebet wort sinte Baernaert ghegheven vanden heilighen gheest. Ic gruet u deerne der heiligher drievoudicheit.* 119r–125v Heiligensuffragien; Initialen z. T. mit kleinen Bordüren. 119r Gebet zur hl. Anna. Anna Selbdritt. *Weest gegruet o heilighe moeder der moeder ons heren.* 119v Gebet zum hl. Michael. *D (eilige Enghel sinte Michiel)*: Kampf Michaels mit Luzifer. 120r Gebet zum Schutzengel. 120v Gebet zu einem Apostel. 121r *So wie dit ghebet alle sonnendage leset ynnichlic mit berou sijns herten dien sel god versien van alle dat hem behoeflic is ende hi en sel niet sterven sonder ghewaer biecht ende waerachtlich berouwe ende ontfanghen ons heren lichaem ende die heilighe olye ende sel van alle sine viande ghevriet worden ende sel hebben honcert ende viertich daghe oflaets van sijn sonden. O (heilighe martelaer)*: Marter des hl. Erasmus. 122v Gebet zum hl. Antonius. *D (en stemme ghesciede)*: hl. Antonius mit Kreuzstab und Schwein; Bordüre: Versuchung durch eine Frau und durch peinigende Teufel. 123v Gebet zum hl. Hieronymus. Unter dem Kreuz büßender Hieronymus mit dem Löwen. *Weest gegruet gemme der moniken.* 124r Gebet zur hl. Katharina. *O (gloriose ende puer maghet)*: hl. Katharina mit Schwert und Rad. 125r Gebet zur hl. Barbara. *S (uverlic bistu gheheten Berbara)*: hl. Barbara mit Buch und Turm. 126r leer. 126v–143v Sieben Bußpsalmen mit Litanei (Utrecht: u. a. *Lambrecht, Hubrecht,*

27 *Holländisches Stundenbuch*
um 1490–1500

111v–112r In der Astwerkinitiale sitzt auf einem Kissen das segnende Jesuskind mit Weltkugel, von zwei Engeln verehrt. Hier beginnt das dem hl. Dominikaner Vinzenz Ferrer zugeschriebene Gebet zu Ehren des Namens Jesu. Die Rubrik verspricht, wer das Gebet täglich unter Bereuen seiner Sünden spreche, werde der ewigen Verdammnis entgehen.

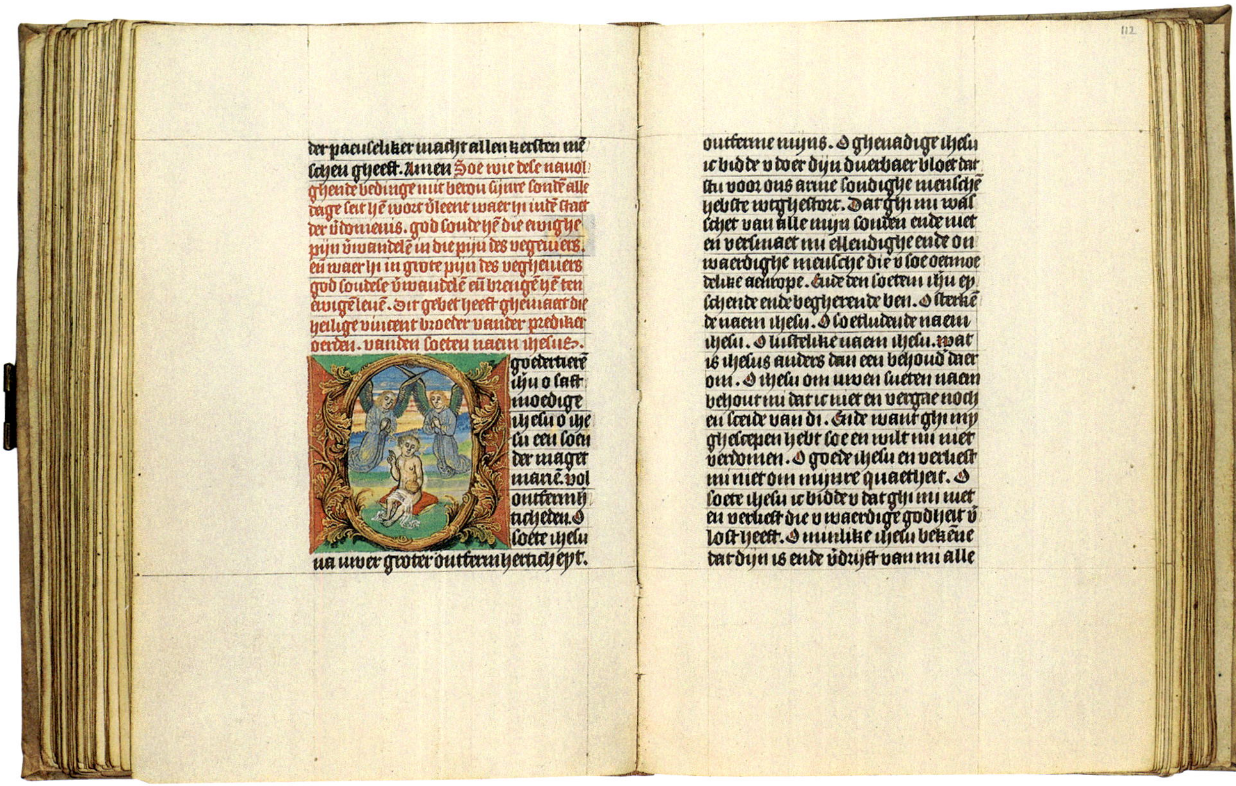

Kunebert, Servaes, Lebuinus, Ludger, Odulf, Rabboot, Agnes, Walburch, Geertruyt). 126v Jüngstes Gericht. 127r Zierseite. *Hier beghinnen die seven psalmen. h(eer)*: Vogel und Fabelwesen. 127v *S(alich)*: David und Goliath. 128v *h(eer)*: David enthauptet Goliath. 130r *G(od)*: David zieht mit dem Haupt Goliaths nach Jerusalem, von wo ihm die Frauen entgegenkommen. 131v *h(eer)*: David flieht vor den Häschern Sauls mit Hilfe von Mikal aus Jerusalem. 133v David bringt die Bundeslade nach Jerusalem. *h(eer)*. 134r *h(eer)*. 143v *Soe dicke alsmen dit ghebet leest so verdientmen seven iaer oflaets ende seven karinen. Die heilighe ende onghedeilde drievoudicheit.* Merkverse: *Biecht sonder rou / Vrient sonder trou / Ghebet sonder ynnicheit / Dit is al verloren arbeit. Ghedenke dijn wterste. Ende inder ewicheit en selste niet sondigen.* 144r–173r Totenoffizium (nach Geert Grote). Das zu Beginn ehemals eingebundene Einzelblatt mit einer Miniatur ist verloren. Die jeweils 1. Lesung zu den einzelnen Nokturnen und die Laudes sind mit einer einseitigen Bordüre hervorgehoben. 144r Zierseite. *Hier beghinnet die vigelie van IX lessen. M(i hebben onbevanghen die suchtighe des dodes)*: Seelen im Fegefeuer. 151v 1. Lesung. *S(paer mi heer)*: Hiob im Unglück (Spruchband: *God gaf. god nam*). 156v 4. Lesung. *A(ntwoerde mi)*. 161v 7. Lesung. *M(ijn gheest)*. 164v Laudes. *O(ntferme di)*. 172v *Dese collect selmen lesen voer vader ende moeder die doot sijn.* 173v–174v nachgetragenes Gebet vor Empfang der Hl. Kommunion (15./16. Jh.). *Dit ghebet salmen leesen eermen datment heilighe sacrament ontfanghen. O (Overste priester ende waerachtighe biscop).* **Literatur** Kat. 84 Internationaal Antiquariaat (Menno Hertzberger), Amsterdam o. J., Nr. A und Taf. I (falsch bezeichnet als Nr. I). – Im Vorderdeckel eingeklebt der gedruckte Text zur Handschrift aus einem nicht identifizierten englischen Antiquariatskatalog (»722. Heures. Manuscript in Flemish, on Vellum XV. Century, containing 65 Miniatures …«). – A Catalogue of the Library Formed by Edward Arnold. Introduction by Andrew W. Arnold. The Grove, Dorking, Surrey (Privatdruck) 1921, Nr. 618. – Kat. Sotheby's, London, 6. 5. 1929, Nr. 246 (Nachlass des Edward Arnold). – Typoskript von James H. Marrow, 1994 (Die Handschrift wird in den Census aufgenommen: J. H. Marrow, A Descriptive and Analytical Catalogue of Dutch Illustrated Manuscripts of the 15th and 16th Centuries, Doornspijk, fut.). **Zitierte Literatur** K. H. Broekhuijsen / A. S. Korteweg, Twee Boekverluchters uit de Noordelijke Nederlanden in Duitsland. Een Zwarte-ogen-meester, Johannes Ruysch en het Graduale van de abdij Gross St. Martin te Keulen uit het jaar 1500, in: J. B. Bedaux

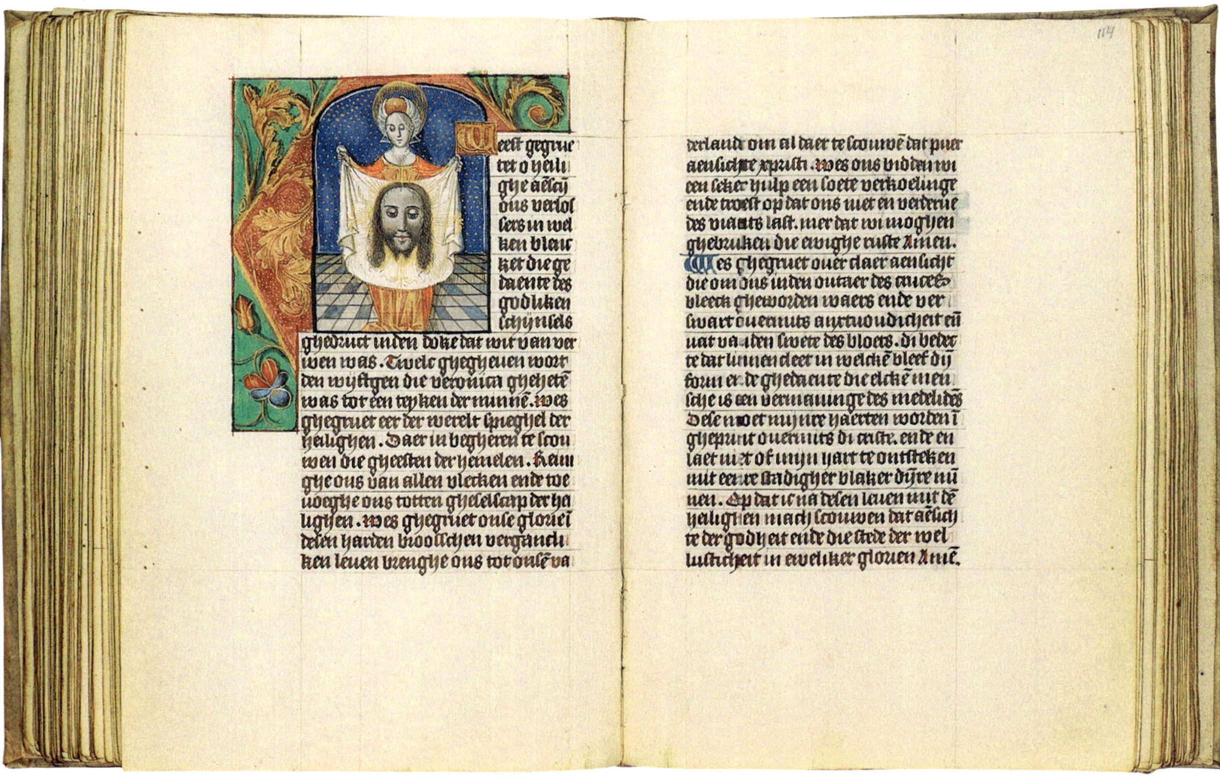

27 *Holländisches Stundenbuch* um 1490–1500

113v–114r Vor dem Papst Johannes XII. zugewiesenen Gebet zum Hl. Antlitz Jesu steht eine Miniatur mit Veronika, die das Schweißtuch mit der vera icon präsentiert. Wer das Bild anschaut und dabei das Gebet spricht, gewinnt einen vierzigtägigen Ablass von Todsünden und einen tausendtägigen Ablass von alltäglichen Sünden, so die Rubrik.

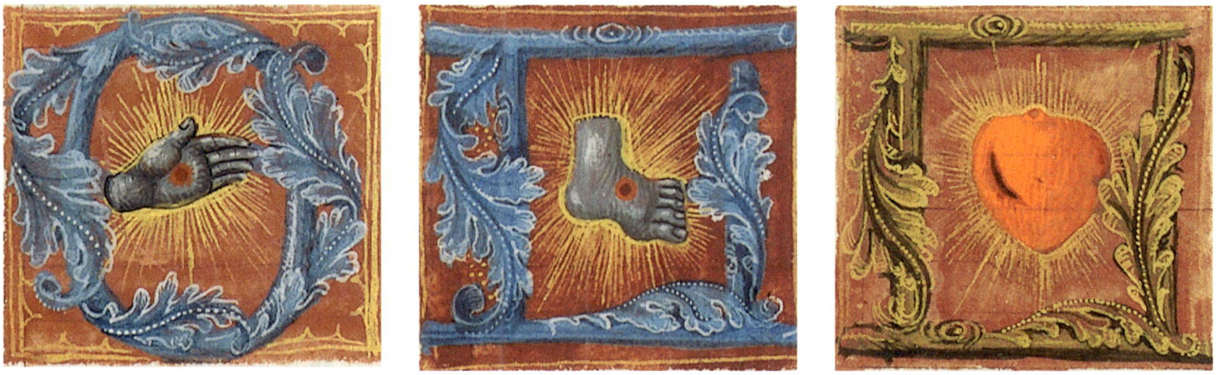

Astwerkinitialen im Gebet zu den Fünf Wunden Christi:

115v linke Hand Jesu

116v linker Fuß Jesu

117r durchbohrtes Herz Jesu

(Hg.), Annus Quadriga Mundi. Opstellen over middeleeuwse kunst opgetragen an prof. dr. Anna C. Esmeijer, Utrecht / Zutphen 1989, S. 49ff., bes. S. 66f. – Kat. 342 Antiquariat Karl W. Hiersemann, Leipzig o. J., Nr. 310. – Die goldene Zeit der holländischen Buchmalerei. Ausst. Kat. Rijksmuseum Het Catharijneconvent, Utrecht, und Pierpont Morgan Library, New York, Stuttgart / Zürich 1989 (engl. Ausgabe) und 1990 (dt. Ausgabe), S. 16, 285ff. – A. von Euw / J. M. Plotzek, Die Handschriften der Sammlung Ludwig, Bd. 2, Köln 1982, Hs. IX 18, S. 256ff., bes. S. 258.

27 *Holländisches Stundenbuch*
um 1490–1500

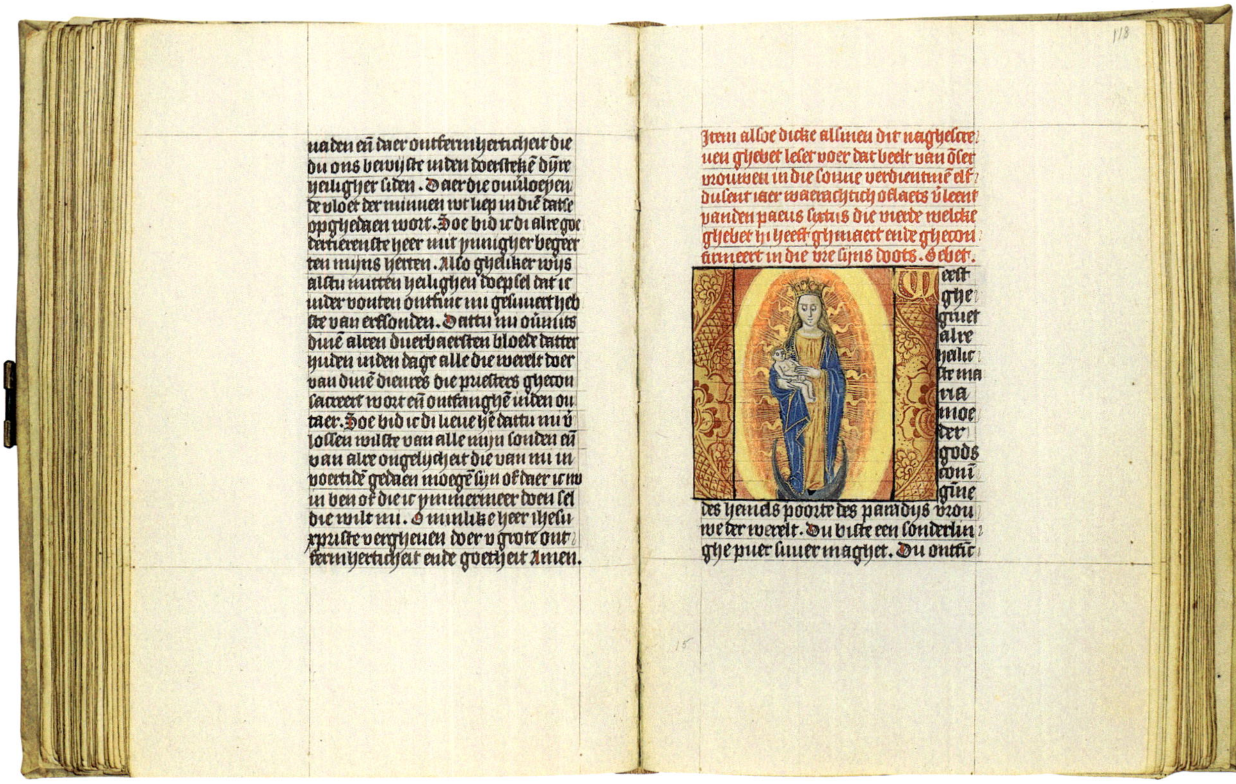

117v–118r Die kleine Miniatur zeigt die Muttergottes mit Kind auf der Mondsichel, umgeben von einem Strahlenkranz. Sie leitet das Papst Sixtus IV. zugeschriebene Gebet zu »Maria in der Sonne« ein. Laut Rubrik gewinnt derjenige, der das Gebet vor dem Bild spricht, einen Ablass von 11.000 Jahren.

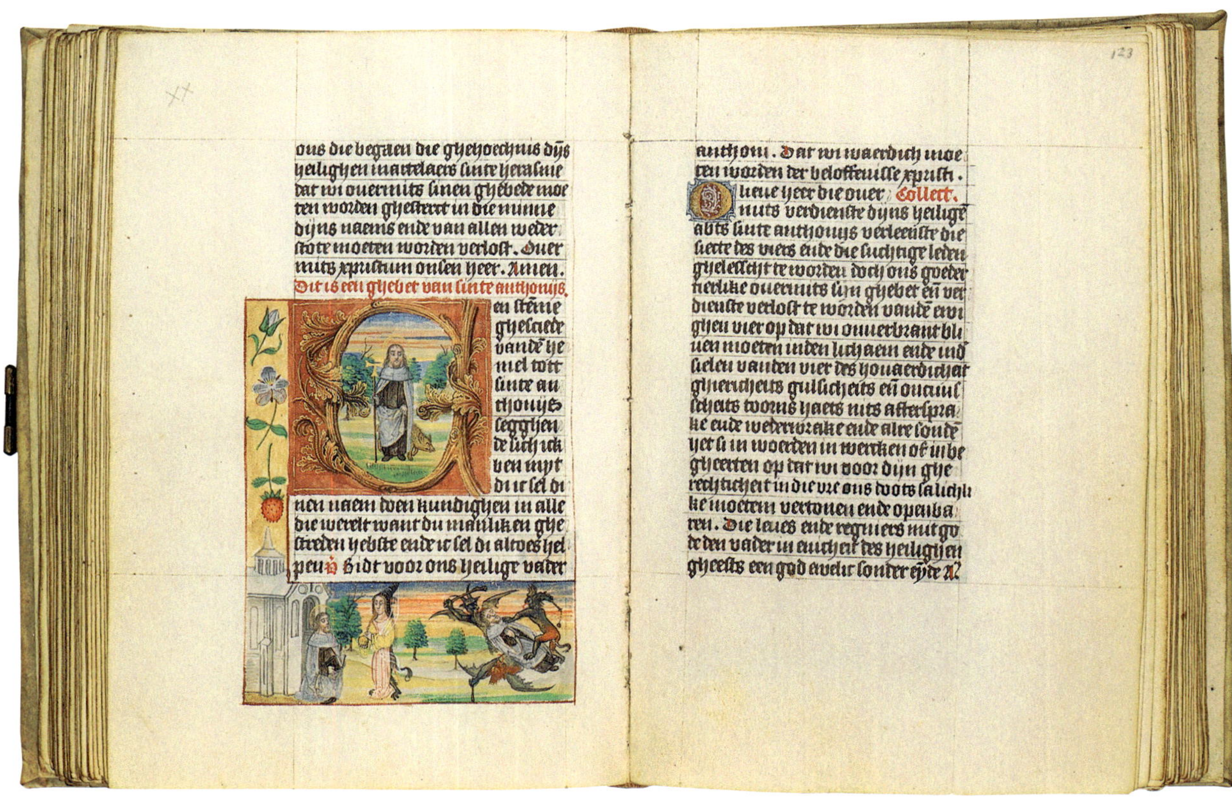

122v–123r In der Astwerkinitiale des Gebetes zum hl. Antonius erscheint der Einsiedler mit Schwein und dem seit Gründung des Antoniterordens gebräuchlichen T-Kreuz als Attributen; in der Bordüre die Versuchung des Antonius durch einen als Frau verkleideten Dämon und seine Peinigung durch weitere teuflische Wesen.

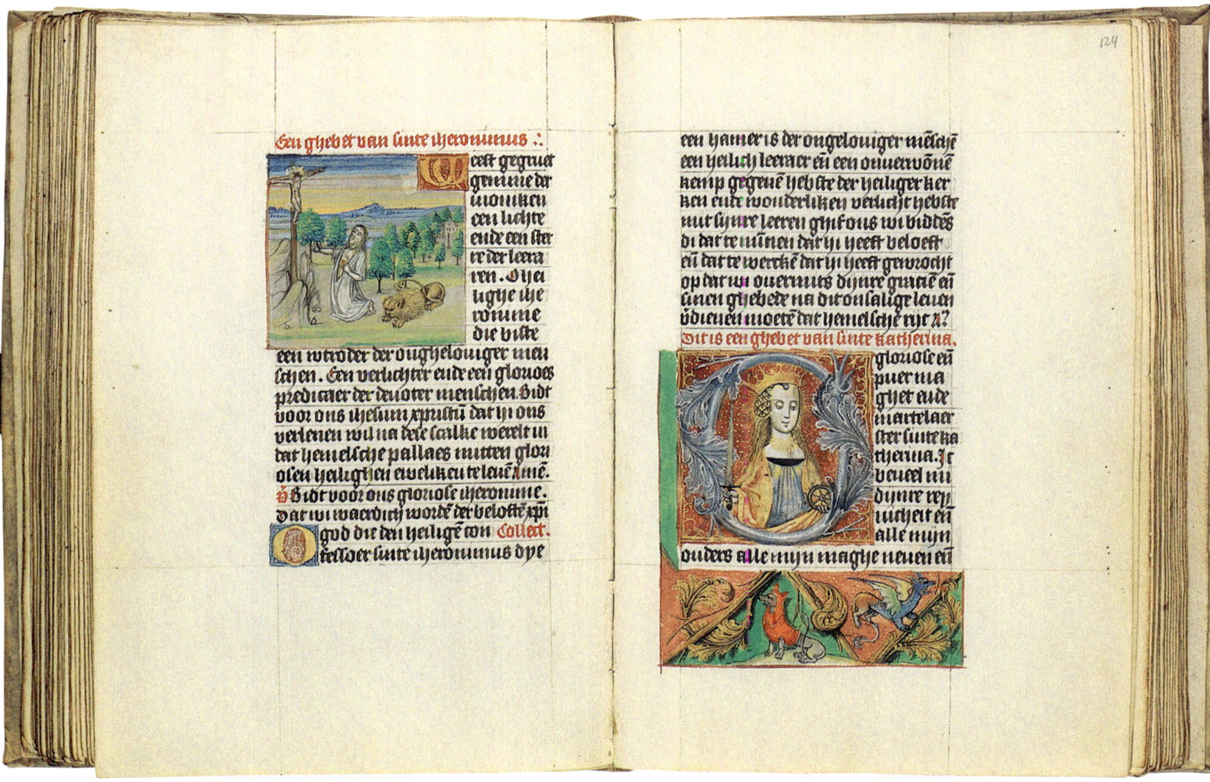

27 *Holländisches Stundenbuch*
um 1490–1500

123v–124r Vor dem Gekreuzigten kniet der Kirchenvater und Bibelübersetzer Hieronymus im Büßerhemd, begleitet von einem Löwen, den er der Legende nach von einem eingetretenen Dorn befreit hat. Die Miniatur ergänzt das Gebet zum hl. Hieronymus. – Die hl. Katharina mit Schwert und Rad ist als Brustbild in die Astwerkinitiale des zugehörigen Gebetes eingefügt.

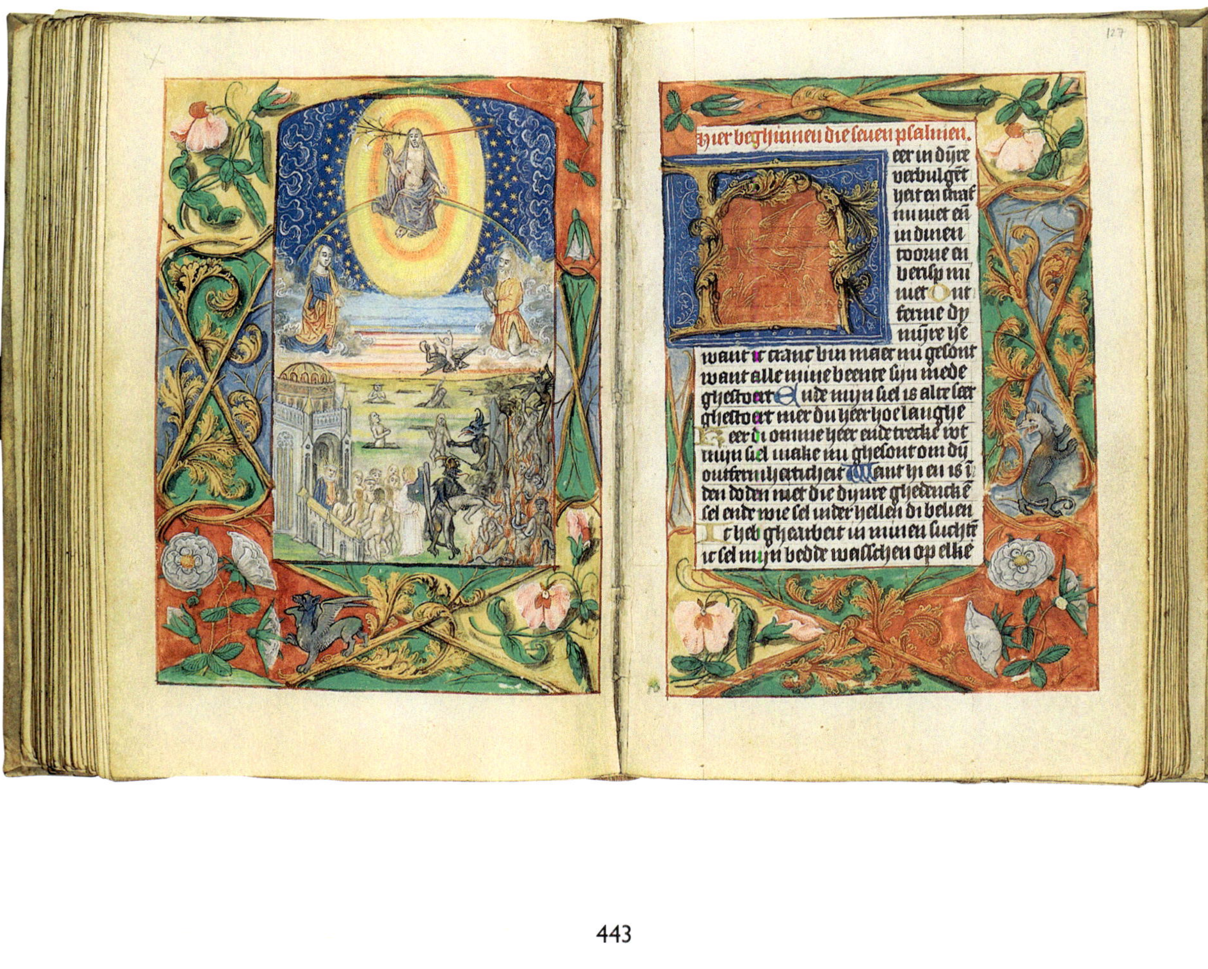

126v–127r Den Sieben Bußpsalmen ist eine Darstellung des Jüngsten Gerichts vorgeschaltet, bei dem Christus mit dem Schwert und der Lilie als Zeichen weltlicher und geistlicher Macht auf dem Regenbogen thront. Zu seinen Füßen knien Maria und Johannes der Täufer als Fürbitter der unterhalb aus den Gräbern erstehenden Menschen.

27 *Holländisches Stundenbuch*
um 1490–1500

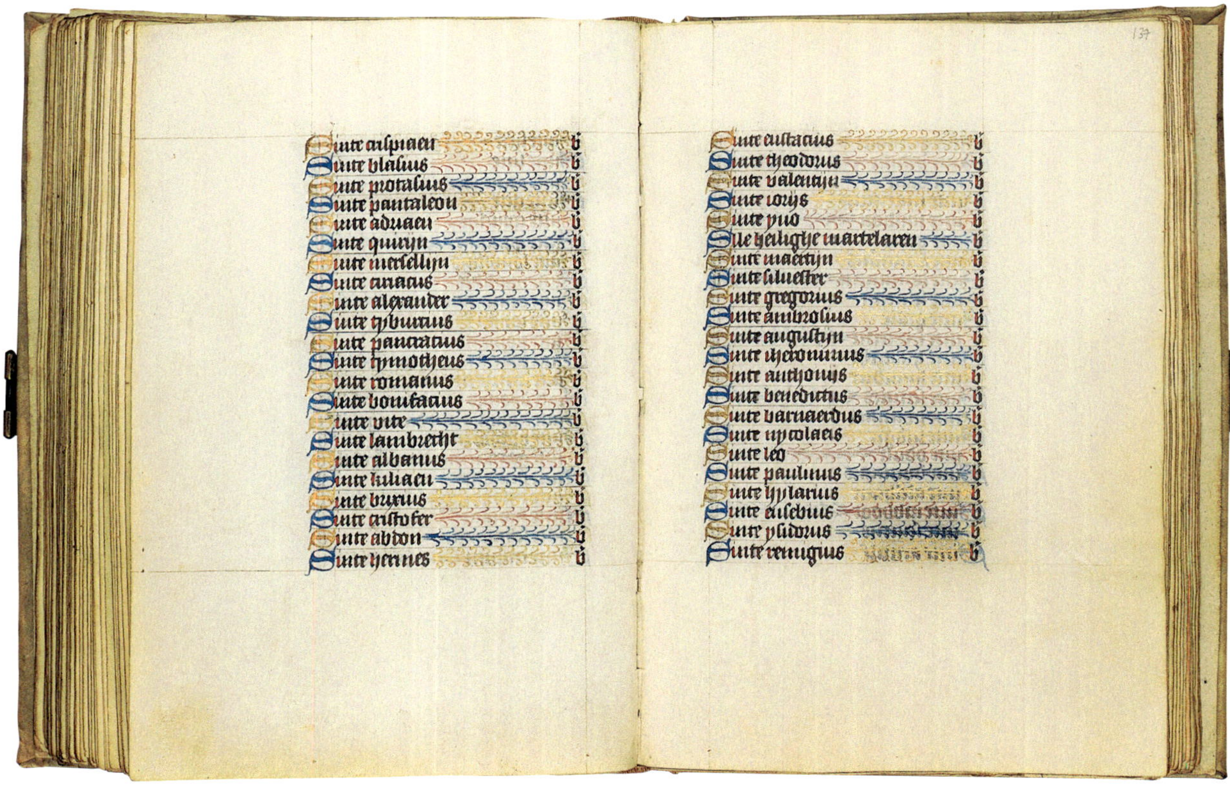

136v–137r Litanei im Anschluss an die Sieben Bußpsalmen

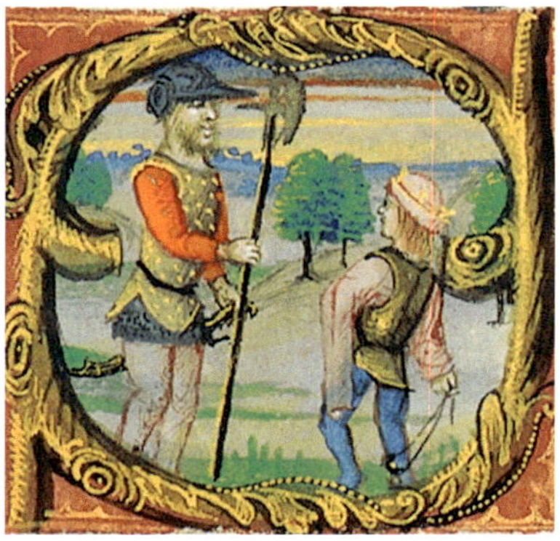

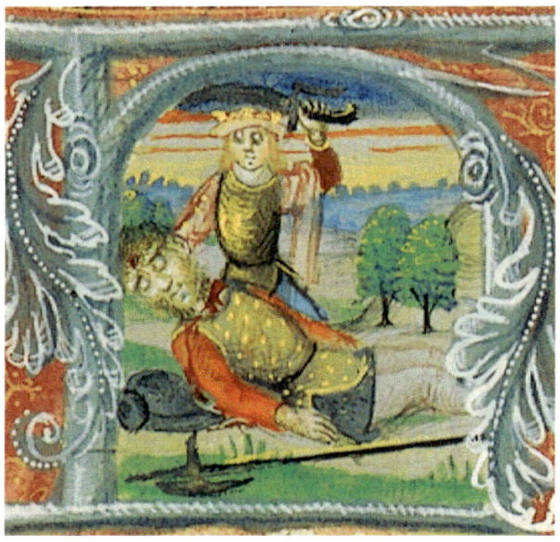

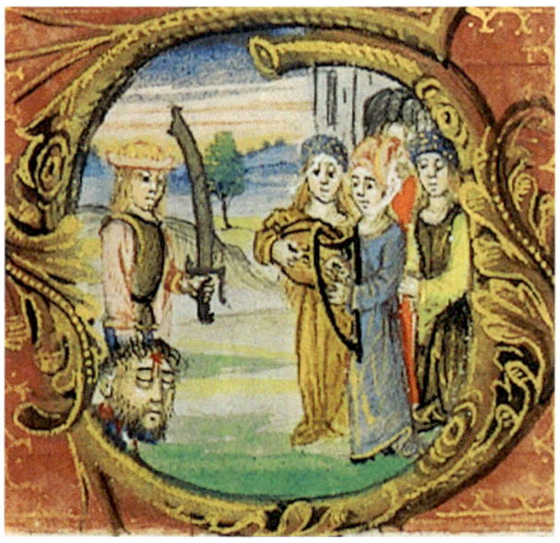

Die Astwerkinitialen zu Beginn der Psalmen sind mit Szenen aus der Geschichte Davids gefüllt.

127v David steht, die Steinschleuder schwingend, vor dem Riesen Goliath.

128v David enthauptet den besiegten Goliath.

130r David zieht mit dem Haupt Goliaths nach Jerusalem, von wo ihm die Frauen entgegenkommen.

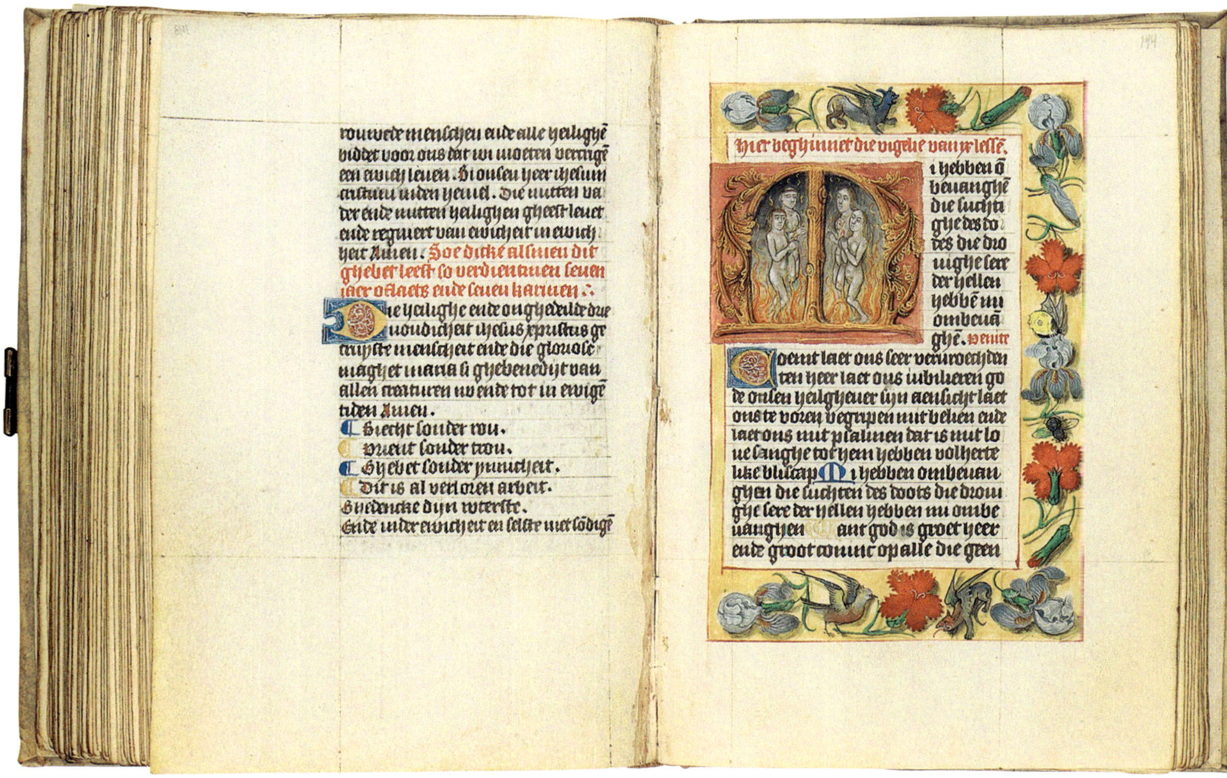

27 *Holländisches Stundenbuch*
um 1490–1500

143v–144r Die Rubrik hinter den Bußpsalmen verspricht für das nachstehende Gebet zur Dreifaltigkeit einen Ablass von sieben Jahren und sieben Karinen. Darunter in holländisch der Merkvers: »Beichte ohne Reue/ Freunde ohne Treue/ Gebet ohne Innigkeit/ das ist vergebliche Arbeit.« Auf der nächsten Seite beginnt das Totenoffizium mit den im Fegefeuer schmachtenden Seelen in der Initiale.

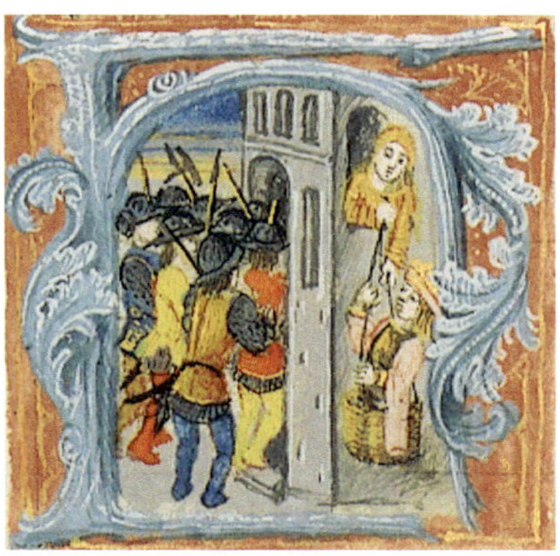

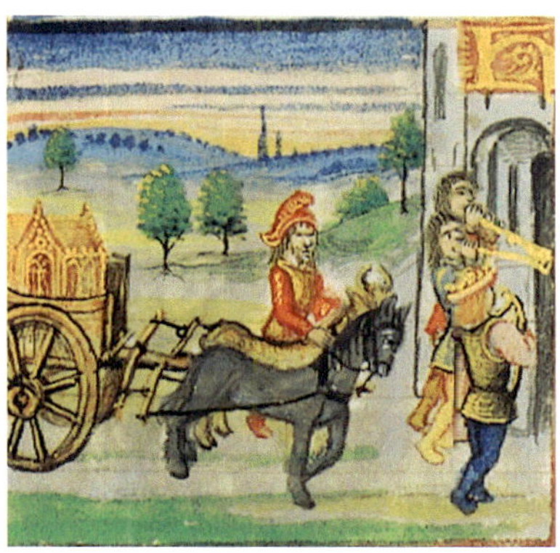

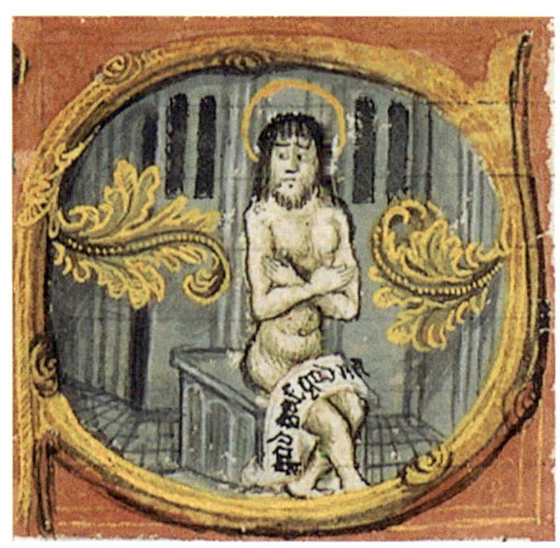

131v David flieht vor den Häschern Sauls mit Hilfe von Mikal aus Jerusalem.

133v David bringt die Bundeslade nach Jerusalem.

151v Totenoffizium. Astwerkinitiale mit Hiob im Unglück; auf dem Schriftband: »Gott gab, Gott nahm.«

28

Holländisches Passionsgebetbuch
Holländisch-lateinisches
Passionsgebetbuch
Miniator aus der Robinson-Gruppe
Grafschaft Holland (?)
um 1500

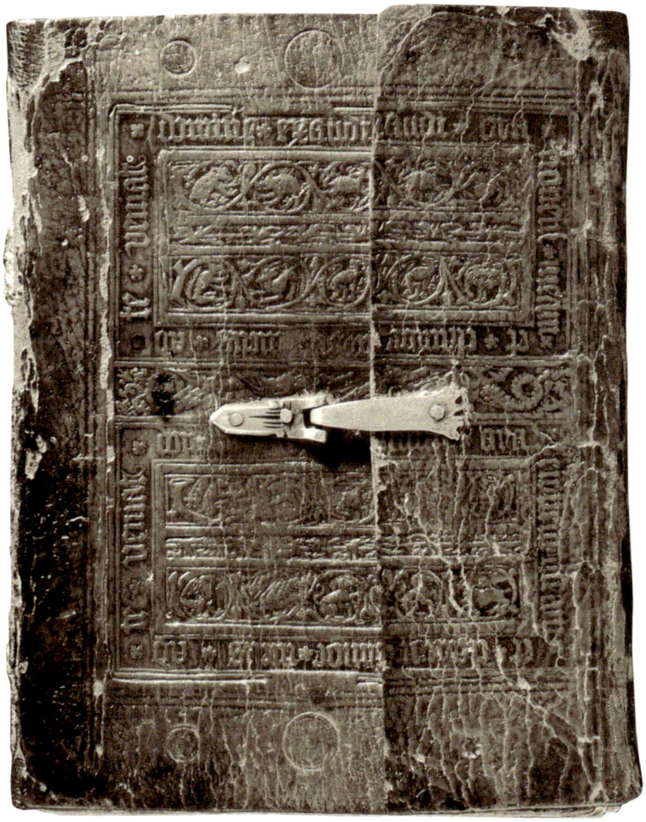

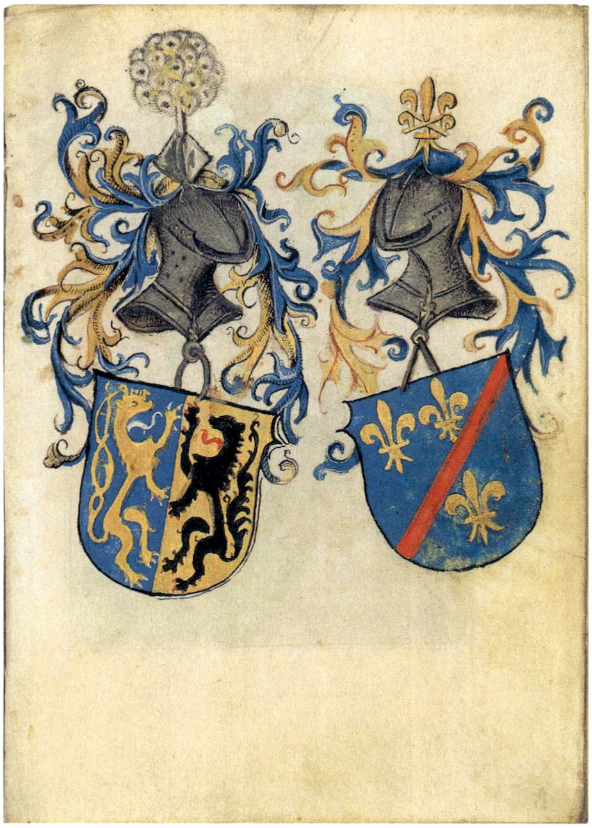

Die schöne Wappenzierseite (9r) in diesem ausgefallenen kleinen Büchlein möchte uns glauben machen, dass es für Adolph, Herzog von Geldern, und dessen Frau Katharina entstanden ist. Doch kann dies aufgrund des stilistischen Befunds und der daraus resultierenden Datierung des Andachtsbuches um 1500 nicht zutreffen. Katharina war die zweite Tochter Karls I., des Herzogs von Bourbon, und der Agnes von Burgund; sie starb bereits 1469. Adolph wurde 1438 als ältester Sohn Arnolds von Egmont, Herzog von Geldern, und der Katharina von Kleve (1417–1476) geboren und fiel 1477 in einer Schlacht. Die prägnante Einbringung der Wappen des Herzogspaares dient der Erinnerung an die familiäre Tradition, ebenso wie Katharina von Kleve ihr eigenes sowie die Wappen ihrer Vorfahren in ihrem berühmten, um 1440 entstandenen Stundenbuch M 945 und M 917 der Pierpont Morgan Library in New York an dominanter Stelle hat einfügen lassen. Wer aber könnte Interesse gehabt haben, die beiden Wappen bei der erst viel später erfolgten Herstellung der Handschrift gleichsam kommemorativ auf die frei belassene Seite vor dem Miniaturen- und Gebetszyklus anzubringen, ohne einen emblematischen Hinweis auf seine eigene Person zu geben? Unter der Vision der Gregorsmesse ist auf dem

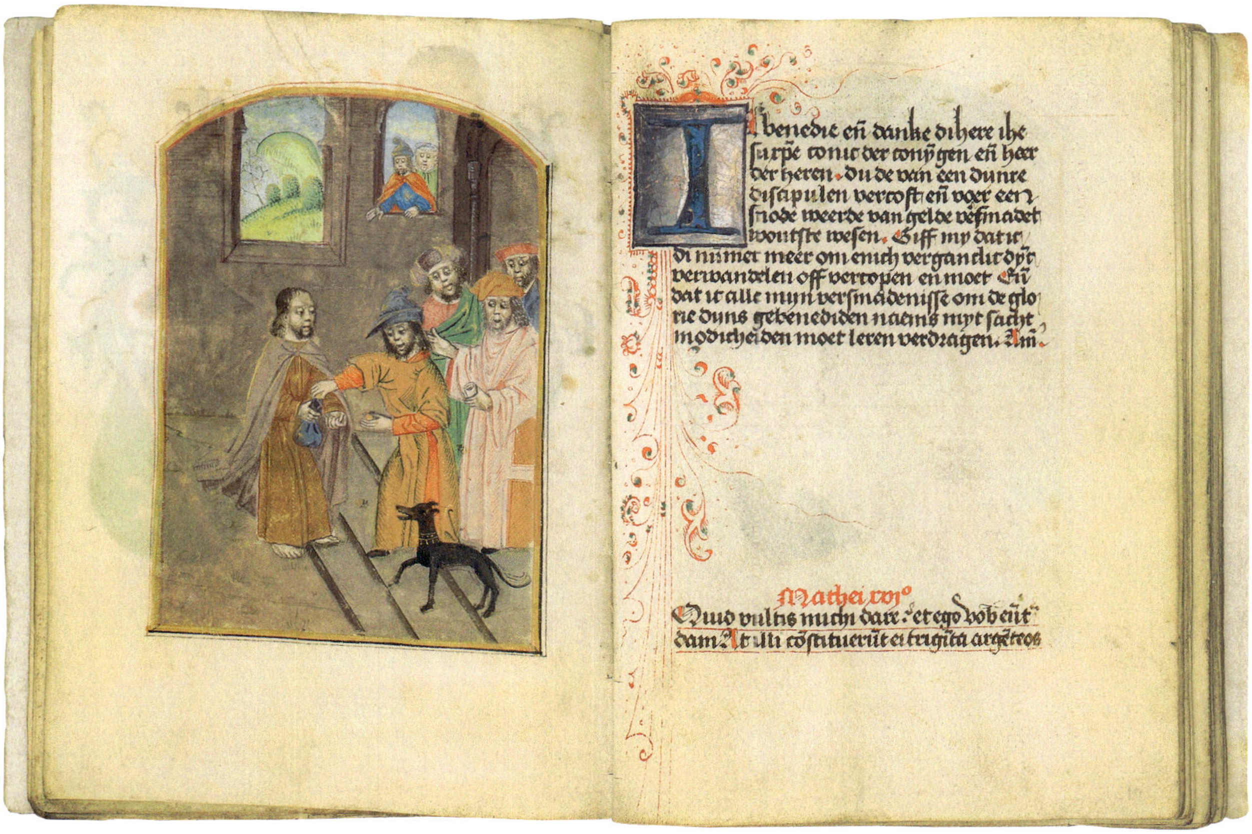

28 *Holländisches Passionsgebetbuch* um 1500

9v–10r Judas erhält von den Hohenpriestern die dreißig Silberlinge. Das nebenstehende holländische Gebet reflektiert den Verrat um des schnöden Geldes willen; unten der lateinische Verweis auf die Bibelstelle: »›Was wollt ihr mir geben, und ich werde ihn euch verraten?‹ Sie setzten für ihn dreißig Silberlinge fest.« (Mt 26,15)

letzten Bild (38v) ein ins Gebet vertiefter Mann wiedergegeben; mit schwarzem Mantel und Goldkragen ausgezeichnet wendet er sich nicht dem Geschehen am Altar zu, sondern – was auffällt – eher dem Betrachter der Miniatur. Natürlich ist mit ihm der Auftraggeber des Gebetbuches gemeint, der sich über die Wappen nur indirekt als möglicher Nachfahre des geldgierigen Herzogspaares identifizieren ließe. Man hat dabei an Karl, Herzog von Geldern (1470–1538), gedacht. Man wird jedoch nicht ausschließen können, dass der erste Besitzer des Buches zwar nicht der herzoglichen Familie angehörte, aber gerade für das in seinem Wappen präsente Paar eine besondere Erinnerung wachhalten wollte.

Das Kalendar folgt eindeutig dem Utrechter Brauch ohne die in die Grafschaft Holland weisende Färbung, wie sie unser Stundenbuch Kat. Nr. 27 überliefert. Neben diesem einzigen liturgischen Hinweis lässt sich der originale Einband als ein typisches Exemplar aus den flämischen Werkstätten bestimmen, wie sie in Gent, Brügge und Antwerpen zu lokalisieren sind. Dort verwandte man die eindrucksvollen Plattenstempel mit doppelten Rankenleisten und darin eingefügten Tieren sowie umlaufenden lateinischen Inschriften in kalligraphisch präziser Textura. Der Antwerpener Buchbinder Willem de Backere beispielsweise benutzte denselben Psalmvers in einem auf diese Weise gestalteten Text, jedoch mit größerformatigem Plattenstempel (Indestege). So hat man offenbar eine in den Nördlichen Niederlanden entstandene Gebetshandschrift zum Binden in die Südlichen Niederlande gebracht.

Aufgrund seiner Gewichtigkeit darf man davon ausgehen, dass der Bilderzyklus der eigentliche Anlass der Handschrift war. In 29 Miniaturen wird die Passion Christi von der Auszahlung der Silberlinge an den Verräter Judas bis zur Auferstehung als österliches Geschehen gleichsam in Momentaufnahmen festgehalten. Im abschließenden 30. Bild wird mit dem Thema der Gregorsmesse, das heißt der Präsenz des Schmerzensmannes mit allen in den Szenen zuvor bereits vorgeführten Leidenswerkzeugen und an Christi Passion beteiligten Personen, die in der Liturgie erinnerte wirkliche Gegenwärtigkeit Christi vor Augen geführt, in deren Ereignis sich der Auftraggeber bildhaft einbinden lässt. Schritt für Schritt verfolgt der Betrachter das Leiden Christi in der von den Evangelisten mitgeteilten historischen Chronologie. Die Bilder sind schlicht gerahmt, nehmen die ganze Seite ein und entbehren jeglichen ornamentalen Bordürenschmucks, als solle sich alles Augenmerk auf das jeweilige Geschehen konzen-

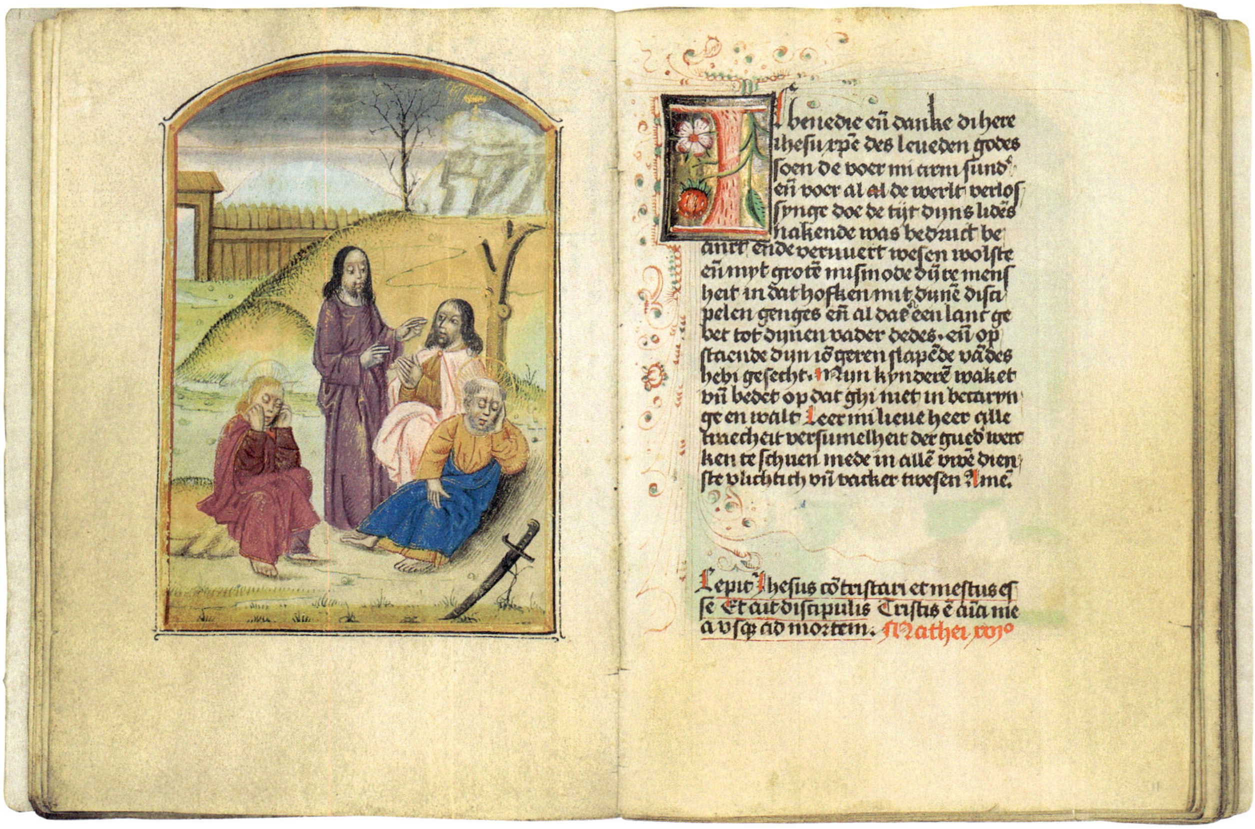

28 *Holländisches Passionsgebetbuch* um 1500

10v–11r Christus spricht im Garten Gethsemane zu den Jüngern; unten: »Jesus begann zu zittern und zu zagen und sprach zu den Jüngern: ›Meine Seele ist betrübt bis in den Tod.‹« (Mt 26,37–38)

trieren. Blatt für Blatt reiht sich ein Andachtsbild an das nächste, bei deren Betrachtung der »Leser« immer tiefer und weiter in das heilsgeschichtliche Geschehen eintaucht und im Sich-Versenken zu einer Imitatio Christi im frommen Gedenken gelangt.

Auf den den Bildern gegenüberliegenden Seiten finden sich stets zwei Textblöcke. Der auf der unteren Seitenhälfte angebrachte gibt in Lateinisch den meist biblischen Schriftbeleg für die jeweilige Szene wieder, während der umfangreiche Text oben eine Meditation über das dargestellte Geschehen in der Landessprache enthält. Dem gleichsam kanonischen Nachweis der Richtigkeit des dargestellten Ereignisses in der Kirchensprache steht das jeweilige Gebet in der Umgangssprache des Bucheigentümers gegenüber, womit ihm, sicher mit Absicht, das fromme Meditieren über die heilsgeschichtliche Handlung im Bild erleichtert wird. Diese Meditationstexte sind immer wieder gleich aufgebaut. Sie rekapitulieren zunächst noch einmal den jeweils dargestellten Augenblick der Passion, bringen also durch das Wort verstandesmäßig ins Bewusstsein, was die Miniaturen sinnenhaft im Bild erreichen, präzisieren das jeweils von Christus Erlittene und schließen die Bitte an, dass der Leser eben die Tugend erlangen und zum Wohle seiner Mitmenschen einsetzen möge, mit der Christus Verrat, Verlassenheit, Verspottung, Unverständnis, Einsamkeit und Schmerz bis zum Tode erduldet hat. Laut Auskunft von James H. Marrow orientieren sich die Gebete an den »Orationes et Meditationes de Vita Christi« des Thomas von Kempen, ohne mit diesem Traktat identisch zu sein.

Der Maler, der alle Miniaturen ausgeführt hat, beschränkt die bildhafte Beschreibung der geographischen Örtlichkeit auf das Wesentliche. Selten findet sich ein Baum mit kahlem Geäst in der Landschaft, meist dominiert eine wüstenhaft karge, felsige Topographie als Kulisse für die vielen Stationen des Leidens. Eine ähnliche Stimmung von Ausgeliefertsein und Verlassenheit suggerieren die Innenraumszenen mit den diversen Verhören und Peinigungen Christi vor hohen, kaum im Mauerwerk angedeuteten und in ihrer rötlich-braunen Farbigkeit trostlosen Wänden.

Immer wieder wird die Konzentration auf die Handelnden bewusst, bisweilen auch über den biblischen Bericht mit Motiven hinausweisend, die als eigenständige Themen der Passionsfrömmigkeit bereichernd in den Zyklus aufgenommen sind. Die am Wegrand kniende, das Schweißtuch mit dem Bild Christi für den Betrachter sichtbar haltende Veronika (28v) oder auch das Thema des entkleideten, auf dem »kalten Stein«

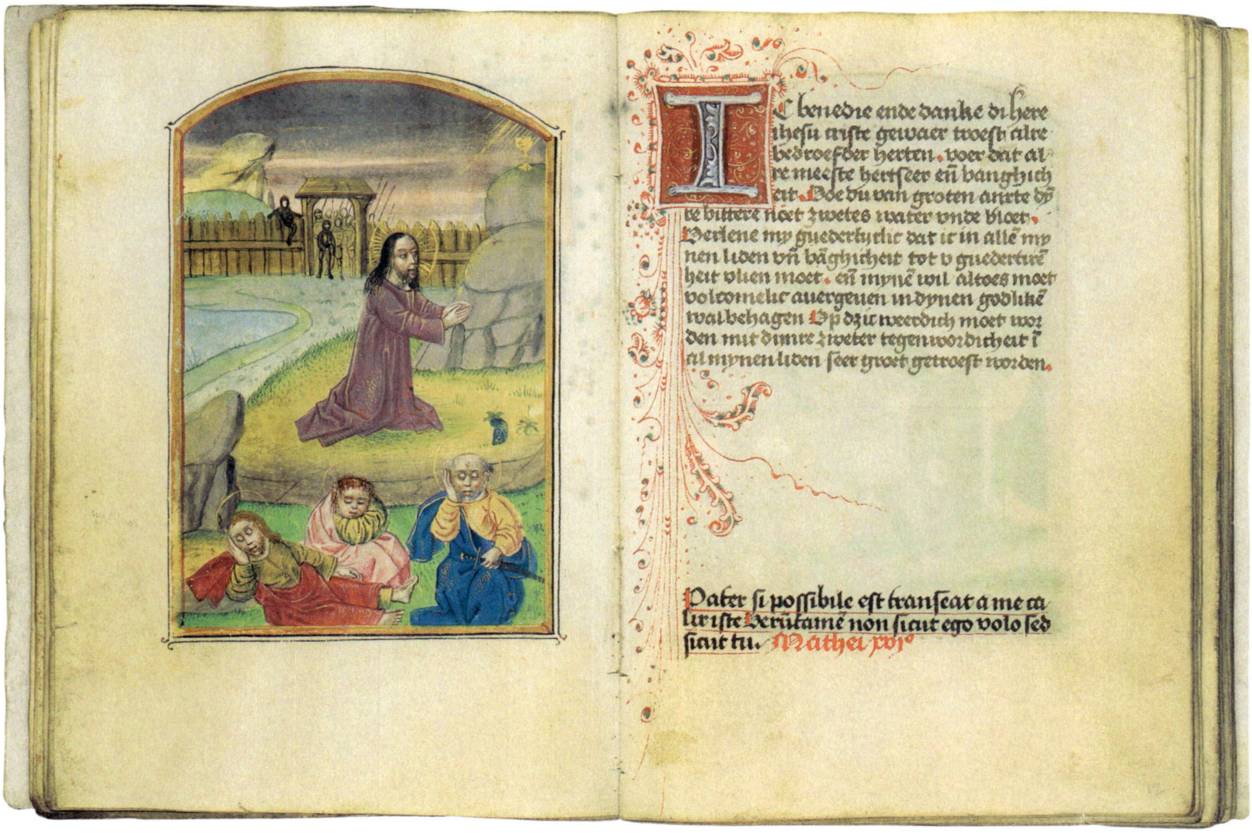

28 *Holländisches Passionsgebetbuch*
um 1500

11v–12r Christus am Ölberg. Das Gebet geht auf die Qual Jesu ein, der Blut und Wasser schwitzt; unten: »Mein Vater, wenn es möglich ist, so gehe dieser Kelch an mir vorüber; doch nicht, wie ich will, sondern wie du willst.« (Mt 26,39)

sitzenden und auf seine Kreuzigung wartenden Christus (31v) gehören hierzu. Selten erweitert der Maler den Innenraum mit Atmosphäre schaffenden Versatzstücken wie etwa bei der Leugnung Petri (19v), wo auf den Schrägen des Rauchfangs über dem Kaminfeuer mit allerlei Gerätschaften zudem noch ein Wappen mit den Emblemen des Herzoghauses von Geldern erscheint. Es sind vor allem wieder die Physiognomien, die braun-graue Hautfarbe sowie die Gestaltung der Augen, aufgrund derer man auch diesen Maler in die Gruppe der Meister der schwarzen Augen einbezogen hat (vgl. Kat. Nr. 27).

Klara H. Broekhuijsen stellt das Leidensgebetbuch ins Zentrum einer nicht sehr umfangreichen Handschriftengruppe und benennt sie nach dem Vorbesitzer unseres Manuskripts Robinson-Gruppe; diese gibt sich freilich als stilistisch durchaus heterogen zu erkennen, so dass auch hier weitere Untersuchungen zu leisten sind. So bleibt der genaue Entstehungsort dieses holländischen Gebetbüchleins durchaus noch ungeklärt, zumal eine sinnvolle Interpretation und Verbindung der erkannten Fakten – Utrechter Kalendar, eventuell dem geldrischen Hof nahestehender Auftraggeber, flämischer Originaleinband, vorrangige Wirkungsstätten der Meister der schwarzen Augen in der Grafschaft Holland – noch nicht gelingt. Zweifellos aber erfreute sich das im schmalen Taschenformat handlich angelegte und leicht verschließbare Andachtsbuch eines intensiven Zuspruchs, wie zum einen der mit mehreren Ablässen verbundene Gebetsteil im Anschluss an den Miniaturenzyklus durch Gebrauchsspuren belegt und andererseits die in frommer Absicht gezielt zerstörten Gesichter der Christus peinigenden Schergen (u. a. 13v, 14v, 15v, 23v) überliefern. (Joachim M. Plotzek)

Pergament 51 Blätter; 140 x 101 mm; Lagen: 1^{8}, 2^{6+1}, $3–5^{8}$, 6^{6+1}, 7^{6-1}; Schriftspiegel (nicht regliert): ca. 90 x 60 mm (10r–38r), 95 x 66 mm (39r–51r); einspaltig; meist 25 Zeilen. **Ausstattung** Holländischer und lateinischer Text in dunkelbrauner bis schwarzer Bastarda, rubriziert; rot gestrichelte Versalien; Sonntagsbuchstaben im Kalendar sowie einfache, ein- bis sechszeilige Zierbuchstaben im hinteren Textteil (39r–51r) in blauer und roter Tinte; fünf- bis sechszeilige Initialen mit vegetabiler Füllung in unterschiedlichen Farben auf ebenfalls farbigem, ornamental oder floral gefülltem Grund oder in Blattgold mit Silber auf identischem Grund; bisweilen auch farbige Initialen auf Blattgold über Silber; aus dem Initialfeld heraustretende, den Schriftspiegel an der oberen und inneren Kante begleitende

28 *Holländisches Passionsgebetbuch* um 1500

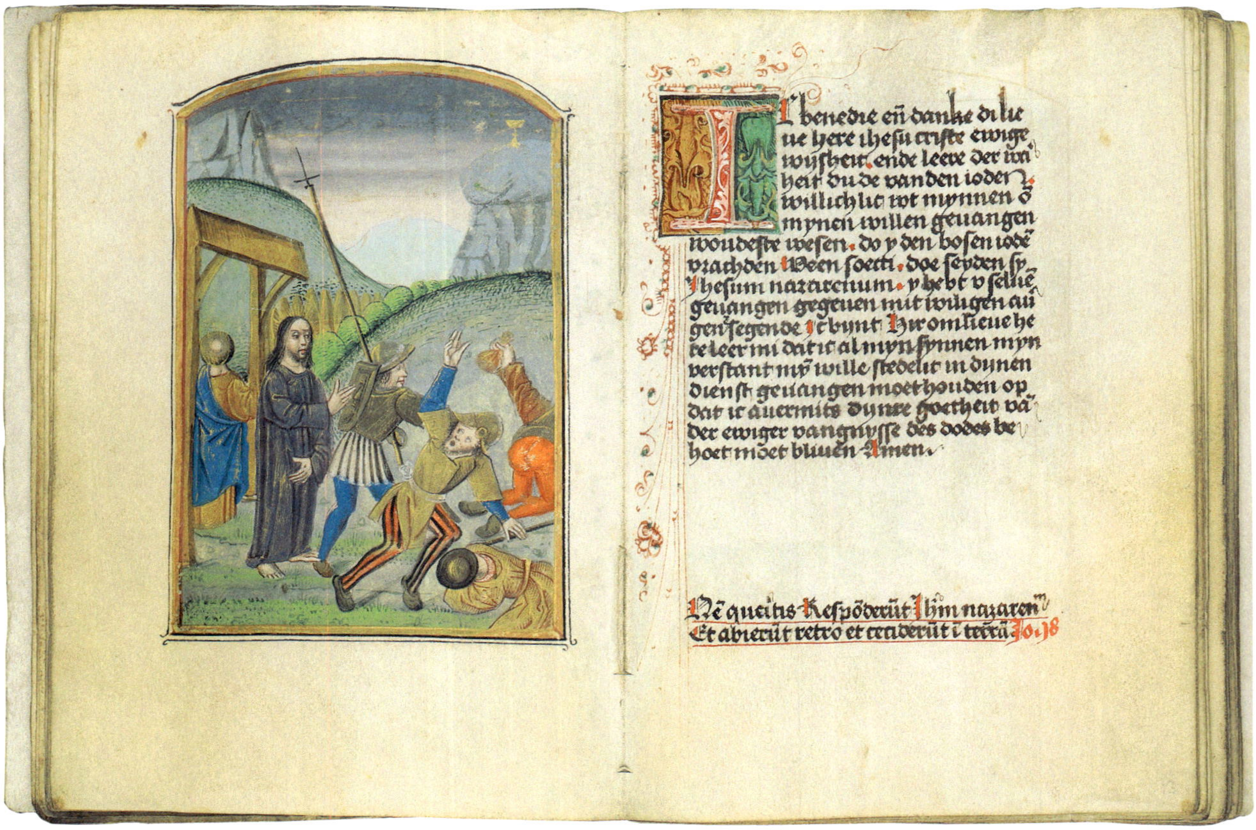

12v–13r Die Soldaten weichen erschreckt vor Christus zurück. Das Gebet formuliert, wie alle anderen, die Bitte um Schonung vor der ewigen Verdammnis; unten: »›Wen sucht ihr?‹ Sie antworteten: ›Jesus, den Nazarener.‹ Und sie wichen zurück und fielen zu Boden.« (Joh 18,4–5)

Filigranfäden in roter Tinte mit pergamentausgesparten, rot und grün behaarten Blättchen und Früchten; Wappenzierseite in Blau, Rot, Gold und Silber; dreißig Miniaturen in Deckfarben mit Gold, von schmaler ockerfarben-goldener Leiste gerahmt. **Einband** Originaler, weicher, dunkelbrauner Kalbledereinband, von innen mit Pergament hinterlegt, über den vorderen Buchschnitt bis etwa zur Mitte der Vorderseite herumgeführt; mittlere Messingschließe; auf Vorder- und Rückseite jeweils zwei Plattenstempel, von einer Leiste mit delphinähnlichen Fabelwesen getrennt; die Plattenstempel (je 67 x 46 mm) mit mittlerem schmalem Rankenstab und zwei breiteren äußeren Rankenleisten, gefüllt mit jeweils vier unterschiedlichen Tieren (Bär, wilder Eber, Reh, Einhorn, Eichhörnchen, Hirsch, Hund und Vögel), jeweils mit umlaufendem Psalmvers: *domine*exaudi*orationem*meam*et*clamor*meus*ad* *te*veniat** (Herr, erhöre mein Gebet, und lass mein Rufen zu dir kommen); am Außenrand Rundstempel mit Sternblüten; flämisch, um 1500; moderner Buchschuber mit braunem und rotbraunem Lederüberzug von J. Kulesko. **Vorbesitzer** Zwei sorgfältig ausgeführte Wappen (9r); linkes Wappen gespalten: (heraldisch) rechts nach rechts aufsteigender, doppelgeschwänzter, goldener Löwe auf blauem Feld, und links nach links aufsteigender, schwarzer Löwe auf goldenem Feld; rechtes Wappen: roter Schrägbalken auf blauem Grund mit zwei (oben) und einer (unten) goldenen Fleurs de lis; die Helmzier links aus weißen Pfauenfedern, rechts aus einer goldenen Fleur de lis; die Wappen weisen auf Herzog Adolph von Geldern (1438–1477) und dessen Frau Katharina (gest. 1469); Philip R. Robinson, London. **Inhalt** 1r–8v Kalendar (Utrecht), in niederländischer Sprache, fast voll besetzt (Hauptfeste u. a.: 14. 1. *Ponciaen martir*, 21. 1. *Agnetis ioncfer*, 12. 5. *Pancratius mr.*, 13. 5. *Servacius biscop*, 5. 6. *Bonifacius biscop*, 12. 6. *Odulphus confessoer*, 25. 6. *Lebuijn confessoer*, 13. 7. *Margareta ioncfrou*, 17. 9. *Lambert biscop ende mr.*, 22. 9. *Mauritius myt sinen gesellen*, 1. 10. *Remigius biscop*, 10. 10. *Gerioen ende Victoer*, 7. 11. *Wilibrordus biscop*, 12. 11. *Lebuijn confessoer)*. 9r Wappenzierseite. 9v–39v Passionsgebete mit Passionsbilderzyklus. Einer Miniatur auf der vorangehenden Versoseite ist jeweils auf der gegenüberliegenden Rectoseite ein Gebet in der Landessprache zugeordnet; darunter jeweils die lateinische Textquelle für die betreffende Miniatur (Evangelien, Psalter, Nikodemus-Evangelium u. a.). Die Gebete beginnen alle: *I(c benedie ende danke di here Jhesu Christe)*. 9v Judas erhält von den Hohenpriestern die dreißig Silberlinge. 10r *Quid vultis michi dare. et ego*

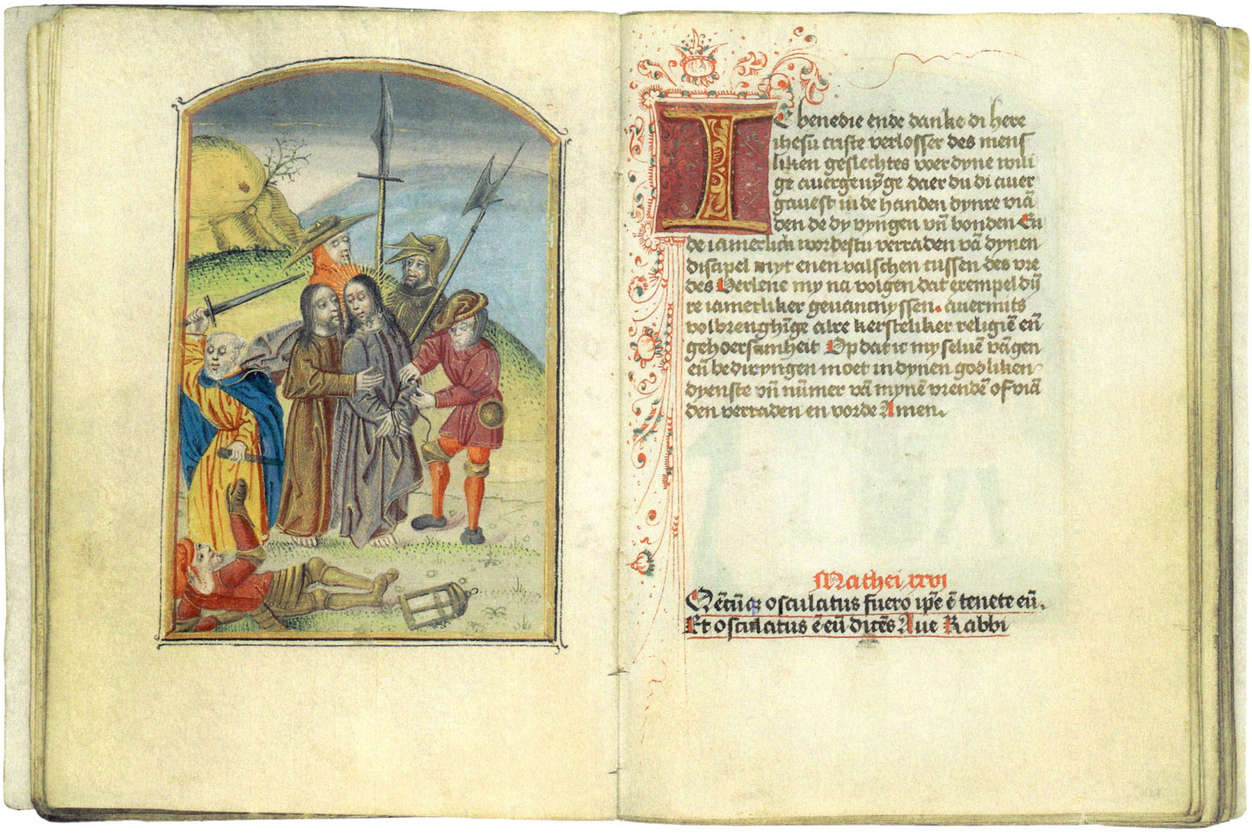

28 *Holländisches Passionsgebetbuch* um 1500

13v–14r Verrat des Judas und Gefangennahme Christi; unten: »›Den ich küssen werde, der ist es, den ergreift.‹ Und er küsste ihn und sprach: ›Sei gegrüßt, Meister.‹« (Mt 26,48–49)

vobis eum tradam. At illi constituerunt ei triginta argenteos (»Was wollt ihr mir geben, und ich werde ihn euch verraten?« Sie setzten für ihn dreißig Silberlinge fest. [Mt 26, 15]). 10v Christus spricht im Garten Gethsemane zu den Jüngern. 11r *Cepit Jhesus contristari et mestus esse. Et ait discipulis Tristis est anima mea usque ad mortem* (Jesus begann zu zittern und zu zagen und sprach zu den Jüngern: »Meine Seele ist betrübt bis in den Tod.« [Mt 26, 37–38]). 11v Christus am Ölberg. 12r *Pater si possibile est transeat a me calix iste. Verumtamen non sicut ego volo sed sicut tu* (Mein Vater, wenn es möglich ist, so gehe dieser Kelch an mir vorüber; doch nicht, wie ich will, sondern wie du willst. [Mt 26, 39]). 12v Die Soldaten weichen erschreckt vor Christus zurück. 13r *Quem queritis. Responderunt. Jhesum Nazarenum. Et abierunt retro et ceciderunt in terram* (»Wen sucht ihr?« Sie antworteten: »Jesus, den Nazarener«. Und sie wichen zurück und fielen zu Boden. [Joh 18, 4–5]). 13v Verrat des Judas und Gefangennahme Christi. 14r *Quemcumque osculatus fuero ipse est tenete eum. Et osculatus est eum dicens Ave Rabbi* (»Den ich küssen werde, der ist es, den ergreift«. Und er küsste ihn und sprach: »Sei gegrüßt, Meister.« [Mt 26, 48–49]). 14v Fortführung Christi. 15r *Tunc discipuli omnes relicto eo fugierunt* (Da verließen ihn die Jünger alle und flohen. [Mt 26, 56]). 15v Vorführung Christi vor den Hohenpriester. 16r *Unus assistens ministrorum dedit alapam Jhesu dicens Sic respondes pontifici* (Einer von den Dienern, der dabeistand, schlug Jesus ins Gesicht und sagte: »So antwortest du dem Hohenpriester?« [Joh 18, 22]). 16v Vorführung Christi vor Kaiphas. 17r *Et misit eum Annas ligatum ad Caypham pontificem* (Und Annas schickte ihn gefesselt zum Hohenpriester Kaiphas. [Joh 18, 13]). 17v Vorführung Christi vor Pilatus. 18r *Et vinctum adduxerunt et tradiderunt Pontio Pylato presidi* (Und sie ließen [ihn] gefesselt abführen und übergaben ihn dem Statthalter Pontius Pilatus. [Mt 27, 2]). 18v Vorführung Christi vor Herodes. 19r *Pylatus misit Jhesum ad Herodem* (Pilatus schickte Jesus zu Herodes. [Lk 23, 7]). 19v Verleugnung Petri. 20r *Accessit ancilla una dicens Et tu cum Jhesu Galileo eras* (Da trat eine Magd [zu ihm] und sagte: »Auch du warst bei Jesus, dem Galiläer.« [Mt 26, 69]). 20v Christus wird an die Geißelsäule gebunden, im Hintergund geht Petrus davon. 21r *Et recordatus est Petrus verbi Jhesu quod dixerat. priusquam gallus cantet ter me negabis Et egressus foras flevit amare* (Petrus aber erinnerte sich des Wortes Jesu, das er gesagt hatte: »Ehe der Hahn kräht, wirst du mich dreimal verleugnen.« Und er ging hinaus und weinte bitterlich. [Mt 26, 75]). 21v Verspottung Christi. 22r *Ce-*

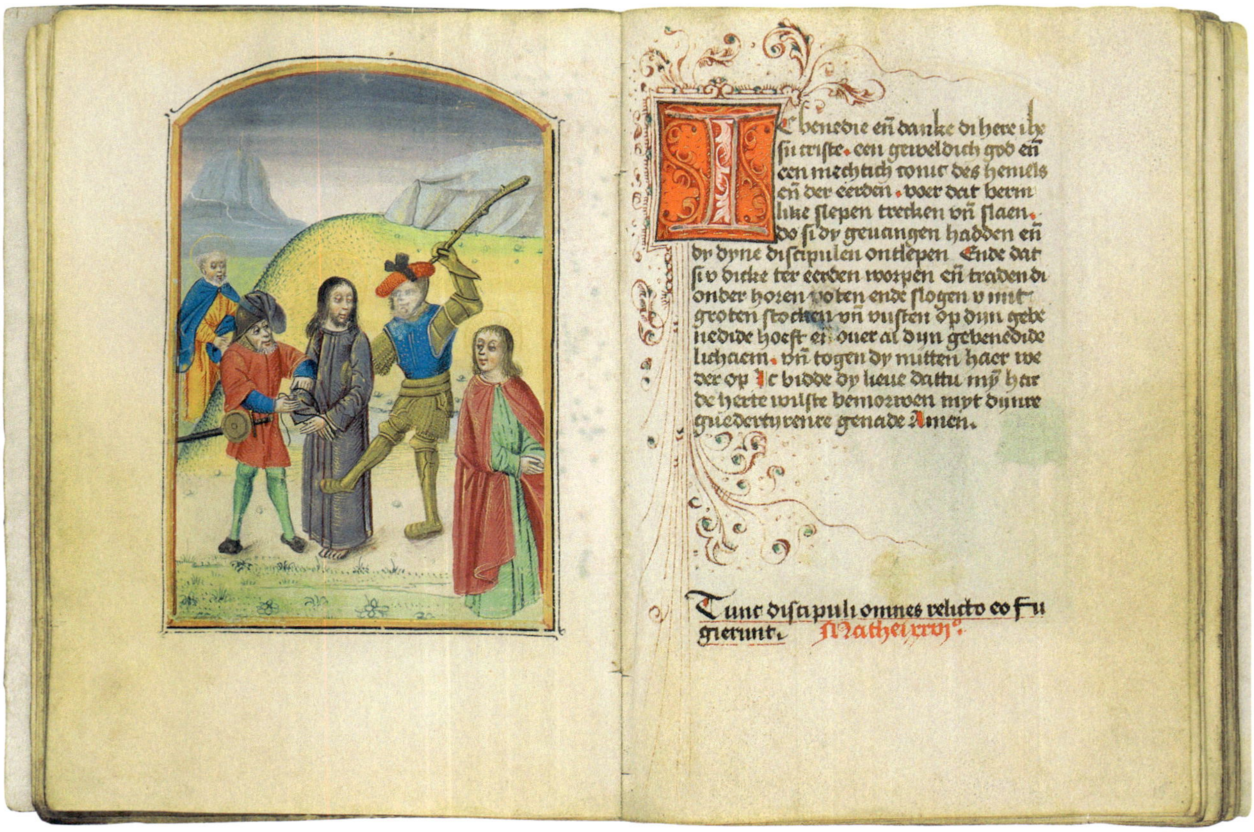

28 *Holländisches Passionsgebetbuch* um 1500

14v–15r Fortführung Christi. Das Gebet malt die Situation aus und wendet sich an Christus, der zu Boden geworfen, getreten und mit Stöcken geschlagen wurde; unten: »Da verließen ihn die Jünger alle und flohen.« (Mt 26,56)

perunt conspuere eum et velare faciem eius (Sie schlugen ihn, spien ihn an und verhüllten sein Gesicht mit einem Tuch. [frei nach Mt 27, 30 und Lk 22, 63–64]). 22v Die Knechte ziehen Christus den purpurnen Mantel an. 23r *Et exuentes eum clamidem coccineam circumdederunt ei* (Sie zogen ihn aus und legten ihm einen scharlachroten Mantel um. [Mt 27, 28]). 23v Geißelung Christi. 24r *Tunc ergo Pylatus apprehendit Jhesum et flagellavit* (Darauf ließ Pilatus Jesus nehmen und ihn geißeln. [Joh 19, 1]). 24v Dornenkrönung. 25r *Et plectentes coronam de spinis posuerunt super caput eius* (Und sie flochten einen Kranz aus Dornen, setzen ihn auf sein Haupt. [Mt 27, 29]). 25v Handwaschung des Pilatus. 26r *Innocens ego sum a sanguine iusti huius vos videritis* (»Ich bin unschuldig am Blute dieses Gerechten. Seht ihr zu.« [Mt 27, 24]). 26v Pilatus führt Christus und Barrabas dem Volk vor (Ecce homo). 27r *Exivit ergo Jhesus portans spineam coronam et purpureum vestimentum. et dixit eis Pylatus Ecce homo* (Jesus kam nun heraus, den Dornenkranz tragend und den purpurroten Mantel, und Pilatus sprach zu ihnen: »Seht den Menschen.« [Joh 19, 5]). 27v Christus wird auf die Straße gezerrt. 28r *Cum vidissent eum pontifices et ministri clamabant dicentes Crucifige crucifige eum* (Als aber die Hohenpriester und ihre Leute ihn sahen, schrieen sie: »Kreuzige, kreuzige ihn.« [Joh 19, 6]). 28v Kreuztragung Christi und Veronika mit dem Schweißtuch. 29r *Et baiulans sibi crucem exivit in eum qui dicitur Calvariae locum hebraice autem Golgata* (Er lud sich das Kreuz auf und ging hinaus zur sogenannten Schädelstätte, hebräisch Golgatha geheißen. [Joh 19, 17]). 29v Christus fällt unter dem Kreuz. Simon von Cyrene hilft das Kreuz tragen. 30r *Et cum ducerent eum apprehenderunt Symonem quendam Cyrenensem et imposuerunt illi crucem portare post Jhesum* (Und als sie ihn abführten, ergriffen sie einen gewissen Simon von Cyrene und legten ihm das Kreuz auf, dass er es Jesus nachtrage. [Lk 23, 26]). 30v Entkleidung Christi auf Golgatha. 31r *Pervenientes ad locum passionis primo expoliaverunt eum vestibus suis ante crucem* (Als sie an den Ort des Leidens kamen, entkleideten sie ihn vor dem Kreuz. [Nikodemus-Evangelium, Kap. 10]). 31v Vorbereitungen zur Kreuzigung, Christus auf dem kalten Stein. 32r *Et perducunt illum in Golgatha quod est interpretatum Calvarie locus Et dabant ei bibere mirratum vinum et non accepit* (Und sie führten ihn an den Platz Golgatha, was übersetzt Schädelstätte bedeutet, und reichten ihm Wein, der mit Myrrhe bereitet war; er aber nahm ihn nicht. [Mk 15, 22–23]). 32v Kreuzannagelung Christi. 33r *Confoderunt manus meas et pedes meos et dinumeraverunt omnia ossa mea* (Sie durch-

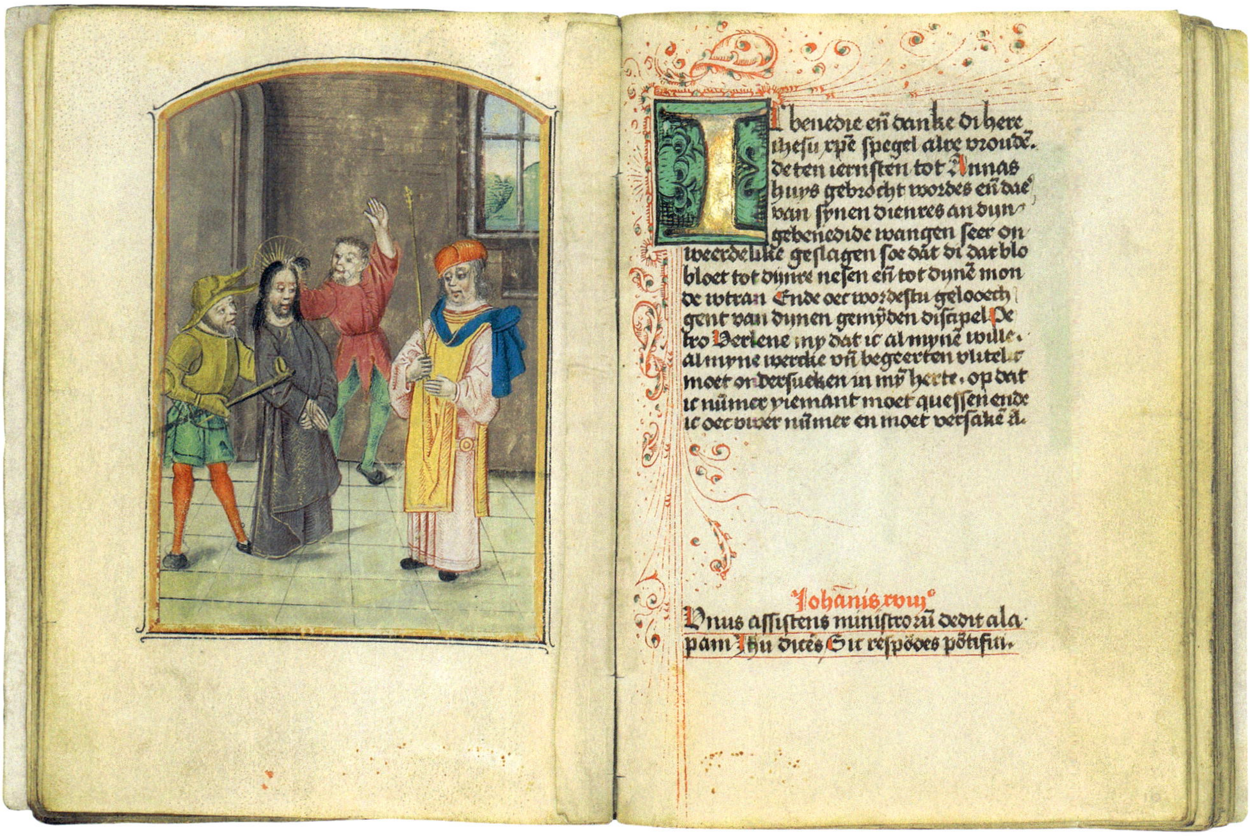

28 *Holländisches Passionsgebetbuch* um 1500

15v–16r Vorführung Christi vor den Hohenpriester Annas. Das Gebet spricht von Jesus als dem, der geschlagen und von einem Jünger verleugnet wurde; unten: »Einer von den Dienern, der dabeistand, schlug Jesus ins Gesicht und sagte: ›So antwortest du dem Hohenpriester?‹« (Joh 18,22)

bohrten meine Hände und meine Füße und zählten alle meine Knochen. [Ps 21, 17–18]). 33v Kreuzigung Christi mit den Schächern, den trauernden Frauen und Johannes. 34r *Et crucifixerunt cum eo allios* [!] *duos hinc et hinc medium autem Jhesum* (Und sie kreuzigten mit ihm zwei andere, zur einen und zur anderen Seite, in der Mitte aber Jesus. [Joh 19, 18]). 34v Kreuzabnahme. 35r *Venit homo dives ab Arimathia nomine Joseph hic accessit ad Pylatum. et peciit corpus Jhesu* (Es kam ein reicher Mann aus Arimathäa, mit Namen Joseph; dieser ging zu Pilatus und bat um den Leichnam Jesu. [Mt 27, 57]). 35v Grablegung Christi. 36r *Accepto corpore posuit illud Joseph in monumento suo novo quod exciderat in petra* (Nachdem Joseph den Leichnam erhalten hatte, legte er ihn in sein neues Grab, das er aus dem Felsen hatte aushauen lassen. [Mt 27, 59–60]). 36v Christus erlöst in der Vorhölle das erste Menschenpaar. 37r *Advenisti desiderabilis quem expectabamus in tenebris ut educeres hac nocte vinculatos de claustris* (Wunschgemäß bist du gekommen, den wir in der Dunkelheit erwarteten, damit du die in dieser Nacht Gefangenen aus ihrer Enge herausführst. [Gregor d. Gr.]). 37v Auferstehung Christi. 38r *Ego dormivi et somnium cepi et exurrexi quoniam dominus suscepit me Alleluya Alleluya* (Ich legte mich nieder und schlummerte ein, ich erwachte wieder, weil der Herr mich hält. Alleluia. Alleluia. [Ps 3, 6]). 38v Gregorsmesse mit im Gebet kniendem Eigentümer des Buches. 39r/v Christusgebet, das im Anblick eines Andachtsbildes zu sprechen ist, mit Ablassgewährung. *Orationes dicende ante ymaginem pietatis. O (Domine Jhesu Christe adoro te in cruce pendentem).* 39v Ablass. *Item quicumque has oraciones circa arma Christi devote dixerit consequitur LVIII*[m] *annos et XXV dies indulgenciarum. a diversis pontificibus* (Jeder, der diese nachfolgenden Gebete in der Nähe [unter einem Bild] der Leidenswerkzeuge Christi mit Andacht spricht, erhält 58 Tausend Jahre und 25 Tage Ablass, der von verschiedenen Päpsten bestätigt ist.). 39v–51r Verschiedene Gebete, zum Teil mit Ablassgewährung. 39v *Een schoen ghebeth unde vermanynge tot Christum van al syn hilige liden ende passie.* 40r *O (Alre barmhertichste o alre guedertirenste here Jhesu).* 42r Gebet zum Kreuz Christi. 42r Mariengebet. *I (c valle dy toe vote ende dancke dy).* 43r Christusgebet mit Ablass. *De dusse gebeden lest myt berou synre sunden verdient XIIII dusent iaer afflates* [!] *mit ander gracien. O (Here Jhesu Christe ic anbede dy andem cruce hangende).* 44r Gebet zum hl. Erasmus. *Een schoen gebeth van sunt Herasmus martir. O (sancte Herasme hilige martelar).* 45r Christusgebete mit Ablass. *Die paeus Calixtus heeft ghegeven alle ghelovighen*

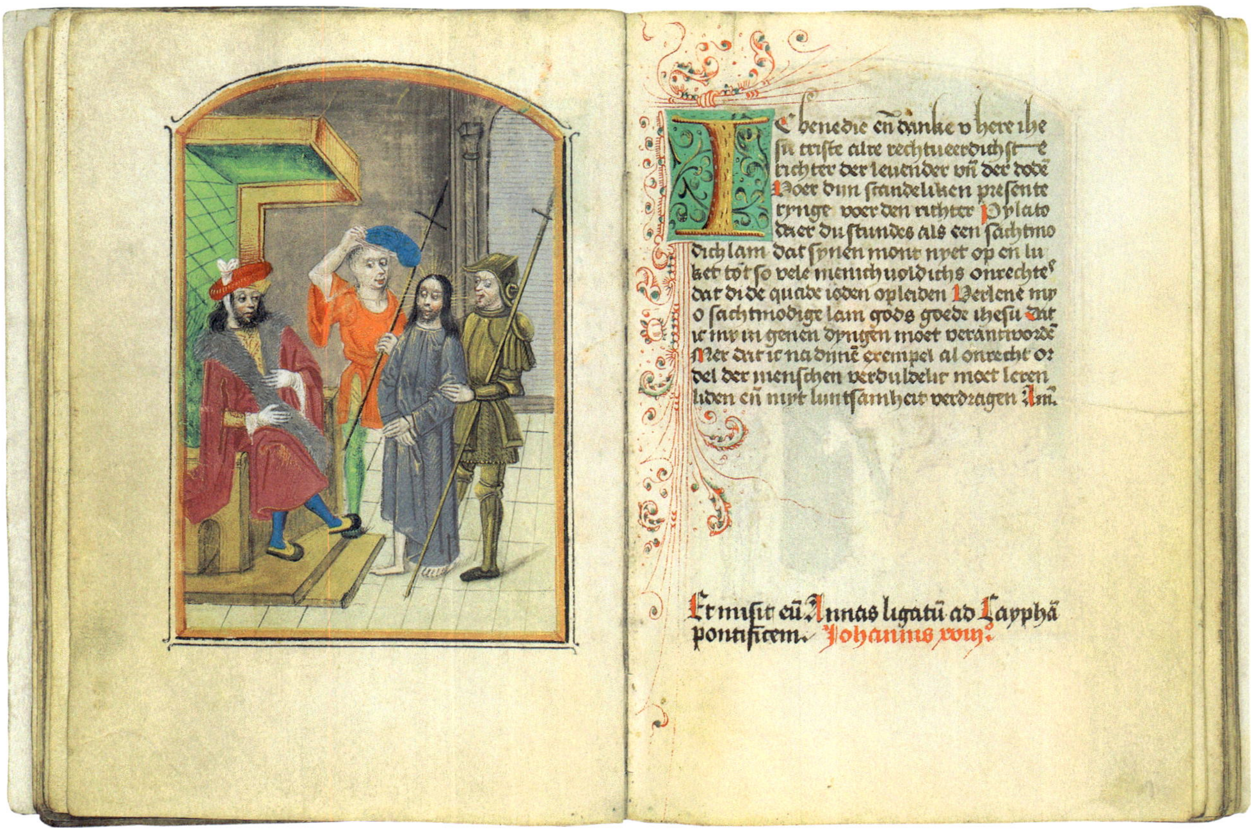

28 *Holländisches Passionsgebetbuch* um 1500

16v–17r Vorführung Christi vor Kaiphas. Im Gebet geht es um Geduld im Erleiden von ungerechter Beurteilung durch die Menschen; unten: »Und Annas schickte ihn gefesselt zum Hohenpriester Kaiphas.« (Joh. 18,13)

menschen die desse drie ghebeden lesen mit drien pater noster. Vanden iersten LXXX dusend iaer afflaets van dagelixen sunden Vanden anderen LXXX dusend iaer van doetliken sunden. Ende vanden derden. LXXX dusend karenen. O (Here Jesu Christe wilt dit pater noster ontfanghen inder alder hillichster ghedechtenisse). 46v Suffragium zu Ehren des hl. Christophorus. *S (Ancte Christophore martir)*: große Rankeninitiale. 47r Christusgebet. *Item wie dit naevolgende ghebeth leest onder missen die weert deelachtich alder missen die doer alle die ganse werlt ghecelebriert werden in den daghe. O (Here Jhesu Christe ick aenbede dyn hillighe lichaem)*. 47v Gebet zum hl. Joseph. 47v zwei Gebete zur Mutter Anna. 48r *Van dit ghebet is ghegeven MX dusent iaer aflaetes. W (Eest ghegruet alre hillichste Maria)*. 48v Suffragium zum hl. Christophorus. 49r Gebet zur hl. Barbara. 49r Gebet zur hl. Katharina. 50r Suffragium zum hl. Erasmus. 51v Abklatsch eines späteren Eintrags auf einem nachfolgenden, herausgeschnittenen Blatt; auf dem stehengebliebenen Blattrest das Jahr 1599 lesbar. **Literatur** Kat. 83 William H. Robinson Ltd.'s, London 1953, S. 136ff. – L. M. J. Delaissé, A Century of Dutch Manuscript Illumination (California Studies in the History of Art, 6), Berkeley / Los Angeles 1968, S. 50f., Abb. 113f. – K. H. Broekhuijsen / A. S. Korteweg, Twe boekverluchters uit de Noordelijke Nederlanden in Duitsland. Een Zwarte-ogen-meester, Johannes Ruysch en het Graduale van de abdij Gross St. Martin te Keulen uit het jaar 1500, in: J. B. Bedaux (Hg.), Annus Quadriga Mundi. Opstellen over middeleeuwse kunst opgedragen aan prof.dr. Anna C. Esmeijer, Utrecht / Zutphen 1989, S. 68. – Die goldene Zeit der holländischen Buchmalerei, Ausst. Kat. Rijksmuseum Het Catharijneconvent, Utrecht, und Pierpont Morgan Library, New York, Stuttgart / Zürich 1989 (engl. Ausgabe) und 1990 (dt. Ausgabe), S. 286. – Sotheby's, Catalogue of Western Manuscripts and Miniatures, 23. 6. 1992, Nr. 82. – E. König / H. Tenschert, Leuchtendes Mittelalter VI, Kat. 31 Antiquariat Heribert Tenschert, Rotthalmünster 1993/94, Nr. 40, S. 132ff. **Zitierte Literatur** L. Indestege, Schmuckformen auf flämischen Einbänden im ausgehenden Mittelalter. Beschriftete Rankenplatten, in: Gutenberg-Jahrbuch 33, 1958, S. 271ff., bes. S. 279, Nr. 28.

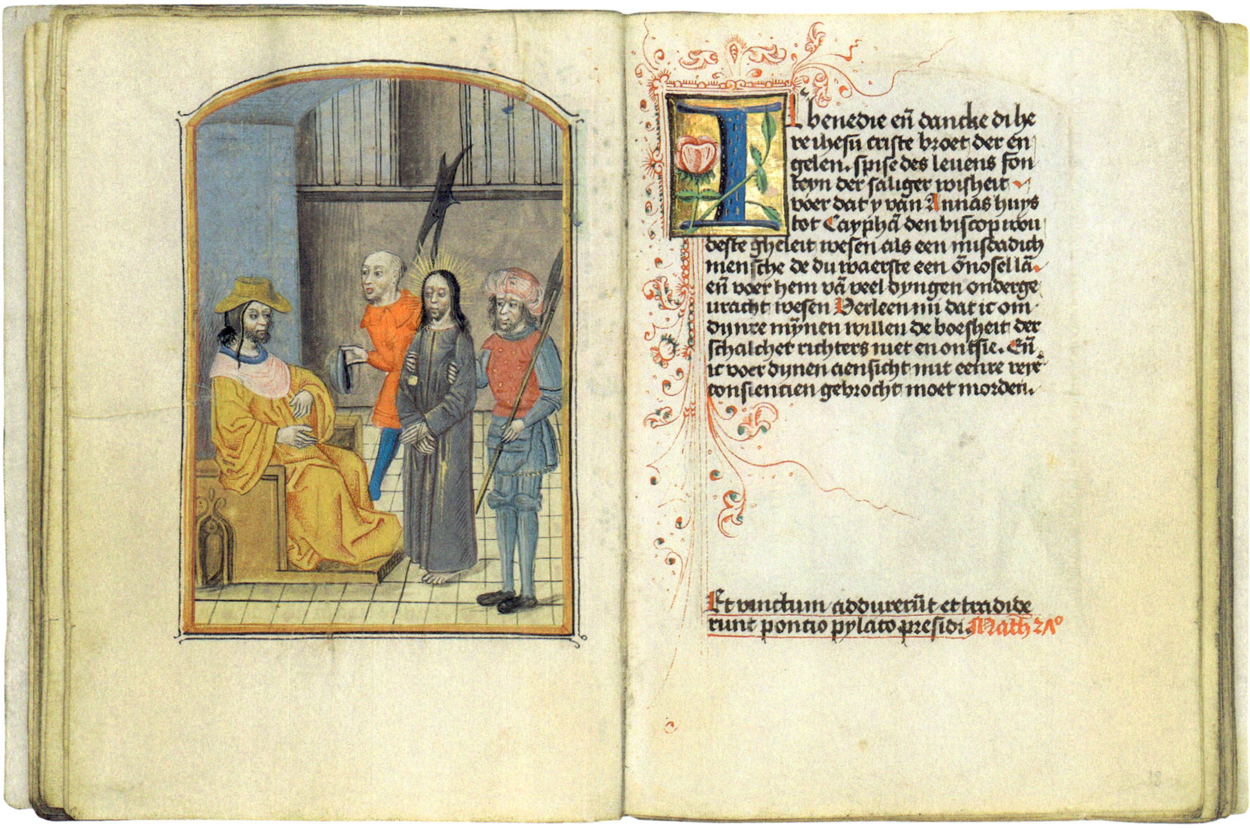

28 *Holländisches Passionsgebetbuch* um 1500

17v–18r Vorführung Christi vor Pilatus. Das Gebet enthält die Bitte, reinen Gewissens vor das Angesicht des ewigen Richters gebracht zu werden; unten: »Und sie ließen [ihn] gefesselt abführen und übergaben ihn dem Statthalter Pontius Pilatus.« (Mt 27,2)

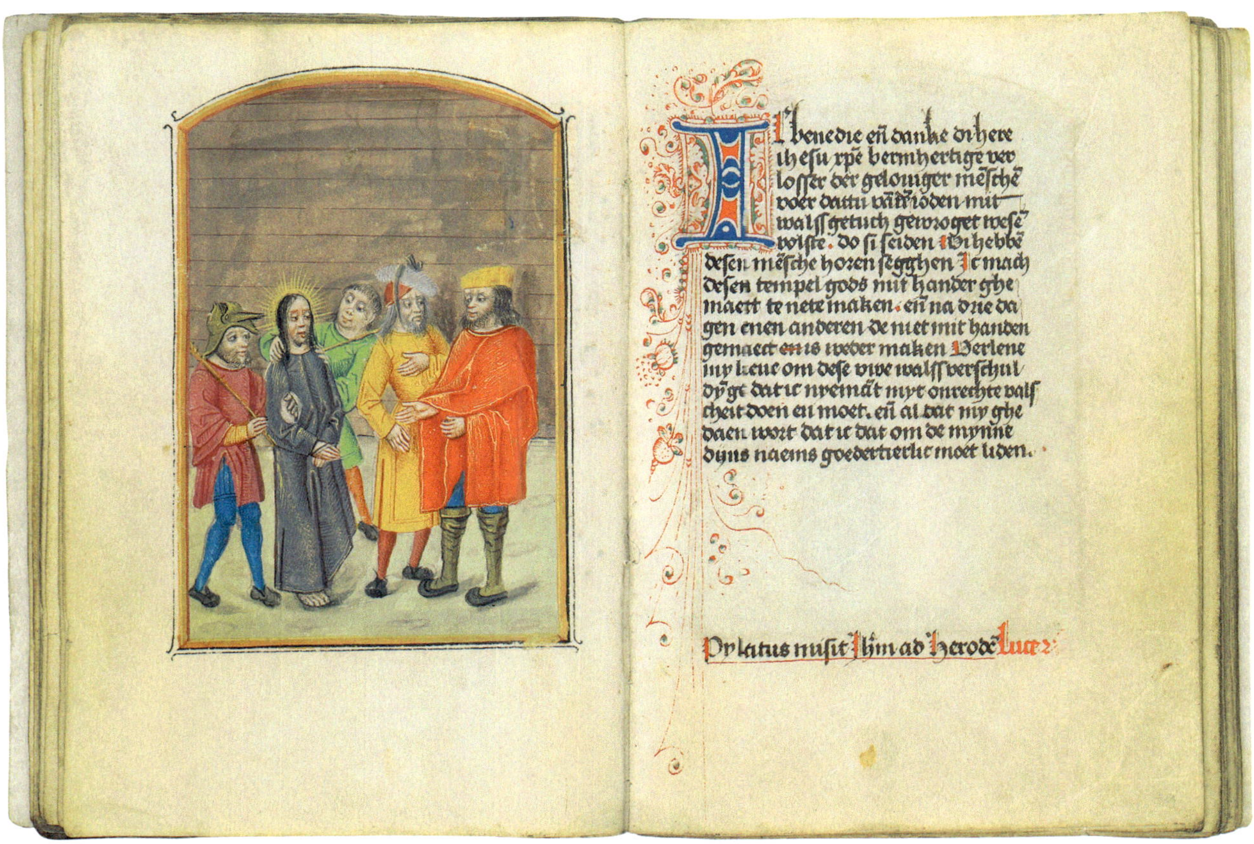

18v–19r Vorführung Christi vor Herodes. Thema des Gebetes ist die Aussage Jesu »Ich kann den Tempel Gottes niederreißen und in drei Tagen wieder aufbauen.« (Mt 26,61); unten: »Pilatus schickte Jesus zu Herodes.« (Lk 23,7)

28 *Holländisches Passionsgebetbuch* um 1500

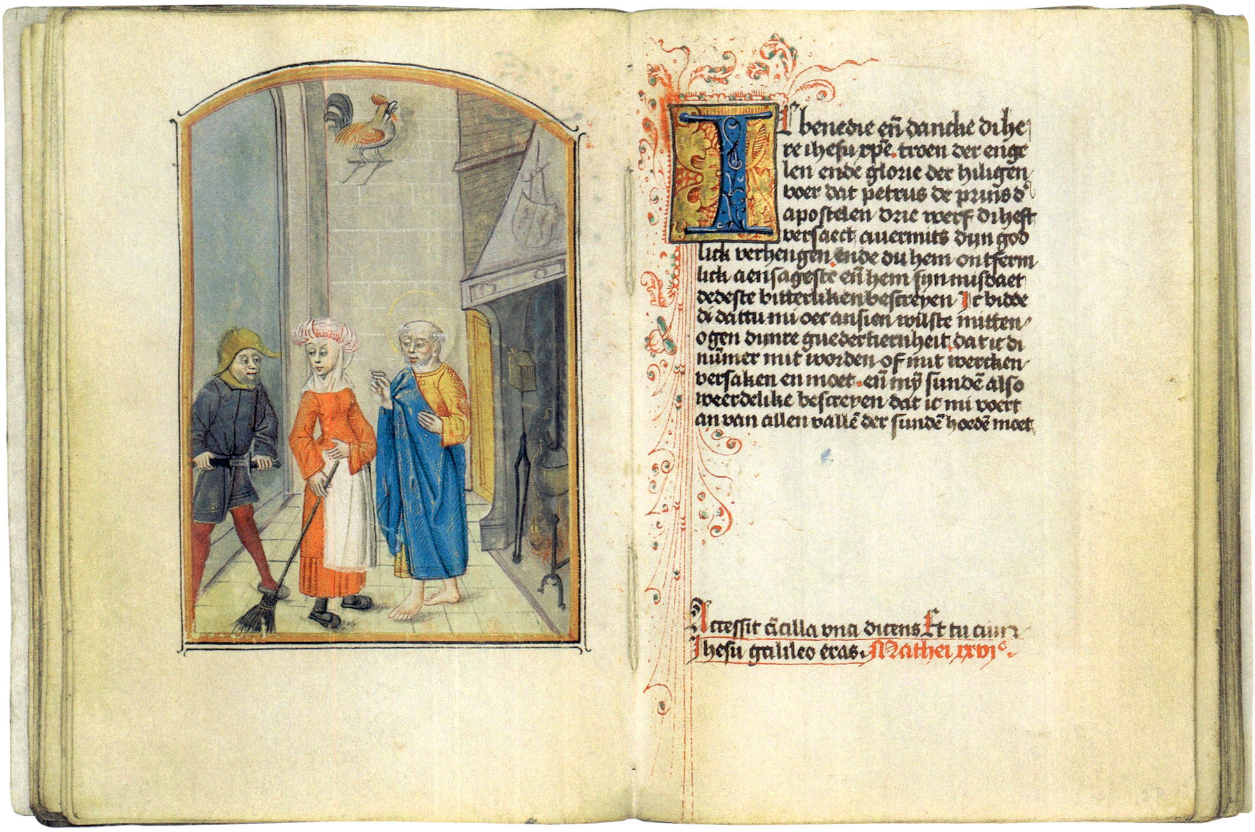

19v–20r Verleugnung Petri. Das Gebet fleht um Hilfe, die Sünde zu meiden; unten: »Da trat eine Magd [zu ihm] und sagte: ›Auch du warst bei Jesus, dem Galiläer.‹« (Mt 26,69)

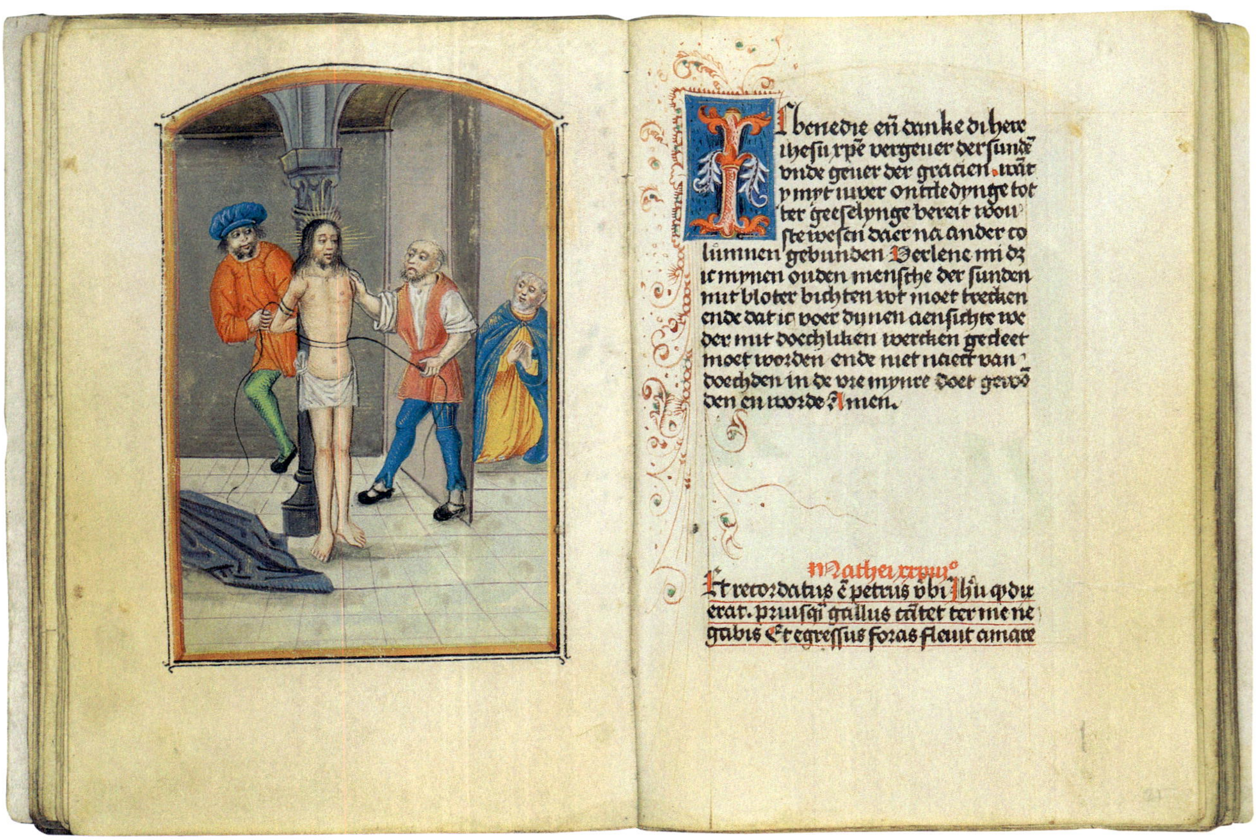

20v–21r Christus wird an die Geißelsäule gebunden; im Hintergrund schleicht Petrus davon. Im Gebet geht es um die Gnade, angetan mit guten Werken zu sterben; unten: »Petrus aber erinnerte sich des Wortes Jesu, das er gesagt hatte: ›Ehe der Hahn kräht, wirst du mich dreimal verleugnen.‹ Und er ging hinaus und weinte bitterlich.« (Mt 26,75)

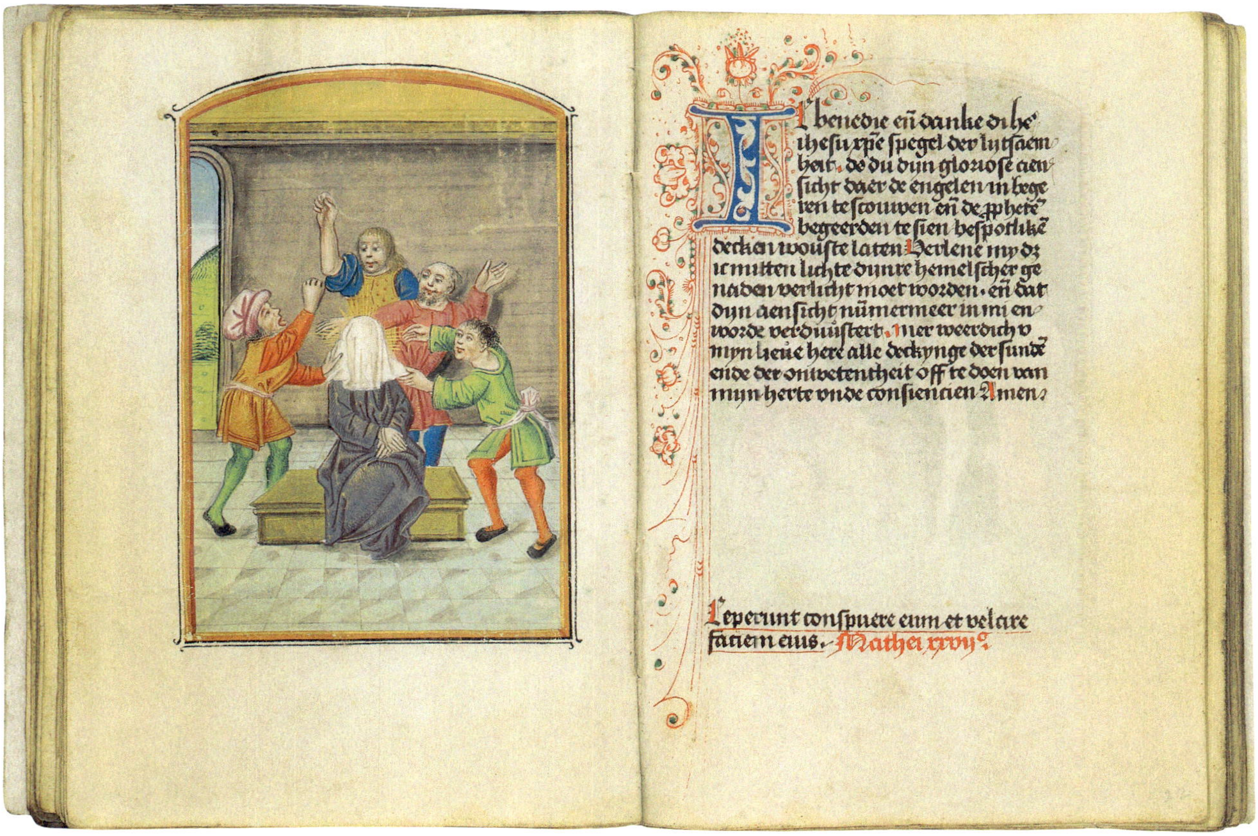

28 *Holländisches Passionsgebetbuch*
um 1500

21v–22r Verspottung Christi. Das Gebet fleht um himmlische Gnade; unten: »Sie schlugen ihn, spien ihn an und verhüllten sein Gesicht mit einem Tuch.« (frei nach Mt 27,30 und Lk 22,63–64)

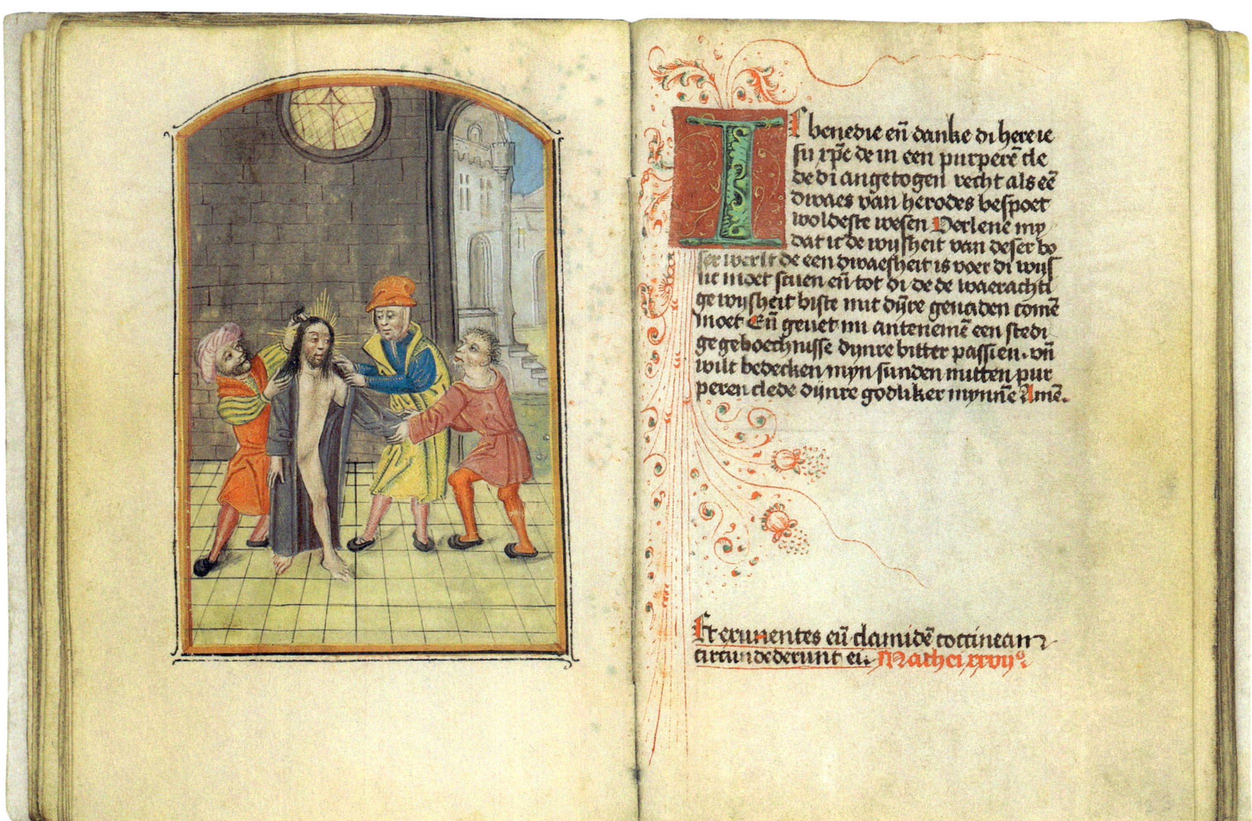

22v–23r Die Knechte ziehen Christus den purpurnen Mantel an; unten: »Sie zogen ihn aus und legten ihm einen scharlachroten Mantel um.« (Mt 27,28)

28 *Holländisches Passionsgebetbuch*
um 1500

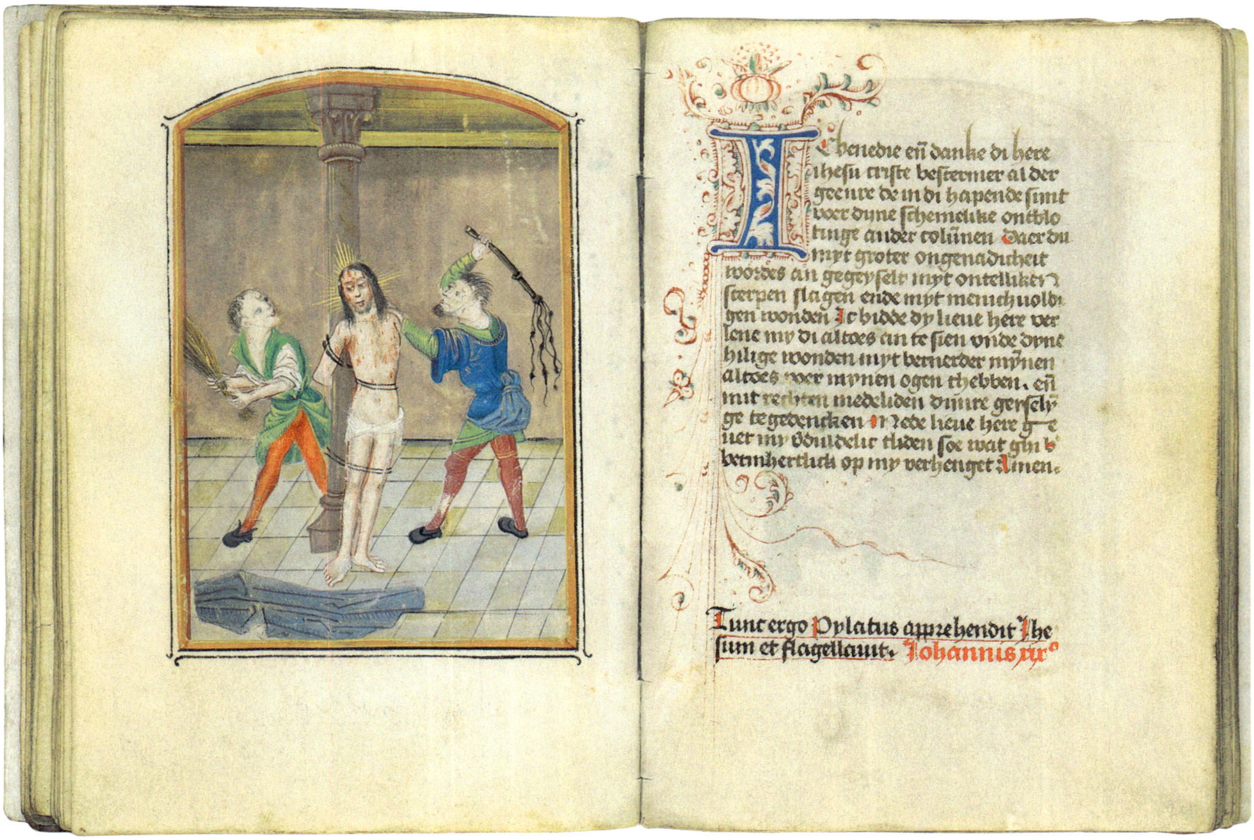

23v–24r Geißelung Christi. Das Gebet richtet sich an den gegeißelten, mit mannigfaltigen Wunden bedeckten Christus; unten: »Darauf ließ Pilatus Jesus nehmen und ihn geißeln.« (Joh. 19,1)

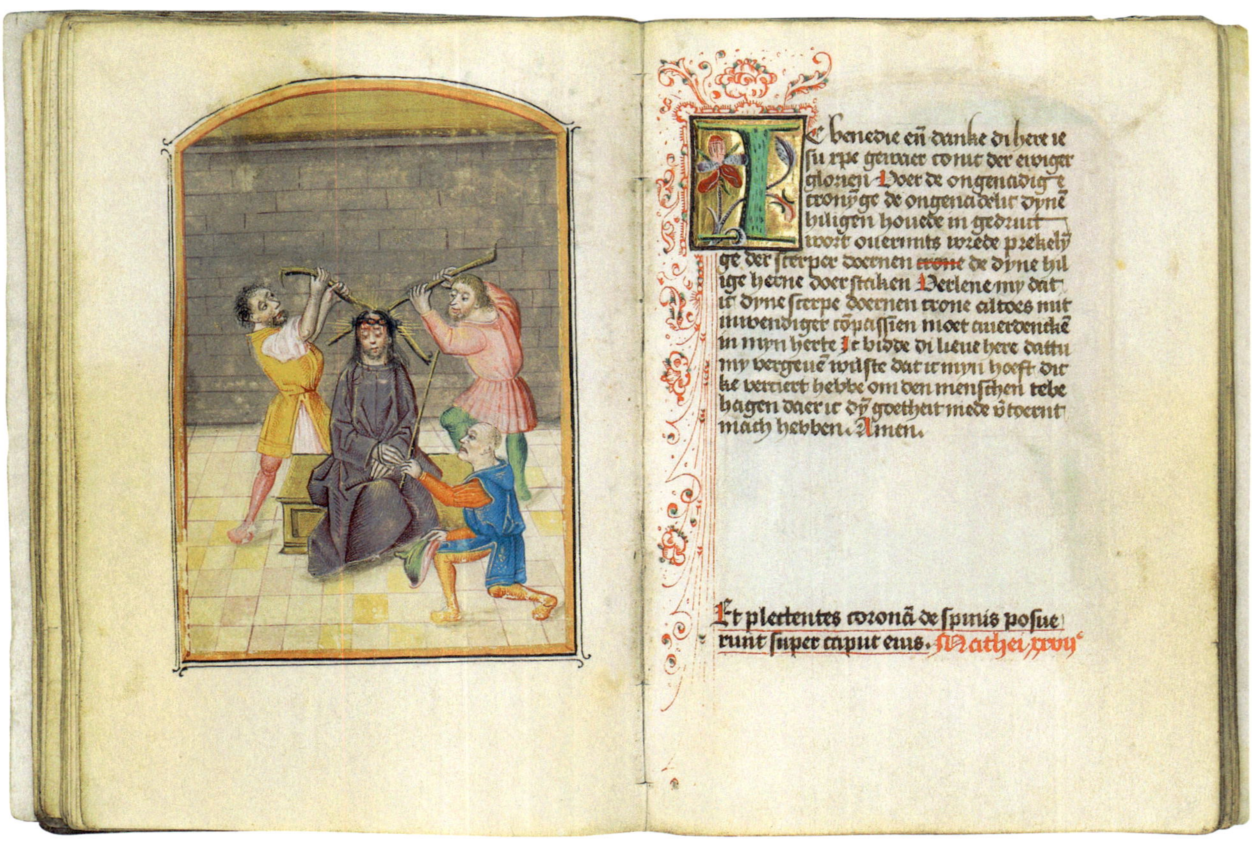

24v–25r Dornenkrönung. Das Gebet erfleht innige Anteilnahme im Herzen durch das Gedenken an die scharfe Dornenkrone, die Christi heiliges Hirn durchbohrte; unten: »Und sie flochten einen Kranz aus Dornen, setzten ihn auf sein Haupt.« (Mt 27,29)

28 *Holländisches Passionsgebetbuch*
um 1500

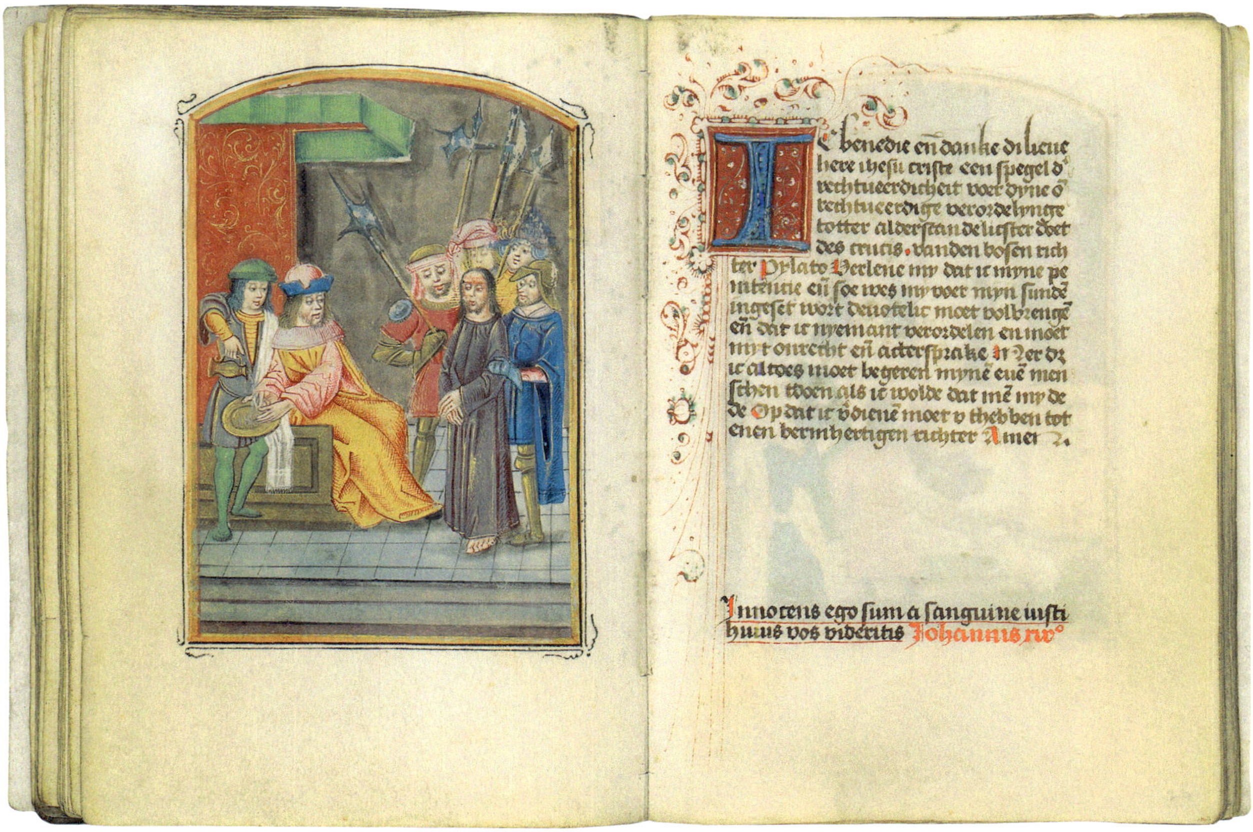

25v–26r Handwaschung des Pilatus. Das Gebet an den zu Unrecht zum Kreuzestod verurteilten Christus bittet um einen gnädigen Richter; unten: »Ich bin unschuldig am Blute dieses Gerechten. Seht ihr zu.« (Mt 27,24)

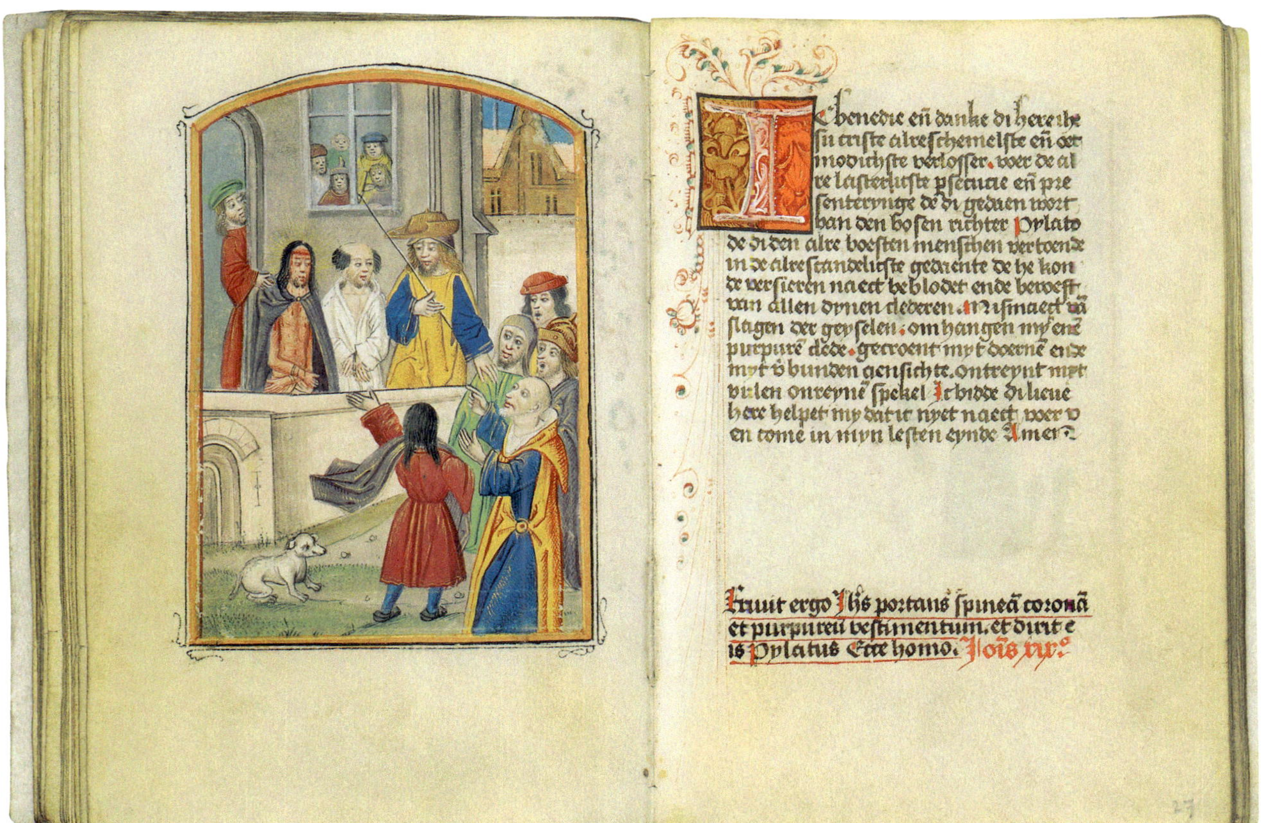

26v–27r Pilatus führt Christus und Barrabas dem Volk vor (Ecce homo). Das Gebet richtet sich an Christus, der seiner Kleider beraubt, gegeißelt, mit Purpur behangen, mit Dornen gekrönt und mit verbundenen Augen auf Geheiß des Pilatus dem Volk vorgeführt wurde; unten: »Jesus kam nun heraus, den Dornenkranz tragend und den purpurroten Mantel, und Pilatus sprach zu ihnen: ›Seht den Menschen.‹« (Joh 19,5)

28 *Holländisches Passionsgebetbuch*
um 1500

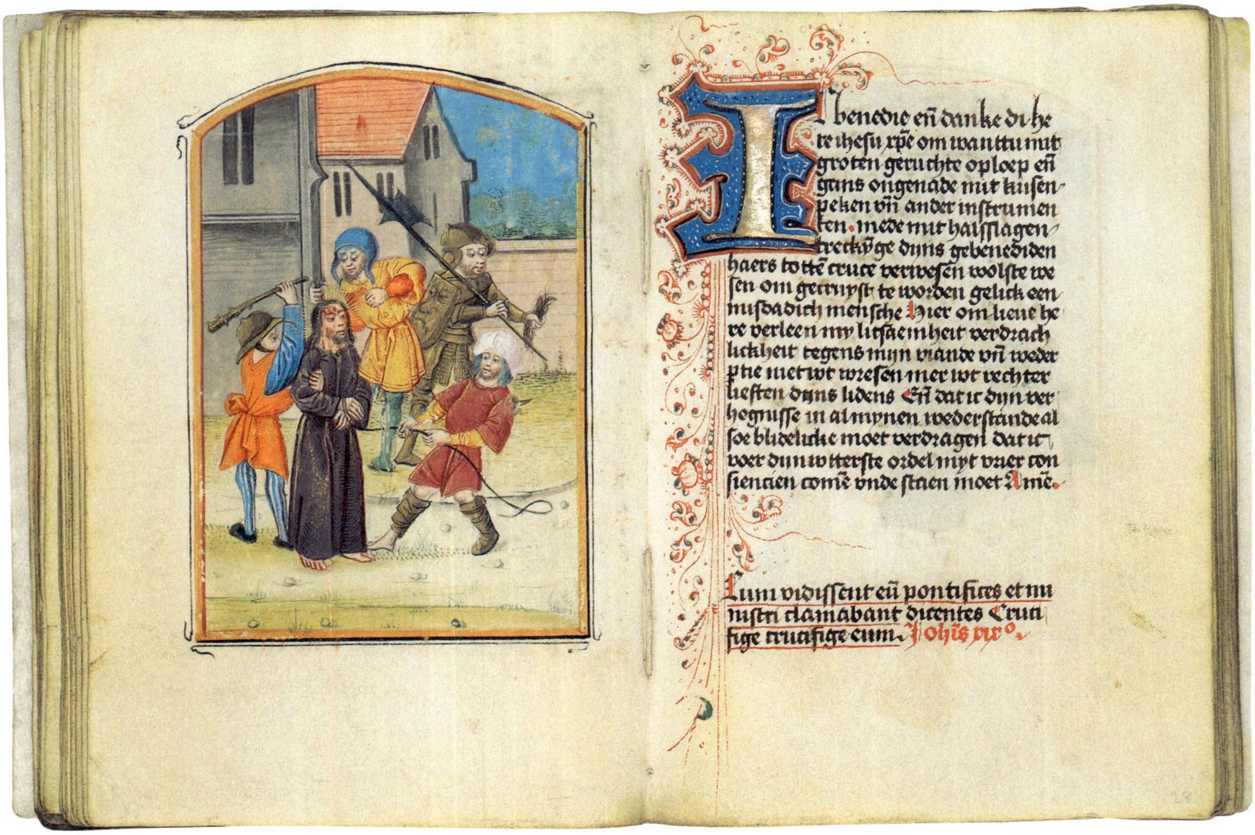

27v–28r Christus wird auf die Straße gezerrt. Im Gebet geht es um Duldsamkeit; unten: »Als aber die Hohenpriester und ihre Leute ihn sahen, schrien sie: ›Kreuzige, kreuzige ihn.‹« (Joh 19,6)

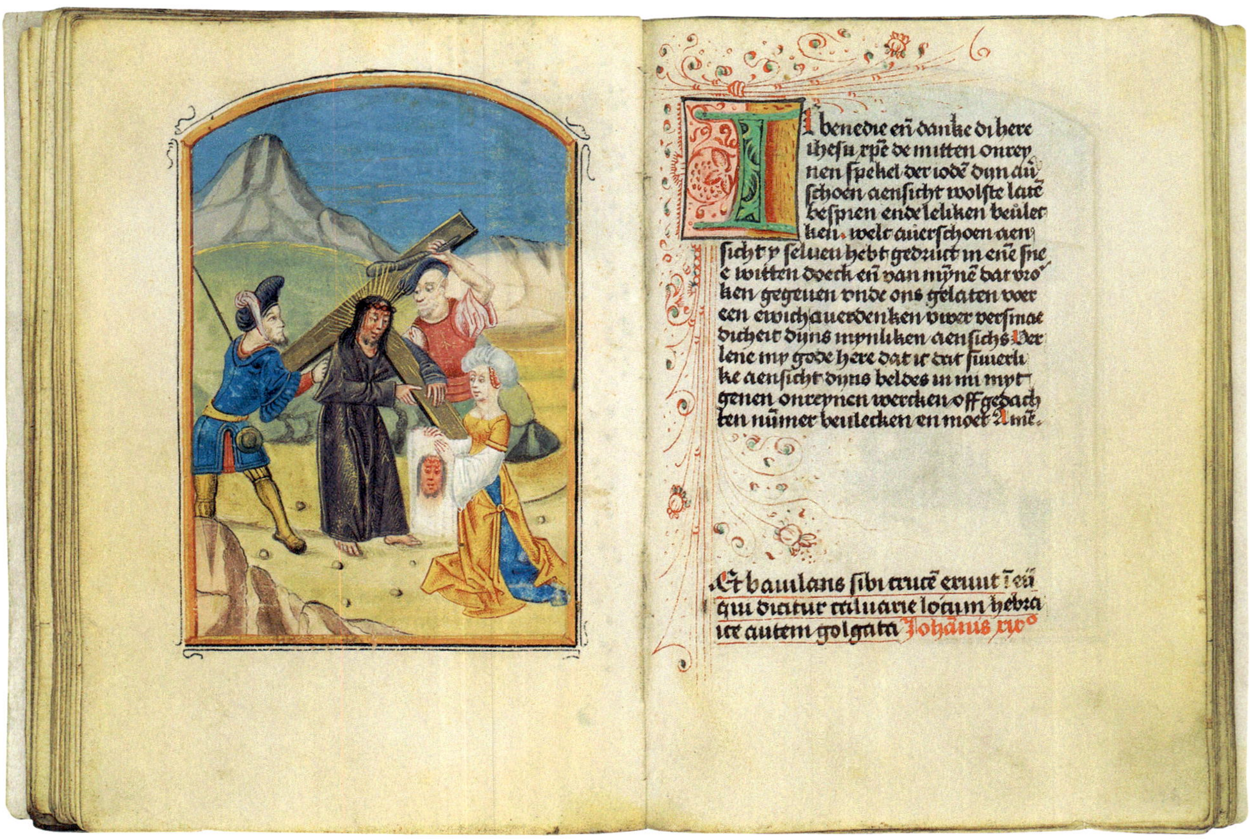

28v–29r Kreuztragung Christi und Veronika mit dem Schweißtuch; unten: »Er lud sich das Kreuz auf und ging hinaus zur sogenannten Schädelstätte, hebräisch Golgatha geheißen.« (Joh 19,17)

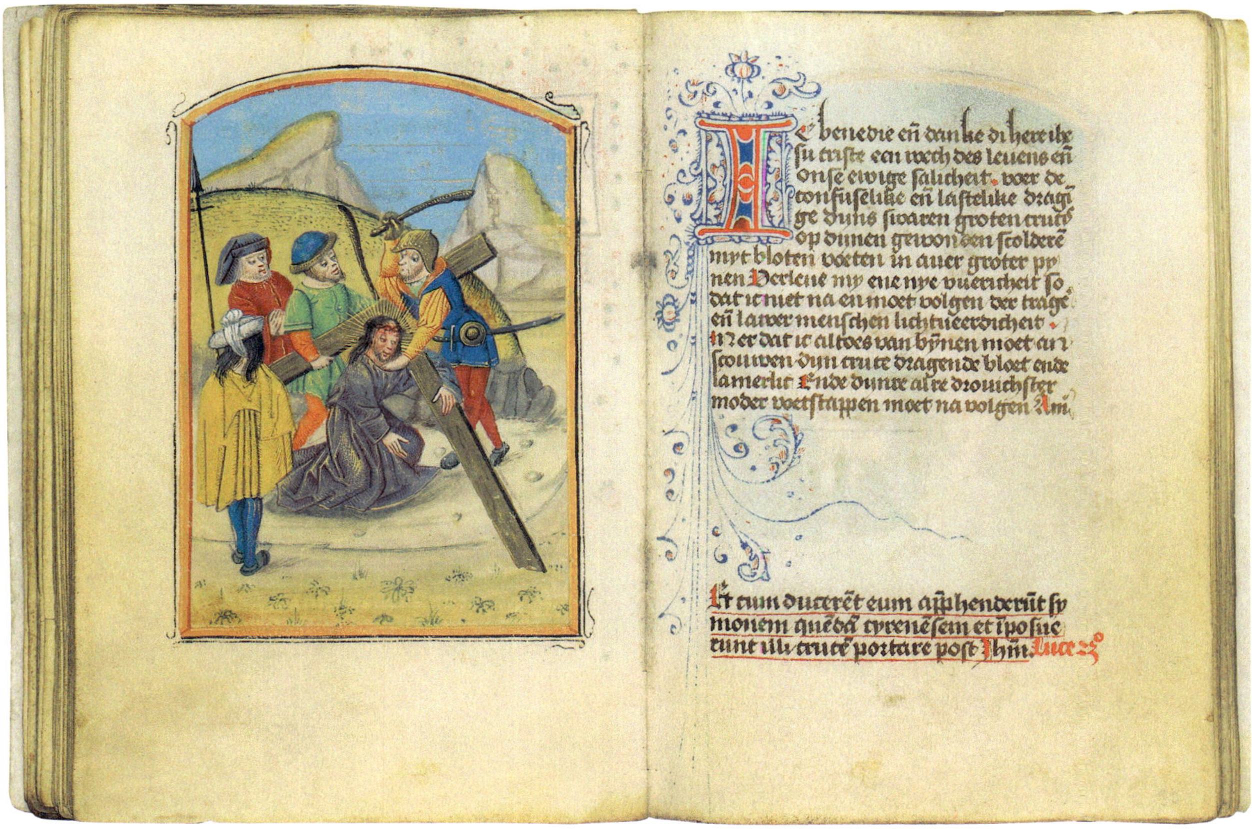

28 *Holländisches Passionsgebetbuch* um 1500

29v–30r Christus fällt unter dem Kreuz. Simon von Cyrene hilft ihm, das Kreuz zu tragen. Das Gebet bittet um Schutz vor Leichtfertigkeit und um Nachfolge der Gottesmutter in deren Fußstapfen; unten: »Und als sie ihn abführten, ergriffen sie einen gewissen Simon von Cyrene und legten ihm das Kreuz auf, dass er es Jesus nachtrage.«(Lk 23,26)

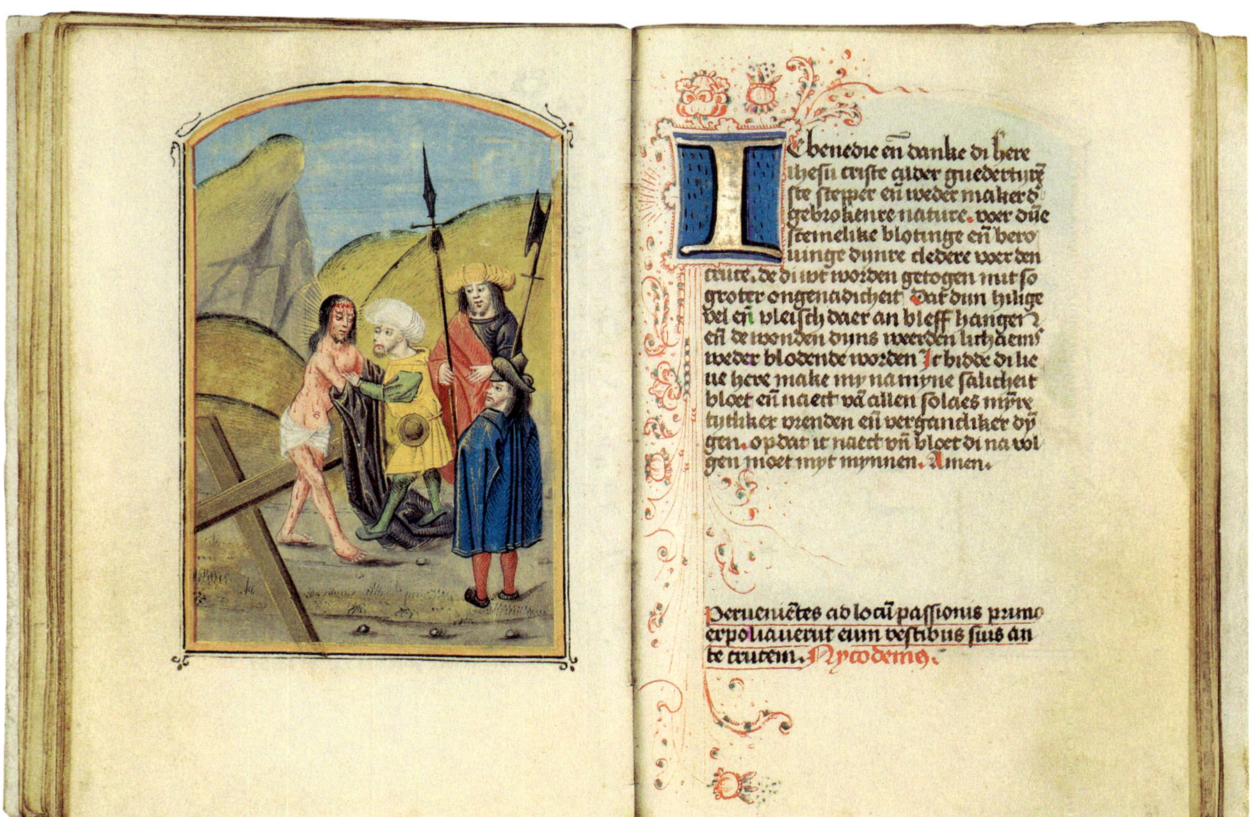

30v–31r Entkleidung Christi auf Golgatha. »Fell und Fleisch« Jesu, so heißt es im Gebet, blieben bei der Entkleidung an seinem Gewand hängen und seine Wunden wurden wieder aufgerissen; unten: »Als sie an den Ort des Leidens kamen, entkleideten sie ihn vor dem Kreuz.« (Nikodemus-Evangelium, Kap. 10)

28 *Holländisches Passionsgebetbuch* um 1500

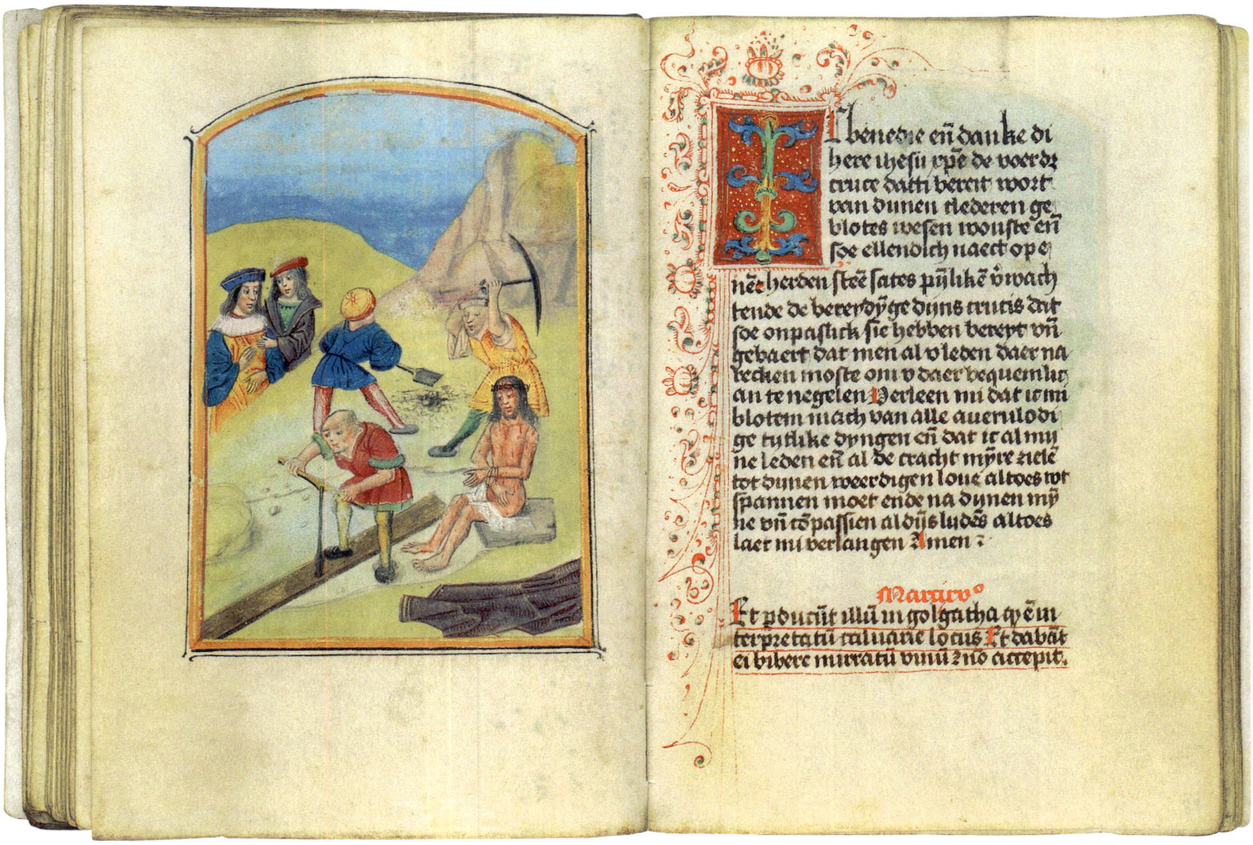

31v–32r Vorbereitungen zur Kreuzigung (Christus auf dem kalten Stein). Das Gebet erbittet Jesu Hilfe bei dem Bemühen, sich von allen überflüssigen Dingen loszusagen; unten: »Und sie führten ihn an den Platz Golgatha, was übersetzt Schädelstätte bedeutet, und reichten ihm Wein, der mit Myrrhe bereitet war; er aber nahm ihn nicht.« (Mk 15, 22–23)

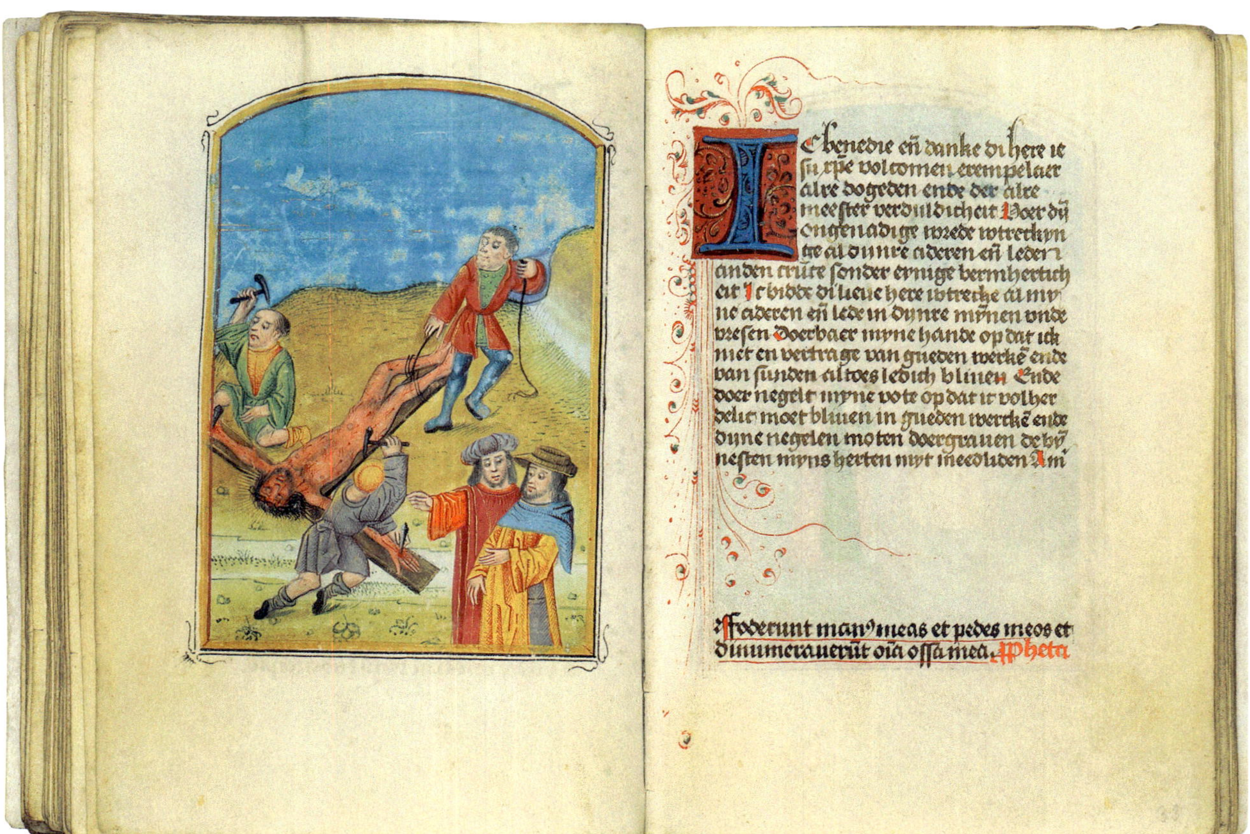

32v–33r Christus wird ans Kreuz genagelt. Das Gebet wendet sich an Jesus mit der Bitte, die Hände und Füße des Beters zu durchbohren, damit er frei von Sünden bleibe und gute Werke tue; unten: »Sie durchbohrten meine Hände und meine Füße und zählten alle meine Knochen.« (Ps 21 [22], 17–18)

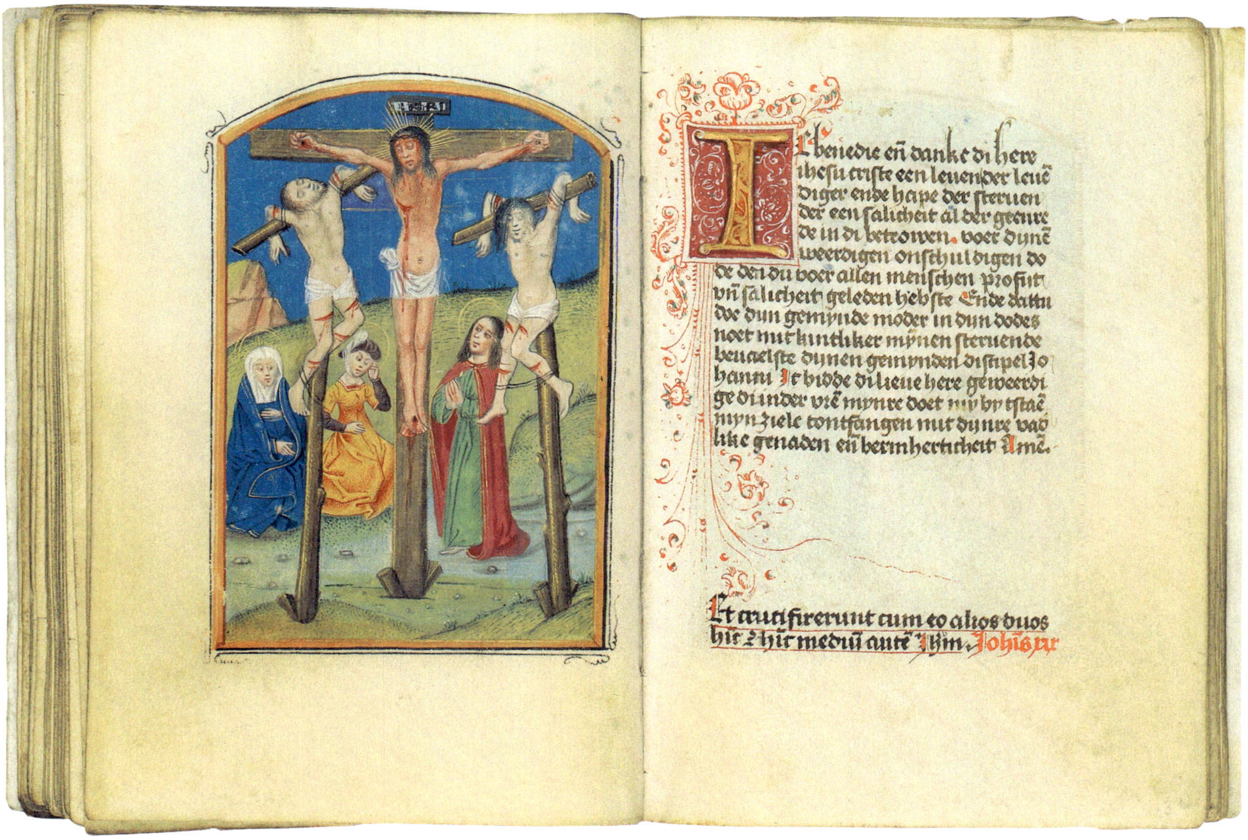

28 *Holländisches Passionsgebetbuch* um 1500

33v–34r Kreuzigung Christi mit den Schächern, den trauernden Frauen und Johannes. Das Gebet erfleht Barmherzigkeit in der Todesstunde entsprechend der liebevollen Zuwendung Jesu zu seiner Mutter, als er sie Johannes anempfahl; unten: »Und sie kreuzigten mit ihm zwei andere, zur einen und zur anderen Seite, in der Mitte aber Jesus.« (Joh 19,18)

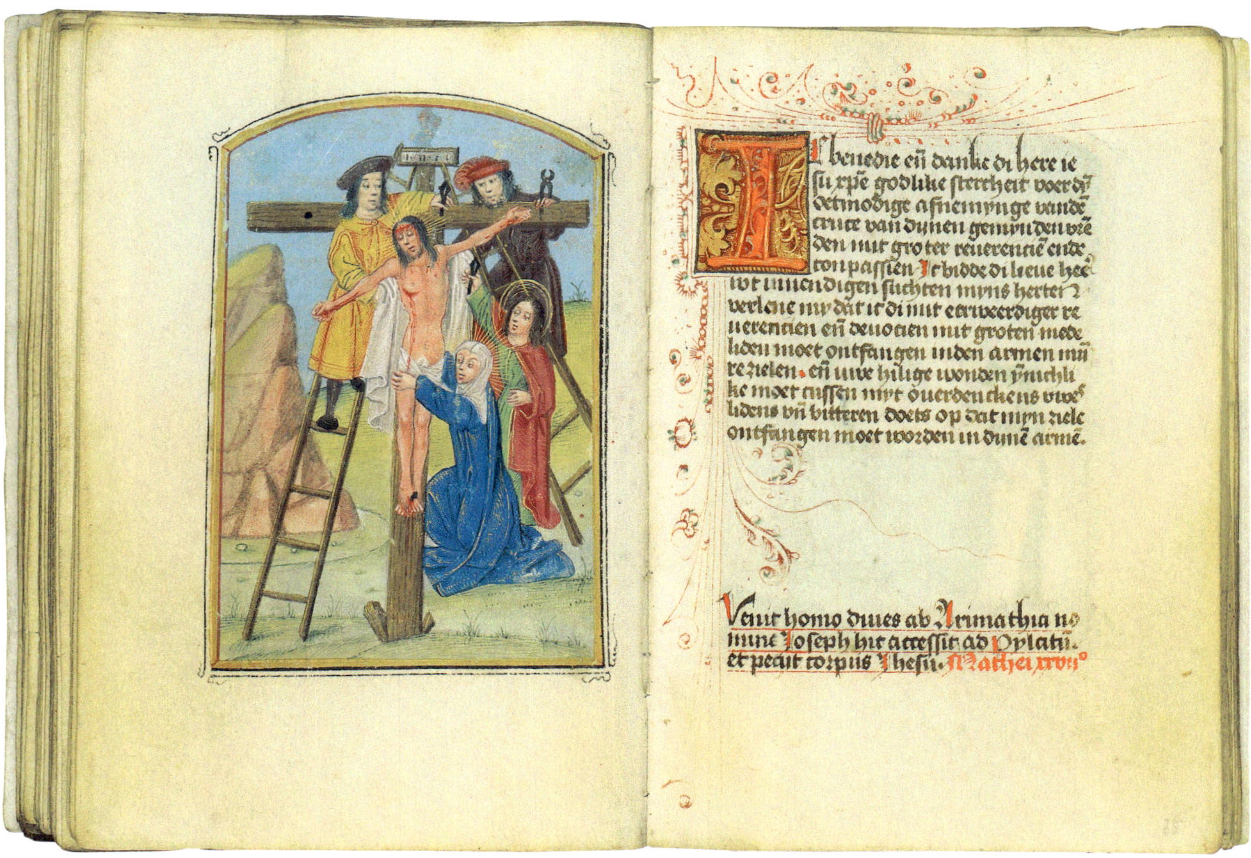

34v–35r Kreuzabnahme. Im Gebet kommt der sehnliche Wunsch zum Ausdruck, den Gekreuzigten mit Hingabe und Mitleiden in die Arme aufnehmen zu können, damit die eigene Seele in der Todesstunde von den Armen Jesu aufgefangen werde; unten: »Es kam ein reicher Mann aus Arimathäa, mit Namen Joseph; dieser ging zu Pilatus und bat um den Leichnam Jesu.« (Mt 27,57)

28 *Holländisches Passionsgebetbuch* um 1500

35v–36r Grablegung Christi. Das Gebet bittet um rechtes Mitleiden mit dem Leiden Christi; unten: »Nachdem Joseph den Leichnam erhalten hatte, legte er ihn in sein neues Grab, das er aus dem Felsen hatte aushauen lassen.« (Mt 27,59–60)

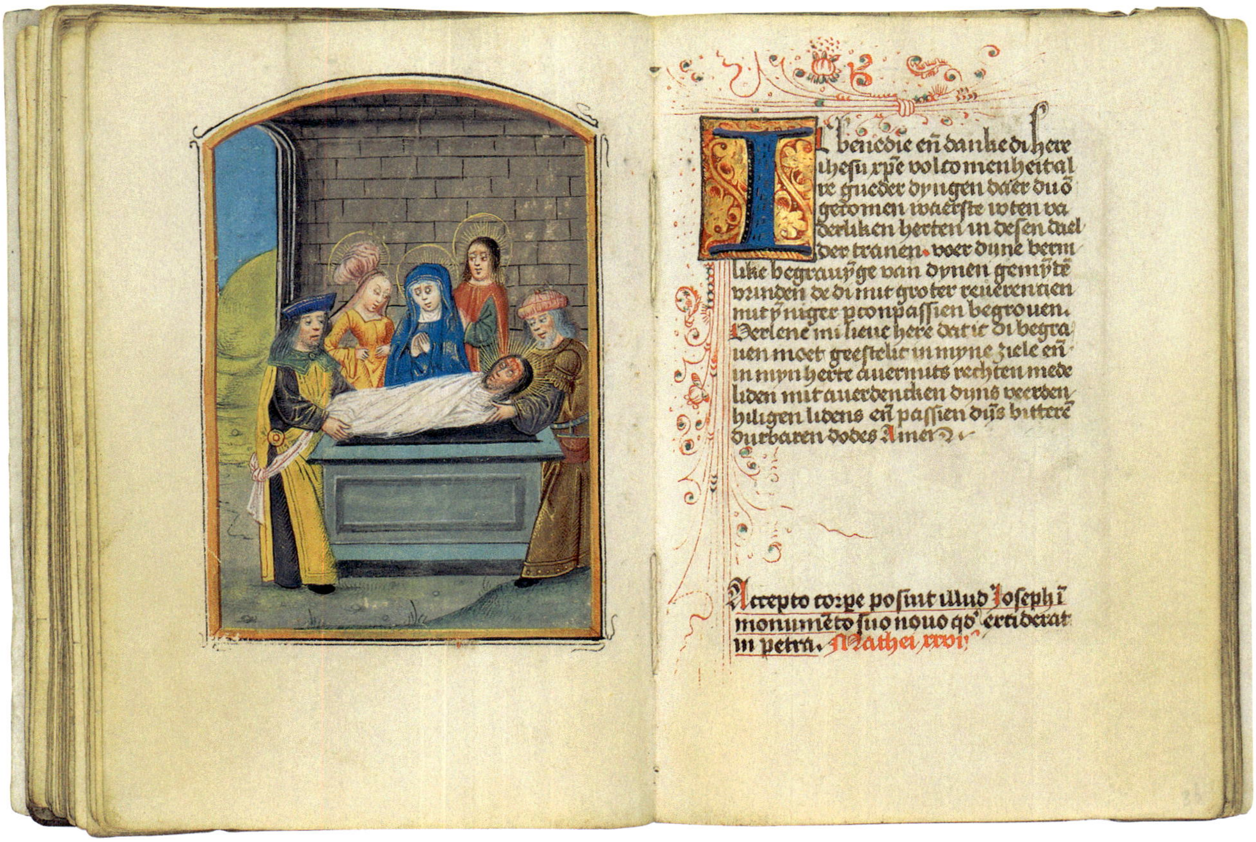

36v–37r Christus erlöst in der Vorhölle das erste Menschenpaar. Das Gebet erfleht die Errettung der Eltern und Freunde mit allen gläubigen Seelen; unten: »Wunschgemäß bist du gekommen, den wir in der Dunkelheit erwarteten, damit du die in dieser Nacht Gefangenen aus ihrer Enge herausführst.« (Gregor der Große)

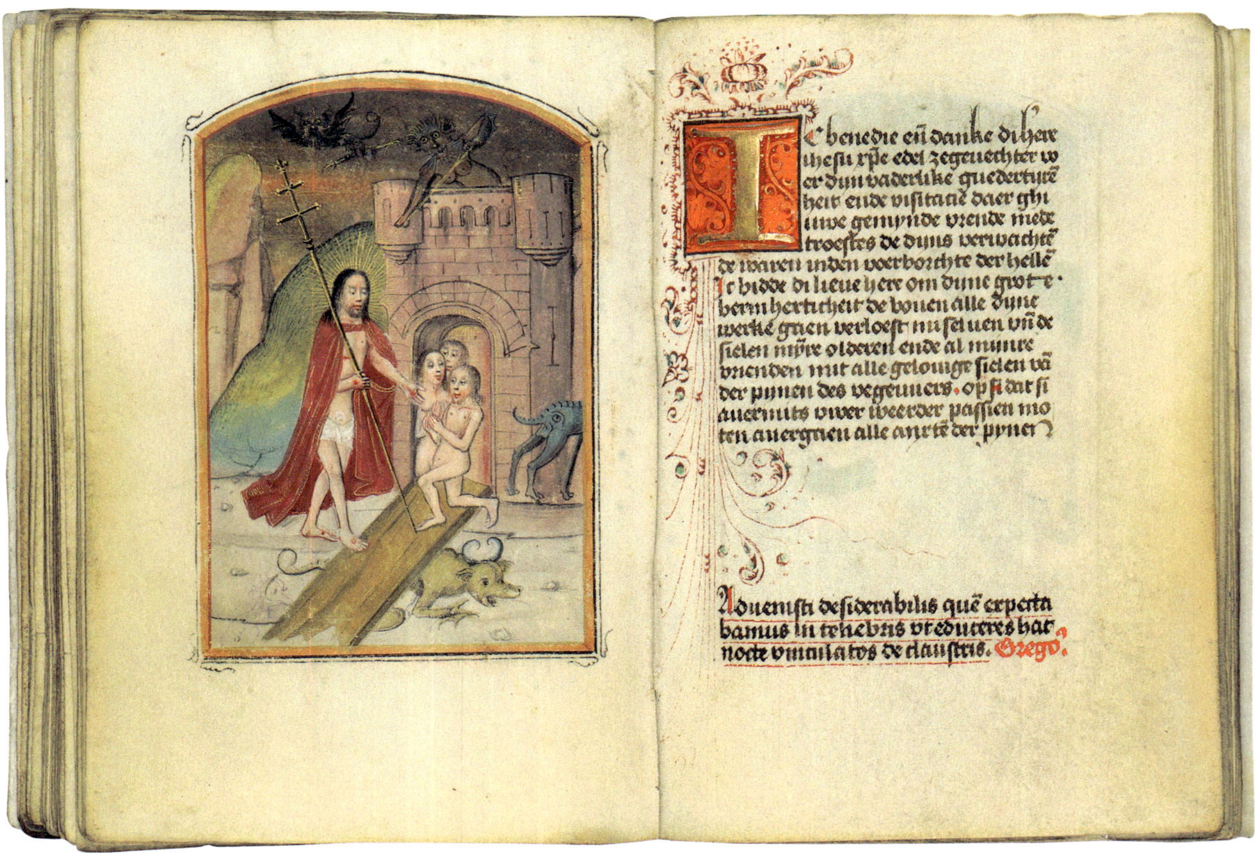

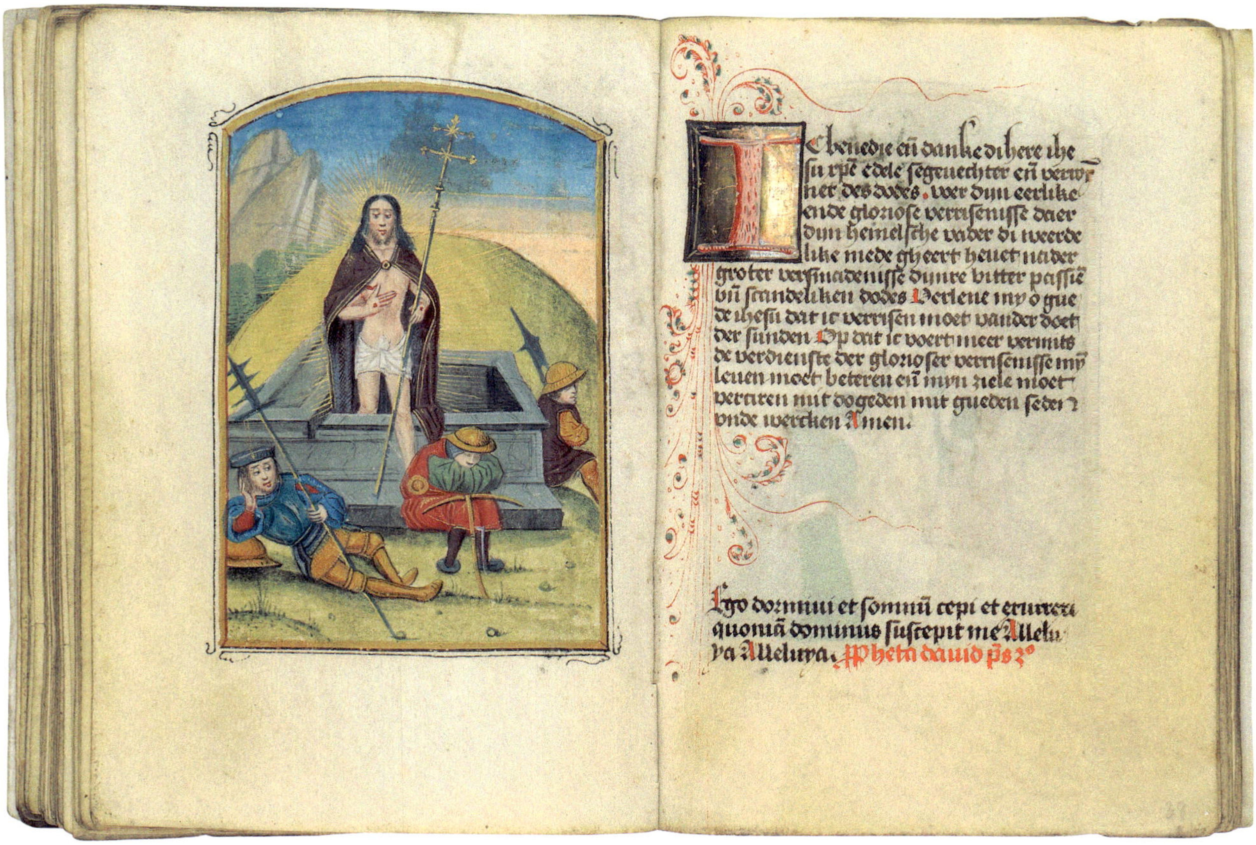

28 *Holländisches Passionsgebetbuch* um 1500

37v–38r Auferstehung Christi. Im Gebet wird die Auferstehung von den Sünden erbeten; unten: »Ich legte mich nieder und schlummerte ein, ich erwachte wieder, weil der Herr mich hält. Alleluia. Alleluia.« (Ps 3,6)

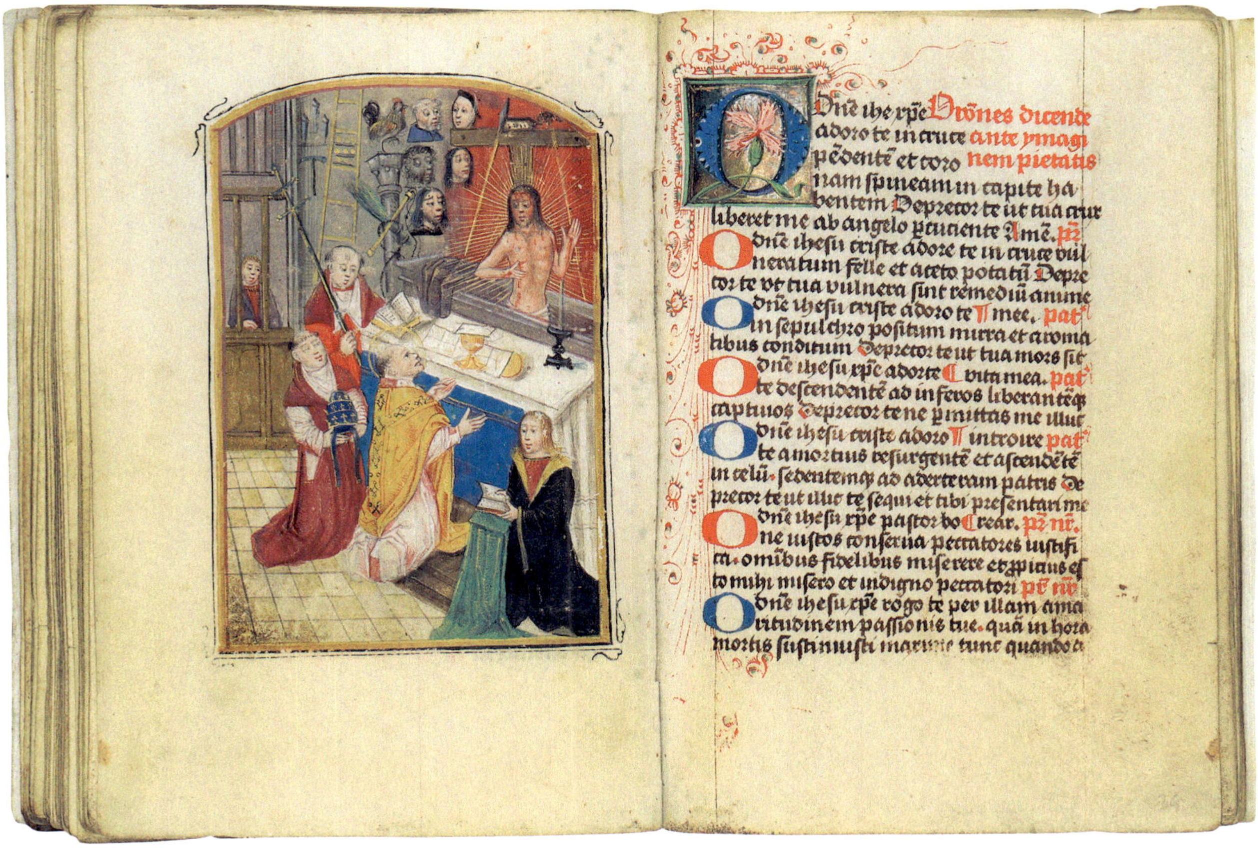

38v–39r Gregorsmesse mit dem betenden Eigentümer des Buches. Die Rubrik des nachstehenden Gebetes fordert dazu auf, es vor der imago pietatis zu sprechen. Im Anschluss heißt es: »Jeder, der diese nachfolgenden Gebete in der Nähe [unter einem Bild] der Leidenswerkzeuge Christi mit Andacht spricht, erhält 58 Tausend Jahre und 25 Tage Ablass, der von verschiedenen Päpsten bestätigt ist.«

29

Holländisches Gebetbuch
Meister des Hugo
Janszoon van Woerden
Leiden, um 1490

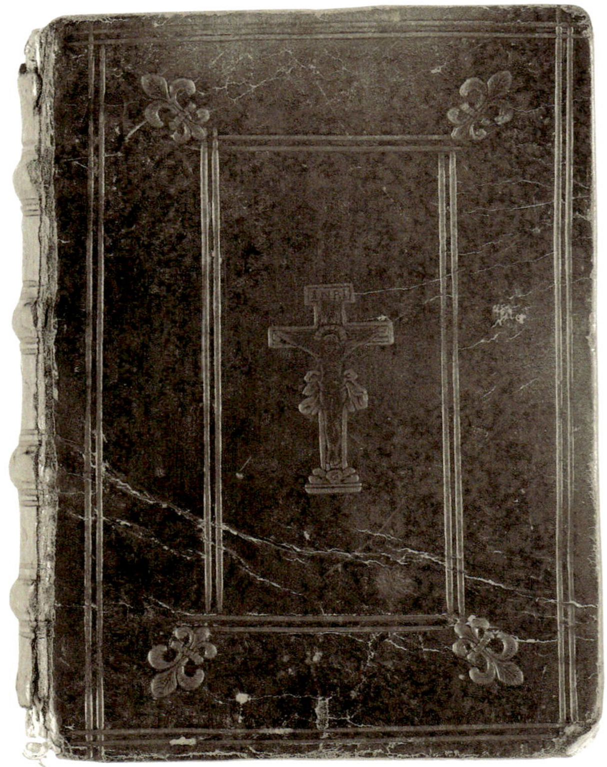

Zu den beliebtesten Schriften der geistlichen Literatur des späten Mittelalters gehörten die »Meditationes vitae Christi« des Pseudo-Bonaventura (Fischer; Ruh). Vermutlich wurden sie um 1300 von einem unbekannten toskanischen Franziskaner für eine Klarissin unter Verwendung älterer Werke der Leben Jesu- und Passionsfrömmigkeit verfasst und, wie zahlreiche andere Schriften von tiefer Spiritualität, fälschlich Bonaventura (1217–1274) zugeschrieben (Thomas). Die Verbreitung dieses Werkes erhielt eine weitere Steigerung, insofern es Eingang fand in die »Vita Christi« des Ludolf von Sachsen (um 1295/1300–1378), das Hauptwerk dieses vorrangig in Straßburg wirkenden Kartäusers (Baier; Geith 1987). Aus beiden Quellen exzerpierend entstand eine neue Beschreibung des Lebens und der Passion Christi, die in gut zwei Dutzend lateinischen Handschriften überkommen (Geith 1988) und – innerhalb der bald einsetzenden volkssprachlichen Übersetzungen – in zahlreichen mittelniederländischen Exemplaren erhalten ist (Marrow 1979; Geith 1990). 1479 erschien sie im Druck unter dem Titel »Tractaet vanden Leven ons Heeren Jhesu Christi« in der Offizin von Jacob Jacobszoon van der Meer und Mauricius Yemantszoon zu Delft. Dieser Text wird »Pseudo-Bonaventura-Ludolfiaanse Leven van Jesus« genannt und liegt seit einigen Jahren in kritischer Edition durch Cebus Cornelis de Bruin vor.

Nach einem einführenden Exkurs über den Anfang des Menschengeschlechts und den Sündenfall schildert der unbekannte Autor in einem längeren Vorwort sowie in 53 Kapiteln und einem Schlusswort das Erlösungswerk Gottes, das mit der Verkündigung der Menschwerdung Christi einsetzt und über sein öffentliches Wirken und seine Passion bis hin zu zahlreichen Erscheinungsszenen (Kap. 37–52) führt, in denen sich der Gottessohn nach seinem Tod am Kreuz und seiner Auferstehung einzelnen Menschen offenbart. Von den fast fünfzig bekannten Handschriften mit diesem Text, die aufgrund ihrer Provenienz offensichtlich vorrangig in den Frauen- und Männerklöstern der Windesheimer Kongregation benutzt worden sind, enthalten nur zwei auch eine Bebilderung, nämlich Ms. James 25 im Fitzwilliam Museum zu Cambridge (Byvanck/Hoogewerff 1922–1926, Nr. 128) und Cod. Guelf. 46.2 Aug. 4° der Herzog August Bibliothek zu Wolfenbüttel (von Heinemann). In beiden Kodizes sind die Illustrationen in den Text eingefügt.

Unser kleines Gebetbuch enthält neben einigen kurzen Gebeten als Haupttext nur einen Ausschnitt dieses »Pseudo-Bonaventura-Ludolfiaanse Leven van Jesus«, und zwar die Kapitel 28 bis 35 (mit einem Textverlust); d. h. hier sind jene acht Kapitel gewählt, in denen die Passion Christi vom Geschehen im Garten Gethsemane bis zu seinem Begräbnis in der Verteilung auf die acht kanonischen Gebetsstunden eines Tages von der Matutin bis zur Komplet meditiert wird. Eben diese Textauswahl ist in zwei weiteren kleinen Manuskripten überkommen, Ms. O 37 im Stadsarchief von Sint-Winoksbergen und, ohne Signatur, bei den Zusters Ursulinen in Venray (Biemans), die aber beide ohne Illustrationen blieben.

Innerhalb der gesamten holländischen Buchkunst ist denn auch die Platzierung des umfangreichen Miniaturenzyklus in unserem Andachtsbuch einzigartig. Entsprechend dem Meditationstext, auf den in jedem Kapitel eine kurze Anweisung einstimmt, mit Trauer, Tränen, Reue und Inbrunst das nachfolgend Geschriebene ganz in sein Bewusstsein, in seinen Geist aufzunehmen (*Ende dan sulstu dencken ende in den gheest sien*), damit eine Compassio im Nacherleben des Heilsgeschehens erreicht wird, entfaltet der Miniaturenzyklus mit seiner minuziösen Bilderzählung dieses Anliegen gleichsam als einen in der visuellen Wahrnehmung parallelen Erlebnisstrom, so dass Sinne und Verstand zum Gegenstand der Meditation hingeführt werden. Die Bildfolge ist vom Text gelöst und ihm vorangestellt; in der Wahl der illustrierten Themen überbietet sie den Inhalt des in unserer Handschrift aufgenommenen Textexzerpts und bezieht sich mit den Szenen des ersten Menschenpaares sowie den nachfolgenden Ereignissen aus dem Leben Mariens und Christi auf den gesamten Traktat.

Das Eigentümliche der ohne verzierende Bordüren auf Recto- und Versoseiten der ersten Lagen gemalten Miniaturen lässt sich wohl am ehesten in der künstlerischen Gestaltungsweise fassen, die wie in einer Balance zwischen Zeichnung und Malerei sich beider Medien gleich intensiv bedient. Das graphische Element ist so dominant, dass man von kolorierten Zeichnungen mit all der für diese Gattung eigentümlichen Spontaneität und Leichtigkeit – gerade bei den Figuren mit ihrer üppigen Haarfülle – sprechen möchte, doch vermitteln andererseits die Gewänder, die Musterungen schwer herabhängender Vorhänge oder auch das Atmosphärische in den tiefen grün-blauen Landschaften ausgesprochen malerische Eindrücke. Darin liegt ein bestimmender Reiz, der die erzählerischen Elemente intensiviert und damit das Anliegen an den Betrachter unterstützt, sich meditierend in die dargestellten Ereignisse zu versenken.

Bereits bei der ersten Beschäftigung mit der Handschrift in der niederländischen Forschung wurde der Miniator mit einem namentlich nicht überlieferten Künstler identifiziert, der seit 1494 bis in das beginnende 16. Jahrhundert hinein zugleich auch Holzschnitte für den Leidener Drucker Hugo Janszoon van Woerden geschaffen hat. James H. Marrow benannte im Katalog zur Ausstellung holländischer Buchmalerei in Utrecht und New York (1989, S. 15f.) den Künstler dementsprechend als Meister des Hugo Janszoon van Woerden und charakterisierte unser Gebetbuch in einem 1992 erstellten Typoskript, das Eingang finden wird in sein Corpus der holländischen Buchmalerei, als ein um 1490 entstandenes Frühwerk dieses Meisters.

29 *Holländisches Gebetbuch*
Leiden, um 1490

Aufschlussreich ist der Vergleich mit den 41 ganzseitigen Holzschnitten in dem wohl 1498 bei Hugo Janszoon van Woerden gedruckten »Leven ons liefs heren Jhesu Cristi« sowie mit einem Andachtsbuch (Christie's 1989), das sich als MS. 79 in der Bibliotheca Philosophica Hermetica der Sammlung von J. R. Ritman in Amsterdam befindet. Dessen 52 Miniaturen sind über den gesamten Gebetstext verteilt und illustrieren viele mit unserem Bildzyklus identische Themen in nur wenig variierten Kompositionen. Es handelt sich zweifellos um eine Schwesterhandschrift, vom gleichen Miniator mit den genannten stilistischen Eigenheiten ausgeführt, doch scheint sie in der Wahl bestimmter Motive den Holzschnitten noch enger verbunden und somit wohl etwas später als unser Gebetbuch entstanden zu sein.

Eine Gruppe von etwa zwanzig Manuskripten, vorrangig Stundenbüchern wie das Ms. Add. 4097 der University Library in Cambridge, Ms. 76 F 13 der Koninklijke Bibliotheek in Den Haag, Ms. 18 des Huis Bergh in S'Heerenberg und andere mehr, die Anne S. Korteweg in der bereits zitierten Ausstellung in Utrecht und New York vorstellte (1989, Kat. S. 287 und Nr. 104f., 107), lassen sich um die beiden kleinen Gebetbücher unseres Meisters versammeln und dokumentieren in ihren stilistischen Varianten ein größeres Atelier. Aus diesem ist als eines der schönsten Manuskripte der schon genannte Cod. Guelf. 46. 2 Aug. 4° in Wolfenbüttel mit dem gesamten Text des »Pseudo-Bonaventura-Ludolfiaanse Leven van Jesus« und mit zwanzig erhaltenen von ehemals wohl 25 ausgeführten Miniaturen überkommen. Diese Handschrift enthält aufwendige Initialzierseiten, und ihre Miniaturen sind mit reichen Bordüren umgeben, wie es für die meisten Zimelien dieser Gruppe charakteristisch ist. In einer solchen Randverzierung eines Stundenbuchs in einer holländischen Privatsammlung (Kat. Utrecht / New York 1989, Nr. 104) hält ein Engel das Wappen der Stadt Leiden

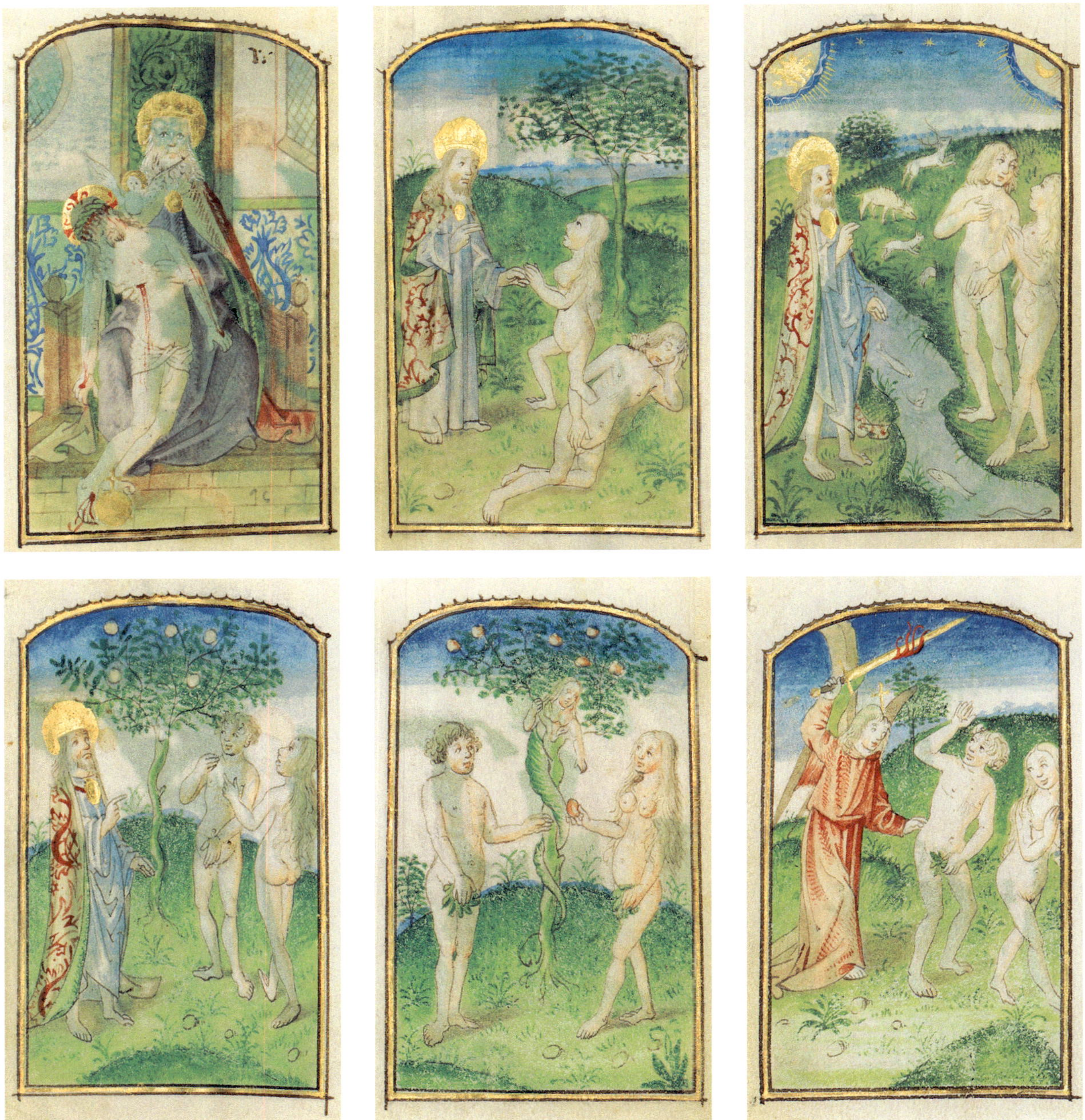

29 *Holländisches Gebetbuch*
Leiden, um 1490

1r Gnadenstuhl

1v Erschaffung Evas aus der Seite Adams

2r Gott führt Adam und Eva zusammen.

2v Gott verbietet Adam und Eva, vom Baum der Erkenntnis zu essen.

3r Sündenfall

3v Vertreibung aus dem Paradies

(26v) – vielleicht auch das ein zusätzliches Argument für die Lokalisierung des Ateliers in diese Stadt. Soweit sich eine künstlerische Entwicklung innerhalb der Handschriftengruppe überhaupt zeitlich festlegen lässt, nähert sich der Stil immer mehr den Arbeiten der sog. Meister der Suffragien an, die sich eher noch nach Leiden lokalisieren lassen Kat. Utrecht / New York 1989, S. 16, 286 ff. und Nr. 106–109) und die bisweilen offenbar mit dem Atelier des Meisters des Hugo Janszoon van Woerden zusammengearbeitet haben.

Der erst kürzlich publizierte Hinweis von P. F. J. Obbema auf Rechnungsbelege des Klosters Lopsen bei Leiden belegt eine intensive Handschriftenproduktion in diesem Haus, die sowohl für den lokalen Gebrauch als auch für den Verkauf bestimmt war. Jedoch ergibt sich wie so oft keine identifizierende Verbindung bekannter bzw. überkommener Manuskripte mit den erhaltenen Archivalien. Andererseits lenkt James H. Marrow in seinem Typoskript die Aufmerksamkeit auf die beiden äußerst seltenen, dem »gloriosen« (wie die Rubrik ihn benennt) Hieronymus zugeschriebenen Gebete (58v–61v) in unserem kleinen Andachtsbuch und auf die Tatsache, dass das Kloster Sint-Hieronymusdal in Lopsen diesem Kirchenvater geweiht war. Offenbar erscheinen die beiden Gebete gemeinsam in keiner weiteren Handschrift, noch ist eine ähnliche auf Hieronymus bezogene rühmende Rubrik in Verbindung mit den Gebeten bekannt, so

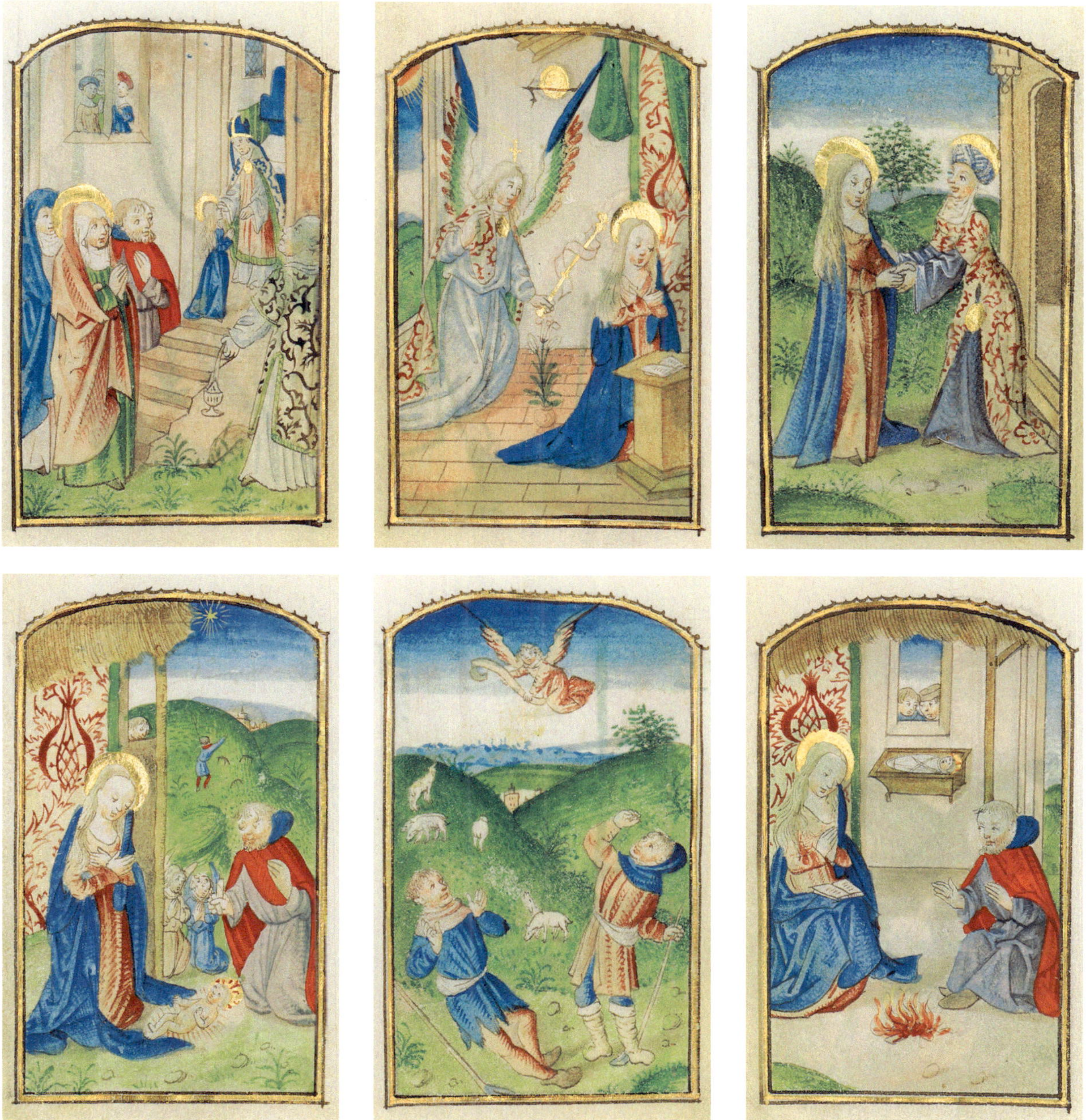

29 *Holländisches Gebetbuch*
Leiden, um 1490

4r Tempelgang Mariens

4v Verkündigung an Maria

5r Heimsuchung

5v Geburt Christi

6r Verkündigung an die Hirten

6v Hl. Familie

dass unser Andachtsbuch in der Tat für den eigenen Gebrauch im Kloster Lopsen hergestellt und vielleicht auch dort geschrieben worden sein könnte.

(Joachim M. Plotzek)

Pergament 69 Blätter (ein Vorsatzblatt, zwei Nachsatzblätter); 121 x 91 mm (beschnitten); Lagen: I–2^{12}, 3–6^{8}, 7^{4}, 8^{2}, 9^{6+1}; Schriftspiegel: ca. 86 x 60 mm; einspaltig; 22 Zeilen; Liniierung des Schriftspiegels in Braun. **Ausstattung** Niederländischer Text in dunkelbrauner Hybrida, rubriziert; rot schattierte Versalien; Alineazeichen (Pausenzeichen zwischen den Sätzen) in Minium; ein- bis dreizeilige Zierbuchstaben alternierend in Minium und Blau; auf Zierseiten zwei- bis sechszeilige Initialen in Blau, z. T. mit pergamentausgespartem Akanthus, gefüllt mit miniumkonturiertem, grün schattiertem Akanthus; von ihnen in die Bordüren ausgehend dünne Sporadien in Minium, die sich zu Akanthus erweitern und vereinzelt Blättchen in Pinselgold tragen; 48 Miniaturen in brauner Zeichnung und lavierendem Kolorit mit Blattgold; schmale Rahmenleisten aus Blattgold. **Einband** Braunes Kalbleder mit doppelten Streicheisenlinien; im mittleren Feld des Vorder- und Rückdeckels der Gekreuzigte, an den Ecken Fleurs de lis; auf dem Rücken Palmetten in Blinddruck; 18. Jh. **Vorbesitzer** Im Vorderdeckel eingeklebtes Exlibris mit Devise »DEO NON FORTUNA«; das mittlere Oval des Buchzeichens ausgeschnitten und mit dem kalligraphierten

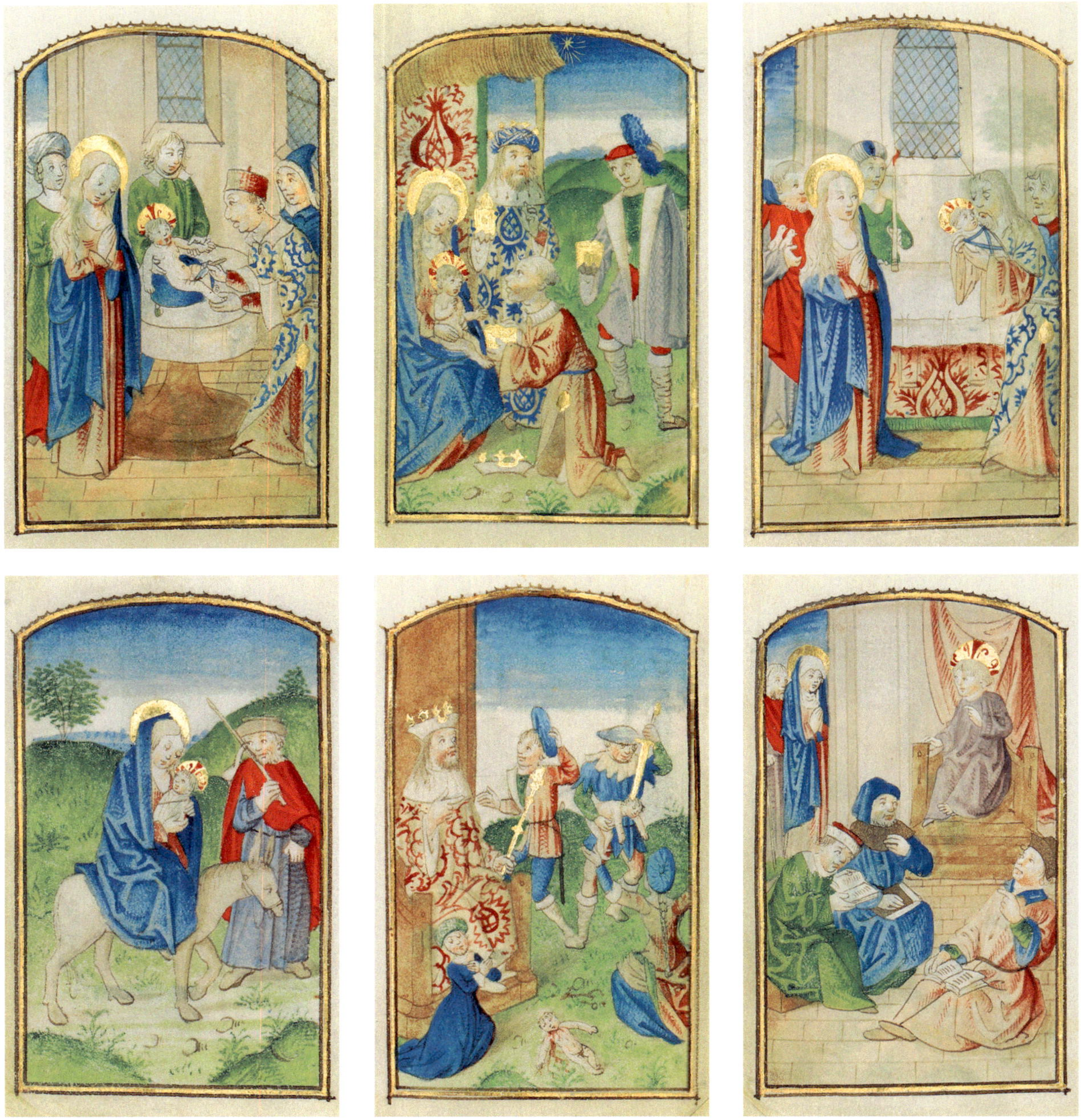

29 *Holländisches Gebetbuch*
Leiden, um 1490

7r Beschneidung Jesu

7v Anbetung der Könige

8r Darbringung Jesu im Tempel

8v Flucht nach Ägypten

9r Befehl des Herodes zum Bethlehemitischen Kindermord

9v Der zwölfjährige Jesus inmitten der Schriftgelehrten im Tempel

Initial »EWR« eines späteren Besitzers in roter Tinte ausgefüllt; Leo S. Olschki, Florenz, 1925; moderner Eintrag im Vorderdeckel: Exlibris Reichelts Koopman; Mrs. Louis Rabinowitz, Sands Point, New York; Martin Breslauer, London; Kerison Preston, Reigate (Surrey); Jean Preston, Princeton, New Jersey. **Inhalt** 1r–24v Miniaturenzyklus. 1r Gnadenstuhl. 1v Erschaffung Evas aus der Seite Adams. 2r Gott führt Adam und Eva zusammen. 2v Gott verbietet Adam und Eva, vom Baum der Erkenntnis zu essen. 3r Sündenfall. 3v Vertreibung aus dem Paradies. 4r Tempelgang Mariens. 4v Verkündigung an Maria. 5r Heimsuchung. 5v Geburt Christi. 6r Verkündigung an die Hirten. 6v Die Hl. Familie. 7r Beschneidung Jesu. 7v Anbetung der Könige. 8r Darbringung Jesu im Tempel. 8v Flucht nach Ägypten. 9r Befehl des Herodes zum Bethlehemitischen Kindermord. 9v Der zwölfjährige Jesus inmitten der Schriftgelehrten im Tempel. 10r Taufe Christi. 10v Erste Versuchung Christi. 11r Maria Magdalena salbt Christi Füße in ihrem Hause in Bethanien (Joh 12, 3). 11v Auferweckung des Lazarus, des Bruders der Maria Magdalena. 12r Einzug Christi in Jerusalem. 12v Letztes Abendmahl. 13r Gethsemane. 13v Judasverrat und Gefangennahme Christi. 14r Wegführung Christi. 14v Vorführung Christi vor Annas. 15r Verspottung. 15v Vorführung Christi vor Kaiphas. 16r Vorführung Christi vor Pilatus. 16v Christus vor Herodes. 17r Christus abermals vor Pilatus. 17v Dornenkrönung. 18r Geiße-

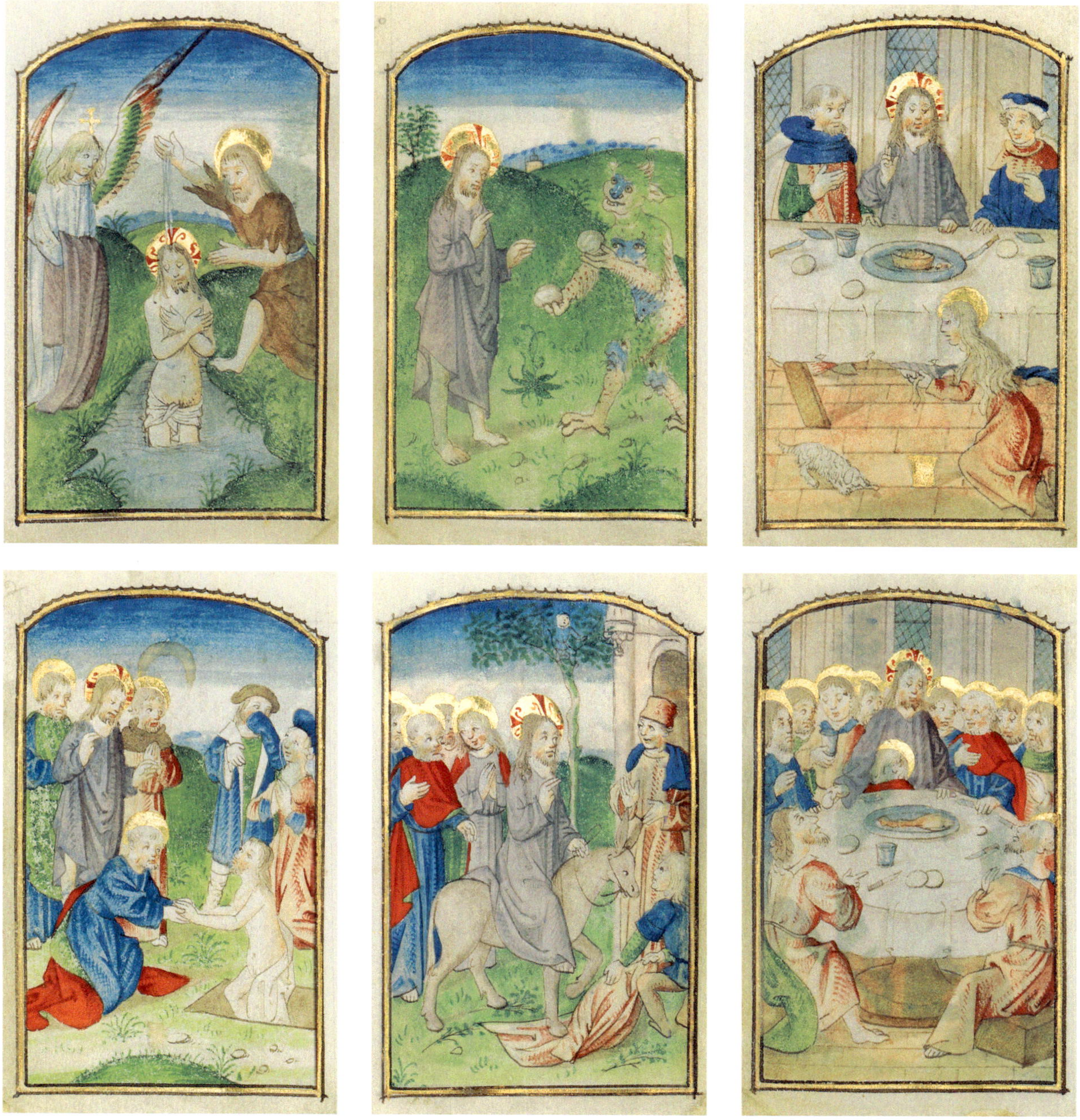

29 *Holländisches Gebetbuch*
Leiden, um 1490

10r Taufe Jesu im Jordan

10v Der Teufel fordert Jesus auf, er solle Steine in Brot verwandeln, um seine Gottheit zu zeigen.

11r Maria Magdalena salbt Jesu Füße in ihrem Hause in Bethanien

11v Auferweckung des Lazarus, des Bruders der Maria Magdalena

12r Einzug Jesu in Jerusalem

12v Letztes Abendmahl

lung. 18v Handwaschung des Pilatus. 19r Kreuztragung (mit Hilfe des Simon von Cyrene). 19v Kreuzannagelung. 20r Christi Tod am Kreuz. 20v Kreuzabnahme. 21r Grablegung. 21v Höllenfahrt Christi. 22r Auferstehung Christi. 22v Christus erscheint den Aposteln. 23r Himmelfahrt Christi. 23v Pfingsten. 24r Jüngstes Gericht. 24v Gregorsmesse. 25r/v Sieben Verse des hl. Gregor mit Ablass. 25r O *(here Jhesu Christe Ic aenbede di)*. 25v Rubrik: *Alle menschen die staen inder staet der gracien ende al knyelende lesen dese voerscreven gebeden mit seven pater noster ende ave Maria die verdienen XI M. ende XIIII C. iaren ende XI dagen oflaets van ingesetter penitencien.* 26r–58v Passion Christi nach dem »Pseudo-Bonaventura-Ludolfiaanse Leven van Jesus« (Kap. 28–35); hinter fol. 40 Verlust von einer oder mehreren Lagen mit Text zur Terz und Sext der Passion. 26r *Hier beghint die passie ons liefs heren Ihesu Christi. Die hem seer bequaem is over gelesen ende mit dancbaerheit ende mit mede dogen overgedocht want al onse salicheit daer aen leit. Hier begint die ierste compleet.* S *(Alichlic)*. 58v–61v Gebete, die der hl. Hieronymus kurz vor seinem Tod gesprochen haben soll. 58v *Dese navolgende woorden sprac Sinte Iheronimus doe hi te corts dair na sterf tot onsen heer.* O *(Goedertieren Ihesu)*. 59r *Doe die gloriose Iheronimus in sijn uterste lach ende hem dat waerde lichaem ons heren wort ghebrocht dat hi devotelic ontfinc. So rechte hi hem eerst op. mit hulpe van den genen die bi hem waren Ende mit versuchten ende mit tra-*

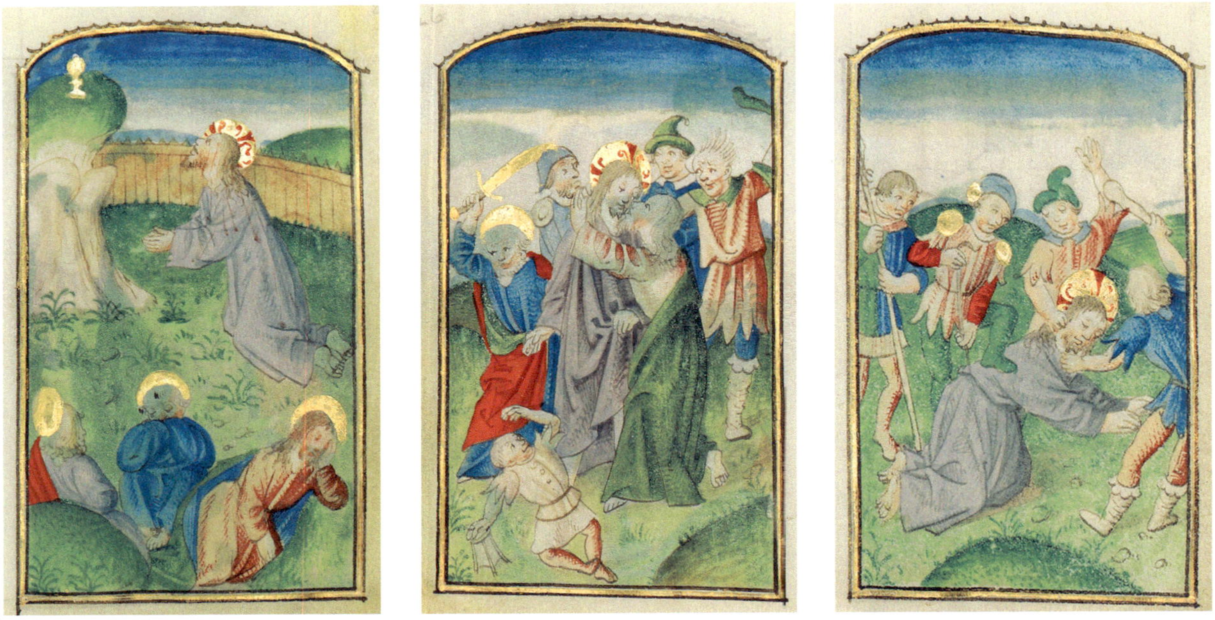

29 *Holländisches Gebetbuch*
Leiden, um 1490

13r Gebet am Ölberg

13v Judaskuss und Gefangennahme Jesu

14r Wegführung Jesu

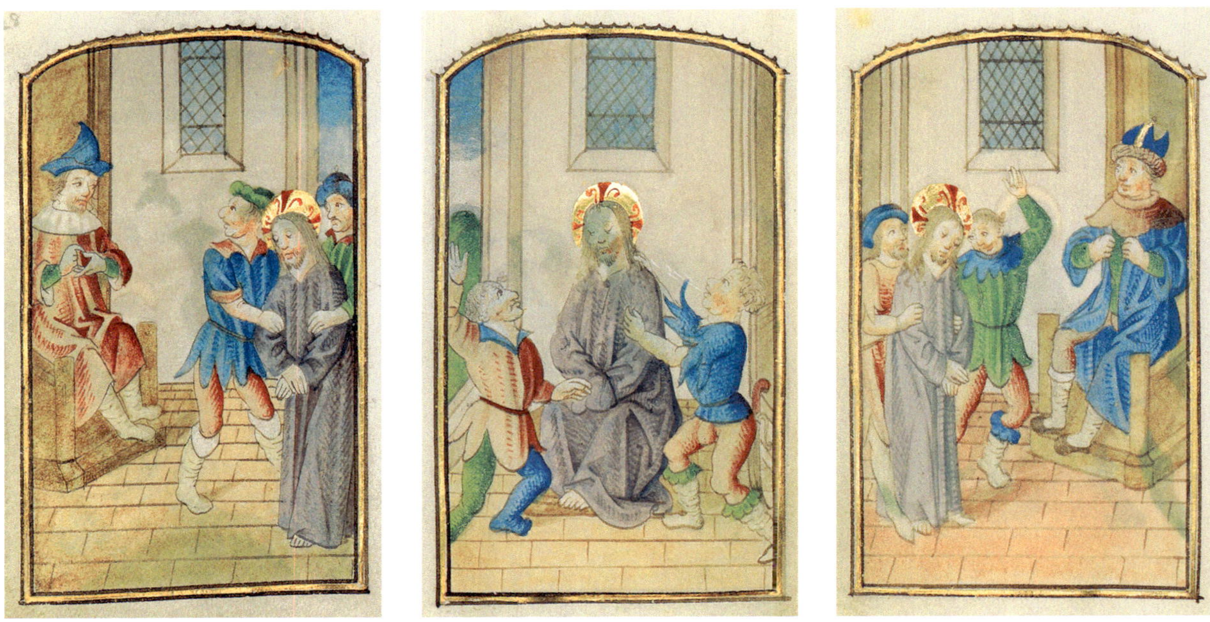

14v Vorführung Jesu vor Annas

15r Verspottung Jesu

15v Vorführung Jesu vor Kaiphas

nen so sloech hi dicke voor sijn borst. ende riep mit luder stemmen aldus. h (Eer wie ben ic). 61v–65r Christusgebet: Goldene Litanei vom Leben und Leiden Christi. 61v *Hier beghint ter eeren goods die gulden letanien vanden leven ende passie ons liefs heren Ihesu Christi als god die selve geopenbaert heeft tot heyl ende salicheit alre menschen. h (Eer ontfermet di onser).* 65r–66r Gebet für den Frieden. 65r *Een sonderlinge gebet voir pays ende vrede. O (Vader der ontfermherticheit).* 66r–68r Gebet mit Ablass, während der Messe zu lesen. 66r *Soe wie dit gebet leest tusschen dat onse heer geheven is ende Agnus Dei. Die verdient waerachtelic vanden stoel van Romen dat oflaet van Trier ende Colen. Ende oec mede also veel oflaets als onse lieve heer wonden onfinc Als VI*^{M}*. VI*$^{C.}$*. ende IXVI dagen oflaets also dicke alsment leest ende inden staet der gracien is Ende diet mit devocien leest onder die misse als voirseit is die ontfanct onse lieve here geestelic in sijnre sielen also warachtelic als hem die priester ontfanct sacramentelic Dit oflaet wort gegeven In een iaer van gracien. dair veel luden teghenwoirdich waren. diet van Romen hier neder gebrocht hebben vanden paeus.* 66v *O (Alre suetste lam Ihesus).* 68r–69r Acht Verse des hl. Bernhard. 68r *Dit sijn die achte veersen die die duvel sinte Barnaert wijsde bi bedwanc Diese dagelixs leest en mach die viant niet deren.* 68v *V (Erlicht heer mijn ogen).* 69v leer. **Literatur** Kat. Sotheby's, London, 20.11.1912, Nr. 184. – A.W. Byvanck / G.J. Hoogewerff, La miniature hollandaise dans les manuscrits des 14e, 15e et 16e siècles, Den

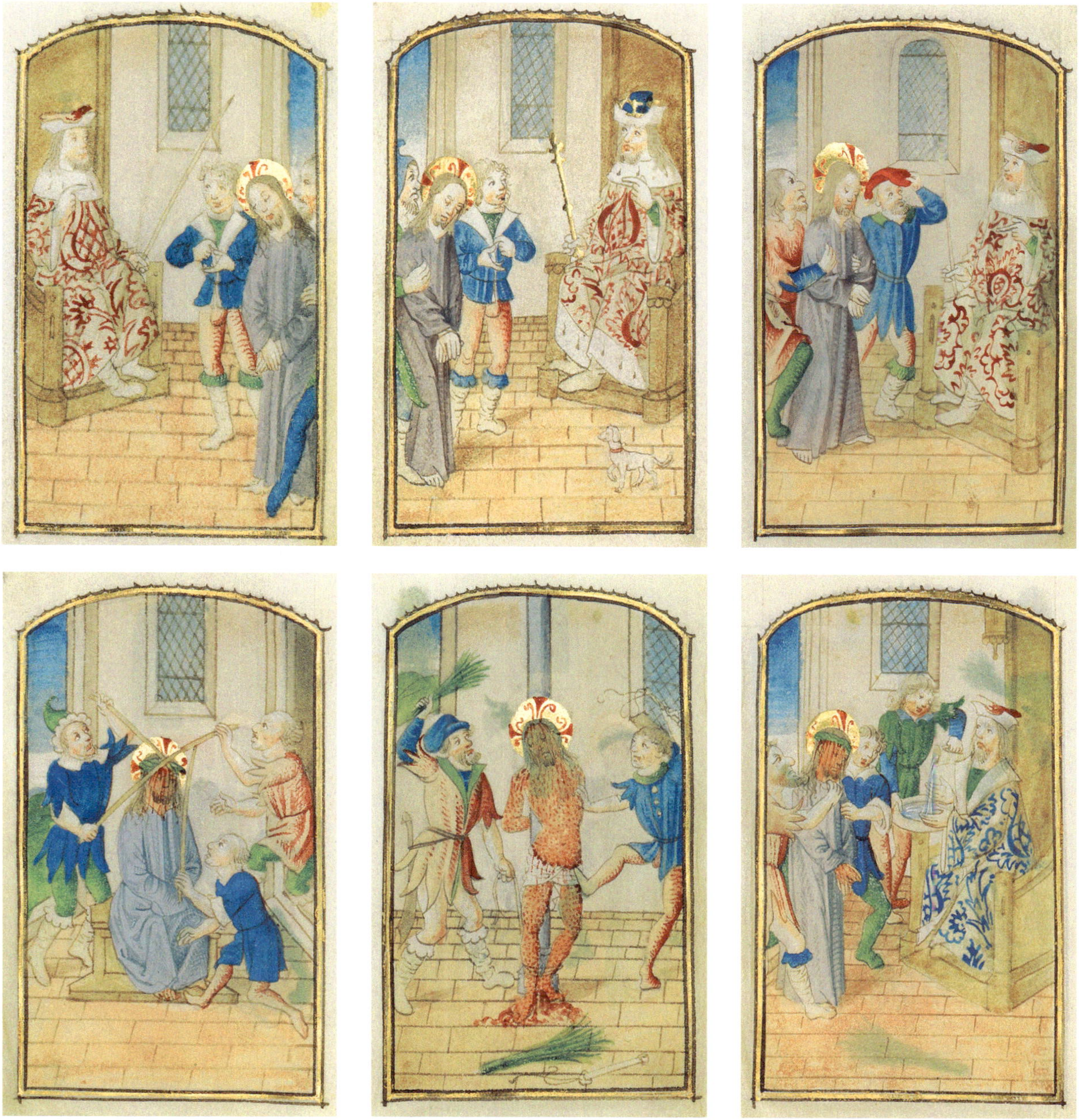

29 *Holländisches Gebetbuch*
Leiden, um 1490

16r Vorführung Jesu vor Pilatus

16v Jesus vor Herodes

17r Jesus abermals vor Pilatus

17v Dornenkrönung

18r Geißelung

18v Handwaschung des Pilatus

Haag 1922–1926, Textbd. S. 67f., Nr. 165; Tafelbd. Taf. 217. – G. J. Hoogewerff, Un passionale olandese con miniature del Quattrocento, in: La Bibliofilia 27, 1925, S. 1ff. – M. J. Schretlen, Dutch and Flemish Woodcuts of the Fifteenth Century, London 1925, S. 43f., Abb. L, M. – W. S. Kundig, Verst. Kat. 95, Très précieux manuscrits enluminés et incunables provenant de la Bibliothèque privée de feu M. Leo-S. Olschki et d'une collection princière, Genf, 23.6.1948, Nr. 23, Taf. XIV. – Parke-Bernet, New York, 29. 11. 1948, Nr. 333. – C. U. Faye / W. H. Bond, Supplement to the Census of Medieval and Renaissance Manuscripts in the United States and Canada, New York 1962, S. 414, Nr. 12. – M. Breslauer, Kat. 95, London 1962, Nr. 1. – J. A. A. M. Biemans, Middelnederlandse bijbelhandschriften. Verzameling van Middelnederlandse bijbelteksten, Catalogus, Leiden 1984, S. 297, Anm. 4 (»en hs. olim London, Ant.M. Breslauer«). – Die goldene Zeit der holländischen Buchmalerei, Ausst. Kat. Rijksmuseum Het Catharijneconvent, Utrecht, und Pierpont Morgan Library, New York, Stuttgart / Zürich 1989 (engl. Ausgabe), 1990 (dt. Ausgabe), S. 286f. – J. H. Marrow, Beschreibung der Handschrift (Typoskript), 1992. – Mittelalterliche Handschriften und Miniaturen, Kat. (I) J. Günther, o. O. (Hamburg), o. J. (1993), Nr. J. **Zitierte Literatur** C. Fischer, Die »Meditationes vitae Christi«. Ihre handschriftliche Überlieferung und die Verfasserfrage, in: Archivum Franciscanum Historicum 25, 1932,

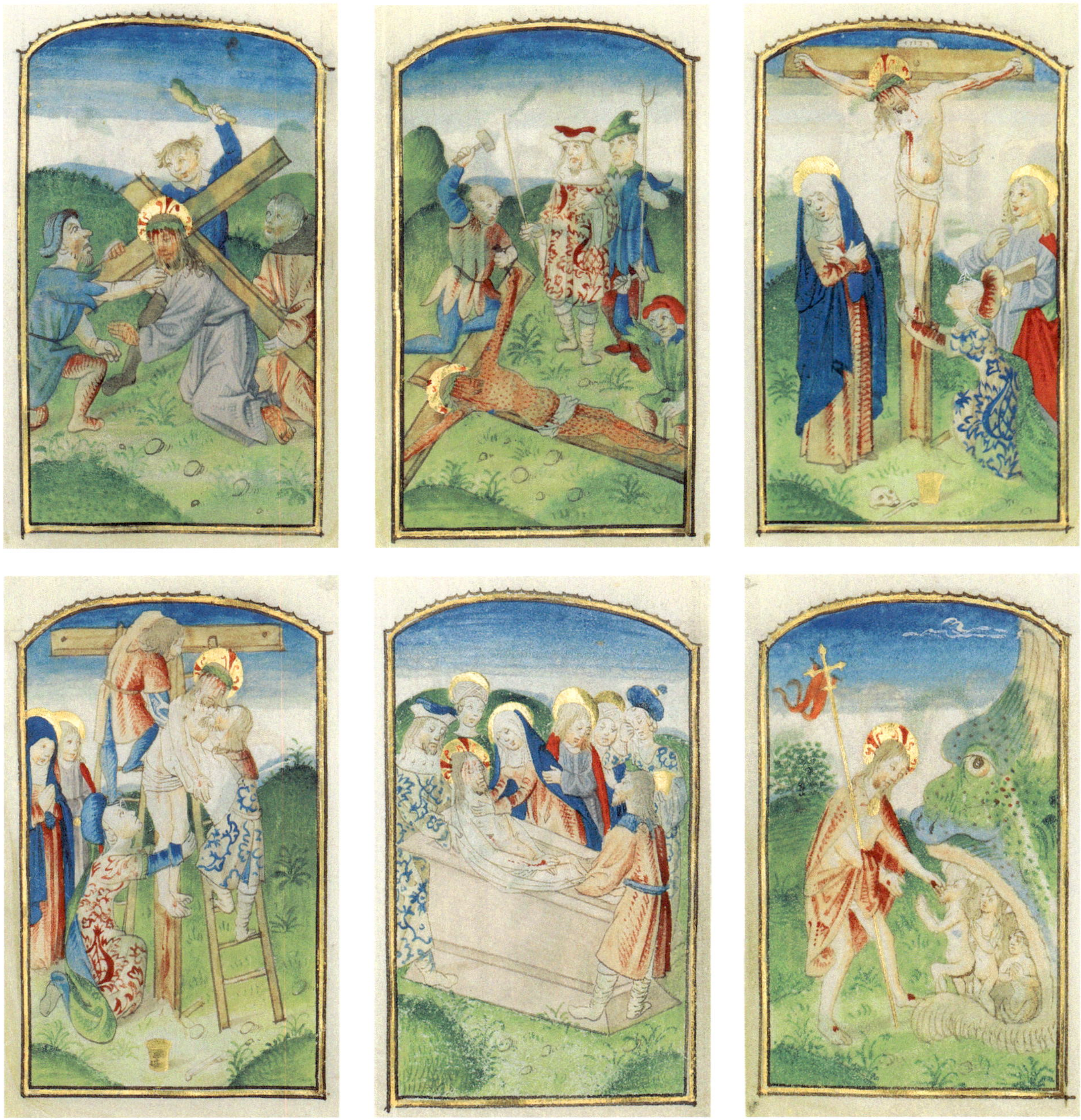

29 *Holländisches Gebetbuch*
Leiden, um 1490

19r Kreuztragung mit Hilfe des Simon von Cyrene

19v Kreuzannagelung

20r Jesu Tod am Kreuz

20v Kreuzabnahme

21r Grablegung

21v Höllenfahrt Christi

S. 3ff., 175ff., 305ff. 449ff. – K. Ruh, Meditationes Vitae Christi, in: Ders. (Hg.), Die deutsche Literatur des Mittelalters. Verfasserlexikon 6^2, Berlin / New York 1987, Sp. 282ff. – H. M. Thomas, Franziskanische Geschichtsvision und europäische Bildentfaltung. Die Gefährtenbewegung des hl. Franziskus, Ubertino da Casale, der »Lebensbaum«, Giottos Fresken der Arenakapelle in Padua, die Meditationes Vitae Christi, Heilsspiegel und Armenbibel, Wiesbaden 1989. – W. Baier, Untersuchungen zu den Passionsbetrachtungen in der »Vita Christi« des Ludolf von Sachsen. Ein quellenkritischer Beitrag zu Leben und Werk Ludolfs und zur Geschichte der Passionstheologie (Analecta Cartusiana, 44), Salzburg 1977, S. 325ff. (über die »Meditationes vitae Christi« des Pseudo-Bonaventura). – Ders. / K. Ruh, Ludolf von Sachsen, in: K. Ruh (Hg.), Die deutsche Literatur des Mittelalters. Verfasserlexikon 5^2, Berlin / New York 1985, Sp. 967ff. – K.-E. Geith, Ludolf von Sachsen und Michael von Massa. Zur Chronologie von zwei Leben Jesu-Texten, in: Ons Geestelijk Erf 61, 1987, S. 304ff. – Ders., Die Vita Christi des Michael von Massa, in: Augustiniana 38, 1988, S. 100f. – J. H. Marrow, Passion Iconography in Northern European Art of the Late Middle Ages and Early Renaissance. A Study of the Transformation of Sacred Metaphor into Descriptive Narrative (Ars Neerlandica, 1), Kortrijk 1979, S. 9ff. (dazu ergänzend auch: ders., »Spiegel van den Leven ons Heren« [Mir-

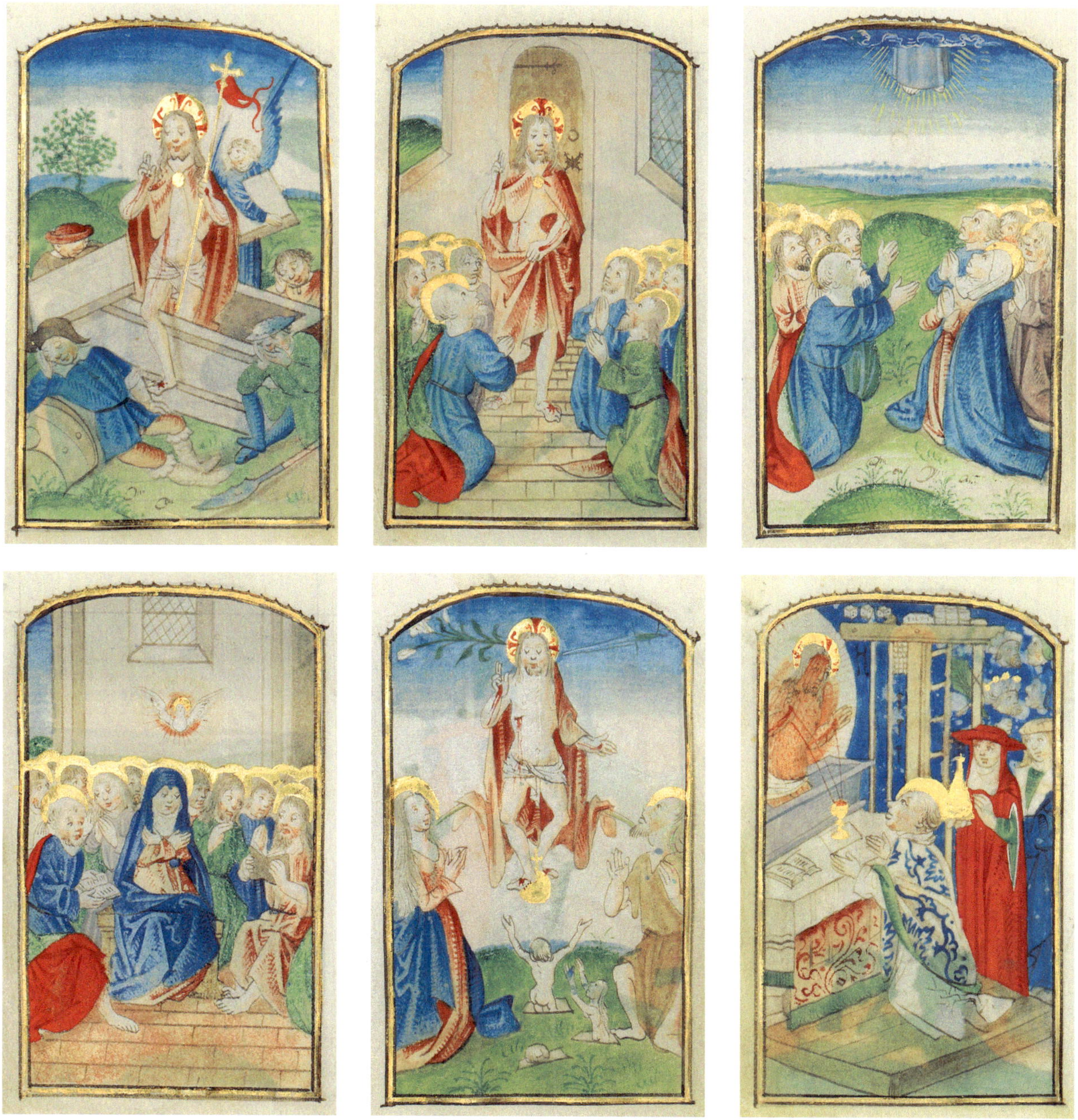

29 *Holländisches Gebetbuch*
Leiden, um 1490

22r Auferstehung Christi

22v Christus erscheint den Aposteln

23r Himmelfahrt Christi

23v Pfingsten

24r Jüngstes Gericht

24v Gregorsmesse

ror of the Life of our Lord]. Diplomatic Edition of the Text and Facsimile of the 42 Miniatures of a 15th Century Typological Life of Christ in the Pierpont Morgan Library, New York, Doornspijk 1979). – K.-E. Geith, Die Leben-Jesu-Übersetzung der Schwester Regula aus Lichtenthal, in: Zeitschrift für deutsches Altertum und deutsche Literatur 119, 1990, S. 26ff. – C. C. de Bruin (Hg.), TLeven ons Heren Ihesu Christi. Het Pseudo-Bonaventura-Ludolfiaanse Leven van Jesus. Bibl. Univ. Leid., Cod. LtK 1984 (Verzameling van middelnederlandse Bijbelteksten, Miscellanea, deel II), Leiden 1980 (im Vorwort S. VIIff. zur Entstehung des Textes). – C. C. de Bruin, Het Bonaventura-Ludolfphiaanse leven van Jezus. Prolegomena voor een uitgave, in: Dr. L. Reypens-Album (Studiën en Tekstuitgaven van Ons Geestelijk Erf, deel XVI), Antwerpen 1964, S. 115ff. – O. von Heinemann, Die Handschriften der Herzoglichen Bibliothek zu Wolfenbüttel, 2. Abt.: Die Augusteischen Handschriften V. (Des ganzen Werkes VIII. Band), Wolfenbüttel 1903, S. 26f., Nr. 3471. – Kat. Christie's, London, 21. 6. 1989, Nr. 35. – P. F. J. Obbema, Panel Painting and Book Illumination in a Monastic Workshop ca. 1440–1485: Evidence from the Accounts of Lopsen near Leiden, in: K. van der Horst / J.-C. Klamt (Hgg.), Masters and Miniatures. Proceedings of the Congress on Medieval Manuscript Illumination in the Northern Netherlands, Utrecht, 10th-13th December 1989, Doornspijk 1991, S. 381ff.

30

Bodensee-Stundenbuch
Lateinisches Stundenbuch
Bodenseegebiet
um 1460

Der kleine, recht korpulente Kodex enthält die typischen Bestandteile eines Stundenbuchs: das Kalendar, das kurze Hl. Geist- und das lange Marienoffizium, die Bußpsalmen mit Litanei, das Totenoffizium, das Weihnachtsevangelium nach Johannes und die Suffragien. Seltener anzutreffen sind die Tabellen und Diagramme im Anschluss an das Kalendar, ferner das ausführliche Passionsoffizium und das kurze, dem Mitleiden Mariens gewidmete Stundengebet. Wichtige Elemente, wie z.B. die beiden zum festen Kanon des Buchtypus gehörenden Mariengebete »Obsecro te« und »O intemerata« fehlen dagegen. Zwar beginnt die Reihe der Orationen zur Gottesmutter mit einem Blattverlust (Lage 14), doch hätte das heute entfernte Folio nicht ausgereicht, um auch nur eines der beiden recht langen Gebete dort unterzubringen. Die übrigen, nicht Maria gewidmeten Orationen richten sich an den Schutzengel, dienen der Verehrung des Hl. Sakramentes und dem Gedenken an die Passion Christi oder sollen zu bestimmten Anlässen wie z. B. beim Überqueren eines Friedhofs gesprochen werden. In den wenigen etwas ausführlicheren Rubriken werden die Voraussetzungen für die Gewährung von Ablässen erläutert: Andächtig auf einem Friedhof gesprochen garantiert z. B. das Gebet *Gaudet sancta* (153v) verbunden mit der *Oratio de passione domini nostri Ihesu Christi* jedem der dort beigesetzten Verstorbenen einen Ablass von 100 Tagen, so hat es Papst Innozenz IV. gewährt. Weitere Ablässe, die von Papst Bonifatius und einem Bischof Albertus festgesetzt wurden, sind an das Gebet zur hl. Katharina gebunden (165r).

Die Handschrift bietet sehr wenige Anhaltspunkte zur Lokalisierung der Werkstatt, aus der sie hervorgegangen ist, oder zur Eingrenzung des Nutzerkreises. Der eventuell lokal übliche Gebrauch der Offizien wurde in den Rubriken nicht notiert und konnte bisher auch nicht mit Hilfe der Textanfänge erschlossen werden (König / Tenschert 1993/94, S. 246). Zwar ist jeder Tag des Kalendars mit einem Namen besetzt, doch werden Hoffnungen auf eine darin vielleicht erkennbare Betonung von Lokalheiligen durch einige Merkwürdigkeiten gedämpft. Die sehr ungewöhnliche Hervorhebung des Festtages der hl. Walburga am 1. Mai haben zu Vermutungen Anlass gegeben, das Stundenbuch sei in Konstanz entstanden, denn das Standardwerk von Hermann Grotefend zur Zeitrechnung verzeichnet im dortigen Kalender den Walburgistag als Feiertag (Grotefend, Bd. 2, S. 87). Bei genauerer Durchsicht aller aufgelisteten Namen stellt man jedoch fest, dass spezifisch am Mittelrhein verehrte

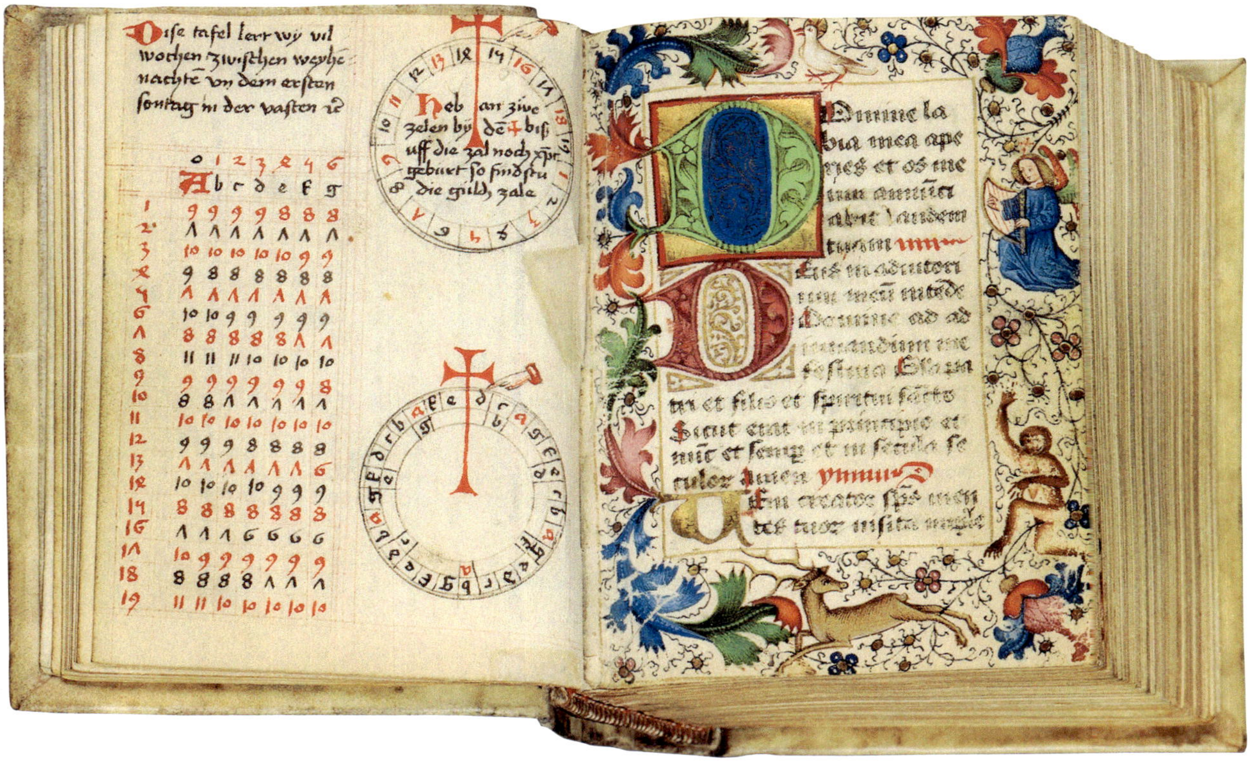

30 *Bodensee-Stundenbuch* um 1460

13v Tabelle zur Berechnung der Wochenzahl zwischen Weihnachten und dem ersten Sonntag in der Fastenzeit; Kreisschemata zur Errechnung der Goldenen Zahl und des Sonntagsbuchstabens

14r Zierseite zum Beginn des Hl. Geistoffiziums; Taube des Hl. Geistes oben in der Rahmenbordüre, rechts ein Harfe spielender Engel, darunter ein Wilder Mann, vor dem ein Hirsch zu fliehen scheint

Heilige deutlich in der Mehrzahl sind. Auffällig ist vor allem die Präsenz des Trierer und Mainzer Klerus: Der Tag des hl. Alban wird als Festtag begangen; der hll. Maternus, Lubentius, Florentius und Terentius (als Bischof von Metz) sowie der Mainzer Äbtissin Bilhilde wird mit einfachen Eintragungen gedacht. Hinzu kommen einige wenige vor allem im alemannischen Raum populäre Heilige, von denen aber die meisten weniger eindeutig zuzuordnen sind: die hll. Gallus und Othmar, der Priester Lucianus sowie die Feiertage der hl. Walburga und – wie in Mainz – des hl. Alban. Gallus und Othmar stünde als Äbten von St. Gallen in Konstanz ein Feiertag zu, der ihnen im Kalendar allerdings nicht gewährt wird.

Neben diesen recht eindeutig wirkenden Hinweisen häufen sich zahlreiche Irrtümer. So ist der Schreiber nicht nur mehrfach in der Zeile verrutscht, Namen von Heiligen werden auch an völlig falschen Tagen eingetragen (Bischof Germanus [31. 1.], Papst Julius [8. 2.], die Märtyrer Rufus [12. 2.] und Linus [20. 2.], der Festtag des Apostels Thimotheus [19. 4.] usw.) oder neue Heilige erfunden (die Märtyrer Tribunus [29. 3.] und Dominus [30. 3.] oder Papst Philipp [11. 4.]), um die sonst leer gebliebenen Zeilen aufzufüllen. Unbekümmert nimmt der Schreiber Rangerhöhungen vor: der Priester Aventinus (4. 2.) z. B. wird zum Bischof, der Priester Faustinus (15. 2.), Bischof Innocentius (14. 3.) und Diakon Cyriakus (16. 3.) avancieren zum Papst, Bischof Alexander (18. 3.) gar zum Apostel; Geschlechtsumwandlungen und Verwechslungen mit ähnlich lautenden Heiligennamen sind ebenfalls mehrfach zu belegen: Agapa wird zu Agapitus (11. 3.), Saturninus zu Saturnina (29. 11.), Victoria zu Victorius (23. 11.). Die drei Jünglinge im Feuerofen Hananja, Asarja und Mischaël (16. 12.) schließlich werden mit Ananus und Marius (16. 1.) verwechselt, als sei der Schreiber bei der Lektüre seiner Vorlage in den falschen Monat geraten. Fast rührend wirkt in dieser Anhäufung von Irrtümern, wenn ein dem Kopisten bewusst gewordener Fehler durchgestrichen, aber um des geschlossenen Schriftbildes willen nicht ersetzt wird (Crispinus und Crispinianus [23. 10.]). Etwas unmotiviert scheint zum einen die einzige Vigil des ganzen Kalendars zum Fest *Inventio sci. Stephani* (2. 8.), zum anderen das Verschweigen der einzigen zu erwartenden Vigil – nämlich derjenigen zum Weihnachtsfest (24. 12.) – zugunsten des hl. Lucianus, dessen Fest zudem an einem anderen Tag gefeiert werden müsste.

Benutzt wurde dieses Kalendar mit Sicherheit nicht. Eine Lokalisierung von Herstellung oder Gebrauch der

30 *Bodensee-Stundenbuch*
um 1460

24v Zierseite mit Miniatur vor dem Marienoffizium; Verkündigung an Maria, in der Bordüre anbetende Engel

25r *Incipiunt hore beate Marie virginis* (Hier beginnen die Gebetsstunden der seligen Jungfrau Maria); in der Bordüre oben erscheint Gottvater auf einer Wolke, rechts ein Laute und unten ein Psalter spielender Engel

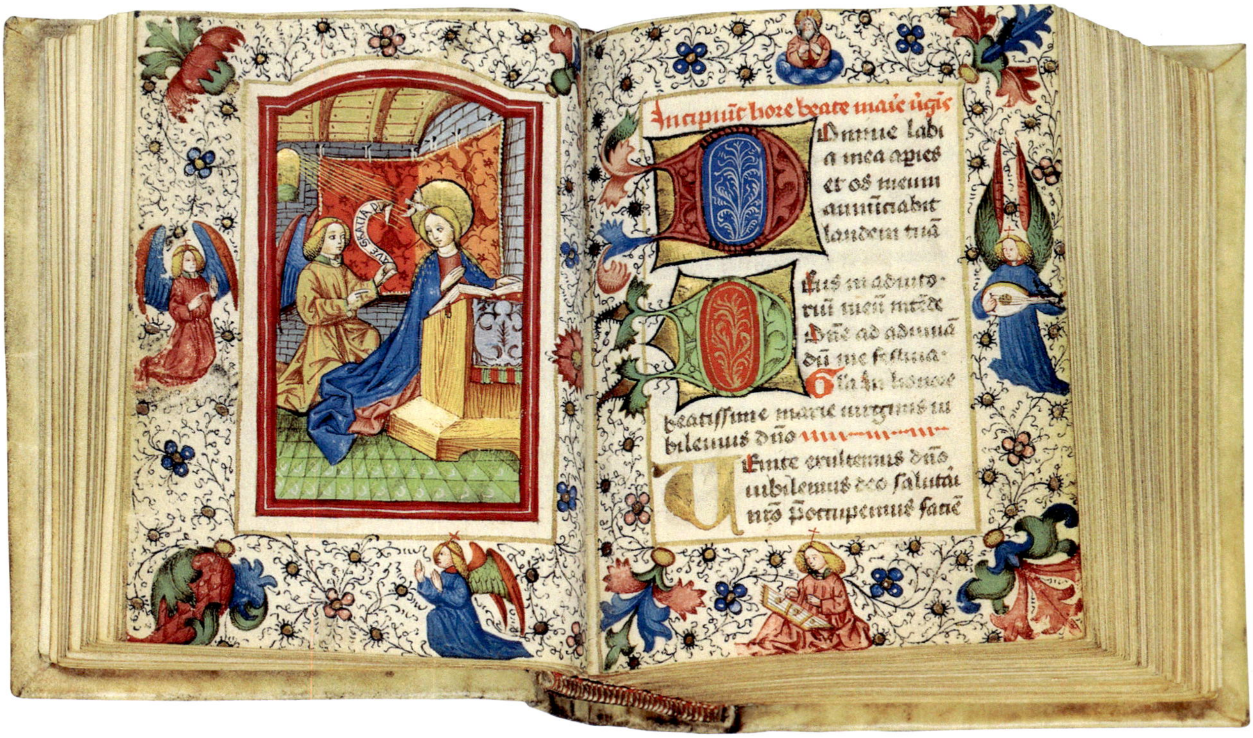

Handschrift kann sich daher nur begrenzt auf seine Angaben stützen. Namen und Daten scheint der Schreiber einem oder mehreren nicht vollständigen Kalendaren entnommen zu haben – von denen eines möglicherweise vom Mittelrhein kam –, die er wenig sorgfältig kopierte und vielleicht auch um eigene Angaben ergänzte. Korrekturen wurden nur vorgenommen, wenn ein Irrtum zu offensichtlich war – das gestrichene Fest der heiligen Crispinus und Crispinianus wird am richtigen Termin, d. h. zwei Tage später und damit nur zwei Zeilen darunter, noch einmal wiederholt. Ziel war vor allen Dingen ein geschlossenes Schriftbild.

Anschließend an das Kalendar ist ein Einzelblatt (13) aus etwas dickerem Pergament in die Handschrift eingebunden. Es ist heute am letzten Blatt der folgenden Lage befestigt, dem das ursprüngliche Gegenstück fehlt. Die darauf verzeichneten Tabellen und Graphiken dienen der Berechnung astrologischer Daten sowie der Findung des Ostertermins mit Hilfe der Goldenen Zahl, des Sonntagsbuchstabens und der Anzahl der Wochen zwischen Weihnachten und dem ersten Fastensonntag. Die Gebrauchsanweisungen sind nicht wie die restliche Handschrift in lateinischer, sondern in deutscher Sprache und abweichender Schriftform verfasst. Allen Berechnungen liegt die Bestimmung der Goldenen Zahl und des Sonntagsbuchstabens – beide sind auch im Kalender notiert, wo sie den Neumond und die Wochentage markieren – mit Hilfe zweier Kreisschemata zugrunde, die jeweils in der Mitte des oberen Rundes von einem Kreuz geteilt werden. Hält man sich jedoch an die beigefügte Anweisung und fängt rechts des Kreuzes an, die Jahre nach Christi Geburt abzuzählen, kommt man zu einem falschen Ergebnis, da es der Schreiber versäumte, das von der aktuellen Jahreszahl zu subtrahierende Entwurfsjahr der Graphiken anzugeben (Keil, S. 18, 148 f.; vgl. Kat. Nr. 11, 16r–17v). Danach wäre das erste Jahr, in dem die Kreise Gültigkeit besaßen, das Jahr 1439 mit den Ziffern 15 und d (Grotefend, Bd. 1, Taf. 2, 5). Die Handschrift muss nach dem Stil der Miniaturen und der Schriftform jedoch später entstanden sein.

Neben den beiden Schemata bietet das eingebundene Pergamentblatt noch zwei Tabellen, von denen eine wiederum mit einer Anweisung versehen ist. Sie ermöglicht die Berechnung der Wochen und Tage zwischen Weihnachten und dem ersten Fastensonntag mit Hilfe der Goldenen Zahl und des Sonntagsbuchstabens. Eine zweite Tabelle entwirft ein Beziehungsgeflecht zwischen Goldener Zahl, Tierkreiszeichen und

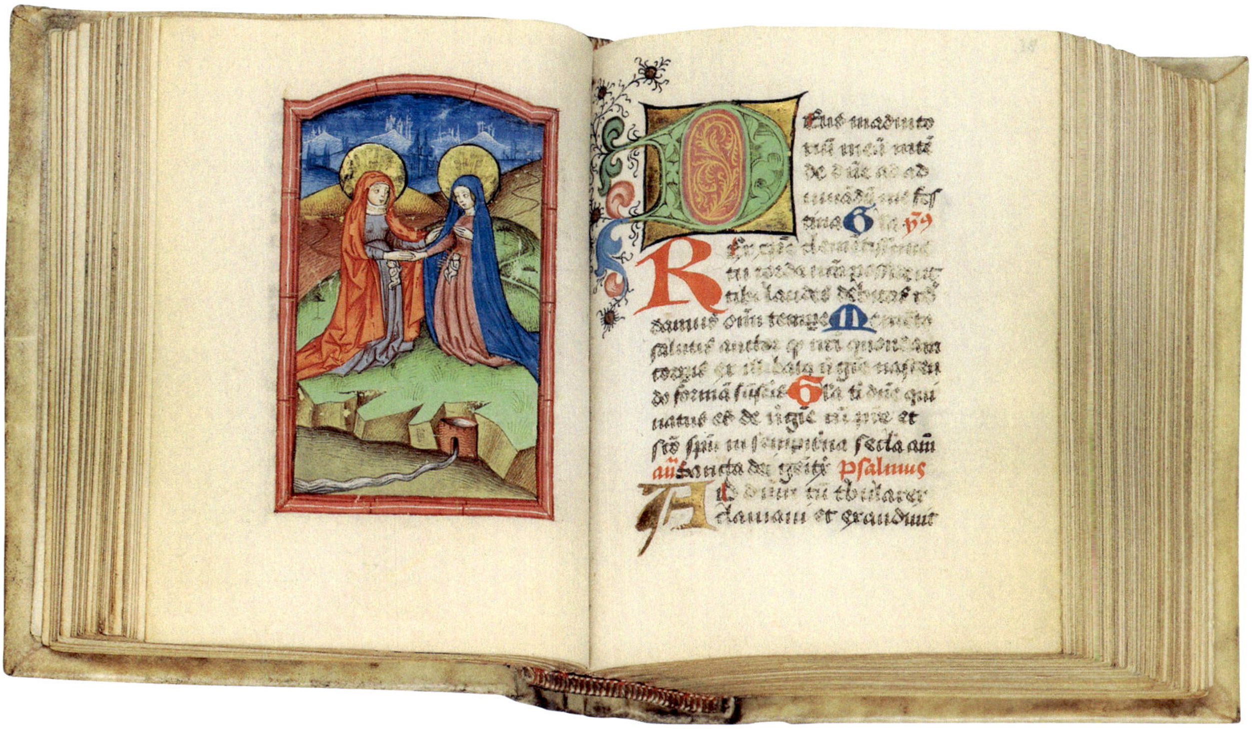

30 *Bodensee-Stundenbuch* um 1460

39v–40r Prim des Marienoffiziums. Heimsuchung

den auch das gesamte Kalendar in ständig wiederholter Abfolge durchziehenden astrologischen Buchstaben, mit deren Hilfe die Sternenkonstellationen und die Mondphasen in ihrer Stellung zueinander bestimmt werden konnten – das spielte z. B. für den richtigen Termin zum Aderlass eine Rolle (Keil, S. 149f.; Braun-Niehr, S. 21ff.).

Nach dem kalendarischen Vorspann setzen die Stundengebete ein. Sie sind in eng laufender Schrift mit erstaunlich vielen Abkürzungen von einem bisweilen etwas unkonzentrierten Schreiber notiert, der sich mehrfach verschrieb (z. B. 108v, 114r, 152v) und auf Folio 133 den für das Stundengebet zum Mitleiden Mariens nötigen Platz zu knapp kalkulierte. Die großen Offizien, die Bußpsalmen, einzelne Suffragien und wahrscheinlich die Mariengebete wurden jeweils zu Beginn, das Marienoffizium aber zu jeder einzelnen Gebetsstunde mit einer Miniatur versehen. Die Anfänge des Buches und der Marienhoren sind durch Zierseiten hervorgehoben, in deren üppigem Rankenwerk ein Affe und ein Hirsch herumtollen, während Engel das Lob Gottes anstimmen. Neun der Miniaturen haben sich erhalten: Verkündigung der Geburt Christi (Matutin), Heimsuchung (Prim), Geburt Christi (Terz), Darbringung im Tempel (Non) und Flucht nach Ägypten (Vesper) zu den Horen des Marienoffiziums, das Weltgericht zum Stundengebet für die Totenwache, die Kreuzigung Christi zum Passionsoffizium sowie die hll. Christophorus und Veronika zu den jeweiligen Suffragien. Die Pfingstdarstellung zum Hl. Geistoffizium, von der lediglich die Geisttaube im Bordürenschmuck der folgenden Zierseite noch zeugt, das Davidbild der Bußpsalmen, vielleicht eine Seite mit einer thronenden Gottesmutter als Adressatin der an sie gerichteten Gebete sowie die Illustrationen zu Sext (Anbetung der Könige) und Komplet (Marienkrönung) der Marienhoren gingen verloren. Die Anordnung der Bilder ist bisweilen recht unkonventionell: Nicht immer steht die Miniatur dem Textanfang gegenüber, so dass z. B. das *Salve sancta facies* nicht, wie eigentlich vorgesehen (vgl. Kat. Nr. 11), vor der zugehörigen vera icon in den Händen der hl. Veronika gebetet werden kann.

Auswahl und Platzierung der Miniaturen entsprechen im Wesentlichen der Illustrationsfolge, die man aus französischen Stundenbüchern kennt (Plotzek, S. 27), doch verschiebt sich die Zuordnung, weil das Morgenlob ohne Bild blieb. Die Handschrift entzieht sich jedoch durch einige ungewöhnliche Details dem Diktat eines einheitlichen Kanons. Ist das Weltgerichtsbild insgesamt als Eingangsminiatur für das

30 *Bodensee-Stundenbuch* um 1460

41v–42r Terz des Marienoffiziums. Geburt Christi

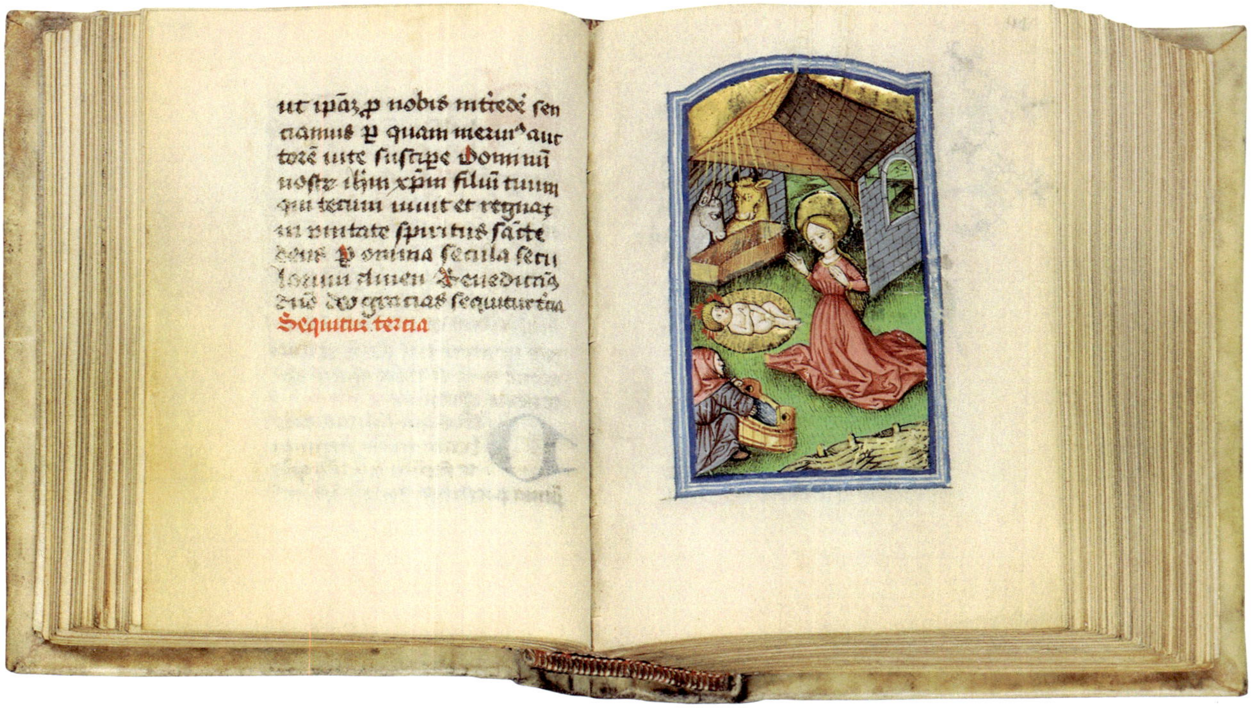

Totenoffizium nicht sehr gebräuchlich (König/Tenschert 1993/94, S. 254), so fällt die meistens am Anfang eines Stundenbuches stehende Miniatur mit der hl. Veronika durch die Figurengröße aus dem Schema der übrigen Darstellungen heraus. Die Heilige rückt ganz in den Vordergrund und bewegt sich in einem engen Raum, dem die luftige Weite der sonst in dem Kodex üblichen Landschaften fehlt. Hier scheint eine Vorlage benutzt worden zu sein, die von der oder den für die restliche Handschrift genutzten abwich. Das von Angst und Blut verdunkelte Antlitz Christi ist ein aus der Gebetsliteratur bekannter Topos – er kommt z. B. in dem Hymnus »Ave facies praeclara« vor – und war im 15. Jahrhundert als Motiv recht verbreitet (König/Tenschert 1993/94, S. 258; Ausst. Kat. Nürnberg, Nr. 148), so dass sich daraus kein Hinweis auf die Herkunft dieser Vorlage ableiten lässt. Auffällig ist schließlich auch die Darstellung der Heimsuchung. Oberhalb einer in diesem Zusammenhang ungewöhnlichen umfriedeten Quelle trifft Maria auf ihre Gastgeberin Elisabeth. Vor den Leibern der beiden schwangeren Frauen schweben ihre ungeborenen Kinder; der kniende Johannes erhält von Christus den Segen und wird damit von der Erbsünde befreit. Aus Handschriften ist diese ikonographische Variante kaum bekannt, doch findet sie sich häufig in Skulptur und Malerei Schwabens, des Oberrheins, der Schweiz und Tirols (König/Tenschert 1993/94, S. 258f.; Lechner, S. 35, 132).

Mit seinen ursprünglich vierzehn Miniaturen ist das Stundenbuch eine Ausnahme unter den im deutschsprachigen Raum an sich nicht sehr häufigen Horarien. Ganzseitige Illustrationen finden sich darin nur selten (Plotzek, Nr. 66; König 1991, Nr. 36; Staub, Abb. 19 und S. 83). Ungewöhnlich sind auch die Rankenbordüren unserer Handschrift, mit denen die Stundengebete zum Hl. Geist und zur Gottesmutter eröffnet werden (König/Tenschert 1993/94, S. 250). Ihre drahtig geschwungenen Zweige mit den kleinen farbigen Blüten, den gefiederten Goldpunkten, den Tieren und Engeln sowie den wuchtigen farbigen Eckgewächsen erinnern entfernt an die Dornblattranken der schon dem Bildprogramm zugrunde liegenden französischen oder auch niederländischen Stundenbücher aus der Mitte des 15. Jahrhunderts, ohne dass man die Herkunft einer eventuell benutzten Vorlage näher bestimmen könnte.

Der Maler des kleinen Buches setzt die Vorgaben seiner direkten oder vielleicht auch schon mittelbar wirkenden Quellen in eine ganz eigene Formensprache um. Geprägt von einer kräftigen Farbpalette bewegen sich seine fest umrissenen Figuren auf steil ansteigen-

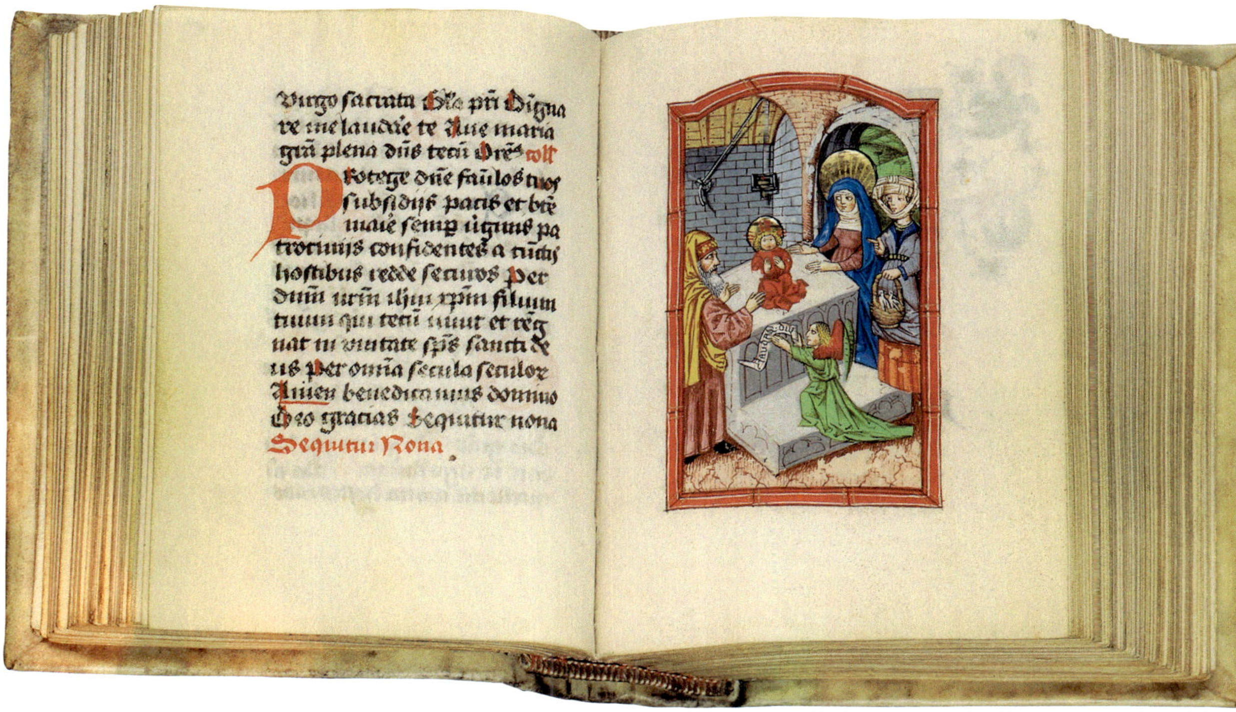

30 *Bodensee-Stundenbuch*
um 1460

47v–48r Non des Marienoffiziums. Darbringung im Tempel

dem, häufig schollenartigem Grund vor einer in dunkles Blau getauchten Landschaftskulisse, in die Hügel und Bauten in weißer Zeichnung wie flüchtige Erscheinungen eingetragen sind. Zum Betrachter hin wird die Szene bisweilen von einer Rückenfigur abgeschlossen (Verkündigung, Darbringung). Liebe zum Detail bindet das Geschehen in den Raum alltäglicher Erfahrung ein: die Fliesen der Böden, der Wandbehang im Gemach Mariens, die Lampe im Innenraum des Tempels, die in der Entfernung sich im Dunst auflösenden Wellen des Christophorusbildes. Eberhard König (König / Tenschert 1993/94) identifizierte den Buchmaler als den älteren Meister (B) der Bibel, die der Basler Bürger Matthis Eberler im Jahre 1464 in Auftrag gab (Wien, Österreichische Nationalbibliothek, Cod. 2769–2770). Zwar kennt der Meister die steil ansteigenden Landschaften mit den blau getönten fernen Bergwelten des Bildgrundes, doch sind seine Figuren weniger geradlinig umrissen, seine Berge weniger schemenhaft (Escher 1923, Abb. 1). Identisch sind beide Meister auf keinen Fall. Zu dem 2. Maler (C) der Bibel ist eine lockere motivische Verwandtschaft herzustellen, wenn es z. B. um die Einrichtung und die Form der Räume geht (Escher 1923, Abb. 17, 19). Das Rankenwerk der Bibel und anderer Basler Kodizes (z. B. Escher 1917, Taf. XLVIII–LII; Scarpetti, III. 314; Gamper / Jurot, Abb. S. 14f.) bietet überhaupt keine Parallelen. Gerade von diesen, aus farbigen Akanthusranken hervorwachsenden drahtigen Trieben mit den runden, gefiederten Goldblüten ausgehend brachte Paula Väth (Väth 1997) die Handschrift dagegen mit einem Miniator aus dem Bodenseegebiet in Verbindung, der neben einem Salemer Graduale aus dem Jahr 1463 (Heidelberg, Universitätsbibliothek, Cod. Sal. XI, 4; Väth 1997, S. 362, Nr. VÄ 7, Abb. S. 195) auch das Waldburg-Gebetbuch von 1476 illustrierte (Stuttgart, Württembergische Landesbibliothek, Cod. Brev. 12; Faksimile). Letzters wird neuerdings dem Feldkircher Maler Hans Huber zugeschrieben (Krumpöck, S. 375, Nr. KR 12, Abb. S. 209). Den vor einem wenig differenzierten Hintergrund am vorderen Rand der Raumbühne agierenden Figuren dieser Handschriftengruppe kommt vor allem die hl. Veronika unseres Stundenbuches nahe, während die übrigen Miniaturen einer dem Baseler Motivrepertoire verpflichtet sind.

(Ulrike Surmann)

30 *Bodensee-Stundenbuch* um 1460

51v–52r Vesper des Marienoffiziums. Flucht nach Ägypten

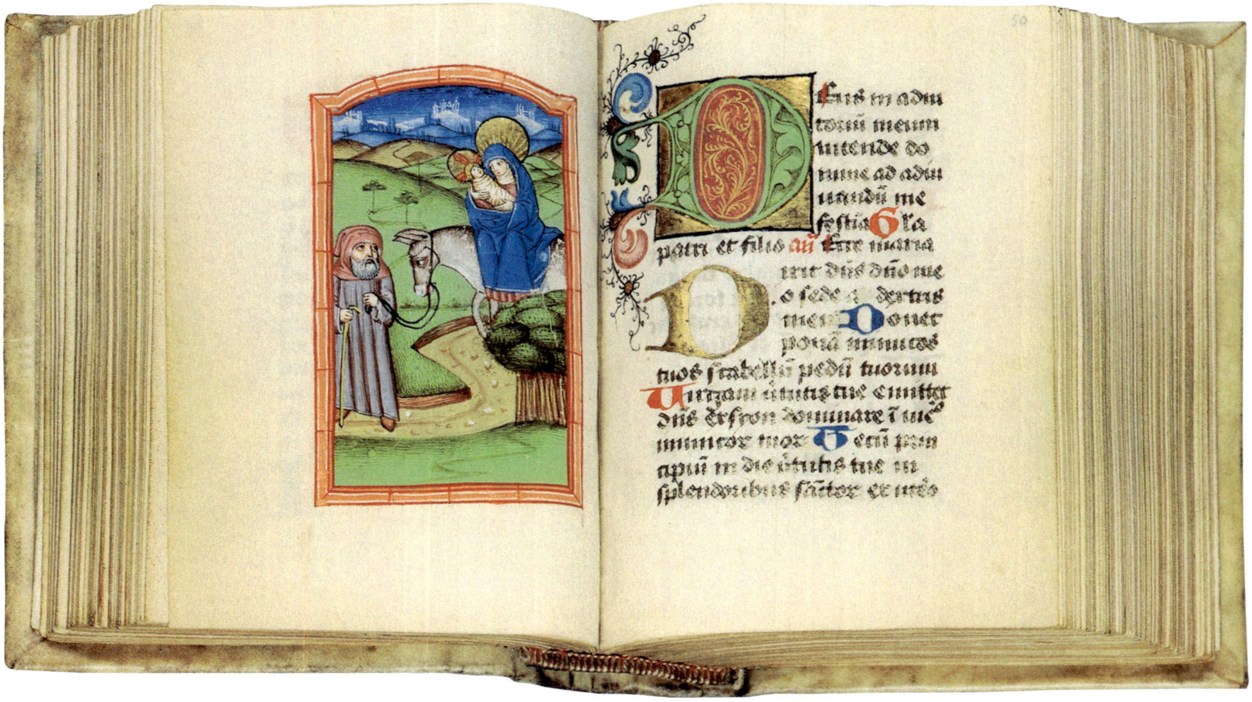

Pergament 168 Blätter (je ein altes Vor- und Nachsatzblatt aus Pergament); 95 x 74 mm (beschnitten); Lagen: 1^{12}, 2^{10-1+1}, $3–4^{10}$, 5^{10-1}, 6^{10-2}, $7–13^{10}$, 14^{10-1}, $15–17^{10}$; Schriftspiegel: 63 x 43 mm; einspaltig; 17, bzw. 18–19 (fol. 133), im Kalendar 17–18 Zeilen; Blindliniierung. **Ausstattung** Lateinischer Text in schwarzer gotischer Buchschrift, auf fol. 13 deutscher Text in weniger formatierter Schrift, rubrizert; bisweilen rote Zeilenfüller; rot gestrichelte Versalien am Satzbeginn; einzeilige Initialen in Rot und Blau zu Beginn einzelner Psalmenverse oder Gebete innerhalb eines Gebetsformulars; zwei- und dreizeilige KL-Ligaturen und Initialen in Rot, Blau und Gold zu Beginn der Monate im Kalender, der Psalmen, Cantica, Hymnen und Gebetsformulare; fünf- bis sechszeilige vegetabile Initialen in goldenem Feld in Rot, Grün, Blau und Mauve, gefüllt mit filigranem Rankenwerk in Gold, Weiß und Silber jeweils über einer der anderen Initialfarben und z. T. mit ausstrahlendem schwarzem Filigranrankenwerk und farbigem Akanthus, ersteres mit Goldpunkten, zu Beginn der Gebetsstunden und der Gebete zu den Heiligen; Rahmenbordüren der zwei Zierseiten zu Beginn des Hl. Geist- und Marienoffiziums mit schwarzem filigranem Rankenwerk, Goldpunkten, farbigen Blüten, Tieren und Figuren; neun Miniaturen in Deckfarben mit Gold, gerahmt von einer als plastisch suggerierten Leiste. **Einband** Pergament über Pappe. **Vorbesitzer** Auf dem Vorsatzblatt Exlibris von Arnold Mettler (St. Gallen); auf dem Exlibris handschriftlicher Vermerk mit einem Hinweis auf L. Olschki, Florenz. **Inhalt** 1r–12v Kalendar, voll besetzt (7. 1. *Luciani psbiteis.*, 15. 1. *Abacoc psbiteis.*, 7. 2. *Auguli epi.*, 10. 3. *exaltatio Viti*, 1. 5. *sancte Walpurgis* [rot], 12. 5. *Nerei, Achillei, Pancratii* [rot], 12. 6. *Basilis* [rot], 21. 6. *Albani mrtis.* [rot], 23. 6. *Aldedrudis vgis.*, 4. 7. *Udalrici epi.* [rot], 8. 7. *Kyliani epi.* [rot], 13. 9. *Materni epi.*, 5. 10. *Palmacii mris.*, 3. 10. *Lubentii epi.*, 16. 10. *Galli abbatis*, 17. 10. *Florentii mrtiris.*, 29. 10. *Derencii episcopi*, 16. 11. *Othmari abbatis*, 28. 11. *Bilhildis vgis.*, 30. 12. *Davidis regis*). 13r Tabelle zur Berechnung der Mondphasen in ihrer Beziehung zu den Sternzeichen. 13v Tabelle: *Dise tafel lert wy vil wochen zwischen weyhenachten un dem ersten sontag in der vasten etc.* und Kreisschemata zur Errechnung der Goldenen Zahl und des Sonntagsbuchstabens: *Heb an zwe zelen by dem + bis uff die zal nach Christi geburt so findstu die gülden zale.* 14r–24r Hl. Geistoffizium. 14r Zierseite. *D (omine labia mea) […] D (eus in adiutorium meum).* 16r, 17r, 19r, 20r, 21r Prim, Terz, Sext, Non und Vesper jeweils mit dem Textanfang *D (eus in adiutorium meum).* 22v Komplet. *C (onverte nos Deus).* 24v–59v Marienoffizium. 24v Zierseite. Verkündigung an Maria.

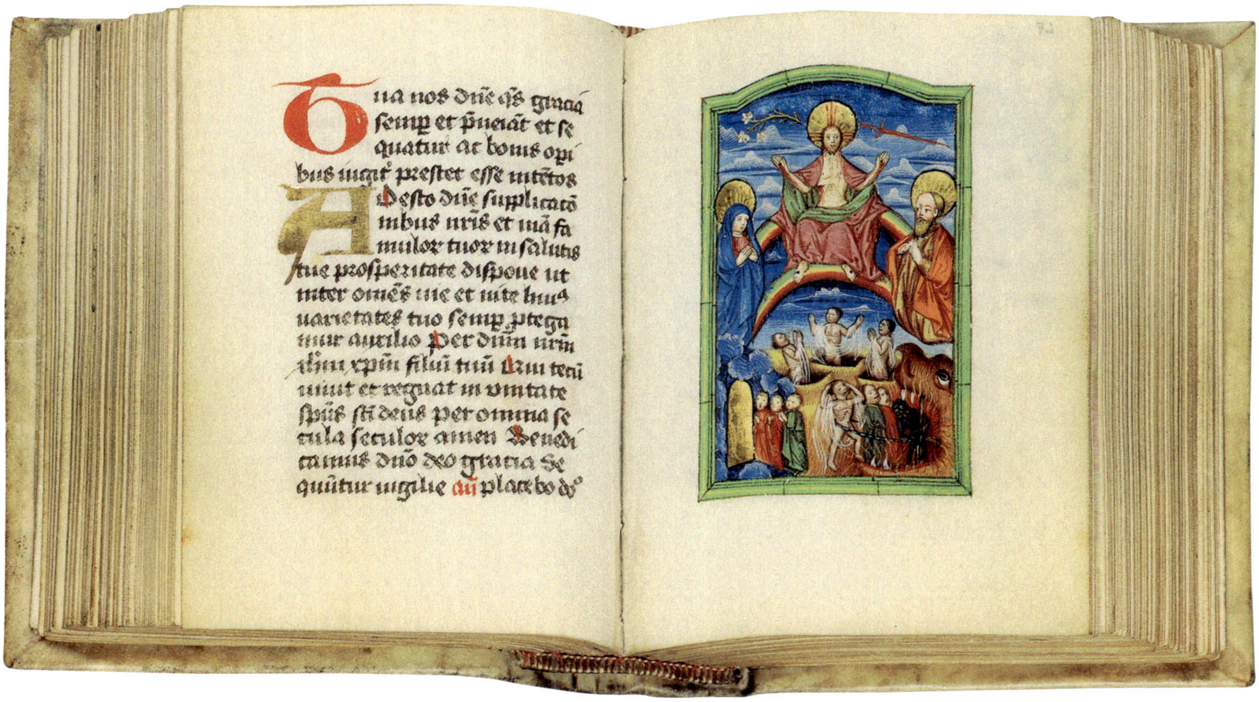

30 *Bodensee-Stundenbuch* um 1460

73v–74r Nach den Bußpsalmen leitet eine ganzseitige Miniatur mit dem Weltgericht das Totenoffizium ein.

25r Zierseite. *Incipiunt hore beate Marie virginis. D (omine labia mea) [...] D (eus in adiutorium meum).* 32r Laudes. *D (eus in adiutorium meum).* 39v Heimsuchung. 40r Prim. *D (eus in adiutorium meum).* 42r Geburt Christi. 43v Terz. *D (eus in adiutorium meum).* 46r Sext. Miniatur und Textanfang fehlen. 48r Darbringung im Tempel. 48v Non. *D (eus in adiutorium meum).* 51v Flucht nach Ägypten. 52r Vesper. *D (eus in adiutorium meum).* 57r Komplet. Miniatur, Textanfang und -ende fehlen. 60r–73v Bußpsalmen mit Litanei. 60r Miniatur auf vorangegangener Seite fehlt. *D (omine ne in furore).* 74r–107v Totenoffizium. 74r Weltgericht. 74v *D (ilexi quoniam exaudiet).* 97v Laudes. *M (iserere mei Deus).* 108r–134r ausführliches Passionsoffizium. 108r Kreuzigung. 108v *Hic incipit cursus de passione domini nostri Ihesu Christi. D (omine labia mea) [...] D (eus in adiutorium meum).* 112r, 115v, 119r, 121r, 123v, 126r, 129v Laudes, Prim, Terz, Sext, Non, Vesper und Komplet, bis auf Prim (115v) und Sext (121r) jeweils mit Schmuckinitiale *D (eus in adiutorium meum).* 134r–136r kurzes Stundengebet zum Mitleiden Mariens. 134r *Hore compassionis beate Marie virginis et matris.* 136r–137v Gebete zum Schutzengel. 136r *Sequuntur orationes de proprio angelo. Angile [!] Dei qui a summo Deo.* 138r–148v Mariengebete. Anfang, wahrscheinlich mit Miniatur und Zierinitiale, fehlt. 138v *Oratio de beata virgine. M (aria dulcis miseros).* 140r *Oratio sancti Bernhardi ad beatam virginem. A (ve mundi spes).* 142r *S (tabat virgo dolorosa).* 143r *Septuaginta duo nomina beate Marie. Dyva virgo flos.* 144r *Ave archa deitatis.* 145v *T (e matrem Dei laudamus).* 148v–151r Gebete zur Verehrung des Hl. Sakramentes. 148v *Oratio ad elevationem sacramenti. A (ve verbum incarnatum).* 149r *Ave verum corpus, Ave ineffabile sacramentum.* 149v *Salve inclita stella maris.* 150v *Salve nobilissime, Ave felix unda, Domine Ihesu Christe qui hanc sacrosanctam carnem.* 151r–154r Verschiedene Gebete. 151r *Oratio de passione domini Ihesu Christi. O domine Ihesu Christi fili Dei vivi.* 152v *Quando pertransis cimiterium dic sequentem orationem. A (vete fideles).* 152v *Innocentius papa quartus devote dicenti postscriptam orationem in cimiterio a quolibet corpore in ibi sepulto centum dies indulsit indulgentiarum et oratio de passione domini nostri Ihesu Christi tunc sequitur. G (audet sancta).* 154r–155r Beginn des Johannes-Evangeliums. *Initium sancti evangelii secundum Iohannem. Gloria tibi domine. In principio.* 155r–167v Heiligensuffragien. 155r *Oratio de sancto Sebastiano. O (beate martir Sebastiane).* 156r *Responsorium sancti Anthonii. O (lampas).* 156v *Oratio sancti Iacobi. O (lux).* 157v hl. Christophorus. 158r *S (ancte Christoffore).* 160r *Oratio de tribus regibus. R (ex Caspar).* 162r hl. Veronika. 162r *S (alve*

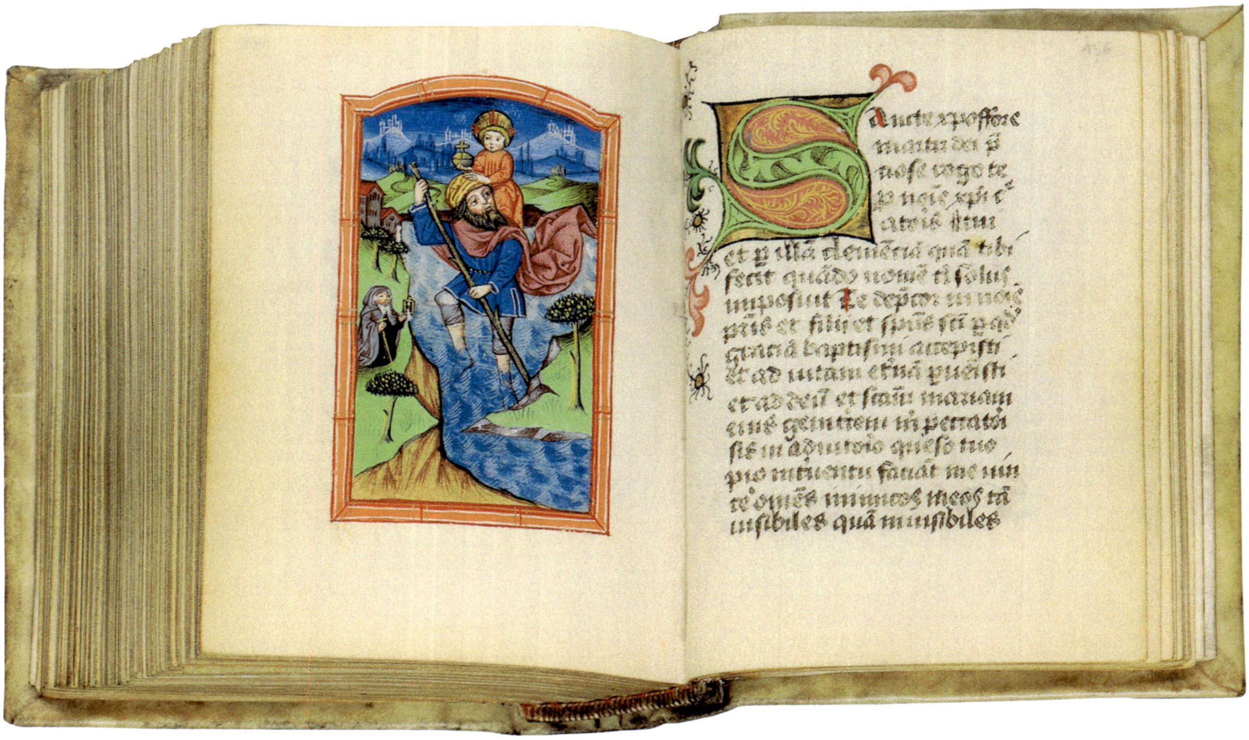

30 *Bodensee-Stundenbuch* um 1460

157v–158r Hl. Christophorus mit nachstehendem Gebet

sancta facies). 162v *Oratio de sancta Katherina. A (ve virgo).* 165r *Quicunque hanc orationem in honorem beate Katherine virginis et marteris et eius passioni [!] devote dixerit habebit unum annum et XL dies indulgentiarum a domino Bonifacio papa. Item dominus papa constituit et dedit unum annum et LXXX dies de eadem oratione de peccatis contritis et confessis. Et dominus Albertus episcopus super addidit quadraginta dies de eadem oratione etc.* 165v *S (anctissima et gloriosissima).* 166v *Oratio de sancta Barbara. A (ve Barbara).* **Literatur** E. König / H. Tenschert, Leuchtendes Mittelalter VI, Kat. 31 Antiquariat Heribert Tenschert, Rotthalmünster / Ramsen 1993/94, Nr. 56, S. 246 ff. – P. Väth, Die gotischen illuminierten Handschriften aus dem Zisterzienserkloster Salem, in: E. Moser (Hg.), Buchmalerei im Bodenseeraum. 13. bis 16. Jahrhundert, Friedrichshafen 1997, S. 194. – Typoskript aus dem Antiquariat Günther, Hamburg o. J. – Overlooking the Ages. Illuminated Manuscripts and Printed Books. Dr. Jörn Günther, Antiquariat, Hamburg. Bruce P. Ferrini, Akron, Ohio, Oktober 1999, Nr. 18. **Zitierte Literatur** H. Grotefend, Zeitrechnung des deutschen Mittelalters und der Neuzeit, 2 Bde., Hannover 1891–1898 (Neudr. Aalen 1984). – G. Keil (Hg.), Altteutscher astro-medicinischer Rathgeber. Das »Iatromathematische Hausbuch« dargestellt am Nürnberger Kodex Schürstab, Kommentarbd. zum Faksimile, Luzern 1983. – B. Braun-Niehr, Der Kalender und die komputistischen Tabellen, in: E. König, Stephan Lochner. Gebetbuch 1451. Handschrift 70 der Hessischen Landes- und Hochschulbibliothek in Darmstadt, Kommentarbd. zum Faksimile, Lachen / Stuttgart 1989. – J. M. Plotzek, Andachtsbücher des Mittelalters aus Privatbesitz, Ausst. Kat. Schnütgen-Museum, Köln 1987. – Spiegel der Seligkeit. Privates Bild und Frömmigkeit im Spätmittelalter, Ausst. Kat. Germanisches Nationalmuseum, Nürnberg 2000. – G. M. Lechner, Maria Gravida. Zum Schwangerschaftsmotiv in der bildenden Kunst (Münchner kunsthistorische Abhandlungen, Bd. 9), München / Zürich 1981. – E. König, Das goldene Zeitalter der burgundischen Buchmalerei 1430–1560 (Leuchtendes Mittelalter III), Kat. 27 Antiquariat Heribert Tenschert, Rotthalmünster 1991. – K. H. Staub (Hg.), Stefan Lochner Gebetbuch. 1451. Sämtliche Miniaturen der Handschrift 70 der Hessischen Landes- und Hochschulbibliothek Darmstadt, Wiesbaden 1996. – K. Escher, Die »Deutsche Prachtbibel« der Wiener Nationalbibliothek und ihre Stellung in der Basler Miniaturmalerei des XV. Jahrhunderts, in: Jahrbuch der Kunsthistorischen Sammlungen in Wien 36, 2, 1923, S. 47 ff. – Ders., Die Miniaturen in Baseler

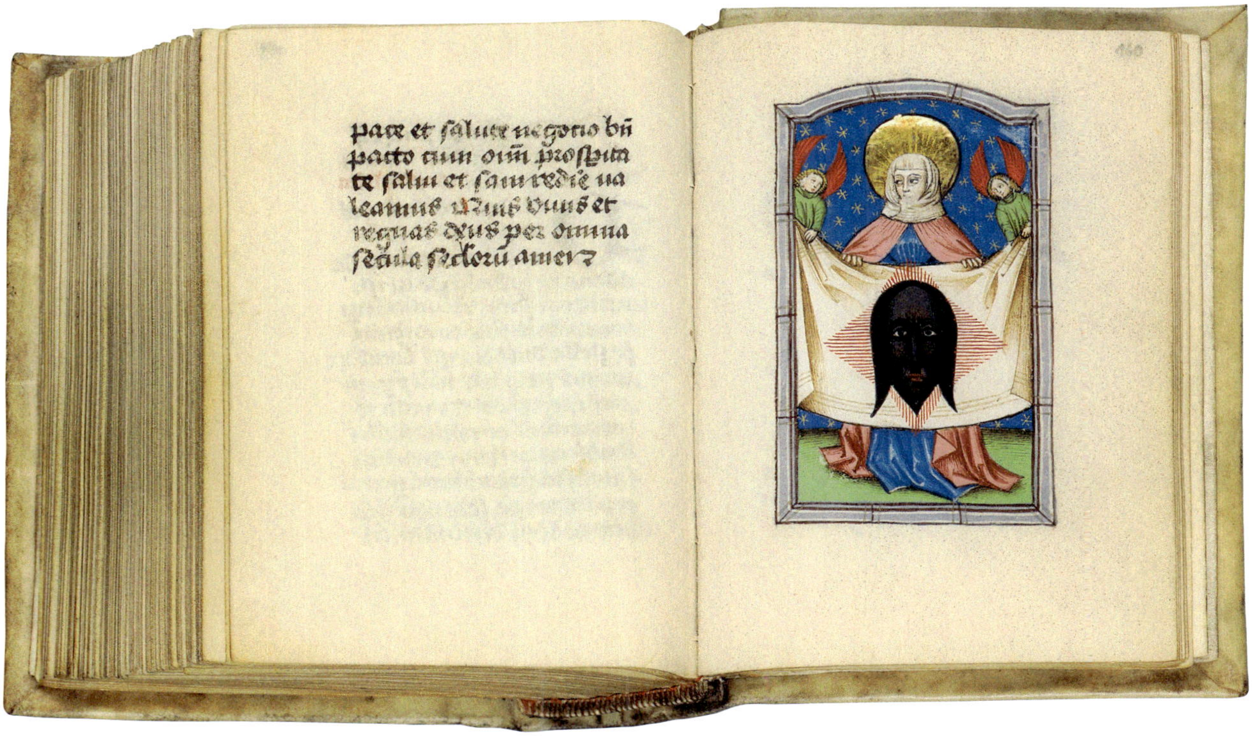

30 *Bodensee-Stundenbuch* um 1460

161v-162r Hl. Veronika mit dem Schweißtuch

Bibliotheken, Museen und Archiven, Basel 1917. – B. M. von Scarpetti (Bearb.), Katalog der datierten Handschriften in der Schweiz in lateinischer Schrift vom Anfang des Mittelalters bis 1550, Bd. 2: Die Handschriften der Bibliotheken Bern-Porrentruy, Dietikon / Zürich 1983. – R. Gamper / R. Jurot, Catalogue des manuscrits médiévaux conservés à Porrentruy et dans le canton du Jura, Dietikon / Zürich 1999. – H. Decker-Hauff u. a., Waldburg-Gebetbuch. Cod. brev. 12 der Württembergischen Landesbibliothek Stuttgart, Kommentarbd. und Faksimile, Süssen 1987. – I. Krumpöck, Vom Schicksal der Vorarlberger Bestände, in: E. Moser (Hg.), Buchmalerei im Bodenseeraum. 13. bis 16. Jahrhundert, Friedrichshafen 1997, S. 205 ff., 370 ff.

31

Bayerisch-österreichisches Gebetbuch
Österreich (?)
um 1509

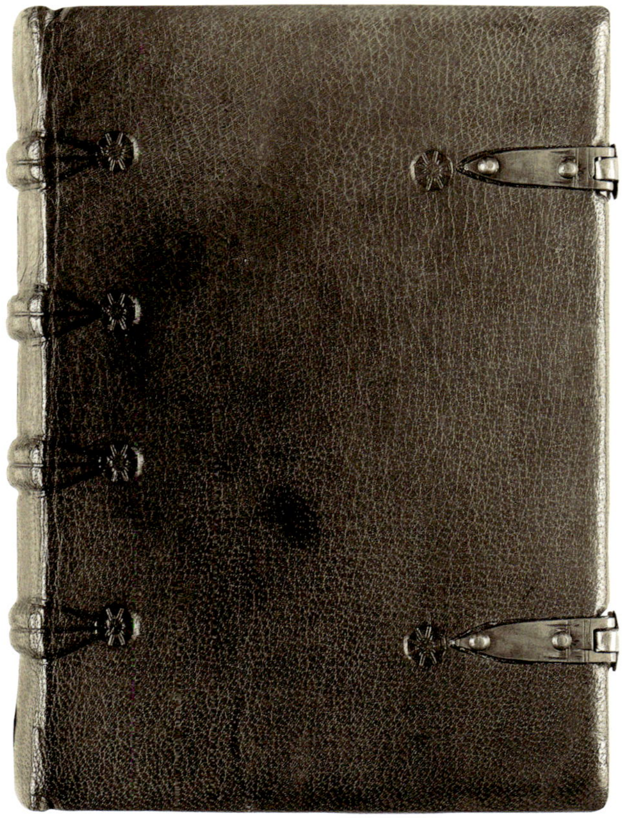

Das kleine, auch aufgrund seines Umfangs handliche Andachtsbuch enthält mit dem Passionsoffizium, den Marien- und Heiligengebeten sowie den vor, während und nach Empfang der Kommunion zu sprechenden Orationen vier wesentliche Themen des privaten Gebets im ausgehenden Mittelalter. Sie belegen die Passionsfrömmigkeit und Marienverehrung, die Hinwendung zu den Heiligen als Fürsprechern in den unterschiedlichen Lebenslagen und geben Gelegenheit, das Buch auch während des stillen Teils der Messe zu benutzen, um sich für den Empfang der Kommunion vorzubereiten und im Anschluss daran auch anderer Anliegen wie des Wohlergehens der nächsten Verwandten oder der Seelen der Verstorbenen zu gedenken. So überliefert das Gebetbuch mit einer durchaus individuell gewählten Textzusammenstellung einen charakteristischen Aspekt der Frömmigkeitsgeschichte jener Zeit. Der einheitlich in einer kunstvollen Bastarda ausgeführte Text im bayerisch-österreichischen Dialekt ist vermutlich von einem Muttersprachler geschrieben worden, der das kalligraphische Element der Schrift mit Ober- und Unterlängen der dafür geeigneten Buchstaben, die oftmals weit in die Blattränder ausschwingen, besonders hervorhebt. Die ansprechende und qualitätvolle Ausstattung überrascht in verschiedener Hinsicht und findet bei heutigem Kenntnisstand weder stilistisch noch für ikonographisch-typologische Bildeigenheiten benennbare Parallelen. Die nicht frontal auf den Betrachter, sondern diagonal auf die gegenüberliegende Seite ausgerichtete Initialminiatur mit der Dreifaltigkeit in der damals beliebten Ikonographie des Gnadenstuhls zu Beginn der Handschrift (2r) setzt eigentlich eine Darstellung des zu ihr betenden Buchbestellers auf dieser frei gebliebenen Seite voraus. Da dieses erste Blatt zum originalen Lagenbestand gehört, kann man mit Sicherheit sagen, dass das kompositionell mitbedachte Bildnis nie ausgeführt worden ist. Ungewöhnlich ist zudem, dass den »Sieben Tagzeiten vom Leiden Christi«, die mit konzentriert ausschnitthaften Bas-de-page-Illustrationen bebildert sind, ein ganzseitiges Geburtsbild vorangestellt wird, als solle nicht nur für das Denken, sondern auch für das Sehen mit dem Bild der Menschwerdung Christi gleichsam als Titelbild die Voraussetzung für das nachfolgende Heilsgeschehen in der Passion vor Augen geführt werden.

Warum einige der meist in Gebeten, seltener in Form der mit Vers und Collecta erweiterten Suffragien angerufenen Heiligen auf ganzseitigen Miniaturen dargestellt worden sind, andere aber nur als Randillustra-

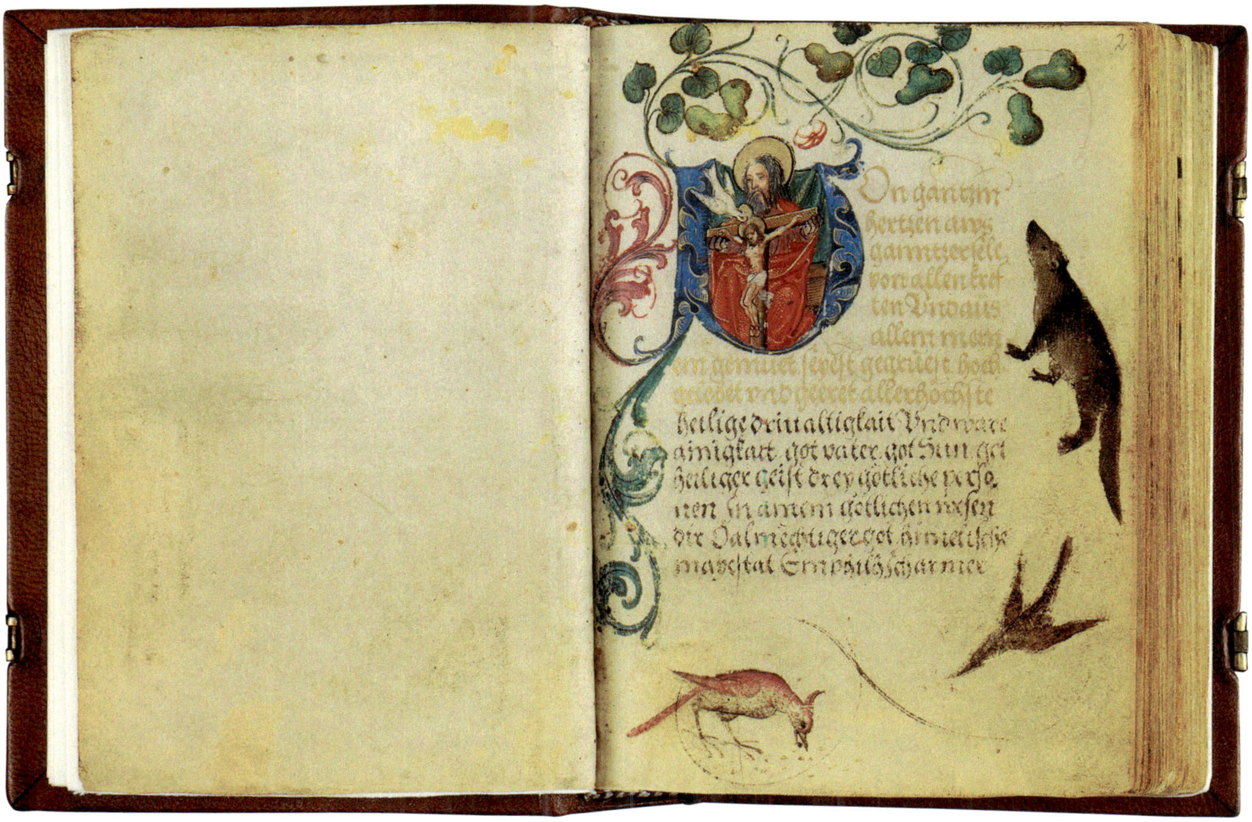

31 *Bayerisch-österreichisches Gebetbuch,* um 1509

1v–2r Gnadenstuhl in der Initiale des Gebetes, dessen Anfangszeilen in Goldtinte geschrieben wurden: »Von ganzem Herzen, aus ganzer Seele, mit allen Kräften und aus all meinem Gemüt sei gegrüßt, hochgelobt und geehrt, allerheiligste Dreifaltigkeit.« Randzier: Otter oder Murmeltier (?), Schwalbe und weiterer Vogel, Blattranke mit rosafarbener Blüte und birnenförmigen Früchten

tionen, ist mit buchgestalterischen Vorgaben nicht zu erklären. Auch lässt sich weder eine ortsspezifische Verehrung, noch eine überregional gültige unterschiedliche Bewertung anführen, die eine solche Differenzierung rechtfertigen würde. So mögen individuelle Wünsche des Auftraggebers mitbestimmend gewesen sein. Dabei fällt vor allem die Darstellung des vom Evangelisten Lukas (7, 36ff.) geschilderten Gastmahls im Hause des Pharisäers Simon (55v) auf, die mit Motiven aus der Renaissance-Architektur gerahmt ist; sie ist selten in Andachtsbüchern zu finden und zeigt hier, ganz in den Vordergrund gerückt, Maria Magdalena, die vor Christus niedergefallen ist und seine Füße salbt.

Eine ganz eigene komplexe Bildfindung vermittelt die letzte ganzseitige Miniatur (57v) mit der von einem großen blauen Schwert getroffenen Maria als Schmerzensmutter, unter der die überwundene drachenähnliche Schlange des Paradieses leblos liegend in der Bildrahmung Platz gefunden hat; flankiert wird sie von Adam und Eva, die vor dem Baum der Erkenntnis einander zugewandt sind; über ihnen kündigt je ein Engel mit einem roten Schwert bereits die Vertreibung an. Im Bewusstsein der heilsgeschichtlich aufeinander bezogenen Testamente verbindet eine solche Bildidee alt- und neutestamentliches Geschehen im Sinne des im Mittelalter so wichtigen typologischen Denkens; der Sündenfall als Ereignis »ante legem«, also vor der Gesetzgebung an Moses (Ex 24, 12ff.), wird dem die Menschheit vom Sündenfall erlösenden Tod Christi als Ereignis »sub gratia«, das heißt unter der Gnade des menschgewordenen Heilands, gegenübergestellt; in der Gestalt der schmerzreichen Muttergottes wird mit ihrer deutlichen Platzierung über der überwundenen Schlange zugleich das typologische Bild der neuen Eva assoziiert. Darüber hinaus erweitert die gegenüberliegende Bas-de-page-Illustration mit den beiden von Moses ins gelobte Land ausgesandten Kundschaftern, die mit einer riesigen, über eine Stange gehängten Traube zurückkehren (Num. 13, 1ff.), den komplexen typologischen Gedanken mit einem alttestamentlichen Ereignis, das »sub lege«, also nach der Gesetzgebung an Moses, geschah. Im Zurückblicken des voranschreitenden Trägers als Personifikation des Alten Testamentes auf das nach ihm kommende, das heißt auf die ihm folgende Personifikation des Neuen Testamentes, wird die Kontinuität der Geschichte dokumentiert; an ihrem Übergang aus der Zeit der Erwartung in die Zeit der Erfüllung erscheint als Bildmotiv der Zeitenwende die große Traube an der Stange, die im typologischen Denken auf den Kreuzestod des Erlösers verweist und

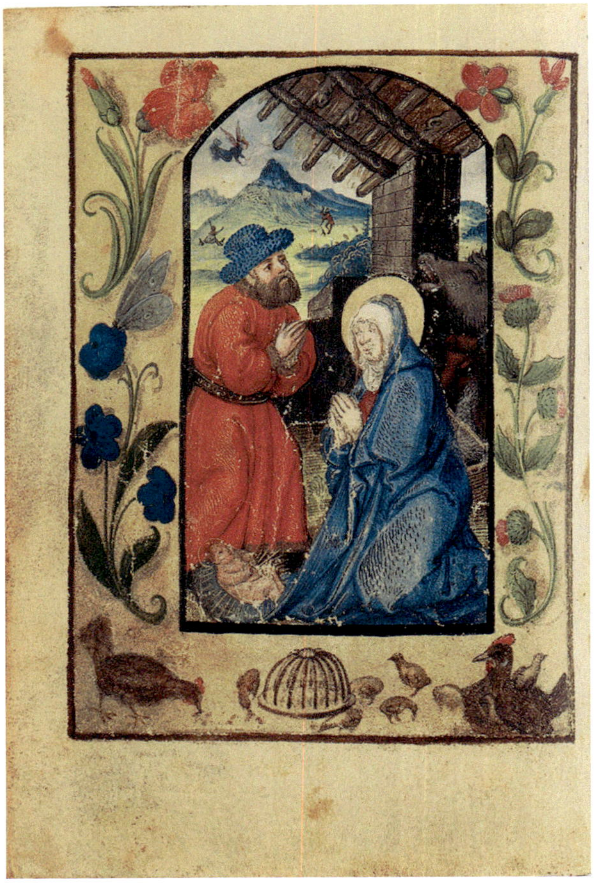

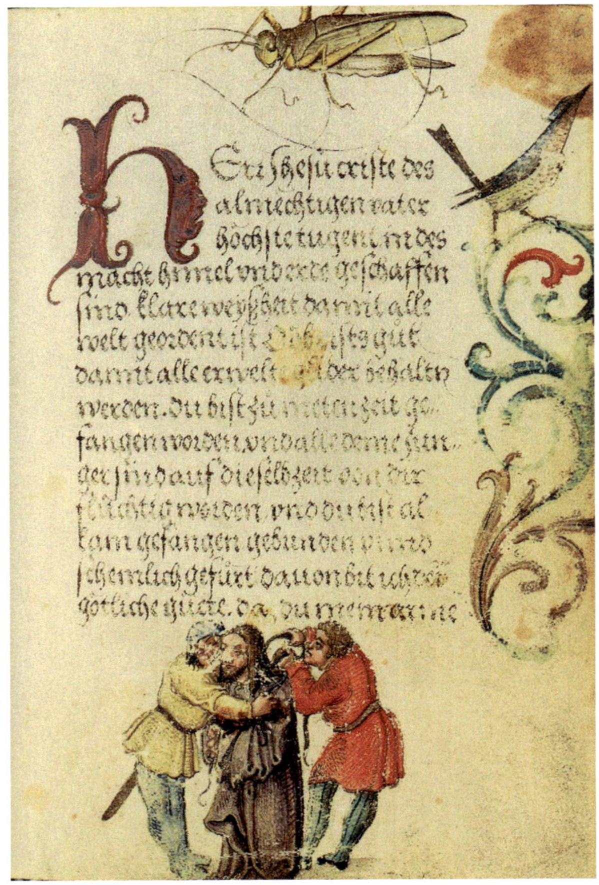

31 *Bayerisch-österreichisches Gebetbuch,* um 1509

4v Vor dem Textbeginn des Passionsoffiziums erscheint eine Miniatur mit der Geburt Christi; im Hintergrund die Verkündigung an die Hirten. In der Bordüre sind neben Blumen und einem Schmetterling zwei Hennen mit Küken dargestellt, die um einen Bodenkäfig herum Körner aufpicken.

6r Die Laudes des Passionsoffiziums beginnen mit den Worten *hErr Jhesu Criste des almechtigen vater höchste tugent.* Der untere Rand zeigt, wie auch zu den folgenden Horen, eine Passionsszene, hier den Judasverrat und die Gefangennahme Jesu.

zugleich den eucharistischen Bezug von Wein und Blut in Erinnerung ruft. Damit steht diese motivreiche Komposition in der Tradition umfassender, vor allem seit scholastischer Zeit beliebter typologischer Bildfindungen, die in den theologisch anspruchsvollen, aber dennoch mit Kompendien wie dem Heilsspiegel (vgl. Kat. Nr. 33) in die Volksfrömmigkeit eingehenden Illustrationszyklen kulminieren und in unserem Andachtsbuch im ausdrücklichen Bezug auf das nachfolgende Gebet mit mariologischem Inhalt angereichert werden.

Der Künstler, dem aufgrund der stilistischen Einheitlichkeit die gesamte Ausstattung zuzuschreiben ist, findet auch andere atmosphärisch eindringliche oder in der Wiedergabe stofflicher Materialität bemerkenswerte Darstellungen. So rückt im Weihnachtsbild (4v), in dem die Geburt Christi mit der Verehrung durch Maria und Joseph umschrieben wird, das Kind in den äußersten Vordergrund und wird damit zum nächstliegenden Bildgegenstand für die betrachtende Meditation. In dem auf ähnliche Weise nahe gebrachten Gespräch zwischen Christus und Maria Magdalena (55v) kumuliert in Haltung und Gestik der Büßerin, auch in Details wie ihrem lang herabhängendem Haar und ihrem Blick aus verweinten Augen, das bei Lukas (7, 36ff.) ausführlich erzählte Geschehen während des Gastmahls beim Pharisäer Simon in simultaner und quasi hell beleuchteter Gegenwärtigkeit; gleichzeitig werfen die in der Raumtiefe am Tisch Sitzenden dunkle Schatten auf die rückwärtigen Wände und suggerieren damit eine ähnlich reale Dinglichkeit, wie die in Trompe l'œil-Technik gemalten Motive des Rahmens. Die auf den Blatträndern untergebrachten szenischen Darstellungen sowie diejenigen der Heiligen sind stets, mehr oder weniger ausführlich, mit landschaftlichen Versatzstücken in ihrer Örtlichkeit charakterisiert; dies gilt auch für die meisten Tierdarstellungen, darunter die so eindrucksvollen wie das ruhende Reh (5r), der in bergiger Landschaft innehaltende Hirsch (7r) oder die auf einem Bergplateau verweilende Gemse, die den Kampf eines Widders mit einem Steinbock beobachtet (56r). Andere Tiere sind wie die Blüten, Ranken und Früchte isoliert dargestellt und erinnern an die »Einzelmotive« in der niederländisch-flämischen Randillustration (vgl. Kat. Nr. 24), die auch die Bordürengestaltung der meisten ganzseitigen Miniaturen beeinflusste. Entsprechend solcher Vorbilder entziehen sich nicht nur alle Bildmotive einer aufeinander bezogenen, also relativen und darin der Realität angepassten Maßstäblichkeit, sondern sie finden auch zu einer unterschiedslos einheitlichen Größe, die von der Ausnutzung des vorhan-

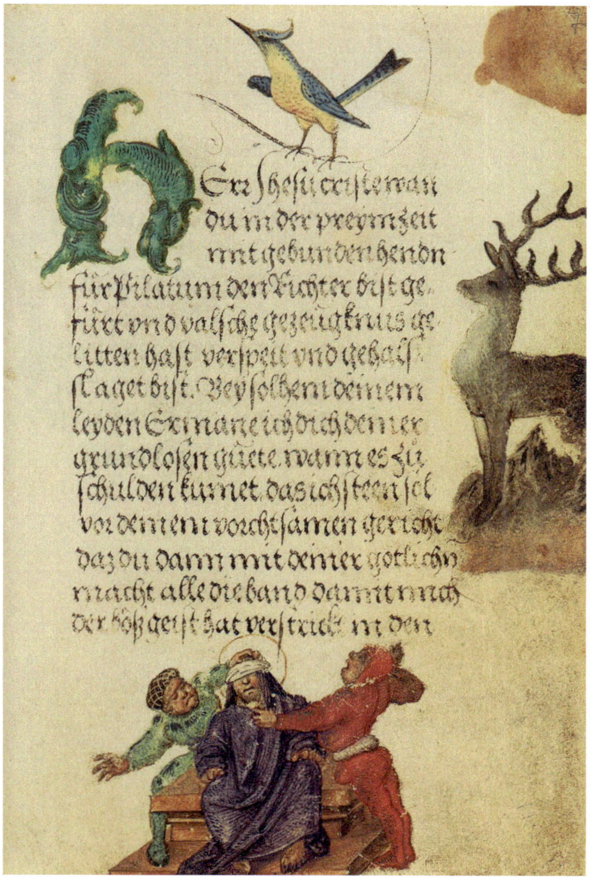

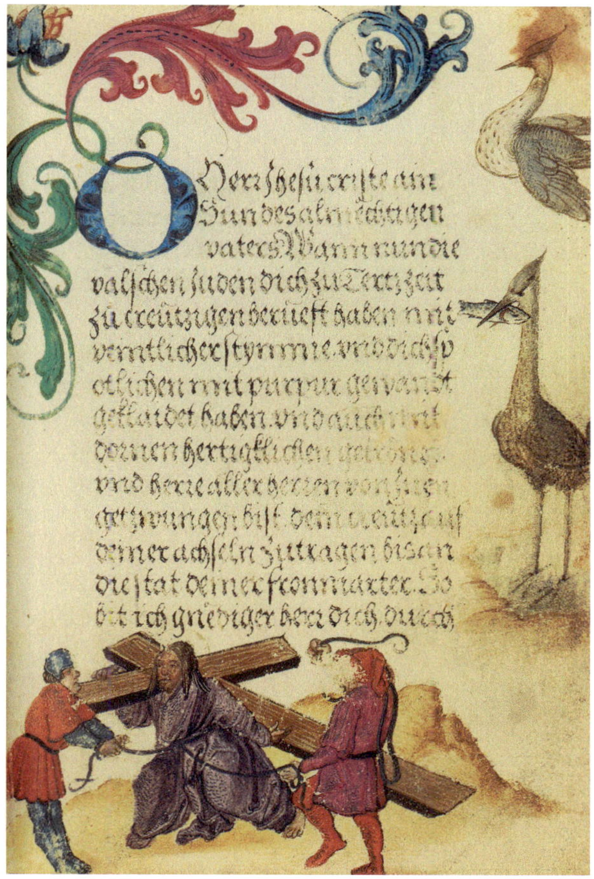

31 *Bayerisch-österreichisches Gebetbuch,* um 1509

7r Verspottung Christi. Die Prim des Passionsoffiziums beginnt »Herr Jesus Christus, der du zur Primzeit mit gebundenen Händen vor Pilatus, den Richter, geführt worden bist und falsches Zeugnis erlitten hast, bespuckt und geschlagen wurdest. Bei solchem deinem Leiden gemahne ich dich deiner grundlosen Güte.«

8r Kreuztragung. Die Terz des Passionsoffiziums beginnt »O Herr Jesus Christus, Sohn des allmächtigen Vaters. Wenn nun die falschen Juden zur Terzzeit mit feindlicher Stimme gerufen haben, dich zu kreuzigen, und dich zum Spott mit einem Purpurgewand bekleidet haben und mit harten Dornen gekrönt […]«

denen Platzes bestimmt ist und somit beispielsweise dem Krug mit den Maiglöckchen dieselbe Bildwürdigkeit zubilligt wie der benachbarten Marienvision (14r).

Der Maler arbeitet kontrastreich mit hellen und dunklen Farbtönen, brilliert in der Wiedergabe kostbar schöner Kleidung und ihrer differenzierten Stofflichkeit und liebt geradezu die phantastischen Fabelwesen wie das Untier vor der hl. Margarete, den Dämon, der den hl. Antonius versucht, und den seine Jungen gemäß dem »Physiologus« mit dem eigenen Blut nährenden Pelikan, die in allen Farben des Regenbogens schillern. Bisweilen zieht er den Horizont bis dicht unter die oberste Bildkante, so etwa bei der Geburt Christi (4v) oder dem Evangelisten Johannes (33v), wie man es besonders ausgeprägt im Tiroler Jagdbuch, Ms. 5751–2 der Bibliothèque Royale in Brüssel (Mayr), oder im Tiroler Fischereibuch, Cod. 7962 der Österreichischen Nationalbibliothek in Wien (Unterkircher 1967), 1500 bzw. 1504 mit Miniaturen von Jörg Kölderer für Kaiser Maximilian I. geschaffen, wiederfindet. Für die auf den Blatträndern untergebrachten Heiligendarstellungen könnte man an den Randschmuck im Ambraser Heldenbuch, Cod. Ser. n. 2663 der Österreichischen Nationalbibliothek, denken (Unterkircher 1973), das von 1502 bis 1516 von Hans Ried, einem Zöllner am Eisack bei Bozen, geschrieben und 1517 von dem Monogrammisten VF, der möglicherweise mit dem in Tirol bekannten Maler Ulrich Funk dem Älteren zu identifizieren ist, ausgeschmückt wurde (Unterkircher 1983). Jedoch unterscheidet sich der Malstil zu sehr, um mit solchen Nennungen verlässliche Hinweise auf den Entstehungsort unseres Gebetbuches zu bekommen, für das sich auch in den bayerischen Zentren wie Augsburg, Nürnberg, Regensburg oder Passau einstweilen keine unmittelbaren Bezüge herstellen lassen. So hat Ulrich Merkl (1999) in seiner Arbeit zur Buchmalerei in Bayern unser Gebetbuch nach Österreich lokalisiert, ohne jedoch Verbindungen zu anderen Manuskripten der Zeit anführen zu können. Der bayerisch-österreichische Dialekt der Gebetstexte weist freilich auf die östliche Alpengegend, wozu die gebirgigen Landschaften der Miniaturen als allgemeiner Topos ebenso passen wie die in den Bergen anzutreffenden Tiere der Randillustrationen.

Abgesehen davon, dass der Einfluss der flämischen Bordürenornamentik im deutschsprachigen Raum erst in den ersten Jahren des 16. Jahrhunderts aufkommt, ist für die Datierung der Handschrift die offenkundige Benutzung von Dürers Kupferstich mit dem Sündenfall aus dem Jahre 1504 (Bartsch I) als Terminus post quem

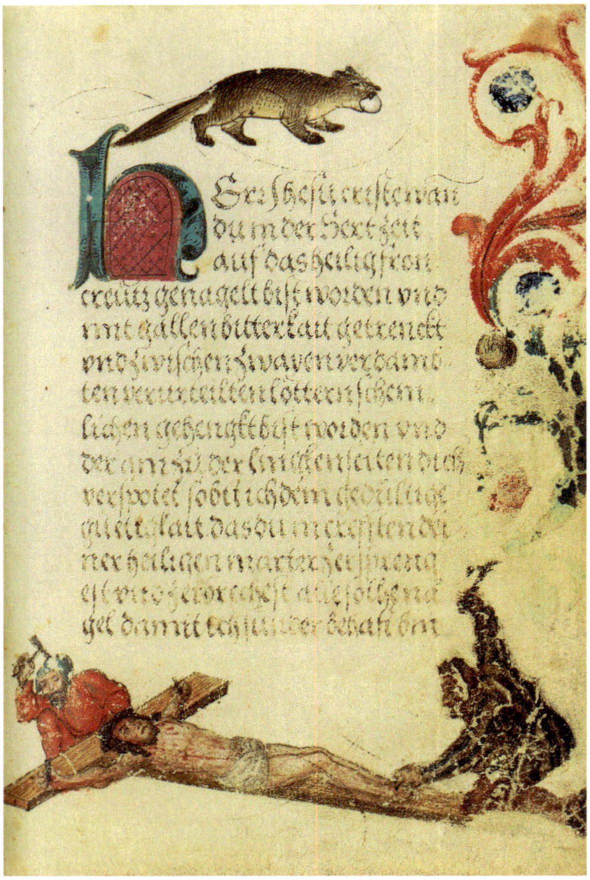

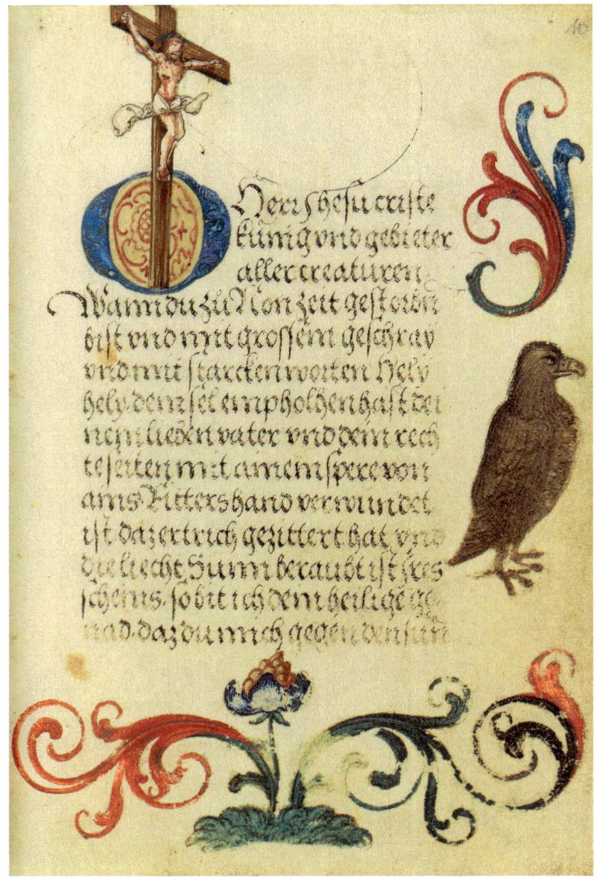

31 *Bayerisch-österreichisches Gebetbuch,* um 1509

9r Kreuzannagelung. Die Sext des Passionsoffiziums beginnt »Herr Jesus Christus, der du in der Sextzeit auf das heilige Fronkreuz genagelt worden bist, mit Gallenbitter getränkt und zwischen zwei verdammten verurteilten Taugenichtsen gehenkt wurdest […]«

10r Aus der Initiale zur Non des Passionsoffiziums wächst das Kreuz mit dem Gekreuzigten heraus. Das Gebet beginnt »O Herr Jesus Christus, König und Gebieter aller Kreaturen, da du zur Nonzeit gestorben bist und mit einem langen Schrei und starken Worten ›heli heli‹ deine Seele deinem lieben Vater empfohlen hast […]«

von Bedeutung, den unser Maler an einigen Stellen, so auch im Austausch der Wildkatze Dürers mit der hier sinnvoll erscheinenden »Drachenschlange« verändert hat. Ulrich Merkl (1994) verwies für den im Bett liegenden Sterbenden, der von einem Mönch betreut wird (14r), auf den möglicherweise als Vorbild genutzten, um 1506–1507 entstandenen Holzschnitt mit einer Sterbeszene aus dem Passionszyklus des Hans Wechtlin, der 1507 bei Knobloch in Straßburg erschien und selbst wieder in Abhängigkeit von »Ars moriendi«-Darstellungen steht (vgl. Merkl 1999, Abb. 114 und Kat. Nr. 53). Die Lage des Kranken und die Tatsache, dass dieser nicht nach dem Kreuz des Mönchs greift, bindet unsere Miniatur jedoch unmittelbarer in die ältere Tradition der »Ars moriendi«-Bilder zurück, so dass mit dem Holzschnitt Wechtlins keine weitere Eingrenzung der Entstehungszeit erbracht werden kann. Der Hinweis im Antiquariatskatalog von Heribert Tenschert aber, der ersetzte ältere Einband aus der Zeit von etwa 1700 habe die Aufschrift »Gebetbuch um 1509« getragen – vielleicht vom ursprünglichen Einband oder einer zwischenzeitlich herausgetrennten Eintragung übernommen – könnte durchaus die korrekte Entstehungszeit dieses beeindruckenden Gebetbuchs überliefern. (Joachim M. Plotzek)

Pergament 90 Blätter; 121 x 85 mm (leicht beschnitten); Lagen (teilweise mit Wortreklamanten): $I–10^{8}$, II^{10}; Schriftspiegel: 67 x 52 mm; einspaltig; 15 Zeilen; keine Liniierung. **Ausstattung** Deutscher Text in bayerisch-österreichischer Mundart in dunkelbrauner Bastarda; Rubriken und Zwischentitel mit Goldtinte unterstrichen, ab 65v die Titel selbst in Goldtinte geschrieben; kalligraphische Ober- und Unterlängen der ersten bzw. letzten Schriftzeilen; Versalien zuweilen in Gold; zweizeilige Initialen in Gold mit spärlichem, floralem Schmuck; zwei- bis dreizeilige Initialen in Blau, Dunkelrot und Grün, mehrfach in Form von Astwerkbuchstaben sowie teilweise mit floralen oder geometrischen Motiven auf Farbgründen gefüllt; auf den Rändern von 27 Blättern zu den Gebetsanfängen realistisch wiedergegebene Pflanzen, Blüten, Früchte, Tiere und Szenen in Landschaftsandeutung in Temperamalerei mit Gold; acht große Miniaturen mit allseitiger Rahmung aus architektonischen Renaissancemotiven sowie Bordüren mit Blüten, Früchten, Vögeln, Insekten und anderen Tieren, auch szenischen Darstellungen, meist auf ockerfarbenem Grund. **Einband** Neuer, mittelbrauner Ledereinband von Johannes Sievers, Köln; laut Tenschert (Kat. 16, S. 102) stammte der vorherige desolate Einband aus der Zeit um 1700 und trug ein Rücken-

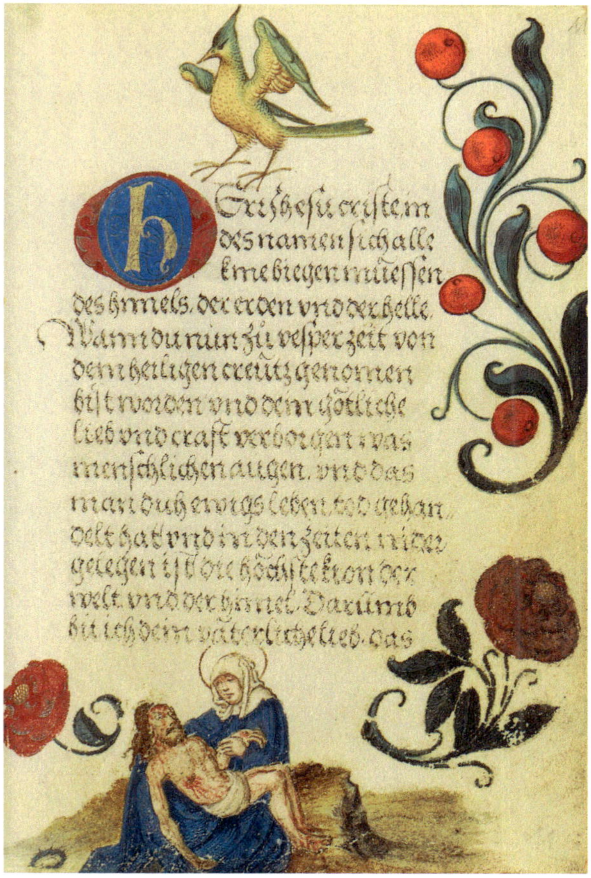

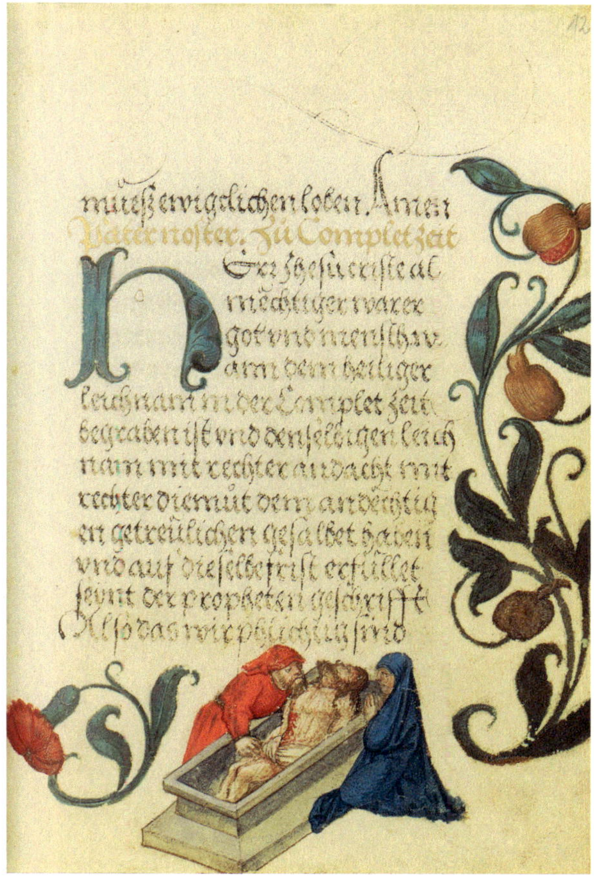

31 *Bayerisch-österreichisches Gebetbuch,* um 1509

11r Beweinung Christi durch Maria. Das Vespergebet beginnt »O Herr Jesus Christus, in dessen Namen sich alle Knie beugen müssen des Himmels, der Erde und der Hölle, wenn du nun zur Vesperzeit vom heiligen Kreuz genommen worden bist und deine göttliche Liebe und Kraft menschlichen Augen verborgen war […]«

12r Grablegung Christi. Die Komplet des Passionsoffiziums beginnt »Herr Jesus Christus, allmächtiger wahrer Gott und Mensch, wenn dein heiliger Leichnam in der Kompletzeit begraben ist […]«

schild »Gebetbuch von 1509«. **Vorbesitzer** Unbekannt. **Inhalt** 1r/v leer. 2r–3v Gebet zur Hl. Dreifaltigkeit. 2r Die ersten acht Zeilen sind mit Goldtinte geschrieben. *V(On gantzm hertzen aws ganntzer sele, von allen kreften Und aus allem meinem gemuet seyest gegrũest hoch gelobet und geeret allerhöchste heilige drivaltigkait*): Gnadenstuhl; Randzier: Palmetten- sowie Blattranke mit einer rosafarbenen Blüte, Otter oder Murmeltier (?), Schwalbe und weiterer Vogel. 4r leer. 4v–13r Passionsoffizium. 4v Geburt Christi, im Hintergrund Verkündigung an die Hirten; Bordüre: verschiedene Blumen, Schmetterling sowie zwei Hennen mit acht Küken und einem Bodenkäfig. 5r Matutin. *Dis sind die Siben tagzeit des leiden unsers herren Cristi. h(Erre du wirst aufthun*); Randzier: Erdbeerpflanze auf Grasnarbe mit Früchten und einer Blüte, ein Hund, ein auf dem Waldboden liegendes Reh. 6r Laudes. *h(Err Jhesu Criste des almechtigen vater höchste tugent*); Randzier: Judasverrat und Gefangennahme Christi, Heuschrecke und Vogel (Häher) auf einer Ranke. 7r Prim. *h(Err Jhesu Criste, wan du in der preymzeit mit gebunden hendn*); Randzier: Verspottung Christi, Vogel (Häher?), Hirsch in einer Felsenlandschaft. 8r Terz. *O (Herr Jhesu Criste, ain Sun des almechtigen vaters*); Randzier: Kreuztragung Christi, Akanthusranke, sitzender Reiher sowie ein zweiter stehender (Kranich?) mit einem Fisch im Schnabel. 9r Sext. *h(Err Jhesu Criste, wan du in der Sextzeit auf das heilig froncreũtz genagelt bist worden*); Randzier: Christus wird ans Kreuz geschlagen, Biber (?) mit einem Ei im Maul, Ranke. 10r Non. *O (Herr Jhesu Criste kũnig und gebieter aller creaturen*): Tod Christi am Kreuz; Randzier: Raubvogel und verschiedene Ranken. 11r Vesper. *O (hErr Jhesu Criste, in des namen sich alle knie biegen mũessen*); Randzier: Beweinung Christi durch seine Mutter in offener Landschaft, Rosenblüten, Ranke mit roten Früchten und grün-braun gefiederter Vogel. 12r Komplet. *h(Err Jhesu Criste, almechtiger warer got und mensch*); Randzier: Grablegung Christi, Nelke, Ranke mit Granatäpfeln. 13v–16v Gebet über die Sieben letzten Worte Christi am Kreuz mit Rubrik. 14r *O (Herr Jhesu Criste, der an dem letzsten tag seines lebens an dem creũtz hangende*); Randzier: ein Mönch (Franziskaner?) versieht einen Sterbenden, dem die Muttergottes mit Kind als Himmelskönigin auf der Mondsichel erscheint, mit den Sakramenten; Krug mit Maiglöckchen. 16v–17v Christusgebet. 16v *Wer dise fũnf wort hienach geschriben mit wolbedachtem synne und gũter andacht spricht, der sol wissen, das er von got nymer geschaiden wirt.* 17r *O (Lieber herr Jhesu Criste, Ich beger*); Randzier: Akanthusranke. 17v–19v Gebete zu den Fünf

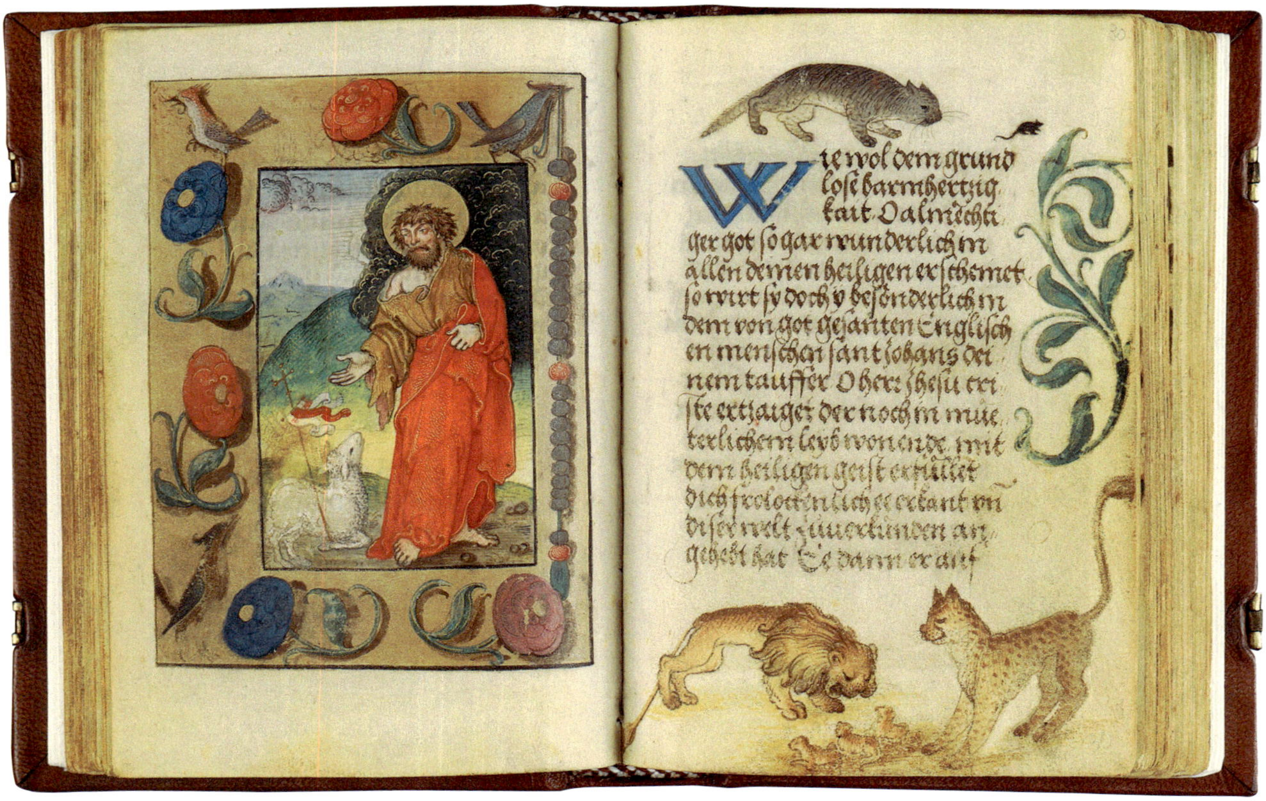

31 *Bayerisch-österreichisches Gebetbuch,* um 1509

29v–30r Johannes der Täufer weist auf das Lamm mit Labarum. Einer der Vögel in der Bordüre hält einen Rosenkranz mit zwei Gesätzen im Schnabel. Unter dem Gebet zu Johannes erinnert ein Löwe, der seine drei Jungen anbrüllt, an die christologische Deutung des »Physiologus«, in dem der Löwenvater sein totgeborenes Junges nach drei Tagen mit seinem Atem zum Leben erweckt. Auf dem oberen Rand jagt eine Katze eine Maus.

Wunden Christi. 17v *Ain gebet zū den fūnf wundn unsers herren Jhesu Cristi. G*(*Egrūest seyestu*). 20r–26v Gebet zu den Fünf Schmerzen Mariens sowie weitere Mariengebete. 20r *Hienach volgen gebet Von der traurikait schmertzen und mitleiden unnser lieben frawen. Zum ersten die fūnf hertzen layd Marie der mūter gotes die sy hie auf erden hat gehabt. O* (*Maria, du gewaltige kayserin des himmels und der erden*). 24v *O* (*Maria, durch deines kindes blūt*). 25r *O* (*Du faine, zarte, Erwirdige, sūesse mūter*). 26v–29r Mariengebet mit Ablassgewährung. 26v *Von disem gebet hat geben Bonifacius der Babst Syben Jar ablas und viertzig Karen und hayst zū latein Planctus beate Marie.* 27r *d*(*Ie mūter stund vol laid und schmertzen, bey dem creūtz mit swērem hertzen, do ir liebes kind anhing*). 29r–57r Gebete zu den Heiligen. 29v Johannes der Täufer weist auf das Lamm mit Labarum in einer bewaldeten, bergigen Landschaft; Bordüre mit Blüten und Vögeln, von denen einer einen Faden mit zwei Gesätzen eines Rosenkranzes im Schnabel hält. 30r *W*(*ie wol dem grundlose barmhertzigkait*); Randzier: ein Löwe erweckt seine drei Jungen durch Brüllen zum Leben, ein Luchs (?), Ranke, eine Katze jagt eine Maus. 33v Evangelist Johannes mit dem Kelch, aus dem das Gift in Gestalt einer Schlange entweicht; Bordüre: verschiedene Blüten, Erdbeere, Adler, Elster und weiterer Vogel, Schmetterling und ein Otter mit einem Fisch im Maul. 34r *O* (*Heiliger sanndt Johanns, du zwelfbot und ewangelist Cristi*); Randzier: Pelikan öffnet seine Brust, um mit seinem Blut seine Jungen zu nähren, Blütenranke mit Vogel, Igel. 35v Suffragium zum hl. Christophorus. *O* (*Wie gar wunderbarlich ist die macht des seligmachers*); Randzier: der Riese Christophorus trägt das Jesuskind durchs Wasser, am Ufer ein Einsiedler vor einer Berghöhle, Akanthusranke. 36v Gebet zum hl. Sebastian. *O* (*Heiliger Ritter und besunder auserwelter martrer gottes*); Randzier: hl. Sebastian in kostbarer Kleidung mit einem Pfeil in der Hand, Ranke. 38r Gebet zum hl. Rochus. *O* (*Heiliger beichtiger Rochy*); Randzier: Rochus mit Wanderstab zeigt dem Engel seine Pestbeule am Bein; Ranken mit Blüte. 39r Gebet zum hl. Antonius dem Einsiedler. *A*(*in yeder geist und alle creatur lobe got*); Randzier: der vor einer Höhle mit seinem Attribut, dem Schwein, sitzende Einsiedler Antonius wird von einem bunten, geflügelten Dämon versucht; Vogel, Ranken. 40v hl. Erasmus als Bischof mit Stab und Darmwinde vor einer weiten Landschaft; Bordüre: sieben Gemsen, Blüten. 41r *O* (*Heiliger und wirdiger Bischof sant Erasmus*); Randzier: ein angeleinter Braunbär vor einer Schüssel und danebenliegenden Äpfeln und einer Weintraubendolde, Weinranken mit

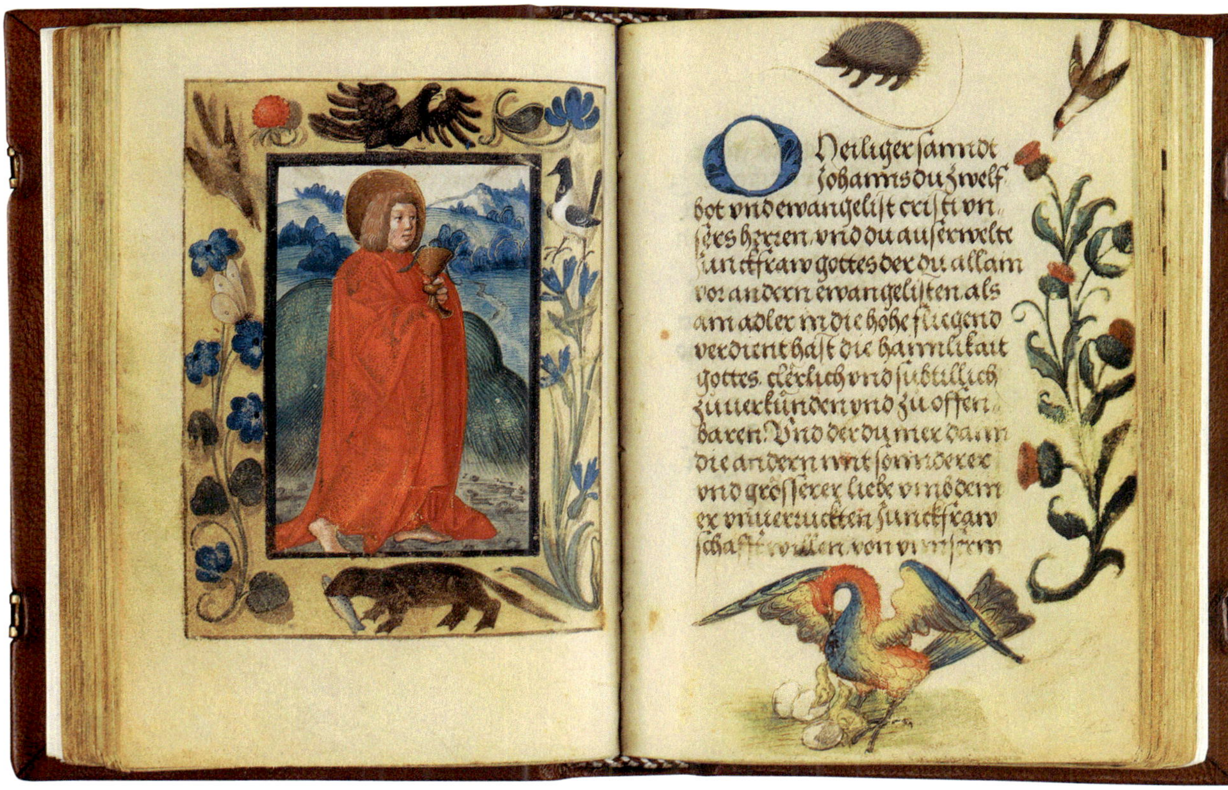

31 *Bayerisch-österreichisches Gebetbuch,* um 1509

33v–34r Evangelist Johannes mit dem Kelch, aus dem das Gift in Gestalt einer Schlange entweicht; im Rahmen oben ein Adler, das Symbol des Evangelisten, unten ein Fischotter mit erbeutetem Fisch; über dem Gebet zu Johannes ein Igel und unterhalb der Pelikan, von dem der »Physiologus« berichtet, er habe seine Brust zerhackt, um die toten Jungen mit dem herabtropfenden Blut zum Leben zu erwecken.

Trauben, Erpel im Flug. 43v Stigmatisierung des hl. Franziskus in einer gebirgigen Landschaft; im Vordergrund ein über einem geschlossenen Buch eingeschlafener Mitbruder; Bordüre: Ranken mit Schmetterlingen, Vögeln und fünf Hasen. 44r *O (Heiliger vater Franciscus)*; Randzier: ein Fuchs beobachtet einen Hahn mit vier Hennen, Erdbeerzweig, Vogel (Kolibri?). 45r Gebet zur hl. Ursula. *O (Wunderlicher streit und newe ūberwindūng junckfrewlicher crafft)*; Randzier: ein am Land stehender Krieger schickt einen Pfeil auf die hl. Ursula mit ihren dicht gedrängt in einem Boot stehenden Gefährtinnen und Gefährten; Blütenstrauch mit auffliegendem Vogel; im Gebet heißt es 45v-46r: *O selige statt Cöln mit solcher marter gegenwūrtigkait so Reichlich getziert.* 47r Gebet zur hl. Barbara. *G (ōtlicher creffte barmhertzige wandlung ist mit deinem namen volbracht)*; Randzier: Enthauptung der gekrönten Barbara in kostbarem Gewand durch ihren ebenfalls gekrönten Vater Dioskuros von Nikomedien, auf einem Hügel ihr Attribut, der Kelch mit darüber schwebender Hostie; Blumen und zwei Schmetterlinge. 50r Gebet zur hl. Katharina. *G(Egrūest seyest du aller wirdigiste Junckfraw und marterin Katherina)*; Randzier: die Königstochter Katharina im Gebet wird von einem Schergen enthauptet; vor ihr das zerbrochene Folterrad, Weinranke. 51v Schriftband: *Von sannt Dorothea ain schōn gebet*; darunter: Dorothea mit Palmzweig und dem Knaben an der Hand, der das Körbchen mit Rosen trägt. 52r *O (Ausserwelte gespons unnsers herrn)*; Randzier: ein Fuchs mit einer Gans im Maul entfernt sich von einer Schar schnatternder Gänse; Blütenranke mit Vogel, Ranke mit Beeren. 54r Gebet zur hl. Margarete. *O* (*Du heilige Jungkfraw sant Margaretha*); Randzier: hl. Margarete kniet im Gebet und hält ein Untier an einer Leine, das sich anschickt, sie zu verschlingen; Blüten, Ranken und Vogel. 55v Gastmahl im Hause des Pharisäers Simon, bei dem Maria Magdalena die Füße Christi mit ihren Tränen benetzt und sie mit ihrem Haar trocknet (nach Lk 7, 36ff.); Bordüre: Baluster- und Girlandenmotive. 56r *O* (*Lieber herr Jhesu Criste, ain hoffnung aller būswertigen menschen, wenn du der sünderin Maria Magdalena, die wainend gelegen ist bey deinen fūssen*); Randzier: Kampf zwischen einem Widder und einem Steinbock, auf einem Felsvorsprung eine Gemse, Ranke mit Beeren, drei Vögel, darunter fliegende Schwalbe und Eisvogel. 57v–64r Mariengebet. 57v Schmerzensreiche Maria, von Engeln gestützt; Bordüre: Sündenfall sowie zwei Engel mit Schwertern. 58r *S(Ancta Maria, ain Jungkfraw ob allen Jungkfrawen)*; Randzier: die Kundschafter aus dem gelobten Land mit der großen Weintraube, Dachs, Ranken. 64v leer. 65r–79v Gebete zur

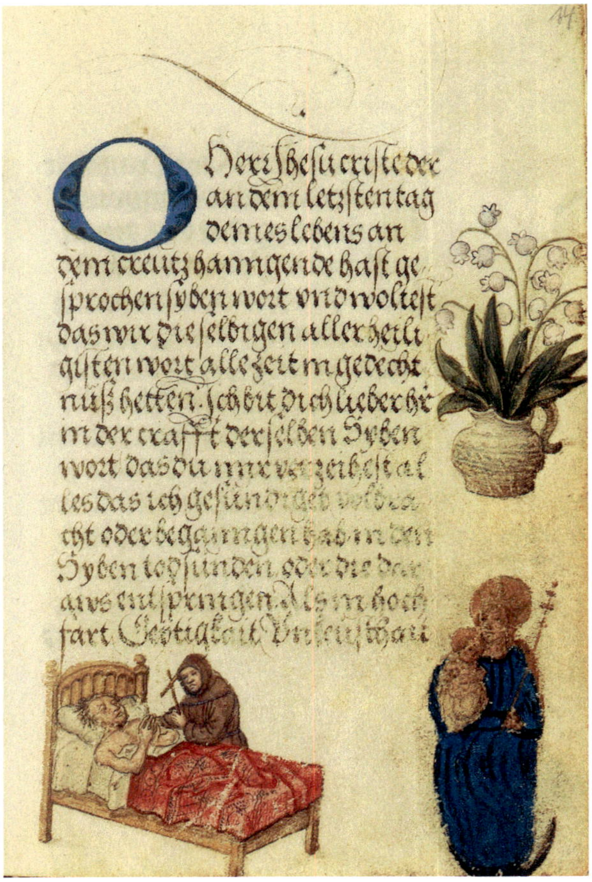

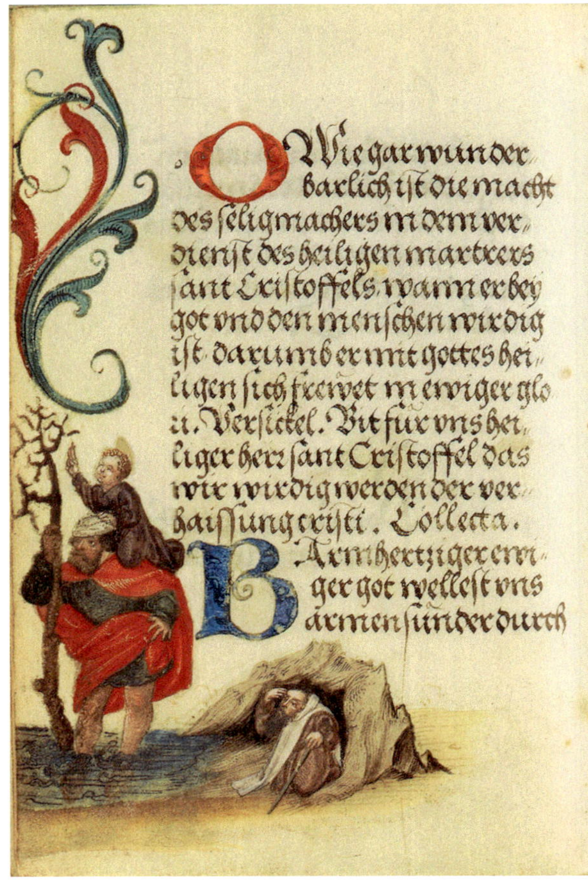

31 *Bayerisch-österreichisches Gebetbuch*, um 1509

14r Ein (Franziskaner-?) Mönch versieht einen Sterbenden, dem die Gottesmutter mit Kind als Himmelskönigin auf der Mondsichel erscheint, mit den Sakramenten; Randzier zum Gebet über die Sieben Letzten Worte Christi am Kreuz

35v Christophorus trägt, beobachtet von einem Einsiedler, den Jesusknaben auf seinen Schultern über den Fluss. Suffragium zum hl. Christophorus

Vorbereitung auf den Empfang der Kommunion. 65r *Hienach volgen gebet, die ze sprechen sind so man das heilig hochwirdigist Sacrament emphahen will und ist genant sandt Bernhards Cursz. h(Erre got heiliger himlischer vater)*; Randzier: Akanthusranke. 65v *Zū got dem Sun.* 66r *Zū got dem heiligen geist.* 66v *Zū der heiligen drivaltikait.* 67r *Zū der Junckfraw Maria.* 67v *Ain annders zū der Junckfraw Maria.* 68r *O (Du aller ranngiste und wirdigiste mūter)*: Initiale mit menschlichem Gesicht; Randzier: Akanthusranke und Ranke mit Früchten. 68v *Zū allen Enngeln.* 69r *Zū allen Patriarchen und Propheten.* 69v *Zū allen Appostеln und Ewangelisten.* 70r *Zū allen martrern.* 70v *Zū allen Beichtigern.* 71r *Zū allen Junckfrawen.* 71v *Zū allen heiligen.* 72r–79v Verschiedene Gebete *Zū dem heiligen Sacrament.* 79v Gebet zum Empfang der Kommunion. *Disz sprich so du yetz hintzū geest. O (Milter gūetiger herr Ihesu Criste)*. 79v–89r Gebete nach Empfang der Kommunion. 79v *So du nun das heilig hochwirdig Sacrament emphangen hast, so sprich dis nachgeschribn gebet mit ganntzer andacht.* 80r *O (Du ware speys der Engel)*. 83r *Danach bit got umb Sechs ding.* 83v *h(Erre Jhesu Criste gib mir laidigkait meins hertzen das es an kainer creatur haffte)*. Es folgen Gebete, darunter für Mutter und Vater und die Seelen im Fegefeuer. 89v–90r Mariengebet (in Goldtinte geschrieben). 89v *Disz ist genant das gulden Ave Maria. B(is gegrūest Maria, ain dienerin der heiligen drivaltigkait)*. 90v leer.

Literatur Catena Aurea, Kat. 16 Antiquariat Heribert Tenschert, Rotthalmünster o. J. (1985), Nr. 25. – J. M. Plotzek, Andachtsbücher des Mittelalters aus Privatbesitz, Ausst. Kat. Schnütgen-Museum, Köln 1987, Nr. 80. – U. Merkl, Ein Augsburger Gebetbuch des frühen 16. Jahrhunderts im Berliner Kupferstichkabinett, in: Pantheon 52, 1994, S. 77, Anm. 23. – Ders., Buchmalerei in Bayern in der ersten Hälfte des 16. Jahrhunderts. Spätblüte und Endzeit einer Gattung, Regensburg 1999, S. 25 Nr. 15, S. 26 Abb. 14. **Zitierte Literatur** M. Mayr, Das Jagdbuch Kaiser Maximilians I., Innsbruck 1901. – F. Unterkircher, Das Tiroler Fischereibuch Maximilians I. Kommentarbd. zum Faksimile des Cod. Vind. 7962 der Österreichischen Nationalbibliothek Wien, Graz 1967. – ders., Das Ambraser Heldenbuch. Kommentarbd. zum Faksimile des Cod. Ser. n. 2663 der Österreichischen Nationalbibliothek Wien, Graz 1973. – Ders., Maximilian I. Ein kaiserlicher Auftraggeber illustrierter Handschriften. Maximilian-Gesellschaft in Hamburg, Hamburg 1983, S. 17ff., Taf. 14ff. (zum Tiroler Jagd- und Fischereibuch), S. 45ff., Taf. 78ff. (zum Ambraser Heldenbuch). – W. L. Strauss (Hg.), The Illustrated Bartsch 10. Formerly Volume 7 (Part I). Sixteenth Century German Artists. Albrecht Dürer, New York 1980, Nr. I.

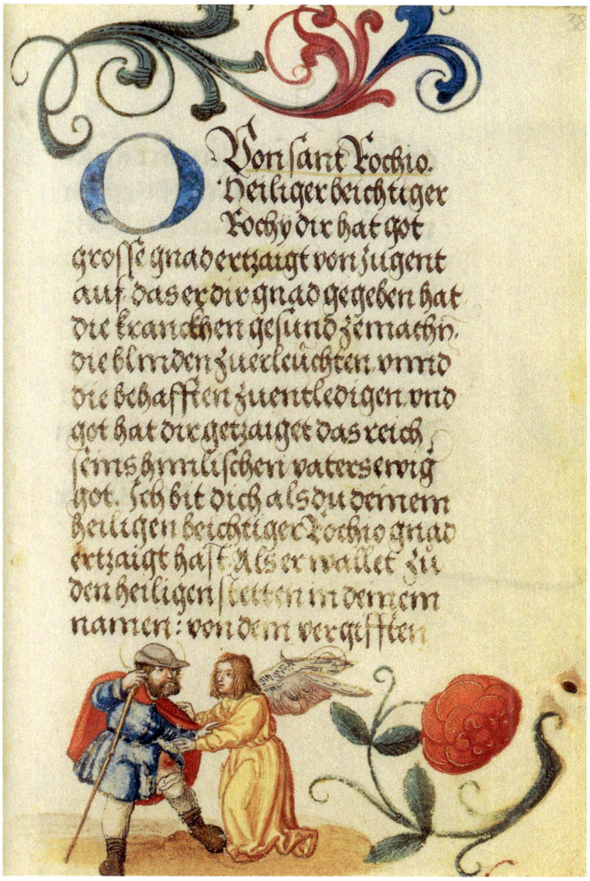

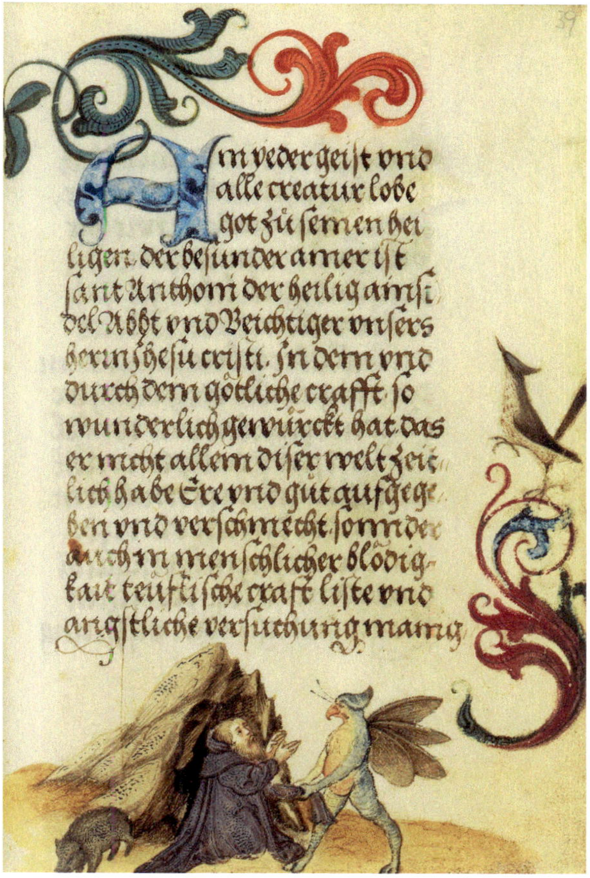

31 *Bayerisch-österreichisches Gebetbuch,* um 1509

38r Der hl. Rochus mit Wanderstab zeigt dem Engel seine Pestbeule am Bein. Gebet zum hl. Rochus

39r Der hl. Einsiedler Antonius sitzt vor seiner Höhle und wird von einem Dämon versucht. Gebet zum hl. Antonius

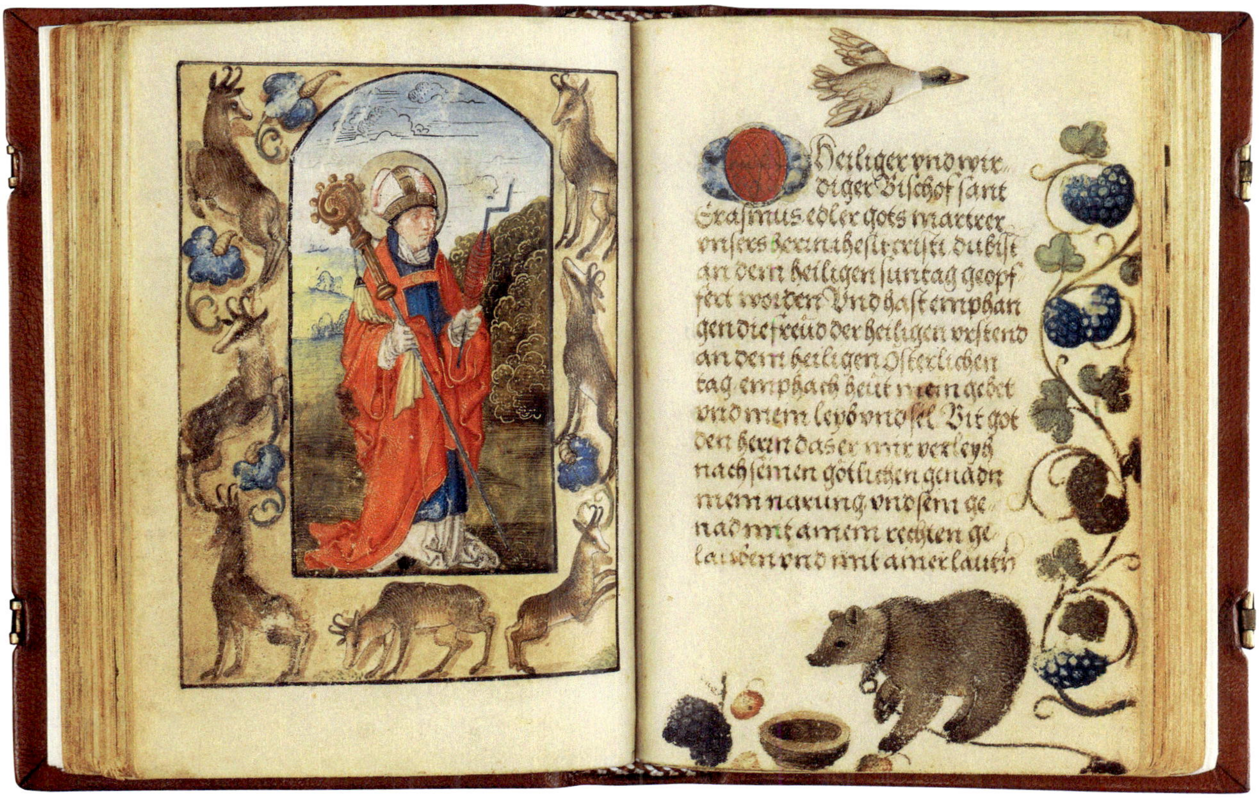

40v–41r Hl. Erasmus als Bischof mit Stab und Darmwinde vor einer weiten Landschaft; in der Bordüre sieben Gemsen in unterschiedlichen Bewegungen. Das Gebet zu Erasmus ist geschmückt mit einem fliegenden Erpel, Weinranken mit Trauben und einem angeleinten Braunbär vor einer leeren Schüssel, neben der Äpfel und eine Traubendolde liegen.

31 *Bayerisch-österreichisches Gebetbuch,* um 1509

43v–44r Stigmatisierung des hl. Franziskus in einer gebirgigen Landschaft; im Vordergrund ein über einem Buch eingeschlafener (?) Mitbruder; in der Bordüre fünf Hasen, ein Vogel, Blüten und Schmetterlinge. Unter dem Gebet zu Franziskus sitzt ein Fuchs, der einen Hahn mit vier Hennen beobachtet.

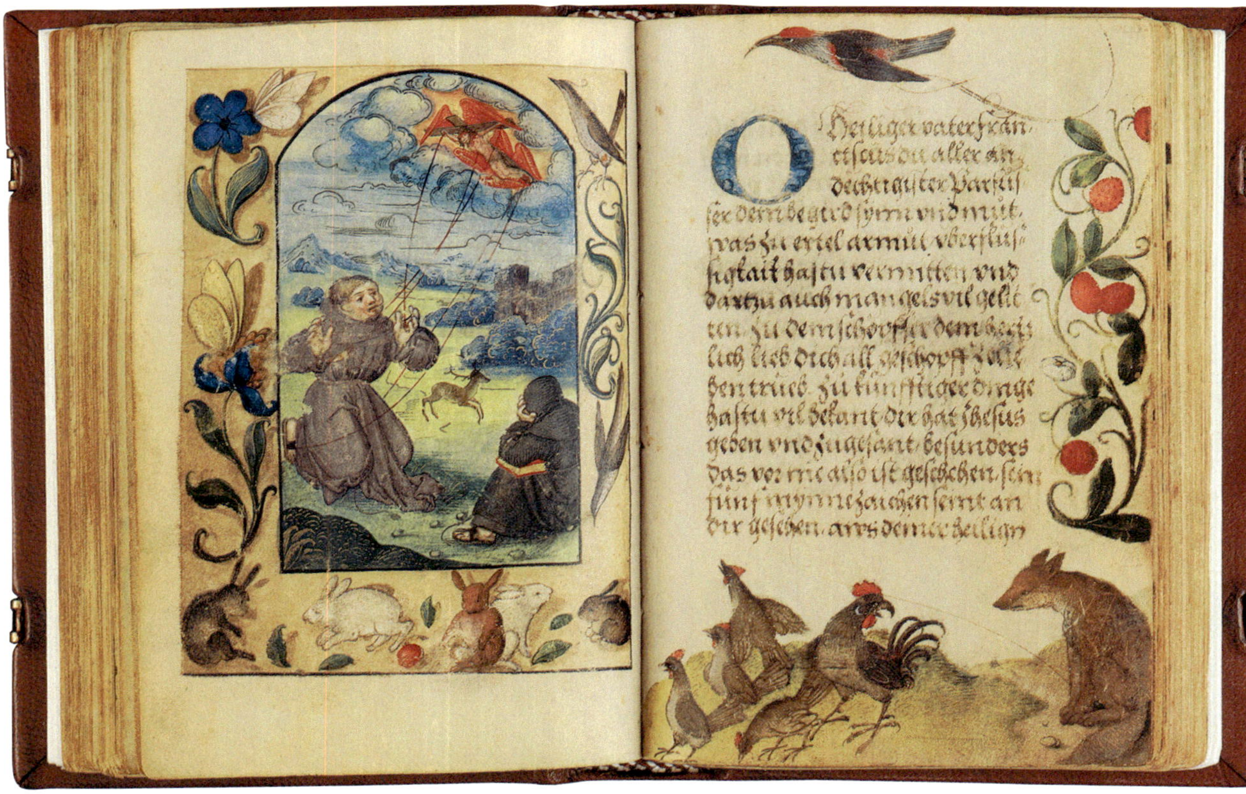

51v–52r Über die wie mit einem Holzrahmen eingefasste Miniatur mit Dorothea, der ein Knabe Rosen aus einem Körbchen reicht, legt sich oben ein Schriftband mit den Worten *Von sannt Dorothea ain schön gebet*. Auf der gegenüberliegenden Seite richtet es sich an die *Ausserwelte gespons unnsers herrn.* Im Rand trägt ein Fuchs eine Gans im Maul fort, während drei weitere aufgeregt schnatternd die Hälse recken.

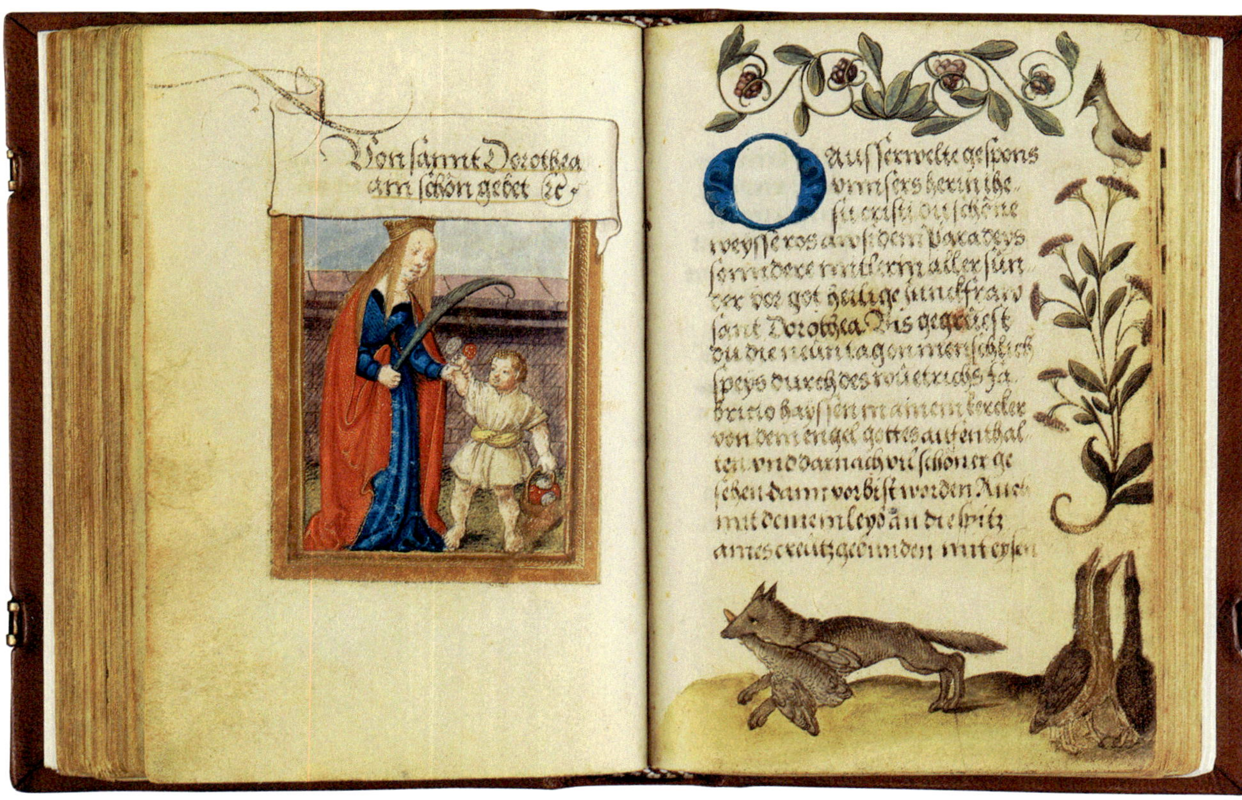

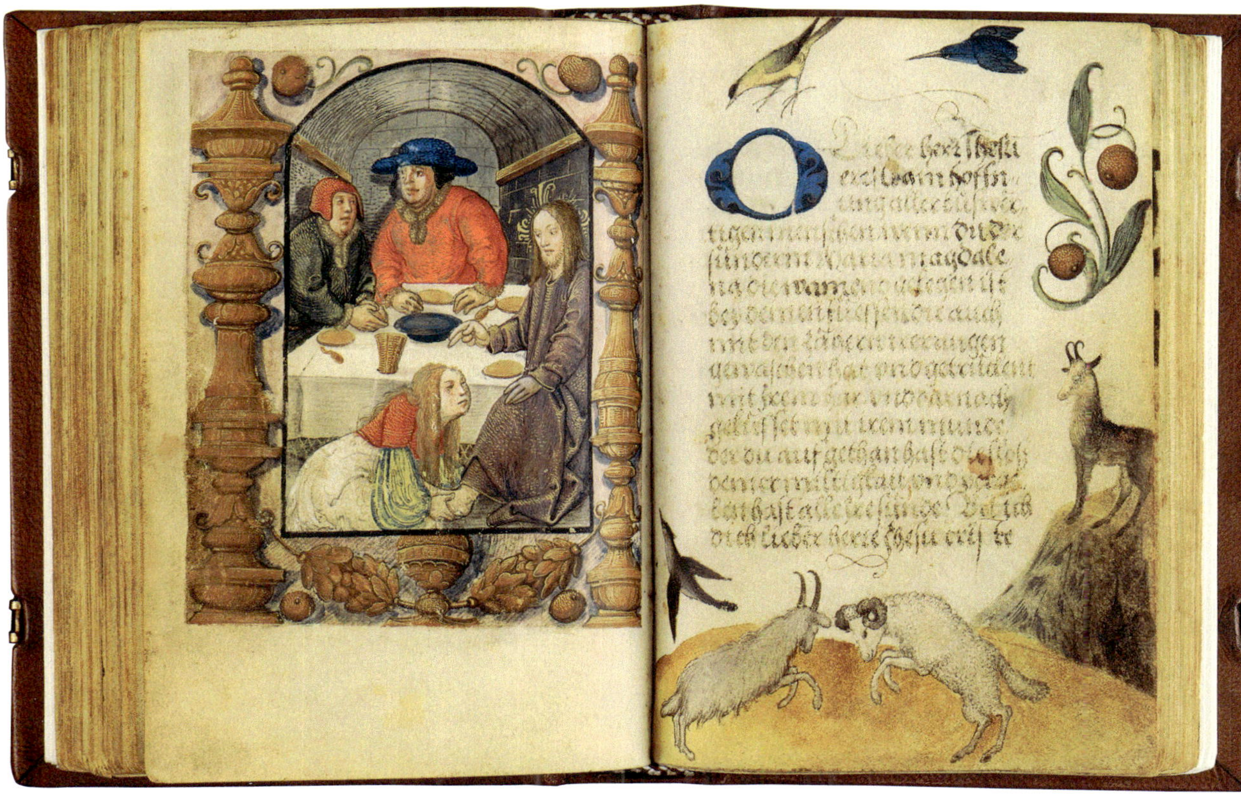

31 *Bayerisch-österreichisches Gebetbuch,* um 1509

55v–56r Gastmahl im Hause des Pharisäers Simon, bei dem Maria Magdalena die Füße Christi mit ihren Tränen benetzt und mit ihrem Haar trocknet. Die Bordüre ist als architektonische Rahmung mit Balustern und Girlanden gestaltet. Das Gebet richtet sich an Christus, welcher der Sünderin Maria Magdalena vergeben hat. Im Rand kämpfen ein Widder und ein Steinbock gegeneinander, beobachtet von einer Gemse.

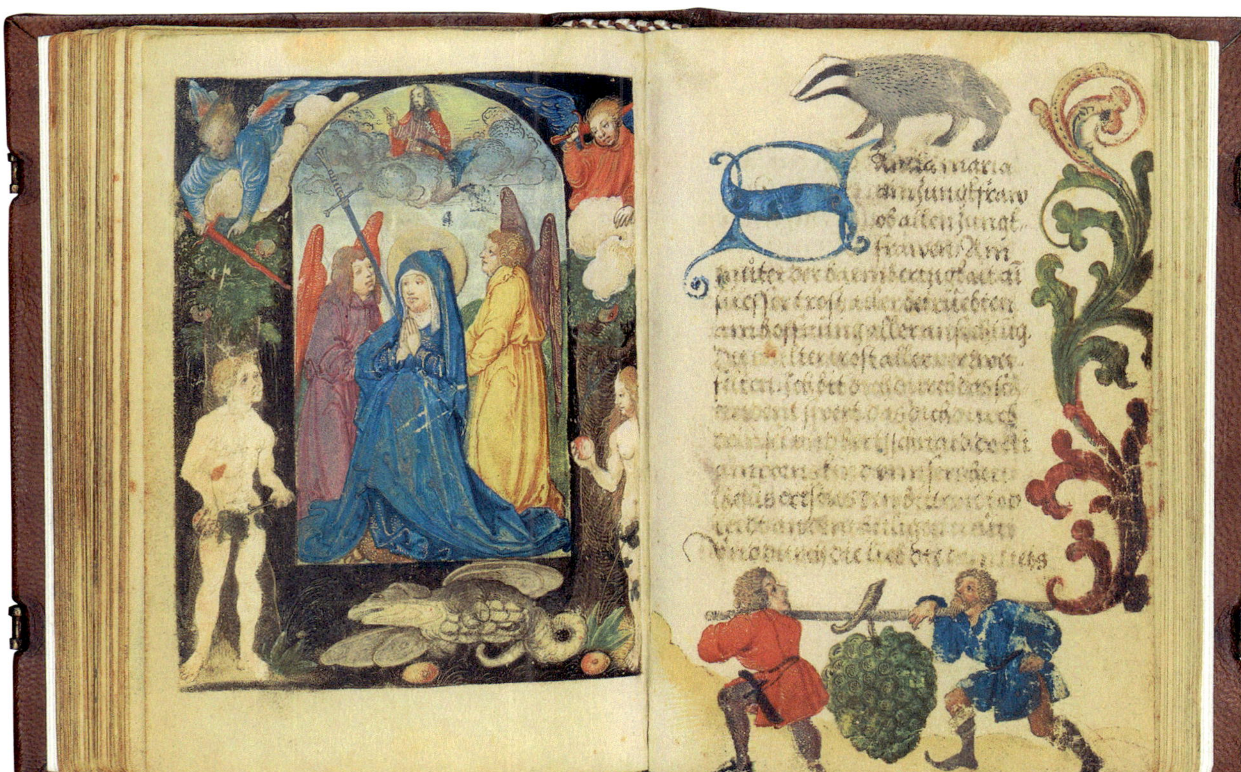

57v–58r Schmerzensreiche Maria, von Engeln gestützt; in der Bordüre schlägt die Darstellung des Sündenfalls die Brücke zwischen der ersten und der zweiten Eva. Unter dem Mariengebet, das letztlich über die Passion Christi meditiert, tragen die von Moses ins gelobte Land ausgesandten Kundschafter eine große Weintraube herbei.

31 *Bayerisch-österreichisches Gebetbuch*, um 1509

45r Ein am Ufer stehender Krieger schießt einen Pfeil auf die hl. Ursula und ihre dicht gedrängt im Boot stehenden Gefährtinnen und Gefährten. Im Gebet heißt es *O selige statt Cöln mit solcher marter gegenwürtigkait so Reichlich getziert* (45v–46r).

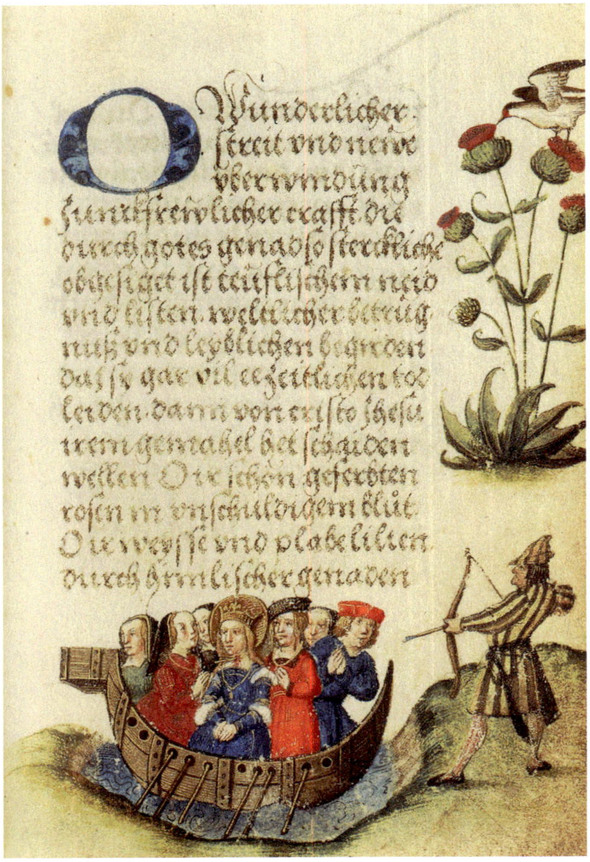

50r Die Königstochter Katharina wird im Gebet von einem Schergen enthauptet; vor ihr liegt das zerbrochene Folterrad. Gebet zur hl. Katharina.

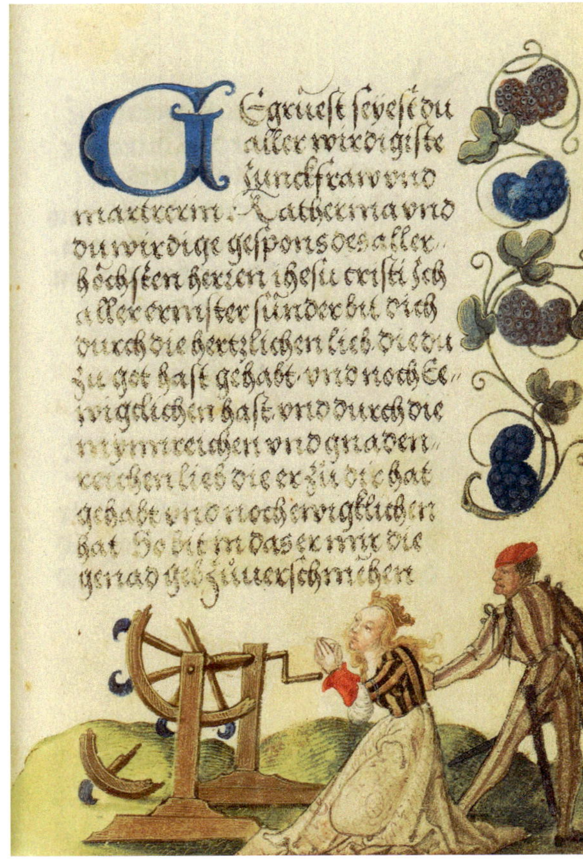

54r Margareta kniet im Gebet und hält ein Untier an der Leine, das sich anschickt, sie zu verschlingen. Gebet zur hl. Margareta

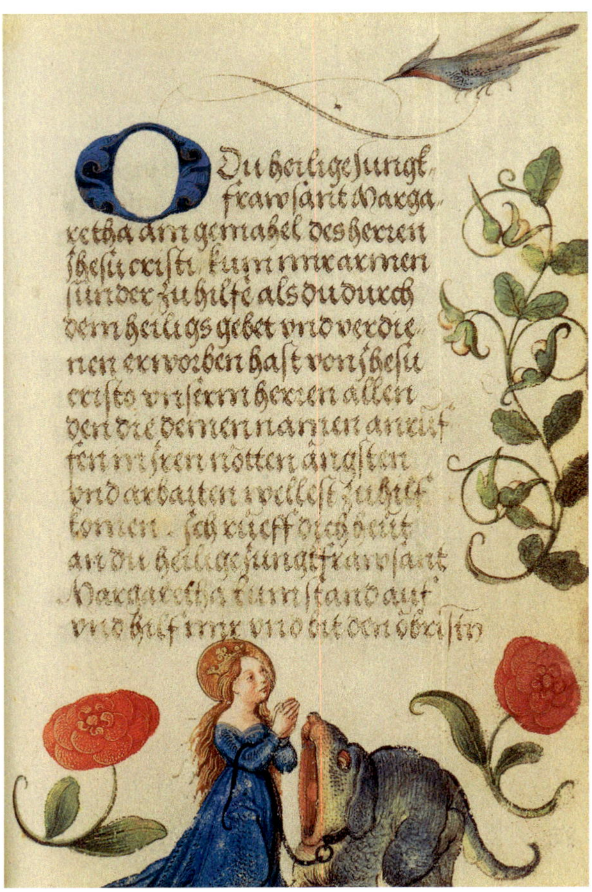

58r –64r (Text) Gebet an Maria

Gebet an Maria

Sancta Maria, Jungfrau aller Jungfrauen, Mutter der Barmherzigkeit, süßer Trost aller Betrübten, Hoffnung in aller Anfechtung, du milder Trost aller Verzweifelten. Ich bitt dich durch das schneidend Schwert, das dich durch dein Seel und Herz schnitt, als dein eingeborenes Kind und Herrscher Jesus Christus den bittern Tod litt an dem heiligen Kreuz und durch die Lieb, die dein liebs Kind zu dir hat, als er dich Sankt Johannes an dem heiligen Kreuz empfahl. Hilf mir und tröst mich in all meiner Arbeit, in all meinen Ängsten, in all meiner Widerwärtigkeit, in all meiner Krankheit, in allen meinen Sorgen. Mutter der Barmherzigkeit, süßer Trost aller Christenheit, tröst mich in allen meinen Nöten, sieh an mein Leiden, Not und Arbeit, sieh an meine große Sünde, darin ich lieg und nicht weiß, zu wem ich fliehen soll denn zu dir. Frau Sancta Maria, Gebärerin des wahren Gottessohns Jesu Christi, steh mir heut und immer bei. Du Wiederbringerin der Menschheit, erhör mich durch deinen Liebreiz und durch die Demut und Milde, und durch die Lieb, die dein liebes Kind hat, als da er die Menschheit an sich nahm und nach göttlichem Ratschluss mit seiner Menschheit erlösen wollt alles menschlich Geschlecht von dem ewigen Tode. Und da er dir, Maria, von dem Engel Sankt Gabriel verkündet ward und in deinem heiligen Leib vierzig Wochen wahrer Gott und Mensch getragen ward und darnach geboren ward, war er Gott und Mensch, und durch die Angst, die dein liebes Kind hatte, da er auf den Berg Oliveti ging und bat seinen himmlischen Vater, ob es möchte geschehn, dass die Marter an ihm vorübergehe, und durch den leidigen Gang, den dein liebes Kind tat, da er an das heilig Kreuz ging und da du aufsahst, da er den bittern Tod an dem heiligen Kreuz litt. Ich bitt dich durch die Streiche und die Scheltworte und durch die Ausspeiung und durch den Spott und falsch Zeugnis und durch das Kleid, das mit Spiel gewonnen ward und durch die Band und Geißelstreiche und durch das dreimalige Gebet, das dein liebes Kind vor seinem Tod tat und durch die blutigen Schweißtropfen und durch die Geduldigkeit, die dein liebes Kind in seinem Leiden hatte und durch das Schweigen und durch den Schrecken seines Todes und durch die Scham, die dein liebes Kind hatte, da er an dem heiligen Kreuz hing und entblößt ward vor dir, Maria, und vor aller Welt und durch die Dornenkrone, die ihm auf sein heiliges Haupt gedrückt ward, und durch den Durst, da er getränkt ward mit Essig und Galle, und durch den Speer, mit dem er durch seine heilige Seite gestochen ward, und durch das Blut und Wasser, das da von seiner heiligen Seite floss, damit erzeiget ist, dass seine Gnad und Barmherzigkeit auf uns gegossen wird, und durch die Nägel, die ihm durch seine Hände und Füße geschlagen wurden, und durch die Lieb, da er sein heilige Seel seinem Vater empfahl, und durch den Aufgang seines Geistes, da sein Geist aus seinem Munde schied und da er mit starker Stimme sprach „Heli, heli, lamazabatani. Mein Gott, mein Gott, wie hast du mich verlassen.", und da er sein Haupt neiget und mit großen Schmerzen sprach „Consumatum est. Es ist alles vollbracht.", und durch das Zerreißen, da der Vorhang im Tempel zerriss, und durch die Finsternis der Sonne und des Mondes und der Erde, die geschah, da Gott an dem heiligen Kreuze starb und durch die Gnad und Barmherzigkeit, die da dem Schächer geschah, und durch deines lieben Kindes Tod und Barmherzigkeit und sein Begräbnis, und den Gang, den er in die Hölle tat, und durch die Freud, die die Seel da empfing, da dein liebes Kind zur Hölle kam und durch die Freud der Auferstehung deines lieben Kindes, und durch die Erscheinung, da dein liebes Kind vierzig Tag nach seiner Auferstehung tat auf Erden, da er dir, Maria, und andern seinen Jüngern erscheinen, und durch die Auffahrt deines lieben Kindes, da er zu Angesicht deiner Augen vor dir, Maria, und vor andern seinen Jüngern in den Himmel empfangen ward, und durch die Gnad des heiligen Geistes, die er an dem heiligen Pfingsttag in aller seiner Jünger Herzen goss, und durch den jüngsten Tag, so er fürchterlich kommt zu richten über Tote und Lebendige und über alle Welt mit Feuer, und durch die große Freude, da du empfangen wurdest in die Himmel und freuest dich ohn Ende in dem Angesicht deins lieben Kindes. Hier bitt, worum du willst. Und durch die Not all erhör und erfreu mich an diesem Gebete, darum ich dich fleißig bitt und insbesondere um die Sach, die mir ohn Zweifel anliegend sind, weil dich dein liebes Kind nicht abweist, dass ich also gänzlich, schnell, nützlich und vollkommen deiner Hilfe werde gewürdigt und durch die Milde und Barmherzigkeit deines lieben Kindes und durch den Willen, den dein liebes Kind tut allen denen, die sich im Herzen fürchten. Erfreu und erhör mich in diesem Gebet, darum ich dich fleißig bitt. Ich bitt dich und ruf an dein Hilf, dass du mir erwerbest und dein Kind: Stetigkeit an christlichem Glauben, rechten Glauben, wahre Reue und ganze lautere Beicht, und behüt mich vor Sünden und vor weltlichen Schanden und verleih mir, dass ich deines lieben Kindes Tod und Marter täglich vor meinen Augen tragen müsse und dass ich mein Gelübde also vollbring, dass es Gott und der Mutter der Barmherzigkeit sei lobsam. Und vor allem höre und verleih mir Stetigkeit zu allen guten Werken und gib mir ein seligs Ende, wann ich von dieser Erden muss scheiden, und allen denen, die mir Gutes gönnen oder wünschen mit Worten oder mit Werken, denen erzeig ein seligs Ende, den Toten das ewige Leben, den Lebendigen ein selige Zeit hier auf Erden. Das verleih mir und in Gott der Vater, der Sohn und der heilige Geist. Amen.

(Transkription: Katharina Winnekes)

31 *Bayerisch-österreichisches Gebetbuch*, um 1509

32

Nürnberger Gebetbuch
Atelier des Georg
Glockendon d. Ä. (?)
Nürnberg, um 1515

Die Textsammlung dieses kleinen Andachtsbuches ist zweigeteilt. Der erste umfangreichere Teil enthält Gebete zu einer Vielzahl von Heiligen in der Ordnung des Heiligenfestkalenders, in die die Hauptfeste des Kirchenjahres, Herren- und Marienfeste, integriert sind. Diesem mit Initialminiaturen reich ausgestatteten Teil folgen nichtillustrierte Gebete für verschiedene Anlässe, die mit einem Text zur Passion Christi und einer Initialzierseite mit der Kreuzigung beginnen. Es sind Gebete, die nach dem Aufstehen und während des Ankleidens zu sprechen sind, die das liturgische Geschehen während der Messe begleiten, die dem Beter Zuversicht vermitteln und ihn zur Lauterkeit führen wollen, wenn er einem gerichtlichen Streitfall nachgeht, die alternative Möglichkeiten anbieten, wenn die Geschäfte einem nicht viel Zeit zum Beten lassen, die helfen sollen bei der Erfüllung des Wunsches, rechtzeitig vor dem eigenen Tod ein Zeichen für dessen Herannahen zu erhalten, und die immer wieder Ablass von unterschiedlichem Umfang versprechen. Diesen ganz persönlichen Anliegen steht der erste Gebetsteil gegenüber, in dem gleichsam der ganze Heiligenhimmel im allseits gültigen Gefüge des Kirchenjahres angerufen wird; er setzt mit der weihnachtlichen Geburt Christi am 24. Dezember ein und spannt sich über das Jahr hin bis zum Fest des Apostels Thomas am 21. Dezember. Viele der Gebete sind mit Versikeln und Kollekten zu Suffragien erweitert, wie man sie als Heiligengebete auch in den Stundenbüchern wiederfindet. Die Auswahl der angerufenen Apostel, Kirchenväter, Ordens- und Klostergründer und vor allen Dingen Märtyrer folgt grundsätzlich überregionalen Gepflogenheiten, doch vermittelt die Aufnahme der hll. Gumpert, Walburga, Florian, Ulrich, Wolfgang und Leonhard ein süddeutsch-bayerisches Kolorit, wohin auch der Dialekt des Textes verweist.

Die üppige Ausstattung der Heiligengebete mit 72 erhaltenen Initialminiaturen auf aufwendig gestalteten Zierseiten belegen ebenfalls eine süddeutsche Provenienz. Meist sind die Einzelfiguren der Heiligen bzw. mitunter auch szenisch erweiterte Ereignisse aus ihrem Leben oder ihre Martyrien sowie die Darstellungen zu den Hauptkirchenfesten wie Weihnachten, Lichtmess, Ostern, Christi Himmelfahrt, Pfingsten und Fronleichnam in die von der Initiale freigelassenen Bildflächen eingepasst. Seltener wird auf eine Einbringung der Illustration in den Kontext eines Zierbuchstabens verzichtet. In solchen Fällen werden »autonome« Bilder von gleichem, etwa quadratischem Format in Höhe von neun Schriftzeilen eingefügt, in denen die Initialen wie Objekte platziert sind. Die von kräftigen Tönen und Pinselgold bestimmte Farbpalette wird durch das stets in den Rahmenzwickeln verwendete, glänzende Blattgold gesteigert, das zudem noch durch strahlenförmig angelegte Strichelungen in mattierender Technik Vitalität erlangt. Neben weiten Landschaften bilden oftmals mit Goldsternen besetzte blaue Flächen die Bildgründe für die in leicht gedrungenen Proportionen lebendig agierenden oder in sich versunkenen Gestalten mit stets ockerfarben modellierten Gesichtern.

Fleischige Akanthusranken mit mächtigen Fruchtkolben und exotisch großen Blüten bestimmen die Bordüren, durchsetzt mit behaarten Goldblättchen, die wie Spolien zwischen dem vegetabilen Gewirr treiben. Auf Ranken und Blüten dieser eigenen Welt sitzen viele Vögel in unterschiedlicher Farbigkeit und Größe, die kaum zu bestimmen sind, und zahlreiche andere Tiere wie Insekten, Schmetterlinge, Schnecken, Affen, Pferde, Hunde, Kraniche, ein Schwan, Pelikan, Igel, Bär, Hase, Elefant, eine Schlange, ein Löwe und mehrfach ein Fuchs, der eine Gänseschar verfolgt oder bereits ein Federvieh gefangen hat. Darüber hinaus aber schreitet auch der Tod durch's Geäst (71v) oder taucht unerwartet hinter einer modisch gekleideten jungen Frau auf, die ihren Blick vom Spiegel auf das ihr vorgehaltene Stundenglas als Metapher der Vergänglichkeit zurückwendet (65r); an anderer Stelle spielen Kinder (74v), fällt ein Löwe eine Wildfrau mit ihrem Kind an (60v), hat ein Wildmann einen Vogel gefangen (91v); ein modisch gekleideter Jäger zielt mit Pfeil und Bogen auf eine Eule (66v), ein ins Horn blasender Reiter jagt mit Hunden einen Hirsch (14v). Die Äffin mit ihren Jungen (47r) mag auf die sprichwörtliche Affenliebe deuten, der einen Bären an der Leine haltende Affe (92v) an Vorführungen auf dem Jahrmarkt erinnern; das Motiv der jungen Frau mit dem Einhorn (119v) ist als Allegorie der Jungfräulichkeit beliebt. Hingegen dürfte die Gruppe des Mannes, der seine zeternde und mit erhobener Faust auf ihn einwirkende Frau auf den Schultern trägt (114r), wohl als eine Verballhornung bzw. Mutierung des Motivs der auf dem Philosophen Aristoteles reitenden Phyllis zu verstehen sein, in dem die Abhängigkeit des Mannes von der Frau eine humorvolle Metapher gefunden hat, die hier ins derb Bäuerliche abgewandelt ist. Der seine Jungen mit dem eigenen Blut nährende Pelikan (49r) ist ebenso dem antiken »Physiologus« entnommen wie der Löwe, der seine neu geborenen Jungen durch Brüllen zum Leben erweckt (124v). An die Äsop'sche Fabel erinnern Fuchs und Kranich, die vor einem schmalen Gefäß stehen (87v) bzw. über eine Schale gebeugt sind (111v).

Alle diese Bordürenmotive stehen in keinem Zusammenhang, weder zur jeweiligen Initialminiatur noch zu den Gebetstexten; selbst wenn zwei Pferde in der Bordüre zur Darstellung des hl. Jodokus, des Patrons der Haustiere, gezeigt sind (121r), ist ein solcher Bezug kaum beabsichtigt, da die beiden Tiere noch einmal (126r) in ganz anderem Zusammenhang auftauchen. Hingegen ergänzen die Engel mit den Arma Christi als Bordürenschmuck die in der Initiale derselben Seite (39v) wiedergegebene Gregorsmesse überaus sinnvoll. Gerade dieser Bordürenschmuck fällt aber aus dem üblichen Schema der spätgotischen Akanthusranken heraus und folgt in der die Realität imitierenden, schattenwerfenden Darstellungsweise Vorbildern der flämischen Buchmalerei. In dieser Art sind auch die beiden Bordüren zum Christophorus-Gebet (83v) mit zwei Pfauen, Blüten und Erdbeere sowie zum Barbara-Gebet (115v) mit Vögeln, Schmetterling und Blüten auf ockerfarbenem Grund ausgeführt. Insgesamt finden sich also nur wenige Beispiele für eine Ausstattungsweise, deren frühestes süddeutsches Belegstück im Augsburger Gebetbuch des Konrad Mörlin von 1505, Cod. lat. 309 im Nationalmuseum zu Budapest, erhalten ist, die jedoch erst einige Jahre später ähnlich dominant und häufig Verwendung findet wie die in heimischer Tradition beibehaltene Akanthusbordüre.

In den vergangenen Jahren hat sich Ulrich Merkl im Zuge seiner Studien zur spätmittelalterlichen Buchmalerei in Bayern mehrfach auch mit unserem kleinen Gebetbuch beschäftigt und wies es am Anfang seiner Überlegungen dem Atelier des Nürnberger Miniaturisten Jakob Elsner zu (Kat. Antiquariat Günther 1997), der 1517 starb. Schon 1547 rühmt Johann Neudörfer in seinen »Nachrichten von Künstlern und Werkleuten« die Art der Porträtmalerei, das so rein gemalte Gold wie auch das Malen von Wappenschilden dieses Miniaturisten, der sich selbst nicht ohne Stolz als Maler des Buchschmucks im 1513 vollendeten Missale Inv. Nr. Hs. 113264 des Germanischen Nationalmuseums in Nürnberg (125r) nennt: »Iacobus Elsner civis Nurembergensis hunc librum illuminavit anno domini 1513« (Wixom, Nr. 54). Dieses Messbuch hatte Anton Kress (1478–1513), Doktor des kanonischen und römischen Rechts und seit 1504 Propst von St. Laurentius in Nürnberg, für die Lorenzkirche herstellen lassen. Anton Kress, der Freund Albrecht Dürers, Willibald Pirkheimers und Christoph Scheurls, wird auch – zwar nicht als Auftraggeber, sondern lediglich mit seinem Titel und seinem Amt an St. Laurentius – in Kolophonen der beiden Bände des Graduales M 905 der Pierpont Morgan Library in New York genannt (Wixom, Nr. 53), dessen

32 *Nürnberger Gebetbuch* um 1515

erster von Friedrich Rosendorn, Vikar an St. Laurentius, im Jahre 1507 geschrieben wurde, während vom zweiten Band berichtet wird, dass im Jahre 1510 »letzte Hand« an ihn gelegt worden sei. Aufgrund der Tierszene in der Bordüre auf Folio 186r des ersten Bandes hat man dieses Chorbuch, dessen Ausstattung im Vergleich mit dem Nürnberger Missale Jakob Elsner zugeschrieben werden kann, auch Gänsebuch genannt, womit ein Motiv hervorgehoben ist, das sich in unserem Gebetbuch einer besonderen Beliebtheit erfreut.

Neben diesen Höhepunkten der Nürnberger Buchmalerei zu Anfang des 16. Jahrhunderts belegen zwei im Auftrag des sächsischen Kurfürsten Friedrich des Weisen 1507 vollendete Evangelistar- bzw. Epistolarbände Mss. El. fol. 1 und 2 der Universitätsbibliothek in Jena (Behrens) gerade in ihrem Bordürenschmuck große Übereinstimmungen mit unserem Andachtsbuch. Diese beiden für die Kirche des Kollegiatsstiftes Allerheiligen in Wittenberg bestimmten liturgischen Bücher, die bisher aufgrund stilistischer Zuschreibung als gesicherte Werke Jakob Elsners galten, unterzog Ulrich Merkl (1999, Nr. 67) einer nochmaligen Überprüfung und betonte überzeugend die Unterschiede in der Malerei der Figuren und der Ranken zu den gesicherten Arbeiten Elsners in New York und Nürnberg (Merkl 1999, Nr. 65, 66). Hingegen lassen sich der Ranken- und Figurenstil in den beiden Jenaer Bänden, ebenso die Vorliebe für erdige Farben, deutlicher in unserem Gebetbuch wiederfinden, für dessen Text Ulrich Merkl zudem denselben Kalligraphen vermutet. Darüber hinaus hat er mit der Hinzuziehung des Gebetbuchs Cgm 125 der Bayerischen Staatsbibliothek in München (Petzet; Grimm) ein unmittelbar zugehöriges Andachtsbuch gefunden, das sich wie eine Schwesterhandschrift zu unserem Gebetbuch verhält. Dieses mit 67 Initialminiaturen rudimentär überkommene Bändchen in München, das, jetzt stärker beschnitten, ursprünglich wohl etwa gleich groß mit unserem war, lässt sich auch im Hinblick auf die kodikologische Anlage wie beispielsweise die doppelte seitliche Liniierung des Schriftspiegels, sowie auf die Schrift, den Gebetsinhalt und die figürliche und ornamentale Ausstattung als nächst verwandt erkennen. Die Auswahl und Reihenfolge der Heiligen stimmt über größere Partien überein, der Gebetstext zu den Heiligen, dem in München noch Offizien zur Weisheit und Passion folgen, ist weitgehend identisch – freilich in einem abweichenden süddeutschen Dialekt –, der Schriftduktus sehr ähnlich, die kalligraphischen Elemente ober- und unterhalb des Textblocks (Kadellen) von derselben Art. Die ikonographische Formulierung einzelner Initialminiaturen deckt sich bisweilen bis hin zur Ornamentierung der Zierbuchstabenkörper (z. B. Cgm 125, 18r und 27r in unserem Manuskript [hl. Dorothea]).

Bordürenmotive wie dasjenige der Jungfrau mit dem Einhorn (119v) oder der jungen Frau, die vom Tod bei der Hand genommen wird (65r), erscheinen im Münchner Gebetbuch (75v und 94v) oder auch in den beiden Jenaer Zimelien Friedrichs des Weisen. Zudem enthält der Cgm 125 im überkommenen Zustand lediglich drei Bordüren (54v, 136r, 192r) im flämischen Trompe l'œil-Stil und wahrt damit eine ähnliche Proportion wie sie in unserem Gebetbuch vorliegt. Bemerkenswert ist darüber hinaus, dass die genannten figürlichen Bordürenmotive oder auch solche wie der Fuchs mit der erbeuteten Gans oder die von einem Löwen angefallene Wildfrau mit Kind bis hin zu Details der Initialminiaturen in einem kleinen Gebetbuch übernommen sind, das Eberhard König überzeugend als ein frühes, um 1520 entstandenes Manuskript von Nikolaus Glockendon identifiziert hat (Tenschert, Kat. 25). Nikolaus war der um 1490 geborene älteste Sohn des Georg (Jörg) Glockendon d. Ä. (gest. 1514) und seiner Frau Kunigunde (gest. 1534). Nach dem Tod des Vaters ließ er sich 1515/16 bereits sein Erbteil vorab auszahlen, das erst nach dem Tod der Mutter an ihn gefallen wäre, so dass die Annahme, Nikolaus Glockendon sei zu dieser Zeit als Miniaturist bereits selbstständig gewesen, zutreffen mag. Als früheste bekannte Arbeiten von ihm haben sich zwei Miniaturen (44r/v) im Pontifikale Gundekarianum, Cod. B 4 des Diözesanarchivs in Eichstätt erhalten (Merkl 1999, Nr. 97), welche seine Initialen NG mit der Datierung 1517 überliefern. Nun hat Ulrich Merkl auf eine Reihe motivischer und stilistischer Merkmale der beiden erwähnten Messbücher in Jena hingewiesen, die in Arbeiten des Nikolaus Glockendon wiederzufinden sind und einen engen Zusammenhang voraussetzen. Sie veranlassten ihn zu der Hypothese, dass man im Werk des Sohnes gleichsam einen Reflex der bisher nicht sicher zuweisbaren Arbeiten des auch als Illuminator tätigen Vaters Georg Glockendon erkennen könnte. Über das Œuvre des Sohnes erschließt sich dieser Vorstellung nach im Rückschluss wenigstens ansatzweise der unbekannte Stil des in Archivalien erwähnten buchmalerischen Werks des ansonsten als Briefmaler geschätzten Vaters (Timann 1992 und 1996). Demnach könnte es sich bei den beiden Messbüchern in Jena um eine Arbeit des Georg Glockendon d. Ä. handeln, in dessen Werkstatt, die nach seinem Tod offenbar zunächst von seiner Frau Kunigunde und wenige Jahre später von seinem zweitältesten Sohn Albrecht (um 1495–1545) weitergeführt

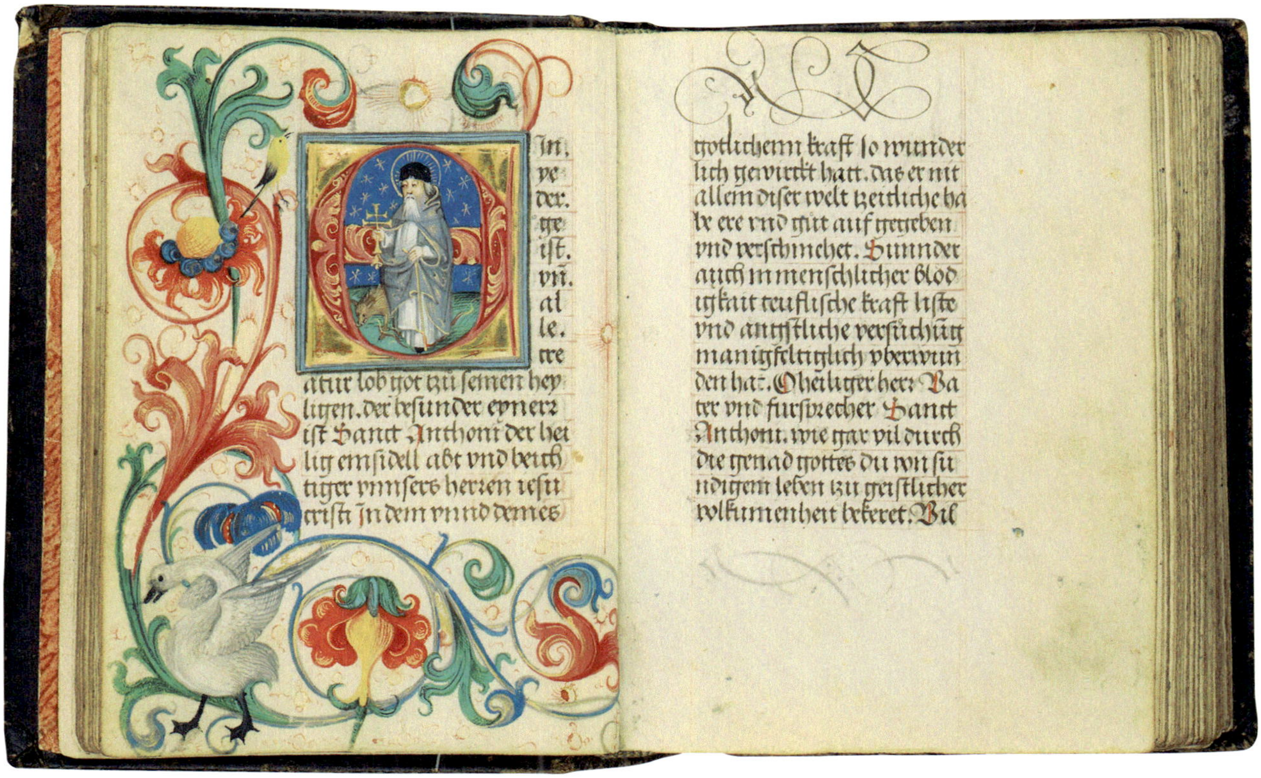

32 *Nürnberger Gebetbuch* um 1515

12v–13r Der Einsiedler Antonius mit Kreuz und Schwein in der Initiale des Gebetes *Ein yeder geist und ale creatur lob got tzu seinen heyligen. der besunder eynerr ist Sanct Anthoni der heilig einsidell abt* [...]; Bordüre: angreifender Schwan

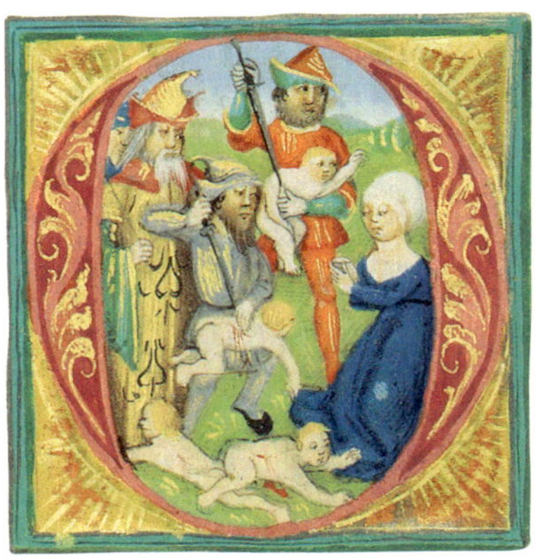

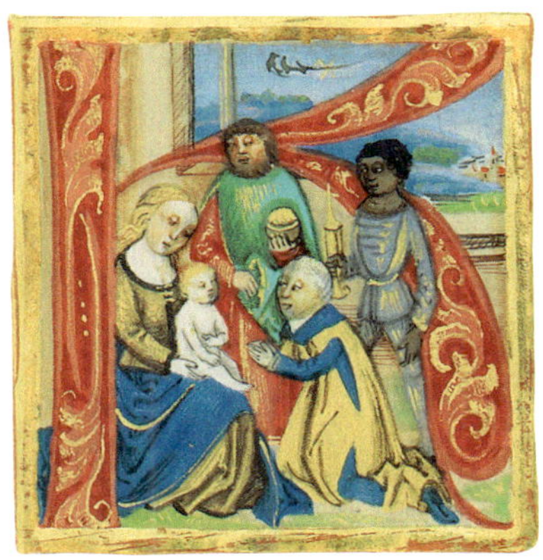

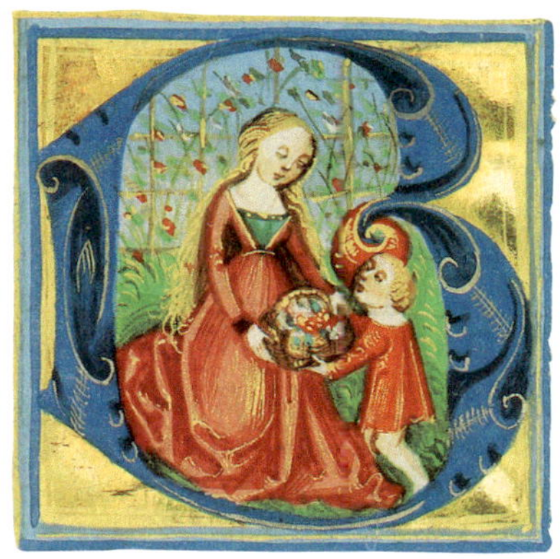

8r Bethlehemitischer Kindermord

10r Anbetung der Könige

27r Ein Knabe reicht Dorothea den Korb mit Blumen aus dem Paradiesgarten.

wurde, auch unser Gebetbuch sowie die Schwesterhandschrift Cgm 125 in München entstanden wären.

Die Ausstattung des Gebetbuchs spricht für eine Entstehung im 2. Jahrzehnt des 16. Jahrhunderts. Vermutlich handelt es sich nicht um ein eigenhändiges Werk von Georg Glockendon, so dass – folgt man der Hypothese Ulrich Merkls – dessen Sterbejahr 1514 keinen zwingenden Terminus angibt, vor dem das Manuskript ausgemalt worden sein müsste. Hingegen enthält der Text (166v) eine Rubrik mit einer offenbar aktuellen Ablassgewährung Papst Leos X., mit dessen im Jahr 1513 beginnendem Pontifikat zumindest ein Terminus post quem sicher gegeben ist. So wird eine Entstehung der kleiner Zimelie um 1515 anzunehmen sein. Sie gibt Einblick in die künstlerisch überaus lebendige Situation der Nürnberger Buchmalerei zwischen Mittelalter und Renaissance, in der neben den flämischen Einflüssen gerade auch Arbeiten des in dieser Stadt wirkenden Albrecht Dürer sowie Martin Schongauers vorbildhaft in die Miniaturmalerei übernommen werden und anregende Auftraggeber wie Kardinal Albrecht von Brandenburg (Biermann) maßgeblich dazu beigetragen haben, dass ganze Künstlerfamilien wie die Glockendons (Daentler; Timann 1993; Merkl 1999, S. 62ff.) über Jahrzehnte hin erfolgreich tätig sein konnten.

(Joachim M. Plotzek)

32 *Nürnberger Gebetbuch* um 1515

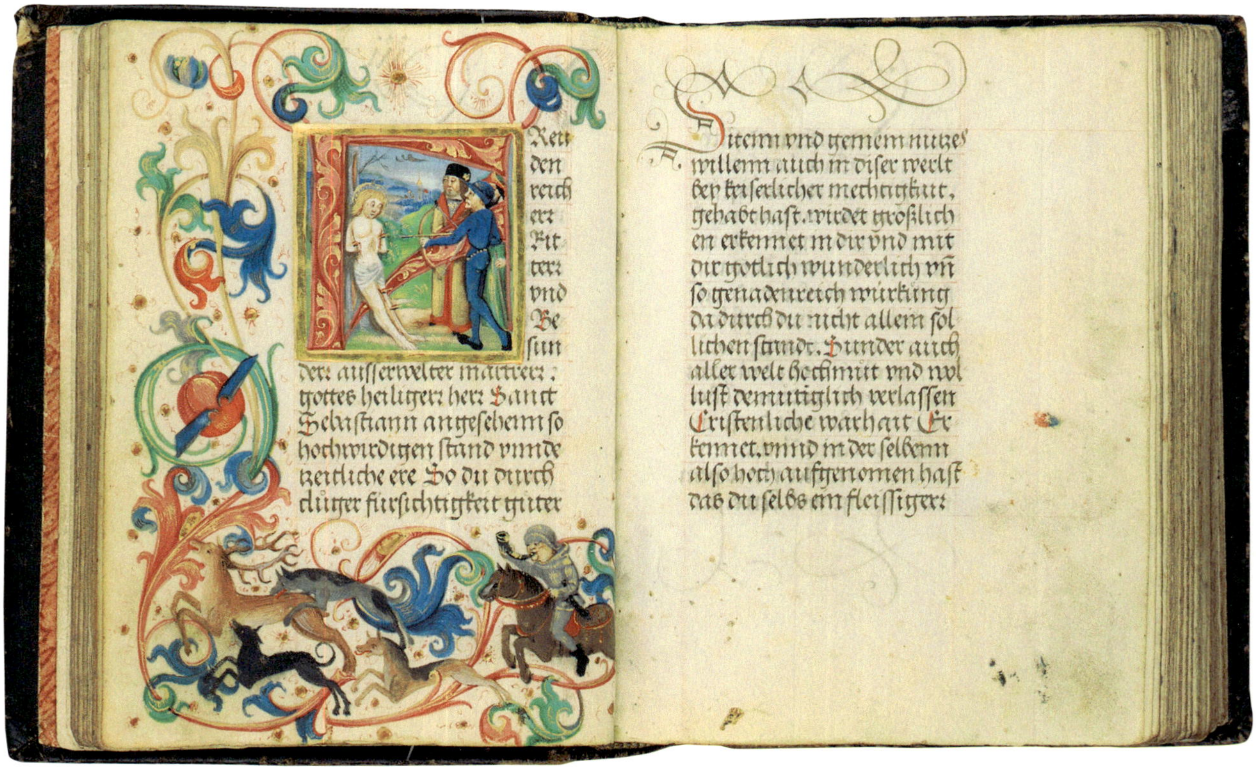

14v–15r Sebastian mit Bogenschützen in der Initiale des Gebetes *Freudenreicherr Ritterr und Besunderr ausserwelter martrerr. Gottes heiligerr herr Sanct Sebastiann* […]; Bordüre: Ein Reiter bläst ins Horn und jagt mit seiner Hundemeute einen Hirsch.

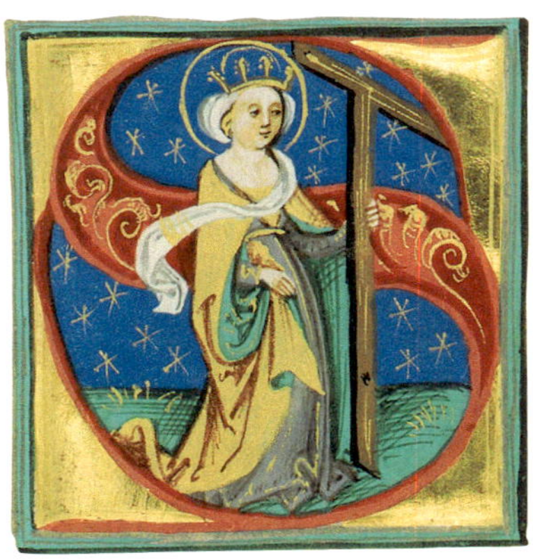

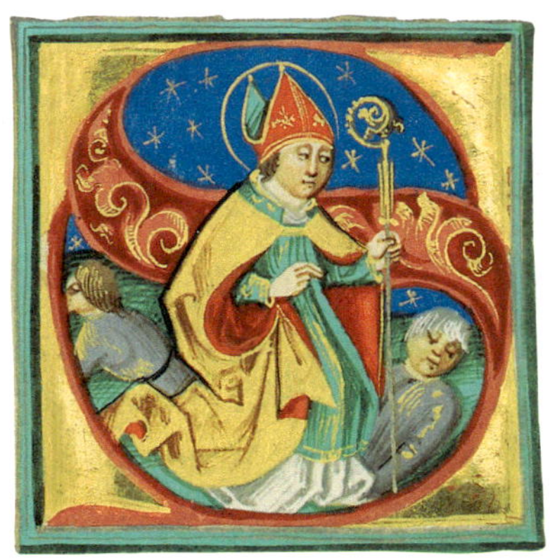

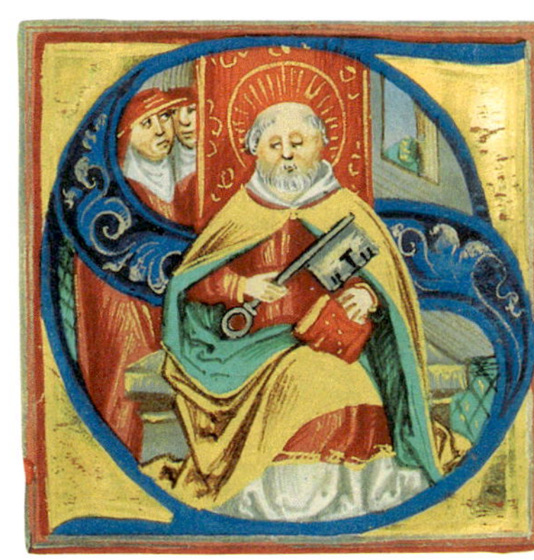

29r Kaiserin Helena mit dem Kreuz Christi

35r Der hl. Bischof Valentin heilt den epileptischen Knaben zu seinen Füßen.

36r Thronender Petrus mit Schlüssel und Buch

Pergament 178 Blätter; 135 x 105 mm (leicht beschnitten); Lagen: 1^{6+1}, 2^{8}, 3^{6}, 4^{8-1}, 5^{6}, 6^{8}, 7^{6}, 8^{8}, 9^{6}, 10^{8}, $11–12^{6}$, 13^{8-1}, 14^{6}, 15^{8}, 16^{6}, 17^{8}, $18–22^{6}$, 23^{8}, $24–25^{6}$, 26^{8}, 27^{2+1}; Schriftspiegel: 74 x 52 mm; einspaltig; 15 Zeilen; Liniierung in Rot, die senkrechte Reglierung des Schriftspiegels mit Doppellinien. **Ausstattung** Deutscher Text in brauner Textura, rubriziert; rot schattierte Versalien; auf dem Rand über und unter dem Schriftspiegel aller Textseiten, auch auf den Zierseiten, soweit die Ranken Platz lassen, bisweilen auch bei den Rubriken im Textblock kalligraphisch ausgeführte Kadellen; mehrzeilige Initialen aus farbigem, meist grünem, blauem oder mauvefarbenem Akanthus, goldgehöht auf blauem, türkis- und mauvefarbenem Grund mit Goldfiligranfüllung; von ihnen ausgehend in unterschiedlicher Ausdehnung farbige Akanthusranken; 72 neunzeilige Initialen mit Figuren und Szenen gefüllt in Deckfarben und Pinselgold innerhalb eines quadratischen Feldes z. T. aus Blattgold, von schmalen goldenen, blauen und/oder türkisfarbenen Leisten gerahmt; auf allen Initialseiten breite Akanthusbordüren mit großen Blüten, auch Blättern und Knospen in Blattgold, sowie mit Vögeln und vielen anderen Tieren, manchmal auch mit figürlichen bzw. szenischen Darstellungen. **Einband** Schwarzes Kalbleder mit floraler Bordüre in Goldprägung; auf dem Rücken ebenfalls florale Goldprägung und Bezeichnung

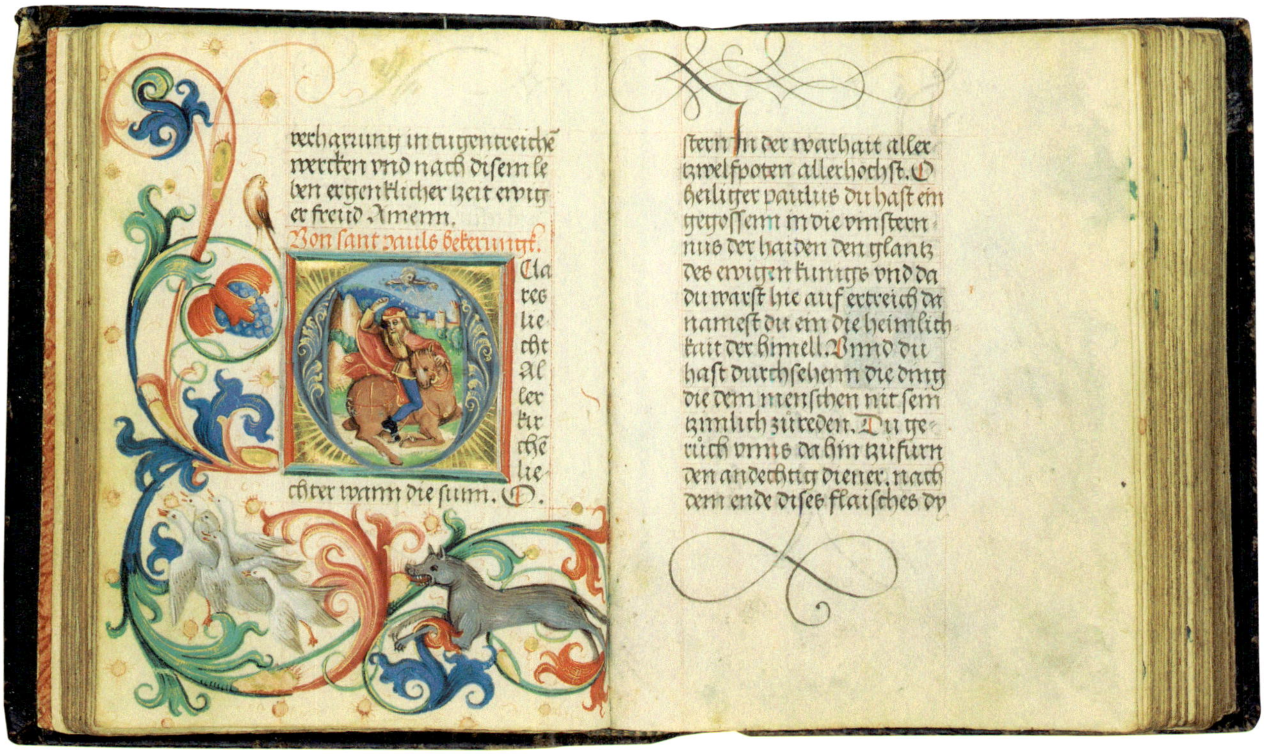

32 *Nürnberger Gebetbuch* um 1515

20v–21r Bekehrung des Paulus in der Initiale des Gebetes *O Clares liecht* […]; Bordüre: Ein Wolf jagt eine Gänseschar.

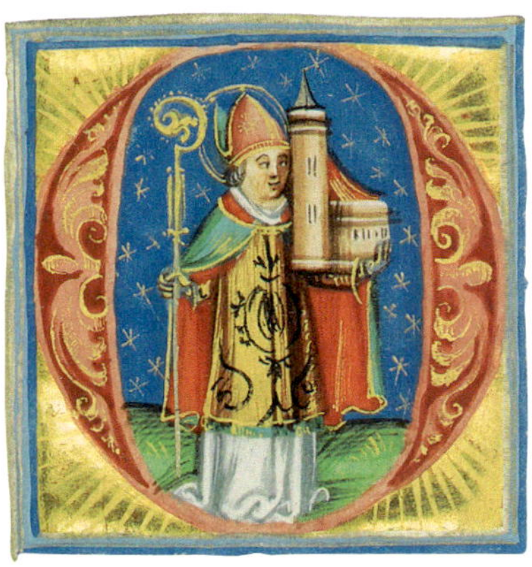

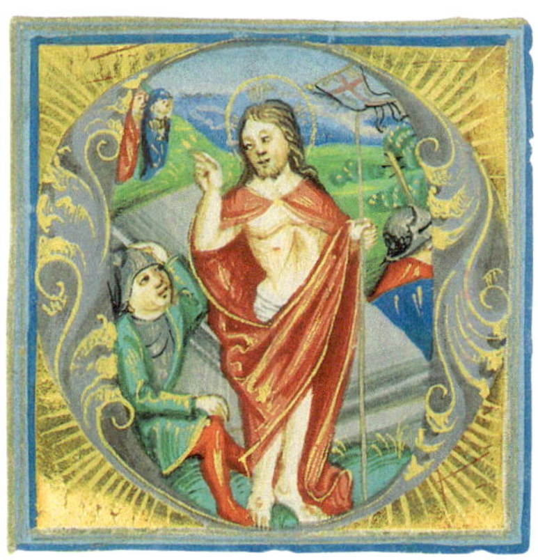

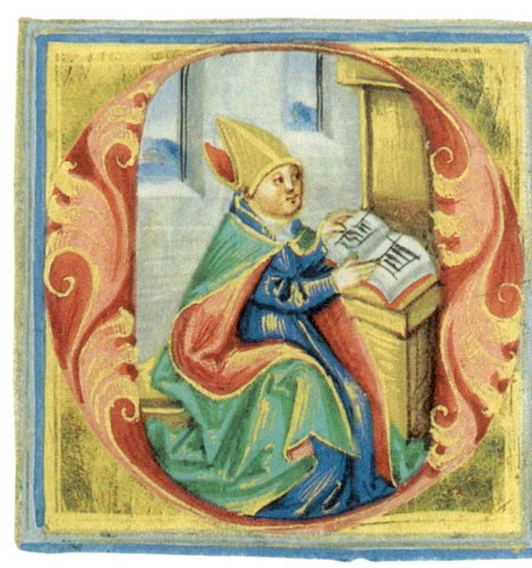

38v Hl. Gumpert im bischöflichen Ornat mit Stab und Kirchenmodell

43v Auferstehung Christi

45v Hl. Kirchenvater Ambrosius am Lesepult

»LIB.PREC.M.S.S.«; Goldschnitt; 18./19. Jh. **Vorbesitzer** Unbekannt; auf den Papiervorsatzblättern kurze, nicht weiterführende Eintragungen; wohl 19. Jh. **Inhalt** 1r *Ein gepet auß der latein gemacht. Von der geburt Cristi zu sprechenn die gantzenn Weihennachtenn. D(Omine)*: Geburt Christi. 3r *R(Egell)*: Stephanus mit Steinen und Märtyrerpalme. 6v *O (Heiliger)*: Evangelist Johannes mit Kelch und Schlange. 8r *O (Ir allerheyligisten)*: Bethlehemitischer Kindermord. 9r *O (Guter)*: Beschneidung Christi; Bordüre: zwei Füchse fressen einen Vogel. 10r *K (Unig)*: Anbetung der Könige. 12v *E (In yeder)*: Antonius der Einsiedler mit Kreuz und Schwein; Bordüre: angreifender Schwan. 14v *F (Reudenreicher)*: Sebastian mit Bogenschützen; Bordüre: Hundejagd auf einen Hirschen. 17v *O (Du heylige)*: Agnes mit dem Lamm; Bordüre: Hund jagt ein Tier. 19r *O (Heiliger)*: Vinzenz mit Zange und Palme. 20v *O (Clares liecht)*: Paul Bekehrung; Bordüre: Wolf jagt eine Gänseschar. 22r *D (Er allt Symeonn)*: Darbringung Jesu im Tempel. 23r *E (Wiger)*: Blasius in bischöflichem Ornat und mit Kerze. Nach fol. 23 fehlt ein Blatt vermutlich mit der Darstellung der hl. Clara; der sie anrufende Gebetstext setzt sich 24r/v fort. 25r *O (Heilige)*: Agatha mit Zange; Bordüre: Fuchs mit Beute. 27r *B (Is Gegruset)*: Ein Knabe reicht Dorothea einen Blumenkorb. 29r *S (Einddem)*: Kaiserin Helena mit dem Kreuz Christi. 31v *O (Ewiger)*: Apollo-

32 *Nürnberger Gebetbuch* um 1515

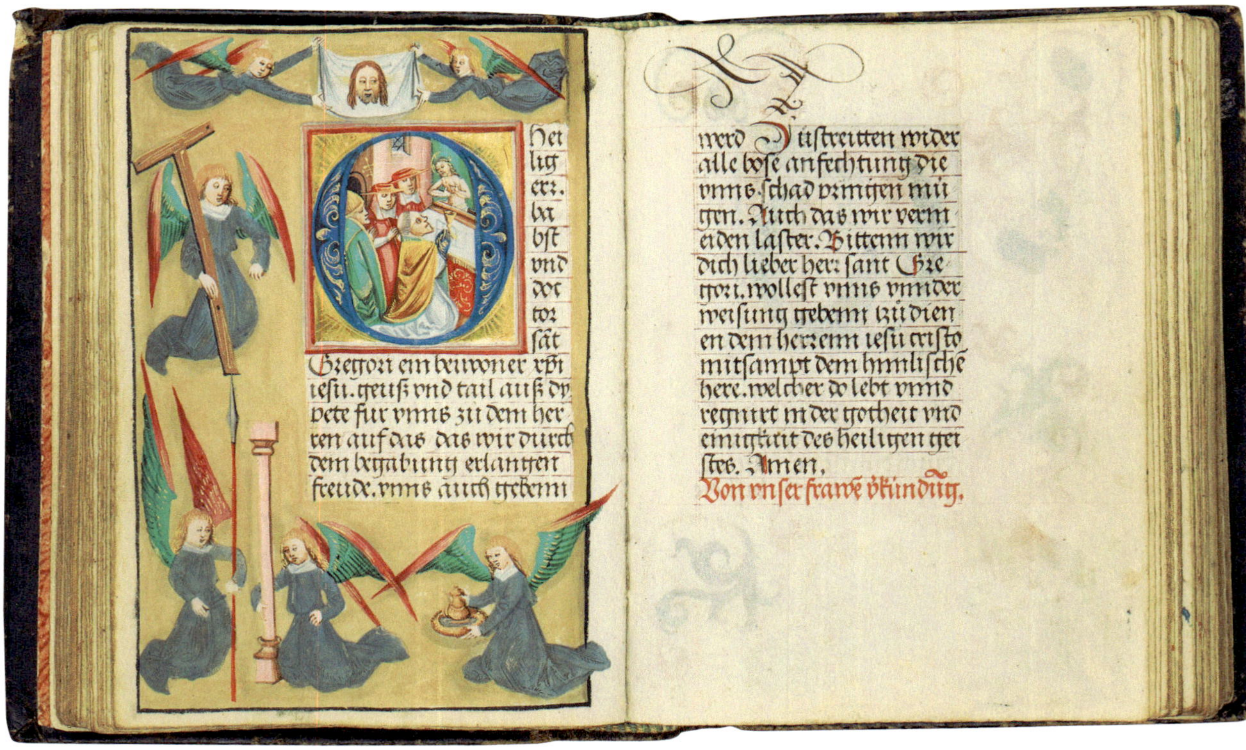

39v–40r Gregorsmesse in der Initiale des Gebetes *O Heiligerr babst und doctor sanct Gregorii* […]; Bordüre: Sechs Engel halten die Arma Christi.

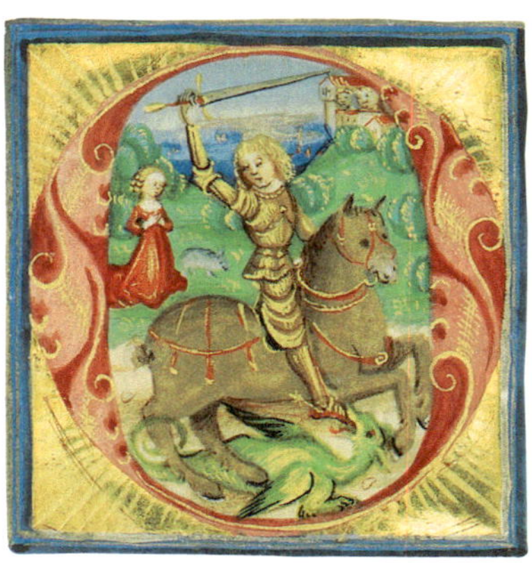

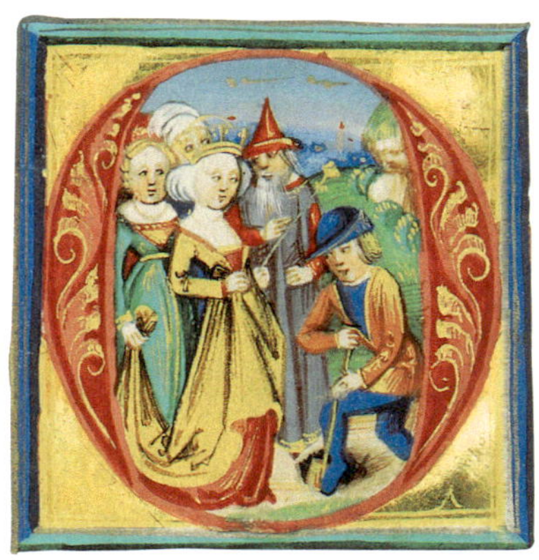

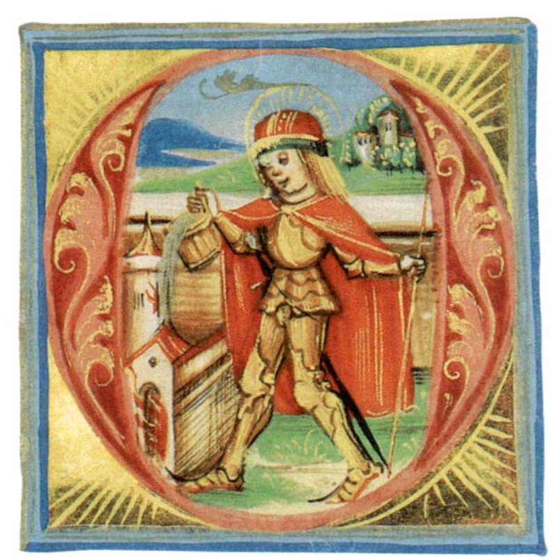

47r Der hl. Georg zu Pferde bekämpft den Drachen.

53r Auffindung des Kreuzes Christi durch Kaiserin Helena

54v Der hl. Florian löscht eine brennende Kirche.

nia werden die Zähne ausgeschlagen. 33r *D (U erwelte)*: Scholastika mit Regelbuch und Äbtissinnenstab. 35r *S (Elig)*: Valentin als Bischof heilt den epileptischen Knaben zu seinen Füßen. 36r *S (Ymeon)*: thronender Petrus mit Schlüssel und Buch (Petri Stuhlfeier). 37r *O (heiliger)*: Apostel Matthias mit Buch und Beil. 38v *O (Her wir pitten)*: Gumpert im bischöflichen Ornat mit Stab und Kirchenmodell. 39v *O (Heiligerr babst)*: Gregorsmesse; Bordüre: Engel mit Arma Christi. 40v *G (Egrusset)*: Verkündigung an Maria. 43v *O (Gewaltigerr)*: Auferstehung Christi; Bordüre: Vogel mit Küken. 45v *O (Her aller ausserwelter)*: Ambrosius am Lesepult sitzend. 47r *O (Loblich)*: Georg zu Pferde bekämpft den Drachen; Bordüre: Affe mit Jungen. 49r *O (Heiligerr)*: Evangelist Markus mit Löwe; Bordüre: Pelikan nährt seine Jungen mit eigenem Blut. 50v *O (Ir lieben)*: Apostel Philippus und Jakobus. 51v *O (Walpurga)*: Walburga mit Äbtissinnenstab und Walburgisölfläschchen auf einem Buch. 53r *O (Du gebenedeites)*: Auffindung des Kreuzes Christi durch Kaiserin Helena. 54v *O (Du hailiger)*: Florian löscht eine brennende Kirche. 57r *O (Gewaltigerr)*: Christi Himmelfahrt. 58v *O (Edlee zier)*: Sophia mit ihren Töchtern Fides, Spes und Caritas. 60v *O (Du mein)*: Pfingsten; Bordüre: Wildfrau mit Kind und aufsteigendem Löwen. 61v *S (Ancta)*: Trinität. 63r *G (Egrüsett)*: Verehrung der Eucharistie durch zwei Engel. 65r

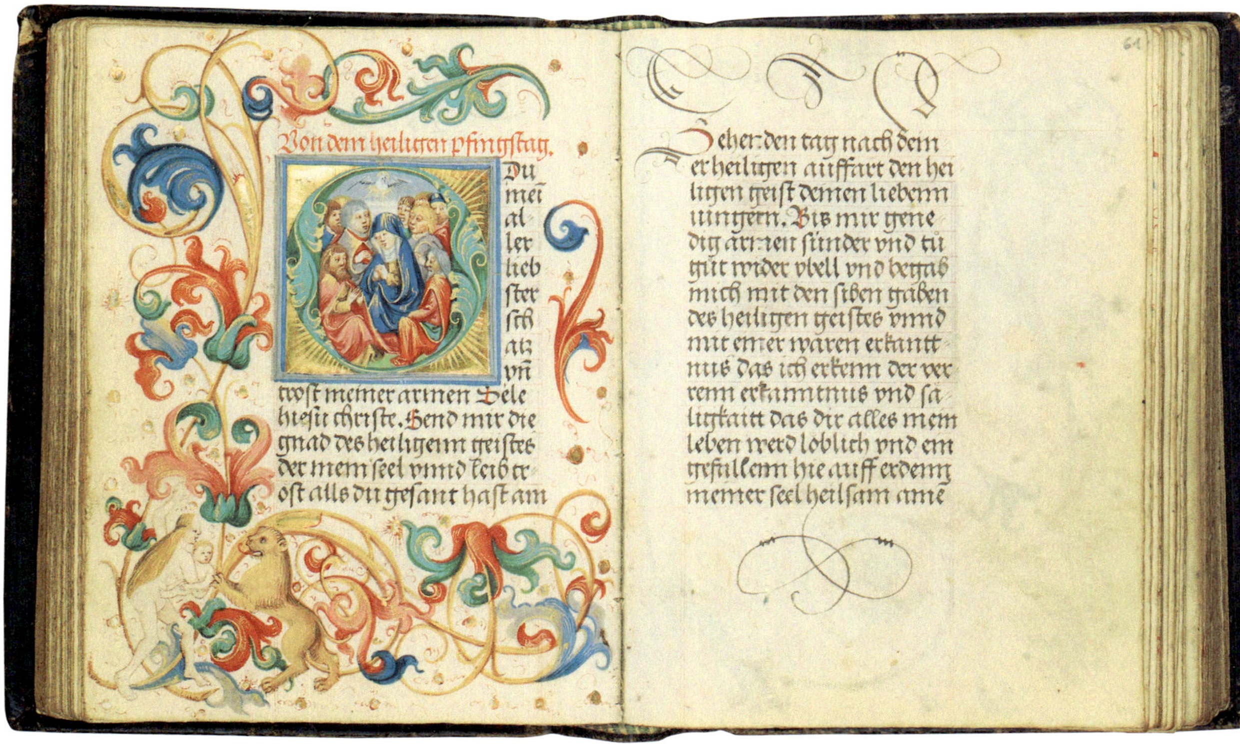

32 *Nürnberger Gebetbuch* um 1515

60v–61r Pfingsten in der Initiale des Gebetes *O Du mein allerliebster schatz und trost meiner armen Seele Hiesu Christe. Send mir die gnad des heiligenn geistes der mein seel unnd leib trost* […]; Bordüre: Mutter (Wildfrau) mit Kind und aufsteigendem Löwen

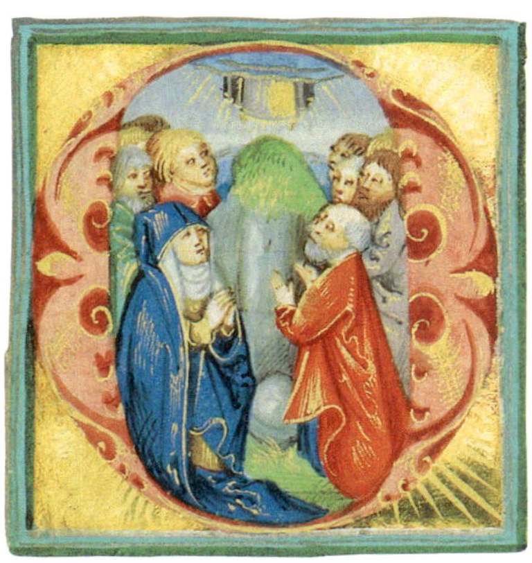

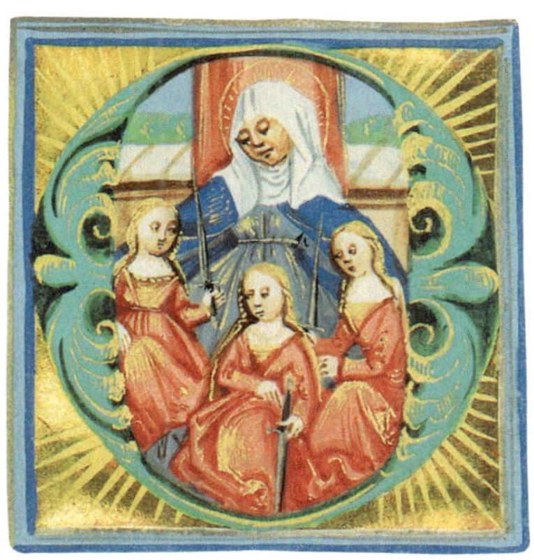

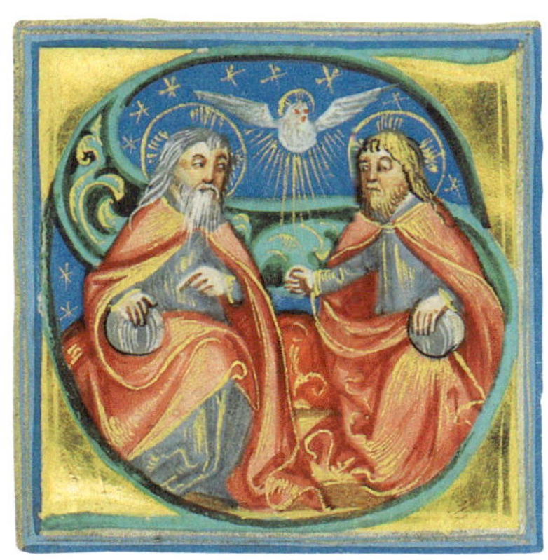

57r Christi Himmelfahrt

58v Hl.Sophia mit ihren Töchtern Fides, Spes und Caritas

61v Trinität

O (Du milter): Erasmus mit Seilwinde; Bordüre: Tod erfasst eine junge Frau. 66v *D (U lieb)*: Bonifatius wird erschlagen; Bordüre: ein Jäger schießt auf eine Eule. 68v *O (Heiligerr)*: Veit (Vitus) mit Hahn und Palmzweig. 70r *O (Ir erlichen)*: Marter der Zehntausend. 71v *U (Ye wol)*: Johannes der Täufer mit Lamm; Bordüre: schreitender Tod. 74v *I (CH pitt)*: Petrus und Paulus; Bordüre: ein Trommel spielendes und ein im Zuber badendes Kind. 76r Gebet zum Apostel Paulus. *F (Rew dich)*. 77v *h (Erre Iesu)*: Heimsuchung. 79r *O (scheinparliches gestiren der schwaben)*: Ulrich mit Bischofsstab und Fisch. 80r *O (Du heylige)*: Margarete mit Kreuz über dem Drachen. 81v *O (Maria)*: Engel tragen Maria Magdalena zum Himmel empor. 82v *O (Du heyligerr)*: Jacobus der Ältere mit Wanderstab. 83v *O (Du heyliger)*: Christophorus. Nach fol. 84 fehlt ein Blatt; der sich 85r fortsetzende Text lässt vermuten, dass es Miniatur und Gebet zu einer Heiligen getragen hat. 85v *C (lars)*: Marter des Laurentius; Bordüre: Elefant. 87v *D (U allerclugeste)*: Tod Mariens; Bordüre: ein Fuchs und ein Kranich betrachten ein Gefäß. 89r *O (heiligerr)*: Bartholomäus mit Messer. 90r *O (Iunckfrau)*: Geburt Mariens. 91v *O (Du saliger)*: Apostel Matthäus mit Buch und Hellebarde; Bordüre: Wildmann mit gefangenem Vogel. 92v *O (Du allersterkester)*: Enthauptung des Mauritius und seiner Gefährten; Bordüre: ein Affe hält einen Bären (?) an der

32 *Nürnberger Gebetbuch* um 1515

64v–65r *Von Sant Erasmo, dem heiligenn bischoff.* Hl. Erasmus mit der Seilwinde in der Initiale zum Gebet *O Du milter Genedigerr herr sant Erasme getrewer martrer Gottes* [...]; Bordüre: Der Tod erfasst eine junge Frau.

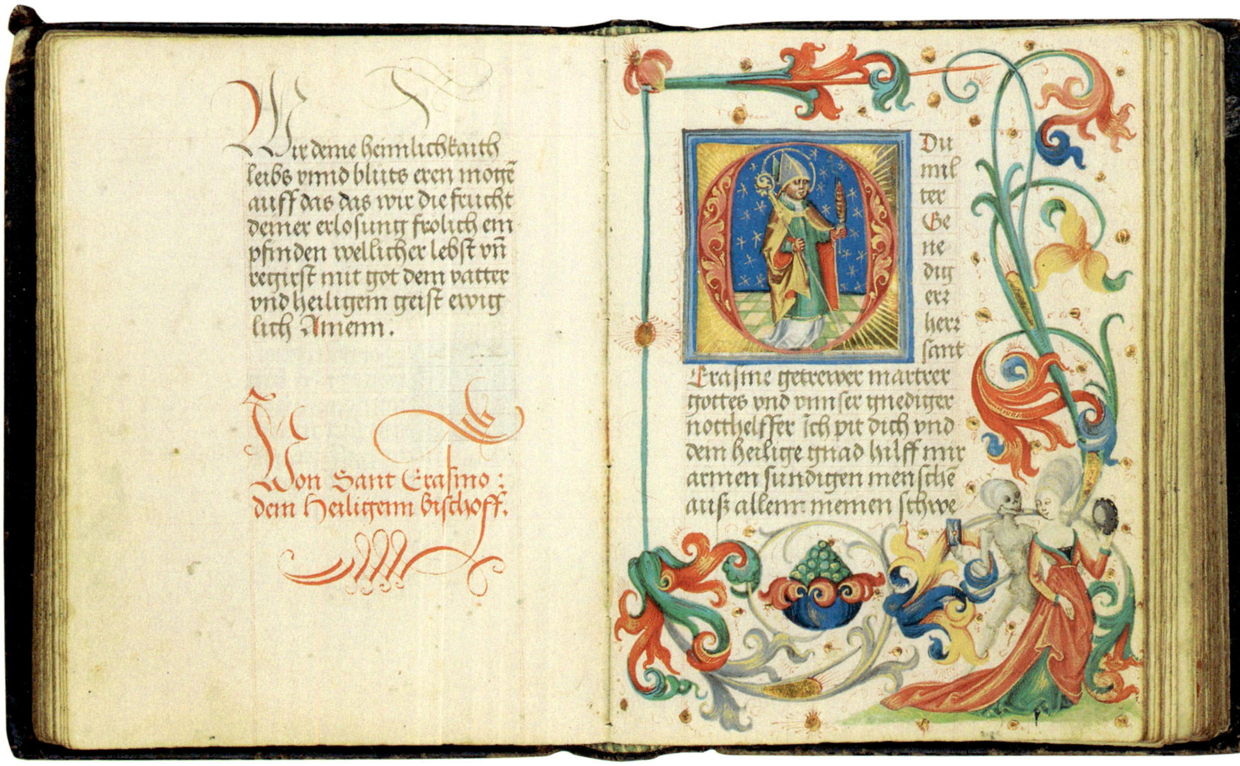

63r Zwei Engel präsentieren die Eucharistie

70r Marter der Zehntausend

71v Johannes der Täufer mit Buch und Lamm

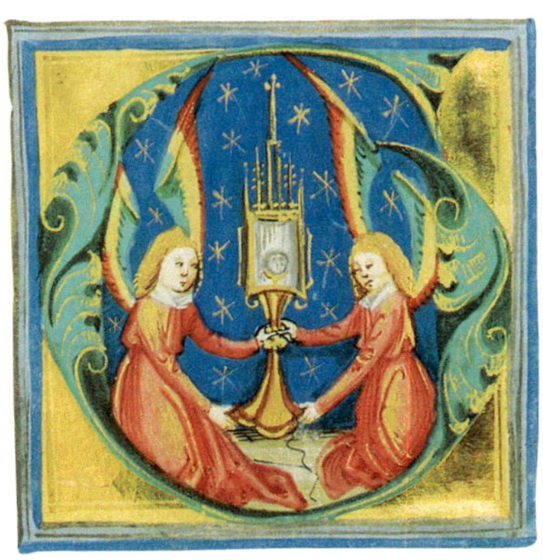

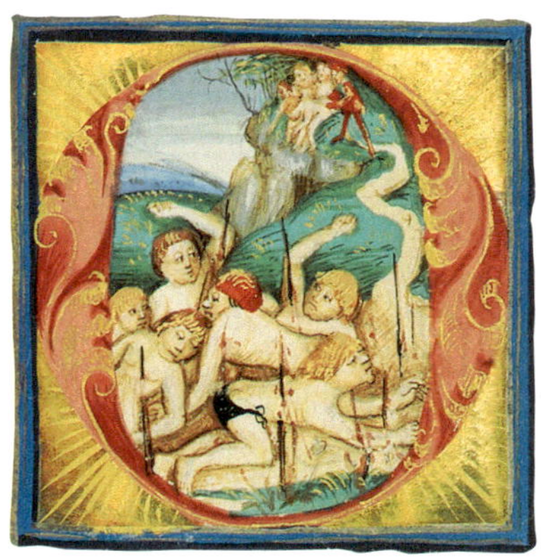

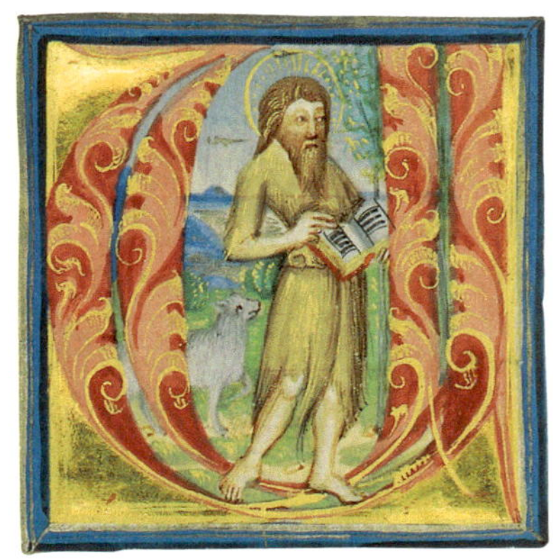

Leine. 94r *O (Du heyligerr)*: Erzengel Michael als Seelenwäger. 95r *W(Ir sollen)*: Ursula mit Gefährtinnen im Schiff. 96v *O (Ir lieben)*: Simon und Judas mit Säge und Keule. 98r *H (Eyligerr)*: Wolfgang mit Bischofsstab und Kirchenmodell; Bordüre: großer Affe. 99v *O (Her)*: Alle Heiligen; Bordüre: Vogel mit Jungen im Nest. 102r Gebet für die Seelen. *S (Eyt gegrüst)*; Bordüre: Totenschädel. 102v–104v Gebete zu Gott. 105r *O (Du heyligerr)*: Leonhard mit Abtsstab und Buch vor einem Wald; Bordüre: großer Affe. 107v *I (Ch pitt dich)*: Martin zu Pferd teilt seinen Mantel für den Bettler. 109r *O (Du salige)*: Elisabeth von Thüringen kleidet einen Bettler. 110v *O (fruchtparerr)*: Tempelgang Mariens. 111v *G (Egrüset)*: Enthauptung Katharinas; Bordüre: Fuchs und Kranich über eine Trinkschale gebeugt. 114r *O (Heyligerr)*: Andreas mit Kreuz; Bordüre: ein Mann trägt eine ihn antreibende Frau auf den Schultern. 115v *O (Heilige)*: Enthauptung Barbaras vor einem Kelch mit Oblate. 117v *H (Eyliger)*: Bischof Nikolaus schenkt den drei jungen Frauen Goldkugeln. 119v *O (Du iunckfrau)*: Begegnung von Joachim und Anna an der Goldenen Pforte; Bordüre: junge Frau mit Einhorn. 121r *O (Du heylige)*: Lucia, von einem Schwert durchbohrt, Ottilie (Odilia) mit Äbtissinnenstab und Buch mit Fläschchen (kein Kelch) und Jobst (Jodokus) als Einsiedler mit Rosenkranz; Bordüre: zwei Pferde. 124v *H (Eyligerr)*: Apos-

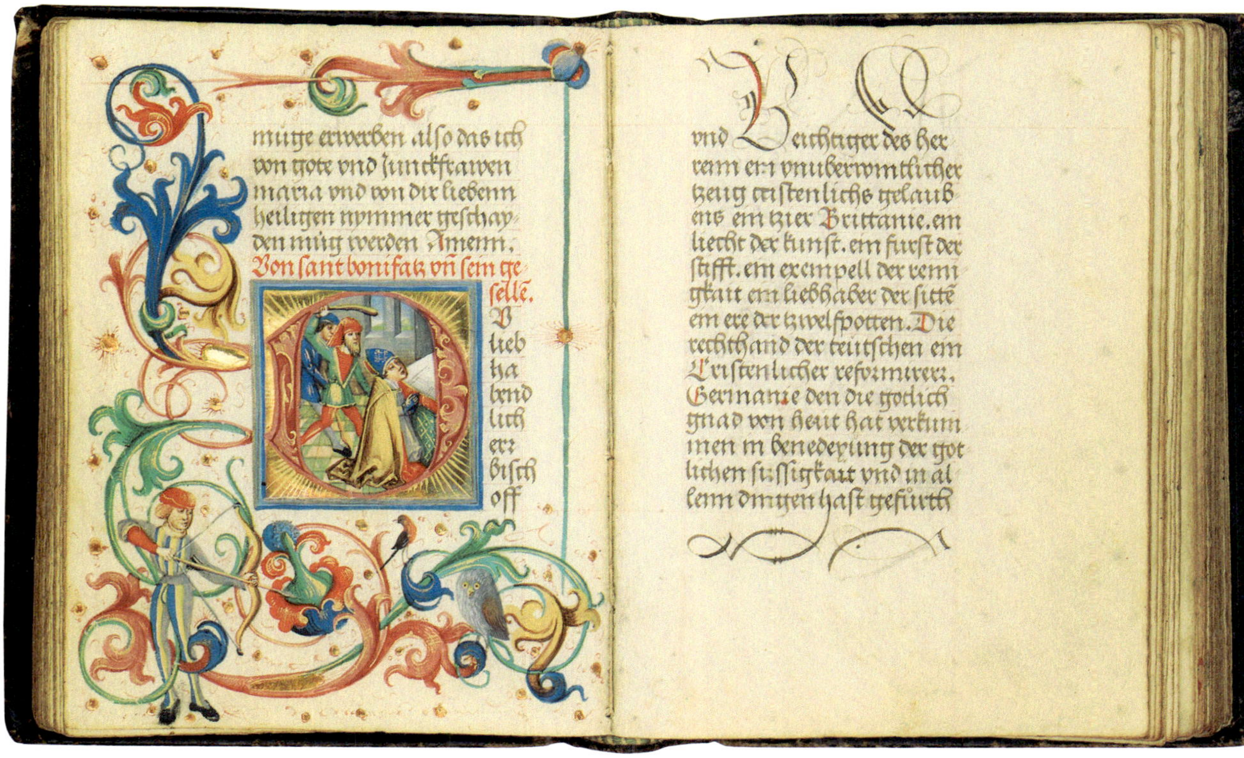

32 *Nürnberger Gebetbuch*
um 1515

66v–67r Gebetsinitiale: Der hl. Bonifatius wird erschlagen; Bordüre: Ein Jäger schießt auf eine Eule.

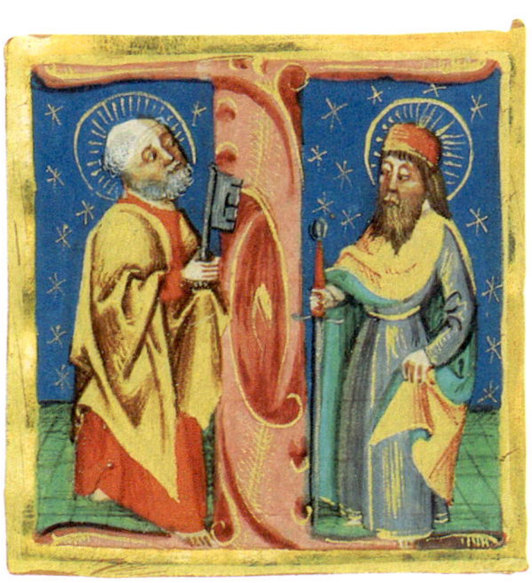

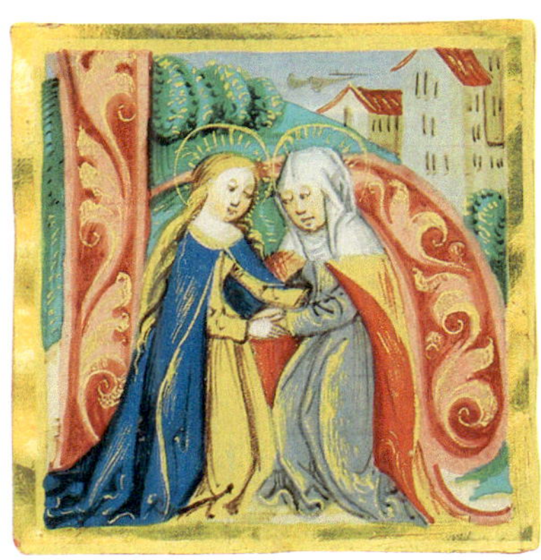

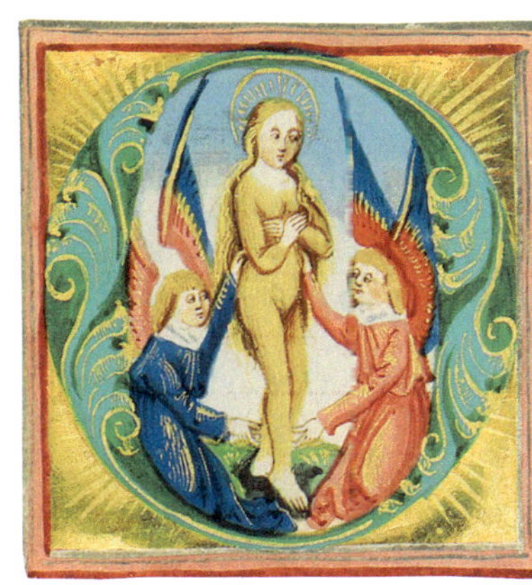

74v Hll. Petrus und Paulus

77v Heimsuchung

81v Engel tragen Maria Magdalena zum Himmel empor.

tel Thomas mit Lanze; Bordüre: Löwe erweckt seine Jungen durch Brüllen. 126r *O (Heyligerr)*: Christus am Kreuz mit Maria und Johannes; Bordüre: zwei liegende Pferde. 131v Mariengebet. *O (Allerheyligste)*. 134v–137v Gebete, um seine Gedanken zu sammeln. 138r–150v Gebete, während der Messe zu sprechen (zum Kyrie, Gloria, zur Collecta, Lesung, Wandlung, Kommunion usw.). 150v Beichtgebet. *I (Ch armer sunder)*. 153v Segensgebet (mit Selbstbenennung des Bittstellers als *Jorg*). *O (Lieber herr)*. 157r Gebet, das man nach dem Aufstehen und während man sich anzieht, spricht. *Zu disem gepet ist von Bonifatio der sechst geben worden II tauset iar ablas und ist funden worden zu Ierusalem in unser frauen capel geschickt dem konigk von Franckreich. G (Ottes sele)*. 164v *Ein gepet Theodosi zu sprechenn. Dem der an ein streytt gen will. A (Llmechtiger got)*. 165r *Ein guter segen den Leo papa zugeschickt hat dem konig von Zippern wider alle unsaligkaitt. D (Er frid unnsers herren)*. 167r *Ein wirdiger Babst fragt an seinem letsten end sein caplan was er seiner sel guts tun wolt. Antwurt der capplan was der sel gut wer wolt ich thun. So pitt ich dich wollest mir an meinem ende vorsprechen die drey pater noster. Und die darnach verkundigen das ein iglicher mensch der die vor seinem end spricht unnd solt er sunst leiden ewiglich. Sein seel wirt in XXX tagen erlöst. Unnd sprich wie hernach vo[l]gt mit andachtt. H (Err Ihesu)*. 168v *Ein gut*

32 *Nürnberger Gebetbuch* um 1515

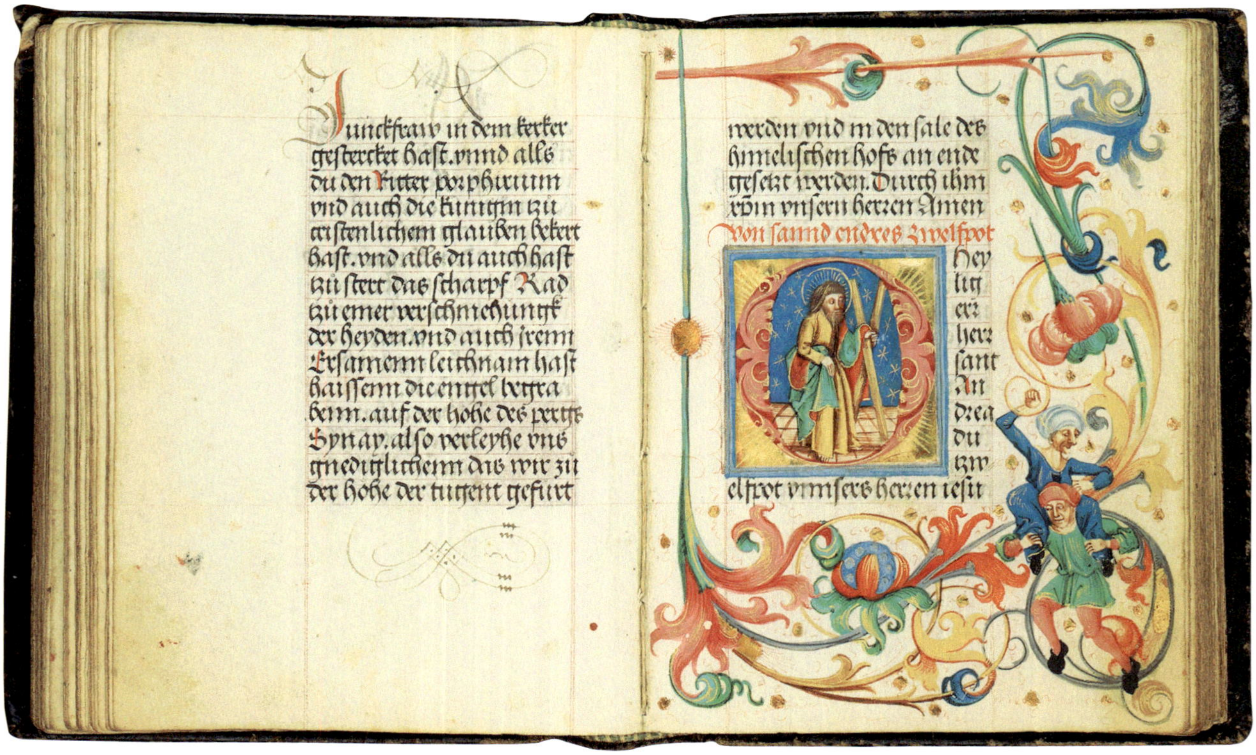

113v–114r Auf der Versoseite endet das Gebet zur hl. Katharina. Hl. Andreas mit Kreuz in der Gebetsinitiale; Bordüre: Ein Mann trägt eine ihn antreibende Frau auf den Schultern.

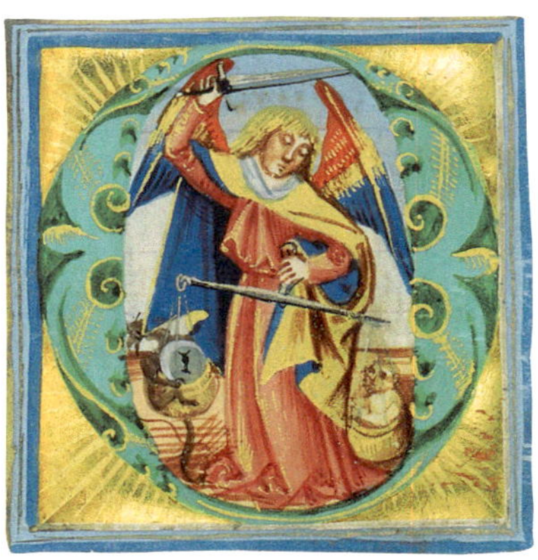

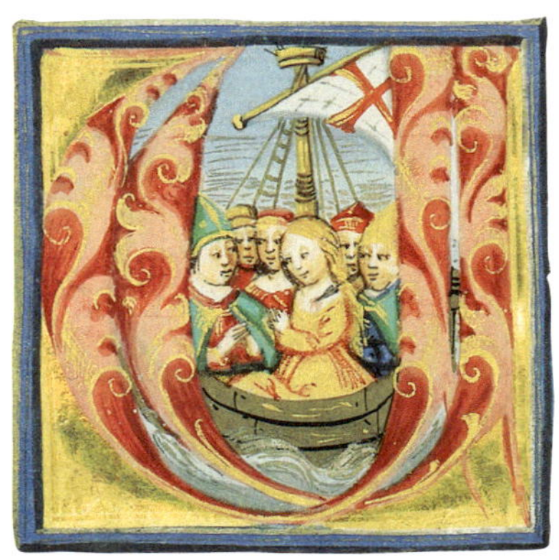

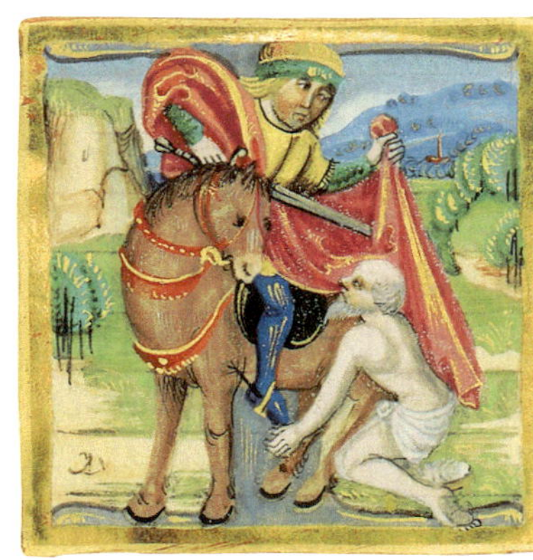

94r Erzengel Michael als Seelenwäger

95r Hl. Ursula mit ihren Gefährtinnen auf dem Schiff

107v Hl. Martin zu Pferd teilt seinen Mantel für den Bettler.

gepet von unnserr liebenn frawenn. O (Werde iunckfraw) (mit Selbstnennung des Bittstellers als *Gorgen*). 171r *Item so du eylent in gescheften bist und kanst die XV pater noster und gepet sant Brigite nit beten so pet XV pater noster und Ave Maria mit dem hernachvolgenden (ge)bet so hastu nit minder genad und ablas als hestu das lang gepet gesprochen unnd wirst auch nichtz destminder funfftzehen tag vor deinem ende berichtet. Unnd spriche darnach also. H (Erre Ihesu)*. 173r *Hiernach volget der psalm Omnes gentes*. 174r *Hernach volgt das Tenebre. D (Ie vinsternus sein worden)*. 175v–178v leer. **Literatur** Kat. Sotheby's, London, 2.12.1986, Nr. 52. – Handschriften und Miniaturen aus dem deutschen Sprachgebiet, Kat. 5 Antiquariat Dr. Jörn Günther, Hamburg 1997, Nr. 36, S. 190ff. (Text nach Gutachten U. Merkl, 1995). – U. Merkl, Buchmalerei in Bayern in der ersten Hälfte des 16. Jahrhunderts. Spätblüte und Endzeit einer Gattung, Regensburg 1999, S. 64, 395. **Zitierte Literatur** W. D. Wixom, in: Nürnberg 1300–1550. Kunst der Gotik und Renaissance, Ausst. Kat. Germanisches Nationalmuseum, Nürnberg/Metropolitan Museum of Art, New York, München 1986. – R. Behrends (Hg.), Das Fest-Epistolar Friedrichs des Weisen. Handschrift Ms. El. F. 2 aus dem Bestand der Universitätsbibliothek Jena, Faksimile und Kommentar, Leipzig 1983. – E. Petzet, Die deutschen Pergament-Handschriften Nr. 1–200

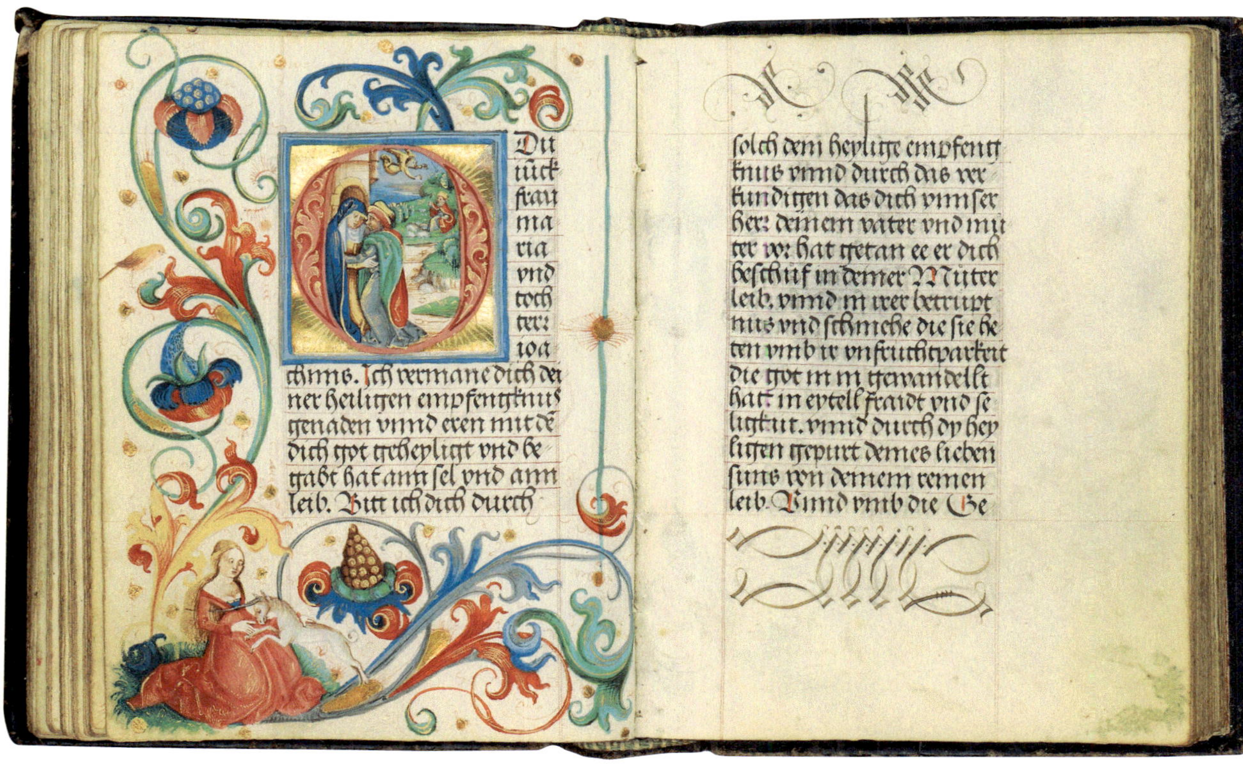

32 *Nürnberger Gebetbuch* um 1515

119v–120r Begegnung von Joachim und Anna an der Goldenen Pforte in der Initiale des Gebetes *O Du junckfrau Maria und tochterr Joachims* […]; Bordüre: Jungfrau mit Einhorn

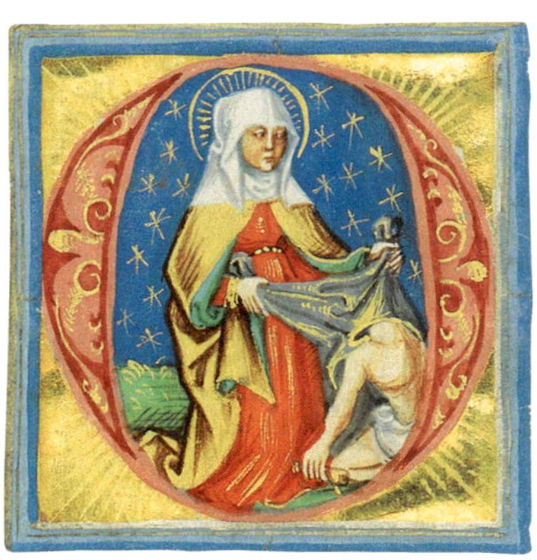

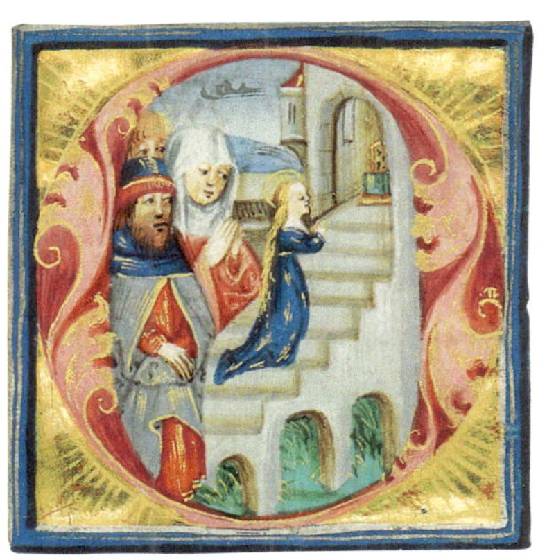

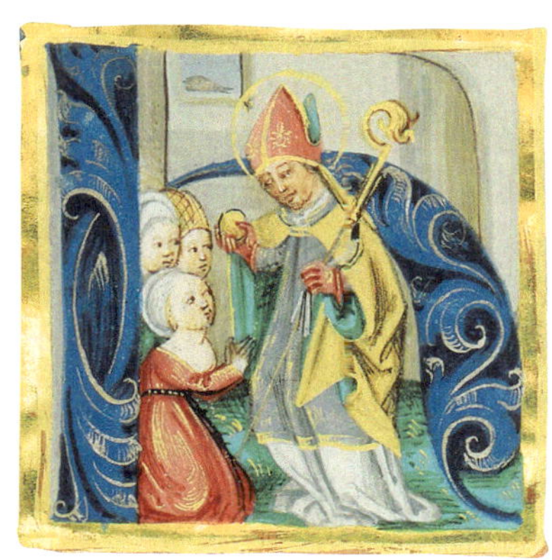

109r Die hl. Elisabeth von Thüringen kleidet einen Bettler.

110v Tempelgang Mariens

117v Bischof Nikolaus schenkt den drei jungen Frauen Gold als Aussteuer.

der Staatsbibliothek in München (Catalogus Manu Scriptorum Bibliothecae Monacensis, V, 1), München 1920, S. 288f. – R. Grimm, Die Illumination der Tagzeiten in den deutschsprachigen Gebetshandschriften Süddeutschlands, unpubl. Mag. arb. (Exemplar in der Bayer. Staatsbibl. München), München 1981, S. 80ff. – Leuchtendes Mittelalter II, Kat. 25 Antiquariat H. Tenschert, Rotthalmünster 1990, Nr. 24. – U. Timann, Der Illuminist Georg Glockendon, Bemaler des Behaim-Globus, in: G. Bott (Hg.), Focus Behaim Globus, Teil I: Aufsätze, Nürnberg 1992, S. 273ff. – Dies., Edelmetallgewinnung, -verkauf und -verarbeitung durch Nürnberger Kaufleute und Handwerker im Spätmittelalter, in: Gold im Herzen Europas (Schriftenreihe des Bergbau- und Industriemuseums Ostbayern, 34), Amberg 1996, S. 199ff., hier: S. 211. – A. W. Biermann, Die Handschriften des Kardinals Albrecht von Brandenburg (1514–1545), in: Aachener Kunstblätter 46, 1975, S. 15ff., bes. S. 145ff. – B. Daentler, Die Buchmalerei Albrecht Glockendons und die Rahmengestaltung der Dürernachfolge (tuduv-Studien. Reihe Kunstgeschichte, 12), München 1984. – U. Timann, Untersuchungen zu Nürnberger Holzschnitt und Briefmalerei in der ersten Hälfte des 16. Jahrhunderts mit besonderer Berücksichtigung von Hans Guldenmund und Niclas Meldeman, Münster / Hamburg 1993.

33

Spiegel des menschlichen Heils
»Le Miroir de humaine salvation«
(Speculum humanae salvationis)
Paris, um 1450

Die Handschrift enthält in 45 Kapiteln eine der französischen Fassungen des »Speculum humanae salvationis«, des Spiegels des menschlichen Heils, der 1324 oder früher von einem anonymen italienischen Autor aus dem Bereich der Bettelorden verfasst und in der Folgezeit möglicherweise erweitert wurde (Niesner; Stork / Wachinger; Roth). Das Werk gliedert sich in eine Einleitung mit dem Thema des Engelsturzes und Sündenfalls von Kapitel 1–2, den Hauptteil mit der Wiedergutmachung der Sündenschuld, nämlich dem Erlösungswerk Jesu Christi, von Kapitel 3–34, und dem Schluss mit der Idee des Fortwirkens der Gnade Gottes bis hin zum Jüngsten Gericht von Kapitel 35–42 (Breitenbach). Wie die unsere enthalten viele Handschriften einen Anhang von Kapitel 43–45 mit je acht Bildern zum Leidensweg Jesu sowie zu den sieben Schmerzen und den sieben Freuden Mariens. Gemäß der Denkweise der Kirchenväter schafft der Autor ein geschichtstheologisches Gesamtbild, in dem das Neue Testament als Dimension für Gegenwart und Zukunft die Richtschnur bildet, an der das Alte Testament als dem Erlösungswerk zugehörige Dimension der Vergangenheit gemessen wird. Das Vergangene ist nur ein Vorabbild der gegenwärtigen und zukünftigen Wirklichkeit und Wahrheit.

Während der Text des Speculums ursprünglich in einer lateinischen Versfassung angelegt war, entstanden im 15. Jahrhundert deutsche, niederländische und französische Prosa- und Reimfassungen. Schon Jules Lutz und Paul Perdrizet kannten vier verschiedene französische Übersetzungen, von denen die bekannteste, von Jean Mielot zwischen 1448 und 1449 erstellt, Herzog Philipp dem Guten von Burgund (1419–1467) gewidmet ist. Sein Autograph erhielt sich in Ms. 9249–50 der Bibliothèque Royale, Brüssel (Masai / Wittek, S. 38f., Taf. 308ff.). Die Fassung unserer Ausgabe stimmt mit Mielots Übersetzung nicht überein, deckt sich jedoch mit den Handschriften Mss. fr. 188 und 460 der Bibliothèque Nationale de France, Paris (Cardon 1996, Kat. Nr. XX, S. 414ff.; Kat. Nr. XXI, S. 416f.). Ob es sich hier um eine eigenständige, vielleicht in Paris entstandene Übersetzung des Werkes handelt, ist noch nicht geklärt; nach W. van Hoecke (Cardon 1996, S. 407) enthält die Sprache picardische Idiome. In Text- und Bildgestaltung steht Ms. fr. 460 in Paris unserer Handschrift am nächsten.

In der Überlieferung des Speculums bilden die beiden Bücher insofern einen eigenen Typus, als sie ein Bild als Kopfstück auf jeder zweispaltig geschriebenen Seite bringen; andere, formatgrößere Ausgaben wie

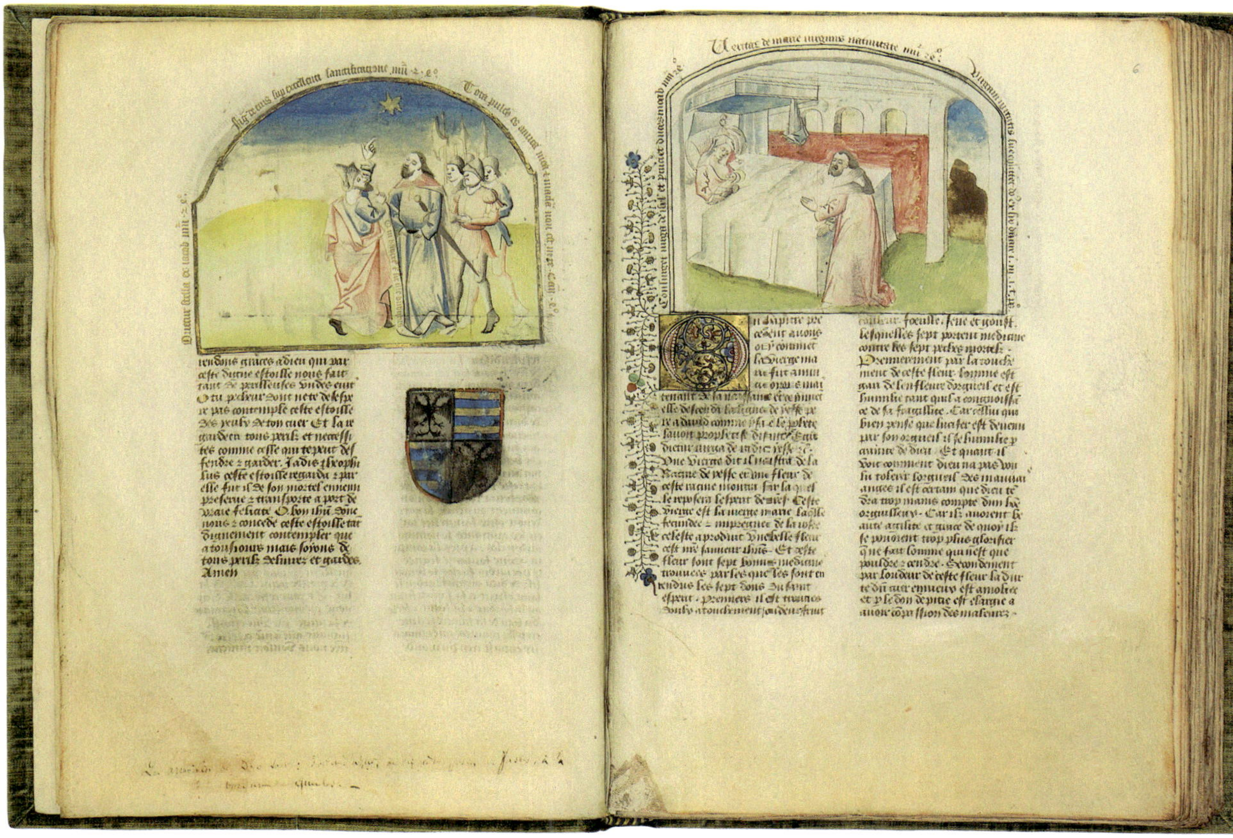

33 *Spiegel des menschlichen Heils*
Paris, um 1450

5v Heiligung des Bileam durch die Prophezeiung »Ein Stern geht in Jakob auf« (Num 24,17) als drittes Bild (*Figura*) zur Verkündigung der Geburt Mariens

6r Wahrheit (*Veritas*) über die Geburt der Jungfrau Maria

Cod. 206 der Stiftsbibliothek Einsiedeln mit lateinischer Fassung (Cardon 1996, Kat. Nr. XI, S. 392ff.) stellen über jede Spalte ein Bild, so dass der Leser und Bildbetrachter auf zwei sich gegenüberliegenden Seiten jeweils eine jedes Kapitel begleitende Viererfolge von Bildern sieht, nämlich ein Bild als Antitypus aus dem Neuen und drei Bilder als Typen aus dem Alten Testament. Diese Viererfolge ist in unserer Ausgabe auf vier Seiten verteilt. Dennoch wurde hier die alte Tradition der lateinischen Bildumschriften als Lesehilfen für den Betrachter und Zitate für den Theologen exakt wie im Einsiedler Codex 206 übernommen. Über dem Antitypus mit dem Bild aus dem Neuen Testament beginnt dieser Titulus mit dem Wort *Veritas* (Wahrheit), über den drei Bildern mit den Typen aus dem Alten Testament mit den Worten *prima, secunda* und *tertia figura* (erstes, zweites und drittes Vorbild). Den Kurztitel beschließt jeweils die Abkürzung der Bibelstelle, aus der er entnommen ist; viele Bilder entwuchsen der »Historia scholastica« des Petrus Comestor (um 1100–1187), der seinerseits die Bibel kommentiert. Überdies sind die Figuren der meisten Bilder namentlich beschriftet. Im lateinischen Cod. 206 in Einsiedeln stehen die Namen unterhalb des Bildes, in unserer Handschrift wurden sie, als das Bild schon gemalt war, mit Minium in den unteren Bildraum eingetragen.

Der ohne Rubriken in dunkelbrauner (1r–55v) und hellbrauner (56r–95v) Tinte geschriebene Text kann zwei Händen zugewiesen werden, die auf zarter, violetter Lineatur eine zügige Bastarda schreiben. An sie scheint auch der Initialstil gebunden zu sein, denn die Initialen zum Text des zweiten Schreibers wirken etwas unsicherer als die des ersten Teils. Bis Folio 83v ist jedem Kapitelanfang eine farbige Initiale auf Goldgrund vorbehalten, aus dem heraus nach oben und unten das dünne Fleuronnée in Gold mit wenigen farbigen Akzenten in Form von Blüten und Blümchen wächst. Im Marienleben (84r–95v) wechselt der Rhythmus insofern, als nun zu jedem Bild kleinere Initialen mit Goldkörper auf farbigem Grund erscheinen. Die Bilder stammen von vier Malern. A und B (1r–63v) sowie C (64r–79v) arbeiten im gleichen Stil, zeichnen in schwarzer Feder großfigurig, malen und lavieren mit Grün, Blau, Purpur und akzentuieren mit Gelb. Ganz mit Gold gerahmt werden nur die Bilder von Folio 1r–5v sowie 8r–17v, danach sind sie unten zumeist nur mit einem Federstrich abgeschlossen, der ab Folio 64r auch entfällt. Maler D (80v–95v) hinterlässt einen anderen Eindruck, er arbeitet nicht mehr wie seine

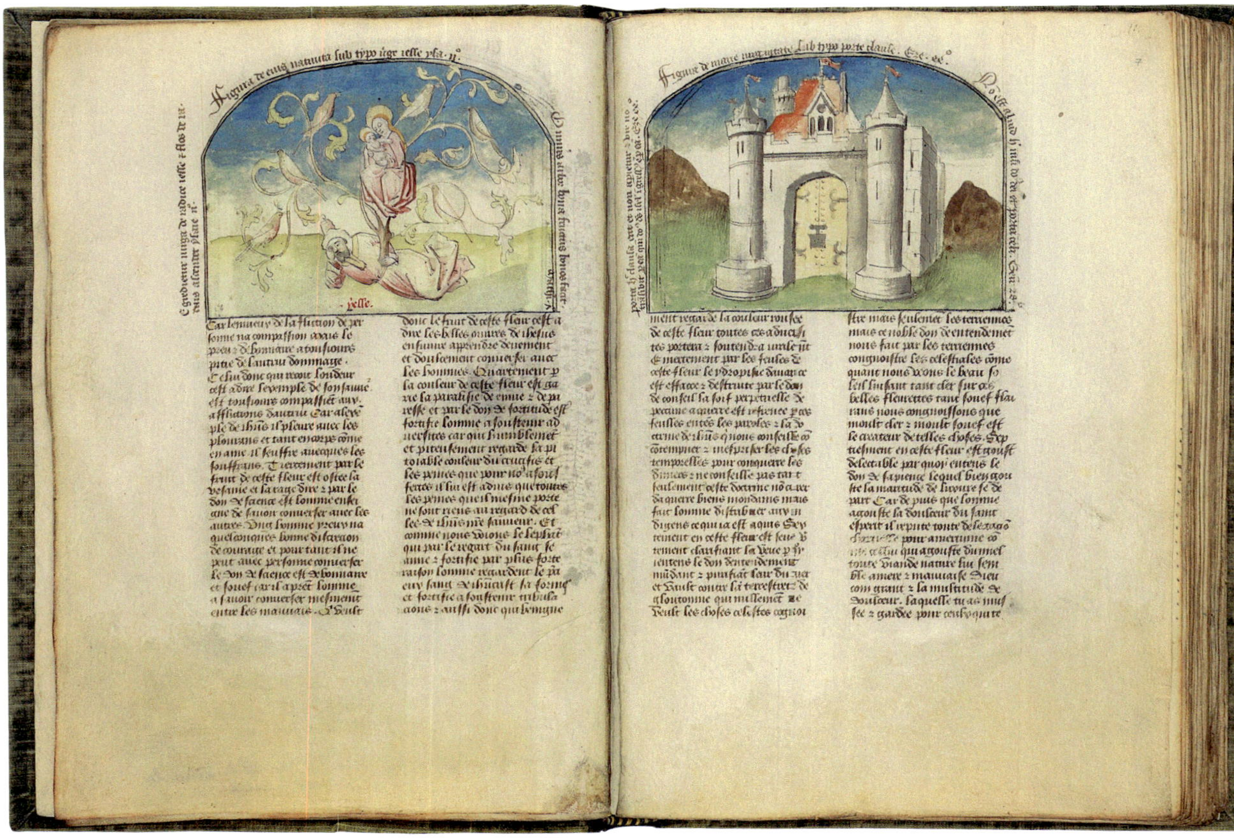

33 *Spiegel des menschlichen Heils*
Paris, um 1450

6v Bild der Geburt Mariens im Typus der Wurzel Jesse

7r Bild der Geburt Mariens im Typus des geschlossenen Tores

Vorläufer in einem gebrochenen, sondern knittrigen Faltenstil. Seine Figuren sind kleiner, seine Innenräume wechseln von Purpur zu Mauve.

Die Frage nach der Lokalisierung und Datierung hat sich forschungsgeschichtlich etwa folgendermaßen entwickelt. Schon Breitenbach lenkte 1930 den Blick auf die künstlerisch ausgezeichneten lateinischen Exemplare des Speculums Ms. 23 im Fitzwilliam Museum, Cambridge, und Cod. 206 der Stiftsbibliothek in Einsiedeln (Breitenbach, Nr. 14 und 20), deren Ikonographie und Stil ohne Zweifel mit niederländischen Werken der Tafel- und Buchmalerei etwa der fünfziger Jahre des 15. Jahrhunderts vergleichbar sind und an Kompositionen Rogiers van der Weyden (um 1410–1464) erinnern, der seit 1436 Stadtmaler von Brüssel war. Der Stil dieser Handschriften und die französische Übersetzung des Speculums von Mielot für Philipp von Burgund sprachen gewissermaßen für ihre Entstehung in den Niederlanden. Offen blieb allerdings die Frage nach dem Entstehungsort der französischen Übersetzung unserer Handschrift.

Im Zuge der Beschäftigung mit ihr für die Publikation »Die Handschriften der Sammlung Ludwig« (S. 89 ff.) konnte ich feststellen, dass unser Miroir erstens in Ms. fr. 460 der Bibliothèque Nationale de France in Paris nach Text und Bild eine Schwesterhandschrift besaß und dass zweitens beide einem Vorbild folgten, das exemplarisch in Einsiedler Codex 206 vorliegt. Die lateinischen Bildumschriften unseres französischen Miroir waren demnach mit Bildern aus einer lateinischen Handschrift wie Cod. Eins. 206 kopiert. Ein Übersetzer der lateinischen Tituli war offenbar nicht zur Hand, was wahrscheinlich Grund bot, sie in Ms. fr. 460 ganz wegzulassen. Immerhin führten auch die Spuren der Vorbesitzer von Ms. fr. 460 wie die unserer Handschrift nach Frankreich. Es gehörte nämlich Léonor d'Estampes, Bischof von Chartres (1620–1641) und Erzbischof von Reims (1641–1651). So muss in den Niederlanden oder in Frankreich ein Zentrum gelegen haben, im dem sowohl die Handschriften von Cambridge und Einsiedeln als auch unser Miroir und Ms. fr. 460 entstanden.

Den nächsten Schritt taten François Avril und Nicole Reynaud (1993, S. 53 ff.), indem sie die Miniaturen der Einsiedler Handschrift dem Maître de Dreux Budé zuschrieben. Dieser nach einem um 1454 in Paris für Dreux Budé und seine Familie gemalten, heute im kalifornischen Malibu (Mittelteil) sowie in Bremen und Montpellier (Flügel) erhaltenen Triptychon benannte Tafelmaler (Sterling, S. 50 ff.), tätig in Paris in den Jahren

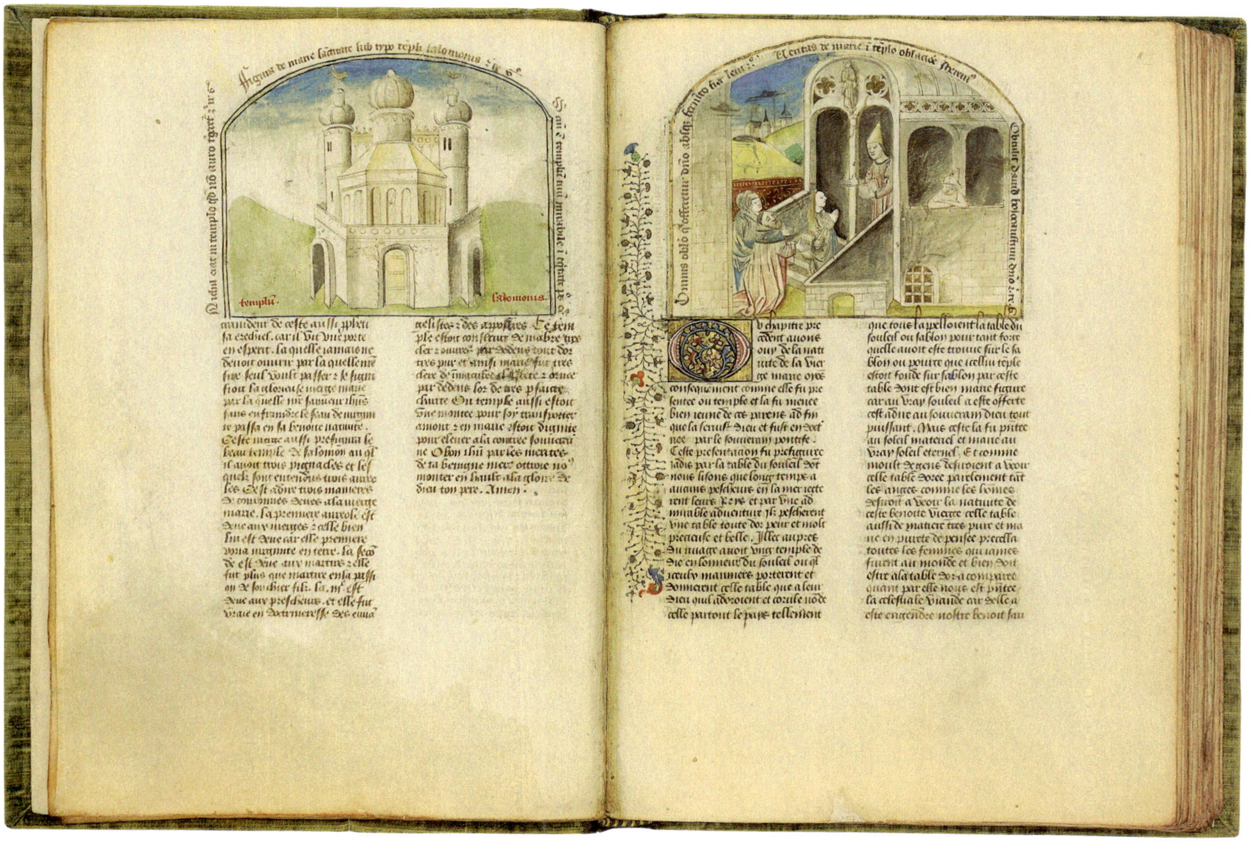

33 *Spiegel des menschlichen Heils*
Paris, um 1450

7v Bild der Heiligkeit Mariens im Typus des Tempels Salomos

8r Wahrheit über die Darbringung Mariens im Tempel

1445–1459, war offenbar ein Schüler Rogiers van der Weyden und Vertreter der niederländischen Malerei in Paris. Laut Reynaud war er nicht nur Tafelmaler, sondern auch Entwerfer von Kartons für Glasmalereien z.B. der Pariser Kirche Saint-Séverin, aber auch Buchmaler. In seinem Atelier sieht Reynaud den »Livre de bonnes moeurs« des Jacques Legrand, Ms. 11063 der Bibliothèque Royale in Brüssel, sowie Cod. Eins. 206 (Avril / Reynaud 1993, Nr. 18 und 19) und Ms. 23 in Cambridge entstanden. Ms. fr. 460 und unser Miroir erscheinen ihr zurecht als »assez faibles et appauvries«, was zur Folge hat, dass sie ihren Ursprung in einem anderen Pariser Atelier sucht. Hinter diesem Schritt blieb Bert Cardon 1996 in seinem Buch über die Speculum-Handschriften in den Südniederlanden zurück (S. 73f., passim). Er beließ die Entstehung aller bisher genannten Stücke im Bereich Nordfrankreich – Niederlande und datierte sie zwischen 1450–1470.

Eberhard König (2000, Nr. 8, S. 130ff.) schied die Hände der Maler in einen Hauptverantwortlichen, der auch den größten Anteil an Ms. fr. 460 habe, und zwei Mitarbeiter. Vom Hauptmeister seien nur die Bilder auf Folio 1–7 und 64–79 (Lagen 1–3; 11–12); dazwischen lägen die Bilder von einer anderen Hand, die schwarze Konturen bevorzuge. Insgesamt aber bilde die Illustration der ersten 39 Kapitel (Folio 1–79) dennoch eine Einheit, die sich von den folgenden Kapiteln 40–45 (Folio 80–95) unterscheide (so schon von Euw / Plotzek 1982, S. 94). Als Parallelen für die Malweise dieses eher kleinfigurig und im Stil knittrig arbeiter den letzten Malers konnte König eine Reihe weiterer Arbeiten nennen, u. a. das laut Kolophon am 4. Mai 1441 von Bertran de Beauvau, einem Kammerherrn König Karls VII. (1422–1461), in Paris erworbene Ms. fr. 541 der Bibliothèque Nationale de France in Paris. Laut König hat der Maler dieser Handschrift auch an den Boccaccio-Ausgaben Ms. fr. 232 (Paris, Bibliothèque National de France) und Ms. 5192 (Paris, Bibliothèque de l'Arsenal) mitgearbeitet. Seine Spur führt offensichtlich in das Paris der vierziger Jahre des 15. Jahrhunderts. Nun war es natürlich von Interesse, auch den Hauptmeister unseres Miroir in Paris an der Arbeit zu sehen, ja ihn zu benennen. König fand seine Spuren in Ms. 399 der Bibliothèque de la Ville, Amiens, einem »Livre de la propriété des choses« des Bartholomäus Anglicus, den ein gewisser Etienne Sauderat 1447 für Jean de Chalon schrieb (König 1991, S. 49ff.). Dieser Sauderat-Meister war offenbar im Hauptteil unserer Handschrift tätig, an Ms. fr. 460 soll er eigenhändig nicht beteiligt gewesen sein (König 2000, S. 148).

33 *Spiegel des menschlichen Heils*
Paris, um 1450

9v Bild des unbefleckten Lebens Mariens im Typus der Königin der Perser, die ihr Vaterland aus dem hängenden Garten betrachtet

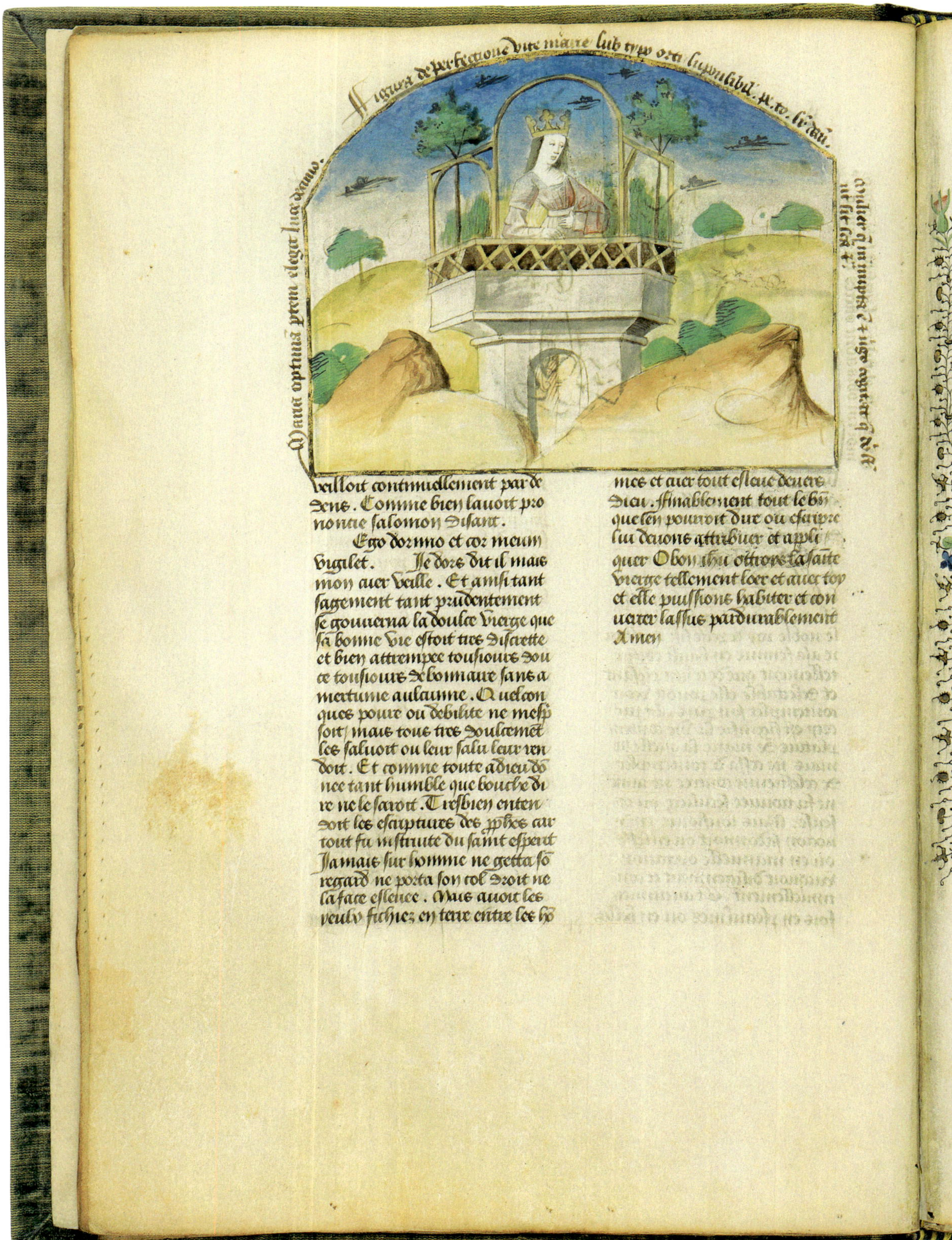

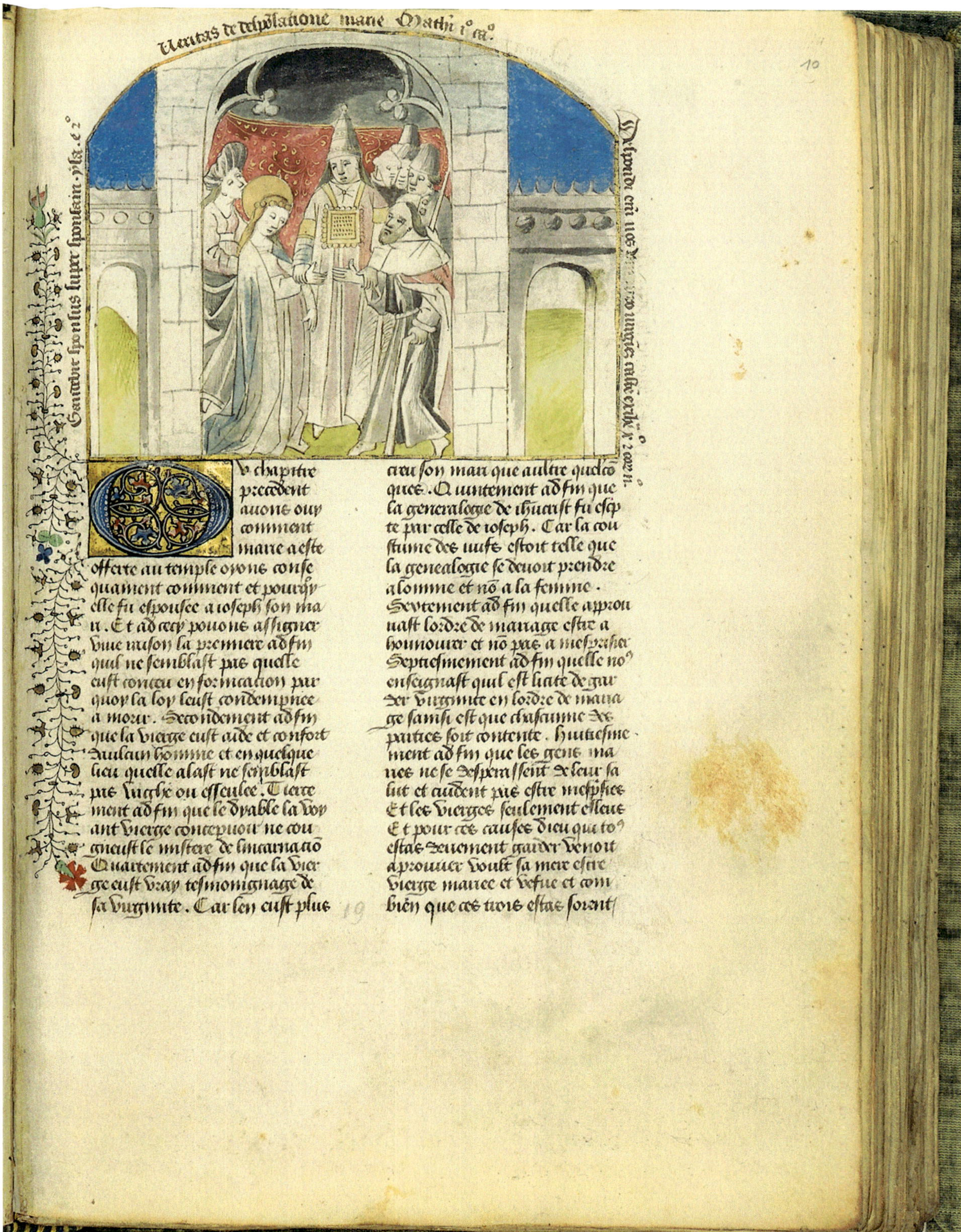

Veritas de desponsatione marie Mathi 1° ca°

Gaudebit sponsus super sponsam ysa. 62

Despondi enim vos uni viro virginem castam exhibere christo 2 cor xi

Ou chapitre precedent avons ouy comment marie a este offerte au temple orons consequamment comment et pourquoy elle fu espousee a ioseph son mari. Et a ceci pouons assigner viii raison la premiere adfin quil ne semblast pas quelle eust conceu en fornication par quoy la loy leust condempnee a morir. Secondement adfin que la vierge eust aide et confort daucun homme et en quelque lieu quelle alast ne semblast pas vuighe ou esseulee. Tiercement adfin que le dyable la voyant vierge conception ne cougneust le mistere de lincarnatio. Quartement adfin que la vierge eust vray tesmoignage de sa virginite. Car len eust plus creu son mari que aultre quelcoques. Quintement adfin que la genealogie de ihucrist fu escripte par celle de ioseph. Car la coustume des iuifs estoit telle que la genealogie se devoit prendre a lomme et no a la femme. Sextement adfin quelle approuvast lordre de mariage estre a honnourer et no pas a mespriser. Septiesmement adfin quelle nous enseignast quil est licite de garder virginite en lordre de mariage ainsi est que chascune des parties soit contente. Huitiesmement adfin que les gens mariez ne se desperassent de leur salut et cuident pas estre mesprisiez Et les vierges seulement esleus Et pour ces causes dieu qui tous estas devement garder venoit aprouuer voult sa mere estre vierge mariee et vefue et combien que ces trois estas soient

33 *Spiegel des menschlichen Heils*
Paris, um 1450

10r Wahrheit über die Verlobung Mariens gemäß den Worten Jesajas (62,5) »Der Bräutigam wird sich über die Braut freuen.« und des 2. Korintherbriefes (11,2) »Ich habe euch einem einzigen Mann verlobt, um euch als reine Jungfrau Christus zu geben.«

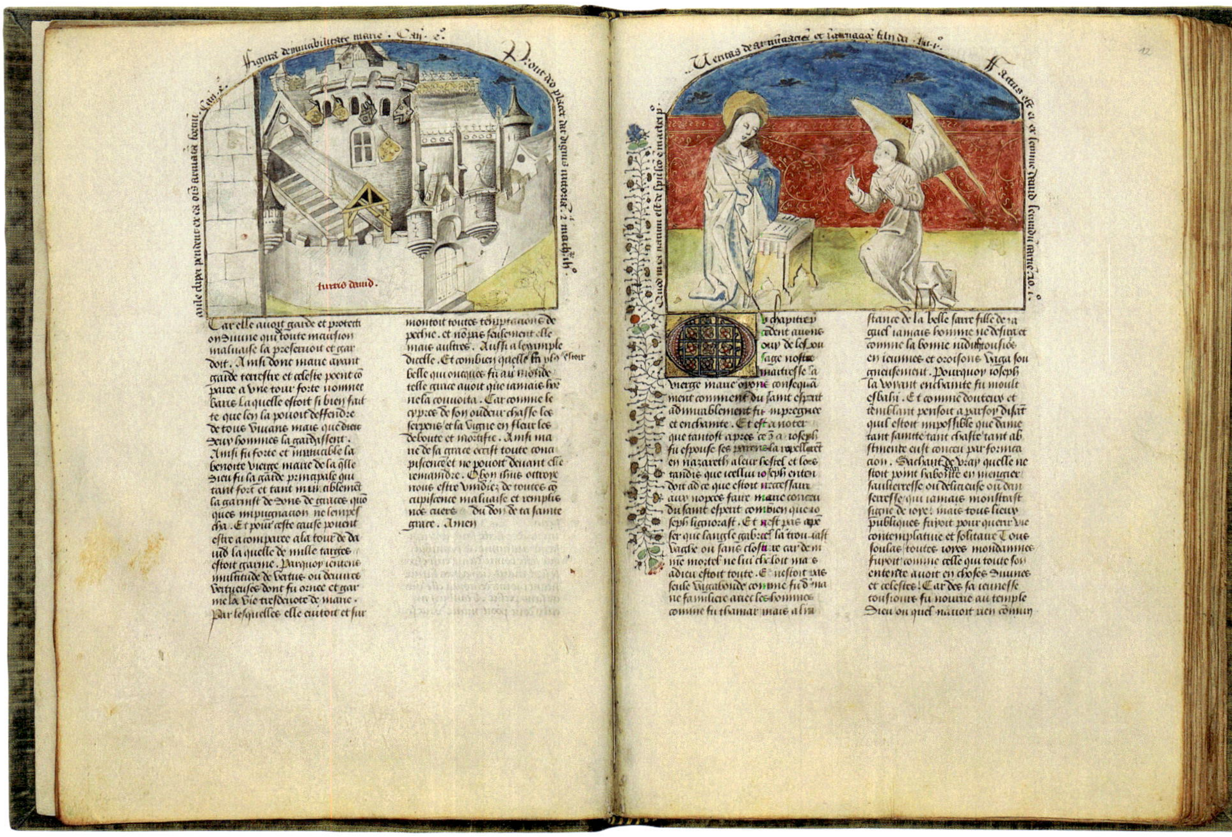

33 *Spiegel des menschlichen Heils*
Paris, um 1450

11v Bild von der Wunderbarkeit Mariens im Typus vom Turm Davids

12r Wahrheit von der Ankündigung und Herkunft des Sohnes Gottes

Die Bilder unserer Maler A, B und C – und in gewisser Weise auch die des Malers D – sind Nachfolgewerke einer berühmten Phase der Pariser Buchmalerei, nämlich der Zeit König Karls V. (1364–1380) und seines Bruders Jean de France, Duc de Berry (1330–1416), in der die Brüder Limburg beispielsweise in der »Bible moralisée« (Ms. fr. 166 der Bibliothèque Nationale de France, Paris) aus dem Jahr 1402 (Meiss S. 89ff., 342f., Abb. 278ff.) »portraits d'encre« (Grisaillemalereien) schufen, in denen die schwarzen Federzeichnungen lavierend grau getönt, die Landschaft und Atmosphäre ebenso mit Ocker, Gelb sowie Blau übergangen wurden. Die Technik feierte in vielen Ateliers Triumphe (vgl. Krieger). Sie überlebte im 15. Jahrhundert in Werken wie Marco Polos »Livre des Merveilles«, Ms. fr. 2810 in Paris (Avril u. a. 1996, S. 37ff.), in denen die Grüntöne den Gelb-Blau-Akkord ergänzen. Die Farbgebung liegt auch unserer Handschrift zugrunde, obwohl ihre technische Zubereitung und Anwendung den Betrachter kaum begeistern. Der zeitliche Abstand unseres Miroir zu jenen Werken ist eben beträchtlich.

Leider ist der Anfang der Handschrift unvollständig, es fehlt die in Cod. Eins. 206 und Ms. fr. 460 vor den Text gestellte Capitulatio der 45 Kapitel (vgl. Cardon 1996, Kat. Nr. XI, S. 392; Kat. Nr. XXI, S. 416), der wahrscheinlich eine Titelseite voranging, die möglicherweise das Wappen des Bestellers und Erstbesitzers enthielt. Ob das Wappen in der textfreien Spalte nach Kapitel 3 auf Folio 5v nur eine Wiederholung jenes Wappens ist oder ob es erst hinein gemalt wurde, als die Handschrift, bereits mit fehlendem Anfang, einen neuen Besitzer fand, dürfte eine offene Frage bleiben. Nach unserer Ansicht gehört es nicht zum ursprünglichen Bestand. Wie die Bemerkung am unteren Rand von Folio 5v *Les armoiries de Dyo sont: d'or et d'azur, de [...] et fascés, à la bordure de gueules* verrät, wurde dieses Wappen im 19. Jahrhundert auf die Familie Dyo gedeutet. Es enthält in 1 und 4 des Gevierts einen schwarzen Doppeladler auf Silber, in 2 und 3 drei goldene Sparren im blauen Feld, außen jeweils rot umrandet; 2 und 3 finden sich vergleichbar bei Rietstap (I, S. 542, II, Taf. CCVI), der sie auf die Familie Dio de Montpeiroux bezieht. König (2000, S. 132, 149) fand die Quellen zu den Dio, Dyo oder Diou bei Saffroy (II, Nr. 40109), der sich auf einen handschriftlich überlieferten »Catalogue des livres et manuscrits composant la bibliothèque héraldique et généalogique de M. Ernest de Rozière« beruft (vgl. Saffroy I, Nr. 1904). Nach dieser bei Rozière verbliebenen anonymen Arbeit mit dem Titel »L'origine de Palatinats et les alliances souveraines de comte

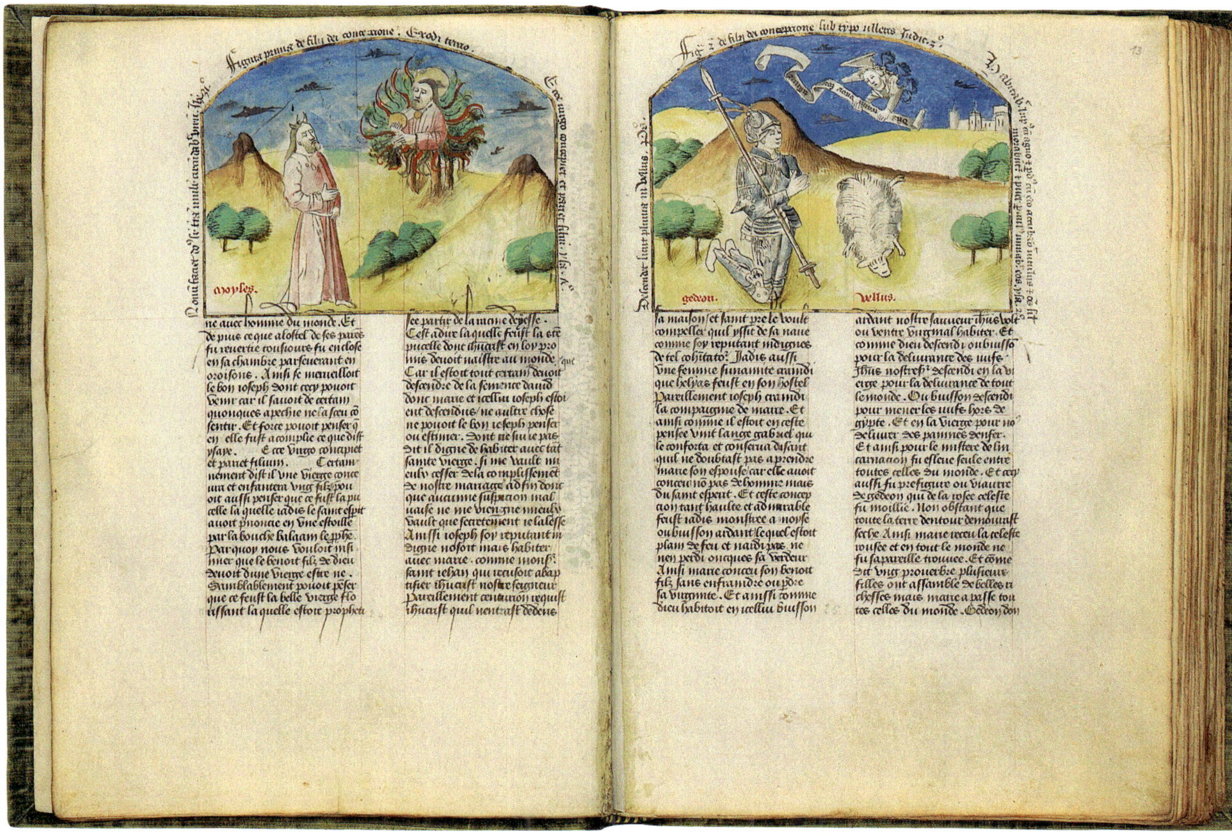

33 *Spiegel des menschlichen Heils*
Paris, um 1450

12v Moses vor dem brennenden Dornbusch als erstes Bild von der Empfängnis des Gottessohnes

13r Das Vlies des Gideon als zweites Bild von der Empfängnis des Gottessohnes

de Diou« waren die Diou Pfalzgrafen. Ist der Doppeladler in unserem Wappen als pfalzgräfliches Emblem zu deuten und war »Guyot de Dyo aus der Gegend von Bourbon-Lancy« (Burgund) wirklich der Besteller und Erstbesitzer der Handschrift (König 2000, S. 132)?

(Anton von Euw)

Pergament 95 Blätter; 310 x 220 mm; Lagen (zwei alte Bifolia als Vor- und Nachsatzblätter, auf dem Innendeckel festgeklebt): 1^{2-1}, 2^{2}, 3^{4} (1–3 ehemals wohl ein Quaternio), $4–14^{8}$; Schriftspiegel (einschließlich der Bilder): 200 x 135–145 mm; zwei Spalten von je 60–65 mm Breite; 24 Zeilen; Liniierung in Violett. **Ausstattung** Französischer Text in dunkel- und hellbrauner Bastarda, ohne Rubriken; zu Beginn der Kapitel siebenzeilige Initialen auf schwarz umrandetem Goldgrund in Deckfarbenmalerei (Blau, Mauve, Orange) mit weißer Binnenzeichnung und farbigen Ranken im Binnenfeld; vom Initialfeld austretendes dünnes Randfleuronnée vorwiegend mit Efeublättern und schwarz behaarten Goldkügelchen sowie spärlichen roten, blauen und grünen Blüten; 84r–95v zweizeilige Initialen in Gold auf farbigem Grund; über dem Text 190 teilweise goldgerahmte Miniaturen in farbig lavierter, pergamentaussparender Grisaillemalerei über schwarzer Federzeichnung, mit Akzenten vorwiegend in Grün, Gelb, Blau und Purpur. **Einband** Pappdeckel mit grünem Samtbrokat, zwei Messingschließen; 20. Jh. **Vorbesitzer** Im 15./16. Jh. im Besitz eines Mitgliedes der Familie Dyo de Montpeiroux, Département Saone et Loire, Frankreich (Wappen auf 5v); Exlibris »henri Batault 1861« (Vorsatzblatt 2r); André de Coppet (Sotheby's

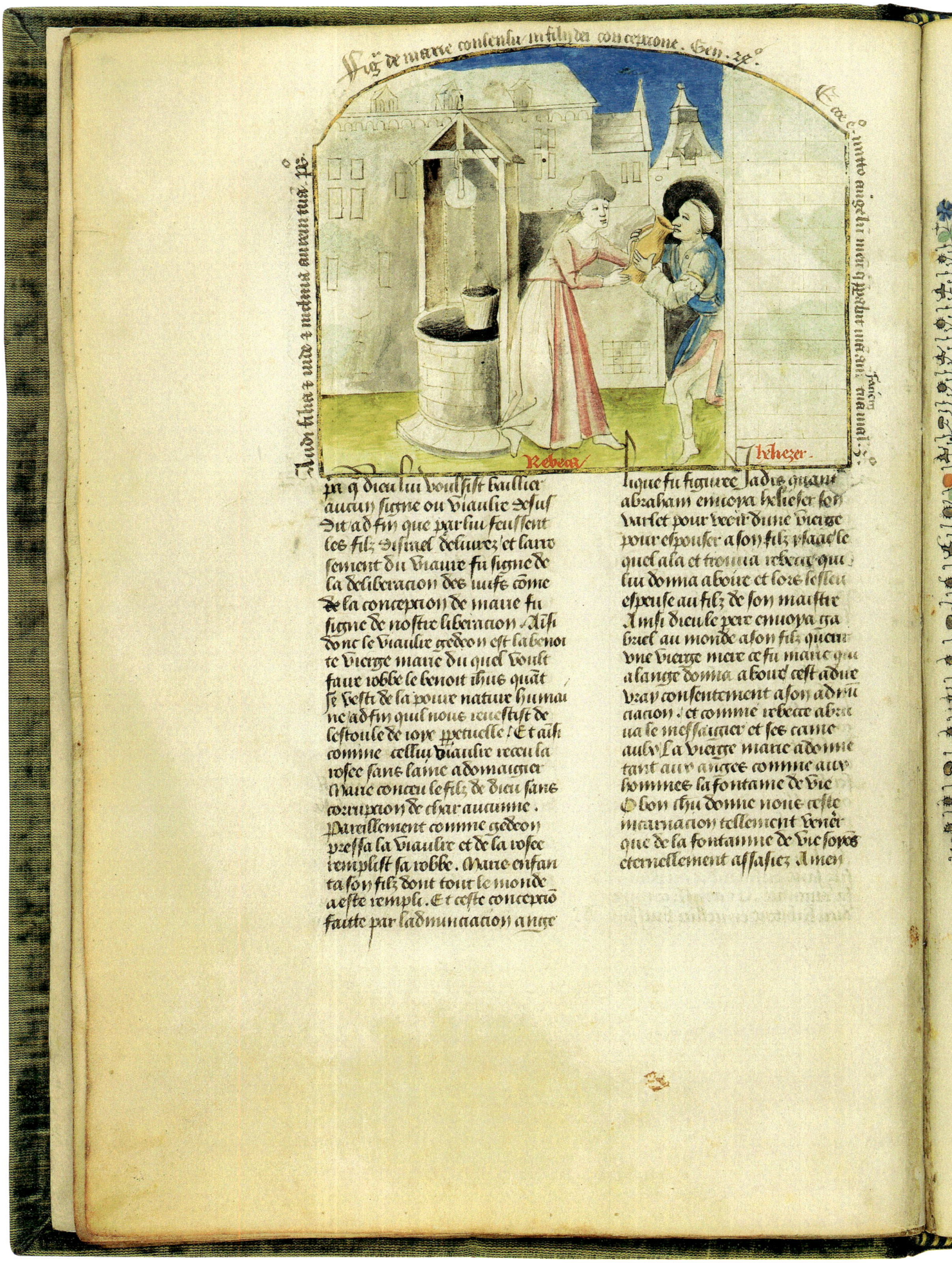

33 *Spiegel des menschlichen Heils*
Paris, um 1450

13v Rebekka reicht Eliezer einen Krug mit Wasser als drittes Bild von der Empfängnis des Gottessohnes, das begleitet wird von dem Psalmvers (44 [45],11) »Höre, Tochter, sieh her und neige dein Ohr.« und von Maleachi (3,1) »Seht, ich sende meinen Boten; er soll den Weg für mich bahnen.«

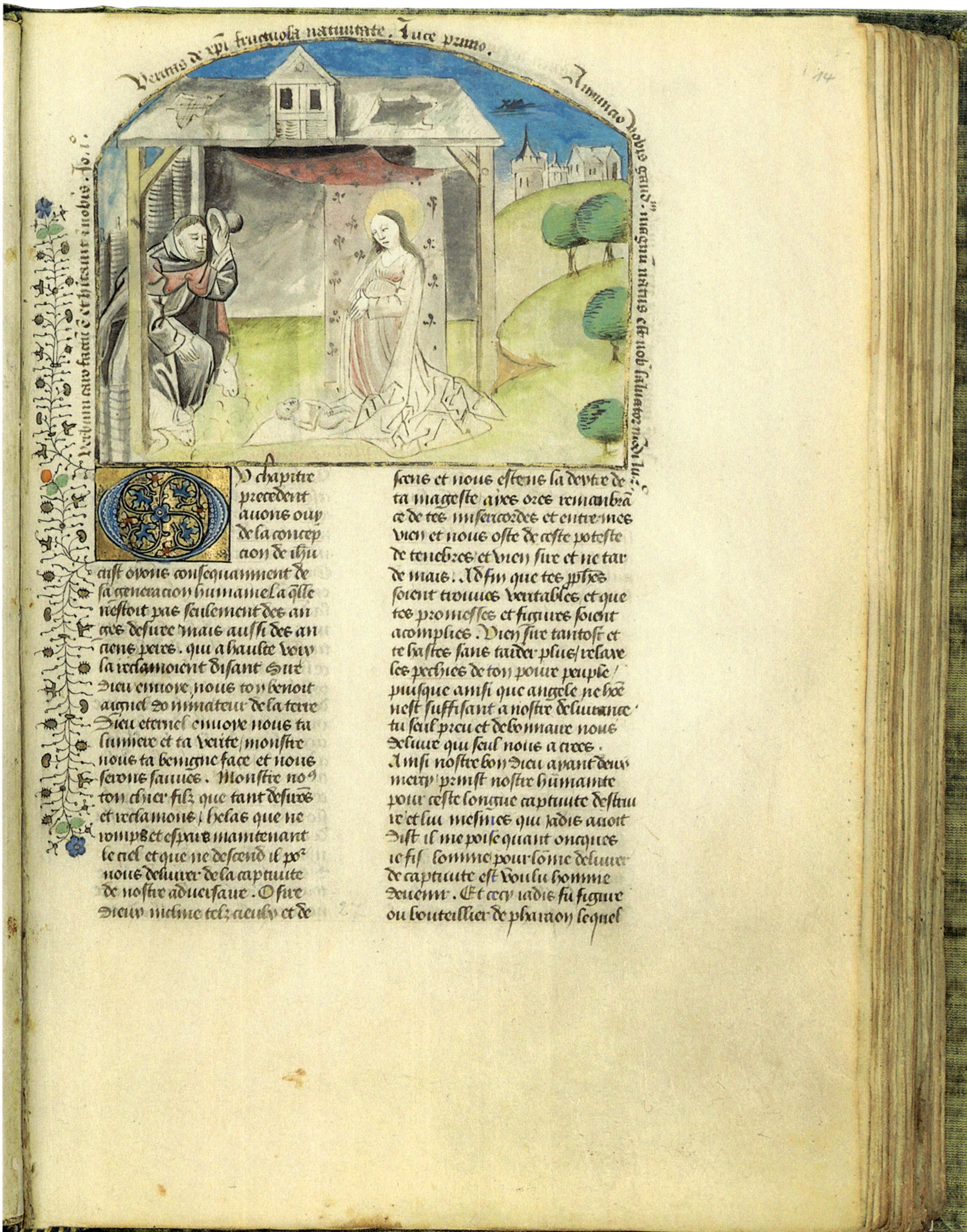
Veritas de xpi fructuosa natiuitate. Luce primo.

Annuntio vobis gaudium magnum natus est nobis saluator hodie luc. 2°

Verbum caro factum est et habitauit in nobis. Jo. 1°

Au chapitre precedent auons ouy de la concepcion de ihu crist ovons consequamment de sa generation humaine laquelle nestoit pas seulement des anges desiree mais aussi des anciens peres. qui a haulte voix la reclamoient disant Sire dieu envoye nous ton benoit aignel dominateur de la terre Dieu eternel envoye nous ta lumiere et ta verite monstre nous ta benigne face et nous serons sauues. Monstre nous ton chier filz que tant desirons et reclamons. helas que ne romps et ouvres maintenant le ciel et que ne descend il pour nous delivrer de la captiuite de nostre aduersaire. O sire dieux mesme telz cieulx et descens et nous estens la dextre de ta mageste aies ores remanbrance de tes misericordes et entre mes vien et nous oste de ceste poteste de tenebres et vien sire et ne tarde mais. Affin que tes prophetes soient trouuees veritables et que tes promesses et figures soient acomplies. Vien sire tantost et te hastes sans tarder plus relaxe les pechies de ton pouvre peuple puisque ainsi que angele ne homme nest suffisant a nostre deliurance tu seul preu et debonnaire nous deliure qui seul nous a crees. Ainsi nostre bon dieu avant deux mercy prinst nostre humanite pour ceste longue captiuite destruire et lui mesmes qui jadis auoit dist il me poise quant oncques je fis lomme pour lomme deliurer de captiuite est voulu homme devenir. Et cecy jadis fu figure ou bouteillier de pharaon lequel

33 *Spiegel des menschlichen Heils*
Paris, um 1450

14r Wahrheit von der segensreichen Geburt Christi gemäß dem Johannes-Prolog (Joh 1,14) »Das Wort ist Fleisch geworden und hat unter uns gewohnt.« und nach Lukas (2,10-11) »Uns ist eine ungeheure Freude. Der große Erlöser ist uns heute geboren.«

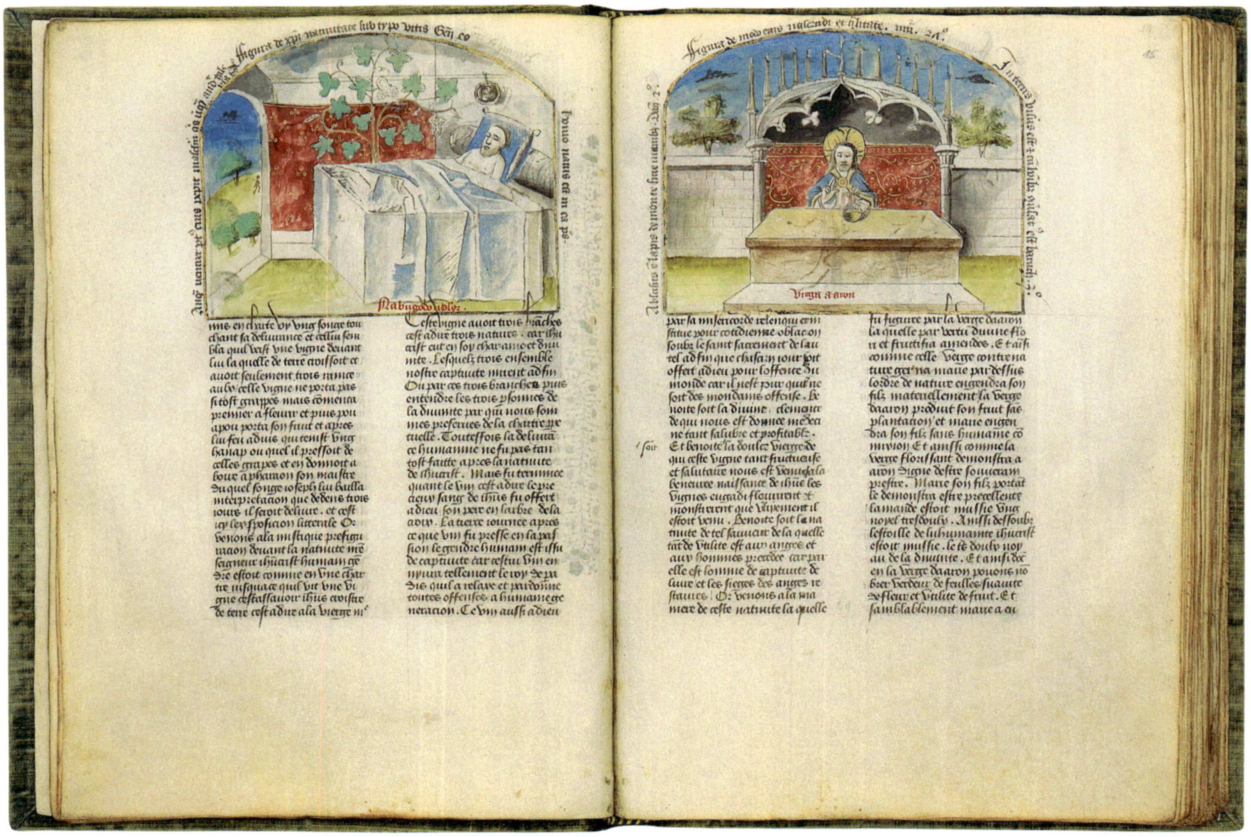

33 *Spiegel des menschlichen Heils*
Paris, um 1450

14v Bild von der Geburt Christi im Typus des von Josef im Traum erblickten Weinstocks

15r Bild von der Art und Weise seiner Geburt im Typus des blühenden Aaronstabes

6. 12. 1954); Peter und Irene Ludwig (Exlibris von dem mit dem Ehepaar befreundeten Schweizer Hans Erni); J. Paul Getty Museum, Malibu (1983); vom Getty Museum 1997 verkauft. **Inhalt** 1r–1v Kapitel 1. 1r Sturz Luzifers (vgl. Is 14, 12–15). *Cy commence ung petit traittie nomme le mirouer de humaine salvacion ou quel le dechiement de lomme et la maniere de sa reparacion sont comtenue en ce mirouer. Peut lomme considerer pour quelle cause le createur de toutes choses voult creer lomme. Et comment le premier ange et tous ses complices par son orgueil est dampne pardurablement. Comme aussi lomme par la misericorde de dieu a este reforme. Lucifer doncques se dreca contre son createur le Dieu eternel.* 1v Erschaffung Evas (Gen 1, 27). Es fehlt das folgende Blatt mit Text und Darstellungen der Vermählung Adams und Evas (Gen 1, 28) sowie Eva und der Schlange (Gen 3, 4f.). 2r–3v Kapitel 2. 2r Sündenfall (Gen 3, 6f). 2v Vertreibung aus dem Paradies (Gen 3, 21–24). 3r Adam und Eva bei der Arbeit (Gen 3, 1–19; 4, 1f.). 3v Sintflut (Gen 8, 6–11). 4r–5v Kapitel 3. 4r Verkündigung der Geburt Mariens; Schriftband: *Noli timere Annam quia cum filio Dei est germen tuum.* 4v Traum des Astyages (P. Comestor, Hist. Schol. Dan 6: PL 198, 1470). 5r Versiegelter Brunnen im verschlossenen Garten (Hld 4, 12). 5v Heiligung des Bileam durch die Prophezeiung »Ein Stern geht in Jakob auf« (Num 24, 17; vgl. Breitenbach, S. 110, Anm. 5) als drittes Bild (*Figura*) zur Verkündigung der Geburt Mariens; Schriftband: *Qui benedixit tuum sit ille benedictus*; Umschrift: »Alles an dir ist schön, meine Freundin; kein Makel haftet an dir.« (Hld 4, 7); in der rechten, unbeschriebenen Spalte wahrscheinlich von späterer Hand das Wappen: geviertteilt, in 1 und 4 schwarzer Doppeladler auf Silber, in 2 und 3 goldene Sparren auf Blau, rot umrandet; am unteren Rand die Notiz: *Les armoires de Dyo sont: d'or et d'azur de […] fasces, à la bordure de gueules.* 6r–7v Kapitel 4. 6r Wahrheit (*Veritas*) über die Geburt der Jungfrau Maria; Umschriften: »Ein Zepter erhebt sich in Israel. Er zerschlägt Moab die Schläfen« (Num 24, 17) und »Vom Zion strecke der Herr das Zepter deiner Macht aus: ›Herrsche inmitten deiner Feinde!‹« (Ps 109 [110], 2). 6v Bild der Geburt Mariens im Typus der Wurzel Jesse; Umschriften: »Doch aus dem Baumstumpf Isais wächst ein Reis hervor, ein junger Trieb aus seinen Wurzeln bringt Frucht« (Jes 11, 1) und »Jeder gute Baum bringt gute Früchte hervor.« (Mt 7, 17). 7r Bild der Geburt Mariens im Typus des geschlossenen Tores; Umschriften: »Dieses Tor soll geschlossen bleiben und nicht geöffnet werden, und niemand soll durch es hindurchgehen, denn der Herr, der Gott Israels, ist

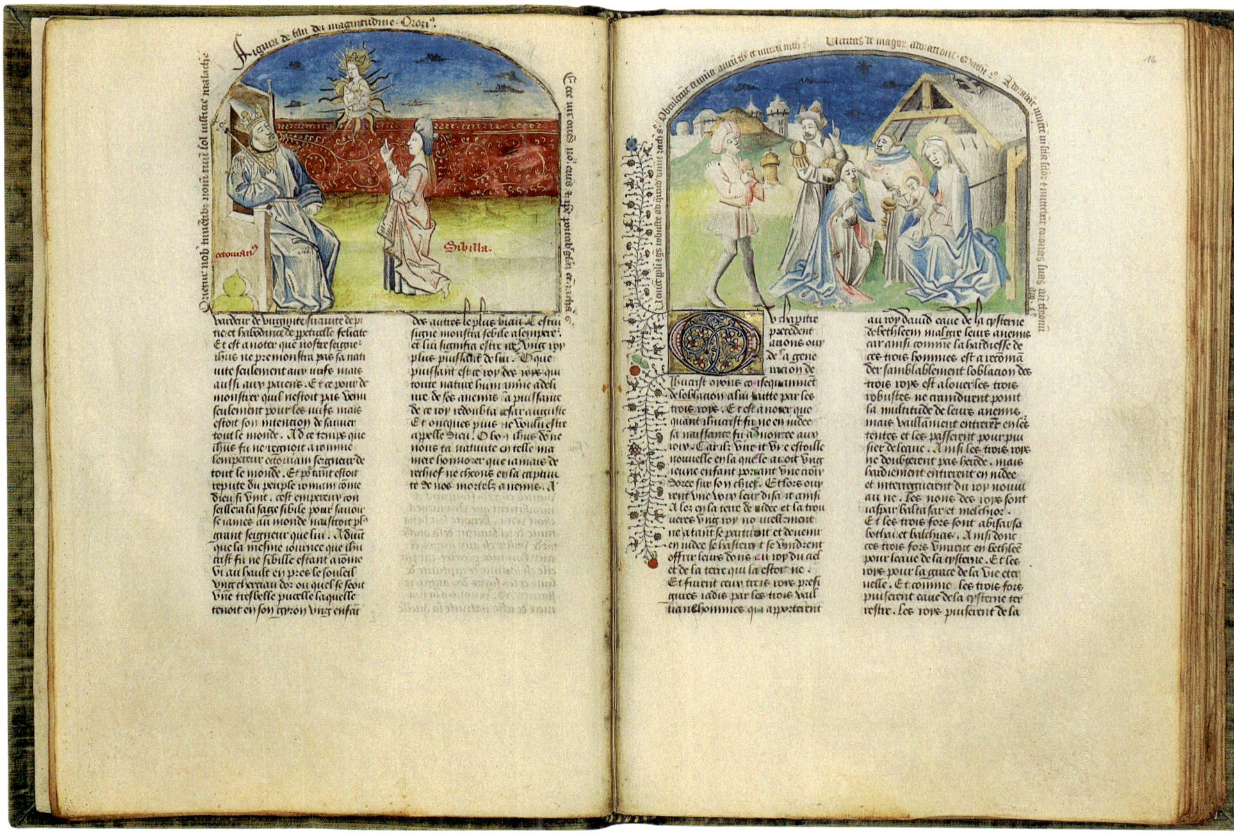

33 *Spiegel des menschlichen Heils*
Paris, um 1450

15v Größe des Gottessohnes, im Bild dargestellt durch die Prophezeiung der Tiburtinischen Sibylle vor Kaiser Augustus

16r Wahrheit von der Anbetung der Könige

durch dieses Tor eingezogen« (Ez 44, 2) und »Hier ist nichts anderes als das Haus Gottes und das Tor des Himmels.« (Gen 28, 17). 7v Bild der Heiligkeit Mariens im Typus des Tempels Salomos; Umschriften: »Nichts war in dem Tempel, das er nicht mit Gold bedeckte« (1 Kön 6, 22) und »Heilig ist dein Tempel, wunderbar in der Gerechtigkeit.« (Ps 64 [65], 5). 8r–9v Kapitel 5. 8r Wahrheit über die Darbringung Mariens im Tempel (Jer); Umschriften: »Kein Speiseopfer, das ihr dem Herrn darbringt, darf mit Sauerteig angemacht sein« (Lev 2, 11) und »David brachte dem Herrn ein Brandopfer dar.« (2 Sam 6, 17). 8v Bild der Darbringung Mariens im Typus des goldenen Tisches (Valerius Maximus 4; vgl. Lutz / Perdrizet, S. 188; Typus bei Breitenbach, S. 113f.); Umschriften: »Die Weisheit hat ihren Tisch gedeckt« (Spr 9, 2) und »Sie trugen einen Leuchter und einen Tisch in den Tempel.« (1 Makk 4, 49). 9r Bild der Darbringung Mariens im Typus der Opferung von Jephtas Tochter (Ri 11, 30–39); Umschriften: »Jedes Opfer sollst du salzen und in jedem Opfer sollst du Salz [des Bundes deines Gottes] darbringen« (Lev 2, 13) und »Das ist für euch der wahre und angemessene Gottesdienst.« (Röm 12, 1). 9v Bild des unbefleckten Lebens Mariens im Typus der Königin der Perser, die ihr Vaterland aus dem hängenden Garten betrachtet (P. Comestor, Hist. Schol. Dan 6: PL 198, 1453). 10r–11v Kapitel 6. 10r Wahrheit über die Verlobung Mariens (Mt 1); Umschriften: »Der Bräutigam wird sich über die Braut freuen« (Jes 62, 5) und »Ich habe euch einem einzigen Mann verlobt, um euch als reine Jungfrau Christus zu geben.« (2 Kor 11, 2). 10v Verlobung des Tobias mit Sara (Tob 7, 15). 11r Turm Baris (P. Comestor, Hist. Schol. Makk 6: PL 198, 1527). 11v Bild von der Wunderbarkeit Mariens als Turm Davids; Umschriften: »Tausend Schilde hängen daran [am Turm Davids], alles Waffen von tapferen Männern« (Hld 4, 4) und »Wie es Gott gefällt, gibt er denen, die würdig sind, den Sieg.« (2 Makk 15, 21). 12r–13v Kapitel 7. 12r Wahrheit von der Ankündigung und Herkunft des Sohnes Gottes (Lk 1, 26–37); Umschriften: »dem Fleisch nach geboren als Nachkomme Davids« (Röm 1, 3) und »weil er in ihr geboren worden ist aus dem Heiligen Geist von Maria, der Mutter Christi« (Mt 1, 20). 12v Moses vor dem brennenden Dornbusch (Ex 3) als erstes Bild von der Empfängnis des Gottessohnes; Umschrift: »Siehe, eine Jungfrau wird empfangen und einen Sohn gebären.« (Jes 7, 14). 13r Das Vlies des Gideon (Ri 6, 37f.) als zweites Bild von der Empfängnis des Gottessohnes; Schriftband: *Dominus tecum virorum fortissime*; Umschriften: »Er wird herabsteigen wie der Regen in

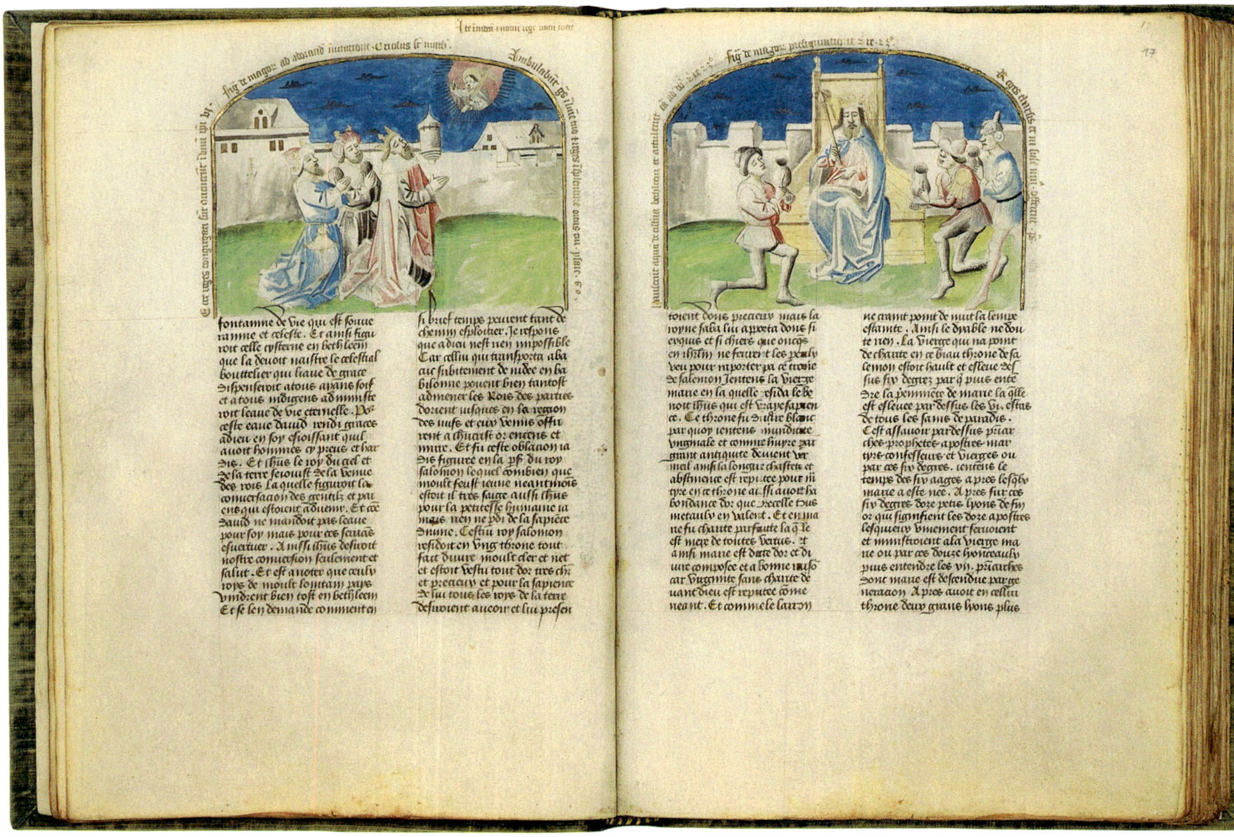

33 *Spiegel des menschlichen Heils*
Paris, um 1450

16v Die drei Könige beten im Angesicht des Sterns von Bethlehem.

17r Bild von der Präfiguration der Könige in den drei Helden Davids

das Fell [auf die Felder].« (Ps 71, 6) und »Dann wohnt der Wolf beim Lamm, der Panther liegt beim Böcklein. Kalb und Löwe weiden zusammen, ein kleiner Knabe kann sie hüten.« (Jes 11, 6). 13v Rebekka reicht Eliezer einen Krug mit Wasser (Gen 24, 12–18) als drittes Bild von der Empfängnis des Gottessohnes; Umschriften: »Höre, Tochter, sieh her und neige dein Ohr« (Ps 44 [45], 11) und »Seht, ich sende meinen Boten; er soll den Weg für mich bahnen.« (Mal 3, 1). 14r–15v Kapitel 8. 14r Wahrheit von der segensreichen Geburt Christi (Lk 2, 1–7); Umschriften: »Das Wort ist Fleisch geworden und hat unter uns gewohnt« (Joh 1, 14) und »Uns ist eine ungeheure Freude. Der große Erlöser ist uns heute geboren.« (Lk 2, 10–11). 14v Bild von der Geburt Christi im Typus des von Josef im Traum erblickten Weinstocks (Gen 40, 9–13); Umschriften: »Ehe die Wehen über sie kamen, brachte sie einen Knaben zur Welt. Wer hat so etwas je gehört?« (Jes 66, 7f.) und »Jeder ist dort [in Zion] geboren.« (Ps 86 [87], 5). 15r Bild von der Art und Weise seiner Geburt im Typus des blühenden Aaronstabes (Num 17, 17–25; vgl. Breitenbach, S. 126f.); Umschriften: »Ohne Zutun von Menschen wurde ein Stein vom Berg gerissen« (Dan 2, 34) und »Auf der Erde wurde er gesehen und mit den Menschen hat er gesprochen.« (Bar 3, 38). 15v Größe des Gottessohnes, im Bild dargestellt durch die Prophezeiung der Tiburtinischen Sibylle vor Kaiser Augustus (Legenda Aurea, S. 66ff.; vgl. Lutz / Perdrizet, S. 193); Umschrift: »Für uns, die wir deinen Namen fürchten, wird die Sonne der Gerechtigkeit aufgehen.« (Mal 3, 20). 16r–17v Kapitel 9. 16r Wahrheit von der Anbetung der Könige. »Sie brachten ihm als Geschenke Gold, Weihrauch und Myrrhe dar.« (Mt 2, 11); Umschriften: »Viele Völker und mächtige Nationen werden kommen, um den Herrn zu suchen« (Sach 8, 22) und »Sie verehren den, der in alle Ewigkeit lebt, und legen ihre Kronen vor seinem Thron nieder.« (Offb 4, 10). 16v Die drei Könige beten im Angesicht des Sterns von Bethlehem (Mt 2, 2); Umschriften: »Siehe, Könige haben sich versammelt, sie kamen zusammen um selbst zu sehen« (Ps 47 [48], 5) und »Die Völker werden in deinem Licht umhergehen und Könige im Glanz deiner Geburt.« (Jes 60, 3). 17r Bild von der Präfiguration der Könige in den drei Helden Davids (2 Sam 23, 5–17; 1 Chr 11, 18): »Sie schöpften Wasser vom Brunnen Bethlehem und brachten es David« und »Könige brachten Geschenke von Tharsus und der Insel.« (Ps 71 [72], 10). 17v Anbetung Christi im Bild vom Besuch der Königin von Saba bei Salomo (1 Kön 10, 10): »Niemals mehr kam so viel Balsam in das Land, wie die Königin von Saba dem

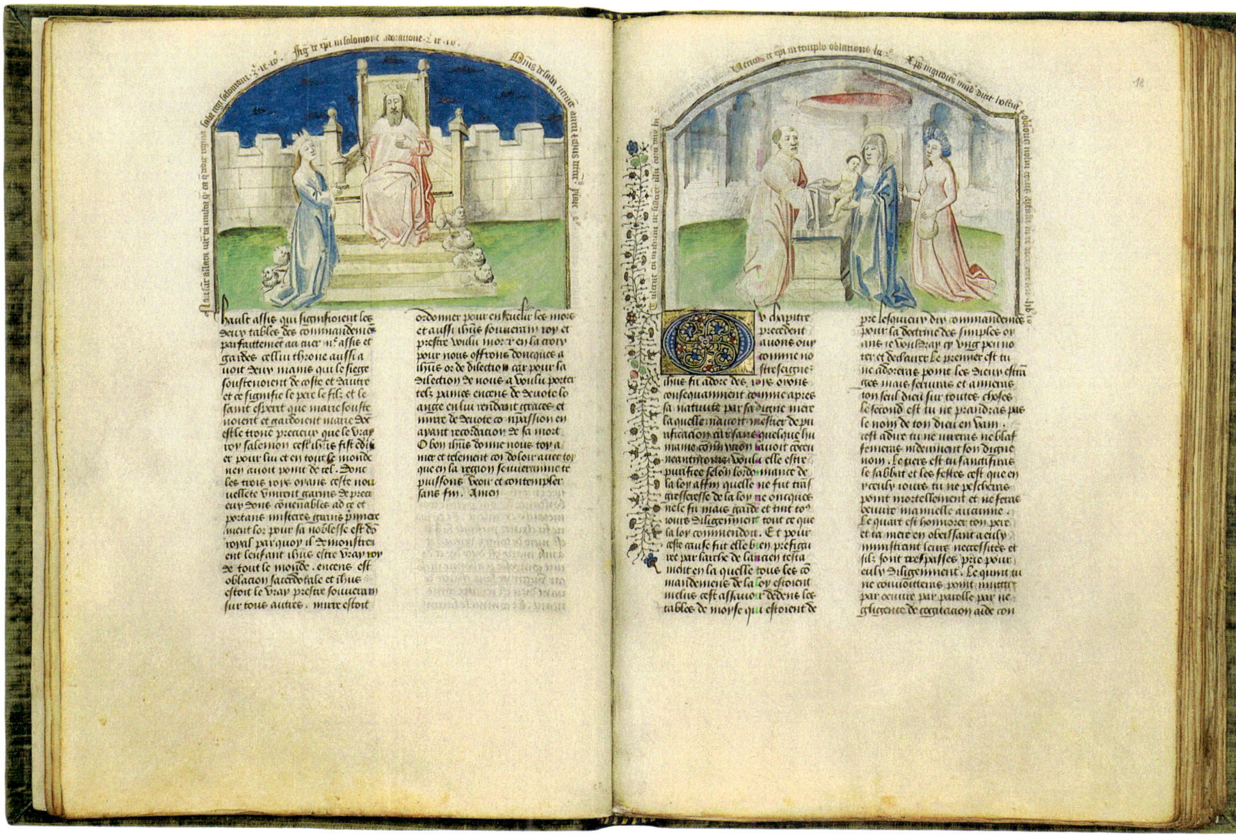

33 *Spiegel des menschlichen Heils*
Paris, um 1450

17v Anbetung Christi im Bild vom Besuch der Königin von Saba bei Salomo

18r Wahrheit von der Darbringung Christi im Tempel

König Salomo schenkte« und »Alle kommen von Saba und bringen Weihrauch und Gold.« (Jes 60, 6). 18r–19v Kapitel 10. 18r Wahrheit von der Darstellung Christi im Tempel; Umschriften: »Sie brachten ihn nach Jerusalem hinauf, um ihn dem Herrn zu weihen« (Lk 2, 22) und »Darum spricht Christus bei seinem Eintritt in die Welt: Schlacht- und Speiseopfer hast du nicht gefordert, doch einen Leib hast du mir geschaffen.« (Hebr 10, 5). 18v Die Bundeslade (Ex 25, 10ff.) als Bild von der Heiligkeit Mariens, die keiner Reinigung bedarf; Umschriften: »Die Bundeslade des Herrn zog vor ihnen her« (Num 10, 33) und Hebräerbrief (9, 4), der von der »archa testamenti« berichtet, die ganz mit Gold überzogen war und in der sich ein goldener Krug mit Manna, der Stab Aarons und die Bundestafeln befanden. 19r Der Siebenarmige Leuchter (Ex 25, 31–40) als Bild von der Heiligkeit Mariens und ihrer Barmherzigkeit; Umschriften: »Siehe, ein Leuchter ganz aus Gold und mit sieben Lichtern darauf« (Sach 4, 2) und »wie das Morgenlicht beim Sonnenaufgang, wolkenlos in der Frühe« (2 Sam 23, 4). 19v Darbringung Samuels (1 Sam 1, 24–28). 20r–21v Kapitel 11. 20r Flucht nach Ägypten (P. Comestor, Hist. Schol. Ev 10: PL 198, 1543; Jes 19, 1). 20v das ägyptische Mariengnadenbild (P. Comestor, Hist. Schol. Tob III: PL 198, 1440). 21r Moses zerbricht die Krone Pharaos (P. Comestor, Hist. Schol. Ex: PL 198, 1144–1145). 21v Traum Nabuchodonosors von der Statue (Dan 2, 31–45). 22r–23v Kapitel 12. 22r Taufe Christi (Mt 3, 13–17). 22v Ehernes Meer (1 Kön 7, 23–26). 23r Naaman wird vom Aussatz befreit (2 Kön 5, 1–14). 23v Durchzug durch den Jordan (Jos 3). 24r–25v Kapitel 13. Drei Versuchungen Christi (Mt 4). 24v Daniel tötet den Drachen (Dan 14, 1–26; vgl. Breitenbach, S. 155, Anm. 2, 3). 25r David tötet Goliath (1 Sam 17). 25v David tötet den Löwen und Bären (1 Sam 17, 34–36). 26r–27v Kapitel 14. 26r Maria Magdalena zu Füßen Christi (Lk 7, 36–50). 26v Manasses tut Buße im Gefängnis (2 Chr 33, 1–13). 27r Rückkehr des verlorenen Sohnes (Lk 15, 21). 27v Reue Davids vor Nathan (2 Sam 12). 28r–29v Kapitel 15. 28r Einzug in Jerusalem (Lk 19, 21–40). 28v Jeremias auf der Klagemauer (2 Kön 25; Klgl 1–5). 29r David mit dem Haupt des Goliath (1 Sam 17, 54–58). 29v Heliodor wird niedergeworfen und gegeißelt (2 Makk 3, 25f.). 30r–31v Kapitel 16. 30r Abendmahl (Mt 26; Mk 14; Lk 22). 30v Manna in der Wüste (Ex 16, 13–23). 31r Osterlamm (Ex 12). 31v Abraham und Melchisedech (Gen 14, 18f.). 32r–33v Kapitel 17. 32r Die Häscher fallen vor Jesus nieder (Joh 18, 6). 32v Samson erschlägt tausend Manr (Ri 15, 14f.) 33r Sangar tötet sechshundert Männer (Ri 3, 31). 33v David

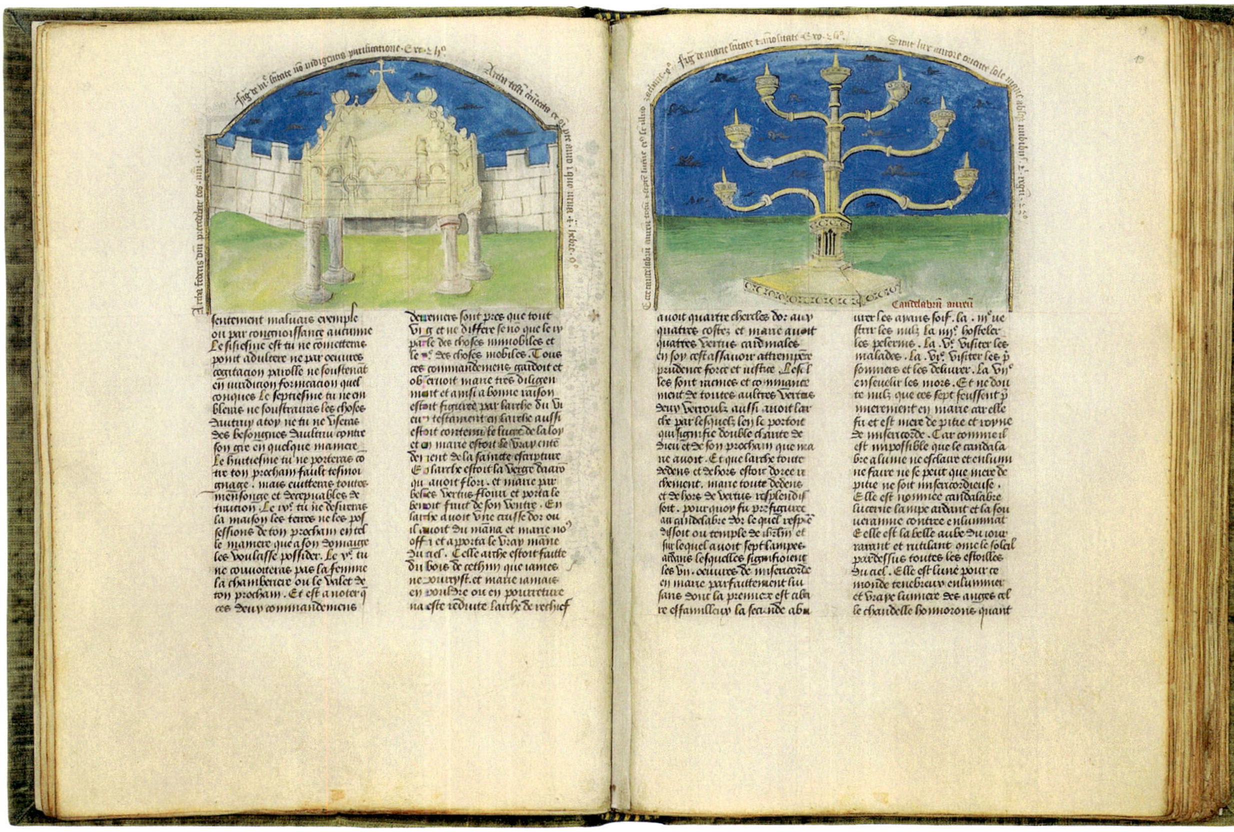

33 *Spiegel des menschlichen Heils*
Paris, um 1450

18v Die Bundeslade als Bild von der Heiligkeit Mariens, die keiner Reinigung bedarf

19r Der Siebenarmige Leuchter als Bild von der Heiligkeit Mariens und ihrer Barmherzigkeit

tötet achthundert Mann (2 Sam 23, 8). 34r–35v Kapitel 18. Judaskuss, Petrus und Malchus (Mt 26, 48–51). 34v Joab tötet Amasa (2 Sam 20, 8–10). 35r David spielt vor Saul die Harfe (1 Sam 18, 9–11). 35v Kain erschlägt Abel (Gen 4). 36r–37v Kapitel 19. 36r Verspottung Christi (Mt 26, 67). 36v Hur wird bespien (P. Comestor, Hist. Schol. Ex 37: PL 198, 1189). 37r Die Schande Noahs (Gen 9, 20–23; Inschriften *Cam, Sem, Noe, Japhet*; dargestellt aber nur 2 Söhne). 37v Samson, der das Haus der Philister einreißt (Ri 16, 26ff.; vgl. Breitenbach, S. 181, Anm. 2), als zweites Bild der Verspottung Christi; Umschriften: »Denn ein Greuel ist dem Herrn der Ränkeschmied, die Zuchtlosen verspottet er« (Spr 3, 32f.) und »Zum Gespött bin ich geworden den ganzen Tag, ein jeder verhöhnt mich.« (Jer 20, 7). 38r–39v Kapitel 20. 38r Wahrheit, dass Christus an der Säule gegeißelt wurde, wie es Pilatus angeordnet hatte (Joh 19, 1; Apg 22, 24). 38v Achior wird an einen Baum gebunden (Jdt 6; P. Comestor, Hist. Schol. Jdt 1: PL 198, 1477). 39r Lamech wird misshandelt (P. Comestor, Hist. Schol. Gen 28: PL 198, 1079). 39v Drittes Bild von der Geißelung Christi in der Geißelung Hiobs (Hiob 2); Umschriften: »Wo ist ein Mann wie Hiob, der Lästerung wie Wasser trinkt?« (Hiob 34, 7) und »Sie peitschten von beiden Seiten auf ihn [den Tempelräuber Heliodor] ein; pausenlos schlugen sie ihn mit vielen Hieben.« (2 Makk 3, 26). 40r–41v Kapitel 21. 40r Christus wurde wahrhaft zum Spott gekrönt (Mt 27, 27–30; Mk 15, 16–19); Umschriften: »Die Soldaten flochten einen Kranz aus Dornen; den setzten sie ihm auf« (Joh 19, 2) und »Ein Kranz wurde ihm gegeben, und als Sieger zog er aus um zu siegen.« (Offb 6, 2). 40v Appamen reißt Zorobabel die Königskrone vom Haupt (apokr. 3 Esra 4, 29f.). 41r Semei wirft mit Steinen nach David (2 Sam 16, 5–12). 41v König Amon (Chanun) entehrt die Friedensboten Davids (2 Sam 10, 4). 42r–43v Kapitel 22. 42r Kreuztragung (Joh 19, 17). 42v Isaak trägt sein Opferholz (Gen 22). 43r Der Erbe der Weinberge wird hinausgeworfen und getötet (Lk 20, 13f.). 43v Das dritte Bild handelt davon, dass Christus von zwei Völkern, hier dargestellt durch die Kundschafter mit der Traube (Num 13, 23), verurteilt wurde. Angeschlossen wird Psalm 2, 2: »Die Könige der Erde stehen auf, die Großen haben sich verbündet gegen den Herrn.« 44r–45v Kapitel 23. 44r Christus wird wahrhaft ans Kreuz genagelt (Lk 23, 33f.); Umschrift: »Als er auf Erden lebte, hat er mit lautem Schreien und unter Tränen Gebete und Bitten vor den gebracht, der ihn aus dem Tod retten konnte, und er ist erhört worden.« (Hebr 5, 7). 44v Jubal und Tubalkain (Gen 4, 21f.; P. Comestor,

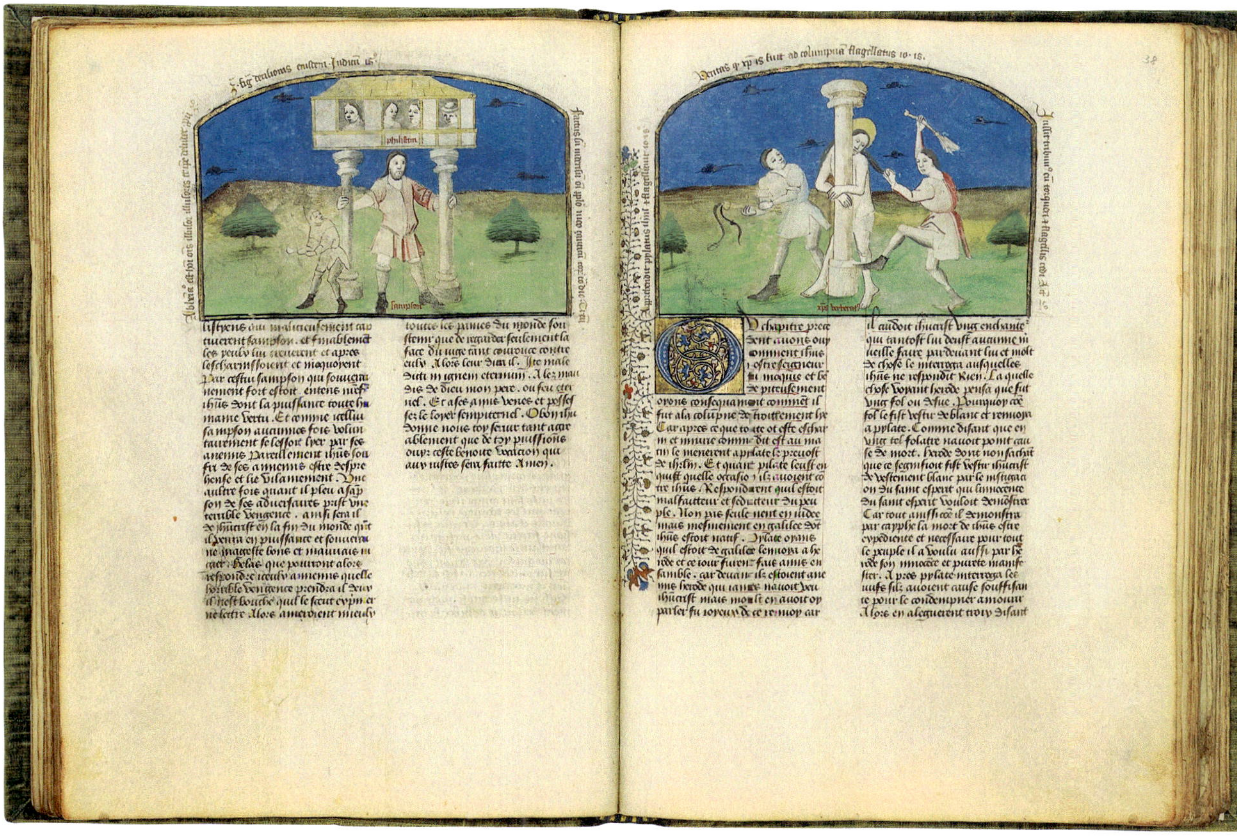

33 *Spiegel des menschlichen Heils*
Paris, um 1450

37v Samson, der das Haus der Philister einreißt, als zweites Bild der Verspottung Christi

38r Wahrheit, dass Christus an der Säule gegeißelt wurde, wie es Pilatus angeordnet hatte

Hist. Schol. Gen 27: PL 198, 1079). 45r Martyrium des Propheten Jesaja (P. Comestor, Hist. Schol. 2 Kön: PL 198, 1414). 45v König Moab opfert seinen Sohn (2 Kön 3, 27). 46r–47v Kapitel 24. 46r Kreuzigung Christi (Mt 27; Joh 19, 26). 46v Der Traum Nabuchodonosors vom stolzen Baum (Dan 4). 47r Opfertod des Königs Codrus (Valerius Maximus 5, 6; vgl. Lutz / Perdrizet, S. 218). 47v Eleazar durchbohrt den Kriegselefanten (1 Makk 6, 44–46) als drittes Bild für den Tod Christi; Umschrift: »Ein Kranz von Strahlen umgibt ihn, und die Seuche zieht vor ihm her.« (Hab 3, 4f.). 48r–49v Kapitel 25. 48r Wahrheit von der Verhöhnung Christi am Kreuz (Mt 27, 39–44; Mk 15, 29–32; Lk 23, 33–37); Schriftbänder: *Milites: Si rex Israel est descendat nunc de cruce. Pontifices: Si tu es rex Iudeorum salvum te fac. Rustici: Va[...] qui destruit templum Dei et in triduo [...]. Latrones: Si tu es Christus fac temet ipsum et nos*; Umschriften: »Anderen hat er geholfen, sich selbst kann er nicht helfen« (Mt 27, 42) und »Zum Gespött bin ich geworden den ganzen Tag, ein jeder verhöhnt mich.« (Jer 20, 7). 48v Mikal verhöhnt ihren Mann David (der spielend vor der Bundeslade einhergeht; 2 Sam 6, 20) als erstes Bild von der schändlichen Verhöhnung Christi; Umschriften: »Alle, die mich sehen, verlachen mich« (Ps 21 [22], 8) und »Den Heiligen Israels haben sie verschmäht und ihm den Rücken gekehrt.« (Jes 1, 4). 49r Absaloms Tod als zweites Bild von der Frevelhaftigkeit der Juden beim Tode Christi (2 Sam 18, 9–15); Umschrift: »Denn in ihrem Zorn brachten sie Männer um, mutwillig lähmten sie Stiere« (Gen 49, 6) und »Denn sie verfolgen den Mann, den du schon geschlagen hast, und mehren den Schmerz dessen, der von dir getroffen ist.« (Ps 68 [69], 27). 49v König Enilmedorach zerstückelt den Leichnam seines Vaters (P. Comestor, Hist. Schol. Dan 5: PL 198, 1453) als drittes Bild von der Unversöhnlichkeit der Juden beim Tode Christi; Umschrift: »Verflucht ihr Zorn, da er so heftig, verflucht ihr Grimm, da er so roh« (Gen 49, 7) und »Die mir nach dem Leben trachten, legen mir Schlingen.« (Ps 37, 13). 50r–51v Kapitel 26. 50r Wahrheit vom Schmerz Mariens bei der Kreuzabnahme über die Leiden Christi (vgl. Mt 27, 59; Mk 15, 46f.; Lk 23, 53f.; Joh 19, 38: erwähnen Maria nicht); Umschriften: »Dir selbst aber wird ein Schwert durch die Seele dringen« (Lk 2, 35) und »Maria aber bewahrte alle Worte in ihrem Herzen.« (Lk 2, 19). 50v Jakobs Schmerz um Joseph (Gen 37, 32f.). 51r Adam und Eva betrauern den Tod Abels (Gen 4; P. Comestor, Hist. Schol. Gen 25: PL 198, 1076). 51v Noemi trauert um ihre Söhne (Rut 1, 20). 52r–53v Kapitel 27. 52r Grablegung Christi (Mt 27, 60;

33 *Spiegel des menschlichen Heils*
Paris, um 1450

39v Drittes Bild von der Geißelung Christi in der Geißelung Hiobs

40r Christus wurde wahrhaft zum Spott gekrönt.

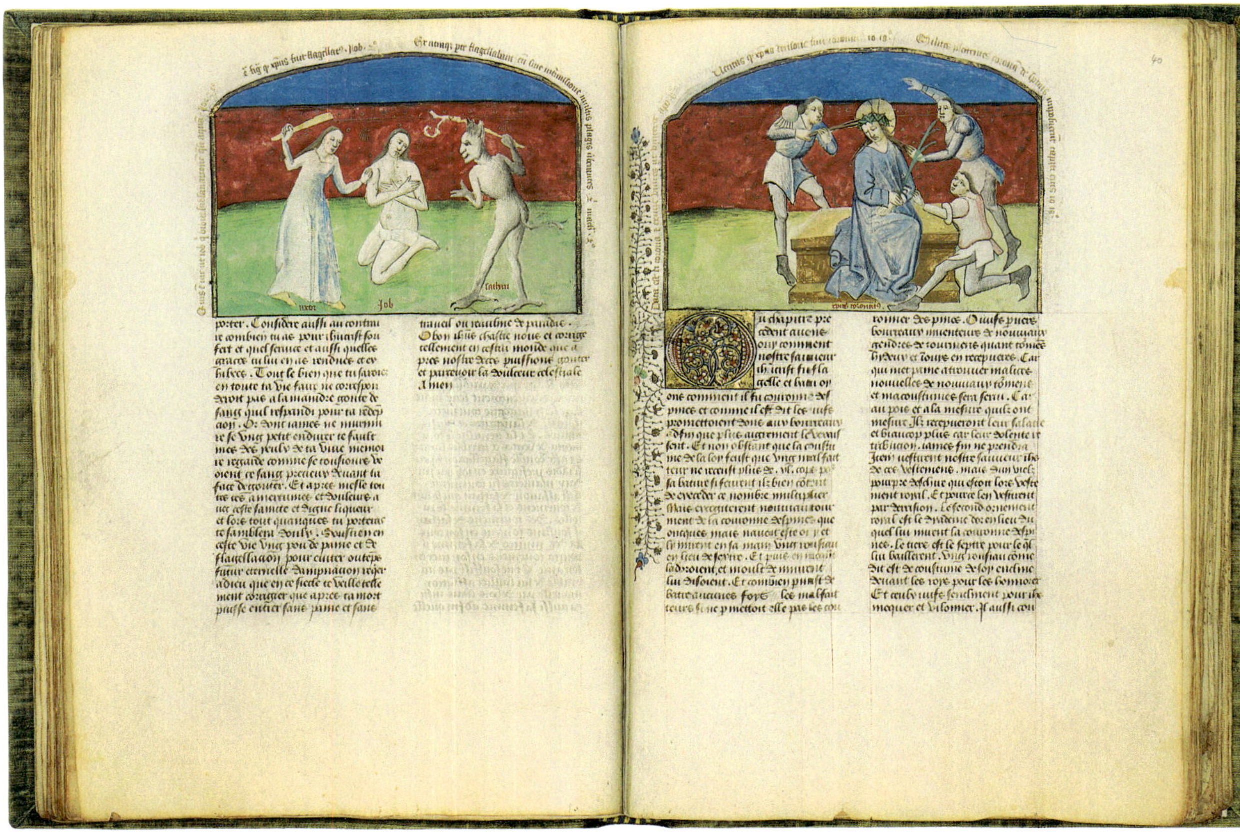

Joh 19, 40–42). 52v Davids Trauer bei Abners Begräbnis (2 Sam 3, 38). 53r Joseph wird in den Brunnen geworfen (Gen 37, 24). 53v Jona wird ins Meer geworfen als drittes Bild von der Grablegung Christi (Jona 1, 15); Umschriften: »Jona war [drei Tage und drei Nächte] im Bauch des Fisches« (Jona 2, 1) und »Sein Wohnsitz ist prächtig.« (Jes 11, 10). 54r–55v Kapitel 28. 54r Wahrheit vom Abstieg Christi in die Unterwelt und der Befreiung der Heiligen. Das Bild zeigt die vier Regionen der Unterwelt (vgl. Hen 22), verbunden mit einem Zitat aus dem Epheserbrief (4, 9): »Er stieg zuerst zu den unteren Regionen der Erde hinab.« 54v drei Jünglinge im Feuerofen (Dan 3, 49f.). 55r Daniel in der Löwengrube (Dan 14, 30–38). 55v Vogel Strauß befreit sein Junges aus dem Glasbehälter durch das Blut des Drachen (P. Comestor, Hist. Schol. 1 Kön 8: PL 198, 1353) als drittes Bild von der Befreiung der verstorbenen Heiligen durch Christus; Umschriften: »Vom Tod sollte ich sie erlösen? Tod, wo sind deine Seuchen?« (Hos 13, 14) und »Auch deine Gefangenen werde ich um des Blutes deines Bundes willen freilassen aus ihrem Kerker, der wasserlosen Zisterne.« (Sach 9, 11). 56r–57v Kapitel 29. 56r Wahrheit davon, daß Christus die Dämonen besiegt hat (Lk 11, 15–23); Umschriften: »Wie kann einer in das Haus eines starken Mannes einbrechen und ihm den Hausrat rauben, wenn er den Mann nicht vorher fesselt?« (Mt 12, 29) und »Er überwältigte den Drachen […], und er fesselte ihn für tausend Jahre.« (Offb 20, 2). 56v Banaias tötet den Löwen (2 Sam 23, 20). 57r Samson tötet den Löwen (Ri 14, 5f.). 57v Ehud durchbohrt König Eglon (Ri 3, 16–22) als drittes Bild vom Sieg Christi über die Dämonen; Umschriften: Erzählung Jotams vom König der Bäume »der für euch gekämpft, [sein Leben gewagt] und euch aus der Gewalt Midians befreit hat« (Ri 9, 16) und »Auch einem Starken entreißt man den Gefangenen, und einem Mächtigen entkommt seine Beute.« (Jes 49, 25). 58r–59v Kapitel 30. 58r Wahrheit davon, dass Maria durch ihre Compassio den Teufel besiegt hat, gemäß dem Wort Gottes: »Er trifft dich am Kopf, und du triffst ihn an der Ferse.« (Gen 3, 15). 58v Judith enthauptet Holofernes (Jdt 13, 6–8). 59r Jahel durchbohrt das Haupt des Sisera (Ri 4, 21). 59v Sieg Mariens über den Teufel im Bild der Thomaris mit dem Haupt des König Cyrus (P. Comestor, Hist. Schol. Dan 19: PL 198, 1474), entsprechend der Ankündigung »Deine Feinde werden sich vor dir erniedrigen, und du setzt deinen Fuß auf ihre Nacken« (Dtn 33, 29) und nach dem Psalmvers (57 [58], 11) »er badet seine Hände im Blut des Frevlers«. 60r–61v Kapitel 31. 60r Wahrheit von der Befreiung der Erzväter

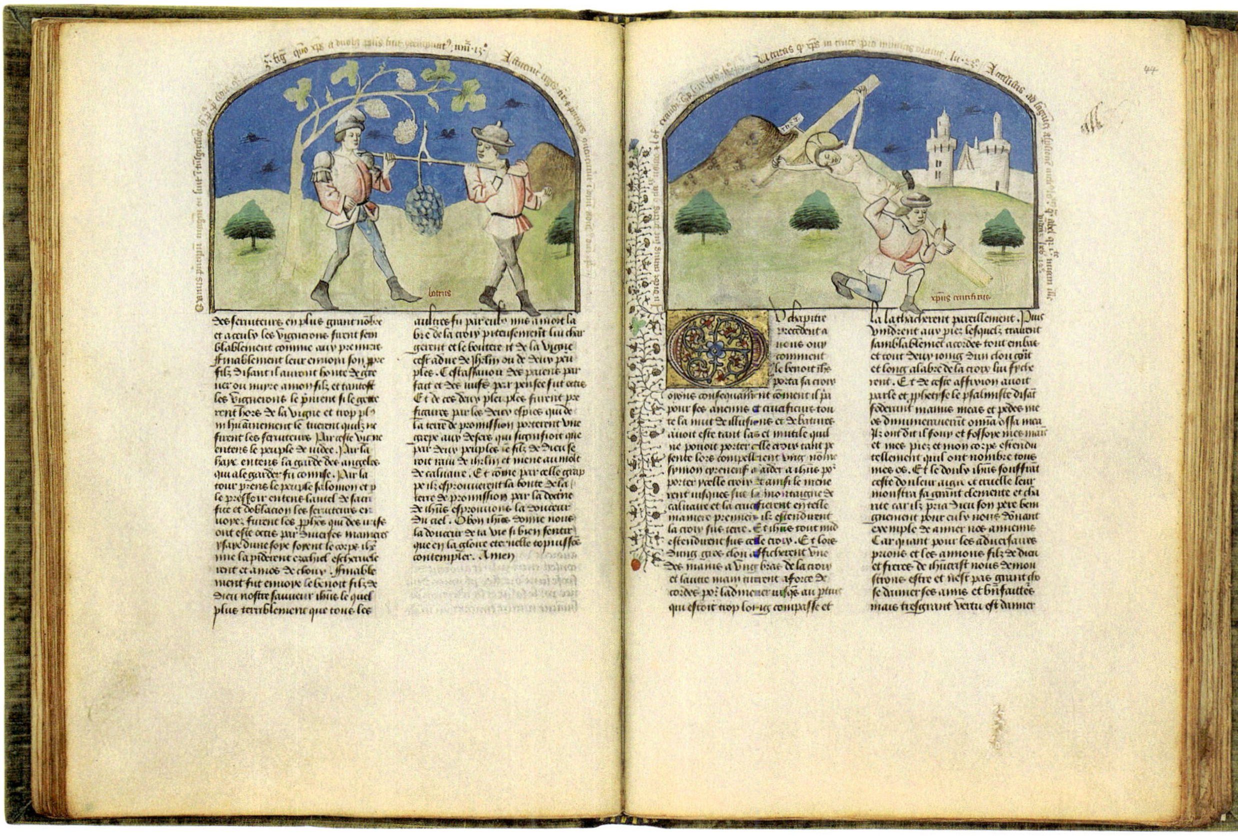

33 *Spiegel des menschlichen Heils*
Paris, um 1450

43v Das dritte Bild handelt davon, dass Christus von zwei Völkern, hier dargestellt durch die Kundschafter mit der Traube, verurteilt wurde.

44r Christus wird wahrhaft ans Kreuz genagelt.

durch Christus (vgl. Lk 1, 32; 1, 52; 1, 71f.); Umschriften: »Er hat uns geschenkt, dass wir, aus Feindeshand befreit[, ihm furchtlos dienen]« (Lk 1, 74) und »Die Fürsten und Gewalten hat er entwaffnet und öffentlich zur Schau gestellt; durch Christus hat er über sie triumphiert.« (Kol 2, 15). 60v Auszug aus Ägypten (Ex 12). 61r Der Herr befreit Abraham aus Ur im Chaldäerland und aus dem Feuer (Gen 11, 31; 12, 5). 61v Loths Auszug aus Sodom (Gen 19). 62r–63v Kapitel 32. 62r Auferstehung Christi (Mt 28; Joh 20). 62v Samson mit den Toren von Gaza (Ri 16, 1–3). 63r Ausspeiung des Jonas (Jon 2). 63v Auferstehung Christi unter dem Bild vom Schlussstein nach Psalm 117 [118], 22: »Der Stein, den die Bauleute verwarfen, er ist zum Eckstein geworden.« (vgl. Mt 21, 42; Apg 4, 11; 1 Petr 2, 7); Umschriften: »Die Schwachen werden unterdrückt, die Armen seufzen. Darum spricht der Herr: ›Jetzt stehe ich auf[, dem Verachteten bringe ich Heil]‹« (Ps 11 [12], 6) und »Darum wartet nur [...] auf den Tag, an dem ich auftreten werde als Kläger.« (Zef 3, 8). 64r–65v Kapitel 33. 64r Wahrheit von der Himmelfahrt Christi nach Markus (16, 19), bezeugt im Epheserbrief (4, 10): »Derselbe, der herabstieg, ist auch hinaufgestiegen bis zum höchsten Himmel, um das All zu beherrschen« und in der Apostelgeschichte (1, 9): »Als er das gesagt hatte, wurde er vor ihren Augen emporgehoben, und eine Wolke nahm ihn auf und entzog ihn ihren Blicken.«. 64v Jakobs Traum von der Himmelsleiter (Gen 28, 12–22) als zweites Bild der Himmelfahrt Christi; Umschriften: »Keiner ist wie der Gott Jeschuruns, der in den Himmel steigt, um dir zu helfen, auf die Wolken in seiner Hoheit« (Dtn 33, 26) und »der Herr schreitet an ihrer Spitze«. (Mi 2, 13). 65r Christus als Guter Hirte im Gleichnis vom verlorenen Schaf (Lk 15, 3–7); Schriftband: *Congratulamini mihi quia inveni ovem meam quae perierat.* (Freut euch mit mir; ich habe mein Schaf wiedergefunden, das verloren war.); Umschriften: »Gott stieg empor unter Jubel« (Ps 46 [47], 6) und »wie der Adler, [...] der seine Schwingen ausbreitet, ein Junges ergreift und es flügelschlagend davonträgt« (Dtn 32, 11). 65v Entrückung Elijas (2 Kön 2, 9–11) als drittes Bild von der Himmelfahrt Christi gemäß den Worten »Elija fuhr im Wirbelsturm zum Himmel empor«, ergänzt mit der Frage »Wer ist jener, der aus Edom kommt?« (Jes 63, 1); im Schriftband die Bitte des Elischa an Elija: *Peto ut fiat spiritus tuus duplex in me.* (Möchten mir doch zwei Anteile deines Geistes zufallen.) 66r–67v Kapitel 34. 66r Die Wahrheit, dass Christus den Hl. Geist über die Apostel aussandte (Apg 2, 1–13); Umschrift: »Er wird euch mit dem Heiligen Geist und mit Feuer taufen« (Lk 3, 16) und

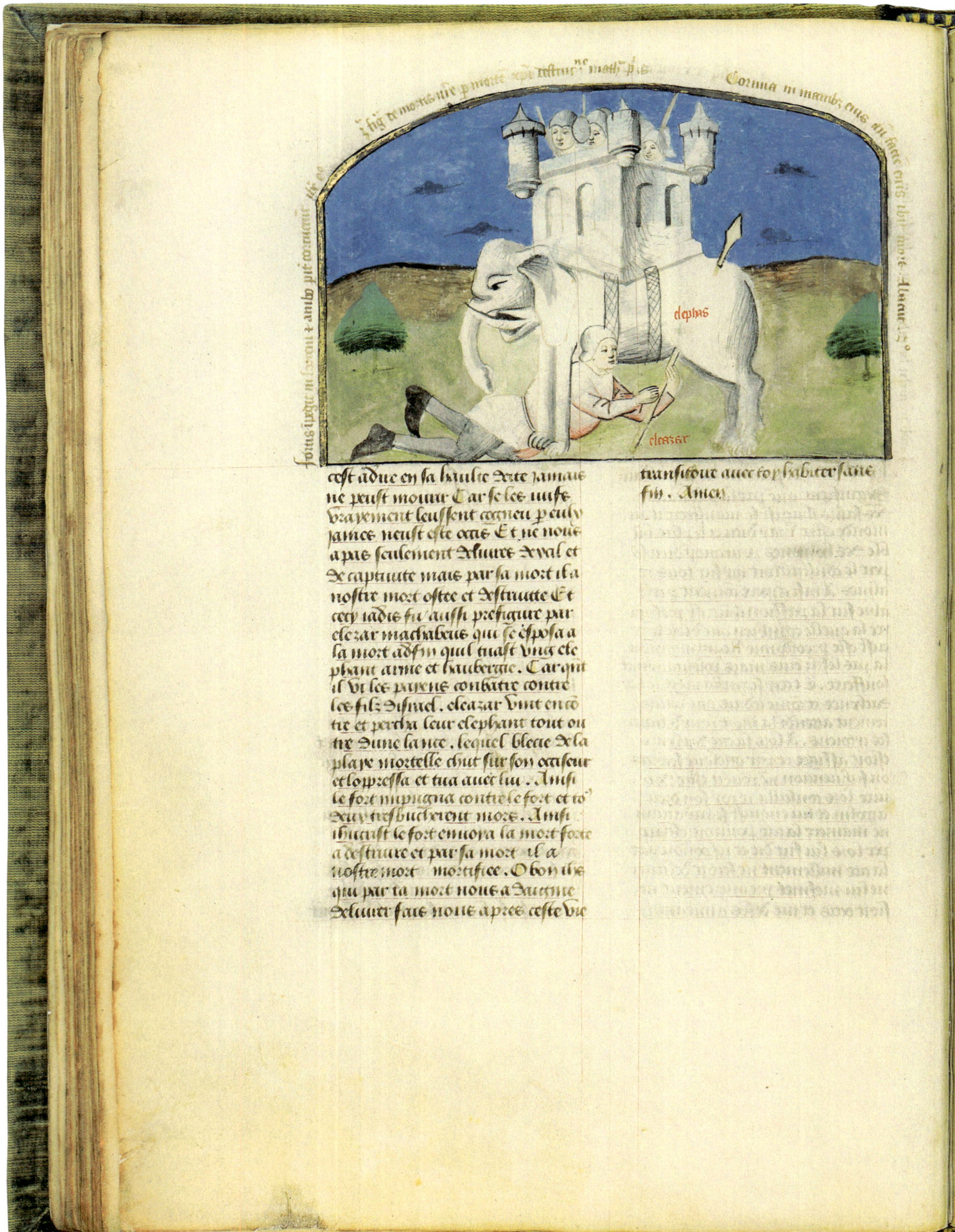

cest adire en sa haulte deite jamais
ne peust mourir Car se les iuifs
vrayement leussent congneu p eulx
jamais neust este occis Et ne nous
a pas seulement deliure de val et
de captiuite mais par sa mort il a
nostre mort ostee et destruite Et
cecy iadis fu aussi prefigure par
eleazar machabeus qui se esposa a
la mort adfin quil tuast vng ele
phant arme et haubergie. Car quāt
il vit les payens combatre contre
les filz disrael. eleazar vint en co
tre et percha leur elephant tout ou
tre dune lance. lequel blecie de la
playe mortelle chut sur son occiseur
et loppressa et tua auec lui. Ainsi
le fort impugna contre le fort et to
deux tresbucherent morts. Ainsi
ihucrist le fort encora la mort forte
a destruire et par sa mort il a
nostre mort mortifiee. O bon ihs
qui par ta mort nous a deliure
deliure nous apres ceste vie
transitoire auec toy habiter sans
fin. Amen

33 *Spiegel des menschlichen Heils*
Paris, um 1450

47v Eleazar durchbohrt den Kriegselefanten als drittes Bild für den Tod Christi. Darauf werden Habakuks Worte vom Kommen Jahwes bezogen: »Ein Kranz von Strahlen umgibt ihn, und die Seuche zieht vor ihm her.« (Hab 3,4f.)

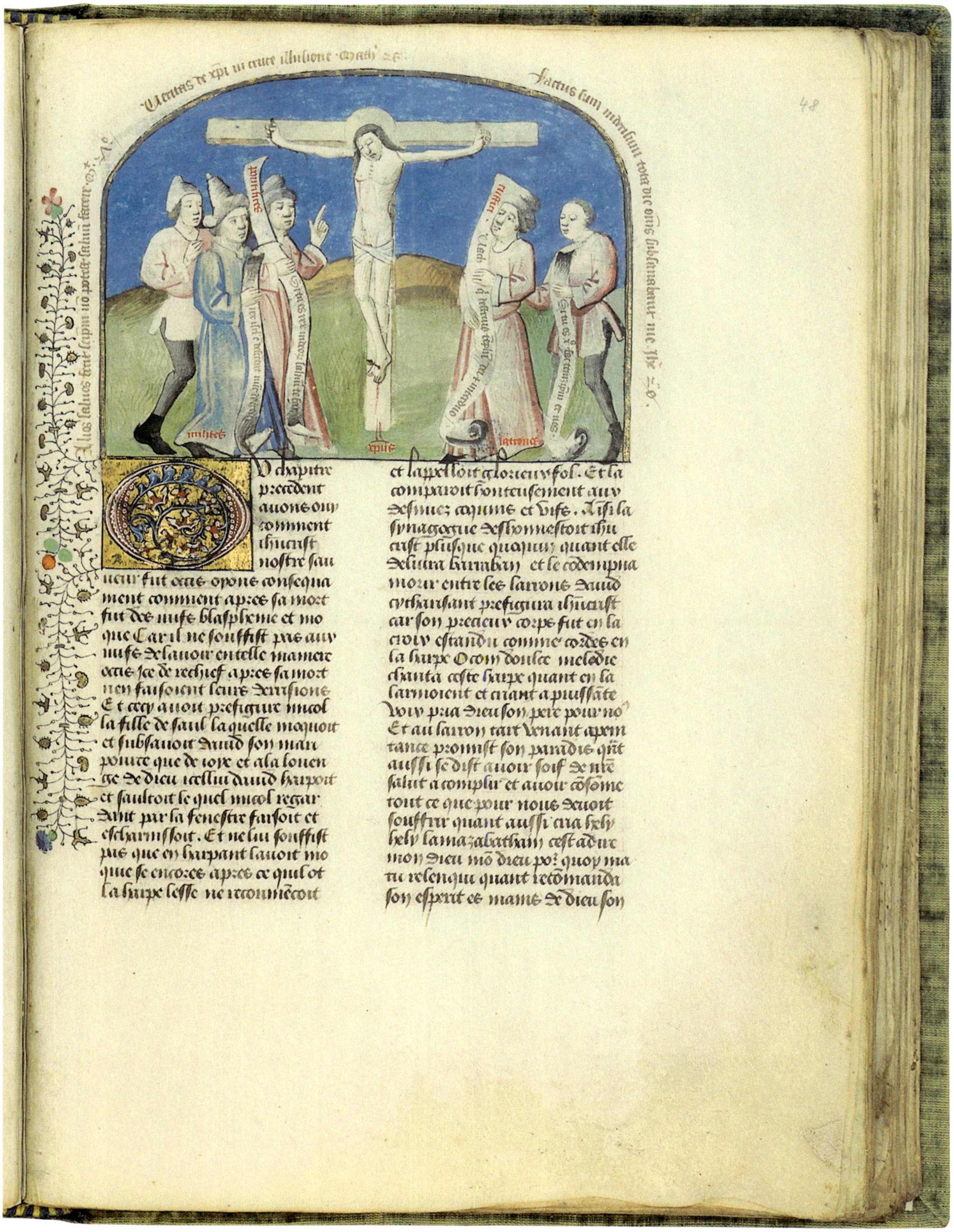
Au chapitre
precedent
auons ouy
comment
ihucrist
nostre sau
ueur fut ocis oprobes consequa
ment comment apres sa mort
fut des iuifs blaspheme et mo
que Car il ne souffist pas aux
iuifs de lauoir en telle maniere
ocis see de rechief apres sa mort
nen faisoient leurs derisions
Et cecy auoit prefigure micol
la fille de saul laquelle moquoit
et subsanoit dauid son mari
pource que de ioye et ala louen
ge de dieu icellui dauid harpoit
et saultoit le quel micol regar
dant par la fenestre farsoit et
escharnissoit. Et ne lui souffist
pas que en harpant lauoit mo
que se encores apres ce quil ot
la harpe lesse ne recommencoit

et lappelloit glorieux fol. Et la
comparoit honteusement aux
desmiez coquins et vils. Ainsi la
synagogue deshonnestoit ihu
crist plus que quoquiez quant elle
deliura barrabam et le codempna
morir entre les larrons dauid
cytharisant prefigura ihucrist
car son precieux corps fut en la
croix estandu comme cordes en
la harpe Ou en douce melodie
chanta ceste harpe quant en la
larmoient et criant a puissāte
voix pria dieu son pere pour no'
Et au larron tart venant a pein
tance promist son paradis quāt
aussi se dist auoir soif de nre
salut a complir et auoir cōsome
tout ce que pour nous deuoit
souffrir quant aussi cria hely
hely lamazabathani cest adire
mon dieu mō dieu po' quoy ma
tu relenqui quant recōmanda
son esperit es mains de dieu son

33 *Spiegel des menschlichen Heils*
Paris, um 1450

48r Wahrheit von der Verhöhnung Christi am Kreuz: »Anderen hat er geholfen, sich selbst kann er nicht helfen.« (Mt 27,42)
Dem wird gegenübergestellt: »Zum Gespött bin ich geworden den ganzen Tag, ein jeder verhöhnt mich.« (Jer 20,7)

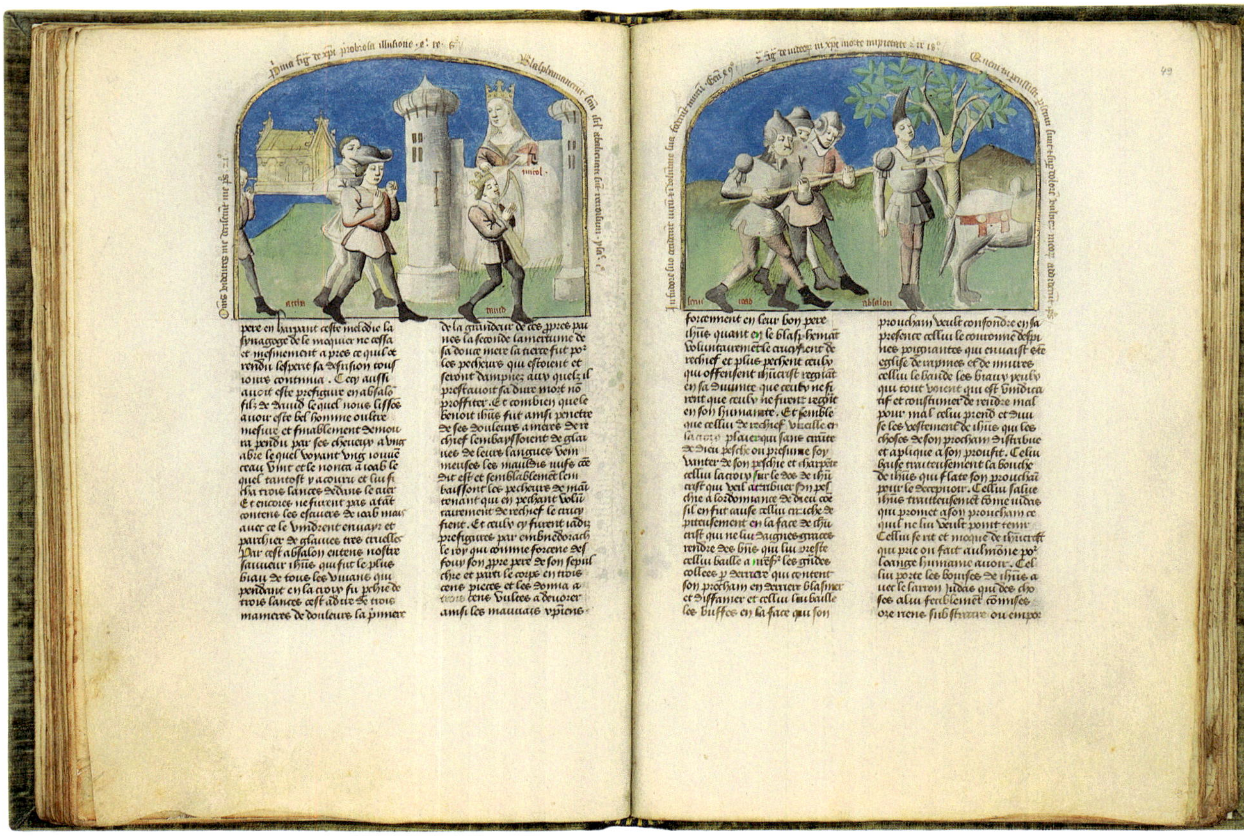

33 *Spiegel des menschlichen Heils*
Paris, um 1450

48v Mikal verhöhnt ihren Mann David als erstes Bild von der schändlichen Verhöhnung Christi.

49r Absaloms Tod als zweites Bild von der Frevelhaftigkeit der Juden beim Tode Christi

»Alle wurden mit dem Heiligen Geist erfüllt und begannen, in fremden Sprachen zu reden.« (Apg 2, 4). 66v Turmbau zu Babel (Gen 11, 1–9). 67r Gesetzesübergabe an Moses (Ex 20; 24). 67v Auf Bitten des Elisäus werden die Ölkrüglein der armen Witwe gefüllt (2 Kön 4, 1–7). 68r–69v Kapitel 35. 68r Compassio Mariens nach der Himmelfahrt Christi (vgl. Lutz / Perdrizet, S. 231). 68v Die Mutter des jungen Tobias trauert um ihren Sohn (Tob 5, 17–22). 69r verlorene Drachme (Lk 15, 8–10). 69v Mikal in Trauer um David (1 Sam 18, 20–28; P. Comestor, Hist. Schol. 2 Reg. 5 Additamentum: PL 198, 1327). 70r–71v Kapitel 36. 70r Aufnahme Mariens in den Himmel (zitiert wird Apg 12). 70v David bringt die Bundeslade nach Jerusalem (2 Sam 6, 1–15). 71r Weib der Offenbarung (Offb 12, 1). 71v König Salomo weist Bethsabe (und seiner Mutter) den Platz zu seiner Rechten an (1 Kön 2, 19). 72r–73v Kapitel 37. 72r Maria besänftigt als Mittlerin den Zorn Gottes. Dominikus und Franziskus links, rechts zwei Kniende ohne Nimben, ebenso als Dominikus und Franziskus beschriftet (vgl. Lutz / Perdrizet, S. 76, 234). 72v Abigail besänftigt den Zorn Davids (1 Sam 25, 23–35). 73r Die Frau aus Tekoa besänftigt den Zorn Davids gegen Absalom (2 Sam 14). 73v Eine weise Frau besänftigt den Zorn Joabs gegen die Stadt Abela (2 Sam 20, 14–22). 74r–75v Kapitel 38. 74r gekrönte Schutzmantelmadonna. 74v Tarbis, Tochter des Königs, verteidigt die Stadt Saba gegen Moses (P. Comestor, Hist. Schol. Ex 6: PL 198, 1144). 75r Eine lobenswerte Frau verteidigt die Stadt Thebes (Ri 9, 50–55). 75v Mikal rettet David vor den Knechten Sauls (1 Sam 19, 11f.). 76r–77v Kapitel 39. 76r Christus als Schmerzensmann vor seinem Vater. 76v Antipater zeigt Julius Caesar seine Narben (P. Comestor, Hist. Schol. 2 Makk 14: PL 198, 1531). 77r Maria kniet vor ihrem Sohn (Maria zeigt dem Sohn ihre Brüste; vgl. Breitenbach, S. 264, Anm. 2). 77v Esther legt bei König Assuerus Fürbitte für die Juden ein (Est 7, 2–4). 78r–79v Kapitel 40. 78r Jüngstes Gericht (Mt 25, 31–46). 78v Gleichnis von den anvertrauten zehn Pfunden (Lk 19, 12–16; vgl. Mt 25, 14–30). 79r Gleichnis von den klugen und törichten Jungfrauen (Mt 25, 1–13). 79v Daniel deutet Belschazzar das Menetekel als drittes Bild der Scheidung der Guten von den Bösen (Dan 5); Umschriften: Vision Daniels (7, 10) vom endzeitlichen Christus: »Das Gericht nahm Platz, und es wurden Bücher aufgeschlagen« und Worte des Propheten Sacharja (9, 11): »Auch deine Gefangenen werde ich um des Blutes deines Bundes willen freilassen aus ihrem Kerker, der wasserlosen Zisterne.« 80r–81v Kapitel 41. 80r Wahrheit darüber, dass Christus die Verdammten

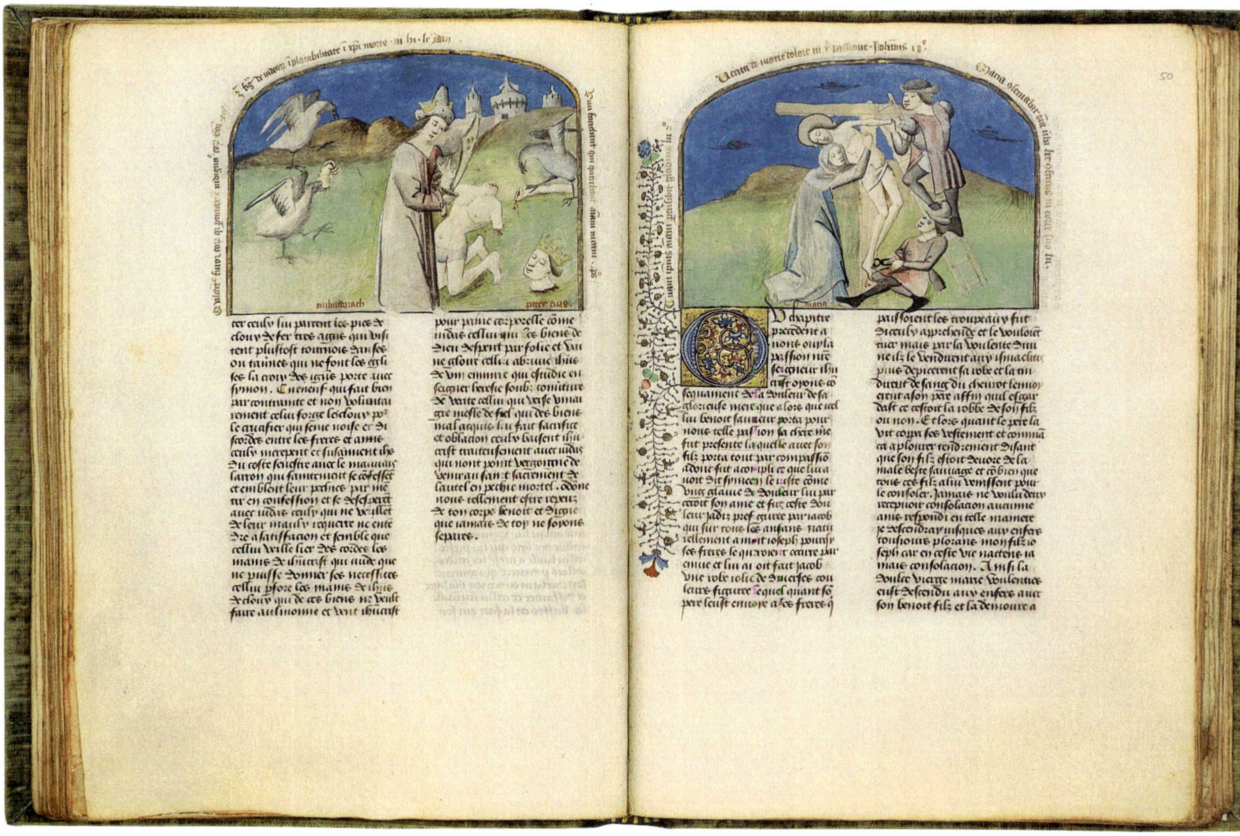

33 *Spiegel des menschlichen Heils*
Paris, um 1450

49v König Enilmedorach zerstückelt den Leichnam seines Vaters als drittes Bild von der Unversöhnlichkeit der Juden beim Tode Christi.

50r Wahrheit vom Schmerz Mariens bei der Kreuzabnahme über die Leiden Christi

in Ewigkeit richten wird (Mt 25, 31–46), wie bei Matthäus verzeichnet (25, 46): »Und sie werden weggehen und die ewige Strafe erhalten, die Gerechten aber das ewige Leben« und gemäß der Offenbarung des Johannes (9, 6): »In jenen Tagen werden die Menschen den Tod suchen, aber nicht finden; sie werden sterben wollen, aber der Tod wird vor ihnen fliehen.« 80v König David bestraft seine Feinde (2 Sam 12, 27–29). 81r Gideon bestraft seine Spötter (Ri 8, 7 u. 16). 81v Der Untergang des Pharao als drittes Bild der ewigen Verdammnis (Ex 14, 27f.), verbunden mit Hiobs Rede über das Ende der Frevler (24, 19): »Dürre und Hitze raffen das Schneewasser weg, die Unterwelt den Sünder« und mit Jesajas Beschreibung der Endzeit (66, 24): »Denn der Wurm in ihnen wird nicht sterben, und das Feuer in ihnen wird niemals erlöschen; [ein Ekel sind sie für alle Welt.]«. 82r–83v Kapitel 42. 82r Die Wahrheit darüber, dass Christus die Gerechten im Himmelreich versammeln wird (Mt 25, 34–40) gemäß der Deutung des Gleichnisses vom Unkraut (Mt 13, 43) »Dann werden die Gerechten im Reich ihres Vaters wie die Sonne leuchten« und entsprechend der Offenbarung des Johannes (21, 4) »Er wird alle Tränen von ihren Augen abwischen: Der Tod wird nicht mehr sein, keine Trauer, keine Klage, keine Mühsal. Denn was früher war, ist vergangen.« 82v Die Königin von Saba vor Salomon (1 Kön 10, 1–13) als erstes Bild von der Belohnung der Gerechten entsprechend dem 1. Buch der Könige (10, 24) »Alle Welt begehrte ihn zu sehen und die Weisheit zu hören, die Gott in sein Herz gelegt hatte« und in Anlehnung an Psalm (16 [17], 15) »Ich aber will in Gerechtigkeit dein Angesicht schauen, mich satt sehen an deiner Gestalt, wenn ich erwache.« 83r Gastmahl des Königs Assuerus (Est 1) als zweites Bild davon, dass Christus die Gerechten im Himmelreich sättigen wird; Umschriften: »ein Land, in dem du nicht armselig dein Brot essen musst, in dem es dir an nichts fehlt« (Dtn 8, 9) und Prophezeiung des Jesaja (25, 6): »Der Herr der Heere wird auf diesem Berg für alle Völker ein Festmahl geben mit den feinsten Speisen, ein Gelage mit erlesenen Weinen.« 83v Gastmahl der Söhne Hiobs (Hiob 1, 4) als drittes Bild des himmlischen Gastmahls Christi für die Gerechten gemäß dem Psalmvers (35 [36], 9) »sie laben sich am Reichtum deines Hauses; du tränkst sie mit dem Strom deiner Wonnen« und entsprechend der Ankündigung des Jesaja (32, 18): »Mein Volk wird an einer Stätte des Friedens wohnen, in sicheren Wohnungen, an stillen und ruhigen Plätzen.« 84r–87v Kapitel 43. Sieben Stationen der Leidensgeschichte Jesu in Verbindung mit den sieben kirchlichen

33 *Spiegel des menschlichen Heils*
Paris, um 1450

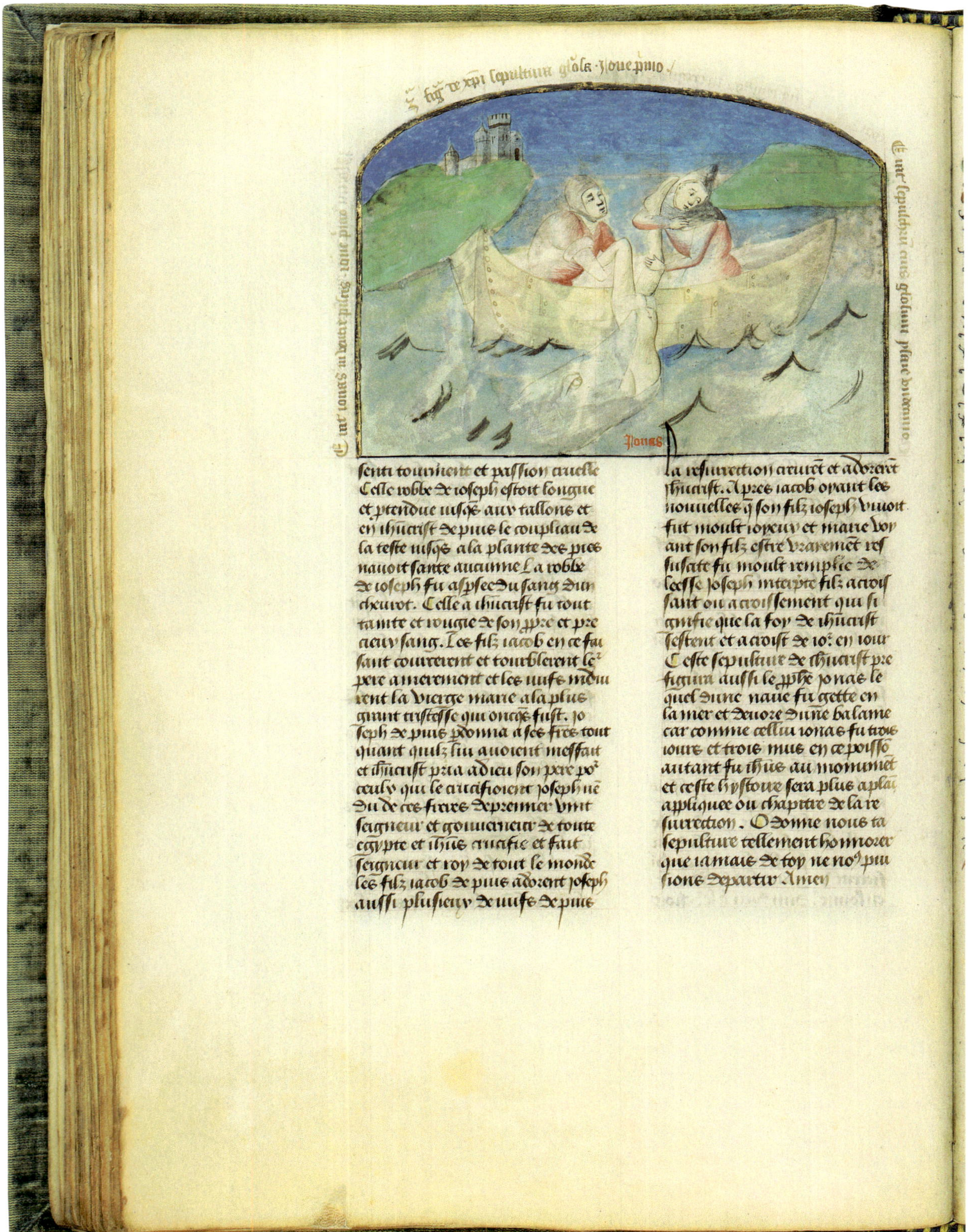

53v Jona wird ins Meer geworfen als drittes Bild von der Grablegung Christi; in den Umschriften: »Jona war [drei Tage und drei Nächte] im Bauch des Fisches« (Jona 2,1) und »Sein Wohnsitz ist prächtig.« (Jes 11,10)

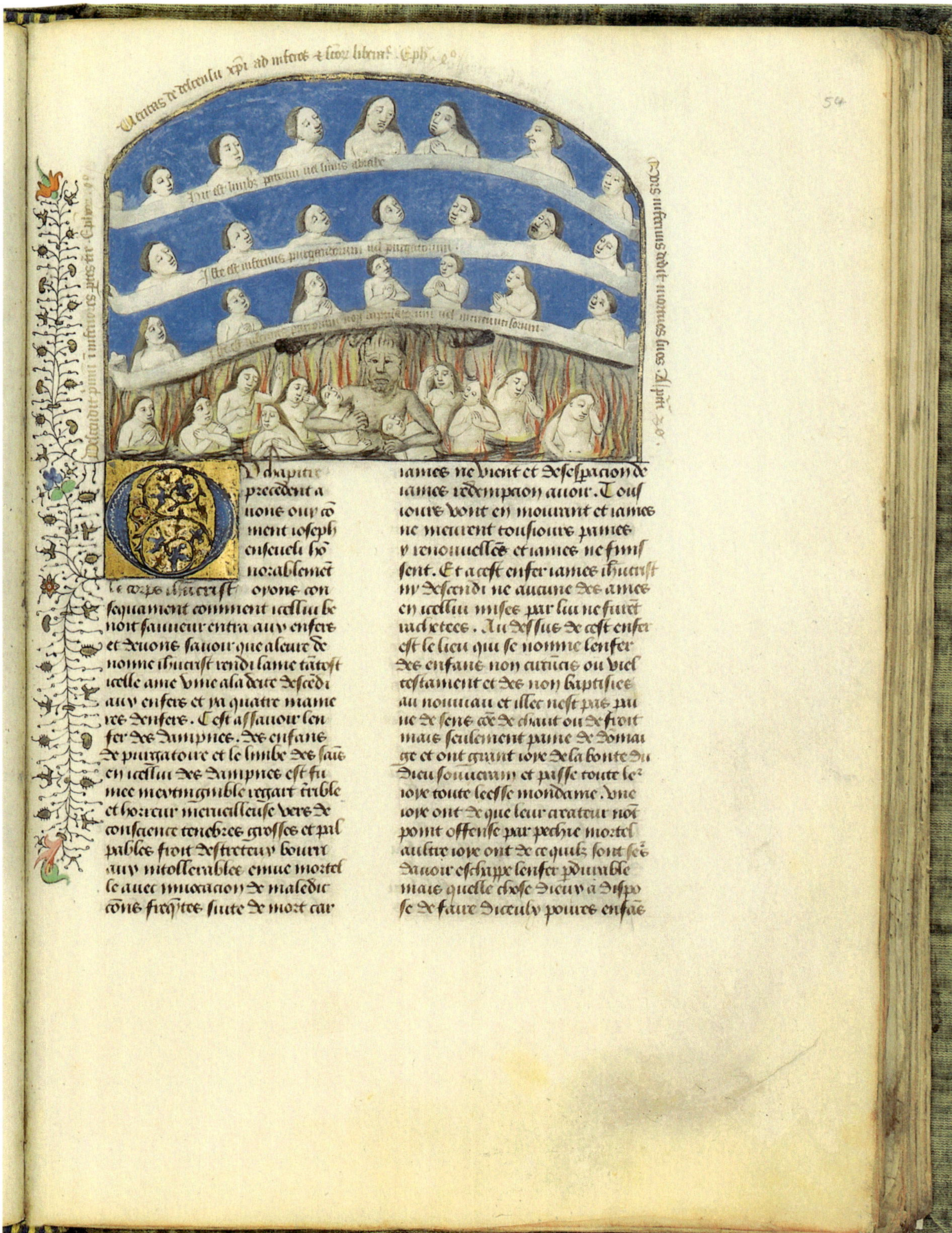

33 *Spiegel des menschlichen Heils*
Paris, um 1450

54r Wahrheit vom Abstieg Christi in die Unterwelt und der Befreiung der Heiligen. Das Bild zeigt die vier Regionen der Unterwelt, verbunden mit einem Zitat aus dem Epheserbrief (4,9): »Er stieg zuerst zu den unteren Regionen der Erde hinab.«

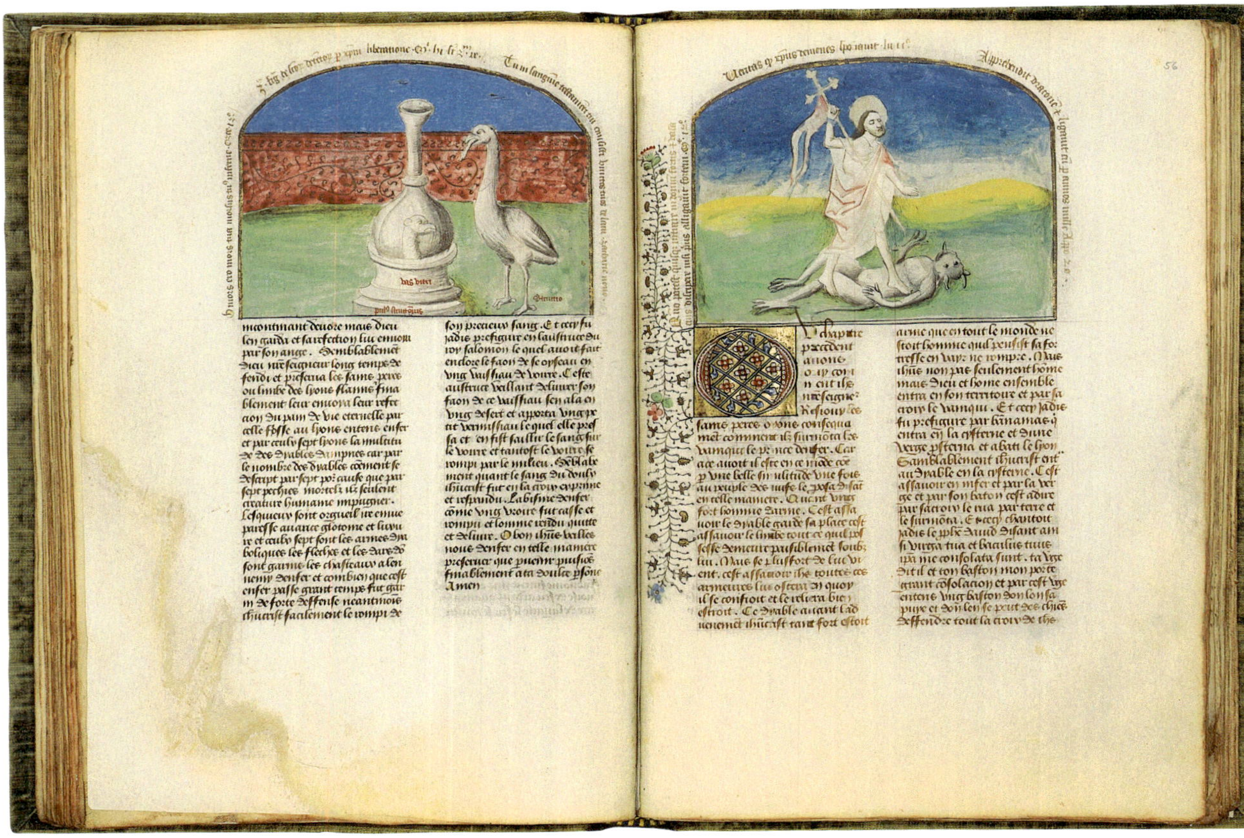

33 *Spiegel des menschlichen Heils*
Paris, um 1450

55v Vogel Strauß befreit sein Junges aus dem Glasbehälter durch das Blut des Drachen als drittes Bild von der Befreiung der verstorbenen Heiligen durch Christus.

56r Wahrheit davon, dass Christus die Dämonen besiegt hat

Gebetstageszeiten. 84r Kreuztragender Christus im Gespräch mit einem Einsiedler als Einleitungsbild zu dem im Text enthaltenen Thema *Quidam homo devotus in cellula sua residebat* (vgl. Lutz / Perdrizet, S. 88, 159, 240) und als Auftakt zum frommen Überdenken der Passion Christi; Umschriften: »Denn ich dachte mit ganzem Herzen an Gott. Der Höchste schenkte mir Gunst und Ansehen [bei Salmanassar]« (Tob 1, 12f.) und »Denkt an den, der von den Sündern solchen Widerstand gegen sich erduldet hat.« (Hebr 12, 3). 84v Vesper: Abendmahl (Mt 26; Mk 14; Lk 22). 85r Komplet: Verrat des Judas (Mt 26, 48–54). 85v Matutin: Dornenkrönung und Verspottung Jesu (Mt 26, 67). 86r Prim: Christus vor Herodes (Lk 23, 7–9). 86v Terz: Geißelung (Mt 27, 26; Mk 15, 15; Joh 19, 1). 87r Sext: Kreuztragung (Mt 27, 33; Mk 15, 22; Lk 23, 33). 87v Zur neunten Stunde befahl Christus, am Kreuz hängend, seine Seele in die Hände seines Vaters (Joh 19, 30). Der Psalm (49 [50], 22) mahnt: »Begreift es doch, ihr, die ihr Gott vergesst! Sonst zerreiße ich euch, und niemand kann euch retten«, und aus dem Galaterbrief (6, 17) wird hinzugefügt: »Denn ich trage die Zeichen Jesu an meinem Leib.« 88r–91v Kapitel 44. Sieben Schmerzen Mariens. 88r Das Wunder vom Schmerz Jesu und seiner glorreichen Mutter vermittelt im Bild eines von einem Schwert durchbohrten Dominikaners zu dem im Text enthaltenen Thema *Frater quidam in ordine fratrum Praedicatorum* (vgl. Lutz / Perdrizet, S. 92, 161, 242). Dazu kommentiert der Psalm (47 [48], 7) »Dort packte sie das Zittern, wie die Wehen eine gebärende Frau«, und Jesus verheißt »Selig die Trauernden; denn sie werden getröstet werden.« (Mt 5, 4). 88v Darbringung im Tempel (Lk 2, 22–338). 89r Flucht nach Ägypten (Mt 2, 12; Hl. Familie zu Fuß). 89v Zwölfjähriger Christus im Tempel (Lk 2, 41–50). 90r Gefangennahme Jesu (Lk 22, 52–54). 90v Kreuzigung (Lk 23, 46; Joh 19, 26). 91r Grablegung Christi (Mt 28, 1; Mk 16, 1; Lk 24, 1; Joh 19, 31–42). 91v Die trauernde Gottesmutter vor dem leeren Kreuz auf Golgatha (vgl. 58r und 68r) zur Vergegenwärtigung der Sieben Schmerzen Mariens angesichts des Sterbeortes ihres Sohnes mit Verweis auf das Johannes-Evangelium (16, 16–24), entsprechend dem Klagelied »Sie weint und weint des Nachts, Tränen auf ihren Wangen« (Klgl 1, 2) und mit Verweis auf den 1. Petrusbrief (2, 19) »Denn es ist eine Gnade, wenn jemand deswegen Kränkungen erträgt und zu Unrecht leidet, weil er sich in seinem Gewissen nach Gott richtet.« 92r–95v Kapitel 45. Sieben Freuden Mariens. 92r Wunder von den Sieben Freuden der seligen Jungfrau Maria, vermittelt in der Darstellung Mariens als Tröste-

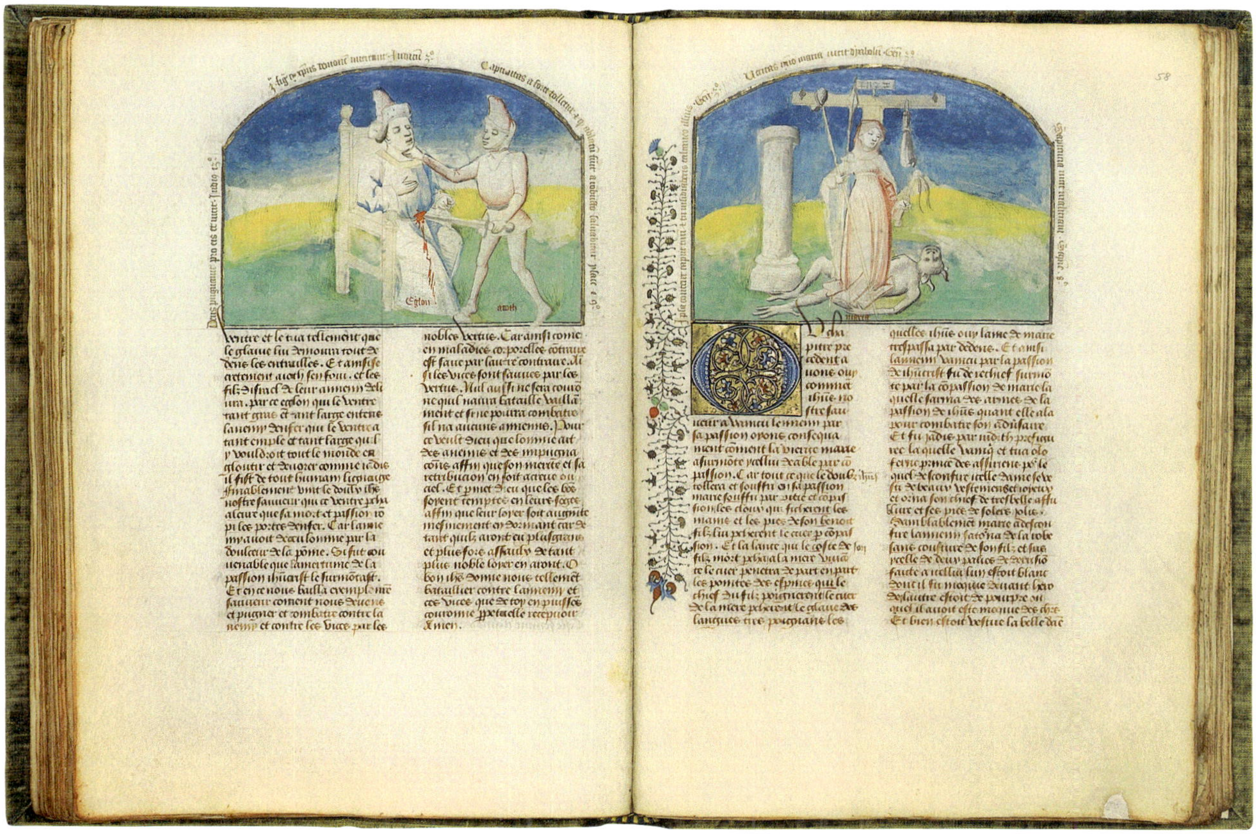

33 *Spiegel des menschlichen Heils*
Paris, um 1450

57v Ehud durchbohrt König Eglon als drittes Bild vom Sieg Christi über die Dämonen.

58r Wahrheit davon, dass Maria den Teufel besiegt hat

rin am Bett eines erkrankten Priesters als Einleitungsbild zu dem im Text enthaltenen Thema *In quodam sacerdote, beatae Virgini devoto* (vgl. Lutz / Perdrizet, S. 96, 163, 243). Tröstliche Zuversicht vermitteln die Umschriften »Daher dürfen wir hoffen, dass er uns und unser Volk nicht im Stich lassen wird« (Jdt 8, 20) und »Er tröstet uns in all unserer Not.« (2 Kor 1, 4). 92v Verkündigung an Maria (Lk 1, 26–37). 93r Heimsuchung (Lk 1, 39–56). 93v Geburt Christi (Lk 2, 1–7). 94r Anbetung der Drei Könige (Mt 2, 1–11). 94v Darbringung im Tempel (Lk 2, 41–50). 95r Zwölfjähriger Christus im Tempel (Lk 2, 41–50). 95v Aufnahme Mariens in den Himmel bzw. Marienkrönung (vgl. 70r). **Literatur** Kat. Sotheby's, London, 6. 12. 1954, Nr. 44. – Kat. Christie's, London, 1. 6. 1977, Nr. 191. – A. von Euw / J. M. Plotzek, Die Handschriften der Sammlung Ludwig, Bd. 3, Köln 1982, S. 36ff., Nr. XI 9, S. 89ff. – A. Wilson / J. L. Wilson, A Medieval Mirror. Speculum Humanae Salvationis 1324–1500, Berkeley / Los Angeles / London 1984, S. 84. – B. Cardon, De Speculum Humanae Salvationis in de Zuidelijke Nederlanden (ca. 1410–ca. 1470). Ein bijdrage tot de studie van de 15de eeuwse miniatuurkunst en van de functie en betekenis van het historisch symbolisme (unpubl. Diss.), Löwen 1985, Bd. 1, S. 106, 149 Anm. 158, 219. – F. Avril / N. Reynaud, Les manuscrits à peintures en France 1440–1520, Ausst. Kat. Bibliothèque Nationale de France, Paris 1993, S. 56. – B. Cardon, Manuscripts of the Speculum Humanae Salvationis in the Southern Netherlands (c. 1410–c. 1470). A Contribution to the Study of the 15th Century Book Illumination and of the Function and Meaning of Historical Symbolism, Löwen 1996, S. 73f., 90, 377, Nr. XVI, S. 406f., 416 – Catena Aurea. Höhepunkte mittelalterlicher Buchmalerei aus Schweizer Privatbesitz, Ausst. Kat. Antiquariat Heribert Tenschert, Ramsen / Rotthalmünster 1999, Nr. 12, S. 32ff. – E. König (mit Beiträgen von G. Bartz und H. Tenschert), Vom Heiligen Ludwig zum Sonnenkönig. 34 Werke der Französischen Buchmalerei aus Gotik, Renaissance und Barock (Leuchtendes Mittelalter, N. F. III), Ramsen 2000, Nr. 8, S. 129ff. **Zitierte Literatur** M. Niesner, Das Speculum Humanae Salvationis der Stiftsbibliothek Kremsmünster. Edition der mittelhochdeutschen Versübersetzung und Studien zum Verhältnis von Bild und Text (Pictura et poesis, Bd. 8), Köln / Weimar / Wien 1995, S. 10ff. – H.-W. Stork / B. Wachinger, Art. Speculum humanae salvationis, in: Die deutsche Literatur des Mittelalters. Verfasserlexikon², Bd. 9, Berlin / New York 1995, Sp. 51ff. – G. Roth, Art. Speculum humanae salvationis, in: Lexikon des Mittelalters, Bd. 7, München 1995,

33 *Spiegel des menschlichen Heils*
Paris, um 1450

59v Sieg Mariens über den Teufel im Bild der Thomaris mit dem Haupt des König Cyrus

60r Wahrheit von der Befreiung der Erzväter durch Christus

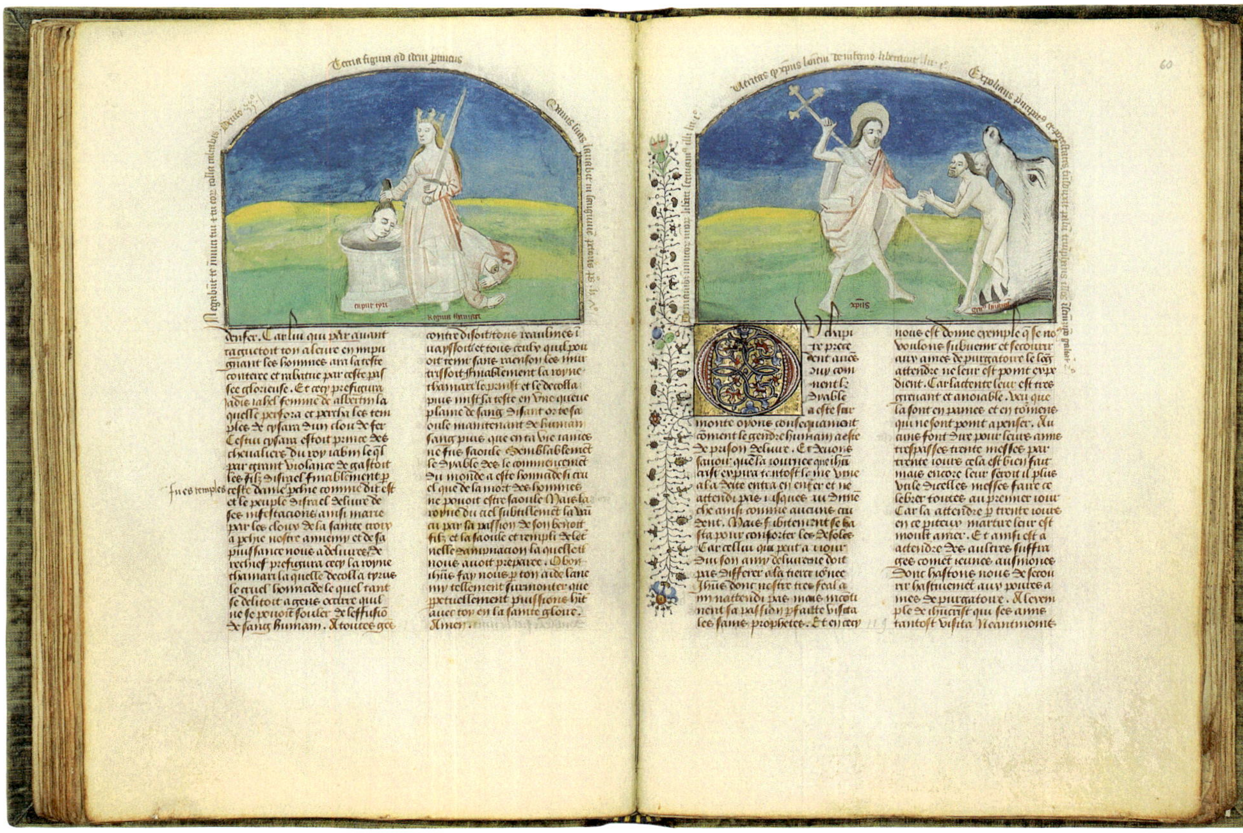

Sp. 2088f. – E. Breitenbach, Speculum humanae salvationis. Eine typengeschichtliche Untersuchung, Straßburg 1930. – J. Lutz / P. Perdrizet, Speculum humanae salvationis. Die Quellen des Speculums und seine Bedeutung in der Ikonographie, Bd. 1–2, Mulhouse / Leipzig 1907–1909. – F. Masai / M. Wittek (Hgg.), Manuscrits datés conservés en Belgique, Bd. 2, Brüssel / Gent 1972. – C. Sterling, La Peinture médiévale à Paris 1300–1500, Bd. 2, Paris / Biel 1990. – E. König, Les Heures de Marguerite d'Orléans, Paris 1991. – M. Meiss, French Painting in the Time of Jean de Berry. The Limbourgs and Their Contemporaries, New York 1974. – M. Krieger, Grisaille als Metapher. Zur Entstehung der peinture en camaïeu im frühen 14. Jahrhundert (Wiener Kunstgeschichtliche Forschungen, Bd. 6), Wien 1995. – F. Avril u. a., Marco Polo, Das Buch der Wunder. Handschrift Français 2810 der Bibliothèque Nationale de France, Paris, Kommentarbd. zum Faksimile, Luzern 1996. – J. B. Rietstap, Armorial général, Bd. 1, Paris 1884–1887, Bd. 2, (Tafeln), Paris 1903. – G. Saffroy, Bibliographie généalogique, héraldique et nobilitaire de la France des origines à nos jours, imprimé et manuscrits, 5 Bde., Paris 1968–1988. – Legenda Aurea des Jacobus de Voragine, aus dem Lateinischen von R. Benz, Heidelberg 1925.

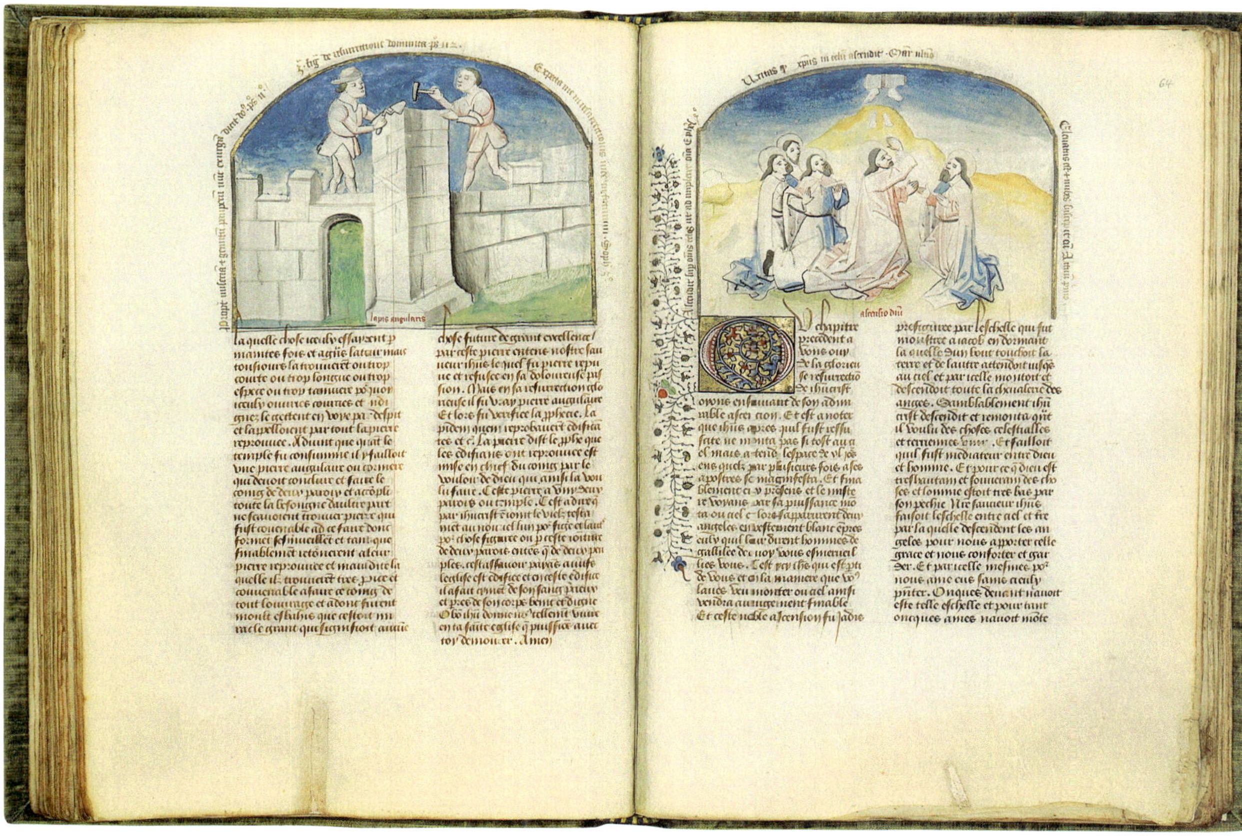

33 *Spiegel des menschlichen Heils*
Paris, um 1450

63v Auferstehung Christi im Bild vom Schlussstein

64r Wahrheit von der Himmelfahrt Christi

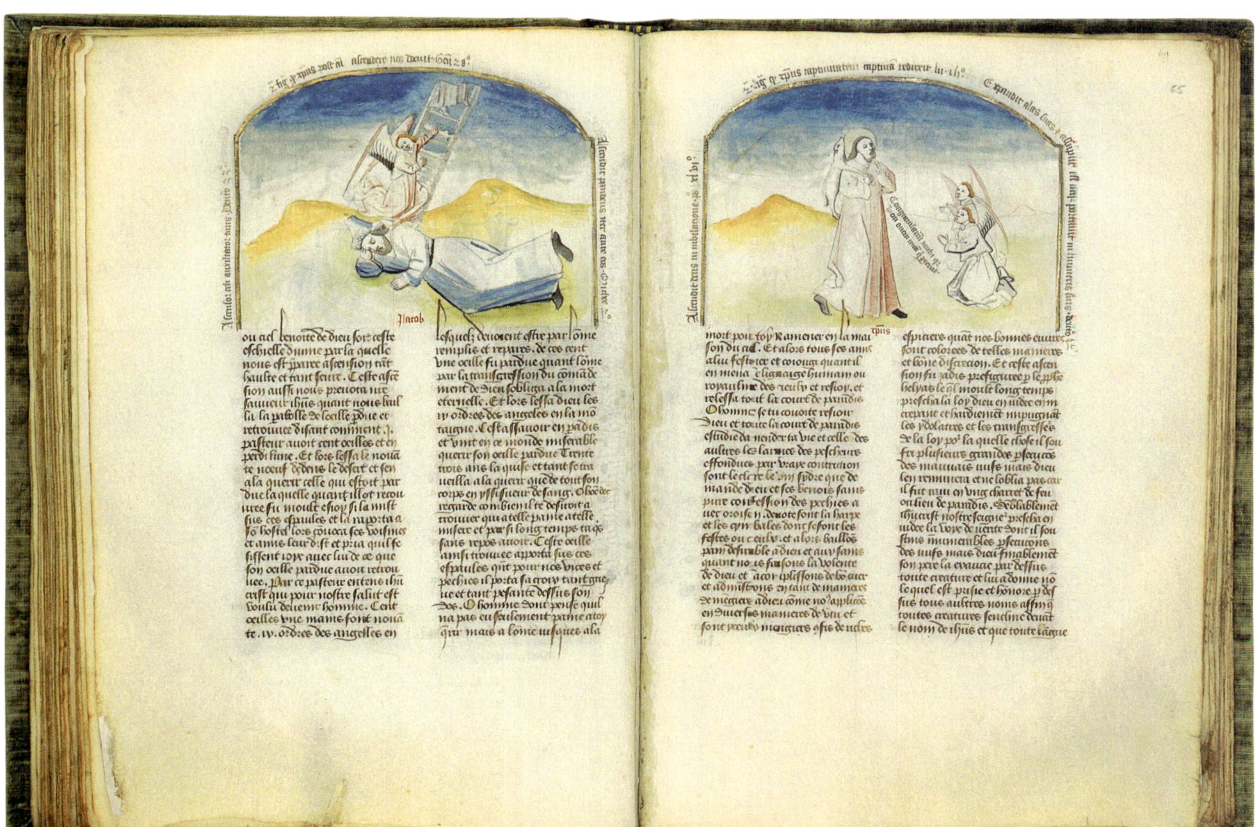

64v Jakobs Traum von der Himmelsleiter als zweites Bild der Himmelfahrt Christi

65r Christus als Guter Hirte im Gleichnis vom verlorenen Schaf

33 *Spiegel des menschlichen Heils*
Paris, um 1450

79v Daniel deutet Belschazzar das Menetekel als drittes Bild der Scheidung der Guten von den Bösen.

80r Wahrheit darüber, dass Christus die Verdammten in Ewigkeit richten wird

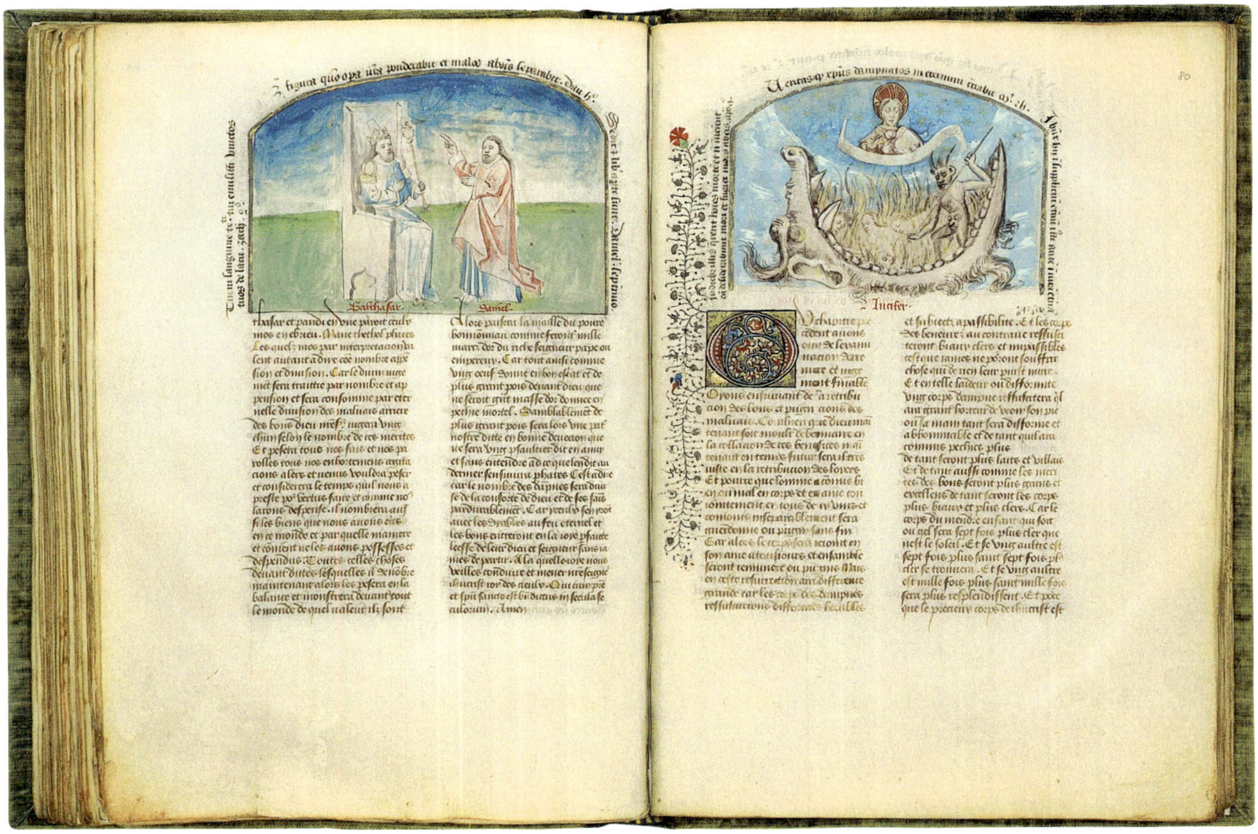

81v Der Untergang des Pharao als drittes Bild der ewigen Verdammnis

82r Die Wahrheit darüber, dass Christus die Gerechten im Himmelreich versammeln wird

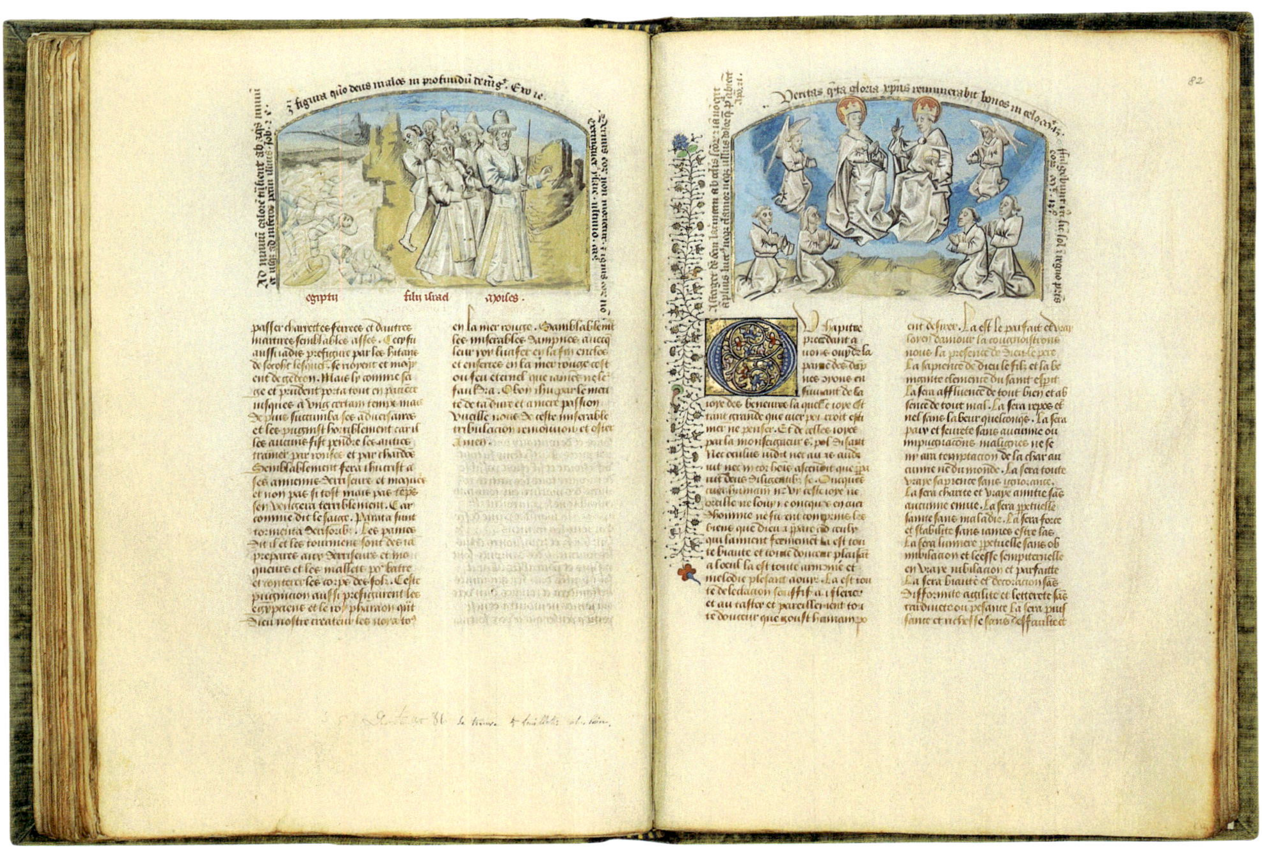

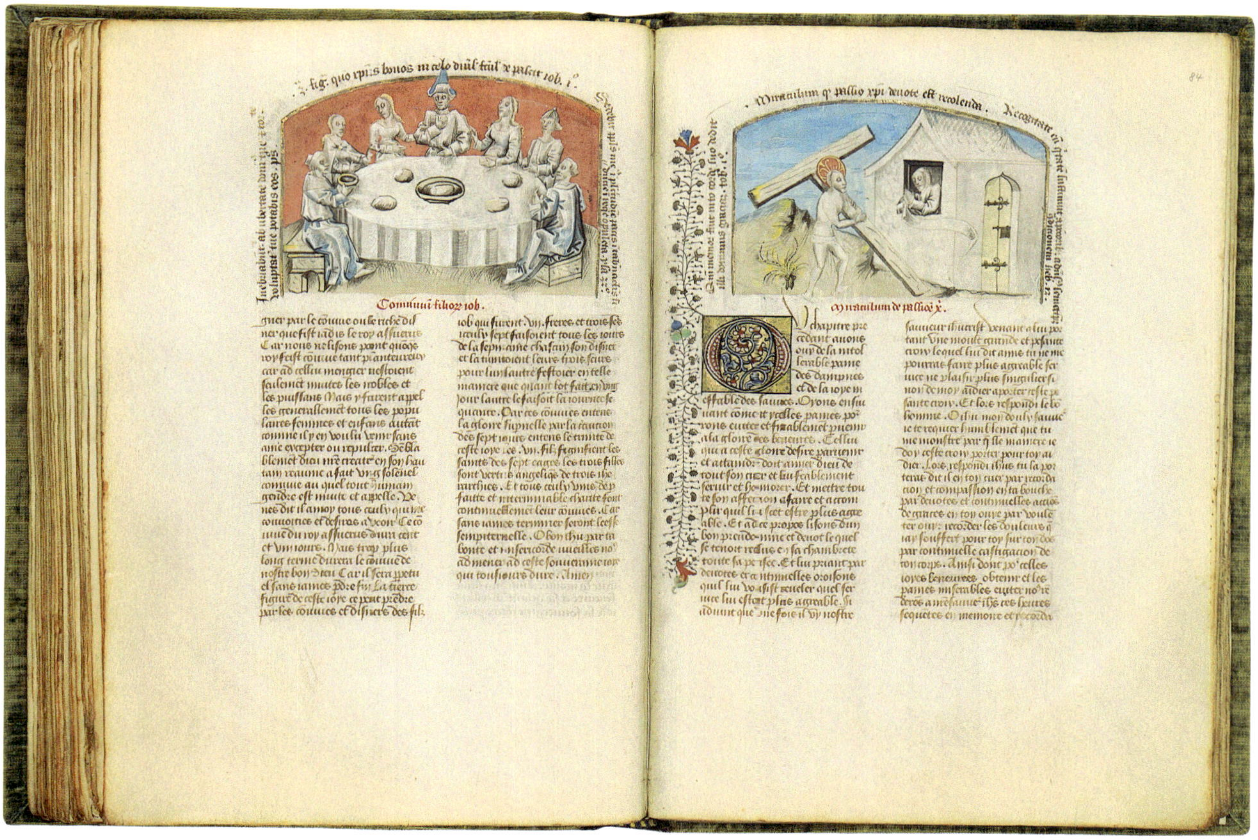

33 *Spiegel des menschlichen Heils*
Paris, um 1450

83v Gastmahl der Söhne Hiobs als drittes Bild des himmlischen Gastmahls Christi für die Gerechten

84r Kreuztragender Christus im Gespräch mit einem Einsiedler als Einleitungsbild zu dem im Text enthaltenen Thema *Quidam homo devotus in cellula sua residebat* und als Auftakt zum frommen Überdenken der Passion Christi.

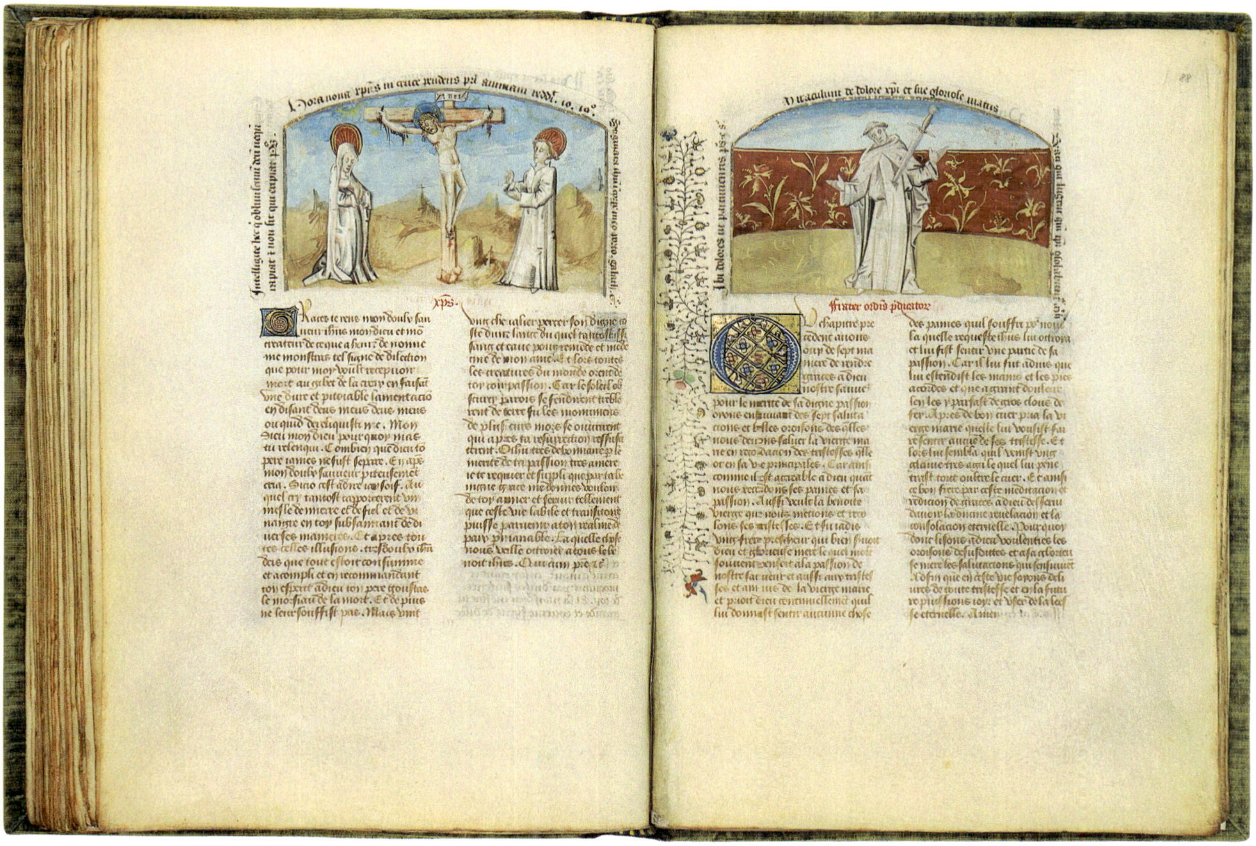

87v Zur neunten Stunde befahl Christus, am Kreuz hängend, seine Seele in die Hände seines Vaters.

88r Das Wunder vom Schmerz Jesu und seiner glorreichen Mutter, vermittelt im Bild eines von einem Schwert durchbohrten Dominikaners zu dem im Text enthaltenen Thema *Frater quidam in ordine fratrum Praedicatorum*.

33 *Spiegel des menschlichen Heils*
Paris, um 1450

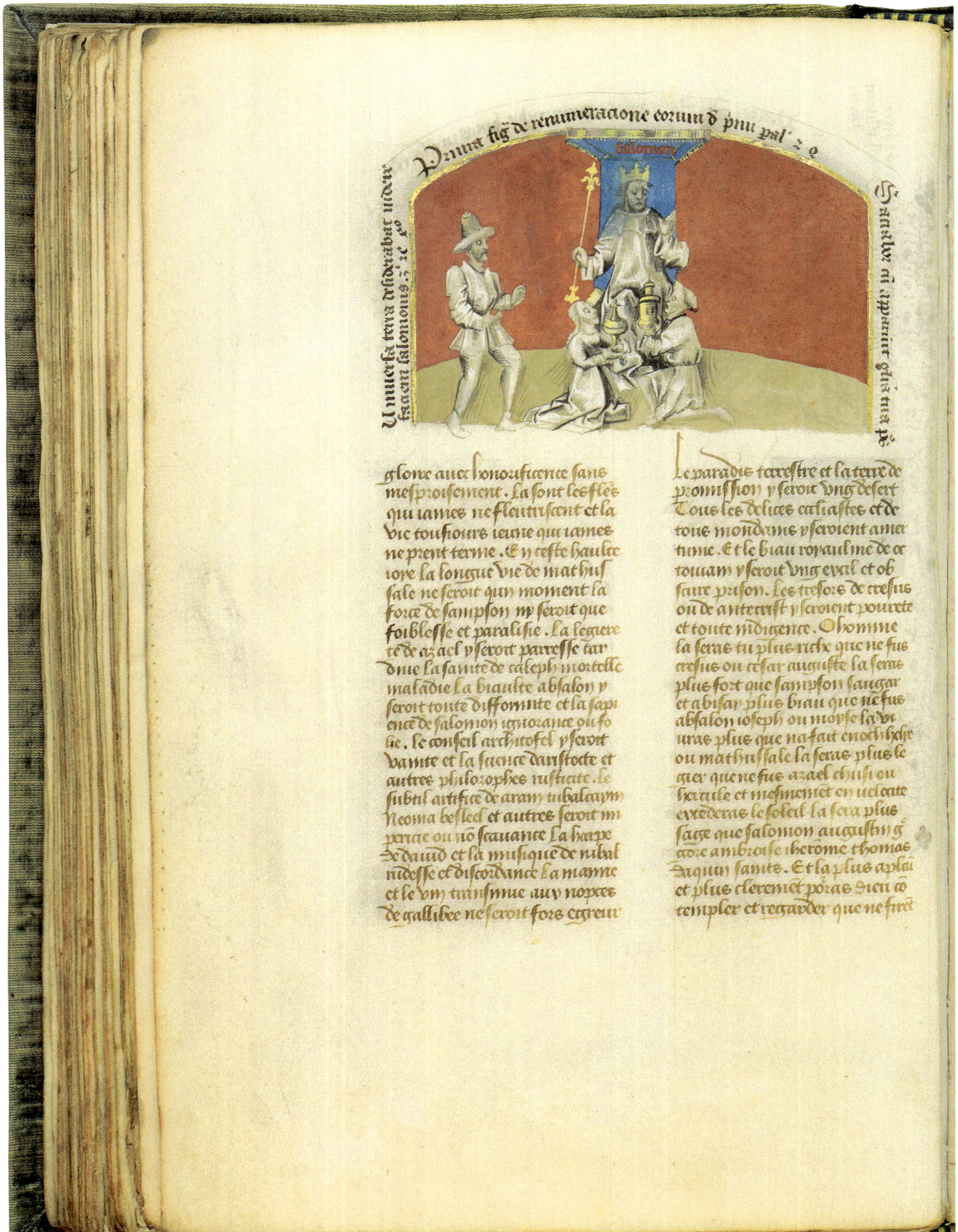

82v Die Königin von Saba vor Salomo als erstes Bild von der Belohnung der Gerechten entsprechend dem I. Buch der Könige (10,24): »Alle Welt begehrte ihn zu sehen und die Weisheit zu hören, die Gott in sein Herz gelegt hatte« und in Anlehnung an Psalm (16[17],15): »Ich aber will in Gerechtigkeit dein Angesicht schauen, mich satt sehen an deiner Gestalt, wenn ich erwache.«

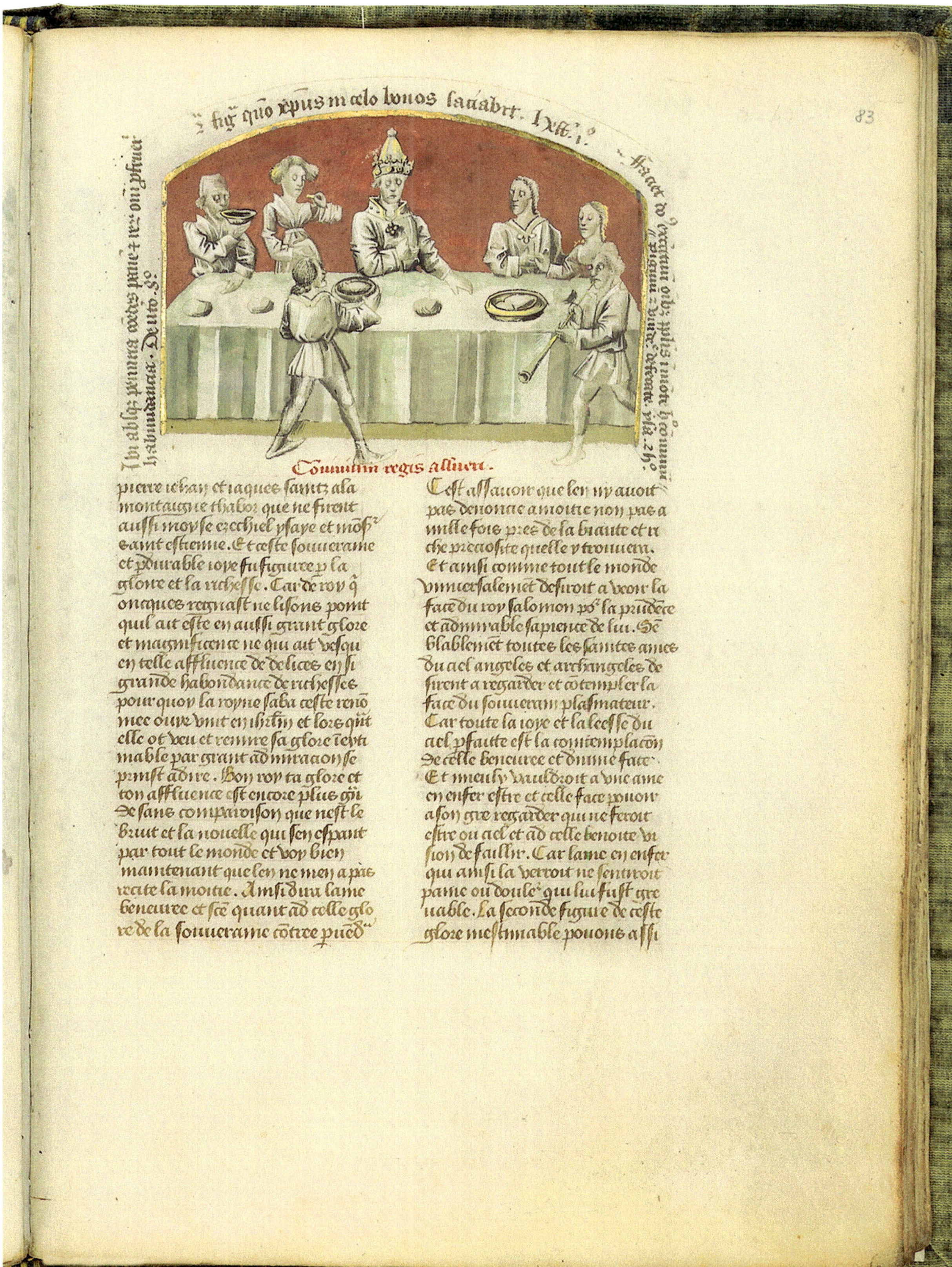
Conuiuium regis assueri.

pierre iehan et iaques saintz a la
montaigne thabor que ne firent
aussi moyse ezechiel ysaye et moult
saint estienne. Et ceste souueraine
et pdurable ioye fu figuree p la
gloire et la richesse. Car de roy q
onques regnast ne lisons point
quil ait este en aussi grant gloire
et magnificence ne qui ait vesqu
en telle affluence de delices en si
grande habondance de richesses
pour quoy la royne saba ceste reno
mee ouye vint en iursalem et lors qnt
elle ot veu et cogneue sa gloire inesti
mable par grant admiracion se
print a dire. Roy roy ta gloire et
ton affluence est encore plus gnt
de sans comparoison que nest le
bruit et la nouuelle qui sen espant
par tout le monde et voy bien
maintenant que len ne men a pas
recite la moitie. Ainsi dira lame
beneuree et sce quant a celle glo
re de la souueraine contree pued

Cest assauoir que len my auoit
pas denonce amoitie non pas a
mille fois pres de la biaute et ri
che preciosite quelle y trouuera.
Et ainsi comme tout le monde
vniuersalement desiroit a veoir la
face du roy salomon pr sa prudence
et admirable sapience de lui. Se
blablement toutes les saintes ames
du ciel angeles et archangeles de
sirent a regarder et contempler la
face du souuerain plasmateur.
Car toute la ioye et la leesse du
ciel parfaitte est la contemplacion
de celle beneuree et diuine face.
Et mieulx vauldroit a vne ame
en enfer estre et celle face pouoir
a son gre regarder qui ne feroit
estre ou ciel et a celle benoite vi
sion de faillir. Car lame en enfer
qui ainsi la verroit ne sentiroit
paine ou doulr qui lui fust gre
uable. La seconde figure de ceste
gloire inestimable pouons assi

33 *Spiegel des menschlichen Heils*
Paris, um 1450

83r Gastmahl des Königs Assuerus als zweites Bild davon, dass Christus die Gerechten im Himmelreich sättigen wird, bezogen auf »ein Land, in dem du nicht armselig dein Brot essen musst, in dem es dir an nichts fehlt« (Dtn 8,9) und verbunden mit der Prophezeiung des Jesaja (25,6): »Der Herr der Heere wird auf diesem Berg für alle Völker ein Festmahl geben mit den feinsten Speisen, ein Gelage mit erlesenen Weinen.«

33 *Spiegel des menschlichen Heils*
Paris, um 1450

91v Die trauernde Gottesmutter vor dem leeren Kreuz auf Golgatha zur Vergegenwärtigung der Sieben Schmerzen Mariens angesichts des Sterbeortes ihres Sohnes mit Verweis auf das Johannes-Evangelium (16, 16-24), entsprechend dem Klagelied »Sie weint und weint des Nachts, Tränen auf ihren Wangen« (Klgl 1,2) und mit Verweis auf den 1.Petrusbrief (2,19): »Denn es ist eine Gnade, wenn jemand deswegen Kränkungen erträgt und zu Unrecht leidet, weil er sich in seinem Gewissen nach Gott richtet.«

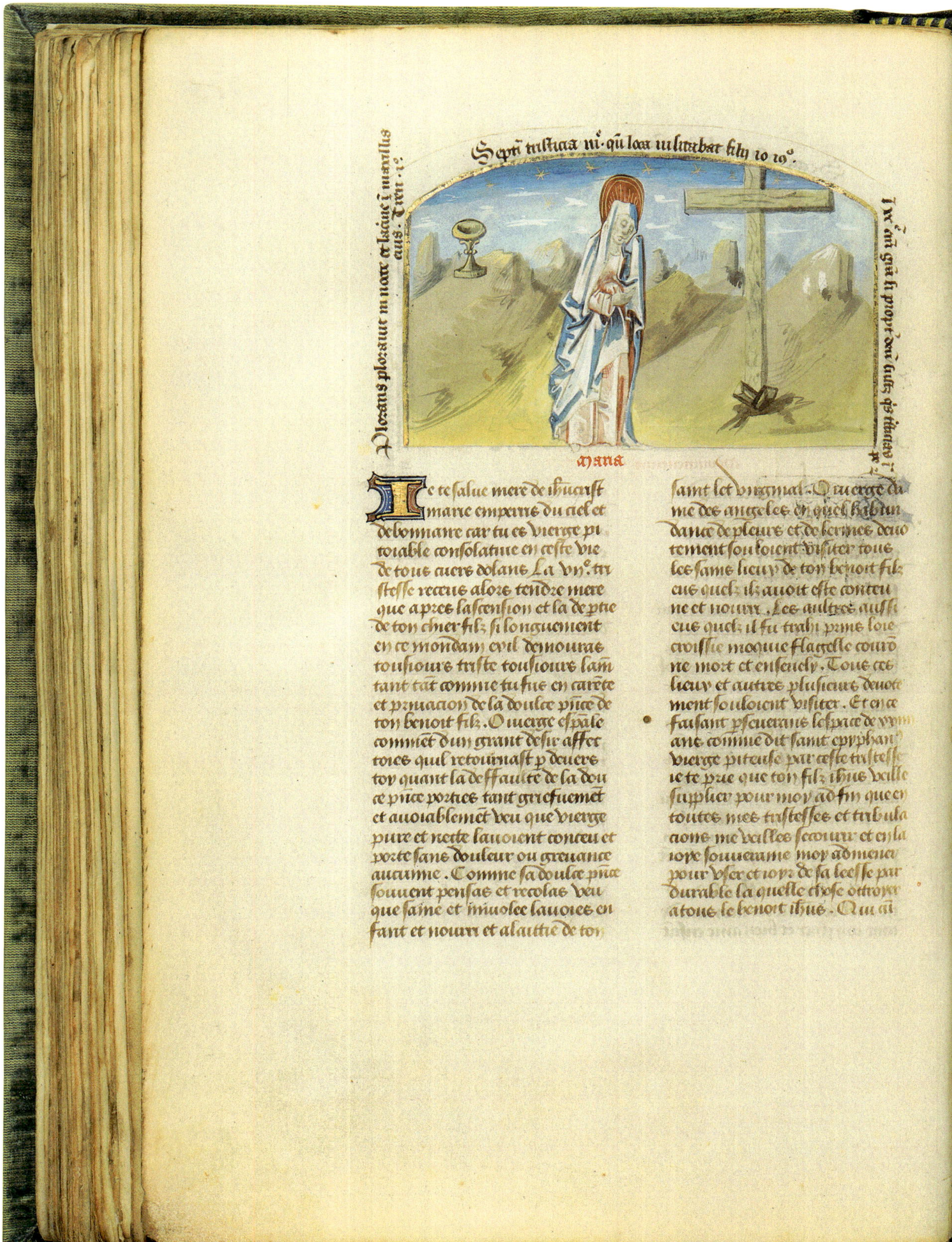

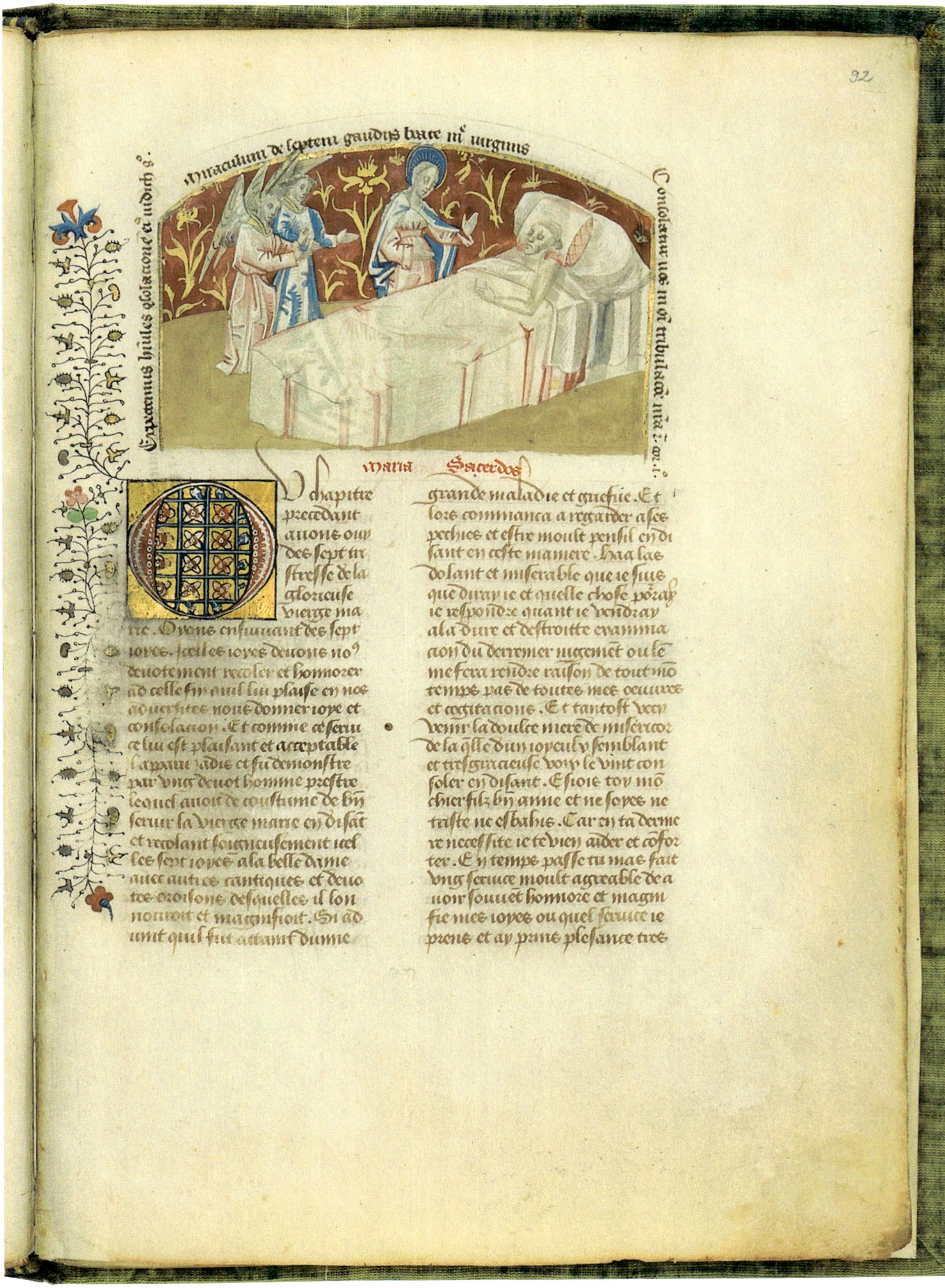

33 *Spiegel des menschlichen Heils*
Paris, um 1450

92r Wunder von den Sieben Freuden der seligen Jungfrau Maria, vermittelt in der Darstellung Mariens als Trösterin am Bett eines erkrankten Priesters als Einleitungsbild zu dem im Text enthaltenen Thema *In quodam sacerdote, beatae Virgini devoto.* Tröstliche Zuversicht vermitteln die Umschriften »Daher dürfen wir hoffen, dass er uns und unser Volk nicht im Stich lassen wird« (Jdt 8,20) und »Er tröstet uns in all unserer Not« (2 Kor 1,4).

34

Ars moriendi
»Lo libro de larte de lo ben morire«
(Das Buch über die Kunst des guten Sterbens)
Speculum artis bene moriendi
»Lo tractato dellarte del bene morire«
(Der Traktat über die Kunst des guten Sterbens)
übersetzt von Giuniano Maggio
geschrieben von Giovanni Marco Cinico
Neapel, um 1480

Das mit elf seitengroßen Grisailleminiaturen ausgestattete italienische Manuskript, das die im 15. Jahrhundert wohl beliebtesten Texte der Sterbeliteratur enthält, gehört zu den Kostbarkeiten spätmittelalterlicher Bibliophilie. Die prunkvoll in goldenen Kapitalen ausgeführte Widmungsinschrift (2v) nennt den Auftraggeber Pasquale Diaz Garlon, einen Katalanen, der Zeit seines Lebens – er starb 1499 – mit Geld und Büchern zu tun hatte. Er stand, wie andere bedeutende Katalanen, im Dienste des aragonesischen Königshofes in Neapel und war Schatzmeister von Neapel und Sizilien unter König Alfons I. (1442–1458) und seinem Nachfolger Ferdinand I. (1458–1494), zudem Befehlshaber von Castelnuovo und schließlich Bibliothekar König Ferdinands I., d. h. er wirkte im Dienste zweier Herrscher, die sich intensiv um Kultur, das Universitätsleben und den Aufbau einer Bibliothek bemühten, die zu den bedeutendsten der Renaissance zählte. Sein Wappen im Lorbeerkranz wird von zwei Putten in der Bordüre unterhalb des Prologs (3r) gehalten, während sein Vorname achtmal in Gebeten am Ende des Textes, einmal (31v) auch zusammen mit dem Namen seiner Frau Lucenta, verzeichnet ist.

Im Prolog (3r) erläutert der Übersetzer Giuniano Maggio, an den Auftraggeber gewandt, die Nützlichkeit seiner Übertragung der lateinischen Vorlage in die italienische Landessprache und gibt Ratschläge für ein sinnvolles und wirksames Lesen. Iunianus Maius, wie er sich in lateinischer Lesart nannte, gehörte zum literarischen Zirkel am Hof in Neapel und war Verfasser u. a. des Traktats »De maiestate«, den er König Ferdinand I. widmete (Erstausgabe Neapel 1475). Geschrieben wurde unser Manuskript von Giovanni Marco Cinico, einem der bekanntesten Kalligraphen der Renaissance (Bradley; Alexander, Nr. 10, 61; Derolez), der aus Parma stammte und bisweilen in Kolophonen mitteilte, dass er ein Schüler des Florentiner Schreibers Messer Piero di Benedetto Strozzi war (Alexander, Nr. 68f., 76; de la Mare 1985, S. 430f.). 1460–1461 hielt er sich nachweislich in Florenz auf, auch ein Aufenthalt in Palermo ist belegt, doch verbrachte er die meiste Zeit in Neapel, wo er innerhalb der Jahre 1458–1498 in Dokumenten nachweisbar ist. Widmungen an die Auftraggeber sowie häufige Ortsnennungen und Mitteilungen der Entstehungsjahre in Kolophonen der gut siebzig bekannten, zum Teil nicht mehr existenten Arbeiten belegen zudem sein Wirken in dieser Stadt für die Jahre 1463–1494 mit zahlreichen Aufträgen für die königliche Bibliothek, die Tammaro de Marinis in insgesamt sechs Bänden auf eindrucksvolle Weise publizierte. Bei

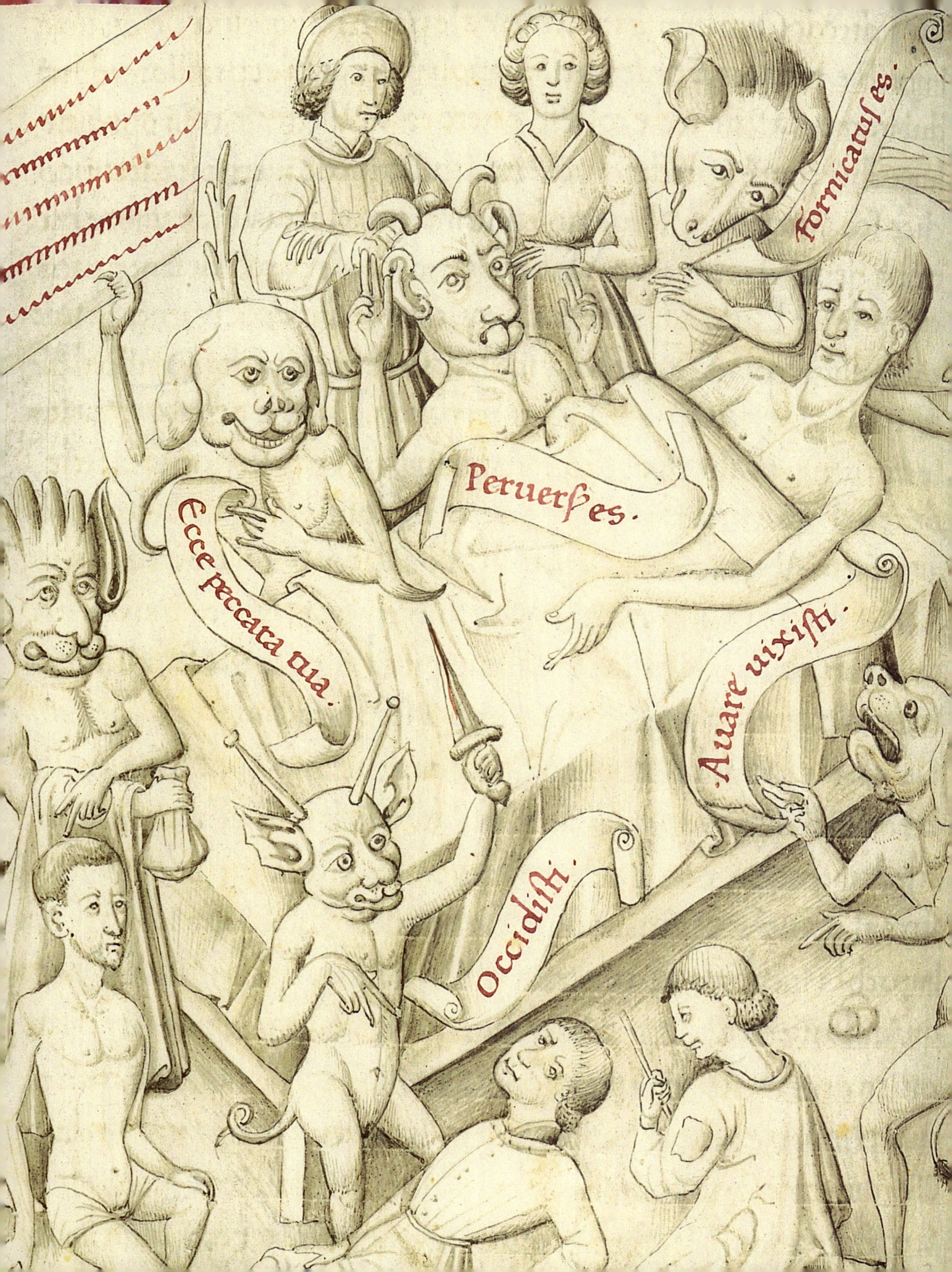
Fornicatus es.
Peruersus es.
Ecce peccata tua.
Auare uixisti.
Occidisti.

34 *Ars moriendi*
Neapel, um 1480

dieser Gelegenheit stellte er die Vita und das Œuvre von Giovanni Marco Cinico unter Einbeziehung vieler Archivalien sowie der Kolophone des Kalligraphen zusammen (Bd. I, 1947, S. 42 ff.) und erwähnt in diesem Zusammenhang auch unsere Handschrift. Ungewöhnlich ist die Angewohnheit des schon zu Lebzeiten gerühmten Schreibers, oftmals die für die Fertigstellung einer Handschrift benötigte Zeit in einer Schlussnotiz festzuhalten. So teilt er der Nachwelt nicht ohne Stolz auch in unserer »Ars moriendi« (36r) mit, die Schreibarbeit an dieser 53 Textseiten umfassenden Zimelie in 53 Stunden geleistet zu haben. Die hier belegte Geschicklichkeit im Schreiben brachte ihm den ehrenhaften Spitznamen »Velox« (der Schnelle) ein, den er gerne seinem Namen anfügt, doch gesteht er zuweilen auch ein, langsam – »tranquille« oder »quietis« – gearbeitet zu haben. So ist es etwa in den »Dekaden«, einem Werk der europäischen Geschichte des 5.–15. Jahrhunderts des Flavio Biondo, zu lesen, die er 1494 für König Alfons II. von Neapel geschrieben hat (Alexander, Nr. 61).

Für den Buchschmuck, die Weißrankeninitialen und die im Sepiaton gehaltenen Grisailleminiaturen, enthält das Manuskript keine Namensnennung. Man hat sie mit dem Miniaturisten Cola Rapicano in Verbindung gebracht (Sotheby's 1994), einem seit 1451 in Neapel nachweisbaren Künstler, der mehrfach für Ferdinand I. gearbeitet hat, wie den Zahlungsbelegen des Königshofes bis in das Todesjahr des Buchmalers 1488 zu entnehmen ist. Für den königlichen Auftraggeber illuminierte er beispielsweise die Streitschrift »Reprehensio sive obiurgatio in calumniatorem divini Platonis« des Andrea Contario, Ms. lat. 12947 der Bibliothèque Nationale de France in Paris, für dessen Text unser Kalligraph Giovanni Marco Cinico im Jahre 1471 entlohnt wurde (Alexander, Nr. 10). So ist die Zusammenarbeit beider für ein Manuskript belegt, in dem sich – für einen Vergleich mit der »Ars moriendi« geeignet – ein Reiterportrait des Königs in Semigrisaille auf purpurgefärbtem Pergament (2r) sowie Weißrankenbordüren mit zahlreichen Putten befinden. Eine stilistische Vergleichbarkeit ist letztlich schwer zu benennen. Der Todesputto im Medaillon auf Folio 2v unserer Handschrift ist zwar – eher als die beiden das Wappen Garlons haltenden Putten (3r) – mit gerade in diesem Motiv so charakteristischen Arbeiten des Cola Rapicano (vgl. auch Alexander, Nr. 9; de la Mare 1969) in Verbindung zu bringen. Doch geht die Komposition des Bildmedaillons auf eine Medaille zurück, die von Giovanni Boldù aus Venedig entworfen und 1458 sowie 1466 verwendet worden ist (Hill), wie andererseits die elf großen Miniaturen sehr eng einer graphischen Vorlage folgen und somit ebenfalls nicht in ihrer Bildfindung und Komposition, sondern lediglich im Kriterium der modellierenden zeichnerischen Umsetzung mit den Arbeiten Rapicanos verglichen werden können.

Der Miniaturenzyklus illustriert den ersten der beiden Texte unseres Manuskripts und folgt darin den Blockbuchausgaben der »Ars moriendi«, die ebenfalls nach einer Einleitung jeder Illustration eine Seite mit erläuterndem Text gegenüberstellen. Fünf Versuchungen des Sterbenden durch den Teufel stehen fünf Tröstungen, Ermahnungen und Bestärkungen durch Engel, insbesondere wohl durch den persönlichen Schutzengel, entgegen: der Anfechtung im Glauben die Ermutigung zum Festhalten am Glauben, der Anfechtung durch Verzweiflung der Trost in der Hoffnung, der Sünde der Ungeduld die Mahnung zur Duldsamkeit, der Gefahr des Hochmuts die Mahnung zur Demut und der Versuchung durch Habsucht und Geiz die Aufforderung zur Abkehr vom Besitzdenken. Es ist der Kampf listiger und einfallsreicher Dämonen gegen die guten Mächte um den Menschen, der selbst wie ein Spielball diesem Geschehen hilflos ausgeliefert zu sein scheint. Nur einmal greift er mit einem Fußtritt als Bestätigung seiner Unduldsamkeit (5. Bild) aktiv in die Auseinandersetzung ein und akzentuiert damit doch nur die dominierende endgültige Situation des Sterbenden. Die Taten sind getan, sein Leben ist abgelaufen, und nun gewichtet sich sein Handeln mit dramatischer Präsenz in der Sterbestunde durch eindringliche Vorhaltungen der Teufel und durch Trost und mahnende Hilfe der Engel zur letzten, wichtigsten Entscheidung des Menschen selbst. Der Aufstieg der Seele in die Arme der Engel im elften und letzten Bild gibt Auskunft über den glücklichen Ausgang des Kampfes und über die gute und trostreiche Entscheidung, die der Sterbende getroffen hat.

Der den Bildern gegenüberliegende Text nennt viele Namen von Kirchenvätern, Aposteln und biblischen Gestalten, aber auch von Theologen des Mittelalters und Ordensgründern als Gewährsleute für den mitgeteilten Inhalt. In einer gleichsam enzyklopädischen Vielstimmigkeit werden auf diese Weise Vorbilder für ein tugendhaftes, reuiges und im Glauben verankertes Leben genannt und ihre Namen als rubrizierte Marginalien neben dem Text an den Blatträndern aufgelistet. Dieser komprimierte, kurze Text zu den Bildern entwickelte sich offenbar aus dem älteren und wesentlich umfangreicheren, aus einem Vorwort und sechs nachfolgenden Textteilen bestehenden »Speculum artis bene moriendi«, dessen zweiter Teil von »quinque

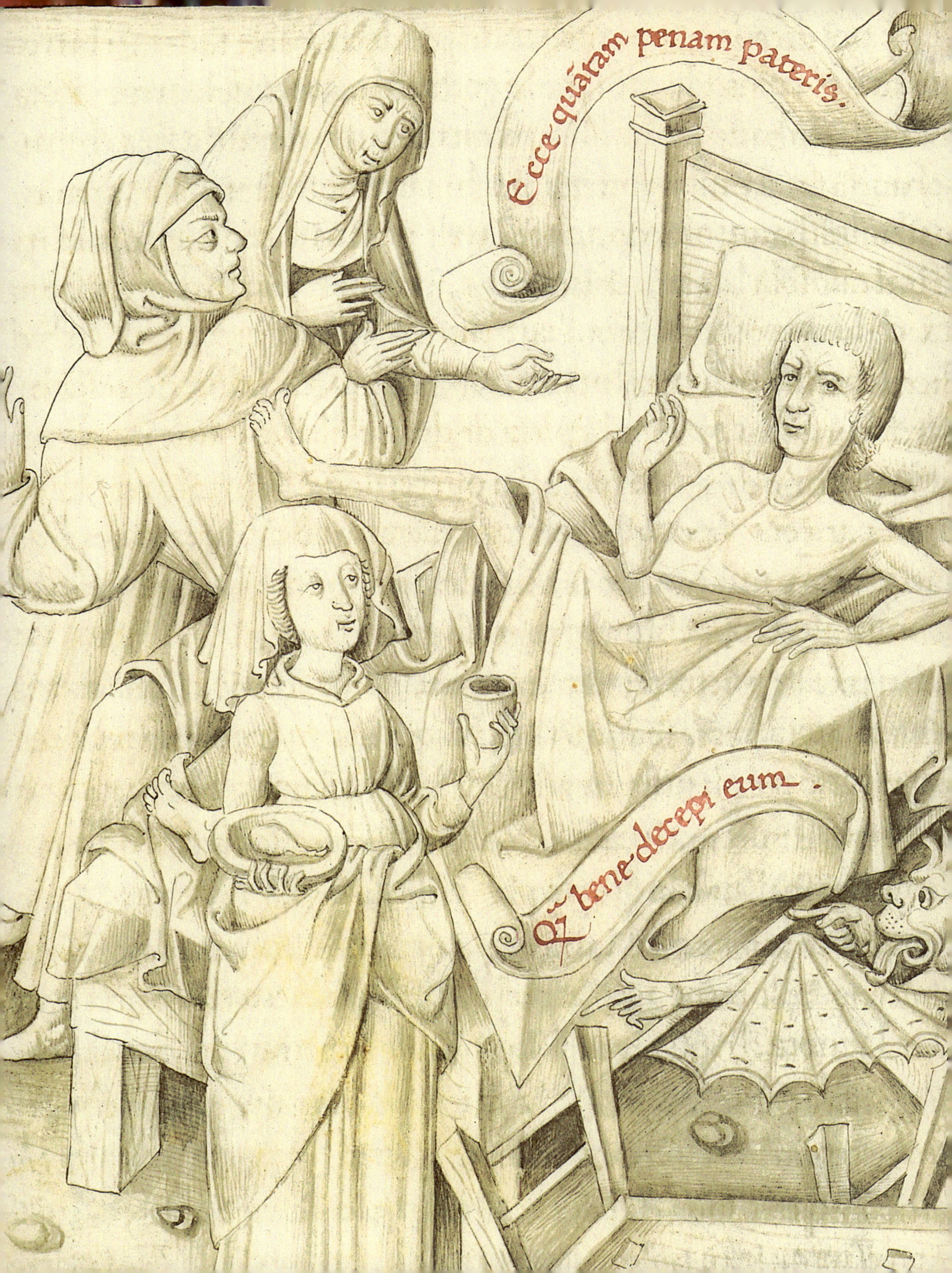
Ecce quãtam penam pateris.
Qz̃ bene decepi eum.

34 *Ars moriendi*
Neapel, um 1480

temptationes morientium«, den fünf besonders schweren Versuchungen handelt, denen ein sterbender Mensch ausgeliefert ist. Das Eigenwertige des Bilderzyklus und der darauf Bezug nehmenden kurzen Texte der »Ars moriendi« besteht nun darin, dass in Erweiterung der Vorlage den fünf Anfechtungen durch den Teufel jeweils der Schutz des Engels in dramatischem, auch bildrhetorisch einprägsamem Pro und Contra gegenübergestellt wird. Sicher ist es auf den Wunsch des Auftraggebers zurückzuführen, dass in unserer Handschrift beide Werke dieser Sterbeliteratur enthalten sind; denn der bebilderten »Ars moriendi« folgt, mit Folio 17v beginnend, das »Speculum artis bene moriendi« wiederum in der italienischen Übersetzung des Giuniano Maggio. Die Textzusammenstellung hat dazu geführt, dass die elfte und letzte Miniatur nicht wie gewöhnlich mit dem Schlusskapitel der »Ars moriendi« verbunden ist, wo sie wie eine Bildmetapher des guten Sterbens und geglückten Lebens nach den Anfechtungen und deren Überwindung einen unendlich versöhnlichen und trostreichen Abschluss bildet, sondern als Titelminiatur des »Speculum artis bene moriendi« benutzt wird.

Als Verfasser des lateinischen Originals dieses »Speculum artis bene moriendi« nennt der Titel in unserer Handschrift Albertus Magnus (um 1200–1280), womit freilich nicht die gesicherte Autorschaft belegt ist, sondern eher der Wunsch nach einer berühmten kirchlichen Autorität für diese Schrift erfüllt wird. Andere Manuskripte verweisen beispielsweise auf den 1428 gestorbenen Nürnberger Dominikaner Eberhardus Mardach (Palmer, S. 317f.), während wörtliche Zitate im Text neben solchen von Albert dem Großen auch von seinem Schüler Thomas von Aquin sowie von Hugo Ripelin und Heinrich Seuse stammen. Demzufolge ist das Werk aus der Sicht eines Mitglieds des mit der Seelsorge betrauten Predigerordens geschrieben und sein Verfasser am ehesten ein Dominikaner gewesen. Bestimmte Handschriftenüberlieferungen führten zu einer Identifizierung des Autors mit Matthäus von Krakau sowie mit Nikolaus von Dinkelsbühl und vor allem mit Johannes Gerson, der im Vorwort als Kanzler der Pariser Universität – das Amt bekleidete er in den Jahren 1412–1419 – genannt wird. Gerson war es auch, der mit dem Werk »De arte moriendi« aus seinem 1408 edierten »Opusculum tripartitum« eine ganze Flut der im 15. Jahrhundert so beliebten Sterbeliteratur auslöste (Rudolf).

Die Bilder zur »Ars moriendi« illustrieren den ihnen beigegebenen Text nicht wörtlich, sondern sinngemäß. Die damit verbleibende Eigenständigkeit der beiden Gattungen führt zu der Vermutung, dass sie nicht gleichzeitig entstanden sind, vielmehr könnten die Illustrationen ursprünglich als Bildglossen dem früheren, wohl nach 1410 entstandenen »Speculum artis bene moriendi« beigefügt gewesen sein (Zerner, S. 15). Der elf Illustrationen umfassende Zyklus ist in dreizehn verschiedenen Ausgaben in Blockbuchform überkommen (Schreiber; Kat. Mainz 1991), sodann in vier Kupferstichfolgen, darunter die Drucke des Meisters E. S. im Ashmolean Museum in Oxford (Appuhn) und des Meisters des »Dutuitschen Ölbergs« im Kölner Stadtarchiv, sowie in 31 typographischen Ausgaben (Olds).

Das Abhängigkeitsverhältnis dieser bisweilen nur geringfügig voneinander abweichenden Bildredaktionen ist von Wilhelm Ludwig Schreiber umfassend dargelegt und vor allem von Henry Zerner und Nigel F. Palmer in neuerer Zeit modifiziert worden. Daraus ergibt sich folgende Situation: Eine wohl um die Mitte des 15. Jahrhunderts vielleicht in Thüringen entstandene kleine Handschrift, Ms. 49 der Wellcome Library for the History of Medicine in London (Saxl; O'Connor; Zerner, Abb. 1ff.), enthält bereits den vollen Bilderzyklus der »Ars moriendi«, obwohl dieser hier allein dem Text der fünf Anfechtungen des Sterbenden aus dem »Speculum artis bene moriendi« beigefügt ist. So wird eine gewisse Eigenständigkeit der elfteiligen Bildfolge, die man auch »Bilder-Ars (moriendi)« genannt hat, deutlich, deren Verständnis aber ohne die gesamten Texterläuterungen zu allen elf Illustrationen, wie sie die »Ars moriendi« überliefert, kaum möglich ist. Der Miniaturenzyklus im Wellcome-Manuskript gibt das anzunehmende Urbild offensichtlich genauer wieder als die etwas späteren Blockbücher und Kupferstichserien, genauer auch, als unsere italienische Handschrift, wie bereits ein Vergleich der Ausführungen des ersten Bildes deutlich macht: Im Wellcome-Manuskript verdeckt der Teufel dem Sterbenden mit dem hochgezogenen Bettuch die himmlische Erscheinung, ersticht sich der Selbstmörder wirklich, peinigt sich eine benachbarte Figur mit der Geißel; in der italienischen »Ars moriendi« zieht der Teufel ohne ersichtlichen Grund das Tuch unter dem Kopfkissen des Sterbenden hinweg, und der Selbstmörder wie auch die zweite Gestalt halten ihre Instrumente wie Attribute, ohne sie zu benutzen.

Dieser wie mit einem Sinnverlust verbundene Umgang mit Motiven ist bisweilen auch in den gestochenen Serien, etwa derjenigen des oberrheinischen Meisters E. S. zu beobachten, die wie das Wellcome-Manuskript und auch einige der Blockbuchausgaben (z. B. dasjenige ehem. in Donaueschingen; Tenschert)

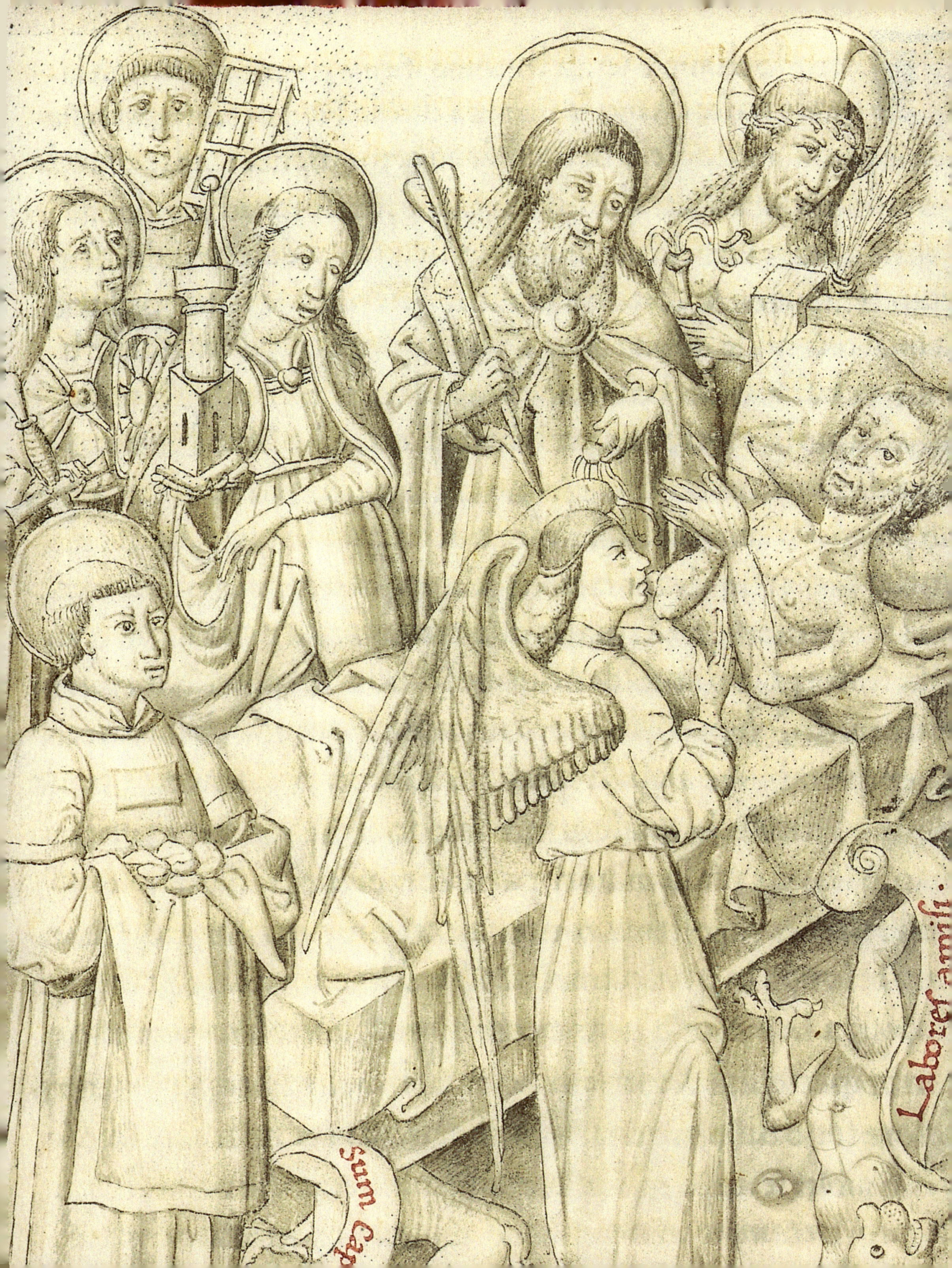
Labores amisi.
Sum Cap

34 *Ars moriendi*
Neapel, um 1480

keine erläuternden Schriftbänder besitzen. Die Grisailleminiaturen im Manuskript des Pasquale Diaz Garlon besitzen solche Schriftbänder und folgen neben den bildikonographischen Übereinstimmungen auch darin jener Illustrationsfolge der »Ars moriendi«-Blockbücher aus dem 3. Viertel des 15. Jahrhunderts, die als Edition I mit den hiervon unmittelbar abhängigen Editionen II bis VIII in der Gliederung von Wilhelm Ludwig Schreiber überliefert sind. Auch im großen Bildformat passt sich der italienische Miniator der graphischen Vorlage dieser Editionen an und übernimmt unübersetzt ihre lateinischen Schriftbänder, die aufgrund des übereinstimmenden Duktus auch von Giovanni Marco Cinico geschrieben sein können. An drei Stellen weicht der Wortlaut von der Vorlage ab, bleibt aber auch in der Veränderung sinnvoll, wenn es in unserem Manuskript beispielsweise auf dem dritten Bild *perversus es* (Du bist falsch) und in der Vorlage *periurus es* (Du bist eidbrüchig) heißt. Wie schon eingangs erwähnt, lässt auch der lavierende Zeichenstil die graphische Vorlage immer wieder ahnen.

So ließ sich der Schatzmeister und Bibliothekar König Ferdinands I. von Neapel ein sehr persönliches handschriftliches Exemplar der beliebten Texte für ein heilsames Sterben mit Miniaturen anfertigen, die, dem Thema angemessen, auf Farbigkeit verzichten. Die Singularität des Manuskripts wird auch dadurch bestätigt, dass die italienische Übersetzung offenbar nur in diesem Exemplar überkommen ist und von den bekannten Drucken in Florenz 1477 und Venedig 1478 (Gesamtkatalog der Wiegendrucke 2619–2620) abweicht. In die Volkssprache übertragen war dieses Manuskript nicht nur als seelsorgerisches Hilfsmittel von einem Geistlichen zu benutzen, sondern auch als Unterpfand zur Sterbehilfe durch einen Laien. Der Besitzer der Handschrift mag sich zu Lebzeiten bereits an den Bildern erfreut und den Text auch aus bibliophilem Verständnis gelesen haben; doch konnte er zugleich im Lesen vorwegnehmend sich seiner Betreuung in der Sterbestunde vergewissern. Der eigentliche Sinn der Handschrift erfüllte sich aber erst – und darin nur ein einziges Mal – in der wirklichen Sterbestunde des Besitzers, wenn ein anderer die Texte las, in denen immer wieder um das ewige Heil des Bruders Pasquale Diaz Garlon gebetet wurde. (Joachim M. Plotzek)

Pergament 38 Blätter (je zwei alte Vor- und Nachsatzblätter aus Papier); 276 x 202 mm; Lagen (teilweise mit Wortreklamanten): I^{2}, 2^{4}, 3^{8}, 4^{10}, 5^{6}, 6^{8}; Schriftspiegel: ca. 208 x 138 mm (teils darüber hinaus), ab 18r ca. 200 x 123 mm, ab 25r (Lage 5–6) ca. 205 x 126 mm; Miniaturengröße: 214 x 144–158 mm.; einspaltig; 29–35, ab 25r 30 Zeilen; Blindliniierung. **Ausstattung** Italienischer, ab 31r auch lateinischer Text in dunkelbrauner Humanistica rotunda, rubriziert; Versalien bisweilen mit goldenen, blauen oder miniumfarbenen Buchstaben; erste Zeilen der Textanfänge sowie das in einem Kreismedaillon untergebrachte Titelkolophon in goldenen Kapitalen; zweizeilige Initialen in Blattgold auf blauen, dunkelroten, mauvefarbenen und grünen, mit weißem und beigefarbenem Fleuronnée besetzten Gründen; drei- bis sechszeilige Initialen in Blattgold mit Weißranken auf blauem, dunkelrotem und grünem Grund, z. T. mit ausstrahlenden Zierleisten; Bordüre (3r) in beigefarbenem Fleuronnée mit Goldblättchen und farbigen Blüten sowie Wappen tragenden Putten in dunkler Tönung mit blauen Flügeln; Titelmedaillon (2v) in grauer Zeichnung, goldgerahmt; elf Grisailleminiaturen, von einer einfachen dunkelroten Leiste gerahmt, mit rubrizierten Schriftbändern. **Einband** Dunkelrotes Maroquin mit Wappen des Kardinals Antonio Barberini (1627–1671) in Goldprägung und mit dunklem (oxidiertes Silber?) Kreuz mittig auf Vorder- und Rückseite gesetzt; oben auf dem Rücken in dunkler Tinte eine Bibliotheksnr. 2299(?); altes marmoriertes Kleisterpapier auf den Innendeckeln; Wasserzeichen der Vor- und Nachsatzblätter ähnlich mit Briquet 7628, das seit 1602 im italienischen Fabriano Verwendung fand; Goldschnitt; Rom, gegen Mitte des 17. Jhs. **Vorbesitzer** Angefertigt für Pasquale Diaz Garlon (gest. 1499); Kardinal Antonio Barberini (gest. 1671); Jean-Joseph Sosthène, Baron de la Roche Cacarelle (versteigert Paris, 30. 4. 1888, Nr. 59); Benedetto Maglione, Neapel (versteigert Paris, 22. 1. 1894, Nr. 67); Robert Hoe (1837–1909), New York (versteigert New York, Anderson Galleries, Collection R. Hoe, Part II, 8. 1. 1912, Nr. 2422, an H. Eisemann für Tammaro de Marinis); C. W. Dyson Perrins (1864–1958): schwarzes Wappen-/ Initialexlibris und Bibliotheksnr. 79 auf rundem schwarzem Exlibris im Vorderdeckel sowie blaues Exlibris mit Bibliotheksnr. 132 im Rückdeckel (versteigert Sotheby's, London, 1. 12. 1959, Nr. 75); Laurence Witten, Newport / Connecticut (Kat. 5, 1962, Nr. 6 an T. de Marinis); Otto Schäfer, Schweinfurt. **Inhalt** Auf dem ersten Papier-Vorsatzblatt ein nachgetragener zehnzeiliger Titel (17. Jh.). 1r–2r leer. 2v Titelblatt. Im oberen Medaillon: *INCOMINCIA LO PROLOGHO DE LARTE DE LO BEN MORIRE*

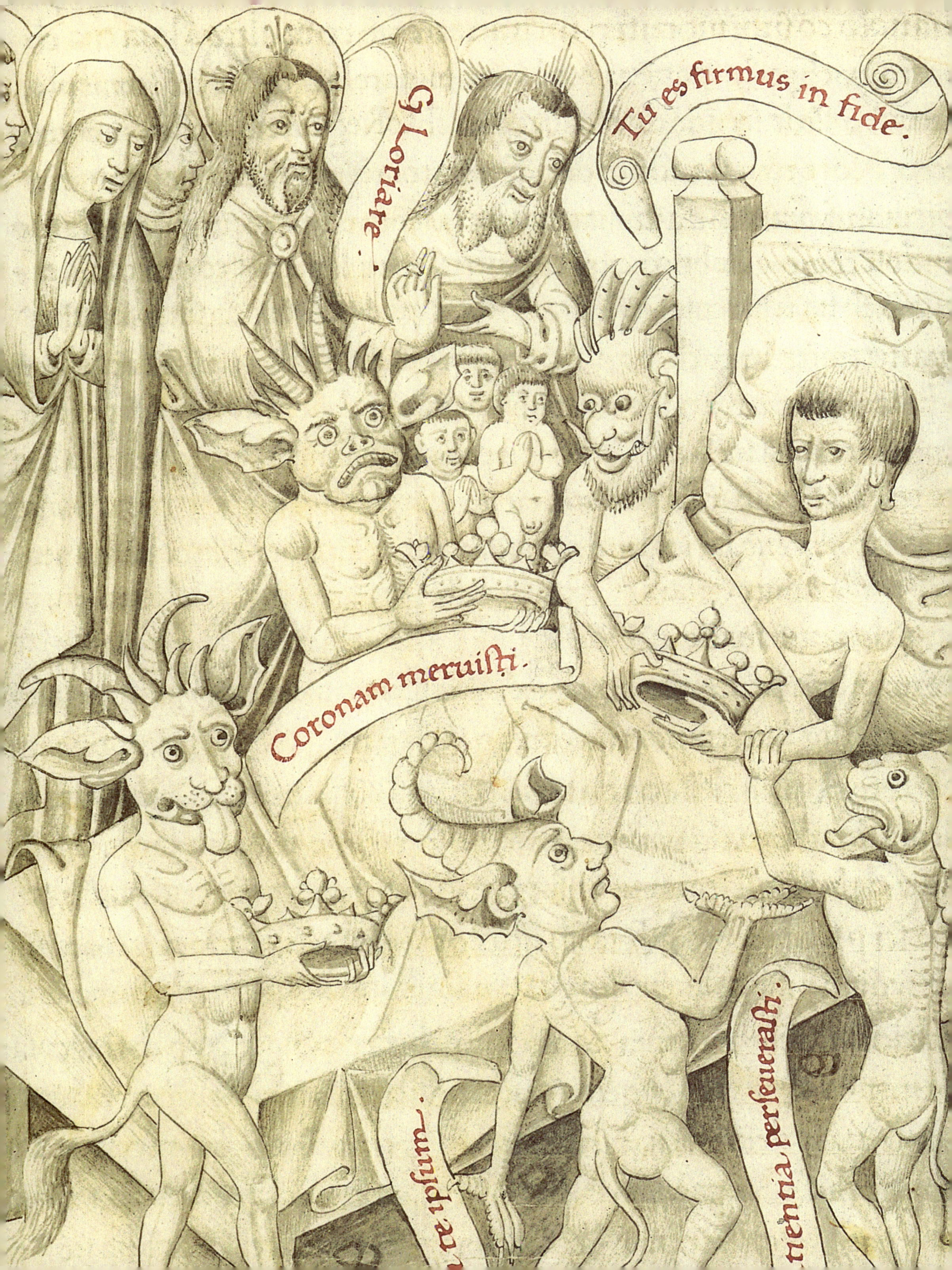

Gloriare.
Tu es firmus in fide.
Coronam meruisti.
te ipsum.
tientia perseuerasti.

34 *Ars moriendi*
Neapel, um 1480

TRADUCTO IN VULGARE SERMONE DA IUNIANO MAIO A LO INCLITO SIGNIORE MISSER PASQUALE DIAÇ GARLON REGIO CASTELLANO DIGNISSImo (Hier beginnt das Vorwort zur Kunst des guten Sterbens, übersetzt in die Landessprache von Giuniano Maggio für den berühmten Herrn Pasquale Diaz Garlon, den würdigsten königlichen Kastellan); im unteren Medaillon: ein auf einem Stein sitzender nackter Mann, der sich in Trauer beide Hände vor das Gesicht hält; neben ihm ein sitzender Putto, der sich auf einen Totenschädel lehnt und in der linken Hand ein Flammenbündel hält; Schriftband mit Devise: *ULTIMUM TERRIBILIUM* (Das Äußerste an Schreckenerregendem). 3r Zierseite. Prolog. *V (ORIA INCLITO Signore in maiore et piu difficile cose)*; am unteren Bildrand: zwei Putten halten in einem Lorbeerkranz das Wappen – gold und silbern (schwarz) gefascht – von Pasquale Diaz Garlon. 3v Textbeginn. *Incomincia lo libro de larte de lo ben morire traducto in vulgare sermone da Iuniano de Maio a lo Inclyto Messere Pasquale. Legi con felicita: A (BENCHE SECUNDO dice el philosopho nel terço libro de la ethica)*. 5r–6r leer. 6v 1. Bild. 7r *Tentatione diabolica contra la fede* (Die teuflische Versuchung gegen den Glauben). 7v 2. Bild. 8r *La bona inspiratione de lo angelo de la fede* (Die gute Eingebung des Engels für den Glauben). 8v 3. Bild. 9r *Tentatione diabolica de la desperatione* (Die teuflische Versuchung der Verzweiflung). 9v 4. Bild. 10r *La bona inspiratione de lo Angelo contra la desperatione* (Die gute Eingebung des Engels gegen die Verzweiflung). 10v 5. Bild. 11r *Tentatione diabolica della Impatientia* (Die teuflische Versuchung zur Ungeduld). 11v 6. Bild. 12r *Bona inspiratione de lo angelo de la patientia* (Die gute Eingebung durch den Engel zur Geduld). 12v 7. Bild. 13r *Tentatione diabolica de la vana gloria* (Die teuflische Versuchung zur Hoffart). 13v 8. Bild. 14r *Bona inspiratione de lo angelo contra la vana gloria* (Die gute Eingebung des Engels gegen den leeren Ruhm). 14v 9. Bild. 15r *Tentatione diabolica de avaritia* (Die teuflische Versuchung durch Habsucht). 15v 10. Bild. 16r *Bona inspiratione de langelo contra la avaritia* (Die gute Eingebung des Engels gegen die Habsucht). 17r Ende des Textes: [...] *et le anime deli morituri miserabilemente periculano. FINIS.* 17r *Incomincia lo prohemio de larte del ben morire composto da frat(r)e Alberto magno de lordine de predicatori episcopo. Retisbonense. In nomine de la sancta et individua trinita(te). Amen* (Hier beginnt das Vorwort zur Kunst des guten Sterbens, verfasst von Bruder Albert dem Großen aus dem Predigerorden, Bischof von Regensburg, im Namen der heiligen und unteilbaren Trinität. Amen). 17v 11. Bild. 18r Prolog. *E (SSENDO LO TRANSito de la morte)*. Textbeginn. *Prima particula della laude della morte: et de la scientia del ben morire. E (SSENDO la morte corporale terribilissima)*. 20r *Seconda particula. Prima tentatione. P (Rima)*. 21r *Seconda tentatione. L (A seconda)*. 22r *Tertia tentatione. L (A tertia)*. 23r *Quarta tentatione. L (A Quarta)*. 24r *Quinta tentatione. Q (Vinta)*. 24v *La terza particula. D (E po secondo)*. 26v *Quarta particula. V (LTRA)*. 28r *Quinta particula. A (PPresso)*. 30v *Sexta particula. V (Ltimamente)* 31r *Sequitano le orationi* (lateinisch, mehrmals mit Nennung des Auftraggebers; z. B. 31r ... *indulge famulo tuo Pasquasio*, 31v ... *ut animae famuli tui Pasquasii*, 32r ... *commendamus spiritum famuli tui Pasquasii fratris nostri* sowie weitere Nennungen 32v und 33r). 36r Textende mit Kolophon: *Finisce lo tractato dellarte del bene morire. Laus Deo. Amen. Ioannes Marcus Cynicus Christi et honestatis famulus. Tribus et Quinquaginta horis exscripsit* (Hier endet der Traktat über die Kunst des guten Sterbens. Gott sei Lob. Amen. Giovanni Marco Cinico, Christi und der Ehre Schüler, schrieb ihn in 53 Stunden). 36v–38v leer. **Literatur** A. Labitte (Hg.), Le Manuscrit, in: Revue spéciale de documents manuscrits I, 1894, S. 15. – G. F. Warner, Descriptive Catalogue of Illuminated Manuscripts in the Library of C. W. Dyson Perrins, London 1920, Nr. 79, Taf. LXXV. – Kat. Sotheby's, The C. W. Dyson Perrins Collection Part II, London 1. 12. 1959, Nr. 75. – T. de Marinis, La Biblioteca Napoletana dei Re d'Aragona, Bd. 1, Mailand 1947, S. 50, Supplementbd., Verona 1969, S. 20, Taf. 6ff. – M. v. Arnim / A. Lauter, A Selection of Illuminated Manuscripts, Printed Books, and Bindings in The Otto Schäfer Collection Schweinfurt, Deutschfeldstraße 2, Exhibited on the Occasion of the Visit of The Grolier Club of New York, 29. 5. 1970, Nr. 16. – Bénédictins du Bouverets, Colophons des manuscrits occidentaux des origines au XVIe siècle, Bd. 3 (Spicilegii Friburgensis Subsidia, 4), Fribourg 1973, Nr. 10441. – P. O. Kristeller, Iter Italicum. A Finding List of Uncatalogued or Incompletely Catalogued Humanistic Manuscripts of the Renaissance in Italian and Other Libraries, Bd. 3, London / Leiden 1983, S. 694. – M. v. Arnim, Katalog der Bibliothek Otto Schäfer Schweinfurt, Bd. 2, Stuttgart 1984, Nr. 367. – Kat. Sotheby's, The Collection of Otto Schäfer. Part I: Italian Books, London 8. 12. 1994, Nr. 16. – C. de Hamel, A History of Illuminated Manuscripts, London 1994 (2. Aufl.), S. 243. – J. Günther, Mittelalterliche Handschriften und Miniaturen (Kat. 3), Hamburg 1995, Nr. 20. **Zitierte Literatur** J. W. Bradley, A Dictionary of Miniaturists, Illuminators, Calligraphers and Copyists, Bd. 3, New York 1889 (Neudr. New York 1973, S. 367f. [Velox, Johannes Marcus]) – J. J. G. Alexander (Hg.), The Painted Page. Italian Renaissance Book Illumination 1450–1550, Ausst. Kat. Royal Academy of Arts,

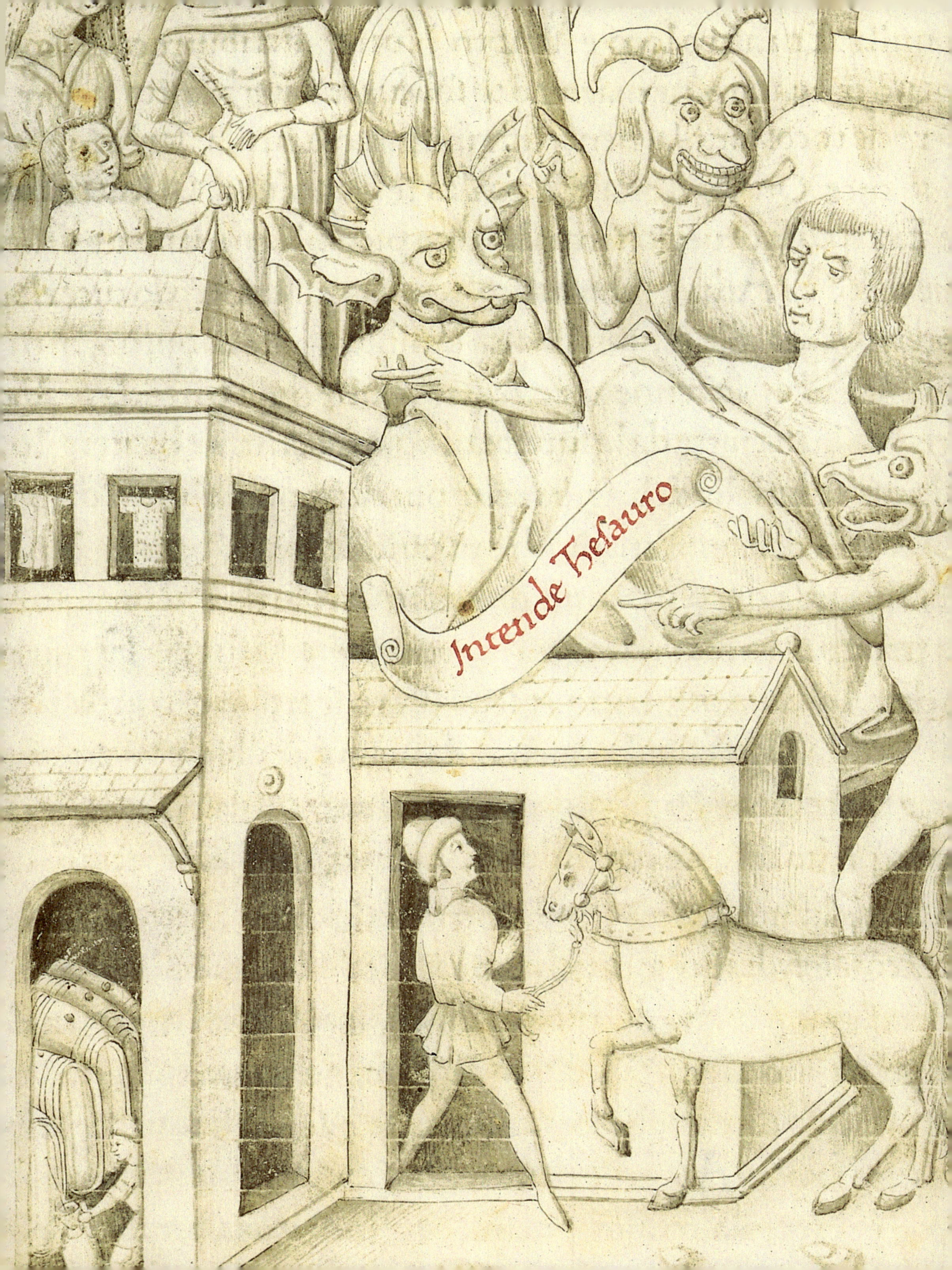
Intende Thesauro

London, und Pierpont Morgan Library, New York, London / München 1994. – A. de la Mare, New Research on Humanistic Scribes in Florence, in: A. Garzelli / A. de la Mare, Miniatura fiorentina del Rinascimento 1440–1525. Un primo censimento, Florenz 1985, bes. S. 430ff. und Appendix I, 62, S. 530ff. – A. Derolez, Codicologie des manuscrits en écriture humanistique sur parchemin (Bibliologia, 5), Brüssel 1984, S. 145f., Nr. 228. – A. de la Mare, in: J. J. G. Alexander / A. de la Mare, The Italian Manuscripts in the Library of Major J. R. Abbey, London 1969, unter Ms. 3168, S. XXVIII und Nr. 26, S. 73f.; s. a. Nr. 27, S. 75f. – G. F. Hill, A Corpus of Italian Medals of the Renaissance before Cellini, London 1930, Taf. 80. – N. F. Palmer, Ars moriendi und Totentanz: Zur Verbildlichung des Todes im Spätmittelalter, in: A. Borst / G. v. Graevenitz u. a. (Hgg.), Tod im Mittelalter (Konstanzer Bibliothek, 20), Konstanz 1993, S. 313ff. (Anhang: Bibliographie zur »Ars moriendi«, S. 330ff.). – R. Rudolf, Ars moriendi. Von der Kunst des heilsamen Lebens und Sterbens (Forschungen zur Volkskunde, 39), Köln / Graz 1957. – H. Zerner, L'Art au mourier, in: Revue de l'Art II, 1971, S. 7ff. – W. L. Schreiber, Manuel de l'amateur de la gravure sur bois et sur métal au XVe siècle, Bd. 4, Leipzig 1902, S. 253ff. (Ars-moriendi-Blockbücher). – W. L. Schreiber / H. Zimmermann, Ars moriendi, in: Reallexikon zur deutschen Kunstgeschichte, Bd. I, 1937, Sp. 1121ff. – Blockbücher des Mittelalters. Bilderfolgen als Lektüre, Ausst. Kat. Gutenberg-Museum, Mainz 1991, bes. S. 400f. (Kurzcensus zur Ars moriendi). – H. Appuhn, Meister E. S. Alle 320 Kupferstiche (Die bibliophilen Taschenbücher 567), Dortmund 1989, Abb. 181ff. – C. C. Olds, Ars moriendi. A Study of the Form and Content of Fifteenth-Century Illustrations of the Art of Dying, Diss. Ph. D. University of Pennsylvania 1966, S. 150ff. – F. Saxl, A Spiritual Encyclopedia of the Late Middle Ages, in: Journal of the Warburg and Courtauld Institutes 5, 1942, S. 82ff., zum Wellcome-Manuskript vor allem S. 115ff., 123ff. – Sr. C. O'Connor, The Art of Dying Well. The Development of the Ars moriendi, New York 1942. – Ars Moriendi. Das deutschsprachige Blockbuch der Donaueschinger Hofbibliothek mit einer Einleitung von N. F. Palmer, Kat. 33 Antiquariat H. Tenschert, Rotthalmünster / Ramsen 1995.

34 *Ars moriendi*
Neapel, um 1480

3r (Text)
Widmungsbrief

Sieg. Ruhmreicher Herr, in größeren und schwierigeren Dingen habe ich meine geringen Fähigkeiten versucht, die immer danach verlangen, jeden Eurer Wünsche zu erfüllen. Und mein Geist, der nicht weniger voller Zuneigung in niedrigen und einfachen Dingen dient als er mutig und kühn in schwierigen und anspruchsvollen gehorcht, ist stets willens und bereit zu tun, so viel meine Kräfte vermögen. Und das mit bereitwilliger Dienstfertigkeit zu tun, was auch immer mein eifriger Wille auszudenken fähig ist, dazu veranlasst mich sowohl die Liebe aufgrund meiner Zuneigung als es die Hochachtung aufgrund der Ehre befiehlt. Empfangt also dieses bescheidene Werk, die in die Volkssprache übersetzte Kunst zu Sterben, die nicht weniger nützlich als notwendig ist. Damit es wahre Frucht und gute Wirkung bringt, muss man es immer schon in Zeiten der Gesundheit lesen: So ist es in der schlimmen und bitteren Stunde des unerwarteten Todes keine Ausrüstung, die uns neu und fremd vorkommt. Wie es der gute Ritter tut, der sich in Friedenszeiten mit Schild und Rüstung wappnet und sich an die Kampfesmühen gewöhnt, damit es ihm in der gefahrvollen Schlacht nicht ungewohnte Mühen bereitet, die Waffen zu nehmen, und er ohne Schrecken den Klang der feindlichen Trompete vernehmen kann. Wie schwer aber ist der Sieg, wenn für den Kämpfer alles neu ist! Ich weiß, dass ihr dies tun werdet, nicht so sehr in Gedanken an mich, als vielmehr gemäß eurer alten und vertrauten Gewohnheit. Lest es mit Gewinn.

(Übersetzung: Alexander Arweiler)

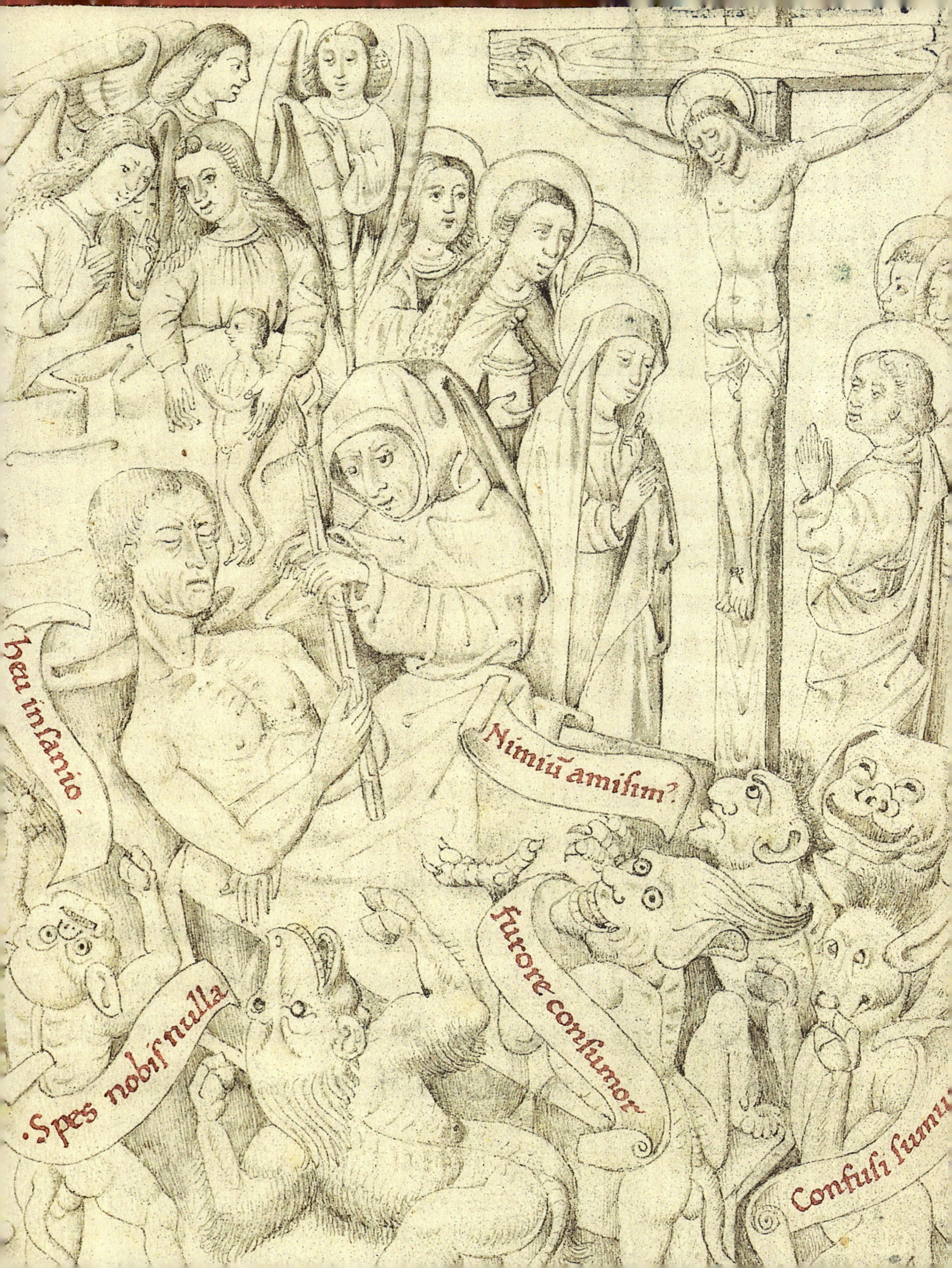
heu insanio.
Nimiũ amisimꝰ
furore consumor
.Spes nobis nulla
Confusi sumu

34 *Ars moriendi*
Neapel, um 1480

2v – 3r Titelblatt. Zierseite mit Prolog

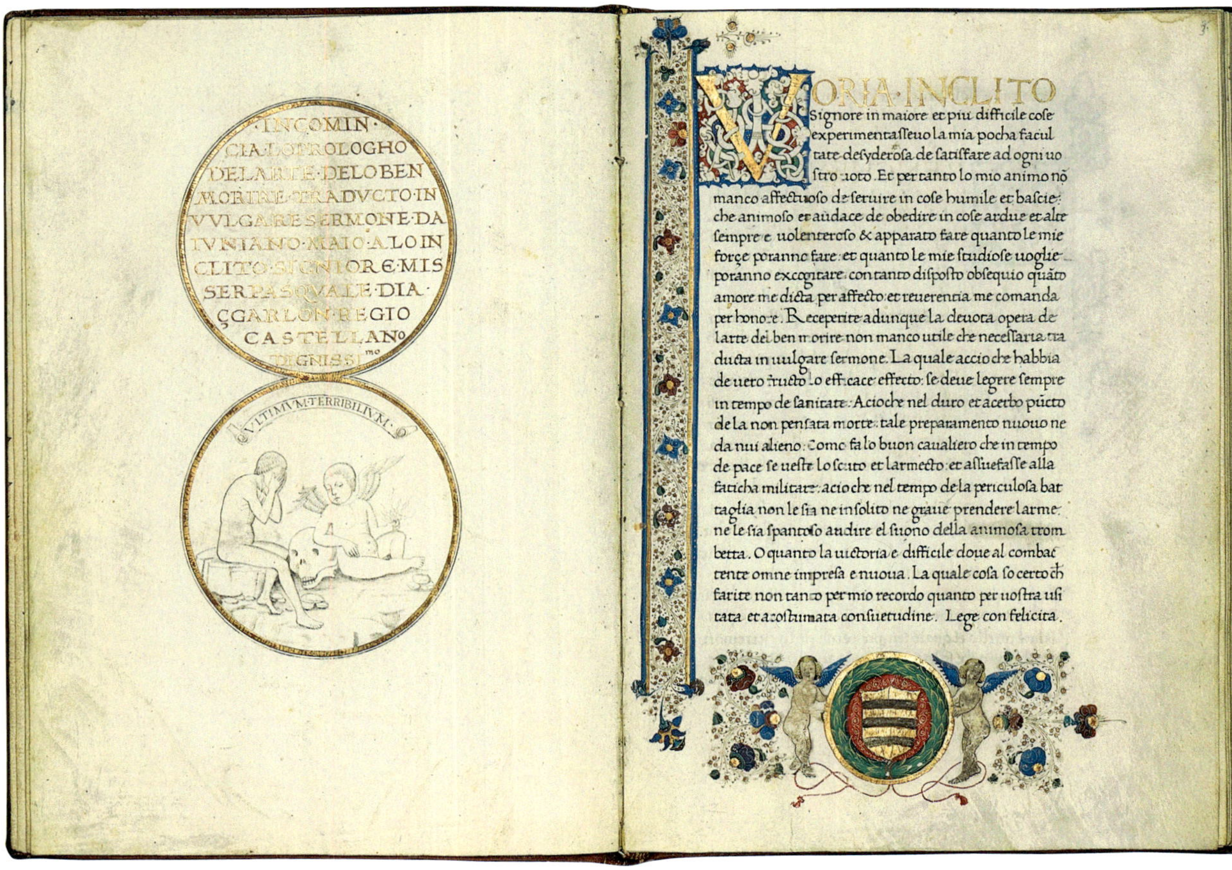

3v – 4r (Text) Einleitung

Hier beginnt das Buch von der Kunst des guten Sterbens übersetzt in die Landessprache von Iuniano de Maio für den ruhmreichen Herrn Pasquale. Lest es mit Gewinn.

Obwohl gemäß dem Philosophen, im Dritten Buch seiner Ethik, von allem Schrecklichen der leibliche Tod das Schrecklichste ist, so kann dieser doch keineswegs dem Tod der Seele verglichen werden. Das bezeugt Augustinus mit den Worten: „Ein größerer Schaden liegt im Verlust einer einzigen Seele als in dem von tausend Körpern“, und auch Bernhard sagt: „Die ganze Welt kann dem Wert einer einzigen Seele nicht gleich erachtet werden.“ So ist denn der Tod der Seele um so viel schrecklicher und abscheulicher, als die Seele den Leib an Adel und Wert übertrifft. Da nun die Seele einen so hohen Wert besitzt und der Teufel, um ihren ewigen Tod zu erlangen, den Menschen in seinem letzten Leiden mit größten Versuchungen peinigt, ist es auch von größter Notwendigkeit, dass der Mensch für seine Seele vorsorgt, damit diese nicht durch jenen ewigen Tod verloren gehe. Um das zu erreichen, ist es von großem Nutzen, wenn jeder die Kunst, gut zu sterben – worüber zu schreiben hier beabsichtigt wird – oft vor Augen hat und sich seine Lage in seiner letzten Stunde im Geist immer wieder vorstellt, denn wie Gregor sagt: „Wer immer an sein Ende denkt, kümmert sich ganz besonders um gute Werke.“ Wenn man nämlich im Voraus an ein kommendes Übel denkt, kann es um so leichter ertragen werden, gemäß dem Sprichwort: „Vorausgewusstes ist leichter zu ertragen.“ Doch weh, nur selten bereitet sich einer rechtzeitig auf den Tod vor! Jeder wähnt, noch recht lange zu leben, und glaubt in keiner Weise, bald sterben zu müssen. Gewiss geschieht dies auf Antrieb des Teufels hin. Viele haben bei einer solch eitlen Hoffnung auf sich nicht achtgegeben und sind ohne Vorbereitung gestorben. Man sollte also einem Kranken keineswegs allzu große Hoffnung auf Wiedererlangung seiner körperlichen Gesundheit machen. Gemäß dem Kanzler aus Paris hat schon oft ein Mensch ob eines solchen falschen Trostes sich die sichere Verdammnis zugezogen. Ein Sterbender soll aus diesem Grunde zu dem veranlasst werden, was sich als zu seinem Heil nützlich erweist. Zuallererst soll er einen Glauben haben, wie ein guter Christ ihn haben soll. Er sei froh, im Glauben an Christus und in der Einheit und im Gehorsam gegenüber der Kirche zu sterben. Zweitens erkenne er, Gott schwer

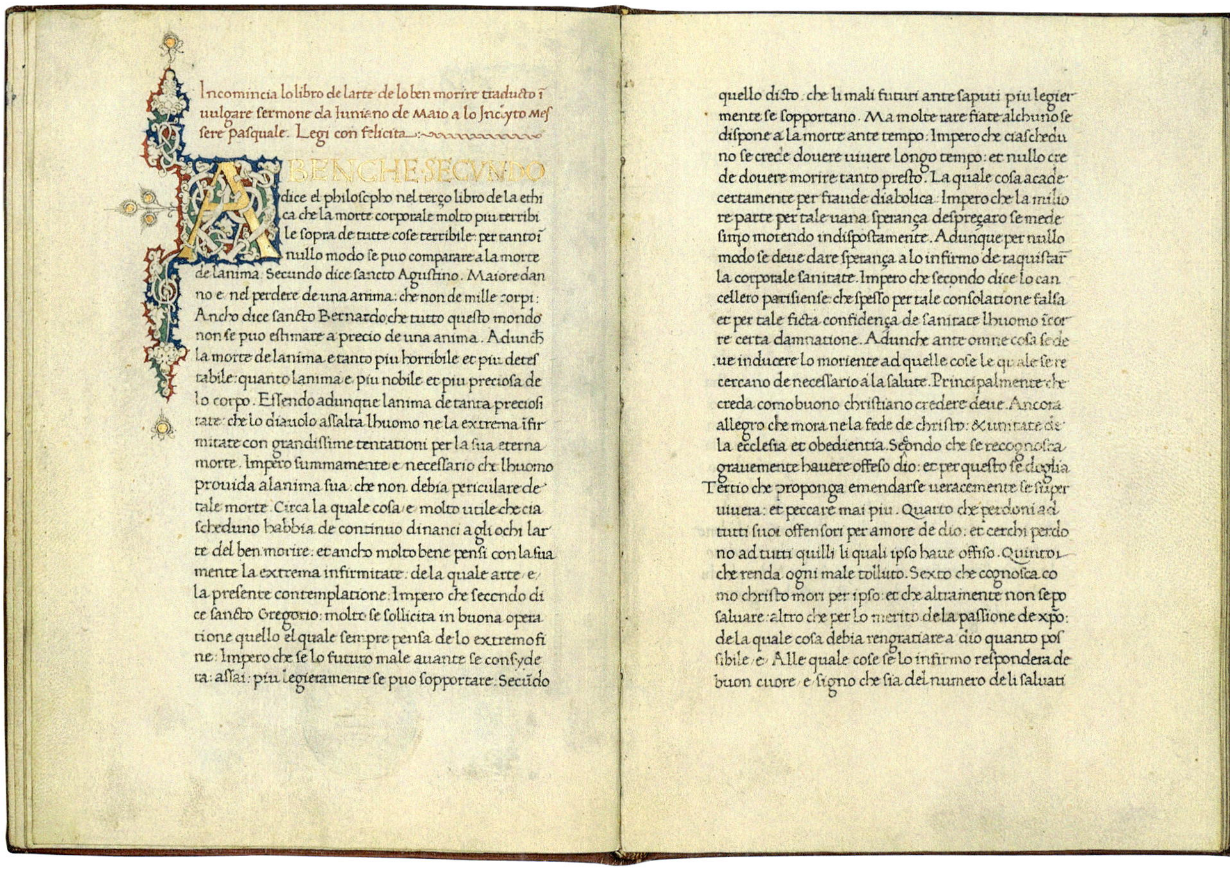
Incomincia lo libro de larte de lo ben morire traducto i
uulgare sermone da Iuniano de Maio a lo Inclyto Mes
sere pasquale. Legi con felicita.

ABENCHE SECUNDO
dice el philosopho nel terço libro de la ethi
ca che la morte corporale molto piu terribi
le sopra de tutte cose terribile: per tanto i
nullo modo se puo comparare a la morte
de lanima. Secundo dice sancto Agustino. Maiore dan
no e nel perdere de una anima: che non de mille corpi:
Ancho dice sancto Bernardo che tutto questo mondo
non se puo extimare a precio de una anima. Adunche
la morte de lanima e tanto piu horribile et piu detes
tabile: quanto lanima e piu nobile et piu preciosa de
lo corpo. Essendo adunque lanima de tanta preciosi
tate: che lo diauolo assalta lhuomo ne la extrema ifir
mitate con grandissime tentationi per la sua eterna
morte. Impero summamente e necessario che lhuomo
prouida a lanima sua: che non debia periculare de
tale morte. Circa la quale cosa e molto utile che cia
scheduno habbia de continuo dinanci a gli ochi lar
te del ben morire: et ancho molto bene pensi con la sua
mente la extrema infirmitate: de la quale arte e
la presente contemplatione: Impero che secondo di
ce sancto Gregorio: molto se sollicita in buona opera
tione quello el quale sempre pensa de lo extremo fi
ne: Impero che se lo futuro male auante se consyde
ra: assai: piu legieramente se puo sopportare. Secundo

quello dicto: che li mali futuri ante saputi piu legier
mente se sopportano. Ma molte rare fiate alchuno se
dispone a la morte ante tempo: Impero che ciaschedu
no se crede douere uiuere longo tempo: et nullo cre
de douere morire tanto presto. La quale cosa acade
certamente per fraude diabolica: Impero che la milio
re parte per tale uana speranza desprezaro se mede
simo morendo indispostamente. Adunque per nullo
modo se deue dare sperança a lo infirmo de raquistar
la corporale sanitate. Impero che secondo dice lo can
cellero parisiense: che spesso per tale consolatione falsa
et per tale ficta confidença de sanitate lhuomo icor
re certa damnatione. Adunche ante omne cosa se de
ue inducere lo moriente ad quelle cose le quale se re
cercano de necessario a la salute. Principalmente che
creda como buono christiano credere deue. Ancora
allegro che mora ne la fede de christo: & unitate de
la ecclesia et obedientia. Secondo che se recognosca
grauemente hauere offeso dio: et per questo se doglia
Tertio che proponga emendarse ueracemente se super
uiuera: et peccare mai piu. Quarto che perdoni ad
tutti suoi offensori per amore de dio: et cerchi perdo
no ad tutti quilli li quali ipso haue offiso. Quinto
che renda ogni male tolluto. Sexto che cognosca co
mo christo mori per ipso: et che altramente non se po
saluare: altro che per lo merito de la passione de xpo:
de la quale cosa debia rengratiare a dio quanto pos
sibile e. Alle quale cose se lo infirmo respondera de
buon cuore e signo che sia del numero de li saluati

34 *Ars moriendi*
Neapel, um 1480

3v–4r Textbeginn

beleidigt zu haben, und empfinde darüber Schmerz. Drittens: Er nehme sich vor, sollte er überleben, sich wahrhaft zu bessern und nie mehr zu sündigen. Viertens: Seinen Beleidigern verzeihe er Gott zuliebe und erbitte denen, die er selbst beleidigt, Verzeihung. Fünftens: Geraubtes Gut erstatte er zurück. Sechstens: Er erkenne, dass Christus für ihn gestorben ist und dass er anders als durch das Verdienst von Christi Leiden nicht gerettet werden kann; dafür danke er Gott, soviel er nur kann. Erklärt sich der Kranke dazu guten Herzens einverstanden, so ist dies ein Zeichen, dass er zu denen gehört, die gerettet werden können. Darauf veranlasse man ihn zum Empfang der Sakramente der Kirche (wozu er ohnehin verpflichtet ist). Er lege zunächst in wahrer Zerknirschung eine vollständige Beichte ab und empfange die übrigen Sakramente der Kirche in frommer Gesinnung. Wer aber in alledem von einem anderen weder befragt noch unterrichtet worden ist, soll sich selbst befragen und erwägen, ob er dazu, wie erwähnt, in der richtigen Verfassung ist. Wer aber so vorbereitet ist, gebe sich in andauernder Betrachtung ganz dem Leiden Christi hin, denn auf diese Weise werden alle Versuchungen des Teufels – und besonders die, welche den Glauben betreffen – überwunden. Man sollte sich deswegen merken: Sterbende haben schwerere Versuchungen, als sie je zuvor hatten. Wie sich zeigen wird, gibt es deren fünf, gegen die ein Engel fünf gute Eingebungen verleiht. Damit aber diese Materie allen nützlich sei und niemand von deren Betrachtung ausgeschlossen werde, sondern daraus heilsam zu sterben lerne, wird sie einerseits durch Text, der nur einem Gebildeten, und andererseits durch Bilder, die allen, dem Laien und dem Gebildeten, zugleich dienlich sind, vorgelegt. Beide beziehen sich aufeinander und verhalten sich wie ein Spiegel, in welchem Vergangenes und Künftiges gleichsam gegenwärtig geschaut wird. Wer also gut sterben will, soll dies zusammen mit dem hier Folgenden mit Sorgfalt betrachten.

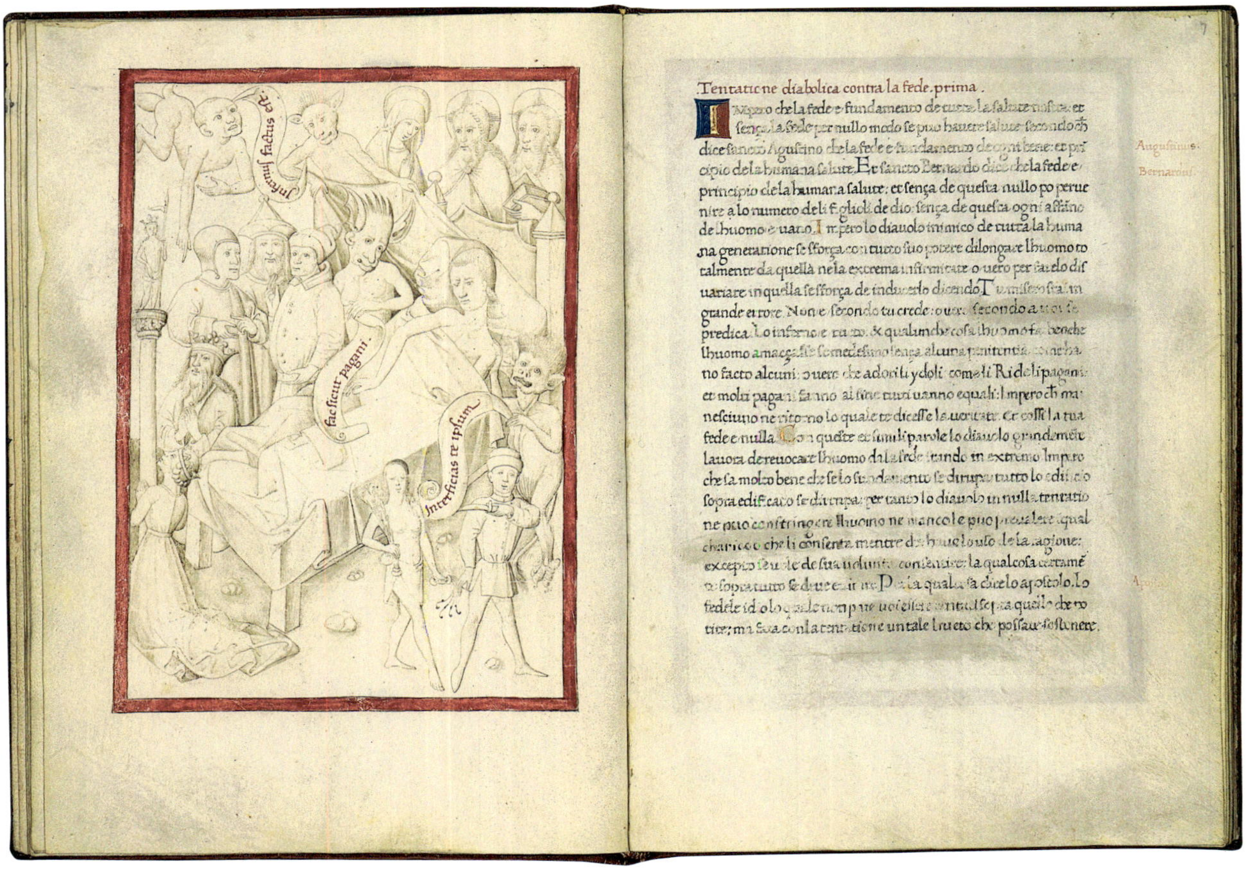

34 *Ars moriendi*
Neapel, um 1480

6v Der nackt im Bett liegende Sterbende wird von vier Dämonen bedrängt. Einer zieht ihm das Bettlaken unter dem Kopf fort, um die Sicht auf die hinter dem Bett anwesenden Gottvater, Christus und Maria zu verdecken. Ein zweiter weist mit einem Spruchband *Fac sicut pagani* (Handle wie die Heiden) auf drei disputierende Häretiker. Ein dritter in der oberen Bildecke mit Spruchband *Infernus factus [non] est* (Es gibt [k]eine Hölle) weist auf ein Königspaar, das eine Götzenstatue anbetet. Der vierte Dämon legt seine Hand vertraulich auf die Schulter des Sterbenden und weist mit einem Spruchband *Interficias te ipsum* (Töte dich selbst) auf eine halbentblößte Frau mit Rutenbündel und Geißel als Bild der Selbstpeinigung und einen Mann mit einem Dolch, der sich die Kehle durchschneiden wird, als Bild des Selbstmörders.

7r (Text) Versuchung des Teufels hinsichtlich des Glaubens

Versuchung des Teufels hinsichtlich des Glaubens

Der Glaube ist die Grundlage allen Heils; ohne ihn kann es keine Rettung geben. So bezeugt es auch Augustin, wenn er sagt: „Der Glaube ist die Grundlage alles Guten und der Anfang zur Errettung des Menschen." Und Bernhard sagt: „Der Glaube ist der Anfang zum Heil für den Menschen; ohne ihn kann niemand zu den Kindern Gottes gezählt werden; alle Mühe des Menschen ist ohne ihn nichtig." Aus diesem Grunde bemüht sich der Teufel, der Feind des ganzen Menschengeschlechts, mit allen Kräften, den Menschen in seiner letzten Bedrängnis gänzlich davon abzubringen, oder er bemüht sich, ihn wenigstens zu veranlassen, davon abzuweichen, indem er ihm einflüstert: „Du Elender, du befindest dich in großem Irrtum! Es ist nicht, wie du glaubst oder wie gepredigt wird! Es gibt gar keine Hölle! Was auch ein Mensch tun mag, ob er einen anderen oder sich selbst umbringt, wie es manche getan haben ohne irgendwelche Buße, oder ob er Götzen anbetet, wie dies die Könige der Heiden und viele andere Ungläubige tun, ist es nicht etwa letztlich dasselbe, da ja keiner zurückkehrt und dir die Wahrheit sagt? Und so ist der Glaube ein Nichts!" Mit solchen und ähnlichen Worten bemüht sich der Teufel ganz besonders, den im Sterben liegenden Menschen vom Glauben abzuwenden. Weiß er doch genau: Wenn das Fundament einbricht, stürzt alles auf ihm Aufgebaute notwendigerweise auch ein. Man muss dann wissen, dass der Teufel in keiner Versuchung auf irgendwelche Art die Macht haben kann, den Menschen zu zwingen, ihm zuzustimmen, solange dieser den Gebrauch der Vernunft besitzt, es sei denn, dieser stimme aus eigenem Antrieb zu, wovor man sich sicherlich ganz besonders zu hüten hat. Daher sagt der Apostel: „Gott ist treu; er wird nicht zulassen, dass ihr über euer Vermögen versucht werdet, sondern er wird zugleich mit der Versuchung eine Möglichkeit schaffen, damit ihr ausharren könnt."

Gute Eingebung des Engels hinsichtlich des Glaubens

Gegen die erste Versuchung des Teufels gibt der Engel eine gute Eingebung: „Glaube nicht, o Mensch, den todbringenden Einflüsterungen des Teufels, ist er doch ein Lügner. Denn durch Lügen hat er die Ureltern betrogen. Zweifle in keiner Weise am Glauben, magst du auch weder mit

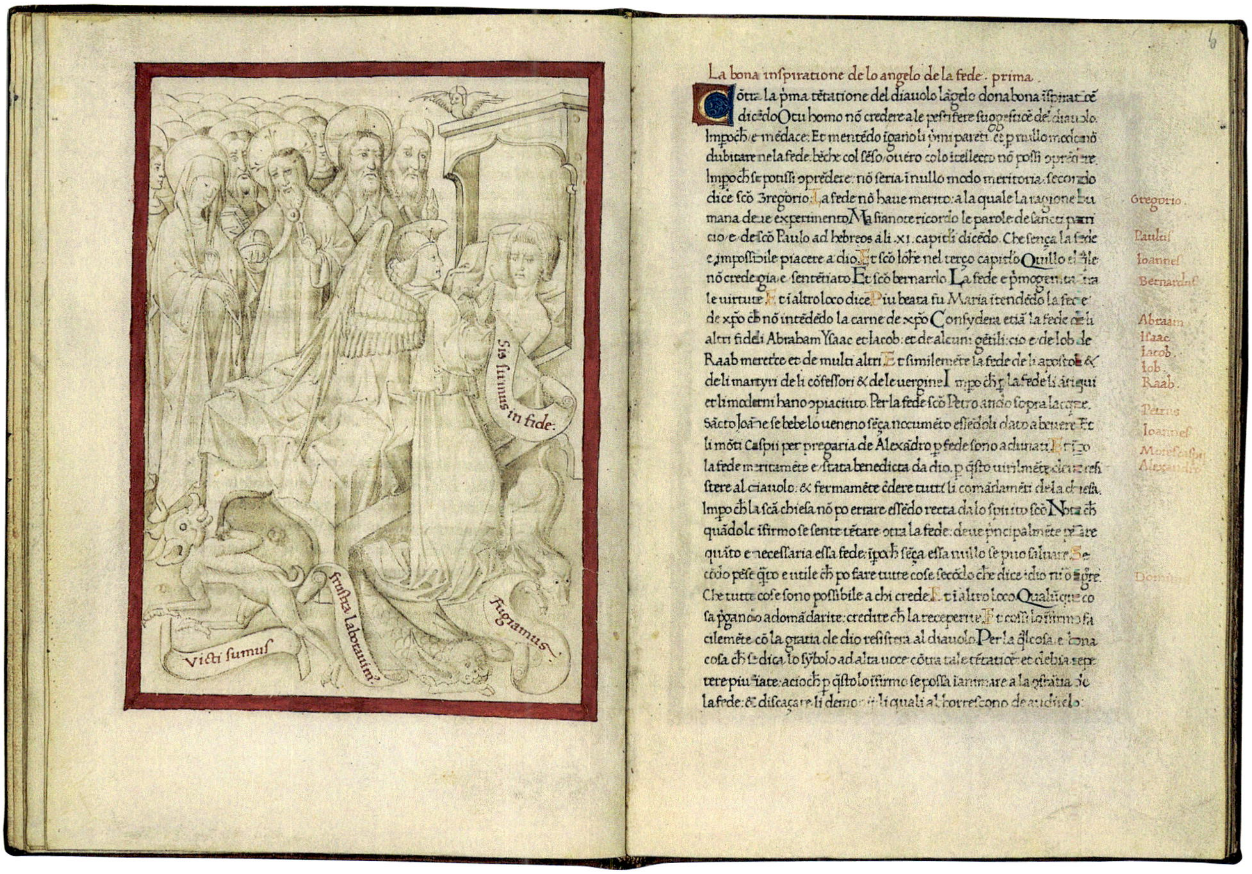

34 *Ars moriendi*
Neapel, um 1480

7v Der Engel tritt mit dem Spruchband *Sis firmus in fide* (Sei stark im Glauben) an das Bett des Sterbenden, hinter dem Gottvater und Christus, mit der Taube des Hl.Geistes auf dem hohen hölzernen Kopfende des Bettes zur Trinität erweitert, in Gemeinschaft mit Maria, dem gehörnten Moses als Vertreter der Gläubigen des Alten Testamentes und eine Schar von Heiligen versammelt sind. Im Vordergrund eilen drei Dämonen mit den Worten *Victi sumus* (Wir sind besiegt), *frustra laboravimus* (Vergeblich haben wir uns bemüht) und *Fugiamus* (Lasst uns fliehen) davon.

8r (Text) Gute Eingebung des Engels hinsichtlich des Glaubens

Denken noch Verstand in der Lage sein, alles zu verstehen. Könntest du dies, wäre der Glaube keineswegs verdienstlich – gemäß dem Wort Gregors: ‚Ein Glaube, dem die menschliche Vernunft einen Beweis liefert, hat kein Verdienst.' Gedenke vielmehr der Worte der heiligen Väter, so des heiligen Paulus, der zu den Hebräern spricht: ‚Es ist unmöglich, Gott ohne Glauben wohl zu gefallen', ferner des Johannes: ‚Wer nicht glaubt, ist schon gerichtet' und Bernhards: ‚Unter den Tugenden ist der Glaube der Erstgeborene' und ‚Dadurch, dass Maria den Glauben an Christus empfangen hat, war sie noch seliger als dadurch, dass sie den Leib Christi empfangen hat.' Denke auch an den Glauben unserer Ahnen im Glauben, gedenke Abrahams, Isaaks und Jakobs und mancher Heiden wie Hiobs oder der Hure Rahab; gedenke des Glaubens der Apostel und der in ihrem Bekenntnis unerschütterlichen Märtyrer, Bekenner und Jungfrauen. Durch den Glauben haben alle, sei es früher oder in späteren Zeiten, [bei Gott] Wohlgefallen gefunden. Im Glauben wandelte der heilige Petrus über dem Wasser, trank Johannes das für ihn bestimmte Gift ohne Schaden, und durch den Glauben bewirkte das Gebet Alexanders, dass sich das Kaspische Gebirge schloss. Deswegen wird der Glaube auch mit Recht von Gott gepriesen. Widerstehe also tapfer dem Teufel und glaube fest an alle Gebote der heiligen Kirche. Da sie vom Heiligen Geiste geleitet wird, kann sie nicht irren." Merke dir: Sobald der Kranke spürt, dass er von Glaubenszweifeln versucht wird, soll er zunächst daran denken, wie notwendig der Glaube ist und dass ohne diesen niemand gerettet werden kann. Er denke ferner daran, wie nützlich dieser ist, da er alles vermag; sagt doch der Herr: „Alles ist möglich dem, der glaubt" und: „Alles, was ihr im Gebet erbittet, glaubt, dass ihr es empfangen werdet." Und so mag der Kranke leicht mit Gottes Gnade dem Teufel widerstehen. So ist es gut, einem Sterbenden das Glaubensbekenntnis mit vernehmlicher Stimme vorzusagen und mehrmals zu wiederholen; dadurch soll der Kranke zur Standhaftigkeit im Glauben ermuntert und sollen die Dämonen, die es verabscheuen, dieses zu hören, vertrieben werden.

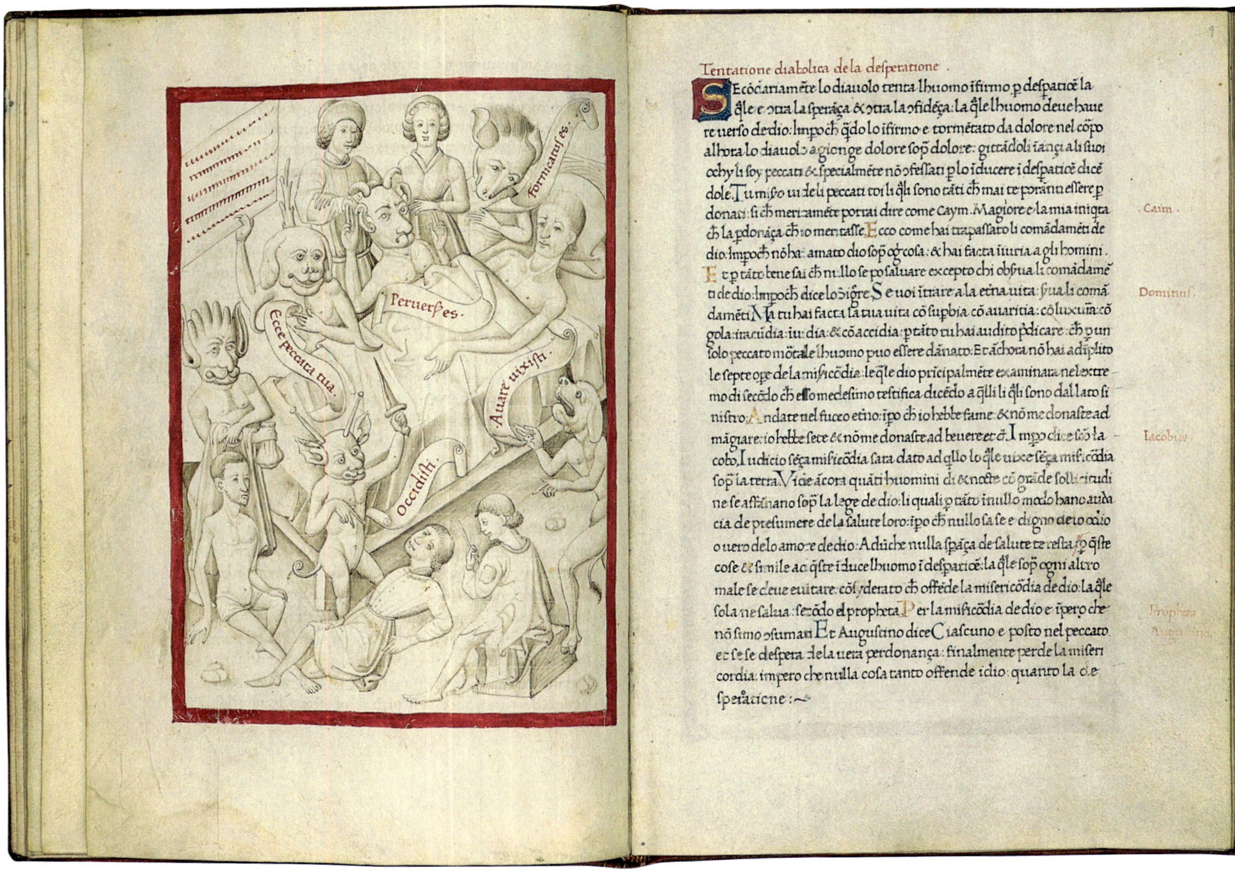

34 *Ars moriendi*
Neapel, um 1480

8v Sechs Dämonen erinnern den Sterbenden an seine Sünden und versuchen ihn durch Verzweiflung. Der erste zu seiner Rechten weist mit dem Spruch *Fornicatus es* (Du hast Unzucht getrieben) auf eine Frau, mit der der Sterbende Ehebruch beging. Der gehörnte Teufel daneben deutet auf einen Mann und erinnert *Perversus es* (Du bist falsch) an einen begangenen Meineid. Der dritte mit erhobener Tafel hält ihm mit dem Spruch *Ecce peccata tua* (Schau, deine Sünden) die begangenen Sünden vor Augen. Am Fußende des Bettes erinnert der vierte Teufel mit Geldbeutel und Kleidungsstück an den auf dem Boden sitzenden Mann, den der Sterbende einst bis aufs Hemd ausgeraubt hat. Mit blutigem Dolch und dem Hinweis auf einen am Boden liegenden Mann ruft ein fünfter Dämon *Occidisti* (Du hast getötet) einen begangenen Mord in Erinnerung. Der sechste weist auf einen Bedürftigen mit den Worten *Avare vixisti* (Du warst geizig in deinem Leben).

9r Versuchung des Teufels hinsichtlich der Verzweiflung

Versuchung des Teufels hinsichtlich der Verzweiflung

Zweitens versucht der Teufel den kranken Menschen durch Verzweiflung, die gegen Hoffnung und Vertrauen gerichtet ist, die ein Mensch zu Gott haben muss. Wenn nämlich der Kranke in seinem Körper durch Schmerzen gequält wird, fügt der Teufel Schmerz auf Schmerz, indem er ihm seine Sünden, besonders die nicht gebeichteten, entgegenhält, damit er ihn zur Verzweiflung bringe. Und dabei sagt er: „Du Unseliger, betrachte deine Sünden! Sie sind so groß, dass du niemals Verzeihung erlangen kannst, so dass du mit Kain sprechen musst: ‚Meine Missetat ist zu groß, als dass ich Gnade verdiente.' Siehe, wie du die Gebote Christi übertreten hast! Du hast Gott nicht über alles geliebt, den Menschen Unrecht zugefügt, und doch weißt du genau, dass niemand gerettet werden kann, der die Gebote Gottes nicht befolgt hat, sagte doch der Herr: ‚Wenn du zum Leben eingehen willst, so halte die Gebote.' Du aber hast stolz, geizig, unkeusch, gefräßig, jähzornig, neidisch und träge gelebt, und doch hast du vernommen, dass ein Mensch wegen einer einzigen Todsünde verdammt werden kann. Ferner hast du die sieben Werke der Barmherzigkeit nicht erfüllt, nach denen er am Jüngsten Tag ganz besonders forschen wird, wie er selbst bezeugt, da er zu denen zu seiner Linken spricht: ‚Geht ins ewige Feuer, denn ich habe gehungert, und ihr gabt mir keinen Trank.' Und deswegen sagte Jakob: ‚Ohne Erbarmen wird das Gericht für den sein, der auch auf Erden ohne Erbarmen war.' Du siehst auch, wie viele Leute sich Tag und Nacht wachsam um das Gesetz Gottes bemühen und es aber trotzdem nicht wagen, im Voraus Gewissheit über ihr Heil zu beanspruchen; weiß doch keiner, ob er Hass oder Liebe verdient hat! Und deshalb bleibt dir keine Hoffnung auf Rettung!" Durch solche und ähnliche Worte versucht der Teufel, die Menschen zur Verzweiflung zu bringen, die vor allen anderen Übeln zu meiden ist, verstößt sie doch gegen die Barmherzigkeit Gottes, die uns allein retten kann, wie es der Prophet bezeugt: „Der Barmherzigkeit Gottes wegen sind wir nicht vernichtet worden." Und Augustinus sagt: „Jeder, der im Stande der Sünde ist und die Hoffnung auf wahrhafte Vergebung aufgegeben hat, geht der Barmherzigkeit verlustig." Denn nichts verstößt so sehr gegen Gott wie die Verzweiflung.

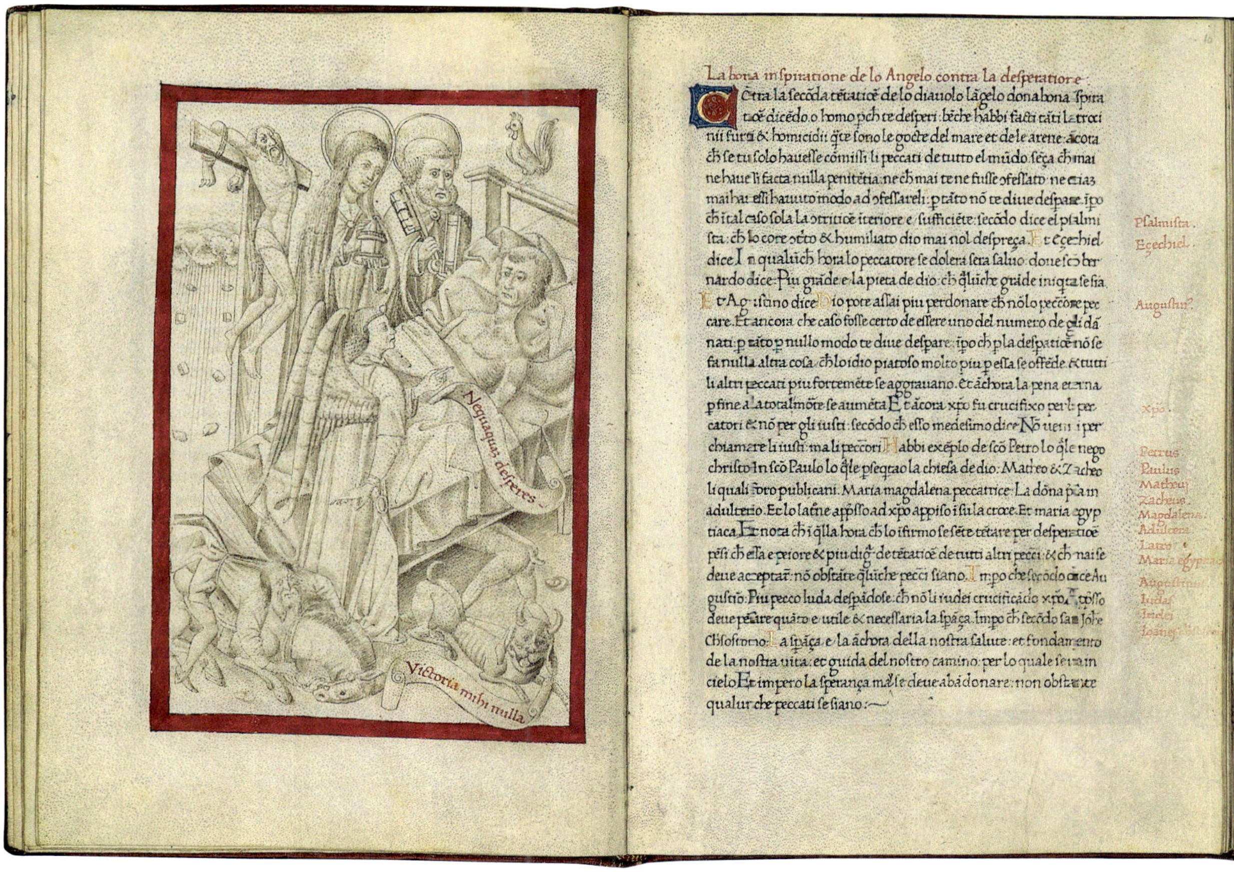

34 *Ars moriendi*
Neapel, um 1480

9v Wieder tritt der Engel an das Bett des Sterbenden und ruft ihm mit den Worten *Nequaquam desperes* (Keineswegs sollst du verzweifeln) trostvoll die großen Sünder des Neuen Testaments in Erinnerung. Er deutet auf Saulus, der auf dem Weg nach Damaskus, wo er Christen verfolgen will, von einer göttlichen Erscheinung – hier kommen aus Wolken Feuerstrahlen hervor und fallen Steine zur Erde – geblendet wird, mit seinem Pferd stürzt und sich schließlich bekehrt. Im Hintergrund erscheinen der am Kreuz hängende gute Schächer Dismas, Maria Magdalena mit dem Salbgefäß und Petrus mit Schlüssel und Buch, auf dessen Verleugnung Jesu der Hahn auf der Bettkante verweist, als Beispiele vorbildlicher Reue, der Gottes Barmherzigkeit zuteil wurde. Im Vordergrund kriecht ein Teufel unters Bett, während sich der zweite mit der Einsicht *Victoria mihi nulla* (Mir ist kein Sieg gegeben) davonmacht.

10r Gute Eingebung des Engels gegen die Verzweiflung

Gute Eingebung des Engels gegen die Verzweiflung

Gegen die zweite Versuchung des Teufels gibt der Engel folgende gute Eingebung: „Warum verzweifelst du, o Mensch? Auch wenn du Raub, Diebstahl und Mord begangen hättest, wie es Tropfen im Meer und Sand gibt, auch wenn du ganz allein alle Sünden der Welt begangen, darüber nie Reue empfunden und sie auch nicht bekannt hättest, und dir selbst jetzt die Möglichkeit fehlte, sie zu gestehen, so darfst du trotzdem keineswegs verzweifeln, denn in solchem Falle genügt allein eine innere Zerknirschung. Das bezeugt der Psalm: ‚Ein zerknirschtes und demütiges Herz wirst du, Gott, nicht verachten.' Und Ezechiel sagt: ‚Zur Stunde, da der Sünder seufzt, wird er gerettet sein.' Und deswegen sagt Bernhard: ‚Gott hat noch mehr Erbarmen, als der Mensch zu sündigen vermag.' Selbst wenn es für dich feststünde, zur Zahl jener zu gehören, die verdammt werden sollen, sollst du auch jetzt in keiner Weise verzweifeln, denn durch die Verzweiflung wird nichts anderes bewirkt, als dass der gütigste Gott durch diese noch mehr beleidigt wird, die anderen Sünden noch schwerer wiegen und auch die ewige Strafe aufs äußerste vermehrt wird. Christus ist für die Sünder, nicht für die Gerechten gekreuzigt worden, wie er selber bezeugt: ‚Ich bin nicht gekommen, die Gerechten zu rufen, sondern die Sünder.' Nimm dir ein Beispiel an Petrus, der Christus verleugnet, an Paulus, der die Kirche verfolgt hat, an Matthäus und an Zachäus, die Zöllner waren, an Maria Magdalena, der Sünderin, am Weib, das im Ehebruch ergriffen wurde, am Schächer, der neben Christus am Kreuze hing, an Maria aus Ägypten und anderen." Merke dir: Sobald der Kranke fühlt, dass er von der Verzweiflung versucht wird, soll er daran denken, dass diese noch schlimmer und verdammungswürdiger ist als alle Sünden und dass ihr, gleich welcher Sünden wegen, kein Zugang verschafft werden darf. Denn wie Augustinus sagt: „Mehr gesündigt hat Judas durch die Verzweiflung als die Juden durch die Tatsache, dass sie Christus kreuzigen ließen." Er denke ferner daran, wie nützlich und notwendig die Hoffnung ist, denn diese ist, gemäß Chrysostomus, der Anker unserer Rettung, das Fundament unseres Lebens, die Führerin auf dem Weg zum Himmel. Und deswegen darf sie, gleich welcher Sünden wegen, nie aufgegeben werden.

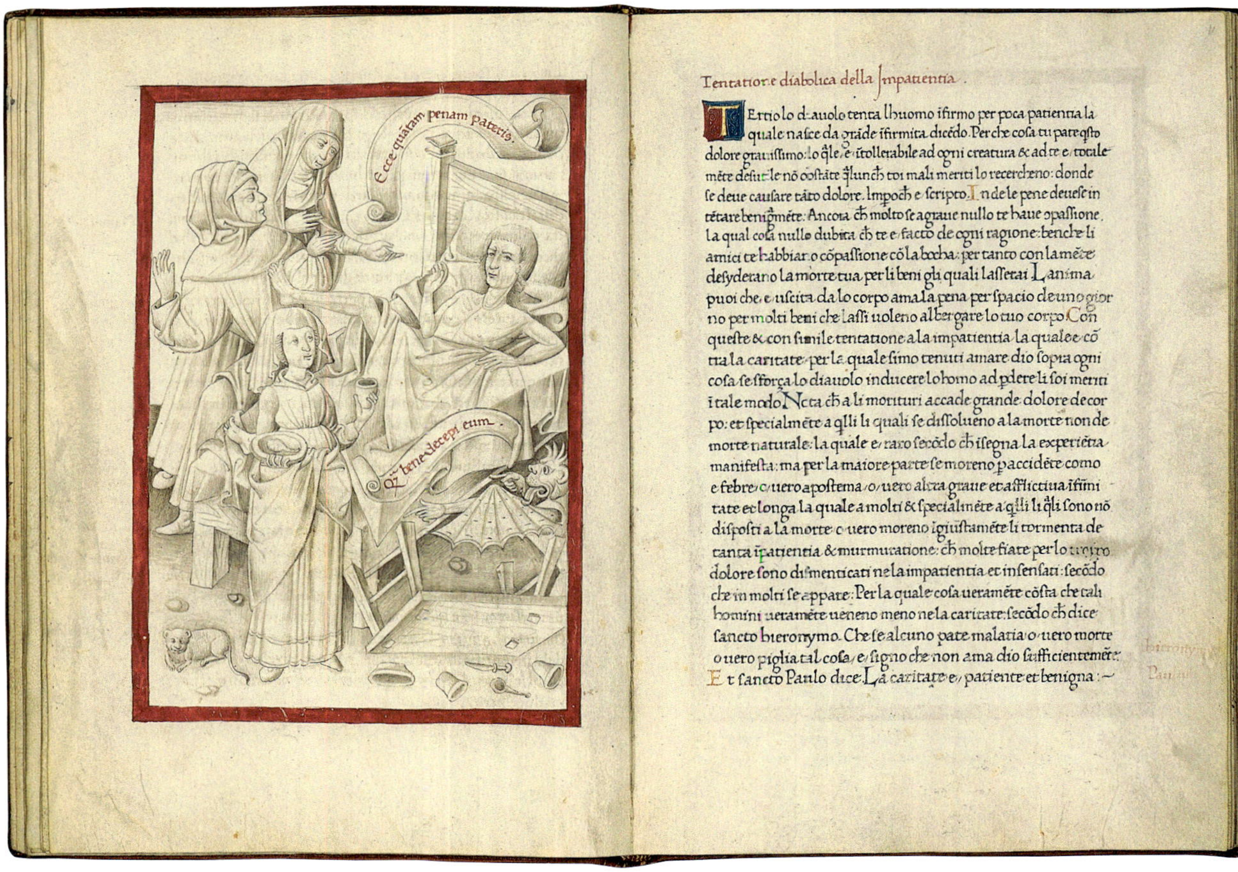

34 *Ars moriendi*
Neapel, um 1480

10v In der Anfechtung zur Ungeduld wird dem Sterbenden eingeredet, dass sein Leid zu groß und ungerecht sei. Seine Frau wendet sich ihm zu mit den Worten *Ecce quantam penam pateris* (Sieh, wie viel Qual lässt du dir gefallen). Als Zeichen größter Ungeduld versetzt der Sterbende einem fassungslos sich abwendenden Mann mit Kapuze einen Fußtritt. Den Tisch im Vordergrund hat der im Bett Liegende bereits umgestoßen, so dass Geschirr und Besteck auf dem Boden liegen und die mit gefülltem Becher und Fleischplatte ratlos stehende Magd nicht auftischen kann. Ein geflügelter Dämon weist triumphierend *Quem bene decepi eum* (Wie vortrefflich habe ich ihn getäuscht) auf das Ergebnis seiner Einwirkung hin.

11r Versuchung des Teufels hinsichtlich der Ungeduld

Versuchung des Teufels hinsichtlich der Ungeduld

Drittens versucht der Teufel den kranken Menschen durch Ungeduld, die aus seiner großen Schwäche entsteht, und er spricht: „Warum erduldest du solch äußerst schweren Schmerz, der für jedes Geschöpf unerträglich und für dich völlig nutzlos ist? Nicht einmal in deinem strafwürdigen Verschulden sollte ein solcher Schmerz seine Berechtigung finden! Denn es gilt doch der Grundsatz: ‚Beim Bestrafen soll immer die mildere Auslegung befolgt werden.' Sodann, und das wiegt ganz besonders schwer, hat niemand Mitleid mit dir; keiner zweifelt, dass dies gegen jede Vernunft geschieht. Wenn auch deine Freunde mit Worten Mitleid zeigen, wünschen sie, besonders wegen der Güter, die du zurückgelassen hast, heimlich deinen Tod herbei. Und wenn dann deine Seele sich des Körpers entledigt hat, wollen sie für all deinen hinterlassenen Besitz deinen Leichnam kaum für die Dauer eines einzigen Tages bei sich haben." Mit diesen und ähnlichen Worten bemüht sich der Teufel, den Menschen zur Ungeduld zu treiben; diese ist aber gegen die Liebe, durch die wir gehalten sind, Gott über alles zu lieben. Der Teufel tut dies, damit der Mensch auf diese Weise alle seine Verdienste verliere. Merke: Bei Sterbenden trifft der größte körperliche Schmerz jene, die nicht eines natürlichen Todes sterben, was, wie die Erfahrung deutlich zeigt, selten vorkommt. Denn häufig stirbt man an einem Leiden wie Fieber oder Geschwür oder an einer anderen schweren, quälenden und langdauernden Krankheit. Eine solche macht die meisten und besonders die auf den Tod nicht Vorbereiteten und widerwillig Sterbenden so ungeduldig und mürrisch, dass sie infolge des allzu heftigen Schmerzes vor Ungeduld wahnsinnig und jeder Vernunft beraubt scheinen, wie dies bei vielen schon oft festgestellt worden ist. Daran wird ersichtlich, dass solche Menschen ganz besonders an wahrer Liebe ermangeln, wie auch Hieronymus bezeugt: „Wenn einer Krankheit und Tod unter Schmerzen erleidet, ist das ein Zeichen dafür, dass er Gott nicht genügend liebt." Und Paulus sagt: „Liebe ist geduldig und gütig."

Gute Eingebung des Engels gegen die Ungeduld

Gegen diese dritte Versuchung des Teufels gibt der Engel folgende Eingebung: „Wende, o Mensch, deinen Geist von der Ungeduld ab, durch welche der Teufel mit seinem todbringenden

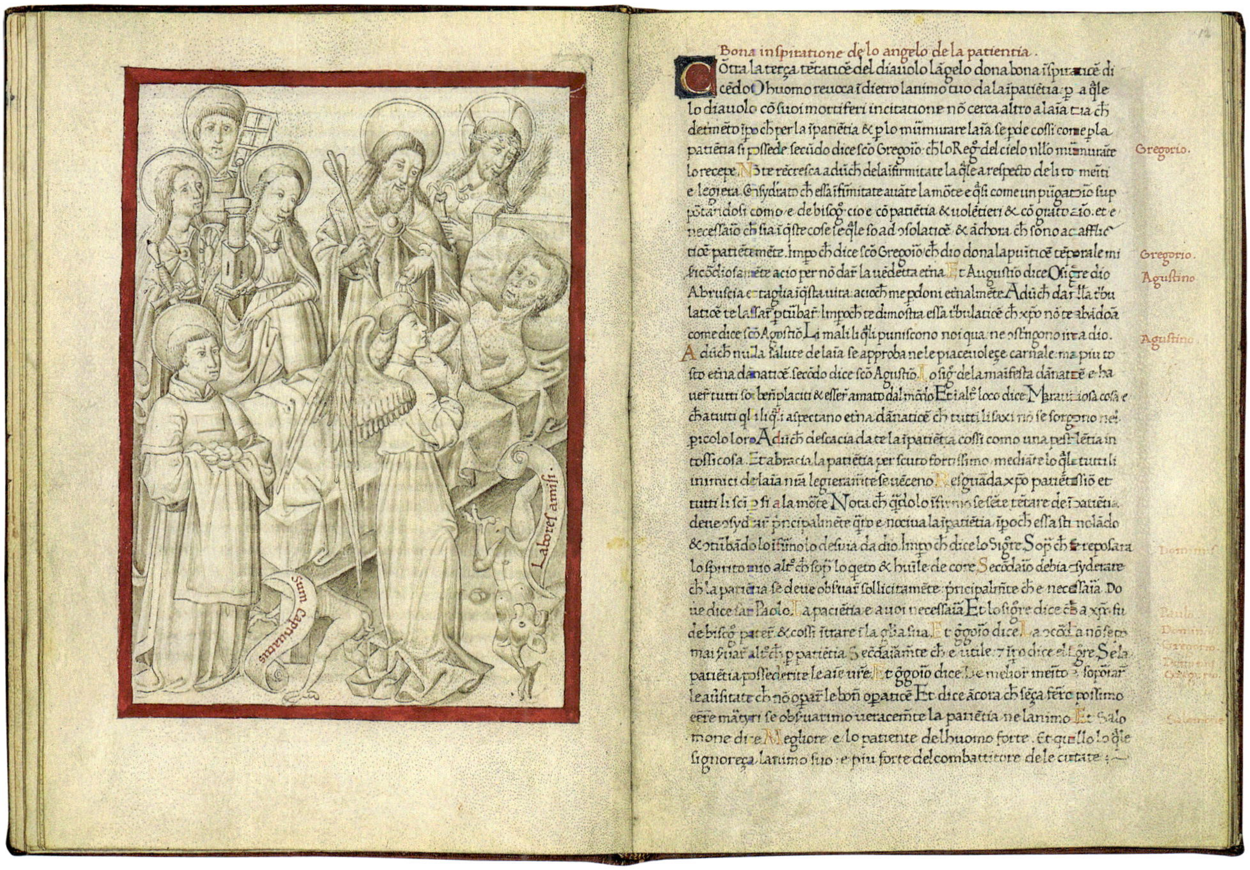

34 *Ars moriendi*
Neapel, um 1480

11v Wieder tritt der Engel an das Bett des Sterbenden, der seine Hände im Gebet erhoben hält, und zeigt ihm große Vorbilder in der Geduld. Gottvater schaut voller Güte auf den Liegenden und trägt Pestpfeil und Geißel, mit denen er als Urheber menschlicher Prüfungen und heilsamen Ausharrens gekennzeichnet wird. Zu seiner Linken erscheint der mit Dornenkrone, Geißel und Rutenbündel gepeinigte Leidenschristus, zu seiner Rechten eine Schar von Märtyrern mit ihren Leidenswerkzeugen: Barbara mit dem Turm, Katharina mit Rad und Schwert, Laurentius mit dem Rost und Stephanus mit den Steinen. Während ein Teufel sich mit den Worten *Sum captivatus* (Ich bin gefangen) unters Bett verkriecht, gibt sich der zweite mit der Einsicht *Labores amisi* (Vergebliche Mühen) geschlagen.

12r Gute Eingebung des Engels gegen die Ungeduld

Treiben nichts anderes als Schaden für deine Seele sucht. Denn durch Ungeduld und Murren geht die Seele verloren, wie sie durch Geduld gerettet wird. Das bezeugt auch Gregor mit den Worten: ‚Kein Murrender erlangt das Himmelreich.' So empfinde denn keine Abscheu vor deiner Krankheit, die im Vergleich mit dem, was du verdient hast, leicht ist, da sie gleichsam eine Art Purgatorium vor dem Tod darstellt – falls sie ertragen wird, wie es sich gehört, das heißt: geduldig, willig und mit Dankbarkeit. Denn Dankbarkeit ist notwendig nicht nur in den Dingen, die uns zum Trost, sondern auch in denen, die uns zur Betrübnis gereichen. Wie nämlich Gregor sagt, wendet Gott in seiner Milde [während unseres irdischen Lebens] zeitlich beschränkte Strenge an, um nicht [nach dem Tod] ewige Strafe über uns zu verhängen. Und Augustinus sagt: ‚Herr, brenne hier und schneide dort, damit du mich in Ewigkeit verschonst!' So mögen dich keine Drangsale quälen, denn sie sind Beweis dafür, dass Christus dich nicht verlassen will. Das sagt auch Augustinus: ‚Übel, die uns hier bestrafen, treiben uns an, zu Gott zu gehen.' Im Wohlgefallen des Fleisches aber erweist sich nicht die Rettung der Seele, sondern vielmehr ihre ewige Verdammung, wie auch Augustinus sagt: ‚Wohlgefallen zu erlangen und von der Welt geliebt zu werden ist ein Zeichen offensichtlicher Verdammung.' Ferner: Dass alle Steine für die, die in Ewigkeit verdammt werden sollen, nicht zu deren Tröstung sich erheben – ist dies verwunderlich? Aber weit verwunderlicher ist, dass für die, die in Ewigkeit gerettet werden sollen, alle Steine sich nicht zu deren Gefahr erheben! Stoße also die Ungeduld wie eine bösartige Seuche von dir und ergreife die Geduld als starken Schild, mit dem alle Feinde der Seele leicht überwunden werden können, und schaue auf Christus und alle Heiligen in ihrer großen Langmut bis zum Tod!" Merke dir: Wenn der Kranke fühlt, dass er durch Ungeduld in Versuchung gebracht wird, bedenke er zunächst, wie schädlich ihm die Ungeduld ist, weil sie ihn durch Beunruhigung und Verwirrung von Gott abwendet, hat doch der Herr gesagt: „Auf wem wird mein Geist ruhen, wenn nicht auf einem sanften und demütigen Herzen?" Ferner bedenke er, dass die Geduld sorgfältig zu bewahren ist: Erstens, weil sie notwendig ist, weswegen auch Paulus sagt: „Geduld ist euch vonnöten." Und der Herr: „Musste nicht der Messias leiden und so in seine Herrlichkeit eingehen?" Und Gregor: „Eintracht kann nur

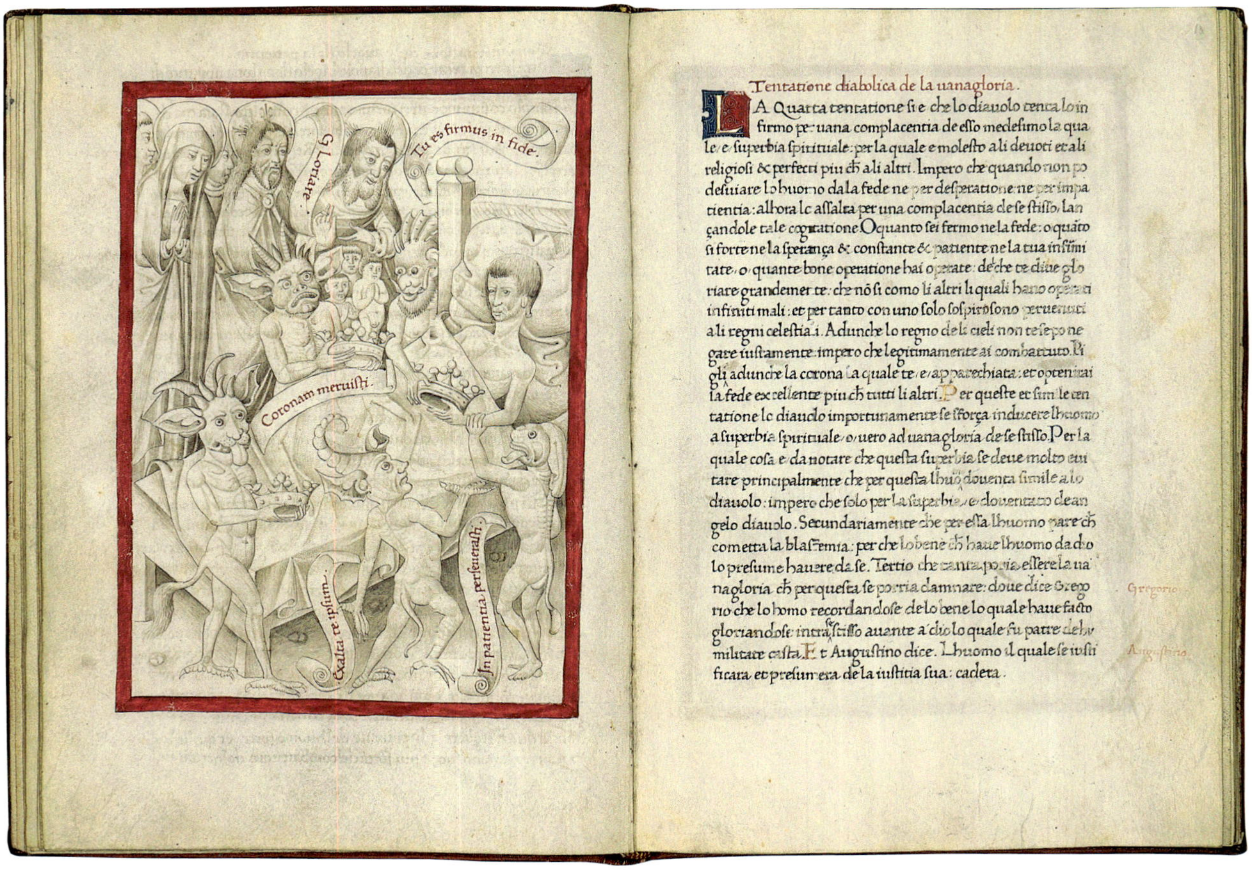

34 *Ars moriendi*
Neapel, um 1480

12v Fünf Dämonen umringen den Sterbenden und versuchen ihn durch Hochmut mit Überreichung von Kronen. Dabei rufen sie ihm zu: *Tu es firmus in fide* (Du bist stark im Glauben), *Gloriare* (Rühme dich), *Coronam meruisti* (Du hast die Krone verdient), *Exalta te ipsum* (Erhöhe dich selbst) und *In patientia perseverasti* (In Geduld warst du beharrlich). Im Hintergrund stehen Gottvater und Christus mit Heiligen und Maria im fürsprechenden Gebet, vor ihnen drei betende Seelen, die gerettet sind, weil sie sich nicht in überheblicher Weise mit leerem Ruhm zugutehalten, was sie allein Gott zu verdanken haben.

13r Versuchung des Teufels hinsichtlich des eitlen Ruhms

durch Geduld gewahrt werden." Zweitens: Weil sie nützlich ist, weshalb auch der Herr sagt: „In eurer Geduld werdet ihr eure Seelen besitzen." Und Gregor: „Es ist ein größeres Verdienst, Widerwärtiges zu ertragen, als in guten Werken sich abzumühen." Derselbe sagt: „Ohne Foltereisen können wir Märtyrer werden, wenn wir in unserem Geist wahrhaft Geduld zeigen." Und Salomon: „Ein Geduldiger ist besser als ein Held, und wer Herr ist über seinen Geist, übertrifft einen Stadtbezwinger."

Versuchung des Teufels hinsichtlich des eitlen Ruhms

Viertens versucht der Teufel den kranken Menschen durch das Wohlgefallen an sich selbst, welches die geistliche Überheblichkeit ist, indem er Fromme, Ordensleute und Vollkommene ganz besonders anfeindet. Wenn er nämlich einen Menschen nicht zur Abkehr vom Glauben, zur Verzweiflung oder zur Ungeduld bringen kann, dann greift er ihn an durch Verführung zur Selbstgefälligkeit, wobei er ihm folgende Gedanken eingibt: „Wie stark bist du im Glauben und in der Hoffnung, wie standhaft im Ertragen deiner Krankheit! Wie viel Gutes hast du gewirkt! Am meisten darfst du dich rühmen, nicht wie die übrigen zu sein, die unendlich viel Böses getan haben und dann nur mit Seufzen ins Himmelreich gelangt sind! Deswegen kann dir das Himmelreich mit Recht nicht versagt werden, denn du hast entsprechend der Regel gekämpft; empfange also die Krone, die für dich bereitet ist. Auch wirst du vor allen anderen einen erhabenen Platz einnehmen!" – Durch diese und ähnliche Worte bemüht sich der Teufel beharrlich, den Menschen zu geistlichem Hochmut zu verführen oder zum Wohlgefallen an sich selbst. Man soll sich deswegen merken: Dieser Stolz ist ganz besonders zu meiden! Zunächst einmal deshalb, weil der Mensch durch ihn dem Teufel gleich wird, denn allein durch den Stolz ist er vom Engel zum Teufel geworden. Durch den Stolz begeht der Mensch eine Gotteslästerung, weil er sich anmaßt, das Gute, das er von Gott besitzt, von sich aus zu haben. Ferner könnte seine Selbstgefälligkeit so groß sein, dass er ihretwegen verdammt werden könnte. Also sagt Gregor: „Wenn einer sich selbst erhöht durch Erinnerung an das Gute, das er getan hat, fällt er beim Urheber der Demut in Ungnade." Und Augustinus: „Wenn der Mensch sich selbst rechtfertigt und sich etwas auf seine eigene Gerechtigkeit einbildet, stürzt er nieder."

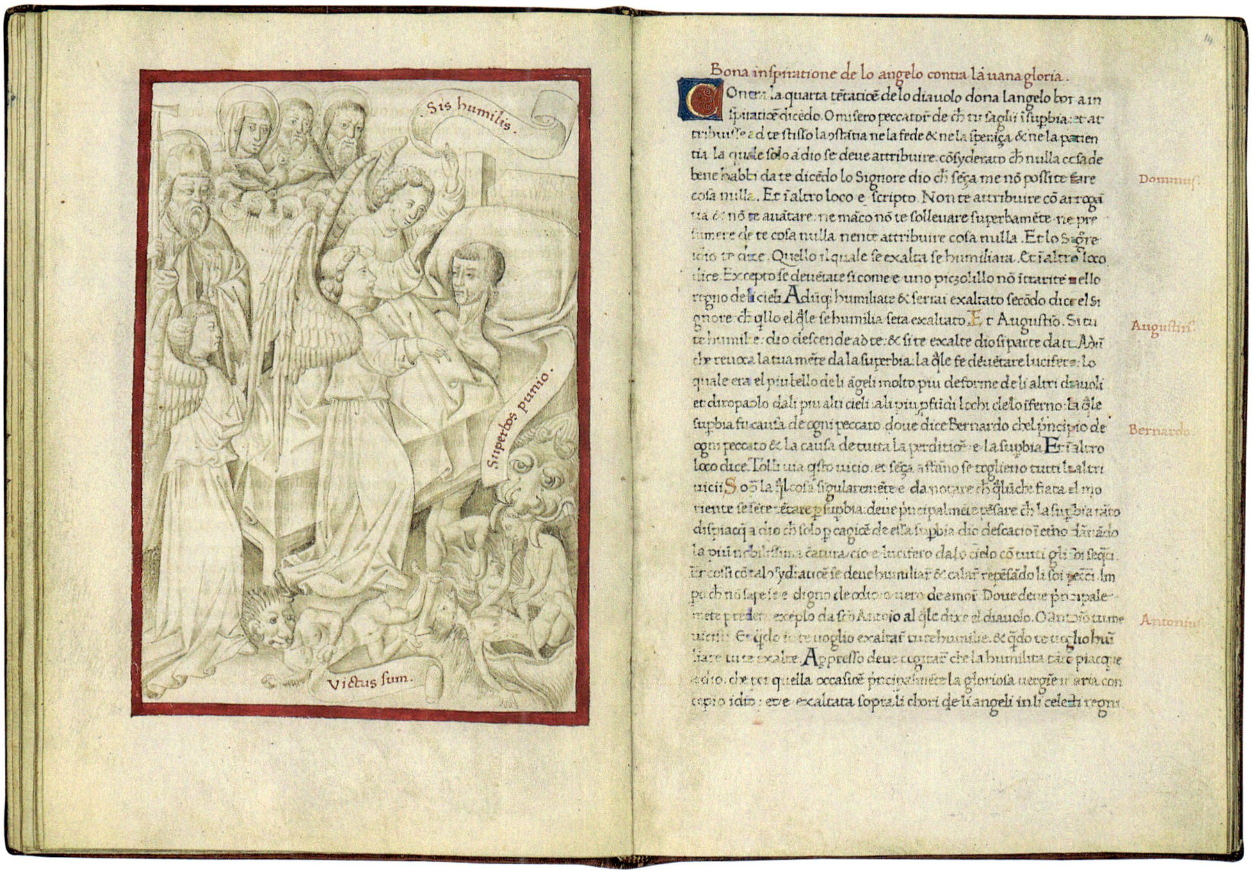

34 *Ars moriendi*
Neapel, um 1480

13v Drei Engel sind an das Bett des Sterbenden getreten und bewirken die Eingebung der Demut, indem der vordere auf den mit Verdammten gefüllten Höllenschlund weist, aus dem die Worte *Superbos punio* (Ich bestrafe die Überheblichen) dringen. Der Engel am Kopfende des Bettes mahnt mit den Worten *Sis humilis* (Sei demütig), während ein dritter am Fußende auf die über den Wolken erscheinende Dreifaltigkeit und Maria sowie auf den Einsiedler Antonius mit dem Kreuzstab deutet, der allen Versuchungen durch Dämonen widerstanden hat. Von den beiden Teufeln kriecht der eine wieder unters Bett, wohingegen der andere sich mit der Einsicht *Victus sum* (Ich bin besiegt) geschlagen gibt.

14r Gute Eingebung des Engels gegen den eitlen Ruhm

Gute Eingebung des Engels gegen den eitlen Ruhm

Gegen die vierte Versuchung des Teufels gibt der Engel folgende gute Eingebung: „Armseliger, warum überhebst du dich und schreibst dir selbst Standhaftigkeit in Glaube, Hoffnung und Geduld zu, die nur Gott zum Urheber haben kann? Hast du doch aus dir selbst nichts Gutes, wie der Herr sagt: ‚Ohne mich könnt ihr nichts tun', und an anderer Stelle steht: ‚Maße dir nichts an, brüste dich nicht, rühme dich nicht in unverschämter Weise, bilde dir nichts ein, schreibe dir nichts Gutes zu!' Der Herr sagt auch: ‚Wer sich erhöht, wird erniedrigt werden', und an anderer Stelle: ‚Wenn ihr nicht werdet wie dieses kleine Kind, werdet ihr nicht ins Himmelreich kommen.' Demütige dich also, und du wirst erhöht werden, wie der Herr sagt: ‚Wer sich demütigt, wird erhöht werden.' Und Augustinus: ‚Wenn du dich erniedrigst, wird Gott zu dir herniedersteigen, erhöhst du dich, so wird Gott von dir weichen.' Wende also deinen Sinn ab vom Stolz, der einst Luzifer, den herrlichsten unter den Engeln, zum hässlichsten aller Teufel gemacht und von den Höhen des Himmels hinuntergestürzt hat in die Tiefen der Hölle, vom Stolz, der auch die Ursache aller Sünden ist. Deshalb sagt Bernhard: ‚Ursprung aller Sünde und Ursache jeder Verdammnis ist der Stolz', und derselbe sagt: ‚Beseitige dieses eine Laster, und ohne Mühe lassen sich alle übrigen Laster ausroden.'" Man soll sich deshalb ganz besonders merken: Wann immer der Sterbende fühlt, dass er durch Stolz versucht wird, soll er daran denken, wie der Stolz so sehr Gott missfiel, dass er allein aus diesem Grund Luzifer, sein vornehmstes Geschöpf, mit allen, die ihm anhingen, zu ewiger Verdammung aus dem Himmel verbannt hat. Daher soll sich der Kranke demütigen und im Gedenken an seine Sünden sich erniedrigen, weiß er doch nicht, ob er des Hasses oder der Liebe würdig ist. Deshalb soll er besonders am heiligen Antonius ein Beispiel nehmen, zu dem der Teufel gesprochen hat: „Antonius, du hast mich besiegt! Will ich dich nämlich erhöhen, erniedrigst du dich, will ich dich erniedrigen, erhöhst du dich." Ferner denke daran, dass die Demut Gott so sehr wohlgefällig ist, dass gerade deswegen die glorreiche Jungfrau Maria Gott empfangen hat und über alle Chöre der Engel erhoben worden ist.

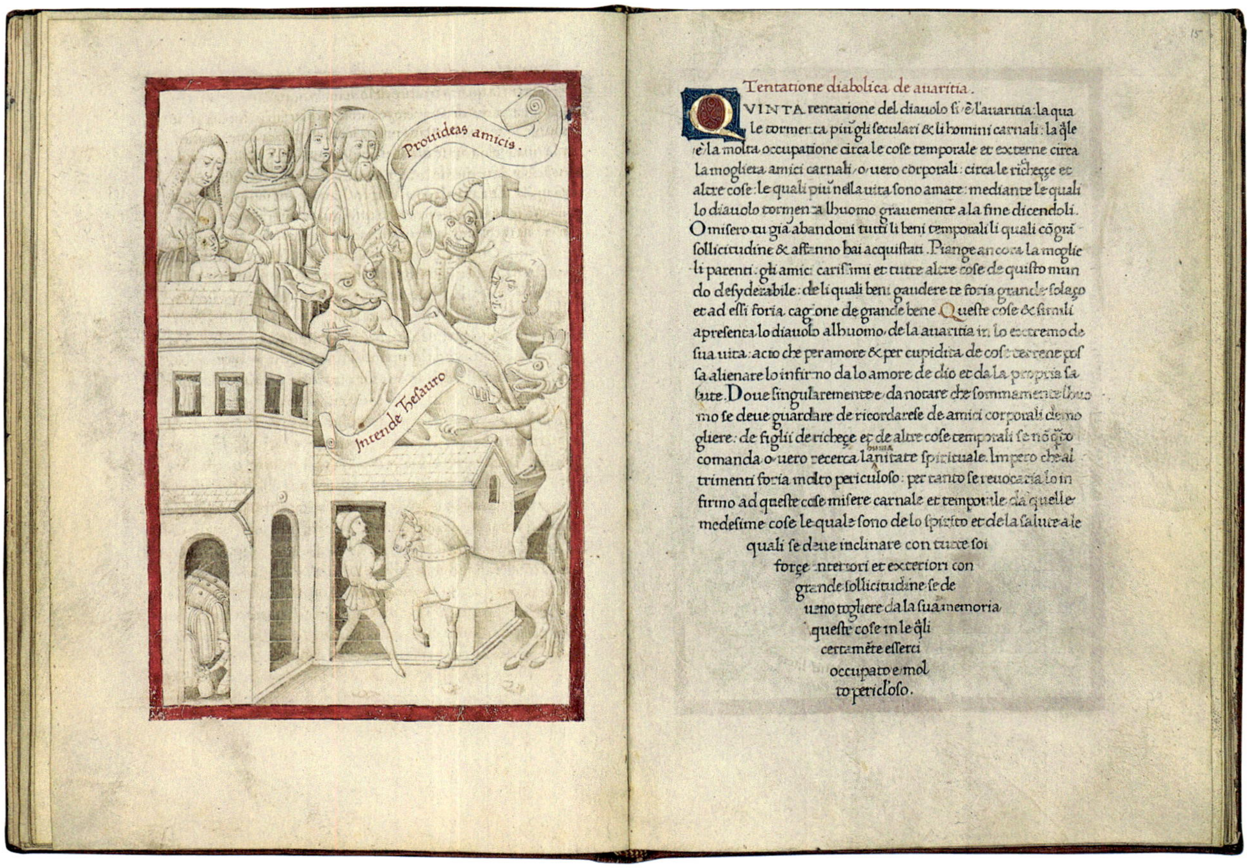

34 *Ars moriendi*
Neapel, um 1480

14v Als letzte Anfechtung bestürmen drei Teufel den Sterbenden, sich um seinen vergänglichen Besitz zu sorgen. Zwei führen ihm sein Haus mit allem Hab und Gut vor Augen, die Kleiderkammer, den Weinkeller, sein von einem Knecht in den Stall gebrachtes Pferd, mit der Aufforderung *Intende Thesauro* (Vermehre deinen Wohlstand). Ein dritter, gehörnter Dämon steht gleich am Kopfende des Bettes mit der Forderung *Provideas amicis* (Du sollst Vorsorge treffen für deine Freunde) und weist auf fünf rückwärts stehende Personen: die Frau mit dem Kind und weitere Erben von Haus und Hof.

15r Versuchung des Teufels hinsichtlich der Habsucht

Versuchung des Teufels hinsichtlich der Habsucht

Die fünfte Versuchung des Teufels bezieht sich auf die Habsucht, wobei er damit mehr die Weltleute und die fleischlich Gesinnten angreift. Diese besteht aus einer allzu großen Beschäftigung mit zeitlichen und äußerlichen Angelegenheiten, so mit Ehefrauen, weltlich gesinnten Freunden, materiellem Reichtum und anderen Dingen, denen sie in ihrem Leben einen allzu hohen Wert beigemessen haben. Durch all dies quält der Teufel den Menschen an seinem Lebensende gar sehr und spricht zu ihm: „Elender, willst du wirklich all diese zeitlichen Güter bereits verlassen, die du mit größter Sorgfalt und Mühe aufgehäuft hast, dazu dein Weib, deine Kinder und Verwandten, deine dir teuersten Freunde und alles, was in dieser Welt begehrenswert ist? Und doch wäre es für dich ein großer Trost, an ihrer Gemeinschaft noch teilnehmen zu dürfen, und für sie selbst wäre dies Ursache von viel Gutem!“ – Solches und Ähnliches hinsichtlich der Habsucht führt der Teufel dem Menschen in seinen letzten Stunden vor Augen, um ihn auf diese Weise durch die Liebe und Gier nach dem Irdischen von der Liebe zu Gott und vom eigenen Heil abzuwenden. Man merke sich deswegen ganz besonders: Man hüte sich sehr davor, einem Sterbenden weltlich gesinnte Freunde, Weib, Kinder, Reichtum und sonst Zeitliches in Erinnerung zu rufen, es sei denn, das geistliche Wohl des Kranken erfordere und verlange dies, sonst besteht hier größte Gefahr! Denn in einem solchen Fall könnte er von dem, was seinen Geist und sein Heil betrifft, um die man sich gerade in diesem Augenblick mit allen inneren und äußeren Mitteln zu bemühen hat, zurückgerufen werden zu jenen erbärmlichen zeitlichen und weltlichen Dingen. Doch sollten diese gerade dann mit größter Besorgnis von Erinnerung und Gemüt des Sterbenden abgewendet werden. Sich zu dieser Stunde mit solchen Dingen zu beschäftigen, ist äußerst gefährlich!

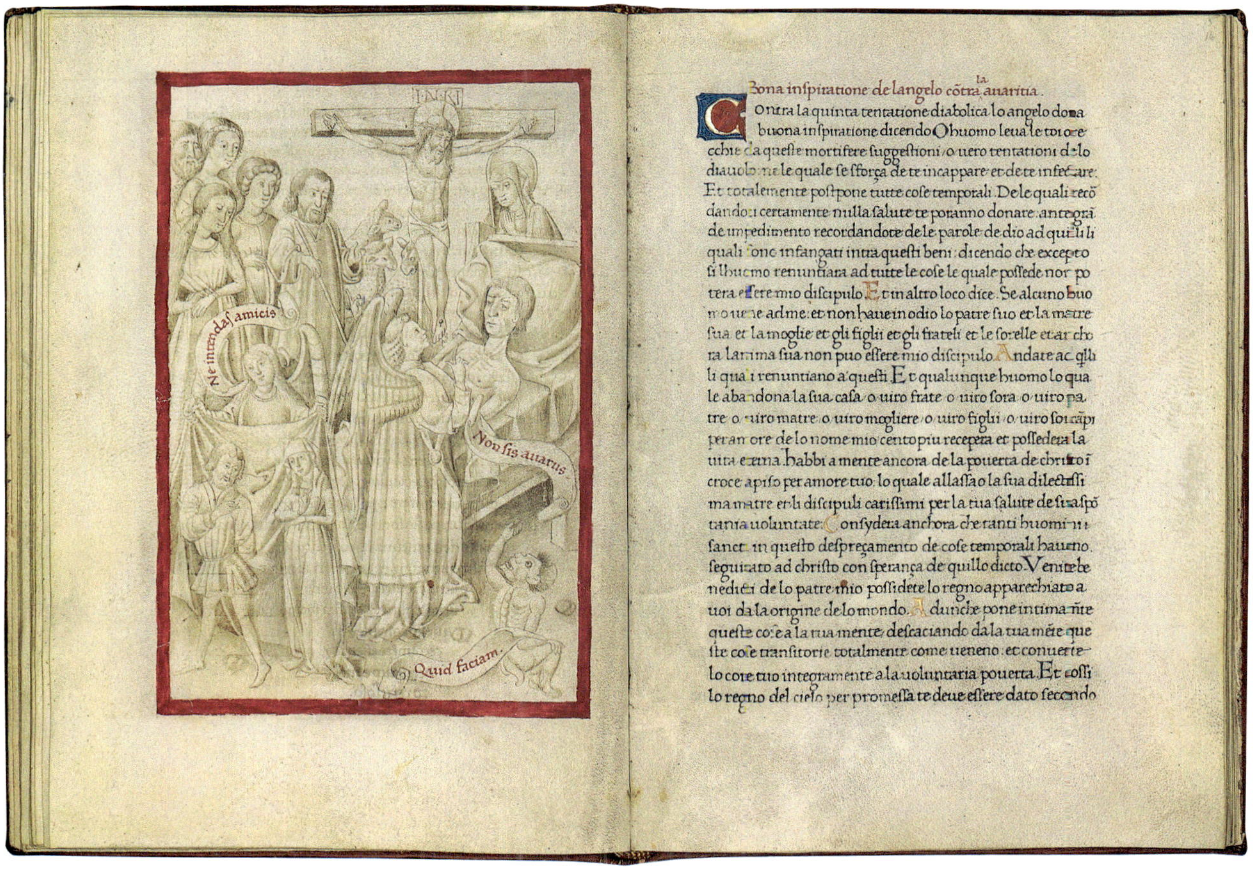

34 *Ars moriendi*
Neapel, um 1480

15v Ein letztes Mal tritt der Engel an das Bett des Sterbenden mit der Mahnung *Non sis avarus* (Sei nicht habsüchtig) und deutet auf Hiob als Vorbild im Glauben hin. Ihm wurde alles genommen, aber nach der göttlichen Prüfung wieder zurückgegeben, so dass er hier von seiner Familie und seiner Herde umgeben ist. Hinter dem Kranken trauert Maria im Gebet um ihren gekreuzigten Sohn, der als Vorbild der Opferbereitschaft alles aufgegeben und sein Leben zum Heil der Menschen hingegeben hat. Ein zweiter Engel am Bettende hält ein Tuch hinter einer Frau und einem Mann empor, so dass sie dem Blick des Liegenden entzogen sind, *Ne intendas amicis* (Damit du nicht nach Freunden strebst). Ein in die untere Ecke gerückter Teufel erkennt, dass er nichts mehr ausrichten kann *Quid faciam* (Was soll ich tun?).

16r Gute Eingebung des Engels gegen die Habsucht

Gute Eingebung des Engels gegen die Habsucht

Gegen die fünfte Versuchung des Teufels gibt der Engel folgende gute Eingebung: „O Mensch, wende deine Ohren ab von den todbringenden Einflüsterungen des Teufels, durch die er dich zu verspotten und zu vergiften versucht, und setze alles Zeitliche hintan! Die Erinnerung daran kann dir durchaus keine Rettung bringen, sie ist dir vielmehr sehr hinderlich. Sei eingedenk der Worte des Herrn an jene, die solchem anhängen: ‚Wenn einer nicht auf alles verzichtet, was er besitzt, kann er nicht mein Jünger sein' und ‚Wenn jemand zu mir kommt, und er hasst nicht Vater, Mutter, Weib, Söhne, Brüder und Schwestern, ja selbst seine Seele, kann er nicht mein Jünger sein.' Und ebenso sagt er denen, die auf all dies verzichten: ‚Jeder, der verlassen hat Haus und Brüder oder Schwestern, Vater oder Mutter, Weib oder Söhne und Äcker um meines Namens willen, wird das Hundertfache empfangen und das ewige Leben besitzen.' Gedenke auch der Armut Christi, wie er am Kreuze für dich hing und wie er um dein Heil seine geliebteste Mutter und seine Jünger von sich aus verlassen hat. Bedenke auch, wie viele heilige Männer ihm in dieser Verachtung des Zeitlichen gefolgt sind, auf dass sie einmal jenes Wort hören: ‚Kommt, Gesegnete meines Vaters, nehmt in Besitz das Reich, das euch von Anbeginn der Welt bereitet ist.' So präge denn dies deinem Sinn ein, halte alles Vergängliche weit von dir und wende dein Herz ganz freiwilliger Armut zu, und so wirst du das Himmelreich erhalten auf Grund des Versprechens, das der Herr getan, als er sagte: ‚Selig die Armen im Geiste, denn ihrer ist das Himmelreich.' Anvertraue dich ganz Gott, der dir ewigen Reichtum schenken wird, und setze dein Vertrauen ganz auf ihn!" Merke: Wenn der Kranke fühlt, dass er durch Habsucht und Verlangen nach irdischen Dingen versucht wird, bedenke er zuerst, dass die Liebe zum Irdischen von Gott trennt, weil sie die Liebe zu Gott ausschließt, wie Gregor bezeugt: „So sehr wird einer von der höchsten Liebe getrennt, als er sich hienieden an den Geschöpfen erfreut." Zweitens: Er bedenke, dass freiwillige Armut den Menschen selig macht und zum Himmel führt, wie der Herr sagt: „Selig die Armen im Geiste, denn ihrer ist das Himmelreich."

34 *Ars moriendi*
Neapel, um 1480

16v – 17r
Schlussbetrachtung

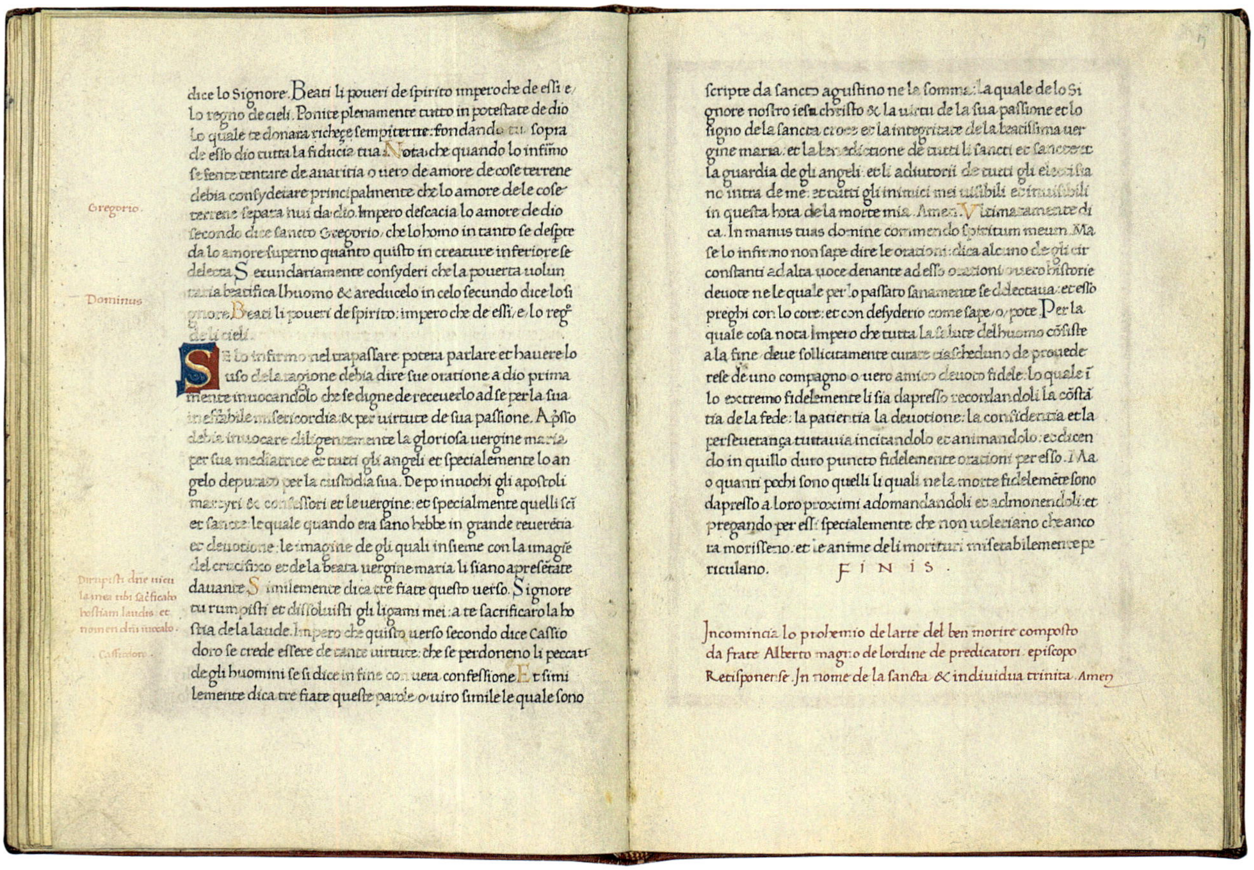

Schlussbetrachtung

Wenn der in seinen letzten Zügen Liegende noch sprechen kann und im Besitz seines Urteilsvermögens ist, verrichte er Gebete und rufe zunächst Gott an, dass er ihn durch sein unaussprechliches Erbarmen und durch die Kraft seines Leidens aufnehmen wolle. Zweitens rufe er inständig die glorreiche Jungfrau Maria als seine Mittlerin an, dann alle Engel und besonders den Engel, der zu seinem Schutz bestellt ist, darauf die Apostel, Märtyrer, Bekenner und Jungfrauen, besonders aber all jene, zu denen er früher als Gesunder eine besondere Verehrung und großes Zutrauen hatte. Man zeige ihm ihre Bilder, das Bild des Gekreuzigten und das der seligen Jungfrau Maria. Auch sage er dreimal folgenden Vers: „Zerbrochen hast du, Herr, meine Fesseln; ein Lobopfer will ich dir darbringen!", denn gemäß Kassiodor soll dieser Vers eine solche Kraft besitzen, dass den Menschen die Sünden nachgelassen werden, wenn sie ihn im Tode in wahrem Bekenntnis sprechen.

Ebenso sage er dreimal folgende oder ähnliche Worte, die im Ganzen dem heiligen Augustinus zugeschrieben werden: „Der Friede unseres Herrn Jesus Christus und die Kraft seines Leidens, das Zeichen des heiligen Kreuzes und die Reinheit der allerseligsten Jungfrau Maria, der Segen aller Heiligen, der Schutz der Engel und die Fürbitte aller Auserwählten seien in dieser Stunde meines Todes zwischen mir und meinen Feinden, den sichtbaren und den unsichtbaren!" Und zuletzt spreche er: „In deine Hände, Herr, übergebe ich meinen Geist!" – Sollte aber der Kranke keine Gebete mehr sprechen können, so soll einer der Beistand Leistenden mit lauter Stimme Gebete sprechen und fromme Geschichten vorlesen, an denen er einst besonderes

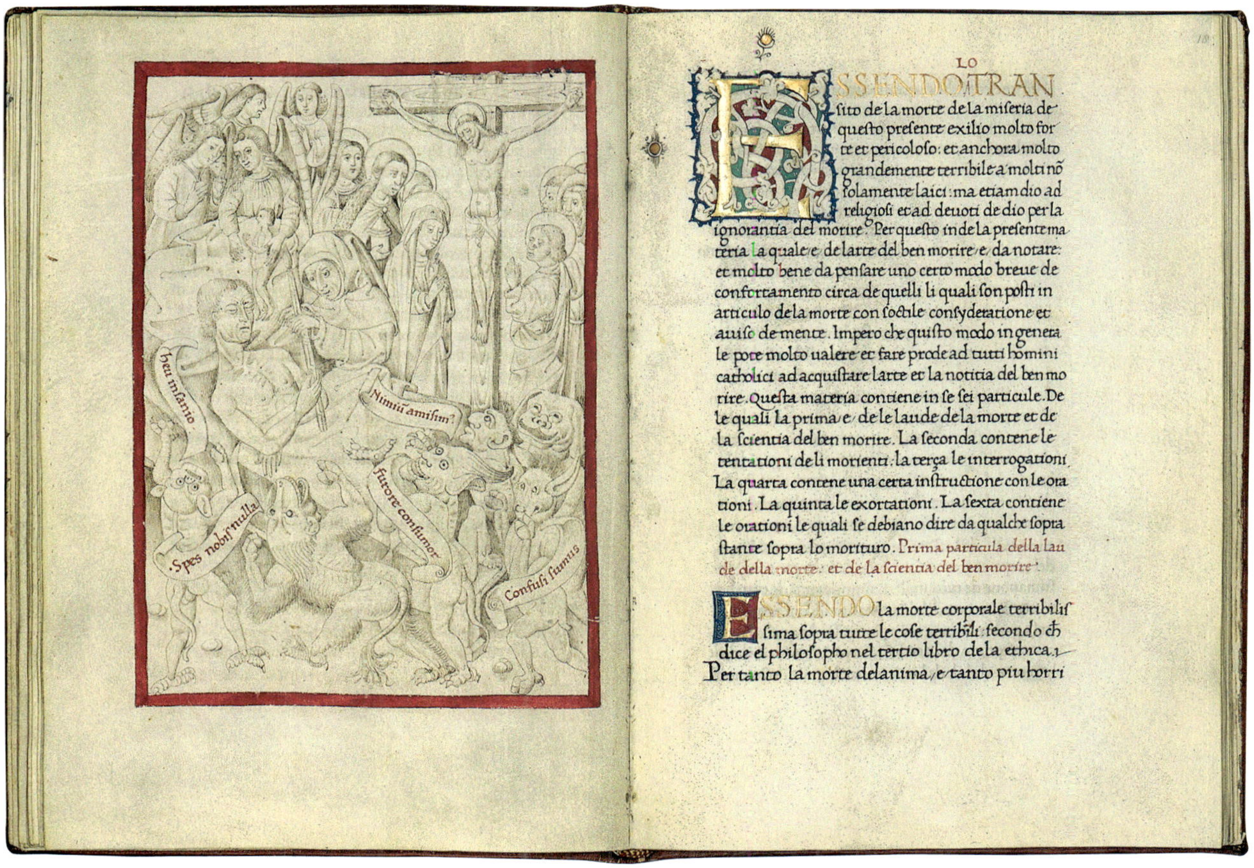

34 *Ars moriendi*
Neapel, um 1480

17v Ein Mönch steckt dem nun links im Bild in Agonie Liegenden die brennende Sterbekerze in die kraftlose Hand. Der Tod ist eingetreten, und die Seele des Verstorbenen steigt in Gestalt eines betenden nackten Kindes zu den Engeln empor. Im Hintergrund erscheint, dem Toten zugewandt, Christus am Kreuz, unter dem Maria, Maria Magdalena und weitere Frauen sowie Johannes und einige Apostel stehen. Im Vordergrund winden sich sechs teuflische Dämonen und lamentieren: *Heu insanio* (Wehe, ich tobe), *Spes nobis nulla* (Für uns ist keine Hoffnung), *Furore consumor* (Ich werde von Wut verzehrt), *Confusi sumus* (Wir sind verwirrt), *Nimium amisimus* (Wir haben zu viel verloren).

18r Prolog zum »Traktat über die Kunst des guten Sterbens«

Gefallen hatte. Er selber aber bete mit Herz und Verlangen mit, soweit er dazu noch imstande ist.

Merke dir deshalb: Da alles Heil des Menschen in der Stunde des Todes auf dem Spiele steht, soll ein jeder in weiser Voraussicht darauf bedacht sein, sich um einen frommen, gläubigen und geeigneten Gefährten oder Freund zu kümmern, der ihm an seinem Ende treu beistehe, ihm zuspreche und Mut gebe, im Glauben standhaft zu bleiben, geduldig, fromm, zuversichtlich und beharrlich zu sein, und der für ihn bei seinem Todeskampf ergeben und fromm Gebete spreche. Aber ach, wie wenige sind es, die im Tod ihren Nächsten treuen Beistand leisten durch Fragen und Mahnen und indem sie für sie beten, besonders wenn die Sterbenden selbst noch nicht sterben wollen und ihre Seelen dadurch oft elendiglich in Gefahr kommen! FINIS

(Übersetzung: Jaques Laager, Manesse Verlag, Zürich 1996)

Register

Kolumba Werkhefte und Bücher

1 *Herbert Falken – Arbeiten der 70er und 80er Jahre*
2 *Richard Serra – The Drowned and the Saved*
3 *Hildegard Domizlaff – 1898–1987*
4 *Das Kreuz Herimanns und Idas*
5 *Andy Warhol – Crosses*
6 *Joseph Marioni – Triptych*
7 *James Lee Byars – 666*
8 *Andor Weininger – Weimar Dessau Berlin Amsterdam Toronto New York*
9 *Über die Wirklichkeit*
10 *Die Schenkung Härle*
11 *Werkbuch Peter Tollens*
12 *Werkbuch Attila Kovács* (in Vorbereitung)
13 *ars vivendi ars moriendi – Die Handschriftensammlung Renate König*

Erschienen anlässlich der Ausstellung
ars vivendi ars moriendi – Die Kunst zu leben Die Kunst zu sterben
Erzbischöfliches Diözesanmuseum Köln
15. Dezember 2001 bis 22. Mai 2002

Herausgegeben und bearbeitet von Joachim M. Plotzek, Katharina Winnekes, Stefan Kraus und Ulrike Surmann

Beiträge von Gabriele Bartz, Bodo Brinkmann, Anton von Euw, Eberhard König, James H. Marrow, Joachim M. Plotzek und Ulrike Surmann

Übersetzungen und Transkriptionen von Alexander Arweiler, Gabriele Bartz, Eberhard König, Joachim M. Plotzek, Ulrike Surmann und Katharina Winnekes (Der Abdruck der *ars moriendi* – Übersetzung erfolgt mit freundlicher Genehmigung des Manesse Verlages: *ars moriendi*, Die Kunst, gut zu leben und gut zu sterben; Texte von Cicero bis Luther, hg., eingeleitet und übersetzt von Jacques Laager, Zürich 1996)

Lektorat Katharina Winnekes, Ulrike Surmann

Verlagslektorat Ulrike Bauer-Eberhardt

Sekretariat Barbara Wontorra, Andrea Brock, Dagmar Wolff

Konservatorische Betreuung Bernhard Matthäi

Praktische Unterstützung Elzbieta Basinski, Paul Deussen, Bernard Hartmann, Hans-Georg Hartmann, Monika Weifeuer

Anzeigenwerbung Bärbel Messmann

Bildvorlagen Holger Breznik, Foto Mut Duisburg; Lothar Schnepf, Köln (Einbände)

Lithographien Fredy Felder, Jan Schwitter, Neue Schwitter AG, Basel; Farbanalyse, Köln (Umschlag/Anzeigen)

Satz Doris Benesch, Max Vornehm GmbH, München; Diözesanmuseum Köln

Gestaltung Stefan Kraus

Schriften Adobe Gill Sans (Eric Gill, 1928) und Bauer Bodoni (Giambattista Bodoni, nach 1791)

Papier Scheufelen JOB Parilux halbmatt weiß 135g/m²

Druck Buchdruckerei Holzer KG, Weiler im Allgäu

Bindung Conzella Verlagsbuchbinderei, Aschheim-Dornach

Hirmer Verlag München

ISBN 3-7774-9180-2

HORÆ
SAEC. XV